Dictionnaire de la Musique
les compositeurs

Dictionnaire de la
Musique
les compositeurs

PRÉFACE

Le *Dictionnaire de la musique (les compositeurs)*, comme l'ensemble des volumes appelés à figurer dans la même collection, s'alimente pour l'essentiel à la base de données constituée par les textes, tant du Corpus que du Thesaurus, qui composent l'*Encyclopædia Universalis* – un ouvrage qui, sans varier sur les grands choix éditoriaux qui ont présidé à sa création entre 1968 et 1974, n'a pas cessé d'évoluer au fil de ses rééditions successives : en 1984, en 1989, en 1995...

Ce *Dictionnaire*, ces *Dictionnaires* ne sont donc pas seulement... des dictionnaires. D'un dictionnaire, ils ont la forme : éclatée, fragmentée, avec, pour ordre, le plus arbitraire mais aussi le plus commode qui soit, l'ordre alphabétique. D'une encyclopédie – et les premières en date remontent très haut dans l'histoire, jusqu'à Pline l'Ancien et sans doute bien au-delà – ils ont l'ambition: donner une vue d'ensemble des connaissances, en tant qu'elles s'articulent les unes aux autres par tout un jeu, à la limite infini, de rapports ou d'analogies.

Le XVIIIe siècle marque très précisément le moment où les encyclopédies, qui avaient cultivé jusqu'alors la forme, continue, du traité, adoptent celle, discontinue, du dictionnaire. Ce n'est qu'en apparence un paradoxe. « L'univers, écrit d'Alembert en 1751 dans son *Discours préliminaire*, n'est qu'un vaste océan, sur la surface duquel nous apercevons quelques îles plus ou moins grandes, dont la liaison avec le continent nous est cachée. » Les liaisons n'existent, la possibilité même de les identifier et de les signaler n'existe que parce que la discontinuité est « phénoménologiquement » première. Le projet encyclopédique peut dès lors trouver son accomplissement, mais au prix d'un certain nombre de malentendus qu'il serait peut-être temps, enfin, de dissiper.

Passons très vite sur l'accusation d'« empilement », quand c'est tout au contraire d'enchaînement qu'il s'agit. Passons sur le grief, encore moins justifié, de totalitarisme: le propos d'une encyclopédie n'est pas de tout dire sur tout mais de dire l'essentiel sur l'essentiel. Attardons-nous plutôt, en prenant comme exemple le *Dictionnaire de la musique (les compositeurs)* sur ce qui constitue, à forme désormais identique, la « plus-value » encyclopédique.

Si l'on considère la liste des entrées, ce que Diderot appelait la « nomenclature », rien ne semble distinguer a priori cet ouvrage, du moins dans ses grandes lignes, d'autres ouvrages déjà publiés sous le même intitulé ou sous un intitulé approchant. Mais si l'on consulte les textes eux-mêmes, on s'aperçoit très vite, comme le souligne fort justement Alain Pâris dans son Introduction, qu'ils ont tous pour souci de situer à chaque fois le compositeur dont ils traitent par rapport au contexte tant historique ou social qu'esthétique qui fut le sien. Il ne s'agit pas simplement de connaître, de faire connaître, mais de comprendre, de faire comprendre.

Et c'est ici qu'une autre originalité, propre à toute entreprise authentiquement encyclopédique, apparaît. Dans un dictionnaire qui n'est que dictionnaire, la liste des entrées, toutes conçues comme des entrées d'« information pure », se suffit à elle-même. Une encyclopédie ou, si l'on préfère, un dictionnaire à vocation encyclopédique (c'est-à-dire, pour reprendre une formule de Roland Barthes, traitant non pas des mots mais des choses désignées par les mots) s'accompagne nécessairement d'un index détaillé : non pas un simple répertoire d'occurrences, mais le produit d'une analyse réfléchie du contenu, menée par ces hyperlecteurs, agissant à la fois comme filtres et comme relais, que sont les indexateurs.

Grâce au système de références, souple et rigoureux, qu'ils mettent de la sorte à notre disposition, nous pouvons circuler en toute liberté à travers les textes, construire notre ou nos itinéraires et devenir en somme les propres acteurs de notre apprentissage.

L'Éditeur

INTRODUCTION

Un des miracles de la musique est de renaître sans cesse sous la plume de nouveaux créateurs. De ses origines les plus lointaines à nos jours, elle a connu une évolution qui a fait d'elle un art complexe mais enrichi, reflet des goûts changeants et des aspirations de l'homme. Le compositeur est l'élément essentiel de ce miroir. Parfois, lorsqu'il est en symbiose avec son temps, il conforte ses contemporains ; parfois, il est en avance; alors, il les déroute. Mais le temps lui donne généralement raison. Car l'histoire de la musique est affaire de patience et de mode, une roue gigantesque qui fait alterner découvertes et oublis, et qui sait aussi remettre en cause les valeurs consacrées.

Le dictionnaire est peut-être le moyen le plus direct d'entrer dans cet univers, au travers de la vie et de l'œuvre des principaux compositeurs occidentaux. Il s'ouvre et se referme comme une partition de musique, le temps d'un contact plus ou moins approfondi, apportant à l'écoute individuelle ou à la pratique instrumentale un complément indispensable. Préparation à l'écoute, prolongement de l'écoute, il comporte bien des réponses aux inévitables questions que se pose celui qui accède aux mystères de la musique.

Un dictionnaire de la musique doit chercher à se situer au-dessus des aléas de l'histoire. Il doit rester en marge des fluctuations de la mode et offrir un maximum de clés pour entrer dans l'univers de la musique par toutes ses portes. Mais la création d'un dictionnaire est aussi une entreprise hasardeuse, car ses concepteurs se heurtent au problème des limites. Un ouvrage de référence doit chercher à être objectif pour répondre de son mieux à la curiosité intellectuelle d'un large éventail de lecteurs.

En rassemblant les biographies de compositeurs publiées dans le Corpus et dans le Thesaurus de l'*Encyclopædia Universalis*, le présent dictionnaire répond à cet impératif d'ouverture. Pendant une trentaine d'années, plus de quatre-vingts auteurs ont construit un panorama de la création musicale occidentale avec une diversité d'éclairages qui n'a cessé d'être remise sur le métier au fil des éditions successives. Là où les connaissances évoluaient, notamment dans les domaines de la musique ancienne et de la musique baroque, les articles ont été modifiés, refondus ou réécrits, pour donner à tout moment un reflet actuel des connaissances. À l'autre extrémité de la chaîne, la musique contemporaine a fait l'objet d'un panorama aussi large que possible, le choix des compositeurs permettant d'explorer les principaux courants de la création musicale de la fin du XXe siècle.

Près de six cents compositeurs ont ainsi été réunis, du Moyen Âge à notre temps.

Les textes rassemblés s'intégrant à l'origine dans une encyclopédie générale, la vie de ces musiciens a été traitée dans le contexte historique et social qui fut le leur; de même, l'analyse des courants esthétiques s'insère dans le cadre plus large de l'histoire des idées et des arts. Ainsi présentée comme indissociable de la culture générale, la musique retrouve la place que lui accordaient les encyclopédistes du XVIIIe siècle mais que certains ouvrages ultérieurs, trop spécialisés, avaient fini par perdre de vue.

Alain PÂRIS

COMMENT UTILISER L'INDEX

Placé en fin de volume, c'est l'Index qui donne sa valeur proprement encyclopédique à ce dictionnaire. C'est par lui que toute recherche ou, plus généralement, toute consultation devraient commencer. Nous avons adopté pour sa constitution un certain nombre de conventions qui nous sont propres. Le lecteur les trouvera définies ci-après, exemples à l'appui, sous la forme d'un tableau.

• **STRAUSS** RICHARD (1864-1949) *762*	**ENTRÉE précédée d'une puce et suivie d'un numéro de page :** signifie que cette entrée est le titre d'un article du dictionnaire, commençant à la page indiquée
• **FRANCO-FLAMANDS** MUSICIENS *293* AGRICOLA (A.) ARCADELT (J.) BINCHOIS BUSNOIS (A. de) CICONIA (J.)	ce même type d'entrée peut être suivi de références
RUSSE MUSIQUE BALAKIREV (M. A.) BORODINE (A. P.) CHOSTAKOVITCH (D.) *180* CINQ (GROUPE DES) CUI (C. A.)	**ENTRÉE simple** suivie de références
ARS NOVA ADAM DE LA HALLE *13*	**RÉFÉRENCE à un article long :** titre d'article et numéro de page localisant la partie de texte pertinente au sein de l'article
CICONIA (J.) DUNSTABLE (J.) JACOPO DA BOLOGNA JOHANNES DE MURIS	**RÉFÉRENCE à un article court :** titre de l'article
	RENVOIS d'un terme à un autre
VITTORIA TOMÁS LUIS DE ► **VICTORIA** TOMÁS LUIS DE	pour des raisons relevant de l'orthographe ou du système de transcription
D'INDY VINCENT ► **INDY** VINCENT D'	pour des raisons de choix alphabétique
	signe conventionnel
• **TERPANDRE** (~VIIIe -~VIIe s.) *794*	a vécu aux VIIIe et VIIe siècles avant notre ère

A

ABSIL JEAN (1893-1974)

Figure dominante de la musique belge contemporaine, Jean Absil voit le jour à Bonsecours, dans le Hainaut. Il est élevé dans l'univers rigoureux de la musique d'église avant d'être admis au Conservatoire royal de Bruxelles. Il y remporte les premiers prix d'orgue, d'harmonie et de fugue et complète sa formation en étudiant la composition et l'orchestration avec Paul Gilson. En 1921, il reçoit le prix Agniez pour sa première symphonie et, l'année suivante, le second prix de Rome belge pour sa cantate *La Guerre*. Ses activités prennent rapidement de l'importance : en 1922, il remporte le prix Rubens et est nommé directeur de l'académie de musique d'Etterbeek (qui deviendra par la suite l'académie Jean-Absil) et, en 1930, on le retrouve, comme professeur cette fois, au Conservatoire royal de Bruxelles, titulaire de la classe d'harmonie (puis de fugue en 1939).

À ses activités pédagogiques, qui ne ralentiront jamais, s'ajoute le rayonnement d'un homme qui a occupé une place essentielle dans la vie musicale belge : en 1935, il fonde le groupe La Sirène (filiale belge du célèbre Triton parisien), mouvement qui révèle au public les jeunes compositeurs de l'époque, et, en 1938, il participe à la création de la *Revue internationale de musique* à Bruxelles. Après la guerre, il cesse presque totalement d'écrire lorsqu'il accepte de devenir administrateur de la S.A.B.A.M. (Société belge des droits d'auteur). Mais ce silence lui coûte et, en 1949, il donne sa démission pour reprendre ses activités de pédagogue et de compositeur : Absil devient alors le guide de la nouvelle génération tout comme l'avait été Paul Gilson au début du siècle ; la plupart des jeunes compositeurs belges viennent travailler avec lui en marge des classes du Conservatoire, car Absil n'a jamais eu de classe de composition.

Toujours en quête de sources d'inspiration nouvelles, il voyage beaucoup et étudie, en Europe centrale notamment, les musiques populaires dans leur contexte original. Il en tire une étonnante application dans ses œuvres. Malgré une santé affaiblie, il ne cesse pratiquement pas de composer jusqu'à sa dernière heure.

L'œuvre de Jean Absil est très abondante (plus de cent soixante numéros d'opus) et touche à tous les domaines. Après une première période marquée par une libération progressive des contraintes académiques et au cours de laquelle il compose surtout son poème symphonique *La Mort de Tintagiles* (1923-1926), il s'imprègne des différents courants esthétiques qui voient le jour et en tire une intéressante synthèse dans son livre *Postulats de la musique contemporaine* (1937). Ces recherches sur la polytonalité et l'atonalité ne trouvent pas dans son œuvre d'application systématique. La parfaite connaissance des techniques nouvelles lui permet d'en doser l'usage et de réaliser des partitions qui sont, en quelque sorte, des carrefours. Mais la haute pensée artistique du compositeur et une matière musicale sans cesse renouvelée donnent à ses œuvres une originalité que cette simple recherche technique n'aurait pas apportée. Il faut attendre 1936 pour qu'il se tourne à nouveau vers l'orchestre symphonique avec une série de pages qui le révèlent comme l'un des maîtres de sa génération : *Symphonie n° 2* (1936), *Concerto pour piano* (imposé au concours Ysaye en 1938), *Hommage à Lekeu* (1939), *Variations symphoniques* et *Concerto pour alto* (1942), *Symphonie n° 3* (1943). Son orchestration claire et colorée est souvent traitée avec une virtuosité délicate qui rappelle Ravel et Roussel. Il aborde le théâtre lyrique avec féerie sur un poème de Henri Ghéon, *Peau d'âne* (1937), dont le succès l'encourage à persister dans cette voie : deux autres ouvrages voient le jour, une comédie musicale, *Le Chapeau chinois* (1944), et un opéra, *Les Voix de la mer* (1951). Pour le concert, il livre quelques grandes réalisations dramatiques, *Les Bénédictions* (1941), *Les Chants du mort* (1943), *Pierre Breughel l'Ancien* (1950), qui ne l'empêchent pas de traiter avec finesse et humour des pièces délicates comme *Enfantines* (1942), *Zoo* (1944) ou l'*Album à colorier* (1948).

Depuis la guerre, Absil utilise le principe de la variation comme axe générateur de ses œuvres. Il en pousse l'usage très loin, l'enrichissant de l'apport des techniques modernes qu'il a assimilées : après les *Variations symphoniques*, *Le Zodiaque* (1949), vaste fresque pour piano principal, chœurs et orchestre, est peut-être, dans cette lignée, son chef-d'œuvre.

Dans le même temps, Absil se penche sur les sources populaires des musiques et compose de nombreuses partitions inspirées par les folklores flamand, roumain, brésilien ou tchèque. La couleur et la simplicité des lignes mélodiques de ces musiques l'attirent autant que les rythmes, parfois complexes, qu'il faut reconstituer pour réaliser une transcription fidèle. Là encore, il fait figure de novateur, utilisant le fruit de ses recherches à des fins précises et écartant l'emploi gratuit de la nouveauté. Ses dernières œuvres, pour petites formations ou instruments seuls, traduisent les préoccupations pédagogiques d'un homme qui n'a jamais cessé de chercher des horizons nouveaux pour la musique et d'en tirer une synthèse artistique.

ALAIN PÂRIS

ADAM ADOLPHE CHARLES (1803-1856)

Le talent facile, trop facile, d'Adolphe Adam, élève de Boieldieu (cinquante opéras-comiques et ballets en une trentaine d'années), connut, comme celui de son contemporain Auber, toutes les gloires, dont celle d'entrer à l'Institut en 1844. C'est à la facilité, c'est-à-dire à la fois habileté qui glisse au laisser-aller et complaisance pour le public qui conduit à la vulgarité, que son œuvre dut sa célébrité et doit son oubli. Le succès du *Chalet* (1834), du *Postillon de Longjumeau* (1836), de *Si j'étais roi* (1852) se prolongea longtemps ; et le ballet *Gisèle* (1841), sur un livret de Théophile Gautier, qui introduisit à l'Opéra une atmosphère féerique fort nouvelle, contient des idées mélodiques qui ne seraient pas sans charme si la banalité de l'ensemble ne les submergeait. Reste le

Minuit chrétien, auquel Adolphe Adam doit sa gloire la plus durable, sinon la plus justifiée.

PHILIPPE BEAUSSANT

ADAM DE LA HALLE (1235 env.-env. 1285)

Fils de Henri le Bossu, bourgeois aisé d'Arras, nommé parfois lui-même Adam le Bossu (en picard, *Bochu*), né vers 1235, Adam de la Halle entreprit des études (peut-être à l'abbaye de Vausselles) mais revint à Arras où il épousa une certaine Maroie, que l'on considère, à tort ou à raison, comme l'inspiratrice de la plupart de ses poésies d'amour ; il quitta quelque temps la ville (en 1262, ou vers 1275) afin de poursuivre ses études à Paris, mais peut-être contraint à cet exil par un conflit municipal. Entré, comme poète et musicien, au service du comte d'Artois, il le suivit dans l'expédition envoyée par le roi au secours de Charles d'Anjou, après les Vêpres siciliennes : c'est probablement à Naples qu'il mourut, entre 1285 et 1288.

Il fut l'un des poètes importants du XIIIe siècle et le principal représentant de cette académie originale que fut, à Arras, la société du « puy ».

Son œuvre poétique comprend une partie musicale qui est de grande importance pour la compréhension de l'*ars nova*.

Les *Jeux* apportent une nouveauté également intéressante : ils attestent, dès le XIIIe siècle, le besoin d'un théâtre dépourvu d'éléments religieux.

L'œuvre poétique et musicale

Son œuvre se caractérise par sa diversité. Les inspirations qu'elle manifeste sont principalement polarisées par des éléments tirés de la tradition lyrique des trouvères. Pourtant, Adam se situe aux confins de cette esthétique et d'un *ars nova* dont il est l'un des premiers créateurs, d'où une certaine dualité, et parfois l'ambiguïté de sa poésie. On y peut distinguer un type de poème artificiel, formant un monde clos, constitué par la modulation du chant selon un registre d'expressions (motifs, métaphores, vocabulaire) plus ou moins figé, aux parties autonomes et où l'originalité réside dans le réarrangement d'éléments formels. Il s'y oppose un type ouvert à l'allusion autobiographique, à l'anecdote, au témoignage personnel, et de forme moins concentrée, plus discursive, comportant un déroulement progressif.

Essentiellement lyrique, cette œuvre comprend une importante partie musicale, monodique et polyphonique. S'agissant de la monodie, on connaît une trentaine de chansons de type courtois conventionnel, reprenant presque toutes le thème de la « fine amour », et une vingtaine de « jeux partis », échanges de couplets sur un thème amoureux donné. C'est dans le domaine de la polyphonie qu'Adam fait vraiment œuvre originale : quelques motets à texte profane sur teneur liturgique, de facture traditionnelle, font d'Adam le premier trouvère à être en même temps « déchanteur » ; il faut y ajouter seize « rondeaux », en comprenant également sous ce nom virelais et balettes. Les rondeaux comptent parmi les monuments les plus importants de la musique du XIIIe siècle ; ils constituent de petits chefs-d'œuvre de poésie allusive, dépouillée de toute charge didactique ou descriptive, et conservent de la convention courtoise la seule transparence d'un langage parfaitement adapté à son contenu.

Adam nous a laissé trois poèmes non musicaux, en strophes dites « d'Hélinand » (douze octosyllabes rimés *aabaabbbabba*), surtout intéressants par la relative nouveauté de leur forme : les *Vers de la Mort* (fragment) développant un thème moral traditionnel, l'éloquent *Dit d'amour*, sans doute antérieur à 1262, qui se range dans la tradition des palinodies courtoises, et un *Congé*, l'une de ses œuvres les plus « modernes ». Adam l'a composé à l'occasion de son départ d'Arras, selon un modèle qui semble avoir été propre à la tradition arrageoise du XIIIe siècle : nous possédons deux autres « congés » de ce temps, qui ne sont peut-être pas sans rapport avec le futur genre du « testament ». Celui d'Adam est fait d'une série de variations sur le thème de la séparation (d'avec ses amis, sa dame, ses ennemis) et mêle des éléments traditionnels de l'éloge courtois au motif de la « clergie » (l'étude, opposée à l'amour) et à diverses allusions à la vie municipale.

Un théâtre non religieux

Dans les mêmes circonstances, sans doute, Adam composa, pour une confrérie locale, un *Jeu de la Feuillée* dramatique qui pourrait être l'ancêtre des « sotties » du XVe siècle. On l'a comparé à nos « revues » modernes : ce n'est là que l'un de ses aspects. Trois éléments thématiques s'y nouent en un dialogue assez décousu, illustré de quelques refrains chantés : le motif burlesque de la folie qui embrasse le monde ; une suite d'interventions grotesques ou de tirades satiriques concernant des personnages ou événements arrageois (l'auteur se met lui-même en scène ainsi que plusieurs de ses concitoyens) ; et la fiction folklorique d'une visite nocturne des fées dans la ville.

Le Jeu de Robin et Marion, d'un type très différent, date probablement des années napolitaines d'Adam et constitue une sorte de divertissement de cour : les thèmes traditionnels des « pastourelles » lyriques (rencontre d'un chevalier et d'une bergère ; vaine tentative de séduction ; fête paysanne et amours champêtres) y sont mis en dialogues, animés par la chorégraphie, le chant (quatorze intermèdes musicaux), la mimique. Cette œuvre exquise nous est parvenue précédée d'un bref et peu intéressant *Jeu du Pèlerin*, prologue probablement posthume qui peut avoir été ajouté à la pièce lors d'une reprise à Arras. Les deux « jeux » d'Adam sont les plus anciens exemples français d'un théâtre entièrement dépourvu d'éléments religieux : ils témoignent de la montée, au XIIIe siècle, d'un besoin dramatique qui s'épanouira aux XIVe et XVe siècles.

Les fonctions occupées par Adam à Naples l'amenèrent peut-être à entreprendre un poème à la gloire de Charles d'Anjou. Conçu selon le schéma formel de « laisses » de longueur égale (vingt alexandrins rimés), il prend pour modèle les chansons de geste, genre qui, vers 1280, était d'ores et déjà archaïque. Cette *Chanson du roi de Sicile* resta inachevée, et s'interrompt après la laisse XIX.

PAUL ZUMTHOR

Bibliographie

• Œuvres d'Adam de la Halle

Œuvres complètes du trouvère Adam de la Halle, E. de Coussemaker dir., Paris, 1872 ; *The Chansons of Adam de la Halle*, J. H. Marshall éd., Manchester, 1971 ; « Dit d'Amour », A. Jeanroy dir., in *Romania*, t. XXIII, 1893 ; *Le Jeu de la feuillée*, E. Langlois dir., Paris, 2e éd. 1923, rééd. 1976 ; *Les Partures*

Adam. Les Jeux partis d'Adam de la Halle, L. Nicod dir., Paris, 1917, rééd. 1974 ; *Le Jeu de Robin et Marion*, Flammarion, 1989.

• **Études**

J. Chailley, *Histoire musicale du Moyen Âge*, Paris, 1950 / J. Dufournet, *Adam de la Halle à la recherche de lui-même*, C.D.U.-S.E.D.E.S., Paris, 1974 / F. Gennrich, *Rondeaux, Virelais und Balladen*, t. II, Göttingen, 1927 / H. Guy, *Essai sur la vie et les œuvres du trouvère Adam de la Halle*, Paris, 1898 / G. Franck, *Medieval French Drama*, Oxford, 1955 / J. Maillard, *Adam de la Halle, perspective musicale*, Paris, 1982 / G. Raynaud & H. Lavoix, *Recueil de motets français des XIIe et XIIIe siècles*, 2 vol., Paris, 1881-1883 / P. Ruelle, *Les Congés d'Arras*, Paris, 1965 / P. Zumthor, *Langue et techniques poétiques à l'époque romane*, Paris, 1963.

ADAMS JOHN COOLIDGE (1947-)

Le compositeur américain John Coolidge Adams naît le 15 février 1947 à Worcester, dans le Massachusetts. Ses études musicales le conduisent à travailler la clarinette, à étudier la composition avec Leon Kirchner, David Del Tredici et Roger Sessions, à tenir le pupitre de clarinettiste suppléant de l'Orchestre symphonique de Boston, puis à diriger divers orchestres. En 1971, il trouve un milieu idéal à ses activités, puisqu'il est nommé chef du département de composition du conservatoire de San Francisco. Edo de Waart, directeur musical de l'Orchestre symphonique de San Francisco, remarque ce professeur hors du commun et lui propose un poste de conseiller musical puis de compositeur résident (1978-1985). Les options artistiques de John Adams marquent une profonde rupture avec l'académisme ambiant. Il programme, entre autres pièces, des œuvres de John Cage, d'Elliott Carter, de Steve Reich et de l'étonnant Robert Ashley. Parmi ses premières compositions, notons un *Quintette avec piano* (1970), *American Standard* (1973), pour ensemble non spécifié, *Grounding* (1975), pour trois voix solistes et instruments électroniques, *Onyx* (1976), pour bande magnétique. Les œuvres de la fin des années 1970 vont peu à peu affirmer sa véritable personnalité. La pulsation jubilatoire, le raffinement de l'orchestration, le parfait équilibre instrumental sont les marques les plus profondes de son style. Inscrit dans la large mouvance minimaliste, il fait partie de la nouvelle génération, empruntant et développant les voies ouvertes par Philip Glass, Steve Reich et Terry Riley. Adams inclut dans ses pages de savantes orchestrations en assimilant l'héritage d'un Stravinski, d'un Sibelius et d'un Copland. Ses œuvres reposent en partie sur une application à l'orchestre des effets que procure la musique électronique. Les éléments rythmiques et harmoniques semblent issus des combinaisons que l'on peut obtenir avec un synthétiseur et un séquenceur. Les deux chefs-d'œuvre pour piano, *Phryggian Gates* (1977) et *China Gates* (1977), illustrent une technique analogue au principe de déclenchement utilisé en musique électronique (*gate*) ; une cellule de plusieurs notes est alliée à une brusque modulation suivant un processus périodique. Cette manière agit sur l'auditeur comme le flux continu d'une brume sonore, à la fois ambiante et rêveuse. *Christian Zeal and Activity* (1973), pour ensemble et bande, superpose un texte enregistré – le sermon d'un pasteur – à une structure polyphonique tonale. Grâce à une approche apparemment libre de toute contrainte stylistique, Adams arrive à susciter l'émotion. Le parti pris du compositeur est résolument tourné vers la redécouverte du sens de la tonalité : « La tonalité est une force fondamentale, dramatique, organisatrice. Dès le moment où il a essayé de rompre cette force, Schönberg a privé la musique de sa cohérence essentielle et naturelle. » *Shaker Loops* (1978) pour septuor (arrangé pour cordes en 1983) fait référence à la fois à une secte dissidente des Quakers, dont les membres sont appelés péjorativement des Shakers (*to shake*, « secouer »), et aux boucles (*loops*) mélodiques et rythmiques qui sont utilisées dans l'œuvre. Cette magnifique pièce définit, à elle seule, la nouvelle génération minimaliste des années 1980. *Grand Pianola Music* (1982), sorte de concerto pour deux pianos usant d'un retard entre les deux voies solistes cher à Steve Reich, comme *Fearful Symmetries* (1988), à la folle énergie cinétique, sont les pendants de *The Wound Dresser*, pour baryton et orchestre (1989), d'une sombre retenue, sur un texte de Walt Whitman, et de *Harmonielehre* (1985), au titre énigmatique se référant au traité de Schönberg. Autre référence symbolique au Viennois novateur (celui, en définitive, par qui est arrivé, comme un choc en retour, le scandale minimaliste américain), la *Symphonie de chambre* (1992), qui doit autant aux dessins animés des années 1950, dans lesquels la musique agressive est sans cesse agitée par une force extérieure, qu'à la partition éponyme d'Arnold Schönberg, et, dans une moindre mesure, à l'influence de Stravinski, d'Hindemith et de Milhaud.

L'œuvre la plus connue de John Adams est l'opéra *Nixon in China* (1987). Minimaliste et parfois proche de Stravinski, l'ouvrage a bénéficié de la collaboration du metteur en scène Peter Sellars et de l'écriture d'Alice Goodman. De cet opéra relatant un fait d'actualité, il a tiré des *Chairman Dances*, enlevées et humoristiques. Son deuxième opéra, *The Death of Klinghoffer* (« La Mort de Klinghoffer », 1989-1991), accuse un langage linéaire et chromatique représentatif de ses nouvelles orientations stylistiques. L'opéra est fondé sur l'épisode tragique de l'assassinat, en 1985, d'un passager du paquebot *Achille Lauro* par un commando palestinien. Peter Sellars et Alice Goodman n'ont pas renouvelé le ton de la comédie de *Nixon in China*, mais souligné avec cette œuvre la profondeur des conflits religieux et économiques.

Adams est également l'auteur d'un *Concerto pour violon* (1993), de *Gnarly Buttons*, pour clarinette et ensemble, de la pièce pour orchestre *El Dorado* (1991, une commande du San Francisco Symphony Orchestra), et de diverses transcriptions pour orchestre : *La Berceuse élégiaque* de Busoni, *La Lugubre Gondole* de Liszt, quatre mélodies de Debussy extraites des *Cinq Poèmes de Baudelaire*, *Five Songs* de Charles Ives. En parallèle, il dirige et collabore régulièrement avec l'orchestre de San Francisco mais également avec les orchestres de Cleveland, de Los Angeles et du Minnesota.

Sa musique ne laisse pas indifférent ; elle irrite ou séduit car Adams parvient à conjuguer avec habileté des talents de compositeur, d'orchestrateur et de chef d'orchestre au service d'une esthétique franchement postminimaliste à laquelle les esprits non sectaires ont bien du mal à résister.

PATRICK WIKLACZ

AGRICOLA ALEXANDRE (1446 env.-1506)

Né vraisemblablement en Flandre, peut-être en Allemagne, Alexandre Agricola (ou Ackermann) est en Italie, à Florence, en 1470, date de son mariage. Il est au service du duc Galéas-Marie Sforza de Milan, de 1471 à 1474, date à laquelle on le rencontre à Mantoue, ayant cédé sa place à Milan à Loyset Compère. En 1476, il est à Cambrai dans le groupe des petits vicaires (chantres). Il est de nouveau en Italie, à Florence, en 1491, chez Laurent de Médicis, ville qu'il quitte après la mort de celui-ci (1492). Il est possible qu'il ait été au service du roi de France Charles VIII. En 1500, en tout cas, il est chapelain de Philippe le Beau à la cour de Bourgogne ; il suit ce dernier en Espagne en 1501 et en 1506 ; au cours de ce second voyage, il meurt de la peste à Valladolid. Il est significatif qu'on ne décèle pas chez lui d'influence italienne ; il est resté fidèle à la tradition franco-flamande du Nord. Dans sa musique sacrée (dont huit messes à quatre voix et une à trois, dont plusieurs sur un ténor profane, par exemple *Malheur me bat* ; vingt-cinq motets à trois et quatre voix, qui parfois utilisent la technique de l'imitation), il demeure proche de Josquin. C'est dans ses chansons polyphoniques sur des textes français, italiens et flamands qu'il cultive avec le plus de bonheur l'écriture de son temps, à l'instar de Josquin, de Pierre de La Rue, de Heinrich Isaac, de Johannes Ghiselin (Verbonnet) ou de Loyset Compère ; il en publia quatre-vingt-deux, la plupart à trois voix (68) comme de coutume, mais il traite les trois voix à égalité (on sait que le contraténor était auparavant une simple basse sans caractère mélodique précis), parfois même il ajoute une quatrième partie (10) ; il a même écrit une chanson à six voix. C'est l'énergie de son rythme qui pourrait le caractériser ; toutefois, sa polyphonie est parfois un peu lourde. Ses œuvres furent très souvent transcrites pour luth.

PIERRE-PAUL LACAS

ALAIN JEHAN (1911-1940)

Fils de l'organiste Albert Alain, Jehan Alain apprend la musique, comme le feront ses frère et sœur plus jeunes (Olivier, compositeur, et Marie-Claire, organiste), sous le regard de son père, à la tribune de l'orgue de l'église de Saint-Germain-en-Laye. C'est dans cette ville qu'il est né. Au Conservatoire de Paris il est, entre autres, élève de Marcel Dupré pour l'orgue et de Paul Dukas pour la composition. Il est tué au combat du Petit-Puy près de Saumur, le 20 juin 1940. En dépit de la brièveté de sa carrière de compositeur, Jehan Alain laisse une œuvre abondante (120 numéros d'opus) composée en une dizaine d'années (1929-1939) ; cette œuvre comprend surtout des pièces chorales, des pièces pour piano ou pour orgue. La composition quasi simultanée, en 1938, de trois messes laisse entendre que Jehan Alain s'épanouit pleinement et qu'il s'oriente vers des formes musicales larges ; la mort brise alors un artiste en plein essor.

L'homme est célébré comme un héros au lendemain de la guerre, ce qui évite de se pencher sur sa musique, et son œuvre va rester longtemps dans l'ombre. Marie-Claire Alain (pour les cinq ans de laquelle Jehan a écrit une pièce de piano, *Heureusement la bonne fée marraine*) s'est chargée de faire éditer les œuvres de son frère, dont une grande partie est enregistrée (pièces pour piano, œuvres vocales, œuvre pour orgue).

Deux principes dominent la création de Jehan Alain : « Se rappeler que presque tous les musiciens parlent trop longtemps », et « La musique est faite pour traduire les états d'âme d'une heure, d'un instant, surtout l'évolution d'un état d'âme. Donc mobilité nécessaire. Ne pas essayer de traduire un sentiment unique, fût-ce un sentiment éternel. » L'humour, qui se joint à cette prise de conscience, est un des traits les plus constants et les plus caractéristiques de l'homme : « Vous êtes un homme fait, Monsieur ? – Hélas ! ni fait ni à faire. » Cet humour s'exprime souvent dans le titre même des œuvres : *En dévissant mes chaussettes*, *Berceuse sur deux notes qui cornent*. Rapidité, mobilité, variété, recherches rythmiques et modales sont les caractéristiques d'un style que Marie-Claire définit de la manière suivante : « Tout Alain est dans cette attitude : ne jamais exagérer un effet et se moquer de ses propres épanchements. Dans les pièces les plus profondément tragiques, ne jamais perdre le sens de l'humour. »

BRIGITTE MASSIN

ALBÉNIZ ISAAC (1860-1909)

La carrière d'Isaac Albéniz se déroule à l'époque où la musique espagnole, étouffée depuis plus d'un siècle par l'école italienne, connaît un renouveau inspiré des richesses et des possibilités de son folklore. Le réveil des nationalités qui se manifeste alors dans le monde entier est plus significatif encore en Espagne, où le peuple a gardé intactes ses traditions au long des décennies pendant lesquelles la noblesse et la bourgeoisie ne se sont intéressées qu'à l'art lyrique et au bel canto. Les petites comédies musicales – les zarzuelas – ont leur public, qui n'est pas celui des conservatoires, et que l'on tient pour méprisable, tout comme la tendance de leurs compositeurs à se référer aux chants et aux danses du terroir.

Le retour à la « tradition généalogique », amorcé par Felipe Pedrell et brusquement encouragé par la vision d'une Espagne imaginaire que vient d'apporter la *Carmen* de Bizet, va donc s'affirmer dans le dernier quart du siècle, au détriment d'un art académique sans lien aucun avec l'âme atavique du pays. C'est cependant grâce à Albéniz que cette tradition va trouver la vérité d'un accent qui échappe au pittoresque facile, à l'esthétique des castagnettes et à la portée confidentielle de la zarzuela.

L'intelligente assimilation de la leçon des maîtres français – Debussy et Ravel, en particulier – a beaucoup aidé Albéniz à organiser un art raffiné à partir de motifs d'inspiration populaire, sans que leur puissance d'évocation en sorte affaiblie, et en les rendant « purifiés musicalement et ennoblis moralement » (Manuel de Falla).

Avec Granados et de Falla, Albéniz est le meilleur représentant d'un nationalisme musical fondé sur une nouvelle façon de sentir, mélodiquement et harmoniquement, l'apport de la terre natale.

Une jeunesse vagabonde

Une étonnante précocité marque le destin d'Albéniz, né à Camprodón, en Catalogne, le 29 mai 1860. Mis au piano dès l'âge de deux ans, il donne, deux ans plus tard, un concert à Barcelone. À six ans, il éblouit le jury du Conservatoire de Paris, mais un enfantillage lui en interdit l'entrée : à la fin des épreuves, il sort une balle de sa poche et la lance contre une vitre, qu'il fait voler en éclats ! Une vie d'aventures s'ouvre alors devant lui, d'abord sous la conduite de son père, qui l'exhibe dans toute l'Espagne comme « un nouveau Mozart », puis en solitaire, à la suite d'une série de fugues qui vont le conduire jusqu'en Amérique du Sud. Il n'a alors que douze ans ! Après des concerts en Argentine, au Brésil et en Uruguay, il regagne l'Espagne, mais c'est pour en repartir aussitôt avec sa famille, qui s'installe aux Antilles, et reprendre sa vie d'errant à travers les États-Unis... À quatorze ans, émancipé, livré à lui-même et sans guide spirituel, il part pour Leipzig afin d'y parfaire sa technique pianistique avec Carl Reinecke et Salomon Jadassohn. On le retrouve peu après à Bruxelles, grâce à une bourse d'études offerte par le roi Alphonse XII, puis, en 1880, à Budapest, où il réalise son rêve de rencontrer Liszt. Il accompagne le vieux maître à Rome et à Weimar, apprenant de lui, plus que les derniers secrets de la virtuosité transcendante, la portée universelle qui peut s'attacher à la vérité humaine fondamentale du chant populaire et à son « sentiment vivifiant ».

Ainsi s'éveille en lui un nationalisme d'esprit rapsodique, avec ce que ce mot sous-entend de liberté et de verve fantasque. Il abandonne dès lors le style des petites pièces de salon ou de fantaisie qu'il a déjà écrites et se tourne vers la zarzuela, en s'improvisant impresario d'une compagnie qui parcourt l'Espagne et dont il alimente le répertoire. C'est alors qu'il rencontre Pedrell.

« Le compositeur, lui dit celui-ci, doit se nourrir de la quintessence du chant populaire, l'assimiler, le revêtir des délicates apparences d'une forme riche. » Ainsi avait procédé Chopin dans ses mazurkas et ses polonaises, et c'est à ce titre que l'influence de Pedrell sera décisive sur le génie créateur d'Albéniz en rejoignant celle de Chopin, bien au-delà des séductions immédiates de ses mélodies. Les pièces pour piano de la *Suite espagnole* (1886) ou des *Souvenirs de voyage* (1887), qui évoquent chacune une ville, un paysage ou une province, en portent déjà l'empreinte dans l'exploitation d'un instrument pourtant entièrement étranger à l'esprit de la musique ibérique.

Pendant les dernières années qu'il passe en Espagne, partagé entre ses tournées de concerts et son activité de compositeur, Albéniz coordonne les différents éléments techniques et stylistiques qui révolutionneront bientôt la littérature pianistique et révéleront une sensibilité nouvelle et un coloris où le rythme retrouve son principe originel.

En 1893, il quitte Madrid pour Paris et pour Londres dans l'intention d'élargir son audience et, peut-être, de trouver les confirmations et les encouragements dont il a toujours eu périodiquement besoin. Salué par la critique comme un virtuose exceptionnel, il est nommé chef d'orchestre au théâtre du Prince de Galles. Tenté par la musique scénique, il accepte inconsidérément la commande d'une série d'opéras dont le librettiste, un riche banquier anglais, exploitait le cycle de la Table ronde. Il se libère, tant bien que mal, de ce qu'il qualifie lui-même de « pacte de Faust », puisqu'il était lié à un climat étranger à la libre expression de son génie, et se fixe à Paris où les compositeurs qui représentent la jeune musique française, Vincent d'Indy, Ernest Chausson ou Debussy, lui font un accueil chaleureux. C'est à leur contact qu'il va franchir les étapes qui le conduiront à ses plus grands chefs-d'œuvre, ceux qui n'ont pour truchement que le piano.

Le protagoniste du « renacimiento »

Au cours des quinze années qui lui restent à vivre – et qu'il passe à Paris –, Albéniz ne va cesser d'explorer l'espace sonore afin de satisfaire l'exigence nouvelle qui s'est emparée de lui à mesure de ses rencontres dans les milieux musicaux de la capitale. Il s'inscrit spontanément dans la classe de composition de Vincent d'Indy quand la Schola Cantorum ouvre ses portes, et il continue à travailler sous sa direction, alors même qu'il est nommé professeur de piano dans la même institution. Affermissement de la forme et goût de la polyphonie conformes à l'esprit scholiste rejoignent dans ses préoccupations la conquête du milieu harmonique dont Debussy lui a désigné l'accès et dont il se plaira à accuser la couleur grâce à son penchant inné pour les dissonances. Tous ces éléments s'intégreront au style d'improvisation et d'intuition qui caractérise ses paysages espagnols, avec toutefois le risque d'aboutir à des compositions trop savantes pour le peuple ou trop plébéiennes pour l'élite.

Le précieux diptyque d'*Espagne-souvenirs* (1896) et surtout *La Vega* (1897) attestent déjà cette magie de l'expression pianistique où poésie et couleur sont liées à l'enrichissement de la palette harmonique et sonore comme à la sollicitation de tous les registres où le clavier peut être habité de féerie. Mais il faudra encore huit ans de silence et de recueillement pour que, avec *Iberia*, Albéniz signe son œuvre la plus achevée et le chef-d'œuvre de toute la musique espagnole. Après Chopin et Liszt, et dans le même temps que Debussy, le coloris, la sensibilité, le mystère lui-même du piano d'Albéniz demeurent inimitables dans la hardiesse, l'abondance et la somptuosité. « Délire orphique à la Van Gogh », a pu dire Jean Maillard pour tenter d'exprimer, dans une correspondance visuelle, l'ivresse de lumière et de vie de ces tableaux à la gloire de l'Espagne. Douze pièces auxquelles rien ne se peut comparer dans toute l'histoire du piano, conduites avec une intense vitalité, une imagination prodigieuse, une exaltation d'alchimiste en quête d'un véritable magnétisme sonore : chacune d'elles porte, comme précédemment, un nom de ville (*Malaga*, *Jerez*) ou de lieu (*El Puerto*, *Triana*), presque toujours andalou, et se réfère à l'accent des vieilles cantilènes mauresques.

Par ailleurs, Albéniz ouvre ici la voie aux conquêtes pianistiques les plus importantes du XXe siècle (Messiaen, Boulez, Stockhausen), en exploitant les possibilités encore inconnues de l'instrument et en innovant sur le plan de la technique.

La jubilation de ce poème de l'exil ne doit pourtant pas en masquer la secrète nostalgie. Si Albéniz a élu domicile en France, c'est à la suite des difficultés et des épreuves qu'il avait rencontrées dans la promotion d'un opéra national espagnol, lors d'une saison organisée à Barcelone avec Enrique Morera (1902). L'incompréhension de ses compatriotes l'avait d'autant plus affecté qu'une œuvre comme *Pepita Jimenez*, la mieux venue de ses comédies lyriques, devait connaître un triomphe à Bruxelles et à Prague.

Curieusement, du reste, à l'heure de sa mort (à Cambo-les-Bains, le 18 mai 1909), il n'était encore, pour les amateurs et même une grande partie de la critique, qu'un aquarelliste plein de truculence dont la folle prodigalité pouvait jeter à tous vents des « pièces pittoresques » à résonances folkloriques.

Aujourd'hui, on salue en lui un des plus intrépides explorateurs du monde sonore et, dans le frisson nouveau qu'il a suscité en évoquant le chant profond de sa race, l'un des plus grands poètes du piano de toute l'histoire.

ANDRÉ GAUTHIER

Bibliographie

J. AVINOA, *Albéniz*, Daimon, Mexico, 1986 / H. COLLET, *Albéniz et Granados*, Alcan, Paris, 1926 ; rééd. Éd. d'Aujourd'hui, Plan-de-la-Tour, 1982 / S. CRESPO, *Senderos espirituales de Albéniz y Debussy*, Mexico, 1944 / A. GAUTHIER, *Albéniz*, Espasa-Calpe, Madrid, 1978 / W. GEORGII, *Musique de piano*, Zurich, 1941 / V. JANKÉLÉVITCH, « Albéniz et l'état de verve », in *La Rhapsodie*, Flammarion, Paris, 1959 ; *La Présence lointaine, Albéniz, Séverac, Mompou*, Seuil, Paris, 1983 / G. JEAN-AUBRY, « Albéniz », in *Les Musiciens célèbres*, Mazenod, Genève, 1946 / G. LAPLANE, *Albéniz*, Éd. du Milieu du monde, Paris, 1956 / A. DE LAS HERAS, *Vida de Albéniz*, éd. Patria, Barcelone, s.d. / J. DE MARLIAVE, *Études musicales*, Alcan, 1917 / J. MARTINEZ, *Falla, Granados y Albéniz*, Publicaciones españolas, Madrid, 1952 / M. RAUX-DELEDICQUE, *Albéniz, su vida inquieta y ardorosa*, Buenos Aires, 1950 / V. RUIZ-ALBÉNIZ, *Isaac Albéniz*, Comisaría general de música, Madrid, 1948 / A. SAGARDIA, *Albéniz*, Plasencia, 1951.

ALBINONI TOMASO (1671-1750)

Il se disait *dilettante veneto*, mais cela ne veut rien dire de plus que le fait, pour Tomaso Albinoni, de ne pas vivre de la musique, étant de famille noble et riche. C'est en fait un des très grands musiciens de cette époque, contemporain et, croit-on, ami de Vivaldi. Son œuvre considérable pour le théâtre a pratiquement disparu, à part quelques airs isolés : mais on possède le livret de cinquante opéras, et le *Mercure François* lui attribue plus de deux cents œuvres théâtrales en 1731. Seule son œuvre instrumentale nous est parvenue ; elle est considérable par le nombre et la qualité, ainsi que par des innovations importantes. Comme Torelli, Albinoni oriente de manière définitive le concerto vers le « concerto de soliste », dans les trois recueils de *Concerti a cinque* (dont les deux derniers, admirables, sont destinés au hautbois). Il est l'auteur de plusieurs recueils de *Sinfonie* : le dernier, datant de 1735, adopte la forme en quatre mouvements (allegro, andante, menuet, presto) dont on attribue généralement l'initiative à Karl Philipp Emanuel Bach. C'est cette forme même qu'adopteront Haydn, Mozart et Beethoven. Dans la sonate, Albinoni s'en tient à la *sonata da chiesa* en quatre mouvements (adagio, allegro, andante, allegro). Dans tous ces domaines, Albinoni fait preuve d'une science certaine de l'écriture, d'un style ample, généreux, chaleureux et d'une grande invention mélodique. On ne sait plus rien de lui à partir de 1741, la seule trace de lui étant un acte de décès daté de 1750, mais qui pourrait être celui d'un homonyme. On peut signaler que le fameux *Adagio* qui l'a rendu célèbre, de nos jours, est une reconstitution réalisée par le musicologue Jean Witold à partir d'un fragment de concerto perdu.

PHILIPPE BEAUSSANT

ALFVÉN HUGO (1872-1960)

Hugo Alfvén est l'un des compositeurs suédois les plus populaires dans son pays d'origine. Ses quatre-vingt-huit ans de vie lui ont permis d'enrichir de plus de deux cents œuvres le répertoire musical scandinave. Celles-ci sont cependant tellement enracinées dans le tempérament suédois qu'elles n'ont pas immédiatement rencontré l'audience internationale qu'elles méritaient.

Violoniste de formation (il jouera deux ans, de 1890 à 1892, au sein de l'orchestre de l'Opéra de Stockholm avant d'entreprendre sa carrière de compositeur), Alfvén a étudié la peinture parallèlement à la musique. Ses productions dans les deux domaines témoignent d'un exceptionnel talent de coloriste. Alfvén a été particulièrement prolixe dans le domaine de la musique vocale. Lui-même chef du chœur du Siljan – un regroupement de chœurs religieux et laïques de la région de Dalarna – de 1904 à 1957, il s'est fait connaître à l'étranger en donnant des concerts à la tête de l'Orphéi Drängar (formation chorale qu'il a dirigée de 1910 à 1947 et qui a contribué à la réputation internationale incontestable des chœurs et solistes vocaux originaires de Suède). Dans le même temps, de 1910 à 1939, Alfvén a assuré la direction de la musique à l'université d'Uppsala. Dès sa première symphonie (composée en 1897), Alfvén se situe dans une mouvance post-brahmsienne qui n'échappe pas à l'impressionnisme du tournant de siècle et témoigne d'une vitalité d'écriture qu'un Richard Strauss n'aurait pas reniée. Mais autant Strauss était antireligieux, autant Alfvén témoigne d'un tempérament chrétien émerveillé par la création, tout entier tourné vers l'extérieur et la beauté du monde. Son *Herrans bön* (La Prière du Seigneur), cantate pour soli, chœur et orchestre commencée en 1899 sur un îlot du merveilleux archipel de Stockholm et achevée à Rome en avril 1901, est là pour nous le rappeler. Cette « prière » intervient après la *Deuxième Symphonie* (1897-1898) – elle aussi composée depuis l'archipel –, qui se déploie sur quatre mouvements comme une immense vague chargée d'écume : cette œuvre reste une des plus belles musiques nordiques jamais composées. En 1903, avec son *Midsommarvaka* (traduit par Nuit de la Saint-Jean et répertorié sous l'intitulé de *Rhapsodie suédoise n*° *1*), Alfvén signe son passage à la postérité. Cette œuvre d'atmosphère riche en couleurs lui assurera la célébrité hors des frontières nationales. En 1904, il retourne à la magie maritime avec le poème symphonique *En skågårdssägen* (La Légende de l'archipel) tandis que la *Troisième Symphonie* (écrite pendant l'été de 1905 en Italie, en pleine période d'exaltation amoureuse) ensoleille son répertoire par une prédominance de bois chatoyants et de cuivres éclatants : chez Alfvén, la recherche des timbres atteint ici un sommet. Après la secousse de la Première Guerre mondiale, la *Quatrième Symphonie* dévoile une sensualité impressionniste sensée représenter, à travers l'affrontement de la mer et des rochers, l'amour entre deux êtres humains : écrite pour soprano, ténor et orchestre, elle porte le sous-titre « Från havsbandet » (Depuis les contours de l'archipel). En 1931, la *Dalarapsodi* (Rhapsodie de Dalécarlie, connue sous le nom de *Rhapsodie suédoise n*° *3*) porte l'empreinte du terroir et emprunte aux musiques traditionnelles (comme le faisait déjà le ballet *Bergakungen* – Le Roi de la montagne – composé de 1916 à 1923). La suite *Gustav Adolf* de 1932 ramène à un style académique puissant auquel se rattachera aussi le *Festspel* (Ouverture de fête) de 1944. La *Cinquième Symphonie* (ébauchée entre 1942 et 1953) restera inachevée. Parallèlement à toutes ses œuvres symphoniques, Alfvén a mis beaucoup de son cœur dans des œuvres vocales aussi diverses que des chants religieux, des berceuses ou des chants militaires, très appréciés en Suède. Maître de la musique à programme, sa renommée reste indissociable de celle du merveilleux archipel de Stockholm qui l'a si souvent inspiré. À Stockholm, une fondation Hugo-Alfvén perpétue sa mémoire.

MICHEL VINCENT

ALKAN CHARLES-VALENTIN MORHANGE dit (1813-1888)

Figure majeure du piano en France à l'époque romantique, Alkan souffre de la notoriété de Chopin et de Liszt : elle l'éclipsera jusqu'à la redécouverte de son œuvre à la fin des années 1980. Né à Paris dans une famille juive, il entre très tôt au Conservatoire, où il est l'élève de Pierre Zimmermann : il obtient le premier prix de piano en 1824, le premier prix d'harmonie en 1827 et le premier prix d'orgue en 1834 ; la même année, il remporte le premier grand prix de Rome. Il commence aussitôt une carrière de virtuose et fréquente les principaux salons de la capitale aux côtés de George Sand, de Chopin, de Victor Hugo ou de Liszt. À l'exception d'une courte période où il enseigne le solfège à temps partiel au Conservatoire de Paris (1829-1836), il n'occupe aucune fonction officielle. Il s'oriente bientôt vers la musique de chambre et l'enseignement, à titre privé. Une première éclipse interrompt sa carrière entre 1838 et 1844 et, après avoir refait surface pendant quatre ans, il quitte Paris pour n'y revenir que vingt-cinq ans plus tard (1848-1873). Doté d'une étonnante technique, très rigoureuse, il était surnommé le « Berlioz du piano ». Homme énigmatique, sa carrière comporte des périodes obscures que la musicologie n'a pas encore totalement éclaircies (R. Smith, *Alkan*, 2 vol., Londres, 1976 et 1987).

Son œuvre, essentiellement consacrée au piano, s'impose par sa diversité et sa nouveauté. À bien des égards, Alkan est au piano ce que Berlioz est à l'orchestre : un novateur plein d'imagination sachant décrire en musique. La révolution ferroviaire lui inspire une étonnante étude, *Le Chemin de fer* (1844). Parmi ses œuvres majeures figurent la *Grande Sonate*, op. 33, « Les Quatre Âges » (1847) et les deux cycles de *Douze Études dans les tons majeurs* (1847) et *Douze Études dans les tons mineurs* (1857), où figure le fameux *Festin d'Ésope*. Il est également l'auteur de deux concertos de chambre pour piano, d'un trio pour piano, violon et violoncelle, d'une sonate pour violoncelle et piano, d'une symphonie, d'un concerto pour piano et orchestre, de variations, de préludes pour piano ou orgue (ou pour piano-pédalier, instrument hybride, sorte de piano disposant d'un pédalier d'orgue, tombé en désuétude) et de mélodies.

ALAIN PÂRIS

ALLEGRI GREGORIO (1582-1652)

Le nom d'Allegri est attaché au fameux *Miserere* à deux chœurs qui faisait partie du répertoire secret de la chapelle Sixtine, et que Mozart transcrivit de mémoire à treize ans, après une seule audition, à la stupéfaction de son entourage. Mais ce *Miserere* célèbre, et d'ailleurs fort beau n'est pas sa seule œuvre et il ne se situe sans doute pas parmi ce qu'Allegri nous offre de plus intéressant et de plus nouveau. Allegri s'inscrit dans la lignée de ceux qui, suivant l'exemple de Galilei, adoptent pour la musique religieuse le *stile rappresentativo* et élaborent, dès les vingt premières années du XVIIe siècle, le motet soliste. Ses *Concertini* (1619), écrits à deux et quatre voix, sont une étape importante dans l'édification de ce genre. Les messes, motets et psaumes (manuscrits) sont plus traditionnels. Ses *sinfonie* et *canzone* instrumentales font penser aux œuvres similaires de Frescobaldi.

PHILIPPE BEAUSSANT

ALSINA CARLOS ROQUÉ (1941-)

Né à Buenos Aires, Carlos Roqué Alsina y fait ses études musicales de piano et de direction d'orchestre, puis travaille la composition en autodidacte. Il mène parallèlement une carrière de pianiste commencée très jeune, d'interprète de la musique contemporaine et de compositeur. De 1959 à 1964, il participe aux concerts de l'Agrupación Nueva Música de Buenos Aires. Invité par la Fondation Ford à Berlin, il y réside à partir de 1964 et participe au programme « Artists in residence » ; il travaille avec Luciano Berio en 1965 et devient, en 1966, assistant de Bruno Maderna à la Deutsche Oper Berlin. De 1966 à 1968 aux États-Unis à Buffalo, il est membre du Center of creative and performing arts, puis professeur invité à l'université. À partir de 1969, il fait partie du New Phonic Art, groupe principalement axé sur l'improvisation, et dont la réputation devient rapidement internationale, avec Jean-Pierre Drouet à la percussion, Vinko Globokar au trombone et Michel Portal aux clarinettes. En 1971, Alsina reçoit le prix Guggenheim pour *Überwindung* pour quatre solistes et grand orchestre (1970) et *Schichten* pour orchestre de chambre (1971). Il se fixe à Paris en 1973. Parmi ses principales œuvres, on peut citer : *Drei Stücke* pour orchestre à cordes (1964), *Funktionen* pour ensemble instrumental (1965), *Trio* pour trombone, violoncelle et percussion (1967), *Rendez-vous* pour quatre musiciens et *Sympton* pour orchestre (1969), *Unitus* pour clarinette et violoncelle et *Approach* pour deux solistes et orchestre (1973), *Themen* pour un percussionniste (1974), *Stücke* pour grand orchestre (1976-1977), *Señales* pour piano et orchestre de chambre, *Décisions* pour vingt-cinq musiciens (1977) – qui marque le début de l'orientation d'Alsina vers le théâtre musical, pour lequel il va beaucoup composer –, *Sinfonia* (1983).

Créateur indépendant, Alsina ne veut se rattacher à aucune école. Interprète, il apprécie, dans l'improvisation de groupe, le jeu des réactions d'un musicien à l'autre. Il considère que l'essentiel de son activité créatrice consiste à composer de la musique par la mise en place de ses différents paramètres : la partition est donc entièrement fixée et ne comporte pas de parties improvisées. Par contre, il lui arrive d'employer un élément sonore naturel pour orienter le développement d'une œuvre : dans *Approach*, une bande magnétique fait entendre l'enregistrement d'un chœur de grenouilles, tel quel et sans manipulations, chœur qui forme un *cluster* (groupe de sons serrés) évoluant vers un accord tonal ; et le complexe harmonique de l'orchestre se transforme en suivant cette évolution.

NICOLE LACHARTRE

AMY GILBERT (1936-)

Brillant étudiant en philosophie, Gilbert Amy se destine cependant à la musique. Olivier Messiaen est pour lui le maître qui l'a le plus marqué au cours des années passées au Conservatoire de Paris. Amy travaille ensuite avec Pierre Boulez (à Bâle) et suit les cours d'été de Darmstadt. Formé par Boulez à la direction d'orchestre, Amy lui succède en 1967 à la tête de l'association du Domaine musical. Il met un terme aux activités du Domaine à l'automne de 1973, sans abandonner pour autant sa carrière de chef d'orchestre. Il devient directeur des programmes musicaux de l'O.R.T.F. et, de 1976 à 1981, prend la direction du Nouvel Orchestre philharmonique de Radio-France. En 1984, il est nommé directeur du Conservatoire national de musique de Lyon. C'est peut-être son activité à la tête d'orchestres le plus souvent voués à faire connaître les musiques d'aujourd'hui qui conduit Gilbert Amy à jeter un regard critique sur la musique contemporaine, à réfléchir sur certaines facilités de langage que s'accordent à ses yeux bien des compositeurs de son temps et à s'interroger sur le problème de la musique comme communication.

Sa création se trouve donc confirmée dans une exigence de rigueur par son activité de chef d'orchestre. Il ne s'éprouve guère tenté par des expériences musicales (ou musico-gestuelles ou théâtro-musicales) qui reflètent une pensée dadaïste ou venue d'un surréalisme, pour lui dépassé. Gilbert Amy croit à l'œuvre, rigoureuse dans sa forme et son écriture, sa création est influencée par la musique sérielle, par l'école de Vienne avec laquelle il s'est trouvé spontanément accordé durant ses années de conservatoire. Toutefois, il ne dédaigne pas d'utiliser la bande magnétique. *Cette étoile enseigne à s'incliner* (1970) mêle ainsi à la bande des instruments et des voix d'hommes, procédé que l'on retrouvera dans *Une saison en enfer* (1980), pour voix, chœur, piano, percussion et traitement électroacoustique. Dans son œuvre instrumentale, si l'idée d'une série est souvent présente, elle ne joue la plupart du temps que le rôle de mise en œuvre d'une idée et d'une forme qui vise à son élargissement – voire à son éclatement au sein de l'œuvre même (*En Trio I* et *II*, 1985 et 1986, pour violon, clarinette et piano).

D'un espace déployé (1972), où se confronte le jeu de deux orchestres, symbolise ainsi dans son titre et sa réalisation la largeur du souffle, objet constant de sa recherche. *Mouvement pour dix-sept instruments* (1958), *Épigrammes* pour piano (1961), *Diaphonies* pour orchestre de chambre (1962), *Trajectoires pour violon et violoncelle* (1966) avaient préparé la voie.

BRIGITTE MASSIN

ANGLÉS père RAFAEL (1731 env.-1816)

Organiste, pianiste et compositeur espagnol. Le père Anglés tint les orgues de la cathédrale de Valence pendant dix ans (1762-1772). On connaît parmi les manuscrits conservés à la cathédrale de Orihuela plusieurs œuvres d'Anglés ; la bibliothèque centrale de Barcelone possède aussi des pièces pour orgue ainsi que des œuvres qu'il a copiées. Certaines de ses sonates furent publiées par J. Nín (*Classiques espagnols du piano*, Paris, 1925-1928). Le père Anglés appartient à une génération influencée par l'art de Domenico Scarlatti et du père Antonio Soler y Ramos, et qui compte notamment les pères Vicente Rodríguez, Narciso Casanovas, Felipe Rodríguez, José Galles.

PIERRE-PAUL LACAS

ARCADELT JACQUES (1505 env.-1568)

Musicien franco-flamand, un des premiers grands madrigalistes, avec C. Festa et P. Verdelot. Il fut peut-être l'élève de Josquin Des Prés et certainement celui de Verdelot qu'il fréquenta notamment vers 1530 à la cour des Médicis et avec lequel il fit le voyage de Lyon, en compagnie d'un autre musicien français, Jean Conseil (1498-1535). Il retourna à Florence en 1532, mais il quitta cette ville après la mort d'Alexandre de Médicis. Vécut-il à Venise où paraissent en 1539 quatre livres de madrigaux à 4 voix ? On le retrouve en tout cas à Rome où, à la fin de l'année 1540, il est maître de chapelle à la Sixtine sous Paul III (après avoir peut-être servi à la Capella Giulia). Le pape le fait bénéficier d'un canonicat à Liège ; puis Arcadelt passe une année en France avant son retour à Rome, en 1547, où il reste jusqu'en 1551. Il devient maître de chapelle du cardinal Charles de Lorraine et maître de la chambre du roi Henri II (au moins de 1554 à 1562). Son œuvre religieuse, plus traditionnelle que ses compositions profanes, est fondée sur la technique de l'imitation. Il publia trois messes à 4 et 5 voix (Paris, 1557), dont une, *Ave Regina*, sur le motet de A. de Silva, et une, *Noe Noe*, sur celui de Mouton ; des *Motecta* (motets) à 4 voix (Venise, 1545), d'émouvantes *Lamentations*, un *Magnificat* (1557), et *Six Psaumes de David* (1559). C'est surtout comme madrigaliste et auteur de chansons françaises qu'il mérite attention. Parti de la *frottola* et de la chanson populaire italienne, il donne sa forme classique au madrigal (cinq livres à 4 voix, un livre à 3 voix). C'est lui qui, le premier, publie à Paris en 1547 (Attaingnant) la chanson française en forme d'air nouveau genre : syllabique, homophonique et de structure strophique, que va porter à son apogée P. Certon, quelques années plus tard. Il possède la pureté de lignes et l'élégance du style parisien (citons, par exemple, *Quand je vous aime*) ; le dessus se déroule souplement, accusant le charme, la douceur, voire la mélancolie ; il mérita d'être appelé *il bianco e dolce cigno*, titre de l'un de ses madrigaux. Son influence fut très profonde sur Palestrina. En 1654, paraissait la quarantième réédition de son premier livre de madrigaux. Chose rarissime, Giovanni Vindella transcrivit pour luth un volume entièrement consacré à Arcadelt ; et ses transcripteurs ne se comptent pas (S. Gorlier, S. Gintzler, et bien d'autres).

PIERRE-PAUL LACAS

ARCUEIL ÉCOLE D'

Groupe fondé en 1923 par quatre jeunes compositeurs français, Henri Cliquet-Pleyel (1894-1963), Roger Désormière (1898-1963), Henri Sauguet (1901-1989) et Maxime Jacob (1906-1978). Darius Milhaud les avait présentés à Erik Satie, qui vivait reclus dans son appartement d'Arcueil. Ils adopteront le nom d'école d'Arcueil en juin 1923, à l'occasion d'une conférence donnée par leur maître spirituel au Collège de France. Dans une lettre adressée à Rolf de Maré, le fondateur des Ballets suédois, Satie présentait ainsi le nouveau groupe, le 12 octobre 1923 : « Ce qu'est l'école d'Arcueil ? Le 14 juin dernier, j'ai eu l'honneur de présenter, au Collège de France, quatre jeunes musiciens, Henri Cliquet-Pleyel, Roger Désormière, Maxime Jacob et Henri Sauguet. Ils ont pris la dénomination d'école d'Arcueil par amitié pour un vieil habitant de cette commune suburbaine. Oui, je ne vous parlerai pas de leurs mérites (n'étant ni pion ni critique, heureusement). Le public est leur seul juge. Lui seul a le réel pouvoir de se prononcer. »

Déçu par l'expérience avortée du groupe des Six, Satie considérait que l'école d'Arcueil devait lui succéder. Les dix musiciens avaient pourtant peu de choses en commun, en dehors d'une certaine recherche de la simplicité : ils rejetaient toute musique académique, prétentieuse, romantique, Wagner étant l'objet de leurs foudres communes.

Peu après la présentation officielle de Satie, un concert de leurs œuvres est organisé dans un théâtre de fortune du boulevard Saint-Germain. Le succès dépasse toute espérance : Désormière est engagé comme chef d'orchestre des Ballets suédois, Maxime Jacob reçoit la commande d'une musique de scène pour une pièce de Marcel Achard et Sauguet une commande de l'Opéra qui deviendra *Le Plumet du colonel*. Ils organisent des concerts auxquels sont étroitement associés Jacques Benoist-Méchin et Robert Caby, qui ne feront pourtant jamais partie du groupe. Cocteau vole rapidement à leur secours, « orchestrant » leurs activités dans l'ensemble de la presse parisienne.

Mais à la mort de Satie, en 1925, le mouvement est privé de son animateur et il se disloque progressivement, chacun reprenant son indépendance : Désormière se tourne vers la direction d'orchestre, Cliquet-Pleyel vers la musique de film, Maxime Jacob, entré chez les bénédictins en 1930, se consacre surtout, sous le nom de Dom Clément Jacob, à la musique religieuse et à la musique de chambre. Seul Sauguet cherchera à prolonger dans son œuvre les idéaux de l'école d'Arcueil.

ALAIN PÂRIS

AUBER DANIEL FRANÇOIS ESPRIT (1782-1871)

Élève de Cherubini, directeur, après son maître, du Conservatoire, entre 1842 et 1871 (date à laquelle Ambroise Thomas lui succédera), maître de chapelle de Napoléon III, Auber est le dernier grand représentant de l'opéra-comique français, tel que l'avaient conçu Philidor, Monsigny et Grétry. Spirituel et brillant, génie facile (trente-sept opéras-comiques, plus dix grands opéras), il a, sinon la délicatesse qui permettait au XVIIIe siècle que ces œuvres légères puissent devenir parfois de petits chefs-d'œuvre, du moins un sens mélodique aisé, et la collaboration de Scribe à partir de 1823 lui permet d'obtenir, durant près de quarante ans, un succès à peu près continu (*Fra Diavolo*, 1830 ; *Le Domino noir*, 1837 ; *Le Lac des fées* ; *Les Diamants de la couronne* ; *Haydée*, 1847 ; *Manon Lescaut*, 1857). Mais son plus grand succès reste *La Muette de Portici* (1828) qui raconte l'insurrection de Masaniello à Naples en 1628 ; l'ouverture, les airs et les chœurs transportèrent le public en 1830 et donnèrent le signal à la manifestation bruxelloise qui commença l'insurrection pour l'indépendance de la Belgique. Peut-être Auber avait-il raison quand il disait de lui-même qu'il avait aimé la musique tant qu'elle avait été sa maîtresse, mais qu'il l'aimait moins depuis qu'il l'avait épousée ; en ne retenant de toutes ses œuvres que l'une des premières, la postérité alors semble ratifier ce jugement désabusé.

PHILIPPE BEAUSSANT

AURIC GEORGES (1899-1983)

Cadet du groupe des Six, Georges Auric n'a jamais occupé le devant de la scène musicale comme Honegger, Poulenc ou Milhaud. Sa carrière s'est toujours déroulée en marge des circuits habituels ; il a touché à tous les genres avec une égale réussite.

Après des études au Conservatoire de Montpellier – Georges Auric est né à Lodève, dans l'Hérault, le 15 février 1899 –, il vient se perfectionner au Conservatoire de Paris où il travaille le contrepoint et la fugue avec Georges Caussade. En 1914, il donne sa première œuvre, *Interludes*, jouée à la Société nationale. Puis il devient le disciple de Vincent d'Indy et d'Albert Roussel à la Schola Cantorum. En 1917, il compose son premier ballet, *Les Noces de Gamache*, suivi, deux ans plus tard, d'un opéra-comique, *La Reine de cœur* ; il détruira ces deux partitions. De sa rencontre avec Darius Milhaud et Jean Cocteau naîtra le groupe des Six, dont le seul point commun est une réaction contre tous les héritages esthétiques, du romantisme à l'impressionnisme. Auric est alors très influencé par Satie, qui fait figure de père spirituel du groupe des Six. Diaghilev lui commande ses premiers ballets (*Les Fâcheux*, 1924 ; *Les Matelots*, 1925). En 1930, il aborde la musique de cinéma avec *Le Sang d'un poète*, de Cocteau. Sa voie est tracée, et c'est surtout dans ces deux directions que se développera sa carrière. D'abord inspecteur général de la musique, il est couvert d'honneurs après l'incroyable succès de *Moulin Rouge*, partition destinée au film de John Huston (1952) dont la valse lui vaut renommée et fortune. De 1954 à 1977, il est président de la S.A.C.E.M. En 1962, il entre à l'Institut, et, de 1962 à 1968, il est administrateur de la Réunion des théâtres lyriques nationaux (Opéra et Opéra-Comique). On lui doit notamment des spectacles comme *Wozzeck* (J.-L. Barrault et P. Boulez), *La Damnation de Faust* (M. Béjart), une collaboration avec Wieland Wagner prématurément interrompue (*Salomé*, *Tristan et Isolde*, *La Walkyrie*). Il attire au palais Garnier les plus grandes voix du moment (Maria Callas, Elisabeth Schwarzkopf, Birgitt Nilsson, Tito Gobbi, Galina Vichnievskaia...) et lui redonne un lustre perdu en luttant efficacement contre la routine du répertoire.

Mais les honneurs et les fonctions officielles ne constituent qu'un masque derrière lequel se cache la véritable personnalité de Georges Auric : doué d'une étonnante curiosité artistique, il s'intéresse à toutes les nouveautés. N'a-t-il pas participé à la création des *Noces* de Stravinski et à la première française du *Pierrot lunaire* de Schönberg ? Fidèle auditeur du Domaine musical, il se serait essayé au dodécaphonisme – de façon discrète – dans ses dernières œuvres. Auric a surtout profité de sa situation pour aider les autres musiciens : les jeunes compositeurs qui venaient prendre conseil et trouvaient en lui ouverture intellectuelle, lucidité et culture, mais aussi l'ensemble de ses confrères, en faveur desquels il a œuvré dans le cadre de la S.A.C.E.M., pour donner au compositeur français une ébauche de statut social.

L'œuvre de Georges Auric est assez peu abondante. Pour le concert, il laisse quelques pages instrumentales et de musique de chambre importantes mais peu connues : *Sonatine* (1923), *Petite Suite* (1927) et surtout *Sonate en « fa »* (1931), *Sonate pour violon et piano* (1936), *Trio pour hautbois, clarinette et basson* (1938), *Partita pour deux pianos* (1958), *Sonate pour flûte et piano* (1964), quelques mélodies et une *Ouverture pour orchestre* (1938).

À la scène, il s'est essentiellement consacré au ballet : *Les Fâcheux* (1924), *Les Matelots* (1925) et *La Pastorale* (1926) pour les Ballets russes de Diaghilev, puis *Les Enchantements d'Alaine* (1929), *Les Imaginaires* (1934), *Le Peintre et son modèle* (1949), *La Pierre enchantée* (1950), *Chemin de lumière* et *Coup de feu* (1952), *La Chambre* (1955), *Le Bal des voleurs* (1960), sans oublier sa participation à l'ouvrage collectif *L'Éventail de Jeanne* (1927). Dans ce domaine, sa meilleure réussite reste *Phèdre* (1950), tragédie chorégraphique sur un argument de Jean Cocteau.

Le cinéma est peut-être le moyen d'expression dont sa discrétion et sa pudeur naturelles se sont le mieux accommodées ; il a signé une soixantaine de partitions, collaborant avec les plus grands réalisateurs de son temps : René Clair (*À nous la liberté*, 1932), Jean Delannoy (*Symphonie pastorale*, 1946), John Huston (*Moulin Rouge*, 1952), Henri-Georges Clouzot (*Le Salaire de la peur*, 1953), René Clément (*Gervaise*, 1956), Gérard Oury (*La Grande Vadrouille*, 1967), Max Ophüls, Otto Preminger et surtout Jean Cocteau (*Le Sang d'un poète*, 1930 ; *L'Aigle à deux têtes*, *L'Éternel Retour*, 1943 ; *La Belle et la Bête*, 1946 ; *Les Parents terribles*, 1949 ; *Orphée*, 1950).

Si ses premières pages s'inscrivent, par la concision et le sens de l'ironie qui les caractérisent, dans le mouvement de réaction du groupe des Six, Auric révèle assez vite un tempérament néoromantique qui s'affirme dans la *Sonate en « fa »* et dans *Phèdre*. La simplicité initiale, à laquelle s'ajoutent des emprunts aux musiques populaires, fait place à une certaine grandeur, souvent mal comprise. L'échec de la *Sonate en « fa »* (1931) est une leçon pour Auric, qui veut conserver le contact avec son public : pour lui, la musique est destinée au plaisir de l'auditeur et elle ne doit pas réclamer un effort d'attention excessif. Ce souci est présent dans le cycle des *Imaginées*, six pièces pour différentes combinaisons instrumentales et vocales commencées en 1968 et dans lesquelles se rencontrent la rêverie naturelle du musicien, son sens de la concision et une économie de moyens poussée à l'extrême : bref, un retour à Satie.

Auric a publié un recueil de souvenirs, *Quand j'étais là...* (Paris, 1979).

ALAIN PÂRIS

AUVERGNE ANTOINE D' (1713-1797)

Violoniste et compositeur, Antoine d'Auvergne naît à Moulins où son père exerce la profession de « joueur d'instruments ». Arrivé à Paris en 1739, il étudie avec Jean-Marie Leclair, entre à l'Académie royale de musique en qualité de premier violon en 1741, et y devient chef d'orchestre en 1751. Il n'a composé jusqu'alors que de la musique instrumentale. Or, après avoir donné en 1752 l'opéra-ballet *Les Amours de Tempé*, sa première œuvre lyrique, il écrit avec *Les Troqueurs*, qui triomphe l'année suivante à la foire Saint-Laurent, ce qu'on s'accorde à considérer comme le premier opéra-comique français. Surintendant de la musique royale en 1764, directeur de l'Opéra à trois reprises entre 1769 et 1790, anobli et fait chevalier de Saint-Michel, il se retire, au moment de la Révolution, à Lyon où il meurt obscurément.

MARC VIGNAL

B

BACH JEAN-CHRÉTIEN (1735-1782)

Cadet des quatre fils musiciens de Jean-Sébastien Bach, Jean-Chrétien, né à Leipzig, n'a que quinze ans lorsque son père meurt ; il n'a pu bénéficier au même titre que ses demi-frères Wilhelm Friedemann et Karl Philipp Emanuel, d'une génération plus âgés que lui, de l'influence et des conseils paternels. Il est alors envoyé à Berlin chez Karl Philipp Emanuel, membre de la chapelle royale de Prusse, et en reçoit une solide formation de claveciniste et de compositeur, tout en découvrant avec Graun, Hasse et Agricola les délices de l'opéra italien. Vers 1754, tant pour échapper au milieu familial que pour découvrir de nouveaux horizons, il se rend en Italie (voyage qu'avant lui aucun Bach n'a effectué) et, grâce à une bourse du comte Litta, de Milan, peut prendre des leçons auprès du fameux padre Martini, à Bologne. Pour obtenir le poste d'organiste de la cathédrale de Milan, il se convertit au catholicisme et, bientôt, se met à écrire des opéras (ni son père ni ses frères n'en composèrent un seul). De cette époque datent également la plupart de ses ouvrages religieux. En 1761, il entre en relation avec Londres, où il arrive en 1762, engagé comme compositeur d'opéras italiens au King's Theatre pour la saison 1762-1763 : en février 1763, son *Orione* obtient un grand succès. La même année, il est nommé maître de musique de la jeune reine, née princesse de Mecklembourg, et occupera cette situation jusqu'à sa mort. En 1764, c'est lui qui introduit à la cour le jeune Mozart, âgé de huit ans. Premier Bach cosmopolite, Jean-Chrétien est aussi le premier Bach mondain. Il participe pendant vingt ans à une vie musicale et théâtrale intense, dirigeant à partir de 1764, avec le gambiste Karl Friedrich Abel, les concerts par abonnements « Bach-Abel », faisant chaque mercredi de la musique chez la reine, introduisant en Angleterre l'instrument nouveau qu'est le piano-forte. Il fait deux voyages à Mannheim, en 1772 et en 1776, et un à Paris, en 1778 (où il rencontre Mozart pour la deuxième fois), pour les créations respectives de ses opéras *Temistocle*, *Lucio Silla* et *Amadis des Gaules*. À son retour à Londres, il voit sa position minée par deux rivaux, le chanteur italien Venanzio Rauzzini et le pianiste allemand Johann Samuel Schröter, et n'arrive pas à faire face à des difficultés financières croissantes.

Sa mort prématurée, prix d'une vie de splendeur et d'une surexcitation dont on trouve le reflet dans son portrait par Gainsborough, émeut surtout ses créanciers, mais provoque chez Mozart, dans une lettre à son père, cette réaction rare : « Bach n'est plus, quelle perte pour la musique ! » Ivresse mélodique, élégance, sensualité, facilité apparente, cachant en réalité le métier le plus sûr, caractérisent en effet beaucoup de compositions de Jean-Chrétien Bach, et on comprend que ces qualités, qu'il ne faut pas confondre avec superficialité ou galanterie, et qui bien souvent sont celles d'un Allemand élevé aux meilleures sources avant d'avoir visité et assimilé l'Italie, aient eu sur Mozart un effet profond et durable. Les *Sonates pour clavier*, op. V et XVII, les *Quintettes*, op. XI, les *Concertos pour clavier*, op. I, VII et XIII, les *Symphonies*, op. III, VI, IX et XVIII ont une saveur irremplaçable. Il faut citer également de nombreuses symphonies concertantes et, parmi la musique vocale, plusieurs airs de concert dont l'un, *Ebben si vada*, avec piano obligé, servit peut-être de modèle à Mozart pour son *Ch'io mi scordi di te* K. 505. Jean-Chrétien Bach poursuivit la réussite : au prix de quels renoncements ? « Mon frère [Karl Philipp Emanuel] vit pour composer, moi je compose pour vivre », avoua-t-il une fois sans fausse honte. « C'est ainsi que Bach composerait s'il le pouvait », déclara-t-il un jour à ses auditeurs médusés après une de ses audacieuses improvisations au clavier. Des œuvres comme la *Sonate en ut mineur*, op. V, n° 6, ou la *Symphonie en sol mineur*, op. VI, n° 6, montrent que lui aussi savait ce que signifient profondeur et passion. On lui reproche souvent de ne pas être entré, après avoir été un de ses prophètes, dans la terre promise du classicisme de Haydn et de Mozart. Mais ce fut également le lot de tous les autres musiciens de sa génération, qui durent soit s'arrêter comme lui au seuil de ce classicisme, soit tenter de le contourner.

MARC VIGNAL

BACH JEAN-SÉBASTIEN (1685-1750)

Une vie d'apparence simple, prédestinée à concevoir une œuvre sans précédent, suffisamment longue pour la mener à bien, suffisamment régulière pour ne point l'entraver. Une curiosité inlassable, un enrichissement constant. Une expansion souveraine, merveilleusement délivrée sinon de fatigues et même de dépressions, mais de reniements de soi et de ce que l'on pourrait appeler les logiques du désastre. Bach n'eut pas de tranches de vie à biffer. S'il est vrai, comme l'exprimait si bien un jeune philosophe grec, Démétrius Platon Sémélas, que « la musique adore les contrastes tout autant qu'elle abhorre les contraires », on peut dire que tout ce qui pouvait enrichir la musique afflua, chez Bach, avec une telle puissance que ce qui pouvait aller contre en fut banni, par simple conséquence naturelle. C'est la première grâce que nous avons à constater, et la plus heureuse chance. D'où s'ensuivit ce titre de *père de la musique*. En somme, un géniteur tel qu'il devint une référence pour un ensemble assez impressionnant de musiciens. Référence posthume et, par là, sujette à une foule de propriétés, souvent discutables. Il y a un cas Jean-Sébastien Bach, de la même manière qu'il y a un axe Jean-Sébastien Bach. On assiste, en effet, à toute une gravitation autour de lui de la pensée musicale des grands qui suivirent et le connurent. Tels s'en éloignent, puis s'en rapprochent. Mais qui pourrait ne pas constater que l'on ne se réfère qu'à une présence phénoménale, dont on ne peut avoir, ordinairement, qu'un sens tout subjectif et menacé d'illusions, pour autant que les traditions se soient trompées à son sujet ? C'est chose faite. Il y a, une fois de plus, maldonne, et nos « sublimes » sont à repenser.

1. Passionné de musique et de liberté

Jean-Sébastien Bach naquit le 21 mars 1685, à Eisenach. Il était le quatrième fils de Johann Ambrosius Bach et d'Elisabeth née Lämmerhirt, sa femme. Sans doute, comme c'était la tradition dans une famille vouée à la musique, commença-t-il ses premières études avec son père, « musicien de ville » et renommé pour sa maîtrise instrumentale. Mais celui-ci mourut alors que Jean-Sébastien atteignait sa dixième année. Il lui avait donné ses premières leçons de violon et d'autres instruments à cordes, et avait, pense-t-on, demandé à son frère de lui enseigner la technique de l'orgue. Bon écolier, bon latiniste, l'enfant se pliait aisément aux disciplines, encore qu'il eût une véhémence naturelle et un franc-parler dont il ne se départit jamais. (Nous dirons tout de go que, fort de ses évidences, il n'hésita jamais à les brailler, fût-ce dans la maison du Seigneur, dans laquelle il habitait comme chez lui.)

Orphelin, il lui fallut un tuteur chez qui il pût vivre. Ce fut son frère aîné Johann Christoph, organiste dans la petite ville d'Ohrdruf, non loin d'Eisenach. Jean-Sébastien demeura cinq ans dans la nouvelle demeure, contribuant aux frais de ménage en chantant dans les chœurs, car il avait une ravissante voix de soprano. Il devint *senior* à l'école, dès l'âge de quatorze ans, alors que la moyenne était d'environ dix-sept. Il se montra de plus en plus expert en latin et en théologie luthérienne (on sait que la théologie fut toujours pour lui un objet de délectation, et presque sa marotte). C'est son frère aîné qui lui enseigna le premier le jeu du clavecin. Il eut, du reste, beaucoup de peine à refréner l'élan du jeune élève qui voulait dévorer les étapes, non sans un certain désordre. Jean-Sébastien poussait l'envie jusqu'à dérober des partitions interdites pour les recopier au clair de lune. Il semble que le fils aîné ait été jaloux du benjamin prodige. Considérant bientôt qu'il ne pouvait être longtemps à la charge de son frère, Jean-Sébastien se fit agréer comme choriste au gymnase de Lüneburg. Il y suivit toutes les classes.

Sans doute, et ce fut un des lourds regrets de sa vie, aurait-il aimé poursuivre ses études dans une université. Mais, n'ayant pas les moyens matériels de réaliser son rêve, il décida d'entrer comme violoniste dans l'orchestre du duc de Weimar. L'adolescence était finie.

Commence alors, pour Jean-Sébastien, une période de conquêtes. Autodidacte sans en être un, et plus indépendant qu'autodidacte, il va s'exercer à son métier, quotidiennement, avec passion, rejetant tout ce qui tend à l'entraver dans la libre recherche de son art.

Quelques mois après son arrivée à Weimar, il se fait nommer organiste dans la petite ville d'Arnstadt (l'orgue de son église étant tout neuf !). Nous sommes en 1704. Quatre ans plus tard, il ne supporte pas que le conseil municipal l'accuse d'une absence interminable : il était allé à Lübeck, entendre l'illustre Buxtehude jouer de l'orgue dans les *Concerts du soir*, qui faisaient courir tant de mélomanes, et avait oublié le temps et même sa fiancée, Maria Barbara ! « Quatre mois au lieu de quatre semaines », et l'on avait chuchoté que Buxtehude lui avait offert la main de sa propre fille, malheureusement un peu disgraciée et dont personne ne voulait. Ce fut là le seul ennui qui sortit Bach de son enthousiasme. Excédé aussi de la réputation d'intransigeant et de batailleur qu'il s'est faite à Arnstadt, Bach s'en va à Mülhausen, en 1707.

Il s'y marie avec Maria Barbara, sa cousine. Et, de nouveau, les disputes éclatent entre ses supérieurs et lui. Il boude surtout le surintendant Fröhne, qui est piétiste et qui considère la musique comme une source de dépravations. C'est insulter « un des plus doux présents de Dieu », et l'affaire va mal. De plus, Bach veut un carillon à son orgue qu'il pourrait manœuvrer avec ses pieds. Ce serait encore un charme et un camouflet pour le rigorisme des piétistes. Par surcroît, fort des leçons de Lübeck, il tend à un style hardi, très « coloriste », riche de timbres et d'ornements, de contrastes rares et savants ; bref, il veut montrer tout ce qu'il sait et nul n'en veut. Il agace et gêne. En conséquence, un an après, nouvelle fuite. En juin 1708, il retourne à Weimar, et là, pendant neuf ans, il exercera les charges d'organiste et de musicien de chambre ; en 1714, il ajoutera à ses titres celui de *Konzertmeister*.

Rien ne pouvant durer, Bach, devenu un éblouissant organiste et quasi légendaire (« C'est le diable ou Bach en personne ! »), jouissant d'une situation fort honorable, ayant des élèves brillamment doués et une vie de famille sans cesse enrichie de nouvelles naissances, Bach donc prit ombrage de ce qu'à la mort du *Kapellmeister* Drese on fit appel au fils de celui-ci, médiocrement doué, pour assumer cette charge, et non pas à lui. Ce fut le prétexte. En fait, le duc le punissait, ce faisant, d'entretenir des relations amicales, voire insolentes, avec son neveu Ernst

August, dont il ne pouvait souffrir les idées ni le caractère. Le duc était allé jusqu'à interdire toute relation avec son neveu ; ce qu'apprenant, Bach n'eut de cesse qu'il n'ait offert à Ernst August, son élève, et à la barbe de l'oncle redouté, un concert d'anniversaire et un compliment écrit de sa meilleure plume ! C'était pousser loin le plaisir de fustiger le pouvoir, et la mort du vieux Drese avait fourni au duc une excellente occasion de riposter. Bach voulut donc partir.

Fort opportunément, son ami, le duc Ernst August, avait une sœur qui, en 1716, avait épousé le prince Léopold d'Anhalt-Köthen. Celui-ci, passionné de musique, apprenant que Bach aimerait se rendre à sa cour, se fit un devoir de réorganiser le corps des musiciens. Il offrait à Jean-Sébastien des conditions excellentes. La cour était calviniste, et la musique religieuse n'y trouvait donc point d'expansion possible. Mais, et c'est ce qui alléchait Bach, la musique de concert avait à la cour grande importance et le compositeur élu pourrait y débrider toute son invention. Bach ne pensait pas que le duc de Weimar ferait opposition à sa demande de congé, et irait jusqu'à le mettre en prison (du 6 novembre au 2 décembre 1717). Mais cela n'eut d'autre effet que de renforcer sa hargne. Finalement, le duc, voyant que Bach ne céderait pas, lui notifia et son congé et sa disgrâce.

Le séjour de Bach à la cour de Köthen fut un des plus heureux de sa vie. Le prince Léopold, musicien lui-même, favorisait toutes les entreprises de son *Konzertmeister*, et ne l'empêchait pas d'entreprendre des voyages dans les grands centres musicaux. Bach, à cette époque, se passionne pour les diverses formes du concerto et de la suite, et en compose, si l'on en juge par les comptes du relieur chargé d'assembler les diverses parties de ses œuvres, une quantité impressionnante. C'est une énorme perte pour la musique que de n'avoir pu retrouver la plus grande partie de ces ouvrages. C'est à Köthen qu'il entreprit de composer tout un groupe de pièces pour la formation de son fils aîné, Wilhelm Friedmann, qui manifestait des dons remarquables pour la musique. Cela nous vaudra ce *Klavierbüchlein* qui fit tant pour sa gloire, et qui demeure un des ensembles les plus impressionnants de l'art pédagogique, tel qu'un grand musicien peut l'entendre.

Mais en juillet 1720, alors que l'aîné vient d'atteindre sa dixième année, un malheur frappe la maison : Maria Barbara meurt. Jean-Sébastien se trouvait alors en Bohême, à Carlsbad, où le prince Léopold faisait sa cure d'eaux. Lorsque Bach revint, il apprit que sa femme était déjà enterrée. Ce fut un des coups les plus affreux qu'il eut à subir. On sait combien il était profondément religieux, et combien lui fut apaisante et douce l'idée même de la mort. Il aima toujours ce prolongement d'éternité, au plus secret de lui-même, et sa foi ne fut jamais séparable de la plus totale confiance. Cela, sans doute, lui rendit moins terrible cette rupture soudaine avec la présence de celle qui l'avait secondé dans toutes ses premières luttes.

Mais, pour un homme semblable – et fort occupé –, il ne pouvait être question de laisser trop longtemps ses enfants seuls. De plus, il ne voulait pas d'un déséquilibre engendré par trop de solitude ni d'une mélancolie qui allait à l'encontre de sa foi. Il remarqua, quelques mois après, Anna Magdalena Wilcken, ravissante jeune fille de vingt ans, cantatrice à la cour et fille d'un trompette de l'orchestre princier. Dès décembre 1721, ils se marièrent. Bach avait trente-six ans.

Ce ne fut que lorsque le prince, devenu veuf, décida de se remarier avec une princesse d'Anhalt-Bernburg que les perspectives s'assombrirent. La princesse n'aimait pas la musique, et le prince, occupé par des soucis de réfection de ses appartements et de reconstitution de sa garde, se fit plus lointain. Bach, ne se sentant plus aussi aimé et indispensable, commença à rechercher un autre poste. Ce devait être, après d'infinies tergiversations, le cantorat à l'école Saint-Thomas de Leipzig.

S'il est vrai que les vingt-cinq années passées en cette ville virent naître une des parties les plus grandioses de l'œuvre de Bach, il est vrai aussi qu'elles furent les plus pénibles. On peut dire qu'il s'y est enlisé malgré lui. Le détail de ses querelles avec ses supérieurs et les notables de la ville ferait tout un volume. On n'avait pas voulu de lui dès le commencement. On espérait que Telemann prendrait la place. Bach ne fut accepté, pour ainsi dire, que par pis-aller. Le conseiller Platz a fort bien dit la chose : « Puisque nous n'avons pas pu obtenir le meilleur, nous devons nous contenter d'un médiocre. » Quant à l'école Saint-Thomas, elle était vétuste ; les élèves y étaient mal logés et mal nourris, les disciplines archaïques. Bach se voyait astreint à enseigner le latin ou à surveiller les classes tout autant qu'à essayer de faire chanter ses cantates avec des éléments dont l'art de *vocaliter* et d'*instrumentaliter* était défaillant. Ni son indépendance, ni son libéralisme, ni son bon sens, et moins encore son génie – qui adorait les prouesses – n'y trouvaient leur compte.

À la mort de Christiane Eberhardine, femme de l'électeur de Saxe (septembre 1727), Bach essaya, en composant son *Ode funèbre*, de se prémunir contre les attaques du conseil de l'université, qui lui était hostile, puisqu'il n'avait pas de grade supérieur. Vainement. Et toutes les tentatives réitérées de fuir Leipzig, au long des années – fait du reste assez étrange –, échouèrent. Pendant ce temps, les chefs-d'œuvre s'accumulaient. Si les élèves de Saint-Thomas et surtout ceux de l'université, à l'inverse des notables, aimaient profondément la musique du grand cantor, il ne semble pas que l'auditoire des officiels s'en soit grandement ému. Même une partition aussi prodigieuse que *La Passion selon saint Matthieu* ne souleva aucun enthousiasme, et on lui trouva des allures d'opéra !

Ainsi s'écoula l'existence de Bach à Leipzig, divertie quelquefois par des voyages, dont le plus heureux fut celui qui le conduisit à Berlin, chez Frédéric le Grand, qui le reçut avec de grands égards.

Pendant l'hiver de 1749-1750, le grand musicien, qui avait toujours souffert de myopie, subit une opération aux yeux, car sa vue avait baissé au point de le laisser presque aveugle. L'opération échoua et il perdit complètement la vue. Le 18 juillet 1750, soudainement, il la recouvra, mais quelques heures après il fut terrassé par une attaque d'apoplexie. C'était la fin. Il mourut dans la soirée du 28 juillet, et fut enterré au cimetière Saint-Jean.

Il laissait une œuvre dont on pourrait dire qu'à elle seule elle est une Europe de la musique, magnifiée et portée à un degré d'autonomie incomparable. Quoi qu'il ait entrepris, il n'échoua en rien, et, hormis certaines pages de jeunesse, un peu irrégulières, il porta son art à un point de maturité et d'équilibre sans équivalent. De surcroît, toute son œuvre est préservée, comme par miracle, de toute scolastique. Nul n'est d'une plasticité aussi fine et tendre, nul n'est plus inventif, nul ne respire aussi aisément dans les architectoniques les plus subtiles et les plus fortes. Il est un des musiciens les plus libres et les plus logiques de l'histoire. On ne peut s'étonner, en conséquence, de la fascination de son œuvre sur les générations qui la connurent. Les contrastes mêmes que l'on y voit démontrent la richesse de sa substance et l'infinité de ses pouvoirs.

2. Difficile exégèse

Disons sans plus attendre que le malentendu le plus grave touchant la musique de Bach provient du sens défectueux que l'on a de l'homme, de l'œuvre et aussi du style de son époque. Après l'art savant qui prévalait encore au début au XVIIIe siècle, la musique, comme fatiguée de recherches polyphoniques excessives, se tourne vers le « style rococo ». Le contrepoint tend à disparaître au profit d'un verticalisme harmonique simple, qui soutient une mélodie, ou un *bel canto*, de caractère expressif, et, selon le vœu de Görner, « charmant, gracieux et badin ». Parallèlement, les traités d'écriture formulent des exigences et, déjà, s'éloignent beaucoup des légitimes prérogatives qui faisaient tout le sel du jeu des anciens. Ce qui « allait de soi », à savoir un besoin d'expansion naturel des langages, tend à se resserrer autour d'un dogme. D'où un durcissement des logiques tonales. Les règles, très exactement, s'embourgeoisent et, en dépit d'une apparence plus aisée et plus séduisante, accroissent leur rigorisme. La preuve la plus évidente réside en ces schèmes harmoniques (relations étroites et comme élémentaires, par exemple, des toniques, dominantes et sous-dominantes, ou encore raccourcissement des procédés de tension, ou limitation des licences touchant les retards, les notes de passage et les appoggiatures). De même, les formes deviennent des règlements. On coule en quelque sorte la musique dans des moules. Tout un ritualisme du *beau style* tend à s'instaurer. Or Bach, qui connut la première montée de la vague *galante*, n'en voulut pas et, à l'inverse, poussa le paradoxe jusqu'à surenchérir dans les prérogatives de l'art savant. C'est donc par l'approfondissement du style ancien qu'il imposa sa transcendance, et contre son époque.

On ne peut dès lors s'étonner que, passé près d'un siècle, le maître de Mendelssohn, Zelter, qui avait été formé à l'école de Haydn, se plaignît des « licences » de Bach, lorsqu'il le découvrit. Première erreur grave. Zelter voulait trouver dans l'ancien un modèle de stricte vertu qui pût endiguer la montée du mouvement romantique, qui, lui aussi, à sa manière allait à l'encontre du style rococo de sa jeunesse. De là vint qu'il arrangea Bach à sa façon, le corrigea, notamment, de ses « amabilités de dorure légère » issues de la coupable musique française et voulut présenter un Bach rigoureux, modèle des enfants sages et recteur strict des bons usages. Ce ne serait rien si la chose ne s'était imposée telle. Et cela nous valut une interprétation souvent erronée de la musique de Bach. Très exactement, on tend à lui enlever tout ce qui le caractérise et à lui conférer l'esprit même qu'il détesta, à savoir celui des notables de Mülhausen ou de Leipzig. Et la chose est à ce point cristallisée et sacralisée que le simple fait de protester au nom des documents historiques les moins contestables provoque la crainte chez la plupart des interprètes.

Or quelles étaient les caractéristiques du jeu de Bach et quelles impressions communiquait-il à ses auditeurs ? Tous les documents sont formels sur ce point : il surprenait l'auditoire par son extraordinaire virtuosité, son feu, l'invention étonnante des timbres, des styles, des contrastes, et, en quelque sorte, par la richesse de l'expression. Quand on connaît l'homme, sa fougue, sa virulence même devant les êtres qu'il n'aime pas, son individualisme, son don total à son art – ce fut un fleuve de travail ! –, il ne peut plus être question des sages rigorismes par quoi on essaie de mieux l'approcher. Il les déchire de naissance. Si l'on avait un génie littéraire à lui comparer, il faudrait penser à Shakespeare et non pas à Malherbe ! La grande chance de Bach est que la précision de son écriture en préserve malgré tout la substance. On ne le peut appauvrir ni durcir (puisqu'il est essentiellement riche et d'une plasticité merveilleuse) au point de faire de lui son propre contraire.

Prétexter la lenteur de son époque est une grande naïveté. Est-ce à dire que les pulsions passionnelles, par exemple, sont, de nos jours, plus vivaces ? C'est souvent l'inverse (on pourrait aussi dire que qui ne comprend pas le pourquoi des vingt et un enfants de Bach ne comprend pas l'homme Bach). Par surcroît, la virtuosité des musiciens, et cela depuis des millénaires, fut toujours *transcendante*. Il suffit pour cela de seulement regarder l'œuvre du cantor : elle est et elle sera comme elle fut, à savoir d'un abord technique extrêmement périlleux. Le temps ne l'a pas simplifiée. En conséquence, il est évident que celui qui jonglait avec elle stupéfiait (d'où l'exclamation « Il est diabolique ! », par laquelle les contemporains manifestaient leur enthousiasme). Ainsi, qui ne rend pas ce feu, cette souplesse, cette intelligence souveraine de l'expression, ce sens du symbole, notamment, dont cette œuvre est remplie et ne possède pas la qualité essentielle de l'art de Bach, « raviver la musique et ceux qui l'écoutent », se trompe et nous trompe.

3. La symbolique de Bach

Les symboles qui nourrissent la musique de Bach ont soulevé beaucoup de controverses. Certains voudraient ramener à l'étroite musique ce qui, précisément, tend à la dépasser et à la pousser jusqu'au chiffre sonore d'une idée, d'un phénomène ou d'un état psychique. Mais, là encore, en dépit des gloses, c'est l'œuvre qu'il faut consulter, et la présence d'une symbolique dans la musique de Bach ne peut pas être mise en doute. Pourrait l'être seulement la conscience claire que Bach en eut ; mais, quand on connaît le goût du temps pour la numérologie, les phénomènes oniriques – qui compensent singulièrement la tendance rationaliste du siècle –, le symbolisme par quoi l'on tend à des équivalences de synthèse entre toutes les manifestations naturelles ou surnaturelles – rapports des sons, des nombres et des couleurs, rapports des tonalités et des *états d'âme*, personnification par un graphisme musical d'un être ou d'un objet, ou d'une de leurs propriétés –, on ne peut douter que Bach, qui aimait ces « franges d'ombre », n'ait eu un goût délibéré pour ces correspondances où il allait puiser de quoi enrichir sa musique. Il ne faut pas confondre, néanmoins, symbole et description : une ondulation d'arpèges peut figurer chez Bach les vagues du Jourdain, mais le dessin prévaut sur le résultat sonore. Souvent le symbole se voit plus qu'il ne s'entend, et la conjonction entre la vue et l'ouïe ne s'accomplit que si l'on a connaissance de la chose exprimée. Aussi bien, jamais Bach, qui fit pourtant grand usage de la description (comme la plupart des musiciens de son temps et de tous les temps), ne laisse celle-ci prévaloir sur l'équilibre de la forme et l'unité du style. Son monothématisme à lui seul le démontre. La polyphonie, du simple fait de sa nature, voile le dessin symbolique qui peut y être inclus. Mais celui-ci détermine souvent son caractère. Ce chiffre symbolique se présente alors comme une sorte de germe donnant cours à toute une prolifération arborescente. Partant de là, l'interprétation doit refaire, en quelque sorte, le même parcours. Bach attachait une grande importance au langage : aux titres, par exemple, tout autant qu'au texte d'un choral ou d'une cantate. C'est à l'ordinaire le poème qui lui suggère le symbole sonore. Répétition d'une même note : c'est la tombée du jour et, par extension, la fin de la vie ou le cérémonial funèbre (les glas, par exemple). Dessins chromatiques : c'est l'état anxieux, et sa cause (conflit intérieur) et sa conséquence (instabilité, souffrance obsédante). L'Agneau sauveur, c'est l'équilibre harmonieux de la double nature et, par extension, le rythme masculin équilibré et attendri par le rythme ternaire féminin. Chaque fois que Bach veut en quelque sorte nous conduire aux portes du bonheur ou du paradis, il s'exprime instinctivement en féminisant ses rythmes et ses courbes ; aveu profond qui montre à quel point cet homme avait le sens du rapport complémentaire des deux natures. Dans ce tissu si riche de la symbolique se découvre un des aspects les plus mystérieux de ce musicien et notamment la part prophétique qu'il faudrait longuement étudier pour mieux saisir jusqu'où sa raison se fonde.

4. Les deux natures

Comme l'a remarquablement formulé Debussy, « dans la musique de Bach, ce n'est pas le caractère de la mélodie qui émeut, c'est sa courbe ». La plasticité de la musique de Bach est la caractéristique majeure de son génie, et il n'est d'interprète qui ne doive avant tout y penser. Si on lui ôte ce plaisir des courbes diversifiées à l'infini, ce délice du méandre, l'horreur innée de la droite – tout un groupe de musiciens et non des moindres le louèrent d'être « carré » et « anguleux », tant ils le lisaient de près ! –, on manque complètement l'aspect le plus extraordinaire de son génie. En ce sens, Beethoven est son plus glorieux opposé. Mais l'extrême virilisation de l'art de ce dernier souffre d'un manque, et l'élément féminin n'y parvient pas à maturité. Cela ne peut du reste gêner que ceux qui aiment à contempler en une œuvre une double polarisation harmonieuse plutôt que des déséquilibres héroïques. Toute une morale des profondeurs que l'on peut demander aux arts se dégage de là. L'analyse des seuls graphiques de Bach montre aisément le jeu des forces proportionnelles et combien les pulsions ascendantes, par exemple, sont contrebalancées par les descendantes, les deux parvenant toujours ou presque à établir une moyenne. C'était, du reste, pour Bach, une règle du beau et bon style. Trop d'agression virile – ce que l'on savait déjà fort bien au temps d'Avicenne – crée des excès et des défectuosités caractérielles, si ne les compensent pas les contreparties du don de soi et de l'attendrissement « féminin ». À simplement regarder une partition de Bach, on voit jouer ce balancement admirable et cette *sur-raison*, et l'on comprend aussitôt ce que Debussy admirait. Aussi pourrait-on dire que la musique de Bach aime à visiter les courbes. Il n'a pas l'effroi du labyrinthe, bien au contraire il en a le plaisir. C'est que, Dédale lui-même, il se joue de ce qui peut devenir pour les autres un redoutable emprisonnement. S'il a boudé l'époque galante, dont il connut la première vague, c'est qu'il ne pouvait être dupe de la sclérose et du dessèchement qui s'y manifestaient sous d'apparentes simplifications. À fuir cette écriture quasi végétale, cet art des rapports subtils, la véritable force de l'esprit se dégradait, et sa liberté et sa profonde élégance. Nous le disions plus haut : l'harmonie a beaucoup perdu en perdant l'art du contrepoint de Bach ; et s'il est vrai que Bach perdure, il se peut que, plus qu'aucun autre, il nous oblige à remettre en question les « fatalités irréversibles de l'histoire ». Car, de la même manière qu'il put lui-même instaurer son temps propre, au centre du temps extérieur – qui, dit-on, gouverne les modes et les styles –, il est vrai, en conséquence, qu'il nous est possible d'objectiver nos raisons, jusqu'à ne point les laisser s'assujettir à ce qui ne participe pas, essentiellement, de nos profondeurs véritables. Possibilité que Bach démontra d'abondance.

5. Les formes

Bach naquit architecte. Mais, là encore, il faut bien entendre l'éloge. Il va moins à une architecture que l'architecture ne vient à lui. Il se trouve en sa musique une permanente disponibilité de la forme qui en fait le prix. Sa pédagogie elle-même en fournit la preuve, laquelle était merveilleusement empirique. L'expérience librement avancée l'emportait toujours sur le concept préalable, et cela parce que l'élève ne peut voir d'emblée la justification de celui-ci : on n'apprend pas la nage hors de l'eau. De même, toute dogmatique, en ce qui concerne les formes, prive celles-ci de leurs meilleures vertus. C'est tout le drame, si choyé par les sots, du fameux lit de Procuste, où l'on vous raccourcit les membres, ou vous les rallonge, si vos dimensions naturelles ne sont pas exactement semblables aux archétypes du « beau parfait » que ce lit prétend avoir. Est-il tyrannie plus affreuse, mais malheureusement si souvent réclamée ? Que l'on songe aux canons de la forme sonate, par exemple, telle qu'elle se fixe au temps de Mozart ; et qu'on la compare aux conceptions des sonates de Bach... Voir seulement en celles-ci des dérivés de la suite primitive, c'est escamoter l'esprit même qui se plaît à ces élargissements ou à ces dérivés. Bach ne toise pas la musique de l'extérieur, et son emprise sur la matière n'a rien d'arbitraire. Ce sont les pulsions de la musique qui en déterminent les structures. Du reste, qui ne sait les étonnantes « irrégularités » – et un tel mot condamne le pion « sacré » qui se cache en la plupart des maîtres – que présentent les fugues du cantor ? On peut y suivre à vif le *jeu* dont il ne se lasse pas, parce qu'il lui propose sans cesse une foule d'inventions. Et on n'insistera pas sur les « fusées irrationnelles » que présentent les fameuses toccatas pour orgue, qui mettent l'analyste au défi de les justifier, sinon par l'épanouissement de la seule musique...

On veut signaler simplement ces échanges perpétuels et cette capacité de maturation que cette musique nous montre. Bach fut toujours amoureux de l'excellente musique du voisin. Il ne cessa de prospecter, puis de s'accroître des richesses de sa prospection. C'est pour cela qu'il est le plus européen des grands musiciens allemands et le contraire d'un pangermaniste trop exclusif, ce que Zelter ne verra pas non plus. Trop chrétien pour une frontière, pourrait-on dire de Jean-Sébastien. Et l'amplitude de son compas, ne serait-ce que dans cette prolifération des formes (et des styles qu'elles impliquent), montre combien cela, chez lui, était conscient et allait de soi. C'est ainsi que, si nous voyons les coloristes du nord de l'Allemagne lui donner occasion de surenchérir sur la diversité de la palette, notamment lors de la découverte de Buxtehude, dans sa jeunesse, nous le voyons, dès Weimar, demander aux Italiens un éclaircissement du rationalisme des formes, tout autant que des « caractères contrapuntiques » jusqu'ici ignorés. De même, le style français et tout ce qu'il entraîne avec lui de poésie ou de présence particulières l'incitera à plus d'élégance. Bach s'exerce avec un goût étonnamment affiné à la pureté multiforme de l'univers musical. Il ne se borne jamais, lui pourtant si avide d'unité, aux étroites limites d'une courte perfection, et, si, malgré tout, il est cerné par ses propres figures, ce ne sera que parce qu'elles sont infranchissables, étant celles de sa personnalité vraie. De là vient qu'il dessine si puissamment un type de génie qui ne craint nulle outrance, nulle avidité de connaître, nulle perte de la personnalité, nulle crainte du don de soi, et qui ne redoute pas que son expansion naturelle puisse altérer les règles de la raison. Au point que l'on peut voir dans la référence à Bach, vers laquelle viendront tant de grands musiciens menacés, un besoin de thérapeutique, une panacée, tour à tour (selon le cas du malade), de liberté ou de logique. De là encore cette « mouvance » de l'influence de Bach. Tel s'en fait un cilice, et tel autre y danse. Tel y calcule et tel autre y rêve. S'il ne présentait que des formes fixées une fois pour toutes, il n'aurait pas sur nous ce pouvoir.

6. Technique d'une transcendance

Les grands musiciens, et les plus savants, sont les plus abondants. Disons qu'ils possèdent l'art de jeter sur le papier l'essentiel. Ils ignorent la pathologie de la lenteur. Ainsi, il apparaît que Bach est un anti-Boileau ; du moins du précepteur avide d'un faux bon sens :

> Vingt fois sur le métier remettez votre ouvrage...

Ce sont là des formules dont les morales dérivées des tyrannies vulgaires aiment à se nourrir. Beauté exigerait douleur. Ce à quoi Bach eût répondu, ce que son œuvre et son art de la pédagogie démontrent : « Apprenez à marcher sans vous tordre les chevilles ! » ou encore : « Délivrez-vous des nobles bégaiements ! »

Il disait devant des personnes que son art de faire étonnait : « J'ai beaucoup travaillé. Quiconque travaillera comme moi pourra faire ce que je fais. » Où l'on constate combien, au-delà du sourire malicieux, régnait un solide bon sens, délivré des tabous paralysants et soucieux de saines expériences. Bach respire aisément à haute altitude. Tant il est habitué au don permanent de l'expression de soi qu'il n'y prend pas garde. C'est ainsi que, le plus souvent, il laisse couler sur le papier (ce que les premiers jets dévoilent) fugues et sonates. Il n'y revient pas et les ratures sont rares. Son art de la correction est différent de celui de la plupart : il comporte moins de retouches (au sens où l'entendent les peintres) que de repentirs, accentuant la fraîcheur d'une courbe ou rendant un rapport plus subtil. Bach se corrige peu sur-le-champ. Ce n'est que passé un temps plus ou moins long, et selon le hasard d'une relecture, qu'il se plaît à modifier un texte plus ancien. Tout se passe donc comme s'il avait appris à se désentraver de toute gêne. En ce sens, Mozart est proche de lui, disant : « Le difficile est de dénouer un fil sans le rompre. » Bach se fait confiance. C'est le premier des apprentissages. La maîtrise vient lorsque la ligne, qui se déroule au ralenti – puisque l'écriture est plus lente que la pensée –, est en conjonction parfaite avec la secrète exigence intérieure. Cela demande une collaboration très juste des facultés qui régissent une création.

C'est ici où l'on pourrait repenser toute l'histoire de la musique et des arts : il y a ceux qui veulent régir leur musique, et ceux qui veulent que leur musique les régissent. Beaucoup de révolutions, et souvent malheureusement, sont nées des premiers : et l'on peut dire que les seconds obtinrent les plus heureuses synthèses. C'est le cas de Bach. Car il est très évident que les premiers sont menacés par l'excès du subjectivisme passionnel – lequel détermine à l'ordinaire les grandes modifications dans l'ordre des syntaxes et de leurs conséquences psychologiques. Tandis que les seconds, devant endosser leur temps et les contradictions qu'il comporte, apprennent à se laisser régler par l'ensemble de leurs facultés. Le travail consiste alors, par une longue interaction entre désir et conscience claire, à éliminer, comme on l'a dit, tout ce qui entrave la qualité profonde des pulsions créatrices. Où l'on voit que la déesse de la Bonté ne règne pas dans les conservatoires... Ni le goût des « fertilités heureuses » ! Et, si nous voyons, au cours des siècles, tant de révolutionnaires d'apparat se situer si ingénument au rang des policiers, cela ne doit pas nous surprendre. Ils ne sont que les fils de leurs pères... et pas davantage. Mais leurs préceptes compensateurs sont commodes et brillent dans les salons.

On peut s'interroger sur la façon dont Bach travaillait. Il l'a dit lui-même : « Il en va pour le contrepoint comme d'une conversation entre plusieurs personnes. » Il suffit de commenter la phrase pour voir se défaire ce nœud gordien. La conversation est centrée sur un sujet. Chaque voix est donc écoutée séparément, et la collaboration avec le sujet est en quelque sorte instinctive. Bach peut aussi bien écouter et transcrire au fur et à mesure qu'elle est dictée, une voix basse, moyenne ou élevée. L'une peut prédominer sur l'autre, mais toutes, cela va sans dire, se laissent former selon la syntaxe que le musicien dès longtemps maîtrise. De là cette étonnante souplesse et cette latitude de jeu. La mémoire seconde y a sa part cachée. De même ce que l'on peut appeler l'audition nouménologique. C'est un peu le processus du ver à soie, qui, fil à fil et selon cette admirable gymnastique qu'il tient de nature, forme son merveilleux cocon. Il n'y a aucune raison pour que le cocon ne soit pas réussi, et, s'il ne l'est pas, c'est que le fileur souffre et ne jouit pas de l'harmonie naturelle de ses facultés. Les subtiles pathologies de la création chez les hommes sont-elles autres choses que des accidents que la nature essaie de compenser ou d'annihiler ? La plus grande leçon de Bach consiste en cette préservation savante de ses dons personnels, sans quoi il ne serait pas ce musicien que nous admirons.

7. L'homme de foi

À pousser aussi loin dans l'art d'*être*, Bach éclaire les dimensions profondes de sa mystique. Il y pense moins qu'il ne la respire. On comprend, à le voir tel, qu'il n'avait nul besoin d'une église (sinon pour lui assurer ses légitimes revenus). Son fils Karl Philipp Emanuel, le Bach de Berlin, ne cachait pas que le travail des fameuses cantates était une obligation en vue du pain quotidien. Son père, en toute loyauté, eût pu dire la même chose. Il est vrai que cette couleur du temps, cette grisaille extérieure qui affectent parfois sa musique, ce sérieux-des-bons-usages sont le tribut versé inévitablement à la nécessité quotidienne. Le fond de la nature de Bach est beaucoup plus insolite, on pourrait même dire sauvage, que ce que les apparences exigeaient. Sa foi préserve son autonomie. Ses goûts pour la théologie ne lui fournissent que des occasions d'en traiter pertinemment et par voie dialectique. En réalité, son Dieu le constitue organiquement, si l'on ose dire, et, pour lui, c'est la première reconnaissance. De là cet apaisement spontané de l'Esprit saint, par exemple, qui n'a rien pour lui du tourmenteur, comme il en va pour beaucoup de mystiques. Il suffit de constater ce que sa musique nous exprime à son sujet pour voir que Bach ignore ce conflit.

Aussi les objections des piétistes au sujet de la musique le laissèrent-elles indifférent, passé la colère. Ils attaquaient l'empirisme de sa foi, et le mot est court. Il faudrait dire sa vie même. Nul argument n'eût compensé sa faillite, et l'insulte à l'évidence : « Me reconnaissant doué pour établir une musique régulière pour la plus grande gloire de Dieu... et l'éducation de mon prochain... » Tout ce qui peut aller contre cela est d'avance banni et doit l'être. Les inquisiteurs de diverses obédiences n'eussent certainement pas aimé le personnage et eussent flairé en lui quelque hérésie... Cela ne signifie pas que Bach ne souffrait pas de mélancolie, voire, vers la fin, d'une claustration un peu hypocondriaque. De même, trop de morts parmi ses enfants et ses proches l'affectèrent, pour que l'on ne puisse s'expliquer cette nostalgie de délivrance qu'il éprouvait à penser à l'au-delà. Mais il est évident qu'il ne cessa de reprendre force en son Dieu ; non point tant à argumenter sur ses raisons de croire en lui qu'à s'abandonner aux *constances* d'une façon d'être par lui. Sa musique était un acte *nouménologique* permanent ; ce que ne peuvent comprendre que ceux pour qui il en va de même. Tout analyste se voit forcé de constater ce fait secret d'une structure complexe, qui n'est pas séparable du résultat que l'œuvre nous présente.

8. Le baroque et l'homme des synthèses

Cependant, l'œuvre de Bach est l'une des moins *naïves* qui soient. Il suffit de le comparer à Monteverdi, par exemple, pour comprendre ce dont notre cœur peut se plaindre. Nous évoluons très loin de cette fraîcheur de naissance que possédait auparavant le tonalisme. Très loin aussi, et plus encore, de ce que souhaitait capter l'esprit de la Renaissance. Cette douce ténuité d'aurore qui baignait la musique des madrigalistes, par exemple, laisse place à un midi dont la touffeur est assez oppressante. Bach est un adulte. Le dressage que propose le *Klavierbüchlein* à lui seul le démontre. Musique dont l'efflorescence se développe au centre d'une époque déjà durcie et où les morales d'État n'ont que faire de la notion de bonheur. Les compensations de poétique ne peuvent, dès lors, échapper entièrement aux nécessités du jour. C'est pour cette raison que ce que nous appelons la musique baroque entend peindre les dualités et les troubles dont le temps est chargé. Le romantisme n'est pas loin, l'orage couve. L'excès même des arabesques, la prolifération des *possibles* qui caractérise les expressions musicales, cette avancée d'une forêt de Brocéliande où tout peut être suggéré, et transformé, peignent l'amer délice de devoir vivre sans innocence. Mais que fallait-il, sinon s'abandonner à l'art pur d'une complétude de soi, et faire fortune de l'ambiguïté que comportait l'époque et que l'on ne pouvait pas outrepasser, sinon par la qualité de l'ouvrage entrepris ? C'est la grande sagesse de Bach que de n'avoir pas eu, au point d'engendrer un déséquilibre, la nostalgie de ce qui n'était plus possible en lui. La prudence qu'il met à ne point s'engager dans l'aventure de la jeune musique galante s'exerce aussi à ne point s'abandonner à ce qui n'est plus. Passé et avenir sont ainsi retenus, et leurs charmes exorcisés. Il est admirable qu'un génie soit, à ce degré, et touchant tant de points difficiles, justifiable. Une grâce est sur lui, et comme tangible. Peut-être est-ce, sans trop l'avouer, ce que nous admirons avant tout en cet homme. Une aisance à être, sans précédent, et l'art d'être tel, sans souci d'originalité préalable. Nul doute que son œuvre nous présente longtemps encore une infinité de leçons. Nous ne cessons de commencer la musique, et l'histoire, en conséquence, ne cesse d'être neuve à nos yeux. C'est beaucoup, en regard des famines, qu'un pain quotidien...

LUC-ANDRÉ MARCEL

Bibliographie

O. ALAIN, *Bach*, Hachette, Paris, 1970 / A. BASSO, *Jean-Sébastien Bach* (trad. de l'italien par H. Pasquier), vol. I : 1685-1723, vol. II : 1723-1750, Fayard, Paris, 1984-1985 / M. BITSCH, *« L'Art de la fugue », introduction, analyse et commentaires*, Durand, Paris, 1967 ; *« Le Clavier bien tempéré », édition analytique*, vol. I, Leduc, Paris, 1989 ; *« L'Offrande musicale », édition analytique*, Labatiaz, Saint-Maurice (Suisse), 1990 / F. BLUME, *J.-S. Bach im Wandel des Geschichte*, Bärenreiter, Kassel, 1947 / P. BUSCAROLI, *La Nuova Immagine di J.-S. Bach*, Rusconi, Milan, 1982 / R. DE CANDÉ, *Jean-Sébastien Bach*, Seuil, Paris, 1984 / G. CANTAGREL, *Bach en son temps*, Hachette, 1982 / J. CHAILLEY, *Les Passions de J.-S. Bach*, P.U.F., Paris, 1963, 2ᵉ éd. 1984 ; *« L'Art de la fugue » de J.-S. Bach*, Leduc, 1972 ; *Les Chorals pour orgue de J.-S. Bach, ibid.*, 1974 / H. T. DAVID & A. MENDEL dir., *The Bach Reader. A Life of Johann Sebastian Bach in Letters and Documents*, Norton, New York, 1945, éd. rév. avec suppl., 1972 / N. DUFOURCQ, *Jean-Sébastien Bach, le maître de l'orgue*, Floury, Paris, 1948, nouv. éd. Picard, Paris, 1984 / A. DÜRR, *Die Kantaten von Johann Sebastian Bach*, 2 vol., Bärenreiter, 1971 / W. EMERY, *Bach's Ornaments*, Novello, Londres, 1953, 6ᵉ éd. 1965 (*Les Ornements dans l'œuvre de Bach*, Van de Velde, Tours, 1971) / J. N. FORKEL, *Über J.-S. Bachs Leben, Kunst und Kunstwerke*, Leipzig, 1802 (*Vie de Johann Sebastian Bach*, trad. G. Geffrey, Flammarion, Paris, 1981) / K. GEIREINGER, *Jean-Sébastien Bach*, Seuil, 1970 ; *The Bach Family*, Oxford Univ. Press, Londres, 1954 (*Bach et sa famille*, Corrêa, Paris, 1955, nouv. éd. Buchet-Chastel, Paris, 1980) / P. HINDEMITH, *J. S. Bach. Ein verpflichtendes Erbe*, Schott, Mayence, 1950 / R. KIRKPATRICK, *Le Clavier bien tempéré* (trad. de l'amér. par D. Collins), Jean-Claude Lattès, Paris, 1985 / F. KRUMMACHER, *Die Orgelbearbeitung in der protestantischen Figuralmusik zwischen Praetorius und Bach*, Bärenreiter, 1978 / G. LEONHARDT, *L'Art de la fugure*, Van de Velde, 1985 / L.-A. MARCEL, *Bach*, Seuil, 1961, rééd. 1983 / W. NEUMANN & H. J. SCHULZE dir., *Bach Dokumente*, 4 vol., Bärenreiter, 1963-1979 (vol. I : *Les Écrits de Jean-Sébastien Bach*, trad. par S. Wallon et É. Weber, Entente, Paris, 1976) / A. PIRRO, *L'Orgue de Jean-Sébastien Bach*, Fischbacher, Paris, 1895 ; *J.-S. Bach*, Alcan, Paris, 1906, rééd. Éd. d'aujourd'hui, Plan-de-la-Tour, 1977 ; *L'Esthétique de Jean-Sébastien Bach*, Fischbacher, 1907, rééd. Minkoff, Genève, 1987 / H. RILLING, *J. S. Bach H.-moll Messe*, Neuhausen, Stuttgart, 1979 / A. SCHERING, *Bachs Leipziger Kirchenmusik*, Breitkopf und Härtel, Leipzig, 1936, 2ᵉ éd. 1954 / B. DE SCHLOEZER, *Introduction à J.-S. Bach*, Gallimard, Paris, 1947, rééd. 1979 / W. SCHMIEDER, *Thematisch-systematisches Verzeichnis der musikalischen Werke von Johann Sebastian Bach*, Breitkopf und Härtel, 1950, 3ᵉ éd. 1966 (catalogue BWV : Bach Werke Verzeichnis) / A. SCHWEITZER, *J.-S. Bach, le musicien-poète*, Leipzig, 1905, rééd. Foetisch, Lausanne, 1953 / B. SCHWENDOWIUS & W. DOMLING, *Johann Sebastian Bach. Zeit, Leben, Wirken*, Bärenreiter, 1977, trad. angl. *ibid.*, 1977 / P. SPITTA, *J. S. Bach*, 2 vol., Leipzig, 1873, 1880, 5ᵉ éd., Breitkopf und Härtel, Wiesbaden, 1962 (trad. angl. par C. Bell & J. A. Fuller-Maitland, 3 vol., Novello, 1951) / G. STILLER, *Johann Sebastian Bach und das Leipziger gottesdienstliche Leben seiner Zeit*, Bärenreiter, 1970 / C. S. TERRY, *J. S. Bach Cantata Texts, Sacred and Secular*, Constable, Londres, 1926, 3ᵉ éd.

1949 ; *J. S. Bach. A Biography*, Oxford Univ. Press, 1928, 4e éd. 1949, rééd. Reprint Services Corporation, Irvine (Calif.), 1988 ; *J. S. Bach. The Historical Approach*, Oxford Univ. Press, 1930 / P. Vidal, *Bach et les psaumes : passions, images et structures dans l'œuvre d'orgue*, Stil, Paris, 1977 / W. G. Whittaker, *The Cantatas of Johann Sebastian Bach, Sacred and Secular*, 2 vol., Oxford Univ. Press, 1959 / P. Williams, *The Organ Music of J. S. Bach*, Cambridge Univ. Press, Cambridge (G.-B.), 1980 / P. Zwang, *Jean-Sébastien Bach*, Champion, Paris, 1990 / P. & G. Zwang, *Guide pratique des Cantates de Bach*, Robert Laffont, Paris, 1982.
Bach-Jahrbuch, Neue Bach-Gesellschaft, Leipzig, 1904 et suiv.

BACH JOHANN CHRISTOPH FRIEDRICH (1732-1795)

Neuvième enfant de Jean-Sébastien Bach et fils aîné de ses secondes noces avec Anna Magdalena, troisième des quatre fils musiciens de Jean-Sébastien, il aura, contrairement à ses frères, une carrière assez modeste et peu agitée. Il vient de s'inscrire à la faculté de droit de Leipzig, sa ville natale, lorsque l'occasion se présente d'un engagement comme musicien de chambre à la cour du comte de Schaumburg-Lippe, à Bückeburg (Westphalie). Il s'y rend au début de 1750, âgé de dix-huit ans, juste avant la mort de son père, et y restera jusqu'à la fin de ses jours, servant successivement les comtes Wilhelm (jusqu'en 1777), Friedrich Ernst (de 1777 à 1787), puis la régente Wilhelmine. Le comte Wilhelm aime surtout la musique italienne, et Johann Christoph, au début, doit se conformer à ses goûts. Mais la guerre de Sept Ans provoque le départ de Bückeburg des deux artistes italiens (Angelo Colonna et Giovanni Battista Serini) qui, depuis quelques années, en régentaient la vie musicale, ainsi que de fréquentes absences du comte qui s'en va réorganiser et commander l'armée portugaise et gagner des lauriers de fieldmarshall britannique. D'où l'apparition progressive aux programmes de Johann Christoph d'œuvres de créateurs allemands comme Gluck, Haydn (son contemporain exact) ou Holzbauer. La vie artistique à Bückeburg prend un nouvel essor au retour du comte, en 1763, et Johann Christoph a la joie de trouver en la comtesse Marie, que le comte épouse en 1765, une protectrice dévouée. Il pose pourtant, en 1767, sa candidature à la succession de Telemann à Hambourg : on lui préfère son demi-frère Karl Philipp Emanuel, mais lui-même voit son traitement augmenté. En 1771, l'installation à Bückeburg, comme pasteur et conseiller consistorial, de Johann Gottfried Herder fait beaucoup pour le renom intellectuel et artistique de la cour. Les occasions de collaboration entre l'écrivain-philosophe et le compositeur sont nombreuses. En quatre ans, Herder, ennemi du dramatisme et du réalisme dans la musique religieuse, partisan convaincu de la « sensibilité » (*Empfindsamkeit*), écrit pour Johann Christoph les textes des oratorios *L'Enfance de Jésus* (*Die Kindheit Jesu*, 1773) et *La Résurrection de Lazare* (*Die Auferweckung des Lazarus*, 1773), puis de diverses cantates. En 1774, il lui fournit, après avoir présenté en vain le premier à Gluck, deux livrets d'opéra (*Brutus* et *Philoctète*) : la musique en est perdue. Mais le départ de Herder pour Weimar (1776), où Goethe l'a appelé, la mort de la comtesse Marie et celle du comte Wilhelm, interviennent à quelques mois de distance. Désorienté, Johann Christoph rend visite, en 1778, à son frère Jean-Chrétien à Londres : il en revient impressionné par ce qu'il a vu et entendu, et s'emploie plus encore que par le passé à élargir son répertoire, dirigeant par exemple *L'Enlèvement au sérail* (*Die Entführung aus dem Serail*) de Mozart. Sous la régente Wilhelmine, il retrouve le climat d'estime et presque d'amitié dont il a bénéficié jadis grâce à la comtesse Marie. Mais il a la douleur de voir disparaître non seulement ses trois frères, mais aussi le seul fils survivant de Karl Philipp Emanuel. Son travail ne s'en ressent pas, bien que la plupart de ses œuvres ne franchissent pas les limites de Bückeburg, ou même restent dans ses tiroirs. De ses quatorze symphonies, dix sont écrites entre 1792 et août 1794 : celle en *si* bémol majeur, la dernière sans doute, contemporaine des ultimes « londoniennes » de Haydn, en retrouve l'esprit tout en annonçant parfois Schubert, ce que, pour des raisons à la fois chronologiques et de tempérament, on ne peut prétendre d'aucune symphonie de ses frères. Cinq mois après l'avoir composée, Johann Christoph Friedrich meurt à Bückeburg, laissant une abondante production qui, à partir de 1780 environ, surtout dans le domaine instrumental (sonates, musique de chambre, concertos), s'est de plus en plus éloignée de l'influence de son demi-frère Karl Philipp Emanuel et des maîtres de l'Allemagne pour se rapprocher de celle de son frère Jean-Chrétien et du classicisme en général.

Son fils Wilhelm Friedrich Ernst, né en 1759, est alors chef d'orchestre et professeur de musique de la reine de Prusse. Il vivra jusqu'en 1845, et assistera en personne, le 23 avril 1843, à l'inauguration à Leipzig du monument de son grand-père Jean-Sébastien, dont avec lui s'éteindra la descendance mâle directe.

MARC VIGNAL

BACH KARL PHILIPP EMANUEL (1714-1788)

Le deuxième des quatre fils musiciens de Jean-Sébastien Bach, Karl Philipp Emanuel, naît à Weimar, mais n'a pas dix ans lorsque sa famille s'installe à Leipzig. Il y est externe à l'école Saint-Thomas, mais il reconnaîtra volontiers n'avoir eu comme professeur, en matière de musique, que son père. À dix-sept ans, il grave lui-même son premier menuet. Après de sérieuses études juridiques à Leipzig et à Francfort-sur-l'Oder, il entre en 1738 comme claveciniste dans l'orchestre du prince héritier de Prusse. Lorsqu'en 1740 celui-ci monte sur le trône sous le nom de Frédéric II, Karl Philipp Emanuel reste à son service : c'est lui qui accompagne le premier solo de flûte exécuté par le roi. Nommé claveciniste de chambre en 1741, avec un traitement assez modeste, il se révèle rapidement comme un maître de la musique instrumentale, en particulier du clavier. À ce titre, il marquera profondément son époque. En 1742, ses six *Sonates prussiennes* sont dédiées à Frédéric II ; en 1744 paraissent ses six *Sonates wurtembergeoises*, et en 1760 ses *Sonates avec reprises variées* dédiées à la princesse Amélie, sœur du roi. En 1753 et en 1762, respectivement, sont éditées les deux parties de son *Essai sur la véritable manière de jouer des instruments à clavier* (*Versuch über die wahre Art das Klavier zu spielen*), ouvrage fondamental pour la connaissance du style du XVIIIe siècle. Étouffé malgré ses succès par l'atmosphère provinciale et conservatrice de la vie musicale berlinoise (dominée par le flûtiste Quantz et par les frères Graun, dont l'historien de la musique Charles Burney dira qu'on jurait plus par eux que par Luther et Calvin), il fréquente d'autant plus volontiers des écrivains comme Lessing ou Gleim, ainsi que les salons de Sara Levy, grand-tante de Felix Mendelssohn. En 1747, son père lui a rendu une dernière visite demeurée célèbre, puisqu'elle a été à l'origine de *L'Offrande musicale*. En 1750, il brigue en vain sa succession à Leipzig. En 1753, une nouvelle tentative en direction de Zittau, en concurrence avec son frère Wilhelm Friedemann, n'obtient pas de meilleurs résultats. Mais, en 1767, meurt son parrain Telemann, directeur de la musique à Hambourg. Karl Philipp Emanuel, devant plusieurs concurrents dont son demi-frère Johann Christoph, obtient le poste. Il prend officiellement ses nouvelles fonctions le 19 avril 1768, prononçant selon l'usage un discours en latin. Cantor au Gymnasium Joanneum, directeur de la musique dans les cinq églises principales de la ville, il y fait entendre plusieurs chefs-d'œuvre dont le *Messie* de Haendel, le credo de la *Messe en si* de son père et le *Stabat Mater* de Haydn. Lui-même écrit, au cours de cette dernière période de sa vie, une assez grande quantité de musique religieuse, ses ouvrages pour clavier *Pour connaisseurs et amateurs* (*Für Kenner und Liebhaber*), de la musique de chambre, et dix symphonies (la moitié de sa production en ce domaine) : six pour cordes, composées en 1773 pour le baron Van Swieten, et quatre pour grand orchestre, parues en 1780. Il fait la connaissance des poètes Klopstock, Voss et Claudius, et échange avec Diderot une correspondance suivie, tout en se montrant, dans ses relations avec ses éditeurs, homme d'affaires avisé. C'est en pleine gloire et en pleine activité créatrice qu'il s'éteint à Hambourg, trois ans seulement avant Mozart, estimé par lui, et considéré par Joseph Haydn comme celui de ses prédécesseurs auquel il doit le plus. En 1795, ignorant sa mort, celui-ci tentera de lui rendre visite en passant par Hambourg lors de son second retour d'Angleterre. Dans son héritage se trouvent la plupart des documents originaux de la famille Bach, et c'est grâce à lui qu'ont été conservés beaucoup de manuscrits de son père, auquel il n'a jamais manqué de rendre hommage, et dont l'œuvre a été pour lui non pas une gêne, mais un stimulant.

Karl Philipp Emanuel Bach, pionnier du concerto pour piano, seul musicien important à avoir couvert par une production abondante tout le second tiers et une bonne partie du dernier tiers du XVIIIe siècle, ne fut jamais un classique si par classicisme on entend équilibre, mesure, synthèse harmonieuse de forces opposées. Il fut, comme ses frères, comme son contemporain exact Gluck, et même comme le jeune Haydn, un représentant typique de cette génération de 1750-1775 qui, avant l'essor définitif du classicisme et en l'absence de style intégré, dut cultiver une manière très (d'aucuns diront exagérément) individuelle : ce qui chez lui donna un romantisme passionné, de brusques modulations dramatiques, des rythmes imprévus et largement syncopés, une démarche parfois velléitaire, bref ces traits qui se résument par les mots « sensibilité » (*Empfindsamkeit*) et orage et passion (*Sturm und Drang*). Dans certaines de ses pièces pour clavier (il affectionnait particulièrement le clavicorde), à caractère de récitatif d'opéra, il alla jusqu'à supprimer les barres de mesure, et ce n'est pas pour rien que, sous les notes de l'une d'elles, un poète contemporain voulut et put inscrire les paroles du célèbre monologue d'*Hamlet*. « Un musicien ne peut émouvoir les autres que s'il est ému lui-même », disait-il volontiers : cette maxime, bien mise en pratique, fut de celles qui lui permirent d'éviter la galanterie, et d'occuper en son temps une position unique.

MARC VIGNAL

BACH WILHELM FRIEDEMANN (1710-1784)

Deuxième enfant et l'aîné des quatre fils musiciens de Jean-Sébastien Bach, Wilhelm Friedemann naît à Weimar et commence par suivre une voie toute normale : éducation musicale auprès de son père qui le considère comme son enfant le plus doué et écrit pour lui le fameux *Klavierbüchlein* « commencé à Coethen le 22 janvier 1720 » ; études de droit à Leipzig à partir de 1729 ; la même année, voyage à Halle pour inviter Haendel, qui séjourne en Allemagne, à visiter Jean-Sébastien à Leipzig (la rencontre malheureusement n'a pas lieu). Le 1er août 1733, Wilhelm Friedemann prend possession d'un poste d'organiste à Sainte-Sophie de Dresde. Ses tâches sont assez légères, ce qui lui permet d'étudier les mathématiques, de se faire admettre à la cour (où il ne réussit pourtant pas à se faire engager), et de beaucoup composer (symphonies, concertos, pièces pour clavier). En avril 1746, les milieux artistiques de Dresde étant décidément trop férus de musique italienne, il démissionne pour aller occuper à Notre-Dame (actuellement Marktkirche) de Halle des fonctions d'organiste et de directeur de la musique : il les conservera dix-huit ans, en se consacrant beaucoup plus, comme compositeur, à la musique religieuse (cantates). De l'époque de Halle datent aussi ses *Polonaises* pour clavier, ainsi qu'une magistrale *Triple Fugue* pour orgue. Mais il a avec les autorités de nombreux démêlés, comme ceux nés d'un congé « abusif » pris par lui d'août à décembre 1750 pour régler la succession de son père et accompagner à Berlin, chez son frère Karl Philipp Emanuel, leur demi-frère Jean-Chrétien. Il cherche sans les trouver de nouveaux emplois, et accepte en juillet 1762, sans jamais l'occuper, une charge de maître de chapelle à Darmstadt. Finalement, le 12 mai 1764, il abandonne son poste à Halle sans en avoir d'autre en vue : saut dans l'inconnu exceptionnel au XVIIIe siècle, où tout musicien respectable se doit d'être au service de quelqu'un, et précédant de plus de quinze ans celui accompli en 1781 par Mozart. Il reste néanmoins à Halle, qu'il ne quitte qu'en 1770 pour Brunswick. Après s'être en vain porté candidat à des postes d'organiste dans cette ville et à Wolfenbüttel, il s'installe en 1774 (après avoir laissé à Brunswick, pour être vendus aux enchères, plusieurs manuscrits de son père) à Berlin, où il subsiste avec sa famille grâce à des leçons et à des récitals d'orgue (le premier fait sensation). Bien reçu par la princesse Amélie de Prusse, à qui il dédie en 1778 *Huit Fugues* à trois voix pour clavier, et par son maître de chapelle Kirnberger, il n'en intrigue pas moins pour déposséder celui-ci de sa charge : d'où pour lui une certaine défaveur, et surtout une gêne financière croissante. Porté à la misanthropie, il en arrive à signer de son nom telle composition paternelle, et inversement à signer du nom de son père telle de ses propres œuvres. Ses nombreux déménagements annoncent ceux de Beethoven à Vienne, et c'est dans la plus complète misère qu'à sa mort il laisse sa femme et sa fille. Un seul journal berlinois lui consacre une notice nécrologique, mais en le qualifiant de plus grand organiste d'Allemagne.

Rapidement, une légende forgée par ses contemporains Marpurg, Reichardt et Rochlitz, et entretenue au XIXe siècle par le roman pseudo-historique de Brachvogel, s'édifiera autour du nom de Wilhelm Friedemann Bach, et le présentera à la postérité comme un ivrogne, un débauché et un malhonnête homme. On peut en faire bon marché, tout comme de l'irrespect et de l'incompréhension qu'il aurait manifestés envers l'art de son père. Il lui manqua certes, pour des raisons que seule sans doute la psychanalyse serait à même d'éclairer, la concentration et la force de volonté nécessaires pour surmonter son instabilité émotive, faire bon usage de sa liberté, et exploiter à fond, sur le plan musical, ses intuitions géniales. Ses œuvres n'en reflètent pas moins la personnalité la plus forte, la plus visionnaire en tout cas, parmi les fils de Bach. Nombre d'entre elles, comme les *Fantaisies* pour clavier, apparaissent par leur inspiration romantique, voire impressionniste, et par leur étonnante liberté formelle, à caractère d'improvisation, véritablement prophétiques. Contrairement à celles de son frère Karl Philipp Emanuel, elles n'eurent de son vivant qu'un succès limité, et restèrent pour la plupart inédites : Wilhelm Friedemann, en particulier dans ses dernières années, se soucia assez peu de leur diffusion ; surtout, il souffrit plus que d'autres de sa situation entre deux âges. Son attachement à Jean-Sébastien luttait chez lui contre sa fidélité à son temps ; l'influence de son père laissa dans sa musique tant de traces que même sa production instrumentale, la plus réussie, par tant de traits (style homophone, travail thématique) si moderne d'esprit, parut à ses contemporains surrannée et inutilement compliquée. Il se réfugia dans un monde à lui, d'une rare intensité d'expression, mais offrant peu de prise à ses successeurs immédiats. Pourtant, en 1782, Mozart copia les huit fugues dédiées à la princesse Amélie, arrangea la dernière pour trio à cordes, et la dota d'un prélude digne d'elle : bel hommage rendu à un maître qui laissa un souvenir impérissable à ceux qui eurent le privilège de l'entendre jouer, et qui fut aussi le seul des quatre fils de Jean-Sébastien à perpétuer la tradition d'organiste des Bach.

MARC VIGNAL

BADINGS HENK (1907-1987)

Grâce à une production considérable qui touche à tous les moyens d'expression, le compositeur néerlandais Henk Badings s'est imposé comme le principal créateur de son pays au XXe siècle.

Henk (Hendrik Herman) Badings voit le jour en Indonésie, à Bandung, le 17 janvier 1907. Orphelin de bonne heure, il se fixe aux Pays-Bas en 1915 et se trouve orienté vers des études de géologie – à l'école polytechnique de Delft – par des tuteurs qui voyaient d'un mauvais œil la perspective d'une carrière musicale. Sa formation musicale sera presque entièrement autodidacte, à l'exception d'une courte période d'étude avec Willem Pijper, l'un des plus grands pédagogues et compositeurs néerlandais d'alors (1930-1931). Nanti d'un diplôme d'ingénieur, il commence à faire des recherches paléontologiques et géologiques dans les Balkans en 1931, puis revient aux Pays-Bas pour se consacrer totalement à la musique. Entre-temps, sa *Première Symphonie*, écrite à l'instigation de Pijper, a été créée par Willem Mengelberg au Concertgebouw d'Amsterdam avec un certain succès (1930). Le même orchestre crée sa *Deuxième Symphonie* deux ans plus tard, sous la direction de son dédicataire, Eduard van Beinum. Badings enseigne la composition au conservatoire de Rotterdam et l'harmonie au Muzieklyceum d'Amsterdam, établissement dont il assure la direction entre 1937 et 1941. Puis il est nommé directeur du conservatoire de La Haye (1941-1944).

À la Libération, il est privé de toute fonction officielle à cause de certaines sympathies pro-allemandes dont il aurait fait preuve pendant l'Occupation. Il ne sera mis hors de cause qu'en 1947. Il mène alors une carrière de compositeur indépendant, se consacrant surtout à la recherche dans le domaine de l'acoustique et de l'électronique, et ne reprendra aucune fonction officielle avant le début des années 1960 : professeur d'acoustique à l'université d'Utrecht (à partir de 1961), cours de musique électronique à l'université d'Adélaïde, en Australie (1962-1963), professeur de composition à la Hochschule für Musik de Stuttgart (1962-1972). Il continuera à écrire sans discontinuer jusqu'à sa mort, survenue à Maarheeze le 26 juin 1987.

L'œuvre de Badings comporte trois périodes créatrices nettement différenciées. Jusqu'au début des années 1940, il utilise un langage issu du romantisme, qui respecte les formes classiques, tout en sachant déjà trouver dans l'écriture de son temps des harmonies rudes et une rythmique forte. Il aime les grands effectifs et les couleurs sombres (*Symphonies nos 1* à *3*, *Quatuors à cordes nos 1* et *2*, *Variations symphoniques*, 1936 ; *Concerto pour piano no 1*, 1939 ; oratorio *Apocalypse*, 1940). Puis vient une période où ces éléments se décantent pour céder la place à la polytonalité et à un système d'écriture symétrique fondé sur huit sons. Il s'intéresse également à la musique modale, notamment mixolydienne (*Sonates pour piano nos 2* à *6*, *Quatuor à cordes no 3*, 1944 ; *Symphonie no 5*, pour le soixantième anniversaire de l'orchestre du Concertgebouw d'Amsterdam, 1948 ; *Symphonie no 6 « Psalmensinfonie »*, 1953 ; *Symphonie no 7 « Louisville Symphony »*, 1954 ; *Concerto pour deux violons no 1*, pour le cinquantième anniversaire de l'orchestre philharmonique de La Haye, 1954). À partir de 1952, il se tourne vers la recherche acoustique et électronique : dans un premier temps, sa musique est totalement électronique, faisant abstraction des instruments traditionnels. Il remporte ainsi le prix Italia en 1954, avec son opéra radiophonique *Orestes*. Deux ans plus tard, il compose un ballet entièrement électronique, *Kain* ; en 1957, un nouvel opéra radiophonique (commande de l'Afrique du Sud), *Asterion* ; en 1959, un opéra télévisé, *Salto mortale*, qui lui vaut le prix du concours international des sociétés de télévision à Salzbourg. Puis, dans les années 1960, il réalise une synthèse entre les deux moyens d'expression, qu'il enrichit d'une recherche sur les micro-intervalles (il travaille alors sur une gamme de 31 degrés par octave définie par le physicien néerlandais Adriaan Fokker). C'est dans les grandes fresques chorales, souvent d'inspiration religieuse, qu'il donne le meilleur de lui-même : *Te Deum* (1962), *Passion selon saint Marc* (1970-1971) et l'oratorio la *Ballade van de bloeddorstige Jager*, avec lequel il obtient une seconde fois le prix Italia (1971). L'abondance et la diversité de l'œuvre de Badings en font un compositeur difficile à cataloguer : quatorze symphonies, six ouvertures, des sonates pour tous les instruments, cinq quintettes, des concertos pour piano (deux), pour deux pianos, pour orgue, pour violon (quatre), pour deux violons (deux), pour violoncelle (deux), pour basson... En dehors de ses opéras radiophoniques ou télévisés, il a signé trois ouvrages lyriques de conception traditionnelle : *Die Nachtwache* (La Ronde de nuit, 1942), *Liebesränke* (Ruses d'amour, 1945), et, le plus connu, *Martin Korda D.P.* (1960). Il a obtenu le prix de l'Accademia Chigiana de Sienne, en 1952, pour l'un de ses quintettes, et le prix Paganini, en 1953, pour ses deux sonates pour violon seul.

Son œuvre est aussi bien profonde et dramatique qu'humoristique et légère. Elle a été remise en cause par la nouvelle génération des compositeurs néerlandais, qui ont vu en elle un bastion du traditionalisme, mais, les années passant, les partitions essentielles de cette production gigantesque qui, à bien des égards, pourrait faire penser à celle de Darius Milhaud, émergent.

ALAIN PÂRIS

BAIRD TADEUSZ (1928-1981)

Moins connu en France que Penderecki ou Lutoslawski, Baird fait partie, comme eux, des figures marquantes de la musique polonaise contemporaine, à laquelle il a apporté un langage nouveau dans un style authentiquement slave qui lui valut d'emblée l'adhésion populaire.

Tadeusz Baird voit le jour à Grodzisk Mazowiecki le 26 juillet 1928, dans une famille d'origine écossaise : ses ancêtres, des catholiques persécutés par les anglicans, vinrent se réfugier en Pologne au milieu du XVIIIe siècle. Il commence ses études musicales pendant la guerre, à Łódź, où il travaille la composition avec Boleslav Woytowicz et Kazimierz Sikorski (1943-1944). Puis il prend part à l'insurrection polonaise ; il est fait prisonnier et ne doit la vie qu'à l'arrivée des alliés. Après la guerre, très affaibli, il entre au Conservatoire de Varsovie où il est l'élève de Piotr Rytel et de Piotr Perkowski (1947-1951). Il travaille aussi le piano avec T. Wituski et la musicologie avec Zofia Lissa à l'université de Varsovie (1948-1952).

Dès 1949, il fonde le Groupe 49 avec deux autres compositeurs, Jan Krenz et Kazimierz Serocki ; leur objectif est d'écrire une musique simple et expressive qui s'inscrive dans la ligne idéologique du réalisme socialiste. Dès 1951, Tadeusz Baird remporte le Prix national polonais (qui lui sera à nouveau décerné en 1964), suivi du prix Fitelberg (1958), du prix de la Tribune internationale des compositeurs de l'U.N.E.S.C.O. (1959, 1963 et 1966), du prix de la Ville de Cologne (1963), du prix Koussevitski (1968), du prix de la fondation Alfred-Jurzykowski (New York, 1971)...

En 1956, il fonde, avec Serocki et quelques autres compositeurs polonais, l'Automne musical de Varsovie, qui s'impose rapidement comme l'un des festivals de musique contemporaine les plus importants et les plus ouverts aux différentes esthétiques de tous les pays du monde. Dès 1958, avec ses *Quatre Essais* pour orchestre, Baird est considéré comme l'un des piliers de la vie musicale polonaise puis internationale. Il est nommé professeur de composition à l'École supérieure de musique de Varsovie et occupe l'une des deux chaires les plus importantes de son pays.

L'esthétique de Tadeusz Baird peut se résumer en deux tendances contradictoires tempérées par un caractère individualiste, romantique, mélancolique, cependant ouvert à l'impressionnisme : il éprouve un penchant certain pour la musique ancienne de son pays mais cherche aussi à élaborer un langage nouveau. De 1949 à 1957, la première tendance domine son œuvre : le *Concerto pour piano* (1949), l'*Ouverture dans le style ancien* (1950), la *Symphonie nº 1* (1950) et la *Symphonie nº 2* (1952) sont autant de pages profondément enracinées dans le folklore polonais. Puis vient une seconde période, où son langage change radicalement : il s'appuie sur le dodécaphonisme et cherche une voie nouvelle. C'est l'époque où la musique polonaise connaît une crise profonde : les compositeurs refusent les directives esthétiques du pouvoir et créent une véritable avant-garde. Baird restera en deçà de cette avant-garde car, pour lui, l'essentiel en musique est expressif et non formel. Il découvre rapidement les limites du dodécaphonisme, qu'il considère comme un système « physiologiquement mort », mais il continuera néanmoins à l'utiliser, de façon souple et modérée. Baird est alors influencé par deux grands compositeurs : Debussy, dont l'impressionnisme trouve un écho dans son orchestration, et Berg, dont la force dramatique apparaît dans son œuvre sur le plan expressif. À ces deux grands modèles, il faut ajouter un guide inconscient, Webern, dont le pointillisme marque alors toute la musique polonaise. Sans en faire un usage systématique, comme Penderecki ou Lutoslawski, Baird lui accordera une large place dans son orchestration.

Claude Rostand disait qu'il « maniait les timbres avec invention et richesse ». C'est certainement l'une des caractéristiques profondes des dernières œuvres de Baird, marquées également par un style lyrico-dramatique et le besoin d'une certaine forme mélodique qui explique le retentissement de son œuvre en Pologne.

Les *Quatre Essais* pour orchestre (1958) correspondent au début de cette nouvelle esthétique, suivis d'*Expressions*, pour violon et orchestre (1959), d'*Exhortation*, pour récitant, chœur et orchestre (1960), d'*Erotica*, pour soprano et orchestre (1961), des *Variations sans thème*, pour orchestre (1962). En 1966, il compose un drame musical, *Jutro* (Demain) ; puis ce seront *Sinfonia breve* (1968), la *Symphonie nº 3* (1969), *Play*, pour quatuor à cordes (1971), *Psychodrame*, pour orchestre (1972), le *Concerto pour hautbois* (1973), le *Concerto lugubre*, pour alto (1975), le *Double Concerto pour violoncelle et harpe* (1976), *Quatuor* (1978).

À la fin de sa vie, Baird ne se satisfait plus d'une musique pure : « La musique a un pouvoir de communication émotionnelle mais elle peut aussi transmettre des éléments concrets. » Le texte devient alors l'auxiliaire indispensable : « Le seul moyen de sortir de la situation est de se baser sur la parole, ce qui fait que la littérature a, avec le temps, une influence toujours plus forte sur mon action purement musicale. »

Cette orientation vers la musique vocale, amorcée au début des années soixante, s'accentue au cours des dernières années de la vie du compositeur, sous la forme d'une synthèse entre le langage élaboré après 1958 et la recherche d'un contact direct avec l'auditeur, qu'il avait su créer dans la première partie de sa carrière.

ALAIN PÂRIS

BALAKIREV MILI ALEXEÏEVITCH (1837-1910)

Né à Nijni-Novgorod de parents peu fortunés, Balakirev, dès l'enfance, fut attiré par la musique, mais, faute de ressources matérielles, son instruction théorique se borna à dix leçons de piano que lui donna un excellent professeur, Dubuc. À seize ans, il fit la connaissance d'Oulybychev, un riche mélomane, auteur de la première biographie de Mozart, qui disposait, dans sa propriété, d'un orchestre réduit. Successivement, il confia au jeune homme des travaux de copie, puis des « arrangements » et, en fin de compte, la direction de son orchestre. Ainsi, d'une manière purement empirique et à force de disséquer lui-même des œuvres de grands compositeurs, Balakirev put acquérir quelques notions de composition musicale. Fort de ces connaissances, il résolut d'entreprendre une réforme de la musique et partit pour Saint-Pétersbourg où, se méfiant des vrais professionnels en raison de ses propres lacunes (il est à signaler d'ailleurs que le premier conservatoire russe ne fut inauguré qu'en 1862 – jusqu'alors les futurs compositeurs allaient étudier à l'étranger), il s'entoura d'un groupe d'amateurs autodidactes comme lui : Cui, Moussorgski, Borodine et Rimski-Korsakov. De la sorte se trouva fondé le « groupe des Cinq », dont la cohésion s'avéra de courte durée. « Lâché par sa couvée » (selon ses propres termes), Balakirev chercha une consolation dans le mysticisme, dans l'organisation d'une école de musique et de concerts publics gratuits. Ces entreprises aboutirent à ce qu'il appela son « Sedan musical » : l'orchestre présent au grand complet, Balakirev au pupitre et... un auditeur dans la salle. De dépit, pour cinq ans, il se fit chef de gare. En 1877, il regagna Saint-Pétersbourg, mais ce n'était plus le même homme : son enthousiasme éteint, il ne composa plus que des œuvres peu originales, d'une grande sagesse.

Pourtant, il avait eu une très grande personnalité de créateur, une personnalité qu'on ne sait plus apprécier de nos jours. En écoutant une de ses œuvres, on a en effet l'impression d'entendre tour à tour Borodine, Moussorgski, Rimski-Korsakov. Passionné par l'enseignement, apôtre plus encore que compositeur par vocation, Balakirev a distribué sa propre personnalité entre ses disciples, laissant chacun lui prendre ce qui convenait le mieux. Si Moussorgski, Borodine et Rimski-Korsakov n'avaient pas vécu, il aurait sans aucun doute passé pour un des plus grands compositeurs russes. Et, de toute façon, du point de vue de l'histoire son rôle est considérable, tant il a su deviner, encourager et modeler de jeunes musiciens sur qui il disposait d'une autorité tellement considérable que Rimski-Korsakov a pu parler d'un pouvoir quasi magnétique.

Balakirev, très exigeant pour les autres et pour lui-même, composait lentement (ne lui fallut-il pas près de vingt ans pour mettre définitivement au point son poème symphonique *Thamar* dont l'audition dure à peine vingt-cinq minutes !). Néanmoins, il a laissé un catalogue relativement important : deux symphonies, deux beaux poèmes symphoniques (*Thamar* et *Russie*), une *Ouverture espagnole*, une *Ouverture tchèque*, une musique de scène pour *Le Roi Lear* de Shakespeare, un grand nombre de nocturnes, scherzos, mazurkas et valses pour piano, une sonate, une quarantaine d'excellentes mélodies – sans oublier le célèbre *Islamey* qui fut longtemps le cheval de bataille des pianistes virtuoses. Toutes ces œuvres prolongent Glinka et répondent à son dessein dans la mesure où elles concilient le respect des formes occidentales traditionnelles avec le culte d'un nationalisme musical.

MICHEL-ROSTILAV HOFMANN

BALLIF CLAUDE (1924-)

La formation musicale de Claude Ballif, né à Paris mais d'origine lorraine, est aussi complète qu'itinérante : Conservatoire de Bordeaux (violon, harmonie, contrepoint), puis de Paris (Gallon, Aubin, Messiaen) et, enfin, de Berlin (Boris Blacher). Ballif vit quelques années en Allemagne (Berlin et Hambourg), fréquente les cours d'été de Darmstadt où il travaille avec Scherchen ; à son retour en France, en 1959, il fait partie du Groupe de recherches musicales de l'O.R.T.F., dirigé par Pierre Schaeffer : *Points*, *Mouvement* (1962) sont les fruits de son travail dans le domaine électro-acoustique. Les prix que lui attribuent les jurys sanctionnent une formation aussi complète : premier prix de composition musicale au concours international de Genève en 1955 pour la pièce symphonique *Lovercraft* ; prix Honegger décerné à Paris en 1974 pour *La Vie du monde qui vient*.

Ballif ne poursuit pas comme premier objectif de réussir une carrière de compositeur ; il a, avant tout, le désir de faire passer un message par le pouvoir de sa musique. Il pense sa musique en mystique : « Claude Ballif sait la musique, compose une musique, il a la pensée de sa musique » (Albert Richard). Cette pensée est d'abord ouverture sur le monde d'aujourd'hui et sur les hommes qui en font partie. Ainsi, pour lui, la musique doit s'insérer dans la réalité musicale de toujours, elle doit être le lieu de la rencontre fraternelle, de l'ouverture sur l'avenir et sur... l'amour, comme le lui propose sa foi chrétienne, à laquelle il adhère profondément. Ballif n'en est pas pour autant incité à n'écrire que de la musique religieuse ; il professe volontiers au contraire qu'« il n'y a pas de musique religieuse », « que toute belle musique est religieuse » : c'est la motivation profonde de sa création.

Celle-ci n'en suit pas moins l'évolution que lui impose une exigence intérieure liée à ses connaissances et à sa culture. Après avoir, comme il est normal pour un compositeur de sa génération, « ressenti la nécessité des 12 sons », qu'il refuse par ailleurs de considérer comme une fin, il propose pour sa part un *Traité de la métatonalité* (solution tonale et polymodale où diatonisme et chromatisme, s'unissant, se fondent et se complètent) et il préconise l'emploi d'une gamme métatonale à onze sons. Il est un des premiers à utiliser et à cultiver la forme ouverte, à introduire le hasard dans une partition (*Phrases sur le souffle*, 1958). Attentif au son lui-même, à la suite de John Cage, son ami (dont il adopte la formule : « Il faut laisser les sons être ce qu'ils sont »), il se tourne vers une recherche sur la matière sonore et livre de grandes œuvres orchestrales où il entend, dit-il, « construire moi-même mon propre chaos » (*À cor et à cri*, 1962 , *Ceci et cela*, 1965). Libre de toute école, il se laisse aller à son propre lyrisme : « Dans ma musique je parle, je raconte telle ou telle histoire. Une sonate, c'est un roman, une synthèse de forme, des jeux d'oppositions, une promenade comme chez Schubert. » La forme donc s'élargit, l'architecture se construit à partir de l'œuvre en mouvement : « C'est par quelque chose de sonore que commence l'œuvre et qu'elle s'achève, quels que soient les supports choisis : voix, instruments, ou hochets nouveaux. Qu'éclate le son en moi et que je l'entende avec mes propres oreilles ! Celles des autres l'entendront bientôt ! » Car Ballif, c'est d'abord un tempérament, mais projeté vers les autres. On comprend qu'il ait été intéressé par la personnalité et l'art de Berlioz sur lequel il a écrit un livre très personnel ; on comprend aussi que, avec ce besoin inné de la communication, Ballif s'éprouve comme un pédagogue (École normale de musique, Conservatoire de Reims, Conservatoire de Paris).

Le très important catalogue de ses œuvres comporte des compositions pour les formations les plus diverses. Citons encore : *Cendres*, 1946 ; *Airs comprimés*, 1954 ; *Voyage de mon oreille*, 1950 ; *Quatre Antiennes à la sainte Vierge*, 1953 ; *5e Sonate pour piano*, 1960 ; *Imaginaire I*, 1963 ; un monumental *Requiem*, sur lequel il a travaillé plusieurs années et qui est parvenu en 1972 à son aboutissement, sous le titre : *La Vie du monde qui vient* ; *Moi-Immobile* pour clarinette et orchestre (1976) ; *Haut les rêves*, concert symphonique pour violon solo et orchestre de chambre (1984) ; *Le Taille-Lyre*, pour flûte, clarinette, alto, violoncelle, accordéon et trombone (1990).

BRIGITTE MASSIN

BARBAUD PIERRE (1911-1990)

Promoteur de la « musique algorithmique », Pierre Barbaud aimait déclarer : « Je suis né un 10 octobre au XXe siècle. »La musique algorithmique est un mode de composition au moyen de la machine électronique sur les bases de la musique sérielle. La liberté créatrice du musicien se situe uniquement au départ de la composition dans le choix des données du possible proposées à la machine, les solutions fournies par la machine ne devant pas être discutées, étant entendu que « jamais un homme de génie, si exceptionnel soit-il, ne remplacera une machine électronique ». Les machines Bull ont prêté leur concours et leurs installations pour la mise en route des premières expérimentations du Groupe de musique algorithmique de Paris ; dix programmes (sous le nom symbolique d'Algol) sont ainsi proposés par Pierre Barbaud en 1958. Postérieures à celles-ci, les tentatives de Xenakis se feront, elles, à partir de machines I.B.M. En choisissant, vers 1950, d'introduire « la pensée mathématique et les méthodes qui en découlent dans la composition musicale », Pierre Barbaud se situe bien comme un homme du XXe siècle. C'est à partir d'expériences sur la musique de film et en participant à *Hiroshima mon amour* et à *L'Année dernière à Marienbad*, les films d'Alain Resnais, qu'il a pu préciser ce projet mathématique et musical qui tend aussi bien à canaliser le hasard qu'à discipliner l'inspiration. Pierre Barbaud a enseigné l'informatique musicale au Conservatoire de Paris (1977-1978).

Outre les musiques composées suivant la méthode algorithmique (*Variations heuristiques*, *Cogitationes symbolicae I* et *II*, *Lumpenmusik*), Pierre Barbaud a écrit deux ouvrages scientifiques traitant de ces problèmes : *La Composition automatique* (1966) et *La Musique, discipline scientifique* (1968).

BRIGITTE MASSIN

BARBER SAMUEL (1910-1981)

Compositeur américain né à West Chester (Pennsylvanie), Samuel Barber reçoit très tôt une formation de pianiste et d'organiste avant d'étudier au Curtis Institute de Philadelphie (1924-1932) avec Rosario Scalero, Isabelle Vengerova et Fritz Reiner. Il prend également quelques cours de chant. Dès 1928, il reçoit le prix Bearns pour sa *Sonate pour violon*. Il rencontre Gian Carlo Menotti : entre eux va se nouer une longue et fructueuse amitié qui marquera beaucoup Samuel Barber.

Ses premières œuvres remportent un certain succès : l'ouverture *The School of Scandal* (1933) lui vaut à nouveau le prix Bearns. Puis il se voit décerner la Pulitzer Scholarship (1935) et le prix de Rome américain (1936) qui lui permettent de voyager en Europe et de séjourner à Rome pendant deux ans. La découverte du vieux continent est déterminante et il restera toujours profondément attaché aux racines européennes de la musique. Sa *Symphonie nº 1* (1936) est créée à Cleveland puis au festival de Salzbourg ; Toscanini dirige en première audition son *1er Essai* opus 12 et l'*Adagio pour cordes*, une page tirée de son *1er Quatuor* (1936) qui deviendra son œuvre la plus populaire.

De 1939 à 1942, Samuel Barber enseigne au Curtis Institute de Philadelphie puis il est mobilisé (1943-1945). À la Libération, il revient en Europe comme conseiller à l'Académie américaine de Rome. Son ballet *Médée*, composé en 1943, s'impose grâce à la suite d'orchestre qu'il en tire ; Wladimir Horowitz crée sa *Sonate pour piano* (1947). Il aborde le théâtre lyrique avec *Vanessa* sur un livret de Menotti (1950), représentée au Metropolitan Opera de New York et à Salzbourg en 1958. Un second opéra voit le jour en 1966 pour l'inauguration de la nouvelle salle du « Met » au Lincoln Center : *Antoine et Cléopâtre*, qu'il remanie en 1974.

Les orientations très diverses, souvent contradictoires, de la musique de Barber ne permettent pas de le rattacher à un courant esthétique précis. Il fait partie de ces compositeurs américains qui ont cherché à déterminer la véritable identité de la musique de leur pays, tout en refusant un héritage absolu, que ce soit celui de Charles Ives ou celui de George Gershwin. La musique de Barber reste l'expression de sentiments personnels et elle repose sur un profond lyrisme particulièrement mis en valeur par ses connaissances vocales. Cette recherche du chant humain comme son langage harmonique en ont fait, aux yeux de certains, un compositeur anachronique, un néo-romantique. Il est très attaché aux formes traditionnelles et à la tonalité. L'influence de l'Europe le situe aussi en marge des autres compositeurs américains. Pourtant le public de son pays l'a toujours fêté car sa musique est immédiatement accessible.

Après une période néo-romantique qu'illustre l'*Adagio pour cordes*, il s'ouvre à la dissonance, à la polytonalité et à une certaine complexité rythmique avec le *Concerto pour violon* (1939). *Médée* (1943) est une sorte d'aboutissement par la liberté de son écriture. Puis il se laisse tenter par le néo-classicisme (*Capricorn Concerto*, 1944) avant de se tourner vers le dodécaphonisme (*Sonate pour piano*, 1947). À partir de 1950, il opère une synthèse de ces différentes expériences, guidé par la forme et la mélodie qui demeurent les deux éléments primordiaux de sa langue musicale. « Je ne suis pas un compositeur très conscient de lui-même. On dit que je n'ai aucun style mais cela n'a aucune importance. Je poursuis simplement mon chemin et je crois que cela requiert un certain courage. »

ALAIN PÂRIS

BARRAQUÉ JEAN (1928-1973)

Quasi contemporain de Boulez, Jean Barraqué reçoit en même temps que celui-ci (au lendemain de la guerre et au terme de ses études musicales) la révélation de la musique dodécaphoniste, et découvre la technique de l'écriture sérielle. Pratiquement, toute la création de Barraqué va dépendre (et cela dès ses débuts : *Sonate pour piano*, 1950, et *Séquence*, 1955) de cette découverte. C'est donc un compositeur essentiellement sériel. Exigeant et intransigeant, ignorant les modes et les compromis, il va s'attacher à creuser en profondeur la notion de série et il va créer dans cette distinction son propre système d'écriture : les « séries proliférantes ». C'est une véritable investigation logique de l'écriture, ouvrant des possibilités infinies. À partir d'un noyau central (la série choisie au départ d'une œuvre), Barraqué tire des fragments de la série, qui, privilégiés, deviennent séries à leur tour (avec toutes les combinaisons possibles). Ces nouvelles séries, tout en étant différentes de la série initiale, gardent cependant avec elle un certain rapport. Le jeu est donc infini... et l'écriture devient de plus en plus complexe.

Il s'agit en fait, chez Barraqué, de tout autre chose que d'un jeu mais d'un processus qui l'engage tout entier, position logique pour un esprit aussi entier que le sien (ce trait de caractère lui valut parfois des ennuis, par exemple à cause des jugements portés sur Satie dans l'excellent petit livre qu'il a écrit sur Debussy). C'est encore la logique de sa construction qui l'entraîne à concevoir désormais (à partir de la conception lucide de son système) toute son œuvre comme une œuvre unique qui ne peut, en fin de compte, déboucher – avec la multitude de possibles qu'elle implique – que sur l'inachèvement et sur la mort. C'est en ce sens qu'il choisit de suivre une démarche, parallèle dans son expérience et sa réalisation, à celle que propose l'écrivain autrichien Hermann Broch dans son livre *La Mort de Virgile*, œuvre destinée elle aussi dès le départ à l'inachèvement.

Dessein grandiose, qui place Barraqué dans une situation totalement à part au sein des divers courants qui se manifestent chez les compositeurs de sa génération, et qui fait de lui un solitaire absolu, voué à la réalisation d'un projet si vaste dans son architecture qu'il a conscience d'en être totalement investi dès le départ. Barraqué, dont la référence essentielle en musique est Beethoven, assume totalement ce destin qu'il sait et qu'il veut exceptionnel. Conscient de son étrangeté, c'est avec une certaine ironie qu'il se traite lui-même de « musicien dépassé ».

Son écriture rigoureuse, dans laquelle il n'est pas laissé de place au hasard, ne craint pas de laisser s'épanouir une veine lyrique, voire « grandiloquente » (un terme qu'il aime et qui est loin d'être pour lui péjoratif). Un des traits les plus caractéristiques de son style est la remarquable utilisation des silences (ou du silence).

Font partie de *La Mort de Virgile* des œuvres telles que *Affranchi du hasard*, *Le Temps restitué*, *Au-delà du hasard*, *Chant après chant*, écrites entre 1959 et 1966. Seul le *Concerto pour clarinette* (1969), composé pour un ami, échappe à ce cadre. Quatre autres « moments » de *La Mort de Virgile* demeurent inachevés.

BRIGITTE MASSIN

BARTÓK BÉLA (1881-1945)

Depuis la formation de la nation hongroise, la musique a été une composante essentielle de sa civilisation. Que ce soit à cause de son contexte géographique ou de sa force assimilatrice, cette civilisation a su s'affirmer, à travers les vicissitudes de l'histoire, par sa tendance permanente à la synthèse. Durant un siècle et demi d'occupation turque, le pays fut divisé en trois parties et, une fois libéré des Turcs, il subit la domination autrichienne pendant une période aussi longue et sans avoir pu récupérer les territoires récemment libérés. Le Banat – partie méridionale de l'Alföld, la grande plaine du Danube –, libéré seulement en 1718, ne sera rattaché à la mère patrie que soixante ans plus tard. Des colonies étrangères, en majorité germanophones, furent installées au cours du XVIIIe siècle parmi la population hongroise décimée dans les guerres turques. Vers la fin de ce siècle commence, sous l'effet des idées nouvelles venues de France, une lente transformation de la société hongroise, évolution freinée, parfois brutalement, par Vienne. Le pays a cependant gardé son caractère agricole jusqu'au lendemain de la Première Guerre mondiale. Les conditions historiques n'ayant pas rendu possible la formation d'une classe moyenne unie et forte, la paysannerie, formant la grande majorité de la population et seule gardienne des vestiges d'une civilisation commune à toutes les couches, s'est trouvée de plus en plus isolée des classes supérieures.

Cette situation paradoxale n'a pas empêché les Hongrois de donner des musiciens éminents aux pays occidentaux dès le XVIe siècle, alors que, chez eux, la pratique de la musique savante était réservée à des milieux restreints. À la fin du XVIIIe siècle apparaît une « manière », d'audience quasi nationale, le *verbunkos*, issu des danses de recrutement amalgamées à des éléments orientaux et viennois, manière qui eut un rayonnement international assez important à travers le style hongrois des compositeurs du XIXe siècle (Franz Liszt, Ferenc Erkel, Stephen Heller, Mihály Mosonyi). Le verbunkos a symbolisé l'identité hongroise de la musique savante jusqu'en 1867, année du compromis austro-hongrois ; à partir de ce moment, il est relégué à l'arrière-plan. La Hongrie est dotée, dans le dernier quart du XIXe siècle, d'institutions musicales d'autorité internationale, comme l'Académie de musique (École des hautes études, 1875), présidée par Liszt et dirigée par Erkel, où l'enseignement de la composition est confié à des maîtres allemands (Friedrich Robert Volkmann, Hans Koessler), et l'Opéra royal (1884), qui peut s'enorgueillir de la présence de chefs illustres (Arthur Nikisch, Gustav Mahler), également de langue allemande. Au Parlement hongrois, l'opposition est alors animée par le parti de Kossuth (1802-1894), chef spirituel de la guerre d'indépendance antiautrichienne de 1848-1849, mort dans l'émigration. Son héritage reste très stimulant au début du XXe siècle, lorsque prodynastiques et antidynastiques s'affrontent violemment. Ce moment coïncide avec la genèse de la nouvelle école hongroise de la musique, celle de Bartók et de Kodály.

1. Entre Orient et Occident

Enfance et adolescence

Béla Bartók naît le 25 mars 1881 à Nagyszentmiklós (aujourd'hui Sînnicolaul Mare, en Roumanie), dans le Banat, où ses ascendants paternels, originaires de la Haute Hongrie et partisans fervents de Kossuth, étaient installés depuis trois générations. Son père, Béla, directeur d'une école d'agriculture et musicien amateur, fut l'animateur culturel de cette bourgade de 10 000 âmes environ, où se côtoyaient les ethnies hongroise, allemande, roumaine et serbe. Sa mère, Paula Voit, institutrice de formation, jouait du piano. Les dons exceptionnels de l'enfant, mais aussi sa constitution fragile, se révèlent très tôt. En 1885 naît sa sœur Erzsébet ; en 1888, son père meurt à l'âge de trente-deux ans. Désormais, sa mère, aidée d'une sœur, Irma, devra assurer seule l'entretien de la famille. Elle est nommée à Nagyszőllős (aujourd'hui Vinogradov, en U.R.S.S.), au nord-est de la Hongrie ; c'est là que Bartók termine ses classes primaires et commence ses études secondaires. En l'absence de lycée à Nagyszőllős, Mme Bartók envoie son fils à Nagyvárad (Oradea), au lycée dirigé par l'ordre des Prémontrés. Grâce aux leçons de Ferenc Kersch, Bartók y accomplit des progrès sensibles au piano, mais l'année scolaire est assez médiocre, à tel point qu'à Pâques de 1892 Mme Bartók ramène son fils à Nagyszőllős. Le 1er mai, Bartók s'y produit publiquement, pour la première fois, lors d'un concert de bienfaisance organisé par l'école de sa mère. Il joue quatre œuvres, dont un mouvement de la *Sonate n° 21 « Waldstein »* de Beethoven et l'une de ses compositions, *Le Cours du Danube*, pièce descriptive, certes naïve, mais pleine d'idées originales. Car il compose régulièrement, des danses de préférence. À la suite de ce concert, Mme Bartók obtient un congé d'un an avec traitement et elle s'installe, avec sa famille, à Pozsony (Presbourg, Bratislava), chef-lieu du comitat d'où est originaire sa famille et où elle brigue un poste. Bartók apprécie son nouveau milieu, continue ses études au lycée catholique et travaille le piano avec László Erkel, fils du compositeur. L'année sabbatique terminée, Mme Bartók est nommée à Besztercze (Bistrița), en Transylvanie. Bartók continue ses études au lycée allemand de cette ville, mais termine son année scolaire à Pozsony car sa mère a obtenu son affectation définitive à l'ancienne capitale administrative et législative du royaume de Hongrie. Pozsony sera pour Bartók sa ville adoptive ; il y passera cinq ans de son adolescence dans des conditions harmonieuses. Il termine ses études, obtient son baccalauréat en 1899, compose beaucoup, tient l'orgue à la messe des écoliers, découvre la musique classique et romantique, travaille le piano avec Erkel puis, après la mort de celui-ci, avec Anton Hyrtl ; il se lie avec la famille de Frigyes Dohnányi, un de ses professeurs au lycée, dont le fils, Ernő, de quatre ans son aîné, pianiste et compositeur reconnu internationalement à vingt ans, est et restera longtemps pour lui un modèle. C'est sur l'insistance de Ernő Dohnányi que Mme Bartók conduit son fils à Budapest et le présente aux professeurs de Dohnányi à l'Académie, à István Thomán d'abord, qui l'admet dans sa classe de piano, à Hans Koessler ensuite qui, sur la recommandation de Thomán, le prend à son tour pour élève. À l'automne de 1899 commence la vie budapestoise de Bartók.

L'élève de Thomán et de Koessler

Au début de ses années d'études supérieures, Bartók mène une vie renfermée et solitaire, vivant des subsides versés par sa mère. Thomán, ancien élève de Liszt, sera un guide idéal dans la maîtrise de son instrument aussi bien que dans l'évolution spirituelle de son élève. La situation matérielle de Bartók s'améliore peu à peu. Dispensé des frais d'études, il obtient des bourses et des récompenses substantielles, sa réputation de pianiste lui vaut des invitations comme soliste ou accompagnateur et quelques élèves privés. Parmi ces derniers se trouve Mme Emma Gruber (la future Mme Kodály), chez qui Bartók fait la connaissance de Zoltán Kodály, un autre élève de Koessler, mais dans une classe différente, connaissance qui ne tardera pas à se transformer en une amitié déterminante et pour la vie.

Bartók eut moins de chance avec Koessler qu'avec Thomán. Ce maître allemand, bon pédagogue et bon compositeur, était un partisan de Brahms et un adversaire de Liszt et de Wagner à une époque où, chez Bartók, l'influence des deux derniers commençait à supplanter celle du premier. Orienté vers une conception esthétique opposée à celle que Bartók s'était choisie et ignorant, de surcroît, la langue et la civilisation hongroises, ses remarques perturbent parfois son élève. Mais ce n'est pas la seule perturbation subie par Bartók durant ces années. La plus sérieuse est, en 1900, une affection pulmonaire, qui lui fait perdre une année. Les deux autres, moins graves, n'en seront pas moins déterminantes : d'une part, l'effervescence politique, avec ses slogans anti-autrichiens et antidynastiques, éveillent un écho profond en lui ; d'autre part, l'audition d'*Ainsi parlait Zarathoustra* de Richard Strauss, en février 1902, a sur Bartók un effet très stimulant. Lui qui, en dehors des exercices scolaires, n'avait presque rien écrit depuis trois ans se remet à la composition : une symphonie (partiellement orchestrée), des mélodies, des études pour piano, une sonate pour violon et piano et le poème symphonique *Kossuth*, hommage à son père, fervent partisan de Kossuth. Il apprend par cœur *Une vie de héros* de Strauss dans sa propre réduction, faisant l'admiration de ses auditeurs à Budapest, Vienne et Berlin, où il passe l'automne de 1903 et fait la connaissance de Busoni. Au début de 1904, la première audition de *Kossuth* suscite des controverses, et l'œuvre est saluée par la presse patriotique comme le début d'une ère nouvelle. En février, l'œuvre est donnée à Manchester lors d'un concert dirigé par Hans Richter, où Bartók joue en soliste. En juillet 1904, il assiste au festival de Bayreuth et passe le reste de l'été et une partie de l'automne dans la campagne hongroise, travaillant son *Quintette* avec piano, sa *Rhapsodie* op. 1 pour piano et orchestre et son *Scherzo* op. 2 pour orchestre et piano. C'est là qu'il entend, pour la première fois, des mélodies populaires sicules (*székely*) chantées par une servante ; il les note, mais n'en tirera profit qu'ultérieurement. En 1905, il séjourne à Vienne et passe deux mois à Paris, où il participe au concours Rubinstein – sans succès. Il s'agit de son premier contact avec la capitale française. La même année, il compose la *Suite* n° 1 pour orchestre et les trois premiers mouvements de la *Suite* n° 2, qu'il ne terminera que deux ans plus tard. Les années 1905-1906 sont marquées par les premières enquêtes systématiques sur le folklore hongrois. En 1906 paraît un cahier de vingt mélodies populaires pour chant et piano, harmonisées par Bartók et

Kodály. Les enquêtes folkloriques enregistrées sur phonographe se poursuivent dans la grande plaine hongroise, non loin de sa ville natale. En octobre, il commence aussi à recueillir des mélodies slovaques.

Le professeur et le folkloriste

En janvier 1907, Béla Bartók est nommé professeur de piano à l'Académie de musique, en remplacement de Thomán, qui a démissionné. Cette nomination le met à l'abri des soucis matériels. Il fait consciencieusement son enseignement et réorganise sa vie en conséquence. Il poursuit ses enquêtes folkloriques hongroises, slovaques et aussi roumaines (à partir de 1909) pendant les vacances scolaires. Il ne renonce pas à ses concerts pour autant. Son attachement pour Strauss dépassé, il découvre la musique de Debussy en 1907 et il en restera l'interprète durant toute sa vie. Le message de Debussy et celui du folkloriste du Centre-Est européen se confirment réciproquement. De 1907 date un *Concerto* pour violon composé à l'intention de la jeune violoniste Stefi Geyer, amour de jeunesse non partagé ; l'œuvre restera inédite du vivant de Bartók. Son premier mouvement sera intégré comme « L'Idéal » dans les *Deux Portraits* pour orchestre, terminés plus tard. 1908 marque le début d'une riche période créatrice d'œuvres pour piano : *Quatorze Bagatelles*, *Dix Pièces faciles*, *Deux Élégies*, *Pour les enfants* (en quatre cahiers, sur des mélodies populaires hongroises et slovaques), *Deux Danses roumaines*, *Quatre Nénies*, *Trois Burlesques*, *Sept Esquisses*, une éclosion qui aboutit à l'*Allegro barbaro* (1911) ; de la même époque datent le *Quatuor à cordes* nº 1 (1908), *Le Château du prince Barbe-Bleue* (1911), opéra en un acte sur le livret de Béla Balázs, *Quatre Anciennes Mélodies populaires hongroises* pour chœur d'hommes, deux œuvres symphoniques importantes, les *Deux Images* et les *Quatre Pièces* (orchestrées en 1921). Son échec sentimental courageusement surmonté par le travail, Bartók épouse, en novembre 1909, son élève Márta Ziegler. Le couple fait son voyage de noces à Paris, où Bartók rend visite à Vincent d'Indy avec une lettre d'introduction de Busoni ; cette entrevue est plutôt décevante pour lui. En mars 1910, il est de nouveau à Paris et joue ses œuvres et celles de Kodály au cours d'un concert consacré à la musique hongroise. Une semaine plus tard, le jeune Quatuor Waldbauer présente à Budapest son *Quatuor* nº 1 et son *Quintette*. À la fin de mai, Bartók joue sa *Rhapsodie* avec orchestre op. 1 à Zurich et fait la connaissance de Frederick Delius, dont il apprécie la musique et les qualités humaines. Le 22 août de la même année naît son fils Béla. À partir de 1912, découragé par le non-intérêt de la société hongroise pour la musique nouvelle, Bartók se retire de la vie musicale, ne donne plus de concert (en Hongrie, du moins) et ne compose plus ; il poursuit toutefois ses enquêtes folkloriques. Le couple Bartók fait un voyage d'agrément en Scandinavie en 1912 et, un an plus tard, une enquête chez les Arabes de la région de Biskra. À la fin de 1913 paraît à Bucarest le recueil de chants populaires roumains de Hunyad.

Guerre et paix

L'été de 1914, Bartók est encore à Paris et parle de ses enregistrements au professeur Ferdinand Brunot, directeur du musée de la Parole. Une coopération est décidée. Quelques jours plus tard, c'est la guerre et Bartók n'aura que le temps de rentrer en Hongrie. Sa vie subit alors des changements profonds : les enquêtes folkloriques se réduisent, la vie musicale marque le pas ; mais l'enseignement continue et Bartók, réformé pour raisons de santé, se remet à composer. Jamais il n'a rendu autant d'hommages au peuple roumain que dans les œuvres composées à cette époque (*Sonatine*, *Colindas*, *Danses populaires* pour piano, mélodies populaires pour chœur de femmes et pour chant et piano). De la même époque datent les *Quinze Mélodies paysannes hongroises* pour piano, orchestrées plus tard, ainsi que la *Suite* op. 14 pour piano, deux séries de *Cinq Mélodies* pour chant et piano, *Huit Mélodies populaires hongroises* pour chant et piano et deux séries de mélodies populaires slovaques pour chœur d'hommes et pour chœur mixte avec piano. En 1916, la Roumanie entre en guerre contre la Monarchie austro-hongroise ; la même année, Bartók, avec son fils Béla âgé de six ans, abandonne la religion catholique pour le protestantisme unitarien. Deux chefs-d'œuvre sont composés pendant les années de guerre : le *Quatuor à cordes* nº 2 (pour la deuxième fois, le « retour à la vie » prend la forme de quatuor), et *Le Prince de bois*, ballet sur des arguments de Béla Balázs, présenté à l'Opéra de Budapest, sous la baguette d'Egisto Tango, en 1917.

En 1918, la guerre se termine ; la Monarchie vaincue, la Hongrie disloquée, Bartók doit renoncer à la collecte des musiques sur le terroir ; mais le classement et la publication des matériels déjà réunis lui donneront assez de travail jusqu'à la fin de sa vie. De toute façon, la situation politique ne favorise pas la coopération intellectuelle, en Europe centro-orientale du moins. En moins d'un an, la Hongrie change trois fois de régime : le royaume fait place à la République, qui s'efface devant l'éphémère « Commune de Budapest », suivie de la contre-révolution et du retour à un État semi-féodal, qui se maintiendra pendant un quart de siècle. Sous la République et la Commune, Ernő Dohnányi dirige l'Académie de musique ; Kodály est son adjoint. Avec ses deux amis, Bartók fait partie du directorium, qui a pour tâche d'élaborer les réformes de l'enseignement de la musique et de la vie musicale, réformes qui ne seront réalisées, en partie, qu'une quinzaine d'années plus tard, par Kodály et ses élèves, en plein régime ultra-conservateur. La contre-révolution met le violoniste Jenő Hubay à la tête de l'Académie de musique, Dohnányi quitte l'école (il y reviendra plus tard et succédera à Hubay comme directeur, en 1934) et Kodály est suspendu de ses fonctions pendant deux ans. Lié à l'éditeur Universal de Vienne depuis 1918, Bartók n'est pas inquiété. Il pense à s'expatrier et, profitant d'un congé d'un an avec traitement, il passe plusieurs mois à Berlin. Finalement, il diffère son exil : sa mère et ses enregistrements le retiennent en Hongrie, mais il passe désormais de plus en plus de temps à l'étranger. Certes, il n'est pas politiquement engagé, mais il sait très bien quels sont ses amis et ses adversaires. Il répond très énergiquement quand une partie de la presse l'attaque, en 1920, à cause de ses collectes de musiques roumaines. Toutefois, son acte le plus révolutionnaire est musical : il compose, en 1918-1919, *Le Mandarin merveilleux*, ballet sur des arguments de Melchior Lengyel, un message universel, sorte de « pause del silenzio » au lendemain de la guerre (ce ballet ne sera créé à la scène en Hongrie qu'après sa mort). D'autres œuvres voient le jour à la même époque : les *Études* et les *Huit Improvisations* sur des mélodies populaires hongroises, pour piano (la 7e *Impro-*

visation est dédiée à la mémoire de Debussy). En 1921-1922, ce sont les deux *Sonates* pour violon et piano dédiées à Jelly Arányi, avec qui Bartók les interprète, en Europe et en Amérique. À Paris, ils jouent la première *Sonate* au théâtre du Vieux-Colombier, le 8 avril 1922, à la séance de *La Revue musicale*, séance suivie d'un dîner chez Henry Prunières.

Sur une commande de la municipalité de Budapest pour le cinquantième anniversaire de la ville, Bartók compose sa *Suite de danses* pour orchestre en 1923, glorifiant, une fois de plus, la fraternité des peuples. La même année, il divorce et épouse son élève Ditta Pásztory. Un fils, Péter, naîtra de cette union en juillet 1924.

Sur les chemins de l'autorité internationale

Après 1923, l'activité pianistique de Bartók s'amplifie. En 1924 paraît sa monographie sur *La Mélodie populaire hongroise*, et la même année est marquée par les *Scènes villageoises*, cinq mélodies populaires slovaques pour chant et piano, dont trois seront transcrites pour double quatuor vocal féminin et petit orchestre, en 1926. Cette année-là, le compositeur repart pour des horizons plus lointains à travers une éclosion d'œuvres pour piano (*Sonate*, *En plein air*, *Neuf Petites Pièces*, *Trois Rondos*) suivies du *Concerto* n° 1 pour piano et orchestre, du *Quatuor à cordes* n° 3 (1927, prix de la Musical Found Society), des deux *Rhapsodies* pour violon et piano, dont la première connut également une version pour violoncelle et piano et une pour violon et orchestre (la seconde sera orchestrée plus tard), le *Quatuor à cordes* n° 4 (1928), les *Vingt Mélodies populaires hongroises* pour chant et piano (1929) et, en 1930, la *Cantata profana*, l'un des sommets de l'art bartókien. Les premières mondiales de la plupart de ces œuvres ont lieu hors de la Hongrie.

La première tournée aux États-Unis se déroule de décembre 1927 à février 1928. Pendant deux mois, Bartók parcourt le pays, faisant des conférences sur la musique populaire hongroise et sa place dans la musique savante, illustrée au piano par lui-même. Il donne des récitals de musique de chambre avec Jelly Arányi et József Szigeti, joue avec orchestre sous la direction de Willem Mengelberg, Fritz Reiner et Serge Koussevitsky. En janvier 1929, il séjourne en U.R.S.S. et donne des récitals à Kharkov, Odessa, Leningrad et Moscou. En 1931, il termine son *Concerto pour piano et orchestre* n° 2, compose les *Quarante-Quatre Duos* pour violons sur des mélodies populaires et orchestre quelques-unes de ses pièces pour piano. Cette année est particulièrement bien remplie : Bartók a cinquante ans et reçoit la Légion d'honneur des mains de Louis de Vienne, ministre plénipotentiaire, chef de la légation de France à Budapest. Au début de l'été, il est à Genève, à la session de la Commission de la coopération intellectuelle de la Société des Nations, avec Carel Čapek, Gilbert Murray, Thomas Mann, Paul Valéry, etc. L'année suivante, il compose *Six Chants sicules* pour chœur d'hommes, puis il termine, en 1934, son *Quatuor à cordes* n° 5. À partir de cette année, il est affecté à l'Académie hongroise des sciences pour la préparation de l'édition systématique de la musique populaire hongroise.

Face à la barbarie

Depuis l'avènement de l'hitlérisme en Allemagne, Bartók évite « le pays malade de la peste » et, prétextant des raisons concernant les droits d'auteur, s'oppose à ce que ses œuvres ou ses concerts radiophoniques y soient diffusés. En 1934 paraît son ouvrage comparatif sur les musiques populaires danubiennes, ouvrage qui sera l'objet d'une violente attaque de la part des Roumains, qui l'accusent d'être un agent de l'irrédentisme hongrois pour avoir exprimé l'idée qu'un certain nombre de mélodies roumaines accusaient une influence hongroise. Bartók répond à cette attaque, mais ne se rend plus en Roumanie. Comme dans d'autres occasions, sa volonté sera plus forte que son découragement. Il se tourne vers la polyphonie vocale du XVIe siècle, d'essence latine, pour renouveler son écriture vocale et compose, en 1935, ses vingt-sept petits chœurs pour voix égales et *Des temps passés*, une symphonie chorale pour voix d'hommes. En 1936, il termine *Musique pour cordes, percussion et célesta*, écrite pour Paul Sacher et l'Orchestre de chambre de Bâle. À la fin de l'année, il effectue, en Anatolie, sa dernière enquête folklorique. En 1937, la série *Mikrokosmos*, cent cinquante-trois pièces pour piano en six cahiers, est terminée, de même que la *Sonate pour deux pianos et percussion* ; en 1938, il compose les *Contrastes* pour violon, clarinette et piano et le *Concerto* pour violon et orchestre, en 1939, le *Divertimento* pour orchestre à cordes (également pour Paul Sacher) et le *Quatuor à cordes* n° 6. Sous le choc des événements, son humanisme devient plus militant. L'Anschluss, en 1938, ne le surprend pas ; il quitte sa maison d'édition viennoise pour Boosey & Hawkes, car sa décision est prise : il s'expatriera pour ne pas cautionner par sa présence les événements qui vont survenir. À la fin de 1939, sa mère meurt ; rien ne le retient plus, puisque ses cylindres sont en sûreté et, quoi qu'il arrive, Kodály restera en Hongrie.

L'exilé

« Je ne peux plus rien pour mon peuple si je reste là ! » Ces mots prononcés par Bartók devant ses intimes expliquent les raisons de son expatriation. Certes, elles n'étaient pas les seules. Sa santé gravement atteinte, Bartók souhaitait trouver des conditions plus favorables et plus tranquilles que celles qui l'attendaient en Hongrie. Une fois de plus, il va suivre le chemin de Kossuth.

Au printemps de 1940, il effectue un deuxième voyage aux États-Unis. Ses prestations artistiques dans une Europe en état de guerre n'étant guère possibles, cette tournée avait également pour but d'évaluer les possibilités d'un troisième séjour, qui pourrait être bien plus long. Il apprend que l'université de Columbia lui décerne le titre de docteur honoris causa et désire lui confier le classement et la publication du recueil de musiques yougoslaves de Milman Parry, un travail de longue durée que Bartók accepte avec joie. Accompagné de sa femme, il quitte définitivement la Hongrie, le 12 octobre 1940, « un saut dans l'incertain devant la certitude de l'insupportable ». Ils arrivent à New York le 30 octobre. La cérémonie de remise du doctorat honoris causa a lieu en novembre et le couple contracte un certain nombre d'engagements, mais ceux-ci diminuent au bout d'un an, de même que les prestations de Bartók comme soliste. Les raisons de cet insuccès artistique sont multiples : Bartók se prêtait mal à une exploitation publicitaire de son nom et parlait peu de sa situation à ses amis. De plus, arrivé dans un pays en état de pré-belligérance, le moment était peu favorable pour s'imposer sur le plan artistique. Durant cette période, Béla, Ditta et Péter (qui a rejoint ses parents en 1942) ne peuvent compter que sur les rémunérations de l'université de Columbia versées aux termes d'un contrat du début de 1941 et renouvelé semestriellement. La santé de Bartók décline, il est obligé de refuser l'invitation de l'université de Seattle, mais accepte celle de Harvard. Pris d'un malaise lors d'une conférence, il est hospitalisé et subit des examens, dont le résultat ne laisse aucun espoir : il est atteint de leucémie. Grâce à l'intervention de ses amis, il connaît une amélioration de sa situation qui aura un heureux retentissement sur son état de santé, retardant l'issue fatale d'un ou deux ans. Les fonds épuisés de l'université de Columbia sont réalimentés, Bartók se remet à composer et, sur la commande de Koussevitsky, il compose son *Concerto pour orchestre* en 1943, puis une *Sonate* pour violon seul, commandée par Menuhin. En 1945, tout en travaillant sur ses publications folkloriques, il termine son *Concerto* pour piano et orchestre n° 3 à l'intention de sa femme et compose son *Concerto* pour alto sur la commande de William Primrose. Au début de l'automne, son état s'aggrave subitement et il meurt au West Side Hospital, le 26 septembre 1945. Son *Concerto* pour alto sera achevé par son ami Tibor Serly, à qui l'on doit également l'orchestration des dix-sept dernières mesures du *Concerto* pour piano et orchestre n° 3.

Inhumée, provisoirement, dans un cercueil métallique, au cimetière Ferncliff de Westchester County (État de New York), sa dépouille mortelle sera exhumée et rapatriée en Hongrie en juillet 1988. Elle repose au cimetière de Farkasrét, à Budapest, à côté de sa mère et de son épouse Ditta.

2. Folklorisme et avant-garde

La musique de Bartók montre une évolution continuelle vers un but qui ne sera jamais atteint intégralement, mais dont le caractère semble de mieux en mieux circonscrit. Cette évolution comporte des éléments constants, et s'accomplit par étapes successives séparées par des périodes de silence non moins caractéristiques. Nous savons que Bartók a beaucoup composé dans son enfance et son adolescence, et que son entrée à l'Académie de musique de Budapest est marquée par un silence de trois ans. Le compositeur cherche sa voie et son langage. Il semble les avoir trouvés en 1902. Quatre années plus tard, la découverte de la musique populaire puis celle de Debussy remettent tout en cause. La nouvelle époque créatrice durera de 1907 à 1912 et se terminera par les *Quatre Pièces* pour orchestre. Dans le silence qui la suit, on verra les recherches folkloriques s'intensifier et s'élargir, en Afrique du Nord, notamment, et la parution du premier recueil roumain. Après une nouvelle période de silence, Bartók publie sa monographie sur la *Mélodie populaire hongroise* (1924, en allemand en 1925, en anglais en 1931) et prépare sa nouvelle forme d'écriture ; entre 1934 et 1936, il se familiarise avec la polyphonie vocale classique et publie trois ouvrages importants, deux en hongrois : *La Musique populaire des Hongrois et celle des peuples voisins* (traduction française dans *Archivum Europae Centro-Orientalis*, 1936), *Pourquoi et comment recueillir de la musique populaire* – guide pour les recherches folkloriques (en français en 1948) – et un livre sur les *colindăs* (noëls) roumaines, en allemand (Vienne, 1935). De 1940 à 1943 enfin, dans son exil américain, il est préoccupé par ses travaux folkloriques, anciens et nouveaux, et semble renoncer à la composition, à part quelques transcriptions d'œuvres plus anciennes.

Nationalisme et romantisme

Deux influences liées l'une à l'autre apparaissent nettement durant la première période créatrice : celle des *verbunkos* et celle de Richard Strauss ! Bartók utilise deux courants différents du passé pour en faire une musique du temps présent. Son *Kossuth* possède des séquences géniales, mais sa réalisation dépassait ses forces. « Un nationalisme fervent exprimé dans un langage musical allemand » d'après Kodály. Mais il dépasse ses modèles. La *Rhapsodie* op. 1 est plus lisztienne que la musique de Liszt d'une certaine époque, tout comme les *Études*. Dans les deux *Suites*, sa personnalité s'affirme intégralement ; à côté des éléments du passé hongrois rehaussés et projetés dans le présent, on trouve d'autres procédés, comme la construction de l'œuvre en forme d'arche (une symétrie dans l'ordonnance des mouvements – ABCBA – et une parenté organique interne entre ceux-ci), un goût pour le scherzo transformé en burlesque, qui semble d'origine lisztienne et restera présent dans sa musique jusqu'à la fin.

Les options fondamentales

La deuxième période créatrice de Bartók commence là où les apports folkloriques apparaissent dans son langage musical, au moment où il est déjà engagé sur la voie de l'avant-garde, celle de l'« expressionnisme » en l'occurrence. La question qui se pose à lui désormais sera : comment ces deux options apparemment contradictoires peuvent-elles coexister, voire se fondre dans la même musique ? Bartók trouvera la réponse, mais seulement au terme d'une longue évolution, après avoir parcouru, dans l'ordre chronologique, les héritages de Liszt, Beethoven, Bach et Palestrina. En attendant, il présente des mélodies populaires *originales* avec harmonies *complémentaires*, pour piano (*Pour les enfants* et, partiellement, dans d'autres œuvres conçues dans un but plutôt didactique). Il pratique encore ce procédé plus tard, et pas seulement dans les œuvres pour piano (mélodies, chœurs, duos, *Mikrokosmos*, jusqu'au *Complaint du mari*, chant ukrainien, 1945). Il compose également d'autres pièces qui ne semblent avoir rien de commun avec le folklore (bagatelles, esquisses, nénies, etc.). Il s'éloigne de Strauss tout en gardant des réminiscences wagnériennes dans ses deux premières œuvres scéniques. Il cesse d'être un « nationaliste » dans le sens propre du mot. Il compose, enfin, des œuvres « à la manière » de tel ou tel folklore, dans la perspective de l'avant-garde musicale. La réunion des deux options provoque un conflit dans les matériaux sonores, conflit qui se traduit par l'agressivité, la dissonance de l'écriture (« barbare », « sauvage », d'après certains critiques occidentaux). Il s'atténuera dans les périodes ultérieures. La présence folklorique dans ces œuvres-là peut être très variée, allant de la reconstitution de structures folkloriques à partir d'éléments folkloriques (*Deux Danses roumaines*, *Preludio – All'Ungherese* des *Neuf Petites Pièces*) ou non folkloriques (*Musique pour cordes, percussion et célesta*), jusqu'à l'abstraction, l'apothéose des idées qui en sont issues (*Allegro barbaro*).

Progrès vers la synthèse

Chaque période créatrice enrichira la pensée musicale de Bartók d'éléments nouveaux. La troisième le conduira vers le dodécaphonisme (les deux *Sonates* pour violon et piano), jamais atonal et souvent complémentaire (*Le Mandarin merveilleux*, *Sonate* pour deux pianos et percussion), et vers l'expression par la musique de la fraternité des peuples (*Suite de danses*). La quatrième période verra l'éclosion de l'écriture contrapuntique (*Quatuor à cordes* nº 3, *Cantata profana*, *Duos*) et un nouvel équilibre des composantes dans les œuvres pour piano (*Sonate*, *En plein air*) ; la cinquième période est marquée par la réhabilitation du *verbunkos* (*Contrastes*, *Divertimento*), une introspection plus intense, accompagnée d'une structuration mathématique plus poussée ; la période américaine, enfin, voit la consolidation et un nouveau départ vers des horizons plus lointains (*Sonate* pour violon seul). Dans les deux dernières périodes, l'avant-garde a perdu son sens, l'expressionnisme et le folklorisme ne sont plus que deux aspects de la même essence.

Structures

Dans ses œuvres, du début jusqu'à la fin, Bartók respecte et suit les formes traditionnelles de la musique savante : sonate, rondo, rhapsodie, lied, motet, etc., mais avec des nuances infiniment variées. Il cultive à la fois les trois systèmes – pentatonique, diatonique, chromatique – de la musique européenne, entre lesquels il établit souvent des rapports de progression : une idée surgie dans un contexte chromatique peut apparaître comme diatonique à la fin (*Quatuor à cordes* nº 2) ou vice versa. Il a horreur des redites : une idée musicale ne se présente jamais deux fois sous des formes identiques, et il n'existe pas deux œuvres qui soient structurées de la même façon. La concision reste pendant quarante ans l'un des caractères constants de son art. Nombre de ses œuvres, surtout dans les dernières périodes, sont taillées d'un seul bloc, contenant des parties ordonnées symétriquement (*Quatuor à cordes* nº 5) entre lesquelles existe une parenté organique et thématique. Le monothématisme et sa conséquence, la métamorphose de l'idée génératrice (héritage lisztien et folklorique à la fois) font partie de son style (*Musique pour cordes, percussion et célesta*, *Quatuor à cordes* nº 6) ; l'idée directrice peut apparaître, dans sa forme la plus complète, tantôt au début, tantôt à la fin de l'œuvre.

3. « Que de source pure » !

Les derniers mots de la *Cantata profana* de 1930 et les conclusions d'une lettre de Bartók un an plus tard nous révèlent l'une de ses préoccupations artistiques. En général, il était peu bavard, surtout lorsqu'il s'agissait d'exposer ses propres idées artistiques ou esthétiques. L'analyse de ses œuvres nous paraît plus révélatrice, sur ce point, que ses écrits ou sa correspondance.

Contre l'éclectisme

En dehors de la pratique et de la théorie musicales, Bartók, par son activité scientifique, était sensibilisé à l'ethnologie et à la linguistique. Il avait appris une dizaine de langues, assez bien pour comprendre et traduire des textes folkloriques, et rédigeait en allemand, en anglais, quelquefois aussi en français et en roumain. Comme ethnologue, il était parvenu à une position préstructuraliste quand il avait déclaré, en 1938, qu'un temps viendrait où toutes les musiques populaires du monde pourraient être ramenées à des formules de base communes, relativement peu nombreuses. Pour lui, *langage* et *style* déterminent la pensée musicale. Or le style est issu du langage, soit par le choix arbitraire du compositeur (processus « romantique »), soit par la fréquence de ses éléments (processus « classique »). Les différents langages ont tendance à s'équilibrer quantitativement, s'enrichissant d'un côté, s'appauvrissant de l'autre.

Il y eut des époques, et la fin du XIXe siècle en fut une, où le langage, en raison de l'accélération des moyens de communication et de la découverte du phonographe, s'enrichit démesurément et sans contre-partie. Le résultat fut un style éclectique, comme celui de Tchaïkovski, de Sibelius, de Mahler, de Dvořak, de Saint-Saëns, pour ne citer que les représentants les plus éminents de cette époque. Bartók voulait autre chose. Il savait bien que le langage est, par nature, hétérogène, ce qui était pour lui une raison supplémentaire de créer un style homogène. Comment y parvenir à une époque si profondément marquée par l'éclectisme dans tous les domaines artistiques ? À l'aide de la musique populaire.

Pourquoi le folklore ?

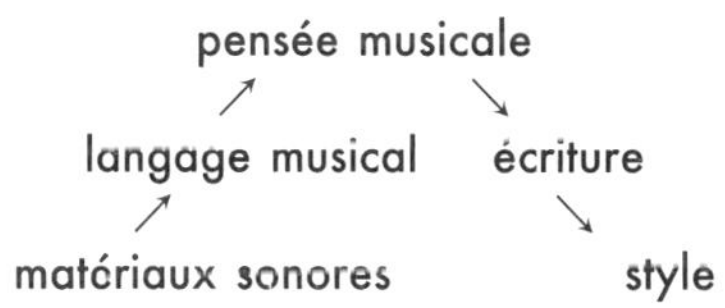

Ce schéma pourrait résumer ce qui vient d'être dit à propos de la créativité artistique, au-delà de l'art de Bartók. Il comporte cinq notions différentes entre lesquelles existe un lien organique. La pensée, tout naturellement, est issue du langage qui, de son côté, est fonction des matériaux sonores. Nous entendons par *langage* l'ensemble des moyens expressifs dont se sert un auteur, une école ou une communauté plus large, à une époque bien délimitée. Il s'agit donc d'une notion à double face, individuelle et collective. Sur le plan collectif, le langage possède des dimensions, certes, très larges, mais mesurables et nullement illimitées. Or la création artistique vise justement à ce qui est au-delà des limites du langage, à ce qui est immesurable. On y arrive grâce au *style*, par écriture interposée. Mais, puisque le style, quantitativement et schématiquement, est un langage sélectionné, comment peut-il dépasser les dimensions de la base dont il est issu ? Par les nuances de toute sorte et sa mobilité. Si le langage offre le cadre plus ou moins strict de la création artistique, le style en est l'organisme vivant.

Au-delà de ces considérations d'ordre général, voyons comment Bartók a résolu, pour ce qui le concerne, le problème fondamental de la création artistique. Avant tout, par la simplification du langage. Le schéma établi plus haut est fondé sur cinq notions ; dans le folklore il n'en existe que deux, puisque les matériaux sonores et la pensée musicale sont identiques au langage, et l'écriture est, par définition, absente. La musique populaire possède un langage net et bien défini (aspect traditionnel et stable) et un style qui en est issu, infiniment plus riche, grâce à la *variance*, c'est-à-dire à la modification *qualitative et quantitative* de l'idée musicale. Il s'agit de la conséquence du caractère et de la transmission oraux du folklore. Deux informateurs populaires chantant ou exécutant le même morceau de musique populaire le feront de manière différente, si minime soit cette différence. Le même musicien populaire (ou chanteur) fera de même en deux prestations différentes assez éloignées l'une de l'autre ; et, en chantant une mélodie à plusieurs strophes, il y apportera des modifications involontaires d'une strophe à l'autre, modifications conditionnées par la prosodie du contexte.

Dans ses œuvres, Bartók essaie d'apporter à la musique écrite les procédés de la transmission orale, même là où ses idées musicales n'ont apparemment rien à voir avec le folklore. La variance est devenue l'un des facteurs principaux de son esthétique. Jamais chez lui une idée musicale n'est présentée deux fois de la même façon. Cela est également valable pour ses œuvres didactiques, pour les transcriptions et harmonisations de mélodies populaires hongroises et slovaques (les quatre cahiers de *Pour les enfants*) ou d'origines diverses (les *Quarante-Quatre Duos pour violons*). Des deux tendances contradictoires de la musique populaire, *stabilité* (conservation et traditions) et *mobilité* (variance), il donne dans ses œuvres priorité à la dernière, alors que son ami Kodály, dans ses compositions, semble préférer la première.

La variance, vieille hantise de la musique occidentale, est devenue un élément essentiel dans la musique de Liszt ; il existe sur ce point une filiation directe entre les deux maîtres hongrois. Toutefois, la créativité de Liszt n'est pas d'inspiration folklorique, telle que nous la voyons aujourd'hui. Le folklorisme de Bartók est, avant tout, l'intégration progressive, dans son langage personnel, du langage de la musique populaire, hongroise ou autre, et sans aucune concession à un public « populaire ». Un « populisme » à sens unique dans l'immédiat. Ce n'est qu'à titre posthume que l'accueil fait à la musique de Bartók a subi, sur le plan sociologique, l'évolution qu'il aurait tant aimé voir de son vivant. À partir d'un langage limité, il a créé un style de portée illimitée, et cela uniquement par la *fréquence* des éléments utilisés, dans un élan antiromantique et anti-éclectique.

Limiter le langage musical pour éviter l'éclectisme du style n'a pas été une spécificité de Bartók. Cette tendance a été bien nette dans la mouvance de certaines écoles entre 1900 et 1950, en France notamment, avec Debussy et ses disciples, puis avec le groupe des Six. L'école viennoise de Schönberg a été animée des mêmes intentions : remettre de l'ordre dans le langage musical désintégré, par une réorganisation dodécaphonique et sérielle de l'écriture. Bartók en était conscient et il rendit hommage à plusieurs reprises à Schönberg dans ses écrits, tout en précisant qu'il était arrivé lui-même aux mêmes conclusions que son illustre confrère viennois, mais par une voie différente, celle de la musique populaire. Et il en a donné la raison : « C'est parce que la musique populaire est un phénomène naturel. »

National ou universel ?

« Pour devenir une nation, il faut maintes et maintes fois redevenir peuple », a écrit Kodály trois ans avant la déclaration pré-structuraliste de Bartók dont il a été question plus haut. Deux affirmations qui se complètent bien. Celles de Kodály dit qu'il faut d'abord être populaire pour arriver au concept d'une culture nationale. Elle ne dit pas, mais cela s'ensuit logiquement, qu'il faut être national d'abord pour pouvoir créer des valeurs internationales. Bartók affirme simplement que toutes les musiques populaires du monde forment un seul conglomérat et, par conséquent, celui qui s'en occupe peut atteindre l'*universel* sans passer par le domaine *national*. Certes, les deux maîtres, au moment où ils ont établi leurs formules devenues célèbres, ne pensaient pas à la même chose ; il est cependant intéressant de constater l'absence de l'idée nationale dans l'affirmation de Bartók (c'était peu après l'attaque violente venue du côté roumain, comme s'il était désobligeant pour un peuple et, à plus forte raison, pour une nation d'avoir admis parmi ses propres traditions des éléments venus de l'extérieur !). Et Bartók de condamner, dans un écrit de la même époque, le nationalisme exacerbé, ennemi de tout progrès scientifique.

Or cet homme, cet humaniste, témoin ardent de son temps, adversaire farouche de tout sectarisme, partisan non moins farouche de l'égalité et de la fraternité des peuples, se reférant aux traditions les plus nobles du passé hongrois, a été un fervent patriote, toute sa vie et tous ses actes en témoignent. Et, comme compositeur, il était hongrois avant tout. Ceux qui prétendent le contraire se trompent, ils confondent le style avec le langage. Dans le langage musical de Bartók, les éléments issus du folklore jouent un rôle très important, presque déterminant, à côté d'autres éléments non folkloriques. Ses sources folkloriques sont multiples : hongroises, roumaines, slovaques, ukrainiennes, arabes, bulgares... Et le bilan de son activité de folkloriste est encore plus éloquent : il a recueilli près de 3 500 mélodies roumaines, nombre supérieur à ceux des recueils hongrois et slovaques, sans parler des collectes accidentelles ou isolées (arabes, turques, ukrainiennes, serbes et bulgares). Mais, dans son style, la *fréquence* d'éléments hongrois (folkloriques ou non) est nettement prédominante, tout comme leur utilisation *analytique*. Est-ce dire que sa musique n'a pas de portée universelle ? Nullement.

De tous les compositeurs de notre siècle c'est Béla Bartók qui, dans son style, a réussi le plus parfaitement la grande synthèse de toutes les sources musicales, a jeté un pont entre passé et présent, entre Orient et Occident, entre les hommes « primitifs » et ceux qui se trouvent aujourd'hui à divers niveaux de l'échelle sociale. Et il n'a pas encore dit son dernier mot. La dimension potentiellement infinie de son style fait de lui le *messager de la liberté*.

À un moment où notre musique « occidentale » est à la recherche de sa propre identité, il ne serait pas inutile d'y penser.

JEAN GERGELY

Bibliographie

• *Publications posthumes des écrits et lettres de Bartók*

Pourquoi et comment recueille-t-on la musique populaire ? Législation du folklore musical, Archives internationales de musique populaire, Genève, 1948 ; *Serbo-Croatian Folk Songs* (A. B. Lord dir.), Columbia Univ. Press, New York, 1951 ; *Corpus Musicae Popularis Hungaricae*, Acad. hongr. des sciences, Budapest, depuis 1951 ; *Serbo-Croatian Heroic Songs* (M. Parry & A. B. Lord dir.), Harvard Univ. Press - The Serbian Academy of Sciences, Cambridge (Mass.)-Belgrade, 1954 ; *Scritti sulla musica popolare* (D. Carpitella dir.), Einaudi, Turin, 1955 ; *Béla Bartók : Eigene Schriften und Erinnerungen der Freunde* (W. Reich dir.), Beeno Schwabe & Co., Bâle-Stuttgart, 1958 ; *Slovenské L'udové Piesne* I-II, Academia Scientiarum Slovaca, Bratislava, 1959-1970 ; *Ethnomusikologische Schriften* I-IV (D. Dille dir.), rééd. fac-similé, Schott, Mayence-Budapest, 1965-1968 ; *Bartók összegyűjtött írásai* (« Écrits réunis de Bartók ») (A. Szőllősy dir.), Zeneműkiadó, Budapest, 1967 ; *Rumanian Folk Musik* I-V (B. Suchoff dir.), Martinus Nijhoff, La Haye, 1967-1975 ; *Bartók, sa vie et son œuvre* (B. Szabolcsi dir.), Corvina, Budapest-Paris, 2e éd. 1968 ; *Béla Bartók Essays* (B. Suchoff dir.), Faber & Faber, Londres, 1976 ; Correspondance réunie, en hongrois (J. Demény dir.), Zeneműkiadó, Budapest, 1976 [publications partielles (Corvina, Budapest) en allemand, 1960 et 1973, en italien 1969, en anglais 1971] ; *Turkish Folk Music from Asia Minor* (B. Suchoff dir.), Princeton Univ. Press, Princeton, 1976 ; A. A. Saygun, *Béla Bartók's Folk Music Research in Turkey*, Acad. hongr. des sciences, Budapest, 1976 ; *Yugoslav Folk Music* I-IV (B. Suchoff dir.), State Univ. of New York Press, Albany, 1978 ; Lettres de famille, en hongrois (B. Bartók fils dir.), Zeneműkiadó, Budapest, 1981 ; *Béla Bartók. Musique de la vie...* (P.-A. Autexier dir.), Stock, Paris, 1981 ; *The Hungarian Folk Song* (B. Suchoff dir.), State Univ. of New York Press, Albany, 1981.

• *Principaux travaux sur Bartók*

La Revue musicale, n° 224, Paris, 1955 ; *Studia Memoriae Belae Bartók Sacra* (Z. Kodály dir.), Acad. hongr. des sciences, Budapest, 1956 ; *Documenta Bartókiana*, publication non périodique des Archives Bartók de Budapest, n^{os} I-IV (D. Dille dir.), n^{os} V-VI (L. Somfai dir.), Budapest, 1964 ; *Liszt-Bartók, 2nd International Conference in Commemoration of Béla Bartók*, Acad. hongr. des sciences, Budapest, 1971 ; *Studia Musicologica*, Budapest, 1981 (numéro Bartók), 1982 (Bartók Symposium). BÉLA BARTÓK fils, *Apám életének krónikája* (« Chronique de la vie de mon père »), Zeneműkiadó, Budapest, 1981 ; *Béla Bartók műhelyében* (« Dans l'atelier de Béla Bartók »), Szépirodalmi kiadó, Budapest, 1981 / F. BÓNIS, *La Vie de Bartók en images*, Corvina, Budapest, 1964, revu et complété en 1980, publication en hongrois, allemand et anglais / F. BÓNIS dir., *Így láttuk Bartók ot* (« C'est ainsi que nous avons vu Bartók », 36 textes), Zeneműkiadó, 1976 / D. DILLE, *Thematische Verzeichnis der Jugendwerke Béla Bartóks, 1890-1904*, Acad. hongr. des sciences, Budapest, 1974 ; *Béla Bartók*, Metropolis, Anvers, 1974 ; *Généalogie sommaire de la famille Bartók*, *ibid.*, 1977 / J. W DOWNEY, *La Musique populaire dans l'œuvre de Béla Bartók*, Institut de musicologie de l'Univ. de Paris, Paris, 1964 / A. FASSETT, *The Naked Face of Genius, Béla Bartók's American Years*, Houghton Mifflin Company, Boston, 1958 / W. FUCHSS, *Béla Bartók und die Schweiz*, Hallung, Berne, 1958 / J. GERGELY, *Béla Bartók, compositeur hongrois* I-III, La Revue musicale, n° 328 à 335, 1980-1981 / J. GERGELY dir., *Béla Bartók vivant* (40 contributions d'auteurs différents), Publications orientalistes de France, Paris, 1985 / J. GERGELY & J. VIGUÉ, *Conscience musicale ou conscience humaine ? Vie, œuvre et héritage spirituel de Béla Bartók* (Bibliothèque finno-ougrienne, n° 7, publiée par l'Association pour le développement des études finno-ougriennes), La Revue musicale, Paris, 1990 / M. GILLIES, *Bartók Remembered*, Faber & Faber, 1990 / E. HARASZTI, *Béla Bartók, his Life and Works*, L'Oiseau lyre, Paris, 1938 / J. KÁRPÁTI, *Bartók's String Quartets*, Corvina, Budapest, 1975 / E. LENDVAI, *Béla Bartók, an Analysis of his Music*, Corvina, Londres-Budapest, 1971 ; *Bartók and Kodály*, Corvina, 1983 / Y. LENOIR, *Folklore et transcendance dans l'œuvre américaine de Béla Bartók (1940-1945)*, Contributions à l'étude de l'activité scientifique et créatrice du compositeur, Institut supérieur d'archéologie et d'histoire de l'art, Louvain-la-Neuve, 1986 / H. LINDLAR, *Lübbes Bartók-Lexikon*, Lübbe, Bergisch Gladbach, 1984 / P. MARI, *Bartók*, Hachette, Paris, 1970 / S. MOREUX, *Béla Bartók, sa vie, ses œuvres, son langage*, Richard-Masse, Paris, 1949 ; *Béla Bartók*, *ibid.*, 1955 / E. VON DER NÜLL, *Béla Bartók, Ein Beitrag zur Morphologie der neuen Musik*, Mitteldeutsche Verlags, Halle, 1930 / B. PETHŐ, *Bartók rejtekútja* (« Le Chemin caché de Bartók »), Gondolat, Budapest, 1984 / Y. QUEFFÉLEC, *Béla Bartók*, Mazarine, Paris, 1981 / T. SERLY, *Modus lascivus (The Road to Enharmonicism). A New Concept in Composition*, Modus Associates, Ann Arbor, 1975 / L. SOMFAI, *Tizennyolc Bartók-tanulmány* (« Dix-Huit Études sur Bartók »), Zeneműkiadó, 1981 / F. SPANGEMACHER dir., *Béla Bartók Zu Leben und Werk*, Boosey & Hawkes, Bonn, 1982 / H. STEVENS, *The Life and Music of Béla Bartók*, Oxford Univ. Press, New York, 1953 / B. SUCHOFF, *Guide to Bartók's Mikrokozmosz*, éd. revue, Boosey & Hawkes, Londres, 1971 / B. SZABOLCSI dir., *Bartók, sa vie et son œuvre*, Corvina, Budapest-Paris, 2e éd. 1968 / T. TALLIÁN, *Bartók Béla* (en hongrois), Zeneműkiadó, 1981 / J. UJFALUSSY, *Bartók Béla* (en hongrois), Gondolat, 3e éd. 1976 ; en allemand, 1973 ; en anglais, 1976 / L. VARGYAS, *A magyarság népzenéje* (« La Musique populaire des Hongrois »), Zeneműkiadó, 1981 / J. VIGUÉ & J. GERGELY, *La Musique hongroise*, P.U.F., Paris, 2e éd. 1976 / S. WALSH, *La Musique de chambre de Bartók*, trad. de l'anglais par V. Bauzou, Actes sud, Arles, 1991 / A. WILHEIM, *A Bartók Bibliography, 1970-1980*, New Hungarian Quarterly, Budapest, 1981 / T. ZIELINSKI, *Bartók*, Atlantis, Zurich, 1973.

On peut encore consulter les périodiques *Studia Musicologica*, Budapest, articles en langues occidentales ; *La Revue musicale*, Paris ; *Revue de musicologie*, Paris ; *Études finno-ougriennes*, Paris.

BAUDRIER YVES (1906-1988)

Le nom du compositeur français Yves Baudrier reste associé à ceux d'André Jolivet, d'Olivier Messiaen et de Daniel-Lesur, avec lesquels il avait formé le groupe Jeune France en 1936.

Né à Paris le 11 février 1906, Yves Baudrier fait des études juridiques et philosophiques avant de se consacrer à la musique. Son principal professeur est l'organiste du Sacré-Cœur, Georges Loth ; mais il est surtout autodidacte. Il joue un rôle déterminant dans la rédaction du manifeste de la Jeune France en 1936, prônant un retour aux valeurs humaines et expressives de la musique par réaction contre les courants abstraits alors à la mode, notamment le néo-classicisme. Il s'engage totalement dans ce nouveau mouvement, au sein duquel il fait figure de théoricien et auquel il consacre une partie importante de ses ressources personnelles pour organiser les premiers concerts Jeune France. En 1936, il compose son premier poème symphonique, *Raz de Sein*, qui révèle déjà son attirance pour la Bretagne et la mer. Un an plus tard, il s'affirme avec une partition pour un film imaginaire, *Le Musicien dans la cité*, qui retrace les impressions du compositeur sillonnant les rues de Paris. Paul Griffiths en a comparé les douze mouvements à ceux des *Tableaux d'une exposition* de Moussorgski. Cette œuvre, remaniée en 1947, fera l'objet d'une nouvelle version en 1964 pour une émission télévisée.

Après la guerre, Baudrier se consacre à l'enseignement et passe notamment une année aux États-Unis (1946). Mais sa voie véritable se situe dans le domaine cinématographique : il participe à la fondation de l'I.D.H.E.C., où il enseigne entre 1945 et 1965, et s'impose comme l'un des grands compositeurs de musiques de films de son temps : *La Bataille du rail* (1945) et *Les Maudits* (1947), de René Clément, *Château de verre* (1950), *Le Monde du silence* (1955) de Jacques-Yves Cousteau (avec Louis Malle). Son œuvre destinée au concert est marquée par la sincérité, une grande clarté d'expression, le refus des systèmes pour rester ouvert à tous les moyens d'expression, et un sens de la peinture dans l'esprit français du XVIIIe siècle : « Le problème est d'abord d'ordre spirituel, puis psychologique, enfin technique. » Il est l'auteur de deux quatuors à cordes (1940 et 1961, le second sous-titré « Autour de Mallarmé »), de *La Dame à la Licorne*, pour piano (1936), dont il a effectué une orchestration, et de plusieurs partitions symphoniques : *Eleonora*, suite pour ondes Martenot et orchestre de chambre d'après Edgar Poe (1938), *Le Grand Voilier*, poème symphonique (1939), *Symphonie* (1944, créée par Roger Désormière en 1945), *Prélude à quelque sortilège* (1953), *Partition trouvée dans une bouteille* (1963). On lui doit également deux séries de mélodies sur des poèmes de Tristan Corbière (1944 et 1960), une *Cantate de la Pentecôte* (1952), dont il a signé la partition avec Marius Constant et Manuel Rosenthal, et un *Credo adjuva Domine...* (1960). De santé précaire, Yves Baudrier avait pratiquement cessé de composer depuis le milieu des années 1960. Il est mort à Paris le 9 novembre 1988.

On pourra consulter : S. Gut, *Le Groupe Jeune France*, H. Champion, Paris, 1984.

ALAIN PÂRIS

BAYLE FRANÇOIS (1932-)

L'originalité de la démarche de Bayle tient en ceci que toute son activité musicale se déploie autour de la musique électro-acoustique ou, plus exactement, suivant une expression qui lui est personnelle, est vouée à l'exploration du monde « acousmatique ». Vaste domaine au sein duquel se meut l'admirateur passionné de Jules Verne qu'est François Bayle. Il est ainsi, tel l'explorateur, projeté dans le futur par le choix délibéré du matériau autour duquel s'organise sa création et inséré dans la réalité quotidienne et très concrète de nombreuses tâches liées à la découverte et à l'exploitation de son champ d'exploration (technique, pédagogie) : il était responsable du Groupe de recherches musicales de l'O.R.T.F.

Né à Tamatave en 1932, il achève sa scolarité à Bordeaux, mais ne suit pas une filière classique de formation musicale. Celle-ci est personnelle : c'est au travail, et à partir des expériences sur le son lui-même, que Bayle se découvre et se forme. Il est, bien entendu, beaucoup redevable à Pierre Schaeffer en ce domaine ; il a par ailleurs reçu les conseils de Messiaen et suivi les cours de composition de Stockhausen.

S'il utilise encore dans ses premières œuvres (à titre d'expérience) des instruments traditionnels conjointement à la bande (*Archipel*, 1963 ; *Trois Portraits de l'oiseau qui n'existe pas*, 1963 ; *Pluriel*, 1964), la référence à ceux-ci est pratiquement abandonnée par la suite. Par le moyen d'une grammaire, d'une arithmétique nouvelle, uniquement dans le domaine de la manipulation du son, François Bayle cherche – en élargissant sans cesse son langage – à établir une logique (« biologique » dit-il) entre les deux mondes imaginatifs de la pensée et de l'expression. Il tient aux titres de ses œuvres comme à des « idées » que les images acoustiques traduisent par autant de métaphores : *Espaces inhabitables*, 1966 ; *Jeita ou le Murmure des eaux*, 1970 ; le groupe de pièces de l'*Expérience acoustique*, 1970-1973 (*Substance du signe*, 1971 ; *Langue inconnue*, 1972 ; *Énergie libre, énergie liée*, 1972) ; *Purgatoire*, une évocation tirée de Dante, 1971-1972 ; *Vibrations composées*, 1973 ; *Tremblements de terre très doux*, 1978 ; *Toupie dans le ciel*, 1979 ; *Les Couleurs de la nuit*, 1982 ; *Motion-Émotion*, 1985 ; *Théâtre d'ombres*, 1987-1989 ; *Fabulae*, 1990-1992.

BRIGITTE MASSIN

BECK CONRAD (1901-1989)

Compositeur suisse de culture germanique et de formation française, Conrad Beck fut l'une des figures marquantes de la vie musicale bâloise, au même titre que son ami le chef d'orchestre et mécène Paul Sacher, qui lui a commandé et créé de nombreuses partitions. On trouve plusieurs traces de son attachement à la cité rhénane dans des œuvres comme *Der Tod zu Basel* (« La Mort à Bâle », 1952), miserere à la mémoire des victimes du tremblement de terre de 1356, *Aeneas-Sylvius-Sinfonie* (1957), en hommage au fondateur de l'université de cette ville, et la *Sonatine pour orchestre* (1960), composée pour le cinquième centenaire de cette même université.

Fils de pasteur, il naît à Lohn, près de Schaffhouse, le 16 juin 1901, et commence ses études musicales (piano et théorie) au conservatoire de Zurich (1921-1924) avec Paul Müller, Reinhold Laquai et Volkmar Andreae. Puis il vient à Paris, où il travaille avec Ernst Lévy et Nadia Boulanger ; il reçoit également les conseils d'Albert Roussel, d'Arthur Honegger et de Jacques Ibert. Avec quelques autres compositeurs étrangers émigrés ou fixés dans notre pays (le Tchèque Bohuslav Martinů, le Polonais Alexandre Tansman, le Roumain Marcel Mihalovici, le Hongrois Tibor Harsányi et le Russe Alexandre Tcherepnine), il participe à l'École de Paris, qui se situe alors à l'avant-garde de la création musicale sans prôner la moindre unité esthétique : lui-même se caractérise par un rigoureux retour à Bach que tempère l'environnement français dans lequel il évolue. Il attire l'attention avec son *Quatuor à cordes nº 3* (1926) et, d'emblée, les plus grands chefs d'orchestre s'intéressent à sa musique : ses principales œuvres sont créées par Walther Straram à Paris, Hermann Scherchen en Allemagne, Ernest Ansermet et Paul Sacher en Suisse, Serge Koussevitzky aux États-Unis. Son *Concerto pour quatuor à cordes et orchestre*, exécuté à Chicago en 1930 sous la direction de Frederick Stock, lui vaut le prix Elizabeth Sprague-Coolidge, mais il s'impose surtout avec sa *Cantate sur des sonnets de Louise Labbé* (1937).

Il revient en Suisse en 1932 lorsqu'il est nommé chef d'orchestre à Radio-Bâle. Entre 1939 et 1966, il en est directeur du département musical. Il est également professeur au conservatoire de Bâle, et siège régulièrement au jury du concours Prince Pierre de Monaco. Passionné d'alpinisme, il partage sa vie entre la Suisse et son manoir de Rosey (Haute-Saône) et meurt à Bâle le 31 octobre 1989.

Son œuvre, très abondant, sacrifie au néoclassicisme en vogue entre les deux guerres : écriture stricte et dépouillée, attachement aux formes, contrepoint rigoureux et riche, mais toujours doté d'une profonde intensité expressive. « Ce que sa musique a de toujours très hardi et peut-être de risqué dans sa *teneur*, elle le compense par une cohérence et une sûreté de sa *dialectique* qui témoignent d'un musicien maître de son art et aussi de sa pensée » (Ernest Ansermet). À l'image d'Arthur Honegger, qui l'a profondément marqué, Conrad Beck se situe à la charnière des cultures latine et germanique. Après la Seconde Guerre mondiale, il s'oriente vers un style plus dépouillé, cultivant une certaine transparence d'écriture avec des emprunts fréquents aux mélodies traditionnelles de son pays.

On lui doit sept symphonies (les cinq premières s'échelonnent entre 1925 et 1930, la sixième date de 1950 et la septième, *Aeneas-Sylvius-Sinfonie*, de 1957), un poème symphonique, *Innominata*, consacré à son ascension du mont Blanc, *Nachklänge*, tripartita pour orchestre (1983), des concertos pour quatuor à cordes (1929), piano (1933), violon (1940), clavecin (*Kammerkonzert*, 1942), alto (1949), clarinette et basson (*Concertino*, 1954), hautbois (*Concertino*, créé par Heinz Holliger, 1964), clarinette (1968), cinq quatuors à cordes, un ballet, *La Grande Ourse* (1936), des oratorios, *Oratorium nach Sprüchen des Angelus Silesius* (1934), *Der Tod zu Basel*, miserere (1952), *Die Sonnenfinsterniss* sur un texte d'Adalbert Stifter, commande du festival de Lucerne (1967), un *Requiem* pour chœur a cappella (1930), des cantates, *La Mort d'Œdipe* sur un texte de René Morax (1928), *Lyrische Kantate*, sur des poèmes de Rainer Maria Rilke (1952), *Elegie* sur des poèmes de Friedrich Hölderlin (1972).

ALAIN PÂRIS

BEETHOVEN LUDWIG VAN (1770-1827)

Si nous ignorions tout de la vie de Beethoven, mais si son œuvre entière nous était parvenue, nous la comprendrions, nous l'aimerions peut-être moins profondément, mais cette œuvre continuerait de nous apparaître comme celle d'un des plus grands musiciens.

Inversement, si un cataclysme avait anéanti la totalité de l'œuvre musicale de Beethoven, mais si l'histoire de sa vie avait miraculeusement échappé à ce cataclysme, nous comprendrions et nous aimerions peut-être moins profondément son caractère, mais sa vie continuerait de nous apparaître comme celle d'un des plus grands héros.

Et, dans les deux cas, nous ne comprendrions pas, nous n'aimerions pas l'œuvre ou la vie dans une direction autre avec une signification autre. Car l'*identité* de Beethoven est tout entière dans l'une et dans l'autre.

Telle est, sans doute, la constatation fondamentale dont il faut partir lorsqu'on veut essayer de donner une réponse à cette question : « Qui a été Beethoven ? », tant il est vrai que, chez lui, la vie et l'art se confondent. Avec une intensité de conscience et de volonté proprement héroïques, il s'est appliqué à réaliser et à approfondir cette unité de tout lui-même, cette rigoureuse adéquation de l'homme et de l'artiste, de ses raisons de vivre et de son objectif dernier : la création musicale.

Beethoven sait ce qu'il veut. Il sait qu'il est le seul musicien de son temps à le vouloir, et il sait que les musiciens du passé, si fort qu'il les vénère, ne pouvaient pas encore le vouloir : créer une musique dont l'impulsion soit telle qu'elle entraîne les hommes à conquérir la joie, dans la liberté, par l'action temporelle. Mais Beethoven sait aussi qu'une telle musique ne peut être créée qu'au cours d'une vie qui s'y conforme la première.

Si nous voulons entrer dans sa propre pensée sur son œuvre, nous devons, à notre tour, reprendre les données principales de sa vie, et la situation de cette vie dans l'histoire de son temps. Tous les hommes sont situés par leur conditionnement historique, même quand ils cherchent à le fuir. Mais Beethoven est le premier des musiciens modernes, parce qu'il est le premier à avoir connu clairement et assumé volontairement sa situation dans l'histoire.

Le génie solitaire

Voulant consacrer sa vie à la création musicale, Ludwig van Beethoven quitte, à l'âge de vingt-deux ans, sa ville natale, Bonn, pour se rendre à Vienne, où il demeurera jusqu'à sa mort. Vienne est la ville qui offre le plus de chances à un musicien. Or il s'y trouve de plus en plus seul. Le musicien qu'il admirait le plus passionnément, Mozart, est mort un an avant sa venue à Vienne. De ses maîtres, il déclarera n'avoir rien appris. De ses confrères, il n'a pas reçu davantage : ce ne sont ni Hummel, ni Cramer, ni Seyfried, ni Wranitzky, ni Eybler, ni les autres compositeurs viennois d'alors qui représentent pour lui des émules. Pour le seul Cherubini il proclame son admiration, mais il ne lui doit rien. Moins encore à Weber, dont l'exemple ne le stimule guère à se remettre à l'opéra. Inutile de parler de Rossini. Et quand il rencontrera la musique de Schubert, ce sera sur son lit de mort. Pas plus qu'il ne s'est reconnu de maîtres, il n'a vraiment formé de disciples avec lesquels il ait pu mettre en commun sa pensée profonde. Ni de Ries, ni de Czerny, ni de Moschelès, malgré leur fidélité, il n'a reçu aucun stimulant.

Ce n'est pas la faute de Beethoven s'il est le seul génie musical de sa génération. Avant d'incriminer son orgueil de titan qui veut être seul, il est utile de méditer sur un tableau chronologique. La conscience, à la fois fière et désolée, toujours plus aiguë qu'il a de son isolement musical, ne provient d'aucune volonté de puissance, mais seulement de sa lucidité. Il sait bien qu'il ne peut compter que sur lui-même. Les réactions du public, les réactions des chers confrères, les réactions des critiques, il s'en occupe comme un lion d'une puce.

L'évolution créatrice

Il a hérité l'immense et magnifique richesse de toutes les musiques du XVIIIe siècle. Avec admiration, il ne cesse d'en explorer les ressources, d'en méditer les suggestions. Il recueille ce trésor entre ses mains puissantes, que le respect ne paralyse d'aucun scrupule, que la fidélité la plus haute pousse à dépasser, non à reproduire.

Les contemporains de Beethoven ont eu très vite l'impression que sa musique ne ressemblait à aucune autre. Or, en écoutant ses toutes premières œuvres, et même les œuvres des premières années viennoises, on peut sans doute déceler déjà les inflexions d'un langage personnel, mais dont son auteur n'est pas encore le maître. Beethoven a cependant conscience qu'une question se pose et il ne s'en remettra pas aux circonstances pour la résoudre. Il lui faut le temps de se découvrir lui-même au moins autant que d'apprendre son métier. C'est un travail de longue haleine et il n'a pas envie de le brusquer. Il est assez remarquable qu'il ait attendu l'âge de trente ans pour livrer au public sa première symphonie et ses premiers quatuors. Le fait était très anormal pour un musicien de cette époque. Beethoven ne pouvait pas ne pas le savoir et ne s'en est nullement inquiété. On touche là le plus caractéristique de son génie créateur : dès le début de sa carrière, Beethoven a conclu un pacte avec le temps. L'homme le plus ardent et le plus avide du monde met toute sa confiance dans la durée : il devient le plus patient des travailleurs.

C'est ce qui lui permettra d'être peut-être l'artiste qui s'est le plus renouvelé sans se trahir de sa première à sa dernière œuvre, et cela au cours d'une vie qui paraît bien longue à côté de celles de Mozart et de Schubert, mais bien brève à côté de celles de Bach, de Haendel, de Haydn ou de Wagner. Brahms a pu dire que la *Cantate sur la mort de Joseph II* (1790) était déjà du Beethoven d'un bout à l'autre. Mais quel itinéraire, des premières sonates à la *Sonate* op. 111, des premiers trios et quatuors aux cinq derniers quatuors, des premières œuvres orchestrales à la *Neuvième Symphonie* ! Emmanuel Buenzod n'a pas tort de faire observer que la distance qui sépare le début et la fin de l'œuvre beethovénienne est plus grande que la distance qui sépare en général une génération de musiciens de la suivante.

Pour expliquer cette évolution, Fétis et Lenz ont avancé la théorie des trois styles (1854), que Liszt a combattue dès son apparition, et qui s'est pourtant répandue sans qu'aucun critique ose la reprendre dans son intégralité, et sans même que les critiques arrivent à s'accorder entre eux sur les limites de chacun de ces styles. Il serait temps, une bonne fois, d'en faire justice, car rien n'est plus organique, rien n'offre plus d'unité dans son développement, rien n'est plus délibéré que l'évolution de Beethoven. Si l'on voulait marquer toutes les étapes qu'il a conscience de parcourir, ce n'est pas trois, mais dix ou vingt étapes que les documents révèlent – et des étapes si brèves que la continuité du mouvement devait être davantage soulignée que les pauses. Jamais Beethoven ne s'est moins cru « arrivé » ou en possession d'une manière définitive, et satisfaisante, qu'à la veille de sa mort.

L'envers de la surdité

Un certain nombre de facteurs extérieurs expliquent cette évolution. Il faut sans doute mentionner d'abord une surdité croissante. Beethoven a commencé à souffrir de ce mal dès l'âge de vingt-six ans. On a souvent expliqué par là l'isolement volontaire qui a préservé Beethoven des influences, de la facilité ambiante, mais l'a incité à des hardiesses techniques incontrôlables, l'obligeant presque, à défaut de toute expérimentation sonore, à faire de sa musique une science abstraite. La part de vérité qui entre dans ces vues paraît moins déterminante qu'on ne l'a prétendu. Il est permis de se demander, à la suite de Romain Rolland, dans quelle mesure la surdité n'a pas agi comme un stimulant de la création beethovénienne, si paradoxal que cela puisse paraître.

Un médecin, le docteur Marage, après avoir établi un diagnostic sur la nature exacte de la surdité de Beethoven, fait une remarque d'extrême importance : « Si Beethoven avait été atteint d'otite scléreuse, c'est-à-dire s'il avait été plongé dans le noir acoustique, *intus et extra* [absence de toute sensation auditive], il est probable, pour ne pas dire certain, qu'il n'aurait écrit aucune de ses œuvres à partir de 1801 [...]. Mais sa surdité, d'origine labyrinthique, présentait cela de particulier que, si elle le retranchait du monde extérieur, elle avait l'avantage de maintenir ses centres auditifs dans un état constant d'excitation, en produisant des vibrations musicales et des bourdonnements qu'il percevait parfois avec tant d'intensité [...]. Si elle avait supprimé les vibrations extérieures, elle avait augmenté les bruits intérieurs. »

Autre facteur d'évolution : la surdité contraint Beethoven à abandonner la carrière de virtuose. Le danger de la virtuosité, c'est d'abord la recherche du trait brillant et difficile qui met l'exécutant en valeur. Or il est clair que l'œuvre de Beethoven s'est très vite épurée : pour s'en tenir au genre musical où la virtuosité tient la plus grande place, que l'on compare le *Cinquième Concerto pour piano* aux deux premiers.

Mais un autre danger de la virtuosité, c'est la recherche du charme facile qui ravit le public. Beethoven n'a jamais beaucoup aimé plaire. Du jour où il n'a plus, quand il compose, aucun projet d'exécuter lui-même son œuvre, aucun compte à tenir des réactions immédiates d'un salon ou d'une salle à la première audition, le plus élémentaire souci de charmer le quitte. De plus en plus, Beethoven donne le pas à l'édition sur l'exécution dans l'avenir prochain de ses œuvres. Il s'agit de publier et de trouver des éditeurs, non de jouer sur-le-champ et de trouver des virtuoses. Une fois éditée, de préférence simultanément dans toutes les grandes villes, l'œuvre créera elle-même son public, suscitera ses interprètes à travers le monde. Elle n'est plus à la merci des exécutants et du public d'un soir : plus Beethoven en prend conscience, plus il se sent les coudées franches.

L'homme du siècle

C'est ici qu'on retrouve l'accord profond entre Beethoven et son époque. Il a été le premier à pouvoir tirer parti du grand essor de l'édition musicale à la fin du XVIIIe siècle et au début du XIXe siècle, mais aucun musicien avant lui n'aurait eu autant que lui besoin d'en tirer parti. La même remarque vaut pour le progrès technique des instruments. On sait qu'il a collaboré avec Streicher, facteur de pianos, en vue d'augmenter les possibilités expressives de l'instrument. Ce n'est pas seulement l'étendue du clavier, qui passe de quatre octaves et demie ou cinq octaves à six octaves et demie, en grande partie sous son impulsion ; c'est le jeu des pédales, la force des cordes, la solidité de l'ensemble qui retiennent son attention.

Il en va de même pour les instruments de l'orchestre. Dès qu'un perfectionnement technique apparaît, Beethoven attentif se hâte de l'utiliser. Il réclame que les techniciens lui fournissent les instruments dont il a besoin, exactement comme il exige que le violon de Schuppanzigh ou la voix de Karolina Unger parviennent à s'accorder à sa volonté créatrice. Mais il n'attend pas, il devance son époque. Aux yeux de Romain Rolland, « les dernières sonates devancent et présupposent les nouveaux instruments à clavier dont Beethoven n'a jamais pu user ». Et déjà Richard Wagner estimait que l'orchestration de la *Neuvième Symphonie* dépassait les possibilités des instruments du début du XIXe siècle.

La musique à programme

Tout ce qui se présente de l'extérieur, Beethoven s'en empare pour créer, pour progresser. Mais le principe même de sa marche, la loi interne de son évolution ne lui sont dictés par rien. Le but qu'il poursuivit, et qu'il fut sans doute le premier musicien à poursuivre, tient en un mot : *s'exprimer*. « Ce qui suscite mes idées, ce sont des dispositions d'esprit [*Stimmungen*] qui s'expriment avec des mots chez le poète, et qui s'expriment chez moi par des sons, résonnant, bruissant, tempêtant, jusqu'à ce qu'enfin ils soient en moi de la musique. »

Escamotant l'évidence, une certaine critique essaie de discréditer certaines interprétations que Beethoven donnait à Schindler : celle sur « le Destin qui frappe à la porte » au début de la *Cinquième Symphonie* est sans doute la parole qu'on voudrait le plus anéantir. Mais, quelque dédain qu'on ait pour eux, les grands titres mis par Beethoven en tête d'une œuvre ou d'une partie d'œuvre sont plus difficiles à effacer : *Pathétique*, *Malinconia*, *Héroïque*, *Pastorale*, *L'Adieu*, *Quartetto serioso*, *Chant d'action de grâces sacrée d'un convalescent*, *Résolution difficilement prise*..., sans compter les annotations relatives à l'expression en marge de tant d'esquisses ou de versions définitives.

On pourrait objecter que de tels titres restent exceptionnels. Ce serait oublier le projet, sans cesse repris et toujours avorté, entre 1816 et 1827, d'une édition des œuvres complètes, dans laquelle Beethoven envisageait de donner toutes les explications voulues sur la signification de chaque œuvre, et même un titre à chaque morceau. Pour nous, la non-réalisation de ce projet constitue une perte considérable. Mais il est pernicieux de chercher à y suppléer par des inventions, si traditionnelles ou si ingénieuses qu'elles puissent être. L'usage courant finit par imposer l'emploi de titres absurdes comme le *Clair de lune*, *L'Empereur*, la *Symphonie de la danse*, ou *À l'archiduc*. D'autres constituent des contresens moins néfastes : *L'Aurore* ou l'*Appassionata*, le *Quatuor des harpes* ou le *Quatuor héroïque*. Tous ces titres apocryphes ont cependant le même défaut grave : imposer à l'auditeur une idée toute faite de l'œuvre, qui n'a en général rien de commun avec le sens que Beethoven lui donnait. Faute de connaître ce sens, il vaut mieux écouter l'œuvre. Wagner appelle la *Septième Symphonie* la *Sympho-*

nie de la danse ; Romain Rolland l'appelle la *Symphonie des forêts*, un troisième y voit une émeute populaire. Que ne nous permettent-ils d'écouter Beethoven sans interposer entre lui et nous le prisme de leurs rêveries ?

Exprimer n'est pas décrire. « Expression du sentiment plutôt que peinture », dit le titre de la *Pastorale*, et Beethoven ajoute pour lui-même : « Tout spectacle perd à vouloir être reproduit trop fidèlement dans une composition musicale. » Une seule fois dans sa vie, il donnera dans le descriptif, et ce ne sera pas sa plus grande réussite : quand il met les deux armées en présence au début de *La Bataille de Vittoria* ! Même alors, il ne s'y tient pas longtemps, et il préfère exprimer la défaite de l'armée napoléonienne par la désagrégation progressive du thème de *Malborough* que par l'imitation des hurlements de la déroute.

Le monde intérieur

« Le chemin mystérieux mène vers l'intérieur », disait Novalis de la poésie. Beethoven ne ressemble guère à Novalis, pourtant il aurait pu en dire autant de sa musique. Aucun pittoresque ne vient détourner vers l'extérieur la tension intime de sa recherche. Mais il serait tout aussi absurde de demander à sa musique la précision technique d'une philosophie : ce sont des *Stimmungen* qui réclament en lui de s'exprimer, ce ne sont pas des concepts. La *Symphonie héroïque* veut exprimer et communiquer la *Stimmung* de la révolution, elle se garde bien de proposer une théorie de la révolution. La *Messe en ré* veut exprimer et communiquer une *Stimmung* religieuse ; elle se garde bien de proposer une théologie ou une théodicée ; tout au plus se contente-t-elle d'escamoter les articles du credo qui s'accordent le moins avec elle.

Rien n'est plus communicable, certes, mais, en dernière analyse, rien n'est plus individuel qu'une *Stimmung* : disposition d'esprit, état d'âme, mise à l'unisson de toutes les puissances mentales, organisation du dynamisme psychique dans une direction donnée, comment arriver à traduire ce vocable sans équivalent exact en français ? Dans les sentiments personnels qu'exprimaient les œuvres des grands musiciens précédents, un monde social se reconnaissait plus ou moins spontanément. Dans les sentiments personnels qu'exprimaient les œuvres de Beethoven, ce furent d'abord les individus qui se reconnurent. À part *La Bataille de Vittoria*, à peu près aucune de ses œuvres ne suscitera dès son apparition cet enthousiasme collectif, cet engouement de tout un milieu qui confère à l'auteur le prestige de la réussite sociale. Un par un, chaque auditeur, chaque lecteur reçoit le choc et réagit.

Un homme est amoureux, mélancolique, frappé par la mort d'un ami, en proie aux premières atteintes d'une infirmité ; il s'exprime, et ce sont les *Sonates* op. 14, la *Sonate* op. 10 n° 3, l'*adagio* du *Premier Quatuor*, la *Pathétique*. Celui qui entend ce chant n'a pas absolument besoin de savoir les circonstances exactes dont il est né ; il se sent concerné fraternellement, rejoint dans sa propre solitude. Tous ceux qui aiment Beethoven et qui se sont découverts en lui n'ont pas besoin de beaucoup d'imagination pour deviner quelle a pu être la première prise de contact de Moschelès, de Bettina ou de Schubert avec la musique beethovénienne. Et le rédacteur anonyme qui rendait compte de l'*Appassionata* dans la *Gazette de Leipzig* avait dû lui aussi éprouver cette rencontre comme un des événements les plus importants de sa vie, car il trouve spontanément pour en parler les mots mêmes que Beethoven emploiera bien plus tard : « Venue du cœur, qu'elle aille au cœur ! »

Composition et sincérité

La condition d'une telle recherche, c'est qu'elle sache se refuser à toutes les sollicitations qui ne la favorisent pas. Ce n'est pas par raideur congénitale, c'est par nécessité organique que Beethoven écarte tout ce qui le détournerait de son chemin. Lui, si habile dans sa jeunesse à exprimer le caractère des autres ou à contrefaire le jeu et la manière de ses rivaux, à mesure qu'il prend conscience de sa propre tâche et qu'il décide de la mener à bien, devient de plus en plus rétif à l'idée de traiter un sujet étranger à son cœur.

Beaucoup plus extraverti, beaucoup moins occupé d'exprimer sa vie, le génie de Mozart fait contraste ici, par sa plasticité merveilleuse, avec celui de Beethoven. Il se plie sans effort à la variété des commandes et à la diversité des livrets. Peut-être même est-il secrètement reconnaissant de cette multiplicité qui lui permet de réaliser tant de virtualités musicales qu'il devine en lui. La musique est pour Mozart la justification suprême. Beethoven, lui, consacre sa vie à la musique, il aime passionnément son art. Mais Beethoven *existe* avant d'être musique. Il est d'abord lui-même, et c'est pour exister davantage qu'il crée son œuvre. Ses *Stimmungen* n'existent pas pour devenir de la musique, c'est la musique qui existe pour exprimer ses *Stimmungen*. L'art n'est pas une fin en soi, il est au service de l'existence.

La conséquence de cette manière de concevoir l'œuvre musicale, qui est de plus en plus celle de Beethoven, se déduit facilement. Alors que la musique de Mozart est essentiellement théâtrale, la musique de Beethoven est essentiellement lyrique. Quand nous nommons aujourd'hui Beethoven, nous pensons spontanément aux neuf symphonies, aux sonates pour piano, aux quatuors. Nous ne réalisons plus d'emblée à quel point la proportion des différents genres qui caractérisent l'œuvre de Beethoven est exceptionnelle à son époque. Haydn seul lui fraye la voie dans cette direction, et encore couronne-t-il sa carrière par deux oratorios. Mais tous les autres musiciens les plus célèbres du temps, de Gluck et de Mozart à Weber et à Rossini, sont précisément célèbres d'abord ou essentiellement comme auteurs d'opéras. Au fond de lui, Beethoven a conscience de son originalité : « C'est la symphonie où je suis dans mon élément à moi. Quand j'entends quelque chose en moi, c'est toujours le grand orchestre. » Or ce choix, non pas exclusif, mais préférentiel, de la musique instrumentale est dicté à Beethoven par le caractère de lyrisme personnel qu'il donne à son œuvre. Le texte d'un chant apporte encore avec lui un sens conceptuel, même vague, une référence à l'extérieur. Beethoven préférera confier aux seuls instruments la tâche d'exprimer avec une sécurité totale son univers intime. C'est pourquoi l'*Hymne à la joie* sera exposé par l'orchestre seul avant d'être repris par les voix.

Après Beethoven

La musique de Beethoven est trop identique à la personnalité de son créateur pour faire école ou souffrir qu'on la copie. Personne, après Beethoven, ne pourra plus écrire comme avant lui. Son œuvre tranche l'histoire de la musique comme la prise de la Bastille tranche l'histoire politique. Avant, c'est l'Ancien Régime, mais après ?

Après, ce n'est pas plus le règne indiscuté de Beethoven que la victoire définitive de la Révolution.

En réalité, la musique de Beethoven ne se distingue pas moins de celle de ses successeurs immédiats que de celle de ses plus proches devanciers. Les musiciens romantiques feront profession d'idolâtrer Beethoven. Ils lutteront vaillamment pour la diffusion de son œuvre. Ils achèveront la déroute de toute musique, de tout art, qui ne veut être qu'un divertissement de bonne société. Ils renoueront plus étroitement les liens de la musique avec le chant populaire, dans la ligne même de la recherche beethovénienne. Surtout, ils recevront de Beethoven le souci de penser leur création et leur existence tout ensemble, comme le besoin d'exprimer la durée psychologique.

Mais leur impressionnisme émotif se détournera de la dialectique beethovénienne, de la forte et souple unité de l'œuvre. Et leurs nostalgies idéalistes, leurs passivités mélancoliques les conduiront aux antipodes de cet optimisme héroïque, de cet élan actif de victoire, de ce libre corps à corps avec la joie qui caractérisent les rythmes de Beethoven.

Il serait passionnant de retracer l'histoire des biographies successives de Beethoven ; il serait tout aussi passionnant de retracer l'histoire des appréciations portées sur son œuvre. L'œuvre de Beethoven n'a jamais joui d'une gloire tranquille, du moins auprès des techniciens et des critiques. Il faut noter l'existence, quasi permanente, bien que de forme variée, d'une opposition à Beethoven parmi les professionnels de la musique et ceux qui se disent les « vrais » musiciens. Cette opposition ne vise certes pas son génie, ni sa grandeur humaine, ni sa valeur musicale, mais bien le but que poursuit sa musique. Ce qu'on lui reproche finalement, c'est de ne pas avoir joué le jeu de la corporation. C'est d'avoir fait de son œuvre un moyen au service d'une fin autre que la beauté musicale elle-même : la vie. C'est d'en avoir fait une action et non une évasion.

Sous tous les cieux, les hommes ne se sont cependant pas encore rassasiés d'entendre ses œuvres, et aucun indice ne donne à supposer que Beethoven cessera de sitôt d'être cette source où des millions d'êtres viennent puiser le courage et la joie. « Il sait tout, disait de lui Schubert, mais nous ne pouvons pas tout comprendre encore, et il coulera beaucoup d'eau dans le Danube avant que tout ce que cet homme a créé soit généralement compris. »

JEAN MASSIN et BRIGITTE MASSIN

Bibliographie

• *Écrits*

E. ANDERSON dir., *The Letters of Beethoven*, 3 vol., Macmillan, Londres, 1961, rééd. Norton, New York, 1986 / J. CHANTAVOINE dir., *Correspondance de Beethoven*, Calmann-Lévy, Paris, 1903, 7e éd. 1927 / K. H. KÖHLER, G. HERRE & D. BECK dir., *Konversationshefte*, 10 vol. prévus, Musik-Verlag, Leipzig, 1968 sqq. / A. LEITZMANN dir., *Ludwig van Beethoven, Berichte der Zeitgenossen, Briefe und persönliche Aufzeichnungen*, 2 vol., Insel-Verlag, Leipzig, 1921 / L. MAGNANI dir., *Les Carnets de conversation de Beethoven*, À la Baconnière, Neuchâtel, 1972 / J. G. PROD'HOMME dir., *Cahiers de conversation de Beethoven*, Corrêa, Paris, 1946.

• *Études*

D. ARNOLD & N. FORTUNE dir., *The Beethoven Companion*, Norton, 1971 / P. BADURA-SKODA & J. DEMUS, *Les Sonates pour piano de Beethoven*, Lattès, 1981 / J. BARRAQUÉ, *Beethoven*, Paris, 1965 / H. BERLIOZ, *Beethoven*, Paris, 1844, rééd. Buchet-Chastel, 1980 / G. BIAMONTI, *Catalogo cronologico e tematico delle opere di Beethoven*, Turin, 1968 / A. BOUCOURECHLIEV, *Beethoven*, Seuil, 1963, rééd. 1983 ; *Essai sur Beethoven*, Actes Sud, Arles, 1991 / E. BUCHET, *Ludwig van Beethoven, légendes et vérités*, Buchet-Chastel, 1966 / E. BUENZOD, *Pouvoirs de Beethoven*, Corrêa, 1936 / J. CHANTAVOINE, *Les Symphonies de Beethoven*, Mellotée, Paris, 1932, rééd. Belfond, 1970 / B. COOPER dir., *Dictionnaire Beethoven*, Lattès, 1991 / E. FORBES, *Thayer's Life of Beethoven*, 2 vol., Princeton Univ. Press, 1954, rééd. 1967 / T. VON FRIMMEL, *Beethoven-Handbuch*, 2 vol., Breitkopf u. Härtel, Leipzig, 1926 / A. GAUTHIER, *Beethoven*, Hachette, 1969 / J. KERMAN, *Les Quatuors de Beethoven*, Seuil, 1974 / G. KINSKY & H. HALM, *Das Werk Beethovens. Thematisch- bibliographisches Verzeichniss*, Henle, Munich-Duisbourg, 1955 / P. H. LANG dir., *The Creative World of Beethoven*, New York, 1971 / J. LONCHAMPT, *Les Quatuors à cordes de Beethoven*, Paris, 1956, n[lle] éd. Fayard, 1987 / I. MAHAIM, *Beethoven. Naissance et renaissance des derniers quatuors*, 2 vol., Desclée De Brouwer, 1964 / J. DE MARLIAVE, *Les Quatuors de Beethoven*, Alcan, 1925, rééd. 1960 / J. & B. MASSIN, *Ludwig van Beethoven*, Club français du livre, Paris, 1955, rééd. rev. et corr., Fayard, 1967 ; *Recherche de Beethoven, ibid.*, 1970 / J. G. PROD'HOMME, *La Jeunesse de Beethoven*, Delagrave, Paris, 1927 ; *Les Symphonies de Beethoven, ibid.*, 1906, éd. rév. 1949, rééd. 1977 ; *Les Sonates pour piano de Beethoven, ibid.*, 1937 / R. ROLLAND, « La Vie de Beethoven », in *Les Cahiers de la quinzaine*, Paris, 1903 ; *Beethoven : les grandes époques créatrices*, 7 vol., éd. du Sablier, Paris, 1930-1949 ; rééd. en 1 vol., Albin Michel, 1966, réimpr. 1992 / C. ROSEN, *Le Style classique : Haydn, Mozart, Beethoven*, Gallimard, 1978 / A. SCHINDLER, *Biographie von Ludwig van Beethoven*, Münster, 1840 (*Biographie de Beethoven*, Paris, 1865) / J. SCHMID-GÖRG dir., *Veröffentlichungen des Beethoven-Hauses in Bonn*, 7 vol., Bonn, 1954-1976 / K. SCHÖNEWOLF, *Beethoven in der Zeitenwende*, 2 vol., Leipzig, 1953 / M. SOLOMON, *Beethoven*, Macmillan, New York, 1977 (trad. H. Hildenbrand, *Beethoven*, Lattès, 1985) / A. W. THAYER & H. DEITERS, *Ludwig van Beethoven Leben*, 5 vol., Breitkopf u. Härtel, 1901-1917 / A. TYSON dir., *Beethoven studies*, 2 vol., Londres-New York, 1973-1977 / R. WAGNER, *Beethoven*, Gallimard, 1970 / F. G. WEGELER & F. RIES, *Notices biographiques sur Ludwig van Beethoven*, Dentu, Paris, 1862.

BELLINI VINCENZO (1801-1835)

Compositeur d'opéras italien ayant une préférence marquée pour les sujets tragiques. Vincenzo Bellini naît à Catane ; il entre, grâce à un riche seigneur, au Conservatoire de Naples dirigé par Zingarelli, et il a la chance de faire entendre ses compositions au riche impresario Domenico Barbaja, qui lui commande trois opéras pour San Carlo de Naples et la Scala de Milan. Relativement peu fécond par rapport à ses contemporains, Rossini et Donizetti, il compose seulement onze opéras en tout, parmi lesquels *Les Capulets et les Montaigus* (*I Capuletti ed i Montecchi*, Venise, 1830), *La Somnambule* (*La Sonnambula*, Milan, 1831), *La Norma* (*Norma*, Milan, 1831). En 1833, il vient à Paris, où, sur la recommandation de Rossini, le Théâtre-Italien lui commande *Les Puritains* (*I Puritani di Scozia*, Paris, 1835). Atteint d'une tumeur intestinale, il meurt alors subitement à Puteaux. Lors de la cérémonie funèbre aux Invalides, réglée par Rossini, Cherubini, Paer, Habeneck, on chante, selon une coutume du temps, certaines de ses mélodies adaptées quant aux paroles à la liturgie.

Dans son œuvre, l'art du bel canto atteint son apogée. Il n'existe guère de mélodie plus pure qu'un air de Bellini, car personne sans doute n'a su inventer de ligne mélodique aussi longue, et, à ce titre, il exerça une profonde influence sur Chopin. Lui-même avait étudié, pour y parvenir, les quatuors de Haydn et de Mozart. L'important est qu'il sut épouser de près ses textes dramatiques. Ainsi dans la célèbre cavatine *Casta diva* du premier acte de *Norma*, où le style étonnamment fleuri de la ligne vocale souligne le caractère fantasque de l'héroïne. Cette partition constitue d'ailleurs une des synthèses les plus parfaites entre forme ornée du bel canto et expression juste et sincère.

MARC VIGNAL

BERG ALBAN (1885-1935)

À l'époque du structuralisme, et plus précisément encore au moment où cette pensée se trouve brutalement appréhendée par le mouvement contestataire qui oppose, à l'art formel, le jeu aléatoire, Alban Berg fait figure de prophète.

Ses œuvres maîtresses (*Wozzeck*, *Suite lyrique*, *Concerto de chambre*) s'incrivent aujourd'hui, naturellement, dans l'esthétique la plus actuelle, par ce qu'elles nous enseignent d'essentiel, au niveau de la dialectique musicale. Il n'en fut pas toujours de même, et Berg, musicien du cœur, fut souvent opposé à Webern, musicien de l'esprit. Longtemps, l'idée d'un pont romantiquement jeté entre un passé wagnérien et un avenir dont on craignait le pire s'incarna dans l'auteur du *Concerto à la mémoire d'un ange*, dont l'harmonisation « sérielle » d'un choral de Bach rassura un public désemparé par certains défis de la *Suite lyrique* ou du *Concerto de chambre*. Le rapprochement de ces deux « périodes » de l'art bergien marque bien, du reste, la contradiction profonde que le compositeur assumera, non sans courage, dans la dernière partie de son œuvre.

Le langage

Se posant en transgression (au sens littéral d'« aller au-delà »), la méditation tonale de *Wozzeck* (acte III, interlude en *ré* mineur) était une audace ; la réconciliation sérielle avec un monde tonal, nostalgiquement retrouvé, témoigne, dans le *Concerto à la mémoire d'un ange*, d'une angoisse créatrice profonde, devenue aujourd'hui une erreur de langage.

Car c'est bien du langage et de son articulation qu'il faut parler en premier lieu, si l'on cherche à définir la profonde influence de Berg sur la musique et le spectacle. Et, probablement, au sens si « actuel » qu'il conférait à la notion de structure, c'est-à-dire à celui d'une relation de connaissance, de communication, d'efficacité entre le monde et lui. Rapport nouveau, parce que organiquement musical, entre signifiant et signifié : prémonition étonnante de la valeur structurante du symbole, définie par l'école psychanalytique moderne.

Berg élabore également une dialectique subtile entre structures fixes et structures plus libres, entre forme obligée et forme immédiate (sécrétée par le matériau mis en œuvre), dialectique que l'on retrouve présente aujourd'hui dans l'opposition du « concerté » à l'« aléatoire ».

De plus, en organisant un « espace-temps » sonore dans lequel l'inconscient de l'auditeur se trouve naturellement sollicité à travers tout un réseau de « mémoires » et de « projets », l'auteur de *Wozzeck* construit un « présent » musical en lequel l'œuvre se trouve, chaque instant, dans sa totalité. C'est le cas, particulièrement, pour *Wozzeck* et le *Concerto de chambre.*

Enfin, et ce n'est pas le moins important, le « mathématicien-poète » (comme certains l'ont nommé) résolut, en son temps, l'absurde et byzantin conflit forme-fond, quand il écrivit notamment : « ... c'est un postulat qu'il faut admettre au préalable : pour quiconque possède le don de penser musicalement, comprendre le langage jusqu'en ses moindres détails équivaut à comprendre l'œuvre elle-même. »

On peut penser que ce postulat est bien celui que posent implicitement les véritables artistes d'aujourd'hui et à propos de disciplines autrement signifiantes que la musique : le cinéma et la littérature, par exemple.

L'évolution de l'œuvre

Si l'on considère maintenant l'œuvre d'Alban Berg dans son ensemble, on est tenté d'en comparer l'évolution à celle d'un opéra en trois actes. Le chiffre 3, du reste, devait toujours conserver pour Berg une valeur quasi magique, non dénuée, toutefois, d'un certain humour.

Mais, contrairement à ce que l'on peut constater dans *Wozzeck* ou dans le *Concerto de chambre*, il apparaît que le dernier acte du drame bergien ne constitue, par rapport aux deux premiers, ni une synthèse, ni une ascèse. Du schème A-B-A', le compositeur semble n'avoir retenu que le retour en arrière, marque de la contradiction déchirante qui opposa pour lui, toujours davantage, le monde tonal au monde sériel.

Préparation

1900-1914 : Ier acte, les œuvres de préparation, d'initiation ; le travail avec Schönberg, dont il faut retenir la *Sonate pour piano*, op. 1, dans laquelle les rapports sonores multiples, infiniment plus étroits que ceux envisagés par le passé, laissent prévoir l'économie structurelle à venir. Le *Quatuor* op. 3 de cette même époque annonce déjà la *Suite lyrique pour quatuor à cordes*, qui sera écrite quinze ans plus tard. Des liaisons profondes sous-tendent ainsi l'ensemble de l'œuvre, comme les diverses scènes de l'opéra. Il en est de même pour les *Cartes postales d'Altenberg* (chant et orchestre, op. 4) et surtout les trois *Pièces pour orchestre*, op. 6, par rapport à *Wozzeck*. Des mélodies pour chant et piano et les *Quatre Pièces pour clarinette et piano*, op. 5, font partie également de ce premier acte, celui de la découverte, qui devait aboutir aux faîtes de la production d'Alban Berg.

Sommets

Trois œuvres : *Wozzeck*, le *Concerto de chambre*, la *Suite lyrique*, de matériel sonore très différencié (grand orchestre et voix, orchestre de chambre, quatuor à cordes), sont l'acte central (1917-1926) et constituent, sans nul doute, une des séquences les plus fondamentales de l'histoire de la musique.

Wozzeck d'abord, opéra en trois actes, d'après Büchner, composé de 1917 à 1921. Il n'est peut-être pas inutile de rappeler que Berg posait l'équation du rapport musique, parole et scène dans les termes : $a^2 + b^2 = c^2$; ajoutant que, dans un tel cas, si la musique n'occupait pas toujours la place de l'hypothénuse, une telle relation constituait pour lui, tant dans la composition que dans la représentation, l'idéale section d'or...

On vérifie en effet, dans *Wozzeck*, une adéquation totale entre la nécessité dramatique et la vie profonde de la musique. Le geste est *partie* du discours musical, l'acte et la musique se confondent. Le sujet de l'opéra (après un important travail du musicien sur le texte de Büchner) n'est ici qu'un « programme », une « fonction », qui commandent un ensemble d'opérations destinées à faire entrer en symbiose la totalité des composants : musique, texte, action scénique. Métabolisme de l'œuvre, le contenu (apparemment expressionniste, pour certains) devient forme : l'œuvre est rituelle.

Aujourd'hui, cet aspect de *Wozzeck* se découvre comme essentiel ; il en est beaucoup d'autres : relativité du temps esthétique (aux niveaux toujours enchevêtrés du passé, du présent et du futur musical), processus de contamination des séquences les unes par les autres, utilisation des procédés de « collages », qui laissent le spectateur stupéfait quand il constate que quarante ans ont dû s'écouler avant que cinéma et roman moderne ne prétendent à une telle imagination des structures.

C'est ensuite le *Concerto de chambre pour piano, violon et treize instruments à vent* (1923-1925). Trois mouvements, trois familles instrumentales, trois thèmes réunissant les noms des trois amis, Schönberg, Webern et Berg lui-même, tissent un réseau sonore d'une invention exemplaire au travers d'une structure générale dite « de miroir ».

Enfin, la *Suite lyrique pour quatuor à cordes* : micro-opéra sans paroles, œuvre d'achèvement. Au niveau strictement sériel, on remarque (allegro misterioso) une manipulation des diverses formes de la série, « programmée » par les interpolations à l'intérieur d'un sous-groupe de quatre sons appartenant à l'ensemble-série. Cette écriture structure ainsi le maniement sériel par une notion générale « d'ensemble », infiniment plus riche et plus adaptée que celle de transposition, issue du langage tonal. Micro-opéra, « opéra latent », disait Adorno, mais aussi extraordinaire histoire de l'amour voué par Berg à Hanna Fuchs, au travers d'un cryptogramme révélé par le musicologue américain George Perle. Le secret du « chiffre » est bâti sur quatre lettres (les initiales H.F.A.B.) et deux nombres (10 : âge total des enfants d'Hanna, et 23 : nombre fétiche d'Alban).

Le « programme » de l'œuvre se renforce encore des citations musicales d'Alexander von Zemlisky dans le quatrième mouvement et de Richard Wagner (*Tristan*) dans le cinquième, l'amour dans la mort. Comme celles de *Wozzeck*, les dernières mesures de l'œuvre participent d'un temps qui s'effiloche, oscille, puis se fige.

Le retour vers la tonalité

Paradoxalement, les trois œuvres à venir (dont l'air de concert *Le Vin*) sont une quête de cette tonalité que l'auteur de la *Suite lyrique* tenait tant à concilier avec les exigences sérielles.

Ainsi, ce troisième et dernier acte de l'opéra bergien (1929-1935) comporte également l'opéra *Lulu* et le *Concerto pour violon et orchestre à la mémoire d'un ange.* C'est à la fin de cette œuvre que l'harmonisation d'un choral de Bach par la série de base déclenche chez l'auditeur averti de la modernité inouïe des œuvres de la période précédente une angoisse profonde.

Mais la pièce maîtresse, enfin révélée dans son intégralité en 1979 à l'Opéra de Paris sous la direction de Pierre Boulez, c'est *Lulu.*

Il aura fallu attendre près d'un demi-siècle pour que la mort d'Hélène Berg lève le dernier obstacle à l'achèvement de l'ouvrage. Le travail effectué avec la plus haute compétence par le chef d'orchestre Friedrich Cehra révèle aujourd'hui un chef-d'œuvre, dont le prodigieux équilibre structurel était jusqu'alors occulté par une véritable mutilation, abusivement maintenue au nom du « respect de l'auteur ».

Plus encore que dans *Wozzeck*, l'intuition « cinématographique » que Berg avait de la dramaturgie musicale oriente l'architecture de l'œuvre. Puissante forme en arche dont la clé de voûte est justement un film, que le compositeur a minutieusement découpé, mais que sa mort brutale ne lui aura pas permis de réaliser.

Pulsion de l'éros, pulsion de mort, *Lulu* est l'œuvre sur la femme. Sa mort rejoindra, musicalement, une autre femme : la Marie de *Wozzeck.*

Wozzeck et *Lulu* se posent incontestablement comme les manifestations les plus abouties de la forme d'opéra, et indiquent déjà les nouvelles voies du spectacle audiovisuel, dont un certain et récent cinéma constitue le relais. Par ailleurs, l'action de cette musique – aux structures fortement concertées – sur notre inconscient perceptif établit une nouvelle forme de communication. Enfin, le rapport constant et hautement élaboré entre la construction de l'œuvre et son propos poétique (lequel est sa construction) la place à nos yeux au centre de l'art moderne le plus évident et le plus actuel.

MICHEL FANO

Bibliographie

A. BERG, *Écrits*, Bourgeois, Paris, 1986.

T. W. ADORNO, *Alban Berg*, Universal, Vienne, 1968 (*Alban Berg : le maître de la transition infime*, trad. de l'allemand R. Rochlitz, Gallimard, Paris, 1989) / É. BARILIER, *Alban Berg : essai d'interprétation*, L'Âge d'homme, Lausanne, 1978 / P. BOULEZ, *Relevés d'apprenti*, Seuil, Paris, 1966 / E. BUCH, *Histoire d'un secret : à propos de la « Suite lyrique » d'Alban Berg*, Actes sud, Arles, 1994 / M. CARNER, *Alban Berg*, Londres, 1975 (trad. franç. J. C. Lattès, Paris, 1979) / M. FANO, « La Musique et ses problèmes contemporains », in *Cahiers de la Compagnie Madeleine Renaud-Jean-Louis Barrault*, Paris, 1954 / D. JAMEUX, *Berg*, Seuil, 1980 / D. JARMAN, *The Music of Alban Berg*, Faber and Faber, Londres, 1979 / P. J. JOUVE & M. FANO, *« Wozzeck » ou le Nouvel Opéra*, Bourgeois, Paris, 1985 / F. REDLICH, *Alban Berg*, Universal, 1957 / W. REICH, *Alban Berg*, *ibid.*, 1965.

BERIO LUCIANO (1925-)

Du trio de compositeurs italiens, chefs de file de la musique italienne après la Seconde Guerre mondiale (Bruno Maderna, 1920-1973 ; Luigi Nono, 1924-1990 ; et lui-même, né en 1925), Berio est le seul à ne pas être vénitien : il est né à Oneglia (Ligurie).

D'un tempérament très ouvert, il est tôt intéressé par la musique sérielle, dont il s'échappe cependant assez vite. Il saisit au vol toutes les directions de nouvelles ouvertures musicales, tous les moyens nouveaux d'élaborer un matériau sonore. Élève du Conservatoire de Milan, puis de Dallapiccola dont il suit les cours aux États-Unis, il fonde avec Maderna le Studio di fonologia de Milan (groupe de recherches pour la musique électronique dépendant de la R.A.I.) et le dirige de 1953 à 1960. Il est déjà l'auteur de nombreuses œuvres vocales et instrumentales (dont *Nones* pour orchestre, 1954, qui a retenu aussitôt l'attention) lorsqu'il se met à composer des œuvres purement électroniques (*Mutazioni*, 1956 ; *Perspectives*, 1957 ; *Momenti*, 1960). Dès lors, sa carrière est internationale et se déroule aussi bien en Amérique qu'en Europe. Il dirige, de 1973 à 1980, le département d'électro-acoustique de l'I.R.C.A.M. (Institut de recherche et de coordination acoustique-musique). Les recherches instrumentales de Berio l'amènent à explorer des voies inusitées et à aller jusqu'au bout des possibilités de chaque instrument. C'est le sens d'une série d'œuvres baptisées *Sequenza* (I pour flûte seule, 1958 ; II pour harpe seule, 1964 ; III pour voix seule, 1965 ; IV pour piano seul, 1966 ; V pour trombone seul, 1966 ; VI pour alto seul, 1967 ; VII pour hautbois seul, 1968 ; VIII pour percussions, 1975 ; IX pour clarinette ou saxophone alto, 1981 ; X pour trompette en *ut* et « piano muet », 1984).

Son attachement passionné pour la voix et son intérêt pour le « mot » font peu à peu entrevoir à Berio une nouvelle utilisation de la voix. La route est longue, parsemée d'œuvres riches en découvertes qui libèrent celle-ci à travers toutes les transformations et déformations que rendent possibles les techniques : ainsi, de *Tre Liriche populari* (1948) et du *Magnificat* (1948) à *Omagio a Joyce* (1958), à *Circles* (1960), à *Laborintus* (1963-1965), à *Coro* (1974-1976), à *Voci* (1984), l'originalité de la recherche de Berio s'affirme et s'affine. *Laborintus*, œuvre scénique à partir de textes de Sanguinetti, hommage à *La Divine Comédie* de Dante, ouvre un nouvel ordre de tentatives pour Berio. La composition musicale s'appuie ici sur le principe d'un « catalogue de références » (de Monteverdi à Stravinski) ; de même pour *Cela veut dire que* (1969) à partir de musiques populaires (y compris celle des Beattles), et pour la *Sinfonia* (1968-1969). Cette dernière œuvre pour huit voix et orchestre, dont Berio dit lui-même, non sans humour, qu'il s'agit « d'un documentaire sur un objet trouvé », est une démonstration éblouissante de la facilité et des dons du musicien. Mais, par le tissu de citations et de références qui l'habille, elle pose un réel problème pour les compositeurs à venir : à prendre tant appui sur les données musicales antérieures, la personnalité du créateur risque de ne plus apparaître dans toute sa force. Dans le délire onirique que Berio entend ainsi créer, il prend le risque de n'être plus que l'organisateur du contenu d'une œuvre où il serait absent en tant que créateur. C'est trop peu pour un musicien comme Berio.

BRIGITTE MASSIN

BERLIN IRVING (1888-1989)

Irving Berlin a suivi le parcours « classique » de nombreux juifs russes de son époque. Il naît à Mogilev, en Russie (aujourd'hui Biélorussie) le 11 mai 1888 ; fils de Moses Baline, chantre de synagogue, il est prénommé Israel : « Izzy ». Il a cinq ans quand sa famille émigre aux États-Unis, à la suite d'un pogrom, et s'installe dans un quartier pauvre de New York. Le petit Israel grandit comme il peut et gagne quelques sous en chantant dans les rues ; ce sera – presque – la gloire quand il passera en « attraction » au Pelham's Café, dans Chinatown. C'est là, nous dit José Bruyr, « qu'il écrivit sur une seule portée la musique qu'il jouait avec un doigt : certain *Spring Song* – accommodant en ragtime la *Chanson de printemps* de Mendelssohn ». En 1907 – il a dix-neuf ans –, il commence à écrire les paroles de chansons dont le pianiste du Pelham's Café, Nicholson, compose la musique ; la première est *Marie from Sunny Italy*. Et il trouve du même coup le nom sous lequel il deviendra universellement connu : la légende veut, en effet, qu'une erreur de typographie ait transformé Israel Baline en Irving Berlin... à moins qu'il ne s'agisse là d'une « trouvaille » de son agent de publicité.

Ce nom, en tout cas, lui portera bonheur, car il ne cessera désormais de composer, sans prétention superflue : il se dira toujours *song maker* plutôt que *song writer*, et il avouera qu'il ne savait pas lire une partition, ni jouer du piano autrement qu'en *fa* dièse ! Sa carrière est celle d'un self-made-man : dès 1910, il crée lui-même quelques-unes de ses œuvres dans une revue, *Up and Down Broadway* ; dès l'année suivante, *Alexander's Ragtime Band* – dont il compose cette fois et les paroles et la musique – va faire le tour du monde. Et le voilà parti pour quelque deux mille chansons, une quinzaine de comédies musicales et soixante-dix revues...

On lui reconnaît un indéniable sens du rythme, et l'habileté d'avoir su tirer parti du ragtime qui faisait fureur pendant les années folles : il appartenait, avec Cole Porter, Jerome Kern, Richard Rogers et George Gershwin au groupe de musiciens baptisé « The Mighty Five ».

Irving Berlin saura aussi bien exploiter un filon sentimental illustré par Bing Crosby que trouver des rythmes endiablés pour les Ziegfeld Follies, Ginger Rogers et Fred Astaire (*Top Hat*), ou les Marx Brothers, pour lesquels il écrira sa première comédie musicale, *The Cocoanuts*, en 1925.

Son plus grand succès – après la chanson *White Christmas* – sera sans doute la comédie musicale *Annie Get your Gun* (*Annie du Far West*), en 1946, mais son bâton de maréchal, il l'avait à trente ans : il fondait alors sa propre maison d'édition et, dès 1921, faisait construire à New York, de ses propres deniers, son théâtre, pour faire entendre *ses* œuvres, le Music Box Theatre. Roi de la Tin Pan Alley – surnom donné à la 28e Rue de New York, spécialisée dans la musique légère –, roi de Broadway, puis roi de Hollywood, Irving Berlin sera assez habile pour ne pas se laisser démoder, et pour faire reprendre et réactualiser par les plus grands jazzmen – Charlie Parker, Benny Goodman, Bill Evans ou Ray Charles – les plus célèbres de ses chansons. Il meurt à New York, le 22 septembre 1989.

SYLVIE FÉVRIER

BERLIOZ HECTOR (1803-1869)

L'année 1830, qui vit naître la *Symphonie fantastique*, est aussi celle de la première de l'*Hernani* de Victor Hugo, qui est restée dans l'histoire sous le nom de « bataille d'Hernani ». Ce fut un temps où le romantisme français – qui avait pris un bon départ avec Chateaubriand, Charles Nodier et quelques autres – se laissait aller à des manifestations tapageuses et menaçait de verser dans la rhétorique, la démesure et les fausses attitudes.

Ce fut une chance pour la musique française qu'il se soit trouvé un Berlioz pour ne se laisser contaminer par une telle atmosphère que dans les actes de sa vie privée, préservant ainsi dans sa pureté la source de poésie profonde qui était en lui. La France doit à cela de pouvoir mettre en face du grand romantisme allemand, tout intérieur, tout imprégné du mystère des régions obscures d'où il surgissait au jour, une œuvre vécue elle aussi par le dedans, enfantée elle aussi par le rêve.

Une vie déchirée

Né à La Côte-Saint-André, sur les contreforts des Alpes, Hector Berlioz descendait d'une très ancienne famille bourgeoise.

En 1821, Hector, jeune étudiant en médecine, s'installe à Paris. Il fréquente l'Opéra, entend l'*Iphigénie en Tauride* de Gluck, est foudroyé par la grâce et, abandonnant la Faculté, se lance à corps perdu dans la musique. Passons sur ses démêlés avec Cherubini, directeur du Conservatoire, où il suit la classe de Reicha et celle de Lesueur, sur la série de ses échecs au concours de Rome, ainsi que sur le succès de sa cinquième tentative.

Le 6 septembre 1827, une troupe de comédiens britanniques vient jouer *Hamlet* à Paris. Berlioz tombe éperdument amoureux d'Ophélie, en la personne de l'actrice Harriet Smithson. La succession d'extravagances dans lesquelles l'engage cette passion spectaculaire décourage toute description. L'histoire s'étale sur six années, passe par une étape vengeresse où la malheureuse Harriet devient la sorcière animatrice de la nuit de sabbat de la *Symphonie fantastique* et finit enfin, en 1833, par un mariage.

De ce jour, l'inaccessible Ophélie se transforme en une petite bourgeoise avec qui la vie commune devient rapidement une chaîne... que Berlioz supportera néanmoins pendant neuf ans. Mais dans cette neuvième année, il fait peu à peu, et clandestinement, sortir de chez lui ses matériels d'orchestre et, à l'automne de 1842, il quitte le domicile conjugal et part pour l'Allemagne avec une femme redoutable qui a réussi depuis quelques mois à mettre la main sur lui. Cette femme, vraiment démoniaque, s'appelle Marie Recio, c'est une exécrable cantatrice (« elle miaule comme deux douzaines de chats », écrira-t-il à un ami) et elle fera le malheur de sa vie.

Entre-temps, Berlioz a fait jouer *Harold en Italie*, le *Requiem*, *Benvenuto Cellini* (qui a été un échec à l'Opéra-Comique), et enfin *Roméo et Juliette*.

Forcer le succès

À partir de 1842, la vie de Berlioz se partage entre ses voyages à travers l'Europe et la série de ses tentatives désespérées pour élargir, à Paris, un public qui lui est fidèle mais qui ne lui assure pas un succès durable.

En 1846, *La Damnation de Faust* tombe dans l'indifférence générale. Couvert de dettes, Berlioz part l'année suivante pour la Russie. Il en reviendra renfloué, après une tournée triomphale, puis ira chercher fortune à Londres où il ne la trouvera pas et où il sera surpris par la nouvelle de la révolution de 1848. Il revient à Paris désemparé, obsédé par la maladie d'Harriet Smithson – qu'il a quittée mais non abandonnée, et qui, paralysée, traînera cinq ans avant de mourir en 1854. Il écrit son *Te Deum*, espère vainement le voir exécuté au sacre de Napoléon III, repart pour Londres où une cabale provoque l'effondrement de *Benvenuto Cellini*, puis pour Weimar où, avec la même œuvre, son fidèle ami Franz Liszt lui offre une éclatante revanche.

En octobre 1854, la mort de son père le met en possession d'une petite aisance. Il épouse Marie Recio malgré le tort qu'elle lui porte. *L'Enfance du Christ* lui procure le plus franc succès qu'il ait connu depuis longtemps à Paris. Un nouveau séjour à Londres le rapproche très sensiblement de Wagner, avec qui ses relations ont connu des hauts et des bas, malgré les efforts de Liszt. Mais Marie Recio se chargera de brouiller les cartes et elle parviendra même, lors de la chute de *Tannhäuser*, à l'Opéra de Paris, en 1861, à obtenir de Berlioz la seule réaction déplaisante qu'on puisse lui reprocher dans toute sa carrière. La mort viendra, en 1862, débarrasser le musicien de cette détestable compagne.

Dans cette même année, *Béatrice et Bénédict*, à Baden-Baden, fit l'unanimité de la critique française, belge et allemande, et, en novembre, *Les Troyens à Carthage* eurent à Paris vingt et une représentations, ce qui implique un honorable succès.

Les dernières années de Berlioz s'écouleront dans une morne grisaille, assombrie par la maladie, ainsi que par la mort du fils qu'il avait eu d'Harriet. Il se traîne péniblement jusqu'en Russie, manque de mourir une première fois de congestion cérébrale sur les rochers de Monte-Carlo et s'endort enfin, épuisé, à soixante-cinq ans, le 8 mars 1869.

Réduite ainsi à ses faits essentiels, il manque à cette vie le pittoresque intense, le panache, le mouvement dramatique dont son tempérament ne cessa de l'animer parfois jusqu'à l'excès.

Ses seules haines

La vie sentimentale de Berlioz, beaucoup plus complexe dans la réalité que ce que nous avons pu en dire, son combat de musicien, ses rapports avec ses amis ou ennemis nous montrent en lui un être d'une intense religiosité, religiosité qui, à défaut d'une croyance, se portait sur tout ce qui pouvait l'accueillir : l'amour, l'amitié, la musique. Il les pratiquait dans un besoin d'absolu que ses partenaires étaient incapables de satisfaire, à l'exception de la seule musique. Quel autre accomplissement pouvait s'offrir à une imagination aussi effrénée, quel autre écho à une sensibilité aussi aiguë ? C'est ce qui explique, en face d'une générosité de cœur dont les preuves abondent, l'âpreté de ce qu'il faut bien appeler ses haines. Elles allaient moins à tel ou tel rival qu'à la médiocrité, aux fausses valeurs qui tenaient à Paris le haut du pavé. La seule rivalité dont il ait vraiment souffert, c'est celle qui était à sa mesure, celle de Wagner. Mais on doit bien admettre que les 164 répétitions accordées à *Tannhäuser* par cet Opéra qui venait de lui refuser *Les Troyens* aient pu lui inspirer quelque amertume. D'autant que Berlioz n'avait, il faut le reconnaître, aucun détachement à l'égard du succès. Entré dans la carrière avec l'impérieuse nécessité d'en obtenir un succès qui pût suffire à désarmer l'hostilité de sa famille, il garda toute sa vie l'habitude de cette recherche et il y mit un acharnement extrême, secondé par un sens de la publicité très en avance sur son époque.

Il disposait également d'un talent d'écrivain exceptionnel, ce qui fit de lui un chroniqueur redouté. Ses critiques au *Journal des débats* sont des chefs-d'œuvre par le style autant que par la pénétration du jugement. À chaque page de son immense correspondance et de ses *Mémoires* éclatent cette vigueur d'expression et cette verve qui achèvent le portrait d'un personnage de haute culture et de grand caractère.

Le romantique vrai

Le mouvement romantique apportait dans la littérature, dans les arts, dans les modes de sentir et de vivre un renouvellement total qui ne pouvait pas ne pas trouver son reflet dans l'imagination des compositeurs. L'un des tout premiers à son époque, Berlioz est arrivé à la maturité créatrice avec une sorte de fièvre, de désordre intérieur, de passion avide de briser toutes les digues que l'âge classique lui avait opposées. Il se produit alors une sorte de porte-à-faux. Les générations qui l'ont précédé lui laissent entre les mains un outil qui n'est autre que celui de la tradition académique. Il trouve bien dans Beethoven, qu'il admire frénétiquement, des indications sur les moyens de s'en évader. Mais elles portent plus sur la forme que sur le langage. Le jeune Berlioz se trouve en proie à une imagination fougueuse. Elle lui dicte des idées mélodiques d'un caractère tout à fait étrange. Il lui faut s'inventer à leur intention des moyens techniques qui jettent sur lui, lorsqu'il les produit au grand jour, la suspicion déprimante entre toutes pour un grand créateur : « Il ne sait pas la musique. »

Prenons sa « Complainte du roi de Thulé » dans *La Damnation de Faust* que, naïvement – peut-être pour se faire excuser –, il appelle une chanson gothique.

Toute la mélodie est pleine d'intervalles et de modulations peu communs, et il est évident que son harmonisation a posé à Berlioz un sérieux problème. C'est pourquoi tous les Beckmesser de l'époque, et d'ailleurs aussi de la nôtre, lui en ont fait reproche. On peut, bien sûr, imaginer – surtout si l'on ne craint pas de recourir à une technique moderne – une manière différente d'harmoniser cette chanson, en changeant moins les accords de Berlioz (à quelques exceptions près) que leur disposition (c'est-à-dire l'étagement des sons qui les composent, par exemple en mettant plus d'air entre eux). Mais, après avoir tenté l'essai, on s'aperçoit soudain que l'on a affadi le morceau et que, finalement, on a fait à peu près ce que pourrait faire un sculpteur mal inspiré qui se mettrait à retailler les statues-colonnes de nos porches romans pour leur donner plus de souplesse.

Cela dit, il est sans inconvénient de reconnaître que la formation harmonique de Berlioz a échappé en grande partie à la tradition ésotérique du Conservatoire de Paris. Trop de musiciens en ont gardé toute leur vie la marque indélébile et l'influence sclérosante pour qu'on ne soit pas tenté de plutôt s'en réjouir.

En revanche, Berlioz est un grand maître du contrepoint, et il est fréquent de lui voir résoudre ses problèmes d'écriture plus par le libre jeu et les rencontres savoureuses des parties que par cette gourmandise de l'oreille qui inspire à un Debussy la recherche des agrégations rares ou de somptueux enchaînements d'accords. Il se complaît dans de décoratives superpositions de thèmes – parfois trois thèmes ensemble avec usage d'une certaine polyrythmie – que sa sûreté d'orchestration détache clairement les uns des autres, sans bavures et sans empâtements. Car son imagination de coloriste associe toujours, et dès l'origine, les timbres aux combinaisons de la polyphonie, et c'est ce qui explique pourquoi sa musique est si mortellement appauvrie par la réduction au piano.

Un précurseur

L'harmonie considérée en soi joue cependant un rôle important dans son œuvre. Il a un sens inné de la modulation expressive. Il lui demande parfois de soutenir une pensée chromatique sur laquelle il convient d'apporter ici quelques précisions. La plupart du temps, en effet, son chromatisme est avant tout mélodique et il s'accommode d'un soutien harmonique qui se maintient dans le diatonisme. Mais les mélodies chromatiques de Berlioz et la force expressive que leur donne ce mode d'écriture sont très en avance sur son temps et il arrive qu'elles fassent penser à Bartók. Quant aux mélodies modulantes dans lesquelles la ligne n'a de sens que par la mobilité harmonique sous-jacente, il en a écrit de très belles comme, par exemple, l'« Invocation à la nature » dans *La Damnation de Faust*. Malgré le caractère essentiellement modulant de ce morceau, on ne cesse d'y sentir le poids de la stabilité tonale. Dans ce sens, on ne peut dire que Berlioz ait été un novateur. Mais il l'a été dans d'autres domaines : tout d'abord en inventant l'orchestre moderne, en donnant aux combinaisons de timbres un sens nouveau, une valeur intrinsèque, un rôle organique dans la composition même de l'œuvre.

Mais ce sont avant tout ses pensées musicales, ses structures, le découpage dramatique de certaines pages, son usage des silences qui annoncent les temps à venir. À certains moments de la scène du tombeau de *Roméo et Juliette*, on sent venir au loin cet éparpillement de la matière sonore dont Webern fera la loi de son écriture musicale.

Quelle place occupe Berlioz dans le mouvement romantique ? Il naît dans un temps où la littérature allemande fait prévaloir, à l'origine de toute création artistique, cette plongée dans le rêve où l'homme est censé retrouver l'harmonie universelle et déboucher dans la vraie lumière. En franchissant la frontière, ces doctrines métaphysiques se sont passablement abâtardies. Le romantisme français, sauf chez quelques individualités isolées comme Gérard de Nerval, se complaît dans une infatuation sentimentale, une complaisance à la détresse morale sans raison, un goût de la passion malheureuse.

Berlioz, dans sa vie privée, ne se fait pas faute de sacrifier à cette mode. Mais, comme créateur, il garde toute sa tête, sa tête dure et burinée de montagnard du Dauphiné. Il a su concilier la clarté latine et les vapeurs capiteuses, mais souvent fuligineuses, de l'esprit nordique. C'est par là qu'il apparaît, non seulement comme le plus grand, mais comme le seul représentant authentique du romantisme musical français.

HENRY BARRAUD

Bibliographie

• Œuvres de Hector Berlioz

Grand Traité d'instrumentation et d'orchestration modernes, Paris, 1844 ; *Voyage musical en Allemagne et en Italie*, Paris, 1844 ; *À travers chants*, Paris, 1862 ; *Mémoires*, 2 vol., Paris, 1870, rééd. Flammarion, 1991 ; *Œuvres littéraires*, t. I : *Les Soirées de l'orchestre*, Stock, 1980 ; t. II : *Les Grotesques de la musique*, Gründ, 1971 ; t. III : *À travers chants*, L. Guichard éd. ; *Correspondance générale*, Flammarion, 5 vol., 1972-1989.

• Études

C. Baliff, *Berlioz*, Seuil, 1968, rééd. 1984 / H. Barraud, *Berlioz*, Fayard, Paris, 1989 / H. Barraud, M. Fleuret, B. Gavoty, A. Goléa, *Berlioz*, Hachette, Paris, 1973 / J. Barzun, *Berlioz and the His Century*, Univ. of Chicago Press, 1982 / P. Bloom dir., *Berlioz Studies*, Cambridge Univ. Press, Cambridge (G.-B.), 1992 / A. Boschot, *H. Berlioz*, 3 vol., Paris, 1906-1913, rééd. 1946-1950 / D. Cairns, *Hector Berlioz*, vol. I : *The Making of an Artist*, A. Deutsch, Londres, 1989 (*Berlioz*, vol. I : *La Naissance d'un artiste*, Belfond, 1992) / A. E. F. Dickinson, *The Music of Berlioz*, St. Martins, Londres, 1973 / D. K. Holoman, *Catalogue of the Works of Hector Berlioz*, Bärenreiter, Kassel-Londres, 1987 ; *Berlioz*, Harvard Univ. Press, Cambridge (Mass.), 1989 / H. J. MacDonald, *Berlioz*, Dent, Londres, 1982 / J. Thiersot, *Berlioz et la société de son temps*, Paris, 1904 / « Les Troyens », in *L'Avant-scène opéra*, n° 128-129, 1990 ; « Benvenuto Cellini », *ibid.*, n° 142, 1991.

BERMUDO JUAN (1510 env.- ?)

Compositeur, théoricien et l'un des trois organistes les plus réputés du Siècle d'or espagnol, avec Antonio de Cabezón et Tomás de Santa María. Il étudie à l'université d'Alcalá de Henares ; en 1549, il est au service du duc d'Arcos, où il côtoie Luis de Morales. Franciscain, il fut aussi attaché à l'archevêque de Séville. Son œuvre principale est la *Declaración de instrumentos musicales* (Osuna, 1555), qui avait connu une première version (*Libro primero de la declaración de instrumentos musicales*, 1549) puis l'*Arte tripharia* (1550), autre version, abrégée, de son œuvre, sorte de traité de plain-chant à l'usage d'un couvent de moniales, les clarisses de Montilla ; cette œuvre théorique capitale, contemporaine du *Tratado de glosas* de Diego Ortiz (1553) et qui précède de dix ans l'autre traité majeur de la musique de ce temps, l'*Arte de tañer fantasía* du dominicain Santa María, comprend cinq livres : le premier fait la louange de la musique ; le deuxième et le troisième présentent les éléments de la musique ; le quatrième étudie les instruments à clavier et à cordes (orgue, vihuela, guitare, harpe) ; le cinquième aborde les questions de composition. De Bermudo, on connaît surtout treize pages pour orgue, écrites dans un style polyphonique strict, à quatre voix (sauf le *Vexilla regis*, à cinq voix). D'aucuns ont jugé sévère son écriture (A. Pirro, H. Anglés) ; cependant, elle offre parfois un contour mélodique plein de sensibilité ; en outre, un ambitus propre à chaque voix est très clairement conçu pour l'instrument à clavier en raison de son ampleur ; enfin, on rencontre des positions d'accords soit larges, soit serrées à des fins expressives. Contrairement à ses contemporains (Ortiz, Santa María), Bermudo refuse les gloses systématiques (diminutions, paraphrases) ; il se contente d'ornements (il demande à l'élève de les travailler au moins une heure par jour), afin de mieux préserver la pureté de la ligne mélodique. Ces courtes pages comprennent cinq hymnes (*Conditor alme siderum*, *Ave maris stella*, *Pange lingua*, *Vexilla regis*, *Veni Creator*), sept cantus dans différents tons et une sorte de *tiento* sur un thème libre.

PIERRE-PAUL LACAS

BERNSTEIN LEONARD (1918-1990)

Figure de légende de la musique américaine, Leonard Bernstein a marqué son époque à plus d'un titre. Lorsqu'il acquiert la renommée internationale en composant *West Side Story* (1957), quand il accède à la direction musicale de l'Orchestre philharmonique de New York (1958) ou anime des émissions de télévision (à partir de 1954), il a déjà une solide carrière derrière lui qui révèle la polyvalence de son talent : chef d'orchestre, compositeur, pianiste, pédagogue, écrivain, homme de télévision, « Lenny » fait éclater les barrières sans jamais donner l'impression de se disperser, car il reste parfaitement maître de lui dans chacune de ces disciplines. Il est aussi l'un des premiers à comprendre l'importance de la communication et des médias dans un domaine jusqu'alors réservé à une élite. Sa démarche reflète exactement les mentalités et les structures de la société américaine, qu'il a exportées dans le monde entier avec un infatigable enthousiasme, une ferveur qu'il communiquait aux orchestres et aux publics qu'il côtoyait. Les excès auxquels il se livrait si volontiers auraient fait sombrer tout autre dans le ridicule ; mais pas lui, car il possédait un magnétisme envoûtant, un pouvoir de persuasion et une curiosité intarissable qui ne laissaient jamais indifférents ses interlocuteurs.

Né à Lawrence (Massachusetts) le 25 août 1918, dans une famille juive d'origine russe, il vient relativement tard à la musique et commence ses études de piano à Boston avec Helen Coates et Heinrich Gerhard tout en jouant dans un orchestre de jazz. En 1935, il entre à Harvard, où il travaille la théorie avec Tillman Merritt, le contrepoint et la fugue avec Walter Piston, et l'orchestration avec Edward Burlingame Hill.

À la même époque, il rencontre Aaron Copland, dont l'influence sera déterminante. Puis il est admis au Curtis Institute de Philadelphie (1939-1941), où il est l'élève d'Isabelle Vengerova (piano), de Randall Thompson (orchestration) et de Fritz Reiner (direction d'orchestre). Il travaille la composition avec Nadia Boulanger et fréquente le Berkshire Music Center de Tanglewood, où il suit les cours de Serge Koussevitzky (1940-1941). Celui-ci lui donne l'occasion de diriger ses premiers concerts à Boston en 1942 et, un an plus tard, il est engagé comme assistant d'Arthur Rodzinski à la Philharmonie de New York. Le 14 novembre 1943, il y fait ses débuts en remplaçant au pied levé Bruno Walter, malade. Sa carrière se développe très rapidement : il est nommé chef permanent du New York City Center Orchestra (1945-1948), donne des concerts en Europe (Prague, 1946), dirige la première américaine de *Peter Grimes* de Benjamin Britten (1946), devient conseiller musical de l'Orchestre philharmonique d'Israël (1947-1949), crée la *Turangalîlà-Symphonie* d'Olivier Messiaen (1949)... Il succède à Koussevitzky, à la mort de celui-ci, comme professeur de direction d'orchestre à Tanglewood (1951-1955) et donne aussi des cours à l'université de Brandeis (1951-1956). Entre 1954 et 1962, les émissions de télévision qu'il anime sur le programme Omnibus ont un impact pédagogique étonnant et serviront de base à deux de ses livres (*The Joy of Music*, 1959, et *The Infinite Variety of Music*, 1966). Il est le premier chef d'orchestre américain invité à la Scala de Milan (*Médée* de Cherubini, avec Maria Callas, 1953). Après une saison pendant laquelle il dirige les concerts de l'Orchestre philharmonique de New York en alternance avec Dimitri Mitropoulos, il accède au poste de directeur musical de cet orchestre (1958-1969). Là encore, il est le premier Américain de naissance à connaître une telle distinction. Il débute au Metropolitan Opera de New York en 1964 et à l'Opéra de Vienne en 1966 avec *Falstaff* de Verdi ; mais l'essentiel de sa carrière se déroule au concert.

En 1969, il abandonne la direction de l'Orchestre philharmonique de New York, dont il est nommé *laureate conductor* à vie, pour se consacrer à la composition et à une carrière de chef invité dans le monde entier. Il noue ainsi des liens très étroits avec l'Orchestre philharmonique de Vienne (avec lequel il enregistre notamment sa deuxième intégrale des symphonies de Beethoven), l'Orchestre philharmonique d'Israël, l'Orchestre national de France, l'Orchestre symphonique de Londres (dont il devient président à la mort de Karl Böhm) et celui du Concertgebouw d'Amsterdam. Il donne des cours à Harvard (1972-1973) qui donneront naissance à un autre livre, *Question without Answer* (1976) ; il enseigne également à l'Institut de technologie du Massachusetts (1974), au Conservatoire américain de Fontainebleau...

L'homme est un infatigable défenseur des libertés individuelles : il n'hésite pas à donner des concerts en faveur des Black Panthers ou à composer une « ouverture politique », en hommage à Mstislav Rostropovitch, lorsque celui-ci est déchu de la citoyenneté soviétique (*Slava*, 1977) ; à peine plus d'un mois après la chute du Mur de Berlin, il y dirige la *Neuvième Symphonie* de Beethoven le 25 décembre 1989, réunissant pour l'occasion des instrumentistes et chanteurs des deux Allemagnes et des puissances occupantes.

Excellent pianiste, il aime à se produire en dirigeant du clavier (concertos de Mozart, Ravel et Chostakovitch, *Rhapsody in Blue* de Gershwin). Mais il se révèle aussi un accompagnateur de mélodies attentif, partenaire de Jennie Tourel, de Christa Ludwig ou de Dietrich Fischer-Dieskau.

Le compositeur est aussi éclectique que l'interprète : il refuse d'adhérer à la moindre école et s'illustre dans des genres aussi différents que la musique de films, la comédie musicale, la mélodie ou les grandes formes classiques. Sa première œuvre importante, la *Sonate pour clarinette et piano* (1942), fait partie du répertoire de base de l'instrument. Ses trois symphonies révèlent ses sources d'inspiration : la première, sous-titrée « Jeremiah » (1942), obtient un prix de la critique new-yorkaise en 1944 ; la deuxième, pour piano et orchestre, « L'Âge de l'anxiété » (1949, rév. 1965), brosse un panorama d'ensemble des moyens d'expression musicaux alors en vigueur ; la troisième, « Kaddish » (1963, rév. 1977), hommage à l'Orchestre philharmonique d'Israël, puise ses sources dans les textes de la religion hébraïque. *Le Banquet* de Platon lui inspire la *Sérénade* pour violon, cordes et percussion qu'il dédie à Isaac Stern (1954). Sa musique religieuse révèle un homme préoccupé d'œcuménisme et de mysticisme mais qui ne renonce jamais à un sens théâtral inné, jugé parfois blasphématoire : *Chichester Psalms* (1965), *Messe* (pour l'inauguration du John F. Kennedy Center for the Performing Arts de Washington, 1971), dont il tire les *Three Meditations* pour violoncelle et orchestre (1977) à l'intention de Mstislav Rostropovitch. Pour la scène, il écrit un ballet sur une chorégraphie de Jerome Robbins, *Fancy Free* (1944), dont découle sa première comédie musicale, *On the Town* (Broadway, 1944). Toujours dans le domaine de la comédie musicale, il compose *Wonderful Town* (1953), *Candide*, d'après le conte de Voltaire (1956) – dont l'ouverture a fait le tour du monde et qu'il remanie sous forme d'opéra en 1973 –, et *West Side Story* (1957).

À l'opéra, il donne *Trouble in Tahiti* (1951) et *A Quiet Place* (1983-1984). Il a également écrit plusieurs ballets (*Facsimile*, 1946 ; *Dybbuk*, 1974) et musiques de films (*On the Waterfront*, 1954).

De ses mélodies, on retiendra *La Bonne Cuisine*, sur des recettes d'Émile Dutoit (1947), *2 Love Songs*, sur des poèmes de Rainer Maria Rilke (1949), et *Songfest* (1977) pour six chanteurs et orchestre. Son langage, qui emprunte au jazz, aux *songs*, à la musique religieuse comme à la musique populaire, à Stravinski comme à Richard Strauss, lui a permis de toucher le plus vaste public.

Le chef d'orchestre possédait un répertoire d'une richesse et d'un éclectisme étonnants. Il a tout abordé, à l'exception du dodécaphonisme. Mais c'est probablement dans la musique de Gustav Mahler que son imagination et son sens de la fantaisie sans cesse renouvelés ont trouvé leur meilleure application : « Quand j'étudie l'une de ses partitions, j'ai l'impression de l'avoir écrite moi-même. » On retrouvait une compréhension analogue face à celles de Stravinski. Bernstein était aussi un grand défenseur de la musique contemporaine, succédant dans cette voie à son maître Koussevitzky : il a créé des œuvres de Samuel Barber, Elliott Carter, Carlos Chávez, Rodion Chtchedrine, Aaron Copland, Alberto Ginastera, Hans Werner Henze, Olivier Messiaen, Francis Poulenc, William Schuman... Pour le bicentenaire des États-Unis (1976), il a dirigé dans les grandes capitales européennes une série de concerts consacrés à la musique américaine, à la tête de l'Orchestre philharmonique de New York. On lui doit aussi la redécouverte de la musique de Charles Ives, dont il révéla la *Symphonie nº 2* en 1951. La Scala de Milan, l'Opéra de Houston et le Kennedy Center de Washington lui avaient passé commande d'un nouvel ouvrage lyrique qu'il n'a pu mener à bien.

Il meurt à New York le 14 octobre 1990.

ALAIN PÂRIS

Bibliographie

L. BERNSTEIN, *The Joy of Music*, New York, 1959 ; *Young People's Concerts*, New York, 1962 ; *The Infinite Variety of Music*, New York, 1966 ; *Question without Answer*, Cambridge (Mass.), 1976 (trad. franc., *La Question sans réponse*, Robert Laffont, Paris, 1982) ; *Findings*, New York, 1982 / M. CONE, *Leonard Bernstein*, Crowell, New York, 1970 / D. EWEN, *Leonard Bernstein : a Biography for Young People*, New York, 1960 / J. GOTTLIEB, *Leonard Bernstein : a Complete Catalogue of His Works, Celebrating His 60th Birthday*, Amberson Enterprises, New York, 1978 / É. RESNICK, *Leonard Bernstein : un chef inspiré*, J. Lyon, Paris, 1996 / H. SCHONBERG, *The Great Conductors*, New York, 1967, 3e éd. 1977.

BERWALD FRANZ (1796-1868)

Compositeur suédois et l'un des créateurs les plus originaux du XIXe siècle, dont on commence à peine à mesurer la richesse, Berwald se produit, à dix ans, comme violoniste ; à seize ans, il entre à la chapelle royale. Ses premières œuvres (avant 1820) manifestent sa maîtrise et une grande liberté d'écriture. Après ses insuccès à Berlin (Théâtre lyrique), il termine à Vienne sa deuxième symphonie, dite *Sérieuse* (1841) ; en 1842, il revient en Suède où il écrit notamment la *Sinfonie singulière* (la cinquième, publiée en 1845, ainsi que la sixième en *mi* bémol majeur). À la suite d'un nouveau voyage (Paris, Vienne, Salzbourg), il partage son temps entre la direction d'une verrerie et la composition. En 1864, il est nommé membre de l'Académie royale de musique et, trois ans plus tard, il professe la composition au conservatoire de Stockholm. Sa mélodie, qui ne doit rien au folklore, évoque cependant un lyrisme typiquement nordique. Si ses modulations rappellent parfois celles de Schubert, il écrit souvent des rythmes incisifs très personnels et, surtout dans ses symphonies, avec un sens aigu des effets d'orchestre, il exige une dynamique puissante qui, à certains moments, déferle et veut tout emporter (*Sinfonie capricieuse*, *Sinfonie sérieuse*). Il renouvelle la forme et construit ses œuvres de manière inhabituelle : scherzo au milieu d'un mouvement lent, ou bien œuvre à un seul mouvement, mais avec de fréquents changements de tonalité et de tempo.

PIERRE-PAUL LACAS

BIBER HEINRICH IGNAZ FRANZ VON (1644-1704)

Compositeur autrichien né à Wartemberg en Bohême. Heinrich Biber est sans doute l'élève de Schmelzer à Vienne, puis entre comme violoniste au service du prince-évêque d'Olmütz. Engagé par le prince-évêque de Salzbourg en 1673, il devient son vice-maître de chapelle en 1679 et, en 1684, son maître de chapelle, poste qu'il conservera jusqu'à sa mort. L'empereur l'anoblit en 1690, ce qui confirme la très haute réputation dont il jouit parmi ses contemporains. Un siècle plus tard, Burney en parlera encore comme du principal représentant de l'école de violon en Allemagne à l'époque baroque. Et de fait, nul ne l'égala en ce domaine, ni son maître Schmelzer ni son continuateur Georg Pisendel. Doué lui-même d'une très grande virtuosité, il se fit remarquer par son emploi, tout nouveau à l'époque, de la scordatura et des doubles cordes. Ses huit *Sonates* de 1681 parurent deux ans avant l'opus 1 de Corelli, dont il se distingue par moins de rigueur formelle mais par plus de liberté et par une fantaisie proche parfois de l'improvisation. Ses quinze *Sonates du rosaire* (*Sonaten zur Verherrlichung von 15 Mysterien aus dem Leben Mariae*, vers 1674) sont un des monuments de la littérature violonistique du temps. On lui doit aussi de la musique religieuse, dont des *Vêpres* et des *Litanies* avec accompagnement instrumental (1693), la *Missa Sancti Henrici*, dont Mozart devait reprendre le thème du Kyrie dans le choral de *La Flûte enchantée*, un *Stabat Mater* a cappella qui devait encore retentir à Salzbourg en 1727, et un remarquable *Requiem*. De ses opéras, seul a survécu, en manuscrit, *Chi la dura la vince* (1687). Par ses côtés populaires, dont témoigne la fameuse *Sérénade du veilleur* (*Serenade a 5 mit dem Nachtwächterruf*, 1673), il annonce la musique autrichienne du milieu du siècle, et par là le classicisme viennois. Il représente sans conteste, avec Georg Muffat, l'apogée du baroque à Salzbourg, et reste un des deux ou trois plus grands compositeurs ayant vécu et travaillé dans cette ville.

MARC VIGNAL

BINCHOIS GILLES DE BINCHE dit (1400 env.-1460)

Compositeur franco-flamand, le plus célèbre représentant de l'école bourguignonne ; ses chansons polyphoniques profanes, dont 55 sont connues, figurent parmi les plus belles du genre. Il écrivit aussi de nombreuses pages de musique religieuse. Il fut soldat, mais d'« honorable mondanité », comme nous l'apprend la *Déploration sur la mort de Binchois*, composée et peut-être aussi écrite par Ockeghem ; ensuite, il fut ordonné prêtre. En 1424, on le trouve à Paris, au service de William de la Pole (d'abord comte, puis duc de Suffolk) qu'il suivit en Hainaut en 1425, et peut-être en Angleterre. Il entra, vers 1430, à la chapelle de Philippe le Bon de Bourgogne (lui-même harpiste amateur), où il resta jusqu'à sa mort, en devenant finalement second chapelain et chantre. En 1437, il fut nommé chanoine de Mons, Soignies et Cassel. L'opinion émise par Martin Le Franc (*Le Champion des dames*, 1440), selon laquelle Dufay et Binchois prirent Dunstable pour modèle, vaut à la fois pour la musique sacrée et la musique profane de Binchois ; celui-ci cultiva le rythme aimable et subtil, la mélodie fraîche et gracieuse (il fut surnommé « père de joyeuseté » par l'auteur de la *Déploration* : on parlerait aujourd'hui d'enjouement), et le traitement nouveau de la dissonance de ses contemporains anglais, notamment Dunstable ; toutefois, on relèverait aussi dans son style « une mélancolie profonde » (W. Rehm), caractéristique de l'esprit de son époque.

L'art de Binchois et de Dufay est tout aussi bien le fruit de l'évolution de l'ars nova. Binchois fait preuve d'un goût littéraire sûr ; il choisit avec discernement les poésies à mettre en musique (Charles d'Orléans, Alain Chartier, Christine de Pisan). Dans *Mon cuer chante joyeusement* (Charles d'Orléans), il dose avec bonheur style mélismatique et style syllabique. Les chansons courtoises obéissent à une forme unique : superius, à qui est confiée la mélodie principale, ténor et contre-ténor ; ce dernier complète l'harmonie et peut être confié à un instrument. Quant aux cadences, Binchois leur reconnaît une fonction organisatrice précise : elles sont soit traitées en faux-bourdons, soit établies sur le rapport dominante-tonique, laquelle est atteinte par la tierce inférieure (rarement par la sensible). L'œuvre profane de Binchois manifeste une véritable capacité d'invention, une fraîcheur et une justesse expressive pleines de distinction qui en font l'un des maîtres de son temps. Avec *Ay, douloureux, disant hélas*, *Esclave puist-il devenir* ou *Dueil angouisseux*, il atteint un très haut niveau d'expression artistique. En musique sacrée, son inspiration est peu significative et le cède assurément à celle de Dufay. Il n'a sans doute pas participé à l'innovation majeure de ce temps : un *cantus firmus* comme principe mélodique de composition d'une messe (ainsi chez Ockeghem). La plupart de ses motets, les parties de l'ordinaire de la messe, sont traités de manière à servir l'art de la cantilène et s'apparentent, techniquement parlant, à l'écriture de ses chansons profanes. Les autres œuvres (hymnes, psaumes, magnificat, Te Deum) obéissent à la technique du faux-bourdon. Enfin, dans le célèbre recueil de musique instrumentale, le *Buxheimer Orgelbuch*, du milieu du XVe siècle, existent plusieurs œuvres de Binchois.

PIERRE-PAUL LACAS

BIZET GEORGES (1838-1875)

La gloire posthume qu'à connue Bizet avec *Carmen* a fait de lui un des ces innombrables créateurs dont l'histoire n'a retenu qu'une œuvre, injustice flagrante si l'on considère l'importance de Bizet dans l'histoire de la musique française et la valeur indéniable de ses autres ouvrages. Il s'est imposé dans l'univers alors bien terne de la musique française, qui cherchait un nouveau souffle après le passage dévastateur de Berlioz et devait se contenter de compositeurs d'opéras comme Ambroise Thomas, Jacques Fromental Halévy ou Giacomo Meyerbeer. À cet égard, Bizet constitue le maillon indispensable qui mène à Debussy. À une époque où la musique française se complaisait dans une médiocrité facile, il est à l'origine d'un renouveau dont les retombées dépasseront largement le strict domaine lyrique.

Des dons exceptionnels

On ne risque guère de se tromper en rêvant de ce qu'eût été la place tenue par Bizet s'il avait eu le temps de la tailler à sa mesure. Son admiration pour Wagner et l'affirmation corollaire, dans son œuvre propre, d'un art qui lui est opposé en tout point disent assez bien qu'il était de taille à dresser devant l'envahisseur une digue puissante ; bien autrement que n'avaient chance de le faire les meilleurs musiciens de sa génération : un Saint-Saëns, un Delibes, un Massenet..., l'un trop sec, les autres trop frivoles. Il avait toutes les armes pour bien tenir ce rôle : le don inné, la science acquise, la générosité de cœur, la curiosité intellectuelle.

Le don ? Sans doute le tenait-il de la famille de sa mère, née Delsarte. Georges Bizet avait vu le jour à Paris le 25 octobre 1838. La musique était reine au foyer de son oncle François Delsarte, personnage extravagant, chanteur sans voix, mais professeur célèbre dans l'Europe entière. On peut comprendre que le mariage d'Aimée Delsarte avec le coiffeur-perruquier Adolphe Bizet ait pu être vu d'un assez mauvais œil dans un tel milieu, encore que ce nouveau Figaro ne fût pas dépourvu de talents musicaux, qu'il développa en devenant compositeur et professeur de chant. Georges Bizet, qui n'eut jamais pour son père beaucoup d'estime, lui rendait témoignage, le disant « le seul professeur qui connaisse l'art de la voix », propos un peu désobligeant pour l'oncle Delsarte.

La science acquise ? Bizet, pianiste virtuose dès l'enfance, par les soins de sa mère, entra au Conservatoire par faveur, avant l'âge requis, et y fit brillamment toutes ses classes, jusqu'au prix de Rome qu'il remporta à dix-huit ans, dès son deuxième concours, en 1857. Il avait déjà fait jouer l'année précédente, aux Bouffes-Parisiens, une opérette en un acte, *Le Docteur Miracle*, qui lui avait valu le premier prix, ex aequo avec Charles Lecocq, dans un concours organisé par Offenbach. C'est dire la précocité du jeune musicien, que viendra confirmer encore la découverte, en 1933, de la *Symphonie en ut*, écrite à dix-sept ans et jugée inavouable par son auteur lui-même. Elle contient pourtant, parmi beaucoup de détails exquis, une longue phrase de hautbois où se montre clairement la générosité d'une invention mélodique dont il devait donner par la suite des exemples fameux.

Quant à son langage harmonique, il est le plus précieux, le plus savoureux et le plus personnel de la musique française de son temps. Son art des enchaînements rares et imprévus, sa façon d'éclairer une mélodie rigoureusement diatonique et tonale par des accords contrastés, empruntés au besoin à des tonalités étrangères, son jeu raffiné des retards et des appoggiatures, tout signale en lui un artiste devenu maître de son langage.

Une vie difficile, une mort prématurée

Sa générosité de cœur ? Elle lui a coûté assez cher pour qu'il ne soit pas permis d'en douter. Toute sa vie en témoigne et surtout l'histoire de son mariage, en 1869, avec Geneviève Halévy, fille du compositeur de *La Juive*, future épouse en secondes noces du banquier Strauss et promue par Marcel Proust duchesse de Guermantes. C'était alors une jeune femme séduisante certes, mais névrosée, en perpétuelle discussion avec une mère que sa folie intermittente conduisait de maison de santé en maison de santé. L'inépuisable dévouement de Bizet pour sa belle-mère ne le cédait en rien à son amour attentif pour sa femme, un amour sans cesse traversé de drames qui, dans la dernière année du musicien, menacèrent fort de détruire son ménage.

Après une période dominée par des activités pianistiques souvent alimentaires (leçons et répétitions d'opéras, arrangements de partitions), il compose un premier opéra, *Les Pêcheurs de perles* (1863), dont l'accueil est assez médiocre et qui deviendra pourtant l'un de ses ouvrages les plus populaires. *La Jolie Fille de Perth* (1866) et *Djamileh* (1872) ne connaissent pas davantage le succès. Le choix de ses sujets révèle tout autant les goûts de l'époque que la curiosité intellectuelle de Bizet, qui recherchait volontiers l'exotisme et se plongeait parfois dans des études philosophiques. En 1871, il compose une suite de douze pièces pour piano à quatre mains, *Jeux d'enfants*, qu'il orchestrera en partie (six numéros) : son langage s'est simplifié, laissant couler librement la veine mélodique et montrant un raffinement harmonique qui trouve son épanouissement dans le musique de scène pour la pièce d'Alphonse Daudet *L'Arlésienne* (1872). À la création, c'est un nouvel échec pour le compositeur, que compense vite le succès de la suite symphonique créée un mois plus tard par Jules Pasdeloup. Après une autre tentative dans le domaine lyrique (*Don Rodrigue*, 1873, resté inachevé) et une page de circonstance, l'ouverture *Patrie* (1873), Bizet consacre toutes ses forces à la composition de *Carmen*, sur un livret de Meilhac et Halévy d'après la nouvelle de Prosper Mérimée (1873-1874). L'ouvrage est mal accueilli à l'Opéra-Comique, où la critique juge l'intrigue indécente et vulgaire. Il est vrai que l'ouvrage avait de quoi surprendre, tant il s'écarte des conventions de l'époque avec cette antithèse d'héroïne et cette fin tragique. Mais la véritable nouveauté de *Carmen* réside surtout dans la vérité des personnages, l'expression de leurs sentiments, le sens de la couleur et du mouvement.

Les circonstances de la mort de Bizet, à Bougival, le 3 juin 1875, restent obscures : quelques semaines après la création de *Carmen*, dans la nuit de la trente-troisième représentation, il succombait à une crise cardiaque. Saint-Saëns est à l'origine de la légende selon laquelle Bizet se serait laissé mourir, croyant à l'échec de *Carmen*. Mais c'est faire abstraction d'une santé délicate (fragilité de la gorge et rhumatismes aigus) et de l'attitude du public, qui était plus ouvert que la critique.

L'œuvre et son destin

Après sa mort, il y eut encore trois représentations de *Carmen* à Paris, et c'est de l'Opéra de Vienne, où Brahms vint le voir et l'entendre vingt fois de suite, que le chef-d'œuvre reprit plus tard son vol. C'est à Vienne également que Wagner le connut et l'admira sans réserve, ne se doutant pas que Nietzsche en ferait un jour une machine de guerre contre lui.

Quelques-unes des appréciations du philosophe sur la musique de Bizet sont à retenir pour leur justesse et leur pénétration. Il parle de « son allure légère, souple, polie ». Il s'enchante de ce qu'elle ne procède pas – comme celle de Wagner – par répétition, de ce qu'elle fait confiance à l'auditeur en « le supposant intelligent ».

Lorsque Nietzsche écrit : « L'orchestration de Bizet est la seule que je supporte encore », il pense évidemment à sa luminosité, à son absence d'enflure. Chaque élément sonore y est dur, concentré dans sa substance, entouré d'air et d'espace.

Quand il écrit de cette musique : « Il me semble que j'assiste à sa naissance », il consacre ainsi son naturel, sa spontanéité. Peut-être aussi ressent-il, sous cette forme imagée, cet art des charnières qu'aucun musicien de théâtre n'a maîtrisé comme Bizet. On ne sent jamais le passage d'une situation à une autre, d'un centre d'intérêt, d'un moyen d'expression à un autre... sauf, bien entendu, s'il veut que nous le sentions, car c'est alors non plus l'art des charnières, mais celui des contrastes qui est mis en action.

Quant à son instinct de l'accent dramatique qui porte, en une formule ramassée et percutante, il éclate à chaque page, notamment dans le duo final de *Carmen*, et c'est encore à Nietzsche que nous emprunterons, pour conclure, la phrase qui l'illustre d'un exemple caractéristique : « Je ne connais aucun cas où l'esprit tragique, qui est l'essence de l'amour, s'exprime avec une semblable âpreté, revêt une forme aussi terrible que dans le cri de don José : "C'est moi qui l'ai tuée..." »

HENRY BARRAUD et ALAIN PÂRIS

Bibliographie

C. Bellaigue, *Georges Bizet, sa vie, son œuvre*, Delagrave, Paris, 1891 / G. Bizet, *Lettres*, C. Glayman éd., Calmann-Lévy, Paris, 1989 / M. Cardoze, *Georges Bizet*, Mazarine, Paris, 1982 / M. Curtiss, *Bizet et son temps*, La Palatine, Genève, 1961 / W. Dean, *Georges Bizet, His Life and Work*, Dent, Londres, 3e éd., 1976 ; « Bizet », in S. Sadie dir., *The New Grove Dictionary of Music and Musicians*, Macmillan, Londres, 1980 / P. Landormy, *Bizet*, Gallimard, Paris, 1924, rééd. 1950 / H. Malherbe, *« Carmen », la vie et l'œuvre de Georges Bizet*, Albin Michel, Paris, 1959 / F. Nietzsche, *Randglossen zu Bizets Carmen*, Ratisbonne, 1912 / A. Pâris, « *Carmen* à la carte », in *Courrier musical de France*, nos 71-72, 1980 / M. Poupet, « À propos de deux fragments de la partition originale de *Carmen* », in *Revue de musicologie*, vol. LXII, 1976 / F. Robert, *Georges Bizet*, Slatkine, Paris-Genève, rééd. 1981 / J. Roy, *Bizet*, coll. Solfèges, Seuil, Paris, 1983.

BLACHER BORIS (1903-1975)

Comme pédagogue, Boris Blacher aura eu un rôle considérable auprès de plusieurs générations de compositeurs contemporains. Il est professeur de composition au Conservatoire de Berlin (1938-1939), puis, après la guerre, à la Musikhochschule de Berlin (1948) ; il en devient le directeur en 1953.

Né en Chine de parents germano-baltes, il étudie la musique à Irkoutsk (Sibérie), à Kharbin (Chine) et finalement à Berlin ; il fait parallèlement des études d'architecture. Profondément attaché à Berlin, il tente d'y faire revivre au lendemain de la guerre la tradition musicale de l'opéra expressionniste (*Der Flut*, 1947 ; *Preussisches Märchen*, 1953 ; *Abstrakte Oper no 1*, 1953, et *Deux Cent Mille Thaler*, opéra yiddish d'après Cholem-Aleikhem, 1969). Déjà, en 1937, sa *Concertante Musik* l'avait rendu célèbre. Par la suite, Boris Blacher s'est employé à définir ses propres principes de composition en élaborant sa théorie des « mètres variables » : l'œuvre musicale est fondée sur une suite de structures métriques établies et développées suivant des lois de séries mathématiques. Le changement de mesure devient obligatoirement constant. Pour Blacher, cette théorie permet une investigation plus profonde dans le domaine du rythme, une de ses préoccupations essentielles, liée sans doute à la profonde influence reconnue de la musique de Stravinski. Les sept *Ornamente für Klavier* (1950), *Orchester-Ornament* (1953), le *IIe Concerto pour piano* (1952), *Orchester-Fantasie* (1956) sont ainsi fondés sur la technique des « mètres variables ». Blacher recherche la concision et la transparence. Ses théories personnelles ne sont pas incompatibles avec un esprit de composition sériel, venu du dodécaphonisme, comme en témoigne son *Requiem* (1958) et son *Konzertstück* (1963).

Blacher a aussi beaucoup composé pour le ballet, de préférence à partir d'arguments appartenant à la culture universelle : *Hamlet* (1949), *Lysistrata* (1950), *Der Mohr von Venedig* (1955), *Demeter* (1963), *Tristan und Isolde* (1965).

BRIGITTE MASSIN

BLAVET MICHEL (1700-1768)

Au jugement de J. Quantz – particulièrement qualifié – Michel Blavet fut le premier flûtiste de son temps. Perfectionnant l'apport de C. Naudot, Michel de la Barre et G. Buffardin, il porte la technique de la flûte traversière à son apogée pour le XVIIIe siècle. Né à Besançon, il se fixe à Paris, sur les conseils du duc de Lévis (1723), et y demeure jusqu'à sa mort. Il entre au service du prince de Carignan (1726) et triomphe au Concert spirituel où il reste pendant plus de trente ans. En 1731, il est musicien chez le comte de Clermont (devenant plus tard surintendant de sa musique) ; il fait aussi partie, en 1738, de la Musique royale et, en 1740, de l'orchestre de l'Opéra. Blavet est l'un des rares Français que des souverains étrangers (tel le futur Frédéric II, lui-même flûtiste) aient désiré entendre. Il fonde un quatuor célèbre – auquel participaient J.-P. Guignon, violon ; Antoine Froqueray le fils, viole de gambe ; Édouard, violoncelle – et, lors du passage de Telemann à Paris (hiver 1737-1738), il en fait connaître les *Quatuors*. Pour son instrument, il a laissé six sonates pour deux flûtes (1728), six sonates pour une flûte et basse continue (1731), un troisième livre de sonates pour flûte et continuo (1740), un concerto à quatre parties (flûte, deux violons, basse).

Dans cette dernière œuvre, Blavet témoigne d'une bonne science du développement ainsi que d'une économie de moyens remarquables ; l'influence italienne, surtout celle de Vivaldi, est marquée notamment par cinq *tutti* dans les deux *allegros*. À côté de cette présence italienne, on trouve aussi des gavottes à l'élégance toute parisienne. Une telle littérature instrumentale ne le cède en rien à celle de Couperin ou de Leclair. Blavet composa d'autre part pour l'opéra-comique : *Floriane ou la Grotte des spectacles* (1752), *Les Jeux Olympiques* (1753), *La Fête de Cythère* (1753), *Le Jaloux corrigé* (1752), œuvres qui furent créées au théâtre de Berny.

PIERRE-PAUL LACAS

BLOCH ERNEST (1880-1959)

Compositeur américain d'origine suisse à qui la musique hébraïque doit ses lettres de noblesse au XXe siècle. Natif de Genève, Ernest Bloch y travaille la rythmique avec Émile Jaques-Dalcroze. Puis, il étudie le violon avec Eugène Ysaye à Bruxelles et la composition avec Ludwig Thuille à Francfort et à Munich. Ses premières œuvres s'inscrivent dans le courant postromantique du début du siècle (*Macbeth*, opéra, 1910). De 1911 à 1915, il est professeur de composition au Conservatoire de Genève. À cette époque, il intègre la musique hébraïque à sa propre création, trouvant un langage qui lui permet de traduire les aspirations de l'âme juive sans tomber dans la citation textuelle ou dans la paraphrase : *Trois Poèmes juifs* (1913), *Schelomo* pour violoncelle et orchestre, son œuvre la plus célèbre (1915-1916), *Symphonie no 2 Israël* (1912-1916), *Baal Schem* pour violon et orchestre (1923), *Service sacré* (1930-1933), *Voix dans le désert* (1936) sont autant de créations originales, profondes, intenses et très fortes.

Il se fixe aux États-Unis de 1916 à 1930 puis de 1938 à 1959, dirigeant notamment le Conservatoire de Cleveland (1920-1925) et enseignant à San Francisco et à Berkeley.

Sa démarche esthétique, toujours sous l'emprise de l'inspiration hébraïque, bascule du néo-romantisme vers le néo-classicisme avec quelques incursions dans un langage plus moderne (quarts de ton, musique sérielle) surtout destinées à mieux traduire les sources de sa création : *Concertos grossos no 1* (1925) et *no 2* « à la gloire de Bach » (1952), *Concerto pour violon*

(1938). Il compose encore cinq quatuors à cordes, deux quintettes avec piano.

ALAIN PÂRIS

BLOMDAHL KARL BIRGER (1916-1968)

Une des personnalités les plus marquantes de la musique contemporaine suédoise. Né en 1916 à Växjö, Karl Birger Blomdahl fut l'élève de Hilding Rosenberg, le vétéran de l'école suédoise du XXe siècle. Destiné à devenir chef d'orchestre, K. B. Blomdahl se retrouve être un des instigateurs du « groupe du Lundi » (ainsi dénommé parce que ses membres se retrouvaient tous les lundis après-midi) qui réunissait quelques jeunes compositeurs (tous élèves de Rosenberg). Ce groupe s'était donné pour tâche d'ébranler un peu la vie musicale suédoise qui semblait s'être endormie. Les réunions étaient essentiellement autocritiques et destinées à faire d'abord progresser chacun des membres du groupe. Paul Hindemith y passait pour un modèle de pédagogie à suivre ; Blomdahl a longtemps soutenu avec pertinence la ligne de ce compositeur allemand dont on est loin d'avoir mesuré tous les apports.

Lancé sur l'idée d'une musique absolue (instrumentale exclusivement), Blomdahl veut, au début de sa carrière, laisser de côté la musique vocale. « Laissez le poème rester poème et la musique musique. » En fait, toute sa production ultérieure va contredire cette intention de départ.

En effet, dès sa fondation en 1948, Blomdahl participe à la revue culturelle *Prisma* dont le rédacteur en chef est le poète Erik Lindegren. Une longue et fructueuse collaboration va commencer entre les deux hommes : rarement poète et musicien auront été plus proches ! La même année, Blomdahl écrit sa *Suite pastorale* déjà inspirée par des poèmes de Lindegren... Toujours en 1948, Blomdahl compose une première suite de danses (pour la chorégraphe Birgit [H,]Akesson), une pièce dans laquelle il jette les bases de ce que sera sa troisième symphonie, une de ses œuvres maîtresses. Celle-ci va paraître en 1950 avec le sous-titre *Facetter* (Facettes). Elle connaît immédiatement un succès international (elle est jouée en 1951 au festival de Francfort-sur-le-Main notamment). Cette œuvre symbolise un des aspects rigoristes de l'œuvre de Blomdahl : partir de presque rien pour aboutir à quelque chose de colossal. Dans l'esprit d'une « variation » – mais sans thème ! – il s'appuie sur trois groupes de notes qu'il agence ensuite en tous sens pour aboutir à des juxtapositions et des assemblages totalement inattendus. Cette symphonie marque aussi une des premières grandes rencontres entre le dodécaphonisme et la musique suédoise qui a été lente à l'assimiler, même si Blomdahl a beaucoup assoupli les règles d'Arnold Schönberg.

Le fruit le plus réussi de la collaboration entre Blomdahl et Lindegren est terminé en 1953 : il s'agit d'un oratorio *I speglarnas sal* (Dans la salle des glaces) pour récitant, soli, chœur et orchestre, vaste fresque où se manifestent les aspects les plus extrêmes du génie de Blomdahl, de son intérêt pour le jazz à l'intention, réussie, d'exprimer les atrocités de la Seconde Guerre mondiale.

Dès lors, chaque nouvelle représentation d'une œuvre de Blomdahl va être, en Suède, une affaire d'État. 1954 est l'année d'un grand ballet, *Sisyfos* (Sisyphe), auquel ont collaboré B. [H,]Akesson et E. Lindegren. En 1956, l'oratorio *Anabase* déclenche un long débat. En 1959, l'opéra *Aniara* donne néanmoins à Blomdahl l'occasion de renouer des liens avec un vaste public (l'œuvre détient toujours le record national de représentations). En 1960, Blomdahl est nommé professeur de composition à l'Académie de musique de Stockholm. De cette même période date un changement important dans son style : à la suite de György Ligeti et de Krzysztof Penderecki, Blomdahl fait preuve d'un intérêt plus développé pour la recherche des timbres alors qu'il s'était plutôt appliqué, jusqu'alors, à des problèmes de structures. Cette recherche débouche sur *Forma ferritonans*, une œuvre explosive – dans tous les sens du terme – écrite pour l'inauguration d'une usine sidérurgique. Seul Edgar Varèse avant Blomdahl était allé aussi loin dans l'explosion de timbres.

En 1965, Blomdahl est nommé chef du département de musique de la Radiodiffusion suédoise. Malgré le peu d'années qu'il lui reste à vivre, le compositeur crée une dynamique sur laquelle repose encore la vitalité de la musique contemporaine suédoise. Entre autres actions, il trouve les fonds nécessaires pour fonder l'E.M.S. (Elektron Musik Studion), le studio de recherche électronique suédois dont une des inventions les plus marquantes seront les *text-sound*, création originales « texte et musique » spécifiquement radiophoniques et devenues aujourd'hui un genre musical contemporain à part entière en Europe et aux États-Unis. Avant son premier infarctus en 1966, Blomdahl donne encore un opéra comique, *Herr von Acken* et une musique pour bande *Altisonans* qui laissait augurer des meilleures perspectives de composition dans le domaine électroacoustique. Blomdahl meurt trop tôt, en juin 1968. Après le travail formel de *Facetter*, après le travail sur les timbres de *Forma ferritonans*, on attendait la troisième marque de son génie dans le travail sur bande. La maladie en a décidé autrement.

MICHEL VINCENT

BLOW JOHN (1649-1708)

Pour la postérité, le nom de John Blow est lié à celui de Henry Purcell, dont il a été à la fois le maître et l'ami, et à la mémoire duquel il a dédié une de ses plus nobles compositions, *Ode on the Death of Mr. Henry Purcell* (1696). On peut aussi penser que la seule œuvre qu'il ait écrite pour la scène, *Venus and Adonis* (1682-1685 ?), à la demande de Charles II, a pu servir de modèle à *Dido and Aeneas* (1689), qu'il annonce, tant par la forme – celle d'un opéra de chambre à l'italienne – que par l'esprit et la sensibilité sans toutefois l'égaler en éminence.

Formé dès la Restauration aux disciplines dispensées par la Chapelle royale – cette pépinière de musiciens immédiatement rétablie par le souverain rentré de son exil en France – le jeune homme se voit nommé dès 1668 organiste à Westminster Abbey, poste qu'il ne quittera qu'en 1679 en faveur de Purcell, pour le reprendre en 1696 à la mort de ce dernier. Devenu entre-temps, en 1674, *gentleman* puis maître des enfants de la Chapelle royale, il y reçoit en outre en 1676 la charge d'organiste, qu'il partage à partir de 1682 avec son illustre élève, cumulant ces divers emplois, de 1687 à 1703, avec celui de maître de chapelle de la cathédrale Saint-Paul, et, en 1700, avec celui, tout récemment créé, de compositeur de la Chapelle royale : carrière, on le voit, chargée d'honneurs et de besogne, qui lui impose parallèlement d'écrire une œuvre abondante dans tous les domaines, musique sacrée, pièces de circonstance, mais aussi musique vocale profane et musique instrumentale.

Cette dernière, largement réservée à l'orgue et au clavecin, exploite les diverses formes attestées à l'époque pour les deux instruments – grandes formes contrapuntiques surtout pour le premier, propres à être exécutées dans le vaste vaisseau d'une cathédrale, et pour le second *grounds*, chaconnes et autres danses souvent organisées en « suites » que l'on retrouve dans divers recueils du temps. La musique vocale profane est principalement représentée par des pièces à une, deux ou trois voix publiées dans les *Choice Songs and Airs* (1679-1684) et surtout l'*Amphion Anglicus* (1700) de J. et H. Playford. Quant aux œuvres de circonstance, elles se confondent, à part quelques odes à sainte Cécile et l'ode à Purcell, avec la production sacrée du compositeur : c'est le cas de l'anthem pour le couronnement de Jacques II (1685) ou celui de William et Mary (1689), qui se détachent avec quelques autres d'un ensemble de pièces importantes prenant la forme du *verse anthem*, pour soli, chœurs et hors-d'œuvre instrumentaux, ou du *full anthem* où seuls les chœurs sont pris en compte. C'est essentiellement dans ce domaine et dans celui des « services » anglicans, où Blow est particulièrement prolifique, que le musicien s'impose comme un créateur inventif et original. Considérée dans son ensemble, son œuvre domine nettement toute l'école anglaise de la fin du XVIIe siècle – Purcell bien évidemment excepté – et fait de lui l'un de ceux qui ont marqué l'Europe musicale de cette époque du sceau de leur personnalité.

JACQUES MICHON

BOCCHERINI LUIGI (1743-1805)

Né à Lucques d'un père chanteur et contrebassiste, Boccherini est envoyé à Rome dès 1757 pour y étudier le violoncelle (instrument auquel il attachera son renom) et la musique vocale ancienne (Palestrina), dont les traces se retrouveront jusque dans son *Stabat Mater* de 1801. De retour dans sa ville natale, il y donne deux oratorios, *Giuseppe riconosciuto* et *Gioa, re di Giuda*. Puis il se met à voyager, jouant en duo avec le violoniste Manfredi. Il passe d'abord par Vienne, se produit en 1767 aux Concerts spirituels à Paris, où paraissent les premières éditions de ses œuvres, et arrive en 1769 à Madrid, qui deviendra sa cité d'adoption. Nommé « compositore e virtuoso di S.A.R. don Luigi, infante d'Espagna », il servira ce prince (violoniste de talent) jusqu'à la mort de celui-ci en 1785, composant pour lui une grande quantité d'œuvres de musique de chambre. En 1787, il devient « compositeur de la chambre » du roi de Prusse Frédéric-Guillaume II, violoncelliste passionné, à qui il envoie régulièrement, tout en continuant à résider en Espagne, quatuors et quintettes. À la même époque, il échange avec Haydn une correspondance dont malheureusement il ne reste aucune trace. Il bénéficie encore, en Espagne, de la protection du marquis de Bénévent, grand amateur de guitare, puis de celle de Lucien Bonaparte, ambassadeur de France de 1800 à 1802, à qui il dédie deux séries de quintettes. Il témoigne alors de sentiments ouvertement républicains, écrivant au « citoyen » Marie-Joseph Chénier que « la musique privée de sentiments et de passions est insignifiante », dédiant en 1799 six quintettes avec piano à la « République française ». D'où sans doute la disgrâce dans laquelle il tombe après le départ de Lucien Bonaparte : c'est dans la plus extrême misère, et quasi oublié, qu'il s'éteint à Madrid, à un moment où la vente de ses ouvrages a déjà rapporté à ses éditeurs plus de deux millions de francs-or.

Les qualités de Boccherini se manifestent avant tout dans sa musique de chambre, genre qu'il pratiqua toute sa vie, et qui constitue l'essentiel d'une production dominée par 179 quintettes, dont 113 avec deux violoncelles, 24 avec deux altos, 12 avec piano, 18 avec flûte et hautbois et 12 avec guitare. On lui doit aussi, toujours dans le domaine instrumental, 97 quatuors à cordes (plus que Haydn), 12 sextuors, 42 trios à cordes, 13 duos pour deux violons, 6 sonates pour piano et violon et une trentaine de symphonies dont 2 concertantes. Au violoncelle, il consacra spécialement 27 sonates, 1 duo et 11 concertos. Ces œuvres valent pour la plupart bien mieux que le sempiternel *Concerto pour violoncelle* en *si* bémol, qui dans la forme où on l'entend le plus souvent n'est autre qu'un arrangement réalisé au XIXe siècle. Quant au célèbre « menuet », il provient d'un des premiers quintettes à cordes (op.13, no 5 de 1771). Boccherini fut en son temps le plus grand compositeur italien de musique instrumentale, et reconnu comme tel par ses contemporains, notamment par Gerber, qui, dans son dictionnaire de musique (1790), alla jusqu'à écrire : « Haydn est le seul compositeur que nous autres Allemands puissions opposer à cet Italien, à ce génie universel. » Ce n'est pas pour rien qu'un de ses commentateurs français le compara à Racine : sa musique souple et vigoureuse à la fois, souvent imprégnée de rythmes de fandango, est de celles qui, sans pour autant négliger la solidité d'écriture, s'adressent surtout au cœur et aux sens. Certains mouvements lents de quintettes annoncent Schubert beaucoup plus qu'ils ne ressemblent à Haydn. Des compositeurs de la génération de Haydn et de Mozart, Boccherini est sans doute, avec Michaël Haydn, le plus digne de survivre.

MARC VIGNAL

BOIELDIEU FRANÇOIS ADRIEN (1775-1834)

Célèbre auteur d'opéras-comiques du premier quart du XIXe siècle, Boieldieu reçoit un début de formation musicale dans sa ville natale de Rouen, où dès 1793 il fait jouer, non sans succès d'ailleurs, son opéra *La Fille coupable*. Installé à Paris, il y fait ses débuts en 1797 avec *La Famille suisse*. D'autres opéras se succèdent rapidement, établissant fermement sa réputation de compositeur lyrique ; sa production purement instrumentale, qui a toujours été relativement maigre (pièces et concertos pour piano et pour harpe), cesse alors pratiquement. Après le succès du *Calife de Bagdad* (1800) et de *Ma Tante Aurore* (1803), il est nommé compositeur de la cour de Saint-Pétersbourg, où il passe huit années (1804-1812) calmes mais improductives. De retour à Paris, il donne *Jean de Paris* (1812), et, en 1817, succède à Méhul comme professeur de composition au Conservatoire. En 1825 est créé son chef-d'œuvre : *La Dame blanche*, que ses qualités musicales maintiendront de longues années au répertoire en France et en Allemagne, et qui constitue un sommet non seulement de l'opéra-comique français (dont c'est la dernière manifestation d'envergure), mais du romantisme légendaire et féerique des années 1820 (illustré également par Weber).

MARC VIGNAL

BOISMORTIER JOSEPH BODIN DE (1691-1755)

Musicien et théoricien français, à qui l'on doit le premier concerto français de soliste écrit pour basson (1729). Boismortier naquit à Thionville, séjourna à Nancy et à Lunéville entre 1709 et 1715 ; peut-être put-il y rencontrer Henry Desmarets (1661-1741) ? Vers 1715, et au moins jusqu'en 1722, il séjourna à Perpignan, où il se maria en 1720. En 1724, en tout cas, il était à Paris et il commença à publier sa musique (des *Sonates* pour deux flûtes traversières et pour une flûte et continuo). Il mourut à Roissy-en-Brie.

Ses compositions comprennent avant tout de la musique instrumentale, où la flûte tient un rôle dominant ; citons des *Sonates en trio* pour trois flûtes (1725), six *Concerts* pour cinq flûtes traversières sans basse (1727) – œuvre qui précède d'environ sept années les concertos à quatre violons de J. Aubert, premiers du genre (c'est dire l'importance, en France, à cette époque, des œuvres pour instruments à vent) ; de nombreux duos et trios ; des *Pièces de viole* (1730) ; deux livres de *Six Gentillesses* en trois parties pour la musette, la vièle et la basse (1731 et 1733) ; deux *Sérénades ou Symphonies françoises* à deux flûtes et continuo, op. 39 ; *Divertissement de campagne* pour une musette ou vièle seule avec basse (1734) ; *Quatre Suites de pièces pour le clavecin* (1736).

Dans ces œuvres, Boismortier « attache beaucoup d'intérêt à ses mouvements lents, se contente le plus souvent d'en assurer la ponctuation par le jeu des cadences aux tons relatifs, laissant à la mélodie son entière liberté sans l'astreindre à un développement, à une symétrie, à des redites » (J.-F. Paillard) ; cela est particulièrement sensible dans le concerto en trois mouvements : vif-lent-vif, mais aussi dans ses sonates, de style typiquement français, où l'influence italienne se manifeste uniquement par le fait qu'il y introduit la forme encore nouvelle du concerto italien en trois parties. Il faut noter encore sa retenue dans la ligne mélodique (dans l'arabesque), et le fait qu'il construit parfois plusieurs mouvements sur un même thème dont seule varie la présentation rythmique (c'est du « cyclisme » avant la lettre). De ses compositions vocales, on citera les *Motets à voix seule avec symphonie* (1728), du genre petit motet ; les *Recueils d'airs à boire et sérieux* (1727) ; plusieurs cantates profanes pour soliste, *Le Printemps* (1724), *L'Été*, *L'Automne*, *L'Hiver*, *Les Titans* (1726), *Actéon* (1732), *Ixion* (1733), *Le Buveur dompté* (1740). Enfin, il écrivit trois opéras-ballets, *Les Voyages de l'Amour* (1736), *Don Quichotte chez la duchesse* (1743) et *Daphnis et Chloé* (1747), toujours dans un style élégant, volontiers élégiaque. Son apport à la théorie musicale est exprimé dans son ouvrage *Quinque sur l'octave ou Espèce de dictionnaire harmonique* (1734).

PIERRE-PAUL LACAS

BOITO ARRIGO (1842-1918)

Maître de chapelle et compositeur, son principal mérite n'est pas là : mais, poète de surcroît, Boito a fourni à Verdi plusieurs livrets. Homme de lettres, journaliste combatif, garibaldien, sénateur, il fut un ardent défenseur de Wagner. Il apporta, par sa culture, une collaboration précieuse à l'autodidacte Verdi. En outre, rien ne vaut, pour un librettiste, le fait d'être compositeur, de connaître ce qu'un texte littéraire peut ou ne peut pas « porter » de musique, ce qu'il y a ou n'y a pas de musique virtuelle dans un poème : c'est pourquoi Boito joue un rôle capital dans l'élaboration des derniers drames de Verdi (*Othello*, *Falstaff*). Il a écrit également les livrets de la *Gioconda* de Ponchielli et d'*Alessandro Farnese* de Palumbo. Son œuvre personnelle, toutefois, n'est pas négligeable : ses opéras *Mefistofele* (d'après Goethe, 1868) et *Nerone* (inachevé, exécution posthume par Toscanini en 1924) manquent de génie, mais non de grand talent.

PHILIPPE BEAUSSANT

BONDEVILLE EMMANUEL (1898-1987)

L'un des musiciens les plus comblés d'honneurs du XXe siècle, le compositeur français Emmanuel Bondeville restera surtout comme une figure marquante du théâtre lyrique.

Il naît à Rouen le 29 octobre 1898. Fils de sacristain, il perd ses parents assez tôt et commence à travailler dans une banque avant de pratiquer l'interprétariat (il parlait quatre langues). En 1908, il aborde l'étude de l'orgue avec Louis Haut, organiste à Saint-Gervais de Rouen, dont il devient le suppléant. Puis, en 1915, il devient l'élève de Jules Haelling, titulaire à la cathédrale de Rouen. La même année, il est nommé organiste à Saint-Nicaise. Mobilisé en 1917, il est organiste à Caen. Après la guerre, il se fixe à Paris où, à partir de 1923, il travaille la composition avec Jean Déré, alors professeur au Conservatoire. Il participe à la fondation du Triton, l'une des plus célèbres sociétés de musique de chambre parisiennes de l'entre-deux-guerres, et compose ses premières œuvres, un triptyque de poèmes symphoniques d'après *Les Illuminations* de Rimbaud : *Le Bal des pendus* (1929), *Ophélie* (1931) et *Marine* (1933). En 1935, il est nommé directeur artistique à Radio tour Eiffel, puis à Radio Paris. Il est ensuite directeur des émissions artistiques de la Radiodiffusion française (1938-1945) et participe à la fondation des dix orchestres de province et d'Afrique du Nord qui assureront l'essentiel des programmes musicaux de la radio nationale et dont les derniers fonctionneront jusqu'en 1975.

En 1945, il devient directeur artistique de Radio Monte-Carlo. Puis il se tourne vers le théâtre lyrique, occupant successivement les fonctions de directeur de l'Opéra-Comique (1948-1951) et de directeur de la musique de l'Opéra de Paris (1951-1969). En 1959, il est élu à l'Institut au fauteuil de Florent Schmitt ; il occupera, de 1964 à 1986, les fonctions de secrétaire perpétuel de l'Académie des beaux-arts. Président du Comité national de la musique (1961), du comité directeur du concours international Marguerite Long-Jacques Thibaud (1968), de la fondation Maurice-Ravel et du concours international de chant de Toulouse, il reçoit en 1966 le grand prix de la musique de la Société des auteurs et compositeurs dramatiques (S.A.C.D.) pour l'ensemble de son œuvre théâtral. Marié depuis 1974 à la mezzo-soprano roumaine Viorica Cortez, il meurt à Paris le 26 novembre 1987.

Si l'on fait abstraction de quelques mélodies et motets, sa production, relativement peu abondante en raison des fonctions officielles qu'il a toujours occupées et qui constituaient un frein à son activité créatrice, est essentiellement tournée vers l'orchestre et vers le théâtre : après les trois poèmes symphoniques d'après Rimbaud, dont *Le Bal des pendus* s'est affirmé comme l'une de ses œuvres les plus jouées, il compose *Gaultier-Garguille*, poème symphonique (1951-1952), la *Symphonie lyrique* (1955-1956) et la *Symphonie chorégraphique* (1961-1963). À la radio, il signe les *Illustrations pour Faust*, musique de scène destinée à l'adaptation réalisée par Pierre Sabatier en 1942. Mais c'est pour la scène qu'il a écrit ses pages majeures : *L'École des maris*, opéra-comique sur un livret de Jacques Laurent d'après Molière (Opéra-Comique, 1935), *Madame Bovary*, drame lyrique sur un livret de René Fauchois d'après Flaubert (Opéra-Comique, 1951) et *Antoine et Cléopâtre*, opéra dont il écrit lui-même le livret d'après Shakespeare (théâtre des Arts de Rouen, 1974). Doué d'un indéniable instinct théâtral, Bondeville parvient à transformer ces trois chefs-d'œuvre de la littérature en chefs-d'œuvre lyriques. Il parle une langue qui semble prolonger à la fois l'apport de Massenet et celui de Debussy, mais de façon plus réaliste et plus concise, souvent plus sensuelle également. On y remarque un sens poétique certain, mais parfois contenu pour limiter l'effusion. Le critique Jacques Lonchampt a parlé d'« une sorte de prose fauréenne ». Reprise à Paris onze ans après sa création, *Madame Bovary* est jouée en France avant de connaître un étonnant succès en U.R.S.S. Première œuvre lyrique contemporaine française représentée dans ce pays, elle y a tenu l'affiche pendant deux ans à Novossibirsk et au Bolchoï de Moscou.

ALAIN PÂRIS

BONONCINI LES

Le père et les deux frères Bononcini ont eu une célébrité inégale. Il n'est pas dit notamment que le plus illustre, l'aîné des deux frères, soit le plus talentueux : c'est l'autre que le padre Martini considérait comme le plus grand maître de son temps... L'un et l'autre sont les disciples de leur père Giovanni Maria (1642-1678), maître de chapelle à Modène, théoricien et compositeur de musique de chambre, dont les sonates à deux et à trois voix sont bien construites et élégantes.

Giovanni Battista (1670-1747), est un enfant prodige, qui publie à quinze ans son *Trattenimenti da camera* op. 1, pour deux violons et basse. Toute son existence est, comme son œuvre, marquée par le talent, le don et le succès : c'est aussi sa limite. Il publie sept recueils divers (concertos, sinfonie, messes) avant de quitter Bologne à vingt et un ans. Après un séjour à Rome, où il fait jouer ses premiers opéras, il se fixe à Vienne, avec son frère, pourvu du titre de compositeur de la cour (1698-1711). Ce séjour est coupé de tournées triomphales, comme celle qui le mène à Berlin où son *Polifemo* est joué à la cour, la reine Sophie Charlotte tenant elle-même le clavecin d'accompagnement. Jusqu'en 1720, il séjourne à nouveau en Italie, puis se rend à Londres où triomphe l'opéra italien. Poussé par divers clans aristocratiques, il s'y pose en rival de Haendel, que protège la cour. C'est là qu'il compose et crée au King's Theatre la plupart de ses opéras : *Astarto* (1720), *Griselda* (1722), *Muzio Scevola*. Sa gloire est alors atteinte par un curieux scandale, lorsqu'on découvre que l'œuvre qu'il a présentée pour son admission à l'Academy of Ancient Music est un faux, et qu'elle est due à Lotti. Il quitte l'Angleterre, séjourne à Paris, à Lisbonne, à Vienne, où il meurt. Outre une trentaine d'opéras, il a donné des cantates, sérénades, divertissements, oratorios, motets, psaumes, sonates et duos, sinfonie, pièces pour clavecin : Bononcini est doué pour tout ; il a toujours le ton juste, que ce soit dans l'opéra bouffe ou dans l'opéra seria. Tout ce qu'il entreprend est aisé, facile. Mais il reste superficiel et, si sa « manière » le rapproche d'un Scarlatti, la « matière » en est fort éloignée.

Antonio Maria (souvent appelé Marc'Antonio, 1677-1726) n'a pas la vie vagabonde de son frère : à part le séjour à Vienne, c'est dans l'Italie seule qu'il se répand. Également précoce (son premier opéra, *Il Trionfo di Camilla*, est joué à Naples alors qu'il a juste vingt ans), son œuvre se compose de dix-neuf opéras, créés soit à Vienne entre 1704 et 1711, soit à Milan, Modène et Naples. Ces œuvres, manuscrites, souvent confondues avec celles de son frère, sont d'une habileté d'écriture non moins consommée, et qui faisait l'admiration du padre Martini.

PHILIPPE BEAUSSANT

BORDES CHARLES (1863-1909)

Musicien français, chef de chœur, compositeur et musicologue, Bordes fut l'élève de Franck et de Marmontel. Il a joué un rôle non négligeable dans le renouveau esthétique en matière de musique sacrée, et son amour éclairé du folklore en a fait l'un des premiers chercheurs de la fin du XIXe siècle. Maître de chapelle à Saint-Gervais (Paris), il fonda la Société des chanteurs de Saint-Gervais (1892). Sous sa direction, cette chorale révéla au grand public les chefs-d'œuvre du passé, tant sacrés que profanes (Palestrina, Lassus, Victoria, Josquin Des Prés, P. de La Rue, Loyset Compère, Allegri, Lotti, M.-A. Charpentier, J.-B. Moreau, ainsi que Bach, Lully, Couperin, Rameau, Lalande, Schütz, Carissimi, Destouches, Campra). « Les exemples qu'il proposait à ses auditeurs émerveillés abolissaient les servitudes des symétries rythmiques, du cloisonnement des périodes ponctuées par de plates cadences ; ils délivraient la musique du souci de l'effet, d'une expression dramatique et confidentielle. Ils restituaient à la musique la primauté de la mélodie et du contrepoint » (R. Bernard). C'est Bordes qui prit l'initiative de fonder la Schola cantorum (1894) avec d'Indy et A. Guilmant, qui se montrèrent enthousiastes dès le début. Il en publia et dirigea le bulletin, *La Tribune de Saint-Gervais*, qui défendait une doctrine esthétique que ses adversaires traitèrent, non sans quelque exagération, de « formalisme ». Ses œuvres religieuses, dans un style toujours clair et soigné, s'adaptent parfaitement aux fonctions que la liturgie de l'époque assignait à la musique. Le premier, il mit en musique des textes de Verlaine. Ses mélodies, en raison de leur fraîcheur, de leur tendresse, de leur simplicité frémissante, méritent d'être entendues.

PIERRE-PAUL LACAS

BORODINE ALEXANDRE PORFIRIEVITCH (1833-1887)

Né à Saint-Pétersbourg, Borodine était le fils naturel du prince caucasien Louka Guédianov et d'Avdotia Antonova, fille d'un simple troupier. Le père fit déclarer l'enfant par un de ses domestiques, Porphiri Borodine, si bien que plus tard il lui fallut l'affranchir en bonne et due forme. De très bonne heure, il apprend à jouer de la flûte, puis, en autodidacte, du piano, du violoncelle et du hautbois. À treize ans, il compose un concerto pour flûte et piano, puis un trio pour deux violons et violoncelle sur un thème de *Robert le Diable*. Cependant, ses parents, qui le destinent à la médecine, le font inscrire à la Faculté dès quinze ans. Il en sort six ans plus tard, est engagé à l'hôpital de l'armée territoriale ; étant d'un naturel trop sensible, il s'évanouit la première fois qu'il est appelé à soigner des blessés, quitte l'hôpital, obtient un poste de préparateur, puis une chaire de professeur à l'Académie militaire de chimie. Dès lors, son existence se déroule sans histoire, partagée entre la chimie et la musique (la première occupant une place prééminente, car lui-même se considère comme un musicien du dimanche). Il meurt subitement, d'une rupture d'anévrisme, au cours d'un bal costumé qu'il avait organisé.

De son propre aveu, les mélodies naissent spontanément dans son imagination, amples et pleines, et tout lui est prétexte à musique : les épis qu'agite un léger friselis, l'appel d'un pâtre, une troupe de paysans croisée au cours d'une promenade à la campagne, les eaux grises d'un fleuve sous la pluie, et même la lecture d'un supplice chez les Japonais ! Et en tout cela se retrouvent l'abondance mélodique, la spontanéité un peu naïve, la fraîcheur candide qui donnent tant de charme à ses compositions.

Son œuvre maîtresse, c'est évidemment son opéra *Le Prince Igor*, qu'il entreprend en 1869 et ne peut achever au bout de dix-huit ans (la partition fut partiellement rédigée et terminée par Rimski-Korsakov, Glazounov et Félix Blumenfeld). Là s'affirme dans son ampleur son vrai génie qui est foncièrement épique, procédant par taches de couleurs vives, énormes : « Dans un opéra, comme dans n'importe quel autre art décoratif, les détails, la minutie sont déplacés » (Borodine). Simplifiant les choses à l'extrême, on pourrait dire que Moussorgski modèle sa musique dans la chair vivante ; Rimski-Korsakov la fignole comme les images qui figurent sur les jolis coffrets laqués qu'on trouve en Russie ; Borodine, lui, la taille dans le roc ou la coule dans l'airain.

Avec les matériaux primitivement prévus pour *Le Prince Igor* et restés inutilisés, Borodine composa sa *IIe Symphonie*, considérée comme l'« *Eroica* » russe, et le tableau symphonique des *Steppes de l'Asie centrale*. Ces deux œuvres célèbres ne doivent pas faire oublier ses deux autres symphonies (la troisième étant restée inachevée), ses deux quatuors à cordes, sa *Petite Suite* pour piano, ni surtout ses seize remarquables mélodies, d'une grande variété de couleurs et aussi frappantes que celles de Moussorgski. Car, chose curieuse, Borodine, le maître de l'épopée en musique, a su mieux que ses contemporains composer de l'authentique musique de chambre qui prolonge les formules occidentales et les élargit : aussi bien que les grandes fresques, les taches éclatantes de lumière, il connaît l'art délicat des demi-teintes finement romantiques.

MICHEL-ROSTILAV HOFMANN

BOUCOURECHLIEV ANDRÉ (1925-1997)

C'est à la faveur d'un prix (assorti d'une bourse d'études) qu'André Boucourechliev, jeune pianiste d'une vingtaine d'années, né en Bulgarie où il a fait ses études musicales, vient en France où il se fixe définitivement. Dès lors, tout le captive et l'intéresse dans ce qu'il y a de plus neuf comme perspectives ouvertes à la musique. Ses contacts avec ses contemporains (Maderna, Berio, Boulez), qu'il est amené à rencontrer (à Paris, à Milan ou à Darmstadt), lui sont la meilleure des écoles.

Diplômé de l'École normale de musique de Paris, où il enseigne ensuite sa discipline (le piano), il vient à la composition par un des domaines alors les plus neufs et les plus modernes : la bande magnétique (*Texte I*, 1957, au Studio di fonologia de Milan, puis *Texte II*, 1959, au groupe de recherche musicale de l'O.R.T.F.). Le même souci de modernité se manifeste par la suite dans son œuvre instrumentale ; la série des cinq *Archipels* pour solistes (*I* pour deux pianos et percussions ou pour deux pianos seuls, 1967 ; *II* pour quatuor à cordes, 1969 ; *III* pour six percussions et piano, 1969 ; *IV* pour piano, 1969 ; *Anarchipel/Archipel V* pour six instruments concertants, 1972) repose sur un même principe. Les partitions, entièrement écrites, sont faites de séquences séparées et indépendantes les unes des autres (encore que le rapport musical entre elles soit toujours ménagé), dont le libre choix, et la succession, sont laissés aux interprètes, voire au public. Forme « ouverte » — navigation au sein d'un archipel — qui suppose une remise en question en profondeur aussi bien de la forme que du langage musical, et une égale remise en question de la relation entre le compositeur et ses interprètes ou le compositeur et son public, cherchant ainsi à établir un nouvel ordre de la communication. Cette tentative est poussée à son extrême avec l'*Anarchipel*, où le risque d'une anarchie du discours au cours de sa réalisation est lucidement accepté par le compositeur.

À la manière d'un Robert Schumann (un des héros de son panthéon musical, auquel il a du reste consacré un excellent livre, Paris, 1956), la conception instrumentale s'élargit progressivement dans la création de Boucourechliev. Ce n'est qu'en 1971, avec *Faces* (pour deux orchestres), que Boucourechliev affronte l'écriture orchestrale, suivant un principe formel proche de celui des pièces précédentes pour solistes. *Amers* (également pour orchestre et inspiré par le langage de Saint-John Perse), œuvre composée l'année suivante, est au contraire la première œuvre instrumentale dont le discours soit entièrement écrit dans sa suite ; nouvelle expérience libératrice dans laquelle, au-delà d'un cadre-paravent de liberté formelle, le compositeur accepte ici secrètement de se livrer davantage lui-même. Avec *Thrène* (1973-1974), Boucourechliev élargit encore son domaine de prospection instrumentale ; il emploie pour la première fois les chœurs, et retrouve, après un long périple, un matériau connu : la bande magnétique qu'il associe aux chœurs.

Le *Concerto pour piano et orchestre* (1975) « constitue à plus d'un titre un sixième *Archipel* » (Francis Bayer, *De Schoenberg à Cage*, Paris, 1981). *Ulysse* pour flûte et percussion (ou seconde flûte d'accompagnement), composé en 1980, propose un éventail de modes de jeu établissant des degrés d'éloignement ou de rapprochement avec les percussions utilisées. Les *Nocturnes* pour clarinette et piano (1984) consacrent un retour à la notation traditionnelle.

Beethovénien de cœur et d'esprit, il compose un hommage musical à Beethoven, *Ombres* (1970), pour orchestre à cordes, mais il avait déjà auparavant consacré (en 1963) une très brillante étude sur l'écriture du Maître de Bonn à la lumière de l'analyse contemporaine. En 1982, Boucourechliev a publié un magistral *Stravinski*.

BRIGITTE MASSIN

BOUFFONS QUERELLE DES

En 1752, à Paris, éclata ce que l'on a appelé la « querelle des Bouffons », bataille musicale née de la rivalité entre les partisans de la musique lyrique française, établie par Lully et renouvelée par Rameau, et ceux de la musique lyrique italienne dans le style bouffe, représentée par des compositeurs comme Pergolèse, Rinaldo da Capua, Latilla, Jommelli, Cocchi, Leo, Ciampi.

La polémique

Une troupe italienne vint en effet s'installer à Paris et l'Opéra l'accueillit d'août 1752 à mars 1754. Elle apportait dans ses bagages toute une série de petits opéras bouffes baptisés « intermezzi » et provoqua un engouement prodigieux chez un public friand de nouveauté. Et pourtant, en 1729 déjà, une compagnie de Bouffons italiens était venue donner quelques représentations d'ouvrages du même genre sans éveiller le moindre intérêt et, en 1746, la Comédie Italienne avait accueilli une troupe semblable, jouant pour la première fois en France *La Serva Padrona* de Pergolèse. Cette œuvre, qui allait faire tant de bruit, n'avait été reçue qu'avec une curiosité distraite. Or la même *Serva Padrona*, donnée à l'Opéra par les Bouffons italiens comme spectacle d'ouverture le 1er août 1752, déchaîna l'enthousiasme et porta ainsi le premier coup au style solennel et un peu conventionnel de l'opéra français, pourtant admirablement défendu par Jean-Philippe Rameau. Le baron Grimm, jeune philosophe récemment arrivé d'Allemagne, venait de publier une lettre qui avait fait grand bruit, à propos de la reprise à l'Opéra d'une tragédie lyrique de Destouches, *Omphale* : il soulignait les faiblesses de l'opéra français par rapport à l'opéra italien. Cette critique avait provoqué de violentes attaques contre son auteur. Grimm avait été soutenu par Jean-Jacques Rousseau, hostile, lui aussi, à l'opéra français. Plus violent encore que Grimm, qui ménageait Rameau, Rousseau s'était attaqué au grand musicien français qui, depuis 1733, date de la création de son *Hippolyte et Aricie*, avait redonné au théâtre lyrique tout son prestige.

L'arrivée des Italiens et leur triomphe avec *La Serva Padrona* de Pergolèse déclencha finalement une querelle qui allait diviser la Cour et la Ville. Les Bouffons, comme l'on appelait alors les musiciens italiens, présentèrent ensuite *Il Giocatore*, pastiche de différents compositeurs (22 août 1752), *Il Maestro di musica* de Pergolèse (19 sept. 1752), *La Finta Cameriera* de Latilla (30 nov. 1752), *La Donna superba* de Rinaldo da Capua (19 déc. 1752), *La Scaltra Governatrice* de Cocchi (25 janv. 1753), *Livietta e Tracollo* de Pergolèse (1er mai 1753), *Il Cinese rimpatriato* de Selliti et *La Zingara* de Rinaldo da Capua (19 juin 1753), *Gli Artigiani Arricheti* de Latilla et *Il Paratajo* de Jommelli (23 sept. 1753), *Bertoldo in Corte* de Ciampi (22 nov. 1753) et enfin *I Viaggiatori* de Leo (12 févr. 1754). Dès les premières représentations de ces intermezzi, une guerre de pamphlets et d'épigrammes se déclencha et chacun prit parti pour ou contre les Italiens. Pendant les représentations, souvent houleuses, les partisans de la musique française prirent l'habitude de se rassembler sous la loge du roi tandis que ceux de la musique italienne se tenaient sous la loge de la reine. De là la dénomination donnée à chacun des deux camps : « le coin du roi » avec pour champions Fréron et d'Alembert et « le coin de la reine » avec comme défenseurs Grimm, Diderot, Rousseau et les Encyclopédistes.

Les promoteurs de ce genre nouveau pour la France, l'opéra bouffe italien, y acclamaient, par réaction contre les dieux et les héros de l'opéra français de Lully et de Rameau, des personnages simples, à la gaieté bon enfant et qui exprimaient dans des ariettes naïves des sentiments quotidiens.

En opposition au caractère grave et noble de la tragédie lyrique française, ces aimables œuvrettes des compositeurs transalpins faisaient découvrir des airs d'une charmante vivacité, accompagnés de récitatifs rapides. Cependant cette querelle, qui venait de prendre des proportions telles qu'elle donna naissance à plus d'une cinquantaine de pamphlets, de libelles, d'épigrammes, était faussée à la base. Les partisans de la musique italienne contre la musique française auraient dû, en effet, pour être justes, opposer à l'opéra français l'*opera seria* italien et non pas l'opéra bouffe, d'un style tout différent. Mais les *opera seria* de Scarlatti, de Vinci, de Pergolèse, de Jommelli étaient alors totalement inconnus en France. Certains grands esprits comme Voltaire comprirent cependant l'inopportunité de cette querelle et lorsqu'on lui demanda à ce sujet : « Êtes-vous pour la France ou bien l'Italie ? – Je suis pour mon plaisir, Messieurs », répondit-il.

L'influence des Italiens

Les passions soulevées par l'arrivée des Bouffons italiens à Paris ne furent pas vaines, car l'influence exercée par leur style sur l'opéra-comique français fut féconde. L'opéra-comique se limitait jusqu'alors à la comédie à ariettes, mise à la mode par des compositeurs comme Gillier, Mouret, Saint-Sevin, Corrette, Blaise, par des librettistes et adaptateurs comme Lesage, D'Orneval, Piron, Fuzelier, Panard et surtout Favart qui, en 1741, avait obtenu, à la foire Saint-Germain, son premier grand succès avec sa *Chercheuse d'esprit*. Dans l'exemple des musiciens italiens, Favart puisa une plus grande variété d'expression dans les airs, les duos, les ensembles. La musique qui jusqu'ici, dans ces petits opéras-comiques, représentés sur les théâtres des foires Saint-Laurent ou Saint-Germain, n'avait qu'un rôle secondaire devint l'élément le plus important et exprima avec plus de vérité le caractère des personnages qui évoluaient sur scène.

Jean-Jacques Rousseau fut le premier à appliquer ce genre nouveau dans son *Devin de village*, créé en octobre 1752, devant la Cour, à Fontainebleau, et donné pour la première fois à l'Opéra le 1er mars 1753 avec un succès qui devait se prolonger jusqu'en 1829. Des musiciens comme Blavet avec son *Jaloux corrigé* et Dauvergne avec ses *Troqueurs* suivirent cet exemple.

La querelle des Bouffons prendra en 1753 un tour plus passionné encore, à la suite de la *Lettre sur la musique française* publiée par Jean-Jacques Rousseau. Dans cette lettre, tout comme dans son *Dictionnaire de musique* et dans sa *Nouvelle Héloïse*, à l'instar de Grimm qui reprochait à l'opéra français d'être « un faux genre où rien ne rappelle la nature », Jean-Jacques Rousseau se fit le champion de cette « nature » que l'on découvrait non seulement dans la musique, mais également dans la littérature et la philosophie. Il y condamnait la musique française, en s'élevant contre tout le conventionnel des représentations d'opéras, contre les airs à roulades sans aucun rapport avec les sentiments exprimés par les chanteurs, contre tout l'apparat souvent ridicule des scènes à machines et à transformations, contre les éclats vocaux et les excessives gesticulations des interprètes, contre la bruyante exécution de l'orchestre, contre l'absence d'action dramatique, contre l'abus d'une mythologie ressassée, contre la pompeuse niaiserie des paroles des poèmes et enfin contre l'infériorité de la langue.

Ces critiques virulentes de Rousseau sur l'opéra classique français étaient fondées, mais leur auteur, dans son intransigeance, a quelque peu noirci le tableau ; bien des productions froides, ennuyeuses, sans âme, dues à de médiocres compositeurs avaient envahi la scène lyrique française après la mort de Lully, mais un grand musicien, Jean-Philippe Rameau, conservait à l'opéra son prestige. Partisan du vrai en musique, Rameau s'en rapportait à la nature pour exprimer dans ses opéras des sentiments, un climat, une atmosphère. Mais la nature chez lui était savamment adaptée, elle était magnifiée par la brillante harmonie qui la traduisait, alors que ses adversaires souhaitaient une identification à une nature simple, naïve, sans recherche. Cette richesse harmonique, associée à la mélodie la plus subtile, que nous admirons tant aujourd'hui chez Rameau, lui était alors reprochée.

De Rameau à Gluck

Jean-Jacques Rousseau et les Encyclopédistes furent, dans cette querelle, les ennemis les plus acharnés de Rameau et, malgré l'injustice des reproches qu'ils lui adressèrent, ils réussirent à faire condamner par une grande partie de l'opinion la musique française. La marquise de Pompadour et ses amis, qui soutenaient l'opéra français, tentèrent de lutter en essayant de faire un triomphe, en janvier 1753, à une œuvre lyrique française, *Titon et Aurore*, de Mondonville ; mais la tentative était mauvaise, car Mondonville est loin d'avoir le génie de Rameau. Cependant, leur influence auprès du roi aboutit en 1754 au renvoi des Bouffons italiens. La même année, Rameau prit une éclatante revanche lors de la reprise de son chef-d'œuvre dramatique, *Castor et Pollux*, qui fut applaudi « avec fureur ».

Mais le mouvement, provoqué par l'intrusion des Bouffons italiens en France, ne devait pas s'arrêter avec le départ de ces derniers ; Rameau mourut bientôt (janvier 1764), chargé d'ans et de gloire, et aucun compositeur français ne releva le flambeau de la tragédie lyrique. Ce mouvement entraîna la musique française dans une autre direction, et on lui demanda désormais « de parler plus au cœur qu'à la raison ». Elle va donc s'appauvrir dans le domaine symphonique et instrumental, et l'orchestre occupera une place plus modeste, se contentant de soutenir la ligne mélodique du chant. Cette mélodie régnera encore dans les grands drames lyriques de Gluck, où l'orchestration plus fournie mais toujours discrète lui servira de support. On s'attachera plus à l'expression des sentiments, de l'émotion vraie, du pathétique dans le domaine de l'opéra ; mais c'est surtout l'opéra-comique qui bénéficiera de l'influence des intermezzi italiens, car, après une période où il essaiera de les imiter, il trouvera sa vraie personnalité, faite de charme, de coquetterie, de gaieté, de sentimentalité même, avec des compositeurs comme Philidor, Monsigny, Dalayrac, Grétry.

Quoi qu'il en soit, cette querelle des Bouffons, trop bruyante à notre gré, aura servi à insuffler un sang nouveau à la musique française, et son importance dans l'histoire de la musique est donc loin d'être négligeable. L'opéra de Rameau, victime d'une querelle envenimée par les Encyclopédistes, subit en réalité le sort des institutions attachées à l'Ancien Régime, qui devaient, quelques années plus tard, être emportées par la tourmente révolutionnaire. L'opéra français, en la personne de son plus illustre représentant, sera en somme la victime de l'esprit nouveau.

Le grand vainqueur de la querelle des Bouffons fut, vingt ans après, Gluck. Le premier sur le plan dramatique, sans renier l'apport de Rameau, il apporta à la musique française, avec ses chefs-d'œuvre, les deux *Iphigénie*, *Orphée*, *Alceste* et *Armide*, ce qu'avaient réclamé les partisans d'un style lyrique nouveau.

JACQUES GHEUSI

Bibliographie

J. D'ALEMBERT, « De la liberté de la musique », 1758, in *Mélanges de littérature, d'histoire et de philosophie*, 2e éd., vol. IV, 1763 / P. BEAUSSANT dir., *Rameau de A à Z*, Fayard - I.M.D.A., Paris, 1983 / P. BERTHIER, *Réflexions sur l'art et la vie de Rameau*, Paris, 1957 / N. BOYER, *La Guerre des Bouffons et la musique française*, essai, Paris, 1944 / J. L. FILOCHE, « Le Neveu de Rameau et la Querelle des Bouffons : un son de cloche inédit », in *Diderot Studies*, nº 21, 1983 / P. H. D'HOLBACH, « Arrêt rendu à l'amphithéâtre de l'Opéra », in *Encyclopédie*, Paris, 1751-1780 / N. E. FRAMERY, *Journal de musique*, Paris, 1770 / J. GARDIEN, *Rameau*, Paris, 1949 / C. GIRDLESTONE, *J.-P. Rameau*, Cassell, Londres, 1957 (trad. franç. *J.-P. Rameau*, Desclée de Brouwer, Paris, 1962, 2e éd., 1983) / M. DE GRIMM, *Lettre sur Omphale*, s.l., 1752 ; « Traité du poème lyrique », in *Encyclopédie*, Paris, 1751-1780 ; *Correspondance littéraire*, 16 vol., Paris, 1877-1882 / A. JULLIEN, *La Ville et la Cour au XVIIIe siècle* : 3e partie, « La Musique et les Philosophes », Paris, 1881 / C. KINTZLER, *J.-P. Rameau. Splendeur et naufrage de l'esthétique du plaisir à l'âge classique*, Le Sycomore, Paris, 1983, rééd. Minerve, 1988 / L. DE LA LAURENCIE, *Rameau*, Paris, 1908 / L. LALOY, *Rameau*, Paris, 1908 / J. MALIGNON, *Rameau*, Seuil, Paris, 1960, rééd. 1978 / P. M. MASSON, *L'Opéra de Rameau*, H. Laurens, Paris, 1930 / G. MIGOT, *Jean-Philippe Rameau et le génie de la musique française*, Paris, 1930 / A. POUGIN, *Jean-Jacques Rousseau musicien*, Fischbacher, Paris, 1901 / *La Querelle des Bouffons*, 3 vol., Minkoff, Genève, 1973 (textes des Pamphlets, avec introd. et comment. de D. Launay, reproduction des éditions originales, ParisLa Haye, 1752-1754) / J.-J. ROUSSEAU, *Œuvres complètes*, 30 vol., Genève, 1782 / Y. TIÉNOT, *Rameau*, Paris, 1954.

BOULANGER NADIA (1887-1979)

Professeur, chef d'orchestre et compositeur, née à Paris, Nadia Boulanger y fait ses études musicales (classes d'écriture, d'orgue et d'accompagnement) au Conservatoire national supérieur de musique, où elle est l'élève de Gabriel Fauré pour la composition. Elle obtient, en 1908, un second grand prix de Rome pour sa cantate *La Sirène*. Son opéra, *La Ville morte*, et ses mélodies, *Les Heures claires*, ont été réalisés en collaboration avec Raoul Pugno ; elle a aussi composé une *Rhapsodie pour piano et orchestre* et des pièces pour orgue. Elle fut l'une des premières femmes à pratiquer la direction d'orchestre, en particulier aux États-Unis. Pédagogue, elle enseigne de 1920 à 1939 à l'École normale de musique de Paris, où elle est assistante de Paul Dukas avant de lui succéder comme titulaire de la classe de composition. À partir de 1921, elle enseigne au Conservatoire américain de Fontainebleau ; elle en devient directrice en 1950. De 1945 à 1957, sa classe d'accompagnement au piano du Conservatoire national supérieur de musique de Paris eut une réputation et une influence internationales. Elle a, en outre, donné des cours privés de composition, et l'on peut citer parmi ses élèves Jean Françaix, Igor Markevitch et Aaron Copland. Admiratrice fervente de Bach, Schütz et Monteverdi, elle a beaucoup contribué à faire revivre leurs œuvres dans le monde musical du XXe siècle.

Quelques mots d'elle éclairent une vie passionnément consacrée à la musique : « Une œuvre qui m'a habitée une fois m'habitera chaque fois que je pense à elle. Ce qu'il y a de plus précieux en nous est fait de l'inconnu qui nous guide et nous permet d'atteindre l'essentiel de ce que nous sommes. On n'entend que le réel, et c'est l'irréel qui compte. »

NICOLE LACHARTRE

BOULANGER LILY
1893-1918

BOULEZ PIERRE (1925-)

En 1945, un homme, seul, pénétrait la musique. Le choc eut lieu par contestation et non par adhésion inconditionnelle aux nouvelles idées musicales de l'époque. Il devait nourrir une inquiétude vigilante, face aux réponses – aussitôt académiques – des assoiffés de modernité turbulente. Il faisait surgir d'une réalité musicale exténuée la véritable contestation qui devait s'affirmer comme le vecteur de toute sa vie artistique.

Une nouvelle conception de l'analyse musicale

La contestation de Pierre Boulez (né en 1925 à Montbrison) se porte immédiatement sur l'enseignement qu'il reçoit : la découverte de l'école de Vienne (Schönberg, Berg, Webern) n'est alors ressentie que comme un point de départ ; le cours d'analyse d'Olivier Messiaen comme une plate-forme de lancement des fusées à venir. Les premières (*Soleil des eaux*, *IIe Sonate pour piano*) traversaient peu après l'espace musical assez terne de l'époque. Elles apparurent à beaucoup comme des objets étranges, délivrés de la pesanteur et qui se désintégreraient immanquablement en rentrant dans l'atmosphère terrestre !

Mais la contestation se prolonge dans l'enseignement que Pierre Boulez dispense, à son tour, à Harvard et à Bâle où, dès 1960, il cherche avant tout à « déclencher l'inquiétude » ; il jugera ses élèves, entre autres, à leur degré de révolte. Alors qu'élève il avait refusé la « dévotion au père », il refuse les « fils spirituels », qu'il qualifie souvent d'« épigones ».

Cet enseignement pose les bases d'une nouvelle conception de l'analyse musicale. S'opposant à ceux qui ne s'attachaient qu'aux rapports des notes entre elles et non aux rapports des formes, elle cherche les « raisons » de l'écriture plus que la facilité des inventaires. « L'analyse, a écrit Pierre Boulez, n'est productive que si l'on réagit par rapport à elle. » Et d'en conclure que l'originalité d'un élève se décèle aussi à la qualité de son investigation musicale. Dans *Stravinsky demeure* (1951), il apparaît que l'analyse – il s'agit là du *Sacre du printemps* – ait participé de l'œuvre même de Boulez. Les soixante-dix pages de ce texte très important nous éclairent autant sur le personnage analysé que sur l'analyste. Une telle réflexion devient alors « ferment ».

Parmi un grand nombre d'écrits, on peut vérifier, il semble, la dialectique rigoureuse qui unit la pensée théorique à l'expérience créatrice, mais il s'agit toujours de « donner à penser » et non d'expliquer des résultats. *Penser la musique aujourd'hui* est un ouvrage significatif à cet égard.

La direction d'orchestre

Cependant, bien que toujours parallèle à l'œuvre elle-même, une sorte de « pédagogie appliquée » succède bientôt à l'expression écrite ou universitaire de la pensée théorique. Il s'agit de la direction d'orchestre.

Amené par les circonstances, en 1957, à diriger son *Visage nuptial*, Pierre Boulez devait, là encore, repenser fondamentalement un métier aujourd'hui intégré à son œuvre. Ses interprétations du *Sacre du printemps*, de l'opéra *Wozzeck*, et de ses propres œuvres, *Doubles* et *Éclat*, sont des événements majeurs. Cette activité de chef est souvent venue étayer la démarche du compositeur, et inversement. D'une telle escalade sont peut-être nés *Doubles* et *Éclat* ; de même que l'analyse du *Sacre* (*Stravinski demeure*) ne pouvait s'exprimer pleinement que par l'interprétation que nous en donne Boulez.

Devant l'orchestre, là encore, point d'enseignement traditionnel reçu, ni par la suite, dispensé, mais une démystification impitoyable au profit de l'efficacité, par une réorganisation systématique du geste. Le geste se crée en fonction du résultat sonore à obtenir. Plus de chorégraphies destinées à susciter la musique auprès du public, mais un ensemble de « signes », à l'usage exclusif des instrumentistes. Le « code », si l'on peut dire, repose sur une décentralisation du geste. Au geste global, expressif et finalement de pur pléonasme, se substitue un ensemble d'informations sur l'attaque, le mètre, la dynamique, autorisant l'instrumentiste concerné à « résonner » sous une forme et à un temps précis. Dans l'interprétation des œuvres contemporaines, une totale dissociation des bras, des mains, des doigts même, peut ainsi communiquer des superpositions de tempos différents, la relation entre tempo libre et tempo obligé, etc. Il fallait avoir inventé cette technique pour qu'une œuvre comme *Éclat* devînt un véritable « jeu » entre le chef et l'orchestre et qu'ainsi le « spectacle » amenât le public à une meilleure compréhension des structures. Dans la mesure où cette compréhension est liée à la trame expressive de l'œuvre, ne constitue-t-elle pas une réponse aux problèmes posés aujourd'hui par le concert public ?

Conscient, dès 1954, d'une indispensable évolution dans ce domaine, Pierre Boulez fondait, à cette époque, les Concerts du domaine musical. Soucieux de révéler les résonances privilégiées que certaines musiques pouvaient avoir avec les recherches contemporaines, il fit ressortir méthodiquement les références qui devaient constituer une sorte de ligne de faîte, éclairant singulièrement les œuvres actuelles. On entendit ainsi dans le même concert : Machaut, Debussy et Webern ou Gesualdo, Stravinski et Stockhausen. Il s'agissait ainsi de détruire l'esprit de classe d'une société d'auditeurs au sein de laquelle chaque génération pense « hier » différent d'« aujourd'hui » et d'indiquer que la musique de notre époque est la suite logique d'une continuité qu'il ne cesse de proférer sur les scènes les plus prestigieuses avec : *Wozzeck* en 1963 à l'Opéra de Paris ; *Parsifal* en 1966 à Bayreuth ; *Pelléas et Mélisande* en 1969 à Covent Garden.

Puis, après six années de direction musicale à l'Orchestre philharmonique de New York, il dirige la prestigieuse (et pour certains, scandaleuse) *Tétralogie*, de nouveau à Bayreuth, à l'occasion du centenaire du Festival de 1976 à 1980.

Enfin, en première mondiale, à l'Opéra de Paris, la version intégrale de *Lulu* d'Alban Berg est jouée sous sa direction.

Il fonde, dans le même temps, l'Ensemble Intercontemporain avec lequel il donne de nombreux concerts et réalise d'importants enregistrements.

L'invention musicale

Issu lui-même de cette continuité, le compositeur aborde, dès les premières œuvres, d'essentiels problèmes de forme : dialectique du « fixe » et « flou », aspect « réseau » plus que « schéma » d'une structure musicale, idée que la forme se crée à partir de déplacements. Fait singulier, il apparaît difficile de classer l'œuvre de Pierre Boulez en époques ou périodes, car souvent une œuvre se trouvera modifiée, réorchestrée, repensée au cours des années. D'autres, au contraire, seront fixées définitivement dès leur création ; certaines, enfin, parcourent la vie du créateur tel un « journal ».

1948 : la *IIe Sonate pour piano* surgit à la manière d'un plissement géologique aussitôt fixé, et conteste violemment les sécurités sérielles ou rythmiques de l'époque. Œuvre beethovénienne, d'un grand lyrisme pianistique, dans laquelle la notion de structure musicale se trouve radicalement repensée.

Visage nuptial et *Soleil des eaux*, œuvres pour voix et orchestre, sont passées, elles, par plusieurs stades, soit de conception, soit seulement d'écriture.

Les *Structures* pour deux pianos, enfin, dont la composition débute en 1950, représentent le journal intime d'une évolution musicale en même temps qu'un champ d'expérimentation constant. On ne peut s'empêcher d'évoquer, à ce propos, l'*Offrande musicale* ou l'*Art de la fugue* de Jean-Sébastien Bach.

En 1955, *Le Marteau sans maître* (voix et ensemble instrumental) soulève une nouvelle fois l'écorce musicale. Accueillie par beaucoup comme « facile » (on ira jusqu'à dire « de salon »), l'œuvre manie le principe sériel d'une façon beaucoup plus élargie et totalement neuve. Mais plus encore, l'essentiel franchissement réside dans une dialectique du choix et de l'obligation, prophétisant celle de la *IIIe Sonate pour piano*, qui suivra. Le choix, dans *Le Marteau sans maître*, est celui du créateur ;

dans la *IIIe Sonate*, il sera laissé à l'interprète. Mais les deux œuvres illustrent déjà, bien qu'à des niveaux différents, cette notion d'« itinéraire » à laquelle Pierre Boulez est profondément attaché. « On devrait s'y promener, a-t-il souvent déclaré, comme dans un labyrinthe... »

Le « Livre » de Mallarmé, livre à feuillets mobiles que le lecteur peut ordonner à son gré, devait venir confirmer (lorsque J. Scherer en publia les premiers fragments) cette démarche proprement boulézienne, des parcours multiples à l'intérieur d'une œuvre, et qui allait aboutir à une notion de liturgie.

La liturgie associe un « commun », texte de base, à un « propre », texte lié à une circonstance. L'auteur de la *IIIe Sonate* oppose une structure principale inamovible à des pièces indépendantes et mobiles se déplaçant autour de cet axe. Il s'agit d'un « rite », engendrant une forme perpétuellement renouvelée.

Dans *Éclat*, créé à Paris en 1966, la notion de jeu (celui du chef d'orchestre avec ses musiciens) fait de ce rite un rite collectif. Le spectacle musical est fascinant et un rapport nouveau s'établit entre celui qui ordonne, ceux qui répondent, ce qui est entendu et ceux qui écoutent. Une démarche de même type s'établit avec *Domaines* en 1968 pour clarinette et vingt et un instruments ; elle suit la création du *Livre pour cordes* et une première approche de la relation interprètemachine se constitue dans *Explosante-Fixe* en 1972, pour huit instruments et hallophone.

Puis, se succèdent : en 1974, *Cummings ist der Dichter* ; en 1975, *Rituel*, *In memoriam Maderna* ; en 1978, *Messagesquisse* ; en 1980, *Notations I* et *Dialogue de l'ombre double* en 1985.

C'est en 1972 que Pierre Boulez accepte, à la demande du président Georges Pompidou, de concevoir puis de diriger l'I.R.C.A.M. (Institut de recherche et de coordination acoustique-musique) ; l'établissement est aussi conçu pour définir des rapports sains et fructueux entre recherche, création et diffusion.

La nomination du compositeur au Collège de France, en 1976, met l'accent sur l'importance de sa démarche théorique, ouverte en 1951 sur le concept de « sérialisme généralisé » et qui, maintenant, étayée par l'action de l'I.R.C.A.M. et de l'Ensemble Inter-contemporain, détermine une véritable « politique » musicale.

La réalisation de *Répons*, en 1981, pour ensemble instrumental et ordinateur en temps réel, constitue un événement majeur de la création musicale contemporaine.

Une profonde et riche pensée musicale maîtrise désormais la complexité des machines ; le terrain, préalablement défriché, est ici irrigué, mis en valeur, et donc producteur de récoltes nouvelles.

À une époque où la contestation se porte précisément sur l'existence même de l'œuvre et de l'artiste, où s'opposent formalisme et informel, réflexion solitaire et jeu collectif, expérience pratique et pensée théorique, on demeure ébloui par une expression créatrice multidimensionnelle qui ne cesse d'abolir ces contradictions. C'est une rare poétique de l'invention musicale qu'il y a lieu de parcourir dans l'œuvre et la vie de Pierre Boulez. Et probablement aussi une éthique que l'on peut dégager d'une de ses déclarations : « Il faut avoir vis-à-vis de l'œuvre que l'on écoute, que l'on interprète ou que l'on compose, un respect profond comme devant l'existence même. Comme si c'était une question de vie ou de mort. »

MICHEL FANO

Bibliographie

P. BOULEZ, *Imaginer*, Bourgois, Paris, 1995 ; *Jalons pour une décennie, ibid.*, 1989 ; *Penser la musique aujourd'hui*, Gallimard, Paris, 1987 ; *Par volonté et par hasard* : entretiens avec C. Deliège, Seuil, Paris, 1975 ; *Donc on remet en question. Musique en projet*, Gallimard, 1975 / P. BOULEZ & J. CAGE, *Correspondance*, Bourgois, 1991 / D. JAMEUX, *Pierre Boulez*, Fayard, 1984.

BOURGEOIS LOYS (1510 env.-apr. 1557)

Compositeur et théoricien, dont la collaboration étroite avec Calvin permit l'élaboration des versions mélodiques du psautier huguenot. À Genève, où il resta de 1541 environ à 1552, Bourgeois fut chantre à Saint-Pierre. En 1551, Calvin le fit emprisonner pour avoir modifié de son propre chef les mélodies du psautier. Peut-être est-ce la raison de son départ l'année suivante. On retrouve sa trace à Paris en 1560, où il baptise une de ses filles en l'église Saint-Côme. Mis à part quatre chansons, son œuvre de compositeur comprend uniquement des psaumes polyphoniques : en 1547, *Cinquante Pseaulmes de David à voix de contrepoint égal consonante au verbe* et vingt-quatre autres (*Le Premier Livre des pseaulmes*) ; en 1561, 83 autres psaumes (cités par Fétis, mais non retrouvés). L'harmonisation à quatre voix est résolument homophone.

Contrairement à Luther qui préconisait l'utilisation de la chanson profane, Bourgeois s'oppose à son emploi comme telle ; toutefois, beaucoup des mélodies du psautier sont empruntées et adaptées à des timbres profanes. Son ouvrage de théoricien, *Le Droict Chemin de musique* (1550), est un texte fort important, notamment en ce qui concerne le rythme, lorsqu'on cherche à interpréter correctement la musique de ce temps (notes égales et inégales en particulier).

PIERRE-PAUL LACAS

BOUZIGNAC GUILLAUME (mort apr. 1643)

Compositeur français, d'origine languedocienne. Le style très original de Bouzignac en fait l'un des plus remarquables musiciens de l'école française du début du XVIIe siècle. Il est, notamment, l'un des précurseurs de Marc-Antoine Charpentier pour l'introduction de l'oratorio en France. Par son écriture, où l'influence italienne se fait nettement sentir, il diffère profondément de ses contemporains français du Nord. On sait peu de chose de sa vie. À l'âge de dix-sept ans, il abandonne la maîtrise de la cathédrale de Narbonne ; on le retrouve maître de musique à la cathédrale de Grenoble (1609) et au service du juge-prévôt d'Angoulême, G. de La Charlonye, jusqu'en 1634 environ. Il est possible qu'il ait dirigé la maîtrise de Rodez et celle de Tours. Il fut aussi au service du gouverneur de Languedoc, Henri, duc de Montmorency, lequel avait des musiciens italiens attachés à sa cour. De son vivant, aucune de ses œuvres ne fut probablement éditée ; elles sont cependant nombreuses, et furent suffisamment connues pour que Mersenne (1636) et dom J. Le Clerc (après la mort de Charpentier) en fassent l'éloge, ainsi qu'Annibal Gantez dans son célèbre ouvrage, *L'Entretien des musiciens* (1643).

On doit à Bouzignac, outre trois messes (à deux, cinq et sept voix), des lamentations, et surtout des psaumes, des hymnes et des motets. Il écrit souvent à deux chœurs, comme Nicolas Formé, le musicien de Louis XIII, ou plutôt à la manière de Juan Cererols (1618-1676), à moins qu'on ne puisse imaginer au contraire que l'influence va du catalan français au catalan espagnol. Dans ces compositions, de quatre à neuf voix, il confère un élément dramatique à sa musique, par l'emploi du solo ou du groupe de solistes alternant avec les chœurs, ouvrant la voie au grand motet à la française d'Henry Du Mont. Son motet *O flamma divini amoris*, à six voix, pour le temps de la Passion, ainsi que les dialogues spirituels, tels *La Trahison de Judas* et *Stella refulget* (motet pour l'Épiphanie) sont proches des oratorios dramatiques de Carissimi, contemporains ou légèrement postérieurs ; ils ne le leur cèdent en rien quant à l'intensité expressive, à la disposition originale des voix et à leur efficacité dramatique (audaces harmoniques et mélodiques : intervalles diminués, par exemple). On pourrait même évoquer à leur endroit Marenzio, Vecchi ou Gesualdo.

PIERRE-PAUL LACAS

BOYCE WILLIAM (1710 env.-1779)

Organiste, compositeur et éditeur de musique anglais, William Boyce passa toute sa vie à Londres ; chantre, puis élève de l'organiste Maurice Greene à la cathédrale Saint-Paul, il est ensuite organiste dans diverses églises de la ville. En 1749, il reçoit à l'université de Cambridge les grades de bachelier, puis de docteur en musique. Dès 1736, il fait partie de la Chapelle royale où il est appointé comme compositeur, et pour laquelle il écrira la plupart de ses anthems ; il y est aussi organiste à partir de 1758, et enfin maître de la musique du roi de 1755 à 1779. Il est en outre directeur du festival des Fils du clergé, pour lequel il compose deux de ses anthems les plus célèbres, *Lord, thou hast been our Refuge*, et *Blessed is he that considered the Poor*, avec accompagnement d'orchestre. À partir de 1747, il aborde la musique de théâtre avec *Peleus and Thetis* (1747), *The Chaplet* (1749) et *The Shepherd's Lottery* (1751), divertissements qui obtiennent un succès durable au Drury Lane Theatre. Ses œuvres instrumentales les plus connues sont les *Douze sonates pour deux violons, avec basse pour violoncelle ou clavecin* (vers 1745), qui devinrent très populaires et furent utilisées comme musiques de scène au théâtre, et ses huit *Symphonies* (1750-1760).

Éditeur de musique, Boyce publie trois volumes de musique d'église, *Cathedral Music* (1760-1778) : les périodes précédentes, notamment élisabéthaine et jacobaine, y sont représentées ; Christopher Tye, Thomas Tallis, William Byrd, Thomas Morley, Orlando Gibbons y figurent ; mais l'époque de la Restauration domine avec des compositeurs considérés depuis comme mineurs, tels que Henry Aldrich (1647-1710) ou William Turner (1651-1740). Malgré un relatif insuccès à sa parution, cette collection prend rapidement une importance extrême en déterminant le répertoire des chorales de l'Église anglicane ; jusque-là, la musique d'église était diffusée sous forme de manuscrits, la publication antérieure de Barnard, *Church Music* (1641), ayant pratiquement disparu lors de la Restauration. Les commodités offertes par une édition d'un prix abordable étaient telles que les œuvres sélectionnées et éditées par Boyce formèrent peu à peu une sorte de canon standardisé de la musique de l'Église anglicane pour près d'un siècle et demi.

NICOLE LACHARTRE

BRAHMS JOHANNES (1833-1897)

Couvrant les deux derniers tiers du XIXe siècle, Brahms nous présente le cas, unique en son genre dans la musique germanique, de l'artiste de synthèse. Échappant, par sa génération, à la période d'émancipation et de recherches des romantiques de la génération de Schumann, non engagé comme Bruckner, Mahler ou Hugo Wolf dans les prolongements du romantisme ou les recherches d'avenir, Brahms est le type d'artiste statique qui, au centre du XIXe siècle, trouve un équilibre entre l'esprit architectonique du classicisme et la fièvre expressive du romantisme.

Une existence paisible

Né à Hambourg dans une famille de condition modeste, Brahms fut initié très tôt à la musique par son père, contrebassiste. Dès sa jeunesse, il joue du piano dans les tavernes de matelots de la ville hanséatique, après avoir travaillé l'instrument avec O. Cossel et E. Marxsen. Il donne son premier concert à quatorze ans. En 1853, il devient accompagnateur du violoniste hongrois E. Reményi avec lequel il effectue des tournées de concerts en Allemagne du Nord. La même année, il fait la connaissance de Joachim, de Liszt, et surtout de Schumann dont il provoque l'enthousiasme par ses premières compositions. Après avoir été adopté par le cénacle avant-gardiste de Weimar, il l'est par celui, conservateur, de Leipzig. Il est bientôt nommé directeur des concerts de la cour et de la société chorale du prince de Lippe-Detmold. En 1859, il revient se fixer à Hambourg comme directeur du chœur féminin. En 1862, il s'installe à Vienne qui sera dès lors sa résidence définitive, et où il sera nommé chef de la Singakademie. Désormais très paisible et sans événement saillant, sa vie ne sera plus que celle de sa production de chaque jour. En 1872, il devient chef de la Gesellschaft der Musikfreunde. Il est alors une célébrité internationale, encore que ses œuvres soient âprement discutées à Vienne même. Une assez sotte cabale de ses amis et de ceux de Wagner dressera pendant un temps les deux hommes l'un contre l'autre, hostilité qui, en dépit des apparences, n'aura jamais aucun fondement réel. La fin de sa vie se partagera entre Vienne et quelques voyages en Suisse, dans le Salzkammergut, et dans la Forêt-Noire où il s'isole pour composer. Il finit ses jours à Vienne.

Esthétique et style

L'esthétique et le style de Brahms doivent très peu à une formation d'école et beaucoup à l'instinct, au hasard ainsi qu'aux origines ethniques du compositeur. Vouloir, comme on le fait trop souvent, réduire son art à un académisme ou à un néoclassicisme est une erreur non seulement d'ordre spirituel et moral, mais aussi d'ordre matériel.

Brahms est essentiellement un bas-Allemand, un Allemand du Nord. Les aspects viennois ou hongrois que l'on pourra découvrir dans sa musique de maturité ne sont qu'accidents de surface et passagers. Le génie de Brahms est avant tout celui d'un Nordique. Et c'est à ce titre qu'il a son profil classique et son profil romantique, dualité qui lui permettra de trouver une solution de circonstance au milieu du XIXe siècle et d'échapper au dessèchement du néo-classicisme comme à l'impasse, à l'hypertrophie, du néo-romantisme.

Nordique donc, villageois conservateur et luthérien strict, il a le goût de l'ordre et de la rigueur de la forme : la formation bourgeoise reçue de Marxsen renforce ces dispositions. Mais, comme chez tout Allemand nordique, il y a chez Brahms une exaltation intérieure qui fait contraste, exaltation encore développée par une formation littéraire d'autodidacte, acquise dès l'enfance par le jeune Brahms dont les lectures ont été les œuvres de Theodor Storm, E. T. A. Hoffmann, Tieck, Jean-Paul, Eichendorff, ainsi que les sagas scandinaves et autres légendes nordiques que lui avaient fait connaître les *Voix des peuples à travers leurs chants* de Herder. L'influence directe de ce dernier est nettement marquée dans ses premières pièces pour piano. Tout cela crée chez le jeune Brahms un climat de rêve tendre et fantastique qui planera sur toute son œuvre.

En réalité, il a ainsi puisé aux sources les plus authentiques du classicisme et du romantisme sans toutefois jamais se référer aux formes baroques du premier, ni aux manifestations volontiers pathologiques du second. Parler de l'esthétique de Brahms est somme toute chose assez vaine dans la mesure où cette esthétique ne s'analyse que difficilement et échappe au catalogue. Elle se dégage, au hasard des heures et des jours, de son besoin de confidence – en quoi Brahms est bien de son siècle. Il se refuse à tout système, à toute attitude de pensée musicale (c'est la raison pour laquelle il n'appartiendra jamais vraiment ni au cénacle de Weimar, ni à celui de Leipzig) et, en dehors de la syntaxe et de la forme, il n'y a chez lui rien de volontaire.

En revanche, le style s'analyse avec une certaine facilité. Brahms n'emprunte, en effet, que des schémas classiques qu'il traite avec respect, mais sans timidité. S'il s'agit de sonate, de symphonie ou de concerto, il exploite avec rigueur l'architecture traditionnelle. Mais il en magnifie les proportions, les amplifie, et enrichit le matériel thématique comme le matériel rythmique. L'allégro de sonate brahmsien comprend souvent jusqu'à trois, quatre, ou sept thèmes différenciés au lieu des deux motifs traditionnels. La variation prend une liberté, une diversité et une ampleur inconnues à l'époque – et de cet esprit de variation, il nourrit les développements de ses allégros, la substance de ses mouvements lents, et le renouvellement incessant de certains finales en forme de chaconne ou de rondo.

Le sens du rythme est chez lui particulièrement varié, encore qu'il ne sorte pas des rythmes rationnels. Les superpositions de pulsations diverses sont fréquentes et s'enrichissent mutuellement en s'opposant, tout en gardant leur vie rythmique propre et leurs fonctions autonomes. Ce sens du rythme se rattache fréquemment à l'instinct et au souci nationalistes et populaires de Brahms, instinct et souci qui sont, de même, essentiellement romantiques.

La mélodie est jaillissante, et s'impose par cette force même. Elle n'est pas toujours d'une grande originalité ni d'une grande nouveauté, mais elle n'est jamais vulgaire, facile, ni plate. Et si elle donne parfois une impression de déjà entendu, c'est en raison de la parenté qu'elle conserve presque constamment avec les chants et danses populaires.

L'œuvre pour piano

L'œuvre pour piano de Brahms comporte une cinquantaine de compositions, tant sonates, variations et ballades, que *Klavierstücke* divers. C'est là un ensemble qui constitue la partie la plus essentiellement significative du génie du musicien. Cette production pianistique s'étend sur toute sa vie et a la valeur d'un journal intime.

L'écriture pianistique présente des difficultés d'exécution redoutables, mais elle ne sacrifie jamais à la virtuosité artificielle de l'époque. Elle a un caractère symphonique très marqué (certaines œuvres comme les *Haendel-Variations* contiennent de véritables suggestions orchestrales).

Au point de vue du style, il faut signaler quelques tournures fréquentes : progression de tierces, de sixtes, d'octaves, ainsi que leurs doublures, lesquelles produisent les effets symphoniques en question. Il faut noter aussi la tendance à choisir de grands intervalles mélodiques, ce qui, s'ajoutant aux superpositions rythmiques et aux syncopes fréquentes, contribue à donner à l'écriture pianistique de Brahms une physionomie plastiqve très personnelle.

Quant à la forme, elle peut se réduire à trois aspects. En premier lieu, la grande forme avec les trois sonates et les pièces s'apparentant à la ballade. En deuxième lieu, un groupe de caractère technique avec la série des variations. En troisième lieu, un groupe de caractère contemplatif avec les différentes pièces lyriques de petites dimensions (intermezzo, capriccio, fantaisie). Il se trouve que le premier groupe correspond plutôt à la jeunesse, le deuxième à la maturité et le troisième à la vieillesse.

La musique de chambre

À côté du chapitre pianistique, celui qui revêt le plus d'importance et de signification dans la production de Brahms est celui de la musique de chambre. Elle comporte vingt-quatre œuvres allant de la sonate à deux jusqu'au sextuor. Comme la musique pour piano, elle est d'une inspiration intime, elle a un caractère de confidence, mais elle est assujettie à un souci formel plus poussé et plus constant.

Ici, Brahms s'en tient strictement au cadre beethovénien et n'introduit aucune innovation dans la conduite et la structure du discours instrumental. La forme sonate et l'esprit de variation y sont exploités dans l'esprit traditionnel, mais avec une singulière richesse d'invention et une infinie souplesse d'écriture. C'est dans cette partie de son œuvre que Brahms jette des thèmes avec le plus de prodigalité et que, d'autre part, le travail thématique est le plus poussé. On notera enfin, toujours en ce qui concerne la forme, que Brahms, doué d'esprit de synthèse comme on l'a déjà dit, aime fréquemment à combiner les structures de la forme sonate et du rondo, ce qui assouplit l'un et l'autre cadre et permet une liberté très grande au discours, lui évitant ainsi toute raideur académique.

L'esprit de la musique de chambre de Brahms est totalement celui de la « musique pure » ou, comme disent les Allemands, de la « musique absolue ». Toutefois, des prétextes d'inspiration sont parfois visibles : telle source littéraire, dans les sonates pour violon et piano ; telle impression née de la nature, et c'est le cas de la majorité de ces compositions ; plus rarement une suggestion de caractère tragique comme c'est le cas pour le *Quatuor* pour piano et cordes op. 60.

La musique symphonique

Malgré les encouragements de Schumann, Brahms est venu relativement tard à la symphonie : passé la quarantaine. L'orchestre symphonique l'avait, certes, attiré dès sa jeunesse (*Sérénade* op. 11, *Variations sur un thème de Haydn* op. 56), mais jamais il n'avait été tenté par un style qui était alors en pleine vigueur et en pleine nouveauté, la musique à programme.

Ses quatre symphonies s'échelonnent sur une brève période de dix ans (1876-1885). Elles sont les filles des symphonies de Beethoven et traitent avec ampleur le cadre traditionnel. Le travail thématique de développement y est très poussé, mais avec moins de souplesse peut-être que dans la musique de chambre, et l'esprit de variation y est souvent présent. Sur le plan de l'expression, ce sont des œuvres d'une exaltation mesurée, souvent d'un sentiment sylvestre ou pastoral à moins que ce ne soit d'un pathétique affectueusement passionné. Elles ne jettent pas de flammes dévorantes : ce sont les fruits d'un midi sans démon. Elles ont de la grandeur et de l'éloquence, mais jamais de grandiloquence. L'orchestration en est robuste, touffue, puissante et musclée. Il est permis de la trouver épaisse à côté de bien d'autres, mais elle n'a jamais la gaucherie de celle de Schumann ni l'abondance parfois excessive de celle de Bruckner. C'est une orchestration dont le principal mérite est d'être celle de cette musique.

Au même domaine symphonique appartiennent les quatre concertos : deux pour le piano, un pour violon, et un pour violon et violoncelle. Ennemi de la virtuosité gratuite et artificielle, Brahms traite le style concertant d'une façon très personnelle : le ou les solistes y sont presque constamment mêlés au discours général des instruments – ce qui tient à la vocation symphonique de la pensée brahmsienne. Ces solistes, qui ne sont pas des virtuoses systématiquement acrobatiques, introduisent dans ces partitions un élément de variété, de contraste et de relief que n'ont pas les symphonies. Les concertos sont brillants, puissants, mais ils se refusent aux coquetteries d'époque : la virtuosité y est au service exclusif de la musique.

La musique religieuse

À part quelques motets, et préludes et fugues pour orgue, la musique religieuse de Brahms est surtout caractérisée par le *Requiem allemand*, œuvre capitale et unique en son genre à la période romantique. D'esprit typiquement luthérien, l'ouvrage ne s'enferme cependant pas dans les rigueurs de la liturgie. L'esprit et non la lettre : encore une manifestation caractéristique de la tendance de Brahms pour les réalisations de synthèse. Le compositeur s'y crée en quelque sorte sa propre liturgie en choisissant lui-même des textes dans les saintes Écritures, en les ordonnant en une sorte de dramaturgie qui lui est propre, faisant de ce grand « concert spirituel » plus une ode à la mort qu'un véritable *Requiem*.

Le lied

Le nombre des lieder de Brahms s'élève à quelque trois cents pièces. La plupart ont le caractère et le style du *Volkslied*, même lorsqu'ils sont essentiellement lyriques. Toutefois on trouve parfois, dans ce vaste ensemble, l'esprit cyclique qui avait souvent possédé Schubert et Schumann : à cet égard, il convient de citer le cycle de *La Belle Maguelone* (*Magelone Romanzen*) sur les poèmes de Tieck, sorte de roman de chevalerie en quinze pièces dans le caractère de la ballade, ainsi que les *Quatre Chants sérieux*, cycle de méditations spirituelles sur des textes de la Bible et de saint Paul.

CLAUDE ROSTAND

Bibliographie

J. Brahms, *Brahms Briefwechsel*, Deutsche Brahms-Gesellschaft éd., 16 vol., Berlin, 1907-1922.

• *Études*

E. Evans, *Historical, Descriptive and Analytical Account of the Entire Works of Brahms*, 4 vol., Londres, 1912 / K. Geiringer, *Brahms, sa vie, son œuvre*, Buchet-Chastel, Paris, 1982 / M. Harrison, *The Lieder of Brahms*, Praeger, New York, Washington, 1972 / J. Horton, *La Musique d'orchestre de Brahms*, Actes sud, 1989 / B. Jacobson, *The Music of Johannes Brahms*, Fairleigh Dickinson Univ. Press, Londres, 1978 / B. James, *Brahms, a Critical Study*, Praeger, New York, Washington / M. Kalbeck, *Johannes Brahms*, 8 vol., 1904-1914 / F. May, *The Life of Johannes Brahms*, 2 vol., Londres, 1905 / C. Rostand, *Brahms*, Fayard, Paris, 1978, rééd. 1990 / R. H. Schauffler, *The Unknown Brahms*, New York, 1940 / Y. Tiénot, *Brahms*, Henri Lemoine et Cie, Paris, 1968.

BRĂILOIU CONSTANTIN (1893-1958)

Constantin Brăiloiu passa son enfance à Bucarest, où il naquit le 13 août 1893. Il se passionna très tôt pour les chants populaires roumains, qui constituèrent un fondement musical à toutes ses recherches musicologiques ultérieures. Après des études secondaires à Bucarest, Vienne et Lausanne, il étudia la composition musicale au Conservatoire de Paris, où il fut l'élève d'André Gédalge de 1912 à 1914. Il demeura en Roumanie de 1914 à 1943, déployant des activités diverses : critique, enseignement et recherches folkloriques. Il débuta comme compositeur tout en collaborant à la *Tribune de Lausanne* et au *Luptatorul* (Le Lutteur), quotidien de Bucarest fondé en 1920 par son ami Léon Algazi. Il enseigna l'histoire de la musique et l'esthétique musicale à l'Académie royale de musique et devint Rector et professeur à l'Académie de musique religieuse de Sainte-Patriarchie (1929-1935). Il fonda la Société des compositeurs roumains avec Georges Enesco en 1926 et créa en 1928 l'Institut du folklore roumain à Bucarest. Nommé conseiller culturel au ministère des Affaires étrangères en 1938, il fut envoyé en mission à Berne auprès de la légation roumaine de 1943 à 1946. En 1944, il fonda à Genève, avec Laszlo Lajtha, les Archives internationales du folklore musical. À la suite des changements politiques en Roumanie après la guerre, il émigra et s'établit à Paris, tout en continuant de travailler au musée de Genève. Il entra en 1948 au Centre national de la recherche scientifique comme chargé puis maître de recherche. Il participa à l'activité du département d'ethnologie musicale au musée de l'Homme et de l'Institut de musicologie de l'université de Paris. Il continuait d'assumer la direction de ses archives au musée de Genève, et c'est au cours d'un de ses voyages semestriels qu'il succomba d'une congestion cérébrale, à Genève, le 20 décembre 1958.

Pendant les quinze dernières années de sa vie, Brăiloiu s'est attaché avec rigueur à dégager les règles auxquelles obéit le rythme du chant (« Le Giusto syllabique bichrone. Un système rythmique propre à la musique populaire roumaine », in *Polyphonie*, 2e cahier, 1948) ou de la poésie paysanne roumaine (« Le Vers populaire chanté », in *Revue des études roumaines*, vol. II, 1954), celles qui définissent, par-delà les frontières de la Roumanie, certaine musique instrumentale de danse (« Le Rythme Aksak », in *Revue de musicologie*, déc. 1951), sur le plan universel, enfin, celles qui, d'une part, régissent jeux, contines ou rondes d'enfants (« Le Rythme enfantin : notions préliminaires », in *Les Colloques de Wégimont*, 1954, Elsevier, Paris-Bruxelles, 1956), d'autre part, cette fois dans la dimension mélodique, la tonalité primitive (« Sur une mélodie russe », in *Musique russe*, t. II, P.U.F., Paris, 1953). Collaborateur de l'U.N.E.S.C.O., il produisit entre 1951 et 1958 une *Collection universelle de musique populaire enregistrée* comportant quarante disques.

Constantin Brăiloiu publia également « Esquisse d'une méthode de folklore musical », in *Revue de musicologie*, nov. 1931 ; « Le Folklore musical », in *Musica Aeterna*, M.S. Metz, Zurich, 1949 ; « Pentatonismes chez Debussy », in *Studia memoriae Belae Bartok sacra*, Aedes Academiae scientiarum hungaricae, Budapest, 1956 ; « Réflexions sur la création musicale collective », in *Diogène*, nº 25, janv.-mars 1959.

ORUNO D. LARA

BRETÓN TOMÁS (1850-1923)

Chef d'orchestre, compositeur et pédagogue espagnol, surtout célèbre pour ses zarzuelas (1875-1896). Né à Salamanque, Bretón s'établit à Madrid en 1865 et étudia la composition dans la classe de J. Emilio Arrieta y Correra (1823-1894). À Madrid et à Barcelone, il dirigea un orchestre de zarzuelas. En 1875, on créa son premier opéra, *Guzmán el Bueno*, puis *Los Amantes de Teruel* (1889), *Garín* (1892), *La Dolores* (1895), *Raquel* (1900)... Il fonda en 1876 un grand orchestre de concerts, la Unión artísticomusical. C'est lui qui travailla ardemment à détruire la souveraine influence de l'opéra italien au bénéfice d'un art lyrique espagnol. Il écrivit une quarantaine de zarzuelas, unanimement prisées du public. En 1881, il obtint une pension de l'Académie espagnole des beaux-arts de Rome. Il fit un séjour à Vienne pendant lequel il écrivit une symphonie. En 1901, il fut nommé professeur et commissaire royal au conservatoire de musique de Madrid. Sa zarzuela, *La Verbena de la Paloma* (1897), est l'un des chefs-d'œuvre du « género chico », créé par son rival Chueca. « Si son langage harmonique ainsi que son orchestration avaient été plus soignés, *La Dolores*, drame presque « vériste », en tout cas d'un réalisme populaire, pourrait figurer à côté du théâtre lyrique français, italien, ou du théâtre tchèque d'un Smetana ou d'un Janaček. En tant que théâtre musical, elle constitue un excellent exemple d'art national par sa langue chantée et par le sens mélodique général, exemple qui ne fut jamais dépassé » (Adolfo Salazar). Bretón a aussi écrit de la musique de chambre (trio avec piano, trois quatuors, quintette avec piano, un sextuor), un concerto de violon, un oratorio. Il est mort dans une relative pauvreté, laissant le souvenir d'un artiste probe et totalement dévoué à la musique.

PIERRE-PAUL LACAS

BRITTEN BENJAMIN (1913-1976)

Une fois de plus, l'opéra était mort à la fin de la Seconde Guerre mondiale. Mort combien de fois, depuis 1904, l'année de *Madame Butterfly* de Puccini ? Mort en 1911, après *Le Chevalier à la rose* de Strauss ; mort en 1925, après *Wozzeck* de Berg – mais *Wozzeck* mit vingt ans à s'imposer, alors que *Le Chevalier* avait été, encore, un triomphe immédiat. Mais l'opéra s'obstine à renaître des cendres de ses propres triomphes, parfois avec des œuvres que les amateurs du genre rejettent de leur royaume : *Pelléas*, de Debussy, dès 1902, était-ce encore un opéra ?

En 1945, le 7 juin, à Londres, à Sadler's Wells, *Peter Grimes* en fut un. Un succès immédiat, comme pour *Le Chevalier*. Dès 1946, *Peter Grimes* fut produit à Stockholm, Bâle, Anvers, Zurich, Tanglewood. En 1947, à Hambourg, Berlin, Mannheim, Brno, Copenhague, Budapest et à la Scala de Milan. Rapidement, on le traduisit dans une vingtaine de langues ; le tour du monde. Le 24 mars 1949, la création en langue française, à Strasbourg ; un record, lorsqu'on songe à la paresse traditionnelle avec laquelle la France prend connaissance des chefs-d'œuvre, étrangers surtout. Il est vrai que le metteur en scène (et traducteur) s'appelait Roger Lalande, un pionnier.

L'auteur, en 1945, avait trente-deux ans : il était né à Lowestoft, dans le Suffolk. Baigné par la mer, nourri par elle, grandi près d'elle, avec elle ; la mer, de tous les éléments, celui qui, le plus, à sa surface et dans ses profondeurs, offre et recèle la musique du monde.

Le climat

Britten commence à composer dès l'enfance et, à l'âge de onze ans, il devient l'élève du compositeur Frank Bridge. Étudiant au Royal College of Music de Londres à partir de 1930, ses professeurs pendant trois ans seront Harold Samuel, Arthur Benjamin et John Ireland. C'est à cette époque qu'il écrit ce qu'on considère officiellement comme son opus 1, la *Sinfonietta* (1932). Après l'audition de *Wozzeck* en 1934, il visite Vienne mais ses projets d'étudier avec Alban Berg se heurtent à l'opposition de sa famille et de ses professeurs anglais. À sa sortie du collège, sa *Phantasy* (op. 2) pour hautbois et trio à cordes est jouée au festival de l'International Society of Contemporary Music à Florence en 1934, mais c'est avec les *Variations sur un thème de Frank Bridge* (op. 10), créées au festival de Salzbourg de 1937, qu'il fera sa première vraie percée dans le monde musical international. En 1935, il est attaché à la section cinématographique des postes anglaises (G.P.O. Film Unit) pour une série de films documentaires dont il compose la musique, avec des moyens limités et très peu conventionnels. Britten faisait alors équipe avec le poète Wystan Hugh Auden, dont l'émigration aux États-Unis l'aida à prendre conscience de l'incertitude de son propre avenir et le décida à partir lui aussi en Amérique. Là, il compose son *Concerto pour violon* (1939), la *Sinfonia da requiem* (1940), sa première grande œuvre symphonique, créée par le New York Symphony Orchestra sous la direction de John Barbirolli, son *Quatuor à cordes n° 1*, un premier essai d'opéra – *Paul Bunyan* –, des cycles de mélodies – *Les Illuminations*

(1939), sur des poèmes de Rimbaud, et les *Sept Sonnets de Michel-Ange* (1940).

Les *Sonnets* étaient en italien, et composés pour la voix de ténor aigu de Peter Pears : un grand artiste et, désormais, le compagnon de Britten, dans l'art et dans la vie, l'inspirateur et le créateur de beaucoup de ses grandes œuvres lyriques, à commencer par *Peter Grimes*, commandé par la fondation Koussevitzky, mais achevé seulement en 1945 après le retour de Britten en Angleterre.

Ce poème, cette symphonie de la mer, c'est aussi la première tentative d'exorcisme que Britten exerce sur lui-même ; renaissance de la catharsis grecque, à plus d'un titre, et qui sera renouvelée dans les œuvres essentielles qui se succéderont du *Viol de Lucrèce* (1946) à *Mort à Venise* (1973) en passant par *Billy Budd* (1951), *Le Tour d'écrou* (1954), et, à partir de 1964, dans les trois paraboles ou « opéras d'église » – *La Rivière aux courlis*, *La Fournaise ardente* et *Le Fils prodigue* – et *Owen Wingrave*, opéra qu'il compose pour la télévision en 1971. Peter Grimes, le vieux marin, soupçonné d'avoir maltraité et laissé mourir deux mousses, sera poussé au suicide par la population de son village ; et la femme qui l'aime ne pourra pas le sauver, ni de lui-même ni des autres. Lucrèce se tuera pour avoir subi l'amour de Tarquin, se tuera malgré le pardon de son mari, sa vertu profanée ne lui laissant pas d'autre choix. Billy, héros d'une histoire où nulle femme ne paraît, et qui se déroule tout entière à bord d'un bateau, sera condamné, mis à mort pour un crime douteux, par jalousie de son capitaine, qui en gardera le regret jusqu'à sa propre mort. *Le Tour d'écrou* : la prison des âmes, par-delà la mort, pour deux enfants envoûtés par des spectres, qui ne sont que la projection, sur le miroir du monde et celui du lac mystérieux qui borde leur château hanté, des nœuds affreux qui les étouffent, qu'une femme tentera de défaire, mais où elle sera prise, à son tour. Owen Wingrave, fils pacifiste d'une grande famille militaire, prouve son courage et meurt dans sa confrontation avec les esprits de ses ancêtres. *Mort à Venise* enfin : dans la contemplation douloureuse de la Beauté, l'homme de lettres von Aschenbach rencontre sa mort et accomplit son destin.

Les refuges

Dans toutes ces œuvres, même dans la païenne histoire de Tarquin et de Lucrèce, la forme chrétienne de l'aspiration au salut transparaît en filigrane. Elle deviendra dominante dans les trois « opéras d'église », chantés par des moines déguisés, car, comme au Moyen Âge et dans le nō japonais, les rôles féminins seront confiés à des hommes. Dans *La Rivière aux courlis*, une femme, dont la voix est celle d'un ténor aigu, cherche par le monde son enfant introuvable, ne trouve que son tombeau. Les héros de tous ces drames sans solution, car la damnation est éternelle, chercheront consolation au pied de la croix, dans l'humilité du péché reconnu. Socrate, au XXe siècle, ne boit plus la ciguë, il s'immole devant l'ami de Jean, qu'il a choisi pour sauveur.

Britten croyait en une musique de circonstance, et c'est dans des occasions bien déterminées qu'il écrit de nombreuses œuvres, parmi lesquelles sa *Cantata academica* pour le cinq centième anniversaire de l'université de Bâle, sa *Cantata misericordium* (1963) pour le centenaire de la Croix-Rouge et *Voices for Today*, motet composé pour le vingtième anniversaire des Nations unies. Il a exposé son esthétique musicale dans un discours prononcé aux États-Unis en 1964, lorsqu'il reçut le

Aspen Award : « Je tiens compte des circonstances humaines de la musique, de son environnement et de ses conventions : ainsi pour le théâtre, j'essaie d'écrire une musique efficace dramatiquement. Et puis la meilleure musique qu'on puisse écouter dans une grande église gothique, c'est la polyphonie qui fut écrite pour ce type d'architecture et calculée en fonction de sa résonance : telle fut mon approche pour le *War Requiem*. Je crois en la musique de circonstance. Presque chaque chose que j'ai composée l'a été en vue d'une certaine occasion, habituellement pour des exécutants bien définis et toujours pour des êtres humains... » *Gloriana*, spectacle de circonstance, opéra d'apparat, le *War Requiem*, né de la guerre et de la résurrection de tout un peuple, ce sont les gages que Britten, par-delà deux siècles, offrira à Haendel, couché pour toujours dans l'abbaye de Westminster. Mais les *Variations sur un thème de Purcell* ont double signification. Le musicien inspiré, qui, après trois siècles cette fois, aura fait resurgir l'opéra anglais, la langue anglaise chantée, y rend hommage à Purcell, avec qui le genre semblait disparu pour toujours ; mais c'est pour initier des collégiens à la magie des timbres de l'orchestre que Britten, le fondateur de l'English Opera Group, compose les *Variations*. Ce « groupe », né avec *Le Viol de Lucrèce*, avait réduit l'orchestre à un ensemble de solistes ; c'était le chariot de Thespis lyrique, avec ses décors pliants, s'en allant par les villes et les campagnes, les œuvres réduites à l'essentiel, les dépenses aussi.

En 1948, Britten, Pears et leurs amis fondent le festival d'Aldeburgh pour y mettre en valeur l'English Opera Group aussi bien que leurs éminents amis musiciens : William Primrose, Yehudi Menuhin, Sviatoslav Richter, Julian Bream, Dietrich Fischer-Dieskau, Zoltán Kodály... En 1961 commence une collaboration artistique très fructueuse entre Britten et Mstislav Rostropovitch. La *Sonate pour violoncelle* créée au festival d'Aldeburgh 1961 est suivie en 1963 par la *Cello Symphony*, et trois suites pour violoncelle. En 1965, il compose le cycle de mélodies *The Poet's Echo* sur des poèmes de Pouchkine, pour la femme de Rostropovitch, Galina Vichnievskaia. Passionné par les diverses langues humaines, Britten joindra à ce cycle russe des mélodies en anglais, en français, en italien et en allemand. Bien qu'il accepte parfois d'autres commandes, la composition de musique pour le festival d'Aldeburgh sera l'activité principale du musicien durant le reste de sa vie, consacré aussi à son travail de pianiste soliste et de chef d'orchestre. La construction en 1967 d'une grande salle polyvalente de concert et d'opéra (The Maltings) donne une plus large envergure aux manifestations du festival.

« Le chant d'un homme seul »

Britten, le musicien, a la nostalgie permanente de la poésie, même lorsqu'il se penche, comme en marge de ses hantises, avec *Albert Herring* (1947), sur l'histoire du *Rosier de Mme Husson* de Maupassant, ou bien sur le vieil *Opéra des gueux* de John Gay et John Christopher Pepusch, et, bien entendu, lorsqu'il compose, pour des collégiens encore, *Faisons un opéra* (1949) et *L'Arche de Noé* (1957). Et lorsque son secret est au centre d'une œuvre, chaque fois un grand exemple poétique s'y trouve lié : pour *Peter Grimes*, le livret de Montagu Slater est extrait d'un vaste poème, datant de 1810, de George Crabbe ; pour *Le Viol de Lucrèce*, Roland Duncan transcrira la pièce d'André Obey ; pour *Billy Budd*, Edward Morgan Forster et Eric

Crozier adapteront le roman de Herman Melville ; pour *Le Tour d'écrou* et pour *Owen Wingrave*, l'inspirateur de Myfanwy Piper et du musicien sera Henry James, le génial précurseur de Proust, de James Joyce, d'Arthur Schnitzler et de Freud ; pour *Mort à Venise* enfin, la nouvelle de Thomas Mann. La poésie, toujours, débouche sur la sonde des âmes, par la voie de la musique.

Né à la musique au moment où Stravinski et Schönberg, ce dernier surtout, la révolutionnent, Britten va obstinément son propre chemin. Obstinément ? Non, à la réflexion ; plutôt avec un parfait naturel. Il aime Debussy, il aime Moussorgski, il aime le chant italien ; il leur restera fidèle. Il aime la musique ancienne, et il lui rendra maintes fois hommage. Il aime la richesse inépuisable des modes du Moyen Âge, du chant des troubadours, du chant grégorien. Il aime le chant fruité des instruments d'autrefois. Lorsqu'il ira chercher son inspiration dans Shakespeare, ce sera dans *Le Songe d'une nuit d'été*, et sa musique sera celle de l'époque élisabéthaine, si douce et si limpide parmi les horreurs du temps. De la façon la plus simple et la plus directe, il dira ses angoisses, calmera ses démons. Il ne reniera jamais ceux qu'il considère comme ses exemples et ses maîtres, mais ne les imitera jamais non plus, s'en approchera peut-être trop ; jusqu'au danger du pastiche, dans les trois opéras d'église ; mais c'est là peu de chose, au regard d'une œuvre qui se lie aux plus hautes traditions avec les signes permanents de la plus profonde originalité.

ANTOINE GOLÉA et CHARLES PITT

Bibliographie

A. BLYTH dir., *Remembering Britten*, Hutchinson, Londres, 1981 / B. BRITTEN, *On Receiving the First Aspen Award*, Faber, Londres, 1964 ; *Letters from a Life*, D. Mitchell & P. Reed éd., t. I : 1929-1939, t. II : 1939-1945, *ibid.*, 1991 / B. BRITTEN, E. M. FORSTER, F. SACKVILLE-WEST, E. CROZIER & M. SLATER, *La Création de l'opéra anglais et Peter Grimes*, R. Masse, Paris, 1947 / B. BRITTEN & I. HOLST, *The Wonderful World of Music*, MacDonald, Londres, 1968 / R. DUNCAN, *Working with Britten*, Rebel Press, Bideford, 1981 / J. EVANS, P. REED & P. WILSON dir., *A Britten Sourcebook*, The Britten Estate, Aldeburgh, 1987 / P. EVANS, *The Music of Benjamin Britten*, Dent, Londres, 1979, rééd. 1989 / A. GISHFORD dir., *Tribute to Benjamin Britten on His Fiftieth Birthday*, Faber, 1963, repr. 1990 / C. HEADINGTON, *Britten*, Methuen, Londres, 1981 / D. HERBERT dir., *The Operas of Benjamin Britten*, Hamilton, Londres, 1979, rééd. 1989 / I. HOLST, *Britten*, Faber, 1966, rééd. rev. 1980 / P. HOWARD, *The Operas of Benjamin Britten*, Barrie & Rockliff, Londres, 1969 / A. KENDALL, *Benjamin Britten*, Macmillan, Londres, 1973 / M. KENNEDY, *Britten*, Dent, 1983 / D. MITCHELL, *Benjamin Britten. A Complete Catalogue of His Works*, Boosey & Hawkes-Faber, Londres, 1973, rééd. rev. 1978 ; *Britten and Auden in the Thirties*, Faber, 1981 / D. MITCHELL & J. EVANS, *Benjamin Britten : Pictures from a Life*, Faber, 1978 / D. MITCHELL & H. KELLER, *Benjamin Britten ; a Commentary on His Works by a Group of Specialists*, Rockliff, 1952 / C. PALMER dir., *The Britten Companion*, Cambridge Univ. Press, Cambridge (G.-B.), 1984 / « Peter Grimes », in *L'Avant-Scène Opéra*, nº 31, 1981 / C. PITT, *Benjamin Britten 1913-1976*, Opéra de Paris, 1981 / « Le Songe d'une nuit d'été », in *L'Avant-Scène Opéra*, nº 146, 1992 / E. W. WHITE, *Benjamin Britten, His Life and Operas*, Faber, 1970, rééd. rev. 1979 / H. VIEBROCK, *A Midsummer Night's Dream. Shakespeares Lustspieltext und seine Verwendung als Libretto in Benjamin Brittens gleichnamiger Oper*, F. Steiner, Stuttgart, 1991 / A. WHITTALL, *The Music of Britten and Tippett*, Cambridge Univ. Press, New York, 1990.

BROWN EARLE (1926-)

Avec Morton Feldmann, Earle Brown est sans doute l'un des principaux musiciens américains immédiatement associés à John Cage. Il doit beaucoup à la personnalité et aux idées musicales de ce dernier dont il est d'abord l'élève avant d'en devenir le collaborateur pour la conception de certaines œuvres ou pour des recherches communes.

Le panthéon de Earle Brown est américain. À côté de Cage, il place Charles Ives et Edgard Varèse, qui symbolisent pour lui le souffle vital dans sa générosité essentielle, et Calder qui le fait réfléchir sur la notion même d'œuvre d'art, éternellement changeante, éternellement la même. Les *Mobiles* lui permettent de « définir les relations des structures mobiles entre les deux arts ». En musique, il y voit une correspondance avec l'ouverture vers l'aléatoire. Il est aussi influencé par les peintures de Jackson Pollock.

Dans la ligne et l'esprit de Cage, il s'interroge sur la matière sonore et sur le son lui-même. Il réalise des recherches mathématiques et physiques sur le son ou les nombres, leur organisation...

Ses œuvres, qu'il s'agisse d'œuvres pour bandes magnétiques, ou purement instrumentales, ou mixtes, échappent toujours à tout cadre formel traditionnel. Parfois de conception graphique très abstraite (*December 1952*, 1952), elles sont le plus souvent indéterminées pour l'exécutant. Autant que par leur forme, elles retiennent l'attention par la grande diversité de leurs répartitions instrumentales : *Twenty-Five Pages* (1953) pour un dispositif d'un à vingt-cinq pianos ; *Available Forms II* (1961-1962) pour deux chefs d'orchestre travaillant indépendamment l'un de l'autre et dirigeant chacun un groupe de quarante-neuf instrumentistes ; *Calder Piece* (1964) pour quatre percussionnistes et un mobile de Calder ; *Four Systems* (1964) pour quatre cymbales amplifiées ; *Cross Section and Color Fields* (1976) pour chœur et orchestre ; *Tracer* (1984) pour flûte, basson, violon, violoncelle, contrebasse et bande magnétique.

BRIGITTE MASSIN

BRUCH MAX (1838-1920)

Compositeur allemand, né à Cologne, où il commence ses études musicales avec Ferdinand Hiller, Carl Reinecke et Ferdinand Breuning (1857-1858). À Leipzig, il est l'élève de Julius Rietz et du cantor de Saint-Thomas, Moritz Hauptmann. Nommé professeur à Cologne (1858-1861), il est ensuite chef de chœur et chef d'orchestre à Mannheim (1862-1864), Coblence (1865-1867), Sondershausen (1867-1870), Berlin (1878-1880), Liverpool (1880-1883) et Breslau (1883-1890) avant de prendre la direction de la Musikhochschule de Berlin (1891-1910), où il compte notamment parmi ses élèves le compositeur anglais Ralph Vaughan-Williams.

Sa première œuvre importante est un opéra, *Die Loreley*, pour lequel il utilise le livret que Emanuel Geibel avait destiné à Mendelssohn (1863). Il se distingue par son attachement à la musique romantique et un sens de la mélodie proches de Brahms. Sa musique, qui ne manque pas d'imagination dans un premier temps, souffre assez vite de son refus d'adhérer aux nouvelles tendances post-romantiques, et, à la fin de sa vie, elle tournera à l'académisme. Bruch est surtout connu en Allemagne pour sa musique chorale : chef de chœur lui-même, il a composé de nombreuses pages pour les ensembles qu'il dirigeait, et ces œuvres sont restées au répertoire des chorales allemandes. Il s'est notamment imposé par des oratorios profanes dont le genre était encore inédit : *Frithjof* (1864), *Odysseus* (1872), *Arminius* (1875), *Das Lied von der Glocke* (1878), *Achilleus* (1885), *Gustav Adolf* (1898).

En dehors de son pays natal, trois œuvres ont assuré sa postérité : le *Concerto pour violon n° 1* en *sol* mineur, op. 26 (1868), écrit pour Josef Joachim, la *Fantaisie écossaise* pour violon et orchestre, op. 46 (1880), écrite pour Pablo de Sarasate, et la rhapsodie hébraïque *Kol Nidrei* pour violoncelle et orchestre, op. 47 (1880), écrite à la demande de la communauté juive de Liverpool (contrairement à ce qui a été souvent écrit à propos de cette œuvre, Bruch n'était pas juif mais protestant). Son œuvre pour violon et orchestre comporte deux autres concertos (1878 et 1890), un *Konzertstück* (1911) et diverses pièces. Parmi les quatre-vingt-dix-sept numéros d'opus qu'il a composés entre 1858 et 1919 figurent trois symphonies (nos 1 et 2, 1870 ; no 3, 1887), un concerto pour deux pianos (1916), deux quatuors à cordes (1859 et 1860), un trio (1858), un second opéra, *Hermione*, d'après *Le Conte d'hiver* de Shakespeare (1872), des lieder et un étonnant cycle de *Pièces pour clarinette, alto et piano*, op. 83 (1910). Bruch avait épousé la cantatrice Clara Tuczek, qui mourut un an avant lui à Berlin.

ALAIN PÂRIS

BRUCKNER ANTON (1824-1896)

« Je ne connais qu'un homme qui approche de Beethoven, c'est Bruckner. » Ce jugement de Richard Wagner concerne le compositeur le plus discuté de l'histoire de la musique. L'originalité même de Bruckner lui vaut, de nos jours encore, l'enthousiasme d'un nombre croissant de musiciens, comme aussi, hélas, l'incompréhension, pouvant aller jusqu'à l'aversion, de la part de quelques autres.

Contemporain de Johannes Brahms qui le combattit sans merci, Bruckner laisse un message d'apôtre animé par une intense vie intérieure et par toute la ferveur de sa foi catholique. Méditative, sa musique est celle d'un organiste instruit de l'art de Jean-Sébastien Bach dont il assimila la science, et qui jusqu'au bout sut garder un cœur d'enfant, afin d'exprimer comme Schubert la fraîcheur et la grâce.

Organiste et compositeur

Fils d'un maître d'école d'Ansfelden, Anton Bruckner naît dans ce petit village de la Haute-Autriche. Pieux et modeste dès l'enfance, il ne songe d'abord qu'à suivre les traces paternelles. Chanteur, comme l'avait été Schubert, dans une maîtrise, le futur compositeur sera successivement maître d'école, organiste à l'abbaye Saint-Florian, puis à la cathédrale de Linz, mais il ne complétera son éducation musicale qu'à l'âge de trente-cinq ans, auprès du contrapuntiste Simon Sechter, du chef d'orchestre Otto Kitzler et d'autres théoriciens viennois. Nommé professeur d'orgue, d'harmonie et de contrepoint au conservatoire de Vienne en 1868, Bruckner se fixe définitivement dans la capitale de l'Autriche où se déroulera le reste de sa vie ardente et obscure. Dans ses dernières années, il connaîtra tout de même la gloire, grâce en particulier au soutien de Wagner.

Il mourra à Vienne et son corps sera transféré, selon son vœu, à l'abbaye Saint-Florian où il repose au pied des grandes orgues.

À son arrivée à Vienne, Bruckner, qui a trente-quatre ans, est précédé d'une enviable réputation d'organiste. On le compare à Jean-Sébastien Bach pour ses talents d'improvisateur, mais, comme César Franck, il a besoin de mûrir longtemps encore avant de donner toute la mesure de son génie de compositeur. Par quelques côtés, Franck et Bruckner peuvent être comparés. De maturité tardive, l'un et l'autre ont vécu dans l'ombre, en marge d'une brillante société. Tous deux ont consacré leur temps et leurs forces à l'enseignement, ont transmis leur savoir à des disciples bientôt illustres. Et les œuvres symphoniques de ces organistes, que rapproche une certaine parenté d'inspiration mystique, trahissent, l'une et l'autre, la pratique quotidienne du roi des instruments.

Au cours de l'un de ses rares voyages à l'étranger, Bruckner se rend à Paris et fait sensation devant Saint-Saëns, Gounod, Ambroise Thomas, Auber, Franck, par ses fugues improvisées aux grandes orgues de Notre-Dame : « Auparavant on n'avait jamais rien entendu de semblable », affirme l'organiste Émile Lamberg.

Des quelque 124 numéros d'opus que compte l'œuvre entier de Bruckner, une vingtaine prennent place au sommet de la production musicale de l'ensemble du XIXe siècle. Le reste est inégal, certes, mais toujours personnel et ne recèle aucune réelle faiblesse.

Composée à partir de mai 1864, la *Messe no 1* en *ré* mineur constitue la première véritable réussite de Bruckner, qui a quarante ans. Entre cette partition et le « testament symphonique », la *Neuvième Symphonie* inachevée, trente-deux années s'écoulent au cours desquelles apparaissent deux autres messes, un *Te Deum*, un *Quintette pour cordes* et surtout l'immense cycle des neuf symphonies, dont quelques-unes ne seront pas jouées du vivant de Bruckner. Ces partitions se présentent à nous dans plusieurs versions, souvent remaniées par les élèves du compositeur. Ceux-ci ont cru rendre service à leur maître en présentant sa musique sous une forme plus séduisante et immédiatement accessible au grand public. La Société internationale Bruckner, dont le siège est à Vienne, s'est consacrée, sous la direction de Léopold Nowak, à restituer l'œuvre du musicien sous son aspect authentique.

Affinités

Dans les pays latins, on a longtemps considéré l'œuvre de Bruckner comme typiquement nationale et réservée aux sensibilités germaniques ou anglo-saxonnes. De très nombreux témoignages montrent aujourd'hui l'erreur de ce rejet d'une esthétique. L'art de Bruckner, comme l'art de Berlioz ou celui de Brahms, s'impose par son universalité auprès des auditeurs pour qui la contemplation importe plus que la concision.

Les traits les plus caractéristiques du personnage pittoresque que fut Bruckner aident à mieux saisir la portée de son message. Le physique ingrat et le comportement maladroit, voire comique, de ce paysan du Danube égaré dans un monde citadin indifférent et cruel provoqueront la pitié, l'hilarité ou l'hostilité. Tardive, son œuvre naîtra en dépit des railleries et calomnies dont il sera l'objet jusqu'à sa mort. Deux adversaires surtout, dans la Vienne musicale, empoisonneront l'existence de Bruckner : Hanslick et Brahms.

L'omnipotent critique Eduard Hanslick exercera son influence néfaste par des comptes rendus de ce genre : « Je ne connais rien de si antinaturel, de si boursouflé, de si morbide ni de si pernicieux [...] des ténèbres à perte de vue, un ennui de plomb, une surexcitation fébrile. » Bruckner en vint à demander aux musiciens viennois de ne plus jouer sa musique, afin de contraindre Hanslick au silence. Quant à l'attitude hostile de Brahms à l'égard de Bruckner, elle constitue sans doute le plus navrant exemple d'inimitié entre deux grands artistes. Wilhelm Furtwängler a consacré une passionnante étude à ce dramatique antagonisme. Bruckner trouvera un antidote dans l'affection de Wagner, du chef d'orchestre Hans Richter, ainsi que de nombreux disciples, au premier rang desquels Hugo Wolf et Gustav Mahler.

Un autre drame de la vie de Bruckner : jusqu'à la fin il recherchera le mariage mais toujours l'amour lui sera refusé. Il est permis de déceler dans sa musique la véhémence de passions longtemps contenues.

Richement harmonisée, la mélodie brucknérienne s'étend sur de vastes développements et se prête au travail contrapuntique. Bâties en général sur trois thèmes, les architectures se dressent, puissantes. Elles offrent de saisissantes oppositions entre les tutti grandioses et les épisodes limpides, fragiles et naïfs. Ces contrastes viennent d'une âme débordante de générosité, de ce cœur pur battant avec violence au service de son idéal religieux.

Lorsqu'il voulut dépeindre le caractère de Bruckner, Auguste Göllerich, élève et ami du compositeur, emprunta à Lamartine les lignes suivantes : « Il est des âmes méditatives que la solitude et la contemplation élèvent invinciblement vers les idées infinies, c'est-à-dire vers la religion. Toutes leurs pensées se convertissent en enthousiasme et en prière, toute leur existence est un hymne à la Divinité et à l'espérance. Elles cherchent en elles-mêmes et dans la création qui les environne des marches pour monter jusqu'à Dieu, des expressions et des images pour se révéler à elles-mêmes, pour se révéler à lui. » Wagner a pu nommer Beethoven pour situer Bruckner. Deux autres noms doivent être évoqués : Schubert et Bach, à côté desquels celui de l'instituteur d'Ansfelden mérite une place.

FLORIAN HOLLARD

Bibliographie

A. ABENDROTH, *Die Symphonien Anton Bruckners*, Berlin, 1940 / M. AUER, *Anton Bruckner. Sein Leben und Werk*, Amalthea, Vienne, 1966 / P. BARFORD, *Les Symphonies de Bruckner*, Actes sud, 1991 / F. ECKSTEIN, *Errinnerungen an A. Bruckner*, Vienne, 1923 / W. FURTWÄNGLER, *Brahms und Bruckner*, Leipzig, 1942 / J. GALLOIS, *Bruckner*, Seuil, 1973 / A. GÖLLERICH & M. AUER, *Anton Bruckner. Ein Lebens- und Schaffensbild*, 9 vol., Bosse, Ratisbonne, 1938 / R. HAAS, *Anton Bruckner*, Potsdam, 1934 / F. KLOSE, *Meine Lehrjahre bei A. Bruckner*, Ratisbonne, 1927 / E. KURTH, *Anton Bruckner*, Berlin, 1925 / M. LANCELOT, *Bruckner*, Seghers, 1964 / P.-G. LANGEVIN, *Anton Bruckner, l'apogée de la symphonie*, L'Âge d'homme, Lausanne, 1977 / A. MACHABEY, *La Vie et l'œuvre d'Anton Bruckner*, Calmann-Lévy, Paris, 1945 / A. OREL, *Anton Bruckner*, Leipzig, 1936 / R. SIMPSON, *The Essence of Bruckner*, Gollancz, Londres, 1967, rééd. 1992 / L. VAN VASSENHOVE, *Anton Bruckner*, Neuchâtel, 1942.

BULL JOHN (1562 env.-1628)

Compositeur éminent de l'âge d'or élisabéthain et jacobéen, formé à la Chapelle royale, John Bull devient organiste de la cathédrale de Hereford en 1582, membre de la Chapelle royale en 1585, et, en alternance avec William Byrd, il succède à son ancien maître Blitheman au poste d'organiste de cette chapelle en 1591. Docteur en musique des universités d'Oxford et de Cambridge, il est nommé en 1601 professeur de musique à Gresham College, mais profite de la faveur royale pour effectuer sur le continent de nombreux voyages. En 1613, il quitte brusquement l'Angleterre : selon lui, pour préserver sa foi catholique, plus probablement à cause d'une grave affaire de mœurs, et sous l'accusation « d'incontinence, fornication, adultère et autres graves délits ». On le retrouve à Bruxelles, organiste au service du vice-roi d'Espagne, puis en 1617 à Anvers où, à sa mort, il est enterré dans la cathédrale dont il a longtemps tenu l'orgue.

Virtuose éblouissant du virginal, Bull fut en son temps le grand spécialiste de la musique pour clavier, dont il contribua largement à fixer la technique moderne. Les quelque cent soixante pièces (dont la plupart pour virginal et quelques-unes pour orgue) qui nous sont parvenues témoignent d'un tempérament plein de feu et d'éclat, et d'une grande complexité technique. Ses pavanes et gaillardes atteignent une grandeur monumentale, ses fantaisies et ses « in nomine » ne le cèdent à personne pour la science et l'intensité expressive, et ses cycles de variations font de lui un pionnier, tandis que certaines pages autobiographiques permettent de cerner de plus près sa personnalité. À tous ces titres, il se dresse en égal aux côtés de son contemporain Sweelinck qu'il connut à Anvers (il écrivit une fantaisie sur une fugue de Sweelinck, qui cita pour sa part un des canons de Bull dans son traité de composition). Ses œuvres pour la voix sont peu nombreuses, mais on lui doit également une cinquantaine de pièces pour violes comptant parmi les plus intéressantes de l'époque.

MARC VIGNAL

BÜLOW HANS VON (1830-1894)

Hans von Bülow est l'un des rares chefs d'orchestre du xixe siècle dont le nom ait survécu à l'épreuve du temps. Né à Dresde le 8 janvier 1830, il ressent d'abord une attirance limitée pour la musique. Il commence à travailler le piano avec Friedrich Wieck, le beau-père de Schumann, qui lui donne les bases de sa technique fabuleuse. Entre 1841 et 1848, il complète sa formation musicale avec Hesse, Eberwein et Hauptmann. Sa première rencontre avec Wagner date de cette époque et le marque profondément. En 1848, il commence des études de droit, d'abord à Leipzig, puis à Berlin où il collabore au journal démocrate *Die Abendpost.* Il s'érige en défenseur de la nouvelle école allemande, particulièrement de Wagner et Liszt. En 1850, il assiste à Weimar à la création de *Lohengrin* et Wagner le fait nommer chef d'orchestre au théâtre de Zurich. Il revient à Weimar travailler avec Liszt avant d'effectuer ses premières tournées de pianiste. En 1855, il est nommé professeur au conservatoire Stern de Berlin où il restera neuf ans, organisant des concerts et écrivant des articles politiques et musicaux. Sa carrière de chef d'orchestre se développe et, en 1857, il épouse Cosima, la seconde fille de Liszt. De 1864 à 1869, il est chef d'orchestre à l'Opéra de Munich où il dirige la création de *Tristan et Isolde* (1865) et des *Maîtres chanteurs de Nuremberg* (1868). La fin de son séjour à Munich est aussi la fin de la première partie de sa vie : Cosima le quitte pour épouser Wagner et il ressent cette séparation comme une trahison du musicien auquel il s'est jusqu'à ce jour dévoué corps et âme. Il part dans une longue série de tournées, comme chef d'orchestre et comme pianiste, en Italie, en Russie, en Angleterre, aux États-Unis. En 1877, il se réinstalle en Allemagne : pendant deux ans, il sera Kapellmeister du théâtre de Hanovre puis intendant de la musique du duc de Meiningen (1880-1885). Il fait de son nouvel orchestre une formation modèle et se tourne plus volontiers vers la musique de Brahms. À son départ de Meiningen, il est appelé à Hambourg où il dirige les concerts symphoniques (1886-1893). Il enseigne simultanément aux conservatoires de Francfort et de Berlin et prend la tête de la Philharmonie de Berlin (1887-1893). Il meurt au Caire au cours d'une tournée, le 12 février 1894.

Le nom de Bülow est indissociable de ceux de Liszt et Wagner dont il a contribué à faire connaître la musique, même après son divorce. Son souci du détail contrastait avec les interprétations romantiques plus passionnées que précises de ses confrères et, en ce sens, il a jeté les bases de l'école allemande de direction d'orchestre. Il possédait une mémoire musicale prodigieuse qui lui permettait de jouer et diriger tous les ouvrages par cœur. Dans le domaine pédagogique, il a laissé des éditions de la plupart des grandes pages du répertoire pianistique. Son œuvre de compositeur est moins importante et se ressent de nombreuses influences (*Nirvana* opus 20 et *4 Charakterstücke* opus 23 pour orchestre, *Il Carnovale di Milano* opus 21 pour piano).

ALAIN PÂRIS

BUSNOIS ou BUSNES ANTOINE DE (1430 ?- ? 1492)

Compositeur et poète, l'un des noms réputés de l'école franco-flamande de la seconde génération, celle d'Ockeghem. En 1467, Busnois sert Charles (le futur Téméraire), alors comte de Charolais. En 1468, il porte le titre de chantre. En 1476, Marguerite d'York, duchesse de Bourgogne, l'a à son service et, l'année suivante, il passe à celui de sa fille, Marie, qui épouse cette année-là l'archiduc Maximilien. Busnois est devenu chapelain et bénéficie de plusieurs prébendes ecclésiastiques. Il n'est pas sûr qu'il soit ce *rector cantoriae* de Saint-Sauveur de Bruges qui mourut en 1492. De son vivant, il fut très prisé ; ainsi possède-t-on les témoignages d'Éloy d'Amerval (*Livre de la diablerie*), de Jean Molinet, qui le tient pour un *sol lucens super omnes* (*Le Naufrage de la pucelle*), de Bartolomé Ramos de Pareja (*Tractatus de musica practica*, 1482), de Jean Hothby (*Dialogus in arte musica*). Tinctoris a dédié son *Liber de natura et proprietate tonorum* à Ockeghem et à Busnois, *praestantissimi ac celeberrimi artis musicae professores*. Busnois fut, en effet, incontestablement un maître de la chanson polyphonique ; il en composa près de quatre-vingts, d'une écriture élégante et raffinée, brillante et délicate ; il est considéré comme le maître, sinon le créateur (car on en trouve déjà chez Nicolas Grénon, mort en 1449 env.), de la forme dite bergerette à une strophe, dont la structure A.BB.A.A. se différencie de celle du rondeau traditionnel (AB.AA.A-B.AB) ; on connaît une quinzaine de bergerettes de Busnois. Le premier, il essaie de confier au contraténor (appelé *concordans*) un rôle équivalent à celui des deux autres voix (*Je ne puis vivre* ; *Joye me fuit*), chacune des trois voix chantant à égalité (ce n'est plus un duo accompagné d'une basse). Enfin, il cultive une liberté rythmique notable. Dans ses œuvres religieuses, qui comprennent une hymne à 2 voix, deux *Magnificat*, une messe (*L'Homme armé*) et neuf motets, même s'il fait preuve souvent d'ingéniosité, son inspiration spirituelle n'atteint pas aux profondeurs mystiques d'Ockeghem. Techniquement parlant, deux de ses motets sont de facture libre ; cinq obéissent à un *cantus firmus* de plain-chant ; les deux autres, les plus originaux (*In hydraulis* et *Anthoniusque limina*), sont construits sur des thèmes inventés par Busnois, pratique qui fut habituelle au temps de Josquin.

PIERRE-PAUL LACAS

BUSONI FERRUCCIO (1866-1924)

Busoni reste, parmi les compositeurs majeurs du XXe siècle, l'un des plus méconnus. La postérité a surtout gardé le souvenir du pianiste virtuose, oubliant le compositeur tout autant que le théoricien. Le théoricien a ouvert les voies à la destruction de la tonalité, mais le compositeur, inclassable, n'a pas osé suivre ce chemin et a préféré ramener la forme musicale au pur classicisme. De ce fait, son œuvre a subi l'ostracisme de toute une génération qui croyait que la révolution viennoise était l'unique voie de progrès. Le pianiste, égal de Franz Liszt, n'a pas cessé, quant à lui, de bénéficier dans les mémoires de cette « aura » de légende qui lui valut dès son vivant une célébrité incontestée.

Un enfant prodige

Le 1er avril 1866 naît à Empoli, près de Florence, Ferruccio Benvenuto Busoni. Un père, Ferdinando, italien et clarinettiste, une mère, Anna Weiss, d'origine allemande et pianiste : tout le destin de l'enfant est là, dans ces origines opposées d'où devait découler la principale caractéristique de son génie, le fait d'être inclassable, celui aussi d'être un des premiers compositeurs « européens ».

La virtuosité lui vient tôt : sa mère puis son grand-père maternel se chargent d'une éducation musicale de base dont le résultat concret est un premier concert donné à Trieste en 1873 ; le jeune Ferruccio a sept ans ! Et l'enfant prodige s'y montre aussi doué pour l'interprétation que pour l'improvisation. Deux ans d'études à Graz chez Wilhelm Mayer pour y recevoir une formation théorique des plus classiques (Bach et Mozart avant tout, et cela Busoni ne le reniera jamais), le début d'une carrière de virtuose saluée par l'enthousiasme d'Eduard Hanslick, le redoutable critique viennois, l'amitié bienveillante de Brahms, le titre, à dix-sept ans, de membre de l'Accademia Filarmonica de Bologne sont quelques jalons d'une ascension vertigineuse.

Le compositeur éclipsé

Mais déjà le pianiste souffre de n'être pas reconnu comme compositeur, et son installation à Vienne à vingt et un ans est marquée par de cuisants échecs quand il tente de faire jouer ses premières œuvres : un requiem, une cantate, un stabat mater et de nombreuses œuvres symphoniques. D'où, très vite, le retour à l'existence harassante des tournées de concerts et des cours. Avec toutefois quelques stations plus ou moins brèves : Leipzig, où il rencontre Delius, Mahler, Grieg ; Helsinki, où il se lie à Sibelius et fait la connaissance de Gerda, sa future épouse suédoise ; Saint-Pétersbourg, où il remporte en 1890 le premier concours Anton Rubinstein (composition) avec sa première sonate pour piano et violon et son *Konzertstück* op. 31 pour piano et orchestre. Un poste de professeur au conservatoire de Moscou précède celui de professeur au New England Conservatory de Boston. Les trois années passées alors aux États-Unis augmentent encore son renom d'interprète et lui permettent de travailler à diverses compositions, le *Poème pour orchestre* op. 32, le deuxième quatuor à cordes. Cependant, Busoni reste avant tout un Européen et, malgré Paris qui le tente, il s'installe en 1894 à Berlin, où il demeurera jusqu'en 1914. L'apogée de la période glorieuse qui s'ouvre alors est sans conteste l'invitation formulée par le Grand Duc à diriger en 1900 et 1901 une classe de maîtrise pianistique à Weimar. Le sceptre lisztien est désormais entre les doigts du « premier pianiste » du siècle, premier plus encore par sa générosité naturelle et son absolu désintéressement que par sa maîtrise instrumentale éblouissante. C'est l'époque aussi d'une activité de chef d'orchestre qui n'hésite pas à s'engager pour l'avant-garde : il fonde en 1902 les Orchester-Abende de Berlin, où il créera, pour ne s'arrêter qu'au répertoire français, des œuvres de Ropartz, Ysaye, Debussy, d'Indy, Saint-Saëns, Magnard et Franck. Il participe naturellement aux concerts de musique contemporaine de la Philharmonie de Berlin. Le chef est d'une rare autorité : « sobriété du geste, mépris de l'effet facile et vulgaire, indications rapides, nerveuses et sûres » (Irène Baume).

C'est l'époque aussi où l'enseignant, que l'on considère à l'égal de Schönberg comme l'un des plus brillants et des plus valeureux de son temps, s'avère d'une extraordinaire clairvoyance. Son *Esquisse d'une nouvelle esthétique de la musique*, terminée en novembre 1906, l'affirme encore à nos yeux : « La technique classique arrivera à épuisement au bout d'une étape dont elle a déjà couvert la plus grande partie. Où va nous mener l'étape suivante ? À mon avis, elle nous conduira aux sonorités abstraites, à une technique sans entrave, à une liberté tonale illimitée. Il faut reprendre tout à zéro en repartant d'une virginité absolue. » Varèse, qui fut comme Weill l'un de ses élèves, rapporte de son côté ces propos de 1908 : « Je suis à peu près convaincu que, dans la nouvelle musique authentique, les machines seront nécessaires, et qu'elles auront un rôle important. Peut-être même que l'industrie aura son rôle à jouer dans la démarche et la métamorphose de l'esthétique. »

Les années de création

En fait, c'est surtout l'époque où le compositeur, s'arrachant aux dernières influences de sa jeunesse (Brahms principalement), trouve enfin son chemin, celui d'une synthèse riche d'ailleurs de contradictions internes, entre Nord et Sud, entre soleil et brumes, entre lyrisme italien et rigueur allemande. C'est cette synthèse si caractéristique qui en fait justement un inclassable, à l'écart de toutes tendances et de toutes écoles. Le *Concerto pour piano, orchestre et chœur d'hommes* op. 39 marque cette rupture. La *Berceuse élégiaque* op. 42 et le *Nocturne symphonique* op. 43, qui se trouvent déjà aux limites de l'atonalité, affirment cette évolution qui pourtant ne suivra pas le chemin des Viennois. De plus, l'opéra est apparu entre-temps dans ses préoccupations. Naissent ainsi *Die Brautwahl*, d'après E. T. A. Hoffmann, en 1912 ; *Arlecchino, oder die Fenster* et *Turandot*, créés simultanément en 1917 à Zurich où, après une troisième tournée américaine, il trouve refuge loin d'une Europe en sang (son refus de prendre position dans le conflit, le refus même d'honorer d'un seul concert l'un des belligérants témoignent d'une blessure profonde). Ces deux derniers ouvrages sont avant tout des manifestes, non vraiment de son langage théorique, mais bien plus de son éloignement par rapport aux héritages romantiques, qu'ils soient d'Allemagne ou d'Italie, de Wagner, de Verdi ou des véristes. Les conflits, la psychologie et la vérité dramatique en tant que transpositions sur scène de la réalité lui paraissent erronés : « Il faudrait que l'opéra du surnaturel s'imposât comme celui des phénomènes de la sensibilité et crée ainsi un monde d'apparences qui reflète la vie comme dans un miroir brouillé, qu'il veuille consciemment offrir ce qui ne peut être trouvé dans la vie réelle. » Refus des formes, refus des dimensions surtout. Après le gigantisme du *Concerto* op. 39, ces opéras concis reviennent à la tradition bouffe du XVIIIe siècle et à la commedia dell'arte. Ce n'est pas un hasard d'ailleurs si, à la même époque, Richard Strauss écrit *Ariane à Naxos* pour un orchestre de chambre et y introduit les personnages du théâtre italien, ni si Stravinski s'attache bientôt à revivifier les vieux maîtres de la tradition classique.

Doktor Faust

Meurtri par la guerre, Busoni se retrouve à Berlin au sein de la *Junge Klassizität* (*Jeune Classicisme*) : refus absolu de « l'illusion romantique », refus aussi des réformes prônées par Schönberg (qui, ironique destin, lui succédera en 1925 à l'Akademie der Künste de Berlin). Témoins, ses trois dernières œuvres symphoniques, le *Divertimento* op. 52, *Tanzwalzer* op. 53 et *Romanza e scherzoso* op. 54 en 1921. Mais le temps de *Doktor Faust* est venu. Le thème le hante depuis 1892, la partition l'occupe depuis 1916. La mort, qui survient le 27 juillet 1924, ne lui laisse pourtant pas le temps d'en achever la dernière scène, qui sera réalisée par son disciple Philipp Jarnach. L'angoisse qu'a révélée le conflit mondial est ici partout présente. Dans cet immense chef-d'œuvre métaphysique, on retrouve l'empreinte de l'esprit de synthèse qui caractérisait Busoni. L'obstacle à l'intégration de *Doktor Faust* au répertoire courant des théâtres réside dans sa spécificité tant musicale – le retour conscient à la mélodie, la fréquence et le lyrisme des passages symphoniques et l'intellectualisation même du propos – que dramatique – la construction de l'action par tableaux indépendants et l'utilisation, comme bientôt chez Berg (*Wozzeck*) et Hindemith (*Cardillac*), du principe de la forme stricte et absolue. Œuvre en soi, car *Doktor Faust* n'est ni vraiment un aboutissement ni un point de départ (ce n'est pas la musique de Busoni, mais bien ses écrits qui ont influencé fortement les générations futures), cette œuvre n'est à considérer que par rapport à elle-même, comme pratiquement toute la production d'un des compositeurs les plus puissants d'une époque qui apparaît si fertile en révolutionnaires que s'y montrer classique passe encore aujourd'hui pour une faute impardonnable.

Il reste à souhaiter que cette œuvre soit plus largement connue, et que le grand public ne se borne pas à associer le nom de son auteur à celui du Cantor de Leipzig, en cette célèbre formule Bach-Busoni, qui prétend réduire ce dernier au rang de prolifique auteur de transcriptions encore célèbres.

PIERRE FLINOIS

Bibliographie

• *Écrits*

Entwurf einer neuen Aesthetik der Tonkunst, Schmiedl, Trieste, 1906 ; Insel-Verlag, Leipzig, 1916, repr. 1974 ; *Von der Einheit der Musik*, Max Hesse, Berlin, 1922, rééd. sous le titre de *Wesen und Einheit der Music*, J. Herrmann, Berlin, 1956.

• *Études*

A. Beaumont, *Busoni the Composer*, Faber & Faber, Londres, 1985 / E. J. Dent, *Ferruccio Busoni*, Oxford Univ. Press, Londres, 1933, rééd. 1982 / J. Kindermann, *Thematisch-Chronologisches Verzeichnis der Werke von Ferruccio Busoni*, Bärenreiter, Kassel, 1980 / H. Leichtentritt, *Ferruccio Busoni*, Breitkopf und Härtel, Leipzig, 1916 / S. F. Nadel, *Ferruccio Busoni*, *ibid.*, 1931 / S. Sablich, *Busoni*, Edizione di Torino, Turin, 1982 / L. Sitsky, *Busoni and the Piano*, Greenwood, Wesport (Conn.)-Londres, 1986 / H. H. Stuckenschmidt, *Ferruccio Busoni*, Atlantis Verlag, Zurich, 1967.

BUSSOTTI SYLVANO (1931-)

Personnage complexe, le Florentin Sylvano Bussotti, après avoir été violoniste prodigue, est tout à la fois metteur en scène, costumier, habilleur, musicien, récitant. Il est aussi compositeur. Sans doute est-il essentiellement un homme de théâtre... qui se projette avec violence dans sa création musicale par besoin de libérer ses propres phantasmes. Il a été directeur artistique de la Fenice de Venise de 1975 à 1977, et sa mise en scène de *Tosca* à Vérone, en 1984, est célèbre.

La création chez Bussotti se vit d'abord dans la passion, la violence, la force de projection et le corps à corps de la connaissance érotique : « J'approche la musique d'une façon très sexuelle », dit-il. « Je crois qu'une musique en tant que telle doit être aussi sexuelle que possible, sinon ce n'est pas de la musique. » Il revendique, contre tout emploi systématique des procédés et contre toute conceptualisation de la musique, le rôle prépondérant de l'instinct.

C'est du reste ce chemin qui – loin des écoles qu'il n'a guère fréquentées – l'a amené à la musique. La création consiste pour lui à « vivre l'irréalité d'une façon profondément réelle ». C'est une conduite proche de celles des surréalistes et des dadaïstes, auxquels il s'apparente en profondeur ; conduite qui, à son tour, ne recule ni devant la provocation, ni devant le scandale.

Après un début dans la composition sérielle (il ne se reconnaît pour maître que Max Deutsch), Bussotti échappe à l'« aridité rigide » de ce système. Dès lors, sa création s'écrit « page à page », une œuvre en engendrant une autre, œuvre continue, dominée par la fantaisie et l'imagination, étroitement dépendante de la vie de son auteur, à laquelle elle est liée par tout un réseau complexe de signes et symboles. « J'éprouve une réticence considérable à donner des explications », a dit Bussotti : « Sans doute est-ce là un esprit de défense et de sado-masochisme qui accumule les difficultés pour qu'on ne réalise pas mon œuvre. Car l'œuvre sort blessée dans sa réalisation. » C'est pourquoi les partitions de Bussotti semblent faites pour dérouter les interprètes, unissant à un graphisme imaginé (et parfois gratuit) les notations très précises et raffinées d'une écriture postwébernienne.

La création de Bussotti suit une voie très personnelle – qui est souvent un défi – où le théâtre et la voix ont un rôle capital (*Pièce de chair II*, 1960 ; *Passion selon Sade*, 1966 ; *The Rara Requiem*, 1969) atteignant peu à peu à un très haut niveau de concentration et de lyrisme (*Lorenzaccio*, 1972 ; *Bergkristall*, 1973 ; *Syrosadun-settimino*, 1974 ; *Le Rarità, Potente*, 1979 ; *La Racine*, 1981).

BRIGITTE MASSIN

BUXTEHUDE DIETRICH (1637 env.-1707)

Longtemps revendiqué par l'Allemagne et par le Danemark, Buxtehude naît dans une portion du Holstein alors danoise mais qui plus tard deviendra (et restera) allemande ; il passera les trente premières années de sa vie au Danemark (en n'y composant qu'une seule œuvre) et les quarante dernières (les plus glorieuses) en Allemagne. Il a seulement un an lorsque son père est nommé organiste à Hälsingborg, ville du sud de la Suède mais appartenant alors au Danemark, et quatre lorsque sa famille s'installe à Helsingør (Elseneur), de l'autre côté du détroit du Sund. Lui-même refait le trajet une vingtaine d'années plus tard : il est en effet organiste à Sainte-Marie de Hälsingborg en 1657-1658, puis à la paroisse allemande de Sainte-Marie d'Elseneur en 1660. Le pays est alors ruiné par la guerre qu'il vient de soutenir contre la Suède, mais la vie musicale reprend vite l'éclat qui a été le sien sous le règne du roi Christian IV (1588-1648), lequel a su attirer à sa cour de Copenhague des compositeurs comme l'Anglais John Dowland ou l'Allemand Heinrich Schütz. C'est pourtant à l'église Sainte-Marie (Marienkirche) de Lübeck, où en 1668 il succède à Franz Tunder après avoir selon l'usage du temps promis d'en épouser la fille, que Buxtehude réalisera son œuvre, conservant, malgré tout, de sa jeunesse danoise « dessin âpre et net, aux traits simples, élégante brusquerie et impétuosité » (A. Pirro). Outre le poste d'organiste, il prend à sa charge, dès 1669, les fonctions de régisseur et de comptable général de l'église.

À Sainte-Marie de Lübeck, l'usage s'est développé pour l'organiste de donner chaque jeudi et en dehors de tout office (ce qui équivaut à un véritable concert public) un petit récital de préludes, de fugues et de toccatas destiné à divertir les bourgeois et marchands qui, dans la pénombre de la nef, discutent de leurs affaires. Buxtehude, ayant décidé de donner à ces manifestations une forme nouvelle, les transporte au temps de l'avent. À partir de 1673, pendant les cinq dimanches précédant Noël, ont lieu après le prêche de l'après-midi les fameuses *Musiques du soir* (*Abendmusiken*), que Buxtehude décrira fièrement comme « ne se faisant nulle part ailleurs ». Celles de 1705, les dernières, utilisent comme exécutants deux chœurs de trompettes et timbales, deux de cors de chasse et de hautbois, plus de vingt violons, quatre chœurs dans les tribunes et un autre dans la nef, et évidemment les quatre orgues !

Or, de l'ensemble, il ne reste malheureusement que trois livrets dont la musique est perdue. Mais nous possédons en compensation plus de cent compositions vocales spirituelles de Buxtehude, dont certaines ont certainement retenti lors des *Musiques du soir*.

Ces œuvres, qui vont du genre du concert spirituel et de ceux du choral et de l'aria (l'influence du piétisme naissant sur la musique de Buxtehude est ici particulièrement nette) à celui de la cantate en plusieurs parties, influencèrent directement Jean-Sébastien Bach, surtout dans sa période de Weimar (1708-1717). Sur le plan instrumental, Buxtehude écrivit des pièces pour clavecin (ving-cinq furent retrouvées en 1942 seulement) parmi lesquelles dix-neuf suites, et vingt sonates en trio, dont quatorze publiées à Hambourg en 1696 et six restées manuscrites : il fut en ce dernier domaine, avec son compatriote Johann Rosenmüller, un pionnier en Allemagne. Ses sonates en trio ont d'ailleurs la particularité d'exiger, outre un violon et une basse continue (clavecin ou orgue) doublée par un violoncelle, non pas un second violon, mais une viole de gambe : elles opposent donc expressément, aux instruments « modernes » (violon et violoncelle), un instrument « ancien » (viole). Les ouvrages ci-dessus sont tous d'une très grande beauté.

C'est néanmoins dans sa musique d'orgue que Buxtehude fut le plus grand, c'est d'abord grâce à elle qu'il put fêter, après deux siècles d'oubli, une éclatante résurrection. La dernière édition « complète » (1952) comprend environ quatre-vingts pièces, dont vingt-cinq du type prélude et fugue et une quarantaine rendant hommage au choral. Cette production domine le répertoire tout entier, pourtant considérable, consacré à l'instrument par l'école de l'Allemagne du Nord issue de Sweelinck, et ne le cède dans l'histoire de la musique germanique qu'à celle de Jean-Sébastien Bach (qui ne dépassa jamais les plus grands morceaux de Buxtehude). Par opposition à celle du Sud illustrée par un Pachelbel ou par un Muffat, l'école d'orgue d'Allemagne du Nord était une école déjà romantique, cultivant la surprise harmonique, la liberté rythmique et formelle : les préludes et fugues de Buxtehude ne sont pas des diptyques comme ceux de Bach, mais des pièces d'un seul tenant, faisant alterner des épisodes fugués et d'autres de caractère improvisé et virtuose. Buxtehude fut en son temps le premier compositeur germanique, et un des quatre ou cinq premiers à l'échelle européenne. Pour le jeune Bach, sa gloire et son importance étaient telles qu'en 1705, à l'âge de vingt ans, il fit à pied le voyage d'Arnstadt à Lübeck pour l'entendre, restant absent plusieurs mois au lieu des quelques semaines qui lui avaient été accordées comme congé.

MARC VIGNAL

BYRD WILLIAM (1543-1623)

C'est en 1563 que, par décret royal, William Byrd fut nommé organiste de la cathédrale de Lincoln, l'année même où la reine Élisabeth devait édicter les Trente-Neuf Articles propres à consolider l'anglicanisme en face du pouvoir de la papauté. De confession catholique, le jeune musicien commençait ainsi une carrière qui, comparée à celle de ses confrères, devait être, en partie grâce à la protection de la souveraine, l'une des plus longues et des plus brillantes de son temps.

Éléments biographiques

La nomination de Byrd comme organiste de la cathédrale de Lincoln constitue la première date officielle que l'on possède sur sa vie. Qu'il soit né en l'an de grâce 1543, nous pouvons le déduire du testament signé le 15 novembre 1622 dans lequel le maître déclare être « dans sa quatre-vingtième année », et c'est le 4 juillet 1623 qu'il devait quitter ce monde. Les autres faits de sa vie personnelle sont pour nous d'intérêt anecdotique : on sait qu'il s'est marié deux fois et qu'il a eu cinq enfants de ses deux mariages, dont quatre, semble-t-il, de sa première femme ; le second, Thomas, avait eu Tallis pour parrain. On sait aussi que Byrd a été entraîné dans plusieurs procès concernant divers baux de propriété et qu'après quelques années passées à Lincoln, devenu en 1570 « Gentleman » de la Chapelle royale, il se fixe d'abord à Harlington, dans le Middlesex, puis à Stondon Massey, dans l'Essex, où il passe les trente dernières années de sa vie, et où il est enterré auprès de sa seconde épouse.

Une production diverse et abondante

En fait, les étapes marquantes de la vie de Byrd se confondent pour nous avec la production et la publication de ses œuvres. C'est en 1575 qu'il reçoit, conjointement avec Thomas Tallis, dont il devient l'élève et le collaborateur à la Chapelle royale, le privilège royal d'imprimer et de publier de la musique, privilège qu'il conservera seul, à la mort de Tallis en 1585, jusqu'à expiration des vingt et un ans fixés par le décret ; et c'est la même année 1575 que les deux musiciens publient ensemble un volume de *Cantiones sacrae* dont les trente-quatre pièces sont également réparties entre les deux auteurs. La reine, à qui elles sont dédiées en signe de reconnaissance, en accepte volontiers l'hommage, aucune de ces œuvres d'inspiration catholique ne portant en vérité offense à la foi anglicane.

Sans doute, le rythme des publications de Byrd peut-il paraître irrégulier, puisque ce n'est qu'en 1588 que voient le jour ses *Psalmes, Sonets and Songs*, immédiatement suivis, en 1589, des *Songs of Sundrie Natures* et, en 1589 et 1591, des deux volumes de *Cantiones sacrae* dues à sa seule main. Après cela il faut attendre quatorze ans pour que soient publiés les deux volumes de *Gradualia* (1605 et 1607) et quatre ans encore pour que paraisse, en 1611, le recueil des *Psalmes, Songs and Sonnets*, dernière œuvre de Byrd éditée de son vivant. Pour le reste, les trois messes, la plus grande partie de la musique liturgique anglaise, les innombrables motets anglais ou latins écrits pour les offices quotidiens, tout cela nous est parvenu en manuscrit, ainsi qu'une grande partie des œuvres instrumentales non publiées en recueils collectifs. Telle qu'elle se présente, la production de Byrd est d'une exceptionnelle qualité, d'une impressionnante abondance et d'une remarquable diversité.

Musique sacrée

Les trois volumes de *Cantiones sacrae* – qu'il s'agisse des dix-sept motets de 1575 qui lui sont propres, des seize de 1589 ou des treize de 1591 – constituent, à l'intérieur d'une unité d'inspiration attachée aux textes latins mis en musique, une image remarquable de cette diversité. Chacun des recueils, l'un à cinq, six ou huit voix, le deuxième exclusivement à cinq voix, le troisième à cinq ou six voix, offre quelques exemples de ce que le fervent catholique qu'était Byrd a laissé de plus admirable en fait de musique sacrée, dans un style marqué tour à tour de la rugosité la plus forte ou de la plus exquise suavité.

Mais les deux livres de *Gradualia* sont, en fait de musique liturgique « romaine », ce que Byrd a écrit de plus important et de plus ambitieux ; celui de 1605 comporte soixante-trois motets à trois, quatre et cinq voix – ces derniers détenant la majorité absolue de trente-deux pièces ; celui de 1607 compte quarante-six motets à quatre, cinq et six voix. Dans leur ensemble, les pièces sont plus courtes que celles des *Cantiones*. La suavité de ces dernières s'y retrouve, enrichie d'une somptueuse écriture harmonique et, dans les motets les plus longs, d'une illustration remarquable par la musique du contenu sémantique du texte – ce qu'on nomme en anglais *word-painting*.

La musique liturgique anglaise, par définition consacrée au rite anglican, offre non seulement la preuve de l'honnêteté intellectuelle de Byrd dans son contrat moral avec la reine, mais aussi celle de son extraordinaire talent de pionnier dans la mise en musique de textes qui ne sont autre chose à l'origine que la traduction du plain-chant traditionnel. Après John Merbecke, Thomas Tallis ou Richard Farrant, Byrd se devait de mettre en place les fondations d'un répertoire liturgique qui est encore aujourd'hui celui de la foi anglicane. Les deux *Services* complets et les deux *Services* pour le soir qu'il a écrits dans ce domaine, revenus après deux siècles et demi au répertoire de l'office anglican, restent, avec ses trois messes, ce que Byrd a écrit de plus grand en matière de musique d'église.

Les trois messes, dont aucune n'a pu être datée avec précision, mais dont la composition se situe sans doute entre les années 1588 et 1591 pour les deux premières et 1605 et 1611 pour la troisième, représentent sans doute ce qui, dans toute la production du très catholique Byrd, est le plus proche de son cœur. Et de fait ce sont là trois chefs-d'œuvre : la première, à trois voix, pour la rigueur et la simplicité de sa structure et de son traitement ; la deuxième, à quatre voix, pour l'ampleur de ses proportions et la riche diversité de son écriture vocale et harmonique ; la troisième enfin, à cinq voix, pour son parfum modal délibéré, sa grande variété de groupement des voix et un bonheur d'inspiration qui fait de l'*Agnus Dei* en particulier un sommet de beauté musicale.

De l'inspiration religieuse à l'inspiration profane

Inspiration religieuse et inspiration profane se côtoient dans les trois recueils de pièces vocales de 1588, 1589 et 1611. Un certain nombre de ces pièces prennent la forme de l'*anthem*, sorte de motet d'inspiration religieuse écrit sur texte anglais. Ce devait être l'un des mérites de Byrd de faire évoluer le genre en introduisant des sections réservées à une ou plusieurs voix solistes alternant avec les chœurs. C'est surtout dans les *Psalmes, Songs and Sonnets* de 1611 qu'on rencontre quelques remarquables réalisations dans le genre, les meilleures étant surtout des chants de gloire et de louanges adressés au Très-Haut ou des chants de Noël.

Ces trois mêmes recueils comportent aussi des pièces très proches du madrigal tel qu'il est traité par Thomas Morley, John Wilbye et d'autres spécialistes du genre, encore que certaines soient des adaptations de *consort songs* conçus à l'origine pour voix soliste avec accompagnement de violes. L'inspiration en est diverse, se partageant entre deux veines, l'une volontiers plus grave, l'autre plus gaie, légère et primesautière ; on peut citer pour représenter la première *Come to me, grief, for ever* (I, 34), *Wounded I am* (II, 17), *Come, woeful Orpheus* (III, 19), et, pour la seconde, *Though Amaryllis dance in green* (I, 12) aux subtiles ambiguïtés rythmiques, *Lullaby* (I, 32), exquis de sublime simplicité, *Whilst that the Sun* (II, 23), *This sweet and merry month of may* (III, 9).

La cinquantaine d'airs pour voix soliste et accompagnement de violes, l'élégie *Ye, Sacred Muses* à la mémoire de Tallis, les canons et *rounds* où triomphait sa virtuosité d'écriture complètent une œuvre vocale qui suffirait à donner à Byrd la première place parmi les musiciens de son temps.

L'œuvre instrumentale

Mais pour faire justice à la *versatility* qui le caractérise – cette ouverture dont il a témoigné à toute forme de création musicale –, il convient d'évoquer, même brièvement, sa contribution au développement de la musique instrumentale de son temps. Ses douze fantaisies, remarquables à divers titres – du point de vue thématique, de celui de la structure ou de l'écriture instrumentale –, ses *in nomine* à quatre, cinq ou six parties, telle pavane ou tel prélude révèlent, dans le corpus d'œuvres écrites pour ensembles de violes, une invention musicale constamment en éveil et souvent en avance sur ses contemporains. Quant à ce qu'il a confié au virginal, il a ici aussi innové de façon exemplaire, tant dans le domaine de la forme que dans celui du style. Outre les nombreuses pièces de lui publiées dans des recueils collectifs comme *Parthenia* ou *The Fitzwilliam Virginal Book*, il faut compter aussi à son actif des volumes inédits comme *My Ladye Nevells Booke* ou *William Forsters Booke*. Dans toute cette production, Byrd se révèle un pionnier, qu'il s'agisse de compositions libres – fantaisies, préludes, *voluntaries* –, de danses – pavanes, gaillardes, allemandes, courantes –, ou d'airs et variations : structure, rythmique, ornementation, progressions harmoniques attestent constamment l'originalité de son génie créateur.

On a pu dire que Byrd était à l'Angleterre ce que Palestrina était à l'Italie, Lassus aux Pays-Bas, Victoria à l'Espagne. Et certes il a porté aussi haut qu'eux dans le monde le nom de son pays ; on peut soutenir même qu'il les a dépassés, sinon en éminence du moins en universalité, car il a pratiqué toutes les formes et tous les genres d'écriture musicale – sauf peut-être ceux attachés au luth –, et dans tout ce à quoi il a touché il a su imposer la marque d'une personnalité artistique de premier plan. Prince des musiciens anglais de son époque, Byrd est aussi l'un des grands noms de la musique de tous les pays et de tous les temps.

JACQUES MICHON

Bibliographie

P. BRETT, *The Songs, Services and Anthems of William Byrd*, Faber and Faber, Londres, 1978 / E. H. FELLOWES, *The English Madrigal Composers*, O.U.P., Londres, 1948 ; *William Byrd*, 2e éd., *ibid.*, 1948 ; *English Madrigal Verse*, 3e éd., F. W. Sternfeld et D. Greer, Clarendon Press, Oxford, 1967, repr. 1992 / J. KERMAN, *The Music of William Byrd*, I : *The Masses and Motets*, Faber & Faber, 1978 / O. NEIGHBOUR, *The Music of William Byrd*, III : *The Consort and Keyboard Music*, *ibid.*, 1978 / B. PATTISON, *Music and Poetry of the English Renaissance*, Methuen, Londres, 1948, rééd. Da Capo, 1971 / G. REESE, *Music in the Renaissance*, Dent, Londres, 1954.

CABANILLES JUAN BAUTISTA (1644-1712)

Le plus réputé des organistes espagnols de la seconde moitié du XVIIe siècle naquit à Algemesí (province de Valence) et mourut à Valence, après y avoir exercé les fonctions de maître de chapelle et d'organiste à la cathédrale depuis l'âge de vingt et un ans et jusqu'à sa mort. En 1668, Cabanilles fut ordonné prêtre. Il fut l'élève de Jerónimo de La Torre (organiste à Valence, de 1645 à 1677) et d'Urbano de Vargas (maître de chapelle de la cathédrale de Valence, mort en 1656). Cabanilles cultive le *tiento* classique et traditionnel, où passe le souvenir d'Antonio de Cabezón. Mais il est franchement moderne dans les autres œuvres (*toccatas*, *pasacalles*, *gallardas*, *paseos*, *jácaras*, *batallas*), où l'art de la variation (*diferencia*) déploie toutes ses richesses. Il fut souvent appelé à jouer en France, dont il connaissait bien la musique d'orgue. Sa connaissance du répertoire italien est, de même, remarquable ; en revanche, il ignore l'art des organistes allemands et nordiques (surtout dans le genre fugue).

On a pu parler à son propos d'impulsions préromantiques, tant sa fantaisie éclate parfois en accents expressifs inattendus et profondément sensibles. Ses *tientos de falsas*, où il module dans des tonalités éloignées de celles qui sont couramment utilisées sur les orgues à tempérament inégal, ne peuvent, évidemment, être appréciées dans leur délicatesse, voire leur rudesse d'intonation « fausse », que sur les instruments accordés adéquatement. À côté de pages courtes, simples versets d'orgue entre deux interventions chorales, on lit des compositions plus développées ; ainsi le tiento sur *Ave maris stella* (du 1er mode), où l'écriture contrapuntique et les talents de « fantaisiste » de la variation se donnent libre cours. Dans telle toccata du 6e mode, en trois mouvements, il utilise le même thème, d'abord en croches, puis en noires, enfin en doubles croches, passant d'un rythme binaire au ternaire, et inversement. Ne pas le confondre avec José Cabanillas (1645-env. 1725), lui aussi organiste, et qui exerça ses fonctions à la cathédrale d'Urgel, de 1670 à sa mort.

PIERRE-PAUL LACAS

CABEZÓN ANTONIO DE (1500-1566)

Organiste et compositeur le plus admiré de la péninsule Ibérique pour sa musique polyphonique noble et solennelle, qui unit le style stéréotypé propre aux instruments à clavier du début du XVIe siècle et le style international apparu vers 1550. Si l'art de la variation instrumentale pour clavier est né en Espagne, on le doit à Cabezón. Son influence se fit partout sentir dans l'Europe d'alors. Aveugle dès sa prime enfance, il étudia l'orgue à Palencia et, en 1516, devint organiste et clavicordiste de l'impératrice Isabelle ; en 1548, il entra au service du futur Philippe II. À la cour, il rencontra des musiciens influents tels que Santa María et Narváez. Il suivit la Chapelle royale à travers l'Italie, l'Allemagne et la Hollande (1548-1551), puis l'Angleterre et la Hollande (1554-1556), d'où son influence sur les virginalistes anglais et les organistes des Pays-Bas (notamment Sweelinck).

Quarante pièces de Cabezón furent publiées dans le *Livre de nouvelle tablature pour clavier, harpe, et luth* (*Libro de cifra nueva para tecla, arpa y vihuela*, Alcalá, 1557) de Luis Venegas de Henestrosa et dans *Obras de música para tecla, arpa y vihuela de Antonio de Cabezón* (Madrid, 1578), publication posthume due au fils du compositeur, Hernando. Les deux recueils sont imprimés en *cifra nueva* (tablature nouvelle), notation dans laquelle les notes de chaque octave sont numérotées de 1 à 7 en partant du *fa*, avec des signes particuliers qui précisent l'octave ; chaque partie est notée sur une seule ligne de la portée. Hernando remarque, entre autres, comment ces œuvres peuvent être jouées par des instruments à cordes : le premier, Cabezón aurait eu l'idée du quatuor à cordes. Ses compositions comprennent : des *tientos* de 4 à 6 voix (le *tiento* est une pièce instrumentale, ordinairement destinée au clavier et intermédiaire entre le prélude et le ricercare) ; de courts interludes sur des thèmes de plain-chant (l'organiste alternant avec le chœur dans les Kyrie, par exemple) ; des versets pour les psaumes et les hymnes (*Magnificat*, *Ave maris stella*, *Veni Creator*, *Ut queant laxis*, *Te lucis ante terminum*, *Dic nobis Maria*, *Salve Regina*) ; des faux-bourdons sur les psaumes, dans les huit tons du plain-chant ; un certain nombre de danses ; enfin quelques pièces vocales (litanie à 5 voix). Il faut insister sur les *diferencias* composées par ce musicien (*Diferencias sobre el canto llano del caballero* ; Diferencias sobre las vacas, notamment). Il fut le premier à écrire pour les instruments ces variations et inventions contrapuntiques sur des chansons et motets des principaux compositeurs européens, ainsi que sur des motifs de chansons populaires (chansons glosées *Ultimi Mei Suspiri* et *Ardenti Mei Suspiri* de Philippe Verdelot ; motet glosé *Ave Maria* de Josquin Des Prés), et il porta très haut cet art nouveau. Aussi l'appela-t-on, louange sans doute excessive, « le Bach espagnol du XVIe siècle ». Qu'il traite un *cantus firmus* grégorien (qui peut apparaître en valeurs longues à l'une ou l'autre voix) ou qu'il glose sur quelque chanson, c'est le style de la polymélodie vocale et l'art du contrepoint qui le guident, et qu'il maîtrise parfaitement. Le style de son discours organistique est inspiré de celui du motet polyphonique. On pense encore à la tradition vocale devant la superposition rythmique du binaire au ternaire, la rupture des phrases, l'ornementation des cadences. En revanche, c'est au luth qu'on doit la floraison de notes de passage et ces diminutions dont certaines pimentent l'harmonie de surprenantes rugosités. La forme des pièces de Cabezón est toujours parfaitement équilibrée, les proportions en sont harmonieuses. Il faut replacer ce musicien religieux dans le contexte spirituel de la Contre-Réforme tridentine et dans le cadre politique de la maison d'Autriche : il avait pour rôle « d'édifier, de consoler, de distraire, d'inciter à la méditation » (Santiago Kastner). Son art est un symbole parfait de cette discipline spirituelle quelque peu austère. On pourrait le rapprocher de celui de son contemporain, l'Allemand Arnold Schlick.

PIERRE-PAUL LACAS

CACCINI GIULIO, dit GIULIO ROMANO (1545 env.-1618)

Chanteur, instrumentiste et compositeur, Giulio Caccini fut intimement lié au cercle du comte Bardi. Cette assemblée de poètes et de musiciens, par ses discussions esthétiques et particulièrement ses spéculations sur la musique de l'Antiquité grecque et ses rapports avec le théâtre et la poésie, exerça une action décisive sur le développement de la monodie accompagnée et de l'opéra. Avec Peri, membre du même cercle et son rival heureux, Caccini est directement à l'origine du *recitar cantando*. Dans une œuvre comme l'*Euridice* de Rinuccini, mise en musique par Peri, où Caccini inséra des fragments de sa composition, il est malaisé de déterminer l'apport de l'un ou de l'autre, autant que leur influence respective sur l'évolution de l'art lyrique. De 1602 à 1614, Caccini publia un certain nombre de recueils d'airs accompagnés, qui comptent parmi les plus importantes publications de son temps. Les caractères propres à sa musique lui viennent de sa qualité de chanteur virtuose. Ses airs sont plus ornés que ceux de Peri, dans un but expressif, mais aussi par goût de la richesse ornementale pure et de la virtuosité, désir de mettre en valeur la maîtrise technique du chanteur. Ses préoccupations théoriques et pédagogiques se manifestent d'ailleurs dès la préface de son premier recueil (*Le Nuove Musiche*, 1601) et dans son dernier (*Nuove Musiche e nuova maniera di scriverle*, 1614). Il donne à ses airs soit la structure de variations strophiques (forme dont il est l'initiateur, évidemment liée au souci de virtuosité), soit celle du madrigal ; il est enfin l'un des premiers à utiliser la basse continue chiffrée. La réputation du virtuose aida à la renommée du compositeur. Elle l'attira en France, où il séjourna en 1604 à la demande de Marie de Médicis. Son influence y fut ainsi plus marquée que celle de Peri, et son souvenir était encore vivant à Paris à la fin du XVIIe siècle, quand ses contemporains, voire ses successeurs, étaient oubliés. Remarquable pédagogue, Caccini avait fait de sa seconde femme, Lucia, et de ses deux filles d'excellentes chanteuses, avec lesquelles il se produisait souvent. Sa sœur Francesca, d'autre part, connue sous le nom de la Cecchina, était une virtuose du chant, s'accompagnant au luth, au clavecin, à la guitare : elle composa plusieurs opéras et un recueil d'airs accompagnés, et sa réputation ne fut pas moindre que celle de son frère.

PHILIPPE BEAUSSANT

CAGE JOHN (1912-1992)

Du compositeur américain John Cage, on peut dire d'ores et déjà qu'il a été l'un des musiciens les plus importants de la seconde moitié du XXe siècle – bien qu'ayant été, et sans doute parce qu'étant le plus contesté. Il n'est certes plus à la mode aujourd'hui de taxer Cage d'amateurisme ; on ne s'en est cependant nullement privé jadis. Non seulement en effet les musiques dont il se rendait coupable n'obéissaient à aucune régularité interne – issues qu'elles étaient, en tout ou en partie, d'opérations de hasard –, mais leur agencement tendait à ne les rendre susceptibles d'aucune restitution constante : ne se voulaient-elles pas, à partir de 1958, « indéterminées quant à l'exécution » ? Bref, elles ne se ressemblaient pas plus à elles-mêmes qu'elles n'étaient liées entre elles par un style. Même rétrospectivement, elles ne sont que rarement « reconnaissables » : elles manquent au plus haut point d'identité, comme si leur auteur avait eu à cœur de se faire oublier – ce qui, à notre époque, passera sans mal pour un défi... Plus gravement, et contrairement à ce que l'on affirme communément, les procédés de hasard auxquels John Cage confiait la responsabilité de la production de ses partitions ne sont chez lui jamais cultivés pour eux-mêmes : collages, juxtapositions, superpositions, fragmentations et autres tuilages, rien de tout cela ne vise la confusion ou le chaos ; ce qui est en jeu, c'est bien plus simplement l'autonomie de chaque événement. Et cet événement, ce happening, est toujours en lui-même multidimensionnel. Quand le jeune Cage, encore élève de Schönberg, réunit un orchestre de percussions, ce n'est pas tant à l'instar du Varèse d'*Ionisation* (1931) qu'il décide d'œuvrer – en se servant des sons et des bruits comme de moyens au service de l'unique fin qu'est la production de l'œuvre –, il entreprend au contraire de mettre l'œuvre, le fait d'œuvrer, au service des sons, du jaillissement des sons dans leur matérialité de bruits. Comme si tout objet inanimé avait une âme : le son ; et comme si délivrer cette âme, donc faire miroiter la pluralité des dimensions de l'apparaître même de l'objet, représentait un idéal incommensurable avec celui de l'autoglorification du sujet tout préoccupé de se faire reconnaître comme compositeur... Impossible, par conséquent, de classer Cage parmi les musiciens « déductifs », en tenant ses musiques « non-syntaxiques » comme des cas limites de musiques « syntaxiques » : plus importante que la présence ou non d'une syntaxe ou d'une logique organisatrice est l'individualité de chaque son. Syntaxe et logique ne font jamais, aux yeux de Cage, que sélectionner les « bonnes » relations entre les sons, parmi toutes les relations ou affinités possibles ; d'où une écoute « policière » – on inventorie des relations, on n'entend plus les sons eux-mêmes. Et certes chez Cage le hasard, s'il avait fait l'objet d'une utilisation systématique, se fût lui-même donné à écouter. Tel n'est pas le cas : précisément parce qu'il assume ce que Pierre Boulez taxe d'inadvertance, Cage évite le piège de l'antimusique, c'est-à-dire d'une « non-musique » encore parfaitement consommable. Entre le sens et le non-sens, il n'y a pas à décider, parce qu'en musique il ne s'agit pas de communiquer un sens. Conséquence : inutile de récuser à grands frais les syntaxes, les structures et les formes ; celles-ci ne seront évitées que dans la mesure où elles feraient obstacle à la libre manifestation des sons. Il faut désintellectualiser, démémoriser, décrisper l'accès à la musique. On s'aperçoit alors qu'« une oreille seule ne fait pas un être » : que le son est inséparable de tous les « non-sons » qui l'entourent, que la musique a partie liée – mais dans la déliaison – avec tous les autres arts (et non-arts) ; que toute sensibilité est plurielle, et que la plurisensorialité mène non pas à la fusion wagnérienne des arts (*Gesamtkunstwerk*), mais à leur libre rencontre dans des spectacles multimédias qui ravivent le sens de la fête. « La » musique n'est plus une mnémotechnie culpabilisante à vocation élitiste ou théocentrique, mais un gigantesque flux machinique païen-plébéien, auquel depuis Cage il n'est plus question d'échapper. Ce flux, Cage l'appelle silence : il est le laisser-être de toutes les rumeurs et de tous les bruissements du monde. *Musica mundana* : musical est le jaillissement de tout ce qui est, en tant qu'il advient ; musical est le monde. Alors, la musique transcende la musique...

Débuts et formation

Né le 5 septembre 1912 à Los Angeles, fils d'un inventeur réputé (John Milton Cage), John Cage fait de brillantes études secondaires. Parallèlement, il apprend le piano avec sa tante Phoebe, puis avec miss Fannie Charles-Dillon, compositeur ; il songe à vouer son existence à l'exécution des œuvres d'Edvard Grieg. Il étudie de 1928 à 1930 à Pomona College et se passionne pour les écrits de Gertrude Stein. Venu à Paris en 1930, il commence des études d'architecture ; il y renonce au bout de six mois, s'intéresse à la peinture, prend deux leçons de piano avec Lazare Lévy, et commence à composer. Après un périple qui le conduit à Biskra, Majorque, Madrid et Berlin, il commence à gagner sa vie, aux États-Unis, en prononçant des conférences d'initiation à la musique et à la peinture contemporaines. Un jour, afin de se documenter sur Arnold Schönberg, il va trouver le pianiste Richard Bühlig, qui le prend comme élève à Los Angeles ; ses compositions de 1933 (*Six Short Inventions*, *Sonata for Two Voices*, *Sonata for Clarinet*), soumises à l'appréciation du compositeur Henry Cowell, retiennent l'attention de celui-ci. Cage devient son élève à New York et travaille également avec Adolf Weiss, qui l'enverra à Los Angeles, en 1934, étudier le contrepoint et l'analyse avec Schönberg. C'est alors que le cinéaste abstrait Oscar Fischinger lui demande une musique de film. Fasciné par l'idée de Fischinger selon laquelle le son est l'âme d'un objet inanimé, il décide de composer en se consacrant aux percussions et aux rythmes. Impossible en effet de se contenter de la méthode dodécaphonique, qui relie « entre eux » les douze demi-tons du clavier tempéré et ne permet pas plus que l'harmonie traditionnelle d'outrepasser la limitation du son « musical » par rapport au bruit ; il convient donc, si l'on veut s'approcher de la nature des sons, de libérer les bruits. Invité, en 1937, comme compositeur-accompagnateur à la classe de danse de Bonnie Bird à Seattle, il y rencontre Merce Cunningham et compose sa première *Construction in Metal*. Dans une conférence intitulée *Credo*, il se permet de réclamer – en 1937... – la création de studios de musique « électrique »... Chargé, à l'automne de 1938, de composer une musique d'accompagnement pour le ballet *Bacchanale*, de Syvilla Fort, il invente le « piano préparé » en plaçant entre les cordes divers objets destinés à démultiplier le timbre de l'instrument : invention qui deviendra mondialement célèbre et vaudra en 1949 à son auteur le prix de l'Académie américaine des arts et lettres, « pour avoir reculé les frontières de l'art musical ». De 1939 date la première pièce « électronique » : l'*Imaginary Landscape n° 1*, pour deux électrophones à vitesse variable, des enregistrements de sons sinusoïdaux de fréquences diverses, piano et cymbale. Cage va devenir l'initiateur de la « musique électronique vivante », de la Live Electronic Music, qui travaille le son « à chaud », en liaison avec un contexte concret et ponctuel, et non pas en studio. Tendance que confirment les œuvres suivantes : *Living Room Music* pour percussion et *Speech Quartet*, puis, en collaboration avec le poète Kenneth Patchen, *The City wears a slouch hat*, pièce radiophonique comportant 250 pages de partition d'effets sonores imitant les bruits réels d'une ville (1941). Cage enseigne en 1941, à l'invitation de Laszlo Moholy-Nagy, au Chicago Institute of Design ; porté par le succès de sa musique, il est reçu à New York chez Max Ernst et Peggy Guggenheim en 1942 ; il y rencontre Piet Mondrian, André Breton, Virgil Thomson, Marcel Duchamp. Sa collaboration avec Merce Cunningham s'amorce cette même année, avec le ballet *Credo in Us* ; elle deviendra étroite en 1944 : Cage sera le directeur de la musique de la Merce Cunningham and Dance Company.

La tentation de l'Orient

Le concert du 7 février 1943 au Musée d'art moderne de New York avec Merce Cunningham, concert qui va imposer Cage dans les milieux de l'avant-garde, comporte la création de la suite *Amores* – deux pièces pour piano préparé et deux pièces pour trio de percussions – où s'expriment « l'érotique et la tranquillité, deux des émotions permanentes de la tradition de l'Inde ». Quand, en 1945, Cage s'installe à Monroe Street, il entreprend l'étude de la musique et de la pensée de l'Inde avec son élève en contrepoint, Gita Sarabhai, et devient pour deux années l'auditeur du Daisetz Teitaro Suzuki à l'université Columbia : ce dernier lui révèle le zen. Après le ballet *The Seasons* et la musique du film de Richter *Dreams that Money Can Buy* (1947), Cage, qui a lu la *Dance of Shiva*, de Coomaraswamy, « met en musique », dans les *Sonates et Interludes* pour piano préparé, les « neuf émotions permanentes » de la tradition de l'Inde. Le tournant est pris : dans la conférence *Defence of Satie*, prononcée l'été 1948 à Black Mountain College, Cage oppose aux musiques d'Occident, inféodées à la seule dimension harmonique, les musiques d'Orient qui ont su, par la subtilité du traitement qu'elles consentent au temps, sauvegarder, face au son, le silence. C'est l'idéal d'« interpénétration sans obstruction » de Suzuki : nul son ne doit faire obstacle à nul autre, non plus qu'à nul silence ; sons et silences peuvent alors s'interpénétrer. Le temps, c'est cette interpénétration même, racine de toute musique. Erik Satie et Anton von Webern ont réhabilité le temps : ils ouvrent la voie de la musique « vraie », qu'un Beethoven ne pouvait qu'occulter... Cette thèse, bien sûr, fait scandale. Mais le scandale n'émeut guère Cage, qui a trouvé sa voie, et peut-être *la* voie. Après un premier voyage en Europe (1949), il élabore, en contraste avec les idées de Boulez, une méthodologie de la dé-construction de l'œuvre : avec David Tudor, Morton Feldman, Christian Wolff et Earle Brown, il compose ses premières partitions « inexpressives », et introduit dans ses œuvres les premières procédures de hasard – moyen le plus commode de désarçonner la toute-puissance de la subjectivité et de faire de la musique un exercice d'éveil. Successivement, après les *Sixteen Dances* et la *Music of Changes* pour piano (1951), il écrit les *Imaginary Landscapes n*° *4* (pour douze radios) et *n*° *5* (pour bande magnétique), la *Music for Carillon n*° *1* et la première « composition silencieuse », *4'33"* (1952). Surtout, il profite d'un nouveau séjour à Black Mountain pour faire représenter un *event* dénué de titre, au cours duquel Merce Cunningham, Robert Rauschenberg, David Tudor, et les poètes Charles Olson et M.-C. Richards se joignent à lui pour juxtaposer, hors de tout plan préconçu, différentes actions relevant de disciplines artistiques distinctes. Ce sera, en fait, le tout premier *Happening*.

Musiques de l'indétermination

Cage, qui vivra de 1954 à 1966 dans une petite communauté d'artistes à Stony Point, au nord de New York, s'aperçoit que les champignons (*mushrooms*) font, dans tous les dictionnaires, partie de l'environnement de la musique (*music*). Il entreprend donc de les étudier, et va devenir un mycologue réputé : il contribuera à la fondation de la Société de mycologie de New York. L'exemple des champignons – et en général des « modes d'opérer de la nature » – le confirme dans la certitude de l'inadéquation de nos tentatives de rationalisation, face à la complexité de ce qui est. L'œuvre musicale, dès lors, doit cesser d'être murée dans sa clôture d'objet : il faut la laisser respirer avec ce qui l'entoure, et se faire processus ; les déterminations qui lui sont prescrites de l'extérieur risquent de la mutiler. Dans cet esprit, la superposition et la juxtaposition, dans le happening, d'initiatives non exclusivement sonores, mais aussi bien poétiques, plastiques, visuelles en général, débouche sur une dé-sémantisation généralisée, laquelle affectera les textes, écrits et conférences du penseur John Cage au même titre que ses musiques. C'est l'époque de l'indétermination : Cage voyage en Europe avec Tudor (1954), écrit des partitions en se servant des imperfections du papier (*Music for Piano*, 1955), enseigne à la New School for social research (de 1956 à 1960), où il aura des disciples fervents – George Brecht, Al Hansen, Dick Higgins, Toshi Ichiyanagi, Alan Kaprow, Jackson McLow – ; l'exécution, au concert de rétrospective de ses vingt-cinq premières années d'activité (organisé par George Avakian en mai 1958), de son *Concert for Piano and Orchestra*, superposition de solos distincts, d'une partie de chef d'orchestre sans rapport avec ces solos, et d'une partie de piano écrite selon quatre-vingt-quatre procédures de notation distinctes – sans compter la possibilité de jeu simultané d'un certain nombre d'autres partitions : *Aria*, *Solo for Voice I*, *Winter Music*, *Fontana Mix*... – fait sensation. Dans la mouvance de cette création, des pièces comme *Variations I* (1958), *Cartridge Music* et *Theater Piece* (1960), et *Atlas Eclipticalis* (1961) conduisent à la théâtralisation du jeu instrumental et électro-acoustique. Une exécution « en temps réel » des *Vexations* de Satie, avec leurs 840 *da capo*, ouvre, en 1963, la porte aux musiques « planantes » : sa durée dépasse dix-huit heures d'horloge...

L'épanouissement : une pratique de la fête

Le premier « grand » livre de Cage, *Silence*, anthologie de ses écrits et conférences, paraît en 1961 ; la critique y discerne, outre la patte d'un extraordinaire écrivain, le premier ouvrage-partition : impossible de le lire sans réaliser « musicalement » ce qui s'y trouve décrit, à savoir la musicalité de l'environnement, quel qu'il soit, qui entoure le lecteur à l'instant précis, quel qu'il soit, de sa lecture. Impossible, dès lors, de se dérober à l'évidence cagienne : au lieu que l'art investisse des espaces ou moments distincts, séparés de la quotidienneté, les dimensions de l'œuvre deviennent celles mêmes de notre espace de jeu temporel (*Zeit-spiel-raum* de Heidegger) ; ce que la musique (sonore, mais aussi bien écrite, pensée, conceptuelle) de Cage nous force à éprouver, c'est la non-différenciation esthétique au sens du philosophe allemand Hans-Georg Gadamer. Un tel enseignement conduit à remettre en question l'isolement traditionnel, romantique ou post-romantique, du créateur. Impossible après Cage de se cantonner dans les « morceaux solipsistes pour grand orchestre » que raillait déjà le philosophe allemand Adorno, et qui condamnaient le XXe siècle musical à une délectation des plus moroses ! Les œuvres de Cage renouent au contraire avec la tradition d'avant l'ère de la subjectivité conquérante, d'avant la Renaissance – tout comme elles renouent avec l'Orient, en deçà de tout exotisme, de toute chinoiserie ou balinaiserie de convention. *HPSCHD*, pour 7 clavecins, 51 bandes travaillées (deux années durant) à l'ordinateur, 7 projecteurs de films et 80 projecteurs transmettant 10 000 vues de la N.A.S.A., est joué le 16 mai 1969 à Urbana devant 9 000 personnes ; on comptera 15 000 entrées pour le troisième *Musicircus*, celui des Halles de Baltard aux Semaines musicales de Paris, que dirige en 1970 Maurice Fleuret. Des œuvres de plus en plus ambitieuses naissent alors : ce sont les *Song Books* (1970), les *Études australes* pour le piano (1974), *Child of Tree* pour plantes amplifiées (1975), *Lecture on the Weather* avec des enregistrements de tonnerre et d'orage (1975), *Renga* pour orchestre d'après 361 dessins de Thoreau, accompagné de l'*Apartment House 1776*, recueil de musiques « défectives » du XVIIIe siècle (1976), les *Freeman Etudes* pour le violoniste Paul Zukovsky (1977), les *Thirty Pieces for Five Orchestras* créées au festival de Metz (1981) ; une partition d'encore plus longue haleine pour chœur et orchestre : *Muoyce*, d'après les paroles de *Finnegans Wake* de James Joyce (1983).

Au-delà du musical

On n'a, dans tout ce qui précède, qu'effleuré les activités de John Cage ; Henmar Press, qui édite la musique du Maître de Stony Point, sous l'égide de Peters, en propose un catalogue impressionnant. Surtout, John Cage, auteur de *Silence*, a publié plusieurs autres recueils (*A Year From Monday*, 1967 ; *M*, 1971 ; en collaboration avec Alison Knowles, les *Notations* de 1969), et un livre d'entretiens (*Pour les oiseaux, Conversations avec Daniel Charles*, Paris, 1976 ; version définitive : *For the Birds*, New York-Londres, 1981). Auteur d'un *Journal* publié de façon intermittente (*Diary : how to Improve the World*, depuis 1965), il a ensuite expérimenté les possibilités de la « poésie sonore » (*62 Mesostics Re Merce Cunningham*, 1971 ; *Mureau*, 1972 ; *Empty Words*, 1974) et, de là, perfectionné une calligraphie et une typographie déjà extraordinairement travaillées dans certaines des partitions de l'époque de l'indétermination (1958), de façon à publier, selon des techniques par lui inventées, des « raccourcis » d'un roman comme le *Finnegans Wake* de James Joyce (*Writing through Finnegans Wake*, 1978 ; *Writing for the Second Time through Finnegans Wake*, paru dans l'édition du *Roaratorio* préparée par Klaus Schöning, 1982). De ce que Roland Barthes décrivait comme l'« écriture à haute voix », Cage était déjà fort proche au départ : des idéogrammes lui servaient à symboliser des timbres complexes dans les années soixante ; ses partitions s'exposaient alors dans des galeries d'art. Il avait sculpté, en hommage à Duchamp, des graphismes dans l'espace (*Not Wanting to say anything about Mar-*

cel, 1969) ; en 1978, il travaille la gravure à la Crown Point Press à Oakland (Californie), et trois séries sortent en 1982 (*Changes and Disappearances* ; *On the Surface* ; *Déreau*). Enfin, des textes « non-syntaxiques » avoisinent, dans ses dernières productions (*Themes and Variations*, 1982), des dessins (*Mushroom Book* ; *Mud Book*...), repris d'époques plus lointaines. C'est dire la puissance de création de ce musicien, dont chacune des productions bouleversa les idées reçues, et qui réalisa simultanément à ses compositions « sonores », ou « théâtrales », des transferts de disciplines incessants.

DANIEL CHARLES

Bibliographie

• Œuvres de John Cage

Silence, Wesleyan Univ. Press, Middletown (Conn.), 1961 (trad. franç. partielle, Fong, Lettres nouvelles, Denoël, Paris, 1970) ; *A Year from Monday*, Univ. Press of New England, Hanover (N. H.), 1967 ; *Diary : Part III*, Something Else Press, New York, 1967 ; *Diary : Part IV*, *ibid.*, 1968 ; *Notations* (avec Alison Knowles), *ibid.*, 1969 ; *M*, Wesleyan Univ. Press, Middletown, 1973 ; *Empty Words*, *ibid.*, 1978 ; *For the Birds, Conversations with Daniel Charles*, Marion Boyars, Boston-Londres, 1981 (version définitive de : *Pour les oiseaux*, Belfond, Paris, 1976) ; *Roaratorio*, Athenäum Verlag, Königstein, 1982 ; *Conversation without Feldman (with Geoffrey Barnard)*, Printed Ed., Black Ram Books (Austr.)-New York, 1982 ; *Themes and Variations*, The Other Publishers, Station Hill, Barrytown-New York, 1982 ; *Journal : comment rendre le monde meilleur, on ne fait qu'aggraver les choses*, M. Nadeau, 1983.

• Études

P. Boulez & J. Cage, *Correspondance*, Bourgeois, 1991 / D. Charles, *Gloses sur John Cage*, U.G.E., Paris, 1978 / *John Cage*, Privat, Toulouse, 1988 / R. Kostelanetz, *John Cage : an Anthology*, Da Capo Press, New York, 1991 / S. Sontag, R. Francis, M. Rosenthal et al., *Cage Cunningham Johns*, A. Knopf, New York, 1990 / C. Tomkins, *The Bride and the Bachelors*, Viking Press, New York, 1976.

CALDARA ANTONIO (1670-1736)

L'un des compositeurs les plus fertiles de son temps, et dans les domaines les plus variés. Élève de Legrenzi à Venise, Caldara mène jusqu'en 1716 une vie vagabonde : Rome, Vienne, Madrid... Il est alors nommé second Kappelmeister de l'empereur Charles VI à Vienne, où il demeure jusqu'à sa mort. Son œuvre couvre tous les domaines, et elle est abondante : quatre-vingts opéras, des sérénades, des cantates profanes, trente-huit oratorios, vingt messes, des sonates, des œuvres pour clavier. Mais la diversité de ses styles n'est pas moins confondante. Il reste proche d'un style corellien dans ses sonates à deux violons et basse ; ses opéras (dont le premier fut composé à dix-neuf ans, et le dernier à soixante-six ans) passent du style vénitien à celui de l'opéra napolitain ; ses œuvres religieuses, où l'on trouve tour à tour la stricte écriture scolastique a cappella (*Missa in contrapuncto canonica*), la tradition vénitienne des grandes masses chorales, voire polychorales (*Crucifixus*, à seize voix), les oppositions d'airs pour solistes et de chœurs (*Missa dolorosa*). Cette gigantesque synthèse est l'un des fondements de ce style baroque composite propre à l'Allemagne du Sud et à l'Autriche. La renommée de Caldara dura fort longtemps après lui ; il influença profondément l'école de Mannheim et Haydn. Beethoven le connaissait et l'admirait.

PHILIPPE BEAUSSANT

CALVISIUS SETH KALWITZ dit SETHUS (1556-1615)

Compositeur et théoricien allemand né à Gorsleben (Thuringe). Calvisius étudie aux universités de Helmstedt (1579) et de Leipzig (1580), où il est nommé en 1581 cantor de la Paulinerkirche. Cantor à Schulpforta en 1582, il y reste jusqu'en 1594, date à laquelle il devient cantor de Saint-Thomas de Leipzig, poste qu'il conservera jusqu'à sa mort. Doté d'une solide formation théorique, il jouera un grand rôle dans l'évolution de la notion de contrepoint et surtout dans la naissance de la science harmonique, s'intéressant autant à l'enseignement élémentaire qu'à celui de la composition, faisant connaître en Allemagne les *Istituzioni Harmoniche* de Zarlino (1558), réussissant à faire la synthèse de l'héritage de la Réforme avec l'humanisme, avec la pensée antique et surtout avec les idées de la Renaissance musicale italienne. Il fut également astronome, historien et latiniste. On lui doit, comme ouvrages théoriques, *Melopoeia seu melodiae condendae ratio* (1592), *Compendium musicae practicae pro incipientibus* (1594), *Exercitationes musicae duae* (1600) et *Exercitatio musica tertia* (1609), dont les trois derniers réédités sous le titre *Exercitationes musicae tres* (1611). Quant à ses compositions, destinées soit à l'enseignement soit aux services religieux, elles comprennent des *Hymni sacri* à quatre voix et des *Odes d'Horace* (1594), *Tricinia ausserlesene teutsche Lieder* (1603), *Biciniorum libri duo* (1599 et 1612), un recueil de chorals intitulé *Harmonia cantionum ecclesiasticarum, Kirchengesenge und geistliche Lieder D. Lutheri und anderer frommen Christen* (1597), un *Psautier de Becker* (1605). On a en outre des œuvres de lui dans des recueils d'époque et en manuscrit dans diverses bibliothèques allemandes. Avec Calvisius commencèrent les conflits, qui devaient se prolonger jusqu'à Bach, entre les divers cantors de Saint-Thomas et l'université de Leipzig.

MARC VIGNAL

CAMBINI GIOVANNI GIUSEPPE (1746-1825)

Né à Livourne, élève du fameux padre Martini à Bologne de 1763 à 1766, Cambini, âgé de vingt ans, fait représenter en 1766, à Naples, un opéra qui n'a aucun succès. Il est capturé avec sa fiancée sur le chemin du retour par des pirates barbaresques qui les vendent tous deux comme esclaves. « Ce n'est pas encore le plus cruel de ses malheurs », commentera Grimm dans sa *Correspondance littéraire*. « Attaché au mât du vaisseau, il vit cette maîtresse, qu'il avait respectée jusqu'alors avec une timidité digne de l'amant de Sophronie, il la vit violer en sa présence par ces brigands, et fut le triste témoin... etc. [*sic* dans le texte]. » Nul ne s'est soucié de savoir ce qu'il est advenu de l'infortunée jeune femme ; quant à Cambini, un riche marchand vénitien, l'ayant remarqué, le rachète et lui rend sa liberté. En 1770, il arrive à Paris, où il restera jusqu'à la fin de ses jours. En 1778, il y rencontre Mozart. Pendant une vingtaine d'années, il occupe divers postes, compose beaucoup, et obtient auprès du public une audience certaine, en particulier quand

Gossec exécute ses symphonies aux Concerts spirituels. On trouve son nom au premier rang de ceux qui, après la chute de l'Ancien Régime, participent aux fêtes révolutionnaires organisées par David. Il compose alors une quinzaine d'hymnes patriotiques, à l'Être suprême, à la femme républicaine, contre les rois, contre les prêtres, contre les Anglais. En 1794 s'amorce son déclin, qui n'est sans doute pas sans rapport avec la chute de Robespierre. Il tâte, dans les premières années du XIXe siècle, de la critique musicale, et se voit peu à peu réduit, comme compositeur, aux arrangements d'airs à la mode. Il passe ses dix dernières années à l'hospice des pauvres à Bicêtre, et y meurt complètement oublié, laissant plus de cent quarante quatuors à cordes (dont certains attribués à Boccherini), cent douze quintettes pour deux violons, deux altos et violoncelle, soixante symphonies, vingt-neuf symphonies concertantes, sept concertos, vingt opéras, deux oratorios, de la musique religieuse, diverses musiques de chambre, des cantates, une méthode de solfège. L'oubli dans lequel étaient tombées ses œuvres est injuste ; elles renaissent heureusement depuis la fin des années 1980 ; l'écoute de son *Troisième Quatuor à cordes* en *si* mineur nous frappe par son préromantisme : sens de la durée proprement psychologique dans la méditation en musique, sensibilité déjà moderne par les oppositions du mélodique et du rythmique, violence farouche du finale succédant aux inflexions nuancées du largo médian.

MARC VIGNAL

CAMPIAN THOMAS (1567-1620)

Médecin de profession, mais de vocation poète et musicien, Thomas Campian est l'une des figures les plus attachantes parmi les artistes de son temps. D'abord étudiant à Peterhouse (Cambridge), puis à Gray's Inn (Londres), il tire surtout de sa formation universitaire une ouverture d'esprit qui le prépare à une activité pluridisciplinaire où il brille dans tous les domaines. Théoricien de la poésie et de la musique, il est l'auteur, en 1602, d'une étude sur la poésie anglaise intitulée *Observation in the Art of the English Poesie*, puis, en 1613, d'un traité de contrepoint, *A New Way of Making Fowre Parts in Counterpoint*, où il expose les conceptions qu'il met en pratique dans ses œuvres de création. Celles-ci comportent notamment le texte et la musique de deux « masques » parmi les plus célèbres du temps, *Masque in Honour of Lord Hayes* (1607), écrit à l'occasion du mariage du dédicataire, et *The Lords Masque* (1613). Mais Campian doit le meilleur de sa gloire aux cinq recueils d'airs au luth qu'il publie respectivement en 1601, 1613-1614 et 1617-1618, le premier en collaboration avec son ami Philip Rosseter, à quoi il faut ajouter, en 1613, les *Songs of Mourning* inspirés par la mort du jeune prince Henry, fils de Jacques Ier, dont il écrit seulement les paroles, la musique étant due à John Coprario.

Poète de renom et musicien de talent, Thomas Campian ne cède le premier rang qu'à Ben Jonson pour le masque et à Dowland pour l'air au luth, offrant en outre l'un des très rares exemples dans l'histoire d'un créateur qui ait cultivé musique et poésie avec un égal bonheur :

ses « ayres » sont là pour l'attester, constituant dans la production élisabéthaine une rencontre unique des deux arts.

JACQUES MICHON

CAMPRA ANDRÉ (1660-1744)

Organiste, maître de chapelle, musicien de théâtre, créateur de l'opéra-ballet, André Campra est l'une des grandes figures de son siècle. Son écriture, qui renouvelle tout ce qu'elle touche, représente une synthèse originale des styles italien et français, qui caractérise le début du XVIIIe siècle. Fils d'un chirurgien italien, Campra est en 1674 l'élève de G. Poitevin à la maîtrise de Saint-Sauveur d'Aix-en-Provence, comme le seront J. Gilles et E. Blanchard ; il est ordonné prêtre en 1678 ; d'abord maître de chapelle à Toulon (1679), à Arles (Saint-Trophime, 1681), à Toulouse (cathédrale Saint-Étienne, 1683), il arrive à Paris en 1694 et dirige alors la maîtrise de l'église des Jésuites (Louis-le-Grand), puis, jusqu'en 1700, celle de Notre-Dame de Paris, où il introduit des violons dans l'accompagnement alors confié aux contrebasses et aux bassons.

De son œuvre religieuse, citons le premier livre de *Motets* (1695) à une, deux et trois voix et plusieurs messes avec continuo (une seule est en plain-chant musical), notamment la messe *Ad majorem Dei gloriam* (1699). C'est seulement la démission de Delalande (1722), auquel il succède à la chapelle royale avec C. H. Gervais et N. Bernier, qu'il reprend des fonctions de musicien sacré, tout en dirigeant la musique du prince de Conti et, surtout après 1730, l'Opéra. Entre 1695 et 1720, il écrit quatre nouveaux recueils de *Motets* pour solistes (1700, 1703, 1706, 1720) et, en 1737-1738, deux remarquables livres de *Psaumes mis en musique à grand chœur*, où il atteint à un pathétique inhabituel chez lui. Dans ses pages religieuses, il désirait en effet, selon ses dires, « faire les chastes délices des âmes pieuses ». Ces œuvres sacrées sont écrites dans un style plutôt contrapuntique, parfois isorythmique, toujours marqué de ses qualités personnelles : mélodie ample et ornée avec aisance, vocalises jubilatoires, développement thématique, rythme souple (avec prédilection pour le ternaire provençal), chœurs éclatants, harmonie souvent audacieuse, instrumentation fournie et habile. En 1754, le jésuite M. A. Laugier note : « Lalande est un artiste qu'on estime davantage, Campra est un séducteur qu'on aime infiniment » (*Apologie de la musique française*). Appliquant au chœur la technique du continuo, Campra affirme nettement la tonalité et module plus que Delalande. Avec F. Couperin, il est le maître du petit motet : à côté de deux pages exquises – *O dulcis amor*, à voix seule, et *Tota pulchra es*, à deux voix – citons le *Fecit potentiam* (*Magnificat*), qu'il traduit par le martèlement des syllabes sur une même note ou, dans le *Laudate*, le parti qu'il tire des silences interrompant les incises d'une mélodie. Par de tels accents, il surpasse certes Lully dans le grand motet, il est plus chaleureux qu'un M.-A. Charpentier ou un Delalande, mais il n'atteint peut-être pas à leur magnificence. E. Titon du Tillet rappelle que les foules se pressaient à Notre-Dame à l'exécution de ses œuvres et il déplore qu'il ait « déserté l'église pour l'opéra ». Pourtant, là aussi, il fut un maître.

Bien qu'on puisse trouver une esquisse de ce nouveau genre dans *Le Ballet des saisons* de P. Colasse (1695), c'est sur un livret d'Antoine Houdar de La Motte que Campra crée, sous le prénom de son frère Joseph, le premier opéra-ballet, *L'Europe galante* (1697), qui tint la scène jusqu'à la Révolution. Il rejette le style pompeux de Lully, ainsi que le cadre conventionnel de sa tragédie, pour introduire à la scène lyrique plus de spontanéité et de simplicité, le « naturel » de la déclamation, une fraîcheur et une tendresse inaccoutumées, une verve puisée dans les rythmes de la chanson populaire. Ce genre conventionnel devient, chez lui, un charmant support où s'enchaînent « divertissements » dansés et chantés. Cette œuvre, amalgame de tout ce qui plaît aux amateurs du temps, est une suite de danses, pastorales, airs et chœurs dont l'absence de cohésion quant au déroulement de l'intrigue (chaque « entrée » ou acte compte un sujet et une action différents) étonne aujourd'hui. Si, dans l'opéra, le sujet engendre la musique, ici, c'est la danse et la musique qui déterminent l'action. Avec Campra, influencé par Scarlatti, l'opéra bénéficie des apports de la cantate (trois livres de *Cantates françaises mêlées de symphonies* – 1708-1713, 1724, 1728 – et les *Recueils d'airs sérieux et à boire* – de 1698 à 1710). Le récitatif tend à devenir arioso. Parmi les vingt-cinq œuvres environ destinées à la scène (tragédies lyriques, opéras-ballets, divertissements), on peut retenir *Le Carnaval de Venise* et *Orfeo nell'inferno* (1698-1699), *Iphigénie en Tauride* (commencée par H. Desmarets, 1704), *Alcine* (1705), *Les Festes vénitiennes* (1710, son chef-d'œuvre du genre), *Énée et Didon* (1714), *Achille et Deidamie* (1735), *Les Noces de Vénus* (1740). Avec *Hésione* (1700) et *Tancrède* (1702), que Rameau aimait tant, il quitte le léger pour se hausser à la noblesse d'une vraie tragédie. Ici comme là, son orchestration chaude et variée participe avec efficace à l'expression dramatique (cf. l'entrée des trompettes à la fin de *Tancrède*). Avec lui, l'opéra du début du XVIIIe siècle a atteint l'un de ses sommets. Son influence fut considérable : de 1697 à 1735 (citons *Les Indes galantes* de Rameau dont Campra disait à la fin de sa vie : « Voici un homme qui nous chassera tous »), une quarantaine d'opéras-ballets ont été montés à l'Opéra ; tous les compositeurs en ont écrit.

PIERRE-PAUL LACAS

CANNABICH CHRISTIAN (1731-1798)

Né à Mannheim dans une famille de musiciens, Cannabich entre dès 1744 dans le fameux orchestre de cette ville, dont Johann Stamitz, l'année suivante, prendra la direction. Son père, flûtiste et hautboïste, donne des leçons de flûte au prince-électeur Karl Theodor. Jusqu'en juillet 1753, le jeune Christian étudie avec Jommelli à Rome, et effectue peu après un assez long séjour à Milan. À la mort de Stamitz (1757), il lui succède à la tête de l'orchestre de Mannheim, et devient vite un des chefs les plus célèbres d'Europe. En 1764, 1766 et 1772, on le voit à Paris, où il se produit avec un succès d'autant plus grand que la réputation de l'orchestre de Mannheim est établie. Mozart, qu'il a déjà connu enfant à Paris, le voit très souvent lors de son séjour à Mannheim en 1777-1778 (il donne des leçons à sa fille Rose et lui dédie une sonate) et, dans ses lettres, parle à la fois de l'homme et de l'artiste en termes très chaleureux. Quand Karl Theodor devient électeur de Bavière, Cannabich le suit à Munich (1778), où il donne des concerts non plus seulement pour la Cour, mais aussi en public. Joseph Haydn, en route vers Londres, lui rend visite dans cette ville en 1790. Cannabich passe quelque temps à Vienne en 1796, et meurt à Francfort-sur-le-Main pendant une visite chez son fils.

Avant tout compositeur de musique instrumentale, Cannabich a laissé notamment de la musique de chambre et près de cent symphonies. À partir des années 1770, il se consacra de plus en plus aux ballets (beaucoup ont disparu). Dans ce genre, où souvent il se rapproche de Gluck, il put donner libre cours à son talent de coloriste : ainsi dans *La Descente d'Hercule* (1780) ou dans *Les Meuniers provençaux*. L'historien de la musique Charles Bruney décrit longuement *La Foire de village hessoise* qu'il vit à Schwetzingen en 1772. Cannabich écrivit également les opéras *Azakia* (1778) et *La Croisée* (1788), ainsi que le mélodrame *Elektra* (1780).

MARC VIGNAL

CAPLET ANDRÉ (1878-1925)

Compositeur et chef d'orchestre français qui occupe une place essentielle dans la musique du début du XXe siècle, bien que son œuvre ne connaisse pas la diffusion qui devrait être la sienne. D'origine normande, André Caplet restera toujours profondément attaché à ses racines : cautèle, humour, rigueur, amour de la mer et de la nature, mais aussi ferveur religieuse et don de soi-même au point d'en oublier sa propre musique pour celle des autres dont il devient l'apôtre.

Après avoir reçu de Henry Woolett les premiers éléments de sa formation musicale au Havre, sa ville natale, il est l'élève de Charles Lenepveu, Xavier Leroux et Paul Vidal au Conservatoire de Paris (1896-1901) et remporte, devant Maurice Ravel, le premier grand prix de Rome en 1901. Depuis 1899, il est directeur de la musique à l'Odéon où commence sa carrière de chef d'orchestre. Ses premières œuvres (*Quintette pour piano et instruments à vent*, *Suite persanne*, *Pâques citadines*) montrent une assimilation précoce de l'héritage de Franck et de Massenet ainsi qu'une attirance évidente pour l'impressionnisme. Avec *Épiphanie*, triptyque pour violoncelle et piano (1903) orchestré en 1923, il entre dans une phase de musique plus évocatrice que descriptive, qui débouchera sur *Le Masque de la mort rouge*, fresque symphonique avec harpe principale, d'après Edgar Poe (1908) dont l'état premier a été perdu. Caplet remaniera son œuvre en 1923, pour harpe et quatuor à cordes, lui donnant le titre de *Conte fantastique*. Cette partition comporte d'étonnantes trouvailles instrumentales, dans l'écriture pour la harpe et dans la puissance d'évocation musicale. Il faudra attendre Krzysztof Penderecki ou György Ligeti pour voir certains de ces procédés réutilisés.

À la même époque, Caplet rencontre Debussy dont il connaît déjà fort bien la musique, ayant transcrit plusieurs de ses partitions d'orchestre pour le piano. Une profonde amitié s'établit entre eux et Caplet, loin de se limiter à un rôle de disciple que lui attribuent de trop nombreux biographes, devient le plus proche collaborateur de Debussy : son interprète de prédilection d'abord, mais aussi l'orchestrateur de certaines de ses partitions (*Children's Corner, La Boîte à joujoux, Gigues*). En 1911, Caplet dirige la création du *Martyre de saint Sébastien* de Debussy après en avoir orchestré une importante partie.

Sa carrière de direction d'orchestre prend son essor en 1910 lorsqu'il est nommé chef d'orchestre puis directeur de la musique à l'Opéra de Boston. Il y présente l'essentiel du répertoire contemporain français. En 1914, il est nommé à l'Opéra de Paris, mais la guerre l'empêche d'exercer ses fonctions. Il revient du front très diminué physiquement. Les horreurs de la guerre accentuent son mysticisme qui se traduit dans des œuvres intérieures, généralement destinées à la voix humaine. Dès 1909, avec le *Septuor* pour cordes vocales et instrumentales, Caplet avait abordé une écriture plus dépouillée, faite de recherches de timbres et de simplicité. Les *Inscriptions champêtres* (1914), pour voix de femmes *a cappella* – l'un de ses chefs-d'œuvre – trouvent leur inspiration dans les paysages normands tout comme la *Messe à trois voix* (1919-1920) qui fait appel à certains procédés du chant grégorien. En 1923, il compose *Le Miroir de Jésus*, triptyque sur les *Mystères* de Henri Ghéon où il associe à nouveau cordes vocales (féminines) et instrumentales.

La mélodie, par sa simplicité, a attiré Caplet à maintes reprises : *Le Vieux Coffret* (1914-1917), *Prières* (1914-1917), *Trois Fables de La Fontaine* (1919), *Cinq Ballades françaises* (1919-1920), *Écoute mon cœur* (1924). Il compose également *Deux Divertissements pour harpe* (1924) et laisse inachevés une *Sonate pour voix, violon et violoncelle*, une *Sonata da chiesa* et un *Hommage à Catherine de Sienne*.

L'indifférence relative que suscite la musique de Caplet s'explique en partir par son tempérament dévoué : il a toujours mis en valeur les compositeurs qu'il interprétait au détriment de sa propre musique. Celle-ci, en outre, n'attire pas les foules car elle ne répond à aucun canon du succès : rarement brillante, parfois difficile à première écoute, elle fait appel à des effectifs inusuels qu'il faut réunir pour la circonstance. Toutes ces raisons ont fait de Caplet un compositeur apprécié d'une petite élite qui a pu entrer en contact avec son œuvre ; mais en réalité, c'est l'un des grands oubliés de la musique française.

ALAIN PÂRIS

CARISSIMI GIACOMO (1605-1674)

Figure marquante de la musique du XVIIe siècle, Giacomo Carissimi a exercé son influence non seulement en Italie, mais dans l'Europe entière. Parmi ses élèves, on compte Bassani, Cesti, Bononcini, Scarlatti (Alessandro), le Français Marc-Antoine Charpentier, les Allemands Johann Philip Krieger, Johann Caspar von Kerll...

Fils d'un tonnelier de Marino, près de Rome, orphelin à dix ans, sans doute Carissimi fut-il recueilli par une de ces nombreuses institutions italiennes, mi-orphelinats (ou collèges pour enfants pauvres), mi-conservatoires qui, à Rome aussi bien qu'à Venise, furent des pépinières de musiciens. À dix-huit ans, il est chantre à la cathédrale de Tivoli ; il y tient le poste d'organiste de 1625 à 1627, puis passe à San Ruffino d'Assise. En 1630, il devient maître de chapelle à Saint-Apollinaire du Collegium germanicum de

Rome, poste modeste qu'il conservera jusqu'à sa mort, en dépit de son immense réputation ; mais c'est pour l'oratoire du San Crocifisso in San Marcello qu'il travailla principalement. Vie simple, modeste, aisée. L'empereur Ferdinand II lui proposant de devenir son maître de chapelle, il refusa. Son œuvre fut jugée si précieuse qu'à sa mort un bref du pape en interdit l'aliénation et le prêt : malencontreuse précaution ! Lorsqu'en 1773 l'ordre des Jésuites (auxquels il avait laissé ses manuscrits) fut supprimé, tout fut mis au pilon, et quelques rares copies des bibliothèques d'Europe (à Hambourg et à Paris) sont aujourd'hui les seuls témoins d'une œuvre si importante... Seuls *Jephté*, le *Judicium Salomonis* et la Lamentatio damnatorum furent imprimés à l'époque. Son traité *Ars cantandi* a été conservé dans une traduction allemande.

L'œuvre de Carissimi est exclusivement vocale et s'exerce en deux domaines, voisins mais non confondus, celui de la cantate et celui de l'oratorio et de l'« histoire sacrée ». L'influence de Carissimi est déterminante dans les deux cas. Ses cantates (profanes) sont, pour la première fois et de manière systématique, une succession de récitatifs et d'airs : c'est tout l'avenir de la cantate en Europe qui se dessine donc avec lui. Plus rares, d'autres cantates reprennent la vieille forme de la *canzone* ou de la *canzonetta* à refrain. Mais c'est l'oratorio qui est le domaine le plus important de l'œuvre de Carissimi. Cette forme musicale tient son origine des réunions religieuses et musicales organisées par Philippe Neri à la Congregazione dell'oratorio (oratoire Santa Maria in Vallicella). La partie musicale de ces réunions se développa, et adopta, dans les premières années du XVIIe siècle, le style *recitativo* (*Rappresentazione di anima e di corpo de cavalieri*).

L'oratorio, à l'époque où Carissimi commence à composer, affecte deux formes : l'histoire sacrée, avec récitant racontant un épisode biblique ou hagiographique, et la cantate morale, telle que *L'Âme et le Corps* de Cavalieri, à personnages symboliques, ou le *Mottetto concertato*, opposant chœurs et solistes. Le génie de Carissimi va être de faire fusionner tous ces éléments divers, mais en mettant l'accent sur l'élément narratif, le récit, confié à l'*historicus*, ou récitant. À ce rôle impersonnel, Carissimi infuse un accent lyrique ou dramatique en donnant leur indépendance aux protagonistes et en les faisant dialoguer. Dans l'oratorio du *Mauvais Riche*, par exemple, le récitant s'oppose au personnage principal tandis que le chœur commente l'action. Le récitant en vient lui-même à se personnaliser : dans l'*Extremum Dei Judicium*, c'est le Prophète lui-même qui est l'historicus, et qui dialogue avec le Christ, les anges et les âmes.

Un pas de plus est fait dans les *Historiae sacrae* : cette fois l'historicus a disparu, tous les personnages sont individualisés : dans l'*Histoire de Job*, ils ne sont que trois (l'ange, Job, le diable) qui dialoguent dramatiquement et s'expriment lyriquement (méditation de Job). Dans l'*Histoire d'Ézéchiel*, le récit est confié à deux voix d'anges, dialoguant avec Dieu, ainsi qu'avec les prophètes Isaïe et Ézéchiel.

L'art de Carissimi est fait à la fois d'une grande simplicité, d'un dépouillement profondément religieux et de richesse émotionnelle, de sens dramatique, de variété formelle. Il continue le simple style expressif de Monteverdi, que ses contemporains abandonnent trop souvent dans l'opéra : on peut, à juste titre, comparer le *Lamento d'Ariane* à telle page de *Jephté*. Carissimi est résolument moderne par son sens de la tonalité, qui lui fait renoncer aux archaïsmes que l'on trouvait encore chez Monteverdi.

L'influence de Carissimi sur la musique européenne a été considérable : on peut dire que presque toute la musique religieuse lui doit quelque chose ; mais particulièrement, bien entendu, l'oratorio, qu'il s'agisse de celui de Charpentier, de la cantate et de la passion de Bach ou de l'oratorio de Haendel.

PHILIPPE BEAUSSANT

CARVALHO JOÃO DE SOUSA (1745-1798)

Musicien portugais, pédagogue et compositeur ; il est très certainement le plus remarquable compositeur d'opéras de son pays avant Marcos Portugal (1762-1830), lequel fut son élève à Lisbonne. Carvalho suivit les cours du séminaire patriarcal de Lisbonne, puis du conservatoire de S. Onofrio de Naples, avant d'entrer à son tour au séminaire patriarcal comme professeur de contrepoint et maître de chapelle. Il succéda à David Pérez (1711-1778) comme maître de musique de la famille royale (1778-1790). Outre Marcos Portugal, retenons les noms de deux autres de ses élèves, António Leal Moreira (1758-1819) et João José Baldi (1770-1816), dont les œuvres, comme celles de leur maître, sont dans la ligne esthétique de l'école napolitaine, fort appréciée dans le Portugal de la deuxième moitié du XVIIIe siècle. Carvalho donna une série de treize opéras de style italien (dont *L'Amore industrioso*, *L'Eumene*, *Penelope nella partenza da Sparta*, *Numa Pompilio*), des *Sonate per Clavicembalo* (un volume), de la musique d'église (deux messes, des répons, des psaumes, un Benedictus).

PIERRE-PAUL LACAS

CASELLA ALFREDO (1883-1947)

Compositeur, pianiste et chef d'orchestre italien, Casella est l'une des personnalités dominantes de la vie musicale de la péninsule entre les deux guerres. Né à Turin, il étudie avec Antonio Bazzini (l'auteur de la fameuse *Ronde des lutins*) et Giuseppe Martucci avant de venir travailler à Paris en 1896. Il entre au Conservatoire dans les classes de Xavier Leroux (harmonie), Louis Diémer (piano) et Gabriel Fauré (composition) et remporte un premier prix de piano en 1899. Il découvre alors les grands courants de la musique moderne et commence une carrière de pianiste. Entre 1906 et 1909, il tient le clavecin à la Société des instruments anciens que dirige Henri Casadesus. En 1909, par réaction contre l'académisme de la Société nationale de musique, il participe, avec Ravel, Caplet, Schmitt et Koechlin, à la fondation de la Société de musique indépendante (S.M.I.), dont il est le secrétaire général. Trois ans plus tard, il fait ses débuts de chef d'orchestre en dirigeant les concerts populaires du Trocadéro (1912). À la même époque, il est l'assistant d'Alfred Cortot au Conservatoire de Paris (1912-1915).

De retour en Italie, il est professeur au Liceo musicale di Santa Caecilia de Rome (1915-1923) et fonde, en 1917, la Società italiana di musica moderna à Rome qui devient, en 1923, la section locale de la S.I.M.C. (Société internationale de musique contemporaine). De 1927 à 1929, il séjourne aux États-Unis, où il dirige les fameux Boston Pops. En 1930, il forme le Trio Italiano avec Alberto Poltronieri et Arturo Bonucci et il participe à la création du festival de Venise, qu'il dirige jusqu'en 1934. En 1932, il est à nouveau professeur de piano à l'académie Sainte-Cécile de Rome et l'un des fondateurs de l'Accademia musicale Chigiana de Sienne où il enseigne le piano, la direction d'orchestre et l'esthétique musicale jusqu'en 1946. L'éclectisme de Casella le conduit à s'intéresser à la musique ancienne : il joue un rôle essentiel, avec Malipiero, dans la redécouverte de la musique de Monteverdi et de Vivaldi. Tout au long de sa vie, il s'est en outre adonné à la critique musicale avec une compétence et une lucidité qui font de lui, dans ce domaine, l'égal d'un Schumann ou d'un Dukas.

L'œuvre de Casella s'échelonne sur les quarante premières années du siècle et reflète les grandes tendances de cette époque : il recueille d'abord l'héritage post-romantique (*Symphonies nº 1*, 1905 ; *Symphonie nº 2*, 1908) mais renie vite cette première tendance lorsqu'il adhère à la S.M.I. Émule de Stravinski puis de l'atonalisme, il connaît une période néo-classique avant que ne se dégage sa véritable personnalité, au milieu des années vingt. Il participe, avec Respighi et Malipiero, au renouveau de la musique symphonique et instrumentale en Italie. Mais il se montre le plus éclectique des trois, sachant s'intéresser à toutes les tendances. Sa personnalité, très affirmée sur le plan humain comme dans le domaine culturel, a peut-être étouffé sa carrière de compositeur, à laquelle la postérité n'a pas rendu justice.

Au sein d'une production très abondante on retiendra, dans le domaine symphonique et choral, les trois symphonies (1905, 1908 et 1940), *Italia* (1909), *Pupazzetti* (1919), *Scarlattiana* pour piano et orchestre (1926), le *Concerto pour violon* (1928), le *Triple Concerto* (1933), le *Concerto pour violoncelle* (1935), les deux *Concertos pour orchestre* (1937 et 1943), *Paganiniana* (1942), la *Missa solemnis « pro pace »* (1944) ; pour le piano, deux séries *À la manière...* (1911 et 1913), la seconde en collaboration avec Ravel ; dans le domaine de la musique de chambre, deux sonates pour violoncelle et piano (1907 et 1927), *Cinq Pièces pour quatuor à cordes* (1920), un *Concerto pour quatuor* (1924) et un *Trio* (1933) ; pour la scène, des ballets, dont *La Giara*, d'après Pirandello (1924), et trois opéras, dans lesquels il revient à l'approche baroque du mythe antique : *La Donna serpente* (1928-1931), *La Favola d'Orfeo* (1932) et *Il Deserto tentato* (1937). Parmi ses écrits, on retiendra les biographies qu'il a consacrées à Stravinski (1928-1947), Jean-Sébastien Bach (1942) et Beethoven (1949).

ALAIN PÂRIS

CASTELNUOVO-TEDESCO MARIO (1895-1968)

Compositeur de style néo-romantique. D'origine italienne, Mario Castelnuovo-Tedesco se fixa aux États-Unis en 1939, à la suite de la politique antisémite de Mussolini. Il travailla sous la direction de E. Del Valle pour le piano et de I. Pizzetti pour la composition. Il enseigna au conservatoire de Los Angeles et fut un compositeur fécond. Il écrivit notamment deux concertos pour piano, trois pour violon (le deuxième, *Les Prophètes,* date de 1939), un pour violoncelle et un pour guitare. Ses œuvres pour orchestre comprennent entre autres douze ouvertures pour des pièces de Shakespeare, dont il mit en musique vingt-sept sonnets et des poèmes. Parmi ses opéras, citons *La Mandragora* (1926), *Bacco in Toscana* (1931), *Aucassin et Nicolette* (1938-1952), *Le Marchand de Venise* (1956-1961) et *Tout est bien qui finit bien* (1957). Ses nombreuses pièces pour piano sont conçues souvent comme des poèmes symphoniques en miniature. Ses lieder conservent les qualités mélodiques de l'école italienne et sont empreints de lyrisme parfois un peu facile. Il aime l'harmonie élégante et somptueuse. Il écrivit aussi de la musique de cinéma, notamment celle du film de René Clair *Dix Petits Indiens* (*And Then There Were None*, 1945).

E. U.

CAVALIERI EMILIO DE' (av. 1550-1602)

D'abord organiste de l'oratorio del Santissimo Crocifisso à Rome, sa ville natale, Cavalieri devint, en 1588, inspecteur général des Arts de Ferdinand de Médicis et fut à Florence membre du cercle que le comte Bardi réunissait dans son palais. Cette *camerata* eut une influence décisive sur la création de l'opéra et de l'oratorio, et Cavalieri en est le premier témoin. Si, en effet, les *intermedii* qu'il composa en 1589 pour le mariage du duc Ferdinand sont encore d'un style très traditionnel, dès l'année suivante *Il Satiro* et *La Disperazione di Fileno* illustrent le nouveau *stile rappresentativo* dont on discutait dans le cercle Bardi : il fut ainsi le premier à le mettre en pratique dans une œuvre suivie. Avec la poétesse Laura Guidiccioni, qui avait écrit le texte de ces deux œuvres, il composera encore *Il Giuoco della cieca* (1695), adaptation d'une partie du *Pastor fido* de Guarini. Cavalieri est donc, de manière incontestable, le créateur des premiers essais d'opéra. Il est aussi celui de l'oratorio. La *Rappresentazione di Anima e di Corpo*, sur un texte d'Agostino Manni, fut représentée en 1600 à l'oratoire Santa Maria in Vallicella, où depuis 1580 Philippe Néri organisait ses fameuses soirées musicales. Cette œuvre est encore proche du drame liturgique, puisque destinée à être jouée sur scène, et même dansée : Cavalieri donne dans sa préface de nombreuses indications dans ce sens. Mais elle fait plus que préfigurer l'oratorio proprement dit : elle en est la première esquisse. Œuvre dramatique donc, utilisant sur un sujet sacré le tout nouveau style de récitation musicale ; œuvre allégorique (les personnages en sont l'Âme, le Corps, le Temps, le Monde, le Plaisir) et didactique, elle suit clairement toutes les intentions de Philippe Néri et de la Contre-Réforme. Le récitatif y est encore un peu maladroit, constitué de courts fragments que les cadences trop fréquentes rendent monotone : Peri et Caccini qui, en cette même année 1600, font entendre leur *Euridice* apporteront plus de souplesse et de maîtrise. Mais pour l'opéra comme pour l'oratorio, le pas décisif a bien été fait, dans les dix dernières années du XVIe siècle, par Cavalieri.

PHILIPPE BEAUSSANT

CERTON PIERRE (mort en 1572)

Éminent musicien de l'école parisienne du XVIe siècle, surtout célèbre par ses chansons courtoises polyphoniques. Il vécut surtout à Paris, d'abord comme clerc des matines (*clericus matutinorum*) à Notre-Dame (1529), chantre à la Sainte-Chapelle (1532), où il devient maître des jeunes choristes vers 1542 ; il est nommé chapelain perpétuel en 1548, et, en 1560, il reçoit une prébende canoniale à Notre-Dame de Melun. Ronsard le déclare élève de Janequin ; c'est un ami de Claudin de Sermisy, de Pierre Attaingnant l'éditeur et de Thomas Champion l'organiste du roi. Il écrivit huit messes-parodies (à 4 voix) dans le style de Josquin, sur des motifs profanes (tels que *Le temps qui court*, *Sur le pont d'Avignon*) ou tirés de motets (*Regnum mundi*, *Christus resurgens*) ; cinquante motets environ, remarquables surtout par la fermeté de leur composition ; des psaumes sur les mélodies huguenotes, mais, avant tout, plus de trois cents chansons polyphoniques, publiées de 1533 à sa mort : bien que leur inspiration soit souvent inférieure à celle de Sermisy, Certon le surpasse cependant dans celles qui exigent verve, couleur ou mouvement et sont d'allure populaire (*Un vert galant*, *Ho ! le vilain*, *Si par fortune*, *Un laboureur*). Il fait preuve du souci d'équilibrer les voix et sait manier l'imitation. H. Prunières a pu évoquer à son propos les peintres Clouet et Fouquet. En 1552, répondant au désir de Rondard qui avait demandé à Marc-Antoine de Muret de composer avec Janequin, Goudimel et lui quelques chansons sur certains sonnets des *Amours*, il écrivit *J'espère et crains* et *Bien qu'à grand tort*. La même année, suivant la voie tracée par Jacques Arcadelt (1547), il publie des chansons en forme de « vaudeville » (air gai et satirique) dont l'influence fut très grande (*Premier Livre de chansons*) ; l'écriture en est simple, à forme syllabique, homophonique et de structure strophique. Certains de ses psaumes, entre autres œuvres transcrites, furent adaptés au luth par Guillaume Morlaye.

PIERRE-PAUL LACAS

CHAMBONNIÈRES JACQUES CHAMPION DE (1601 env.-1670 ou 1672)

Organiste et compositeur, mais aussi le plus grand virtuose du clavecin vers le milieu du XVIIe siècle français ; il est le plus célèbre d'une longue lignée de musiciens qui part de Jacques Champion, chantre de Charles Quint, en passant par Nicolas, lui aussi chantre de la Chapelle impériale, Thomas, dit Mithou (mort en 1580 env.), son grand-père, et Jacques son père (1555 env.-1638 env.), tous deux organistes et épinettes de la chambre du roi (Henri IV, Louis XIII) ; Nicolas, son frère, et Jacques, son fils, furent également chanteurs ou clavecinistes-organistes. Lui-même naît à Paris ou à Chambonnières-en-Brie. Dès 1611, il succède à son père comme joueur d'épinette de la chambre du roi ; il devient aussi organiste de la Chapelle royale, partageant ce service avec Joseph Chabanceau de La Barre (1633-1678), qui occupa cette fonction à partir de 1656. On possède de lui deux livres de clavecin, qui ne furent jamais édités de son vivant ; l'un n'est pas daté et l'autre fut dédié, en 1670, à la duchesse d'Enghien.

Chabrier Emmanuel 1841-1894

Chambonnières exprime à un haut degré les qualités de l'école française de clavier de son époque, entre 1640 et 1650 environ.

Son écriture assure la transition entre le style de luth et celui de clavecin. Son art demeure toujours sobre ; il est « caractéristique du style aristocratique de tous les clavecinistes français qui joignent au laconisme une apparente désinvolture, dissimulant une extrême rigueur de facture » (R. Bernard). Chambonnières est l'un des principaux artisans de la formation de la suite instrumentale pour clavier : il lui donne son ossature essentielle, comprenant notamment allemande, courante, sarabande et gigue, où alternent des mouvements à tempo rapide ou lent. À ce stade originaire de la suite, il n'était pas obligatoire, loin de là, d'interpréter tous les mouvements proposés ; que l'on songe seulement à l'une de ses suites qui comprend vingt-cinq danses, dont dix courantes l'une après l'autre ! Par l'intermédiaire de Froberger, une telle structure passera dans les Allemagnes et s'y déploiera pendant plus d'un siècle. À ces danses, s'ajoutent naturellement d'autres rythmes, tels que gaillardes, menuets, pavanes, chacones, etc. Chambonnières écrit ces diverses pages dans une même tonalité. Quand il pare certains de ces mouvements de noms évocateurs, à caractère symbolique, pittoresque, suggérant une correspondance ou une image parfois difficile à déceler (*L'Affligée*, *La Villageoise*, *Le Moustier*, *La Dunkerque*), on peut songer au portrait d'un personnage maintenant inconnu ; mais quand il intitule une pavane *L'Entretien des dieux*, peut-être faut-il se souvenir qu'il a pu admirer les œuvres de Nicolas Poussin et qu'il veut suggérer quelque plastique musicale sereine, ordonnée et majestueuse, en accord subtil avec l'esprit de la noble pavane. Très souvent, son inspiration mélodique est de type populaire, mais son esprit appartient incontestablement à l'art de cour et de salon aristocratique. Si la technique de Chambonnières nous semble aujourd'hui un peu pâle, comparée à celle de ses successeurs, il faut se souvenir qu'il fut l'un des pionniers de l'art du clavecin. Et c'est la raison pour laquelle il a tellement ébloui ses contemporains. De nombreuses danses comprennent un « double », cet aspect de la variation à la française où son ingéniosité fait merveille, et qui consiste à répéter une phrase mélodique avec arabesques et ornements divers, très souvent d'ailleurs improvisés, afin d'en assouplir la ligne ; le compositeur ou l'interprète substitue alors, aux notes tenues, broderies et notes de passage. Excellent professeur enfin, Chambonnières exerça une influence considérable. Parmi ses élèves, citons les plus prisés : les trois frères Couperin (Louis, Charles et François l'Ancien), N. Le Bègue, J. H. d'Anglebert, R. Cambert, G. Nivers, P. Gautier, C. Burette (ou Buret, mort en 1700 env.), et G. Hardel (mort en 1679), qui fut le légataire de ses œuvres.

PIERRE-PAUL LACAS

CHAPÍ Y LORENTE RUPERTO (1851-1909)

Musicien espagnol, dont le talent dépasse celui de ses contemporains (Valverde, Chueca, Jiménez, Caballero). Dès l'âge de douze ans, Chapí dirigeait l'harmonie de sa ville natale, Villena (province d'Alicante). À seize ans, il fut l'élève de J. Emilio Arrieta, professeur de la classe de composition au conservatoire de

Madrid. Il fut chef de musique militaire, puis se rendit à Rome, muni d'une bourse décernée par l'Académie espagnole des beaux-arts. De retour en Espagne, il se consacra à la composition et écrivit plus de cent soixante *zarzuelas grandes* (sortes d'opéras-comiques), à l'instar de ses contemporains : *La Tempestad* (1882), *El Rey que rabió* (1891), *Curro Vargas* (1899) et des pièces du *género chico* (sorte de zarzuela en un acte), *La Czarina*, *El Tambor de granaderos* (1894), *El Puñado de rosas*, notamment. Ses opéras (de *Circé*, 1901, à *Margarita la tornera*, 1909) marquent nettement la rupture avec l'influence italienne.

L'art de Chapí est spirituel, plein de bonne humeur, dans un esprit que n'aurait pas désavoué Chabrier, même si parfois il verse dans la facilité. Comme Tomás Bretón, Chapí écrivit de la musique de chambre (*Quatuors*) et de la musique symphonique (*Suites*), d'un romantisme pittoresque qui empruntait à l'esprit mendelssohnien quelque peu affadi par trop d'hispanismes. Sa page symphonique intitulée *Fantasía morisca* est fort agréable et sa légende symphonique *Los Gnomos de la Alhambra* fait montre d'un pittoresque enjoué, parfois caustique. Il a laissé en outre un oratorio *Los Ángeles* et un *Veni Creator*.

PIERRE-PAUL LACAS

CHARPENTIER GUSTAVE (1860-1956)

C'est à juste titre que l'œuvre de Charpentier se résume à un titre : *Louise*. Tout ce qui précède en est la préparation ; tout ce qui suit en est l'écho et ne réussit guère qu'à transformer en défauts à peu près insupportables ce qui a pu être, en son genre, la réussite de ce « roman musical ». Élève de Massenet, prix de Rome en 1887, Charpentier a rapporté de son séjour à la villa Médicis des *Impressions d'Italie* (1891), habilement faites et orchestrées, qui nous montrent déjà une Italie populaire et réaliste : c'est la première face de son inspiration. Sa symphonie-drame avec chant et chœurs, *La Vie du poète* (1891), nous présente la seconde : un post-romantisme sentimental et larmoyant. Aucune de ces deux positions n'est, en soi, tenable, et très particulièrement la première : ni le vérisme, ni le réalisme, ni le naturalisme ne s'accommodent aisément de la musique : on le voit clairement avec l'œuvre d'Alfred Bruneau (1857-1934), autre élève de Massenet et proche de Charpentier. Mais le miracle de *Louise* (1900) c'est que le réalisme y est, sinon corrigé, du moins équilibré par le romantisme, et réciproquement. Cela ne fait pas de cet opéra une grande œuvre ; cela en limite du moins les défauts. Une sorte de sous-Bovary de faubourg, midinette sentimentale en proie au Paris « artiste » de 1900. Un mélange de wagnérisme déliquescent et de romantisme, de populisme naïf et de sentimentalisme épidermique : c'est peu pour faire un chef-d'œuvre, quel qu'en soit le succès.

PHILIPPE BEAUSSANT

CHARPENTIER MARC ANTOINE (1634 env.-1704)

L'un des compositeurs français les plus prestigieux du XVIIe siècle,

Marc Antoine Charpentier, surnommé « le phénix de France » par ses contemporains, est, avec Michel Richard Delalande, le plus grand maître de la musique sacrée, notamment dans le petit motet tel qu'il s'épanouit avant 1700. La richesse de son écriture est sans égale : « du strict point de vue musical, Charpentier est incontestablement très supérieur à Lully : son style est plus riche, plus divers, plus subtil, plus substantiel ; son langage harmonique est beaucoup plus poussé, plus raffiné, plus coloré ; son esthétique est d'une essence plus rare et a de plus nobles ambitions, des visées d'une plus haute spiritualité. Sur le plan du théâtre – habileté scénique et pénétration psychologique –, Charpentier est le seul à s'opposer à Lully, à atteindre la maîtrise, sans se soumettre à la tyrannie du dictateur lyrique » (R. Bernard).

Un grand musicien, malgré Lully

Né et mort à Paris, Charpentier partit vers l'âge de quinze ans pour l'Italie, attiré par l'étude de la peinture ; il y eut des peintres dans sa famille : un Nicolas Charpentier fut peintre du roi et mourut en 1663. On sait que Marc Antoine était à Rome en 1650. Il fréquenta le Collegium Germanicum et prisa fort Monteverdi, Victoria et Carissimi ; pendant trois ans, il fut l'élève de ce dernier, qui lui apprit le contrepoint, la polyphonie, le dialogue à deux chœurs, le style et la forme des histoires sacrées (dont Carissimi était le créateur). De retour à Paris en 1662, Charpentier fréquente les milieux italianisants de la capitale, qui se rencontraient à Saint-André-des-Arts chez l'abbé Mathieu. C'est là qu'il eut sans doute loisir de diffuser les œuvres de son maître. En 1672, Molière, fâché avec Lully, choisit Charpentier comme musicien (*Le Malade imaginaire*, *Le Mariage forcé*, *La Comtesse d'Escarbagnas*), ce qui entraîna le courroux de Lully. Charpentier collabore jusqu'en 1685 au Théâtre-Français (notamment avec *Polyeucte*, *Médée* et *Andromède* de Pierre Corneille, *Les Amours de Vénus* de Jean Donneau de Visé, *Circé*, *L'Inconnu*, *La Pierre philosophale* de Thomas Corneille). En 1679, il est engagé par le Grand Dauphin à Saint-Germain afin de composer des messes pour sa chapelle. Il occupe ces fonctions pendant une dizaine d'années. À partir de 1680, il est maître de la musique de la duchesse de Guise, cousine de Louis XIV, Marie de Lorraine, pour laquelle il écrit surtout des cantates et des pastorales. C'est dans son hôtel du Marais, à Paris, ainsi qu'à Saint-Germain chez le Dauphin, que Louis XIV eut l'occasion d'entendre les œuvres de ce musicien, jusque-là tenu en marge de l'art officiel représenté par Lully. Le roi fut émerveillé par l'art de Charpentier ; aussi lui fit-il verser une pension lorsque la maladie l'empêcha, en 1683, de concourir pour l'obtention d'une des quatre charges de sous-maître de la chambre royale ; et l'on exécuta ses œuvres à Versailles. En 1684, Charpentier est maître de musique chez les jésuites de Saint-Paul-Saint-Louis (rue Saint-Antoine) et il fait représenter régulièrement ses tragédies sacrées chez ceux du collège de Clermont (Louis-le-Grand), pour lesquels il écrivit la plupart de ses œuvres religieuses. Au faîte de la renommée, il reçut des commandes de l'Académie française, de l'Académie royale de sculpture et de peinture, ainsi que de l'abbaye de Port-Royal. En 1698, il remplace Chaperon comme maître de musique de la Sainte-Chapelle, bien qu'il n'ait pas été prêtre ; il occupera ce poste jusqu'à sa mort.

Un tempérament dramatique

Charpentier a appliqué lui-même les *Règles de la composition* qu'il écrivit pour le duc d'Orléans, à savoir que toutes les licences et toutes les audaces sont permises en raison de l'indépendance des voix (quintes successives, octaves augmentées, dissonances sans préparation ni résolution, voire passages bitonaux comme dans le *De profundis* et dans le trio des rieurs des *Fous divertissants*). Aussi utilise-t-il avec un art consommé les modulations, les mélodies judicieusement ponctuées de silences, un chromatisme expressif. Suivant la trace de Guillaume Bouzignac, qui introduisit l'oratorio en France, il transpose dans un langage personnel tout l'acquis italien (Carissimi) en la matière (vingt-quatre histoires sacrées dont *Extremum Dei judicium, Filius prodigus, Historia Esther, Josue, Judicium Salomonis, Judith sive Betulia liberata*). On y admire le naturel du récitatif, l'ampleur de la mélodie, et le relief musical qui souligne les contrastes verbaux. À l'encontre de son maître, Charpentier développe les intermèdes instrumentaux et les passages (sinfonie et ritornelli) où s'accentue le langage dramatique de l'œuvre. C'est lui qui fixe les formes de cet oratorio à la française, qu'avaient déjà préparé Nicolas Formé, Antoine Boesset et François Cosset, mais il abandonne l'écriture monodique adoptée par ses contemporains Lully, Henry Du Mont, Delalande ou Jean François de Lalouette (1651-1728) ; avec lui, la musique sacrée s'engage vers la messe concertante avec instruments (symphonie), avec ou sans orgue. Il dote la messe de l'appareil orchestral du grand motet versaillais. Selon les disponibilités, son orchestration comprend flûtes, hautbois, bassons et cordes, avec orgue ou clavecin continuo, trompettes, basses de trompettes et timbales (« Marche du triomphe » du *Te Deum* à six voix, *Magnificat* où il surpasse Delalande dans le grandiose et la somptuosité).

Son tempérament dramatique éclate partout dans ses compositions, qu'elles soient religieuses ou profanes, chaque fois que le texte lui suggère une situation contrastée. Il en est ainsi dans *Les Arts florissants*, tantôt désignés comme « opéra », tantôt comme « idylle en musique » par Charpentier lui-même, qui met en scène un conflit entre les beaux-arts – Musique, Peinture, Poésie, Architecture –, que la Paix, affrontant la Discorde et les Furies, parviendra à harmoniser. Selon qu'il évoque les délices de la musique (par exemple, grâce à un procédé d'écho), les horreurs des combats (martellement de notes répétées, écriture heurtée et violente) ou qu'il symbolise l'apaisement retrouvé grâce à l'action conjuguée des forces du bien (ainsi dans la chaconne et dans la sarabande), le compositeur varie à l'extrême ses effets avec une efficacité manifeste. Il construit son œuvre en véritable architecte des formes sonores, capable de concevoir un édifice ample et judicieusement proportionné – ce qui est loin d'être la qualité première de nombre de ses contemporains français. *Les Arts florissants* furent écrits pour la duchesse de Guise, qui entretenait en son hôtel du Marais un ensemble vocal et instrumental d'une quinzaine d'interprètes. Charpentier, qui ne dédaignait pas de se joindre à eux pour chanter, composa plusieurs œuvres pour cette formation (notamment *La Couronne de fleurs*, *Le Misanthrope : dispute de bergers*, la cantate *Orphée descendant aux Enfers*).

Charpentier innove également en matière d'instrumentation, rejetant la tradition qui fait jouer ensemble les familles aux sonorités semblables : hautbois et flûte (*Troisième Leçon de ténèbres*), orgue et clavecin (*Josue*), cromorne soliste et cordes (*Judicium Salomonis*), violons, flûte, trompette, musette, timbales, basson (*Epithalamio*), théorbe et clavecin (*Sonate à huit*). Avec *Orphée descendant aux Enfers* (1683), il introduit en France la cantate profane et lui donne les formes qu'adopteront ses successeurs, Nicolas Bernier et André Campra. Son opéra *Médée* (1693) déconcerta le public parisien, qui n'était pas habitué à cette richesse harmonique, à cette facture trop savante pour lui. Charpentier, dans ce domaine, est le premier qui ait voulu s'écarter des impératifs lullystes ; il mérite ainsi d'être tenu pour un précurseur de Rameau. On a évoqué ses douze messes ; aucune n'est conçue de la même manière ; citons seulement la *Messe pour les Trépassés* à double chœur et quatre parties instrumentales ; une messe à quatre voix, quatre violons, deux flûtes et deux hautbois ; une à huit voix, huit violons et flûtes ; une à quatre chœurs, violons et basse continue ; une *Pour le Port-Royal* à une seule voix et continuo ; une enfin sur des thèmes de noëls populaires à voix, flûtes et violons. S'il n'ignore pas le grand motet, c'est surtout dans le petit qu'il excelle. Il a ainsi traité de nombreux hymnes, antiennes, psaumes, répons, séquences, litanies, noëls, et vingt-huit *Leçons de ténèbres*. Tout récemment encore, deux manuscrits autographes ont été découverts. Ils comprennent, outre trois motets déjà connus, les œuvres suivantes : *Panis quem ego dabo* (motet à cinq voix, deux flûtes et continuo), *Sola vivebat in antris* (motet à deux voix égales, deux flûtes et continuo), *Adoramus te, Christe salvator* (motet à trois voix, deux flûtes et continuo), un air sérieux à une voix et basse continue (*Amour, vous avez beau redoubler mes alarmes*) et deux psaumes, *Nisi Dominus* et *De profundis*, l'un et l'autre à trois voix, deux dessus d'instruments et basse continue.

Le *Te Deum* pour soli, deux chœurs à trois voix et deux orchestres, rappelant les fastes de Saint-Marc de Venise, inconnus à ce degré dans la tradition française baroque, a assuré la renommée récente de Charpentier. Ce *Te Deum* fut vraisemblablement composé pour une célébration officielle de la maison du Dauphin à la suite des victoires qui préparèrent le traité de Nimègue, vers 1678-1681. Alors que Lully marquait sa prédilection pour une harmonie verticale, Charpentier, même dans ces pages à grands effets de plein air, demeure soucieux d'exprimer les nuances subtiles du texte sacré. « Il procure une joie intellectuelle et sensuelle par les méandres musclés de son écriture vocale des ensembles de chœurs au faîte desquels les trompettes décrivent de gracieuses et puissantes arabesques » (Guy Lambert). Charpentier avait été vivement impressionné par la polychoralité italienne ; hormis ses propres compositions – par exemple, le *Salve regina* pour trois chœurs et orchestre, aux élans montéverdiens, voire gésualdiens (*In hac lacrymarum valle*) – qui le désignent comme un des éminents successeurs de Roland de Lassus, il a laissé à ce sujet de suggestives *Remarques sur les messes à seize parties d'Italie*.

« On change en divertissement ce qui n'est établi que pour produire en l'âme des chrétiens une sainte et salutaire tristesse » ; c'est ainsi qu'un prêtre parisien commentait l'adaptation française des Lamentations de Jérémie prévues pour les *Leçons de Ténèbres* qui étaient chantées aux matines du « sacrum triduum » de la semaine sainte (1670). Avec Charpentier, ces *Leçons* atteignent au plus haut sommet du style mélismatique inauguré par Michel Lambert, « le plus intime de tous les genres vocaux », selon René Jacobs. Ces *Leçons de Ténèbres* ont retrouvé aujourd'hui la popularité considérable qui fut la leur au XVIIe siècle.

PIERRE-PAUL LACAS

Bibliographie

C. CESSAC, *Marc-Antoine Charpentier*, Fayard, 1988 / C. CRUSSARD, *Un musicien français oublié, M. A. Charpentier (1634-1704)*, Floury, Paris, 1945 / J. P. DUNN, *The Grand Motets of M. A. Charpentier*, thèse, State Univ. of Iowa, 1963 / A. GASTOUÉ, « Notes sur les manuscrits et sur quelques œuvres de M. A. Charpentier », in *Mélanges La Laurencie*, Paris, 1933 / H. W. HITCHCOK, *Les Œuvres de Marc-Antoine Charpentier*, Picard, 1982 / T. KÄSER, *Die Leçons de Ténèbres im 17. und 18. Jahrhundert*, Berne, 1966 / R. W. LOWE, *Marc Antoine Charpentier et l'opéra de collège*, Maisonneuve-Larose, Paris, 1966.

CHAUSSON ERNEST (1855-1899)

Compositeur français né à Paris, un des principaux disciples de César Franck, Ernest Chausson fit dans une certaine mesure le lien entre celui-ci et Debussy, son ami et protégé. Après des études de droit, il n'entre au Conservatoire qu'à l'âge de vingt-cinq ans, dans les classes de Massenet et de Franck (dont il suivra aussi l'enseignement à titre privé, et qu'il soutiendra ensuite autant qu'il le pourra). Passionné par Wagner, il se fait entendre pour la première fois en public avec son *Trio* op. 3, qui passe inaperçu (1882). Le 31 mars 1883 est présentée sa première grande œuvre d'orchestre, le poème symphonique *Viviane* op. 5, d'après la légende de la Table ronde. Jusqu'en 1886, il travaille notamment à *Hélène*, drame lyrique op. 7, demeuré inédit, et achève la même année *Solitude dans les bois*, poème symphonique op. 10, accueilli avec faveur mais qu'il détruira par la suite. Secrétaire avec Vincent d'Indy (1886) de la Société nationale de musique, dont Franck devient président, il termine en juin 1890 le *Poème de l'amour et de la mer* op. 19, un des sommets de la mélodie avec orchestre, dirige en première audition le 18 avril 1891 sa *Symphonie en si bémol* op. 20, une des plus considérables, dans sa puissance sans lourdeur, de la musique française de la fin du XIXe siècle, tandis que son fameux *Concert en ré majeur* pour piano, violon et quatuor à cordes op. 21 est créé par Eugène Ysaÿe à Bruxelles en 1892. À la fin de 1893, il achève l'orchestration de son drame lyrique en trois actes *Le Roi Arthus* op. 23, auquel il travaille depuis sept ans, mais qui ne sera représenté qu'en 1903. En décembre 1896, Ysaye joue à Nancy son chef-d'œuvre, le *Poème pour violon et orchestre* op. 25, fondé en une atmosphère mystérieuse et obsédante sur une nouvelle de Tourgueniev, *Le Chant de l'amour triomphant*. Il écrit encore *Serres Chaudes* op. 24, cinq mélodies pour chant et piano sur des poèmes de Maeterlinck (création en avril 1897) et un *Quatuor pour piano et archets* op. 30 (1897) ; il meurt d'un accident de bicyclette lors d'un séjour dans sa propriété de Limay en laissant inachevé son *Quatuor à cordes en ut mineur* op. 35 (Vincent d'Indy en complétera le troisième mouvement mais renoncera sagement à en faire autant pour le dernier) et, sous forme d'esquisses, une deuxième symphonie. Bien qu'à certains égards le plus proche de

Franck parmi tous ses disciples, en particulier dans ses grandes architectures cycliques de musique pure (*Symphonie* op. 20, *Concert* op. 21), et par-delà l'emprise qu'exerça sur lui Richard Wagner (mouvement lent de la *Symphonie*, *Le Roi Arthus*), Chausson disposa d'une palette aux raffinements déjà impressionnistes. Une mélancolie persistante cerne sa production entière, reflet de son tempérament anxieux, de ses doutes sur lui-même. Ses dernières œuvres (*Quatuors* op. 30 et op. 35) le montrent s'orientant vers un art plus épuré, plus concis.

MARC VIGNAL

CHÁVEZ CARLOS (1899-1978)

Compositeur mexicain qui a joué, dans son pays natal, un rôle analogue à celui de Villa-Lobos au Brésil, en concrétisant l'image d'une musique mexicaine et en créant une véritable vie musicale.

Élève de Pedro Ogazon et Manuel Ponce, Carlos Chávez travaille en Europe et aux États-Unis (1922-1928). Ses premières œuvres reposent sur la musique populaire mexicaine, mais rapidement il opte pour une écriture qu'il veut sociale et engagée (*Sinfonia proletaria*, 1934 ; *Obertura republicano*, 1935). Il s'intéresse aussi à la mythologie et donne aux œuvres qu'elle lui inspire (*Sinfonia de Antigona*, 1933 ; *Hija de Colquide*, 1944) un caractère abstrait que l'on retrouve dans sa musique de chambre. Il se passionne pour la musique précolombienne qui caractérise la plupart de ses œuvres (*Cantos de Mexico*, 1933 ; *Sinfonia India*, 1936 ; *Xochipili-Macuilxochilt* pour orchestre mexicain, 1940). Mais il ne laisse jamais ses sources d'inspiration à l'état brut ; il procède plutôt à une reconstitution, à la façon de Bartók, créant un langage original à la fois par la diversité des sources dont il s'inspire et la distance qu'il met entre elles et sa propre musique. Compositeur très fécond, il laisse plusieurs ballets, sept symphonies, un *Concerto pour piano* (1938-1940), un *Concerto pour violon* (1952), trois quatuor à cordes et un opéra, *Panfilo and Lauretta* (*El Amor propiciado*, 1957-1959).

Animateur de la vie musicale mexicaine, il a fondé et dirigé l'orchestre symphonique de Mexico (1928-1948), dirigé le conservatoire de Mexico (1928-1934) et l'Institut national des arts (1947-1952). Si le compositeur s'est plus volontiers tourné vers une esthétique traditionnelle, l'animateur et le chef d'orchestre ont joué un rôle déterminant pour faire connaître les courants musicaux les plus modernes vers lesquels se sont tournés les compositeurs mexicains de la génération suivante.

ALAIN PÂRIS

CHERUBINI LUIGI (1760-1842)

Le compositeur qui, le 10 août 1841, à l'âge de quatre-vingt-un ans, écrit un canon mélancolique sur le long énoncé de son nom — Luigi Carlo Salvatore Zanobi Maria Cherubini — reste surtout présent dans les mémoires pour ses violents démêlés, en tant que directeur du Conservatoire de Paris, avec Berlioz : leur différence d'âge est, il est vrai, de près d'un demi-siècle.

Né à Florence, Cherubini a déjà écrit, à seize ans, nombre de compositions religieuses. Après avoir travaillé avec Sarti à Venise, il s'oriente vers le théâtre et, en 1784, présente à Londres sans grand succès quatre opéras. En 1786, il s'installe à Paris, qui restera sa résidence principale jusqu'à sa mort ; il y change sa manière en faveur d'un style dramatique et expressif sur des livrets français, dont la première manifestation est *Démophon* (1788). En même temps, il éprouve le choc de sa vie (fait d'autant plus remarquable qu'il est italien) en interprétant, en tant que membre de l'orchestre de la loge olympique, les toutes récentes *Symphonies parisiennes* de Haydn. D'où la vénération qu'il vouera à ce maître, et aussi l'estime dont il bénéficiera de la part de Beethoven : il est, en effet, un des très rares auteurs d'opéras du temps à posséder la dimension symphonique.

Une quinzaine de partitions dramatiques suivent rapidement, dont *Médée* (1797), *Le Porteur d'eau* (1800) et *Anacréon* (1803). Mais ni le Consulat ni l'Empire ne lui sont favorables. Napoléon n'aime pas sa musique, qu'il trouve trop riche de notes, et le lui fait sentir.

En 1805, Cherubini est à Vienne, où il remet à Haydn un diplôme décerné par le Conservatoire de Paris et reçoit de lui le manuscrit de la symphonie (n° 103) du *Roulement de timbales*. Il y donne *Faniska*, dont la création (24 févr. 1806) a lieu entre celles des deux premières versions de *Léonore* de Beethoven. À son grand déplaisir, il doit, en décembre 1805, s'occuper des concerts organisés à Schönbrunn pour Napoléon, qui vient d'occuper la ville. De retour à Paris, il fait avec *Les Abencérages* (1813) des adieux provisoires à la scène lyrique (il y aura encore *Ali Baba*, 1833). Surintendant de la chapelle de Louis XVIII, professeur de composition puis directeur (de 1822 à sa mort) du Conservatoire, il se consacre presque exclusivement, durant cette dernière période, à la musique religieuse : *Requiem* pour l'anniversaire de la mort de Louis XVI (interprété à Saint-Denis le 21 janvier 1817), second *Requiem* (1836) en prévision de ses propres funérailles, *Messe* pour le couronnement de Charles X. Il a cependant composé quelques partitions instrumentales, dont une *Symphonie en ré majeur* commandée par la Société philharmonique de Londres (1815).

Par-delà son style un peu froid, il dispose d'un métier à toute épreuve, d'une solidité d'écriture que, hormis chez les plus grands, on ne retrouve chez aucun de ses contemporains. C'est ce qui conduit Berlioz lui-même, malgré ses rancunes personnelles, à voir en lui « un modèle sous tous les rapports » ; Beethoven en parle comme du « meilleur compositeur de son temps » ; Schumann lui accole l'épithète de « magnifique » ; Bülow voit en Brahms « l'héritier de Luigi [Cherubini] et de Ludwig [Beethoven] » ; Weber s'extasie sur ses « chefs-d'œuvre ».

MARC VIGNAL

CHOPIN FRÉDÉRIC (1810-1849)

Au lendemain de la mort de Chopin, Liszt, son ami, écrivait : « ... Quelle que soit la popularité d'une partie de ses productions, il est néanmoins à présumer que la postérité aura pour ses ouvrages une estime moins frivole et moins légère que celle qui leur est encore accordée.

Ceux qui, dans la suite, s'occuperont de l'histoire de la musique feront sa part – et elle sera grande – à celui qui y marqua, par un si rare génie mélodique, par de si heureux et si remarquables agrandissements du tissu harmonique [...]. On n'a point assez sérieusement et assez attentivement réfléchi sur la valeur des dessins de ce pinceau délicat, habitué qu'on est de nos jours à ne considérer comme compositeurs dignes d'un grand nom que ceux qui ont laissé pour le moins une demi-douzaine d'opéras, autant d'oratorios et quelques symphonies [...]. On ne saurait s'appliquer à faire une analyse intelligente des travaux de Chopin sans y trouver des beautés d'un ordre très élevé [...]. Ses meilleurs ouvrages abondent en combinaisons qui, on peut le dire, forment époque dans le maniement du style musical. »

La postérité a-t-elle rendu justice à Chopin dans le sens où l'entendait Liszt ? Il est permis de penser que non. En fait, la personne et l'œuvre de Chopin occupent dans l'image qu'on se fait généralement de l'Europe musicale du XIXe siècle une position singulière et, somme toute, paradoxale. Une douzaine de ses pièces pour piano sont parmi les morceaux les plus populaires de toute la musique. Mais cette sorte de gloire, servie par une abondante littérature sur la personne du musicien, a contribué à créer autour de lui une aura de légende, préjudiciable à la connaissance objective de son œuvre.

On a tant dit sur Chopin, on a tant joué toujours les mêmes *Valses*, les mêmes *Polonaises*, les mêmes *Nocturnes*, les mêmes *Préludes* que la lecture sincère de son œuvre devient de plus en plus difficile. Le mythe de Chopin nous empêche de considérer Chopin tel qu'il fut.

1. Le voyageur polonais

À l'école des meilleurs

De souche française par son père, natif de Marainville en Lorraine, Frédéric Chopin est né à Żelazowa Wola, dans les communs du château des Skarbek où ses parents étaient logés. Son père, Nicolas Chopin, était alors précepteur des enfants de la comtesse Louise Skarbek ; il avait épousé en 1806 Justine Krzyżanowska, parente pauvre de la maîtresse de maison. Mais les Chopin déménagèrent peu après pour s'installer à Varsovie où Nicolas Chopin venait d'être appelé à collaborer à l'enseignement de la langue française au lycée. C'est à Varsovie que le jeune Frédéric passera toute son enfance. Sa mère, très musicienne, lui donne les premières leçons, puis, sentant l'attirance de son fils pour le piano, le confie pour des études régulières à Vojtěch Żywny. Dès l'âge de huit ans, il était capable de jouer dans une soirée privée. Improvisateur né, il s'essaie à l'écriture. Une *Polonaise* en *sol* mineur est publiée chez J. J. Cybulski. L'année suivante, le 22 février 1818, il est invité à exécuter en public un concerto d'Adalbert Gyrowetz. La gloire de l'enfant prodige a vite fait le tour de la capitale. Ses parents auraient pu exploiter un talent aussi exceptionnel. Ils préférèrent sagement lui faire suivre des études au lycée. En même temps, ils le confiaient à Josef Elsner pour les premières leçons d'écriture musicale. Peu d'années après, Chopin était admis au Conservatoire. Josef Elsner témoigne envers son élève d'une remarquable intelligence : son enseignement n'étouffe pas l'individualité créatrice. Dans son rapport sur les examens de 1829, le maître attribue à l'élève de troisième année d'« étonnantes capacités » et le qualifie de « génie musical ».

En 1828, au mois de septembre, Chopin quitte pour la première fois le territoire polonais. Ses déplacements seront toujours fructueux pour lui. À Berlin, il visite minutieusement la ville et fréquente l'Opéra. À Vienne, où il se rend en 1829, il fait la connaissance des meilleurs musiciens. Il donne un premier concert, le 11 août, qu'il doit répéter dès le 29 du même mois. La critique lui est bienveillante, appréciant combien « son genre et sa manière de jouer sont éloignés des formes normales », mettant l'accent sur le « soin qu'il prend de la musique elle-même, et non seulement pour plaire » (*Wiener Theaterzeitung*). À Prague, il est frappé par la beauté des trésors de la cathédrale. À Dresde, il passe des heures entières à la galerie de peinture et va voir au théâtre le *Faust* de Goethe, spectacle agrémenté d'*Interludes* de Spohr dont Chopin relate « l'horrible mais grande fantaisie ».

L'hôte de France

Le 1er novembre 1830, il quitte la Pologne pour un nouveau voyage d'étude qui doit le conduire jusqu'à Paris. C'est le véritable voyage d'adieu. Il avait emporté dans ses malles tout son bagage musical : les deux *Concertos*, quatorze *Polonaises*, vingt *Mazurkas*, neuf *Valses*, huit *Nocturnes* et les premières études de l'opus 10 qu'il intitulait *Exercices*. C'est à Stuttgart qu'il apprend l'échec de l'insurrection de Varsovie. Il exprime son désespoir dans son carnet de voyage (*Notes de Stuttgart*) et, dit-on, dans deux nouvelles compositions, l'*Étude* en *ut* mineur, op. 10 no 12, et le *Prélude* en *ré* mineur. Il arrive à Paris en septembre 1831. Désormais la France allait être sa nouvelle patrie. Dès son premier concert, à la salle Pleyel le 26 février 1832, Chopin a conquis la capitale ; il est appelé à donner des leçons à l'élite de la société. C'est un habitué des salons des Rothschild, Léo, Plater, Czartoryski, Potocki ; il mène grand train. Il a l'occasion de sympathiser avec Henri Heine, et plus encore avec Liszt qui le présente à George Sand. Une liaison plus ou moins orageuse devait rapprocher le musicien de la romancière plus de dix années durant. C'est avec elle qu'il passa l'hiver de 1838 à la chartreuse de Valdemosa, à Majorque. Ensuite, c'est le séjour à Nohant où il rencontre, entre autres, Balzac et Delacroix. Chopin, discret et réservé de nature, si ce n'est dans son œuvre pianistique, ne nous renseigne guère sur l'état de ses sentiments. Si George Sand publie, en 1846, un roman, *Lucrezia Floriani*, où elle tente d'expliquer les malentendus du couple, du moins a-t-elle exprimé le désir qu'une grande partie de la correspondance à ce sujet soit détruite.

Le 16 février 1848, Chopin donne son dernier concert à Paris, salle Pleyel. Le 22 du même mois, la révolution éclate. Ayant perdu la plus grande partie de ses leçons, il se décide à se rendre en Angleterre sur l'invitation de son élève écossaise Jane Stirling. Il s'était déjà fait connaître à Londres lors du voyage qu'il y avait effectué avec Camille Pleyel en 1837. Il y arrive à nouveau le 20 avril 1848 ; mais, si entouré de soins qu'il fût, le climat londonien n'est guère favorable à sa santé déjà très compromise. Il donne cependant un concert chez la duchesse de Sutherland en présence de la reine Victoria et de sa cour, se rend en Écosse, joue deux fois à Édimbourg, puis à Manchester, à Glasgow, enfin il revient à Londres, où, malade, les médecins lui conseillent de ne pas séjourner.

Il se décide alors à revenir en France, après un nouveau concert au Guildhall (16 nov. 1848). À Paris, il retrouve ses intimes pour le choyer. Mais il n'a plus foi en la guérison. Les notes du journal d'Eugène Delacroix apportent de précieux renseignements sur cette dernière année de la vie de Chopin. Il n'est pas satisfait de ses dernières compositions ; il déchire et brûle de nombreuses pages et, quelque temps avant sa mort, survenue le 17 octobre 1849 entre trois et quatre heures du matin en son dernier domicile parisien, place Vendôme, il exprime la volonté de brûler tout ce qu'il ne juge pas digne d'être édité, à l'exception de la *Méthode des méthodes*. « Je dois au public et à moi-même, déclare-t-il, de ne publier que des choses bonnes. » Fontana, heureusement, obtint toutefois de la famille Chopin l'autorisation de sauver de l'oubli un certain nombre de pièces dont la belle *Fantaisie-impromptu* en *ut* dièse mineur. Ces pièces sont numérotées opus 66 à 74.

Les funérailles de Chopin furent célébrées solennellement en l'église de la Madeleine et son corps fut inhumé au Père-Lachaise. On répandit sur son cercueil la poignée de terre polonaise qui lui avait été offerte dans une urne lorsqu'il quitta son pays le 2 novembre 1830. Selon les désirs du défunt, son cœur fut transféré à l'église Sainte-Croix de Varsovie.

2. Le legs pianistique

Le piano inspirateur

Un précieux index thématique des diverses compositions de Chopin nous est fourni par la table des matières qu'il écrivit avec Franchomme pour la collection complète des œuvres réunies par Jane Stirling et corrigées de la main du maître. Cet index est reproduit en tête de l'édition monumentale soigneusement publiée par Édouard Ganche, alors président de la société Chopin (3 vol., Oxford University Press, 1928-1933). Cet ouvrage, qui se conforme strictement aux manuscrits authentiques et à l'édition princeps devenue depuis longtemps introuvable, devait apporter les plus magnifiques surprises, révélant toutes les hardiesses de la plume de Chopin, si malencontreusement « rectifiées » par des révisions qui leur ôtaient toute originalité.

L'essentiel de l'œuvre de Chopin est destiné au piano dont le compositeur était lui-même un exécutant virtuose. Grâce aux travaux des facteurs, parmi lesquels on peut noter Érard et Pleyel, le piano moderne, avec toutes ses possibilités expressives, était né, permettant à Chopin d'affirmer sa personnalité musicale.

Chopin inaugure un nouveau mode de rapports entre l'instrument et le compositeur. Le piano semble n'être plus, pour lui, le moyen de faire entendre une certaine musique ; c'est, au contraire, la composition qui devient le moyen de faire « chanter » le piano : le piano lui-même est sa principale source d'inspiration. De là vient sans doute la légende d'un Chopin plus improvisateur que compositeur au sens classique du terme. En fait, le simple examen de ses manuscrits et l'analyse approfondie de ses partitions suffisent à démontrer la préméditation rigoureuse de son écriture.

Des « phrases au long col »

Très peu de thèmes de Chopin ont le caractère, généralement bref, ferme et arrêté, de l'idée symphonique. À moins qu'ils n'aient volontairement celui de la danse (*Polonaises*, *Mazurkas*, *Valses*, etc.), ses thèmes sont de caractère vocal. Marcel

Proust a bien su les définir tout en imitant leur tournure, lorsqu'il écrivait « les phrases au long col sinueux et démesuré de Chopin, si libres, si flexibles, si tactiles, qui commencent par chercher et essayer leur place en dehors et bien loin de la direction de leur départ, bien loin du point où on avait su espérer qu'atteindrait leur attouchement, et qui ne se jouent dans cet écart de fantaisie que pour revenir plus délibérément – d'un retour plus prémédité, avec plus de précision, comme sur un cristal qui résonnerait jusqu'à faire crier – vous frapper au cœur ».

Mais la mélodie de Chopin n'est pas toujours faite de figures ornementales. La seule analyse de ses *Préludes* suffirait à nous en convaincre. Nous la trouvons formée d'accords bondissants (*Prélude* en *sol* majeur) ou figurée par un déploiement continu d'accords brisés successifs (*Prélude* en *mi* bémol mineur). Elle revêt l'aspect de la polymélodie au sens où nous l'entendions à l'époque de la pré-Renaissance (*Prélude* en *ut* majeur). Tout en restant diatonique, Chopin se sert du chromatisme avec génie. C'est souvent chez lui façon d'exprimer une certaine morbidesse en l'enveloppant de grâce et de mystère. Les traits « broderies » dans lesquels on était tenté de trouver une pointe d'italianisme sont en réalité chez Chopin des envolées harmoniques du goût le plus délicat, dont il est indécent d'accentuer ou de ralentir les notes finales d'une façon déclamatoire.

Chez lui, le sens de l'harmonie est également très particulier. Outre la prédilection qu'il montre pour les modes de la musique populaire, surtout dans les *Mazurkas* (quintes vides d'accompagnement ou enchaînements d'accords parallèles défendus par les traités, ou encore formules de cadences substituant le deuxième degré de la gamme au quatrième), on relèvera l'analogie qui se manifeste entre les éléments de l'harmonie et ceux de la mélodie. On peut constater le même balancement indéterminé, le même principe pendulaire aussi bien dans l'éloignement des harmonies de la tonique et dans leur retour vers cette tonique que dans certains de ses thèmes où alternent deux phrases, la première tendant à l'éloignement du son principal, la seconde tendant à son retour, avec la répétition du même mouvement autour du son initial.

Souvent l'harmonie n'est que suggérée (*Prélude* en *fa* dièse mineur). Elle n'est jamais compacte ni lourde. Cependant, elle sait avoir les plus grandes audaces, si souvent incomprises. Ainsi en est-il du *mi* bémol de l'introduction de la *Première Ballade* si longtemps corrigé en *ré*. Ainsi encore les deux accords d'introduction du *Premier Scherzo* et l'accord si déchirant, frappé presque avec rage, avant le trait final. Ou enfin les étranges harmonies d'accords brisés qui accompagnent la mélodie de l'*Étude* en *fa* mineur pour la *Méthode des méthodes*. Restituée dans son intégrale originalité dans l'édition de É. Ganche, elle étonne à ce point par ses fausses relations chromatiques volontaires que de trop nombreux virtuoses préfèrent encore l'exécuter sous un aspect édulcoré.

Quant à la rythmique de Chopin, elle est si étroitement associée aux éléments de la tension mélodique ou harmonique de son inspiration qu'il est surprenant qu'on ait pu si longtemps la trahir sous prétexte de *rubato*. Chopin avait bien le génie du rubato au point d'en déconcerter ses contemporains, jusqu'à Mendelssohn et Berlioz. Il l'enseignait comme un art. Mais, sachant bien que le moindre excès en ce domaine ne fait qu'en détruire la poésie, il ne manqua jamais de recommander à ses élèves « que leur main gauche soit leur maître de chapelle et garde toujours la mesure ». On peut même soutenir qu'il pensait toujours en écrivant ses mélodies à leur exécution en rubato ; l'examen des figures rythmiques compliquées du *Cinquième Nocturne* en *fa* dièse majeur en fournit un bon exemple.

Comme interprète, Chopin avait frappé ses contemporains par l'originalité et la richesse expressive de son jeu que Liszt lui-même admirait profondément. Il est certain qu'il a exercé une considérable influence sur le développement du style d'exécution pianistique. Aucun enregistrement ne peut nous en apporter le témoignage direct, mais ses partitions, notées avec un soin minutieux des détails, peuvent être considérées comme un reflet fidèle de l'exécution. Aucun compositeur avant Chopin n'avait sans doute poussé aussi loin la recherche de la précision dans l'écriture. À cet égard, il est le plus « moderne » des musiciens romantiques.

JEAN VIGUÉ

Bibliographie

F. CHOPIN, *Lettres*, H. Opienski éd., Paris, 1932 ; *Korespondencja Fryderyka Chopina*, Varsovie, 1955 ; *Correspondance de Frédéric Chopin*, recueillie, révisée, annotée et traduite par B. E. Sydow, en collaboration avec S. et D. Chainaye, 3 vol., Richard-Massé, Paris, 1953, 1954 et 1960, rééd. 1982 ; *Lettres de Frédéric Chopin et de George Sand (1836-1839)*, recueil établi, traduit et annoté par B. E. Sydow, D. Colfs Chainaye et S. Chainaye, La Cartiaja, Palma de Majorque, 1975 / K. KOBYLANSKA, *Themastisch-Bibliographisches Werkverzeichnis*, Henle, Munich, 1979 / K. MICHALOWSKI, *Bibliografia Chopinowska*, Polskie wydaw nictwo muzyczne, Cracovie, 1970 / B. E. SYDOW, *Bibliografia F. Chopina*, Warszawskie Towarzystwo Maukowe, Varsovie, 1949 (suppl., PWM, Varsovie, 1954).

G. ABRAHAM, *Chopin's Musical Style*, Londres, 1939, repr. 1980 / *Annales Chopin*, Varsovie, annuel à partir de 1956 / M. BEAUFILS, C. BOURNIQUEL, S. FRANÇOIS & B. GAVOTY, *Chopin*, Paris, 1965 / G. BELOTTI, *Le Origini italiane del rubato chopiniano*, Wrocław, Varsovie, Cracovie, 1968 / A. BOUCOURECHELIEV, *Regard sur Chopin*, Fayard, Paris, 1996 / C. BOURNIQUEL, *Chopin*, Seuil, Paris, 1957, nouv. éd. 1980 / D. BRANSON, *John Field and Chopin*, Londres, 1974 / L. BRONARSKI, *Études sur Chopin*, 2 vol., Lausanne, 1946-1947 / L. CHAVARI, *Chopin*, Valencia, 1950 / A. CŒUROY, *Chopin*, Paris, 1951 / A. CORTOT, *Aspects de Chopin*, Albin-Michel, Paris, 1949, rééd. 1980 / « Frédéric Chopin », in *La Rassegna musicale*, nº spéc., 4, 1947 / M. DESCHAUSSÉES, *Chopin. Les 24 Études*, L. Courteau, Montréal, 1986 / J.-J. EIGELDINGER, *Chopin vu par ses élèves*, La Baconnière, Neuchâtel, 1979, 3e éd. 1988 ; *Chopin et l'héritage baroque*, P. Haupt, Bern et Stuttgart, 1974 / É. GANCHE, *F. Chopin, sa vie et ses œuvres*, Paris, 1909, rééd. 1949 / B. GAVOTY, *Frédéric Chopin*, Grasset, Paris, 1974 ; *Du nouveau sur Chopin ?*, Inst. de France, Paris, 1978 / A. GIDE, *Notes sur Chopin*, L'Arche, Paris, 1949, nlle éd. 1983 / J. M. GRENIER, *Chopin*, Paris, 1964 / A. HEDLEY, *Chopin*, Dent, Londres, 1947, nouv. éd. révisée par M. J. E. Brown, *ibid.*, 1977 / J. ISWASZKIEWICZ, *Chopin*, trad. du polonais par G. Lisowski, Gallimard, Paris, 1966 / Z. JACHIMECKI, *Frédéric Chopin et son œuvre* (*Chopin. Ryszycia y twórczosci*), Paris, 1930 / H. KINZLER, *F. Chopin : über den Zusammenhang von Satztechnik und Klavierspiel*, Katzbichler, Munich-Salzbourg, 1977 / A. LAVAGNE, *Chopin*, Hachette, Paris, 1969 / R. LEIBOWITZ, *Le Secret de Chopin*, P. Aulberts, Liège, 1950 / F. LISZT, *Frédéric Chopin*, Paris, 1852, rééd. 1990 / G. R. MAREK & M. GORDON-SMITH, *Chopin*, Weiderfeld & Nicolson, Londres, 1979 / M. MIRSKA, *Szlakiem Chopina*, Varsovie, 1949 / D. PISTONE dir., *Sur les traces de F. Chopin*, Champion, Paris, 1984 / M. QUERLIN, *Chopin. Explication d'un mythe*, Paris, 1962 / J. ROUSSELOT, *Chopin. Le roman d'un romantique*, Paris, 1968 / G. SAND, *Correspondance*, Paris, 1882-1884 ; *Un hiver à Majorque*, Paris, 1841 / S. A. SEMENOVSKI, *Les Relations et les amis russes de Chopin*, trad. M. Avril, Paris, 1978 / J. M. SMOTER dir., *L'Album de Chopin* (fac-similé du *Carnet de Chopin*, transcription, traduction et notes bilingues), trad. J. Lisowski, Polskie wydaw nictwo muzyczne, 1975 / H. WEINSTOCK, *Chopin, the Man and his Music*, New York, 1949, rééd. 1981 / A. ZAMOYSKI, *Chopin : a New Biography*, Doubleday, Garden City, 1980 (*Chopin*, Perrin, Paris, 1986).

CHOSTAKOVITCH DMITRI (1906-1975)

« Je ne conçois pas, en ce qui me concerne, d'évolution musicale hors de notre « évolution socialiste ». Et l'objectif que j'assigne à mon œuvre est de contribuer de toutes les manières à l'édification de notre grand et merveilleux pays. Il ne saurait y avoir de meilleure satisfaction, pour un compositeur, que d'avoir aidé, par son activité créatrice, à l'essor de la culture musicale soviétique, appelée à jouer un rôle primordial dans la refonte de la conscience humaine. » Ainsi s'exprimait en 1936 le compositeur russe Dmitri Chostakovitch, et l'on ne saurait concevoir plus nette prise de position. Toute sa vie et toute son œuvre apparaissent comme une mise en valeur, une « défense et illustration » de cette formule.

Un musicien témoin de son temps

Dmitri Dmitrievitch Chostakovitch est né à Saint-Pétersbourg en 1906. À la différence de Glinka (1804-1857), de Moussorgski (1839-1881) et de Rimski-Korsakov (1844-1908), il n'a pas vécu une quiète enfance provinciale de fils de hobereaux ; il a toujours connu une atmosphère troublée par la récente « révolution avortée » de 1905 et le pressentiment d'inéluctables bouleversements. Alors qu'il avait onze ans, un camarade de son âge fut tué sous ses yeux, en pleine rue, par un gendarme de la police tzariste, et ce drame semble l'avoir définitivement marqué.

La même année, il composait un *Hymne à la liberté* ; à treize ans, il fut admis au Conservatoire de Petrograd. En 1925 avait lieu la création de sa *Symphonie n° 1* que Bruno Walter, Stokowski et Toscanini faisaient triompher dans le monde entier dès l'année suivante. Avec cette symphonie, la musique de Chostakovitch devient un reflet fidèle de l'histoire de la musique en U.R.S.S. De 1925 à 1935 il écrit ses œuvres les plus « téméraires » : deux symphonies fortement critiquées en raison de leur « modernisme outrancier » ; deux opéras (*Le Nez*, d'après Gogol, créé en 1930, et *Lady Macbeth de Mzensk*, d'après Leskov, créé en 1934 ; plus tard, cette *Lady Macbeth* est devenue *Katerina Izmaïlova*) ; deux ballets (*L'Âge d'or* et *L'Écrou*) où se manifeste son adhésion à l'« avant-garde ». Cela lui vaut un premier rappel à l'ordre en 1936. Convaincu de s'être fourvoyé et de n'avoir pas su parler à ses contemporains comme il l'avait souhaité, il acquiesça et produisit une série d'œuvres à tendance sociale et héroïque, notamment les *Symphonies* n°s 5 à 9 : la cinquième illustre le devenir de l'homme soviétique ; la septième et la huitième, écrites pendant la guerre, évoquent respectivement la résistance de Leningrad et la bataille de Stalingrad ; la neuvième est la *Symphonie de la victoire*.

Il se soumet au « rapport Jdanov », qui lui vaut un nouveau rappel à l'ordre, et compose un chef-d'œuvre : *Le Chant des forêts* (1949). Ensuite, une libéralisation progressive lui permet de s'exprimer comme il l'entend. Il est l'auteur de quinze symphonies, de nombreuses pièces de musique de chambre (dont douze quatuors à cordes), de divers concertos, de deux opéras, d'une opérette, de deux ballets, de mélodies, de chansons, de musiques de films, etc.

Une « pensée polyphonique »

Chostakovitch utilise plus volontiers des motifs que des thèmes ou des mélodies (bien qu'il lui arrive de faire « chanter » de beaux thèmes lyriques), et cela est dû au fait que sa pensée est foncièrement polyphonique ; or, le motif se prête mieux à l'écriture en contrepoint. Les motifs de Chostakovitch, en règle générale, s'étirent sur de longs intervalles (il a l'oreille « instrumentale » ; ainsi l'ut_3 et l'ut_4 ne représentent pas une octave, mais, pour lui, deux notes totalement différentes) et dessinent des courbes tourmentées et inattendues qui autorisent de multiples modulations.

En ce qui concerne les procédés d'orchestration, il utilise également les données de son oreille instrumentale : volumineuse et chargée dans les moments de paroxysme, l'instrumentation est claire dans son ensemble, et sa couleur doit beaucoup à Tchaïkovski (« Chacune de ses symphonies, chacun de ses opéras sont des leçons d'orchestration ! » a écrit Chostakovitch).

D'autre part, c'est un admirateur enthousiaste de Mahler. Comme lui, il est attiré par les grandes fresques, par le volume sonore. Mais le volume sonore n'est-il pas caractéristique des périodes révolutionnaires ou dramatiques – témoins Méhul, Gossec et Lesueur, Berlioz et Wagner, Mahler et Richard Strauss.

Comme Mahler, épris de vérité humaine, considérant le monde avec émerveillement et répulsion, avec amour et horreur, avec un joyeux optimisme et un pessimisme grinçant, il écrit de grandes symphonies (d'une valeur qui n'est pas toujours égale, il faut bien le reconnaître). De même que chez Mahler, le *grottesco* occupe une place importante dans ses partitions, notamment dans les scherzos : un grottesco dérivé du troisième mouvement de la *Symphonie pathétique* de Tchaïkovski et de la *morbidezza* de Mahler (l'« enterrement du chasseur » de la *Première Symphonie*, le *rondo burlesco* de la *Neuvième*, etc) ; mais le grottesco de Chostakovitch est autrement coléreux (surtout dans *Katerina Izmaïlova*, qui incarne sa propre révolte contre l'obscurantisme), et encore plus personnel, semble-t-il.

Un citoyen soviétique

Dès l'adolescence, Chostakovitch a apporté au régime soviétique une adhésion totale, sans réserve : il s'enorgueillit d'être un citoyen de l'U.R.S.S. et de pouvoir coopérer à l'« édification de la Cité ». Communiste sincère et idéaliste, il ne conçoit point son art séparé du « tout » auquel il a fait don de sa musique.

Il faut donc le considérer de son propre point de vue : il sert son idéal avec autant de conviction, de ferveur et de pureté que Bach et Beethoven ont servi chacun le leur. Vouloir séparer le « bon grain » de l'« ivraie », c'est prendre un faux départ, c'est s'engager dans une voie aussi vaine que celle qui amène certains à aimer la *Symphonie de Leningrad* parce qu'elle est « soviétique », et certains autres à la dénigrer pour la même raison ! La musique de Chostakovitch ne se juge pas à sa couleur politique, mais à sa valeur humaine : c'est un homme qui s'est mis tout entier dans son œuvre, avec ses doutes, ses angoisses et ses victoires ; un musicien qui a choisi l'homme et l'humanisme pour idéal suprême, en appliquant à la lettre une formule chère à Moussorgski : « Je veux parler aux hommes le langage du vrai ! »

Quelle sorte de vrai ? Une vérité universelle qui déborde le cadre de son actualité ; une vérité qui d'instinct préfère le style oratoire à celui de la confession ; une vérité libre de tout système, car la pensée compte plus que le langage en soi. Pour Chostakovitch, le « quoi », c'est-à-dire le *fond*, importe davantage que le « comment », la *forme*.

MICHEL-ROSTISLAV HOFMANN

La parution, en 1980, des Mémoires de Chostakovitch recueillis par Solomon Volkov n'a pas modifié les aspects visibles de la biographie du compositeur. Malgré les doutes qui pourraient subsister sur son authenticité ou son objectivité, cette source nouvelle permet cependant d'éclairer les rapports de Chostakovitch avec le pouvoir soviétique et Staline, ses disgrâces successives, notamment en 1936 et 1948, et la nature des sentiments qu'il pouvait nourrir envers les autorités officielles. Les Mémoires aident à préciser certains points particuliers, comme ses relations avec l'avant-garde dans les premières années de la jeune République, surtout avec Maïakovski et Meyerhold, ainsi que sur l'importance accordée à sa musique de film.

GUY ERISMANN

Bibliographie

D. Chostakovitch, *Témoignages : les mémoires de Dimitri Chostakovitch*, propos recueillis par S. Volkov, trad. du russe par A. Lischke, Albin Michel, Paris, 1980 / D. Gojowy, *Chostakovitch*, trad. de l'allemand par C. Métais-Burhendt, Éd. Bernard Coutaz, Arles, 1989 / M.-R. Hofmann, *Dimitri Chostakovitch*, Seghers, Paris, 1963 / N. Kay, *Shostakovich*, Oxford Univ. Press, Londres, 1971 / M. MacDonald, *Dimitri Chostakovitch, a Complete Catalogue*, Boosey & Hawkes, Londres, 1977, 2e éd. 1991 / I. McDonald, *The New Shostakovich*, Northeastern Univ. Press, Boston, 1990 / I. I. Martynov, *Chostakovitch*, trad. du russe par R. Hofmann, Chêne, Paris, 1946 / G. Norris, *Shostakovich, the Man and his Music*, Lawrence & Wishart, Londres, 1982 / V. I. Serov, *Dmitri Shostakovich, the Life and Background of a Soviet Composer*, A. A. Knopf, New York, 1947, rééd. 1970 / « Lady Macbeth de Mzensk » et « Le Nez », in *L'Avant-Scène opéra*, nº 141, 1991.

CHUECA FEDERICO (1848-1908)

Compositeur, pianiste et chef d'orchestre espagnol, fort populaire par les nombreuses zarzuelas du *género chico* (zarzuela brève, par opposition à la *zarzuela grande*) dont il est le créateur. Chueca vécut à Madrid, tenant le piano dans les cafés et dirigeant un orchestre de zarzuelas. Il écrivit beaucoup dans ce genre espagnol proche de l'opéra-comique ; il se fit aider par son collègue Joaquín Valverde Sanjuán (1846-1910), notamment pour *La Gran Vía* (1886). De ses œuvres les plus populaires, citons *La Canción de la Lola* ; *La Alegría de la huerta* ; *Agua, azucarrillos y aguardiente* ; *Cádiz* ; *Caramelo* ; *La Caza del Oso* ; *El Caballero de Gracia*. Le *género chico* détrôna, à partir de 1880 la grande zarzuela. À la fin du XIXe siècle, il y avait à Madrid onze théâtres consacrés au *género chico*. Chueca est l'un des auteurs les plus divertissants du théâtre lyrique espagnol, plein de légèreté et de fantaisie ; on a pu le comparer à Offenbach. Il écrivit aussi de nombreuses valses à succès. Il faut savoir gré à ce musicien d'avoir discerné la valeur de Manuel de Falla, lors de la représentation d'une zarzuela de ce dernier (*La Casa de tócame Roque*), qui est loin d'être un chef-d'œuvre ; Falla travailla, pendant quelque temps, pour gagner sa vie, auprès de Chueca.

PIERRE-PAUL LACAS

CICONIA JOHANNES (1340 env.-1411)

Compositeur et théoricien liégeois, le plus grand musicien entre Guillaume de Machaut (1300-1377) et Guillaume Dufay (1400-1474), dont l'influence, en Italie notamment, redonna vie à une production musicale déclinante. Ciconia vécut à Avignon, où, en 1350, il fut clerc et familier d'Aliénor de Comminges-Turenne, nièce du pape Clément VI ; c'était l'époque où les principes de l'ars nova (Guillaume de Machaut, Philippe de Vitry, J. des Murs) imprégnaient la polyphonie. Il fit un premier séjour de dix ans en Italie (1357-1367), où il suivit le cardinal Gilles d'Albornoz, chargé de la reconquête des États du pape. De retour à Liège, il devint chanoine prébendé de Saint-Jean-l'Évangéliste (1372-env. 1402). Il quitta définitivement son pays d'origine pour l'Italie (canonicat à la cathédrale de Padoue, à partir de 1403). Sa production comprend dix fragments de messe (3-4 voix) ; treize motets (2-4 voix), notamment *O anima Christi* — qui annonce déjà Dunstable — et ceux qu'il a consacrés à l'éloge de personnages illustres de Padoue, de Florence et de Venise (*Felix templum* ; *O Padua sidus praeclare* ; *Venetiae mundis splendor*...) ; quatre madrigaux italiens (2-3 voix) ; onze *ballate* italiennes et deux canons à 3 voix. Il fut séduit par le charme de la polyphonie italienne (*O rosa bella*, sur un poème de Giustiniani ; *Dolce fortuna*), la souplesse de sa courbe mélodique, la subtilité de l'écriture canonique et des *caccie*. Ses motets procèdent parfois par entrées imitatives et déploient de longs mélismes, où l'on reconnaît l'influence du style madrigalesque. Il serait le premier à grouper les parties de la messe par deux, sous un ténor commun (cf. messe cyclique), selon une construction isorythmique, parfois isomélique, ou encore sous un même motif d'*incipit*. C'est à lui qu'on doit certainement d'avoir fait connaître en Italie les techniques avignonnaises de la composition de la messe ; à ce sujet, son influence fut grande sur Dufay qui connut sa production en Italie. Selon Clercx-Lejeune, on retrouve le procédé du faux-bourdon dans un *Credo* de Ciconia (Bologne, Liceo Q 15, 5), et cette technique serait d'origine italienne et non point anglaise. En résumé, le style de Ciconia est une première synthèse entre l'apport français et l'apport italien à la musique de ce temps, le premier caractérisé par une structure isorythmique et une harmonie modale, le second par la courbe mélodique et la richesse de l'écriture canonique. Enfin, outre un traité perdu, *De arithmetica institutione*, il est l'auteur de *Nova Musica* et du *De proportionibus*. Plusieurs de ses œuvres figurent dans le *Buxheimer Orgelbuch* (tablature d'orgue).

PIERRE-PAUL LACAS

CILEA FRANCESCO (1866-1950)

Après la mort de Verdi, et aux côtés de Puccini, quelques compositeurs de moindre envergure tentent de maintenir la tradition italienne dans le domaine de la musique lyrique. Francesco Cilea est de ceux-là, mais, à l'instar de Pietro Mascagni, de Ruggero Leoncavallo, d'Alfredo Catalani ou d'Umberto Giordano, il ne réussira pas à égaler l'auteur du *Falstaff*.

Francesco Cilea est né le 26 juillet 1866 à Palmi, en Calabre. Son père était avocat et espérait voir son fils poursuivre la même carrière. Les dons précoces du garçon changeront ces projets. Le bibliothécaire du Conservatoire de Naples, Francesco Florimo, un personnage influent, jette un œil sur les premières compositions du petit Francesco – âgé de neuf ans – et recommande une éducation musicale.

En 1881, Cilea est admis au Conservatoire de Naples, où il étudiera pendant huit ans : le piano avec Benjamino Cesi, le contrepoint et la composition avec Paolo Serrao. Sa situation familiale est extrêmement difficile : sa mère est victime d'une maladie mentale et son père meurt prématurément, abandonnant toute sa famille entre les mains du garçon. Le choc est profond, et l'on mettra le ton mélancolique de la musique de Cilea sur le compte de sa jeunesse brisée.

En 1889, son premier opéra, *Gina*, est créé, et le succès suffit pour que le célèbre éditeur Sonzogno lui propose un contrat. La première œuvre qu'il écrit dans le cadre de cette collaboration est un mélodrame échevelé, *Tilda* (1892), qui pousse les idées véristes jusqu'à la caricature. L'échec est évident, et Cilea doit momentanément abandonner une carrière indépendante et entrer au Conservatoire de Naples en tant que professeur de piano, puis à l'Institut musical royal de Florence pour enseigner la théorie et le contrepoint.

Son troisième opéra, *L'Arlésienne*, sera son premier succès artistique – sinon immédiatement public ; il s'inspire de *L'Arlésienne* de Daudet, dont la version de Bizet est alors assez familière. Malgré la participation du jeune Enrico Caruso à la création (le 27 novembre 1897, au Teatro lirico de Milan), l'œuvre est considérée comme imparfaite. Cilea lui-même ne l'ignorait pas, et avait permis plusieurs coupures. En 1898, il tente de réduire la durée de l'œuvre de quatre actes en trois ; en 1910, il procède à un deuxième remaniement, qui ne sera pas le dernier : en 1937, il compose un nouveau prélude. Malheureusement, ces retours successifs ne changeront rien aux destinées de l'œuvre, qui traverse rarement les frontières de l'Italie. Seul le *Lamento* de Frédéri revient souvent dans le répertoire des ténors.

Enrico Caruso participe également (le 6 novembre 1902, à la Scala de Milan), à la création d'*Adriana Lecouvreur*, son opéra le plus populaire. L'histoire de la célèbre comédienne empoisonnée par son aristocratique rivale est adaptée de la pièce de Scribe et Legouvé, qui avait triomphé à Paris, avec Rachel et Sarah Bernhardt dans le rôle-titre. La période de préparation oblige Cilea à procéder à de nombreuses coupures : la construction musicale en devient plus solide, mais la clarté de l'intrigue en pâtit. La faiblesse principale de cette partition provient du manque d'humour de Cilea, incapable de créer des scènes badines d'une réelle animation. Il réussit pourtant à donner vie aux deux personnages : Adrienne elle-même, et son metteur en scène, Michonnet, désespérément amoureux de sa « star ». Le dernier rôle fut créé par le baryton légendaire Giuseppe de Luca. Le succès d'*Adriana* est rapide et international : en cinq ans, l'opéra fait le tour du monde. En 1930, Cilea procède à un dernier remaniement de la partition.

La carrière de Cilea est loin d'être finie, et pourtant son œuvre réellement importante semble achevée. Le grand critique italien de l'époque, Amintore Galli, a beau clamer que Cilea « est le plus talentueux de tous, car le don divin d'inspiration passionnée est à lui, et à lui seul », ce n'est pas lui, mais Puccini qui produira les derniers chefs-d'œuvre de l'opéra italien. La tendresse lyrique de Cilea, dans la lignée de Catalani, ne suffit pas pour construire un théâtre lyrique cohérent.

Son dernier opéra, *Gloria*, est créé à la Scala en 1907, sous la direction de Toscanini, et avec une excellente distribution, mais l'échec est complet, et l'ouvrage est retiré de l'affiche après la seconde représentation. Un quart de siècle plus tard, Cilea tente encore une fois de donner à l'œuvre « une seconde chance », à Naples, mais la version révisée n'obtient pas plus de succès que l'original.

En 1913, Cilea prend la direction du Conservatoire de Palerme. Trois ans plus tard, il est nommé directeur du Conservatoire de Naples, un poste qu'il occupera jusqu'en 1936. Il lui reste quatorze années à vivre ; il les passera dans sa villa de Varazze. À l'exception d'une cantate en hommage à Verdi, en 1913, il gardera un silence complet : depuis l'échec de *Gloria*, il a abandonné la composition. La reprise de ce dernier opéra, à Rome en 1938, remportera un triomphe délirant et inespéré (on le rappellera trente et une fois !), mais cette apothéose sera de très courte durée, et on l'oubliera bien vite. Cilea meurt le 20 novembre 1950 à Varazze.

Malgré un don mélodique évident, Cilea est un épigone, un compositeur de « fin de race », torturé par le doute – à l'instar d'Arrigo Boïto –, écrasé, comme toute sa génération, par l'ombre de Verdi. Son métier est incertain, son choix de livrets douteux, mais sa veine lyrique tente les chanteurs et le public, et il ne manque pas de défenseurs.

PIOTR KAMINSKI

CIMAROSA DOMENICO (1749-1801)

Sans doute le plus grand représentant italien de l'opéra bouffe dans la seconde moitié du XVIIIe siècle, Cimarosa naît à Aversa (près de Naples), reçoit à Santa Maria di Loreto de Naples un enseignement musical très complet (il y compose quelques œuvres religieuses d'intérêt inégal), et débute au théâtre en 1772 avec *Les Extravagances du comte* (*Le Stravaganze del conte*), sorte de comédie musicale, et *Les Sortilèges de Merlin et de Zoroastre* (*Le Magie di Merlina e Zoroastro*), intermède burlesque. À partir de 1780 environ, il est reconnu partout comme le rival de Paisiello, et ses œuvres sont représentées dans toute l'Italie (Rome, Vérone, Venise, Milan, Florence, Turin). Son plus grand succès a été jusqu'ici *L'Italienne à Londres* (*L'Italiana in Londra*, Rome, 1779). Durant les années suivantes, les œuvres bouffes, toujours majoritaires, alternent avec quelques opéras sérieux, dont *Le Festin de pierre* (*Il Convito di pietra*, 1781), sur le thème (simplement esquissé il est vrai) de Don Juan. Invité en 1787 à la cour de Russie, que Paisiello a quittée trois ans plus tôt, il s'y rend en un voyage de six mois qui fait figure de tournée triomphale (Livourne, Parme, Vienne, Varsovie), et prend à son arrivée la succession momentanée de Giuseppe Sarti. Il fait représenter à Saint-Pétersbourg des œuvres précédemment écrites et en compose de nouvelles, dont deux opéras sérieux, *Cleopatra* (1789) et *La Vierge du Soleil* (*La Vergine del Sole*, 1789) et un *Requiem* pour les funérailles de l'épouse de l'ambassadeur de Naples. Ayant quitté la Russie, il arrive à Vienne à la fin de 1791, au moment de la mort de Mozart. Son ancien protecteur, le grand-duc de Toscane, devenu l'année précédente l'empereur Léopold II, lui commande un opéra bouffe : ce sera *Le Mariage secret* (*Il Matrimonio segreto*, Vienne, 7 février 1792), son ouvrage le plus célèbre, celui auquel son nom restera associé à l'exclusion de tout autre ou presque (à Naples en 1793, il sera donné cent dix fois en cinq mois). De retour à Naples, il compose encore quelques-unes de ses partitions les meilleures, dont *Les Ruses féminines* (*Le Astuzie femminili*, 1794). Ayant accepté, durant l'éphémère République parthénopéenne (1799), d'écrire et de diriger un *Hymne républicain* au cours d'une cérémonie organisée par les Français, il est emprisonné au retour des Bourbons. Gracié, mais ayant jugé plus prudent de s'expatrier, il meurt à Venise, non pas empoisonné comme le veut la légende, mais d'une tumeur au bas-ventre.

Sa production instrumentale est des plus réduites : un concerto pour deux flûtes, quelques pièces et trente-deux sonates (en un seul mouvement) pour clavecin. Quant à ses opéras, ils se comptent par dizaines. Rares, bien sûr, sont les connaisseurs qui ont pu les découvrir tous. Mais ce qu'on en connaît permet d'affirmer qu'il s'agit bien là de ce que l'opéra bouffe italien du temps eut à offrir de meilleur (du moins si l'on s'en tient aux compositeurs de la péninsule). Une phrase de Stendhal, qui l'idolâtrait et qui ne se lassa pas d'en parler, définit assez bien sa situation : « En musique, il y a deux routes pour arriver au plaisir : le style de Haydn et le style de Cimarosa, la sublime harmonie ou la mélodie délicieuse » (*Journal de Paris*, 1826). En fait, Cimarosa fut bien plus qu'un mélodiste délicieux. Doué d'un sens inné du théâtre, il sut également (quoique d'une façon typiquement italienne) donner vie à l'orchestre, et surtout, tendant en cela la main à Mozart, se révéla remarquable constructeur d'ensembles vocaux, non seulement dans ses finales d'actes mais en d'autres endroits en cours d'action. *Il Matrimonio Segreto*, qu'on le veuille ou non, est un chef-d'œuvre : Léopold II eut beau méconnaître Mozart, on ne saurait lui reprocher d'avoir fait rejouer le jour même cet ouvrage lors de sa création à Vienne. De la renommée de son auteur témoigne aussi le fait que, de tous les compositeurs dont Joseph Haydn dirigea des opéras à Esterhaza de 1780 à 1790, celui qui fut représenté par le plus grand nombre de partitions différentes (treize) eut nom Domenico Cimarosa.

MARC VIGNAL

CINQ GROUPE DES, *musique russe*

Cénacle musical qui, autour de Mili Balakirev, réunissait César Cui, Alexandre Borodine, Modest Moussorgski et Nicolaï Rimski-Korsakov. Il est connu sous deux étiquettes : en France, on l'appelle généralement le « groupe des Cinq » russe ; en Russie, le « puissant petit groupe ». La seconde appellation est due à Vladimir Stassov (1824-1906), éminent archéologue slavisant, conseiller littéraire et esthétique du cénacle au sein duquel il joua un rôle en tous points comparable à celui de Cocteau auprès du « groupe des Six » français. Son origine est la suivante : en 1866, dans un article consacré à la jeune école musicale russe nationaliste, à l'occasion de la première représentation, à

Prague, de *Rousslan et Ludmilla* de Glinka, Stassov avait mentionné le « puissant petit groupe d'avenir » constitué par Balakirev et ses compagnons d'armes. Reprise d'abord par certains critiques musicaux sur le mode ironique, l'expression ne tarda pas à devenir populaire en Russie.

L'étiquette de « Cinq » n'est pas exacte, car, si le cénacle de Balakirev se composait de cinq membres principaux, il en compta, en réalité, toujours plus ou moins de cinq. Ainsi, jusqu'en 1856, le « cercle » se limita à deux adhérents – Balakirev et Cui ; Moussorgski est venu se joindre à eux en 1856 ; Rimski-Korsakov en 1860 ; Borodine en 1862. En 1866, on enregistra d'autres adhésions comme celles de Lodygenski, Goussakovski et Stcherbatchov (qui n'ont laissé aucun nom dans l'histoire de la musique russe) ; puis, vers 1870, celle d'Anatole Liadov. De la sorte, le « puissant petit groupe » ne compta réellement cinq membres qu'entre 1862 et 1866 – et il serait faux de limiter son activité à cette seule période.

En outre, l'appellation de « Cinq » crée une fausse idée de contemporanéité : Moussorgski est mort en 1881, alors que Rimski-Korsakov n'en était pratiquement qu'à ses débuts, ayant composé trois opéras (auxquels douze autres allaient succéder) ; Balakirev est mort en 1910, Cui en 1918, Borodine en 1887 et Rimski-Korsakov en 1908.

Certes, malgré leur différence d'âge (en 1862, alors que Cui avait vingt-sept ans, Moussorgski en avait vingt-trois et Rimski-Korsakov dix-huit), les jeunes gens étaient unis par les liens d'une amitié profonde, par des goûts, des idéaux et des objectifs communs ; mais chacun envisageait ces objectifs à sa propre manière et pensait pouvoir les atteindre par des voies différentes. D'ailleurs, quoi de plus « passe-partout », de moins précis que le « manifeste » qu'ils élaborèrent d'un commun accord et que César Cui fut chargé de rédiger :

1. La nouvelle école souhaite que la musique dramatique ait une valeur propre de musique pure, indépendamment du texte. Un des traits caractéristiques de cette école est de s'insurger contre la vulgarité et la banalité.

2. La musique vocale au théâtre doit être en parfait accord avec le texte chanté.

3. Les formes de la musique lyrique ne dépendent nullement des moules traditionnels fixés par la routine ; elles doivent naître librement et spontanément de la situation dramatique et des exigences particulières du texte.

4. Il importe de traduire musicalement, avec un maximum de relief, le caractère et le type de chacun des personnages d'une action ; de s'interdire le moindre anachronisme dans les œuvres qui ont un caractère historique ; de restituer fidèlement la couleur locale.

À dire vrai, ce manifeste ne diffère guère de la profession de foi de tous les grands compositeurs lyriques. Monteverdi, Mozart, Gluck, Weber, Wagner, Debussy auraient pu y apposer leur signature ! Ce qui compte donc, ce n'est pas l'activité globale d'un théorique groupe des Cinq, mais la personnalité de chacun de ses membres, et le désir pour quatre d'entre eux (à l'exception de Cui) de « faire russe », de se rallier aux préceptes de Glinka, considéré par eux comme un modèle parfait.

MICHEL-ROSTILAV HOFMANN

CLEMENS NON PAPA
JACOBUS
(1510 env.-env. 1555)

Compositeur éminent de l'école franco-flamande, Jacques Clément écrivit dans tous les genres alors en honneur, avec une fécondité remarquable. Cependant, c'est surtout dans sa musique sacrée que se révèlent ses qualités. Il s'appela lui-même Clemens non Papa, pour éviter la confusion avec son concitoyen, prêtre et poète, Jacobus Papa, originaire d'Ypres ; ou, comme certains l'ont cru, sans doute à tort, avec le pape Clément VII (Jules de Médicis). Il a été confondu, par ailleurs, avec Clément Janequin.

En 1544, Clemens débuta comme maître de chant (*succentor*) à Saint-Donatien de Bruges ; il était déjà prêtre à cette date. En 1550, il exerce comme chantre et compositeur à Notre-Dame de Bois-le-Duc. Une élégie de J. Vaet (1558) permet de penser qu'il mourut de mort violente à Dixmude, où il fut aussi maître de chapelle. Ses *Souterliedekens* (« chansonnettes des psaumes », 1556-1557) constituent un essai exceptionnel : tous les psaumes y sont traduits en vers flamands et adaptés sur des mélodies populaires (trois voix). Parmi ses autres œuvres, citons son *Requiem*, son *Credo*, son *Kyrie paschale*. Il composa quatorze messes, quinze magnificats, deux cents dix motets (de trois à huit voix), quatre-vingt-cinq chansons françaises (cf. Attaingnant), huit chansons néerlandaises et quelques chansons instrumentales. Plusieurs motets ont été transcrits en tablature d'orgue. « Ses chansons abordent avec souplesse et bonheur des genres les plus divers, et il n'est pas le seul ecclésiastique de son temps qui chante l'amour en connaisseur avisé des faiblesses humaines » (R. Bernard). Dans un style vocal imitatif annonçant déjà Palestrina, bien que l'homophonie y soit rare, il utilise des thèmes concis, simples, mais de haute qualité mélodique ; il pratique habilement l'art de l'imitation, et il sait faire alterner rythme binaire et rythme ternaire chaque fois qu'un effet expressif l'exige.

PIERRE-PAUL LACAS

CLEMENTI MUZIO (1752-1832)

Pianiste, compositeur et éditeur de musique italien né à Rome, Muzio Clementi fut sans doute le premier à avoir, dès les années 1780, non seulement écrit mais aussi et surtout adapté sa musique au piano « moderne », et à ce titre, il influença fortement Beethoven, dont il fut, dans le domaine de la sonate pour clavier, le prédécesseur principal. Enfant prodige, organiste à neuf ans et auteur à douze ans d'un oratorio, il est remarqué en 1766 par un mécène anglais, sir Peter Beckford, qui l'emmène en Angleterre (ce pays deviendra sa seconde patrie) et le fait travailler assidûment pendant sept ans. En 1773, il s'installe à Londres comme concertiste et professeur, et exerce de 1777 à 1780 les activités de maître de clavecin au King's Theatre de Haymarket. Mais il n'atteint sa pleine maturité stylistique qu'au cours de la première grande tournée qui, de 1780 à 1783, le mènera à Paris, à Strasbourg, à Munich, à Vienne (où il se livre avec Mozart à un duel pianistique demeuré célèbre), à Zurich et à Lyon. Son séjour à Vienne a coïncidé (1781) avec les débuts officiels du style classique (installation de Mozart dans cette ville et publication des quatuors op. 33 de Haydn). De retour à Londres, auteur déjà d'un nombre imposant de sonates, Clementi y compose ses premières œuvres didactiques (*Preludi ed esercizi*, 1790) ainsi que cinq symphonies perdues ; il a comme élèves Johann Baptist Cramer et John Field, et fonde en 1798 une affaire florissante d'édition musicale et de fabrique de pianos. Entre 1802 et 1810, de nouveaux grands voyages le conduisent notamment à Saint-Pétersbourg, où l'accompagne John Field, et à Vienne, ainsi que, pour la première fois depuis quarante ans, en Italie. Au cours de la dernière période de sa vie, il participe à la fondation de la Royal Philharmonic Society (1813), par le biais de laquelle il diffuse en Angleterre les œuvres de Beethoven et de Cherubini ; il voyage encore plusieurs fois à travers l'Europe, et publie, de 1817 à 1826, les trois volumes de son ouvrage didactique principal, le *Gradus ad Parnassum*. En 1828, il se retire dans sa propriété d'Evesham (Worcestershire), et y meurt quatre ans plus tard.

Les quelques sonatines qu'on met entre les doigts de tout apprenti pianiste donnent de Clementi une image très incomplète, voire entièrement fausse. Musicalement, ses meilleures sonates (il en composa plusieurs dizaines) ne craignent aucune comparaison : ainsi celles en *fa* mineur op. 13 n° 6 (vers 1784), en *si* mineur op. 40 n° 2 (publiée en 1802), en *sol* mineur dite *Didone Abbandonata*, en *fa* dièse mineur, et bien d'autres. Ces sonates contiennent certaines particularités techniques (passages brillamment virtuoses) qui font le lien à travers Beethoven avec Weber par exemple, voire avec Liszt et Chopin. On a encore de Clementi quelques symphonies et ouvertures.

MARC VIGNAL

CLÉRAMBAULT LOUIS NICOLAS (1676-1749)

Compositeur, claveciniste, organiste, et le maître de la cantate française. Son père, Dominique (1644-1704), fut l'un des « vingt-quatre violons du roy » (la famille était au service des rois de France depuis Louis XI). Louis Nicolas, élève de J.-B. Moreau et d'A. Raison (à qui il succéda à la tribune des dominicains de la rue Saint-Jacques), tint aussi les orgues de Saint-Sulpice (1715, après G. Nivers) et ceux de la Maison royale Saint-Louis de Saint-Cyr, fondée en 1686 par Mme de Maintenon, dont il fut le superintendant de la musique. À côté de huit *Airs sérieux et à boire*, il compose sept sonates et symphonies pour une ou deux violes et basse ; dans son *Livre de pièces de clavecin dans la forme de la suite* (1704), il se montre fervent partisan des goûts italien et français réunis. En 1713, il publie son *Livre d'orgue*, un classique des organistes (deux suites, 1er et 2e tons), où il s'éloigne de l'orgue liturgique et annonce celui de concert, dans une écriture tantôt grave, tantôt pimpante, et à rythme pointé (à la française). Ses cinq volumes de cantates (1710, 1713, 1716, 1720, 1726) traitent ordinairement de sujets classiques (*Orphée*, *Médée*, *Léandre et Héro*, *Pygmalion*, *Polyphème*) ou allégoriques (*Le Soleil vainqueur des nuages*, 1721, pour le rétablissement de la santé de Louis XV). Les récitatifs y sont de style français, les arias italiennes. En musique sacrée, outre l'oratorio *Histoire de la femme adultère* (sorte de cantate allégorique avec tableaux scéniques) pour quatre voix, deux violons et basse continue, il publie deux recueils de *Chants et motets*, cinq livres de *Motets*, un *Te Deum*... Sa musique est estimée pour sa grâce et sa sensibilité, mais aussi pour sa noblesse et sa fierté d'allure, sa polyphonie particulièrement pleine et riche.

Il eut une fille et deux fils, César François (vers 1705-1760) et Évrard Dominique (1710-1790), qui lui succédèrent comme organistes.

PIERRE-PAUL LACAS

COCHEREAU PIERRE (1924-1984)

Pendant près de trente ans, Pierre Cochereau a tenu le grand cinq claviers de Notre-Dame de Paris. Organiste et compositeur, il a été formé au Conservatoire national supérieur de musique de Paris à partir de 1944, après qu'il eut travaillé le piano avec Marius-François Gaillard et Marguerite Long (1933-1936), ainsi que l'orgue avec Marie-Louise Girod (en 1938) et Paul Delafosse (en 1941). Il a dix-huit ans lorsqu'on lui confie la tribune du grand orgue de l'église Saint-Roch, à Paris, où il reste jusqu'en 1954, tandis qu'il continue de perfectionner sa technique auprès de maîtres tels que André Fleury et Maurice Duruflé. Au conservatoire de la rue de Madrid, il reçoit une solide formation traditionnelle en harmonie (avec Henri Challan et Maurice Duruflé), en fugue (chez Noël Gallon), en composition (auprès de Tony Aubin), en histoire de la musique (chez Norbert Dufourcq) et, bien sûr, en classe d'orgue auprès de Marcel Dupré. Il récolte ses prix entre 1946 et 1950, dont des premières récompenses en harmonie, histoire de la musique, composition et orgue. Il faut ajouter à cela l'influence et les conseils du vieux maître Henri Busser, organiste, compositeur et chef d'orchestre dont la longévité (1872-1973) lui permit d'assurer la transmission, en plein cœur du XXe siècle, d'un enseignement et d'un style encore très marqués par l'apport de César Franck, de Charles-Marie Widor et de Charles Gounod, dont il avait été l'élève. C'est sans nul doute à la solidité de cette tradition « classique » que l'on doit rattacher l'art de Cochereau.

En 1950, Pierre Cochereau prend la direction du conservatoire de musique du Mans, et il suit avec intérêt l'évolution du goût en matière de facture d'orgue, notamment auprès de Pierre Chéron, dont les ateliers sont implantés dans cette ville. Il restera à ce poste de directeur jusqu'en 1956. En effet, en 1955, le titulaire de l'orgue de Notre-Dame de Paris, Léonce de Saint-Martin (1886-1955), décède ; il avait succédé à Louis Vierne (1870-1937), l'un des grands noms de l'orgue romantico-symphonique, aux côtés de Widor et de Dupré. Aussi est-ce tout naturellement que Cochereau inscrit ses improvisations dans ce courant stylistique de la pensée organistique symphonique. Il érige de grandes fresques puissantes, parfaitement adaptées à l'immense vaisseau dans lequel elles doivent résonner ; le talent d'improvisateur virtuose, associé à celui d'interprète, lui a valu une renommée internationale illustrée par de très fréquentes séries de récitals, notamment aux États-Unis et un peu partout dans le monde.

En 1960, Cochereau est nommé directeur du Conservatoire de Nice. Il demeure à ce poste jusqu'en 1979, date à laquelle il devient d'abord directeur, puis, à partir de 1980, président du Conservatoire national supérieur de musique de Lyon.

De la littérature musicale qu'il a composée, on peut retenir deux concertos pour orgue et orchestre, et quelques autres pièces pour orgue seul, une symphonie, ainsi que de la musique de chambre et des pages pour piano. Depuis 1966, il était membre du Conseil supérieur de la musique.

PIERRE-PAUL LACAS

COELHO MANUEL RODRIGUES (1555 env.-env. 1635)

Compositeur portugais, Manuel Rodrigues Coelho est l'organiste le plus fameux du Portugal au tournant des XVIe et XVIIe siècles, dans la ligne de l'Espagnol Cabezón, et après son compatriote Antonio Carreira (1525 env.-1599). Son unique œuvre, les *Flores de musica para o instrumento de tecla y harpa* (Lisbonne, 1620), « est sans nul doute l'un des recueils les plus beaux et les plus inspirés de musique sacrée et profane pour orgue, clavecin, virginal, clavicorde ou harpe qu'ait produit la péninsule Ibérique au début du XVIIe siècle », a écrit Santiago M. Kastner, le musicologue portugais à qui l'on doit la réédition de cette œuvre (1959-1961) qui comprend près de cinq cents pages musicales.

Coelho naît à Elvas où, vers 1563, il étudie la musique à la cathédrale. Après avoir été organiste à la cathédrale de Badajoz (1573-1577), il occupe la même fonction à la cathédrale d'Elvas (de 1580 env. à 1602) et puis à celle de Lisbonne (1602-1603) ; il est enfin organiste de la Chapelle royale (1604-1633). Il termine ses *Flores de musica* en 1617 et prend sa retraite en 1633 ; il meurt vraisemblablement à Lisbonne.

On soulignera la ressemblance du titre choisi par le compositeur portugais avec celui de Frescobaldi, *Fiori musicali* (1635, Venise). Il faut souligner les étroites relations d'influences réciproques entre l'école portugaise et les écoles anglaise, germanique, italiennes (napolitaine et vénitienne) et française ; ainsi Kastner estime-t-il qu'il y eut un courant d'échanges entre Coelho, Sweelinck, J. Bull, P. Philips, A. Mayone, S. Aguilera de Heredia, Titelouze, N. Corradini, G. M. Trabaci et Frescobaldi, voire S. Scheidt. À côté de vingt-quatre *tentos* et de quatre *Susanas glosadas* (variations sur la chanson de R. de Lassus, *Suzanne un jour*), l'œuvre comprend un grand nombre de versets de musique sacrée (*Pange lingua, Ave maris stella, Magnificat, Kyrie*). « Cette musique est riche de figures sinueuses et d'ornements, de rythmes bizarres, d'harmonies inattendues, de modulations étranges ; elle n'ignore pas l'ambiguïté modale, elle requiert une grande virtuosité, elle est parfois particulièrement prolixe et use d'une foule de maniérismes dont le but semble être d'accroître les pouvoirs expressifs de la musique et de ses dimensions subjectives » (Kastner). Un nouveau style musical surgissait et la *Seconda Prattica* de Monteverdi allait naître. On mesure mieux alors l'importance de l'organiste portugais.

PIERRE-PAUL LACAS

COMPÈRE LOYSET (1450 env.-1518)

Un des musiciens français qui portèrent à son apogée la chanson polyphonique ; Loyset Compère est à situer près de Josquin Des Prés, de Pierre de La Rue, d'Alexandre Agricola, de Henrich Isaac ; il est associé à Josquin, à Brumel et à Pirchon, les trois autres grands musiciens qui furent invités à pleurer la disparition d'Ockeghem (*Déploration sur le trépas de Jean Ockeghem*). Né à Saint-Quentin, Compère y reçut sa formation musicale. On le rencontre en 1474 à Milan comme chantre de la chapelle de Galeazzo Maria Sforza, en compagnie de Josquin, d'Agricola, de Joannes Martini (musicien français né à Armentières), de Gaspard van Weerbecke. Charles VIII, en 1486, le nomme « chantre ordinaire » de la musique du roi. Par la suite, il exerce aussi à Cambrai (1498) et à Douai (1500). Il était prêtre et, à la fin de sa vie, il fut chanoine de la collégiale de Saint-Quentin, où il mourut.

Une de ses premières œuvres qui figure dans un manuscrit de 1470 est le motet *Omnium bonorum plena*, sur un thème de Hayne van Ghizegham, la chanson *De tous biens pleine* ; il y cite G. Dufay, qu'il semble tenir pour son maître. Ses motets furent imprimés de 1502 à 1541 ; avec les deux messes à quatre voix, ils forment l'essentiel de sa production en musique religieuse, où Compère manifeste des sentiments de grâce et de tendresse pleins de spontanéité ; il laisse parler son besoin de contemplation et de lyrisme affectueux. Par-delà les différences de style, on a pu le comparer à Schubert (R. Bernard). Dans la messe sur *L'Homme armé*, il présente le thème presque dans tous les modes possibles ; dans la messe *Allez regretz*, composée sur une chanson de Hayne, ainsi que dans le motet *Crux triumphans*, il a mis certainement le meilleur de lui-même pour exprimer la foi chrétienne à laquelle il adhérait ; dans cette dernière œuvre, le *Crucifige* atteint aux sommets de l'art musical. En revanche, dans ses compositions profanes, c'est un tout autre visage que nous révèle Loyset Compère ; plein de fantaisie, son art est parodique à la manière de celui de Satie, plus tard, d'une ironie sérieuse et froide, sans les artifices comiques d'un Chabrier. Citons des chansons telles que *Lourdaud, lourdaud*, *Nous sommes de l'ordre de Saint-Babuyn*, *Une plaisante fillette*, *Allons faire nos barbes*... On connaît dix-sept chansons à quatre voix et trente-cinq à trois voix. Compère écrit aussi bien dans les formes anciennes (du type rondeau à quatre strophes) que dans des formes nouvelles la chanson-motet. La mélodie est simple, ordinairement fragmentée en courtes incises, parfois assez sèches, et elle se prête plutôt mal à d'amples développements (dans la polyphonie sacrée). Le génie du compositeur est ailleurs. Dans la plupart des motets, l'influence du style italien est manifeste ; « le groupe vocal est divisé en brefs *bicinia*, dont l'ordre suit les différentes sections du texte, alternant avec de fréquents passages en homophonie. L'allure des voix est calme et mesurée. L'élément polyphonique [...] le cède au souci des sonorités, les mélismes font place à un style directement issu du texte, révélant partout la même clarté de forme et de structure dont témoignaient les œuvres de Van Weerbecke » (Günther Birkner). Dans les chansons, Compère use fréquemment de la répétition de notes, procédé qu'il n'emploie pas en musique sacrée et qu'il emprunte au parlando usité dans les *frottole* italiennes. Il a laissé d'ailleurs deux *Frottole* à quatre voix (Petrucci, 1505). Presque toujours, il pratique une mélodie ou une polymélodie syllabique, ainsi qu'un contrepoint en imitation, soit à toutes les voix, soit seulement à certaines d'entre elles (par exemple, deux voix supérieures sont traitées en imitations et le contraténor conserve son autonomie).

Par la finesse et la clarté de son écriture, par la gaieté et l'humour, voire l'exubérance dont témoignent plusieurs de ses compositions (dont voici un dernier exemple : *Au travail suis*, qui est une « fricassée » à partir de fragments mélodiques de Barbingant, de Dufay, d'Ockeghem et de Hayne), l'art de Loyset Compère est nettement plus léger que celui d'un Josquin. Vers 1500, cet art, fruit d'une synthèse originale des traditions bourguignonne et italienne, s'impose comme l'un des plus attachants du genre.

PIERRE-PAUL LACAS

CONSTANT MARIUS (1925-)

Après des études musicales, suivies à Bucarest où il est né (d'un père français et d'une mère roumaine), et une formation d'abord influencée par le romantisme allemand, Marius Constant reçoit à Paris, où il se fixe en 1945 (études avec Nadia Boulanger, au Conservatoire national de musique et à l'École normale de musique), la révélation de la musique française, « de ses recherches de sonorités nouvelles, de sa fluidité ». Cette rencontre détermine profondément sa création, dès lors essentiellement orientée vers une recherche de timbres (*Le Joueur de flûte*, oratorio, 1952 ; *24 Préludes* pour orchestre, 1959 ; *Turner*, pour orchestre, 1961 ; *Recitativo*, pour alto solo, 1983 ; *Die Trennung*, pour quatuor à cordes, 1990). Son amour pour le surréalisme littéraire l'incite davantage à l'exploration musicale des techniques du hasard qu'à une technique stricte d'écriture sérielle qu'il n'éprouve pas comme indispensable (*Les Chants de Maldoror*, 1962 ; *Trait*, suivant le principe du « cadavre exquis », 1969).

Fondateur (en 1963) et directeur musical, jusqu'en 1971, de la formation *Ars nova*, ensemble destiné à faire connaître et à susciter des œuvres contemporaines nouvelles, Marius Constant développe dans son groupe une volonté d'improvisation (jusqu'à d'authentiques improvisations d'ensemble, au concert notamment), procédé qu'il étend ensuite au spectacle (*La Serrure*, 1969, est un opéra improvisé). La danse moderne lui semble pouvoir se prêter à des recherches similaires ; il collabore volontiers en tant que compositeur aux créations nouvelles et expérimentales (tant sur le plan de la forme que sur celui du son) : avec Maurice Béjart il réalise *Haut Voltage* (1956) ; avec Roland Petit, dont il est le chef d'orchestre de 1957 à 1963, *Contrepoint*, (1958), *Éloge de la folie*, (1966), *Septentrion* (1975), *Nana* (1976) ; il compose *Paradis perdu* (1966) pour Noureev. L'activité déployée en faveur de la danse le désigne naturellement au poste de directeur de la danse de l'Opéra de Paris (1971-1976).

Le style de Marius Constant, toujours très orienté vers le souci de l'élargissement sonore et du renouvellement du timbre, semble devoir renoncer aux pratiques aléatoires au profit d'une écriture continue, toujours raffinée et aérée, dans une grande liberté formelle, déterminée uniquement par le contenu poétique inhérent à chaque œuvre. Son opéra *Candide* (1970), dont il fait aussi une version de concert, est très représentatif de l'esprit de synthèse que révèle la création de Marius Constant. Il a donné, en 1989, un oratorio dramatique, *Des droits de l'homme*, pour récitants, soprano, chœurs, clavecin, orchestre et musique électronique.

BRIGITTE MASSIN

COPLAND AARON (1900-1990)

Considéré comme le père de la musique américaine, Aaron Copland est l'un des premiers compositeurs à avoir donné à la musique du Nouveau Monde une identité et une notoriété qui lui ont permis d'être diffusée dans le monde entier : « Il a fait sortir la musique américaine de l'ombre », a déclaré Leonard Bernstein, alors qu'Antoine Goléa voyait en lui « un musicien profond et un créateur authentique, mais manquant de génie ».

Copland naît à Brooklyn le 14 novembre 1900, de parents juifs émigrés de Lituanie. Il commence ses études musicales avec Leopold Wolfsohn, Victor Wittgenstein et Clarence Adler (piano), puis travaille la théorie avec Rubin Goldmark à partir de 1917. Il passe ensuite trois ans à Paris, où il est l'élève de Nadia Boulanger au Conservatoire américain de Fontainebleau ; il travaille également le piano avec Ricardo Viñes (1921-1924). Ces influences joueront un rôle déterminant : c'est l'époque où il découvre Debussy, Ravel, Stravinski et Milhaud, mais aussi le chant grégorien et Monteverdi. De retour aux États-Unis, ses premières œuvres sont créées sous la direction de Walter Damrosch (*Symphonie avec orgue*, version remaniée d'un concerto pour orgue dédié à Nadia Boulanger, 1925) et Serge Koussevitzky (*Music for the Theater*, 1925 ; *Concerto pour piano*, 1927). Il est le premier compositeur à obtenir une bourse Guggenheim, qui lui permet de retourner en Europe (1925-1927). Entre 1927 et 1937, il enseigne à New York (New School for Social Research). Avec Roger Sessions, il y fonde une série de concerts destinés à faire connaître la jeune musique américaine (1928-1931). Il dirige également le festival américain de musique contemporaine de Yaddo, à Saratoga Springs (New York), pendant deux ans. En 1930, il remporte un *award* de la R.C.A. Victor pour sa *Dance Symphony* (1925). À l'occasion du cinquantième anniversaire de l'Orchestre symphonique de Boston, Koussevitzky lui commande *Symphonic Ode* (1929). Toute sa vie, Copland restera étroitement lié à cet orchestre et aux activités de la fondation Koussevitzky. En 1937, il crée l'American Composer's Alliance, dont il sera président pendant plusieurs années. Il jouera également un rôle actif à la tête de la League of Composers, section américaine de la Société internationale pour la musique contemporaine (S.I.M.C.). Il commence à se faire connaître comme pianiste et comme chef d'orchestre avant de remporter ses premiers grands succès de compositeur. Il enseigne au Berkshire Music Center de Tanglewood (1940-1965) et à Harvard University (1935, 1944, 1951-1952).

Après une période d'inspiration néo-classique proche du groupe des Six, il compose ses premières œuvres importantes dans un langage harmonique assez dur qui fait souvent référence au jazz, comme s'il voulait oublier les influences européennes. Au début des années 1930, visiblement marqué par Schönberg, sa musique devient plus austère (*Variations pour piano*, 1930 ; *Statements* pour orchestre, 1935), et il s'impose comme l'un des leaders de l'avant-garde américaine. Mais il renoue vite avec l'inspiration populaire, avec la suite d'orchestre *El Salón México* (1936), les ballets *Billy the Kid* (1938), *Rodeo* (pour les Ballets russes de Monte-Carlo, 1942) et *Appalachian Spring* (pour le Martha Graham Ballet, 1944), qui lui vaut le prix Pulitzer en 1945. Dans ces partitions, il use avec habileté de matériels thématiques spécifiquement américains (hymnes, folk music, jazz...) et fait preuve d'un réel talent descriptif. *Lincoln's Portrait* (1942) relève d'une démarche analogue, mais teintée de patriotisme : cette œuvre pour récitant et orchestre est écrite sur des textes tirés des discours et de la correspondance d'Abraham Lincoln ; elle a beaucoup contribué à la notoriété de Copland, notamment lorsque Eleanore Roosevelt en a tenu la partie de récitant. Cette période d'inspiration américaine, qui voit naître plusieurs œuvres de musique de chambre et instrumentale – sonates pour piano (1941) et pour violon et piano (1943) –, se poursuivra assez tard avec des œuvres comme les deux recueils d'*Old American Songs* (1950-1952), l'opéra *The Tender Land* (1954) ou une partition symphonique descriptive comme *Music for a Great City* (1964). Mais, parallèlement, Copland s'est orienté, depuis la fin de la guerre, vers une musique assez abstraite d'écriture plus dépouillée (*Symphonie nº 3*, créée par Koussevitzky en 1946 ; *Concerto pour clarinette*, dédié à Benny Goodman, 1948, qui a fait le tour du monde grâce à la chorégraphie de Roland Petit). Avec son *Quatuor avec piano* (1950), la *Fantaisie* pour piano (1955-1957) et le *Nonet* à cordes (1960), il aborde même le sérialisme, qu'il poussera jusqu'au dodécaphonisme intégral dans deux partitions symphoniques créées par Leonard Bernstein, *Connotations* (1962) et *Inscape* (1967). Il abandonne ensuite progressivement la composition pour se consacrer à sa carrière de chef d'orchestre. Il est également l'auteur de plusieurs musiques de scène (*Quiet City*, dont il tire l'une de ses suites symphoniques les plus célèbres, 1939) et musiques de films (*Des souris et des hommes*, de John Ford, 1939, ou *L'Héritière*, de William Wyler, avec lequel il obtient un oscar en 1948). Il meurt à North Tarrytown (État de New York), le 2 décembre 1990.

ALAIN PÂRIS

Bibliographie

N. Butterworth, *The Music of Aaron Copland*, New York, 1986 / A. Copland, *What to Listen for in Music*, McGraw-Hill, New York, 1939, rééd. 1959 ; *Our New Music*, *ibid.*, 1941, révisé sous le titre *The New Music 1900-1960*, *ibid.*, 1968 ; *Music and Imagination*, Harvard University Press, Cambridge (Mass.), 1952 ; *Copland on Music*, Doubleday, New York, 1960, rééd. Da Capo Press, 1976 / A. Copland & V. Perlis, *Copland*, 2 vol., New York, 1984, 1989 / C. Peare, *Aaron Copland. His Life*, New York, 1969 / J. Skowronski, *Aaron Copland*, Westport (Conn.), 1985 / J. Smith, *Aaron Copland : His Work and Contribution to American Music*, New York, 1955.

CORELLI ARCANGELO (1653-1713)

La période qui s'étend approximativement de 1680 à 1710 a été déterminante dans l'histoire des formes musicales. Au cours de ces quelque trente ans, la sonate préclassique a pris sa forme la plus achevée, le concerto grosso est né, préparant les voies à la symphonie. Cette évolution est essentiellement l'œuvre d'une génération de violonistes italiens dont Arcangelo Corelli est le chef de file et le guide incontesté, comme technicien et virtuose du violon, comme pédagogue, comme compositeur.

Un maître de l'école italienne

La biographie de Corelli est simple si on la débarrasse d'un certain nombre d'anecdotes dont la plupart sont controuvées (parmi les plus tenaces : celle de son éducation musicale auprès du « vieux » Giovanni Battista Bassani, qui était en réalité son cadet de cinq à six ans ; celle d'un séjour à Paris, d'où il aurait été chassé par la jalousie de Lully, alors qu'à l'époque où l'on situe ce voyage il avait tout juste dix-neuf ans, aucune œuvre derrière lui, pas la moindre réputation hors de son pays, rien qui pût inquiéter Lully au faîte de sa gloire). Né en 1653, il se montra précocement doué ; il eut à dix-sept ans l'honneur d'être admis à faire partie de la célèbre Accademia Filarmonica de Bologne. On pense qu'il gagna Rome l'année suivante pour n'en bouger à peu près plus ; il s'y rendit rapidement célèbre et y mourut en 1713, comblé d'honneurs, admiré de l'Europe entière.

L'émancipation de la mélodie

Son art du violon était fondé sur une conception qui devait être celle de toute la grande école italienne et de ses dérivées, les écoles franco-belge, anglaise et allemande, conception selon laquelle le violon était l'équivalent ou le pendant instrumental de la voix humaine. On lui attribue cette observation : « *Non udite lo parlare !* » (« Vous ne l'entendez pas parler ! ») qui anticipe sur le « *per ben suonare, bisogno ben cantare* » (« pour bien jouer il est nécessaire de bien chanter ») de Giuseppe Tartini. Corelli vivait à une époque de tâtonnements, d'innovations, où la tendance à la virtuosité acrobatique devenait envahissante : ce type de virtuosité triomphe quand la musique est au plus bas. L'exploration du registre aigu du violon, entreprise de longue date par Marco Uccellini et par des maîtres austro-allemands tels que Heinrich Ignaz Franz Biber et Johann Jacob Walther, risquait de laisser libre carrière au pire charlatanisme. C'est contre ce danger que Corelli réagit, participant, sans doute à son insu, au grand mouvement qui était en train de se faire jour dans des domaines plus vastes que les siens, mouvement qu'animait Reinhard Keiser dans l'opéra, et qui, propagé par Telemann et Johann Mattheson, visait à abolir la suprématie du contrepoint d'école sur la mélodie en prenant pour mot d'ordre : « Quelque morceau qu'on écrive, vocal ou instrumental, tout doit être *cantabile* » (Mattheson). Cet effort d'émancipation de la belle ligne mélodique est au premier plan des préoccupations de Corelli. Dans la pratique, il s'ensuit que ses œuvres se tiennent de préférence dans le registre moyen du violon (elles vont rarement plus haut que la troisième position), et que son art de l'archet cherche l'ampleur et la netteté plutôt que l'extrême vélocité. Il l'a lui-même codifié dans *La Follia*, une série de vingt-trois variations, surtout d'archet, qui termine son œuvre de loin la plus connue, la fameuse *Opera Quinta*, de 1700, laquelle devait avoir plus de trente rééditions au XVIIIe siècle. Cela ne l'empêchait pas – et il y trouvait la source d'heureux contrastes – de pratiquer aussi l'écriture contrapuntique, d'un contrepoint aéré, dont il use avec prédilection dans un ou deux mouvements de chacune de ses sonates d'église, et où se marque l'influence de ses contemporains allemands ; mais cette influence est beaucoup moins profonde que celle des maîtres qui l'ont formé, le Bolonais Giovanni Benvenuti et le Vénitien Leonardo Brugnoli, représentants particulièrement qualifiés des deux meilleures écoles italiennes préclassiques.

Un compositeur sobre et patient

Comme compositeur, Corelli avait un métier des plus solides. Il avait étudié harmonie et contrepoint avec un professeur réputé, Pietro Simonelli, et l'on voit le sévère Rameau, dans sa *Dissertation sur les différentes méthodes d'accompagnement pour le clavecin ou pour l'orgue* (1732), citer en exemple un des adagios de Corelli et lui consacrer l'unique planche hors texte de son traité.

Il travaillait longuement, patiemment, avec un sérieux assez peu courant chez les virtuoses-compositeurs de l'époque. Alors que la plupart d'entre eux se dispersaient dans tous les genres, écrivant, souvent dans le même langage musical, des opéras, des messes, des motets, de la musique instrumentale, le tout à profusion – il en est bien peu qui n'aient à leur actif des centaines d'œuvres – Corelli n'a abordé que la composition instrumentale, et toute sa production tient en six recueils, dont les quatre premiers contiennent chacun douze sonates en trio, pour deux violons et basse, le cinquième, douze sonates pour violon seul et basse, le sixième, douze *concerti grossi*. La publication de ce dernier recueil est posthume, mais on sait de source certaine que la composition de la plupart de ces concertos est antérieure à 1690 : trois ans avant cette date, il avait dirigé lui-même l'exécution de certains d'entre eux, avec, sous ses ordres, cent cinquante musiciens, lors des fêtes données à Rome par l'ex-reine Christine de Suède en l'honneur du pape Innocent XI.

Dans toutes ces œuvres, il observe la distinction entre la musique d'église (sonates et concertos *da chiesa*) et la musique profane (sonates et concertos *da camera*). Ainsi, on peut regrouper, pour l'église, les premier et troisième recueils de trios, la moitié des op. 5 et 6, pour la « chambre », les deuxième et quatrième livres de trios, l'autre moitié des op. 5 et 6. Dans le premier groupe, le style contrapuntique régit les allegros initiaux, généralement en forme de fugues libres ; dans le second groupe, les danses plus ou moins stylisées l'emportent. Certaines d'entre elles, telle la fameuse gavotte de l'op. 5 que Tartini a prise pour thème de son *Arte dell'arco (L'Art de l'archet)*, sont, dans les éditions imprimées, d'une brièveté et d'une sécheresse surprenantes : cela tient à ce que l'exécutant devait les broder pour mettre en évidence ses capacités d'improvisateur. L'obligation était encore plus impérative en ce qui concernait les mouvements lents, pour lesquels nous avons un précieux témoignage, celui de Corelli lui-même. L'op. 5 a en effet été publié peu après son édition originale (romaine), par des éditeurs d'Amsterdam, Pierre Mortier et Estienne Roger, avec cette mention : « *Nouvelle édition où l'on joint les agrémens des Adagio de cet ouvrage, composez par Mr. A. Corelli, comme il les joue.* » On a longtemps tenu cette édition pour une supercherie, imaginée et mise en circulation après la mort du compositeur ; mais la preuve est faite qu'elle date, au plus tard, de 1711, et qu'elle a été publiée avec l'assentiment de Corelli. C'est là quelque chose d'important : la physionomie de toute l'œuvre s'en trouve modifiée. À la noblesse parfois un peu guindée, à la nudité de certains contours mélodiques se substituent des lignes plus capricieuses, plus proches aussi du *bel canto* vocal.

Douceur et autorité

On doit aussi renoncer à l'idée traditionnelle d'un Corelli uniformément suave, à l'image en quelque sorte de son prénom Arcangelo. Doux et paisible à son ordinaire, il pouvait réagir violemment à certaines injustices, à des attaques qu'il jugeait mal fondées, comme dans la querelle qui l'opposa au théoricien Matteo Zani à propos d'une suite litigieuse de quintes (troisième sonate de l'op. 2). Le ton de Corelli dans cette polémique, dont les textes subsistent, est roide, impatient, presque méprisant. Par parenthèse, on peut dire qu'en tant que virtuose il n'était pas, non plus, uniformément calme et serein. En note d'une traduction anglaise du *Parallèle des Italiens et des François en ce qui regarde la Musique et les Opera* de l'abbé Raguenet, publiée à Londres quatre ans avant la mort de Corelli, un commentateur anonyme, à coup sûr un musicien, déclare : « Je n'ai jamais rencontré un homme emporté par sa passion au point où l'était Corelli tandis qu'il jouait du violon. Ses yeux, par moments, devenaient d'un rouge feu, il se déhanchait, ses prunelles roulaient comme à l'agonie. »

Comme chef d'orchestre, il devait avoir une singulière autorité. Au dire de son disciple Francesco Geminiani, rapportant une conversation qu'il avait eue avec Alessandro Scarlatti, ce dernier, qui n'avait pour Corelli compositeur qu'une admiration plutôt tiède, avait été impressionné par « son habile conduite d'orchestre, dont la rare précision donnait aux concertos un effet aussi surprenant pour l'œil que pour l'oreille » ; car, continuait Geminiani, « Corelli jugeait indispensable à l'ensemble que tous les archets eussent même discipline et fussent tous à la fois tirés ou poussés dans le même sens. Si bien qu'aux répétitions qui précédaient régulièrement chaque exécution en public de ses concertos il arrêtait immanquablement l'orchestre à la vue d'un archet dissident ».

La postérité

En Allemagne et en Italie

Corelli a eu de nombreux disciples directs. Parmi les plus remarquables, on peut citer Francesco Gasparini, connu surtout comme l'auteur de l'*Armonico pratico al cembalo*, qui avait travaillé avec le maître pendant cinq ans, et qui transmit ses principes à Gaetano Pugnani et à Felice de Giardini. Figurent également parmi les disciples de Corelli : Pietro Antonio Locatelli, Pietro Castrucci, Carbonelli, Francesco Saverio Geminiani, les trois derniers ayant fait carrière aux îles Britanniques, et Michel Mascitti, Napolitain venu de bonne heure à Paris, où Baptiste Anet, l'un des plus grands prédécesseurs de Leclair, apportait aussi le style corellien. On faisait d'ailleurs grand bruit de l'accueil qu'Anet avait reçu du maître. L'abbé Pluche raconte : « Il aime singulièrement les pièces de Corelli et en a si finement saisi le goût que, les ayant jouées à Rome devant Corelli lui-même, ce grand musicien l'embrassa tendrement et lui fit présent de son archet. »

Du simple point de vue didactique, l'empreinte de Corelli a été profonde et durable. Non seulement des méthodes comme celles de Geminiani et de Carlo Tessarini sont nourries de ses principes, mais on sait que Tartini formait ses propres élèves sur les sonates de l'op. 5, et Giardini affirmait que, de deux élèves de même âge, également doués, commençant leurs études, l'un par Corelli, l'autre par Geminiani ou tout autre grand compositeur, le premier devait certainement devenir le meilleur exécutant. Tous les traités du XVIIIe siècle restent fondés sur son enseignement. Francesco Galeazzi, qui est bien le plus réfléchi et le plus complet des pédagogues, préconise encore, en 1791, l'étude journalière de l'op. 5, et le fait que cet ouvrage a été réédité une trentaine de fois au cours du XVIIIe siècle atteste la persistance de son action. Mais l'influence de Corelli va plus loin que le pur domaine de la technique du violon : elle s'exerce de façon tangible sur de nombreux compositeurs de son temps et de la génération qui a suivi la sienne.

Vivaldi, si différent de lui dans les chefs-d'œuvre de son âge mûr, commence par l'imiter presque servilement. Non seulement son premier recueil de sonates se termine par une *Follia* calquée sur celle de l'op. 5, mais le souvenir de cette *Follia* est sensible dans plusieurs autres pièces du même livre, de même que celui de la *Gavotte* sur laquelle Tartini a bâti son *Art de l'archet* ; plus tard, jusque dans son célèbre *Estro armonico*, le début du largo du *Douzième Concerto* est exactement superposable à celui d'une des sonates de l'op. 5. Laissons volontairement de côté des élèves, tels Giovanni Mossi ou Mascitti, imitateurs avoués et conscients. Il est plus curieux de retrouver, dans deux œuvres au moins de Gasparini, des thèmes à travers lesquels transparaît encore celui de la *Gavotte en fa*, qui semble avoir obsédé, à l'époque, quiconque écrivait pour les archets ; on le retrouve en particulier chez Albinoni, parmi bien d'autres « corellismes ». Il est en vérité impossible d'énumérer tous les Italiens qui ont subi cette influence.

Pour l'Allemagne, une telle liste serait à peine moins longue et non moins prestigieuse. Bach et Haendel sont tous deux en quelque mesure les « obligés » de Corelli. Lecteur infatigable, d'une curiosité musicale illimitée, Bach a connu avant 1715 l'essentiel de la production de Corelli. Non seulement il lui a emprunté un sujet de fugue, mais on constate la pratique qu'il avait de son œuvre dans maints détails de mélodie, de rythme, d'instrumentation. Il faut se hâter d'ajouter que, chaque fois, l'intervention du Cantor se traduit par un élargissement, une maturation des procédés qui leur donne valeur de création originale. Quant à Haendel, initié à Corelli par son maître Friedrich Wilhelm Zachow, il avait copié maints fragments des sonates et concertos : ses propres *concerti grossi* témoignent de cette connaissance, et aussi bien des œuvres vocales comme ce chœur d'*Esther* qui reprend, en le magnifiant, un dessin obstiné du *Douzième Concerto* corellien. Telemann intitule un de ses recueils *Les Corelizantes*. Sans être aussi explicites, Georg Muffat, Johann Joseph Fux, Johann Christoph Graupner, Johann Gottfried Walther et bien d'autres ne dissimulent pas leurs affinités avec celui qu'on appelle déjà « le divin Arcangelo », « l'Orphée de ce temps ».

En Angleterre et en France

C'est peut-être en Angleterre que sa popularité atteint les proportions les plus surprenantes. Ses sonates à trois y sont importées dès 1695 et, lorsqu'en 1700, l'année même où est publié à Rome l'op. 5, des exemplaires en parviennent à

Londres, l'éditeur John Walsh met en vente, à peine six semaines plus tard, une édition anglaise, qui sera suivie de beaucoup d'autres. Les meilleurs violonistes insulaires, John Banister, Henry Needler, l'Italien Nicola Matteis, fixé à Londres, plus tard Matthew Dubourg, John Clegg, Christian Festing se consacrent en grande partie à ce répertoire nouveau ; des contrefaçons, des pastiches sortent, à profusion. Peu avant le milieu du XVIIIe siècle, un éditeur, ancien commis de Walsh, a sa boutique sur le Strand à l'enseigne *Corelli's Head.*

En France, où un parti musical italianisant s'est formé dans les deux dernières décennies du XVIIe siècle, animé à Paris par l'abbé Mathieu, curé de Saint-André-des-Arts, avec des ramifications provinciales fort actives, le jeune François Couperin pastiche, en 1692, sous un anagramme italien, les sonates de Corelli, auxquelles il a voué une admiration qu'il gardera sa vie durant et qui inspirera ses dernières œuvres. Elles sont bien accueillies, le secret en est vite percé. Une vague de snobisme avant la lettre se déchaîne, qu'il faut rattacher à un phénomène social provoqué, à Rome, par l'entourage de Corelli.

Avant sa venue, les violonistes ne jouissaient pas, dans la société mondaine, de la même faveur que certains luthistes, clavecinistes et organistes. Par son talent, sa culture, l'aménité et la noblesse de son caractère, Corelli avait gagné l'amitié du puissant cardinal Ottoboni, de Christine de Suède et de toute l'aristocratie qui gravitait autour d'eux. L'écho en était parvenu en France et en Angleterre, où les violonistes, à de rarissimes exceptions près, étaient traités en valetaille vulgaire. L'exemple de Rome suscita vite un profond changement, une réelle promotion des violonistes dans l'échelle sociale, en même temps qu'une large diffusion de tout le répertoire italien de la sonate et du concerto, lié au nom magique de Corelli. Si bien que cet homme tranquille, ce compositeur discret, auteur d'une œuvre dix fois moins considérable, quantitativement, que celle de ses plus humbles confrères, aura eu, pour l'évolution de la musique et pour la condition des musiciens, une influence profonde, salutaire, durable.

MARC PINCHERLE

Bibliographie

W. S. NEWMAN, *The Sonata in the Baroque Era*, Univ. Press, Chapel Hill (N. C.), 1959 / C. PIANCASTELLI, *In onore di Arcangelo Corelli*, Bologne, 1914 / M. PINCHERLE, *Corelli*, Alcan, Paris, 1933, 2e éd. rev. ; *Corelli et son temps*, Paris, Plon, 1954, rééd. Éditions d'aujourd'hui, Plan-de-la-Tour, 1982 / P. RADCLIFFE, « Arcangelo Corelli and Antonio Vivaldi », in *The Heritage of Music*, vol. III, Oxford, 1951 / M. RINALDI, *Arcangelo Corelli*, Ricordi, Milan, 1953 / « Studi corelliani. Atti del primo congresso internazionale, Fusignano, 5-8 settembre 1968 », in *Quaderni della rivista italiana di musicologia*, n° 3, Florence, 1972 / F. VATIELLI, *Corelli e i maestri bolognesi del suo tempo in arte e vita musicale in Bologna*, Bologne, 1927.

CORRETTE MICHEL (1709-1795)

L'un des précurseurs de la symphonie française à qui l'on doit de nombreux concertos, surtout pour instruments à vent ; il est le premier en France à avoir publié un concerto pour flûte (opus 4). Son père, Gaspard Corrette, composa notamment une *Messe du huitième ton pour l'orgue à l'usage des dames religieuses et utile à ceux qui touchent l'orgue* (1703) : elle est conforme au style du temps et l'on peut apprécier les indications qu'il donne dans *Meslange des jeux de l'orgue* ; il fut organiste à Rouen.

Michel Corrette naquit à Rouen et mourut à Paris. À l'âge de dix-sept ans, il était déjà titulaire d'une des tribunes parisiennes réputées, celle de Sainte-Marie-Magdeleine-en-la-Cité. En 1737, il fut organiste du grand prieur de France ; en 1750, des jésuites de la rue Saint-Antoine ; en 1759, du prince de Condé et, en 1780, du duc d'Angoulême. Il écrivit deux *Livres d'orgue* (1737 et 1750), le *Nouveau Livre de noëls pour le clavecin ou l'orgue* (1753) et *Douze Offertoires pour orgue* (1764). La plupart de ces pages sont courtes, conformément à ce qu'on attendait aux offices de l'intervention de l'organiste (préludes sur plein-jeu à la française, fugues sur les anches, duos, trios, etc.). Avec Jean-François Tapray (1738-1819), Claude Balbastre (1727- 1799), Nicolas Séjan (1745-1819), Michel Corrette est de ceux qui conduisent la musique d'orgue vers un style de virtuosité légère, plus tourné vers la prouesse ou l'inattendu sonore qu'inspiré par le service de la liturgie. C'est lui qui, inventant, si l'on peut dire, la technique du *cluster*, imite l'orage en mettant, dit-il, « sur la dernière octave des pédales de trompette et de bombarde une planche que le pied baisse à volonté ». En comparant son œuvre à celle de ses prédécesseurs (Grigny, Couperin) ou de ses contemporains allemands, on est tenté d'y voir le fruit d'une décadence. Corrette a été, toutefois, l'un des premiers musiciens français à adopter le pianoforte (*Divertissement pour le clavecin ou le pianoforte*, 1780). Dans sa musique vocale, profane ou sacrée (messes, motets, *Leçons de ténèbres*, *Le Délassement de l'esprit*, *Recueils de divertissements de l'Opéra-Comique*, *Cantatilles*, etc.), il fait la part belle au décoratif et à l'agréable. Mais c'est sa production de musique instrumentale qui est la plus importante (nombreuses sonates ou concertos à deux ou à trois et jusqu'à six instruments, concertos comiques, fantaisies pour les vielles, les musettes, etc., concertos de Noël).

Dans ses œuvres, où l'on sent parfois l'influence de Vivaldi, l'harmonie demeure plutôt monotonale, la mélodie fraîche et légère, la structure simple et ordonnée, les répétitions variées. Corrette est un compositeur habile et il sait répondre au goût du jour tout en acceptant les innovations instrumentales de son temps. À signaler enfin sa production féconde d'écrivain pédagogue ; on lui doit des méthodes pour violon (1738), violoncelle (1741), pardessus de viole (1748), guitare (1762), mandoline (1772), harpe (1774), quinton ou alto (1782), vielle (1783), flûte à bec (1784), ainsi qu'un traité pratique, *Le Maître du clavecin pour l'accompagnement* (1753). Au XXe siècle, Darius Milhaud a écrit une *Suite d'après Corrette* pour trio d'anches, en hommage au compositeur fécond de musique de chambre.

PIERRE-PAUL LACAS

COSTELEY GUILLAUME (1531 env.-1606)

Célèbre compositeur de chansons de la fin du XVIe siècle, Guillaume Costeley naît sans doute à Pont-Audemer et exerce auprès de Charles IX les fonctions (qu'il conservera sous Henri III) d'organiste et de valet de chambre. En 1571, on le trouve à Évreux, où il résidera principalement jusqu'à sa mort (survenue dans cette ville), et où il fonde en 1575 le fameux concours de composition connu sous le nom de Puy de musique d'Évreux. De son œuvre d'orgue ne subsiste qu'une seule pièce, intitulée *Fantaisie sur orgue ou espinette*. Il publia la première de ses chansons dès 1552. La plupart parurent en 1570, chez Le Roy et Ballard, en un recueil portant le titre de *Musique de Guillaume Costeley*, et comprenant quatre-vingt-quinze chansons à quatre voix, sept à cinq voix, une à six voix et trois motets. Une quarantaine d'autres sont réunies dans divers recueils du temps. Grand humaniste, ami de Baïf et de Rémy Belleau, il fit le lien entre les dernières œuvres de Janequin et les courants italianisants de la fin du siècle, ce dont témoignent en particulier la forme strophique assez souvent utilisée par lui et l'importance qu'il accorda à l'écriture verticale. Il se livra, non seulement pour les voix, mais pour les instruments, à de curieuses expériences en tiers de ton.

MARC VIGNAL

COUPERIN LES

La plus illustre lignée de musiciens français : quinze artistes, qui ont servi la musique pendant plus de deux siècles, la plupart comme clavecinistes, organistes et compositeurs, mais aussi comme chanteurs, violistes ou maîtres de musique. La tribune de Saint-Gervais (Paris) fut une sorte de fief familial qui assura leur renom, ainsi que l'orgue des Clicquot qu'elle abrite. Les Couperin sont sortis de Chaumes-en-Brie (actuelle Seine-et-Marne), avant de se fixer à Paris vers la fin du XVIIe siècle. Voici la liste des membres musiciens de cette éminente famille.

1. Charles Ier (1595-1654), qui fut organiste en l'église abbatiale de Chaumes-en-Brie.

2. Marc Roger Normand (1663-1734), son petit-fils par Élisabeth, qui exerça en Italie au service du roi de Piémont-Sardaigne.

Trois fils de Charles Ier firent carrière dans la musique :

3. Louis (1626-1661).

4. François Ier, dit l'Ancien (1631-1701), qui fut organiste, claveciniste et professeur de musique. Alexandre Guilmant lui a attribué par erreur les deux messes pour orgue (à l'usage des paroisses, à l'usage des couvents) écrites en réalité par son célèbre neveu, François II.

5. Charles II (1638-1679) enfin, qui fut organiste à Saint-Gervais, où il remplaça son frère Louis à partir de 1661. Ses pièces de clavecin sont perdues. On sait qu'il possédait un grand clavecin à pédalier.

6. François II, dit le Grand, fils de Charles II.

7. Marguerite Louise, fille de François l'Ancien (1676-1728), fut une cantatrice célèbre et appartint à la musique du roi dès 1702.

8. Son frère, Nicolas (1680-1748), claveciniste et organiste, fut au service musical du comte de Toulouse et reçut, en 1723, la succession de la tribune de Saint-Gervais, après François le Grand. Ses œuvres ont été perdues.

9. Armand Louis (1727-1789), fils de Nicolas, fut organiste à Saint-Gervais, mais aussi à Sainte-Marguerite, Saint-Barthélemy, Saint-Jean-en-Grève, à la Sainte-Chapelle, voire aux Carmes-Billettes, à Saint-Merry. En 1770, il fit partie de la musique du roi et devint organiste de Notre-Dame avec trois autres

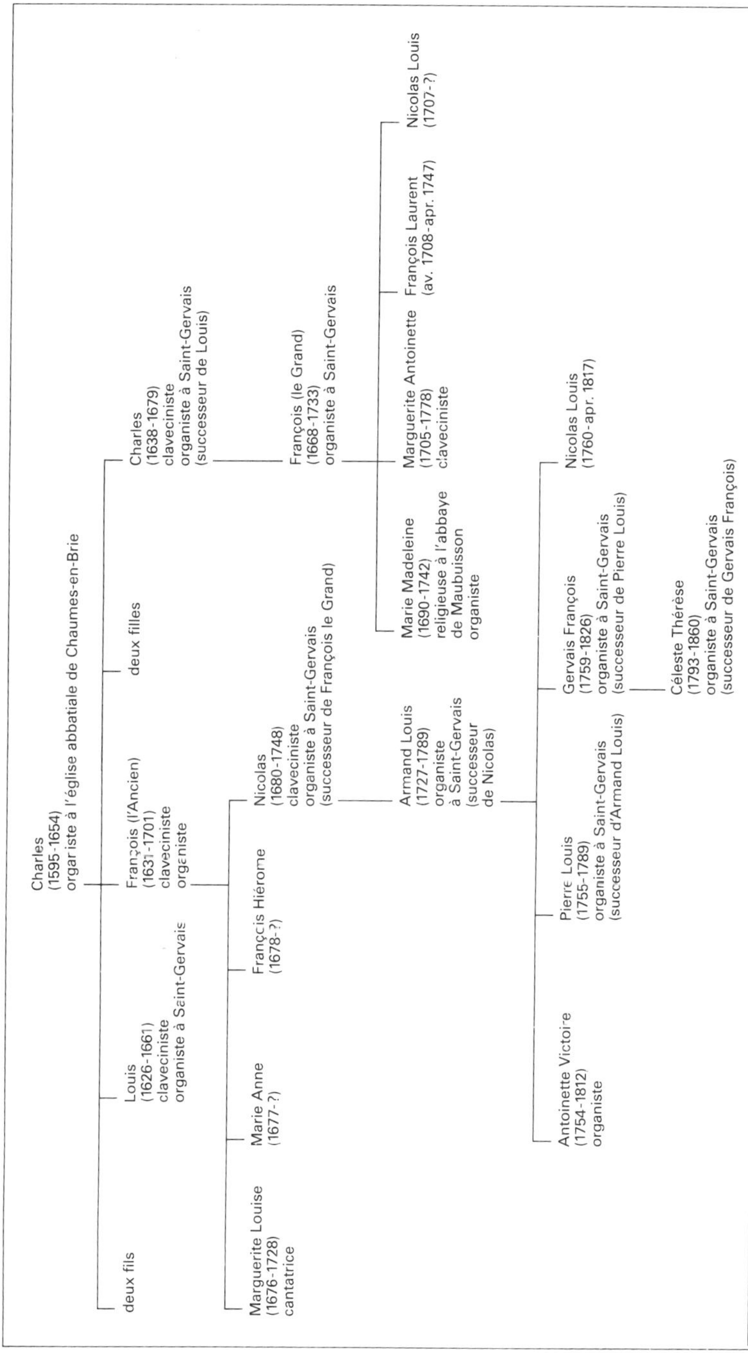

Les Couperin.

cotitulaires de la tribune. Ce fut l'un des organistes les plus réputés de son siècle. Il composa *L'Amour médecin* (cantatille, env. 1750), des *Sonates en pièces de clavecin avec accompagnement de violon* (1765), des *Sonates en trio* (1770), des motets.

10. Marie Madeleine (1690-1742), fille aînée de François le Grand, fut organiste en l'abbaye de Maubuisson où elle avait pris l'habit en 1719.

11. Marguerite Antoinette (1705-1778), sa sœur, fut, très jeune, suppléante de son père comme claveciniste à la cour. Elle obtint cette charge en 1730 et fut titularisée en 1736 après la mort d'Henri d'Anglebert. Elle enseigna la musique et le clavecin, où elle était virtuose, aux Enfants de France.

12. Pierre Louis (1755-1789), fils d'Armand Louis, tint les orgues de Saint-Gervais à partir de 1773, ainsi que ceux de Notre-Dame et de la Sainte-Chapelle du Palais. Il fut aussi organiste du roi en 1787. On connaît de lui quelques airs et romances.

13. Son frère, Gervais François (1759-1826), succéda à son père en 1789 comme organiste de la Sainte-Chapelle ainsi qu'à Pierre Louis à la Chapelle royale et à Saint-Gervais. Il fut également organiste à Saint-Jean-Saint-François et à Saint-Merry. Il écrivit notamment une symphonie, des *Sonates* de clavecin avec violon ou violoncelle *ad libitum* (1788), six romances qu'il composa pour sa femme, la cantatrice Hélène Narcisse Frey, quelques pages pour piano-forte et des transcriptions. Sa virtuosité exemplaire a dû l'emporter sur son talent de compositeur.

14. Antoinette Victoire (1754-1812), fille d'Armand Louis, fut organiste, harpiste et cantatrice.

15. Céleste Thérèse (1793-1860), fille de Gervais François, est la dernière Couperin à avoir servi l'orgue de Saint-Gervais, jusque vers 1830. On sait qu'elle avait conservé les traditions organistiques du XVIIIe siècle et qu'elle était l'une des rares titulaires de tribunes parisiennes à pouvoir improviser une fugue d'orgue.

PIERRE-PAUL LACAS

COUPERIN FRANÇOIS (1668-1733)

Le nom de Couperin s'attache d'abord à une lignée, presque aussi longue dans l'histoire que celle des Bach. Le premier Couperin musicien, Mathurin, apparaît dans les documents en 1586, à peu près à la même époque que le meunier Veit Bach, amateur de cithare ; et la famille s'éteint avec Céleste Couperin, obscure répétitrice de piano, qui meurt en 1860, quinze ans après Wilhelm Friedrich Ernst Bach, *Kapellmeister* à la cour de Prusse.

Le premier Couperin organiste fut Charles (1595-1654), qui touchait les orgues de Chaumes-en-Brie ; il était parent d'autres musiciens de la région, ou allié à beaucoup d'entre eux. Trois de ses fils s'installèrent à Paris vers le milieu du XVIIe siècle. La tradition veut que les trois jeunes gens, Louis, François et Charles, se soient présentés en 1650 à la propriété que Jacques Champion de Chambonnières, claveciniste du roi, possédait près de Chaumes, afin de lui donner une aubade à l'occasion de sa fête. Surpris de la qualité de la musique, Chambonnières demanda le nom de l'auteur : c'était Louis, à qui il proposa séance tenante de « monter » avec lui à Paris, disant qu'« un homme tel que lui n'était pas fait pour rester dans une province ».

Louis Couperin (1626-1661) était alors clerc de notaire. La première pièce signée de lui, sur le manuscrit Oldham, est datée de 1651, soit quelques mois après son arrivée dans la capitale. Son nom apparaît presque aussitôt parmi les interprètes de la musique des ballets de cour et, en 1653, il est organiste de Saint-Gervais, l'un des grands postes de la capitale. La tradition veut encore qu'il ait été pressenti pour le titre de claveciniste de la Chambre du roi et qu'il ait refusé, du vivant de Chambonnières, par égard pour celui qu'il considérait comme son bienfaiteur. On créa pour lui une charge nouvelle de dessus de viole, qu'il accepta.

Il semble qu'il ait fréquenté Johann Jakob Froberger, lors de son séjour à Paris en 1652, et qu'il ait eu, par cet intermédiaire, la révélation de l'œuvre de Girolamo Frescobaldi. Son œuvre est peu abondante, car il disparut prématurément, à trente-cinq ans, dix ans à peine après son arrivée à Paris ; mais cette œuvre est remarquable en tout point : deux fantaisies pour les violes, deux pour les hautbois, trois fantaisies pour cordes en trio, cent trente pièces de clavecin, soixante-dix pièces d'orgue. Ces dernières se rapprochent parfois du style polyphonique sévère, sur thèmes liturgiques, de Jehan Titelouze, ou, au contraire, dans une manière beaucoup plus libre, font apparaître les premières basses de trompette, de cornet, de cromorne, genre qui sera si populaire en France après lui.

Son œuvre de clavecin est admirable d'un bout à l'autre. Elle se rattache à la tradition de la suite, à l'instar de son protecteur Chambonnières : allemandes, branles, courantes, sarabandes et, surtout, chaconnes, dont il a fait son genre favori. Mais cette œuvre pour clavecin s'émancipe de la danse, au contact à la fois de l'art des luthistes et de celui des clavecinistes italiens. Le prélude non mesuré des premiers, la *fantasia* des seconds lui inspirent un style d'une extrême liberté, renforcé par un lyrisme et une poésie intenses.

Ses deux frères, François et Charles, n'ont pas laissé de compositions : le premier fut un excellent pédagogue ; le second, qui reçut la « survivance » de son frère aîné à Saint-Gervais, mourut en 1679, laissant un petit orphelin de onze ans, François Couperin, dit le Grand.

L'état de musicien

François Couperin est né en 1668, dans la maison de fonction des organistes qu'occupait son père, près de Saint-Gervais. Lorsque celui-ci mourut, l'enfant devait avoir déjà un talent prometteur, pour que le conseil paroissial s'engage à lui accorder la survivance dès qu'il aurait dix-huit ans. Michel Richard Delalande accepta de prendre, à titre provisoire, la charge d'organiste, pour garder la place au jeune François et la lui donner quand il serait en âge de l'occuper. Mais, dès 1685, il remettait les illustres claviers aux mains de celui qui devait déjà apparaître comme un jeune maître. Cinq ans plus tard – à vingt-deux ans –, Couperin donne sa première composition, un chef-d'œuvre, son livre d'orgue. Le jeune Couperin semble fréquenter les milieux italianisants de la capitale. Aux environs de 1690, il fait entendre, sous un pseudonyme italien, sa première sonate en trio (la première qui ait été composée en France). À la mort de Jean Henri d'Anglebert, en 1691, il devient claveciniste du roi. En 1693, le roi le choisit pour toucher l'orgue de la Chapelle ; un an plus tard, il est nommé maître de clavecin des Enfants de France : il aura, entre autres, le duc de Bourgogne pour élève. Il ne cesse d'aller et de venir entre Versailles et Paris, compose pour la Cour, pour la haute société parisienne, pour la Chapelle royale, pour l'abbaye de Maubuisson, où sa fille Marie Madeleine est religieuse ; il donne des leçons, fait de son autre fille, Marguerite Antoinette, une claveciniste de talent, qui sera plus tard, à son tour, maître de clavecin des Enfants de France, et aura pour élèves les filles de Louis XV. La fin de la vie de Couperin a été attristée par la maladie qui semble l'avoir accablé durant des années. Il abandonne peu à peu toutes ses charges et laisse, notamment, l'orgue de Saint-Gervais à son cousin Nicolas Couperin.

Cette vie simple, cette carrière sans luttes, aux ambitions modestes, cachent un homme plus complexe qu'il n'y paraît. La mesure, la délicatesse qui constituent ses qualités dominantes recouvrent une sensibilité très vive et très fine, une passion contenue, un raffinement de l'esprit et du cœur, une grande exigence aussi, pour lui et pour les autres : ses élèves le trouvaient sévère, la fantaisie discrète qui règne dans son œuvre n'affectant guère, en lui, le professeur. Et, pourtant, quel charme, quelle séduction réelle...

Couperin est l'homme de l'intimité. Aucune de ses œuvres n'exige un effectif supérieur à quelques musiciens : ce qu'il écrit à l'intention de la Chapelle royale, ce ne sont pas des grands motets pour chœur, solistes, orchestre et orgue, comme Delalande, son collègue à Versailles ; ce sont de petites pièces pour une ou deux voix. Rien pour le théâtre, rien pour l'orchestre : des sonates pour deux ou trois instruments, des concerts de chambre, d'innombrables pièces pour le clavecin.

Couperin est un homme complexe. À dire vrai, c'est peut-être là que réside son génie : il sent tout et, discrètement, fait la synthèse de forces divergentes, les unissant, avec le sourire, dans sa propre création. Ainsi, sur le plan esthétique, se pose-t-il ouvertement en médiateur, aspirant à construire la paix entre le style français et le style italien...

Les messes d'orgue

La première œuvre signée François Couperin (il ajoute : sieur de Crouilly) est donc composée de *Pièces d'orgue consistantes en deux messes*, une à l'usage des paroisses, l'autre pour les couvents. Ce bref recueil, daté de 1690, constitue, avec le livre unique de Nicolas de Grigny, le sommet de l'école française d'orgue.

L'orgue français est nettement individualisé dans l'Europe de ce temps. D'abord par la facture des instruments. Il s'oppose à la fois à l'orgue italien, clair, très fin, un peu terne, et à l'orgue de l'Allemagne du Nord, riche, puissant, varié. Il est avant tout haut en couleur. Il lui faut des jeux solistes bien caractérisés, des anches, des cornets, des tierces, bien tranchés et bigarrés sans être criards. Il lui faut un plein-jeu riche et éclatant. Alors seulement l'art des compositeurs français et les instruments sur lesquels ils jouent se correspondent et se renforcent.

Lorsque Couperin, tout jeune, publie son livre d'orgue, il ne songe pas à s'écarter du style et du cadre élaborés par ses aînés, Jehan Titelouze (1563-1633), François Roberday (1624-1680), Guillaume Nivers (1632-1714), Nicolas Lebègue (1631-1702), André Raison (?-1719), Jean Henri d'Anglebert (1628-1691). Au premier, il emprunte ses grands pleins-jeux, sévères et somptueux, où un thème de plain-chant sonne en valeurs longues ; aux autres, leurs manières de diversifier l'écriture en s'inspirant de la suite, de la fantaisie, voire de l'opéra (les « récits »). Ainsi, les messes de Couperin juxtaposent de grands pleins-jeux où, sur une basse ou sur une taille (ténor) donnée aux jeux d'anches, les deux claviers tissent un contrepoint serré, des pièces en duo ou en trio, plus légères, plus vives, au rythme parfois très proche de la danse, et des récits où un jeu soliste (cornet, cromorne, bourdon) déroule une mélodie méditative.

Mais le jeune François Couperin transfigure les formes dont il a hérité ; il se distingue de ses contemporains par la profondeur de la pensée musicale, par sa merveilleuse adaptation à l'instrument et à ses sonorités, par la chaleur de son inspiration.

La musique vocale

Les fonctions de Couperin, organiste du roi, ne l'obligeaient pas à composer de la musique vocale pour la Chapelle. Néanmoins, il nous a laissé une série de petits motets intimes : presque aucun chœur ; trois voix parfois, une ou deux le plus souvent, et avec une prédominance de la voix de soprano (sa cousine Marguerite Louise était chanteuse et se produisait à la Cour).

Après le *Laudate pueri Dominum*, recueilli par André Philidor en 1697, et le *Motet de sainte Suzanne*, copié par Sébastien de Brossard, une série de versets ont été imprimés en 1703, 1704 et 1705 ; les autres (une vingtaine) figurent dans deux recueils manuscrits. Œuvres intimes, courtes (chaque verset est isolé), accompagnées parfois par les violons, les flûtes et les hautbois, où l'émotion tente de s'exprimer par des moyens délicats, une harmonie subtile et riche, et des effets originaux de couleur instrumentale (par exemple dans le *Qui dat nivem* pour soprano, deux flûtes et violon, sans basse, dont la texture légère tente d'évoquer les flocons de neige, avec une délicatesse prédebussyste). Quelques motets prétendent à plus d'ampleur (*Audite omnes* pour haute-contre, deux violons et basse continue, le grand *Salve Regina*, ou le *O Domine quia refugium* pour trois voix d'hommes dans le grave), mais tous restent dans une atmosphère confidentielle d'effusion religieuse qui n'est pas sans rappeler le quiétisme de Fénelon et de Mme Guyon.

Cette musique tout intérieure convient à Couperin ; elle trouvera son plus parfait achèvement beaucoup plus tard, vers 1714-1715, dans les *Trois Leçons de ténèbres pour le Mercredy Saint*. L'office de ténèbres, avec l'admirable texte des *Lamentations de Jérémie*, l'un des plus beaux poèmes de la Bible, avait déjà inspiré nombre de musiciens polyphonistes aussi divers que Guillaume Dufay, Claudin de Sermisy, Roland de Lassus, Tomás Luis de Victoria, Palestrina, Cristóbal de Morales, William Byrd, Thomas Tallis... En France, les *Leçons de ténèbres* furent traitées dans le style monodique qu'avaient déjà adopté en Italie Giacomo Carissini, Girolamo Frescobaldi et Alessandro Stradella. Michel Lambert les enrichit en 1662 des caractéristiques ornementales et expressives du chant français, utilisant en particulier de grandes vocalises pour les lettres hébraïques qui commencent traditionnellement chaque verset. Marc Antoine Charpentier, Michel Richard Delalande, Gabriel Nivers, Sébastien de Brossard reprendront ce schéma sans en modifier vraiment la structure. Couperin, pour sa part, en simplifie les données, et parvient à allier un récitatif d'une infinie souplesse à des vocalises expressives, où la variété des rythmes et des harmonies servent une émotion intime, profondément spirituelle. Sans effets appuyés, par le simple déroulement d'une voix de soprano ou d'un duo accompagné par l'orgue et la viole de gambe, voici la musique la plus pathétique, la plus bouleversante qui soit sortie de la plume de ce musicien poète et contemplatif.

La musique de chambre

Couperin a pratiqué la musique de chambre durant toute sa vie. Ses premières œuvres accusent une influence très forte de l'Italie, au point que la première sonate a pu être jouée sous un nom d'emprunt italien. De fait, écrire vers 1692 une sonate en trio, c'était imiter la nouveauté italienne. Cette sonate (dénommée *La Pucelle*, la première composée en France) sut plaire ; elle fut suivie, en quelques années, de cinq autres titres d'une fantaisie bien dans la manière de Couperin : *La Steinkerque* (du nom de la bataille qui déchaîna en 1692 à Paris un enthousiasme délirant), *La Visionnaire*, *L'Astrée*, *La Sultane* – en quatuor – et *La Superbe*. Il demeure encore peut-être quelque naïveté dans les deux premières pièces. Mais, dès les suivantes, on sent qu'il s'agit de tout autre chose que d'un plagiat de Corelli par un débutant : le message italien est déjà totalement assimilé, intériorisé, traduit. Une longue période sépare ces six sonates de la septième, *L'Impériale*, dont la composition peut se situer entre 1714 et 1726, œuvre d'une grande noblesse d'inspiration et d'une admirable fermeté d'écriture.

En 1726, Couperin rééditera trois de ses anciennes sonates (*La Pucelle*, *La Visionnaire* et *L'Astrée*) sous de nouveaux titres (*La Françoise*, *L'Espagnole*, *La Piémontoise*) ainsi que *L'Impériale*, en les complétant chacune d'une suite à la française. Les sonates à l'italienne constituent ainsi des sortes de préludes à ces suites nouvelles – qui forment le recueil des *Nations* –, et cette publication est une manière de mettre en pratique la réunion des « goûts » français et italien, qui, entretemps, ont fait l'objet d'une série d'œuvres placées sous le signe des « goûts réunis ».

En 1722, Couperin a publié quatre *Concerts royaux*. « Je les avais faits, dit-il, pour les petits concerts de chambre où Louis XIV me faisait venir presque tous les dimanches de l'année. » Écrits pour un petit ensemble (violon, flûte, hautbois, basse de viole, basson et clavecin), ce sont des suites à la française, où un prélude introduit une série de danses dans l'ordre traditionnel. De fait, l'esprit et l'écriture de ces courts morceaux sont fort loin de l'italianisme des sonates. Tout est français ici de conception, et pourtant il est évident que le langage de Couperin s'est élargi et assoupli au contact de l'Italie. Couperin en a si fort conscience qu'il intitule les dix concerts suivants, édités en 1724, *Les Goûts réunis*. Le huitième concert, *Dans le goût théâtral*, est tout lullyste d'allure, tandis que le neuvième, *Ritratto dell'amore*, est entièrement dominé par l'Italie.

Cette synthèse voulue et consciente apparaît encore plus nettement dans deux œuvres à la fois sérieuses et plaisantes, que Couperin intitule, la première, *Apothéose de Corelli*, et la seconde, *Apothéose composée à la mémoire immortelle de l'incomparable Monsieur de Lulli* (l'emphase de ce titre n'est pas sans une affectueuse ironie à l'égard du superbe surintendant...). *L'Apothéose de Corelli* est une sonate en trio, plus élaborée que les précédentes, dont chaque mouvement conte un épisode de l'arrivée de Corelli au Parnasse et de son accueil par Apollon et les neuf Muses.

Mais *L'Apothéose de Lulli* est plus significative encore : c'est tout un programme de politique musicale que Couperin nous communique, en souriant, comme toujours. On voit d'abord Lully accueilli au Parnasse par Apollon ; puis la *Rumeur souterraine, causée par les auteurs contemporains de Lulli* (dans un style italianisant : ce qui en dit long sur la nature de ces jaloux) ; l'*Accueil entre doux et hagard fait à Lulli par Corelli et les muses italiennes*, le *Remerciement de Lulli à Apollon* : Couperin s'amuse visiblement à un double pastiche, faisant parler chacun des deux compositeurs dans son propre style. Puis *Apollon persuade Lulli et Corelli, que la réunion des goûts français et italien doit faire la perfection de la musique*. Un essai en forme d'ouverture est tenté ; dans un duo de violons, Corelli accompagne Lully ; puis Lully, Corelli (toujours dans un amusant pastiche) ; enfin, on célèbre *La Paix du Parnasse* dans une grande sonate en trio, qui allie le goût italien (c'est exactement une *sonata da chiesa* en quatre mouvements) et le goût français.

La conscience qu'avait Couperin d'être au croisement de deux cultures, de les réunir en lui, d'être capable d'en faire la synthèse, est remarquable ; elle participe de ce grand mouvement du baroque européen auquel, à leur manière, concourent Telemann et même Jean-Sébastien Bach.

La musique de chambre de Couperin se clôt par deux suites de *Pièces de violes* (pour deux violes et basse chiffrée), qu'il a composées à la fin de sa vie et qui sont particulièrement attachantes par leur qualité d'inspiration. L'intimisme et la poésie y sont renforcés par la gravité du ton, et aussi par le registre des deux instruments, fait de douceur et de sérénité : s'en détachent particulièrement la *Sarabande grave* de la première suite et la *Pompe funèbre* de la seconde.

Les pièces de clavecin

Quatre livres, publiés en 1713, 1717, 1722 et 1730, plus un traité, *L'Art de toucher le clavecin* (1717), qui contient sept préludes non mesurés ; en tout deux cent trente-trois pièces, groupées en vingt-sept « ordres » : voilà ce qui, de son temps, a constitué l'essentiel de la gloire de Couperin. C'est dans ce domaine, en effet, qu'il a livré son message le plus personnel.

Ce que Couperin appelle « ordres », ce sont en fait des suites, mais traitées avec tant de désinvolture qu'on les appellerait « désordres » avec autant de vraisemblance : on y trouve de quatre à vingt-trois pièces, sans autre lien qu'une atmosphère commune (à partir du second livre surtout), un lien ténu et subtil, mais qui s'impose.

Le *Premier Livre* (du 1er au 5e ordre), publié en 1713, contient des pièces qui, durant des années, avaient été jouées par Couperin, avaient circulé en manuscrit et assuré le succès de leur auteur. Plus légers, plus disparates, on pourrait appeler ces ordres les « ordres mondains ». On y trouve les éléments d'une suite : allemande, une ou deux courantes, sarabande, gigue, et quelques autres danses (gavotte et menuet). Mais déjà s'y ajoutent des pièces libres, pourvues d'un titre, qui ne se rattachent à aucune forme ni à aucun genre existant, et qui parfois évoquent le théâtre.

Au *Deuxième Livre* (1717), l'étoffe se resserre. La forme de l'ordre recherche un équilibre. Celui-ci prend son autonomie par rapport à la suite, parfois respectée – comme dans le huitième ordre, où se succèdent deux allemandes, deux courantes, une sarabande, une gavotte, un rondeau, une gigue, une ample passacaille, une seconde gigue (*La Morinète* est une gigue qui ne dit pas son nom) –, parfois au contraire totalement oubliée – comme dans le sixième ou le septième ordre, dans lesquels se succèdent uniquement des pièces libres, tableaux de genre et portraits. Mais le *Deuxième Livre* se distingue aussi du premier par plus de sérénité, de grandeur, et aussi par une grâce intérieure un peu rêveuse.

Le *Troisième Livre*, de 1722, du treizième au dix-neuvième ordre, est plus poétique, plus gracieux, plus pittoresque. Le ton s'allège. L'écriture se fait souvent plus ténue, plus virtuose ; elle se rapproche même étrangement, parfois, de celle de Scarlatti. Enfin, le *Quatrième* et dernier *Livre* (huit ordres), daté de 1730, à certains moments amer et désabusé, à d'autres léger, badin, moins intérieur, plus « dix-huitième », contient des pages d'une facture serrée, et souvent d'un ton grave, discrètement douloureux (*La Mistérieuse*, *Les Ombres errantes*, *La Convalescente*, *L'Épineuse*...).

La structure des pièces de Couperin oscille entre deux formes : la structure binaire (AA'BB'), employée généralement dans les danses (sauf la passacaille et la chaconne), et le rondeau, couplets et refrains alternés (ABACA, etc.). Cette dernière formule, de plus en plus fréquente à mesure que Couperin vieillit, en arrive à se compliquer, comme dans *L'Épineuse* (26e ordre), constituée de deux rondeaux imbriqués l'un dans l'autre (ABACA-DAABAA). Cette prédilection pour le rondeau, particulière à Couperin, est une marque de son esprit, et correspond bien au goût français : celui de la concision. Pas de longs développements, mais un retour obligé du refrain qui assure la continuité. Goût aussi de la métamorphose baroque, mais dans cette manière française où l'art de la variation est tempéré par l'alternance des couplets et du refrain.

La plupart des pièces de Couperin sont pourvues d'un titre. Il n'était pas le premier à en user ainsi : les luthistes, déjà, baptisaient les allemandes et les sarabandes de leur suites. « J'ai toujours eu un objet en composant toutes ces pièces, écrit Couperin dans la préface du *Premier Livre* : des occasions différentes me l'ont fourni, ainsi les titres répondent aux idées que j'ai eues... Ce sont des espèces de portraits qu'on a trouvés quelquefois assez ressemblants sous mes doigts. » Certains de ces titres sont de simples dédicaces : à un musicien (*La Forqueray*, du nom de ce violiste virtuose, avec qui Couperin travailla souvent), à un grand personnage (*La Conti*, *La Verneuil*) et bien souvent à ses augustes élèves (*La Princesse de Chabeüil*, *La Ménetou*, jeunes filles de haute noblesse, mais dont nous savons qu'elles furent de remarquables musiciennes). Dans quelle mesure ces dédicaces sont-elles aussi des portraits musicaux ? Il est difficile de répondre. D'autres pièces ont pour titre un caractère musical : *La Ténébreuse*, *La Lugubre*, *La Badine*, *L'Ingénüe*, *L'Enjouée*, *L'Attendrissante*... Et quelquefois les deux : *L'Étincelante, ou la Bontems*.

La Rafraîchissante, *La Fringante*, *La Galante*, *La Séduisante*, *L'Insinuante* : qui sont ces jeunes personnes ? Personne peut-être, ou quelqu'un, qui sait ? Mais tous ces adjectifs, Couperin les a voulus au féminin. Ils entretiennent une exquise ambiguïté, qui est une poésie de plus. Et que dire de *La Belle Javotte*, de *L'Aimable Thérèse*, de *La Mimi*, de *La Babet*, de *La Divine Babiche*, de *La Douce Janneton* ?...

D'autres titres évoquent des tableaux, de la nature en particulier. Mais ne les prenons pas trop à la lettre, eux non plus. La nature n'est pas, au début du

XVIIIe siècle, ce qu'elle sera après Rousseau et le romantisme : elle est toujours sentie, à cette époque, comme élément culturel autant que naturel.

D'autres titres sont un programme : *Le Rossignol en amour*, *Les Satires, chèvre-pieds*, *La Linote efarouchée*, *Le Carillon de Cithère*... Certains, enfin, sont de petites comédies en plusieurs actes : *Les Fastes de la grande et ancienne Mxnxstrxndxsx* (lire : *Ménestrandise*) racontent les démêlés des musiciens du roi avec la corporation des ménestriers ; *Les Folies françaises, ou les Dominos* sont une sorte de commedia dell'arte, ou de carnaval (au sens schumannien du mot), où les « caractères de l'Amour » apparaissent tour à tour sous un déguisement musical.

Ces titres, concrets et précis ou seulement poétiques, ne doivent pas nous abuser. Malgré ce que nous en dit Couperin, ce ne sont pas des « sujets » ; il s'agit tout au plus de commentaires, de suggestions, d'allusions, de rapprochements. Poésie ils sont, poésie ils doivent demeurer pour nous, et rien de plus.

Le style de Couperin est d'une extraordinaire diversité. Dans ce cadre réduit, limité, rarement développé, sur cet instrument discret et que certains trouvent froid, Couperin use de tous les tons, de toutes les grammaires, de tous les langages. On y trouvera la gravité, le contrepoint serré, dans certaines allemandes en particulier ; de simples chansons, à deux voix, d'un ton à peine plus soutenu que celui d'un « vaudeville » ou d'une « brunette » : certains de ces airs ont d'ailleurs été connus et publiés sous forme de chansons antérieurement à leur affectation au clavecin (*Les Pèlerines*). Quelques pièces, d'une écriture brillante et virtuose, font penser à Scarlatti. D'autres ont, fugitivement, la rigueur d'une invention ou d'un prélude de Bach (*La Convalescente*). Couperin se veut parfois purement poète, soit dans l'évocation du sentiment ou de l'état d'âme (*L'Âme en peine*, *Les Langueurs tendres*), soit dans celle de la nature (*Les Lis naissans*, *Le Rossignol en amour*), mais presque toujours avec cette manière inimitable de manier la *litote*, l'art de dire beaucoup avec les moyens les plus limités.

Pour écouter Couperin, il faut être très attentif. Il ne se donne pas, il ne s'offre pas, il se prête – et seulement à qui le cherche. À les lire, ou à les écouter superficiellement, ses pièces peuvent parfois paraître de petites choses un peu maigres, un peu pauvres. L'harmonie n'en est pas tapageuse, elle semble couler de source, sans effets recherchés : et pourtant, que de subtilité dans la manière dont s'enchaînent les accords, dont les dissonances, à peine effleurées, glissent les unes sur les autres... L'un des procédés d'écriture préférés de Couperin est le style *luthé* (héritier de la technique du luth). Pas de masses ni d'accords, chaque note se frappe isolément, la polyphonie éclate dans l'espace sonore : et cette musique, pourtant strictement écrite, semble éparpiller les sons au hasard de la fantaisie.

PHILIPPE BEAUSSANT

Bibliographie

J. R. ANTHONY et al., *The New Grove French Baroque Masters*, Norton, New York, 1987 / P. BEAUSSANT, *Couperin*, Fayard, Paris, 1980 / M. BENOIT dir., *Dictionnaire de la musique en France aux XVIIe et XVIIIe siècles*, *ibid.*, 1992 / C. BOUVET, *Une dynastie de musiciens français, les Couperin*, Delagrave, Paris, 1919 ; *Nouveaux Documents sur les Couperin*, Bossuet, Paris, 1933 / P. BRUNOLD, *Le Grand Orgue de Saint-Gervais à Paris*, L'Oiseau-Lyre, Paris, 1934 / P. CITRON, *Couperin*, Seuil, Paris, 1956, rééd. 1980 / F. COUPERIN, *L'Art de toucher le clavecin*, Paris, 1717, rééd. fac sim. Minkoff, Genève, 1986 / N. DUFOURCQ, *La Musique d'orgue française, de Jehan Titelouze à Jehan Alain*, Floury, Paris, 1941,

2e éd. 1949 / S. HOFMAN, *L'Œuvre de clavecin de François Couperin*, Picard, Paris, 1961 / W. H. MELLERS, *François Couperin and the French Classical Tradition*, Faber & Faber, Londres, 1950, rééd. 1987 / A. PIRRO, *Les Clavecinistes*, Laurens, Paris, 1924, rééd. fac-sim. éd. d'Aujourd'hui, Sainte-Maxime, 1984 / A. TESSIER, *Couperin*, Laurens, 1926 / J. TIERSOT, *Les Couperin*, Félix Alcan, Paris, 1926, rééd. fac-sim. éd. d'Aujourd'hui, 1975 / *Mélanges François Couperin*, Picard, 1968.
Œuvres musicales complètes de François Couperin, P. Brunold, M. Cauchie, A. Gastoué, A. Tessier éd., 12 vol., L'Oiseau-Lyre, 1933 ; rééd. rev. et corrigée d'après les sources par K. Gilbert et D. Moroney, Heugel, Paris, 1980-1993.

COUPERIN LOUIS (1626-1661)

Fils de l'organiste Charles Couperin, le premier de la lignée, Louis Couperin tint, à partir de 1653, les orgues de Saint-Gervais. Selon Pierre Citron, il est « le plus grand musicien français de son temps ». On peut regretter qu'il soit mort à l'âge de trente-cinq ans, car ses compositions manifestent ses talents de novateur en même temps que la maîtrise de son métier. Ainsi, il se signale par un sens aigu de l'harmonie comme moyen expressif : elle est variée, elle s'allie à un chromatisme à l'italienne tel que peu de Français d'alors pouvaient le pratiquer. Il avait fréquenté les œuvres de Froberger et de Frescobaldi notamment. Il est significatif qu'il ait choisi une fois la tonalité de *fa* dièse, alors inusitée en ce temps de tempérament inégal. Très jeune, il fait partie de la musique de la Chambre du roi comme dessus de viole. On possède de lui deux *Fantaisies pour les violes*, deux autres « sur le jeu de hautbois », trois *Symphonies pour cordes en trio*, et surtout 130 pièces de clavecin et 70 pièces d'orgue (1650-1659). Pour le clavecin, il écrit des danses selon les principes qui commencent à organiser la suite instrumentale : allemandes, passacailles, branles, courantes, sarabandes, pastourelles, chaconnes, pavanes... se succèdent. Si Louis Couperin ne possède pas l'élégance du style de Champion de Chambonnières, ses audaces harmoniques n'ont pas leurs pareilles et l'emportent sur la sagesse de celui-ci. Quant aux œuvres pour orgue, certaines sont traditionnelles et proches des pages de Titelouze, bien que moins sévères que celles-ci en raison de leur lyrisme évident ; d'autres nettement modernes, surtout lorsqu'elles innovent à l'orgue dans un genre qui devint très vite caractéristique des organistes français ; ainsi, telle *Fantaisie* en *sol* mineur est une sorte de *ricercare* en style fugué qui invite nettement à confier la partie de basse à un jeu d'anche, trompette ou cromorne. C'est la première page de basse de trompette (ou de cromorne) connue. En matière harmonique, il accentue le « verticalisme ». De même, le *Duo* en *sol* mineur appelle petite et grande tierce (autre registration typiquement française). Quant aux trente-neuf variations d'une de ses passacailles, on imagine de quelles modifications de timbres l'organiste de Saint-Gervais pouvait les parer. À signaler enfin le *Carillon*, « pièce qui a été faite par M. Couperin pour contrefaire les carillons de Paris et qui a toujours été jouée sur l'orgue de Saint-Gervais entre les vêpres de la Toussaint et celles des morts » : c'est une œuvre décorative où l'orgue déploie ses ressources sonores à effets. Quoique de faible importance par le nombre, l'œuvre de Louis Couperin est l'une des plus riches de l'école d'orgue française avant celles des plus grands, François Couperin, son neveu, et Nicolas de Grigny.

PIERRE-PAUL LACAS

CRAMER JOHANN BAPTIST (1771-1858)

Fils du violoniste et compositeur allemand Wilhelm Cramer (1745-1799), frère aîné du violoniste Franz Cramer (1772-1848), Johann Baptist Cramer naît à Mannheim. Élève à Londres de Johann Samuel Schröter et de Muzio Clementi pour le piano, de Carl Friedrich Abel pour la théorie (1785), il entreprend dès 1788 une carrière de pianiste international, sans d'ailleurs cesser de considérer la capitale britannique comme son principal port d'attache. À Vienne, il fera la connaissance de Beethoven, qui appréciera beaucoup ses *Études* et les annotera de sa propre main. En 1824, il fonde avec Addison et Beale une maison d'édition qui existe toujours à Londres sous le nom de J. B. Cramer and Co. Après avoir vécu à Paris de 1832 à 1845, il regagne définitivement l'Angleterre, et meurt à Kensington près de Londres. On lui doit cent cinq sonates et sept concertos pour piano, des pièces diverses pour ce même instrument, de la musique de chambre, et surtout un ensemble d'études (*Grosse praktische Pianoforteschule*) dont beaucoup, surtout celles qui ont été sélectionnées par Hans de Bülow, sont encore utilisées actuellement.

MARC VIGNAL

CRÉQUILLON THOMAS (mort en 1557 env.)

Musicien franco-flamand, dont l'« écriture magnifique, aisée, probe, dédaigneuse du succès, celle d'un maître » (R. Bernard), sert une œuvre abondante, encore inédite pour bien des pages. Avec celles de Nicolas Gombert et de Clemens non Papa, son œuvre semble condenser tout l'acquis de la musique de cette époque, qu'on situerait entre Janequin et Lassus. Créquillon (ou Crecquillon) fut maître de chapelle de Charles Quint à Bruxelles, à partir de 1540 environ. Il fut chanoine prébendé de multiples lieux (Namur, Termonde, Béthune, Louvain). Ses œuvres furent éditées dans toute l'Europe musicienne de ce temps (Venise, Nuremberg, Strasbourg, Paris, Lyon, Anvers, Wittenberg, Louvain). De ses seize messes, écrites en polyphonie imitative comme le reste de son œuvre, citons *Mille Regrets* (six voix), *Toutes les nuits*, *Las il fauldra*, *Je prends en gré*, *Si dire je l'osaie*. Créquillon a composé cent seize motets et cinq psaumes, des *Lamentations* (à quatre et cinq voix), à côté de cent quatre-vingt-douze chansons profanes, dont le style, plus varié et plus coloré que celui de son contemporain Clemens non Papa (par exemple, *Larras-tu cela Michault* ou *Prenez pitié du mal que j'endure*), se caractérise par une ligne mélodique pure et lumineuse, qui s'étend en longs thèmes sereins, harmonieusement ordonnés, où les voix déroulent parfois de majestueuses gammes, sautent des octaves, sans jamais céder à l'excès ni à l'enflure. Les compositions de Créquillon furent souvent transcrites ; la chanson *Un gay bergier* le fut plusieurs fois, notamment par Andrea Gabrieli.

PIERRE-PAUL LACAS

CRESTON PAUL (1906-1985)

Le compositeur américain Paul Creston représentait la tendance traditionnelle de la musique aux États-Unis ; mais, malgré une abondante production et une activité importante dans le monde musical américain, sa renommée a tardé à s'étendre de l'autre côté de l'Atlantique.

D'origine italienne, Paul Creston, de son vrai nom Giuseppe Guttoveggio, voit le jour à New York le 10 octobre 1906. Il étudie le piano avec Giuseppe Aldo Randegger et Gaston-Marie Déthier ainsi que l'orgue avec Pietro Yon. Mais c'est en autodidacte qu'il aborde la composition, commençant véritablement à écrire en 1932, après quelques essais d'enfance. Il tire son nom de Crespino, rôle qu'il avait joué à l'université et dont ses camarades l'avaient affublé en guise de sobriquet. Organiste dans différents cinémas, peu avant l'apparition du cinéma parlant, il est nommé titulaire de l'église St. Malachy à New York (1934-1967). Une bourse Guggenheim, obtenue en 1938, consacre ses premiers travaux de compositeur.

En 1943, il remporte le New York Music Critic's Circle Award pour sa *Symphonie n° 1* (1941). De 1956 à 1960, il sera président de la National Association for American Composers and Conductors, puis, entre 1960 et 1968, directeur de l'American Society of Composers, Authors and Publishers. Venu assez tardivement à l'enseignement, il est professeur au College of Music de New York (1963-1967), puis au Central Washington State College (1968-1975), où il est également compositeur « in residence ». Il se retire ensuite à San Diego (Californie), où il mourra le 24 août 1985.

L'œuvre de Creston dépasse la centaine de numéros d'opus et le situe dans la mouvance de William Schuman, malgré certains points communs avec Roger Sessions, notamment en ce qui concerne la recherche rythmique. Mais sa musique se caractérise avant tout par sa spontanéité et son sens mélodique. La musicologie américaine explique généralement cet aspect de la musique aux États-Unis par un besoin de lyrisme et de mélodie né dans les années de la crise économique et qui ne s'est estompé qu'assez lentement. Creston refuse toute musique descriptive et adopte délibérément le parti de la musique pure, qu'il développe dans le moule des formes classiques (symphonie, concerto...). Usant de tonalités assez libres, il préfère l'homophonie à la polyphonie. Il aime les harmonies riches et pleines et s'attache à la virtuosité instrumentale, cherchant des combinaisons insolites ou s'adressant à des instruments pauvres en répertoire. Ces œuvres sont celles qui ont connu la plus grande diffusion car elles répondaient à un besoin des instrumentistes (*Concertino pour marimba*, *Sonate pour saxophone alto et piano*, *Dance Variations* pour soprano colorature et orchestre, *Rhapsodie pour saxophone et orgue*).

La musique symphonique constitue l'essentiel de la production de Creston : six symphonies, une quinzaine de concertos et une quarantaine d'autres partitions pour orchestre. La *Symphonie n° 3* (1950) utilise un matériel thématique puisé aux sources du chant grégorien ; la *Symphonie n° 6* avec orgue (1982, op. 118), son œuvre ultime, répondait à une commande de l'American Guild of Organists. Ses concertos et œuvres concertantes s'adressent à la plupart des instruments (marimba, op. 21, 1940 ; saxophone, op. 26, 1941 ; piano : n° 1 1949 ; n° 2, 1962 ; deux pianos : n° 1,

1951, n° 2, 1968 ; violon : n° 1, 1956 ; n° 2, 1960 ; accordéon, 1958 ; *Dance Variations* pour soprano colorature, op. 30, 1942 ; *Poème pour harpe*, op. 39, 1945 ; *Fantaisie pour trombone*, op. 42, 1947 ; *Sâdhanâ* pour violoncelle, op. 117, 1981). Parmi ses autres œuvres symphoniques, *Threnody* (1938) utilise également des thèmes grégoriens, et les *Two Choric Dances* (1938) ont été créées sous la direction d'Arturo Toscanini.

Dans le domaine de la musique de chambre, Creston laisse un *Quatuor à cordes* (1936), des suites pour alto et piano (1937) et pour violon et piano (1939). Sa première œuvre importante, *Cinq Danses*, op. 1, composée en 1932, était destinée au piano. Mais l'autre volet essentiel de sa production concerne la musique d'orgue et la musique religieuse. Il a livré à son instrument un nombre important de pièces, montrant le fossé qui sépare les écoles française et américaine. Attiré dès son plus jeune âge par un certain mysticisme, il sera profondément marqué par la pensée védique et rosicrucienne, sans toutefois adhérer à une religion précise. Il aborde très tôt la musique chorale liturgique avec un *Requiem* (1938) et toute sa vie sera jalonnée de fresques importantes dans ce domaine : *Psaume XXIII* (1945), *Missa solemnis* (1949), *La Prophétie d'Isaïe*, un oratorio de Noël (1961), *Hyas Illahee* (1976), l'aboutissement de son œuvre étant peut-être la pièce concertante *Sâdhanâ*, pour violoncelle et orchestre de chambre, inspirée d'un livre de Rabindranath Tagore. Cette œuvre, profondément marquée par le mysticisme et la tolérance du philosophe indien, comporte à nouveau des citations du chant grégorien. Creston fermait ainsi la boucle, car l'une de ses premières œuvres pour chœur, *Three Chorales from Tagore* (1936), puisait déjà aux mêmes sources. Dans trois livres importants, *Principles of Rhythm* (1964), *Creative Harmony* (1970) et *Rational Metric Notation* (1979), il dénonce l'illogisme des métriques binaires et construit une théorie autour de rythmes inusités, montrant une volonté de s'inscrire en trait d'union dans l'histoire de la musique américaine.

ALAIN PÂRIS

CRUSELL BERNHARD HENRIK (1775-1838)

Bernhard Henrik Crusell (né en 1775 à Nystad et mort à Stockholm en 1838) ne serait sans doute jamais passé à la postérité si un engouement discographique récent n'avait fait resurgir son répertoire pour la clarinette.

Issu d'une famille suédoise de relieurs installée dans la partie d'un territoire aujourd'hui rattaché à la Finlande, Crusell fait l'apprentissage de l'instrument qui lui vaudra sa renommée sur une vieille clarinette de bouleau à deux clés. C'est au fort de Sveaborg qu'il se fera remarquer : engagé dans une carrière de musicien militaire, cette situation aura au moins pour avantage de lui permettre de voyager et de parfaire son art auprès de quelques musiciens célèbres. Ainsi, à Stockholm, il rencontre l'abbé Vogler (celui qui a été le professeur de Carl Maria von Weber et de Franz Danzi, entre autres), puis Franz Tausch à Berlin (en 1798) et François Joseph Gossec à Paris en 1803. La clarinette en bouleau à deux clés a cédé la place à celle à onze clés de Grenser et le jeune chef d'un corps de musique militaire à Stockholm en 1792 est devenu premier clarinettiste de la Hovkapellet en 1793, puis celui de l'Harmonie du prince régent de 1794 à 1796. La carrière officielle de Crusell atteint son apogée lorsqu'il est nommé maître de chapelle (de la Hovkapellet) en 1808 après avoir été membre de l'Académie royale de musique. L'accession au trône de Suède du maréchal Bernadotte en 1818 ramène Crusell à la direction de la musique d'un corps militaire : celui des deux régiments de grenadiers de la Garde royale. Il restera à leur tête jusqu'à sa mort.

La vie de Crusell est celle d'un grand virtuose cosmopolite comme le XIXe siècle a pu en faire apparaître. Au service des grands du moment, Crusell leur dédie ses œuvres : le *Premier Concerto pour clarinette* (vraisemblablement écrit en 1798 et publié en 1811) est dédié au comte de Troll-Bonde ; le deuxième (dit « Grand Concerto »), publié en 1816, est dédié au tsar Alexandre Ier, empereur de Russie et roi de Pologne, tandis que le troisième (qui date peut-être de 1807), publié en 1828, est dédié au prince Oscar de Suède et de Norvège (que Crusell a connu en dirigeant chaque été pendant trois mois les deux formations de musique militaire de la Garde royale). À ses concertos, Crusell ajoute une *Sinfonia concertante* (avec cor et basson), un morceau de concert, trois quatuors et deux duos avec clarinette. Hormis ces compositions pour son instrument favori, Crusell laisse un opéra, *Lilla Slafvinna*, des mélodies, des cantates diverses pour des loges locales de la franc-maçonnerie et, bien sûr, de nombreuses musiques militaires. Vers la fin de sa vie, ses connaissances linguistiques lui ont permis d'être le traducteur suédois de quelques-uns des opéras les plus connus alors : *Les Noces de Figaro* de Mozart, *Le Barbier de Séville* de Rossini, ou encore *Fidelio* de Beethoven. Crusell se distingue enfin par un souci de protection sociale si caractéristique de la mentalité suédoise : il crée notamment deux fonds pour des veuves de musiciens ! Il est heureux en tout cas que Crusell occupe aujourd'hui la place qu'il mérite dans le répertoire international à travers des compositions originales, dans la lignée des grandes œuvres pour clarinette qui mènent de Mozart à Nielsen en passant par Weber, son contemporain germanique. Et l'écoute attentive de l'exécution de ses partitions pour clarinette par les meilleurs solistes du moment fait souvent regretter que Crusell n'ait pas pu consacrer plus de temps à la composition.

MICHEL VINCENT

CUI CÉSAR ANTONOVITCH (1835-1918)

Fils d'un jeune officier de la Grande Armée, Antoine Cui, qui, lors de la retraite de Russie, resta à Vilnius (Vilna) où il épousa une jeune Lituanienne qui lui donna de nombreux enfants et, en particulier, trois garçons martialement baptisés César, Alexandre et Napoléon. La vie de l'aîné, César, fut partagée entre la composition musicale et ses cours à l'Académie du génie de Saint-Pétersbourg où il accéda au grade de général. Sarcastiquement, certains contemporains disaient de lui : « C'est le plus musicien de nos ingénieurs militaires, et le meilleur ingénieur parmi nos musiciens ! »

Sa personnalité s'est imposée beaucoup moins que celle des autres membres du groupe des Cinq. Il avait du talent (à défaut de génie !), un talent aimable de joli miniaturiste de bon goût. Sa musique, qui n'offre rien de spécifiquement russe, dénote à la fois l'aisance et la réflexion. Sans doute eut-il tort de composer dix opéras, grands ou petits, car il ne possédait pas le « souffle » suffisant. On lui doit par ailleurs de très nombreuses mélodies sur des textes russes, français ou polonais, ainsi qu'une multitude de pièces pour le piano.

MICHEL-ROSTILAV HOFMANN

CZERNY KARL (1791-1857)

Pianiste, compositeur et pédagogue autrichien né et mort à Vienne, Karl Czerny joue du piano à trois ans, compose à sept ans, et à dix ans joue de mémoire les œuvres les plus importantes et les plus valables du répertoire. Élève de Beethoven (1800-1803), qui lui témoignera toujours la plus solide affection, de Clementi et de Hummel, il renonce rapidement à la carrière de virtuose public pour se consacrer à la composition et surtout à l'enseignement (il a eu des disciples dès l'âge de quinze ans). Parmi ses élèves figurera Liszt. En tant que compositeur, son catalogue compte plus de mille ouvrages, dont des symphonies, des concertos, de la musique de chambre, des variations, vingt-quatre messes, quatre requiems, environ trois cents graduels et offertoires. Cela sans compter d'innombrables arrangements et transcriptions, reflets eux aussi d'une époque de haute virtuosité pianistique. Tous ces ouvrages sont tombés dans l'oubli, mais sa production didactique, comme *L'École de la vélocité* (*Die Schule der Geläufigkeit*), *L'École du virtuose* (*Die Schule des Virtuosen*) ou *L'Art de délier les doigts* (*Die Kunst der Fingerfertigkeit*) restent à la base de tout enseignement pianistique digne de ce nom.

MARC VIGNAL

D

DALAYRAC NICOLAS MARIE (1753-1809)

Compositeur français né à Muret, destiné à la carrière militaire, Dalayrac entre comme sous-lieutenant dans les gardes d'honneur du comte d'Artois, tout en étudiant la musique avec Langlé et Grétry. En 1777, il fait paraître *Six Quatuors concertants* pour deux violons, alto et basse (avec ceux de Pierre Vachon, les premiers spécimens français de quatuors à cordes) et, l'année suivante, compose la musique pour la réception de Voltaire à la loge des Neuf-Sœurs. En 1782, Marie-Antoinette patronne la représentation à la

Comédie-Italienne de *L'Éclipse totale*, premier d'une série d'environ soixante opéras-comiques destinés à faire les beaux jours de la fin de l'Ancien Régime, puis du Directoire et de l'Empire, et dont les principaux sont *Nina ou la Folle par amour* (1787), qui inaugure sa collaboration avec le librettiste Marsollier, *Sargines ou l'Élève de l'amour* (1788), *Le Chêne patriotique* (1790), *Maison à vendre* (1800), *Gulistan* (1805). Le dernier date de l'année de sa mort. Durant la Révolution, il a écrit des pièces patriotiques et des chants révolutionnaires, tout en faisant adapter de nouvelles paroles (*Veillons au salut de l'Empire*) à ses romances, mais s'est surtout montré « étranger à tous les partis, n'existant plus que pour la composition ». Particulièrement soigneux dans son traitement de l'orchestre, il eut l'honneur de procurer au jeune Berlioz, qui en parle avec trouble et agitation dans ses *Mémoires*, sa première émotion musicale.

MARC VIGNAL

DALLAPICCOLA LUIGI (1904-1975)

Né dans la province d'Istrie (Pisino d'Istria), alors dépendante de l'Empire austro-hongrois, c'est à Graz en Autriche, où sa famille est obligée de résider au cours de la Première Guerre mondiale, que Dallapiccola connaît, par le théâtre lyrique allemand, ses premières émotions musicales. C'est à Florence, où il s'installe à partir de 1922, qu'il termine ses études musicales (piano et composition). Il commence alors une carrière de pianiste (en soliste et en duo) ; à partir de 1934, il enseigne au conservatoire de Florence (piano puis composition) et, à partir de 1950, il donne aussi des cours de composition aux États-Unis.

Le développement harmonieux et progressif de sa carrière musicale trouve son parallèle dans son épanouissement créateur. Sa démarche créatrice est en effet remarquable par l'esprit d'ouverture et d'élargissement qu'elle manifeste. Venu de la musique diatonique et au départ influencé par Gustav Mahler, Dallapiccola est très attiré par les schémas de la musique modale à laquelle il se réfère volontiers. Une tendance de plus en plus accusée au chromatisme le mène ensuite, presque sans heurts, à l'approche de la musique dodécaphoniste (qu'il se trouve être le premier compositeur italien à utiliser), à l'emploi de la totalité de la gamme. Son écriture, toujours mélodique, est une synthèse entre la musique diatonique et la musique sérielle, qu'il utilise avec tout à la fois une science consommée et une totale indépendance. Elle est toujours dominée par une très grande recherche dans la beauté du timbre.

Parmi ses nombreuses œuvres, celles-ci permettent de suivre les diverses étapes de sa constante évolution : *Partita* (1932) pour orchestre ; *Divertimento in quatro esercizi* (1934) pour soprano et cinq instruments ; *Trei Laudi* (1937) pour soprano et treize instruments ; *Volo di notte* (1939), opéra d'après Saint-Exupéry ; *Canti di prigionia* (1941) pour chœur et orchestre ; *Il Prigioniero* (1949), opéra en un acte ; *Canti di liberazione* (1955) pour chœur et orchestre ; *An Mathilde* (1955), cantate pour soprano et orchestre sur des poèmes de Heine ; *Ulisse* (1968), opéra.

« Mon style a évolué en fonction des œuvres que j'écrivais [...] Je ne pense pas que l'artiste d'aujourd'hui puisse s'enfermer dans sa tour d'ivoire. L'artiste vit et souffre avec son époque, aujourd'hui non moins qu'hier. »

BRIGITTE MASSIN

DAQUIN LOUIS CLAUDE (1694-1772)

Claveciniste, organiste et compositeur français, né et mort à Paris, auquel sa virtuosité à l'orgue valut une renommée exceptionnelle. Véritable enfant prodige, Daquin se produisit au clavecin, dès l'âge de six ans, devant Louis XIV ; à l'âge de huit ans, il apporta un motet pour grand chœur et orchestre, *Beatus Vir*, à son maître en composition, Nicolas Bernier, qui le fit exécuter par la maîtrise de la Sainte-Chapelle, tandis que l'enfant était juché sur une table afin d'être vu des interprètes pour battre la mesure. Par sa mère, Daquin était l'arrière-petit-neveu de Rabelais. À douze ans, il devint suppléant, à la Sainte-Chapelle, de l'organiste Marin de La Guerre, le mari de sa marraine, la claveciniste Élisabeth-Claude Jacquet de La Guerre ; cette dernière lui donna certainement des leçons, ainsi que son frère Pierre Jacquet, organiste de Saint-Louis-en-l'Île. Daquin fut aussi l'élève et l'ami de Louis Marchand, en même temps que son rival à l'orgue ; il lui succéda aux Cordeliers en 1732. Auparavant, il fut organiste du couvent des Hospitaliers du Petit-Saint-Antoine (1706), puis de Saint-Paul (1727), tribune qu'il obtint après un concours où il eut comme rival Rameau lui-même et qu'il occupa jusqu'à sa mort. Il est probable que sa virtuosité d'improvisation, notamment pour une fugue, lui permit de l'emporter sur son concurrent. En 1739, il fut nommé organiste de la chapelle royale et, à la mort d'Antoine Calvière (1695 env.-1755), le chapitre de Notre-Dame lui confia l'un des quatre quartiers de services de l'orgue du chœur aux offices festifs.

On conserve de lui, outre divers manuscrits (deux messes, un Te Deum, plusieurs grands motets, un Miserere, des leçons de ténèbres, des cantates et des divertissements), un *Premier Livre de pièces de clavecin* (1735) dédié à Mlle de Soubise – pages descriptives pour la plupart (« Le Coucou », « L'Hirondelle », trois « Cadences », « Vents en courroux »), et qui occupent une place honorable entre celles de Couperin et celles de Rameau ; une cantatille, *La Rose* (1762), riche de saveur et de finesse ; un *Nouveau Livre de noëls pour l'orgue et le clavecin, dont la plupart peuvent s'exécuter sur les violons, flûtes, hautbois*, etc., dédié au comte d'Eu, Louis-Auguste de Bourbon. Il s'agit de son « œuvre 2 », publiée vers 1745 ; elle comprend douze pièces qui sont parmi les plus belles de ce genre (cf. notamment les *Noëls* de N. Lebègue, P. Dandrieu, M. Corrette, C. Balbastre). À côté de passages destinés à faire briller le virtuose (diminutions en trillets, en doubles-croches), on trouve des pièces émouvantes au lyrisme prenant (les tierces en taille, par exemple). Un autre intérêt de cette œuvre est que chaque noël est soigneusement registré ; relevons quelques-unes de ces indications fort précieuses pour connaître les principes d'interprétation du temps : « Grand jeu », « Sur les flûtes », « Sur les jeux d'anches, sans tremblant », « En dialogue, duo, trio sur le cornet de récit, les tierces du positif et la pédale de flûte » (c'est une registration de tierce en taille), « En musette, en dialogue et en duo, très tendrement ». Ce sont de telles compositions, ou des improvisations analogues en qualité, qui expliquent sans doute pourquoi les foules se pressaient pour venir l'entendre (un service d'ordre spécial avait dû être régulièrement établi à Saint-Paul, pour l'entrée et la sortie des auditeurs). Quoi qu'il en soit des mérites de Daquin, il faut tout de même convenir que l'inspiration des pages que nous connaissons de lui n'empêche pas de constater une proche décadence de la littérature d'orgue française, en comparaison de ce qui, à la même époque, se produisait en Allemagne autour de Bach. Son fils, Pierre-Louis Daquin de Châteaulion, a laissé des *Lettres sur les hommes célèbres du règne de Louis XV* (1752), où il évoque notamment les qualités de vivacité et d'indépendance de son père ; tous les musiciens que celui-ci fréquenta (citons Lalande, Campra, Aubert, Mouret, Destouches, Philidor, Rameau, Mondonville) ont célébré sa noblesse de caractère tout autant que son talent de musicien.

PIERRE-PAUL LACAS

DARASSE XAVIER (1934-1992)

Musicien au parcours musical d'une grande richesse, ses diverses expériences dans les domaines de l'orgue, de la composition, de la radio et de l'enseignement lui avaient donné une compétence qui rayonnait au travers d'une personnalité exubérante dotée d'un irrépressible besoin de communiquer.

Xavier Darasse naît à Toulouse, le 3 septembre 1934. Sa mère, organiste titulaire de la cathédrale Saint-Étienne, lui donne les bases de sa formation musicale. Puis il entre au Conservatoire de Paris en 1952, où il remporte des premiers prix dans les classes de Simone Plé-Caussade (harmonie, contrepoint et fugue, 1954 et 1955), Maurice Duruflé et Rolande Falcinelli (orgue, 1959), Olivier Messiaen (analyse, 1965). Il travaille aussi la composition avec Jean Rivier et remporte le second grand prix de Rome en 1964. Il commence une carrière d'organiste couronnée par le premier prix d'exécution et d'improvisation des Amis de l'orgue (1966). La même année, il est nommé professeur d'orgue au conservatoire de Toulouse. Entre 1962 et 1975, il est producteur d'émissions musicales à l'O.R.T.F., puis à Radio-France (France-Musique). Il dirige également le Centre culturel de Toulouse de 1967 à 1973. En 1969, il devient membre de la commission des orgues au ministère des Affaires culturelles, où il joue un rôle essentiel dans la restauration des instruments français, luttant contre le remplacement de la facture ancienne par des orgues néo-classiques. Sa carrière se développe dans le monde entier, comme interprète tant de musique ancienne que de musique contemporaine, pour laquelle il suscite un nouveau répertoire. Il enseigne dans les principales académies (Saint-Maximin, Haarlem, Saintes), à Oberlin College (États-Unis), à l'Internationale Studienwoche Sinzig (Allemagne). Un grave accident d'automobile le prive, en 1976, de l'usage de son bras droit. Il se consacre alors exclusivement à la pédagogie et à la composition. En 1978, il prend la direction de l'académie d'été de Toulouse. Puis il est nommé professeur d'orgue au Conservatoire national supérieur de musique de Lyon avant de prendre la direction de celui de Paris en novembre 1991, où il succède à Alain Louvier. La maladie ne lui laissera pas le temps de communiquer à cet établissement cette vitalité inaltérable et ce sens de la curiosité toujours en éveil qui ont fait de lui un personnage à part dans la vie musicale française. Fait sans précédent dans le monde musical français, sa nomination à ce poste avait suscité l'unanimité. Il meurt à Toulouse le 25 novembre 1992.

Sa musique, qui touche à tous les domaines, s'impose par la clarté de son écriture, la transparence, le sens des couleurs, le contraste entre le dépouillement de la trame et la puissance des élans passionnés. Elle fourmille d'idées et ne cesse de capter l'attention de l'auditeur pour l'entraîner aussitôt dans un autre univers. Ses premières œuvres sont principalement conçues pour l'orgue, avec la série générique *Organum* dont les neuf pièces s'échelonnent de 1970 à 1991 (la première est dédiée à son maître Olivier Messiaen). Pour l'orchestre, il compose trois partitions : *L'Instant d'après* pour vingt-trois instruments à vent (1977), *Instants éclatés* (1983) et *Instants passés* (1989, créé à Radio-France sous la direction de Michel Plasson) ; dans le domaine de la musique de chambre, un *Trio à cordes* (1982) et *Septembre* pour sextuor à cordes (1989) ; pour les voix, trois œuvres sur des textes de Virgile intitulées *À propos d'Orphée I* (1978), *II* (1984), *III* (1987), *Romanesques*, cantate nocturne sur des poèmes de Joë Bousquet (1981) et *Psaume XXXII "Exultate"* pour sextuor vocal et ensemble instrumental (1985). Il avait aussi composé l'une des premières messes en français selon la liturgie post-conciliaire, la *Messe pour Montserrat*, créée au Congrès de la musique sacrée de Liverpool en 1978 et aussitôt reprise au festival d'Avignon. Il avait entrepris un opéra d'après le roman d'Oscar Wilde *Le Portrait de Dorian Gray*, qui reste inachevé.

Le répertoire de Xavier Darasse reflète parfaitement sa curiosité musicale : il jouait avec la même passion Bach et ses prédécesseurs que Couperin, Liszt, Boëly ou Widor. Mais son nom reste indissociable de la musique contemporaine ; il a créé ou reçu en dédicace quantité d'œuvres qui ont renouvelé l'approche de l'orgue et dont certaines se sont imposées au répertoire : *Archipel Vc* (1972) d'André Boucourechliev, *Séquences pour l'Apocalypse* (1972) de Charles Chaynes, *Musique d'hiver* (1974) de Betsy Jolas, *Gmeeoorh* (1975) de Iannis Xenakis, *Pinturas negras* (1975) de Cristóbal Halffter, *Sept Bagatelles* (1976) de Gilbert Amy, des pages de Pierre Bartholomée, Antoine Tisné, Jean-Pierre Guézec... Il impose aussi des œuvres de György Ligeti, Luis de Pablo, Sylvano Bussotti, dont il donne les premières auditions en France. Pendant plusieurs années, ses concerts au festival de Royan furent l'occasion de découvrir tout ce qui s'écrivait de nouveau pour l'orgue. Il s'est souvent produit avec le quintette de cuivres Ars Nova et il avait formé avec Élisabeth Chojnacka un duo orgue et clavecin qui a aussi suscité plusieurs œuvres originales (Charles Chaynes, Franco Donatoni).

ALAIN PÂRIS

DARGOMYJSKI ALEXANDRE SERGUEÏEVITCH (1813-1869)

Les musiciens russes affiliés au groupe des Cinq et leurs disciples se sont réclamés d'un « père » spirituel, Glinka, et d'un « parrain », Dargomyjski. « Un petit homme en redingote bleu ciel et gilet rouge, affligé d'une invraisemblable voix de fausset », tel apparaissait à ses contemporains Dargomyjski, fils de riches gentilshommes campagnards (le gilet rouge évoque celui que Théophile Gautier arborait à la première d'*Hernani*). Après avoir composé en autodidacte des pièces pour piano et des mélodies fort salonnardes, Dargomyjski entreprend d'écrire un grand opéra, *Esméralda*, dont il a tiré lui-même le livret de *Notre-Dame de Paris*. Il voit grand. En outre, musicalement parlant, il voit français, et c'est chose curieuse que d'observer cette première différence entre lui et Glinka : celui-ci préfère les Allemands et les Italiens, Beethoven et Bellini étant ses idoles ; Dargomyjski, quant à lui, se tourne d'abord vers Auber, Halévy, Meyerbeer et même Adolphe Adam. À *Esméralda* succèdent un grandiloquent *Triomphe de Bacchus*, puis un remarquable opéra, *Roussalka*, d'après Pouchkine, qui témoigne de la conversion du compositeur à une musique d'inspiration nationale ; enfin le prodigieux *Convive de marbre*, son opéra posthume, achevé par Rimski-Korsakov, où l'on trouve bien des pages qui annoncent *Boris Godounov* de Moussorgski.

Ce dernier, d'ailleurs, considérait son aîné comme le père du réalisme en musique. « Je veux la vérité, je veux que le son traduise directement la parole ! », préconisait Dargomyjski. Lui-même appliquait ce principe dans des mélodies « réalistes », comme *Le Ver de terre*, *Le Vieux Caporal*, *Le Conseiller titulaire*, dont l'influence sur celles de Moussorgski est considérable (peut-être même les ont-elles suscitées !), et dans *Le Convive de marbre*, où il a utilisé un texte poétique de Pouchkine sans y changer une seule virgule : c'est à la musique, affirmait-il, d'illustrer le livret en épousant ses moindres inflexions et en en devenant un « commentaire ». De la sorte se trouve tracée, parallèlement aux deux voies ébauchées par Glinka, une troisième voie, celle de la « mélodie motivée par le sens », qui se prolongera avec *Le Mariage*, *Boris Godounov* et la *Khovanchtchina* de Moussorgski, *Mavra* de Stravinski, *Le Joueur* de Prokofiev, *Katerina Izmaïlova* de Chostakovitch. Enfin, Dargomyjski a créé des types de paysans russes autrement plus « crus », plus « nature » que ceux de Glinka ; et tous les caractères faussement drôles (et tellement russes !) de Moussorgski sont implicitement contenus dans le personnage du meunier de *Roussalka* – sorte de bouffon cynique qui finit par devenir tragique et bouleversant.

MICHEL-ROSTILAV HOFMANN

DAVID FÉLICIEN CÉSAR (1810-1876)

C'est d'un long séjour au Proche-Orient (Turquie, Palestine, Syrie, Égypte, 1833-1835), entrepris sous le coup de son enthousiasme pour la doctrine saint-simonienne, que Félicien David tient ce qui fait l'essentiel de son mérite : l'exotisme. C'était nouveau (encore que tout le XVIIIe siècle en offrît déjà des traces légères), mais c'était surtout opportun. Cet orientalisme plaqué sur une parfaite orthodoxie tonale et coupé de barres de mesures peut aujourd'hui nous faire sourire ; il parut audacieux et séduisit les contemporains des *Orientales* de Victor Hugo et des tableaux de Delacroix. Les *Mélodies orientales* (1836), les premières pièces pour piano (*Une promenade sur le Nil*, *Vieux Caire*, *Égyptienne*, *Le Harem*, entre autres) sont encore quelque peu maladroites ; celles de la deuxième série (*Brise d'Orient*, *Le Minaret*, 1845) sont plus assurées. Mais c'est *Le Désert* (1844), « ode symphonique », qui obtint le succès le plus décisif : la « caravane », le « chant du muezzin », la « fantasia », la « nuit orientale » envoûtèrent les imaginations et charmèrent les oreilles. *Christophe Colomb* fut une réussite, mais d'autres tentatives (*Moïse au Sinaï*, *L'Éden*, *La Perle du Brésil*, *Le Saphir* et *Lalla-Roukl*) n'eurent que des succès médiocres.

Sans rien changer lui-même à la structure du langage musical, la tentative exotique de David peut bien avoir préparé les esprits à d'autres nouveautés : aurait-on écouté à la fin du siècle la Russie et l'Espagne avec les mêmes oreilles, si l'on n'avait eu d'abord cette timide mais enthousiaste initiation ?

PHILIPPE BEAUSSANT

DEBUSSY CLAUDE (1862-1918)

Il n'est pas d'aventure plus singulière que celle de Debussy, l'un des plus grands musiciens français. À lui seul, il modifie si profondément le langage et ses usages qu'il ne sera plus possible aux compositeurs qui viendront après lui de passer outre sans risques. Il a mis tout le monde au banc des autodidactes et, après lui, chacun se doit de découvrir le secret de soi-même qui le distinguera de tous et de tout. Est-ce en conséquence de cette obligation d'être singulier et de conquérir son autonomie la plus pure que Debussy reste sans disciple réel et le plus solitaire des maîtres ? Il semble qu'après lui, selon cette exigeante liberté qu'il montra dans toute son œuvre, chacun se hasarde tout autant à fuir son charme qu'à imiter ses vertus ; d'où des vulgarisations diverses et des reniements. Certains degrés de beauté ne sont pas tolérables et tout devient prétexte pour retarder de trop redoutables épreuves. Après guerre, alors que monteront les jeunes fauves du temps, son art fascinera toujours, mais n'entraînera plus en de difficiles exercices. Il ne sera jamais cet étalon à quoi l'on mesure ce que l'on peut valoir. Pour reprendre la vieille image, on peut dire que, s'il fut considéré comme un phare, chacun se garde de naviguer dans les eaux qu'il éclaire. Mystérieuse désertion. Et tout ce qui se passa grâce à lui se joua loin de son génie le plus intime et de ses préférences les plus profondes. Il demeure, pourtant, et l'on n'a pas fini d'admirer en lui les linéaments les plus parfaits qui puissent composer ou suggérer un monde sonore. Bartók disait de Debussy qu'il était le plus grand. L'éloge est de poids dans une telle bouche. Peut-être le temps vient-il où l'on se doit de mieux considérer, et à partir d'autres critères, en quoi et pourquoi s'impose cette grandeur.

1. Un compositeur non conformiste

Une nostalgie endémique

Lépine a prétendu que Debussy aurait été atteint de la maladie dite de Dupré. C'est une sorte de nostalgie endémique que rien n'apaise et qui incline le patient à des besoins de fuite vagues tout autant qu'à des réclusions farouches par quoi il se protège. Cet état s'accompagne souvent de craintes irraisonnées ou de superstitions complexes, le malade perdant un temps considérable à corriger les aspects néfastes d'un objet, d'une situation ou d'une rencontre, par des contrepoids occultes qu'il veut efficaces. Et il est vrai que Debussy était le plus superstitieux des hommes : la vue d'une soutane le plongeait dans un assombrissement qu'il ne pouvait éloigner qu'en frappant trois coups avec sa canne ; il lui fallait à tout prix toucher le bossu rencontré, car la bosse offrait une besace pleine de chances... ; il est vrai aussi que tout le charme de sa musique révèle une qualité de nostalgie très intense et d'une couleur sans pareille. Devra-t-on dire, dès lors, que la beauté de sa musique naît de sa maladie même ? Et ne peut-on penser que sa solitude n'est que la conséquence de cette étrange pathologie ? Que les musiciens qui le connurent ou qui le suivirent ne purent le saisir tout à fait à cause de cela ?

Une nature indépendante

L'homme est surprenant. Il alla à la musique comme on peut aller à la boulange. Rien du génie précoce que la musique, bizarrement, alerte. Né à Saint-Germain-en-Laye, le 22 août 1862, dans un milieu fort simple, il ne dut sa carrière de grand musicien qu'au décret aussi saugrenu que génial d'une intime de la famille qui était professeur de piano : « Ce petit fera de la musique. » Toute l'histoire de cet art se joua donc ce jour-là. Paradoxalement, sa naissance et sa condition expliquent son goût pour l'aristocratie, et la maladie de Dupré, peut-être, le sens très particulier qu'il put en avoir. Elle singularise son désir tout autant qu'elle l'affine. Il n'est pas surprenant que cet état excite en lui le génie et déjà le préserve de celui des autres. C'est un des traits de nature les plus saisissants de Debussy que cette allergie qui le sauve de tous les usages rhétoriques de la « grandeur » passée. Ses prédilections seront peu conformes à celles du commun des sages. En toutes choses, et dès le départ, il manifestera une autonomie tranquille mais inébranlable. Désinvolte devant l'histoire, il passera outre les fortes têtes qui l'ont précédé, se plaisant à louer surtout, par humeur ou affinité, des maîtres moins connus (les anciens clavecinistes, par exemple), et qu'il se sent dominer. Ce superstitieux n'a rien d'un idolâtre et il hait, d'instinct, la férule et sa fausse nécessité. Au Conservatoire, cette indépendance s'accentue. Il y travaille le piano et l'ensemble des disciplines requises pour être un compositeur. Il est élève de Lavignac et de Marmontel, de Durand, Bazille et Guiraud ; il se forge un métier très solide mais exclusif. Il médite volontiers sur ce qui lui est essentiel, mais ne s'accable d'aucun sentiment de culpabilité et prend à la légère le « beau style et les belles logiques » tels qu'on les entend dans cette maison. Il se laisse peu séduire par ses maîtres. Même César Franck, avec qui il travaillera un temps, ne parviendra pas à l'induire dans la tentation de moduler sans cesse. L'élève boude les délices de ces méandres. Et l'on s'amuse des stupeurs de son professeur d'harmonie devant les prédilections auriculaires de son élève : « Mais enfin, monsieur Debussy, entendez-vous ? – Oui, monsieur, j'entends mon harmonie, mais non pas la vôtre. »

L'invention d'un nouveau continent

Wagner joua, certes, un rôle considérable dans la formation de Debussy ; et l'on ne peut concevoir son orchestre sans le précédent de l'auteur de *Parsifal*. « Je suis wagnérien jusqu'à l'inconvenance ! » disait-il. Mais là encore, il puise des raisons de se garder libre devant un maître devenu quasi sacré, et qui lui sert surtout de repoussoir. Il y exerce sa critique, il y prend des précautions, celle notamment de se préserver de l'erreur commise par le musicien-philosophe de Bayreuth. S'il est vrai qu'avec l'œuvre de Wagner la musique a renouvelé ses charmes, au sens propre de magie, et ses usages, elle a été paralysée bien plus que délivrée par toute une conception éthique qui lui était étrangère. Debussy libérera la musique, et la rendra « au vent qui passe », qui est le seul maître qu'il veuille écouter. Il n'a que faire de systèmes, de gloses et d'argumentations. Prévaut avant tout l'écoute de ce chant intérieur et tout sera fait d'instinct pour en préserver la nature. Un Wagner sans philosophie et rendu à la seule musique...

À dire vrai, tout lui fut bon pour renouveler son plaisir et, en conséquence, les structures de sa musique. L'exotisme : l'Espagne, la Russie, voire l'île de Java dont il découvre la musique lors de l'Exposition de 1889, et les modes grecs venus jusqu'à nous à travers le plain-chant... Extraordinaires suggestions qui vont l'inciter à fuir définitivement le vieil univers tonal européen. Les règles traditionnelles volent en éclats, ou plutôt se dissolvent en des rapports harmoniques jusqu'alors inconnus. Les nécessités parfaitement justifiables de l'ancien système n'ont plus occasion d'être. Détruisant des traditions qui ne lui sont pas favorables, Debussy a découvert des constantes qui le raccordent à des temps beaucoup plus anciens et d'une durée beaucoup plus grande que les trois siècles qui le précédèrent. Inévitablement, ce que le tonalisme présentait d'expression collective était rompu et chacun se voyait invité à prospecter à sa manière un territoire beaucoup plus privé. Besoin fatal d'admirer des personnalités sans égales. Voir là une conséquence de la fin du romantisme et du besoin des tours d'ivoire ne suffit pas ; en fait, du moins en ce qui concerne Debussy, la révolution fut accomplie par l'évidence même du charme que présentait l'organisation d'une syntaxe nouvelle, elle-même appelée par le besoin d'une fraîcheur et d'une profondeur de l'être à quoi tient tout le génie. Si Debussy n'avait pas été cet homme du peuple qui, par suite de son éducation, n'avait pas à respecter ce qui, d'instinct, ne paraît pas respectable, si, au contraire, il avait été un honnête bourgeois tout plein de prudences envers les tabous, comme il advint pour maints de ses confrères, il n'aurait pu réussir une mutation aussi prestigieuse. Son besoin de liberté aurait failli. Paul Dukas, à lui seul, peut servir de très bel exemple des états conflictuels engendrés, d'un côté par le respect des traditions et du type de vertus qu'elles requièrent, de l'autre par l'envie tenaillante du « vin nouveau », qui contredit les précédentes. De là, que tant de musiciens, et non des moindres, dès que s'affirma l'art de Debussy, le picorèrent doucement, lui empruntant quelques hardiesses qui se voyaient ramenées à l'école et munies d'un laissez-passer... Et, du reste, ces emprunts se faisaient en toute bonne conscience et non sans grand talent ni respect... Seuls Ravel et Bartók sauront prendre à Debussy, loin de toute imitation creuse, l'art de naviguer vers le large et d'assouvir les exigences de leur génie, à leur façon.

Le sens poétique

Une telle autonomie du caractère ne va pas chez Debussy sans prendre appui chez d'autres artistes en qui il retrouve des besoins semblables, notamment chez les poètes. Il flaira très tôt, et avec un goût d'une sûreté singulière, ce qui fermentait de grand chez les authentiques poètes de son temps encore peu connus, Mallarmé, Verlaine ou son ami Pierre Louÿs. Le *Prélude à l'après-midi d'un faune*, ne serait-ce que par l'étonnante précision, si lourde de sens, du titre : « Prélude » et non pas quelque irrespectueuse et niaise équivalence, montre à quel degré de gravité il avait médité le poème de Mallarmé. (Il fut, sur ce point, beaucoup plus scrupuleux et fin que le poète lui-même qui, tout occupé par son Wagner littéraire, n'y distingua pas grand-chose. Mais qu'importe.) L'agencement nouveau du langage de ces poètes conduisait Debussy à des propositions musicales tout aussi vives et neuves. Les risques encourus étaient très grands. Que cette musique manquât d'une dimension des profondeurs proprement indicible mais réelle et d'une singulière puissance, et rien n'eût tenu. L'œuvre serait devenue « cet aboli bibelot d'inanité sonore », comme le disait Mallarmé, et il n'en resterait rien que les prestiges désuets d'une époque trop amoureuse des lampes bleues et des évocations rares pour salon d'artistes... Certains, comme Jacques-Émile Blanche, s'y trompèrent, tant étaient durcies en eux les références sacro-saintes. Et Wagner demeurait l'incomparable ; Debussy écrivait « de jolies buées... ». C'est énorme d'imprévoyance et de frivolité d'esprit !

Le « Prince des ténèbres »

On jasa beaucoup aussi sur l'homme et sa vie privée. Elle n'avait rien de si étrange pourtant. Mais il est vrai que le personnage intriguait à cause d'un certain pouvoir de fascination naturel contre quoi il ne pouvait rien. Il est assez révélateur que ses camarades de classe au Conservatoire l'aient surnommé le « Prince des ténèbres » ! Simple gouaille, ou conséquence naturelle d'une involontaire mise à distance qui émanait de lui ? On sent percer en tous ces bruits si longtemps colportés le naïf : « O vous les Illustres, voyez les vices que Debussy ose aimer ! » Les agacements souterrains de Vincent d'Indy, par exemple, ont je ne sais quoi de comique : « Cela ne tiendra pas vingt ans ! » proclame-t-il au sujet de *Pelléas*. Est-il rien de plus cruellement fustigé par l'histoire qu'une sagesse qui se trompe ? Et une intelligence, et une culture, et un ensemble impressionnant de vertus très réelles ? Bref, l'homme intrigua et il fallait que le sensualisme, assez extraordinaire il est vrai, de sa musique, se reflétât dans sa vie amoureuse.

Est-elle si complexe ? Deux premières amours et il rencontrera Lily Texier qu'il épousera en 1899. Ce fut une merveilleuse compagne que tous les amis de Debussy estimèrent beaucoup. Il trouvait auprès d'elle le contrepoids de simplicité et de santé qui lui était nécessaire, ce dont on lui reprocha plus tard, avec une dureté très singulière, de ne pas avoir suffisamment pris conscience. Passé cinq ans, il divorcera pour épouser Mme Sigismond Bardac, née Emma Moyce, ce qui provoquera un scandale dans l'entourage de Debussy. Ses amis ne lui adresseront plus la parole, Pierre Louÿs entre autres. On juge l'abandon de Lily scandaleux et on allègue que ce second mariage n'a été tenté que pour s'assurer une situation de fortune, car Emma est riche. Debussy, affreusement déchiré, courbe les épaules mais ne reviendra pas sur sa décision. Il poursuit son œuvre et rien ne signale d'occultes ruptures. Et d'autres amis apparaissent... Tout cela est-il si extraordinaire et si pervers ? Et l'explication ne réside-t-elle pas dans la singularité de son art, comme nous l'avancions, lequel détruisant ce en quoi se devaient d'« exceller » les traditionalistes, ne pouvait émaner que d'une personnalité « tarée » ?

Emma entoure Debussy d'une grande tendresse. Il a eu d'elle une petite fille, Chouchou. Le couple vit plus retiré, encore que plus célèbre. Car la notoriété est venue et a depuis longtemps passé les frontières... Plus vraies et plus touchantes nous apparaissent les raisons de son sensualisme : tous les grands artistes de l'époque affrontaient les morales sclérosées qui mettaient leur génie à mal. De là, ce besoin de fuite et de protection. De là, ces nostalgies d'une vérité de soi plus librement conquise, et d'une contemplation des beautés naturelles plus intense, qui prend valeur de compensation. Les nuages, la mer, l'Espagne inconnue, les lointaines pagodes, les audiences du clair de lune, les poissons d'or ou les bois qui entourent le château de Pelléas sont-ils autre chose que la naissance musicale de tout l'*ailleurs*, sans quoi vivre n'est pas tolérable ? Tout se tenant, n'est-il pas fatal que Debussy recherche dans l'amour une même délivrance et une aussi secrète délectation ? À Budapest, alors que l'on donne d'admirables concerts de ses œuvres, il pleure d'énervement et de malaise, avoue-t-il à sa femme dans une lettre, car elle n'est pas là. Chose étrange, alors que l'effervescence du siècle monte autour de lui, il a intimement besoin de participer d'une civilisation lente, avec un plaisir lent. Toute son œuvre révèle, par une rythmique et un tempo très particuliers, cette nécessité de calme qui favorise les maturations profondes. Il lui faut tisser autour de lui un merveilleux cocon, grâce auquel il se préserve et dans lequel il s'épanouit. C'est pourquoi le choc du *Sacre du printemps* de Stravinski lui sera si cruel. Il brise tout ce processus complexe à travers quoi Debussy touche à sa beauté, partant, à toutes ses raisons d'être. Déjà, l'époque semble ne plus vouloir envier d'aussi souples alchimies. Déjà ses délectations les plus riches deviennent incertaines. Il semble avoir involontairement favorisé, par ses découvertes dans l'ordre du langage, des engins de guerre qui tendent à détruire sa propre demeure.

On est loin de ces libres amours dont il semble avoir toujours rêvé, de ce libertinage sage de pacha qui brûle au fond de lui et que sa musique révèle, ne serait-ce que par ses sujets : celui du faune et de ses nymphes, celui de *Jeux*, avec ces deux jeunes filles qu'unit un même baiser, et toutes ces avancées merveilleuses d'un esprit qui ne peut pas se souffrir sans incarnation. La pulpe des choses le bouleverse bien plus que les idées que l'on peut avoir sur elles, sa musique révèle un art d'être qui va loin. En ce sens, il est un grand philosophe. Mais ce qu'il voit bien qu'on fuit est précisément l'essentiel de cette philosophie... Fort heureusement, il sut mener son œuvre à un tel point de perfection que tout est sauvé.

2. Une œuvre nationale

Dès qu'il eut obtenu le prix de Rome, Debussy s'enfuit loin des officiels. À la villa Médicis, deux années durant (1884-1885), il boude et s'ennuie. La cantate *L'Enfant prodigue*, qui lui avait valu le prix, annonçait déjà une personnalité singulière. Elle ne va cesser de s'affirmer très vite, au grand scandale de ses maîtres. Déjà son envoi de Rome, *Printemps*, soulève des protestations. Le titre était prophétique : opposer à tout ce qui fut, et dont l'ombre paralyse, l'irruption d'une vivacité nouvelle. Mais c'est à sa trentième année que

Debussy, après maints essais fort révélateurs (notamment tout un groupe de pièces pour piano), va atteindre à une maîtrise sans faille. Se succèdent alors toute une série de chefs-d'œuvre. Le *Quatuor* en 1893, et, l'année suivante, le *Prélude à l'après-midi d'un faune*. Puis, en 1898 les *Proses lyriques* composées sur ses propres textes et les admirables *Nocturnes*, à quoi succèdent aussitôt les *Chansons de Bilitis*. Puis, en 1902, *Pelléas et Mélisande*, sur le livret de Maeterlinck. C'est un désastre suivi d'un triomphe. S'ouvre alors pour le musicien le temps des difficultés intimes déjà évoquées. Il abandonne Lily et épouse Emma. Il compose les *Estampes* (1903) puis *L'Isle joyeuse* (1904). On voit s'accroître son besoin de fuite dans les suggestions mêmes de ses titres. *La Mer*, en 1905, et, achevés deux ans après, le sommet de son œuvre pianistique, les deux cahiers d'*Images*. Pour le piano encore, les douze premiers *Préludes*, composés de 1909 à 1910, à quoi succèdent les trois *Ballades de François Villon* et, en 1911, l'achèvement, après une dizaine d'années d'atermoiements, du *Martyre de saint Sébastien*. À partir de ce moment, il semble que l'anxiété s'accentue. La santé du grand musicien chancelle. L'année 1912 voit l'achèvement des admirables *Images* pour orchestre (*Gigues tristes*, *Ibéria* et *Rondes de printemps*) et, en 1914, formant avec l'époque un contraste tragique, ce sera la publication d'une des pages les plus extraordinaires de Debussy : *Jeux*. Après quoi, les tendances paraissent osciller. Il revient à une manière plus ancienne et plus facile avec les *Épigraphes antiques* pour piano à quatre mains ou, au contraire, à un art encore plus élaboré, avec le deuxième cahier de *Préludes*, les douze *Études* pour piano et les trois *Sonates* pour divers instruments qui ne sont qu'une partie d'un ensemble de six qu'il ne put malheureusement achever. Il avait aussi composé, dans une version pour piano, une œuvre pour la scène dont il n'acheva jamais l'orchestration, *Khamma*, sur un sujet exotique assez aberrant et dont il dut sentir le ridicule. Mais la partition est singulière. Elle annonce à la fois les jeunes écoles (Jolivet n'est pas si loin) en même temps qu'elle semble régresser – à cause de sa thématique d'un orientalisme à la fois retors et naïf – vers une esthétique plus ancienne. Debussy, après *Pelléas*, n'avait cessé d'être tourmenté par de nouvelles œuvres de théâtre. Il ne parvint jamais à réaliser son rêve. Un temps, il avait envisagé de mettre en musique *Le Diable dans le beffroi* et *La Chute de la maison Usher* d'après Edgar Poe ; les parties achevées et les esquisses de cette seconde œuvre ont été complétées par Juan Allende-Blin dans les années soixante-dix.

Il faut encore citer, sinon pour être complet, du moins pour ne rien omettre d'essentiel, quelques cahiers de musique rédigés à diverses époques, et dont quelques-uns sont admirables : la *Petite Suite* pour piano à quatre mains (1889, que Busser orchestrera) ; les *Children's Corner* (1906-1908), composés pour sa fille Chouchou (il en existe aussi une version orchestrale due à Caplet) une *Rapsodie* pour clarinette et piano (1911), composée pour un concours du Conservatoire, et que Debussy orchestra, car elle lui plaisait beaucoup ; *Syrinx* pour flûte seule (1912, l'un des chefs-d'œuvre du genre) ; plus anciennes mais non sans séduction, la fameuse *Suite bergamasque* (1890-1905), si loin de Massenet quoi qu'on en dise ; la *Suite pour le piano* (1896-1901) ; les trois *Chansons de France* (1898-1908), sur des poèmes de Charles d'Orléans, pour chœur mixte *a capella* ; le merveilleux *Promenoir des deux amants* pour voix et piano (1910), sur les poèmes de Tristan l'Hermite ; les *Trois Poèmes de Stéphane Mallarmé* (1913) ; le *Noël des enfants qui n'ont plus de maison* (1915), et *La Boîte à joujoux* (1913), musique pour marionnettes, très étonnante du reste.

La guerre de 1914 avait accru son nationalisme. Celui-ci éclate dans les admirables pièces pour deux pianos, groupées sous le titre *En blanc et noir* (1915). Debussy aime alors prendre ses références dans le passé français le plus glorieux. (Il avait toujours souffert de quelque pointe de mythomanie revendicatrice et honorait volontiers son nom en trichant un peu : Claude-Achille de Bussy, se fredonnait-il au temps de sa jeunesse...) C'est à cette époque qu'il se sert de tout ce que la France a produit d'excellent en matière d'art pour bombarder à sa façon l'ennemi d'en face. Mais de cette guerre affreuse, pendant laquelle sa maladie ne cesse d'empirer, il ne verra pas la fin. Il s'éteindra le 25 mars 1918.

3. La modification des références

La plénitude de l'œuvre de Debussy ne s'explique en grande partie que si l'on considère l'époque qui la vit naître et qui ignorait encore les grands bouleversements sociaux occasionnés par les guerres ; de là, ce porte-à-faux bienheureux qui tout à la fois l'isole et le sacralise. Il reste que Debussy a bouleversé profondément les références ordinaires touchant le beau et le vrai de l'art. Les modifications apportées sont multiples.

L'art vocal

Au théâtre, par exemple, il a rompu délibérément avec les traditions italiennes et tout le bel canto qu'elles impliquaient. Il emprunte à Wagner un type d'arioso (dont l'origine se trouve déjà dans les cantates de Bach), mais il le lave de tout l'expressionnisme dont le maître de Bayreuth l'avait chargé. Nous nous trouvons devant une déclamation très proche du langage parlé, et qui, prenant ses pouvoirs expressifs dans une retenue extrême devant les ambitus lyriques, se réserve d'admirables échappées dont la rareté et l'opportunité feront toute la puissance. Du reste, Debussy porta toujours un regard soupçonneux vers tout art vocal qui, selon lui, ne réalisait pas une symbiose assez pure entre le poème et la musique. Mais peut-être se soucia-t-il plus qu'on ne le dit, après *Pelléas*, de l'efficacité d'une conception semblable, et pensa-t-il que la musique pouvait risquer des équivalences et se délivrer des assujettissements trop exclusifs. L'évolution paraît sensible dans les divers cahiers de mélodies qui s'échelonnent sur toute sa carrière. Ils sont très importants, outre leur valeur propre, parce qu'ils ont renouvelé complètement les traditions héritées du lied, ou de l'aria. Debussy a donné naissance à un type nouveau de mélodie française, de structure savante, serrant le texte de très près et créant, avec le piano, un climat d'une étonnante richesse de suggestions.

Il faut noter que Debussy n'est pas un mélodiste, dans le sens ordinaire du terme : il aime peu écrire une ligne accompagnée de formules harmoniques. La voix collabore avec le piano et il est fréquent que celui-ci comporte les éléments linéaires les plus lyriques. Il y a là, dans cette économie de l'expression vocale, et, partant, du rapport humain, une pudeur assez semblable à celle d'Alceste. Une pointe de misanthropie semble éloigner l'art de Debussy de toute forme d'art trop exclusivement soucieuse d'exprimer les « grands thèmes » de l'humanité. Son aristocratie native répugne à ces généralités de mauvais goût.

L'écriture pianistique

Dans l'écriture du piano elle-même, nous retrouvons une autonomie semblable. Pas de précédent à cet art du clavier. Tout est modifié, et, d'abord, la technique digitale. Il faut apprendre à travailler avec des mains d'acier un velours profond, sans quoi les sonorités deviennent molles et irrégulières. Debussy aime les accords somptueux, les irisations, les oppositions des registres, les rythmes savants, tour à tour voilés ou au contraire incisifs. Son piano sonne comme chez nul autre, et il exige de la part des interprètes une exclusive amoureuse très particulière, à quoi de très grands virtuoses, quelquefois, ne savent pas atteindre. Mais il faut remarquer, et la chose est grave, que toute une tradition assez fausse, découlant des difficultés redoutables de cette écriture – et aussi de ce que l'on a prétendu au sujet du jeu de Debussy au piano – tend à conférer à cette musique une langueur excessive. Il suffit pour juger de cela d'examiner les tempi métronomiques indiqués quelquefois par Debussy et qui sont beaucoup plus rapides que ceux que l'on entend. À les jouer dans le tempo exact, on s'aperçoit que l'art de Debussy est beaucoup plus chaud, voire passionné, et disons le mot, orchestral que ce que l'on nous présente. Si son piano possède une telle richesse (qui frise presque l'anomalie) dans les textures harmoniques, c'est en grande partie parce qu'il composait à la table (et non au piano comme on l'a prétendu) et, d'autre part, à cause de la subtilité de son imagination harmonique et de son goût pour la diversité des plans et des volumes. On peut dire que son piano est traité comme un orchestre (le sien, bien sûr !), mais qu'il ne l'a pas orchestré. Par ailleurs, il ne faut pas oublier que Debussy n'était pas grand pianiste et n'excellait pas aux prouesses. Ce qui ne saurait signifier qu'il n'avait pas une sonorité admirable. Mais il est évident qu'il jouait certaines de ses œuvres au ralenti, admirablement compensé par un art merveilleux du phrasé. Il s'ensuivait chez certains une imitation, touchant le style, assez inexacte. Il est évident que *Les Collines d'Anacapri* ou que *Les sons et les parfums tournent dans l'air du soir* sont beaucoup plus animés que ce que l'on entend d'ordinaire et qu'ils gagnent en véhémence et en humeur, ou en énervement voluptueux. Il ne s'agit plus dès lors de la même musique, ni de la même psychologie, et il faut prendre garde à ces hérésies qui déforment complètement un musicien. Chez Debussy, c'est la maladie du vaporeux, de l'indécis, et le flou du rythme, qui tend à sévir. Tout le sensualisme profond de cette musique en est altéré et, aussi bien, la virilité de son auteur. Disons qu'il s'agit là d'une imitation par des profanes des effets de la maladie de Dupré. On copie mal les conséquences d'une pathologie, – pour autant que la remarque de Lépine soit exacte.

L'orchestration

Au sujet de l'orchestration de Debussy, Ravel, dont le génie d'orchestrateur se trouve à l'antipode du premier, confiait : « Quel grand musicien que Debussy, mais quel dommage qu'il ne sache pas orchestrer ! » ; reproche absurde, et qui frise l'humeur jalouse. Mais il est vrai, et Ernest Ansermet le confirme, que Debussy était anxieux avant d'orchestrer. Trouver la couleur exacte qui comblerait son désir et capterait l'essence poétique la plus juste présentait pour lui de grandes difficultés. C'est ainsi qu'il revint à plusieurs reprises sur l'orchestration de *Nuages*, par exemple, ne parvenant pas à se décider pour une version, pris en quelque sorte d'asthénie et s'en remettant, pour trancher, à l'opinion d'Ansermet, qui prit et garda la première. On peut suivre dans *La Mer* l'évolution de sa conception orchestrale au fur et à mesure que Debussy avance dans son travail. D'abord passionné par des divisions extrêmes du quatuor, et une matière opulente, puis, dès le deuxième morceau, jouant au contraire sur une économie de moyens remarquable en vue d'accentuer le coloris. Va-et-vient mystérieux de l'invention qui fait toute la beauté de cet orchestre : comme par enchantement, les rapports ne sont jamais rompus, et la cohésion de l'ensemble joue à merveille pour nous restituer l'objet purement musical que veut suggérer le compositeur. À l'art de conjuguer les groupes et les masses, il oppose un raffinement très sûr dans le choix des timbres et de leurs oppositions. Le quatuor est divisé à l'extrême et se plaît à des chatoiements profonds : peu de doublures systématiques, mais toujours opportunes et savantes ; la conjonction entre la pensée et le timbre est d'une rare justesse. Un aussi parfait alliage, auquel les scrupules, le tremblement intérieur, les hésitations même, à ce degré de génie, rajoutent on ne sait quelles secrètes vertus, fait resplendir jusqu'en ses profondeurs le sens très particulier que Debussy a de la forme.

Une musique « à l'épiderme profond »

Là encore, il a beaucoup innové. C'en est fini des vieux canons trop rigides, où l'on devait plier la matière. Une latitude infinie est désormais laissée à la musique. Elle a loisir d'exister selon les exigences de sa libre nature. Formes tour à tour voilées, asymétriques, allusives, ou condensées à l'extrême, mais qui ne connaissent pas de faiblesses ni de désordres, elles sont en parfaite équivalence avec la structure du langage lui-même, étonnamment varié. Tout est en quelque sorte réanimé. Les accords s'enchaînent librement, sans jamais altérer la logique toute neuve qui les gouverne ; les parallélismes ou les quintes se succèdent. L'idée est d'une mobilité surprenante. Les anciennes formules se voient bannies. Le graphisme, de ce fait, ne ressemble à nul autre, et c'est l'un des plus beaux qui se puisse contempler. La musique de Debussy, pourrait-on dire, a l'épiderme profond. Plus que chez les autres grands, il fait sentir que la finesse de l'esprit ne peut se passer des surfaces. Il y a là une des leçons les plus extraordinaires que puisse donner un musicien.

L'admirable est que Debussy ait pu mûrir ainsi l'ensemble des éléments qui composent une œuvre, et que l'on ne puisse pas relever en eux quelque défaillance d'invention. À ce point de plénitude, comment s'étonner des longs atermoiements ou des inquiétudes du musicien ? Ne fallait-il pas tout supputer et tout revivre ? Rien n'eût été authentique sans cela. Le voici donc seul et comme enclos en sa perfection même.

Qui voudrait équivaloir aux scrupules de son art, selon sa nature propre, se devrait d'assumer de semblables engagements et de semblables précautions. Mais le temps autorise-t-il encore de tels mûrissements ? L'œuvre de Debussy n'est pas pensable hors de l'époque qui la vit naître. Et pourtant, il apparaît nettement que l'essentiel des découvertes de Debussy n'est pas encore repensé avec le soin qui conviendrait ; notamment dans les structures d'un langage et d'une poétique, et plus encore dans les possibilités et les usages du temps musical et de son objet. Il se pourrait donc que Debussy, le solitaire, ait laissé la porte ouverte...

LUC-ANDRÉ MARCEL

Bibliographie

J. BARRAQUÉ, *Claude Debussy*, Seuil, Paris, 1962, rééd. 1982 / P. BOULEZ, « Debussy » in F. Michel dir., *Encyclopédie de la musique*, Fasquelle, Paris, 1958 / *Debussy*, Hachette, Paris, 1972 / C. DEBUSSY, *Lettres. 1884-1918*, Hermann, Paris, 1980 ; *Monsieur Croche*, F. Lesure éd., Gallimard, Paris, 1987 / P. DUKAS, *Écrits sur la musique*, S.É.F.I., Paris, 1947 / M. EMMANUEL, *Pelléas et Mélisande*, Paris, 1926 / A. GOLÉA, *Debussy*, Seghers, Paris, 1965, rééd. augm. Slatkine, Genève, 1985 / C. GOUBAULT, *Debussy*, Champion, Paris, 1986 / G. GOURDET, *Debussy*, Hachette, 1970 / D. A. GRAYSON, *The Genesis of Debussy's Pelléas et Mélissande*, Books on Demand, Ann Arbor (Mich.), 1986 / G. & D. E. INGHELBRECHT, *Claude Debussy*, Costard, Paris, 1953 / V. JANKÉLÉVITCH, *Debussy et le Mystère de l'instant*, La Baconnière, Neuchâtel, 1949, rééd. Plon, Paris, 1989 ; *La Vie et la Mort dans la musique de Debussy*, La Baconnière, 1968 / S. JAROCINSKI, *Debussy. Impressionnisme et Symbolisme*, Seuil, 1971 / C. KOECHLIN, *Debussy*, Laurens, Paris, 1927, nlle éd. 1960 / L. LALOY, *Debussy*, Paris, 1909 / F. LESURE dir., « Claude Debussy, textes et documents inédits », in *Revue de musicologie*, n° spéc. 68, Paris, 1962 ; *Catalogue de l'œuvre de Claude Debussy*, Minkoff, Genève, 1977 ; *Iconographie de Claude Debussy, ibid.*, 1980 ; *Claude Debussy avant Pelléas ou les années symbolistes*, Klincksieck, 1993 / E. LOCKSPEISER, *Debussy, his Life and Mind*, 2 vol., Cassell, Londres, 1962, 1965 (trad. franç. avec étude de l'œuvre par H. Halbreich, Fayard, Paris, 1980, rééd. 1989) / G. MACASSAR & B. MÉRIGAUD dir., *Claude Debussy. Le plaisir et la passion*, Gallimard-Télérama, Paris, 1992 / « Pelléas et Mélissande », in *L'Avant-Scène Opéra*, n° 9, 1977, nlle éd. 1992 / R. PETER, *Claude Debussy*, Gallimard, 1931, nlle éd. 1952 / R. STRAUSS & R. ROLLAND, *Correspondance. Fragments de journal*, Albin Michel, Paris, 1951 / H. STROBEL, *Claude Debussy*, Plon, 1943 / Y. TIÉNOT & O. D'ESTRADE-GUERRA, *Debussy, l'homme, son œuvre, son milieu*, Lemoine, Paris, 1962 / L. VALLAS, *Claude Debussy et son temps*, Alcan, Paris, 1932, rééd. Albin Michel, 1958.

DELALANDE ou DE LA LANDE MICHEL RICHARD (1657-1726)

Organiste, violoniste et compositeur, Delalande, l'une des plus hautes figures musicales du siècle de Louis XIV, est resté célèbre surtout pour ses grands motets. Delalande fait d'abord partie de la maîtrise de Saint-Germain-l'Auxerrois et acquiert une grande renommée dans le jeu du clavecin et de l'orgue. Il tient les claviers des Grands-Jésuites, du Petit-Saint-Antoine, de Saint-Jean-en-Grève et, par intérim, de Saint-Gervais. Chargé de l'éducation de la fille de M. de Noailles, puis des filles légitimées de Louis XIV, Mlles de Nantes et de Blois, il est, en 1683, avec N. Goupillet, P. Collasse et G. Minoret, l'un des quatre sous-maîtres de la chapelle du roi (le maître étant toujours un évêque ou un archevêque à titre honorifique) ; il devient maître-compositeur et surintendant à la musique de la Chambre. Après Lully, il exerce une sorte de dictature esthétique. Musicien préféré de Louis XIV, le Régent et Louis XV (qui l'anoblit) le portent aussi en haute estime. De son œuvre profane (dont on a relevé 583 thèmes : ballets, musique instrumentale, divertissements de cour), retenons les *Symphonies pour les soupers du roy* (1703), sous la forme de sonates à trois ; les quatre *Symphonies de Noël*, *Les Éléments* – en collaboration avec Destouches (1726). De son œuvre religieuse, mis à part une messe des défunts en plainchant musical, quelques petits motets à voix seule et trois *Leçons de Ténèbres*, on connaît quatre-vingts grands motets (dont neuf n'ont pas été retrouvés).

De Formé à Mondonville, le grand motet fut la base de la musique religieuse française. Sur un texte liturgique (hymne, séquence, antienne, psaume) se découpe une suite de symphonies, récits, airs, petits et grands chœurs. C'est une sorte de court oratorio ou de cantate en latin. Sans s'intéresser aux modulations comme Campra, l'écriture de Delalande acquiert une plus grande souplesse, avec ici ou là un passage descriptif qui tempère heureusement la logique classique de l'art versaillais. Le *Te Deum* (1684), le *De profundis* (1689), le *Miserere* (1689), le *Lauda Sion* (1725, seconde version) furent joués jusqu'en 1770 (répertoire fondamental du concert spirituel). Le premier, Delalande fait dialoguer la voix et un instrument à vent (flûte, hautbois). Les instruments ne se contentent pas de doubler les voix : une ou deux parties de violon circulent au travers d'elles, qui toutes savent chanter avec grâce ou gravité. L'esprit liturgique, avec lui, intègre ce qu'il faut de décor, sans jamais emprunter au baroquisme de ses contemporains, allemands par exemple.

PIERRE-PAUL LACAS

DELERUE GEORGES (1925-1992)

Georges Delerue appartenait à la génération de musiciens français qui comprend Antoine Duhamel, Pierre Jansen, Maurice Jarre et Michel Legrand, et dont le début de carrière au cinéma coïncida avec l'émergence de la nouvelle vague et d'un certain nombre de jeunes cinéastes qui lui furent plus ou moins assimilés. Si, pour les années 1950 et 1960, les noms de Pierre Jansen, Maurice Jarre et Michel Legrand sont respectivement liés à ceux de Claude Chabrol, Georges Franju et Jacques Demy, le nom de Georges Delerue est, avec celui d'Antoine Duhamel, assimilé à la nouvelle vague en général, bien qu'il ait conduit une collaboration durable et exemplaire avec François Truffaut et Philippe de Broca, pour lesquels il a respectivement écrit les partitions de onze et dix-sept films.

Né le 22 mars 1925 à Roubaix, Georges Delerue se passionne très tôt pour la musique. De famille modeste, il ne peut d'abord l'étudier qu'en autodidacte. Admis en 1945 au Conservatoire national de Paris, il y suit les cours d'Henry Busser et de Darius Milhaud. Trois ans plus tard, il est lauréat d'un premier prix de composition musicale et du grand prix de Rome, et compose sa première musique de scène pour *La Mort de Danton* de Georg Büchner, que Jean Vilar met en scène au festival d'Avignon. En 1951, il écrit sa première partition pour le cinéma, destinée à un court-métrage documentaire. L'année suivante, il est nommé compositeur et chef d'orchestre à la Radiodiffusion française En 1959, il signe sa première musique pour un long-métrage, *Le Bel Âge*, de Pierre Kast.

Georges Delerue a composé plus de trois cents musiques pour le cinéma et la télévision, notamment pour des œuvres d'Alain Resnais Claude Sautet, Louis Malle, Gérard Oury, Henri Verneuil, Alain Robbe-Grillet, Jean-Pierre Melville Jean-Luc Godard, Michel Deville, Alain Cavalier, Claude Berri, Bernardo Bertolucci Yannick Bellon, Andrzej Zulawski, Bertrand Blier, Alain Corneau, Claude Miller et Pierre Schoendoerffer. Il a collaboré également avec des réalisateurs britanniques et américains, tels Ken Russell, qui lui a consacré un portrait télévisuel – *Don't Shoot the Composer* (1966) –, Fred

Zinnemann, Jack Clayton, John Huston John Frankenheimer, Mike Nichols, George Cukor, Norman Jewison et Oliver Stone. Il a été lauréat de l'oscar de la meilleure musique pour *A Little Romande* (*I Love you, je t'aime*), de George Roy Hill (1978), et du césar de la meilleure musique pour *Préparez vos mouchoirs*, de Bertrand Blier (1979), *L'Amour en fuite* et *Le Dernier Métro*, tous deux de François Truffaut (1980 et 1981). L'activité de Georges Delerue ne s'est pas limitée pour autant à la musique de films. Il est aussi l'auteur de nombreuses partitions symphoniques et de musique de chambre, d'opéras, de musiques de scène, de ballets et de spectacles de son et lumière.

ALAIN GAREL

DELIBES LÉO (1836-1891)

Élève d'Adam, professeur au Conservatoire et membre de l'Institut, Léo Delibes est un bon musicien au métier solide, à l'écriture soignée, mais sans grande personnalité. Il a commencé par l'opérette (une quinzaine d'œuvres), puis l'opéra-comique où son chef-d'œuvre est *Lakmé* : un peu d'exotisme, un charme facile, une orchestration claire et une infinité de prétextes pour mettre en valeur un soprano. Il a composé quatre ballets, dont *Coppélia* et *Sylvia*, devenus classiques et qui, sans doute, le méritent.

PHILIPPE BEAUSSANT

DENISOV EDISON (1929-1996)

Dans la génération qui a suivi celle de Chostakovitch, Denisov est, avec Alfred Schnittke (né en 1934) et Sofia Goubaïdoulina (née en 1931), un des principaux représentants du courant novateur qui a rapproché les compositeurs russes de l'Occident à la fin de l'ère soviétique.

Né en Sibérie, à Tomsk, le 6 avril 1929, il est le fils d'un ingénieur électricien. Son prénom, Edison, est l'anagramme de son nom de famille, si l'on fait abstraction du « v » final. Il fait des études de mathématiques et de physique à l'université de sa ville natale tout en recevant sa formation musicale au Conservatoire de celle-ci. Puis il se fixe à Moscou, où, sur les conseils de Chostakovitch, il se consacre exclusivement à la musique. Il travaille la composition avec Vissarion Chebaline, l'orchestration avec Nikolaï Rakov et le piano avec Vladimir Belov au Conservatoire Tchaïkovski de Moscou (1951-1956). En 1959, il commence à enseigner la théorie et l'analyse au Conservatoire, puis l'instrumentation. Il s'initie au dodécaphonisme, procédé d'écriture condamné par la censure instaurée par Jdanov, au nom du réalisme socialiste. Ses premières œuvres sont rapidement connues en Occident : on les joue notamment à Darmstadt et au Domaine musical, à Paris, où Bruno Maderna dirige *Soleil des Incas* en 1965 (œuvre créée à Leningrad le 30 novembre 1964). Pourtant, dans son pays, sa musique est mise à l'écart. Denisov s'intéresse par ailleurs aux traditions musicales sibériennes, dont on trouve des traces dans sa musique.

Très attaché à la France, dont il parle la langue et connaît bien la culture, il noue des liens privilégiés avec le monde musical de ce pays, qui le conduisent rapidement à la reconnaissance internationale. Il met en musique des poèmes de Baudelaire (*Chant d'automne* pour soprano et orchestre, 1971) ou des textes de Boris Vian (*La Vie en rouge*, 1973). Les contacts très étroits qu'il entretien, dans les années 1970, avec quelques grands interprètes occidentaux rendent sa démarche plus pragmatique, ce qui valorise le dramatisme et le lyrisme de sa musique. Il compose pour Gidon Kremer (*Sonate pour violon et piano*, 1972 ; *Concerto pour violon*, 1978), Aurèle Nicolet (*Concerto pour flûte*, 1976 ; *Double Concerto pour flûte*, *hautbois et orchestre*, 1979), Heinz Holliger (*Musique romantique,* pour hautbois, harpe et trio à cordes, 1969 ; *Concerto pour hautbois*, 1988) ou pour le saxophoniste Jean-Marie Londeix des œuvres qu'ils jouent dans le monde entier. Denisov se dégage de la rigueur postsérielle teintée de pointillisme qu'il avait pratiquée pendant une quinzaine d'années pour élaborer un langage plus diversifié, où l'expression, la recherche des couleurs et le sens poétique jouent un rôle déterminant. La couleur et la peinture semblent d'ailleurs constituer pour lui des fils conducteurs qui révèlent l'importance de l'influence de Debussy : *Peinture* pour orchestre (1970), *Signes en blanc* pour piano (1974), *Aquarelle* pour vingt-quatre instruments à cordes (1975).

Au cours des années 1980, il se consacre à des partitions de plus vaste envergure. Son *Requiem* (1980) sur des textes de Francisco Tanzer marque le début de cette nouvelle période. Son opéra *L'Écume des jours*, d'après Boris Vian, est créé à l'Opéra-Comique, à Paris, en 1981. Un second opéra voit le jour en 1986, *Les Quatre Filles*, d'après Picasso. En 1988, Daniel Barenboïm lui commande et créé, avec l'Orchestre de Paris, sa *Symphonie pour grand orchestre*. En 1990, il fonde à Moscou la Nouvelle Association de musique contemporaine, qui se veut l'écho de celle qui avait marqué les débuts de l'avant-garde soviétique des années 1920. Toujours en contact avec les moyens d'expression de son temps, il travaille à l'I.R.C.A.M. en 1990-1991, où il compose *Sur la nappe d'un étang glacé* pour neuf instruments et bande magnétique (1992). En 1993, il reçoit le grand prix de la Ville de Paris. Un an plus tard, il termine l'orchestration de l'opéra inachevé de Debussy, *Rodrigue et Chimène*, créé pour l'inauguration de la nouvelle salle de l'Opéra de Lyon. Après le changement de régime en Russie, Denisov laisse entrevoir plus fréquemment son attirance pour des sujets d'inspiration religieuse : *In Deo speravit cor meum* (1984), *Lumière éternelle* pour chœur mixte (1988), *Trois Fragments du Nouveau Testament* (1989) et l'oratorio *Histoire de la vie et de la mort de Notre Seigneur Jésus-Christ* (1992). Ses dernières œuvres consacrent le ralliement aux formes traditionnelles de la musique amorcé dans les années 1970 : quelques mois avant sa disparition, Yuri Temirkanov créé sa *Symphonie n° 2*, András Adorján et Marielle Nordmann son *Concert pour flûte, harpe et orchestre*.

Atteint d'un cancer, il meurt à Paris, où il était soigné, le 24 novembre 1996.

Denisov a écrit une somme considérable d'œuvres qui touchent à tous les genres musicaux. Il a su établir des passerelles entre les cultures et les époques. Il a su assimiler des héritages aussi différents que celui de Chostakovitch, qu'il vénérait, ou celui de Webern. Au cours des quinze dernières années de sa vie, il a suivi, à sa façon, le courant néo-romantique. Mais il est toujours resté lui-même, un musicien profondément russe malgré ses expériences cosmopolites : ses lignes fluctuantes possèdent une rythmique qui cherche à s'échapper des moules binaires ou ternaires en procédant souvent par superposition, et ses œuvres convergent généralement vers le silence, chaque mouvement se terminant dans des nuances qui frôlent le murmure.

On pourra consulter : J.-P. ARMENGAUD, Entretiens avec Edison Denisov. Un compositeur sous le régime communiste, Plume, Paris, 1993.

ALAIN PÂRIS

DESSAU PAUL (1894-1979)

Compositeur allemand né à Hambourg, Paul Dessau occupe, après la Première Guerre mondiale, divers postes à Hambourg, à Cologne, à Mayence et à Berlin. En 1933, il émigre à Paris puis aux États-Unis, et revient après 1945 se fixer à Berlin-Est, où il collabore avec Brecht : musiques de scène pour *Mère Courage* (1946) et pour *Le Cercle de craie caucasien* (1954), opéras *Le Procès de Lucullus* (*Das Verhör des Lukullus*, 1949) – devenu plus tard, après controverses et remaniement, *La Condamnation de Lucullus* (*Die Verurteilung des Lukullus*, 1951) – et *Einstein* (1971-1973).

MARC VIGNAL

DESTOUCHES ANDRÉ cardinal (1672-1749)

Compositeur français, né et mort à Paris, dont le style à la fois prolonge celui de Lully et de Campra et annonce celui de Rameau et de Gluck. Avec son maître Campra, Destouches est l'un des créateurs de l'opéra-ballet (*L'Europe galante*, 1697). « Musicien du sentiment », selon Paul-Marie Masson, « sa gloire, c'est son récitatif mélodique », qui est un véritable chant, en quoi il conduit aussi à Rameau et préfigure, très longtemps à l'avance, le *Pelléas et Mélisande*, de Debussy, qui est un vaste récitatif. Destouches fut d'abord mousquetaire du roi, après avoir accompagné des pères jésuites en mission au Siam, lorsqu'il avait quinze ans. Dans les bivouacs de l'armée, il écrit sur la guitare des *Airs sérieux et à boire*, ce qui lui vaut d'être remarqué par les princes de Conti et de Vendôme. Il quitte l'armée en 1694, et devient l'élève de Campra. La première œuvre pour la scène, la pastorale héroïque, *Issé* (1697), est écrite à l'occasion du mariage du duc de Bourgogne avec Adélaïde de Savoie ; la cour et la ville l'accueillent avec un enthousiasme ravi ; Louis XIV est enchanté et affirme n'avoir rien entendu depuis Lully qui lui ait « fait tant de plaisir ». En 1713, Destouches assume les fonctions d'inspecteur général de l'Académie royale de musique ; il occupe ce poste jusqu'en 1728, date à laquelle il est nommé directeur de ladite académie. Après la mort de Louis XIV, il écrit de la musique d'église pour le régent ; malheureusement, les motets de Destouches n'ont pas été retrouvés (*O dulcis Jesu*, 1716 ; *Te Deum*, 1732 ; *De profondis*, 1735 ; *Diligam te* et *Deus, Deus meus*, 1736 ;

O Jesu, 1738). Après avoir, en 1718, acheté la charge de surintendant de la Musique, Destouches en devient le titulaire officiel en 1726, après la mort de Campra, en même temps que Colin de Blamont. En 1721, il compose, avec Delalande, l'opéra-ballet *Les Élémens*. En 1727, il est maître de la musique de la chambre du roi et, l'année suivante, directeur de l'Opéra. À côté de ces importantes et nombreuses charges, il s'occupe des concerts de la reine Marie Leczinska ; il fonde un Concert spirituel analogue à celui de la ville. De ses compositions profanes, d'inégale valeur, à côté de *Amadis de Grèce*, de *Marthésie, reine des Amazones* (1699), *Omphale* (1701), *Le Carnaval et la Folie* (1704, l'une des très rares comédies lyriques de ce temps), *Télémaque* (1714), *Sémiramis* (1718), retenons surtout *Callirhoé* (1712) qui est sans nul doute son chef-d'œuvre lyrique. On peut encore citer un divertissement, *Le Professeur de folie* (1711) et un opéra-ballet, *Les Stratagèmes de l'Amour* (1726).

S'il n'a pas la facilité de Campra pour élaborer de nobles ensembles polyphoniques, ou pour conduire d'amples développements, en revanche, il conserve peut-être de sa jeunesse aventureuse cette élégance qui lui fait trouver une mélodie à la fois ravissante, concise, et où fourmillent nuances et subtilités délicates. Contrairement à Campra, et comme Lully, il refuse l'apport italien (qu'il connaissait certainement assez mal) ; il ne l'utilise que dans le parodique. Avant tout, c'est un coloriste raffiné, un harmoniste audacieux (septièmes de dominante sans préparation, quintes parallèles, retards imprévus). « Plus dégagé des conventions de l'époque, il a des trouvailles harmoniques, comme celles du début de l'air de Leucosie, dans *Les Élémens*, qui sont uniques à son époque. Il est le musicien le plus original, le plus séduisant, et, en un sens, le plus complet de cette époque » (Masson). Dans l'ouverture de la comédie lyrique *Le Carnaval et la Folie*, Destouches innove en introduisant quelques thèmes que l'action développera ; il faut attendre le *Zoroastre* (1749) de Rameau pour lui trouver un premier successeur. « Destouches plaira toujours : les reproches qu'on lui a faits avec raison de n'être point savant ne l'empêcheront pas d'enchanter l'âme » (Daquin).

PIERRE-PAUL LACAS

DITTERSDORF CARL DITTERS VON (1739-1799)

Né à Vienne, fils d'un brodeur à la cour et au théâtre, Ditters sert d'abord comme page chez le prince de Saxe-Hildburghausen, qui lui permet de parfaire sa formation de violoniste avant de le faire engager comme soliste dans l'orchestre de l'Opéra, alors dirigé par Gluck, en 1761. Deux ans plus tard, il accompagne Gluck à Bologne. En 1764, il succède à Michael Haydn à la tête de la chapelle de l'évêque de Grosswardein, dans l'est de la Hongrie, et y reste jusqu'en 1769, date à laquelle cette chapelle est dissoute. Ayant rencontré au cours d'un voyage le prince-évêque de Breslau, il est engagé par lui comme maître de chapelle et comme garde forestier, fonctions qu'il conservera vingt-six ans, jusqu'à la mort du prince en 1795. Il a été anobli en 1773, et fait plus tard, comme Gluck, chevalier de l'Éperon d'or. À Vienne, où il peut souvent se rendre, il joue en quatuor avec Mozart et Haydn, son ami de jeunesse, et fait représenter en 1786 un opéra, *Docteur et apothicaire* (*Doktor und Apothe-*

ker), qui éclipse jusqu'aux *Noces de Figaro*. Dans la faveur du public viennois, la même année, à l'apogée de sa carrière, il fait entendre dans la capitale plusieurs de ses douze symphonies descriptives inspirées par *Les Métamorphoses* d'Ovide ; il est même reçu en audience par l'empereur Joseph II, ce qui donne lieu entre eux à un curieux dialogue sur les mérites respectifs et comparés de Haydn et de Mozart. En 1789, il est reçu à Berlin par le roi Frédéric-Guillaume II. Jusqu'ici, la fortune lui a été favorable, mais ses dernières années vont se dérouler dans la misère et l'isolement, au château de Rottlhotta en Bohême, où, paralysé par la goutte, il compose encore des opéras et des œuvres instrumentales. Il meurt deux jours après avoir achevé de dicter ses *Mémoires* à son fils, laissant une production abondante dont quatre oratorios, quatre messes, une quarantaine d'opéras (bouffes ou sérieux, allemands ou italiens), environ cent trente symphonies (dont une cinquantaine éditées de son vivant), des concertos et des symphonies concertantes (dont certains font appel à la contrebasse), six remarquables quatuors à cordes et de la musique instrumentale de toute sorte. Avec lui s'éteignait un parfait compositeur d'Ancien Régime, mais aussi le seul natif de Vienne contemporain de Haydn et de Mozart à avoir échappé à l'oubli.

MARC VIGNAL

DOHNÁNYI ERNO OU ERNST VON (1877-1960)

Pianiste et compositeur hongrois, né à Poszony (aujourd'hui Bratislava), Ernö Dohnányi commence très tôt à composer des œuvres qu'il rejettera ultérieurement. Élève d'Eugène d'Albert, il fait une carrière de virtuose international et occupe divers postes. Il enseigne à la Hochschule de Berlin (1905-1915) puis à l'Académie de musique de Budapest (1915-1919) dont il prend ensuite la direction (1919-1920). Il joue un rôle déterminant en faveur des jeunes compositeurs hongrois, surtout à la tête de l'orchestre philharmonique de Budapest dont il est le chef permanent (1919-1944). Il crée notamment plusieurs œuvres de Bartók et de Kodály. Ses activités pédagogiques sont interrompues par de fréquents séjours aux États-Unis (1925-1927). De 1931 à 1944, il dirige également la Radio hongroise et, à partir de 1934, le conservatoire Franz Liszt de Budapest. En 1948, il quitte son pays et séjourne en Argentine avant de se fixer aux États-Unis (1949) où il enseigne à l'université de Floride (Tallhassee).

Étonnant pianiste, il a été l'un des premiers à imposer l'intégrale des *Trente-Deux Sonates* de Beethoven. Son œuvre le rattache davantage à la tradition germanique : son sens de la construction et ses harmonies évoquent surtout Brahms. Sa composition la plus célèbre, *Variations sur une chanson enfantine* pour piano et orchestre (1913), est bâtie sur « Ah ! vous dirai-je, maman ! » Il a composé des opéras (*Tante Simona*, 1912 ; *La Tour du Voivod*, 1922 ; *Le Ténor*, 1929), des concertos pour piano, violon, violoncelle, harpe, deux symphonies, trois quatuors, des pièces pour piano (*Ruralia hungarica*, 1923-1924) et un *Credo hongrois* pour ténor, chœurs et orchestre. Le chef d'orchestre Christoph von Dohnányi (1929) est son petit-fils.

ALAIN PÂRIS

DONIZETTI GAETANO (1797-1848)

Compositeur d'opéras italien né à Bergame, Donizetti s'oppose à l'élégance aristocratique de son contemporain Bellini, qui ne laissa que onze ouvrages, par son énergie et son tempérament éruptif. Il ne composa pas moins de soixante et onze opéras, sans parler de vingt-huit cantates, quinze symphonies, treize quatuors à cordes et d'une grande quantité de musique sacrée. Son premier ouvrage représenté, *Henri de Bourgogne* (*Enrico di Borgogna*, 1818), est encore (ainsi que les suivants) fortement influencé par Rossini. *Anna Bolena* (*Anne Boleyn*, 1830), sur un livret inspiré de *Henry VIII* de Shakespeare, témoigne pour la première fois de sa personnalité et porte sa renommée au-delà des Alpes. Suivent *L'Élixir d'amour* (*L'Elisir d'amore*, 1832), un de ses deux grands opéras bouffes, *Lucrèce Borgia* (1833) et *Lucia di Lammermoor* (1833), ce dernier prototype de l'*opera seria* romantique avant Verdi, avec son peu de souci de la vérité historique et de la vraisemblance psychologique (le livret d'après Walter Scott situe l'action dans une Écosse plus ou moins imaginaire de la fin du XVIIe s.), ses situations mélodramatiques et ses passions violentes exprimées par une musique fortement colorée, assaisonnée d'acrobaties vocales. Après avoir vécu à Naples, Donizetti se fixe en 1838 à Paris (d'où il fait plusieurs voyages en Italie et à Vienne). De ses cinq opéras sur des livrets français se détachent *La Fille du régiment* et *La Favorite*, présentés respectivement à l'Opéra-Comique et à l'Opéra en 1840. En 1843 est créé au Théâtre-Italien *Don Pasquale*, son second grand opéra bouffe, tandis que Vienne entend *Linda di Chamounix* (1842) et *Maria di Rohan* (1843). Atteint d'une paralysie générale et de troubles mentaux qui nécessitent en 1846 son internement à l'hôpital psychiatrique d'Ivry, il est transporté l'année suivante dans sa ville natale, où il meurt.

MARC VIGNAL

DORATI ANTAL (1906-1988)

Antal Dorati était l'un des ultimes représentants d'une école de chefs d'orchestre d'origine hongroise (Fritz Reiner, George Szell, Eugene Ormandy) dont l'essentiel de la carrière s'est déroulé sur le nouveau continent, où ils ont joué un rôle important de bâtisseurs.

Antal Dorati naît à Budapest le 9 avril 1906 dans une famille d'origine paysanne ; son père, violoniste, est membre de l'Orchestre philharmonique ; sa mère enseigne le piano et le violon. Il entre à l'Académie de musique de Budapest en 1920 et y étudie le piano, le violoncelle, la direction d'orchestre et la composition avec Leo Weiner, Zoltán Székely, Béla Bartók et Zoltán Kodály, ce dernier l'initiant à la collecte des chants populaires hongrois. Il travaille également la philosophie à l'université de Vienne. Il fait ses débuts de chef d'orchestre à l'Opéra de Budapest où il est le plus jeune chef assistant (1924-1928). Il attire déjà l'attention sur lui en dirigeant, en 1928, les premières auditions en Hongrie du *Chant du rossignol* et d'*Œdipus Rex* d'Igor Stravinski. La même année, Fritz Busch l'engage comme assistant à Dresde, puis il est nommé premier chef à Münster (1929-1932).

Entre 1933 et 1941, sa carrière est étroitement liée aux activités des Ballets russes de Monte-Carlo, dont il est d'abord second chef puis, à partir de 1938, directeur musical. Après avoir quitté définitivement l'Allemagne nazie, il parcourt le monde avec cette compagnie de ballet, dirige également à la radio australienne (A.B.C., Sydney, 1938-1940) et se fixe à New York en 1941 où il est nommé directeur musical de l'American Ballet Theatre (1941-1945). En 1941-1942, il occupe la même fonction auprès de la New York Opera Company. Il prend ensuite la direction de l'Orchestre symphonique de Dallas, qu'il réorganise totalement (1945-1949), puis il succède à Dimitri Mitropoulos comme chef permanent de l'Orchestre symphonique de Minneapolis (1949-1960, directeur musical à partir de 1954), avec lequel il enregistre l'essentiel du répertoire pour les firmes Mercury et Philips. Il acquiert la nationalité américaine en 1947. Il mène parallèlement une importante carrière de chef invité en Europe et commence, dès 1946, une étroite collaboration avec l'Orchestre symphonique de Londres, qui sera également marquée par de nombreux enregistrements. En 1957, il est nommé président d'honneur de la Philharmonia Hungarica, orchestre constitué de musiciens hongrois réfugiés en Autriche puis en Allemagne fédérale après les événements de Budapest de 1956. Lorsqu'il quitte Minneapolis en 1960, il reçoit une bourse de la fondation Ford, qui lui permet d'étudier en Europe la musique italienne baroque et préclassique.

En 1962, il fait ses débuts à Covent Garden dans *Le Coq d'or* de Rimski-Korsakov, mais sa carrière restera essentiellement symphonique. Entre 1963 et 1967, il est chef permanent de l'Orchestre symphonique de la B.B.C. À partir de 1966 commence une étroite collaboration avec l'Orchestre philharmonique d'Israël. Puis Dorati est nommé chef permanent de l'Orchestre philharmonique de Stockholm (1966-1974), directeur musical du National Symphony Orchestra de Washington (1970-1976), du Royal Philharmonic Orchestra de Londres (1975-1978) et de l'Orchestre symphonique de Detroit (1977-1981). Il cesse alors progressivement de diriger et meurt en Suisse, où il s'était fixé à Gerzensee, près de Berne, le 12 novembre 1988.

Antal Dorati laisse une discographie impressionnante : plus de cinq cents microsillons gravés, deux millions d'exemplaires vendus dès 1963... Entre 1970 et 1974, il avait réalisé avec la Philharmonia Hungarica l'enregistrement intégral des cent quatre symphonies de Joseph Haydn, dont un million d'exemplaires avaient déjà été vendus en 1974. Il avait également entrepris une intégrale des opéras de Haydn, malheureusement inachevée. Doué d'une étonnante précision rythmique et d'une fabuleuse mémoire, il se définissait lui-même comme un « médecin de l'orchestre ». Mais il laissera surtout le souvenir d'un bâtisseur d'orchestres : les orchestres de Dallas, de Minneapolis et de Washington lui doivent leur situation actuelle grâce à la solidité des bases qu'il a jetées ; il a également joué un rôle déterminant dans la vie de l'Orchestre symphonique de Londres au cours des années1950. Il a largement contribué à la diffusion de la musique de Béla Bartók et de Zoltán Kodály, mais aussi de celle d'Igor Stravinski, de Luigi Dallapiccola ou d'Olivier Messiaen. Il a créé des œuvres de Paul Hindemith (*Sinfonia serena*, 1947), Béla Bartók (*Concerto pour alto*, 1949), Richard Rodney Bennett, Roberto Gerhard, Serge Nigg, Gunther

Schuller, Sándor Veress, Roman Vlad, Heimo Erbse et William Schuman.

Sa carrière de chef d'orchestre n'a jamais entravé ses activités de compositeur et il laisse une production importante : *Le Chemin de la Croix*, sur un texte de Paul Claudel (1954), *Missa brevis*, pour chœur et percussion (1958), *The Two Enchantments of Li Tai Pe*, cantate pour baryton et ensemble instrumental (1958), *Madrigal Suite*, pour chœur mixte et orchestre sur d'anciennes prières et proverbes celtiques (1963), *Chamber Music*, lieder sur des poèmes de James Joyce, *The Voices*, cycle de lieder pour basse et orchestre sur des poèmes de Rainer Maria Rilke (1978), deux symphonies, un concerto pour piano (écrit pour sa femme, Ilse von Alpenheim, 1975) et un concerto pour violoncelle (1976). Il est aussi l'auteur d'un ballet sur des valses de Johann Strauss, *Graduation Ball* (« Le Bal des cadets », 1940), qui a fait le tour du monde.

On pourra consulter son autobiographie, *Notes of Seven Decades*, Hodder & Stoughton, Londres, 1979.

ALAIN PÂRIS

DOWLAND JOHN (1563-1626)

De ce grand luthiste et chanteur de l'époque élisabéthaine, on ignore s'il naquit en Angleterre ou en Irlande, d'où était originaire sa famille. Dès 1580, à l'âge de dix-sept ans, John Dowland se trouve à Paris dans la suite de l'ambassadeur d'Angleterre. Trois ans plus tard, il revient en Grande-Bretagne et obtient des diplômes en musique des universités d'Oxford et de Cambridge. L'échec de sa tentative pour obtenir une situation de musicien à la cour (il l'attribue à sa conversion au catholicisme lors de son séjour en France) l'affecte à un point tel qu'il désire « aller au-delà des mers ». Il effectue de mémorables randonnées à travers l'Allemagne (notamment aux cours de Brunswick et de Hesse) et l'Italie (où il se lie avec le grand madrigaliste Luca Marenzio). Ayant jugé bon de faire amende honorable, il regagne l'Angleterre et y publie, en 1597, *The First Book of Song or Ayres*. De 1598 à 1606, il est luthiste à la cour de Christian IV, roi de Danemark, avant d'en être chassé pour des raisons assez obscures. En 1612, il est enfin nommé luthiste du roi d'Angleterre Jacques Ier et passe les quatorze dernières années de son existence à son service et à celui de son successeur, Charles Ier. La date et le lieu exacts de sa mort restent inconnus. « *Semper Dowland semper dolens* » : cette exergue à l'une de ses pavanes caractérise bien ce musicien, qui fut à la fois le plus grand luthiste de son époque, et reconnu comme tel, et un compositeur à qui l'on doit certaines des mélodies les plus belles et les plus émouvantes de tous les temps. Sa production, compte non tenu de quelques pièces dispersées, se résume à trois livres d'*Ayres* (1597, 1600 et 1603), au recueil pour quintette de violes et luth intitulé *Lachrimae ou Sept Larmes*... (*Lachrimae or Seaven Teares*..., 1604) et à un recueil intitulé *La Consolation du pèlerin* (*A Pilgrimes Solace*, 1612), qui n'est autre qu'un quatrième livre d'*Ayres*. Des quatre livres d'*Ayres*, ou chansons au luth, les deux premiers relèvent surtout de la tradition polyphonique (bien qu'ait été prévue une réduction des parties inférieures en tablature de luth pour en permettre l'interprétation par une seule voix accompagnée) ;

les deux derniers sont au contraire de pures monodies accompagnées. Le total fait quatre-vingt-sept pièces, imprégnées de rythmes de danse, mais en même temps d'une rare sensibilité poétique : beaucoup de mélodies, par exemple *Come Away*, *Come Sweet Love*, ou encore *Come, Heavy Sleep*, sont de celles qu'on n'oublie plus. Quant aux *Lachrimae* (aux sept *Larmes* proprement dites, qui sont autant de pavanes, s'ajoutent encore quatorze danses diverses), Dowland lui-même utilisa, à leur sujet, le terme « passionné » (*passionate*) : c'est un des plus magnifiques monuments de la musique instrumentale du XVIIe siècle naissant.

MARC VIGNAL

DU BUS GERVAIS (fin XIIIe-déb. XIVe s.)

Notaire de la chancellerie royale, Gervais du Bus compose entre 1310 et 1314 le *Roman de Fauvel*, poème satirico-allégorique de 3 280 vers. Fauvel, nom souvent donné à un cheval, est ici une désignation emblématique : il est formé des initiales de Flatterie, Avarice, Vilenie, Variété, Envie et Lâcheté. La couleur fauve est signe d'hypocrisie. La glose étymologique interprète aussi le mot comme composé de *faux* et de *vel* (voile). Ce cheval est de plus le symbole de la bestialité qui *bestourne*, tourne dans le mauvais sens, l'ordre du monde. En effet, tous les « états » de la société s'empressent de « torcher » la bête et d'honorer le vice au lieu de servir la vertu et la raison. Dans la seconde partie du poème, on voit Fauvel chercher à épouser Fortune, qui refuse, car elle reste au service de Dieu le Père. La bête épousera donc Vaine Gloire, d'où vont naître d'autres trompeurs : ce sera le règne de l'Antéchrist. Du Bus est un clerc pessimiste ; il s'attaque aussi bien au pouvoir temporel de Philippe le Bel qu'au pouvoir spirituel du pape Clément V, à la corruption des nobles qu'à l'inconduite des ordres mendiants. Il semble avoir lu *Renart le Bestourné*, de Rutebeuf, et le *Roman de la Rose*, comme le *Testament* de Jean de Meung.

L'œuvre comporte 132 pièces musicales interpolées, motets et pièces à une voix : un tel recueil est le plus important de cette époque. Il y a quelques pages empruntées à l'époque antérieure ou au répertoire grégorien (ainsi, des poésies du chancelier Philippe) ; d'autres, les plus nombreuses, sont d'une composition originale, soit en latin, soit en français. Un des épisodes du *Roman* donne lieu à un charivari, illustré par une célèbre miniature, et offre un choix précieux de « sottes chansons », c'est-à-dire de refrains courts, qui préfigurent les farces et *soties* du XVe siècle (c'est la première fois qu'apparaît l'expression). Les manuscrits, tel celui de la Bibliothèque nationale de Paris, numéro 146, suivent les principes de la notation mesurée franconienne, notation noire. L'œuvre se termine par un explicit qui a posé un grave problème musicologique : il contiendrait le premier accord parfait connu de la musique française (fondamentale, tierce, quinte), ce qui aurait été assez surprenant, car il faut attendre l'époque de Josquin Des Prés, postérieure de deux cents ans, pour rencontrer le deuxième ! Mais il semble bien que cet accord soit dû à une mauvaise interprétation du musicologue Pierre Aubry. Pour finir, signalons que deux motets du *Roman de Fauvel* ont été transcrits et arrangés pour clavier (on les interprète aisément, mais on ne peut pas chanter les ornements) : on les trouve dans le *Robertsbridge Codex*, la tablature d'orgue la plus ancienne qui soit connue (début XIVe siècle).

PIERRE-PAUL LACAS

DU CAURROY EUSTACHE (1549-1609)

Musicien français né à Beauvais, Du Caurroy est surtout célèbre pour ses œuvres religieuses, qui connurent un durable succès jusque vers 1650 ; il est l'un des principaux précurseurs de la musique sacrée du XVIIe siècle, qui a conduit, à travers N. Formé, à Delalande. Il fut d'abord haute-contre à la Chapelle royale ; il obtint un prix en 1575 au puy de la confrérie de Sainte-Cécile d'Évreux, fondée par Henri III ; après qu'il eut été sous-maître de la Chapelle (1578), puis compositeur de la Chambre (1595), Henri IV créa pour lui la charge de surintendant de la musique (1598). Il reçut plusieurs canonicats prébendés (Sainte-Chapelle de Dijon, Sainte-Croix d'Orléans) et fut prieur de Saint-Ayoul de Provins, de Passy (diocèse de Sens) et de Saint-Cyr-en-Bourg. Il mourut à Paris. La plupart de ses œuvres furent publiées à titre posthume.

Le style de Du Caurroy est encore tourné vers le XVIe siècle. Le musicien écrit dans la préface des *Preces ecclesiasticae* (1609) qu'il a appris son art « par la lecture des bons auteurs et la pratique des anciens ». Et le père Mersenne dit de lui en 1636 : « Du Caurroy emporte le prix pour la grande harmonie de sa composition et de son riche contrepoint [...]. Tous les compositeurs de France le tiennent pour leur maître. » Sa *Missa pro defunctis* (1606), exécutée lors des obsèques de Henri IV, demeura longtemps la messe de requiem des rois de France. Converti sur le tard (1605) à la musique « mesurée » par l'audition des œuvres de Le Jeune, il s'y essaya dans quinze chansons du second livre des *Meslanges* (publié en 1610) ; elles n'ont pas la souplesse ni la variété de celles de Le Jeune ; on peut citer cependant l'exquise *Deliette, mignonette*. Dans *Preces ecclesiasticae* (cinquante motets et psaumes de quatre à sept voix), le contrepoint figuré alterne parfois avec les versets du plain-chant. Il innove en introduisant l'opposition de deux chœurs, écriture que ses successeurs (Formé notamment) n'oublièrent pas. Par ses quarante-deux *Fantaisies* (de trois à cinq voix, 1610) destinées à des ensembles de violes, voire au clavier d'orgue, il construit, ordinairement sur des thèmes empruntés, une noble architecture contrapuntique, assez sévère, mais qui ne manque pas parfois de lyrisme, voire de tendresse ; avec celles de Le Jeune, elles sont aux origines de la musique de chambre en France. Il choisit parfois un grand choral contrapuntique (où il semble être novateur), que reprendront les organistes germaniques (Muffat, J. C. F. Fischer, Pachelbel, Buxtehude) ; ou bien il partage le cantus firmus et considère chaque fragment comme sujet de fugato. Enfin, ses *Noëls* furent prisés pendant toute la période classique française.

PIERRE-PAUL LACAS

DUFAY GUILLAUME (1400 env.-1474)

Guillaume Dufay est l'un des plus grands musiciens français du XVe siècle. Familier des cours princières européennes, tant laïques qu'ecclésiastiques, il a dû assimiler les techniques des écoles musicales de France, d'Angleterre et d'Italie, et en réussir la synthèse. Son œuvre, notamment ses messes, a servi de modèle aux générations suivantes. Il est le fondateur de cette école dite « franco-flamande » qui, pendant près de deux siècles (de Dufay à Ockeghem, de Josquin Des Prés à Roland de Lassus), allait porter l'art polyphonique à son apogée.

Musicien du pape et des princes

On connaît mal les années de jeunesse de Dufay. On présume qu'il est né vers 1400, à Cambrai ou dans le voisinage de cette ville, peut-être à Fay, village au sud du Cateau-Cambrésis. Le plus ancien document le concernant date de 1409 : il y est fait mention de l'admission d'un certain Willelmus (Guillaume) parmi les enfants de chœur de la maîtrise de la cathédrale de Cambrai. C'est là que le jeune Dufay eut successivement pour maîtres Nicolas Malin, Nicolas Grenon, Richard de Loqueville, tous musiciens au service du très puissant duc de Bourgogne (Cambrai était ville d'obédience bourguignonne). Dufay assista-t-il au concile de Constance, en 1417, dans la suite (une quarantaine de personnes) de Pierre d'Ailly, évêque de Cambrai ? À Constance étaient réunis les plus grands prélats du temps, accompagnés de leurs musiciens : en marge des travaux du concile, des concerts eurent lieu, ainsi que des représentations de mystères. On imagine le profit qu'aurait pu tirer un jeune musicien de ce contact avec les plus illustres représentants de son art, flamands, anglais, allemands, italiens. Mais sa présence à Constance est hypothétique.

À partir de 1420, on trouve Guillaume Dufay à Rimini, au service de la puissante famille des Malatesta. Deux œuvres se rapportent à cette période en toute certitude ; il s'agit de deux pièces de circonstance, deux épithalames : *Resvellies vous et faites chiere lye* (Oxford, Bodleian Library, Can. misc. 213), pièce composée à l'occasion du mariage de Carlo Malatesta le Jeune avec Vittoria Colonna, nièce du pape Martin V, et *Vasilissa ergo gaude*, motet célébrant l'union de Théodore, despote de Morée, fils de l'empereur byzantin Manuel II Paléologue, avec Cléofe de Malatesta.

Ce séjour en Italie paraît avoir été de courte durée, car on retrouve trace de Dufay en France entre l'été 1420 et 1425. D'abord à Paris, en l'église Saint-Germain-l'Auxerrois, où un certain Guillaume de Fays semble avoir été compromis dans une indélicatesse, dont il fut d'ailleurs innocenté ; la chanson *Je me complains piteusement* se rapporte sans doute à cet événement. Puis à Laon, de façon épisodique : Dufay y fut vicaire de Saint-Fiacre, puis vicaire de Saint-Jean-Baptiste, dans le diocèse de Laon, et eut un bénéfice en l'église de Nouvion-le-Vineux, près de Laon ; une autre chanson, *Adieu ces bons vins de Lannoys*, fait écho à ce séjour.

Mais la véritable carrière du musicien commence avec son entrée à la cour pontificale, en 1428. Il était retourné en Italie dès 1427 ; on a pu, en effet, établir sa présence à Bologne à cette date : le cardinal Louis Aleman d'Arles, légat à Bologne, avait demandé pour lui la permission de s'absenter de Cambrai. On pense que Dufay étudia à l'université de Bologne. C'est dans cette ville qu'il rencontra Robert Auclou, curé de Saint-Jacques-de-la-Boucherie à Paris, alors secrétaire du cardinal Louis Aleman. Ce qui permet de dater deux œuvres de Dufay : le motet *Rite majorem / Artubus summis* (dont le double texte donne en acrostiche les mots « *Robertus Auclou curatus Sancti Jacobi* ») et la *Missa Sancti Jacobi*.

De 1428 à 1437, Dufay appartient à la chapelle pontificale et connaît une vie brillante. Cette période est fertile en grands motets de circonstance, qui attestent que le musicien fut mêlé de près aux événements les plus marquants : par exemple, lorsqu'en 1431 Eugène IV accède au pontificat, Dufay écrit un motet isorythmique à cinq parties et à triple texte (*Ecclesiae militantis / Sanctorum arbitrium / Bella canunt gentes*). En 1433, à l'occasion du traité de paix signé entre le pape et l'empereur d'Allemagne Sigismond, Dufay compose son motet *Supremum est mortalibus*. Citons aussi le célèbre *Nuper rosarum flores*, écrit pour la consécration par Eugène IV, le 25 mars 1436, de la cathédrale Santa Maria del Fiore de Florence.

Une interruption, cependant, à ce service pontifical : en 1434, Dufay se rend à la cour de Savoie, auprès d'Amédée VIII (l'antipape Félix V), avec qui il conservera des rapports suivis.

Ordonné prêtre en 1428, sans doute à Bologne, Guillaume Dufay fut nommé chanoine le 12 novembre 1436. Il retourne alors à Cambrai. On sait qu'en 1451 il avait été nommé « chantre illustrissime de monseigneur le duc de Bourgogne » (Philippe le Bon). Mais, malgré quelques apparitions aux fêtes fastueuses du grand-duc d'Occident, il semble que sa situation bourguignonne ait été surtout honorifique. Mentionnons toutefois sa présence au fameux banquet du « Vœu du faisan », à Lille, en 1454, un an après la chute de Byzance, où il fit entendre sa belle *Lamentatio Sanctae Matris Ecclesiae Constantinopolitanae*. On sait d'autre part que, de 1453 à 1458, il séjourna surtout auprès de Louis de Savoie et de son épouse, Anne de Chypre. La dernière partie de sa vie se passe donc en allées et venues entre Cambrai et la Savoie ou l'Italie. Devenu un grand personnage, il vieillit comme un maître vénéré, comblé d'honneurs et de bénéfices. Le 27 novembre 1474, il s'éteignit à Cambrai.

Un « catalyseur » des styles

Dans son étude sur « La Pédagogie musicale à la fin du Moyen Âge » (*Musica disciplina*, 1948), Guillaume de Van écrit : « Les Cambrésiens, fidèles gardiens de la pensée française, trouvèrent en Italie un élément qui leur manquait et qu'on peut appeler le *naturel*, par rapport à l'*artificiel* (dans le sens médiéval) de la doctrine française. Celle-ci incarna l'esprit médiéval, tandis que la pensée italienne apportait déjà l'orientation de l'homme nouveau, produit de l'humanisme [...] Ainsi le style communément appelé *franco-flamand* (mais que l'on pourrait dénommer à plus juste titre *franco-italien*) n'eût jamais existé sans cette fusion harmonieuse d'éléments contradictoires. »

Ces lignes situent assez bien le rôle de Guillaume Dufay dans l'évolution de l'art polyphonique en ce début du XVe siècle. Formé à Cambrai dans la tradition française (celle de l'*ars nova*), mais attentif aux nouveautés apportées tant par les Anglais (John Dunstable, Leonel Power) que par les Liégeois fixés en Italie (Jo Ciconia,

Arnold et Hugo de Lantins), sensible d'autre part à l'élégance mélodique propre aux Italiens, Guillaume Dufay apparaît moins comme un réformateur ou un novateur que comme un « catalyseur » de ces diverses tendances.

Relié au passé par certaines techniques, comme celle du motet isorythmique, qu'il applique avec maîtrise, Dufay est, selon Leo Schrade, « le parfait héritier qui fait fructifier l'héritage avec le plus grand discernement ».

Mais, en donnant à la musique sacrée le pas sur la musique profane (alors qu'au siècle précédent on appliquait à la musique sacrée des procédés en usage dans la musique profane), en développant dans ses grandes messes cycliques de la période de maturité l'écriture à quatre voix, en faisant sienne la technique du *cantus firmus*, Dufay a ouvert largement la voie où allaient s'engager les grands polyphonistes de la Renaissance.

Les œuvres complètes de Dufay, intégralement publiées par le musicologue Heinrich Besseler, peuvent se répartir en trois grandes catégories : les messes et fragments de messes ; les motets ; les compositions profanes (chansons, rondeaux, ballades, etc.).

Les messes

On distingue les fragments de messe des « messes cycliques » formant un tout homogène.

Les fragments – on a conservé treize *Kyrie*, treize *Gloria*, quatre *Credo*, quatre *Sanctus*, trois *Agnus Dei* – se rattachent, du point du vue du style, aux modèles hérités du siècle précédent. Cependant, il serait hasardeux d'en conclure que la composition de ces fragments est antérieure à celle des grandes messes cycliques. La victoire de la grande forme ne se situe que vers le milieu du XVe siècle, c'est-à-dire qu'elle correspond à la dernière période de la vie du musicien.

Dès sa jeunesse, Dufay avait écrit des messes cycliques. Ce fut d'abord la *Missa sine nomine*, à trois voix, que l'on peut dater des environs de 1420. L'œuvre est de facture ancienne et se situe dans la tradition avignonnaise – tradition probablement introduite en Italie par le Liégeois Jo Ciconia, qui avait séjourné à Avignon. Le Gloria et le Credo de cette messe, avec la déclamation rapide et régulière du texte dans la partie supérieure, soutenue par deux parties instrumentales de structure simple, avec certains passages « en hoquets », se rattachent à l'esthétique du XIVe siècle.

La *Missa Sancti Jacobi*, plus élaborée et plus originale, probablement écrite entre 1426 et 1428, combine le propre et l'ordinaire de la messe. C'est la seule messe de Dufay comportant neuf morceaux : Introït, Kyrie, Gloria, Alleluia, Credo, Offertoire, Sanctus, Agnus, Communion. Elle offre une grande diversité dans le traitement de la polyphonie : duos de solistes s'opposant à un chœur à trois voix ; versets en plain-chant grégorien s'insérant entre les versets polyphoniques ; tantôt cette polyphonie s'enrichit d'une quatrième voix, et la structure devient plus complexe (Offertoire, Sanctus, Agnus), tantôt toutes les parties sont pourvues d'un texte, tantôt seule la partie supérieure supporte les paroles liturgiques, et les parties graves restent purement instrumentales. Enfin, grande innovation, la Communion est traitée en faux-bourdon (mélodie principale à la partie supérieure, les autres voix évoluant en mouvements parallèles formant des accords de sixte) ; c'est la première fois que ce procédé apparaît dans une messe.

Le facteur d'unité de cette vaste composition est l'usage d'un *cantus firmus* emprunté à l'office de l'apôtre saint Jacques. En fait, il y a plusieurs *cantus firmi*, selon les parties de la messe, les uns empruntés à la *Messe de saint Jacques*, d'autres aux messes d'autres apôtres (d'où l'indication *de apostolis*).

La technique employée est la paraphrase plus ou moins libre de ces *cantus firmi*, le thème restant mieux préservé au ténor qu'au superius, soumis, comme dans la musique profane, aux caprices de l'imagination.

La *Missa Sancti Antonii Viennensis*, qu'Heinrich Besseler date des environs de 1435-1440, est entièrement à trois voix. Un examen attentif permet de noter l'évolution du style depuis la *Missa sine nomine*, évolution qui se manifeste par le passage de la forme cantilène (une voix prépondérante soutenue par des parties instrumentales) à une polyphonie plus libre et plus élaborée tendant à l'équilibre entre les diverses parties.

Avec les messes à quatre voix établies sur un *cantus firmus*, liturgique ou profane, apparaît une nouvelle structure que Dufay n'a sans doute pas inventée, mais qu'il a contribué à imposer.

Les cinq grandes messes authentifiées, et surtout les trois dernières d'entre elles, sont de véritables monuments de l'art polyphonique. La *Missa Caput* fut vraisemblablement composée aux alentours de 1440. Elle se réfère à un modèle anglais : d'une part, le *cantus firmus* est emprunté à l'antienne *Venit ad Patrem* du rite de Salisbury ; d'autre part, on pense que Dufay s'est servi d'un modèle polyphonique préexistant (le *cantus firmus* d'une messe polyphonique anglaise) ; enfin, on incline à penser que la version originale de la *Missa Caput* ne comportait pas de Kyrie, selon l'usage anglais, et que le Kyrie a été ultérieurement ajouté pour les besoins de la liturgie continentale. Historiquement, l'œuvre est importante et servira de modèle à des musiciens des générations suivantes, Ockeghem et Obrecht, notamment. Pour la première fois, le *cantus firmus* apparaît intégralement dans toutes les parties de la messe et, dans chaque partie, il figure dans les deux mesures, ternaire et binaire. La structure est d'autant plus solide que le traitement du thème générateur obéit à des lois mathématiques évidentes.

Cette rigueur, ce souci d'architecture apparaissent avec plus de force encore dans la messe *Se la face ay pale* (*cantus firmus* que Dufay tira d'une de ses œuvres profanes, une ballade écrite vers 1430). La mélodie de base est fractionnée en trois sections : elle est utilisée intégralement dans le Gloria, le Credo et le Sanctus, partiellement dans le Kyrie et l'Agnus. Le développement par augmentation du thème (*crescit in duplo, crescit in triplo*) est issu de la vieille technique du motet isorythmique.

Mais un plus grand degré de raffinement et de subtilité est atteint dans les trois dernières messes, qu'on peut considérer comme des chefs-d'œuvre universels.

La composition de la messe *L'Homme armé* se situe entre 1450 et 1460. On ne sait encore si la messe d'Ockeghem sur le même thème est antérieure ou non à celle de Dufay. Quoi qu'il en soit, le thème illustre de la chanson de *L'Homme armé* a servi à une vingtaine de compositeurs, de Dufay à Carissimi, au XVIIe siècle. Thème « pesamment raisonnable », dit André Pirro, mais susceptible de présentations diverses (en valeurs brèves ou longues ; fragmentairement ou *in extenso* ; voire sous forme « récurrente », « à l'écrevisse », comme dans l'Agnus). Autour de ce thème s'organise une polyphonie beaucoup plus souple que dans les œuvres précédentes. La basse, sous le ténor qui reste le support traditionnel du *cantus firmus*, acquiert plus d'indépendance, voire d'élégance mélodique. L'identité des motifs de tête, dans chaque morceau de la messe, s'amplifie et s'étend à d'autres parties que la partie supérieure. Mais Dufay joue en maître du contraste entre la rudesse du thème et ce qu'André Pirro appelle « la faconde intarissable » des voix supérieures. Les dialogues de solistes répondant aux grands ensembles à quatre voix s'ordonnent selon une harmonieuse alternance. Les jeux du rythme vont de pair avec cette souplesse du phrasé si caractéristique des mélodies de Dufay. Enfin, il faut noter la complexité atteinte dans le Credo, complexité non gratuite puisqu'elle semble revêtir un aspect symbolique : par exemple, le passage « *genitum non factum* », évoquant le mystère de l'Incarnation, où Dufay soumet ses quatre voix à des normes rythmiques différentes, dont la superposition pose à l'exécutant un délicat problème. Ici, rythmes binaires et ternaires s'imbriquent et s'insèrent dans des périodes irrégulières, le tout reposant sur les piliers inébranlables d'un *cantus firmus* présenté en valeurs très longues.

Les messes *Ecce ancilla Domini* et *Ave Regina Caelorum* ont été construites sur des antiennes à la Vierge et peuvent être datées respectivement de 1463 et 1464. Leur construction apparaît de plus en plus comme un miracle d'équilibre entre la liberté et la rigueur, entre l'élan mélodique et les lois mathématiques qui sous-tendent l'édifice. Que le *cantus firmus* soit traité simplement, comme dans la messe *Ecce ancilla*, ou varié, comme dans la messe *Ave Regina*, il représente moins un élément de contrainte qu'un stimulus de l'imagination créatrice.

Les motets

Si les messes constituent la partie essentielle de l'œuvre religieuse de Dufay, les motets occupent une place privilégiée, quoiqu'il soit difficile de leur assigner un rôle liturgique, voire une signification sacrée. En effet, nombre de ces motets sont des pièces de circonstance, composées à l'occasion de tel ou tel événement du siècle ; les éléments profanes et religieux s'y mêlent, ce qui est conforme à la tradition médiévale. Au reste, la forme généralement utilisée, celle du motet isorythmique, est héritée du XIVe siècle. Dufay se montre ici respectueux d'une forme archaïque qu'il a eu le mérite de porter à son point de perfection.

On peut donc distinguer deux sortes de motets chez Dufay : le motet isorythmique et le motet-cantilène, selon la terminologie proposée par Jacques Handschin. Dans la première catégorie se rangent les grandes fresques historiques mentionnées dans la partie biographique de cette étude : les motets en l'honneur de saint André, de saint Antoine, de saint Jacques, de saint Jean l'Évangéliste, de saint Nicolas, de saint Sébastien ; le motet à la gloire de la ville de Florence (*Salve flos Tusce gentis / Vos nunc Etrusce jubar*, probablement contemporain du *Nuper rosarum* composé pour la consécration de la cathédrale) ; le motet *Balsamus et munda cera / Isti sunt agni novelli* se rapportant à la bénédiction et distribution de médailles dites agnus-Dei par chaque nouveau pape, l'année de son avènement.

Le motet-cantilène, ainsi nommé parce que la mélodie du superius est prépondérante, s'apparente à la chanson profane.

Presque tous les motets de ce type sont à trois voix ; la plupart sont dédiés à la Vierge Marie ; ce sont des antiennes mariales, tel l'*Alma Redemptoris Mater*, paraphrase d'un thème emprunté au plain-chant ; d'autres sont moins directement rattachés à la liturgie, comme *Ave virgo* ou *Flos florum*.

Il faut enfin mentionner l'*Ave Regina* à quatre voix, composé en 1464 et que Dufay souhaitait que l'on chantât à ses obsèques. Le texte « tropé » concerne directement le musicien, qui implore pour lui la miséricorde divine (« *Miserere tui labentis Dufay* »). Établi sur *cantus firmus* (l'antienne « *Ave Regina* »), ce motet préfigure, tant par le style que par le matériel thématique utilisé, l'ultime messe du musicien.

Dans une catégorie à part, il convient de classer les *Hymnes*, les *Séquences*, les *Magnificat*, plus étroitement en rapport avec la liturgie que ne le sont les motets. Les formes ici adoptées sont proches de celles de la chanson profane ; toutes ces pièces sont à trois voix ; l'accompagnement en est assez simple, souvent traité en faux-bourdon ; la partie supérieure, où se situe généralement le *cantus firmus*, est plus ou moins ornée. « Dufay respecte la mélodie liturgique, dit André Pirro, assez pour la laisser reconnaissable, tandis que l'effusion musicale de sa piété l'entraînerait à embellir outre mesure le sujet. »

Les compositions profanes

La plupart des chansons de Dufay ont été écrites avant 1435. On en compte quatre-vingt-quatre, dont huit sur des textes italiens, plus une dizaine d'autres d'attribution plus ou moins douteuse.

Les formes musicales sont ici très liées aux formes poétiques (*rondeau*, *virelai*, *ballade*). Les thèmes littéraires sont assez conventionnels : chants d'étrennes, chants d'amour et de printemps. L'écriture est presque toujours à trois voix : la partie supérieure supporte le texte, les autres parties sont instrumentales ; parfois, deux voix se partagent les paroles, la dernière alors est dévolue aux instruments. L'évolution du style se marque, dans les chansons de la maturité, par l'assouplissement du « contraténor » instrumental ; on note plus d'équilibre entre les diverses parties et un rôle plus déterminant assigné à la technique de l'imitation. Cet équilibre et cette écriture contrapuntique plus serrée seront les signes distinctifs de la chanson française à la fin du XVe siècle.

On retrouve dans les chansons de Dufay cette souplesse mélodique, déjà signalée, qui donne tant de charme à ses compositions ; un exemple : le début de la célèbre pièce *Vergine bella* sur des vers de Pétrarque.

Citons quelques titres dans cet abondant répertoire : *Bon jour, bon mois* ; *Ce moys de may* ; *Mon cuer me fait tous dis penser* ; *Franc cuer gentil* ; *Se la face ay pale* ; *Mon seul plaisir* ; *Vostre bruit et vostre grant fame*. Une chanson se distingue des autres par sa verve issue du folklore : *La belle se siet au piet de la tour*, fondée sur un *cantus firmus* populaire (le thème de la Pernette). La déclamation syllabique du texte dans les parties supérieures est assez exceptionnelle chez Dufay.

Enfin, on n'aura garde d'oublier, à mi-chemin du profane et du sacré, la belle *Lamentatio Sanctae Matris Ecclesiae Constantinopolitanae* à quatre voix (deux parties vocales, deux instrumentales), unissant un texte en langue vulgaire (« Très piteulx suis, de tout espoir fontaine ») à la plainte de Jérémie, « *Omnes amici ejus spreverunt eam* ».

ROGER BLANCHARD

Bibliographie

G. Dufay, *Opera omnia*, G. de Van & H. Besseler éd., Amer. Inst. of Musicology, Rome, 1947-1966.

• Études

G. Adler & O. Koller, « Sechs Trienter Codices », in *Denkmäler der Tonkunst in Österreich*, vol. VII et IX, Leipzig, 1904 / H. Besseler, *Die Musik des Mittelalters und der Renaissance*, Potsdam, 1931 ; *Bourdon und Fauxbourdon*, Breitkopf u. Härtel, Leipzig, 1950 ; « Neue Dokumente zum Leben und Schaffen Dufays », in *Archiv für Musikwissenschaft*, vol. IX, 1952 / R. Bockholdt, *Die Frühen Messenkompositionen von G. Dufay*, Schneider, Tutzing, 1960 / M. F. Bukofzer, *Studies in Medieval and Renaissance Music*, Norton, New York, 1950 ; « Caput Redivivum : a New Source for Dufay's Missa Caput », in *Journ. amer. musicol. Soc.*, vol. IV, 1951 / J. Chailley, *Histoire musicale du Moyen Âge*, P.U.F., Paris, 1984 / S. Cordero di Pamparato, « G. Dufay alla corte di Savoia », in *Sancta Cecilia*, vol. XXVII, 1925 / E. Dartus, *Un grand musicien cambraisien : Guillaume Dufay*, Cambrai, 1974 ; *À propos de Guillaume Du Fay*, *ibid* ; 1982 / E. Droz & G. Thibault, *Poètes et musiciens du XV*e siècle, Paris, 1924 / E. Droz, Y. Rokseth & G. Thibault, *Trois Chansonniers français du XV*e siècle, Paris, 1927 / D. Fallows, *Dufay*, Dent, Londres, 1987 / R. von Ficker, « Zur Schöpfungsgeschichte des Fauxbourdon », in *Acta musicologica*, 23, 1951 / F. X. Haberl, « Wilhelm du Fay », in *Vierteljahresschrifft für Musikwissenschaft*, 1885 / C.-E. Hamm, *A Chronology of the Works of Guillaume Dufay*, Princeton Univ. Press, Princeton (N.-J.), 1964, rééd. Da Capo, New York, 1986 / J. Houdoy, *Histoire artistique de la cathédrale de Cambrai*, Paris, 1880 / J. Marix, *Les Musiciens de la cour de Bourgogne*, Paris, 1937 ; *Histoire de la musique et des musiciens de la cour de Bourgogne sous le règne de Philippe le Bon*, Strasbourg, 1939 / A. Pirro, *Histoire de la musique de la fin du XIV*e *à la fin du XVI*e siècle, Paris, 1940 / J. Stainer, *Dufay and His Contemporaries*, Londres, 1888, rééd. fac similé F. Knuf, Amsterdam, 1963 / C. van den Borren, *G. Dufay, son importance dans l'évolution musicale du XV*e siècle, Bruxelles, 1926, rééd. fac similé 1975 ; « Dufay and His School », in *New Oxford History of Music*, Londres, 1960 / J. Wolf, *Geschichte der Mensuralnotation von 1250-1460*, Leipzig, 1904.

DUKAS PAUL (1865-1935)

Paul Dukas relève de cette rare catégorie de compositeurs qui « ne se résignèrent qu'au chef-d'œuvre » : bien qu'ayant vécu soixante-dix ans, il se limita à sept œuvres principales et à cinq partitions plus réduites, dont *Prélude élégiaque sur le nom de Haydn* (1909), pour le centenaire de la mort de ce maître, et *La Plainte au loin du faune* (1920), en mémoire de Debussy. Durant les deux dernières décennies de son existence, il détruisit toute une série d'ouvrages, dont certains étaient achevés : une deuxième symphonie, une sonate pour piano et un violon, un poème symphonique (*Le Fils de la Parque*), un drame lyrique (*Le Nouveau Monde*), deux ballets (*Le Sang de Méduse* et *Variations chorégraphiques*). Né à Paris, condisciple de Debussy au conservatoire de cette ville, il obtint le second prix de Rome, mais jamais le premier. Deux ouvertures de jeunesse (pour *Le Roi Lear* et pour *Götz von Berlichingen*) ne nous sont pas parvenues. Mais une troisième, d'après *Polyeucte* de Corneille, fonda d'emblée sa réputation (janv. 1892), bien qu'encore sous le signe du postromantisme wagnérien et franckiste. Cinq ans plus tard (janv. 1897), la *Symphonie en ut* était assez froidement accueillie. En revanche, en mai suivant, le scherzo *L'Apprenti sorcier*, un des plus brillants et des plus réussis de tous les poèmes symphoniques, remporta un triomphe qui ne s'est pas démenti depuis. À ces trois partitions d'orchestre succédèrent deux monuments pour piano dédiés au grand interprète beethovenien Édouard Risler, qui en assura la création : la *Sonate en mi bémol mineur* (1901) et les *Variations sur un thème de Rameau* (1903). La sonate, dont le troisième mouvement contient une fugue, est un net hommage à l'auteur de la *Hammerklavier* ; les variations à celui des Diabelli (d'autant qu'en apparence le thème de Rameau est des plus insignifiants).

Les quatre années suivantes furent consacrées à *Ariane et Barbe-Bleue* (d'après Maeterlinck), créé à l'Opéra-Comique en mai 1907.

Ariane, sixième femme de Barbe-Bleue, rend la liberté aux cinq premières (dont Mélisande), que l'on croyait mortes ; quand Barbe-Bleue, terrassé par ses paysans, est livré à la merci de ses femmes, les cinq premières préfèrent demeurer captives auprès de lui, et Ariane, libératrice inutile, s'éloigne seule ; la partition de Dukas, merveilleuse de richesses orchestrales et de trouvailles rythmiques, permet de comprendre ce qui unit Debussy et Dukas dans un même sens profond du mystère tel que Maeterlinck l'exprime à travers ses drames, et ce qui les différencie musicalement comme créateurs (Debussy plus « français » par sa fluidité, sa subtilité et ses voix proches du « parlé », Dukas plus proche du romantisme wagnérien et franckiste par sa vigueur et ses développements thématiques).

Quant au ballet *La Péri*, dernière partition importante de Dukas, il fut donné pour la première fois (après avoir été promis à la destruction et sauvé *in extremis*) non pas par Serge de Diaghilev, comme prévu, mais par N. Trouhanova au théâtre du Châtelet (avr. 1912) : avant le ballet proprement dit, une éblouissante fanfare de cuivres, « chef-d'œuvre précédant le chef-d'œuvre ».

Titulaire d'une classe d'orchestre au Conservatoire de Paris de 1910 à 1913, inspecteur de l'enseignement musical pour les conservatoires de province à partir de 1924, successeur de Charles-Marie Widor comme professeur de composition au Conservatoire de Paris en 1928, élu à l'Institut au fauteuil d'Alfred Bruneau en 1934, Dukas exerça aussi d'importantes activités de critique et publia des écrits sur la musique jusqu'à sa mort, survenue à Paris. Très grand orchestrateur et architecte, il compta parmi ses élèves Olivier Messiaen.

MARC VIGNAL

DU MONT HENRY (1610-1684)

Compositeur, organiste et claveciniste d'origine wallonne (il naquit près de Liège et vécut la majeure partie de sa vie à Paris, où il mourut), qui exerça une profonde influence sur la musique religieuse française. Son rôle dans ce domaine a pu être comparé à celui de Haydn dans celui de la symphonie et du quatuor à cordes.

Henry Du Mont fut d'abord enfant de chœur, avec son frère Lambert, à la collégiale Notre-Dame de Maëstricht (1621-1626). En 1630, il étudia à Liège la composition avec Léonard Collet de Haudemont (env. 1575-1636), en même temps que Lambert Pietkin (1613-1696), lui-même organiste à cette date de la cathédrale de Liège et avec qui il prit peut-être des leçons d'orgue. Cette même année, on le retrouve maître de chapelle et organiste de Notre-Dame de Maëstricht ; il céda ce dernier poste à son frère en 1632. Trois ans plus tard environ, il adopta la traduction française, Du Mont, de son nom d'origine, De Thier. Était-ce pour mieux s'établir à Paris, où il arriva, en effet, en 1638 ? En

1640, il occupe la fonction d'organiste dans la paroisse des rois de France, l'église Saint-Paul, où il exercera jusqu'à sa mort. En 1652, il entre au service du duc d'Anjou, frère de Louis XIV, comme organiste et claveciniste. L'année suivante, il se marie avec Mechtilde Loyens, fille du bourgmestre de Maëstricht. En 1660, il est claveciniste de la reine Marie-Thérèse d'Autriche et, treize ans plus tard, il est nommé maître de la Musique. Auparavant, en 1663, il avait obtenu l'un des quatre postes de sous-maître de la Chapelle royale, succédant à Jean Veillot (1610 env.-1662 env.) ; en 1672, il est nommé compositeur de la Chapelle royale. Après la mort de sa femme, il avait reçu, en 1667, un canonicat à Saint-Servais de Maëstricht ; Louis XIV lui confie en outre les importants bénéfices de l'abbaye de Silly.

Mis à part quelques œuvres profanes de faible importance (chansons, pièces instrumentales), Du Mont a composé avant tout pour l'église. Sa formation musicale était complète quand il arriva à Paris. À Liège, l'influence italienne était forte, et il convient de remarquer qu'à Paris même, avant la toute-puissance de Lully, on pouvait entendre à la Cour, par exemple, du Carissimi. Du Mont développe le style du petit motet, dont il est presque le créateur, à côté d'Antoine Boesset et André Péchon (maître de chapelle de Saint-Germain-l'Auxerrois). Citons les *Cantica sacra II, III et IV cum vocibus tum instrumentis modulata* (1652), les *Meslanges à 2, 3, 4 et 5 parties avec la basse continue, contenant plusieurs chansons, motets, magnificats, préludes et allemandes pour orgue et pour les violes, et les litanies de la Vierge* (1657), ainsi que la *Troisième Partie adjoustée aux Préludes des meslanges* (1661), des *Airs à 4 parties sur la paraphrase des Psaumes* (1663), des *Motets à 2 voix avec la basse continue* (1668), des *Motets à 2, 3 et 4 parties pour voix et instruments avec la basse continue* (1681).

Même s'il n'a pas été le premier à utiliser en France le continuo, ce sont ses œuvres qui, les premières, furent imprimées avec cette technique d'écriture, dont il généralise l'emploi. Avec les vingt grands *Motets à deux chœurs pour la chapelle du roy* (1686, publiés à titre posthume sur ordre exprès du roi), Du Mont inscrit son nom dans les rangs de l'école versaillaise commençante ; en cela, il poursuit les efforts de N. Formé et de J. Veillot, dans une ligne parallèle à celle de Lully et de Pierre Robert (1618-1699). Ces œuvres comportent des symphonies d'ouverture, ordinairement en forme d'allemande ; l'écriture est toujours contrapuntique et n'obéit pas au verticalisme lullyste.

Un sens de la mesure et l'équilibre dans la forme autant que dans l'expression s'offre en modèle à ses successeurs (Delalande notamment) ; évoquons un seul exemple : celui du *Quemadmodum desiderat cervus*. Soli, duos, airs, ensembles et chœurs avec accompagnement instrumental, telles sont schématiquement les parties qui alternent dans ses grands motets. À signaler que les violons chantent leurs propres mélodies et ne doublent pas simplement les voix. « Un siècle avant que ne paraisse Mozart, les mœurs harmoniques qui seront celles du classicisme allemand sont en usage (en France) : l'accord parfait et l'accord de septième de dominante règnent chez Du Mont et Lully ; la cadence parfaite et toutes ses conséquences structurales leur sont familières ; le rôle des trois fonctions tonales est dégagé ; le groupement des tons voisins autour du principal fonde l'architecture. Bien avant que Rameau n'ait codifié la théorie, l'art vit des principes que ce grand pédagogue tirera au clair » (J. Samson). Une certaine célébrité populaire de Du Mont s'est établie grâce à ses *Cinq Messes en plain-chant musical* (1669), œuvres où règnent un rythme moderne tout autant qu'une sensible de tonique clairement affirmée ; elles furent parfois appelées royales, sans qu'on en puisse connaître la raison, car elles ne furent jamais chantées devant le roi ; elles étaient destinées aux pères de la Mercy et à des couvents. Ce fut une erreur musicologique de Solesmes, au début du XXe siècle, d'essayer de les intégrer de force dans le grégorien restauré à sa manière (modes sans altérations, rythme « châtré »). Pour que Du Mont ait cru bon de qualifier son plain-chant de musical, il faut croire que l'ancien plain-chant alors démodé avait perdu toute musicalité à ses yeux.

PIERRE-PAUL LACAS

DUNSTABLE JOHN (1385 env.-1453)

Astronome et mathématicien anglais, surtout connu comme musicien : *Primus inter pares* selon Tinctoris qui, dans son *Proportionale Musices* (1477), rendit son nom célèbre dans l'Europe musicienne du XVe siècle ; déjà de son vivant sa renommée était grande, car ses manuscrits ont été retrouvés à Rome, à Plaisance, à Bologne, à Modène, à Aoste, à Trente, à Munich, à Dijon...

Le style de Dunstable, comme celui de Leonel Power, de peu son aîné, ouvre la voie à l'école franco-flamande et d'abord à Binchois et Dufay, qui, aux dires de Martin Le Franc, dans *Le Champion des dames* (vers 1440), ont pris la « contenance anglaise » et le considéraient comme leur modèle. Dunstable « éleva le dialecte national anglais au niveau d'un style universel » (M. F. Bukofzer) qui marque l'abandon de l'*Ars nova* du XIVe siècle, ou plutôt qui lui infuse un sang neuf et tire des conséquences inédites de ses principes, assurant ainsi le passage à la musique de la Renaissance. À en croire une inscription dans un traité d'astronomie qui lui appartint, il fut chanoine et musicien du duc de Bedford (frère du roi d'Angleterre, Henri V, et beau-frère de Philippe le Bon). Le duc fut aussi régent à Paris pendant la minorité d'Henri VI de 1422 à 1435. Mais rien ne permet d'affirmer que Dunstable suivit son maître en France. Il a été vraisemblablement en rapport avec les bénédictins de St. Albans (Hertfordshire). C'est à Londres qu'il mourut ; il est enterré à St. Stephen's Walbrook dans la City.

De son œuvre, on possède notamment : six fragments de messe isolés ; six autres formant paires (dont Gloria et Credo sur le *Cantus firmus Jesu Christe Fili Dei* ; Credo et Sanctus sur *Da gaudiorum præmia*) ; deux messes cycliques d'attribution douteuse (*Rex saeculorum*, en l'honneur de saint Benoît, est aussi attribuée à Power par les manuscrits ; la seconde pourrait être de Benet) ; douze motets isorythmiques ; cinq pièces de paraphrase libre d'une mélodie liturgique ; trois chansons profanes (*Puisque l'amour m'a pris en déplaisir*, *Durer ne puis* et *O rosa bella* – laquelle est douteuse –, sur un poème italien de Giustiniani) ; enfin quatorze autres motets ou œuvres religieuses, dont un Magnificat à trois voix. Dunstable a certes composé des œuvres selon les formes traditionnelles de la messe et du motet, isorythmiques ou libres (ainsi, a-t-il fait siennes les conquêtes de l'*Ars nova* en matière de rythme – le hoquet par exemple – et de polyphonie, bien que son écriture soit plus simple et plus proche de la musique populaire), mais il a innové en étant le créateur du style qu'on appela consonant ou panconsonant. Bukofzer, qui, au début du XXe siècle, procéda à une édition de l'œuvre du musicien, écrit à ce sujet : « Il élimina du contrepoint les dissonances non préparées et les frictions entre les voix que l'on trouve encore dans ses premières œuvres, et il transforma les syncopes non préparées et dissonantes en suspensions préparées. Cette clarification du traitement de la dissonance, en même temps que l'harmonie anglaise traditionnellement riche expliquent l'impression générale, d'une nouveauté frappante, dans sa musique, celle de l'euphonie perpétuelle » (ainsi le motet déclamatoire *Quam pulchra es* où, en outre, le rythme de la déclamation du texte détermine celui de la musique). Une deuxième innovation concerne la forme de la messe : Dunstable et Power furent les premiers à relier les différentes parties de l'ordinaire grâce à un *cantus firmus* confié au ténor (messe cyclique) ; on retrouve ce ténor continu d'un morceau à l'autre et l'on sait à quel avenir long et brillant une telle technique était appelée. Les deux fragments de la messe *Da gaudiorum praemia* furent peut-être composés pour le couronnement d'Henri VI d'Angleterre comme roi de France, à Notre-Dame de Paris, en 1431. De plus, Dunstable intègre souvent la mélodie du plain-chant au *superius* en l'ornant parfois à un tel degré (colorations) qu'elle en devient méconnaissable ; une telle manière, où il excelle, engendre une ligne mélodique ample et variée. Dans la forme strophique, il n'accepte ni la répétition pure et simple d'un même mélisme ni le parti d'une mélodie totalement différente ; on peut tenir pour une innovation qu'il use de la variation, principe qui devint, au XVIe siècle, essentiel pour la composition. Déjà, dans le *Buxheimer Orgelbuch* (XVe s.), on trouve trois de ses œuvres transcrites pour orgue. Enfin, parmi les contemporains ou les successeurs immédiats de Dunstable, il faudrait citer une très longue liste de compositeurs anglais, tels J. Benet, Bloym, Forest, Richard Markham, John Bedingham, Robert Morton, Walter Frye (ces deux derniers à la cour de Bourgogne).

PIERRE-PAUL LACAS

DUPARC HENRI (1848-1933)

Représentant éminent de la mélodie française d'inspiration romantique. L'édition définitive de ses œuvres comprend treize mélodies, auxquelles, à peu de choses près, se limite sa production, mais qui suffisent à rendre son nom célèbre. Elles se situent toutes entre 1868 et 1884. Né à Paris dans un milieu où la pratique des arts est à l'honneur, Henri Duparc devient, dès avant la guerre de 1870, un des tout premiers élèves de César Franck et assiste à Munich à la création de *La Walkyrie*. Cofondateur en 1871 de la Société nationale de musique, dont il sera longtemps l'actif secrétaire, il voit, en 1885, sa santé déjà altérée lui rendre tout travail créateur impossible : alors commence un calvaire qui durera un demi-siècle. Il fait deux voyages à Lourdes en 1902 et en 1906 (avec Paul Claudel et Francis Jammes), s'oriente vers une vie intérieure empreinte de mysticisme et d'esprit contemplatif, perd la vue et meurt à Mont-de-Marsan, où il était retiré en

1924. Les treize mélodies, parmi lesquelles *L'Invitation au voyage* (Baudelaire, 1870), *La Vague et la cloche* (Coppée, 1871), *Extase* (Lahor, 1872), *Élégie* (Thomas Moore, 1874), *Le Manoir de Rosemonde* (Bonnières, 1879), *Phydilé* (Leconte de Lisle, 1882), *Lamento* (Gautier, 1883), *La Vie antérieure* (Baudelaire, 1884), valent moins par leurs nouveautés techniques que par une intensité d'expression d'autant plus grande que les moyens utilisés (simple altération d'un son, modulation inattendue, répétition obstinée de quelques accords) se font plus discrets. Ses seules autres partitions ayant atteint quelque notoriété sont un *Poème nocturne* pour orchestre (1874) et le poème symphonique *Lénore* (d'après Bürger, 1875).

MARC VIGNAL

DUPRÉ MARCEL (1886-1971)

Organiste, compositeur et éminent représentant de l'orgue symphonique, Dupré fut renommé pour son talent d'improvisateur (il fit de nombreuses tournées dans le monde entier, improvisant fugues et symphonies sur des thèmes fournis spontanément par des musiciens de l'auditoire). Son enseignement eut une profonde influence, même si, aujourd'hui, dans l'interprétation des œuvres baroques (Bach en particulier), on n'obéit plus, par exemple, aux règles du legato trop systématique qu'il prônait. Il fut l'élève de Diémer, de Guilmant, de Vierne et de Widor. En 1914, il obtint le grand prix de Rome. Il remplaça momentanément Vierne au grand orgue de Notre-Dame de Paris (1916-1922) et succéda à Widor à celui de Saint-Sulpice (de 1934 à sa mort). En 1920, il joua de mémoire, en dix récitals fameux, l'œuvre intégrale pour orgue de Bach. Parmi ses nombreuses compositions, citons trois *Préludes et fugues* (1912), la *Symphonie-Passion* (1924), *Le Chemin de la Croix* (1931-1932) – ces deux dernières d'abord improvisées, puis écrites – soixante-dix-neuf *Chorals* (1931), trois *Préludes et fugues* (1938), *Le Tombeau de Titelouze* (1942). Synthétisant le fruit de son enseignement au conservatoire de Paris (dont il dirigea la classe d'orgue après la mort de Gigout en 1926, et dont il fut le directeur de 1954 à 1956), il écrivit notamment *Trait d'improvisation à l'orgue*, *Cours d'harmonie analytique*, *Cours de contrepoint*, *Cours de fugue*.

PIERRE-PAUL LACAS

DURANTE FRANCESCO (1684-1755)

Avec son contemporain et rival Leo, auquel il succéda au Conservatoire Sant'Onofrio, Durante est l'un des principaux représentants de l'école napolitaine de la première moitié du XVIIIe siècle. Ce fut avant tout un pédagogue (Pergolèse, Piccinni, Paisiello, parmi bien d'autres, furent ses élèves), homme simple, d'humeur égale, paisible et intègre. Il composa au moins trois oratorios (tous perdus) et quantité d'œuvres religieuses, dont les manuscrits sont dispersés dans toute l'Europe, preuve de sa réputation internationale : quatorze messes, une cinquantaine de motets. Les motets sont soit a cappella (*alla Palestrina*), soit avec accompagnement instrumental, et toujours d'un style contrapuntique sévère. Cette polyphonie est cependant plus libre, moins stricte que celle de Leo, et sa valeur aussi plus inégale : il s'élève plus haut parfois, mais se soutient moins. Ses œuvres instrumentales sont peu nombreuses (huit quatuors, sonates, fugues et partitas pour clavecin, une sonate pour orgue, un concerto). Il n'a rien écrit pour le théâtre. Ses élèves et ceux de Leo s'opposèrent vigoureusement en *durantisti* et *leisti*.

PHILIPPE BEAUSSANT

DUREY LOUIS (1888-1979)

Aîné du groupe des Six, Louis Durey s'est rapidement situé en marge de l'action de ses amis. Sa réserve naturelle n'avait rien de commun avec les éclats un peu tapageurs des Six à leurs débuts et, s'il a toujours conservé des liens amicaux étroits avec ses camarades, son appartenance au groupe des Six repose davantage sur le hasard que sur des raisons esthétiques.

Louis Durey voit le jour le 27 mai 1888 à Paris. Il acquiert d'abord une formation universitaire et est diplômé des Hautes Études commerciales en 1908. Il vient à la musique assez tard : il commence l'étude de l'harmonie et du contrepoint en 1919 avec Léonce Saint-Réquier qui enseigne à la Schola Cantorum. À cette époque, il a déjà écrit ses premières mélodies. Très vite, il se retrouve parmi les Six (1920) dont il se détache tout aussi rapidement pour des raisons éthiques : le groupe s'en prend à des valeurs reconnues, comme Wagner, que Durey estime inattaquables ; de plus, Ravel, qui vient d'introduire Durey chez l'éditeur Durand, est une de leurs cibles.

Membre du Parti communiste à partir de 1936, Durey adhère à la Fédération musicale populaire la même année et en devient secrétaire général un an plus tard. Après la guerre, il participe à la fondation de l'Association française des musiciens progressistes dont le but est d'appliquer les directives populistes de l'esthétique officielle soviétique ; aux côtés de Serge Nigg et de Michel Philippot, il s'attache à exprimer dans sa musique la vie et la lutte des masses populaires ; en 1948, il devient vice-président de cette association. Il sera à partir de 1950 le principal critique musical de la presse communiste. À la fin des années cinquante, Louis Durey s'installe à Valfère, en Provence, où il vit en marge de l'activité musicale de la capitale. En 1960, il reçoit la médaille d'argent de la Ville de Paris et, l'année suivante, le grand prix de musique française de la S.A.C.E.M.

L'œuvre de Durey se ressent dans un premier temps des influences de Stravinski, Satie et même Schönberg. Lors de son bref passage parmi les Six, il se montre l'un des antiromantiques les plus farouches ; son attitude est cependant purement esthétique, alors que ses amis visent aussi les hommes qui illustrent cette démarche intellectuelle. L'académisme est l'un de ses pires ennemis. Cet autodidacte fait son chemin en solitaire et sait se dégager progressivement de l'influence des maîtres qu'il admire. Parti d'un atonalisme teinté de polytonalité, il dévoile sa véritable personnalité dans une musique dépouillée et concise. Le moindre trait de crayon sur la portée prend une valeur essentielle. Son harmonie, riche et subtile, lui permet de trouver des timbres nouveaux.

Ses convictions politiques sont une véritable morale qui guide sa vie et sa production. La poésie est inscrite au plus profond de lui-même, ce qui explique sa prédilection pour la mélodie et la voix : ses premières œuvres sont conçues sur des poèmes de Paul Verlaine, Francis Jammes, André Gide ou Rabindranath Tagore. Par la suite, il présente *Éloges* (1917-1962) et *Images à Crusoe* (1918) sur des poèmes de Saint-John Perse, *Chansons basques* (1919), *Le Bestiaire* (1920), *La Longue Marche* (1959), sur un poème de Mao Zedong, deux *Poèmes d'Hô Chi Minh* (1951) et plusieurs séries de chansons populaires françaises qu'il harmonise. Pour le piano, il compose *Carillons* et *Neige* (à quatre mains, 1916-1918) qu'il orchestre par la suite, trois sonatines (1926), dix *Inventions* (1928), des préludes, études, nocturnes, les dix *Basquaises* (1951) et les *Autoportraits* (1967). La musique de chambre traduit particulièrement bien la pudeur de ce musicien intimiste (trois quatuors, deux trios, une sonatine pour flûte et piano), alors que l'orchestre semble l'intimider : outre les orchestrations de *Carillons* et de *Neige*, il ne livre à l'orchestre symphonique qu'une *Fantaisie* pour violoncelle et orchestre (1947) et l'*Ouverture Île-de-France* (1955). En revanche, les orchestres réduits lui conviennent mieux, car il retrouve en eux le charme discret de la musique de chambre : *Concertino* pour piano et instruments à vent (1957), *Octophonies* (1965) et *Sinfonietta* pour cordes (1966).

La production de Louis Durey est peu connue : rarement jouée, inédite en grande partie, elle est l'œuvre d'un homme profondément convaincu de la vérité de son message mais peu soucieux des moyens qui lui permettront d'aboutir. On lui doit aussi la restitution de nombreuses œuvres anciennes, de Josquin des Prés et Janequin à Couperin et Gossec.

ALAIN PÂRIS

DURUFLÉ MAURICE (1902-1986)

Dernier survivant de la grande école de l'orgue symphonique française, Maurice Duruflé voit le jour à Louviers le 11 janvier 1902. À la maîtrise de la cathédrale de Rouen, il est l'élève de Jules Haelling (1912-1918), avant de se fixer à Paris, en 1919. Il travaille l'orgue avec Alexandre Guilmant et, l'année suivante, il entre au Conservatoire, où il suit les cours d'Eugène Gigout (orgue), Jean Gallon (harmonie), Georges Caussade (contrepoint et fugue) et Paul Dukas (composition). Cinq premiers prix couronneront ses études : orgue (1922), harmonie et fugue (1924), accompagnement (1926) et composition (1928). Poursuivant sa formation d'organiste, il travaille avec Charles Tournemire et Louis Vierne, dont il devient l'assistant, respectivement à Sainte-Clotilde et à Notre-Dame de Paris (1929-1931). En 1929 et 1930, il reçoit à deux reprises le premier prix des Amis de l'orgue, comme exécutant et improvisateur, puis comme compositeur, pour son *Prélude, adagio et choral varié sur le thème du Veni Creator*. Cette même année 1930, il est nommé organiste titulaire de l'orgue de Saint-Étienne-du-Mont à Paris, poste qu'il conservera toute sa vie, secondé plus tard par sa femme, Marie-Madeleine Duruflé-Chevalier.

Ses premières œuvres sont couronnées, en 1936, par le prix de la fondation Blumenthal. Suppléant de Marcel Dupré à la classe d'orgue du Conservatoire à partir de 1942, il y est nommé professeur d'harmonie l'année suivante, fonction qu'il occupera jusqu'en 1973, comptant parmi ses élèves Pierre Cochereau, Xavier Darasse et Daniel Roth. Sa carrière prend un essor international, notamment aux États-Unis et en Grande-Bretagne, où il joue régulièrement. Il recoit en 1956 le grand prix musical du département de la Seine et, en 1962, au Vatican, il est nommé commandeur de l'ordre de Saint-Grégoire-le-Grand pour l'ensemble de son œuvre religieuse. Il continue à jouer régulièrement jusqu'au début des années 1980 ; un accident d'automobile l'oblige alors à se retirer. Il meurt à Louveciennes le 16 juin 1986.

À l'image de celle de son maître Paul Dukas, l'œuvre de Maurice Duruflé compte un nombre très restreint de partitions : il ne livrait que des œuvres mûrement élaborées, sans cesse remises sur le métier. Au fil des années, elles se font de plus en plus rares, l'homme voyant se creuser un fossé entre une esthétique traditionnelle dont il ne voulait pas se détacher et les nouvelles techniques de composition sans lesquelles il n'y avait pas de salut. Pour son instrument, il a laissé une demi-douzaine d'œuvres, qui s'échelonnent entre 1926 et 1943, notamment *Prélude, adagio et choral varié sur le thème du Veni Creator*, op. 4 (1929), la *Suite* op. 5 (1930) et *Prélude et fugue sur le nom d'Alain* op. 7 (1943), hommage à son camarade Jehan Alain, tué au front en 1940. Dans le domaine instrumental et de la musique de chambre, il a écrit un *Triptyque* pour piano (1926) ainsi que *Prélude, récitatif et variations* pour flûte, alto et piano op. 3 (1928), créé par Marcel Moyse. Pour l'orchestre, deux partitions : *Trois Danses* op. 6 (1935), créées l'année suivante par Paul Paray, et *Andante et scherzo* op. 8 (1940), créé par Charles Münch.

Mais c'est surtout par sa musique religieuse que Duruflé a attiré l'attention : le *Requiem* op. 9 (1947), les *Quatre Motets sur des thèmes grégoriens* pour chœur a cappella op. 10 (1960) et la *Messe « cum jubilo »* pour baryton, chœur de barytons et orchestre op. 11 (1966). Le *Requiem* avait révélé, lors de sa création sous la baguette de Roger Désormière, un musicien fervent, au langage original, même si ses références étaient César Franck, Gabriel Fauré ou le chant grégorien. Au premier, il emprunte une écriture contrapuntique solide, au second un raffinement harmonique qui le mène aux confins de l'écriture modale. Quant au chant grégorien, il est omniprésent dans son œuvre, sous forme de citations ou en filigrane. Ardent défenseur de cette forme de musique liturgique, il restera toujours hostile aux expériences post-conciliaires et au renouveau hâtif du répertoire qui a suivi. L'œuvre pour orgue de Duruflé se situe dans le prolongement de celle de ses maîtres, Tournemire et Vierne : richesse des registrations propre aux Cavaillé-Coll, recherches de couleurs, mais toujours avec une mesure et un sens poétique évidents. Contrairement à la plupart des adeptes de l'orgue symphonique, Duruflé savait s'intéresser à l'orgue classique et il a laissé des enregistrements de l'œuvre de Jean-Sébastien Bach qui font figure de synthèse entre deux esthétiques antagonistes.

La discrétion était la qualité première de Maurice Duruflé : ennemi de tout ce qui aurait pu faire de lui une vedette, il était pourtant reconnu par ses pairs comme l'un des plus grands. Il avait créé le *Concerto pour orgue, orchestre à cordes et timbales*, en *sol* mineur de Poulenc en 1941.

ALAIN PÂRIS

DUSAPIN PASCAL (1955-)

Né le 29 mai 1955 à Nancy, Pascal Dusapin est l'un des très rares compositeurs français de la jeune génération à avoir bénéficié d'une véritable médiatisation alors qu'il n'avait pas vingt-cinq ans. Ayant suivi des études universitaires (musicologie, arts plastiques, science de l'art à Paris-I-Sorbonne), il bénéficia du parrainage de la Fondation de la vocation (dont il fut lauréat en 1977) et de Xénakis, dont il fut l'élève.

De ce dernier, Dusapin a appris que la musique est un langage dont la dialectique se doit d'être logique sinon radicale. De Xénakis vient en outre sa pensée d'un concept musical qu'il nomme *fuite* et qui trouve son pendant dans cet autre concept, la *capture*.

Fuite : car, comme Xénakis et Varèse, Dusapin refuse les notions de thème et de développement et tient à assumer le paradoxe consistant à trouver l'unité dans la discontinuité de son discours.

Capture : parce que la rigueur de sa pensée (qui ne perd jamais de vue son *stokos* – son but) procède par impulsions successives d'énergie. Une énergie qui, dès qu'elle est libérée, se voit ainsi captée, « capturée » par le geste musical du compositeur, par sa logique compositionnelle. Un geste se définissant non pas comme une explosion mais comme une *implosion* car, ici, c'est l'énergie elle-même qui se libère et non pas le matériau qui libère son énergie.

De Xénakis vient aussi son emploi de glissandos et l'intégration à son univers des micro-intervalles. Mais, contrairement à lui, Dusapin ne s'enferme point dans une axiomatique.

De Varèse, Dusapin a appris la notion d'énergie, le refus du développement thématique et l'approche organique de la structure musicale.

De Varèse, il a hérité la puissance élémentaire du son – timbre, la tension naissant de la concentration du matériau autant que de la concision du discours, le désir de s'échapper du tempérament et cette perception de la musique qui envisage celle-ci comme une masse de sons évoluant dans l'espace et non pas comme une série ordonnée de sons. Mais, contrairement à lui, Dusapin se passionne pour le jazz (en tant qu'organiste, il en joue pour son plaisir) et reste de marbre face à l'univers des percussions. De plus, si Dusapin possède une formation de mathématicien, il n'est cependant point un scientifique.

Ce qui le passionne ? La dialectique, la trace de la pensée dans la musique, l'approche – par l'organique formalisé – d'une musique qui serait la représentation « réfléchissante » du *concept* musique.

Cette recherche, ne lui faisant nier ni les exigences du matériau ni celles de la pensée discursive, le place (bien qu'il s'en défende) parmi les compositeurs « intellectuels » et formalistes.

Quant au style de ses débuts, à la radicalité violente (dans ses procédés d'écriture), aux timbres brutalement antagonistes, au contrepoint rythmique aussi complexe qu'austère, à la polyphonie brisée (par des hauteurs en perpétuels glissements), il a laissé peu à peu la place à un langage plus épuré, volontairement plus expressif et recherchant une adhésion auditive plus immédiate (en réintégrant notamment des gestes musicaux « tonaux » et les consonances).

Son opéra – sur un livret d'Olivier Cadiot – *Roméo et Juliette* (1988) s'avère ainsi être représentatif de l'esthétique nouvelle adoptée par Dusapin.

Dans le catalogue très abondant (près de 70 partitions en vingt ans) de ce créateur, citons, parmi ses premières œuvres : *Souvenir du silence*, pour treize cordes solistes (1976), *Igitur*, pour voix de femmes, sept cuivres et six violoncelles (1977), *Timée*, pour orchestre (1978), *Le Bal*, pour ensemble (1979), son triptyque (datant de 1980) réunissant *Musique fugitive*, pour trio à cordes, *Musique captive*, pour neuf instruments à vent, et *Inside*, pour alto seul, sans oublier *Tre Scalini*, pour orchestre (1982), qui semble clore une première période créatrice s'ouvrant sur de nouvelles perspectives avec *Niobé*, pour douze voix mixtes, soprano solo et ensemble (1982).

Dusapin a en outre beaucoup écrit pour instruments solistes (chacune de ces œuvres porte dans son titre un « I » initial) ou pour de très petites formations, inhabituelles en musique de chambre : *To God*, pour voix et clarinette (1985), *Mimi*, pour deux voix, hautbois, clarinette basse et trombone (1986), *Anacoluthe*, pour voix, clarinette contrebasse et contrebasse (1987), *Two Walking*, cinq pièces pour deux voix de femme sur un texte de Gertrude Stein (1994), *Ohé*, pour clarinette et violoncelle (1996), *If*, pour clarinette (1984), *Il-Li-Ko*, pour voix de femme (1987), *In and Out*, pour contrebasse (1989), *Invece*, pour violoncelle (1992), *Ipso*, pour clarinette (1994), *Immer*, pour violoncelle (1996).

Citons encore son *Deuxième Quatuor à cordes* intitulé *Time Zones* (1989), l'« operatorio » sur instruments baroques *Medeamaterial* (prologue au *Didon et Énée* de Purcell sur la *Médée* de Heiner Müller, daté de 1991), *La Melancholia*, pour orchestre, chœur, quatre solistes vocaux et trois solistes instrumentaux (1991), *Comœdia*, sur des textes de Dante pour soprano et six instrumentistes (1993), le spectacle lumineux *To Be Sung*, qui se veut un opéra de chambre en 43 numéros d'après *A Lyrical Made by Two* de Gertrude Stein (1993), *Quad « In memoriam Gilles Deleuze »*, concerto pour violon et quinze musiciens (1996), *Celo*, qui est un concerto pour violoncelle et orchestre (1996), et *Trio I*, pour piano, violon et violoncelle (1997).

ALAIN FÉRON

DUTILLEUX HENRI (1916-)

Dès ses premières partitions, Henri Dutilleux s'est imposé comme une figure particulière de la musique française ; il est peut-être le seul compositeur vivant capable de réunir les suffrages des musiciens de toutes tendances. L'avant-garde comme les défenseurs d'une certaine tradition respectent en lui l'homme indépendant, ouvert à toutes les nouveautés, l'artiste honnête, en quête perpétuelle de son propre langage, démarqué des grands courants de la création musicale, qu'il est loin d'ignorer cependant. Dutilleux compose peu et chacune de ses œuvres nouvelles est un événement qui attire l'attention sur un homme dont la qualité première est pourtant l'effacement.

Un créateur indépendant

Henri Dutilleux voit le jour en 1916 à Angers dans une famille originaire de Douai réfugiée pendant l'occupation allemande. Il commence ses études musicales au Conservatoire de Douai avec Victor Gallois. En 1933, il arrive à Paris pour poursuivre sa formation au Conservatoire, où il remporte des premiers prix d'harmonie (1935, classe de Jean Gallon), de contrepoint et de fugue (1936, classe de Noël Gallon). Il travaille aussi l'histoire de la musique avec Maurice Emmanuel, la direction d'orchestre avec Philippe Gaubert et la composition avec Henri Büsser. En 1938, il remporte un second prix de composition et le premier grand prix de Rome. Son séjour à la villa Médicis est interrompu par la guerre. Sitôt démobilisé, il attire l'attention avec une *Sarabande* pour orchestre que crée Claude Delvincourt aux concerts Pasdeloup (1941). Puis voient le jour *Quatre Mélodies* (1942), *Danse fantastique* pour orchestre (1942), la *Sonatine pour flûte et piano* (1943), *La Geôle*, mélodie avec orchestre sur un poème de Jean Cassou (1944).

En 1942, Dutilleux est nommé chef de chant à l'Opéra de Paris. Puis il occupe les mêmes fonctions à la radio (1943-1944) avant d'y prendre la direction du service des illustrations musicales (1945-1963). Il compose alors de nombreuses musiques de scène, musiques de film et partitions radiophoniques qu'il refuse maintenant de voir sortir de leur contexte et laisse inédites. En 1946, il épouse la pianiste Geneviève Joy, qui deviendra la dédicataire et l'interprète de ses œuvres pour piano : la *Sonate pour piano* qu'elle crée l'année suivante marque une rupture avec les œuvres antérieures, qui baignaient encore dans l'héritage impressionniste. La même année, il compose une *Sonate pour hautbois et piano.*

Pendant les vingt années qui suivent, Henri Dutilleux se consacre presque exclusivement à l'orchestre, livrant un petit nombre de chefs-d'œuvre qu'imposent d'emblée des interprètes exceptionnels : *Symphonie n° 1* (Roger Désormière et l'Orchestre national, 1951), *Le Loup*, ballet sur un argument de Jean Anouilh et Georges Neveux (Roland Petit, 1953), *Trois Sonnets de Jean Cassou*, pour baryton et orchestre (1954), *Symphonie n° 2 « Le Double »*, commande de la fondation Koussevitzky pour le 75e anniversaire de l'Orchestre symphonique de Boston (Charles Münch, 1959), *Métaboles*, commande de l'Orchestre de Cleveland pour son 40e anniversaire (George Szell, 1965), *Tout un monde lointain...* pour violoncelle et orchestre (Mstislav Rostropovitch, 1970). Seules exceptions au sein de cette production symphonique, une mélodie sur un poème de Paul Gilson en hommage à Francis Poulenc, *San Francisco Night* (1964), et une pièce pour piano dédiée à Lucette Descaves, *Résonances* (1965).

En 1961, Alfred Cortot lui confie une classe de composition à l'École normale de musique ; de 1970 à 1984, Dutilleux est professeur au Conservatoire de Paris. Pendant plusieurs années, il est également secrétaire de la section française de la Société internationale de musique contemporaine (S.I.M.C.), fonctions qui le mettent en contact étroit avec la jeune musique.

Une maladie des yeux contractée en 1965 ralentit encore sa production et le contraint à réduire ses activités. En 1967, le grand prix national de la musique couronne l'ensemble de son œuvre.

Les années soixante-dix marquent un virage dans sa production ; Dutilleux se tourne à nouveau vers la musique instrumentale et la musique de chambre : *Figures de résonances* pour le 25e anniversaire du duo de piano Geneviève Joy-Jacqueline Robin (1970), *Deux Préludes pour piano* dédiés à Arthur Rubinstein (1974), *Ainsi la nuit*, quatuor à cordes commandé par la fondation Koussevitzky à l'intention du quatuor Juilliard mais créé par le quatuor Parrenin en 1977, *Timbres, espace, mouvement*, commande de Mstislav Rostropovitch pour l'Orchestre national de Washington (1978), *Trois Strophes sur le nom de Paul Sacher* (1976-1982) pour violoncelle seul, dont la première faisait partie d'un hommage collectif au chef d'orchestre suisse à l'occasion de son 75e anniversaire. L'année 1985 voit la création du *Concerto pour violon « L'Arbre des songes »* (Isaac Stern, Orchestre national de France, Lorin Maazel) avant un nouveau retour aux formes réduites : *Le Mystère de l'instant*, pour orchestre de chambre (commande de Paul Sacher, 1989), et *Diptyque « Les Citations » pour hautbois, clavecin, contrebasse et percussion* (1991).

Une démarche exigeante

Perfectionniste, Dutilleux ne livre ses œuvres qu'après une lente gestation qui permet à son tempérament aussi minutieux que scrupuleux de soigner tous les détails. En outre, il remanie ses partitions à la lumière des enseignements que les premières exécutions lui apportent. Aussi rigoureux avec lui-même que Dukas ou Duparc, il a, comme eux, détruit la plupart de ses œuvres de jeunesse. D'autres restent inédites et il refuse que son ballet, *Le Loup*, soit joué en concert car cette œuvre est pour lui indissociable de la chorégraphie, des décors et des costumes.

Si l'héritage traditionnel de la musique française (rigueur classique, attirance vers l'impressionnisme) est sensible dans ses premières œuvres publiées, dès le lendemain de la guerre Dutilleux s'écarte de tout chemin préétabli. Il refuse l'académisme comme le dodécaphonisme. Toutes les nouveautés de la musique d'alors le passionnent ; il en tire profit mais sans accepter les rigueurs d'un système. Conscient que le compositeur moderne ne peut effectuer un retour en arrière, il cherche sa propre voie dans un style à mi-chemin entre le modal et l'atonal. « Je travaille très lentement. J'ai l'obsession de la rigueur et je cherche toujours à insérer ma pensée dans un cadre strict, formel, précis, dépouillé. » Sa démarche tient compte de plusieurs constantes : « D'abord dans le domaine de la forme, le souci de répudier les cadres préfabriqués avec un attachement évident à l'esprit de la variation. D'autre part, une prédilection pour une certaine matière sonore (primauté accordée à ce qu'on peut appeler « la joie du son »). Ensuite, le refus de la musique dite à programme, ou même de toute musique chargée de *message*, bien que je ne refuse pas à cet art une signification d'ordre spirituel. Et puis, enfin, sur un plan plus technique, la nécessité absolue du choix, de l'économie des moyens, cette notion s'imposant immanquablement à tout artiste à la naissance de l'œuvre nouvelle. »

Les préoccupations formelles demeurent omniprésentes et connaissent une évolution profonde dans son œuvre. Dutilleux se dégage du moule classique de la forme sonate dès sa première symphonie au profit d'une structure symétrique : la musique vient du néant pour y retourner – une prodigieuse éruption enfermée entre deux mouvements de passacaille (la variation) au rythme obsédant. La deuxième symphonie, surnommée *Le Double*, oppose un groupe de douze solistes au grand orchestre à la façon du concerto grosso baroque. Mais les rapports entre les deux groupes ne se limitent pas au dialogue concertant : ils se superposent, fusionnent, parlent des langues identiques ou contradictoires (polyrythmie, polytonalité). Chaque groupe est le reflet de l'autre, son *double*. Les *Métaboles* reposent sur le principe de la métamorphose. Elles présentent « une ou plusieurs idées dans un cadre ou sous des aspects différents jusqu'à leur faire subir, par étapes successives, un véritable changement de nature ».

Mais l'originalité de la forme n'est qu'un aspect de la musique de Dutilleux. Le musicien est un lyrique. Il possède un sens poétique profond qui s'affirme au fil de ses œuvres : *Tout un monde lointain...* est né dans l'atmosphère des *Fleurs du mal* de Baudelaire. *Ainsi la nuit* est un nocturne plein de mystère et de poésie. Mais, dès la *Symphonie n° 1*, on voyait déjà s'affirmer ce sens du rêve qui manque à notre époque. *Timbres, espace, mouvement* (sous-titré *La Nuit étoilée*) se réfère à des toiles de Van Gogh sans jamais devenir un commentaire musical. Mais l'originalité de l'orchestration (absence de violons et d'altos qui prive les cordes de leurs registres aigus) donne à cette partition un éventail de couleurs aussi étonnant que celui de Van Gogh. *Le Mystère de l'instant* semble traduire des préoccupations spirituelles au travers d'une écriture qui organise le temps musical hors des chemins tracés à l'avance.

Indépendant, Dutilleux l'est à l'égard des courants esthétiques comme vis-à-vis de lui-même. Ses idées musicales voient le jour progressivement, au fil des œuvres, sans jamais constituer une règle pour celles qui suivront. Elles s'imposent naturellement comme corollaire de la matière musicale, à la façon des thèmes de sa deuxième symphonie, qui apparaissent par petites touches, déformés, puis se complètent avant d'être dévoilés : aucune exposition initiale, seule l'ambiance créée, l'atmosphère poétique et mystérieuse servent de guide. La démarche se situe à l'inverse de la normale. Dans la deuxième symphonie, elle confère à l'œuvre « un caractère interrogatif qui se manifeste d'une manière obsédante tout au long de l'ouvrage », caractère interrogatif qui est aussi la marque de cet homme discret, pudique, sensible et d'une haute culture. Sa musique respire la finesse et elle est dotée d'une qualité essentielle : elle n'est jamais inutile et semble montrer qu'Henri Dutilleux a fait sien ce proverbe chinois : « Si ce que tu as à dire n'est pas plus beau que le silence, tais-toi. »

ALAIN PÂRIS

Bibliographie

H. DUTILLEUX & C. GLAYMAN, *Mystère et mémoire des sons : entretiens avec Claude Glayman*, Belfond, Paris, 1993 / *Ainsi Dutilleux*, Miroirs, Lille, 1991 (17 fascicules et 1 disque compact) / D. HUMBERT, *Henri Dutilleux : l'œuvre et le style musical*, Champion-Slatkine, Paris-Genève, 1985 / P. MARI, *Henri Dutilleux*, A. Zurfluh, Paris, 1988.

DVOŘÁK ANTONIN (1841-1904)

Dans la chronologie des quatre grands compositeurs de Bohême-Moravie, Dvořák occupe la deuxième place, après

Smetana (1824-1884), devançant Janáček (1854-1928) et Martinů (1890-1959). Si Smetana, l'aîné, est considéré comme le père fondateur de l'école musicale tchèque de la renaissance nationale au XIXe siècle, Dvořák, par l'abondance et la diversité de son œuvre, a pris part à cette renaissance de manière presque aussi importante. Ses dons de mélodiste et d'orchestrateur sont à l'origine d'un style parfaitement identifiable, dans un souci d'authenticité et d'universalité, à la fois à sa propre nature terrienne et visionnaire et à la patrie mythique, historique et poétique.

Culture tchèque et audience internationale

À considérer l'évolution de la musique nationale tchèque, le rôle joué par Dvořák est éclipsé par celui de Smetana. Ce dernier était intellectuellement et politiquement plus engagé que son compatriote, plus lucide, plus conscient des problèmes de l'émancipation de la Bohême, tenue depuis plus de deux siècles sous la domination des Habsbourg. La culture tchèque n'avait de meilleur refuge que la clandestinité des campagnes ou l'intrépidité de certaines couches intellectuelles progressistes. Smetana en était, mais Dvořák, d'origine humble et paysanne, avait simplement – mais farouchement – le sens de la terre natale. Né à Nelahozeves, non loin de Prague, sur les bords de la Vltava, il fit tout d'abord de la musique en campagnard, pour l'église et pour le bal, avant de devenir l'élève d'un instituteur organiste de Zlonice, localité voisine où ses parents l'envoyèrent pour apprendre l'allemand et le métier de boucher.

La vie de Dvořák serait banale, malgré son exceptionnelle réussite, si on la détachait de son contexte historique, politique, patriotique. Progressivement, des conquêtes « nationalistes » jalonnaient la longue route de l'indépendance nationale : reconnaissance officielle de la langue tchèque, fondation de l'Académie tchèque des sciences et des arts, construction et inauguration grandiose du Théâtre national tchèque.

Ce théâtre – fruit d'une souscription patriotique – caractérise suffisamment le rôle de la culture dans cette évolution lente, mais irrésistible, qui n'aboutira qu'en 1919, avec la formation de l'État tchécoslovaque. Dans le combat, la musique – surtout l'opéra – était un véritable drapeau. Ainsi que le remarquait un siècle plus tôt Da Ponte (le librettiste de Mozart) : « Chaque peuple a son organisation particulière ; celle de la Bohême paraît être le génie musical poussé au degré de perfection. » Si l'on compare Dvořák à Smetana, on constate effectivement que le premier n'a pas le sens politique du second, mais qu'il compense cette lacune par une intuition globale de l'importance de son rôle d'artiste dans la situation donnée, à commencer par le respect de la langue nationale.

Homme simple, rude, vertueux, il connaît, sans recherche du succès personnel, sans compromission et dans l'unique but de servir la cause de la Bohême, une gloire d'une exceptionnelle universalité. Mieux que le groupe des Cinq et que Tchaïkovski, pourtant grand voyageur, plus que Grieg, il fut l'« exemple » dont les musiciens avaient besoin pour se soustraire à l'influence allemande et italienne. À ce titre, il fut choisi pour diriger le Conservatoire national de New York (1892-1895), sa présence et son expérience étant de nature à favoriser l'éclosion d'une musique nationale américaine. Sa vie, après les dures années de jeunesse, d'apprentissage et d'attente du premier succès, fut partagée entre le travail obscur, à Prague et dans la campagne de Bohême, et les succès étrangers, recueillis surtout à Londres, qui l'avait adopté à l'égal de Haendel. Son véritable destin (malgré la coupure de trois années à New York) resta celui de la Bohême. Quand il mourut à Prague, la nation tchèque entière fut en deuil. L'Académie des sciences et des arts se réunit en séance extraordinaire et le peuple, animé par l'esprit libérateur de Jan Hus, pleura un héros national.

Une sève enivrante

Des œuvres classiques comme la *Neuvième Symphonie*, dite *Symphonie du Nouveau Monde*, les *Danses slaves*, le *Concerto pour violoncelle* en *si* mineur, les *Rapsodies slaves* ou *Les Légendes* ont une popularité méritée, mais il serait injuste d'oublier les *Sérénades* (op. 22 et 44), la *Suite tchèque*, les *Septième Huitième Symphonies*, les cinq *Poèmes symphoniques* (op. 107 à 111) des dernières années ou les trois ouvertures *Dans la nature*, *Carnaval*, *Othello*, les cycles de mélodies (les *Mélodies tziganes* et les *Chants bibliques*), les grandes fresques chorales comme le *Stabat Mater*, le *Requiem*, le *Te Deum*, la *Messe* en *ré* majeur, *Les Chemises de noces* et *Sainte Ludmilla*.

Aucune des pièces écrites pour la scène par Dvořák n'a eu le retentissement de *La Fiancée vendue* de Smetana. Ce fut un des regrets de sa vie, mais *Coquin de paysan*, *Le Diable et Catherine*, *Dimitri* et, surtout, *Rusalka* et *Le Jacobin* sont inscrits au répertoire et connaissent un succès national. C'est dans le catalogue de musique de chambre, d'une richesse insoupçonnée, que la découverte offre le plus de surprises. Des œuvres en apparence mineures sont parcourues d'une sève enivrante, alors que d'autres, certains trios (op. 90, dit « Dumky »), quatuors (op. 34, 51, 80, 96, 105, 106) et quintettes (op. 81 et 97), doivent être sans hésitation classés parmi les purs chefs-d'œuvre du genre.

Que l'empreinte nationale, voire populaire, soit indiscutable n'explique pas entièrement cette faveur immédiate et durable. Dvořák ne fut pas un « intellectuel ». Malgré la maîtrise de son métier et la grande connaissance de l'histoire de la musique ancienne et contemporaine qu'il avait acquises par lui-même, il n'a jamais été accaparé par les problèmes d'esthétique, mais fut occasionnellement sensible aux expressions musicales nouvelles de Liszt et de Wagner. Bien qu'il semble se réclamer de la ligne de ses devanciers, notamment du romantisme classique de Brahms, qui fut son guide et son ami, Dvořák caractérise d'une manière très personnelle la particulière couleur harmonique et le lyrisme tchèques, souvent avec une slavité appuyée. S'il s'abreuva aux sources populaires, il ne démarqua pas directement le folklore mais sut découvrir ce qui constitue les traits fondamentaux d'un art national original dont la musique est restée un des meilleurs symboles, qu'il réussit à hausser au rang de patrimoine universel.

Aussi nationaliste que Smetana, il s'est efforcé, à sa manière, d'imposer au monde la musique de son pays, mais plutôt traditionaliste et classique, il ne lui ouvrit pas – comme le fit Bartók plus tard – la voie des formes nouvelles. Janáček et Martinů franchiront ce stade.

Il reste enfin, pour comprendre l'homme et sa musique, à évoquer sa piété profonde, qui se traduisit par un sentiment intense de la nature. C'est la constante de son inspiration et le fond réel de sa philosophie, une sorte de panthéisme qui engloba toutes choses, êtres et sentiments, comme parties intégrantes de la nature mère et omniprésente. Dvořák fut un homme de la terre.

GUY ERISMANN

Bibliographie

J.-C. BERTON, *La Musique tchèque*, P.U.F., Paris, 1982 / J. BURGHAUSER, *Antón Dvořák thematicky Katalog*, Artia, Prague, 1960 ; *Antonín Dvořák*, Supraphon, Prague, 1966 / J. CLAPHAM, *Antonín Dvořák, Musician and Crafstman*, St. Martin's Press, Londres, 1966, rééd. Norton, New York, 1979 ; *Dvořák*, Riverrum Press, New York, 1993 / G. ERISMANN, *Antonín Dvořák*, Seghers, Paris, 1966 / V. HOLZKNECHT, *Antonín Dvořák. Vie et œuvre*, Orbis, Prague, 1959 / *Musical Dramatic Works by Antonín Dvořák* (comptes rendus conférence musicologique, Prague, 1983), Česka hudebni společnost, Prague, 1989 / O. ŠOUREK, *Anton Dvořák, vie et œuvre*, trad. franç. S. Lyer, Orbis, 1952 ; *Antonín Dvořák. La musique de chambre*, Artia, s.d. (*The Chamber Music of Antonín Dvořák*, Reprint Services Corp., Irvine [Calif.], 1990) ; *Antonín Dvořák. L'œuvre pour orchestre*, Artia, s.d. (*The Orchestral Works of Antonín Dvořák*, Greenwood Publ., Westport [Conn.], 1971) ; *Antonín Dvořák. Letters and Reminiscences*, Da Capo, New York, 1984 ; *Correspondance et documents*, Supraphon, 1989.

E

EGK WERNER (1901-1983)

Après l'essor musical de l'Allemagne romantique et postromantique, la première moitié du XXe siècle semble beaucoup plus terne outre-Rhin : à l'exception de Richard Strauss, peu de figures marquantes s'imposent et la musique se fait ailleurs. Quelques compositeurs cherchent néanmoins dans les traditions germaniques une continuité qui semble chaque jour remise en question par les techniques nouvelles de composition. Alors que Paul Hindemith se tourne vers J.-S. Bach et Carl Orff vers les chants médiévaux, Werner Egk choisit le théâtre lyrique, élément fondamental de la vie musicale allemande depuis des siècles, auquel il donnera une nouvelle jeunesse, même si l'esthétique, essentiellement germanique, de ses œuvres en a limité la diffusion dans son propre pays.

De son véritable nom Mayer, Werner Egk naît à Auchsesheim (près de Donauwörth) le 17 mai 1901. Son pseudonyme correspondrait aux initiales de sa femme (Elisabeth Karl), auxquelles il ajoute un g pour des raisons phonétiques.

Egk est un Souabe et l'on retrouvera tout au long de sa vie un attachement profond à ses racines, notamment dans la langue qu'il utilise pour ses écrits. Il fait ses études au Gymnasium d'Augsbourg jusqu'en 1919, puis à Francfort et à Munich, où il travaille le piano avec Anna Hirzel-Langenhau et la composition avec Carl Orff. Mais il ne s'oriente définitivement vers la musique qu'assez tard, après avoir hésité entre la peinture et la littérature, deux arts qu'il continuera de pratiquer. Véritable autodidacte, il séjourne en Italie (1925-1927), à Berlin (1928), avant de se fixer à Munich en 1929, où il est engagé à la radio bavaroise comme chef d'orchestre et comme compositeur. Ses premières œuvres sont donc destinées à l'antenne. En 1931, Hermann Scherchen crée son oratorio *Fürchtlosigkeit und Wohlwollen* ; l'année suivante, il compose son premier opéra, *Columbus*, destiné initialement à la radio et qu'il remaniera dix ans plus tard pour le porter à la scène. Puis voit le jour, en 1935, *Die Zaubergeige* (*Le Violon enchanté*), dont il dirige la création à l'Opéra de Berlin en 1937 : il remporte un succès important et devient chef invité régulier de cet opéra (1937-1941). L'année précédente, pour les jeux Olympiques de Berlin, son *Olympische Festmusik* avait été couronnée d'une médaille d'or. En 1938, son opéra *Peer Gynt*, d'après Ibsen, est interdit par les dirigeants nazis, qui y voient une satire du régime. Mais Hitler fait lever lui-même l'interdiction et Werner Egk devra se disculper, après la guerre, des sympathies nazies dont il sera accusé. De 1941 à 1945, il est à la tête de l'Union des compositeurs allemands. En 1948, son ballet *Abraxas* est interdit, à la cinquième représentation, par le ministère de la Culture bavarois pour outrage aux mœurs. Egk revient alors à Berlin où il dirige la Hochschule für Musik (1950-1953). Il est également président de la Société des auteurs et compositeurs de musique (1950-1962), et il s'emploie à obtenir l'élaboration d'un statut de l'artiste dans la société allemande contemporaine. Il dirige régulièrement à l'Opéra de Munich à partir de 1951. Deux ans plus tard, il se fixe en Bavière, près de l'Ammersee, où il résidera jusqu'à la fin de sa vie. De 1969 à 1971, il occupe la présidence du Deutscher Musikrat. Il meurt à Inning, près de Munich, le 10 juillet 1983.

Werner Egk est avant tout un homme de théâtre. On lui doit sept ouvrages lyriques et cinq ballets, dont il a signé lui-même livrets et arguments. Il se réfère volontiers à de grandes figures de l'histoire ou de la légende : Christophe Colomb (*Columbus*, 1932-1951), Don Juan (*Joan von Zarissa*, ballet, 1940), Faust (*Abraxas*, ballet d'après Heine, 1948), Casanova (*Casanova in London*, ballet, 1968). Parfait connaisseur de la culture française, sa démarche intellectuelle est proche de celle de Voltaire : pensée rationnelle, esprit sarcastique, ironique, que l'on retrouve dans une musique très construite, souvent satirique et colorée. Son langage, indépendant de tout système, est concis et fluide, dominé par une rythmique héritée de Stravinski. Ses harmonies sont souvent dures et dissonnantes, mais il reste avant tout marqué par l'impressionnisme français. Si, à ses débuts, il a appartenu à l'avant-garde allemande, Werner Egk a progressivement atténué la nouveauté de son langage pour garder le contact avec son public. Néanmoins, il a toujours refusé l'option néoclassique, adoptée notamment par Hindemith : à l'usage systématique de la polyphonie, il préfère la polytonalité ou la polyrythmie, qui servent mieux ses desseins dramatiques. Partout dans son œuvre se traduit le conflit entre le bien et le mal. Chacun de ses ouvrages met en scène un démon, des esprits ou des monstres. Mais il sait aussi évoluer avec subtilité dans l'univers féérique d'Andersen (*Le Rossignol chinois*, ballet, 1953) ou dans celui de W. B. Yeats (*Légende irlandaise*, 1955-1970). Il a emprunté à Gogol l'argument de son opéra-comique *Der Revisor*, à Heinrich von Kleist celui de *Die Verlobung in San Domingo* (1963) et à Calderón celui de *Circe* (1948, nouvelle version sous le titre *17 jours et 4 minutes*, 1966).

La production symphonique de Werner Egk se résume principalement à la *Suite française d'après Rameau* (1949), créée par Eugen Jochum et qui figure au répertoire de la plupart des chefs d'orchestre allemands. On peut aussi retenir *Georgica* (1936), *Geigenmusik mit Orchester* (concerto pour violon, 1936), *Orchestersonaten nº 1* (1948) et *nº 2* (1969), *Variations sur un thème des Caraïbes* (1959), *Spiegelzeit* (1979), *Ouvertüre* (1979-1980), *Canzone* pour violoncelle et orchestre (1981). Werner Egk a également tiré des pièces symphoniques de ses ouvrages lyriques et chorégraphiques : une suite pour orchestre et *Triptychon* (1940) d'après *Joan von Zarissa*, une suite d'après *Abraxas* (1948), *Divertimento pour cordes* (1953) d'après *Le Rossignol chinois*, *Suite anglaise* (1969) d'après *Casanova à Londres*, *Suite concertante* pour trompette et orchestre (1982) d'après *Der Revisor*. Dans le domaine vocal, il a surtout composé des mélodies : *Quattro Canzoni* pour ténor et orchestre (1932-1955), *La Tentation de saint Antoine* pour alto et cordes (1947-1952), *Chanson et romance* pour coloratur et orchestre (1953) ainsi qu'une cantate pour soprano et orchestre, *Nachgefühl* (1975). Il a publié un volume d'essais sous le titre *Musik, Wort, Bild* (Munich, 1960).

ALAIN PÂRIS

EINEM GOTTFRIED VON (1918-1996)

La carrière de Gottfried von Einem, figure importante de la musique autrichienne, est principalement marquée par l'art lyrique, ses six opéras s'étant imposés sur les plus grandes scènes du monde.

Il naît à Berne, où son père est attaché militaire à l'ambassade d'Autriche, le 24 janvier 1918. Il fait ses études en Allemagne et en Angleterre. En 1938, il est nommé répétiteur à l'Opéra d'État de Berlin et assistant au festival de Bayreuth. Peu après, il est arrêté par la Gestapo et passe quatre mois en prison pour avoir aidé des victimes du nazisme à s'échapper. Après sa libération, il travaille la composition avec Boris Blacher à Berlin (1941-1943). Celui-ci guidera ses premiers pas dans le monde lyrique en participant à la rédaction des ses premiers livrets d'opéras. Herbert von Karajan dirige la création de son *Concerto pour orchestre* (1944). Après le succès de son ballet *Prinzessin Turandot*, il est nommé compositeur résident et conseiller musical de l'Opéra de Dresde (1944). Mais il n'y reste que quelques mois et s'établit à Vienne, où il se perfectionne en contrepoint avec un maître de cette discipline, Johann Nepomuk David. En 1947, la création de son opéra *La Mort de Danton*, d'après la pièce de Georg Büchner, au festival de Salzbourg, le révèle au monde musical. Le succès de cette œuvre gagne rapidement les grandes scènes lyriques internationales, (il avait dépassé, en 1996, le millier de représentations). Au pupitre, pour cette création, le jeune chef d'orchestre Ferenc Fricsay remplace Otto Klemperer, souffrant. C'est le début d'une autre carrière fulgurante. Entre 1948 et 1951, Einem siège au comité du festival de Salzbourg et participe à son redressement. En 1953, toujours à Salzbourg, c'est la création de son deuxième opéra, *Le Procès*, d'après le roman de Kafka. Max Lorenz et Lisa Della Casa figurent en tête de distribution, Karl Böhm est au pupitre. Il séjourne ensuite aux États-Unis.

De retour à Vienne, il participe à la direction du festival (1960-1964). Entre 1965 et 1972, il est professeur à la Hochschule für Musik, où il compte notamment Arvo Pärt parmi ses élèves. Il est également président de la Société des auteurs, compositeurs et éditeurs de musique autrichiens (A.K.M.) entre 1965 et 1970. Ruggiero Ricci crée son *Concerto pour violon* en 1970. Un an plus tard, il donne un nouvel opéra, *La Visite de la vieille dame*, d'après la pièce de Friedrich Dürrenmatt, créé à l'Opéra de Vienne et repris aussitôt dans le monde entier. À partir de 1972, il se consacre exclusivement à la composition. Dès lors, sa musique est créée par les plus prestigieux interprètes : Charles Münch (*Symphonische Szenen*, 1957), George Szell (*Ballade pour orchestre*, 1958), Georg Solti (*Philadelphia Symphony*, 1961), Irmgard Seefried (*Von der Liebe*, fantaisies lyriques, 1961), Wolfgang Sawallisch (*Der Zerrissene*, opéra, 1964), Zubin Mehta (*Hexameron*, 1970), Dietrich Fischer-Dieskau (*Rosa mystica*, 8 lieder avec orchestre, 1973), Carlo Maria Giulini (*An die Nachgeborenen*, cantate, 1975)... Puis il adapte la pièce de Schiller *Kabale und Liebe* (« Amour et Cabale »), opéra créé à Vienne en 1976. Un autre ouvrage lyrique, *Jesu Hochzeit* (« Les Noces de Jésus », Vienne, 1980) fait scandale, car il met en scène le Christ marié. Son dernier opéra, *Tulifant*, est une parabole sur l'asservissement et la destruction du monde contemporain ; il est créé à Vienne en 1990. Deux ans plus tard, Einem est l'un des rares compositeurs sollicités pour le cent cinquantième anniversaire de l'Orchestre philharmonique de Vienne, à l'intention duquel il compose *Fraktale*, concerto philharmonico. Il meurt à Oberndümbach, en Basse-Autriche, le 12 juillet 1996. Il avait épousé en secondes noces, en 1966, Lotte Ingrisch, qui a écrit les livrets de ses trois derniers opéras et dont il a mis en musique de nombreux poèmes (*Alchemistenspiegel*, 1990 ; *Prinzessin Traurigkeit*, duos vocaux, 1992).

Einem, qui a toujours refusé d'écrire une musique qui « torture ses auditeurs », a cultivé une musique « pour le plaisir ». Son langage est essentiellement postromantique, bien que le jazz soit fréquemment présent dans ses œuvres de jeunesse. Il a assimilé les langages les plus divers, mais c'est l'élément dramatique qui occupe la place prépondérante. Ennemi des grands développements, il pratique un art concis, plein d'élan et de force vitale. Le rythme est généralement omniprésent. Outre des œuvres scéniques et symphoniques, il a composé beaucoup de musique vocale (*Missa claravallensis*, 1987-1988 ; *Tier-Requiem*, 1996) et des œuvres de musique de chambre qui s'inscrivent dans la grande tradition autrichienne du genre : ses cinq quatuors à cordes ont été créés et imposés par les quatuors Alban Berg, Küchl, Brandis et Artis.

Rares sont les compositeurs qui ont été autant comblés d'honneurs de leur vivant. Einem était une institution pour les musiciens viennois, qui voyaient en lui une synthèse raisonnable entre l'héritage d'un passé illustre et un renouveau prudent.

ALAIN PÂRIS

Bibliographie

M. DIETRICH & W. GREISENEGGER dir., *Pro und Kontra « Jesu Hochzeit »*, Bölhau-Vienne, 1981 / G. VON EINEM, *Ich hab unendlich viel erlebt*, Ibera & Molde, Vienne, 1995 / D. HARTMANN, *G. von Einem*, Österreichisches Bundesverlag, Vienne, 1967 / F. SAATHEN, *Einem Chronik*, Bölhau-Vienne, 1982.

EISLER HANNS (1898-1962)

Compositeur allemand d'origine autrichienne, né à Leipzig, Eisler devient en 1919 élève d'Arnold Schönberg, tout en prenant – témoignage de ses convictions socialistes – la direction des chœurs de travailleurs Stahlklang et Karl Liebknecht. Lauréat du prix musical de la ville de Vienne en 1924, il s'établit l'année suivante à Berlin, où il devient critique de la *Rote Fahne*. En 1924, il dédie à Schönberg sa *Sonate pour piano* op. 1, mais ne tarde pas à se heurter violemment à lui : partisan de l'art engagé, il considère comme profondément réactionnaire la vision sacrale de l'art et de l'artiste que conserve son ancien maître. Après les *Six Lieder* op. 2 et les *Pièces pour piano* op. 3, son attitude nouvelle se manifeste en particulier dans les *Coupures de journaux* (*Zeitungsausschnitte*) op. 11, qui font front contre le pathos et le lyrisme à la fois. En tant que compositeur de chansons politiques plus ou moins imprégnées de jazz, il entre en contact avec Brecht et inaugure avec lui en 1929 une collaboration qui ne cessera qu'à la mort du poète en 1956 : outre diverses musiques de scène, la manifestation essentielle en est sans doute la « pièce didactique » *La Mesure* (*Die Massnahme*) op. 20. Émigré aux États-Unis en 1937, il y écrit beaucoup de musique de film et publie, en collaboration avec T. W. Adorno, un ouvrage essentiel, synthèse de ses expériences en la matière : *Musique de cinéma* (*Composing for the Films*, 1947). De cette période date aussi la *Symphonie allemande* (*Deutsche Symphonie*, 1937) op. 56, sur des textes de Brecht. De retour en Europe, il se fixe en 1950 à Berlin-Est, où il dirige une classe supérieure de composition à l'Académie des beaux-arts, et où il meurt après s'être consacré essentiellement à la musique « prolétarienne » vocale. Il est l'auteur de l'hymne national de la République démocratique allemande.

MARC VIGNAL

ELGAR sir EDWARD (1857-1934)

Premier compositeur anglais de stature internationale depuis Purcell, malgré ses parentés avec la tradition germanique et le fait que sa musique n'ait guère franchi les frontières de son pays. Elgar naît à Broadheath, près de Worcester, où, à l'Église catholique, son père est marchand de musique et organiste, et se forme en autodidacte. Il compose, en 1890, l'ouverture *Froissart* et, en 1892, une *Sérénade* pour cordes, mais ne s'impose qu'après la quarantaine (d'ailleurs, du jour au lendemain) avec les *Enigma Variations* pour orchestre (1899), dont le thème, sorte d'autoportrait musical, est suivi de quatorze variations dédiées chacune à des personnes de l'entourage du musicien, énigmatiquement désignées par leurs initiales. En 1900 est exécuté, au festival de Birmingham, l'oratorio *Le Rêve de Gerontius* (*The Dream of Gerontius*), et aussi une de ses partitions les plus célèbres, sur un poème du cardinal Newman, mettant en scène le drame du chrétien face à la mort. Ainsi sont définies dès l'abord les deux directions principales que prendra sa musique. Pour orchestre suivent en effet l'ouverture *Cockaigne* (1901), la *Symphonie nº 1,* créée en 1908 sous la direction de Hans Richter, la *Symphonie nº 2* (1911) et l'étude symphonique *Falstaff* (1913), son ouvrage le plus ambitieux ; parmi les œuvres faisant appel aux voix, les oratorios *Les Apôtres* (*The Apostles*, 1903) et *Le Royaume* (*The Kingdom*, 1906), où est utilisé le procédé du leitmotiv wagnérien, ainsi que les cantates profanes *Les Faiseurs de musique* (*The Music Makers*, 1912) et *L'Esprit de l'Angleterre* (*The Spirit of England*). Ce à quoi il convient d'ajouter de la musique de chambre, des pièces d'occasion, comme les deux fameuses marches intitulées *Pump and Circumstance*, la grande réussite qu'est l'*Introduction and Allegro* pour cordes (1905), un *Concerto* pour violon (1910) et un *Concerto* pour violoncelle op. 85, sa dernière grande partition achevée (1919). Fait maître de la musique du roi en 1924 (la seule fonction officielle qu'il ait acceptée à l'exception de la chaire de musique de l'université de Birmingham de 1905 à 1908), il passe ses quinze dernières années dans le silence et meurt à Worcester en laissant les esquisses d'une troisième symphonie. Considéré en Angleterre comme un très grand maître, pratiquement ignoré ailleurs, il ne mérite « ni cet excès d'honneur ni cette indignité ». Ce fut un grand maître de l'orchestre dans la lignée de Richard Strauss, et on trouve indéniablement chez lui, surtout dans les *Enigma Variations*, dans *The Dream of Gerontius* et dans *Falstaff*, des pages hautement inspirées. L'indication « nobilmente », qu'on rencontre souvent dans ses partitions, le résume en quelque sorte : par-delà le pessimisme du *Concerto* pour violoncelle, écrit après la guerre il est vrai, il personnifia typiquement l'Angleterre du roi Édouard VII, à la mémoire duquel il dédia d'ailleurs la *Deuxième Symphonie*.

MARC VIGNAL

ÉLOY JEAN-CLAUDE (1938-)

L'univers de Jean-Claude Éloy est ouvert aux dimensions du monde. Né à Rouen, élève de Milhaud au Conservatoire de Paris, puis de Boulez à Bâle (1957-1963), couronné de prix internationaux, il est professeur d'analyse musicale à l'université de Berkeley (1966-1968), travaille avec Stockhausen au studio de musique électronique de la Radio de Cologne (1972-1973), avec Xenakis, à partir de 1978, sur la production musicale par ordinateur.

Ses œuvres, d'abord écrites dans un esprit post-sériel (*Études III*, 1962 ; *Équivalences*, 1963 ; *Polychronies*, 1964 ; *Macles*, 1964), sont le plus souvent, et pour leur forme et pour leur instrumentation, dominées par un souci de confrontation ou d'opposition entre les éléments les plus divers (sonorités, dynamismes, intensités, structures).

Attiré par les musiques d'Extrême-Orient, il fait là-bas de longs séjours. Dans le domaine de la composition, il se tait alors et médite pendant plusieurs années, s'imprègne de la pensée indienne. Lorsqu'il revient à la composition, celle-ci se présente comme une tentative de synthèse entre les cultures d'Orient et d'Occident : « La rencontre Orient-Occident, qui s'est amorcée et accélérée pendant le demi-siècle qui nous précède, ne fait que commencer à se poser en termes d'ensemble. Il apparaît donc capital que la culture occidentale la plus représentative d'aujourd'hui exprime et ressente, à l'égard de l'Orient, cet intérêt profond, cette attirance intense, cette préoccupation constante, afin qu'il pénètre dans son sang, qu'il se greffe sur sa propre vie. »

Sa création musicale, dès lors, est l'expression rigoureuse de son engagement personnel et philosophique. *Faisceaux-Diffractions* (pour vingt-huit instruments, en 1970) est une œuvre charnière : « tentative pour décomposer, modifier, métamorphoser la continuité d'un cycle modal, sans jamais parvenir à la briser ». *Kamakala* (pour trois orchestres et cinq groupes de chœurs, 1971) se présente comme un « effort d'intégration du potentiel oriental dans la musique occidentale ». Plus tard, Éloy avoue son envie de « faire craquer la petite durée sonore occidentale » ; cela le mène à l'expérience de *Shanti* (immense fresque achevée en 1974 où le compositeur emploie pour la première fois la musique électronique), conçue comme « une méditation sur la paix profonde de la recherche inlassable du calme de la conscience », où se mêlent des textes de Mao et de Śri Aurobindo. Il donne ensuite *Gaku-no-michi* (pour bande magnétique, 1977), *Yo-in* (pour bande magnétique, un percussionniste, un synthétiseur, 1979), *Étude IV : points, lignes, paysages* (pour bande magnétique, 1983). Au-delà des premières confrontations et de la dernière méditation, c'est l'univers de sa propre contemplation intérieure que tente d'exprimer Éloy ; c'est pourquoi, sans doute, au cours de son évolution, son langage musical se fait de plus en plus dense.

BRIGITTE MASSIN

ELSNER JÓZEF KSAWERY (1769-1854)

Compositeur et chef d'orchestre polonais né à Grotkow (Silésie), Elsner étudie d'abord la médecine. Violoniste au théâtre de Brno, puis maître de chapelle à Lwów, il rentre en 1799 à Varsovie, où il fonde en 1810 une école supérieure de musique, en 1817 une école de chant et de déclamation, et en 1821 le conservatoire, dont il devient directeur, mais qui sera fermé après le soulèvement de 1831. Ses activités tant d'organisateur que de pédagogue furent des plus importantes pour la culture musicale en Pologne : presque tous les compositeurs polonais de la première moitié du XIXe siècle, avec à leur tête Chopin, ont été ses élèves. Comme compositeur, il a laissé notamment plusieurs opéras, trois symphonies, six quatuors à cordes, des sonates, des concertos, et plus de cent partitions religieuses, dont un requiem pour la mort du tsar Alexandre Ier, le tout unissant des éléments du style classique, de l'opéra italien et de la musique populaire. On lui doit les traités *De l'adaptation de la langue polonaise à la musique* et *Rythmique et métrique de la langue polonaise*.

MARC VIGNAL

EMMANUEL MAURICE (1862-1938)

Compositeur et musicologue français, Maurice Emmanuel a joué un rôle essentiel par ses recherches sur la musique médiévale et de la Grèce antique. Originaire de Bar-sur-Aube, il conservera un profond amour de la nature que l'on retrouve dans l'ensemble de son œuvre. Au Conservatoire de Paris, où il entre en 1880, il travaille avec Gabriel Savard, Théodore Dubois, Léo Delibes et Louis Bourgault-Ducoudray. Il est aussi l'élève d'Ernest Guiraud et, parallèlement, poursuit des études à l'École du Louvre et à la Sorbonne qui le mènent à un doctorat ès lettres, grâce à une thèse consacrée aux danses de la Grèce antique. Maître de chapelle à Sainte-Clotilde, il enseigne également l'histoire de la musique au Conservatoire de Paris (1909-1936). Son ouverture intellectuelle et sa curiosité naturelle marqueront tous les jeunes compositeurs de cette époque, notamment Olivier Messiaen et Georges Migot.

Dans son œuvre, il cherche à s'échapper des carcans de la musique occidentale emprisonnée dans la gamme majeure, la cadence parfaite, l'accord de septième de dominante et la barre de mesure. La musique modale, qu'il approche grâce à l'écriture médiévale avant de systématiser ses recherches, lui permet de trouver un style original dans lequel les chants populaires occupent une place importante. Mais son œuvre n'atteindra jamais le grand public. Emmanuel reste un musicien apprécié d'une petite élite. On lui doit un opéra, *Salamine* (1921-1928), deux symphonies (1929 et 1931), les trois *Odelettes anacréontiques* pour voix, flûte et piano (1911), trente *Chansons bourguignonnes* (1913) et l'étonnante série des *Six Sonatines* pour piano (1893-1925) composées sur des modes de différentes régions, de la Bourgogne à l'Inde. Il a laissé également plusieurs ouvrages théoriques, notamment l'*Histoire de la langue musicale* qui résume l'ensemble de son approche artistique.

ALAIN PÂRIS

ENCINA JUAN DEL (1469-1529)

Poète, compositeur et auteur dramatique, Juan del Encina est le premier dramaturge important dans l'histoire du théâtre espagnol, dont il est souvent appelé le patriarche. Il fait ses études à Salamanque, où il remplira par la suite la charge du maître de chapelle de la cathédrale. En 1492, il entre au service du second duc d'Albe comme poète, musicien et dramaturge attaché à la maison. Il se rend à Rome en 1500 et devient chantre du pape Léon X en 1502. Après avoir été ordonné prêtre en 1519, il retourne en Espagne. Il passe les dernières années de sa vie comme chantre à León.

Ses premières compositions dramatiques n'étaient guère plus que des pastorales religieuses, exécutées pour la noblesse les jours de fête religieuse, mais on les considère comme d'importants précurseurs des célèbres *autos sacramentales* du XVIIe siècle espagnol. Assez vite, il augmente la part du profane dans ses compositions, et finit par en éliminer les thèmes religieux. Les plus célèbres de ses œuvres sont les adaptations des *Églogues* de Virgile, qu'il métamorphosa en une forme dramatique proprement espagnole, dans laquelle les personnages sont des figures locales qui parlent le populaire *savagués*, dialecte de la région de Salamanque. L'œuvre d'Encina est de la plus haute importance pour l'évolution du théâtre espagnol : avec lui, l'art dramatique sort de sa perspective purement religieuse et élargit considérablement ses bases.

Toutes les compositions d'Encina se terminent par des *villancicos* (poèmes mis en musique), forme qui évoluera en *zarzuela* (type de comédie musicale) au XIXe siècle.

« Du point de vue de la simplification progressive de la technique comme moyen d'expression lyrique, émotionnelle et dramatique, certaines compositions d'Encina sont du plus haut intérêt. La musique de certaines de ses pièces nous fait déjà pressentir la réforme qui devait s'opérer en Italie à la fin du XVIe siècle pour souligner les exigences du texte chanté dans la musique dramatique et théâtrale » (H. Anglès). Ses œuvres sont contenues dans le *Cancionero musical de Palacio* (61 pièces), dans le *Cancionero de Segovia*, dans celui d'Elvas, dans *Villancicos de diversos autores a dos, y a tres, y a cuatro y a cinco voces* (soit le *Chansonnier d'Upsal*, Venise, 1556), et dans *Frottole, lib. II* (Florence). Il utilise notamment le style de la chanson castillane polyphonique soit *a cappella*, soit à une voix avec accompagnement instrumental.

E. U.

ENESCO GEORGES (1881-1955)

La musique roumaine doit la révélation de son identité à Georges Enesco qui a joué, dans son pays natal, un rôle analogue à celui de Béla Bartók et de Zoltán Kodály en Hongrie, d'Antónín Dvořák et de Leoš Janáček en Tchécoslovaquie ou de Karol Szymanowski en Pologne. Il était avant tout compositeur, mais son œuvre reste encore dans un oubli incompréhensible. L'interprète – violoniste, pianiste, chef d'orchestre – a souvent éclipsé cet aspect primordial de sa vocation musicale, et il en a beaucoup souffert. Enesco s'est aussi affirmé comme un animateur infatigable – la Roumanie lui doit ses plus grandes institutions musicales –, et un pédagogue hors pair : il fut le maître de Yehudi Menuhin.

Le compositeur

Né en 1881 à Liveni, petit village du nord de la Moldavie, Enesco découvre le violon dès l'âge de trois ans en écoutant les orchestres populaires. Édouard Caudella, son premier maître, prend vite conscience de ses dons peu communs et l'envoie à Vienne où il travaille à l'Académie de musique (1888-1894) avec Sigmund Badrich et Josef Hellmesberger (violon), Emil Ludwig (piano), Robert et Johann Nepomuk Fuchs (écriture et composition). De 1895 à 1899, il poursuit ses études au Conservatoire de Paris avec Martin Marsick, Ambroise Thomas, Théodore Dubois, André Gédalge, Jules Massenet et Gabriel Fauré. Ses camarades se nomment Fritz Kreisler, Jacques Thibaud et Carl Flesch. Avant même d'être sorti du Conservatoire, son *Poème roumain* est créé aux concerts Colonne en 1898 avec un succès considérable. Ses premières œuvres de musique de chambre – créées par Alfred Cortot, Édouard Risler ou Jacques Thibaud – rencontrent un accueil analogue (*Sonates pour violon et piano nos 1* et *2*, 1897 et 1899, *pour violoncelle et piano no 1*, 1898 ; *Suite pour piano no 1*, 1897 ; *Mélodies op. 4*, 1898). Le choix des formes classiques montre qu'Enesco cherche à s'insérer dans une tradition, issue à la fois de l'école viennoise et de l'école française. Mais il n'en demeure pas moins roumain, et ses deux *Rhapsodies roumaines* (1901) concrétisent le succès du *Poème roumain* inspiré de la même démarche directe vers la musique populaire, citée textuellement, de façon brute. Ces deux pièces pour orchestre marquent aussi la fin d'une certaine approche de la musique populaire roumaine. Par la suite, Enesco effectuera un travail de reconstitution, beaucoup plus proche de la réalité roumaine, qu'il intégrera à sa musique, en conciliant les impératifs formels et les sources authentiques que sa mémoire lui restitue. Car, chez Enesco, contrairement à Bartók, tout est spontané, mémorisé, reconstitué ; la citation s'efface au profit de l'atmosphère.

La musique de chambre et la musique instrumentale continuent d'occuper une place prédominante dans sa production jusqu'en 1920 : *Trois Suites pour piano*, *Octuor* à cordes (1900), *Dixtuor* à vent (1906), *7 Mélodies sur des poèmes de Clément Marot* (1908), *Quatuor pour piano et cordes no 1* (1909), *Trio* (1916), *Quatuor à cordes no 1* (1920) ; ses trois symphonies datent aussi de la même période (1905, 1913, 1918). Ces années de fécondité exceptionnelle entremêlent les différents héritages assimilés par le jeune musicien : clarté française, construction germanique, présence roumaine.

Les tournées de concerts se succèdent et lui permettent de jeter les bases d'une infrastructure musicale en Roumanie. Chaque année, il revient à Bucarest, où il révèle au public roumain la musique de son temps aussi bien que les grands classiques. Les concerts qu'il dirige en pédagogue exceptionnel lui permettent de former progressivement un orchestre de qualité à Bucarest. Dès 1912, il fonde un prix de composition musicale (qui couronnera Mihaïl Jora, Stan Golestan, Marcel Mihalovici, Dinu Lipatti...) puis, au début des années vingt, la Société des compositeurs roumains. Il passera les deux guerres dans son pays natal, jouant dans les hôpitaux ou au bénéfice de la Croix-Rouge, et reconstituant, en 1917, à Iaşi, la Philharmonie de Bucarest, en exil.

Dès 1910, il commence la composition de ce qui deviendra son chef-d'œuvre, l'opéra *Œdipe*, sur un livret – en français – d'Edmond Fleg. Il s'y consacre totalement entre 1920 et 1931 ; l'ouvrage sera créé à l'Opéra de Paris en 1936. Pendant cette période, il compose la *Sonate pour piano no 1* (1924) et la *Sonate pour violon et piano no 3* (1926), « dans le caractère populaire roumain », où il parvient à un équilibre remarquable entre la forme et la reconstitution d'un style authentiquement roumain. À partir de 1927, Yehudi Menuhin devient son élève. Cette rencontre privilégiée permettra à l'enfant prodige d'affirmer sa véritable personnalité. Dix ans plus tard, Enesco épouse la princesse Marie Cantacuzène.

En 1932, il entreprend d'écrire une *4e Symphonie* dont il ne reste qu'un seul mouvement. Puis ce sont, en 1935, la *3e Sonate pour piano* (la deuxième est restée à l'état d'ébauche) et la *2e Sonate pour violoncelle et piano* ; en 1938, la *3e Suite pour orchestre*, « Villageoise » ; en 1940, les *Impressions d'enfance* pour violon et piano et le *Quintette op. 29*. En 1941, il commence une *5e Symphonie*, dont les dimensions auraient été comparables à la

Neuvième de Beethoven, avec un final choral sur un poème de Mihaïl Eminescu. Si l'esquisse d'ensemble est terminée, seules quelques pages orchestrées nous sont parvenues.

Au cours des dernières années de sa vie, sa santé s'altère et ralentit sa production ; il nous donne pourtant encore le *Quatuor pour piano et cordes nº 2* (1944), l'*Ouverture de concert* (1948), le *Quatuor à cordes nº 2* (1951), la *Symphonie de chambre* (1954) et *Vox maris* (1929-1955). En 1946, il quitte définitivement la Roumanie et il passera les dernières années de sa vie à Paris, ponctuées par des tournées de concerts et des cours d'interprétation donnés à New York, Sienne, Fontainebleau.

Un style « romantique et classique »

Le dévouement d'Enesco à la cause des autres musiciens, ses succès d'interprète qui lui permettaient d'agir matériellement en leur faveur (il avouait « détester son violon »), ont certainement nui à sa renommée de compositeur. Hormis les deux *Rhapsodies roumaines* et la *3e Sonate pour violon et piano*, les œuvres d'Enesco sont rarement jouées. Pourtant, elles comptent parmi les plus originales de leur époque. Enesco a retenu de ses années de formation viennoise un sens profond de la construction. La variation, telle que la maîtrisait Brahms, prend chez lui une nouvelle dimension, continue. Les quatre mouvements de l'*Octuor*, conçus indépendamment les uns des autres, forment aussi les quatre parties d'un allégro : autre façon d'exploiter les idées cycliques qui préoccupent alors les compositeurs.

L'ascendance française d'Enesco restera omniprésente dans sa production. La France deviendra d'ailleurs sa patrie d'adoption. Il a assimilé la clarté de notre orchestration et de notre polyphonie. Mais celle-ci devient vite si complexe sous sa plume qu'il serait plus exact de parler d'hétérophonie, tant les éléments sont indépendants. La volonté de synthèse qui le caractérise a poussé Enesco vers le classicisme de nos formes (suite, menuet, bourrée, gigue) comme vers la finesse du langage impressionniste (*Symphonie nº 3*). Mais, lorsque le néo-classicisme devient, au lendemain de la Première Guerre mondiale, un moyen de s'opposer au romantisme, il le refuse globalement, car il se considère comme « romantique et classique par instinct ».

Quant à sa démarche proprement roumaine, elle trouve dans la fusion de ces deux héritages le moule formel et les moyens d'expression idéaux. Le folklore brut, légèrement aménagé, des *Rhapsodies roumaines* est vite dépassé. Enesco assimile ses souvenirs d'enfance, les chants des *lăutari*. Il les dégage des influences tziganes, reconstitue un langage, une atmosphère qui sont transcendés, sublimés dans sa musique. Les sources roumaines ne s'imposent pas toujours d'emblée. Elles sont souvent sous-jacentes, lointaines, se révélant, dans un lyrisme ou une nostalgie discrète, l'expression de la *doina*. L'atmosphère de la mélopée l'emporte sur l'ivresse rythmique de la rhapsodie : le *Prélude à l'unisson* de la *1re Suite pour orchestre* (1903) en est le meilleur exemple, chant libre, sans harmonie, où tout repose sur les inflexions de la mélodie et sur l'expression. Cette mélopée trouve son épanouissement dans *Œdipe* et dans la *3e Sonate pour violon et piano*, où, pour mieux assimiler les inflexions de la mélodie populaire roumaine, Enesco utilise des intervalles en quart et en tiers de ton, procédé que venait d'expérimenter Aloys Haba. Allant encore plus loin dans sa démarche, il adopte le *parlando-rubato*, voisin du *Sprechgesang* d'Arnold Schönberg, qui lui permet de trouver une nouvelle forme de récitatif s'adaptant aux impératifs d'une musique grecque imaginaire ou aux contours de la mélopée.

Cette approche de la musique trouve son fondement dans l'amour profond qu'Enesco portait à la nature. Jamais il n'a noté de thèmes populaires, comme Bartók ou Kodály. C'est un homme de la campagne dont les souvenirs de jeunesse resteront gravés à l'encre indélébile au plus profond de lui-même. Et, chaque été, lorsqu'il revient en Roumanie, il fuit la capitale pour se réfugier dans la maison familiale de Dohoroi ou dans les résidences de sa femme, à Tescani ou à Sinaia. Sa musique n'est jamais descriptive : la *Suite villageoise*, les *Impressions d'enfance*, *Vox maris* ou le poème symphonique inachevé *La Voix de la nature* (1935) sont autant d'évocations où se retrouvent les accents les plus sincères de sa nature propre.

Fondateur de l'école roumaine, Enesco possédait un rayonnement qui subsiste et semble s'amplifier au-delà de sa mort. La jeune musique roumaine se situe dans sa trajectoire spirituelle et lui doit beaucoup sur le plan esthétique. Pédagogue et non professeur, il a formé un illustre disciple, Yehudi Menuhin : « Tout ce que je fais porte son cachet. » Mais Enesco n'a pas fait école au sens strict, ni comme compositeur, ni comme violoniste. Il a donné des impulsions, il a permis à des talents de se révéler grâce à un enseignement adapté à leur propre tempérament. Christian Ferras, Henryk Szeryng, Arthur Grumiaux, Ivry Gitlis, Dinu Lipatti, les membres du Quatuor Amadeus ont été profondément marqués par son approche de la musique, une démarche hors du temps, qui semblait nouvelle au début du XXe siècle, mais qui reste actuelle, à mi-chemin entre le rigorisme et le romantisme qui habitent en chacun.

ALAIN PÂRIS

Bibliographie

G. CONSTANTINESCU, *Georges Enesco, sa vie et son œuvre*, Editura Muzicală, Bucarest, 1981 / V. COSMA, *George Enescu. Cronica unei vieţi zbuciumate* (en roumain, anglais et français), Editura Octopodium, Bucarest, 1991 / V. COSMA & J. C. G. WATERHOUSE, « Georges Enesco », in S. Sadie dir., *The New Grove Dictionary of music and musicians*, Macmillan, Londres, 1980 / G. ENESCO, *Scrisori* (« Lettres »), éd. crit. de V. Cosma, Editura Muzicală, vol. I, 1974 ; vol. II, 1982 / C. FIRCA, *Catalogul tematic al creaţiei lui George Enescu*, *ibid.*, 1985 / B. GAVOTY, *Les Souvenirs de Georges Enesco*, Flammarion, Paris, 1955 / N. MALCOLM, *George Enescu. His Life and Music*, Toccata Press, Londres, 1990 / C. ŢĂRANU, *Georges Enesco dans la conscience du présent*, Editura Ştiinţifică si enciclopedică, Bucarest, 1981 / O. VARGA, *Orfeul moldav şi alţi şase mari ai secolului XX*, Editura Muzicală, 1981 / M. VOICANA, F. FONI, N. MISSIR & E. ZOTTOVICEANU, *George Enescu*, *ibid.*, 1964 / M. VOICANA, C. FIRCA, A. HOFFMAN, E. ZOTTOVICEANU, M. MARBÉ, S. NICULESCU & A. RAŢIU, *Georges Enesco*, *ibid.*, 1971.

Enesciana, n° 1 : « La Personnalité artistique de Georges Enesco » ; n°s 2-3 : « Georges Enesco, musicien complet », Editura academiei republicii socialiste România, Bucarest, 1976 et 1981.

F

FALLA MANUEL DE (1876-1946)

Contemporain et successeur du compositeur et pianiste Isaac Albéniz, Manuel de Falla développa et dépassa les découvertes de son compatriote. Mais son œuvre est le fruit d'une longue et difficile patience alimentée par un caractère tourmenté.

Depuis l'âge de trente ans, sinon depuis l'adolescence, sa vie fut une lutte constante entre la sensualité souveraine qui s'est épanchée dans *L'Amour sorcier* et l'austérité âpre et décharnée du *Concerto pour clavecin*. Une maladie vénérienne contractée à l'âge de trente-six ans provoqua en lui un combat qui devait le mener vers une forme d'ascétisme pétrifié, bienveillant pour autrui, trop sévère pour lui-même ; il vécut sa maladie comme un châtiment divin. Néanmoins, la musique d'Espagne se libéra, grâce à lui, des excès d'un folklorisme banal où elle était tombée pour atteindre le niveau déjà exceptionnel des dernières pièces d'Albéniz, puis se hausser jusqu'à celui où le XVIe siècle l'avait placée. Dans le langage universel de Falla, l'élément traditionnel ou national, tout présent qu'il soit, n'est jamais déterminant mais déterminé.

1. Les années de formation

Élève de José Tragó

Quatrième enfant d'un commerçant originaire de Valence et d'une mère d'ascendance catalane, Manuel de Falla y Matheu est né à Cadix. Dès l'âge de huit ans, sa mère l'initie au piano. Plusieurs maîtres provinciaux plus ou moins obscurs lui succèdent. Ces études fragmentaires, non systématiques, accompagnent ses premiers concerts de pianiste, depuis ses douze ans. Des pages de cette époque, il ne reste que les titres : un *Quatuor avec piano*, une *Mélodie pour violoncelle et piano*, un *Quintette*.

À partir de 1890, il se rend régulièrement à Madrid pour travailler sous la direction de son premier vrai maître, José Tragó, l'un des meilleurs pianistes espagnols de l'époque. Initié ensuite à la compréhension de son art, Falla entreprend la transcription analytique de plusieurs partitions de Richard Wagner. Enfin, après cinq ans de concerts en province, il s'intègre peu à peu dans la capitale, au milieu musical espagnol.

De 1896 à 1898, il suit les cours du Conservatoire royal où professe son maître, lui-même disciple de Georges Mathias, professeur au Conservatoire de Paris et élève de Chopin. L'influence de Tragó fut décisive dans la formation de Falla. Il obtient un prix de piano. Les compositions de cette époque : *Valse-Caprice*, *Nocturne*, *Sérénade andalouse*, révèlent l'influence de Chopin et d'Albéniz.

Pedrell et « La Vie brève »

De 1900 à 1902, Falla acquiert une certaine notoriété par quelques *zarzuelas* où l'héritage italianisant de Francisco Barbieri est reçu à travers Ruperto Chapi, Andrés Bretón et Federico Chueca. La première, *Los Amores de la Inés*, est créée le 12 avril 1902 au Teatro Cómico. Vers le milieu de 1901, il rencontre Felipe Pedrell, avec qui il approfondit ses connaissances théoriques (instrumentation, orchestration, etc.) pendant trois ans. Dans une brochure célèbre, *Pour notre musique* (1891), Pedrell a prôné un retour aux sources nationales de la musique et l'assimilation à la tradition savante européenne dans un style original et authentique. Jusqu'à l'âge de vingt-cinq ans, Falla travaille sous sa direction, comme le firent auparavant, trop brièvement, Albéniz et Granados. Lorsqu'en 1904 Pedrell quitte Madrid, son élève écrit laborieusement, en huit mois, *La Vie brève* (*La Vida breve*), résumé de tout son apprentissage. Cet opéra – drame lyrique dont on ne joue de nos jours que la danse du deuxième et dernier acte – reflète en partie une orientation que partagent les compositeurs français de l'époque. Mais elle est tout intuitive, car si à Paris on discute Claude Debussy, en Espagne on l'ignore. Avant 1905, aucun programme de concert n'affiche à Madrid les noms de Roussel, Dukas ou Ravel ; zarzuelas et opéras de Gounod et de Puccini se succèdent sans laisser de place à autre chose.

Sur un texte de Carlos Fernández Shaw, alors prestigieux librettiste de zarzuelas, *La Vie brève* révèle deux influences nouvelles : Puccini et Wagner. L'œuvre fut primée par l'Académie des beaux-arts de Madrid, mais elle ne fut pas exécutée et dut attendre 1913 pour sa création en France.

En juillet 1907, après de longues et vaines démarches, Falla partait pour Paris, désireux d'échapper à un milieu trop insatisfaisant et encouragé par les promesses de concerts d'un soi-disant imprésario. Il emporte avec lui un livre qui avait hâté ses réflexions : *Une révolution dans la musique. Essai d'application à la musique d'une théorie philosophique*, par Louis Lucas, édité à Paris en 1849 et étonnamment moderne d'esprit.

2. Une vie anxieuse, une œuvre laborieuse

Un Andalou à Paris

Au cours de ses sept ans de séjour dans la capitale française (1907-1914), Falla assiste à l'affirmation progressive de l'esthétique impressionniste : Debussy aborde ses conceptions les plus secrètes, Ravel écrit quelques-unes de ses œuvres principales.

Après une brève tournée comme pianiste avec une troupe de ballet de second ordre en Belgique et en Suisse, Falla entre en contact personnel, durant l'automne 1907, avec les compositeurs dont la musique a confirmé ses recherches : Debussy, Ravel, Dukas. Ce dernier lui donne des conseils d'orchestration et l'autorise à lui porter ses travaux. En même temps qu'il agrandit le cercle de ses relations, il approfondit la connaissance de la musique française et se lie avec Albéniz (professeur à la Schola cantorum), le pianiste Ricardo Viñés et d'autres musiciens comme Florent Schmitt, Gabriel Fauré et Igor Stravinski, qui deviendront ses amis. Amitié sans intimité, cependant. C'est un personnage timide, mystérieux, toujours habillé de noir, qui ne se livre pas, malgré les soucis d'argent parfois cruellement pressants qui l'acculent à toutes sortes d'expédients. Il porte paisiblement et obstinément sa *Vie brève* sous le bras, à la recherche d'un chef d'orchestre. Son regard vif et ses traits dénoncent son origine méridionale et son ardeur. Mais il s'exerce déjà à l'ascétisme.

En 1908, ses *Pièces espagnoles* (*Cuatro Piezas españolas*) sont imprimées par un éditeur qui, exceptionnellement, accepte, sous la pression conjuguée de Debussy, Ravel et Dukas, de déroger à sa norme de n'éditer que de la musique française. Fugace moment de joie dans une vie terne, et qui ne se répétera qu'une fois, en 1910, avec l'édition des *Trois Mélodies* sur des poèmes de Théophile Gautier. En 1912, une maladie vénérienne probablement mal soignée le retient à l'hôpital pendant dix mois ; il en sort encore plus déterminé peut-être à l'abstinence et certainement plus attaché que jamais aux commandements de l'Église.

Le retour

Le Manuel de Falla qui rentre en Espagne en 1914, chassé par la guerre, peut se sentir satisfait : il a signé un contrat avec l'éditeur français Max Eschig, et revient avec le manuscrit quasi définitif des *Sept Chansons espagnoles*, petits joyaux ciselés autour de brefs textes populaires, ainsi que l'ébauche des *Nuits dans les jardins d'Espagne*, heureuse alliance du raffinement et de l'évocation folklorique. Mais il est définitivement marqué par une anxiété qui ne le quittera plus. Les séquelles de la maladie, peut-être inconsciemment souhaitées sinon cultivées par lui, le harcèleront jusqu'à son dernier jour et son ascétisme se confondra dès lors avec la crainte permanente de la colère divine et un ressentiment plus ou moins manifeste envers le sexe. Méditerranéen, fils du soleil, il fera cependant de la religion catholique, héritée de sa famille, l'agent d'un conflit douloureux et exténuant qu'il voudrait purificateur.

D'abord à Madrid, puis, en 1919, à Grenade, dans le silence d'une maisonnette près de l'Alhambra, il mènera pendant vingt ans près de sa sœur María del Carmen une vie de réclusion coupée de rares voyages à Londres, à Paris et en Italie. Personne ne le verra jamais avec une autre femme.

Il achève les *Nuits*, créées à Barcelone en 1915, peu avant la première version de *L'Amour sorcier*, la même année. Suit *Le Tricorne* (1917), qui, en 1919, obtient un brillant succès à Londres.

Durant ces vingt années de Grenade où la maladie trouble souvent son recueillement mystique, il écrit ses meilleures œuvres : la *Fantasia Baetica* pour piano (1919), *Pour le tombeau de Claude Debussy* (1920), en hommage au musicien mort en 1918, *Les Tréteaux de maître Pierre*, commandés par la princesse de Polignac et créés à Paris en 1923, et surtout, après une *Psyché* pour mezzo-soprano, *Pour le tombeau de Paul Dukas* (1935) et le *Concerto pour clavecin, flûte, hautbois, clarinette, violon et violoncelle*. Cette œuvre fut créée à Barcelone en 1926, par Wanda Landowska, qui ne parut pas comprendre le sens de la composition qu'elle avait commandée ; déçu par cette exécution, Falla étudie l'œuvre à la hâte pour la jouer lui-même au clavecin lors de la création parisienne, l'année suivante.

Son recueillement est parfois entrecoupé par quelques actions menées avec brio et enthousiasme en faveur du milieu musical. Ainsi, de 1928 à 1936, il lutte pour créer et consolider un orchestre de chambre à Séville, l'Orchestre bétique, qu'il aide à vivre grâce au concours de son premier violoncelle, Segismundo Romero, tout dévoué à sa cause ; de 1933 à 1935, il collabore à la fondation de la revue *Cruz y Raya* qui abrite plusieurs années les meilleurs écrivains et penseurs du moment. Mais la maladie a trop souvent raison de ses efforts. De *La Vie brève* au *Concerto*, pourtant, Falla a suivi le lent chemin d'un difficile dépouillement.

L'obsession perfectionniste

Après *L'Amour sorcier*, chef-d'œuvre où la source folklorique andalouse est miraculeusement soumise à une habileté technique acquise en France, il est de plus en plus mécontent de son travail. C'est que l'ascétisme n'est en lui que l'aspect moral d'un besoin de perfection qui l'étreint avec une telle force que, bien souvent, il ne peut plus savoir à quel moment l'ouvrage est achevé. Ce besoin, qui l'empêche de mettre en chantier bien des projets, le paralyse souvent. Ainsi, pour un passage des *Tréteaux*, il compose jusqu'à onze versions sans être jamais tout à fait satisfait de celle qui a été imprimée, gardant peut-être le regret d'avoir eu à en choisir une. De cette obsession, naît une sorte de vertige qui le pousse à corriger à l'infini les partitions éditées. Il n'est guère de partitions dédicacées qui ne contienne de ses rectifications manuscrites.

3. Un art populaire et savant

Le folklore intégré

« Je pense que dans le chant populaire l'esprit importe plus que la lettre. Le rythme, la modalité et les intervalles mélodiques qui déterminent leurs ondulations et leurs cadences constituent l'essentiel de ces chants et le peuple lui-même nous en donne la preuve en variant à l'infini les lignes purement mélodiques de ses chansons. » Ces mots de Falla peuvent s'appliquer à son œuvre jusqu'aux *Sept Chansons*, où il intègre le folklore dans l'orbite de ses propres procédés. Les deux ballets *L'Amour sorcier* et *Le Tricorne* sont comme des élargissements des *Sept Chansons*, des développements de leurs possibilités.

Mais l'ascétisme insatisfait lui demande un nouvel effort. L'œuvre qui suit est celle du renoncement. Abandonnant la source andalouse, en quête d'une veine castillane où l'art espagnol perd ce qu'il a d'exotique, Falla aborde des chemins plus arides. Il délaisse l'orchestre symphonique au profit de la musique de chambre, afin d'alléger et de concentrer son expression. *Les Tréteaux* puis le *Concerto* traduisent cette recherche.

La cantate inachevée

Enfin, sans savoir peut-être que ce renoncement le poussera même, inconsciemment, à ne jamais finir un nouvel ouvrage, il décide de faire de la longue légende catalane *L'Atlantide*, poème de Jacinto Verdaguer, une cantate à laquelle il travaillera dix-neuf ans sans en entrevoir la conclusion.

À Grenade, pendant la guerre civile (1936-1939), son catholicisme exacerbé sympathise avec les nationalistes, mais sa souffrance sincère devant les massacres lui dicte une conduite : ne se laisser manœuvrer par aucun des deux camps. En 1939, l'Espagne en ruine assiste à l'exil d'une grande partie de son élite créatrice. Vaincu par ses infirmités et incapable de lutter pour un milieu qui a usé une grande partie de ses forces, Falla part pour l'Argentine en compagnie de sa sœur, comme Béla Bartók quelques mois plus tard s'exilera aux États-Unis. À soixante-trois ans, il ne peut recommencer la lutte ; ni son corps ni son tempérament ne soutiendraient ce fardeau. Son seul but est de terminer *L'Atlantide*, du moins le croit-il parfois.

Après avoir dirigé plusieurs concerts à Buenos Aires, épuisé, il cherche un refuge loin de la grande ville. Il réside à Córdoba jusqu'en 1941, s'installe ensuite en pleine sierra, à Alta Gracia où, harcelé par des difficultés économiques, il vivote jusqu'au matin du 14 novembre 1946, où sa sœur le découvre mort d'une crise cardiaque.

Dans sa version intégrale, *L'Atlantide* ne devait être jouée que beaucoup plus tard, en 1961, à Buenos Aires. Ernesto Halffter, l'un des rares élèves de Falla pendant ses années de Grenade, acheva les passages incomplets, choisit parmi les ébauches d'orchestration, mit le dernier point d'orgue. L'exécution vint dissiper un doute sur l'importance de cette œuvre. Avec elle, Falla a-t-il atteint les plus hautes cimes de l'expression ? Pour y répondre, il faudrait analyser *L'Atlantide* telle qu'il l'a laissée et non pas telle que Halffter l'édita. Car celui-ci acheva ce que Falla n'a pu ou voulu finir. Cette cantate, d'ailleurs, n'était-elle pas vouée à rester, pour toujours, inachevée ?

Ni le volume de son œuvre ni son importance historique ne semblent justifier maintenant la place qu'on lui reconnaissait volontiers, près de Ravel, Stravinski, Prokofiev, Hindemith et Schönberg. Seul reste, peut-être, le *Concerto*, dans le deuxième mouvement duquel Ravel voyait, avec raison, une page capitale de la musique contemporaine. Là, par le dépouillement final qui demande à l'ascèse castillane et à l'esprit mystique la courbe d'une mélodie souvent fragmentée, haletante, hachée, le musicien a trouvé certainement le meilleur de lui-même.

LUIS CAMPODÓNICO

Bibliographie

L. CAMPODÓNICO, *Falla*, Seuil, Paris, 1959, rééd. 1980 / S. DEMARQUEZ, *Manuel de Falla*, Flammarion, Paris, 1963, repr. Da Capo, New York, 1983 / M. DE FALLA, *Écrits sur la musique et les musiciens*, Actes Sud, Arles, 1992 / A. GAUTHIER, *Falla*, Seghers, Paris, 1966 / J.-C. HOFFELÉ, *Manuel de Falla*, Fayard, Paris, 1992 / ROLAND-MANUEL, *Manuel de Falla*, Éd. des Cahiers d'art, Paris, 1930, rééd. Éd. d'aujourd'hui, Sainte-Maxime, 1977.

FARNABY GILES (1563 env.-1640)

Compositeur anglais, dont la jeunesse reste obscure, Farnaby vit à Londres en 1587 et obtient, en 1592, le grade de bachelier en musique à Oxford. Surtout connu comme auteur de pièces pour virginal (plus de cinquante sont contenues dans le *Fitzwilliam Virginal Book*), il ne le cède en ce domaine, au tournant du siècle, qu'à William Byrd. Ont également survécu ses contributions au livre de psaumes (*Whole Book of Psalmes*, 1592) publié par Thomas East, ainsi que vingt *canzonets* à quatre voix et une à huit voix, remarquables par leurs harmonies chromatiques et par leur complexité rythmique.

MARC VIGNAL

FAURÉ GABRIEL (1845-1924)

Né dix-sept ans avant Debussy, trente avant Ravel, Fauré n'en fait pas moins partie de cette grande constellation de la musique française contemporaine :

Fauré, Debussy, Ravel. Il y a là néanmoins une sorte d'injustice : à trop méconnaître l'importance des dates, on risque de réduire les mérites propres du compositeur. Musicien romantique (sa première mélodie *Le Papillon et la fleur* date de 1861), Fauré ne peut se comparer en effet ni au Debussy scandaleux de *Pelléas et Mélisande* (1902), ni à l'audacieux Ravel des *Histoires naturelles* (1907). Musicien de la continuité dix-neuviémiste, il ignore les soubresauts de l'esthétique actuelle. D'ailleurs, comment les aurait-il connus ? Frappé de surdité dès les années 1902-1903, il n'entendra ni *Le Sacre du printemps* de Stravinsky (1911), ni *Pierrot lunaire* de Schönberg (1913) et restera en dehors des grandes querelles musicales. D'où sa réputation de musicien intemporel, hiératique, « athénien ». C'est mal juger un tempérament méridional expansif, qui a pu ordonner le lyrisme effréné des deux *Quatuors* pour cordes et piano (1879 et 1886), ou la franche sensualité des mélodies de *La Bonne Chanson* (1892-1894), qui a pu concevoir également l'orchestration puissante de *Prométhée*, musique de scène donnée aux Arènes de Béziers en 1900. À l'homme des salons, préférons l'image d'un musicien plus musclé, mal compris, tout comme le fut l'« éternel enfant Mozart » avant que l'on ne découvrît en lui l'« immortel auteur de *Don Giovanni* ».

Un musicien romantique

Né à Pamiers (Ariège) en l'année 1845, le jeune Fauré devra quitter sa famille pour suivre à Paris les cours de l'école de musique classique et religieuse de Louis Niedermeyer. Il y connaîtra Camille Saint-Saëns, jeune et brillant professeur de piano, qui lui révèle les œuvres de Liszt, Schumann et Wagner. Pour ce maître particulièrement aimé, il écrira en 1861 sa première composition, la mélodie *Le Papillon et la fleur*, d'après Victor Hugo. C'est encore Saint-Saëns qui, en fondant la Société nationale de musique (1871) pour encourager et exécuter les œuvres des jeunes musiciens français, lui permet de se « mettre à l'ouvrage ». Les milieux musicaux parisiens vont bientôt l'accueillir et il fréquente avec enthousiasme le salon Viardot, pensant même épouser l'une des filles de Pauline Viardot.

L'année 1875 marque une réussite dans sa jeune carrière : achèvement de la *1re Sonate* pour piano en *la* majeur opus 13, *1er Nocturne* pour piano en *mi* bémol mineur opus 33 no 1 et deux mélodies d'après Sully Prud'homme *Ici-Bas !* et *Au bord de l'eau*. De grandes œuvres seront bientôt mises en chantier : les 2 quatuors avec piano, les 6 *Nocturnes* pour piano et de nombreuses mélodies. Dans ces mêmes années (1878-1879), Fauré se rend en Allemagne où il rencontre Liszt et entend des œuvres de Wagner. Sa vie parisienne se partage entre ses tâches d'organiste et de maître de chapelle (église de la Madeleine), les leçons de piano, les réceptions mondaines... Héritier des pianistes romantiques, il aime avant tout le piano et les formes brèves qui le mettent si bien en valeur : nocturnes, impromptus, barcarolles, ballades... Même les formes de la musique de chambre – sonate, quatuor – accordent une place prépondérante à l'instrument roi du XIXe siècle. Cette première période s'achève avec son mariage : il épouse en 1883 Marie Fremiet, fille du sculpteur E. Fremiet, dont il aura deux fils.

Le premier parmi les mélodistes français

Le premier recueil de mélodies paraît chez Choudens en 1879 ; il sera suivi de deux autres recueils et de cinq grands cycles s'échelonnant jusqu'en 1921. Peu distincte en ses débuts de la romance, la mélodie a une vocation de divertissement, de mise en valeur des voix féminines, d'exaltation des sentiments romantiques. Elle n'atteindra sa dignité d'œuvre à part entière qu'avec Fauré et Duparc entre les années 1870 et 1890 et sous l'impulsion des mouvements poétiques parnassien et symboliste. Fauré conçoit la mélodie comme une lecture en musique du texte littéraire, privilégiant intelligibilité et expression. Toutefois, le respect du texte n'entraîne jamais ni convention ni superficialité. On s'aperçoit à l'analyse que la part créatrice du musicien reste paradoxalement très grande et que la mélodie qui en résulte n'est plus ni vraiment le texte poétique ni réellement de la musique, mais une œuvre entièrement nouvelle née d'une fusion mystérieuse des deux langages. Une des grandes réussites de la maturité de Fauré demeure le cycle de *La Bonne Chanson*, neuf mélodies d'après Verlaine (1892-1894). L'harmonie fauréenne s'y définit pleinement dans sa qualité la plus précieuse : l'ambiguïté. En effet, pour traduire la sensualité et la richesse des poèmes verlainiens, Fauré élabore un style fondé sur des éléments stables et connus mais dont il organise une instabilité artificielle due au mouvement des éléments dans une perpétuelle fuite en avant. L'entendant pour la première fois, Saint-Saëns se serait écrié : « Fauré est devenu complètement fou. »

Les œuvres qui suivirent *La Bonne Chanson* seront influencées par la création de *Pelléas et Mélisande* de Debussy (1902), dont le langage vocal très « récité » devait bouleverser la musique chantée. Fauré s'en souviendra dans *Accompagnement* et les mélodies qui terminent le troisième recueil. C'est également à cette période que le musicien ressent les premières atteintes de la surdité. Son style en est profondément modifié et s'infléchit vers plus d'austérité, voire d'ascétisme (*Mirages*, quatre mélodies d'après R. de Brimont, 1919).

Les honneurs

En 1892, Fauré est nommé inspecteur de l'enseignement dans les conservatoires puis professeur de composition au Conservatoire de Paris, à la succession de J. Massenet (1896). Il y forme de nombreux et excellents compositeurs tels que F. Schmitt, L. Aubert, C. Kœchlin, N. Boulanger et Ravel. En 1905, il remplace T. Dubois, démissionnaire, à la direction du Conservatoire. Dans cette charge, qu'il prend singulièrement à cœur, Fauré se conduit en tyran et réforme la vieille institution. Enfin, reconnu par le public et les milieux musicaux parisiens, il se lance dans la composition d'un opéra, *Pénélope* (1907-1913), d'après R. Fauchois. Cette œuvre n'obtint pas le succès espéré. Le compositeur en fut très déçu car, comme la plupart des musiciens du XXe siècle, il était d'accord avec Gounod sur ce point : « Pour un compositeur, il n'y a guère qu'une route à suivre pour se faire un nom : c'est le théâtre... »

Le demi-échec de *Pénélope* laisse Fauré « aplati de fatigue », selon ses propres termes. Il revient alors aux mélodies (cycles du *Jardin clos*, Van Lerberghe, 1915, des *Mirages*, R. de Brimont, 1919, et de *L'Horizon chimérique*, d'après J. de la Ville de Mirmont, 1921), à la musique de chambre (2 *Sonates pour violoncelle et piano*, 1917 et 1921 ; *2*^e^ Quintette, 1921) et aux œuvres pour piano (*13*^e^ Nocturne, 1921 ; *13*^e^ Barcarolle, 1921). Il termine sa dernière œuvre, le *Quatuor à cordes* opus 121, le 11 septembre 1924, deux mois avant sa mort.

Dernier grand musicien romantique, Fauré peut sembler parfois anachronique au XXe siècle. Enfermé dans sa surdité, il n'a pas connu les grands bouleversements de la vie musicale contemporaine et s'est réfugié dans une esthétique purement individuelle, faite d'austérité et de dépouillement. Musique linéaire, sévère, renonçant au charme et à la violence de la maturité, les dernières œuvres gardent cependant un caractère passionné qui semble être la marque du compositeur.

MARIE-CLAIRE BELTRANDO-PATIER

Bibliographie

M.-C. BELTRANDO-PATIER, *Les Mélodies de Gabriel Fauré*, thèse de doctorat ès lettres, université de Strasbourg-II, 1978, centre de publication de Lille-III, 1981 / G. FAURÉ, *Correspondance*, présentée et annotée par J.-M. Nectoux, Seuil, Paris, 1980 / P. FAURÉ-FRÉMIET, *Gabriel Fauré*, Rieder, Paris, 1927, 2e éd. Albin Michel, Paris, 1957 / F. GERVAIS, « Étude comparée des langages harmoniques de Fauré et de Debussy », in *Revue musicale*, n° 273, 1971 / L. GUICHARD, *La Musique et les lettres au temps du romantisme*, P.U.F., Paris, 1955, rééd., éd. d'Aujourd'hui, Plan-de-la-Tour, 1984 / W. JANKÉLÉVITCH, *Fauré et l'inexprimable*, Plon, Paris, 1974, rééd. Presses pocket, Paris, 1988 / C. KŒCHLIN, *Gabriel Fauré*, Alcan, Paris, 1922, rééd., éd. d'Aujourd'hui, 1983 / M. LONG, *Au piano avec Gabriel Fauré*, Julliard, Paris, 1963 / J.-M. NECTOUX, *Fauré*, Seuil, Paris, 1972, 2e éd. 1986 ; *Gabriel Fauré, les voix du clair-obscur*, Flammarion, Paris, 1990 / R. ORLEDGE, *Fauré*, Eulenburg, Londres, 1980, rééd. Da Capo Press, New York, 1982 / C. SAINT-SAËNS & G. FAURÉ, *Correspondance*, Société française de musicologie, Paris, 1973 / N. SUCKLING, *Fauré*, Dent, Londres, 1946, 2e éd. 1951, rééd. Hyperion Press, Westport (Conn.), 1987 / E. VUILLERMOZ, *Gabriel Fauré*, Flammarion, Paris, 1960, rééd. Da Capo Press, 1983.

FELDMAN MORTON (1926-1987)

Le compositeur américain Morton Feldman est l'un des représentants du graphisme musical qui a tenté de libérer la musique de la rigueur de la notation traditionnelle.

Né à New York, il travaille le piano avec Vera Maurina-Press, une amie de Scriabine et disciple de Ferrucio Busoni. Puis il se tourne vers la composition, qu'il étudie avec Wallingford Riegger, l'un des premiers défenseurs du dodécaphonisme aux États-Unis, et Stefan Wolpe. Il fréquente les galeries de peinture new-yorkaises et subit profondément la marque de la peinture expressionniste abstraite. Sa rencontre avec John Cage, au début des années 1950, va jouer un rôle déterminant dans la suite de sa carrière. Il travaille en étroite liaison avec lui et forme, en compagnie du compositeur Earle Brown et du pianiste David Tudor, un groupe qui occupe une place essentielle dans la vie musicale américaine. Il élabore un système de composition qui permet d'intégrer des éléments indéterminés dans l'interprétation de sa musique. Ses premières partitions (*Projections*, pour violoncelle, 1950-1951 ; *Marginal Intersection*, pour orchestre et bande magnétique, 1951) sont notées sur papier quadrillé ; seul le temps est fixé de façon précise (la durée étant fonction de la longueur des rectangles), les hauteurs, les dynamiques et l'expression restant, dans une très large mesure, à l'appréciation de l'interprète. Cette notation approximative débouche sur un véritable graphisme musical qui génère de réelles œuvres d'art et qui permet de donner aux éléments indéterminés toute leur importance. Elle se concrétise dans des séries de partitions instrumentales dont les titres évoquent les préoccupations multidimensionnelles du musicien : *Durations I-V*, *Extensions I-V*, *Projections I-V*, *Vertical Thoughts I-V*, *Intermissions I-VI*, *Structures I-II*, etc. À la fin des années 1950, Feldman abandonne progressivement le graphisme musical (sa dernière œuvre en la matière est *In Search of an Orchestration)* et élabore un système plus précis où la notion de temps reste néanmoins déterminée : tous les exécutants se voient confier la même partie, mais ils doivent la jouer à des vitesses différentes, ce qui produit une réverbération multiple de la même source sonore (*Piece for 4 Pianos,* 1958). Il s'oriente vers des expériences de type unidimensionnel et revient progressivement à une notation rigoureuse (*Madame Press Died Last Week at the Age of Ninety*, pour ensemble instrumental ; *The Viola in my Life*, pour alto et six instrumentistes, 1970). Au-delà des différents moyens d'expression, Feldman s'impose comme un explorateur de l'univers sonore et du silence. Sa musique reste toujours abstraite, même s'il cède parfois à la tentation de l'écriture répétitive.

À la fin de sa vie, Feldman sera nommé professeur Edgar Varèse à l'université de l'État de New York (Buffalo) et directeur du Center for Creative and Performing Arts. Sa dernière œuvre, *Piano, Violin, Viola, Cello*, est une commande du Middleburg Festival.

ALAIN PÂRIS

FÉTIS FRANÇOIS-JOSEPH (1784-1871)

Né à Mons, élève de Rey (harmonie), de Boieldieu et de Pradher (piano), professeur et bibliothécaire au Conservatoire de Paris, Fétis fonde, en 1827, les « concerts historiques » et la *Revue musicale.* En 1833, il devient directeur du Conservatoire de Bruxelles et maître de chapelle de Léopold Ier ; il vivra en Belgique jusqu'à sa mort. Quoique importante (quatre opéras, trois symphonies, pièces pour piano et musique de chambre), son œuvre de compositeur est peu intéressante. Son œuvre théorique est d'une autre valeur. Outre quantité de petits ouvrages pédagogiques (solfèges, méthodes de chant, de piano, de composition), son *Traité complet de la théorie et de la pratique de l'harmonie* (1844), faisant suite au *Traité du contrepoint et de la fugue* (1824), est d'une grande importance. Fétis s'est attaché, entre autres choses, à montrer que l'harmonie n'est pas statique, donnée une fois pour toutes par des lois naturelles, mais qu'elle se constitue et évolue selon des tendances d'origine culturelle : idée fort moderne et audacieuse en son temps. Fétis aurait voulu composer une vaste encyclopédie de la musique, réunissant en un système général et rationnellement structuré l'ensemble des connaissances musicales. Du moins le *Résumé philosophique de l'histoire de la musique*, publié en 1832 comme préface à sa *Biographie universelle des musiciens et bibliographie générale de la musique*, esquisse-t-il cette synthèse et fait regretter que la mort ait empêché l'achèvement de son *Histoire générale de la musique* ; les parties complètement rédigées montrent une remarquable tentative d'élargir la vision de l'histoire musicale, d'y intégrer les musiques non occidentales et l'ethnographie. Sa *Biographie universelle...* (8 vol., 1re éd., Bruxelles, 1837-1844 ; 2e éd. rev. et compl., Paris, 1860-1865) n'est certes pas exempte de défauts, d'erreurs et de lacunes. Elle constitue néanmoins, en langue française, le premier ouvrage de cette ampleur, utilisant toutes les ressources de la critique, et demeure précieuse comme source d'informations, en particulier sur les musiciens français.

Un des grands mérites de Fétis aura été, dans les « concerts historiques » qu'il fonde, de révéler à la génération de 1830 maint chef-d'œuvre musical de la Renaissance. Avec les musiciens de son temps, il aura la main moins heureuse : Fétis est allé jusqu'à corriger les imperfections et les erreurs qu'aperçoit son œil d'aigle dans les partitions, estimables mais négligées quant à l'observation des règles, d'un musicien nommé Beethoven. Ce sera Berlioz qui se donnera « l'âcre douceur de venger Beethoven » (*Mémoires*, XLIV) : dans le « monodrame » parlé, et entrecoupé de musique, de son *Lélio* (1832), Berlioz fait « maudire » Fétis en pleine salle de concert par l'acteur Bocage qui, au nom de Lélio, dénonce « ces tristes habitants du temple de la Routine [...], ces jeunes théoriciens de quatre-vingts ans [...], ces vieux libertins qui ordonnent à la musique de les caresser [...], ces profanateurs qui osent porter la main sur les ouvrages originaux, leur font subir d'horribles mutilations qu'ils appellent corrections, et perfectionnements pour lesquels, disent-ils, il faut beaucoup de goût ».

PHILIPPE BEAUSSANT

FINCK HEINRICH (1445-1527)

Un des grands polyphonistes allemands. Son élève Thomas Stoltzer (1480 env.-env. 1526) et le Suisse Ludwig Senfl (1488-1543) mis à part, aucun maître allemand d'importance n'avait avant Finck écrit dans le style vocal qui était alors en honneur en Europe occidentale et où excellaient les Franco-Flamands et les Italiens. Son style pourrait être situé entre celui d'Ockeghem et celui de Josquin. Prêtre, il vécut plusieurs dizaines d'années comme chantre et maître de chapelle à Cracovie, à la cour des rois de Pologne : Jean-Albert Ier (1492), Alexandre (1501) et Sigismond (1506). Il remplit la même fonction, de 1510 à 1514, à la chapelle du duc de Wurtemberg à Stuttgart, puis au service du duc Ulrich et de sa femme, Sabine de Bavière. En 1519, il est compositeur attitré du chapitre de la cathédrale de Salzbourg, près du prince-archevêque Matthäus Lang. L'année de sa mort, au couvent des Écossais de Vienne, il venait de recevoir le poste envié de maître de chapelle du futur empereur Ferdinand Ier.

On connaît de lui six messes ou fragments de messe (toujours sur cantus firmus), quarante motets, vingt-huit hymnes et trente-huit *Deutschelieder*, lesquels figurent parmi ses meilleures compositions.

Retenons le nom de deux de ses élèves ou continuateurs : Johann Zanger (1517-1587) et Rupert Unterholzer (né vers 1505-1510). À signaler que son petit-neveu, Hermann Finck (1527-1558), musicien de Ferdinand Ier, écrira un ouvrage didactique important, *Practica Musica* (Wittenberg, 1556).

PIERRE-PAUL LACAS

FORTNER WOLFGANG (1907-1987)

Né à Leipzig le 12 octobre 1907, le compositeur allemand Wolfgang Fortner est élevé dans la rigueur de la tradition musicale protestante, travaillant l'orgue avec Karl Straube, le cantor de Saint-Thomas, la composition avec Hermann Grabner et la musicologie avec Theodore Kroyer. Parallèlement, il étudie la philosophie à l'université et compose ses premières cantates dès 1928 (*4 Marianische Antiphonen*).

En 1931, il est nommé professeur de composition et de théorie musicale à l'Institut de musique sacrée de Heidelberg. Dans cette même ville, il fonde en 1935 un orchestre de chambre et, en 1947, avec Karl Amadeus Hartmann, une série de concerts de musique contemporaine, à l'image de ceux de Munich, Musica Viva, dont il partagera la direction avec Ernst Thomas à la mort de Hartmann en 1964. En 1946, Fortner est nommé professeur à Darmstadt, en 1956 à la Nordwestdeutsche Musikakademie de Detmold et, en 1957, à la Musikhochschule de Fribourg-en-Brisgau, où il enseigne jusqu'en 1972. À partir de 1961, il anime des séminaires de composition au Berkshire Music Centre de Tanglewood (États-Unis), puis au Brésil. En 1955, il est élu à la tête de la section musicale de l'Académie des arts de Berlin et membre de l'Académie des beaux-arts de Bavière. Entre 1957 et 1971, il exerce les fonctions de président de la section allemande de la Société internationale de musique contemporaine (S.I.M.C.). Considéré comme l'une des figures les plus importantes du monde musical allemand, il avait reçu le prix Schreker (Berlin, 1948), le prix Spohr (Brunswick, 1953), le Grosse Kunstpreis (Nord-Rhein Westphalie, 1955), le prix Bach (Hambourg, 1960) et était docteur honoris causa des universités de Heidelberg et de Fribourg. Il meurt à Heidelberg le 5 septembre 1987.

Le chemin esthétique de Fortner est l'un des plus complets qu'ait pu effectuer un compositeur du XXe siècle. Élevé à Leipzig dans une tradition issue du romantisme et marquée par le renouveau de la musique chorale à la fin du XIXe siècle, il refuse cette orientation et se tourne d'emblée vers les formes baroques et prébaroques en pratiquant un style très contrapuntique dans lequel reste toujours présente une certaine notion de tonalité (*Concerto pour orgue*, 1932, révisé en *Concerto pour clavecin*, 1935, *Quatuors n°s 1* et *2*, 1929 et 1938). Puis il se tourne vers une écriture néo-classique marquée par Igor Stravinski et Paul Hindemith : tout en conservant un contrepoint rigoureux, son style s'enrichit d'un sens rythmique très fort. Cette période transitoire va le mener au dodécaphonisme, qu'il adopte vers 1945-1947 : recherches de couleurs, harmonies très denses (*Symphonie*, 1947 ; *An die Nachgeboren*, cantate sur un texte de Brecht, 1947 ; *Quatuor n° 3*, 1948).

Cette dernière phase va donner naissance à ses plus grandes œuvres. Procédant de la même façon qu'Olivier Messiaen à la fin des années 1940, il élargit le dodécaphonisme à tous les paramètres de la musique, tout en conservant une grande souplesse d'écriture. Il approfondit ses recherches dans le domaine des modes et prolonge, dans une certaine mesure, l'approche de Max Reger. Il touche aussi à l'aléatoire, à l'électronique (*Gladbacher Te Deum*, 1973) et au collage (*Carmen*, ballet d'après Bizet, 1971). Il parvient ainsi à éviter le piège d'une écriture dodécaphonique austère et c'est surtout dans le domaine théâtral qu'il met en valeur les différentes facettes de son art : le ballet *Die weisse Rose*, d'après Oscar Wilde (1950), deux opéras d'après Federico García Lorca, *Bluthochzeit* (*Noces de sang*, 1957-1963) et *Don Perlimplin* (1962), un opéra historique, *Elizabeth Tudor* (1971), et *That Time* d'après Samuel Beckett (1977). Dans le domaine symphonique, la *Phantasie über Bach* pour deux pianos et orchestre (1950) marque la filiation de Leipzig, alors que les *Mouvements pour piano et orchestre* (1954) ou *Aulodia* pour hautbois et orchestre (écrite pour Heinz Holliger, 1960, rév. 1966) trahissent une écriture plus hermétique. Son langage orchestral semble se diversifier avec *Triplum* pour orchestre et trois pianos (une commande de Paul Sacher, 1966), *Prismen* pour flûte, hautbois, clarinette, harpe, percussion et orchestre (1974), *Triptychon* (1977) et *Variationen* (1979). Mais c'est à la musique vocale qu'il confie le plus profond de lui-même : la cantate sur un texte français de Saint-John Perse, *Chant de naissance* (1958), qui met en valeur une chanteuse (soprano) et un instrumentiste (violon), les *Terzinen*, quatre lieder sur des poèmes de Hugo von Hofmansthal, créés par Dietrich Fischer-Dieskau (1965), ou les *Machaut Balladen* (1973). Dans le domaine de la musique de chambre, outre ses quatre quatuors à cordes, il a laissé des sonates pour violon et piano (1945), flûte et piano (1947), violoncelle et piano (1948), un trio à cordes (1954) et un trio avec piano (1978).

Fortner revêt, en Allemagne, une importance analogue à celle de Messiaen en France. Antoine Goléa le considérait comme le plus important compositeur allemand de sa génération. Il a su évoluer avec son temps sans subir la pression des modes ou des courants esthétiques dominants. Son enseignement ne relève pas vraiment d'une école de composition : il a surtout formé des disciples qu'il a aidés à trouver leur propre personnalité et à effectuer un chemin analogue au sien (Hans Werner Henze, Aribert Reimann ou Rudolf Kelterborn).

ALAIN PÂRIS

FOSS LUKAS (1922-)

Bien qu'il soit né à Berlin (d'un père philosophe et d'une mère artiste peintre) et qu'il ait fait une grande partie de ses études musicales en France, où il travaille le piano et la composition, c'est aux États-Unis, où sa famille est fixée depuis 1937 et dont il obtiendra la nationalité en 1942, que Foss (de son véritable nom Fuchs) achèvera ses études et mènera sa carrière musicale. Carrière complexe de compositeur, d'interprète (pianiste et chef d'orchestre), de professeur (composition et direction d'orchestre à l'université de Californie, à Los Angeles, où il succède à Schönberg).

Ses premières œuvres se situent dans la tradition tonale ; elles accusent une influence de Mahler et de Hindemith (dont il est un moment l'élève à Yale University) : *Deux Pièces symphoniques* (1939-1940), *The Prairie* (cantate profane, 1942), *Song of Songs* (cantate biblique, 1946), notamment. Sa production est déjà importante lorsqu'il évolue dans son écriture vers la musique post-wébernienne, et, suivant la logique de la découverte vers la musique expérimentale, tant et si bien qu'il finit par s'inscrire dans l'avant-garde de la musique américaine.

Lukas Foss se montre, à mesure de son évolution, de plus en plus intéressé par la collaboration avec l'interprète, par le problème de l'improvisation et de l'aléatoire : ainsi, *Time Cycle* (1960) pour soprano et orchestre, *Echoï* (1961-1963) pour piano, percussion, clarinette et violoncelle, *Elytres* (1964) pour onze à vingt-deux exécutants répartis en quatre groupes, le *Concerto pour violoncelle* (1966), composé à la demande de Rostropovitch, le *Concerto pour percussion* (1975). D'une vitalité débordante, égale à sa fantaisie inventive, Foss tend par la dynamique de ses œuvres à la communication d'un véritable état paroxystique ; ainsi en est-il de *Non Improvisation* (1967) pour ensemble instrumental, qui se construit en étoffant peu à peu un son unique au départ, ou de *Paradigm* (1968) pour percussion, guitare et trois instruments.

De 1963 à 1970, Foss est directeur musical de l'Orchestre philharmonique de Buffalo. De 1971 à 1990, il est premier chef de l'Orchestre philharmonique de Brooklyn ; parallèlement, il est conseiller musical de l'Orchestre symphonique de Jérusalem (1972-1976) et directeur musical de l'Orchestre symphonique de Milwaukee (1981-1986).

BRIGITTE MASSIN

FRANCK CÉSAR (1822-1890)

La trop grande richesse de la musique française est peut-être responsable du malentendu dont reste victime Franck, d'abord adulé puis traînant l'image du « Pater Seraphicus », quelque peu aspergée d'eau bénite, due à ses disciples qui croyaient défendre leur maître devant la vague novatrice qui lui succéda. Le respect qu'il a toujours suscité a relégué au second plan le tempérament complexe de ce musicien, belge de cœur mais profondément français, dont la pudeur voile souvent les véritables sentiments, un musicien dont la richesse et la diversité de la création montrent qu'il n'était pas seulement un chef d'école, comme le présentent maints ouvrages de référence.

L'oppression

Le 10 décembre 1822, César Auguste voit le jour à Liège. Dès 1835, il se lance à la conquête de la capitale française, où il est l'élève d'Anton Reicha et de Pierre Zimmermann. Au Conservatoire, il travaille le contrepoint avec Aimé Leborne et l'orgue avec François Benoist. Toute sa carrière se déroulera en France, à l'exception d'une brève tournée en 1842. Lorsqu'il arrive à Paris, il est chaperonné par un père tyrannique dont le seul but est de transformer ses deux fils (César, l'aîné, et Joseph, le cadet) en enfants prodiges. Pour entrer au Conservatoire, les formalités de naturalisation sont vite expédiées ; quant aux études, certaines ne seront jamais achevées tant l'impatience du père est grande. Des campagnes publicitaires « orchestrent » des récitals au goût de l'époque, au cours desquels le jeune César côtoie les plus grands virtuoses de son temps : Liszt, Alkan... Bientôt, il y joue ses premières œuvres, des fantaisies à la mode. Une première parenthèse dans la tutelle paternelle va s'ouvrir avec les trois *Trios concertants* pour piano, violon et violoncelle op. 1 (1841), qui lui valent l'amitié et les encouragements de Liszt. Mais le père-imprésario ne voit pas d'un bon œil ces essais hors des sentiers battus. La mode est aux fantaisies de concert et paraphrases sur des airs d'opéras, où doit briller la virtuosité de l'interprète.

Une seconde parenthèse se présente en 1844 avec *Ruth*, églogue biblique pour soli, chœur et orchestre. L'année précédente, Franck avait déjà composé un opéra en trois actes, *Stradella*, et l'oratorio semble une suite naturelle pour ce jeune homme qui cherche sa manière propre. Par ailleurs, sa rencontre récente avec Gounod l'a poussé sur les chemins de la Bible, où il reviendra souvent. L'année 1846 marque la fin de la tutelle paternelle : César avait jusqu'alors accepté les directives de son père sans que les circonstances ne l'incitent à les discuter. Mais il s'éprend d'une de ses élèves, Félicité Desmousseaux. Le climat change vite, et une dédicace peu appréciée par le père met le feu aux poudres. César quitte le domicile paternel. Deux ans plus tard, au milieu des barricades de la révolution de 1848, il épouse Félicité.

Sa vie devient celle d'un modeste professeur de musique, dont les ressources ne permettent pas une vie aisée. Organiste à Notre-Dame-de-Lorette en 1847, puis à Saint-Jean-Saint-François du Marais en 1851, il est nommé titulaire du nouveau Cavaillé-Coll de Sainte-Clotilde en 1857 et professeur d'orgue au Conservatoire en 1872. Homme bon, trop discret pour rechercher la notoriété ou le succès, il se contente d'une vie paisible un peu en marge de la réalité, sur laquelle s'est créée la légende du « Pater Seraphicus ». Les véritables chefs-d'œuvre ne voient le jour qu'après 1870, à l'époque où se forme autour de lui une pléiade d'élèves (Duparc, d'Indy, Chausson, Bordes), qui feront rayonner un enseignement fondé sur la musique, l'expression et la beauté, plutôt que sur une technique rigoureuse et froide.

Un romantique

César Franck a été catalogué comme organiste et musicien d'église, mais une connaissance objective de son œuvre ne doit jamais perdre de vue les années de jeunesse, passées sous l'autorité d'un père tyrannique. Le jeune César n'avait pas un caractère à s'affirmer et il ne l'aura jamais. Plus tard, sa femme ou ses élèves choisiront pour lui ou le pousseront à prendre les décisions importantes. Timide de nature, il y a pourtant en lui une passion qui ne demande qu'à s'épanouir, mais que sa pudeur entrave. Avec l'oratorio, il trouvera le moyen de s'échapper un peu de lui-même par un biais qui lui semble naturel, la religion. Ce chrétien sincère n'hésite pas à consacrer le plus clair de son temps à la composition de fresques aussi gigantesques que *Rédemption* ou *Les Béatitudes*. Car, au fond de lui-même, c'est un romantique dont la passion ne parvient pas à s'exprimer. Il tâtonne pour trouver son cadre, et des œuvres comme *Ruth*, *La Tour de Babel* (oratorio inédit, 1865) ou *Rédemption* (1871-1872) ne seront que des étapes vers le libre épanouissement d'un homme étouffé : *Les Béatitudes* en sont une première manifestation, mais la véritable explosion survient avec le *Quintette* avec piano en *fa* mineur (1878-1879). Le musicien romantique s'est enfin révélé, donnant libre cours à sa passion et laissant passer un souffle dévastateur. Franck s'est affranchi au point de composer une œuvre d'une sensualité étonnante. L'ombre de son élève Augusta Holmès plane sur cette période de sa vie : est-elle la cause de ce revirement ? L'éventualité d'une liaison a été souvent avancée, mais l'incertitude demeure. Dans le sillage du *Quintette*, il donne *Le Chas-*

seur maudit (1882), *Prélude, choral et fugue* pour piano (1884), les *Variations symphoniques* pour piano et orchestre (1885), la *Sonate pour violon et piano* (1886), dédiée à Eugène Ysaÿe, *Psyché* (1886), *Prélude, aria et finale* pour piano (1887), la *Symphonie en ré mineur* (1886-1888), le *Quatuor* et les *Trois Chorals pour orgue* (1890). En dix ans, Franck livre le meilleur de lui-même, revenant d'ailleurs à l'inspiration religieuse pour son ultime œuvre. On regrettera qu'il ait consacré ses derniers efforts à orchestrer son opéra *Ghiselle*, alors qu'un projet de sonate pour violoncelle et piano l'attendait depuis quelques mois.

Un symphoniste

En 1847, Franck signait un premier poème symphonique, d'après Victor Hugo, *Ce qu'on entend sur la montagne*. L'œuvre de Liszt qui porte le même titre, publiée seulement en 1857, semble avoit été composée vers 1848-1849. Franck avait des modèles dans les ouvrages de Berlioz, les ouvertures de Mendelssohn ou les symphonies de Spohr, mais jamais avant lui un argument n'avait fait l'objet d'une véritable description musicale : Mendelssohn proposait une succession d'impressions, Berlioz l'évocation d'un être, d'une ambiance, d'une scène. Franck montre une affinité profonde pour Victor Hugo, qui lui servira plusieurs fois de source d'inspiration : deux mélodies (*Passez, passez toujours*, 1862 ; *Roses et papillons*, 1872) et *Les Djinns*, poème symphonique pour piano et orchestre (1884). Si ce premier essai symphonique n'est pas un coup de maître, la démarche est essentielle car elle innove profondément : au cours des années suivantes, de nombreuses partitions de forme analogue ou apparentée verront le jour, sous la plume de Liszt, Saint-Saëns, Smetana, Dvořák, Moussorgski... Après cette première tentative, Franck attendra près de vingt-cinq ans avant de revenir à l'orchestre avec *Rédemption*, dont le volet central est un véritable poème symphonique. Libéré d'une certaine contrainte, l'orchestre deviendra une préoccupation constante : seul, en oratorio ou simplement par sa façon de traiter la musique de chambre, le piano ou l'orgue.

Un nouveau cadre

D'un voyage en Languedoc et dans la vallée du Rhône vont naître *Les Éolides* (1875-1876), d'après le poème de Leconte de Lisle. Cinq ans plus tard, Franck se laisse tenter par une légende de Bürger, dont il va tirer *Le Chasseur maudit*. La littérature allemande commence à pénétrer les milieux musicaux en France : Duparc s'inspire de Bürger pour composer *Lénore*, d'Indy emprunte à Schiller le sujet de *La Trilogie de Wallenstein*. Dans un tel contexte, Franck semble élargir ses centres d'intérêt. C'est l'époque où il découvre Wagner. L'été de 1884, il renoue avec Hugo en puisant le sujet des *Djinns* dans *Les Orientales*. Sur le plan formel, Franck innove en ajoutant un piano à l'orchestre : jusqu'alors, les œuvres concertantes étaient surtout des concertos ou des fantaisies. Louis Diémer crée *Les Djinns* le 15 mars 1885 à la Société nationale. Enthousiasmé par son interprétation, Franck compose les *Variations symphoniques* à son intention (été de 1885). C'est sa première tentative de musique pure dans le domaine symphonique. C'est aussi la suite logique d'une série de partitions destinées au piano, inaugurée en 1884 avec *Prélude, choral et fugue*, triptyque dans lequel l'instrument est traité comme un roi, avec une richesse inconnue auparavant : déferlements sonores, superpositions des thèmes qui restent toujours distincts dans une écriture très chargée. À côté de ce concerto pour piano seul, *Les Djinns* représentent l'équilibre concertant classique alors que les *Variations symphoniques* permettent au piano de s'intégrer totalement à l'orchestre : trois manières de servir l'instrument.

L'épanouissement

En 1886, Franck revient au poème symphonique avec *Psyché*, dont Sicart et Louis de Fourcaud lui ont réécrit l'argument : six courtes pages qui forment l'une de ses œuvres les plus parfaites et dont se dégage une atmosphère sensuelle. Tout en achevant *Psyché*, il commence son ultime œuvre orchestrale, la *Symphonie en ré mineur*. Aucun argument, seule la musique pure. La concurrence de ses contemporains (Lalo, Saint-Saëns et d'Indy venaient d'écrire leurs symphonies ou y travaillaient) semble l'avoir incité à composer cette symphonie, mais celle-ci est aussi l'aboutissement logique d'une évolution qui devait le mener à se passer d'argument. La musique à programme lui avait permis de se livrer totalement. Avec le *Quintette*, il s'était montré aussi libre que dans *Psyché* ; la *Sonate pour violon et piano*, la *Symphonie* et le *Quatuor* n'en sont que les conséquences. L'âme chante librement sans le moindre programme.

La musique d'orgue et la musique religieuse de Franck s'inscrivent dans une évolution beaucoup plus naturelle : musicien d'église, il était normal qu'il s'exprimât sur cette voie. Certes, des inégalités se font sentir, et il est difficile de situer toute sa musique d'orgue au niveau de *Prélude, fugue et variations* (1862) ou des *Trois Chorals* (1890). *Les Béatitudes* ont occupé dix ans de sa vie (1869-1879), car il voulait livrer à la postérité une œuvre parfaite dans un domaine qui lui était particulièrement cher : la puissance et la sincérité de la musique ne peuvent laisser insensible même si la faiblesse du texte en atténue la portée. Est-elle trop révélatrice du « musicien imprégné d'eau bénite » ? Chez Franck, deux visages sont indissociables : le chrétien, image trop systématisée, le romantique passionné trouvant dans l'orchestre un moyen d'expression au travers de sujets d'où les notions chrétiennes ne s'écartent que progressivement. L'homme était trop sincère et il semble avoir éprouvé les plus grandes difficultés à laisser libre cours à son tempérament sans mêler ses convictions religieuses à ses élans passionnés. Mais peut-on lui en vouloir ?

ALAIN PÂRIS

Bibliographie

J.-L. BEAUVOIS, *Prélude, aria et final : avec César Franck, cinquante ans de musique française (1830-1880)*, Presses universitaires de Grenoble, Grenoble, 1990 / E. BUENZOD, *César Franck*, Seghers, Paris, 1966 / M. EMMANUEL, *César Franck*, H. Laurens, Paris, 1930 / J. GALLOIS, *Franck*, Seuil, Paris, 1966, rééd. 1980 / V. D'INDY, *César Franck*, Alcan, Paris, 1910, rééd. Michel de Maule, Paris, 1987 / R. JARDILLIER, *La Musique de chambre de César Franck*, Mellottée, Paris, 1930, éd. rév., Éditions d'Aujourd'hui, Plan-de-la-Tour, 1978 / M. KUNEL, *La Vie de César Franck*, Grasset, Paris, 1947 / F. SABATIER, *César Franck et l'orgue*, P.U.F., Paris, 1982 / L. VALLAS, *La Véritable Histoire de César Franck*, Flammarion, Paris, 1955.

FRANCO-FLAMANDS

MUSICIENS

Expression controversée désignant un groupe de musiciens du XVe et du XVIe siècle. On rencontre aussi les dénominations de musique ou d'« école » néerlandaise, flamande, wallonne, bourguignonne, italo-bourguignonne, franco-bourguignonne, néerlando-bourguignonne. Les dénominations s'enchevêtrent au gré des doctes, s'entrechoquent au fracas des nationalismes, englobant à peu près toujours les mêmes musiciens, dont bien souvent les œuvres regimbent contre d'étroites étiquettes. Qu'en est-il réellement ?

Historiquement, on doit constater au XVe siècle l'existence d'une constellation musicale – qui se prolonge et s'épanouit jusqu'à la fin du XVIe siècle – dont les étoiles sont presque toutes originaires de ce qu'on tend aujourd'hui de plus en plus à appeler « les anciens Pays-Bas » (aussi bien Hainaut, Brabant ou pays de Liège que Flandre – actuellement belge ou française – et Hollande). Tous ces musiciens parlent français, latin, italien, fort peu néerlandais ; presque tous, ils appartiennent à la mouvance bourguignonne des « grands ducs d'Occident » – et au XVIe siècle à l'empire de Charles Quint. Et ils exerceront leur art dans des centres divers : à la cour de Bourgogne mais aussi à la cour de France, à la cour pontificale de Rome, en d'autres villes italiennes.

Il est donc difficile d'imposer une dénomination collective tout à fait satisfaisante, plus difficile encore de parler au sens strict d'une « école » franco-flamande ou franco-italo-flamande. Mais il faut maintenir que cette constellation de créateurs fort divers reste liée par des affinités bien sensibles ; plus qu'en termes d'histoire territoriale, c'est en termes d'orientation musicale et esthétique qu'on pourrait tenter de la situer. Hugo Riemann estimait, en termes encore assez vagues, qu'elle devait « son caractère le plus typique à la création du style *a cappella* en imitations vers 1460 ». Pour Floris van der Mueren, il serait logique d'« appeler cette époque *les débuts de la Renaissance*, vu que, d'un côté, on y jette réellement les bases de la révolution harmonique avec toutes ses conséquences et que, de l'autre, les auteurs sont d'accord pour y trouver les symptômes de l'avenir (l'harmonie, la cadence, la prédominance des superius et l'imitation) ». Aussi, après W. Gurlitt (1924), convient-il de souligner l'importance de la chanson du début du XVe siècle, laquelle influencera notablement les autres genres, motet et messe surtout. De plus en plus, la voix supérieure tend à prédominer alors que les voix inférieures prennent parallèlement le caractère d'accords ; le *superius* entre progressivement dans une mesure symétrique et dans un processus périodique, établissant un contraste rythmique avec les autres parties. De son côté, H. Besseler a souligné le caractère de faux-bourdon des hymnes et antiennes (motets) de l'époque bourguignonne, ce qui rappelle l'ancien conduit (*conductus*) anglais. Des nouveautés apparaissent depuis la génération de Dufay (apr. 1420 env.) ; on citerait notamment : « le renouvellement du caractère chantant, la construction systématique d'un rythme égal à la base de la mélodie. On découvre la poussée de la cadence. » Par ailleurs, Besseler distingue la tradition gothique, avec son indépendance rythmique et mélodique des voix, de la tradition italienne nouvellement née, qui impose ses tendances à la génération de Dufay, avec polyphonie à unité tonale, concordance plus nette entre la voix principale et les autres voix, relation sous forme de canon entre superius et ténor et le rôle qu'elle remplit comme *incipit* d'œuvre, début de phrase ou mise en relief de certaines parties du texte. Wolfgang Stephan s'accordait avec une telle thèse lorsqu'en 1937, dans une étude sur le motet flamand-bourguignon au temps d'Ockeghem, il remarquait que le motet de Dufay, *Nuper rosarum flores*, résumait tous les moyens de l'art du motet en Occident et était le fruit de l'apport italien et de l'apport anglais à travers la tradition locale. Il serait fastidieux d'énumérer ici, sans pouvoir accorder au moins quelques mots à chacun pour le caractériser, les quelque cent vingt noms qu'on a pu, au gré des musicologues, rattacher de plus ou moins près à l'école franco-flamande. Citons du moins, dans un ordre chronologique approximatif, une vingtaine de très grands musiciens sur lesquels le lecteur trouvera, à leur nom, une plus ample information dans *Encyclopædia Universalis* : Johannes Ciconia, les Lantins (Hugo et Arnold), Gilles Binchois, Guillaume Dufay, Johannes Ockeghem, Antoine Busnois, Johannes Tinctoris, Josquin des Prés, Alexandre Agricola, Jacob Obrecht, Heinrich Isaak, Loyset Compère, Mathieu Gascongne, Adrian Willaert, Nicolas Gombert, Jacques Arcadelt, Clemens non Papa, Thomas Crecquillon, Cyprien de Rore et Roland de Lassus.

PIERRE-PAUL LACAS

FRESCOBALDI GIROLAMO (1583-1643)

L'une des figures les plus marquantes du premier âge baroque en Italie. Élève de Luzzasco Luzzaschi à Ferrare, sa carrière semble avoir été précoce : dès 1604, Frescobaldi est organiste et cantor de la congrégation Sainte-Cécile à Rome. Après un court voyage en Flandre avec le nonce (il publie à Anvers son premier recueil), il est nommé organiste de Saint-Pierre de Rome, en 1608. Il quitte ce poste durant six ans (1628-1634) pour entrer au service de la cour de Toscane, comme organiste et musicien de chambre, puis retourne à Rome et y retrouve son orgue, qu'il ne quittera plus jusqu'à sa mort. À l'exception d'un livre de *Madrigaux* (1608), d'un recueil d'airs pour une ou deux voix et clavier (1630), de quelques messes et motets, son œuvre est instrumentale : deux recueils de *Canzoni* pour ensemble instrumental (1615-1645), mais surtout quantité de recueils de *Ricercari*, *Toccate*, *Caprici*, *Fiori musicali* destinés au clavier (orgue ou clavecin, sans distinction). Les titres mêmes de ces œuvres indiquent que Frescobaldi n'a rien d'un révolutionnaire quant aux formes : il utilise les titres et les cadres formels dont se sont servis tous ses prédécesseurs au XVIe siècle. De même dans sa technique instrumentale : pas de gymnastique au pédalier (les Allemands y sont maîtres depuis longtemps), ni de virtuosité digitale aux claviers (comme chez les émules anglais de John Bull). C'est son langage qui est nouveau, sa grammaire et sa syntaxe, sa stylistique et son expressivité. Situé à une époque partagée entre la modalité et la tonalité classiques, Frescobaldi joue sur les deux tableaux et profite de l'ambiguïté qui naît de cette situation de transition. Il fait du chromatisme un usage fréquent. Ambiguïté modale et tonale, chromatisme : la liberté et la subtilité harmoniques de Frescobaldi sont extraordinaires. Rien pourtant de confus, au contraire : son œuvre est limpide, d'une clarté exemplaire. Dans ses grandes *Toccate*, il enchaîne librement des épisodes homophones avec des passages fugués (jusqu'à quinze épisodes successifs). La toccata est ainsi une forme mouvante, dont les fragments contrastants vont de l'exubérance au contrepoint le plus strict. L'art du contrepoint est impressionnant chez Frescobaldi : la fugue classique est déjà pratiquement constituée. Enfin, le génie de la variation se manifeste dans les *Caprici*, sur des thèmes célèbres – parfois du compositeur lui-même.

Frescobaldi a été reconnu comme maître par des musiciens de l'Europe entière – dont la France –, mais particulièrement en Allemagne. Son élève Froberger répandit son style et sa pensée dans l'Allemagne du Sud, qui en fut marquée profondément. Jean-Sébastien Bach recopiera pieusement les *Fiori musicali* de sa main, en 1714, et lui rendra hommage dans nombre de ses pièces pour orgue.

PHILIPPE BEAUSSANT

FROBERGER JOHANN JACOB (1616-1667)

Né à Stuttgart, Froberger constitue, après Frescobaldi et avant Pachelbel, un maillon essentiel de la chaîne de clavecinistes et d'organistes originaires du Sud aboutissant à Bach et se distinguant par une grande rigueur formelle et par une écriture plutôt serrée : cela par opposition à ces artistes du Nord, plus portés vers l'envolée lyrique et la liberté formelle, ayant nom Sweelinck, Scheidt ou Buxtehude. Nommé organiste de la cour de Vienne en 1636, il est envoyé l'année suivante par l'empereur Ferdinand III, son patron, étudier à Rome auprès de Frescobaldi. Après avoir voyagé en France, dans les Pays-Bas et en Allemagne, il est de nouveau à Vienne de 1653 à 1657. En 1662, il est en Angleterre, puis passe les dernières années de son existence chez la princesse Sybille de Wurtemberg au château d'Héricourt près de Montbéliard, où il meurt. Peu avant, il a interdit la diffusion de ses œuvres, qu'on ne connaît que par des impressions posthumes parues à partir de 1693, et surtout par des recueils manuscrits offerts par lui aux empereurs Ferdinand III et Léopold Ier.

Toutes sont destinées au clavier, mais sans qu'il soit précisé s'il s'agit d'un orgue, d'un clavecin ou d'un clavicorde. Son art est la synthèse achevée de ceux des Italiens (Frescobaldi) et des luthistes et clavecinistes français. Il fut le créateur de la suite de danses dans sa succession allemande-courante-sarabande-gigue, mais on lui doit aussi des ricercari, des fantaisies, des caprices. Dans ces œuvres se manifestent souvent une mélancolie et un côté introspectif dont témoignent également ses *Lamentations* et ses *Tombeaux*, comme ceux à la mémoire de Blancheroche, luthiste français, ou de Ferdinand III, et qui l'ont fait comparer à John Dowland. Son jeu, selon les témoignages du temps, était d'une qualité exceptionnelle. Une édition complète de sa musique, due à Guido Adler, est parue en 1903.

MARC VIGNAL

FUX JOHANN JOSEPH (1660-1741)

De la jeunesse de ce compositeur et théoricien autrichien, né à Hirtenfeld en Styrie, on ignore à peu près tout, et notamment si, oui ou non, il étudia en Italie. Nommé organiste à l'église des Écossais (Schottenkirche) de Vienne vers 1696, puis compositeur de la Cour en

1698, Fux fut aussi maître de chapelle de la cathédrale Saint-Étienne de 1705 à 1715, date à laquelle, succédant à une lignée d'Italiens, il prit les fonctions, qu'il devait conserver jusqu'à sa mort, de maître de chapelle de la Cour. Sa célébrité lui vient surtout de son *Gradus ad Parnassum*, sans doute le plus remarquable traité de contrepoint jamais écrit : paru en 1725 en latin, il fut traduit en allemand en 1742, en italien en 1761, en français en 1773 et en anglais en 1791. Joseph Haydn y apprit presque seul, en autodidacte, les lois du métier, avant de le mettre lui-même entre les mains de nombreux élèves, dont Beethoven. Cet ouvrage valut à Fux, dont il ne faut pas oublier qu'il était de vingt-cinq ans l'aîné de Jean-Sébastien Bach, une réputation de sécheresse et de pédantisme parfaitement injustifiée. Représentant éminent du baroque en musique, il laissa plus de quatre cents œuvres qui font également de lui un tenant de la tradition polyphonique héritée de Palestrina, un des fondateurs de la musique autrichienne du XVIIIe siècle, et par là un ancêtre du classicisme viennois. Ces œuvres comprennent plus de cinquante messes a cappella (comme la fameuse *Missa canonica* que Michael Haydn copia de sa main en 1757) ou dans le style concertant ; une dizaine d'oratorios ; une grande quantité de musique religieuse diverse ; une vingtaine d'opéras dont *Angelica, vincitrice di Alcina* et surtout *Costanza e Fortezza* (1723) ; enfin, pour ce qui est de la musique instrumentale, des sonates en trio, des ouvertures à la française et des suites d'orchestre (son principal recueil en ce domaine fut le *Concentus musico-instrumentalis* imprimé à Nuremberg en 1701).

MARC VIGNAL

G

GABRIELI ANDREA (1533 env.-1586) & GIOVANNI (1555 env.-1612)

Le rapprochement des arts franco-flamand et italien, qui s'étaient jusqu'alors développés parallèlement, constitue le grand événement musical du XVIe siècle, puisque ses conséquences sur l'évolution de la musique européenne sont essentielles. Il s'accomplit en Italie ; les deux principaux centres créateurs furent d'une part Rome, où la présence du pape favorisa naturellement le développement de la musique religieuse (Palestrina en est le plus illustre représentant), d'autre part Venise, où prit naissance une école de polyphonie vocale et instrumentale qui influencera de façon déterminante la musique lyrique et symphonique du siècle suivant. Dominée par la basilique Saint-Marc, point de rencontre de la vie religieuse et politique de la Sérénissime République, la cité des Doges connaissait alors une gloire à l'illustration de laquelle tous ses artistes, et en premier lieu les peintres et les musiciens, contribuèrent avec éclat.

La musique et la peinture évoluaient dans le même sens et, au plaisir des yeux, devaient progressivement ajouter un pouvoir d'émotion grandissant.

Les sommets de l'art vénitien furent aussi bien atteints alors par Titien, Tintoret, Véronèse que par leurs contemporains Andrea et Giovanni Gabrieli. Alors que ceux-là embellissaient les palais et les églises de tableaux magistraux, ceux-ci écrivaient, surtout pour les nombreuses fêtes qui témoignaient du faste de la vie de ce temps, une musique grandiose qui, véritable décor sonore, répondait aux mêmes caractéristiques de couleurs et de mouvement, typiques de l'art et du style de la lagune dont elle reflète l'incomparable lumière.

Un maître flamand

Adrian Willaert (1490 env.-1562), quittant la Flandre, son pays d'origine, séjourna à Paris où il fut l'élève de Jean Mouton, disciple de Josquin Des Prés, à Bologne, Rome, Ferrare, Milan, avant de s'installer à Venise où il occupa durant trente ans le poste de maître de chapelle de Saint-Marc. La musique régnait en souveraine dans la basilique où l'on chantait déjà en alternant les chœurs. Willaert adopta cet usage dont il profita pour enrichir l'écriture à double chœur, faisant accompagner les voix par l'orgue et des instruments tels que luths, violes ou cornets. Cette disposition en masses sonores allait devenir la forme nouvelle du chant antiphonique et la spécialité de l'école vénitienne dont il est considéré comme le fondateur. Parmi les grands artistes qui fréquentèrent son école de chant, Andrea Gabrieli fut son disciple le plus glorieux.

Andrea Gabrieli dans la vie vénitienne

Descendant d'une famille noble et connu sous le nom d'Andrea da Canareggio, sans doute parce qu'il naquit dans ce district vers 1533 et peut-être parce qu'il fut organiste de sa paroisse, Andrea Gabrieli entra donc dans la chapelle ducale de Saint-Marc en qualité de chantre. Il y resta un certain temps sans parvenir à obtenir le poste d'organiste ; aussi ses vaines tentatives semblent-elles l'avoir contraint à entreprendre de nombreux voyages, soit en Italie même, soit à l'étranger, notamment à Graz et à Augsbourg où il lia des amitiés durables avec les princes qui devinrent ses protecteurs, comme l'archiduc Charles et les Fugger. Sa renommée était cependant assez grande déjà pour qu'il ait été, en 1558, l'un des deux seuls musiciens admis à l'Accademia della fama de Venise ; six ans plus tard, il fut enfin nommé second organiste de Saint-Marc, aux appointements de quinze ducats, « comme indemnité des frais occasionnés par son voyage pour venir se mettre au service de l'Église ».

À partir de ce moment, il ne quitta plus sa ville, se contentant de sa modeste condition aux côtés de Claudio Merulo (1533-1604), devenu maître de chapelle à la mort de Willaert, et du premier organiste Gioseffo Zarlino (1517 env.-1590). L'existence effacée menée par cet homme secret n'empêcha pas qu'il ait été reconnu comme l'un des meilleurs compositeurs de son époque, et cité comme « un homme de grand mérite, très estimé, et le plus grand dans la musique », comme le nomma un peu plus tard dans le catalogue des écrivains illustres de Venise l'organiste et compositeur Vincente Albrici.

Deux événements étaient survenus qui l'incitèrent à entreprendre des ouvrages plus importants que ceux attachés habituellement à sa charge ; ils allaient attirer l'attention sur lui et, de ce fait, accroître sa renommée. Ce fut tout d'abord la bataille de Lépante. À l'occasion des cérémonies organisées pour célébrer la victoire qui, en 1571, libérait Venise et par là même l'Europe tout entière de la menace d'une domination turque, il reçut commande de plusieurs œuvres, et notamment de deux cantates à huit et douze voix. Trois ans plus tard, d'autres fêtes données lors du passage à Venise de Henri III lui permirent de créer un art nouveau. Comme pour la peinture, la liaison entre les cérémonies religieuses et les manifestations politiques et populaires allait susciter une plus grande diversité de sujets, et quelques épisodes profanes commencèrent à se mêler aux thèmes sacrés.

Giovanni, disciple et continuateur d'Andrea

Si Andrea Gabrieli eut de nombreux élèves et disciples, parmi lesquels l'organiste allemand Hans Hassler (1564-1612), il avait surtout veillé sur l'éducation musicale et la carrière de son neveu, Giovanni, qu'il aima comme son fils. Né à Venise, Giovanni Gabrieli avait si rapidement acquis une notoriété de musicien qu'un recueil de madrigaux à cinq voix lui permit de figurer, alors qu'il n'avait que dix-huit ans, au nombre des *floridi virtuosi* du duc de Bavière : à cette époque, en effet, il séjournait à Munich comme assistant de Roland de Lassus.

Merulo ayant quitté Venise pour Parme, le poste de premier organiste de Saint-Marc fut libre en 1585. Andrea, qui devait mourir l'année suivante, semble avoir renoncé à cette promotion qui lui revenait de droit pour laisser la charge à son neveu. Giovanni s'installa donc de façon définitive à Venise où il s'affirma comme l'héritier spirituel et le continuateur de son oncle. On ne connaît d'autres détails sur sa vie personnelle que la nature de la longue maladie qui devait l'emporter à cinquante-huit ans, la gravelle, et le lieu où il fut enterré, l'église des Augustins à San Stefano. Ses concitoyens n'ont pas manqué de vanter son talent ; sa gloire se répandit au-delà des frontières nationales et, en Allemagne par exemple, il était loué comme le « flambeau de la musique » par Calvisius qui l'opposa à Monteverdi ; Praetorius l'offrait en modèle.

Une œuvre novatrice

On ne peut séparer les Gabrieli dans leur rôle de créateurs d'un style neuf et original fondé sur les traditions et les habitudes existantes ; leur génie est d'avoir été le trait d'union entre la polyphonie et la musique moderne. Leurs arts se complètent : Andrea s'est exprimé davantage par la polyphonie vocale, Giovanni a su, par la polyphonie instrumentale, donner naissance à une véritable musique symphonique. L'esprit de cette œuvre, comme sa forme, est inséparable du cadre pour lequel elle a été écrite. Comme la rigueur et le recueillement de la chapelle Sixtine ont pu infléchir l'art de Palestrina, la basilique Saint-Marc, éblouissante sous les ors et la polychromie de ses mosaïques et de ses marbres, a incontestablement suscité la naissance de musiques somptueuses accordées aussi bien à l'amour du peuple pour le chant qu'à son goût pour le spectacle et l'apparat, et répondant aux ressources précises offertes par son architecture : les cinq coupoles qui répercutent les échos, les deux orgues placés dans les tribunes de chaque côté du chœur ont concouru à la recherche d'effets de relief sonore de façon à faire valoir l'acoustique particulière de l'église.

En 1587, un an après la mort d'Andrea, une première édition de onze volumes réunissant soixante-sept de ses cantates et dix de celles de son neveu fut publiée à Venise, sous le titre général de *Concerti d'Andrea e di Giovanni Gabrieli, organiste della Serenissima Signoria di Venezia, contenenti musica da chiesa, madrigali ed altro, per voci e strumenti musicali.* La dédicace qui l'accompagnait, adressée au comte Jacob Fugger d'Augsbourg, était due à Giovanni qui, après avoir rappelé ce qu'il devait à l'enseignement de son oncle, vantait « son habileté, sa prodigieuse facilité d'invention, son style, sa manière gracieuse d'écrire [...]. Je pourrais dire aussi que ses ouvrages sont les témoins irrécusables qu'il fut unique dans l'évolution des sons qui expriment le mieux la force de la parole et de la pensée. »

Novateur, Andrea le fut dans tous les genres qu'il traita, et tout d'abord dans ces grandes œuvres chorales, les *Concerti*, auxquels il mêle les instruments, aussi bien que dans les madrigaux, chants sacrés, messes, dont il multiplia la polyphonie jusqu'à atteindre parfois seize voix et qui constituent son importante production religieuse. Il écrivit en outre des chœurs pour accompagner l'*Edipo Tirano* de Sophocle, représenté en 1585 au Teatro olimpico de Vicence dans la tradition d'Orsato Giustiniani. Témoignage unique du point de vue historique, cette composition, dont le caractère fondamental dérive du madrigal, compte au nombre des ouvrages les plus remarquables du répertoire du XVIe siècle. Par la façon dont il a combiné les voix avec le sens du texte, accordé des phrases chantées à la structure de la phrase, Andrea Gabrieli se révèle ici le précurseur du drame lyrique.

Sa musique instrumentale, tout aussi remarquable, comprend des pièces destinées à l'orgue seul, mais aussi des œuvres pour tous les instruments à clavier : *Intonazioni d'organo*, *Ricercari*, *Toccate*, et surtout les *Canzoni alla francese* qui forment la partie la plus renommée de sa production. À partir du style vocal dont il s'inspirait puisque les thèmes sont souvent empruntés à des compositeurs français, il réalisa avec adresse le passage au domaine instrumental en donnant un sens nouveau à la musique dont il intégra l'élément décoratif à la ligne fondamentale de façon à les rendre indissociables. Les *Sonate a cinque strumenti*, qui sont les premières œuvres où le terme de sonate est employé, et le fameux motet *Aria della battaglia*, inspiré de la *Bataille de Marignan* de Clément Janequin et de la *Battaglia Taliana* de Mathias Vercors qui évoquaient François Ier face aux Sforza, donnent aux groupes instrumentaux une existence et une signification propres.

L'art de Giovanni est plus grave et moins exubérant que celui de son oncle ; à partir de formes identiques (il est l'auteur de très nombreuses compositions pour orgue et pour clavier), il a réalisé une véritable révolution en accusant et en précisant le caractère spécifique des instruments pour en tirer un jeu expressif, tout à fait inconnu auparavant. Différenciant l'importance relative des thèmes, dans les *Ricercari* et surtout les *Canzoni alla francese* dont l'évolution conduira à la création de la fugue, il témoigna de son éclatante maîtrise en utilisant sa virtuosité technique pour dépasser le stade de la décoration et créer des images musicales et poétiques d'une bien autre portée. Ses œuvres les plus originales sont les *Sacrae Symphoniae*, dont la première partie parut à Venise en 1597, l'année même où eurent lieu les fêtes du couronnement de la dogaresse Morosini, et dans lesquelles il ne se contenta pas d'affermir l'équilibre entre les voix et l'orchestre, d'opérer des modulations audacieuses qui dénotent sa grande sensibilité harmonique, mais utilisa à partir d'une construction à plusieurs étages ces oppositions entre cuivres et cordes, ces effets d'écho dont il tira un si puissant dynamisme. Cette alliance entre la polyphonie vocale et l'orchestre se perpétuera, avec Heinrich Schütz (1585-1672) notamment, avant de passer dans l'opéra et de s'organiser ensuite pour aboutir à la sonate et à la symphonie ; sans oublier enfin les *Psaumes* dans lesquels s'accordent si heureusement les splendeurs orientales de la poésie et de Venise.

Une influence essentielle et durable

À l'exemple de son oncle, Giovanni Gabrieli eut de nombreux disciples ; en dehors de ses compatriotes qui s'adressaient naturellement à lui, le plus brillant d'entre eux est sans conteste Heinrich Schütz, qui réalisa une nouvelle étape dans l'alliance des génies italien et allemand : à partir de l'influence exercée sur lui par son maître et dont il se plut à souligner la portée déterminante sur son style personnel, il créa une forme nouvelle de cantate et d'oratorio que Jean-Sébastien Bach allait porter à la perfection. On peut donc estimer en toute justice que l'art du Cantor est en partie redevable de son accomplissement à Giovanni Gabrieli.

Il semble, en définitive, que les Gabrieli attirent davantage la recherche des savants et des historiens de la musique que l'attention du public. Mais peut-être suffira-t-il d'un concours de circonstances pour qu'un regain d'intérêt s'attache à leur œuvre, comme cela s'est produit avec Antonio Vivaldi, Tomaso Albinoni, Georg Philipp Telemann et même Jean-Sébastien Bach. Le nombre et la diversité de leurs ouvrages pourraient ouvrir des perspectives encore insoupçonnées par les musicologues et, en tout cas, susciter un nouvel élan de curiosité de la part des mélomanes et des discophiles.

FRANCE-YVONNE BRIL

Bibliographie

D. Arnold, *Giovanni Gabrieli*, Oxford Univ. Press, Londres, 1974 ; *Giovanni Gabrieli and the Music of the Venetian high Renaissance*, *ibid.*, 1980 / G. S. Bedbrook, « The Genius of G. Gabrieli », in *Music Review*, t. VIII, n° 2, 1947 / G. Benvenuti & G. Cesari, « Andrea e Giovanni Gabrieli e la musica strumentale in San Marco », in *Istituzioni e monumenti dell'arte musicale italiano*, vol. I, Ricordi, Milan, 1931 / N. Bridgman, *La Musique à Venise*, coll. Que sais-je ?, P.U.F., Paris, 1985 / F. Caffi, *Storia della musica sacra nella già Capella ducale di San Marco*, 2 vol., Venise, 1854-1855, rééd. Ricordi, 1931 / E. David, « Les Gabrieli », in *Revue et gazette musicale de Paris*, n° 39, 1872 / A. Einstein, *The Italian Madrigal*, 3 vol., Princeton Univ. Press, Princeton (N. J.), 1949, 2e éd. 1970 / E. F. Kenton, *Life and Works of G. Gabrieli*, Washington (D.C.), 1967 / H. C. R. Landon & J. J. Norwich, *Cinq Siècles de musique à Venise*, Lattès, Paris, 1991 / W. Muller-Blattau, *Tonsatz und Klanggestaltung bei Giovanni Gabrieli*, Bärenreiter, Kassel, 1975 / L. Schrade, *La Représentation d'Edipo Tirano au teatro olimpico*, éd. du C.N.R.S., Paris, 1960.

GADE NIELS (1817-1890)

Personnalité la plus marquante du monde musical danois du XIXe siècle. Élevé dans un milieu musical (son père, ébéniste, s'était spécialisé dans la facture d'instruments), Niels Gade fait ses débuts de violoniste en 1833 à l'Orchestre royal de Copenhague. Il réalise ses premiers essais de composition dans les années 1830. Il faut attendre les années 1840 pour voir naître ses premières grandes œuvres :

l'ouverture *Ossian* qui remporte un prix au concours organisé par la Société musicale de Copenhague et la *Symphonie nº 1 en « do » mineur*. Si Copenhague refusa de jouer cette dernière œuvre, Mendelssohn s'enthousiasma pour le manuscrit et la fit exécuter en 1843 avec grand succès. Cela marque le début de l'amitié de Gade avec Mendelssohn et de la « germanisation » du Danois. Nanti d'une bourse, le compositeur part pour Leipzig : il y enseigne à l'Académie de musique et devient l'assistant de Mendelssohn à la tête de l'orchestre du Gewandhaus. À la mort de ce dernier, Gade lui succède (1847). Schumann, qui lui avait réservé un accueil très favorable dans sa *Neue Zeitschrift für Musik*, va être le deuxième compositeur qui, après Mendelssohn, aura le plus d'influence sur son œuvre. La guerre entre la Prusse et le Danemark interrompt la carrière du compositeur à Leipzig (d'où datent notamment la *IIIe Symphonie* et l'*Octuor à cordes*). De retour à Copenhague, Gade y reprend en main les activités musicales. Il réorganise la moribonde Société musicale par la création d'un orchestre et d'un chœur permanents, et l'exécution des œuvres des maîtres du passé (Bach), des grands romantiques (Beethoven) et du répertoire contemporain (Gade ne s'oubliera pas à l'affiche : de la *IVe* à la *VIIIe*, ses symphonies y figureront toutes). Dès lors, le compositeur met une grande partie de son énergie au service du développement de la vie musicale contemporaine : outre sa responsabilité à la tête de la Société musicale, il assurera un poste d'organiste de 1851 jusqu'à sa mort et, à partir de 1866, il va diriger la toute nouvelle Académie de musique de Copenhague au sein de laquelle il enseignera aussi l'histoire musicale et la composition. Toutes ces activités administratives n'entraveront jamais ses capacités créatrices. Hormis l'opéra, Gade a excellé dans tous les genres et notamment dans les œuvres pour voix et orchestre. Si son influence a été déterminante pour la génération de musiciens danois suivante, c'est qu'il a prouvé (avant Nielsen) qu'il était possible de s'affranchir de la toute-puissance germanique, sans tomber à tout prix dans des excès nationalistes. Position certes difficile à tenir : Gade a été jusqu'au bout marqué par son expérience à Leipzig auprès de Mendelssohn et Schumann, et il a subi à quelques reprises la tentation wagnérienne, en particulier dans *Baldurs drøm* (Le Songe de Baldur) ; tandis que les succès de Grieg lui rappelaient à quel point le folklorisme pouvait être payant pour un Nordique (et bien de ses œuvres – entre autres pour voix et orchestre – sonnent, pour le moins, scandinave). Nationaliste par sa volonté de redonner une vie musicale indépendante à son pays, Gade a marqué sa propre indépendance de compositeur en traçant une voie moyenne entre le germanisme étouffant et le scandinavisme facile.

MICHEL VINCENT

GALILEI VINCENZO (1520 env.-1591)

Humaniste érudit, compositeur, luthiste, théoricien, le moindre mérite de Vincenzo n'est pas d'avoir engendré Galileo Galilei, l'astronome. Érudit, il découvrit et publia (sans pouvoir les déchiffrer) les trois hymnes attribués à Mésomède. Théoricien, élève de Zarlino, il combattit le système d'intervalles musicaux de son maître en faveur (on retrouve l'humaniste) de celui de Pythagore : *Discorso intorno alli opere di Messer Gioseffo Zarlino di Chioggia*. Luthiste, il publie une méthode de tablature, un recueil de pièces (*Musiche in tavolare per liuto*). Chanteur, il a laissé deux livres de *Madrigaux* à quatre et cinq voix (1754-1587). Chaque domaine de son activité est ainsi le moyen de publications à la fois théoriques et créatrices. La synthèse de toutes ces facultés et de toutes ces recherches s'exprime dans le *Discorso della musica antica e della moderna*, publié en 1581, où Galilei définit, pour la première fois, l'idéal musical de la *Camerata Fiorentina* du comte Bardi. Cette académie d'artistes, de poètes et d'érudits, cherchait à retrouver littérairement un équivalent de la perfection à laquelle étaient parvenus les Anciens Grecs. L'alliance de la musique et de la poésie parut à certains d'entre eux l'une des conditions essentielles de cette réussite. De leurs recherches se dégage peu à peu l'idée d'un style de récitation musicale (*recitar cantando*, *stile rappresentativo*, *stile recitativo*) qui a, bien entendu, fort peu de rapports avec le style des Grecs, mais qui est l'amorce du récitatif d'opéra. Galilei semble avoir été le véritable animateur de cette recherche. Lui-même, prenant un texte de Dante (le Chant du comte Ugolin) et les *Lamentations* de Jérémie, tente les premiers essais de monodie récitative. Ces deux musiques sont perdues ; il reste un madrigal : *Fuor dell'humido nido*, qui témoigne de cette recherche. L'expérience de Galilei devait être poursuivie, après lui, par Caccini, Cavalieri et Peri, et aboutir très vite à l'apparition de l'opéra.

PHILIPPE BEAUSSANT

GASCONGNE MATHIEU (déb. XVIe s.)

Musicien français, originaire du diocèse de Cambrai, Gascongne illustra la chanson française à l'époque de Josquin Des Prés. Il fait partie de cette pléiade de petits maîtres dont les œuvres virent le jour entre la mort de Ockeghem et celle de Josquin. Rabelais cite son nom dans le prologue du *Quart Livre* parmi vingt-cinq autres compositeurs. Il fut certainement prêtre et fit sans doute partie de la chapelle de François Ier : en 1518, en effet, il fut appelé comme témoin, en compagnie d'Antoine de Longheval (ou Longueval), à la maison des enfants de chœurs de la Sainte-Chapelle du Palais ; en outre, il célébra à plusieurs reprises François Ier dans ses motets. On connaît de lui sept messes, à quatre voix, vingt motets, à deux et à quatre voix, ainsi que quinze chansons à trois et à quatre voix. Zarlino cite Gascongne, près de Josquin et de Jean Mouton, parmi les *buoni antichi*. Ses qualités de contrapuntiste n'atteignent pas celles de Josquin, aussi bien en variété d'inspiration qu'en ampleur et en profondeur expressive. Toutefois, plusieurs de ses œuvres, notamment certains motets homophones, furent transcrits pour orgue (ainsi le *O Bone Jesu*) ; en Italie, Marc Antonio da Bologna écrivit quatre chansons françaises, sous forme de variations, de gloses, dont l'une emprunte son inspiration à l'œuvre de Gascongne, *L'Aultre Yor per ung matin*. En revanche, on a pu attribuer formellement à ce compositeur des chansons « rurales » publiées à Venise en 1541 par Antonio Gardano (Gardane), vraisemblablement dans un but commercial, sous le nom de Clément Janequin, ce dernier nom se vendant certainement mieux.

PIERRE-PAUL LACAS

GAVINIÈS PIERRE (1728-1800)

Né à Bordeaux, virtuose précoce du violon, Gaviniès joue dès l'âge de quatorze ans au Concert spirituel, dont il deviendra le premier violon, puis, en 1773, le codirecteur, avec Gossec et Leduc. La Révolution fera de cet ardent rousseauiste le premier professeur de violon du Conservatoire (1793). L'influence de Gaviniès se manifeste dans deux domaines, et elle est importante. Violoniste brillant, excellent pédagogue, il a formé une génération de violonistes de premier plan, et il a laissé des études et exercices de virtuosité (*Vingt-Quatre Matinées*) encore en usage aujourd'hui. Il est l'auteur de douze sonates pour violon et basse, six sonates à deux violons, trois sonates pour violon et violoncelle, et six concerts pour violon. Beaucoup de virtuosité, mais aussi de la rigueur et parfois une touche lyrique. D'autre part, Gaviniès a participé, de manière significative, avec Gossec, à l'implantation et à l'évolution de la symphonie en France. Il affectionne le style de la symphonie concertante (où le virtuose qu'est Gaviniès établit un compromis avec Gaviniès symphoniste). C'est à Paris que Mozart découvrira cette forme. Sans avoir la personnalité de J. M. Leclair, ni son génie, Gaviniès est, une génération après lui, son véritable successeur.

PHILIPPE BEAUSSANT

GAZZANIGA GIUSEPPE (1743-1818)

En 1888, le musicologue allemand Friedrich Chrysander attira l'attention de ses confrères sur la filiation existant entre le *Don Giovanni Tenorio* de Giuseppe Gazzaniga, représenté à Venise en février 1787, et l'*opera buffa* de Mozart écrit sur le même thème, créé à Prague le 28 octobre suivant ; Chrysander accusait le compositeur autrichien d'avoir, en quelques endroits, plagié l'œuvre vénitienne. Depuis lors, les spécialistes se sont efforcés de revaloriser ce petit opéra de Gazzaniga, sur le plan de la recherche (H. Abert, 1955-1956 ; G. Macchia, 1957 ; L. Valentini et S. Kunze, 1972 ; L. Alberti et G. Turchi, 1975 ; D. Heartz, 1979) comme sur celui de l'édition (partition publiée à Kassel par S. Kunze en 1974) et de la recréation sur scène (Vérone, Salzbourg, Montpellier), évinçant injustement le reste de l'œuvre de ce compositeur qui ne comporte pas moins d'une soixantaine d'opéras, plusieurs oratorios et de nombreuses pièces religieuses et instrumentales.

Giuseppe Gazzaniga naît à Vérone le 5 octobre 1743. Il étudie la musique, d'abord secrètement et contre la volonté paternelle. En 1760, il se rend à Venise pour suivre les leçons de Nicola Porpora. Ce dernier devant regagner Naples, où il vient d'être nommé maître de chapelle au conservatoire de Sant'Onofrio, invite Gazzaniga à le suivre dans son voyage. Porpora obtient en sa faveur une place d'élève non payant dans l'institution napolitaine où il professe, lui enseignant durant six ans le contrepoint et la composition (1762-1767). Gazzaniga poursuit ensuite sa formation musicale avec Niccolò Piccinni, qui lui procure sa première commande : *Il Barone di Trocchia*, intermezzo représenté au Teatro Nuovo de Naples en 1768. En 1770, il remonte au nord de la péninsule. Il occupe pendant deux ans un poste de maître d'orgue à l'Ospedale dei Derelitti à Venise, où il devient l'ami d'Antonio Sacchini. De 1771 à 1791, Gazzaniga mène une activité intense, composant pour de nombreux théâtres italiens : Venise (22 productions), Vicence, Padoue, Turin, Milan, Florence, Ferrare, Bologne, Modène, Rome et Naples. En 1775-1776, Gazzaniga est maître de chapelle à la cathédrale d'Urbino. Dans les années qui suivent, il séjourne peut-être à Dresde (où sont créées en 1778 et 1780 *La Contessa di Nuovaluna* et *La Moglie capricciosa*) et à Munich. L'une de ses comédies, *Il Finto Cieco* (dont le livret a été attribué, probablement à tort, à Lorenzo Da Ponte), est mise en scène à la cour de Vienne en février 1786. En 1791, alors qu'il se trouve à l'apogée de sa carrière théâtrale, Gazzaniga accepte le poste de maître de chapelle de la cathédrale de Crema, fonction qu'il occupe jusqu'à sa mort, le 1er février 1818. Il est remplacé par l'un de ses élèves, Stefano Pavesi.

Dans une lettre adressée de Crema le 23 mai 1811 à Simon Mayr, Gazzaniga dit admirer les œuvres de Haendel, de Antonio Caldara, de Francesco Durante et d'« autres compositeurs anciens ».

Les œuvres religieuses de Gazzaniga comprennent une cantate sacrée écrite pour l'investiture du cardinal Marolini (Bologne, 1777), un *Requiem*, une *Missa pro defunctis*, un *Te Deum laudamus*, des sections de messe et au moins cinq oratorios (*I profetti al calvario*, 1781 ; *San Mauro abate* et *Sansone*, 1788 ; *Il Trionfo di Giuditta* et *Per le tre ore di agonia di N.S.*, 1803). En collaboration avec Stefano Pavesi, il publie à Milan, en 1817, chez Ricordi, un recueil de *Salmi, Cantici ed inni cristiani del conte Luigi Tadini ad 1-3 voci posti in musica popolare*.

La musique instrumentale occupe une place secondaire dans l'œuvre de Gazzaniga : seuls trois concertos pour piano, une symphonie et une ouverture sont parvenus jusqu'à nous.

Une cinquantaine d'opéras connus sont représentés entre 1768 et 1807, la quasi-totalité d'entre eux dans le genre comique (on ne compte que sept *opere serie*) et sous des appellations qui varient selon la longueur des œuvres : *dramma giocoso*, *commedia*, *intermezzo*, *opera buffa*, *farsa*...

Originaire du nord de l'Italie et ayant reçu l'enseignement des musiciens du Sud, ses œuvres comiques font la synthèse des traditions vénitienne et napolitaine. Gazzaniga travaille en collaboration étroite avec les librettistes (qu'il choisit parmi les meilleurs), cherchant à traduire avec fidélité et fantaisie la trame dramatique. Ses meilleures pages annoncent la verve de Rossini. Plusieurs extraits de ses opéras furent publiés de son vivant en France et en Angleterre. Face aux compositeurs de sa génération comme Giovanni Paisiello et Domenico Cimarosa, Gazzaniga est considéré comme un musicien mineur.

Don Giovanni Tenorio o sia Il convitato di Pietra, *dramma giocoso* en un acte représenté pendant le carnaval de 1787 au théâtre *San Moisè*, remporte dans le public vénitien un très vif succès dont témoignent les très nombreuses éditions du livret. L'œuvre est reprise à Bologne (1788), Milan et Turin (1789), Lisbonne et Paris (avec quelques arias de Mozart insérés par Luigi Cherubini) en 1791, à Londres sous forme de pastiche (1794), et à Madrid (1796). Lorenzo Da Ponte s'est inspiré amplement du livret vénitien de Giovanni Bertati, poète qui le supplante à la cour de Vienne en 1791 et pour lequel il ne peut cacher un certain antagonisme (il donne dans ses *Mémoires* un jugement peu élogieux de Gazzaniga et de Bertati...). On dit aussi que Mozart s'est inspiré de la première scène de la partition de Gazzaniga (mort du commandeur) pour écrire son *Don Giovanni*. La comparaison entre les deux œuvres doit toutefois s'arrêter là, car, si la partition de Gazzaniga ne manque pas de qualités (nervosité stylistique, sens du théâtre, fidélité au personnage de *Don Juan* campé par Tirso de Molina...) qui prouvent les compétences musicales et dramatiques du compositeur, elle n'atteint pas la dimension universelle de l'opéra mozartien.

SYLVIE MAMY

GEMINIANI FRANCESCO SAVERIO (1687-1762)

Élève de Corelli pour le violon, à Rome, Geminiani est aussi l'élève d'Alessandro Scarlatti, à Naples, pour la composition. S'il est l'un des plus brillants représentants de l'école issue de Corelli, son tempérament le portait à l'opposé de son maître : la vivacité et la *stravaganza* de son jeu comme de son tempérament lui causèrent des difficultés tout au long de sa vie. À Naples, d'abord : directeur de l'Opéra, « il furibondo Geminiani », comme l'appelait Tartini, était incapable de diriger, aucun musicien ne pouvant le suivre dans son tempo rubato et dans ses changements de mouvement imprévisibles. Il quitte l'Italie en 1714 et s'installe à Londres, où très vite sa renommée de virtuose s'étend. Invité à jouer à la Cour, il exige d'être accompagné au clavecin par Haendel alors en disgrâce, et le fait ainsi rentrer dans la faveur royale. A partir de 1733, il s'installe à Dublin. Il passe à nouveau quelques années à Londres, puis à Paris, où l'on joue aux Tuileries sa *Forêt enchantée*, d'après le Tasse, retourne à Londres, enfin à Dublin, où il meurt. Son œuvre est constituée principalement de sonates et de concertos grossos. Il reste fidèle à la forme corellienne, au concerto et à la sonate d'église en quatre mouvements et au style en imitation, alors que ses contemporains italiens pratiquent déjà le concerto de soliste. C'est par le perfectionnement de la technique du violon qu'il se distingue surtout, dans ses œuvres comme dans ses traités. Son *Art of Playing on the Violin* (1731) est la première grande méthode moderne : elle précède de vingt-cinq ans la *Violinschule* (1756) de Leopold Mozart et donne les premières indications raisonnées sur la tenue du violon, de l'archet, de la main, qui sont encore les bases de l'enseignement. Ses traités sont nombreux et en tous genres : méthode de guitare, traité d'harmonie, méthode d'accompagnement, traité « du bon goût », et ils furent pour la plupart traduits dans les principales langues européennes.

PHILIPPE BEAUSSANT

GERSHWIN GEORGE (1898-1937)

Les œuvres et la personnalité de George Gershwin témoignent de ce que furent les années folles d'un peuple qui a perdu à jamais son regard d'enfant. Il serait donc vain de chercher à savoir si le compositeur a « fait école ». En réalité, il incarne une certaine réussite « made in U.S.A. » de la première moitié du XXe siècle, ses compositions musicales sont autant de bandes sonores illustrant le monde dans lequel il vécut : de la conquête de Cuba aux prémices de la Seconde Guerre mondiale, en passant par les rampes de Broadway et les projecteurs d'Hollywood.

De la célèbre *Rhapsody in Blue* à *Porgy and Bess*, du *Concerto en fa* à *Un Américain à Paris*, Gershwin est un compositeur classique, n'en déplaise à quelques musicologues grincheux. Mais il a commis le crime, impardonnable aux yeux de certains, de composer des centaines de chansons à succès, et de produire des dizaines de revues musicales et de films qui firent courir un public populaire. Il vécut libre, riche, heureux. Sa mort, aussi tragique qu'absurde, ressemble à celle d'un héros de Francis Scott Fitzgerald.

Jacob Gershovitz est né le 26 septembre 1898 à Brooklyn, de parents juifs russes fraîchement émigrés de Saint-Pétersbourg. Il est élevé dans le ghetto new-yorkais du Lower East Side, dans le grouillement passionné de vies que l'on recommence. Champion de patin à roulettes, excellent joueur de base-ball, cancre et chahuteur en classe, son éducation se fait dans la rue. Dès l'âge de six ans, on l'aperçoit, bien loin de chez lui, du côté de la 125e Rue, écoutant avec passion les premiers airs du jazz et du ragtime. Il apprend les rudiments du piano sur un vieil instrument acheté pour son frère Ira, l'intellectuel de la famille. Il mêle Chopin, Liszt, Rubinstein, Debussy, Wagner et Scott Joplin, passe ses soirées aux concerts les plus variés. À l'âge de seize ans, il informe sa mère qu'il a trouvé un poste de « démonstrateur de chansons » chez un éditeur de Tin Pan Alley, quartier de Manhattan où surgit la pop musique. Il y restera un an, faisant la connaissance des futurs rois du « show-biz », comme son excellent ami Fred Astaire. Il idolâtre le compositeur Jerome Kern (*Show Boat*) et Irving Berlin (*Alexander's Ragtime Band*). Et, en 1919, la chance survient : Al Jolson, célèbre chanteur, s'empare de *Swanee*, qu'il vient d'écrire. Une année plus tard, Jacob Gershovitz devient George Gershwin... et millionnaire.

Musicalement, ses qualités d'improvisateur et de mélodiste de génie continuent à surpasser ses connaissances en harmonie et en contrepoint. Un promoteur musical, Paul Whiteman (qui se dit le Roi du jazz) lui commande une pièce concertante, et lui adjoint un orchestrateur, Ferde Grofé. La création de *Rhapsody in Blue* a lieu le 12 février 1924. Certains critiques iront jusqu'à affirmer qu'il est un compositeur plus important que Stravinski... De fait, il vient d'ouvrir la porte à un nouveau genre, le *jazz concerto*, dont le chef-d'œuvre, le *Concerto en fa*, sera créé à Carnegie Hall, le 3 décembre 1925. À vingt-sept ans, il est le plus célèbre des compositeurs américains.

Dès lors, ses travaux dominent la scène internationale. En 1925, les mélodies de la revue *Tip-Toes* remportent un triomphe ; il s'essaye aussi à composer timidement des œuvres de musique de chambre, ainsi les très remarquables *Préludes pour piano*. Son style s'affine, ses connaissances s'accroissent. Mais il reste le contraire d'un intellectuel, et préfère les démonstrations sportives aux joutes cérébrales, les succès féminins aux recherches culturelles.

Au cours d'un voyage en France, il rencontre Ravel à qui il demande de lui donner des cours de composition. « S'il est vrai que vous gagnez des centaines de milliers de dollars avec vos chansons, c'est plutôt à vous de me donner des leçons », lui répond le grand compositeur basque. Il est vrai que des mélodies comme *Lady Be Good* font des ravages dans le monde entier. Il dépense des fortunes en tableaux de Chagall, Modigliani, Picasso, Rouault, Utrillo, et se constitue une importante collection. Il peint lui-même pendant ses loisirs avec un certain bonheur ; son portrait d'Arnold Schönberg est resté célèbre. Ses succès restent des succès de Broadway où le talent, le flair, le sens commercial, la remise en question de soi et les traits de génie se succèdent. En 1927, le triomphe de *Funny Face* est inimaginable... Il poursuit son œuvre en composant *Un Américain à Paris* à partir de sketches notés pendant son voyage en Europe. En 1930, la revue *Girl Crazy* bat tous les records de recettes. La chanson *I Got Rhythm* est reprise par tous les grands du jazz. La même année, il pulvérise les recettes cinématographiques avec un film d'une rare stupidité, *Delicious*.

En 1932, son frère Ira reçoit le prix Pulitzer pour les paroles d'un nouveau chef-d'œuvre dont George a écrit la musique, *Of Thee I Sing*, la première revue satirico-politique de l'histoire américaine.

En 1934, il prend la décision de composer une « œuvre sérieuse », un véritable opéra américain, *Porgy and Bess*, qui sera créé le 30 septembre 1935, et recevra un accueil mitigé : le public des revues musicales n'y trouve pas son compte ; les amateurs d'opéra jugent l'ouvrage « trop populaire »... Mais les mélodies, elles, feront leur chemin, à travers les clubs de Harlem. Ce sera son seul succès posthume, et incontestablement le plus mérité.

Pour des raisons économiques, Gershwin se voit obligé de quitter son cher Broadway en 1936. Seul le cinéma peut lui permettre de maintenir son incroyable train de vie. Il signe un contrat avec R.K.O. pour une série avec Ginger Rogers et Fred Astaire. Ce seront *Shall We Dance* et *A Damsel in Distress* (avec Joan Fontaine qui a remplacé Ginger Rogers) : des chansons comme *They Can't Take That Away From Me* et *A Foggy Day* attestent de la forme magnifique dans laquelle se maintient le jeune compositeur, qui côtoie de près des actrices comme Simone Simon et Paulette Goddard.

Il se plaint, cependant, de maux de tête et de vertiges. Les contrôles médicaux de routine ne montrent rien ; il s'oppose à des examens sérieux et, le 9 juillet 1937, tombe brutalement dans un profond coma. Un chirurgien diagnostique une tumeur au cerveau. Il tente une intervention le 11. Gershwin meurt sans avoir repris connaissance.

Le « Robin des Bois » de la musique a vécu : il laisse une empreinte aussi charmante que personnelle et durable dans l'histoire de la musique.

ÉRIC LIPMANN

Bibliographie

M. ARMITAGE dir., *George Gershwin. Man and Legend*, Longmans Green, New York, 1938, repr. en fac-sim. Ayer Company, Salem (N.H.), 1958 / D. EWEN, *George Gershwin : his Journey to Greatness*, Continuum Publ., New York, 1956 / A. GAUTHIER, *Gershwin*, Hachette, Paris, 1973 / E. JABLONSKI, *Gershwin : a Bibliography*, Doubleday, New York, 1987 ; *Gershwin Remembered*, Timber Press, Portland (Ore.), 1992 / D. JEAMBAR, *George Gershwin*, Mazarine, Paris, 1982 / A. LACOMBE, *George Gershwin, une chronique de Broadway*, Van de Velde, Paris, 1980 / É. LIPMANN, *L'Amérique de George Gershwin*, éd. de Messine, Paris, 1981 / « Porgy and Bess », in *L'Avant-scène opéra*, n° 103, 1987 / D. ROSENBERG, *Fascinating Rythm : the Collaboration of George and Ira Gershwin*, Dutton, New York, 1991 / F. S. DE SANTIS, *Gershwin*, Elite Publ., Bayside (N. Y.), 1987 / C. SCHWARTZ, *Gershwin, His Life and His Music*, Bobb-Merril Co., Indianapolis, 1973, rééd. Da Capo, New York, 1979.

GESUALDO CARLO, prince de Venosa (1560 env.-1613)

Le prince de Venosa appartient à l'une des plus anciennes et des plus nobles familles du royaume des Deux-Siciles, remontant au roi normand Roger II. Sa vie tourmentée – qui a inspiré à Anatole France l'une des nouvelles du *Puits de Saint-Claire* est celle d'un grand seigneur de la Renaissance italienne, passionné d'art et de poésie, violent, ombrageux. Marié en 1586 à la belle et ardente Maria d'Avalos, il la tue quatre ans plus tard, de sa propre main semble-t-il, ainsi que son amant Fabrizio Carafa, duc d'Andria : tous les poètes du temps, de Marino au Tasse, composèrent sur ce drame « qui fit pleurer Naples entière » (Le Tasse). Pendant deux ans, Gesualdo se terre dans son château de Venosa, et c'est durant cette réclusion que la musique cesse d'être pour lui un simple passe-temps de dilettante infiniment doué. En 1593, il reparaît à la cour de Ferrare, alors l'un des plus brillants centres artistiques de l'Italie, fréquenté par les poètes (Le Tasse), et par les musiciens de l'Europe entière qui y séjournèrent tour à tour (Obrecht, Lassus, Josquin des Prés, Dowland...). Gesualdo s'y remarie avec Éléonore d'Este et publie ses quatre premiers livres de madrigaux, à cinq voix, déjà très personnels (I et II, 1594 ; III, 1595 ; IV, 1596). C'est la période la plus pacifiée de sa vie. Mais à la mort du duc Alphonse II (1597), Ferrare cesse d'être un foyer artistique ; les artistes s'éloignent. Gesualdo retourne dans ses États du Sud, où il va mener une existence de plus en plus renfermée, peu aimé si ce n'est haï, bizarre et sombre. C'est alors qu'il compose les Ve et VIe livres de *Madrigaux*, à cinq voix (1611), les plus pathétiques et les plus fascinants (d'un livre de madrigaux à six voix, il ne reste q'une seule œuvre). Simultanément, sa vie intérieure se tourne vers un mysticisme violent, dramatique, et il écrit un ensemble d'œuvres religieuses aussi grandioses et aussi pathétiques que ses madrigaux profanes.

Un être « hors du commun », au sens social aussi bien que psychologique. Une personnalité étrange, inquiétante : une sorte de Cenci doublé d'un Maître de Santiago. Une œuvre tombée au milieu du tissu de l'histoire de la musique comme un météore : pas d'antécédents, pas de postérité. Un langage violent, excessif, bouleversant. Une sensibilité baroque – et c'est en cela que Gesualdo tient à son temps – au sens précis où l'on entend ce mot dans l'histoire des arts plastiques : goût du contraste, de l'irrationnel, du mouvant, de l'équivoque. Mais ces caractères, qui sont communs à l'Italie de ces années 1600, sont ici sous-tendus par ceux de l'homme, cette sensibilité authentiquement inquiète, instable, fiévreuse, pathétique. Le baroque n'est ainsi pas seulement pour lui une forme, c'est un langage. En outre, cet artiste baroque est en même temps un grand seigneur, un aristocrate qui ne doit rien à personne, et en tout cas pas au public. En cette époque de mécénat et de profonde intégration de l'art à la vie sociale, lui peut se laisser guider par un individualisme hautain, il a la liberté d'aller où il veut, et jusqu'au bout de la moindre de ses impulsions. Ainsi sa situation sociale, sa personnalité farouche, violente et mélancolique à la fois, et les tendances de l'art italien de ce temps se recoupent et se renforcent pour donner jour à cette œuvre unique en son espèce.

Les poèmes sur lesquels sont construits les madrigaux sont d'inégale valeur ; les plus beaux textes du Tasse y voisinent avec d'insipides versifications. Peu importe ; il suffit à Gesualdo qu'ils puissent lui fournir les quelques mots clés dont il a besoin : *crudele*, *ardente*, *dolorosa*, et surtout : *morire*, *morte*, et les paires : *amarti o morire* (« t'aimer ou mourir »)... Dans un contexte musical mouvant, révolutionnaire par son chromatisme ou ses dissonances, ces mots déclenchent aussitôt des modulations imprévisibles, des cadences étranges, des contrastes inouïs, des conclusions inattendues, qui apparaissent et s'évanouissent en une harmonie perpétuellement équivoque et instable. Un madrigal comme le *Moro, lasso, al mio duolo* du VIe livre apparaît ainsi comme une œuvre totalement hors du temps, hors de la trame historique, hors de l'évolution des styles et de l'harmonie. Parmi les textes liturgiques, nulle surprise à voir Gesualdo s'attacher par prédilection aux plus pathétiques, ceux de la semaine sainte en particulier. Le *O vos omnes* (déjà traité si dramatiquement par Victoria) ou l'*Ave dulcissima Maria* sont parmi les pages les plus extraordinaires que la foi ait jamais inspirées à un musicien.

PHILIPPE BEAUSSANT

GIBBONS ORLANDO (1583-1625)

Compositeur anglais le plus proche (en son temps) de William Byrd par la diversité de sa production. Gibbons naît à Oxford dans une famille de musiciens qui choisit son prénom en hommage à Lassus. Admis à douze ans dans le chœur de King's College, organiste à la Chapelle royale dès 1605, virginaliste privé de Jacques Ier en 1619, organiste de l'abbaye de Westminster en 1623, il meurt prématurément deux ans plus tard à Canterbury, où la cour s'est rendue pour accueillir Henriette de France, épouse du nouveau roi Charles Ier. Anglican convaincu, Gibbons destina toute sa musique d'église au culte réformé ; il excelle aussi bien dans le genre polyphonique du « full anthem » (ainsi son célèbre *Hosanna to the Son of David*) que dans celui, plus moderne, inspiré du style concertant et faisant appel à des solistes, à un chœur, à un orgue et à des violes, du « verse anthem » (ainsi son extraordinaire *This Is the Record of John*, sur des versets de l'évangile de Jean). En ce domaine, mais aussi dans celui du madrigal (vingt-cinq pièces à cinq voix parues en 1612), il fut sensible à l'exemple italien. En musique instrumentale, il cultiva avec bonheur le virginal et l'orgue (une cinquantaine de pièces) ; mais c'est surtout sa musique de chambre pour violes qui fait de lui l'égal des plus grands. De ses trente-sept compositions à trois, quatre, cinq ou six voix, certaines, comme les fantaisies à quatre ou le premier « in nomine » à cinq, dépassent même les plus grands chefs-d'œuvre de Byrd. Il a laissé également, avec le madrigal *Le Cygne d'argent* (*The Silver Swan*), une des plus belles mélodies de tous les temps.

MARC VIGNAL

GILLES JEAN (1669-1705)

Né à Tarascon, Gilles est d'abord enfant de chœur à la cathédrale d'Aix-en-Provence dont la maîtrise est dirigée par Guillaume Poitevin ; il lui succède en 1693. En 1695, il quitte Aix pour Agde, où il remplit les fonctions de maître de chapelle à la cathédrale. En 1697, grâce à l'appui de Monseigneur de Bertier, évêque de Rieux, il est nommé maître de chapelle à la cathédrale Saint-Étienne de Toulouse ; lors de son séjour dans cette ville, il compose sa *Messe de Requiem* et demande par testament au chapitre de la faire chanter à ses funérailles, pour le repos de son âme. Il meurt prématurément à Avignon. Selon sa volonté, la *Messe de Requiem* est exécutée pour la première fois, lors de ses obsèques, sous la direction de son ami André Campra, qui va contribuer à la faire connaître. Très célèbre durant tout le XVIIIe siècle, la *Messe* est notamment exécutée aux obsèques de Jean-Philippe Rameau (1764) – par cent quatre-vingts musiciens « symphonistes et chanteurs », appartenant à l'Académie royale de musique, à la Musique du roi et à diverses églises – et pour le service funèbre de Louis XV (1774), par les musiciens ordinaires de la Chapelle du roi.

Différents manuscrits de la *Messe de Requiem* existent dans les bibliothèques parisiennes, en particulier le matériel complet utilisé lors des obsèques de Rameau (bibliothèque du Conservatoire). Selon une coutume fréquente au XVIIe siècle et au début du XVIIIe, les partitions ne mentionnent pas le détail de l'orchestration, mais seulement les grandes lignes. Une belle version moderne de la partition d'orchestre, basée sur la confrontation des divers manuscrits, a été établie par l'abbé Jean Prim et Laurence Boulay ; fidèle à l'écriture instrumentale de l'époque, cette version met en valeur la puissance d'expression, la gravité, la noble beauté de cette œuvre exceptionnelle.

Outre la *Messe de Requiem*, on conserve de Jean Gilles les manuscrits de cinq *Motets à grand chœur et symphonie*, dix *Motets pour voix seule* et trois *Psaumes*.

NICOLE LACHARTRE

GINASTERA ALBERTO (1916-1983)

L'Argentine, qui possède une tradition lyrique fondée sur l'apport d'artistes européens invités au Teatro Colón de Buenos Aires, a pris conscience, grâce à Alberto Ginastera, de son identité musicale. Sous son impulsion, elle s'est dotée des institutions permettant de former des instrumentistes et des compositeurs argentins qui, sans avoir, pour la plupart d'entre eux, travaillé directement avec lui, ont cependant profité de son influence sur le monde musical.

Né à Buenos Aires le 11 avril 1916, dans une famille d'origine italo-catalane, Alberto Evaristo Ginastera étudie au conservatoire Williams de sa ville natale (1928-1935) puis au Conservatoire national (1936-1938) avec Athos Palma, José André et José Gil. Il attire l'attention avec son ballet *Panambí* (1937), créé au Teatro Colón en 1940. Dès l'année suivante, il enseigne la composition au Conservatoire national de Buenos Aires et au Liceo Militar General San Martín (1941-1945). L'octroi d'une bourse Guggenheim, en 1942, lui permet de compléter sa formation aux États-Unis : il vit à New York de 1945 à 1947 et travaille notamment avec Aaron Copland à Tanglewood. De retour dans son pays natal, il est directeur du conservatoire de La Plata (1948-1952, puis 1956-1958) et professeur au Conservatoire national de Buenos Aires à partir de 1953. Il donne une impulsion fondamentale à la vie musicale de son pays en formant, dès 1948, la Ligue des compositeurs argentins, qui va devenir la section locale de la S.I.M.C. (Société internationale de musique contemporaine). En 1962, il crée le Centre latino-américain des hautes études musicales à Buenos Aires, dont il est le directeur jusqu'à son départ aux États-Unis en 1968. Il enseigne à Dartmouth College (New Hampshire), puis il se fixe à Genève en 1970, où il épouse, l'année suivante, la violoncelliste Aurora Natola. Il meurt dans cette ville le 25 juin 1983.

Peu connu en Europe, Ginastera est considéré aux États-Unis comme une figure importante de la musique. Mais sa notoriété a souffert de ses premières orientations esthétiques, fidèles aux sources populaires de la musique argentine et donc incompatibles avec la dictature sérielle qui régnait alors en Europe occidentale.

À ses débuts, il cultive en effet un nationalisme qui prend deux formes successives, qualifiées par Ginastera lui-même d'objective et de subjective. La première période (nationalisme objectif) se réfère au folklore argentin de façon directe. Dans *Estancia*, ballet d'après des scènes de la vie rurale (1941), c'est le folklore brut. Mais ce folklore devient plus élaboré, avec une reconstitution partielle des rites indiens dans *Panambí* (1937). Ginastera utilise un langage harmonique très subtil, hérité de l'impressionnisme, et il s'inspire aussi bien de la *música criolla*, de provenance européenne, que des *pampas*, de tradition gauchesco. De cette époque datent l'*Ouverture pour le Faust créole* (1943), la *Symphonie élégiaque* (1944) et les *Hieremiae Prophetae Lamentationes* (1946) pour chœur *a cappella*.

Après son *Premier Quatuor à cordes* (1948), Ginastera s'oriente vers un nationalisme subjectif ; son écriture s'éloigne d'une inspiration folklorique directe et ne conserve que les motivations populaires de sa musique (choix des sujets et des formes, création de matériaux dérivés des rythmes et mélodies argentins). Dans cette ligne voient le jour les trois *Pampeanas* (nº 1, pour violon et piano, 1947 ; nº 2, pour violoncelle et piano, 1950 ; nº 3, pour orchestre, 1954), la *Sonate pour piano nº 1* (1952), les *Variations concertantes* pour orchestre (1953) – l'une de ses œuvres les plus jouées, créée par Igor Markevitch –, le *Concerto pour harpe* (1956) – créé par Nicanor Zabaleta.

Dans les années 1960, Ginastera se démarque encore davantage des racines populaires de sa musique en adoptant un style expressionniste qui est une forme de réaction contre les excès des mouvements futuristes de la première moitié du XXe siècle. Cet expressionnisme débouche sur un langage plus moderne, où se mêlent un dodécaphonisme souple (à la façon d'Alban Berg, dont il retrouve le souffle lyrique), la polytonalité, l'usage de micro-intervalles et de séquences aléatoires. Les thèmes directeurs de son inspiration tournent alors autour de la magie et du fantastique. Si les premières traces d'écriture sérielle apparaissent dans sa *Sonate pour piano n° 1* (1952), le véritable changement ne s'opère qu'en 1958 avec le *Deuxième Quatuor à cordes* destiné au Quatuor Juilliard. Puis il donne la *Cantáta para América mágica* (1960), pour soprano et percussion, le *Concerto pour piano n° 1* (1961), le *Concerto pour violon* (1963, créé par Ruggiero Ricci), le *Concerto per corde* (1965, dédié à Eugene Ormandy), *Estudios sinfónicos* (1967), le *Concerto pour violoncelle n° 1* (1968), le *Concerto pour piano n° 2* (1972), le *Quatuor n° 3* avec soprano (1973), *Serenata*, pour violoncelle, baryton et orchestre de chambre (1973), *Glosses sobre temes de Pau Casals* (1976), pour cordes, *Puneña n° 2*, en hommage à Paul Sacher (1976), pour violoncelle seul (créé par Mstislav Rostropovitch), la *Sonate pour violoncelle et piano* (1979), *Jubilum* (1980), pour orchestre, écrit à l'occasion du quatrième centenaire de Buenos Aires, et le *Concerto pour violoncelle n° 2* (1981).

Mais les grandes dates qui marquent cette période de la vie de Ginastera correspondent à la création de ses opéras, qui s'imposent rapidement comme des pièces maîtresses du répertoire lyrique : *Don Rodrigo* (1964), *Bomarzo* (1967) et *Beatrix Cenci* (1971) forment une trilogie fondée sur des personnages historiques, que complète *Barabbas* (1977). *Don Rodrigo* marque les véritables débuts de Ginastera dans l'avant-garde. *Bomarzo* a du mal à s'imposer en Europe, où la critique a surtout retenu l'évocation des névrosessexuelles du duc de Bomarzo, alors que le sujet n'avait pas choqué aux États-Unis. *Beatrix Cenci* est une commande pour l'inauguration du Kennedy Center for Performing Arts de Washington.

Ginastera a tiré de *Don Rodrigo* une *Sinfonia* pour soprano et orchestre (1964) et, sur le sujet de *Bomarzo*, il avait composé en 1964 une cantate sans lien musical avec son opéra. Refusant d'imiter les réalisations du passé en se contentant d'utiliser une langue moderne, Ginastera tend à un renouvellement du genre dans chacun de ses opéras. Il n'a abordé que tardivement l'art lyrique, lorsqu'il était en pleine possession des moyens techniques nécessaires. Dans sa carrière, chaque chose est venue à son heure, une lente démarche dans laquelle il n'a refusé aucune expérience artistique à condition de respecter sa règle de conduite : « une seule chose à la fois ». Véritable trait d'union entre deux cultures, il a apporté la preuve qu'au-delà des écoles et des techniques d'écriture la musique forme un tout historique et géographique qui continuera à vivre et à engendrer des créations sans cesse renouvelées.

ALAIN PÂRIS

GIROUST FRANÇOIS (1738-1799)

Compositeur français né à Paris, Giroust reçoit sa première formation à Notre-Dame, et fait entendre une de ses œuvres dès l'âge de quatorze ans. Nommé maître de chapelle de la cathédrale d'Orléans en 1756, il dirige dans cette ville l'orchestre de l'Académie de musique (1762) et celui de la Société des donateurs et des professeurs. Lauréat du Concert spirituel de Paris en 1768 pour son motet *Super flumina Babylonis*, il devient maître de chapelle des Saints-Innocents en 1769, puis membre de la chapelle de Louis XVI (1775), pour le sacre duquel il écrit la messe *Gaudete in Domino semper*. Surintendant de la musique du roi de 1782 à

1792, il n'en écrit pas moins, ultérieurement, le *Chant pour la fondation de la République* et *L'Apothéose de Marat et Le Peletier*. Membre de l'Institut en 1796, il meurt fort pauvre à Versailles. On lui doit essentiellement quatre-vingt-dix motets, sept messes, un requiem et quatre oratorios, mais aussi un opéra (*Télèphe*), un ballet (*Amphion*), un divertissement (*La Guerre*).

MARC VIGNAL

GLASS PHILIP (1937-)

Le compositeur américain Philip Glass naît le 31 janvier 1937 à Baltimore. Son père, disquaire et réparateur de radio, initie le jeune Philip à la musique en lui faisant écouter de nombreux disques. À l'âge de huit ans, il commence à étudier la flûte au Peabody Conservatory of Music de sa ville natale. De 1952 à 1956, il suit des cours de philosophie, de piano et de mathématiques à l'université de Chicago. Élève de la classe de composition de William Bergsma et de Vincent Persichetti à la Juilliard School of Music de New York, il en sort diplômé en 1961 ; il travaille également avec Darius Milhaud et, en France, avec la célèbre pédagogue Nadia Boulanger, de 1963 à 1965. Dès cette époque, Glass compose. Ses premières pièces sont largement méconnues ; on signalera un *Quatuor*, un *Essay for orchestra*, un *Sextet pour cuivres*, une *Sérénade pour flûte*... La liste en est impossible à dresser car le compositeur a renié toutes les partitions composées avant 1965 et il refuse même qu'on les joue ou qu'on les enregistre : Glass n'a par exemple jamais autorisé ses amis du quatuor Kronos à enregistrer son premier *Quatuor* ; ceux-ci devront se contenter, en 1993, d'enregistrer l'intégrale de sa production en commençant par le deuxième.

Les années suivantes sont capitales pour l'élaboration de son esthétique et pour son évolution tout simplement humaine. En 1965, il rencontre à Paris le célèbre compositeur et joueur virtuose de sitar indien Ravi Shankar. Celui-ci le fait travailler sur une partition qu'il doit éditer pour le film *Chappaqua* ; il s'agit d'un travail de notation et de complément musical. À la demande de Shankar, Glass intègre dans la partition des passages de son propre cru. Ce travail lui donnera par la suite l'occasion d'étudier la musique indienne avec ce maître.

Vient l'époque des voyages : en Inde, en Afrique, en Asie centrale ; il s'agit en quelque sorte du complément pratique, en prise directe avec d'autres cultures, des études occidentales. Afin de jouer et de faire connaître sa musique, il forme son ensemble instrumental, le Philip Glass Ensemble, qui voit le jour en 1968 ; il met à son répertoire des pièces hypnotiques, répétitives, austères, écrites dans un langage tonal : *Music in Contrary Motion* (1969), *Music in Fifths* (1969), *Music With Changing Parts* (1970) et, le chef-d'œuvre, *Music in Twelve Parts* (1974), composition fleuve d'une durée supérieure à trois heures. Sa technique d'écriture, librement inspirée par la musique indienne, procède par additions de motifs harmoniques répétés. Ses œuvres sont interprétées sur des instruments amplifiés (flûtes, saxophones, orgue électronique, synthétiseur, voix), la console de mixage étant traitée comme un instrument à part entière ; les musiciens sont assis à même le sol. Michael Riesman, aux claviers et à la direction, ainsi que l'ingénieur du son Kurt Munkacsi vont demeurer ses collaborateurs fidèles. Glass commence à être de plus en plus connu ; de nombreux concerts, des pièces écrites pour la compagnie de théâtre expérimental Mabou Mines rencontrent un public varié et enthousiaste. En 1976, l'opéra *Einstein on the Beach*, fruit d'une collaboration avec le metteur en scène Bob Wilson, est créé au festival d'Avignon le 25 juillet avant de faire le tour du monde, avec deux représentations en novembre au Metropolitan Opera de New York. il s'agit d'une nouvelle conception de l'opéra, bousculant la narration traditionnelle, illustrant une succession de tableaux par un déferlement de musique extatique. Glass travaillant souvent par cycles de trois œuvres, cet opéra sera suivi de deux autres « portraits ». Si *Einstein on the Beach* symbolise la science, l'opéra *Satyagraha* (1980) illustre le rôle politique de Ghandi et le troisième, *Akhnaten* (1983), la religion. Le compositeur collabore, entre autres, avec les chorégraphes Twyla Tharp et Lucinda Childs : les partitions *Dances* (1979) et *In the Upper Room* (1986) sont représentatives des facultés visuelles et novatrices de sa musique. Peu à peu, son écriture se fluidifie, et, se tournant vers les formations traditionnelles, Glass ne ressent plus le besoin de provoquer. Ses œuvres symphoniques mélangent allègrement ses techniques fondées sur la répétition, son lyrisme, son goût pour la mélodie, son sens des couleurs. En 1987, une commande de l'orchestre de Cleveland lui permet d'écrire *The Light* ; une autre œuvre pour orchestre, *The Canyon* (1988), le confirme dans la tradition symphonique américaine ; enfin, *Itaïpu* (1989), pour chœur et orchestre, dénonce, en citant les textes sacrés de la tribu indienne des Guarani, le choc entre la technologie et la nature. Le *Concerto pour violon* (1987) met en œuvre des matériaux tirés de l'opéra *Einstein*, et emporte l'auditeur vers un ailleurs grâce à une série d'harmonies, de rythmes, de mélodies tourbillonnantes à l'infini. Parmi ses nombreuses musiques de film, citons la collaboration fructueuse avec le cinéaste Godfrey Reggio (*Powaqqatsi*, *Koyaanisqatsi* et *Anima Mundi*), puis *The Thin Blue Line* pour le documentaire de Errol Morris, le magnifique *Mishima*, *A Brief History of Time* et, en 1997, *The Secret Agent* pour le film de Christopher Hampton tiré de l'œuvre de Joseph Conrad. Glass est également directeur du label discographique Point Music Records, qui a pour vocation de faire connaître à un vaste public de nouveaux compositeurs, d'une maison de production, d'une société d'édition musicale et d'un studio d'enregistrement, le Looking Glass Studio. Avec des thèmes tirés d'albums de David Bowie et Brian Eno, il a déjà signé une *Low Symphony* et une *Herroes Symphony*. En 1992, son opéra *The Voyage*, une commande du Metropolitan Opera, est présenté à l'occasion du cinq centième anniversaire de l'arrivée de Christophe Colomb en Amérique. Une nouvelle trilogie (1992-1996) est fondée sur l'œuvre de Jean Cocteau ; elle « transforme » le film *La Belle et la Bête* en opéra-cinéma (la bande-son du film ayant été complètement éliminée, l'opéra, composé avec le dialogue original, est joué pendant que l'on projette le film ; les voix sont synchronisées avec le mouvement de lèvres des acteurs pour un effet des plus saisissants), le scénario des *Enfants terribles* en spectacle de théâtre et de danse tandis que le scénario d'*Orphée* sert de base pour le livret d'un opéra de chambre.

Glass, qui se définit comme un compositeur de théâtre, voit souvent sa volumineuse discographie utilisée par des illustrateurs sonores pour la publicité, des documentaires, des émissions, des reportages... Ainsi, tout auditeur de radio ou tout téléspectateur a entendu, souvent sans le savoir, la musique de Philip Glass.

PATRICK WIKLACZ

GLAZOUNOV ALEXANDRE KONSTANTINOVITCH (1865-1936)

Souvent les Russes ont dit de Glazounov : « C'est un chêne ! », et telle est bien l'image que suggèrent l'homme et l'œuvre. On l'a encore considéré parfois comme un homologue russe de Brahms, mais cela n'est pas exact : chez Brahms on trouve un romantisme nordique – donc réservé –, une pensée philosophique et une souffrance humaine qui font défaut à Glazounov, lequel est essentiellement et exclusivement un musicien, c'est-à-dire un très grand artisan, dans la plus noble acception du terme. Sa musique ne vit... qu'en musique ! On n'y trouve guère de nationalisme spectaculaire, mais un caractère russe en profondeur, de même qu'un culte rigoureux – et presque rigoriste – des formes traditionnelles les plus strictes que, dans l'ensemble, il préfère à la « liberté » romantique de la musique à programme.

Sous l'influence de Rimski-Korsakov et de Vladimir Stassov, il écrit d'abord des poèmes symphoniques d'inspiration russe, comme *Stenka Razine* (dédié à la mémoire de Borodine ; d'ailleurs, Glazounov a rédigé une partie de ses œuvres restées inachevées, et notamment d'assez nombreuses pages du *Prince Igor*), *La Mer*, *Le Kremlin*, *Le Printemps* ; il se tourne ensuite vers la musique pure, compose huit symphonies, six quatuors à cordes, son célèbre concerto pour violon (1904), deux concertos pour piano, deux sonates pour piano, un concerto pour saxophone (écrit à Paris, en 1936, en collaboration avec A. Petiot). On lui doit en outre trois beaux ballets apparentés à la tradition chorégraphique de Tchaïkovski : *Raymonda*, *Ruses d'amour* et *Les Saisons*.

MICHEL-ROSTILAV HOFMANN

GLINKA MIKHAÏL IVANOVITCH (1804-1857)

« Père de la musique russe », auteur des deux premiers opéras qui n'ont jamais quitté le répertoire national, Glinka fut aussi le compositeur le plus ouvertement « occidental » de son pays ; il puisa très largement son inspiration dans le langage musical italien, en particulier. On peut considérer son œuvre comme un séduisant patchwork d'influences étrangères et nationales, mais un examen plus attentif révèle une forte personnalité qui marqua profondément plusieurs générations de musiciens russes, jusqu'à Stravinski, et qui continue d'exercer une certaine influence.

Les jeunes années

Issu d'une famille de grands propriétaires terriens, Mikhaïl Ivanovitch Glinka naît le 20 mai (1er juin nouveau style) 1804 à Novospasskoïé, près de Smolensk. Il passe sa petite enfance chez sa grand-mère paternelle, où il s'imprègne profondément des chants paysans, au style particulier et à l'harmonie audacieuse. À l'âge de six ans, il revient dans la maison de ses parents, où d'autres musiques lui sont révélées. Il va approfondir ses connaissances générales à partir de 1817, lorsqu'il est envoyé dans une institution de Saint-Pétersbourg. Son éducation musicale demeure pourtant fort erratique et, malgré des contacts avec quelques autorités reconnues (trois leçons de piano auprès du pianiste et compositeur irlandais John Field, rencontre avec Johann Nepomuk Hummel), il demeurera longtemps un dilettante. En 1823, après un séjour « romantique » dans le Caucase, il retourne dans son village natal, où il s'exerce à diriger l'orchestre privé de son oncle, qui interprète les œuvres des grands classiques, Haydn, Mozart, et même Beethoven. Un bref passage à Saint-Pétersbourg, où il s'adonne à une vie de salon, oisive et superficielle, est interrompu en 1825 par l'insurrection des décembristes. Glinka, indifférent à tout ce qui touche à la politique, fuit à la campagne. Durant ces années, si son éducation musicale au sens propre progresse peu, sa connaissance du répertoire s'élargit et sa fascination à l'égard de la musique occidentale – française, allemande, italienne – croît. Il tente d'imiter les modèles classiques viennois, le style lyrique italien ; il y déploie une certaine adresse, mais peu de personnalité. C'est dans les mélodies russes écrites à la même époque que cette dernière trouve son expression la plus intéressante.

Le voyage

En 1830, Glinka entreprend un voyage à travers l'Europe, pour s'établir à Milan, où il fait la connaissance de Rossini et de Donizetti, ainsi que de Mendelssohn. Plus tard, à Rome, il rencontre Berlioz, qu'il retrouvera quatorze ans après à Paris, et dont l'influence sera primordiale. Cette fois, la dernière étape est Naples, où il approfondit sérieusement ses connaissances en matière de musique vocale et de chant, grâce à l'enseignement d'Andrea Nozzari et de Joséphine Fodor-Mainvielle. Mais l'Italie commence à le lasser et, comme chez tant d'autres grands immigrés russes – Alexandre Ivanovitch Herzen en sera un autre exemple célèbre –, sa première fascination envers l'Occident s'estompe et cède la place à l'agacement et à la nostalgie. En août 1833, il quitte donc l'Italie, passe par Vienne, où il entend l'orchestre de Johann Strauss, et parvient à Berlin, où il s'astreint à cinq mois d'études systématiques chez Siegfried Dehn. Ce sont les seules qu'il entreprendra jamais. Le fruit de ces efforts apparaît en 1834 dans son *Capriccio sur des thèmes russes*, pour piano à quatre mains, et dans la *Symphonie sur deux thèmes russes*, demeurée inachevée. La mort de son père, en mars 1834, le rappelle en Russie.

Les deux opéras

En 1835, Glinka épouse Maria Petrovna Ivanova – erreur funeste ! – et se lance dans la composition de son premier opéra, fondé sur l'histoire d'un paysan russe qui, lors du retrait des armées polonaises, en 1613, sacrifia sa vie pour sauver celle du premier tsar de la nouvelle dynastie des Romanov. Le nom du paysan, Ivan Soussanine, donna le premier titre de l'opéra, qui devint par la suite *La Vie pour le tsar*. À la même époque, Glinka écrit une sombre ballade pour voix et piano, *La Revue nocturne*, qui annonce les passages les plus tragiques de l'opéra ; un ton nouveau y apparaît. La première de *La Vie pour le tsar*, sous la haute protection de Nicolas Ier, le 27 novembre (9 décembre nouveau style) 1836, se solde par un triomphe qui fait de Glinka un héros national. Paradoxalement, l'œuvre ne comporte que peu d'éléments nationaux dans sa structure, qui ressemble fort à celle du théâtre lyrique italien de Bellini et de Donizetti, ainsi qu'à celle de l'opéra français. Le récitatif apparaît pour la première fois dans l'opéra russe, tout comme la technique du leitmotiv. L'invention mélodique, elle, est effectivement nationale, par l'inspiration plutôt que par l'utilisation directe de thèmes populaires. C'est dans cette stylisation parfaitement réussie, et qui est comme naturelle à Glinka, que réside la force de l'œuvre et sa popularité, qui ne sera jamais démentie. C'est aussi dans cet opéra que se révèle pleinement le talent d'orchestrateur de Glinka, son sens des couleurs et – grâce au livret du baron Gregory Rozen – son génie théâtral indéniable.

L'immense succès de ce premier opéra suscite immédiatement la demande d'un autre, dont la source va cette fois être un poème de Pouchkine, *Rousslan et Loudmilla*. Malheureusement, Pouchkine périt en février 1837 dans son absurde duel, et le livret est finalement écrit par une sorte de comité, composé de Glinka lui-même, et de six camarades, dont Constantin Bakhtourine et Nestor Koukolnik. La construction dramaturgique souffre beaucoup de ce « collectivisme ». Le travail progresse moins vite que dans le cas de *La Vie pour le tsar*, car Glinka est nommé Kapellmeister de la Chapelle impériale, ce qui l'occupe beaucoup, et sa vie conjugale connaît à cette époque une crise dramatique. Glinka rompt bientôt son engagement de Kapellmeister, se sépare de sa femme et entretient une liaison avec Ekaterina Kern, pour laquelle il compose de nombreuses mélodies. Sa liberté reconquise lui permet de reprendre le travail sur *Rousslan et Loudmilla*, abandonné depuis un an et demi. Koukolnik lui demande pourtant de la musique pour sa pièce *Le Prince Kholmsky*, et l'opéra est à nouveau remis dans le tiroir. En mars 1842, Glinka soumet finalement sa partition aux Théâtres impériaux, qui l'acceptent sans réserve. En février de la même année, Franz Liszt arrive à Saint-Pétersbourg, ce qui, selon les dires de Glinka, « provoque la panique chez tous les dilettantes, et même chez les dames à la mode ». L'admiration de Liszt pour Glinka efface dans les mémoires le scandale conjugal, et il est à nouveau admis dans les salons. *Rousslan et Loudmilla* profita certainement de ce changement de climat social. Rien ne peut cacher, toutefois, les faiblesses dramaturgiques de l'œuvre, ni la médiocre qualité de certains interprètes de la création. La première, le 27 novembre (9 décembre nouveau style) 1842, six ans jour pour jour après celle de *La Vie pour le tsar*, ne remporte qu'un succès d'estime. Sept librettistes et cinq années de travail irrégulier ne pouvaient qu'aboutir à ce résultat. Plus que jamais, l'œuvre est un patchwork d'éléments disparates, mal proportionnés, parfois sans rime ni raison. Pourtant, l'invention de Glinka s'y déploie de façon incomparable, l'ouverture est un chef-d'œuvre, et la suite – un festival de styles et de numéros, incohérent, éclaté mais éclatant – hantera les compositeurs russes jusqu'à nos jours. Féerie exotique, couleur orientale, instrumentation déchaînée : Rimski-Korsakov serait inconcevable sans *Rousslan et Loudmilla*, tout comme *L'Amour des trois oranges* de Prokofiev. Sur le plan dramaturgique et psychologique, cet opéra représente un pas en arrière, et l'on peut regretter qu'il demeure la dernière œuvre du genre achevée par Glinka.

Nouveaux voyages

La déception provoquée par *Rousslan et Loudmilla* incite Glinka à voyager : en juin 1844, il arrive à Paris, où il resserre les liens avec Berlioz, dont le génie d'orchestrateur l'influencera beaucoup. En mai 1845, on le trouve en Espagne, où, toujours sous l'influence de Berlioz, il compose un *Capriccio brillante* sur la *Jota Aragonesa*, encore appelé *Ouverture espagnole nº 1*, œuvre spectaculaire qui utilise la jota aragonaise comme matériau de base. En juin 1847, il retourne en Russie, mais l'atmosphère de Smolensk en hiver ne lui réussit guère, et il part à nouveau. Il passe une année entière à Varsovie, en écrivant deux œuvres orchestrales majeures, la *Seconde Ouverture espagnole* (« Souvenir d'une nuit d'été à Madrid »), d'une forme très libre, et surtout *La Kamarinskaïa*, où il élabore une technique de juxtaposition et de variations autour de deux thèmes populaires russes qui en fera une de ses œuvres les plus abouties, et une des plus importantes pour la postérité musicale russe. Il continue à écrire de nombreuses mélodies où cette fois – Varsovie oblige – l'influence de Chopin se fait clairement sentir. Entre 1848 et 1852, il passe son temps entre la Russie et la Pologne (qui à l'époque fait partie de l'Empire), pour reprendre en 1852 le chemin de Paris. Son état de santé s'aggrave, il ne compose plus guère, et mène une vie paisible, loin des salons. La guerre de Crimée l'oblige à rentrer à Saint-Pétersbourg. Sa vie créatrice est pratiquement terminée : il étudie la musique des autres, écrit ses mémoires, tente de reconstituer ses œuvres perdues. Un dernier sursaut le mène à Berlin, où il veut étudier la polyphonie de la Renaissance : c'est là qu'il mourra des suites d'un refroidissement, le 15 février 1857. Le premier enterrement eut lieu à Berlin, après quoi le corps fut exhumé et transporté à Saint-Pétersbourg.

Un génie capricieux

On admet généralement que, malgré les éclairs de génie, la musique de Glinka ne se présente pas comme un ensemble cohérent. Il fut pourtant le premier à tenter d'arracher la musique russe à l'influence occidentale, et à échafauder une tradition native, grâce à ses relations intimes avec la musique populaire, cette tradition dont la Russie manquait en toutes choses. Ses trouvailles rythmiques et harmoniques ne doivent que peu à l'enseignement classique, et son sens comique original influencera jusqu'à Prokofiev et Stravinski. Le trait principal de sa technique, établi dans la *Kamarinskaïa* et souvent repris par ses héritiers, consistait à juxtaposer un thème bien défini et un accompagnement extrêmement varié : un avatar de la technique des variations à l'occidentale. L'importance de Glinka pour la musique russe, à laquelle il a donné un essor et une confiance nouvelle, est inappréciable, et la vénération qui l'entoure dans sa patrie, justifiée.

PIOTR KAMINSKI

Bibliographie

B. ASAF'YEV, *M. I. Glinka*, Moscou, 1947 / D. BROWN, *Mikhaïl Glinka : a Biographical and Critical Study*, Oxford Univ. Press, Londres, 1974 ; « M. I. Glinka », in S. Sadie dir., *The New Grove Dictionary of Music and Musicians*, Macmillan, Londres, 1980 / M. D. CALVOCORESSI, *Glinka : biographie critique*, Paris, 1911 / P. O. FOUQUE, *Michel Ivanovitch Glinka d'après ses mémoires et sa correspondance*, Paris, 1880 / E. GORD' EYEVA dir., *M. I. Glinka, sbornik stat'yey* (M. I. Glinka, recueil d'articles), Moscou, 1958 (avec bibliographie complète en russe) / A. Liapounov & A. Rozanov dir., *Literaturnïye proizvedenïya i perepiska* (Écrits et correspondance), Mouzika, Moscou, 1973 / A. Orlova dir., *Glinka v vospominanyakh sovremennikov* (Glinka dans les souvenirs de ses contemporains), Muzgiz, Moscou, 1955 / V. Stasov, « M. I. Glinka », in *Russkïy Vestnik*, Moscou, 1857.

GLOBOKAR VINKO (1934-)

D'origine slovène, le tromboniste et compositeur Vinko Globokar fait ses premières études musicales à Ljubljana, étudie ensuite au Conservatoire de Paris (trombone et musique de chambre), puis travaille la composition avec René Leibowitz et Luciano Berio. Après quoi, il enseigne (trombone et composition) à Cologne ; il a dirigé, de 1976 à 1980, un département de recherches à l'I.R.C.A.M.

Extraordinaire virtuose de son instrument, il n'en professe pas moins la nécessité pour le virtuose « de dépasser le cap du virtuosisme, et de devenir un musicien considérant son instrument comme un moyen avec lequel on fait de la musique et non pas comme un but en soi ». En conséquence, il est tenté par toute forme musicale qui approche de l'improvisation (celle-ci est le sujet de ses cours) ; il fonde, en 1969, avec le compositeur et pianiste Carlos Roqué Alsina, le percussionniste Jean-Claude Drouet et le clarinettiste Michel Portal, un ensemble, le New Phonic Art, voué aux « libres jeux d'ensemble ».

Instrumentiste, il pousse à bout les possibilités de son instrument (*Discours II*, 1968, pour cinq trombones) ; il recherche les analogies entre voix et instruments, tant sur le plan de la rythmique que sur celui de la respiration (*Fluide*, 1967 ; *Discours III*, pour cinq hautbois, 1969 ; *Kolo*, 1988, pour chœur mixte, trombone et électronique).

Les dons d'invention, de fantaisie, le bonheur manifeste qu'éprouve le compositeur à se jouer des sons caractérisent le style de Globokar.

Attentif, l'homme se penche sur le folklore, à la recherche d'un équilibre entre naturel et culturel (*Folklore I* et *II*, 1968). Passionné de la communication, il invente de grandes fêtes, où la recherche de la sonorité se crée dans un vaste jeu collectif (*Concerto grosso*, 1970), parfois aléatoire (*Les Émigrés*, 1990).

« Il me semble que l'engagement musical réside dans les différentes manières de produire la musique davantage que dans son résultat sonore final. On a dit qu'un son ne peut être ni catholique ni communiste. La manière de produire des sons et les conditions dans lesquelles ces sons sont produits ne seraient-elles pas aujourd'hui plus signifiantes ? »

BRIGITTE MASSIN

GLUCK CHRISTOPH WILLIBALD VON (1714-1787)

Si Gluck est à ranger parmi les principaux compositeurs de la période « préclassique » (à côté de Baldassare Galuppi, Tommaso Traetta, Johann Christian Bach et Karl Philipp Emanuel Bach), c'est avant tout pour avoir proposé une nouvelle conception de l'opéra, d'abord dans le domaine italien (de 1762 à 1770), puis dans la tragédie lyrique française (de 1774 à

1779). La « réforme » gluckiste de l'opéra italien, dont les œuvres les plus représentatives sont *Orfeo ed Euridice* et *Alceste*, doit son importance tout autant à l'originalité d'un style musical énergique et grandiose qu'à ses liens directs avec l'esthétique des Lumières telle qu'elle s'est exprimée à Paris dans les années 1750, puis à Vienne, à la cour de l'impératrice Marie-Thérèse. Gluck termina sa longue carrière en accomplissant à l'Académie royale de musique de Paris une véritable *révolution* (le mot apparaît dans les écrits des contemporains), qui eut pour conséquences la disparition du répertoire lullo-ramiste et l'essor d'un nouveau style lyrique français dans les années 1780.

Toutes les œuvres majeures de Gluck sont le résultat d'une étroite collaboration avec ses librettistes – fait rare au XVIIIe siècle – et se caractérisent par la recherche d'une continuité musicale en coïncidence parfaite avec le rythme de l'action dramatique ; chez Gluck, le primat de la pensée architecturale ne doit cependant pas masquer ses dons de mélodiste (en témoignent des airs restés célèbres, comme « Che farò senza Euridice » et « Ô malheureuse Iphigénie ») ni la richesse de son écriture orchestrale, maintes fois citée en exemple par Berlioz dans son *Grand Traité d'instrumentation et d'orchestration modernes*.

Le compositeur italien (1741-1754)

On ne sait quasiment rien des études musicales de Gluck dans sa Bohême natale, mais on peut imaginer que ses séjours à Prague et à Vienne (entre 1728 et 1737) furent émaillés d'épisodes aussi pittoresques que ceux que rapporte Charles Burney dans ses vies de Johann Joachim Quantz et de František Benda. C'est à Milan qu'il paracheva sa formation de compositeur, au contact de Giovanni Battista Sammartini, et qu'il fit ses début au théâtre en mettant en musique l'un des plus célèbres livrets de Métastase, *Artaserse* (1741). Dans les dix ans qui suivirent, la carrière de Gluck ressemble à celle de bien d'autres compositeurs d'opéras italiens, avec une production moyenne d'un ou deux ouvrages nouveaux par saison. Outre la précieuse expérience qu'offrait au jeune musicien la possibilité d'écrire pour certains des plus grands chanteurs de son temps (les castrats Angelo Maria Monticelli et Caffarelli, la soprano Vittoria Tesi) et de se faire jouer devant les publics les plus variés, en Italie comme en Allemagne, Gluck eut par deux fois l'occasion d'élargir son horizon au-delà des limites de l'*opera seria* traditionnel : un long séjour à Londres (1745-1746) le mit en contact avec les oratorios de Haendel, mais lui permit aussi de découvrir, dans les *ballad operas* qui faisaient alors fureur, un style vocal simple et naturel dont il dira avoir été profondément marqué ; il n'est pas indifférent non plus qu'il se soit trouvé à Copenhague en 1749, l'année même où Johann Adolph Scheibe exposait, dans la préface à son opéra *Thusnelda*, des idées annonciatrices de la future « réforme ».

Les premiers opéras de Gluck, même s'ils sont aujourd'hui presque totalement oubliés, mériteraient d'être exhumés en morceaux choisis : c'est déjà ce qu'avait fait Gluck lui-même, puisqu'il pilla consciencieusement sa production de jeunesse, inconnue du public de Vienne et de Paris, pour en adapter les meilleurs morceaux à de nouveaux textes italiens, et même à des paroles françaises. Les plus réussis de ces emprunts sont l'air « Se povero il ruscello », tiré d'*Ezio*, qui devint le grand récitatif obligé « Che puro ciel » dans *Orfeo*, « Là sul margine di Lete », tiré de *La Sofonisba*, et « Presso l'onda », tiré de *Il Tigrane*, qui devinrent respectivement « Esprits de haine » et « Venez, Haine » dans *Armide*, et « Se mai senti spirarti sul volto », tiré de *La Clemenza di Tito*, dont Gluck fit l'air avec chœur « Ô malheureuse Iphigénie – Contemplez ces tristes apprêts » dans *Iphigénie en Tauride*. L'originalité du jeune Gluck apparaît surtout dans une curieuse prédilection pour les phrases de trois mesures, qui marquent déjà un intérêt particulier pour les périodes asymétriques ; quant à l'appréciation de Métastase sur sa *Semiramide riconosciuta* (1748) – « une insupportable musique de vandale » –, elle fut sans doute inspirée par une surprenante variété dans la structure des airs, variété qui tranchait sur la routine des compositeurs officiels de la cour d'Autriche, comme Giuseppe Bonno ou Johann Georg Reutter.

Gluck au Burgtheater (1755-1770)

À la fin de 1752, Gluck s'installa dans la capitale autrichienne. Quelle que fût la nécessité de régénérer la musique dramatique dans la Vienne de Marie-Thérèse, c'est une raison politique qui en fit un haut lieu de l'opéra dans les années 1760. Un renversement des alliances favorable à la France fut en effet accompagné d'un changement d'orientation dans les spectacles de la ville, et le chancelier Kaunitz donna d'importantes responsabilités à un fin lettré, le comte Durazzo, Italien mais francophile, pour qu'il mît en œuvre cette nouvelle orientation esthétique. Durazzo fit du Burgtheater l'instrument privilégié de son entreprise, et Gluck se vit confier la responsabilité d'adapter au goût viennois des opéras-comiques directement importés de Paris ; non content de fournir des « airs nouveaux » à la troupe française de son théâtre, Gluck composa huit opéras-comiques de son cru, dont le dernier, *La Rencontre imprévue* (1764), constitue l'antécédent direct de *L'Enlèvement au sérail* de Mozart. Il fallut cependant attendre l'arrivée du poète et financier Raniero de Calzabigi, en 1761, pour que Durazzo trouve un librettiste à la hauteur de ses ambitions. Calzabigi était doublement qualifié pour cela, puisque non seulement il résidait à Paris au moment de la querelle des Bouffons (1752-1754), mais il connaissait mieux que personne les livrets de Métastase, dont il avait dirigé et préfacé l'édition parisienne de 1755. Le premier fruit de sa collaboration avec Gluck sera le ballet *Don Juan, ou le Festin de pierre* (1761), auquel succéderont trois grands opéras de la réforme viennoise, *Orfeo ed Euridice* (1762), *Alceste* (1767) et *Paride ed Elena* (1770).

C'est à Calzabigi que revient la paternité de la célèbre préface d'*Alceste*, publiée en 1769, où sont exposés les principaux griefs du clan réformateur contre le *dramma per musica* de type métastasien : il fallait en finir avec les longues ritournelles orchestrales, les roulades vides de sens, la monotonie mécanique de la reprise *da capo*, le hiatus entre l'air et le récitatif, en un mot tout ce qui pouvait entraver la continuité de l'action dramatique. L'exigence d'une véritable symbiose de la musique et du texte se traduit par l'élaboration de grandes architectures tonales, à l'échelle de plusieurs scènes, l'intervention régulière du chœur et de la danse, enfin la subordination de tous les effets musicaux à un même dessein unificateur, toutes caractéristiques qui font des trois opéras de Calzabigi le parfait équivalent du courant néo-classique alors dominant dans le domaine des arts visuels. Le hiératisme et la force édifiante qui se dégagent de ces œuvres ne doivent cependant pas faire oublier qu'elles frappèrent les spectateurs du temps par la violence de leur charge expressive : la monumentalité des grandes scènes de lamentation n'exclut pas une extrême ductilité du discours musical, pour aboutir même à la fragmentation des « affects » qui conditionnaient jusqu'alors la rhétorique baroque. Là où Métastase et les compositeurs des années 1720-1760 s'en tenaient à une succession rigide d'airs indépendants, exprimant chacun un sentiment bien défini (la fureur, la tendresse, l'affliction, l'espérance, etc.), Gluck et Calzabigi instaurent une dialectique contrastée, où se succèdent sans solution de continuité des airs, des récitatifs et des chœurs, la subversion des schémas habituels allant jusqu'à l'éclatement de certains airs – « Io non chiedo » d'*Alceste*, par exemple – en plusieurs sections distinctes par leur tempo, leur profil thématique et leur texture orchestrale.

La postérité de la réforme gluckiste dans l'opéra italien du XVIIIe siècle finissant ne fut pas à la mesure de l'attention que suscitèrent *Orfeo* et *Alceste* auprès des théoriciens de l'opéra : non seulement l'ambition novatrice était plutôt rare parmi les compositeurs italiens (seul Mozart, dans *Idomeneo*, s'engagea résolument sur la voie tracée par *Alceste*), mais le système productif du *dramma per musica*, fondé sur la suprématie du chanteur, excluait par nature toute poursuite des expériences menées dans le « laboratoire » du Burgtheater.

La réforme parisienne (1774-1779)

C'est à Paris que Gluck alla parachever son œuvre réformatrice, profitant à la fois de la déliquescence du répertoire français à l'Académie royale de musique et de la protection de la jeune dauphine, puis reine, Marie-Antoinette. Ce transfert de Vienne à Paris se justifiait d'autant plus que les opéras calzabigiens s'inspiraient étroitement de schémas formels hérités de Lully et de Rameau, et que le public parisien, nourri des textes prémonitoires de Rousseau, de d'Alembert et de Diderot, attendait avidement une musique qui fût à la fois passionnée, spectaculaire et dénuée d'artifice.

Iphigénie en Aulide (1774) trahit un certain embarras devant les contraintes mélodiques engendrées par la langue française, mais on n'y trouve pas moins de gigantesques monologues (pour Agamemnon et pour Clytemnestre) où s'effectue à la perfection cette adéquation tant recherchée entre l'expression musicale et le « cri plaintif de la nature ». Vinrent ensuite deux adaptations des chefs-d'œuvre viennois, *Orphée et Eurydice* (1774) et *Alceste* (1776) ; si *Orphée* perd en cohérence ce qu'il gagne en longueur, l'*Alceste* française, profondément remaniée par rapport à la version originale, réalise un progrès décisif dans l'ordre de la concision et de l'efficacité dramatique.

Il pourrait paraître curieux que Gluck, salué avec enthousiasme comme le rénovateur du théâtre lyrique français, se soit tourné, pour sa quatrième tragédie lyrique, vers un livret de Quinault déjà mis en musique par Lully presque un siècle plus tôt ; l'archaïsme d'*Armide* (1777) était cependant plus apparent que réel : dans le contexte européen où se situait Gluck, le passage incessant de l'air au récitatif et la multiplication des « petits airs » étaient autant d'éléments progressistes, tandis que le respect scrupuleux d'un texte sacré du vieux répertoire donnait des gages solides aux gardiens du style national français. C'est dans ce contexte qu'il faudrait évoquer une féroce guerre de pamphlets qui opposa trois années durant un clan pro-français – les gluckistes – et un clan pro-italien rallié autour du compositeur italien Niccolò Piccinni, dont le *Roland* fut chaleureusement accueilli en janvier 1778 ; mais la théorisation des styles proposée par des écrivains comme Marmontel (le plus ardent piccinniste) ou l'abbé Arnaud (à la tête des gluckistes) ne rend compte que partiellement des enjeux dramatiques et musicaux tels que nous pouvons les percevoir avec le recul de l'histoire.

Iphigénie en Tauride (1779) manifeste chez Gluck une évidente volonté de synthèse, si l'on considère (fait ignoré des spectateurs parisiens) qu'un tiers de la musique en est repris de ses ouvrages antérieurs ; le plus spectaculaire de ces emprunts est l'air « Ô malheureuse Iphigénie », dont le lyrisme gagne encore en grandeur à être situé au faîte d'une longue progression dramatique où se succèdent sans pause conclusive les hallucinations d'Oreste, le chœur des Euménides, le long récitatif entre Oreste et sa sœur, et un chœur de prêtresses. La possibilité d'une comparaison avec l'*Iphigénie en Tauride* de Piccinni, créée à Paris en 1781, fait apparaître chez Gluck et son librettiste Nicolas François Guillard une double supériorité, au-delà d'une semblable adhésion aux canons de la tragédie lyrique ; d'un point de vue dramaturgique, tout d'abord, le découpage de l'action révèle une plus grande maîtrise de la distribution des épisodes : il est significatif, par exemple, que Guillard ait placé le songe d'Iphigénie avant, et non après l'évocation de la tempête, ce qui résout le problème de l'ouverture tout en imprimant à l'action un élan qui ne retombe qu'avec le premier air d'Iphigénie, « Ô toi qui prolongeas mes jours ». Mais c'est plus encore sur le terrain proprement musical que Gluck marque ses points décisifs : il n'est qu'à voir la subtilité avec laquelle est rendu, par des moyens mélodiques et structurels, le contraste entre l'angoisse d'Oreste (« Dieux qui me poursuivez ») et la sérénité apaisante de Pylade dans l'air qui suit, « Unis dès la plus tendre enfance ».

La carrière parisienne de Gluck s'acheva sur l'échec d'*Écho et Narcisse* (1779) ; le compositeur refusa ensuite toute collaboration avec un milieu musical et intellectuel dont il avait une piètre opinion. Il aurait sans doute souhaité contribuer à la fondation d'un opéra national en langue allemande, comme le laisse entendre sa correspondance avec Herder, Klopstock et Wieland, mais sa santé déclinante lui interdit de se lancer dans de nouvelles entreprises de longue haleine. Sa dernière production pour le théâtre est une version allemande d'*Iphigénie en Tauride*, dont la représentation en 1781, devant le grand-duc Paul de Russie, conjointement avec *Orfeo* et *Alceste*, témoigne du prestige dont jouissait le vieux compositeur l'année même où Mozart partait à la conquête de Vienne.

« Une belle simplicité »

La relative incompréhension dont Gluck est victime aujourd'hui vient en partie de ce que l'essentiel de son apport à l'histoire de l'opéra est d'ordre architectural : or il faut bien reconnaître que le spectateur moderne, habitué aux finales mozartiens et à la continuité wagnérienne, n'éprouve aucune admiration ni surprise particulière devant de grandes scènes d'action comme la confrontation entre Orphée et les Furies, ou la succession haletante d'événements sur laquelle se termine *Iphigénie en Tauride*. De même, la « belle simplicité » postulée par Calzabigi dans sa préface d'*Alceste* laisse parfois une certaine impression de fadeur, alors même que les contemporains y voyaient la mise à nu des émotions essentielles de l'âme humaine, la traduction musicale authentique des modèles euripidiens. La réhabilitation de Gluck passera sans doute par la redécouverte d'un style d'interprétation vigoureux et coloré, en particulier dans les récitatifs : à cet égard, il faut signaler que Calzabigi avait réclamé pour ses opéras viennois des chanteurs formés à l'opéra bouffe, et que Gluck apportait un soin maniaque aux représentations de ses tragédies lyriques parisiennes. Mais l'originalité de Gluck est tout autant à chercher dans les détails de son écriture musicale : c'est à Berlioz et à Donald Tovey, en particulier, que revient le mérite d'avoir attiré l'attention sur la diversité des carrures métriques dans des airs comme « Divinités du Styx » (*Alceste*, acte I, scène VII) ou « Peuvent-ils ordonner qu'un père » (*Iphigénie en Aulide*, acte I, scène III), révélant un contrôle souverain du débit dramatique et du temps musical. Analysé d'aussi près, Gluck apparaît paradoxalement comme un maître de l'irrégularité et du déséquilibre dynamique – preuve que le néo-classicisme des Lumières n'était pas si austère et si solennel qu'on veut bien le croire.

MICHEL NOIRAY

Bibliographie

Les principaux opéras de Gluck, l'*Alceste* italienne exceptée, ont été réédités chez Bärenreiter (Kassel) dans la série *C. W. Gluck : Sämtliche Werke* (1951 et suivantes).

La revue *L'Avant-Scène Opéra* a publié trois numéros consacrés à *Orphée* (n° 23, sept.-oct. 1979), à *Iphigénie en Tauride* (n° 62, avril 1984) et à *Alceste* (n° 73, mars 1985).

• *Études*

H. BERLIOZ, *À travers chants*, Paris, 1862, rééd. Gründ, Paris, 1971 / K. HORTSCHANSKY, *Parodie und Entlehnung im Schaffen Christoph Willibald Glucks*, Arno Volk, Cologne, 1973 / K. HORTSCHANSKY dir., *Gluck und die Opernreform*, Wissenschaftliche Buchgesellschaft, Stuttgart, 1989 / J. G. PROD'HOMME, *Christoph-Willibald Gluck*, Société d'éditions françaises et internationales, Paris, 1948 ; rééd. revue et annotée par J.-M. Fauquet, Fayard, Paris, 1985 / R. STROHM, *Die italienische Oper im 18. Jahrhundert*, Heinrichshofen, Wilhelmshaven, 1979 / D. F. TOVEY, « Christopher Willibald Gluck », in *Essays and lectures on music*, Oxford Univ. Press, Londres, 1949.

GLUCKISTES & PICCINNISTES QUERELLE ENTRE

La querelle des gluckistes et des piccinnistes se déroule pour l'essentiel à Paris de 1776 à 1779, et oppose moins les compositeurs Gluck et Piccinni, entraînés dans cette galère à leur corps défendant et dont les relations personnelles restent cordiales, que leurs partisans respectifs, et ce pour des motifs où la musique n'est pas, et de loin, seule en cause.

Gluck, qui en 1774 a déjà donné à Paris *Iphigénie en Aulide*, sur un livret du bailli Du Roullet, et *Orphée et Eurydice*, y présente le 23 avril 1776 la version française d'*Alceste*. De retour à Vienne, il travaille à *Roland* et à *Armide*, mais apprend que l'administration de l'Opéra a proposé également le premier de ces deux sujets à Piccinni, arrivé à Paris (venant de Naples) le 31 décembre 1776 : d'où une longue lettre à Du Roullet, dans laquelle il déclare renoncer à *Roland* tout en vantant par avance son *Armide*. L'*Armide* de Gluck est représentée dans la capitale française le 23 septembre 1777, le *Roland* de Piccinni le 27 janvier 1778. L'un et l'autre travaillent ensuite à une *Iphigénie en Tauride* : celle de Gluck est donnée à

Paris le 18 mai 1779, celle de Piccinni en 1781 seulement, alors que Gluck a pris sa retraite à Vienne. À la base de cette succession d'œuvres, le fait que les trois premiers grands opéras français de Gluck ont partagé Paris en deux clans, les adversaires du « chevalier », avec à leur tête La Harpe, Marmontel et d'Alembert, lui reprochant à la fois son origine étrangère (sans voir qu'il poursuit, dans une certaine mesure, la tradition de Lully et de Rameau) et de s'être trop écarté de l'idéal italien.

Piccinni, quand on fait appel à lui, se trouve au sommet de sa gloire. Il est non seulement un grand auteur d'opéras bouffes, mais il vient de remporter un triomphe dans le domaine de l'*opera seria* avec *Alessandro nelle Indie* (1774), sur un livret de Métastase jadis mis en musique par Gluck sous le titre de *Poro* (1743) : c'est l'occasion immédiate de sa venue à Paris. Investi des qualités et des défauts de l'honnête homme, il ne se rend pas compte du rôle qu'on veut lui faire jouer ; sa personnalité, de toute façon, est beaucoup moins forte que celle de Gluck, dont il ne saisit pas les intentions dramatiques et musicales profondes.

L'entreprise, et c'est l'essentiel, est d'ailleurs faussée au départ. Loin d'opposer à Gluck, en la personne de Piccinni, un représentant typique de l'opéra italien, et donc d'essayer de prouver que l'*opera seria* n'a pas été détrôné par les « réformes » de l'auteur d'*Alceste*, on le fait composer lui aussi (*Roland*) sur un livret français (confectionné non sans maladresse par Marmontel), dans une langue qu'il sait à peine, et sans doute après lui avoir mis entre les mains une partition de Rameau. Le succès d'*Armide* dépasse nettement celui de *Roland*. Avec *Iphigénie en Tauride*, Gluck obtient son plus grand triomphe (suivi il est vrai de l'échec d'*Écho et Narcisse* et de son départ définitif de Paris). Piccinni parvient à s'imposer avec un de ses anciens opéras bouffes, *La Buona Figliuola*, mais non avec sa propre *Iphigénie en Tauride*. Il obtiendra une revanche éphémère avec *Didon* (1783). Ainsi donc, la bataille entre l'opéra « dramatique » et l'opéra « musical » ne fut pas livrée. Mozart devait montrer sur ces entrefaites, sans proclamation ni manifeste, comment la dépasser. Il reste qu'en tant que telle la bataille est aujourd'hui encore indécise. Il reste aussi que la supériorité de Gluck sur Piccinni ne fait aucun doute.

MARC VIGNAL

GOLDSCHMIDT BERTHOLD (1903-1996)

Sans le mouvement d'intérêt qui s'est dessiné, à la fin des années 1980, en faveur de la musique dite « dégénérée » (*entartete Musik*, œuvres des compositeurs interdits par les nazis), Berthold Goldschmidt serait resté dans l'ombre et n'aurait pas connu la consécration de son vivant. Ce compositeur et chef d'orchestre britannique d'origine allemande naît à Hambourg, le 18 janvier 1903, dans une famille juive. Il mène de front des études universitaires (à Hambourg et à l'université Friedrich-Wilhelm de Berlin) et musicales (à l'Académie de musique de Berlin, où il travaille la composition avec Franz Schreker, 1924-1926). Ses œuvres de jeunesse suscitent un grand intérêt : la *Passacaglia* pour orchestre, opus 4, qui lui vaut le prix Mendelssohn en 1925, est créée l'année suivante sous la direction d'Erich Kleiber.

Il commence une carrière de chef d'orchestre comme assistant à la Städtische Oper de Berlin (1925-1927), puis comme chef permanent à l'Opéra de Darmstadt (1927-1929). De retour à Berlin, il dirige régulièrement à la radio et à la Städtische Oper. Son premier opéra, *Der gewaltige Hahnrei*, d'après *Le Cocu magnifique* de Fernand Crommelynck, est créé avec succès à Mannheim en 1932. Mais lorsque les nazis prennent le pouvoir, il se voit interdit de diriger et ses œuvres cessent d'être représentées. Il survit en donnant des leçons. Lors d'un interrogatoire avec un officier S.S. mélomane, il comprend qu'il doit s'exiler.

Il part pour l'Angleterre en 1935 et parvient à se faufiler dans le monde musical britannique, où il mène une vie de musicien obscur. Il termine un ballet commencé en 1932, avant son exil, sur un argument résolument antifasciste, *Chronica*. L'œuvre est créée en 1939 à Cambridge par les Ballets Jooss ; il la remaniera à plusieurs reprises, une dernière fois en 1985. Son *Quatuor n° 2* (1936) attend dix-sept ans pour être créé. En 1947, Goldschmidt adopte la nationalité britannique. Il est engagé comme chef d'orchestre au festival de Glyndebourne. Il travaille régulièrement à la B.B.C., pour laquelle il compose des musiques radiophoniques. En 1949, il écrit un second opéra, *Beatrice Cenci*, d'après Shelley, qui est couronné au concours du Festival of Britain Opera en 1951, sans être néanmoins exécuté. Voient successivement le jour des concertos pour harpe (1949), pour violoncelle (1953), pour clarinette (1953-1954) et pour violon (1955). Mais, dans la vague déferlante du postwebernisme, la musique de Goldschmidt n'éveille aucun intérêt. En 1967, il cesse d'écrire pour se consacrer uniquement à la musicologie et à la direction d'orchestre. Il participe notamment, avec Deryck Cooke, à la réalisation de la *Symphonie n° 10* de Mahler, restée inachevée, dont il dirige la première audition intégrale à Londres en 1964.

Au début des années 1980, une certaine curiosité commence à se manifester en faveur de sa musique en Autriche et aux États-Unis. Il reprend sa plume, compose un *Quintette avec clarinette* (1982-1983) et un *Trio pour piano, violon et violoncelle* (1985) En 1988, à Londres, la création, dans une version concertante, de *Beatrice Cenci*, est une révélation générale. Les œuvres de Goldschmidt sont jouées, éditées et enregistrées dans le monde entier ; l'Allemagne, qui cherche à se faire pardonner, lui fait un triomphe : à l'automne de 1994, la création scénique de *Beatrice Cenci* a lieu à Magdebourg, tandis qu'à Berlin une exécution de concert ouvre le festival et que *Der gewaltige Hahnrei* est monté à la Komische Oper dans une mise en scène de Harry Kupfer. L'éditeur viennois Universal Edition retrouve dans ses archives le manuscrit de la *Passacaglia*, que Goldschmidt croyait perdu à tout jamais. Cette reconnaissance tardive le stimule : il compose ses *Quatuors à cordes n° 3* (1988-1989) et *n° 4* (1992), *Dialogue with Cordelia* pour violon et clarinette (1993), un cycle de mélodies en langue française sur des poèmes de Marot, Eluard et Desnos, *Les Petits Adieux* (1994), un *Rondeau* pour violon et orchestre (1995). Il meurt à Londres le 17 octobre 1996, laissant seulement une quarantaine d'œuvres.

Le cheminement esthétique de Goldschmidt se résume en un choix, le refus d'étudier avec Schönberg, à qui il avait préféré Schreker, à Berlin, en 1924. Il voulait préserver sa liberté et avait compris, dès cette époque, dans quelle impasse il risquait de s'aventurer. Son langage est toujours resté profondément expressif, souvent mélancolique, avec une force rythmique qui révèle l'influence de Stravinski tout en conservant à la phrase mélodique son sens de bel canto. On peut déceler des racines germaniques dans le traitement contrapuntique de l'écriture, mais la vitalité et la substance poétique de sa musique la projettent au-delà des écoles nationales ; elle joue en toute liberté avec les limites du système tonal sans jamais le renier. Une force de caractère hors du commun a permis à Goldschmidt de résister, sans aigreur, aux nombreux revers qu'il a essuyés au long de sa vie. Lorsqu'il a repris sa plume, après un quart de siècle de silence, il a écrit une musique aussi vivante qu'auparavant, prolongeant en cette fin du XXe siècle le courant expressionniste dont il aurait dû être l'un des principaux représentants. Seule différence, le discours est plus ramassé, plus dense, les œuvres instrumentales conçues en un seul mouvement : le temps courait et le musicien avait tant à dire.

On pourra consulter : Peter Petersen, *Berthold Goldschmidt : Komponist und Dirigent*, Von Bockel Verlag, Hambourg, 1994.

ALAIN PÂRIS

GOMBERT NICOLAS (1500 env.-env. 1556)

Contemporain de Clemens non Papa et de Willaert. L'œuvre de Gombert se situe entre celle de Josquin, son maître, dont il célébra la mort par un motet à six voix (*Musae Jovis*), et celle de Lassus. Gombert est certainement le plus grand musicien de sa génération ; il a, le premier, conduit à son apogée ce « style imitatif syntaxique » (selon l'expression de Charles van den Borren) que ses contemporains ont tous suivi. En 1526, il est chantre de l'empereur Charles Quint, puis, de 1529 à 1540, maître des enfants de chœur de la cour impériale, « la plus complète et la plus excellente chapelle de la chrétienté », aux dires de l'ambassadeur vénitien. Il suit les déplacements de la cour en Espagne (1537), en Autriche, en Italie et en Allemagne. En 1534, il est nommé chanoine prébendé de la cathédrale de Tournai où il occupe les fonctions de maître de chapelle. Ses œuvres comportent notamment : environ cent soixante motets de quatre à douze voix, huit magnificat, dix messes de deux à six voix, et de nombreuses chansons de deux à huit voix. Au sujet des chansons, les avis divergent : G. Dottin lui en attribue quarante et une, N. Bridgman, soixante, F. Lesure plus de cent, en constatant que « la chanson tient une place importante dans son œuvre » ; il les écrit parfois en canon triple (*En l'ombre d'un buissonnet*) ou quadruple (*Qui ne l'aimerait ?*), ce qui l'éloigne nettement du style parisien en honneur (Sermisy, Janequin), qu'il retrouve cependant, par exemple, dans la clarté de ses cadences.

Toutefois, son style personnel s'affirme le mieux dans le motet, à travers la technique de l'imitation, l'art d'éviter les pauses et les cadences trop fréquentes. Il écrivait encore selon le principe de textes différents superposés : ainsi le *Motet à la Vierge* où il fait chanter simultanément quatre antiennes, *Alma Redemptoris*, *Inviolata*, *Ave Regina*, *Salve Regina* (le concile de Trente réprimera de tels procédés). Deux de ses messes sont conduites sur un cantus firmus à l'antique ; les autres messes ont recours à la technique de la messe-parodie. On connaît de nombreuses transcriptions pour luth ou vihuela de motets ou de chansons.

PIERRE-PAUL LACAS

GÓRECKI HENRYK MIKOŁAJ (1933-)

Le compositeur polonais Henryk Mikołaj Górecki naît à Czernica, le 6 décembre 1933. En 1951, il exerce le métier d'instituteur avant d'entreprendre des études musicales approfondies à partir de 1955. Il étudie la composition à l'école supérieure de musique de Katowice avec Bolesław Szabelski, qui fut élève du grand compositeur Karol Szymanowski dans les années 1920. Titulaire d'un premier prix de composition en 1960, il voyage et séjourne à Paris en 1961 mais, s'il a rencontré Olivier Messiaen, il n'a pas été son élève, comme le précisent à tort certaines biographies. Dès 1958, le public polonais a pu découvrir sa musique, influencée par l'école polonaise mais aussi par Bartók et Webern. L'écriture de la *Première Symphonie*, aux textures organisées selon des principes sériels, date également de cette période. Quelques années plus tard, il reprendra cette technique pour écrire *Musique ancienne polonaise* (1969), une austère juxtaposition de thèmes anciens puisés dans la culture nationale et liturgique. Au début des années 1970, il donne une série de concerts en Allemagne et en Pologne et remporte également plusieurs prix : en 1970, un prix de l'Union des compositeurs polonais, diverses récompenses du ministère polonais de la Culture et des Arts et, en 1976, le premier prix du concours international U.N.E.S.C.O. des compositeurs, avec *Ad Matrem* (1971), pour soprano, chœurs et orchestre. La reconnaissance internationale ne va pas tarder. Les créations en France, par le chef d'orchestre Ernest Bour, au festival de Royan en 1976, de la *Deuxième Symphonie « Copernicienne »* (1972), basée sur des psaumes et sur des écrits de Copernic, et de la fameuse *Troisième Symphonie*, dite *« Des chants plaintifs »* (1976), ne passent pas inaperçues. Le public est surpris par ce mélange postromantique, étiré et minimal, irisé d'archaïsmes. Ces symphonies exhalent un parfum sacré qui ne laisse aucun doute sur la profondeur mystique du compositeur. Elles suscitent le rejet de certains auditeurs, sidérés par l'audace réactionnaire de Górecki, démarche impensable en pleine période de sérialisme triomphant, d'élitisme inconscient et d'engagement politique révolutionnaire ! La *Troisième Symphonie* a depuis lors rencontré un immense succès international. Le disque enregistré en 1993 par David Zinman avec le London Sinfonietta et la soprano Dawn Upshaw s'est retrouvé rapidement en tête des hit-parades américains et anglais. Pour la première fois, un compositeur contemporain voyait son œuvre entrer dans un classement des meilleures ventes de musique de variétés ! Cette symphonie en trois mouvements, qui dure près d'une heure, débute par une lente introduction aux sombres et graves motifs en canon, inspirée par une prière polonaise du XVe siècle, « La Lamentation de la Sainte Croix ». Le deuxième mouvement est basé sur le graffiti gravé par une jeune prisonnière de dix-huit ans sur un mur de cellule du siège central de la Gestapo à Zakopane. C'est un cri de foi et de consolation, récréé par la soprano dans un sublime *Lento et largo* terriblement poignant, aux plans sonores et aux tempos légèrement ondulants. Le troisième mouvement est un chant populaire de la région d'Opole, le chant d'une mère qui cherche son fils perdu et sûrement tué par l'ennemi. Il se termine néanmoins par l'espoir et la foi en la participation mystérieuse de la nature à un processus de deuil.

Loin de sombrer dans le désespoir, de conduire dans des abîmes de tristesse et de désolation, ce chef-d'œuvre procure une paix, véhicule une espérance que le langage tonal a su traiter avec assurance, comme si la soprano diffusait la lumière à travers l'opacité onirique de la texture orchestrale.

Górecki n'aime pas être qualifié de compositeur religieux. Pourtant, son univers artistique reflète avec insistance des sujets spirituels. On peut citer parmi les œuvres écrites pour chœur a cappella : *Amen* (1975), *Miserere* (1981) et *Totus Tuus* (1987), composé à l'occasion de la troisième visite pastorale de Jean-Paul II en Pologne.

Ses deux quatuors sont le fruit d'une commande du célèbre Kronos Quartet. Ces interprètes américains, spécialistes de musique contemporaine, travaillent en étroite collaboration avec le compositeur. Le premier, sous-titré *Already it Is Dusk* (1988) et le second *Quasi una fantasia* (1990-1991), entraînent le Kronos Quartet dans le sillage de la tradition. En effet, Górecki se réfère à l'héritage de Haydn, de Mozart et de Beethoven, éternels maîtres à penser, générateurs inépuisables de l'inspiration dans le domaine de la musique de chambre. *Lerchenmusik* (1985), pour clarinette, violoncelle et piano, puise également dans le même fond ; c'est un hommage au *Quatuor pour la fin du temps* d'Olivier Messiaen et à Beethoven par la citation du *Quatrième Concerto* pour piano, surnommé en Pologne « l'Alouette », un jeu de mot avec *Lerche* (alouette en polonais) et le nom du dédicataire de l'œuvre, la comtesse Louise Lerchenborg.

Plus surprenant, une autre facette du compositeur le fait apprécier des amateurs de musique nouvelle. Son *Concerto pour clavecin* (1980, et qui existe aussi en version pour piano), renvoie immédiatement aux boucles répétitives, motoriques et « planantes » du minimaliste américain Steve Reich. *Good Night* (1990), pour soprano, flûte, piano et trois tam-tams, est une sorte de longue méditation minimale, à la limite du silence. *Trois pièces dans le style ancien* (1963), pour cordes, *Beatus Vir* (1979), pour orchestre, chœur et baryton (une commande de l'archevêque de Cracovie, Karol Wojtyla, avant que celui-ci ne devienne pape), ainsi que l'essentiel de sa production vocale s'inscrivent dans un courant stylistique proche des pages inspirées de l'Estonien Arvo Pärt ou de l'Anglais John Tavener. Légères, les facéties orchestrales de *Kleines Requiem für eine Polka* (1993) font songer à l'orchestre brillant et ludique de l'américain John Adams.

Górecki est profondément enraciné dans la culture populaire de son pays, en particulier celle de la région montagneuse des Tatras, au sud-est de Katowice. Il collectionne toutes les formes de musique, qu'il recueille de village en village, et lentement façonne artisanalement chaque nouvelle création, sans rupture avec le passé et sans intellectualisme stérile. Ses compositions authentiques, parfois appréciées superficiellement dans les pays industrialisés, expriment en filigrane les réalités et le destin tragique de la Pologne. Elles sont paradoxalement admirées par un certain public occidental qui se veut à la mode, mais sans doute pour d'autres raisons.

PATRICK WIKLACZ

GOSSEC FRANÇOIS JOSEPH GOSSÉ dit (1734-1829)

Compositeur né à Vergnies (Hainaut), Gossec arrive à Paris en 1751 et y passera toute sa vie. Dès 1753, il publie un recueil de sonates en trio, bientôt suivies de duos (op. 2), de symphonies en quatuor (op. 3), et à partir de 1759 (au moment où Haydn, son aîné de deux ans, écrit ses premières symphonies), de symphonies avec instruments à vent s'ajoutant aux cordes. Succédant à Johann Stamitz, il dirige la musique chez le fermier général La Pouplinière jusqu'à la mort de celui-ci en 1762, puis passe au service du prince de Conti (1763). Parallèlement, il fait entendre une *Messe des morts* conçue pour plus de deux cents exécutants (1760), et aborde, sans grand succès d'ailleurs, l'opéra-comique (*Le Tonnelier*, 1765) et la tragédie lyrique (*Sabinus*, 1774). En 1769, il prend la direction des concerts des Amateurs et, en 1773, celle du Concert spirituel, ce qui lui permettra de faire connaître à Paris des compositeurs allemands parmi lesquels : Jean-Chrétien Bach, Dittersdorf et surtout Haydn. Directeur en 1784 de l'École royale de chant fondée en marge de l'Académie royale de musique pour former le personnel de l'Opéra, il devient lors de la Révolution chef de la musique de la garde nationale et, en 1795, compte parmi les fondateurs du Conservatoire national où il enseignera la composition. Chantre plus ou moins officiel du nouveau régime, il composera, de 1789 au 18-Brumaire, un très grand nombre d'hymnes révolutionnaires, de chœurs, de marches, comme *Le Chant du 14-Juillet*, l'hymne *À l'Être suprême* ou l'hymne *À l'humanité*, et cette *Marche lugubre* qui, par ses rythmes et ses accents, a pu ne pas être étrangère à la conception de la « Marche funèbre » de la *Symphonie héroïque* de Beethoven, qui la connaissait. La plupart de ses symphonies (on en dénombre une cinquantaine) sont antérieures à 1789. Mais en 1809, alors qu'en France, compte tenu de l'essor du classicisme viennois, la production en ce genre a considérablement diminué, il écrit encore sa *Symphonie à dix-sept parties* en *fa*, qui ne nous est parvenue qu'en manuscrit, et dont il n'est même pas sûr qu'elle ait été exécutée à l'époque. Gossec, le plus grand symphoniste français de la seconde moitié du XVIIIe siècle, survécut certes à ce que représentait sa génération, mais n'en ouvrit pas moins, en particulier par son talent d'orchestrateur, la voie à de glorieux cadets comme Berlioz.

MARC VIGNAL

GOUDIMEL CLAUDE (1520 ?-1572)

Surtout célèbre par la mise en musique du psautier huguenot, de facture dépouillée, conforme à l'esprit du calvinisme naissant (et bien que Calvin ait été hostile à la polyphonie dans le culte divin), Goudimel occupe une place importante dans la musique française, juste avant que celle-ci ne subisse l'influence italienne. Il est, avec Claude Le Jeune, le plus grand musicien français de la Réforme. Il mourut à Lyon, victime des massacres de la Saint-Barthélemy. Une légende, maintenant détruite, en fit le maître de Palestrina. En 1549, il étudiait à l'université de Paris ; il fut associé à l'éditeur Nicolas Du Chemin comme correcteur (1551), puis comme conseiller artistique (1553). Il rencontra Ronsard chez son ami Jean de Brinon, à qui il dédia son *Premier Livre de psaumes* (1551) ; il fréquenta vraisemblablement l'Académie de Baïf et collabora à la mise en musique des *Amours* de Ronsard (*En qui respandit le ciel*, *Qui renforcera ma voix*, *Quand j'aperçoy*, *Errant par les champs de la grâce*). Mis à part dix motets à trois et quatre voix, plusieurs *Magnificat* à cinq voix, vingt-cinq chansons spirituelles (dont dix-neuf perdues sur des textes de M. A. de Muret), plus de soixante chansons profanes, les *Odes d'Horace* (perdues), il écrivit quatre versions du psautier, sur des textes de Marot et de Bèze. L'une est une harmonisation, note contre note, des cent cinquante psaumes à quatre voix, avec chant presque toujours au ténor (17 fois au soprano) ; l'harmonie est très simple, en accords parfaits et de sixtes, avec quelques retards de la tierce : Goudimel pensait notamment au chant familial à la maison. Une autre version propose une partie d'accompagnement en contrepoint fleuri. Il reste beaucoup à étudier pour connaître le style des chansons de Goudimel ; dans celles qui sont publiées, il n'atteint pas à la fluidité gracieuse de ses contemporains (Janequin et Sermisy) ; elles manquent de légèreté, surtout en raison de son désir de rendre expressive chacune des voix. Il réussit toutefois dans le genre élégiaque. Ses cinq messes brèves à quatre voix, en revanche, sont un succès ; elles empruntent des timbres profanes connus (*Le bien que l'ay par foy d'amour conquis*, *De mes ennuys*, *Tant plus ie metz*, *Il ne se treuve en amitié*, *Audi filia*) et sont dans la ligne de la messe *Pange lingua* de Josquin. C'est au contact et sous la direction de Goudimel que l'humaniste allemand Paulus Melissus (Schedius) entreprit de traduire les psaumes en Allemagne, à la manière de Marot et de Bèze.

PIERRE-PAUL LACAS

GOUNOD CHARLES (1818-1893)

En plus d'une des sensibilités musicales les plus fines de sa génération, Charles Gounod a tous les dons. C'est aussi un penseur d'une remarquable culture et de l'esprit le plus délié, sans parler de son goût très vif pour la peinture. Il eut la chance de vivre longtemps et de jouir de sa propre gloire. Il aura assisté avec sérénité aux métamorphoses du goût musical de ses contemporains. Vilipendé à ses débuts comme disciple de Wagner, les jeunes wagnériens le mépriseront dans sa vieillesse au nom de leur idole.

Un musicien à contre-courant

Il faut faire effort, maintenant que son œuvre est devenue familière, pour mesurer l'originalité de Gounod. La musique française semblait à son déclin. Il n'y avait d'oreilles que pour la musique italienne, et les « happy few » s'enivraient des prouesses vocales que dispensaient avec largesse les chanteurs ultramontains – virtuoses du bel canto. La mélodie régnait et n'était au vrai qu'un motif facile à mémoriser. Le bourgeois, infaillible arbitre en matière d'art, se donnait des illusions de grande et terrible musique avec *Robert le Diable* et *Les Huguenots*, frissonnant aux accents outranciers et frelatés de Meyerbeer cependant qu'il méprisait ou ignorait Berlioz. L'Opéra-Comique également avait ses faveurs où un romantisme bien ouaté et le plus souvent fade s'exprimait dans les ouvrages déjà classiques de Boieldieu et d'Hérold, d'Auber et d'Adam, « le premier des hommes et le dernier des musiciens » comme le définit Chabrier. À l'exception de quelques amateurs et professionnels qui, très confidentiellement, chérissaient les grands Allemands, de Bach à Beethoven, ou s'intéressaient aux maîtres de la Renaissance grâce aux efforts que poursuivait en leur faveur le prince de la Moskova, la vie musicale était exclusivement accaparée par la scène. Hors d'elle, point de salut. Gounod, dans sa jeunesse, plutôt attiré par la musique religieuse et symphonique à laquelle il revint plus tard, fut bien obligé d'écrire pour la scène. « Pour un compositeur, dit-il, il n'y a guère qu'une route à suivre pour se faire un nom : c'est le théâtre. »

Dès qu'il paraît, Gounod est incompris. Et ce n'est pas chez lui désir de provoquer, de jouer les révolutionnaires. Il ne ressemble en rien à Berlioz, son aîné de quinze ans qui, seul, salue prophétiquement ses premières œuvres. « M. Gounod a prouvé là qu'on peut tout attendre de lui », écrit-il après l'exécution d'un *Agnus Dei* que Gounod fit entendre au lendemain de son grand prix de Rome (1839). Et cette admiration ne devait point faiblir ; admiration réciproque, « Berlioz a été l'une des plus profondes émotions de ma jeunesse », confie Gounod dans sa préface à la *Correspondance* de Berlioz. Il lui faut attendre quarante ans pour connaître, avec *Le Médecin malgré lui*, ses premiers succès et, près de dix ans plus tard, avec *Roméo et Juliette* (1867), un succès incontesté. On reste ahuri devant le concert d'imprécations que soulevèrent ses ouvrages, et avec une si constante obstination dans l'erreur. Scudo, le critique écouté de *La Revue des deux mondes*, lui reprochait après *La Reine de Saba* (1862) son goût « pour les derniers quatuors de Beethoven, source troublée d'où sont sortis les mauvais musiciens de l'Allemagne moderne, les Liszt, les Wagner, les Schumann, sans omettre Mendelssohn... ». On s'acharne sur le mélodiste. Le critique de la *Revue et Gazette musicale de Paris* déclarait à la reprise de *Faust* (1862) : « Faust, dans son ensemble, n'est point l'œuvre d'un mélodiste. » « Musique d'idées abstraites », renchérissait Blaise de Bury, assenant l'argument massue des sourds. Mais quoi ? Cette musique pouvait-elle dès l'abord être appréciée ? On ne voit que trop bien à distance ce qui, chez Gounod, a paru étrange : une mélodie si peu théâtrale – dans le sens où on l'entendait alors – dénuée de boursouflure, mais d'une simplicité perdue dont il retrouvait le secret, outre les beautés d'une harmonie symbolique qui soulignait le mot, créait le décor ; autant de vertus qui paraissaient suspectes. Le doux Gounod, sans rien de spectaculaire, nageait candidement mais obstinément à contre-courant. Il croyait à la discrétion dans un temps où l'on aimait le clinquant et le tapageur.

Le créateur de la mélodie française

À l'encontre des habitudes établies, et qui consistaient à plaquer, sans y regarder de trop près, des paroles sur une mélodie préalablement trouvée, Gounod substituait l'ordre inverse, se pénétrant du texte et cherchant à en dégager la mélodie virtuellement inscrite. « La voix suivra l'esprit », conseillait-il. En admirateur de Gluck, de Lully, autorisé par l'exemple de ces maîtres, il modelait son chant sur la déclamation. Audacieuse attitude qui valut à celui que Ravel affirma être « le véritable instaurateur de la mélodie en France » de se voir méconnu comme mélodiste. Ce souci d'une juste prosodie accordée aux accents musicaux et commandant l'expression musicale était à ce point important pour lui qu'il tenta de mettre en musique la prose du *George Dandin* de Molière. « La variété indéfinie des périodes, en prose, ouvre devant le musicien, écrivait-il, un horizon tout neuf qui le délivre de la monotonie et de l'uniformité. » Une si délicate approche du poème, de sa traduction musicale où, dès sa jeunesse, il excelle – *Le Soir*, *Le Vallon* datent de son arrivée à Rome – fait de lui le compositeur de mélodies abondant, moins porté vers le grand opéra que vers l'opéra de demi-caractère. Dès qu'il aborde le premier, il force sa voix et n'évite pas toujours la grandiloquence. Il ne retrouve son timbre si juste que dans certains passages, comme en marge, où le sujet, la situation ne le contraignant plus, il chante d'instinct dans son meilleur registre. Ainsi a-t-il délivré le plus rare de son message dans nombre de mélodies et d'opéras-comiques tels que *Le Médecin malgré lui* (1858), *Philémon et Baucis* (1860), *La Colombe* (1866), *Roméo et Juliette* (1867). Déjà, sous la pression tyrannique des directeurs et des chanteurs, il avait été amené à faire quelques concessions pour *Faust* (1859) ; mais pour *Mireille* (1864), ce fut à un véritable maquillage qu'il lui fallut se livrer jusqu'à défigurer la naïve et touchante héroïne dont la jeunesse, la douceur, la bonté et la foi étaient si bien accordées à sa propre nature.

Cette simplicité, ce naturel ne s'accommodaient pas d'une orchestration grossière. Comme il ne se contentait pas de réduire l'orchestre au rôle d'accompagnateur, on l'accusait de ne pas être « scénique », on le traitait de « symphoniste ». On restait insensible à cet orchestre tout en nuances, aux coloris fermes ou délicats, délivré de « cet abus de trombones, de grosses caisses et de cymbales qui sévissait, comme le remarque Saint-Saëns, dans les œuvres les plus légères ».

Gounod, Wagner et les musiciens allemands

À vrai dire, Hugo Riemann n'avait pas entièrement tort lorsqu'il écrivait en 1909 : « Le style de Gounod nous est très sympathique, à nous Allemands, car il est plus allemand que français ; il se souvient maintes fois de Weber et de Wagner. » S'il est juste que Gounod reconnut dès son apparition le génie de Wagner, l'influence de ce dernier sur son œuvre reste superficielle. Selon ses propres termes, il souhaitait « se bâtir une cellule dans l'accord parfait ». Au contraire de Wagner, Gounod aspire aux pauses du discours musical, les prolongeant le plus souvent par une cadence plagale pour mieux jouir de son repos. Mais entre chacun de ces arrêts, son harmonie capte des mystères, tout un jeu d'ombres et de lumières à travers un labyrinthe de tonalités entrevues, esquissées, côtoyées, où les surprises comblent notre attente, cependant qu'il n'égare pas ce fil d'Ariane, le ton principal. Il y avait aussi chez Gounod un chrétien sincère qui, non seulement durant sa période mystique où il rêva d'entrer dans les ordres, mais jusqu'à sa mort, ne cessa de méditer les textes sacrés et d'être sollicité par le plain-chant. Les modes grégoriens dont son maître Reicha lui avait déjà enseigné les vertus viennent tout naturellement s'insinuer dans une harmonie qui commence à ressentir les fatigues du seul majeur-mineur et contribuent à faire de Gounod, si l'on excepte Bizet, de vingt ans son cadet, le premier harmoniste de son temps. Pionnier dans l'émancipation de la tonalité classique, il préfigure en plus d'une occasion Fauré, son héritier le plus direct, qui a su lui rendre ce juste hommage : « Trop de musiciens ne se doutent pas de ce qu'ils doivent à Gounod. Mais je sais ce que je lui dois, et je lui garde une infinie reconnaissance et une ardente tendresse. »

Il ambitionna de faire revivre cette noble polyphonie qu'à Rome il ne se lassait pas d'aller entendre, la préférant aux opéras italiens, et qui ne se retrouve pas uniquement dans ses oratorios comme *Rédemption* (1882), ou *Mors et Vita* (1885) ou dans ses *Messes*, mais également dans plus d'une page de ses œuvres profanes. Aussi bien se réjouit-il en 1891 de la fondation par Charles Bordes des Chanteurs de Saint-Gervais. « Il est temps, écrivait-il alors, que le drapeau de l'art liturgique remplace dans nos églises celui de la cantilène profane. »

Cependant Riemann avait en grande partie raison et l'art de Gounod ne peut s'expliquer si l'on néglige l'influence des grands compositeurs d'outre-Rhin. La révélation de Beethoven le rendit « à moitié fou d'enthousiasme ». Quant à J.-S. Bach, l'édition annotée qu'il allait donner de ses chorals et la *Méditation* d'après le premier prélude du *Clavier bien tempéré* avec ses nombreux avatars (l'*Ave Maria*) ne sont que les moindres hommages qu'il rendit au cantor de Leipzig. Cette « belle écriture nette, pure, logique mais large et libre qu'il pratiqua toujours scrupuleusement », comme le note R. Hahn, sans oublier l'emploi expressif qu'il fit du chromatisme, son style enfin, c'est à la constante pratique des œuvres de J.-S. Bach qu'il le dut. Quant à Mozart, il avait conquis Gounod dès sa jeunesse et pour toujours depuis cette représentation de *Don Giovanni* où sa mère l'avait emmené sur le conseil providentiel de Reicha. On comprend qu'évoquant son premier contact avec Mozart, Gounod ait parlé de « ces heures uniques dont le charme a dominé ma vie comme une apparition lumineuse et une sorte de vision révélatrice ». De l'enchanteur il a retenu, ainsi qu'il l'a dit – et qui n'était rien moins qu'évident à une époque où l'on s'obstinait à trouver que la musique de Mozart n'était pas « scénique » –, « que la netteté et la justesse de l'idée constituent la force véritable qui dispense de la prodigalité et de l'abus dans l'emploi des procédés ». Leçon d'ascétisme et de justesse expressive qu'il ne transgressera que rarement et comme contraint par des circonstances extérieures.

Enfin, on n'aurait rien dit sur Gounod si l'on ne parlait du « charme » avec lequel, en véritable novateur, il chante la jeunesse et l'amour, ces deux divinités qu'il ne sépare pas et qui inspirent ses pages les plus tendrement émues. Ce n'est pas non plus un de ses moindres titres de gloire que cette rare faculté d'accueil et cette sûreté dans le jugement qu'il montra envers ses cadets. Ainsi, dès son aurore, discerna-t-il, presque seul, le génie de Debussy vers lequel l'inclinait, peut-être à son insu, une manière parente et peu commune d'appréhender l'art des sons. Avant Chabrier et Satie, avant l'auteur de *Pelléas* qui méditèrent sur d'autres arts que le leur, Gounod avait révélé les bienfaits qu'il avait tirés de son intimité avec Ingres : « En me faisant comprendre ce que c'est que l'art, il m'en a plus appris sur mon art propre que n'auraient pu le faire quantité de maîtres purement techniques. »

ROGER DELAGE

Bibliographie

C. Gounod, *Mémoires d'un artiste*, Calmann-Lévy, Paris, 1896.

• *Études*

C. Bellaigue, *Gounod*, Alcan, Paris, 1911 / H. Busser, *Gounod*, E.I.S.E., Lyon, 1961 / N. Demuth, *Introduction to the Music of Gounod*, D. Dobson, Londres, 1950 / R. Hahn, *L'Oreille au guet*, Gallimard, Paris, 1937 ; *Thèmes variés*, Janin, Paris, 1946 / P.-L. Hillemacher, *Charles Gounod*, Laurens, Paris, 1906 / H. Imbert, *Gounod*, 1897 / P. Landormy, *Gounod*, Gallimard, 1941, rééd. 1949 / A. Pougin, « Gounod écrivain », in *Revista music. ital.*, t. XVIII et XIX, 1910-1913 / J.-G. Prod'homme & A. Dandelot, *Gounod*, Delagrave, Paris, 1911, rééd. fac-sim. Minkoff, Genève, 1973 / Roland-Manuel, *Plaisir de la musique*, t. IV, Seuil, Paris, 1955 / « Roméo et Juliette », in *L'Avant-scène opéra*, n° 41, 1982 / C. Saint-Saëns, *Charles Gounod et le « Don Juan » de Mozart*, Paris, 1894 ; *Portraits et souvenirs*, Paris, 1909 / A. Suarès, *Portraits sans modèles*, Paris, 1935.

GRANADOS ENRIQUE (1867-1916)

Granados est une sorte de Grieg espagnol, et les *Danses norvégiennes* de l'un trouvent leur pendant dans les *Danzas españolas* de l'autre. Né à Lérida (Catalogne), Granados fit ses débuts comme pianiste à Barcelone à l'âge de seize ans, gagnant sa vie en jouant dans un café ; il travaillait en même temps le piano avec J. B. Pujol et l'harmonie avec F. Pedrell. De 1887 à 1899, il fut élève à la classe de piano de C. de Bériot à Paris. De retour à Barcelone, il fut fort prisé comme pianiste, et ses douze *Danzas españolas* pour piano à quatre mains (1892) acquirent une grande popularité. Le premier de ses sept opéras, *María del Carmen* (Madrid, 1898), dénote une ambiance populaire castillane. En 1900, il fonda à Madrid une éphémère Sociedad de conciertos clásicos et l'année suivante, à Barcelone, sa propre école de piano, l'Academia Granados, de haute renommée. Il écrivit de nombreuses œuvres pour le piano dans un style postromantique comparable à ceux de Brahms et de Grieg, notamment, à côté de ses *Tonadillas en estilo antiguo* (pour chant et piano), *Goyescas* qui demeure son chef-d'œuvre (Barcelone, 1911 ; salle Pleyel, 1914), où il déploie une passion inspirée de l'œuvre de Goya, six *Escenas románticas*, *Cuentos para la juventud* (dix pièces faciles), sept *Valses poéticos*. Une adaptation pour la scène eut lieu à New York en 1916 ; c'est lors du retour en Europe, que le bateau qui le ramenait, le *Sussex*, fut torpillé par un sous-marin allemand.

PIERRE-PAUL LACAS

GRANDI ALESSANDRO (mort en 1630)

Compositeur célèbre par ses pièces pour chant solo, et le premier à utiliser le mot cantate au sens moderne du terme, Grandi fut directeur de musique d'une confrérie religieuse à Ferrare en 1597 et il y tint d'autres postes jusqu'en 1616 ; après cette date, il occupa le poste de chanteur à Saint-Marc de Venise. En 1620, il devint l'adjoint de Claudio Monteverdi. C'est alors qu'il produisit plusieurs recueils de chants particulièrement beaux sous le titre *Cantade e arie* (publiés de 1620 à 1629). Il unissait le don d'une mélodie pleine de charme à l'art de trouver la musique qui s'adapte exactement au sens des mots. Ses « cantates » monodiques annoncent les chants sur basse obstinée de Henry Purcell, où la voix exécute des variations mélodiques sur une basse qui se répète. Il écrivit aussi des chants religieux qui eurent quelque influence sur Heinrich Schütz. En 1627, il se rendit à Bergame, y tenant la charge de directeur de la musique à la basilique de Sainte-Marie-Majeure. Il mourut de la peste.

E. U.

GRAUPNER CHRISTOPH (1683-1760)

Né à Hartmannsdorf en Saxe, Christoph Graupner est élève de Johann Kuhnau à Saint-Thomas de Leipzig puis de Reinhard Keiser à l'Opéra de Hambourg ; il devient en 1712 maître de chapelle à la cour de Hesse-Darmstadt ; il finira ses jours à Darmstadt, non sans avoir, à la mort de Kuhnau, été candidat contre J.-S. Bach au poste de cantor de Saint-Thomas. On lui doit plusieurs opéras dont *Didon* (1707) et *Télémaque* (1711), plus de cent symphonies, une cinquantaine de concertos, de la musique de chambre et de clavier, et surtout près de mille cinq cents cantates d'église très représentatives du style de cour du milieu du XVIIIe siècle.

MARC VIGNAL

GRÉTRY ANDRÉ MODESTE (1741-1813)

Asino in musica, « âne en musique », avait écrit de Grétry son maître romain, savant contrapuntiste, depuis longtemps oublié : J. B. Casali. Il convient plutôt de traduire : « âne en contrepoint ». Cependant, le musicien liégeois devait connaître le succès : à Rome, tout d'abord, où ses premières œuvres furent appréciées (1766), à Genève ensuite (1767), où il reçut les encouragements de Voltaire qui, après l'avoir orienté vers Paris, le consolait d'un premier échec à la cour par ce quatrain célèbre :

La cour a dénigré tes chants
Dont Paris a dit les merveilles,
Grétry, les oreilles des grands
Sont souvent de grandes oreilles.

Quelles furent les raisons de son succès ? Fidèle à la leçon de ses modèles italiens, il adaptera un art riche et spontané non seulement à la langue des Français, mais encore à la sensibilité du temps, déjà préromantique. Il parvint, par une ligne mélodique d'une infinie simplicité, à rendre le contenu et la substance d'un texte dans un langage musical qu'il voulait « parlant au cœur ».

Exclusivement connu comme musicien lyrique, Grétry semble avoir été séduit, au début de sa carrière, par la musique instrumentale. Néanmoins, celui que Méhul nommait « le Molière de la comédie lyrique » a donné le meilleur de son talent à l'opéra-comique. Grâce à son humour, il a dominé la mièvrerie et la sensibilité du XVIIIe siècle finissant et son renom a subsisté par quelques œuvres majeures comme *Zémire et Azor*, *Richard Cœur de Lion* et *Guillaume Tell*, et le ballet de *Céphale et Procris*.

L'homme et l'esprit

Né à Liège, capitale d'une principauté d'Empire, André Modeste Grétry, comme autrefois Henri Du Mont, choisit de vivre dans le pays dont il parlait la langue : la France. Cependant, l'attraction de l'Italie était inévitable et, de 1759 à 1767, c'est à Rome que le musicien, boursier d'une fondation liégeoise (la fondation Darchis), reçut sa formation.

Lorsque, en 1765, le musicien avait présenté l'examen de l'Académie philharmonique de Bologne, il avait réussi cette épreuve – comme cinq ans plus tard le jeune Mozart – grâce à l'aide du bon padre Martini. La rigueur de l'enseignement romain l'avait détourné d'une tradition désuète, et toute son admiration allait aux maîtres de l'heure : Pergolèse, Buranello, Vinci, Piccinni, Terradellas. Dès son enfance liégeoise, c'est à la comédie italienne, installée sur les quais de la Meuse, qu'il avait appris à chanter, ce que son maître de la collégiale Saint-Denis n'avait pu lui enseigner. On peut lire dans ses *Mémoires* l'histoire de ses « malheurs » et de cette curieuse éducation musicale, totalement dépourvue de principes pédagogiques.

Lorsqu'il vint à Paris, en 1768, la querelle des Bouffons s'apaisait. Entre les partisans de la musique italienne et les apologistes de la musique française s'étaient insérés des musiciens comme Monsigny, Philidor et Duni ; ils avaient adapté l'opéra-comique à la napolitaine aux traditions musicales françaises. Le genre était nouveau, le langage désuet. Grétry devait les surpasser.

Cependant, sa première œuvre représentée à Paris, *Les Mariages samnites* (1768), fut jugée trop italienne, et sa ligne mélodique, trop ornée, ne convenait pas à la langue française. Comme Lulli, un siècle plus tôt, il se rendit à la comédie afin d'y observer l'exacte prononciation de la langue et les règles essentielles de son expression. Désormais, il y sera attentif, et ce n'est pas sans raison qu'en 1779 Grimm déclarait dans sa *Correspondance* « qu'il n'y a jamais eu de compositeur qui ait su adapter plus heureusement que Grétry la mélodie italienne au caractère et au génie de notre langue ».

Deux éléments lui paraissent essentiels : le chant et la basse. « Un chant sans basse, écrit-il, n'est que corps sans âme. » En fait, on lui a reproché – et on lui reproche encore – la simplicité de son écriture. On en a conclu à une pauvreté de l'harmonie et déclaré qu'entre la basse et le chant pourrait aisément passer un carrosse à quatre chevaux. C'est vrai, mais c'était là le style du temps, une « esthétique du vide » que les fils de J.-S. Bach et même le jeune Mozart avaient adopté avant d'orienter la musique vers un nouveau classicisme.

Plus tard, dès 1772, Grétry fut attentif à la querelle Gluck-Piccinni qui divisa Paris. Entre la tragédie sobre du premier, nouvelle étape d'un « retour à l'antique », et les mêmes tendances, mais colorées à la manière italienne, du second, Grétry hésite, attentif cependant au succès d'un art nouveau, mais toujours fidèle au langage auquel il devait sa formation. De cette querelle, il ne souffle mot dans ses écrits, sinon pour évoquer la réforme de la musique allemande ; cependant, il manifeste son intérêt pour la tragédie musicale en créant *Andromaque* (1780), dont les chœurs statiques, une instrumentation plus riche, quoique rationnelle, des airs sans reprises, des récits sobres et discrets révèlent son intérêt pour la tendance nouvelle.

Sous la Révolution, quelques œuvres lyriques, dans le goût du jour, et quelques romances achèvent sa carrière. Désormais, le musicien se fait écrivain. Le premier volume de ses *Mémoires* paraît en 1789 ; les deux suivants en 1797. Ses *Réflexions d'un solitaire*, écrites au jour le jour, occupent sa retraite dans l'ermitage de Jean-Jacques Rousseau qu'il avait acquis en l'an VI. Sa seule activité musicale se limite à la tâche d'inspecteur du Conservatoire de musique de Paris, qui venait d'être fondé.

L'œuvre, les étapes de son succès

Quelques témoignages subsistent d'œuvres instrumentales interprétées à Rome et publiées à Paris en 1768. Cependant, les compositions lyriques de Grétry firent son renom : plus de quarante opéras-comiques, représentés à Paris, dans les résidences royales de Versailles ou de Fontainebleau et à l'étranger, soulignent les étapes de sa carrière.

Écrits dans un style et un esprit qui lui sont particuliers, ces ouvrages se distinguent cependant par les sources de l'inspiration littéraire et par la personnalité du librettiste, qu'il s'agisse de Sedaine, de Marmontel s'inspirant de Voltaire ou de Pitra adaptant Racine. Comédies, contes, pastorales, turqueries, sujets historiques, un ballet héroïque, *Céphale et Procris*, *Andromaque*, la seule tragédie lyrique, se suivent, témoignent, malgré leur diversité, d'une personnalité assurée.

Dès ses premières œuvres apparaissent les principaux caractères de son style. La forme générale en est fixée. L'ouverture à l'italienne en trois mouvements (vif, lent, vif), simple lever de rideau, évolue cependant dans sa thématique, qui annonce le caractère de l'œuvre ou la psychologie des personnages. Le *tutti* final ne varie guère non plus, associant instruments, chœur et solistes dans une atmosphère de joie et d'immuable optimisme ; Grétry surpasse, toutefois, ce climat dans le finale de *Céphale et Procris*, où il atteint cette générosité et cet amour de l'humanité préludant à l'*Ode à la joie* de la *IX*e *Symphonie* de Beethoven. Mais les particularités de l'écriture et la sensibilité du musicien se manifestent surtout dans les airs et les ariettes par la simplicité du chant et une subtile adaptation à la psychologie du personnage. Deux formes les distinguent : la manière italienne en *da capo* (A-B-A) ou le rondeau français que distingue l'alternance de couplets et de refrains. Dans les deux cas, le retour à l'air initial, accompagné de son texte, tout irrationnel qu'il soit, était naturel et appartenait à une dialectique musicale classique qui ne pouvait, en ce temps, choquer les esprits. Du reste, la subtilité de l'expression dominait la forme : en place des « roulades » à l'italienne, des triolets soulignent les syllabes fortes, des tremblements de notes jumelées révèlent les mots clés ; les intervalles mélodiques, adaptés aux caractères, s'élèvent jusqu'à l'excès dans le comique et confinent au chromatique dans les épisodes sensibles ou les passages tragiques. Une telle attention portée à l'expression ne pouvait s'associer à une richesse de l'orchestre qui en eût détruit les effets. L'instrumentation de Grétry n'est pas pauvre, elle est justifiée : comme les symphonies de cette époque, elle est constituée du quatuor à cordes (pouvant être doublé ou légèrement multiplié) tandis que les flûtes, les hautbois, les cors soulignent le caractère pastoral, la couleur exotique du sujet, ou encore les « trompettes guerrières » créent l'atmosphère de combat, comme dans *Les Mariages samnites* où apparaît un thème énergique, prélude à celui de *La Marseillaise*.

Ces qualités et cette attention à la juste adaptation de l'écriture musicale aux caractères des personnages, aux jeux mouvants de l'action, à l'atmosphère exotique ou historique des sujets, il ne faut plus les chercher dans les œuvres écrites après 1790. L'optimisme naturel de Grétry, né au « pays des bonnes gens », s'était mué en mélancolie. Les horreurs de la Révolution – dont cependant il épousait les principes de générosité humaine – et la mort de ses filles avaient assombri ses dernières années. Témoin et interprète d'une sensibilité propre au siècle des Lumières, Grétry, imprégné des charmes de la mélodie italienne, mais soucieux de rationalisme, appartient à la lignée des musiciens français.

SUZANNE LEJEUNE-CLERCX

Bibliographie

• Œuvres de A. M. Grétry

Mémoires ou Essais sur la musique (1789), 3 vol., Bruxelles, 1924-1925 ; *Méthode simple pour apprendre à préluder en peu de temps avec toutes les ressources de l'harmonie*, Paris, 1802 ; *Réflexions d'un solitaire*, E. Closson et L. Solvay éd., 4 vol., Bruxelles-Paris, 1919 ; *La Correspondance générale de Grétry*, G. de Froidcourt éd., Bruxelles, 1962.

• Études

S. Clercx, *Grétry. 1741-1813*, Bruxelles, 1944 ; « Le Rôle de l'Académie philharmonique de Bologne dans la formation d'A. M. Grétry », in *Quadrivium*, Bologne, 1968.

GRIEG EDVARD (1843-1907)

La popularité dont jouit Edvard Grieg repose sur quelques-unes seulement de ses œuvres, reléguant ainsi dans l'ombre le reste d'un catalogue pourtant tout à fait remarquable. Le *Concerto pour piano* et quelques *Pièces lyriques* ont empêché le public d'apprécier les autres compositions pour piano, à commencer par des cycles inspirés de la musique populaire norvégienne, d'une étonnante modernité. Les deux suites de *Peer Gynt* ont occulté les trésors d'invention et de fraîcheur que contient l'ensemble de la partition, et la *Chanson de Solveig* a dérobé à nos yeux les extraordinaires lieder, sans doute le trésor réel de l'œuvre de Grieg, longtemps ignoré des chanteurs et du public. Le vrai Grieg attend toujours sa renaissance.

Un Norvégien de troisième génération

Celui qui devint le symbole même de l'art national norvégien n'est qu'un arrière-petit-fils d'immigré. L'Écossais Alexandre *Greig* s'établit à Bergen dans les années soixante du XVIIIe siècle. Son petit-fils, Alexandre comme lui, mais déjà *Grieg*, épousa Mlle Gesine Judith Hagerup, fille d'un notable norvégien. Contrairement à une mystérieuse « tradition », Edvard – né le 15 juin 1843, quatrième de cinq enfants – n'a jamais porté le nom de jeune fille de sa mère. Cette dernière est son premier professeur de piano. Les gammes intéressent moins le jeune Edvard que les exercices d'harmonie : « le monde de mes rêves », dira-t-il plus tard. Sous l'influence d'un personnage illustre de la « renaissance » norvégienne, le violoniste et compositeur Ole Bull, les Grieg décident en 1858 d'envoyer Edvard à Leipzig, au conservatoire le plus célèbre d'Europe. Le jeune homme haïra cet endroit de toute son âme et prétendra n'y avoir rien appris. En vérité, il y reçut une formation solide, quoique conservatrice, découvrit Schumann, dont il restera un fervent admirateur, et s'imprégna de l'air du temps. C'est au Conservatoire qu'il joue en public ses premières œuvres, très schumanniennes : l'op. 1, *Quatre Pièces pour piano*, et l'op. 2, *Quatre Lieder pour voix d'alto*. En 1862, son diplôme en main, il rentre à Bergen pour entreprendre ensuite un voyage obligé à Copenhague, où il rencontre les deux figures de proue de la musique scandinave : Johann Peter Emil Hartmann et Niels Gade. Ce dernier l'incite à tenter de composer une œuvre symphonique : ce sera la *Symphonie en ut mineur* que Grieg reniera par la suite. Durant le même séjour, il rencontre sa cousine Nina Hagerup, qu'il épousera en 1867. Elle restera sa compagne la plus fidèle, inspiratrice et dédicataire d'innombrables lieder. Ce n'est certes pas un hasard si le premier chef-d'œuvre de Grieg, les *Mélodies*, op. 5, sur des poèmes d'Andersen, naît justement à cette époque. La troisième mélodie, *Je t'aime*, fera la joie des salons pendant des décennies. Une autre rencontre essentielle est celle de Rikard Nordraak, compositeur de génie au caractère difficile, qui mourra prématurément, à l'âge de vingt-quatre ans, le 20 mars 1866. Cette disparition marquera Grieg à jamais. C'est Nordraak qui attire son attention sur la richesse de la musique populaire norvégienne : il est le premier de ceux, nombreux, dont l'influence fera fructifier le génie du compositeur.

Après un long voyage, qui le mène à Berlin et à Rome, il retourne à l'automne de 1866 à Oslo (alors Christiania), avec, dans ses bagages, la *Première Sonate pour violon*, op. 8 (fort louée par Liszt), la *Sonate pour piano*, op. 7, l'ouverture *En automne*, et d'autres lieder. Il prend pour un court moment la tête d'une société philharmonique d'amateurs, qu'il abandonnera bien vite. C'est une période triste : l'unique enfant du couple, Alexandra, meurt à un an, et Grieg traverse la première de ses crises de découragement. Deux nouvelles rencontres vont réveiller son inspiration : celle du poète Bjørnstjerne Bjørnson et celle des *Vieilles et Nouvelles Mélodies* norvégiennes recueillies par Ludvig Lindeman, qui ne le quitteront plus. En février 1870, il rend visite à Liszt, à Rome, et il lui présente son op. 16, écrit durant l'été de 1868, le *Concerto pour piano en la mineur*, construit selon le modèle du *Concerto* de Schumann. Malgré les faiblesses formelles de l'œuvre, l'accueil de Liszt est enthousiaste, et la popularité du *Concerto* ne se démentira jamais.

La sainte trinité norvégienne

De retour en Norvège, en 1871, glorifié par la nouvelle reconnaissance internationale, il forme avec Bjørnson et Henrik Ibsen une sainte trinité norvégienne dont le but sera de renouveler l'art national. Une série d'œuvres réalisées en collaboration avec Bjørnson (une très forte scène dramatique, *À la porte du couvent*, op. 20, des *Mélodies*, op. 21, la musique pour le drame *Sigurd Jorsalfar*, dont la très populaire *Marche triomphale*) aurait dû normalement s'achever par un opéra sur le thème du roi légendaire *Olav Trygvason* (seules trois scènes en subsisteront). Mais Grieg, exaspéré par les retards de Bjørnson dans l'écriture du livret, accepte de composer la musique pour la nouvelle pièce d'Ibsen, *Peer Gynt*. Bjørnson mettra quinze ans à le lui pardonner. La création de *Peer Gynt* a lieu en 1876, et, la même année, Grieg compose un recueil de mélodies sur des poèmes d'Ibsen, le très remarquable op. 25. En été, il se déplace à Bayreuth, pour l'ouverture du théâtre et le premier *Ring* intégral : une série de correspondances pour un journal norvégien révèle un Grieg wagnérien fervent mais critique. À cette époque, il découvre la région montagneuse de Hardanger, où il passera désormais le plus clair de son temps en y écrivant entre autres son *Quatuor en sol mineur*, op. 27, une superbe *Ballade pour baryton et orchestre*, op. 32, mais surtout les *Mélodies*, op. 33, sur les poèmes d'Aasmund Vinje, un autre chef-d'œuvre du genre.

Le voyageur

Grâce à sa renommée internationale, il traverse régulièrement l'Europe, avec un programme obligatoire : le *Concerto* et les deux suites de *Peer Gynt*. Il se rend ainsi en 1879 en Allemagne, en 1883 en Allemagne et en Hollande, en 1885 à Leipzig, où il rencontre Brahms, qu'il retrouvera le jour de l'An 1888 en compagnie de Tchaïkovski. Ces années agitées n'apportent que peu d'œuvres nouvelles, parmi lesquelles la très célèbre suite *Au temps de Holberg*, écrite en 1884 pour célébrer le bicentenaire du « Molière scandinave », les *Sonates*, op. 36, pour violoncelle et piano, et op. 45, pour violon et piano (la troisième) et enfin de nouveaux opus de *Pièces lyriques*, genre inauguré en 1867 par l'op. 12. En 1888, il se rend pour la première fois en Angleterre, puis à Paris, à Bruxelles, de nouveau à Paris, et encore en Allemagne. Depuis 1885, les Grieg ont enfin leur maison, à Troldhaugen, près de Bergen, sur un fjord. Fatigué, Grieg commence à refuser les invitations (dont celle des Américains), et se remet à composer : des *Pièces lyriques* encore (op. 54 et 57), et deux magnifiques recueils de mélodies : op. 60, sur des poèmes de Vilhelm Krag, mais surtout l'op. 67, *Haugtussa*, sur des poèmes d'Arne Garborg. Ce dernier recueil, d'une force et d'une unité d'inspiration exceptionnelles, mérite de figurer aux côtés de *L'Amour et la vie d'une femme* de Schumann.

Les dernières années

En 1897, il accepte à nouveau une tournée en Angleterre et en Hollande. À Amsterdam, il découvre l'orchestre du Concertgebouw de Willem Mengelberg, qu'il invite au festival de Bergen qu'il vient de créer. Une nouvelle tournée en France est annulée, à cause de l'affaire Dreyfus ; Grieg ne retournera à Paris qu'en 1903 : il aura alors à y affronter les antidreyfusards ainsi que la plume empoisonnée de Debussy. En 1901, il engage un jeune compositeur, Johann Halvorsen, pour noter les pièces populaires exécutées sur un violon très particulier, à double cordage, dont on joue dans la région de Hardanger (le *Hardangerfele*) : c'est une manière de préserver une partie du patrimoine musical norvégien. Grieg en tirera ses *Slåtter*, op. 72 (*Danses paysannes*), une de ses œuvres harmoniquement les plus audacieuses. Son œuvre ultime, les *Quatre Psaumes* pour chœur, d'une rare puissance et originalité, portera le numéro d'opus 74. La nouvelle tournée en Angleterre, prévue pour 1907, n'aura pas lieu : Grieg mourra le 4 septembre de cette année. Il sera enterré le 9 du même mois, à Bergen. Cinquante mille personnes suivront son cercueil au rythme de sa *Marche funèbre pour la mort de Nordraak*, écrite en 1866.

Illustre représentant de l'identité nationale norvégienne au moment où celle-ci s'affirme, génie mélodique extraordinaire avec des faiblesses évidentes sur le plan formel qu'il était le premier à reconnaître, tel nous apparaît aujourd'hui Edvard Grieg, maître de la petite forme romantique. Son influence sur la musique de son pays, mais aussi sur toute une génération de musiciens britanniques (Frederick Delius, Percy Grainger, Arnold Bax) est inépuisable. Le critique musical français Camille Bellaigue disait de lui : « Son talent semble fait d'imagination plus que de réflexion », pour affirmer ensuite que la seule chose dont Grieg n'a jamais manqué est une idée. Vincent d'Indy, de son côté, a pu le décrire comme un musicien « tout en trouvailles, et incapable de logique, mais plus sensible au charme d'un accord qu'aux déductions du développement ».

PIOTR KAMINSKI

Bibliographie

E. Closson, *Edvard Grieg et la musique scandinave*, Paris, 1892 / H. T. Fink, *Edvard Grieg*, New York-Londres, 1906 ; *Grieg and his Music*, New York, 1929 / Ø. Gaukstad dir., *Edvard Grieg, Artikler og Taler*, Oslo, 1957 / P. A. Grainger, « Personal Recollections of Grieg », in *Musical Times*, vol. XLVIII, nº 777, Londres, nov. 1952 / J. Horton, *Edvard Grieg*, trad. P. Kaminski, Fayard, Paris, 1989 (éd. or. 1974) ; « Edvard Grieg », in S. Sadie dir., *The New Grove Dictionary of Music and Musicians*, Macmillan, Londres, 1980 / D. Schjelderup-Ebbe, *Edvard Grieg, 1858-1867*, Oslo-Londres, 1957 / P. de Stoecklin, *Grieg*, Paris, 1926.

GRIGNY NICOLAS DE (1672-1703)

Organiste et compositeur français de la fin du XVIIe siècle, Grigny occupe une place à la fois centrale et isolée. Son œuvre se résume en un seul ouvrage, le *Premier Livre d'orgue contenant une messe et les hymnes des principalles festes de l'année* (Paris, 1699). Nicolas de Grigny naquit et mourut à Reims. Sa famille compta quelques musiciens, organistes comme son père, son oncle et son grand-père ; c'est d'eux que, vraisemblablement, il reçut les rudiments de formation musicale. On sait qu'il fut à Paris l'élève de Nicolas Lebègue, l'organiste de Saint-Merry. Son frère, André de Grigny, sous-prieur des chanoines réguliers de Saint-Denis, fut certainement à l'origine du fait qu'il « toucha » les orgues de l'église abbatiale, de 1693 à 1695. En 1696, Nicolas quitte Paris pour Reims où il est nommé titulaire d'une tribune, peut-être celle de Saint-Pierre-le-Vieil ou de Saint-Hilaire, églises où avaient exercé les membres de sa famille. C'est l'année suivante qu'il sera appelé à la cathédrale où il demeura en fonction jusqu'à sa mort. Entre-temps, il se maria avec Marie-Magdeleine de France, fille d'un marchand parisien ; il en eut sept enfants, dont Louis qui lui succéda aux orgues de la cathédrale. À partir de 1702, Nicolas assura également les fonctions d'organiste en l'église rémoise de Saint-Symphorien.

Son *Livre d'orgue* (réédité en 1711) synthétise les apports de la tradition titelouzienne d'essence polyphonique et ceux de la tradition moderne plus décorative des organistes français après 1665 surtout. De la première, il a assimilé notamment l'écriture fuguée, telle que l'ont pratiquée E. Du Caurroy, J. Titelouze (*Les Hymnes pour toucher sur l'orgue avec les fugues*, 1623 ; le *Magnificat*, 1626), C. Racquet, F. Roberday, voire J. Froberger (qui vécut à Paris en 1652). Ses chefs-d'œuvre, où en même temps il déploie l'un des traits les plus caractéristiques et les plus expressifs de son art, sont les *Fugues à cinq*. Certes, d'autres organistes de ce temps ont composé à cinq voix, mais c'est beaucoup plus dans un style harmonique rappelant la symphonie lullyste ou le grand chœur de Delalande. Et comme N. Gigault, G. Jullien ou F. Couperin, Grigny écrit aussi des pleins-jeux à cinq voix sur cantus firmus d'anche de pédale (*Et in terra pax*).

Mais Grigny surpasse nettement ces émules par la richesse de son écriture contrapuntique où il demeure unique dans l'histoire de la musique d'orgue française. Pour ces fugues, il confie deux voix à la main droite sur un dessus de cornet par exemple, deux autres à la main gauche sur un cromorne, tandis que la basse qui déroule souvent des valeurs courtes (ainsi dans la *Fugue à cinq*, pièce n° 12), ce qui est très rare à son époque en raison notamment de l'incommodité du pédalier à la française, sonne sur une « pédalle de flûte ». De la seconde tradition, il accepte les formes nouvelles de concert : duos, trios, récits, variation ornée, dialogue, pleins-jeux, grands jeux ; s'il n'innove pas dans ce domaine, du moins en traite-t-il avec une parfaite maîtrise. Ce faisant, il poursuit et parachève la leçon de Lebègue, Gigault, Raison, H. d'Anglebert, J. Boyvin, Jullien ; on ne peut raisonnablement le comparer qu'à Couperin le Grand. Le *Livre d'orgue* comprend deux parties : d'abord, une messe d'orgue, comprenant vingt-deux pièces, ensuite cinq hymnes (*Veni Creator*, Pentecôte ; *Pange lingua* et *Verbum supernum*, fête du Saint-Sacrement ; *Ave maris stella*, hymne à la Vierge ; *A solis ortus cardine*, Épiphanie) et l'ouvrage se termine par un *Point d'orgue sur les grands jeux*, le tout totalisant quarante-deux pages. Grigny s'y manifeste tout à la fois comme un harmoniste consommé, un mélodiste à la sensibilité fine et très aiguë, et un polyphoniste des plus expressifs du XVIIe siècle français. Dans ce qu'on a pu appeler un « chromatisme modal », se rencontrent l'univers des modes anciens et les perspectives nouvelles de la tonalité. L'organiste rémois accentue le contraste fort original que représente l'intrusion d'un plain-chant dont la ligne mélodique sauvegarde le caractère modal dans une harmonie tonale nettement chromatique. À ce propos, on évoquera Frescobaldi, dont Grigny a peut-être connu l'œuvre qui avait été présentée aux Parisiens par Froberger. Cette remarque sur l'harmonie de Grigny pourrait volontiers être présentée comme le propre du baroque musical français ; n'est-ce pas d'ailleurs ce qui aura profondément séduit J.-S. Bach qui a pris la peine de recopier en entier ce livre d'orgue, vers 1703, à Lüneburg ? Entre les *Tierces en taille* du Français et les chorals ornés de l'Allemand, la comparaison a été faite maintes fois. Apparaissent sous la plume de Grigny modulations et dissonances inattendues, cadences rompues et fausses relations. On pourrait même appeler cadence grignesque celle qui fait entendre successivement la tierce mineure et la tierce majeure (en *mi*, le *sol* bécarre et le *sol* dièse – cf. *Et in terra pax à cinq*, et la fugue qui suit, etc.). Comme mélodiste, le talent du compositeur offre pour preuve les admirables récits en taille où son lyrisme raffiné se déploie, tout ensemble chaleureux et sobre, passionné et serein (*Récit de tierce en taille* pour le *Domine Deus*, dans la messe ; *Récit* pour le *Pange lingua*). L'ornementation est abondante, mais toujours au service de l'expressivité mélodique ou harmonique ; sa restitution fidèle exige de l'interprète moderne une étude attentive et minutieuse, où la part du « bon goût » demeure primordiale. Contrairement aux organistes germaniques, les Français ont laissé des indications précises de registrations ; le livre de Grigny ne fait pas exception. La plupart du temps d'ailleurs, c'est la forme de l'œuvre qui commande la couleur sonore ; ainsi, les préludes sonnent-ils sur les pleins-jeux, avec ou sans cantus firmus d'anche, les fugues sur les anches. Du point de vue rythmique, soulignons seulement combien ces pages méritent d'être fortement accentuées ; le balancement régulier – qui n'exclut pas l'inégalité ni de subtils changements de tempo – est ici indispensable pour assurer la dynamique essentielle. Ces problèmes de tempo partagent les interprètes ; un seul exemple : le *Récit en dialogue* du *Verbum supernum* apparaîtra sous un jour profondément différent selon qu'il sera joué lentement ou, au contraire, dans un mouvement rapide ; c'est ce dernier tempo que semble avoir voulu Grigny qui a inscrit la mesure en C. Les organistes qui comptent à quatre temps passent forcément à côté de l'interprétation juste de cette page qui « compte au nombre des pièces en trio les plus parfaites de toute la littérature d'orgue » (H. Halbreich). La beauté d'une telle œuvre fait regretter que Grigny ait disparu à trente et un ans.

PIERRE PAUL LACAS

GRÜNENWALD JEAN-JACQUES (1911-1982)

L'art de Jean-Jacques Grünenwald est situé d'ordinaire dans le courant esthétique dit de l'orgue néo-classique, à la suite d'André Marchal, aux côtés de Maurice et Marie-Madeleine Duruflé, Gaston Litaize, Noëlie Pierront, Jean Bonfils. C'est oublier un peu vite l'intérêt qu'a porté le compositeur à l'orgue symphonique contemporain, rejoignant ainsi Jean Langlais, Olivier Messiaen, Pierre Cochereau et Jean Guillou.

Jean-Jacques Grünewald naît à Cran-Gevrier près d'Annecy, le 2 février 1911. Sa formation de J.-J. Grunenwald est celle d'un musicien et d'un architecte diplômé de l'École des beaux-arts. Premier prix d'orgue et d'improvisation dans la classe de Marcel Dupré au Conservatoire national de Paris, il obtient aussi un premier prix de composition et, en 1939, un premier second grand prix de Rome. En 1956, il devient titulaire du grand-orgue de Saint-Pierre-de-Montrouge, puis enseigne à la classe d'orgue et d'improvisation du conservatoire de musique de Genève. Il succédera à Marcel Dupré aux claviers prestigieux de Saint-Sulpice (1971), perpétuant une tradition qui, par-delà son maître, renoue avec l'art de Widor. Il meurt à Paris le 19 décembre 1982.

Dans ses improvisations, qu'il cultivait lors du service liturgique dominical, il œuvrait en obéissant à un langage très personnel, souvent traditionnel pour la forme (fugue, choral), mais contemporain pour l'écriture harmonique et rythmique, haïssant tout académisme, véhément dans la dynamique, n'hésitant pas à pénétrer dans l'univers sonore polytonal ou polymodal. Selon ses propres dires, l'art religieux l'attirait par ses formes reconnues qui proposaient un cadre adapté à une sensibilité comme la sienne. À l'instar de son contemporain le plus célèbre, Olivier Messiaen, Jean-Jacques Grünenwald n'a pas seulement composé pour l'orgue. Outre les *Hymnes aux mémoires héroïques* (1939), l'*Hymne à la splendeur des clartés* (1940), les *Cinq Pièces pour l'office divin* (1952), la *Fugue sur les jeux d'anches*

(1954), l'*Introduction et Aria* (1958), la *Sonate* (1964), il convient de ne pas oublier les deux concertos pour piano et orchestre (1943), le poème symphonique *Bethsabée* (1943), le drame lyrique *Sardanapale*, d'après Byron (1945-1955) et le *Psaume 129* (1958). En ce qui concerne l'orgue baroque, il était resté à l'écart des renouvellements esthétiques qui marquèrent l'évolution de l'interprétation à partir des années 1950 d'années. Son souci d'artiste l'orientait ailleurs, vers la création de son œuvre personnelle.

PIERRE-PAUL LAÇAS

GUERRERO FRANCISCO (1525 env.-1599)

Un des maîtres de l'école andalouse de musique du XVIe siècle, qui comprend notamment Cristobal Morales, Francisco de Peñalosa, Fernando de Las Infantas, Juan Navarro, Rodrigo de Ceballos. Son influence fut considérable sur la musique de la péninsule Ibérique. Enfant de chœur à Séville, Guerrero devint maître de chapelle à l'âge de dix-huit ans, à la cathédrale de Jaén en Andalousie (1546). En 1548, il fut nommé chantre à la cathédrale de Séville, assurant la direction effective du chœur en 1555, après avoir remplacé Morales, en 1554, comme maître de chapelle à la cathédrale de Málaga. À part un voyage à Rome et un autre à Jérusalem (1588), il passa presque toute sa vie active à Séville. Il fut l'un des musiciens protégés par Charles Quint, par Philippe II et par le pape Jules III ; son rayonnement était tel que ses œuvres furent imprimées en France, en Italie et en Flandre. Sa musique, essentiellement vocale, évoque une spiritualité vive et sereine, aimable (il fut appelé le Murillo de la musique) et empreinte de calme ; elle est d'un caractère nettement moins tendu que celle de Morales, mais le dramatisme espagnol s'y affirme plus fortement. Ses compositions comprennent notamment dix-huit messes, deux requiem, des psaumes, des magnificat, deux passions (selon saint Matthieu et selon saint Jean) à la manière espagnole, traitées en motets polyphoniques, cent quatre motets latins (de quatre à huit voix), des chants sacrés en espagnol (*Canciones y villanescas espirituales*, 1589, de trois à cinq voix).

PIERRE-PAUL LACAS

GUÉZEC JEAN-PIERRE (1934-1971)

Trop tôt disparu, Jean-Pierre Guézec est un des plus brillants représentants de la génération post-boulezienne des jeunes compositeurs français. Né à Dijon, il entre au Conservatoire de Paris où il est l'élève de Messiaen, de Darius Milhaud et de Jean Rivier et où il devient à son tour professeur d'analyse musicale. Esprit étonnamment ouvert et inventif, il est intéressé par tous les problèmes de l'art plastique. Les titres qu'il donne à ses œuvres témoignent de son éveil au monde de la peinture (Mondrian et Vasarely notamment). Pour nombre de ses œuvres, il avoue avoir tenté de transposer dans le domaine des sons certains aspects de la technique picturale de notre époque ; *Suite pour Mondrian*, pour grand orchestre, 1962 ; *Architectures colorées*, pour quinze solistes, 1964 ;

Ensemble multicolore 65, pour ensemble instrumental, 1966 ; *Successif-Simultané* pour douze cordes, 1968. Guézec dit lui-même « qu'il cherche à créer des œuvres de contrastes de couleurs, de constrastes dans les matériaux sonores ». Il s'agit donc d'une musique essentiellement mouvante qui veut, dans l'esprit de son auteur, tendre à créer un climat de fébrilité par l'extrême mobilité de la matière sonore ; elle est toujours écrite dans un grand souci de précision aussi bien pour la forme que pour les timbres.

Une des dernières œuvres de Guézec rompt avec son habitude d'œuvres conçues pour diverses formations uniquement instrumentales : *Reliefs polychromés* (1968) est réservé à douze voix solistes.

BRIGITTE MASSIN

GYROWETZ ADALBERT (1763-1850)

Né à Budweis en Bohême, Gyrowetz compte parmi les principaux compositeurs tchèques de son temps qui, ayant dû s'expatrier, choisirent Vienne comme port d'attache. Arrivé dans la capitale des Habsbourg vers 1785, il y fait connaissance de Mozart (dont il parle avec émotion dans son autobiographie) et de Haydn. Il voyage ensuite en Italie, où il rencontre Goethe, puis en France (où il a la surprise de découvrir une de ses symphonies imprimée sous le nom de Haydn) et à Londres (où en 1792 il participe avec Haydn aux concerts Salomon). De retour sur le continent, il y occupe divers postes officiels dont, de 1804 à 1831, celui de compositeur et de maître de chapelle du théâtre de la Cour à Vienne. C'est dans cette ville qu'il meurt, après avoir donné son dernier concert en 1844 et publié en 1848 une très intéressante autobiographie.

Ses premières œuvres sont surtout instrumentales, les dernières en grande majorité pour la scène. Alfred Einstein tenta d'en dresser la liste complète, mais cette tâche, restée inachevée, est sans doute impossible à mener à bien, en raison de l'étendue de la production de Gyrowetz et des incertitudes qui l'entourent. On doit à Gyrowetz une quarantaine de symphonies, des quatuors et des quintettes, des messes dont certaines composées pour le prince Paul Esterhazy, des opéras comme *Agnès Sorel* (1806), *L'Oculiste* (*Der Augenarzt*, 1811) et *Robert ou la Mise à l'épreuve* (*Robert, oder die Prüfung*, 1813), des ballets, des chœurs, etc. *Le Chant d'adieu* (*Abschiedslied*), qu'on crut longtemps avoir été composé par Joseph Haydn lors de son premier départ pour Londres en 1790, est en réalité de Gyrowetz.

MARC VIGNAL

H

HABENECK FRANÇOIS ANTOINE (1781-1849)

Violoniste et chef d'orchestre français né à Mézières, Habeneck a comme père un musicien de Mannheim qui s'est mis au service de l'armée française. Premier prix du Conservatoire de Paris en 1804, membre des orchestres de l'Opéra-Comique et de l'Opéra, il dirige de 1806 à 1815 les Concerts français patronnés par le Conservatoire (il se hasarde à y programmer du Beethoven), puis, dès sa fondation en 1828, la Société des concerts du Conservatoire, qu'il inaugure avec la *Symphonie héroïque*. En quatre ans (1828-1831), il donne la première audition intégrale parisienne des neuf *Symphonies* de Beethoven et, jusqu'en 1848, il contribuera largement, par des exécutions fréquentes, à les imposer dans l'esprit du public. Directeur puis chef d'orchestre à l'Opéra (1821-1846), il fut aussi inspecteur et professeur de violon (1825-1848) au Conservatoire. On lui doit, pour cet instrument, une méthode et quelques compositions dont deux concertos.

MARC VIGNAL

HAENDEL GEORG FRIEDRICH (1685-1759)

Longtemps, Haendel est resté l'homme d'une seule œuvre. Prodigieusement populaire dans les pays anglo-saxons, *Messiah* - *Le Messie* - était peu connu, et moins apprécié encore, des Français. Le compositeur souffrait d'avoir été l'exact contemporain de Jean-Sébastien Bach, que les commentateurs présentaient dans sa double gloire de musicien spirituel et de savant chercheur, créateur d'une musique « pure ». Avec le renouveau d'intérêt qui entoure aujourd'hui la culture « baroque » apparaît enfin la grandeur d'une œuvre qui, donnée en concert ou enregistrée, sort de l'ombre et reçoit un accueil enthousiaste. Pourtant, un public féru d'interprétations nouvelles et de virtuosité ne distingue pas toujours ce qui sépare ce musicien de la grande famille des compositeurs d'opéras qui peuplent les corridors de l'histoire du XVIIIe siècle.

Un constat s'impose : Haendel vit sa musique de façon exceptionnelle. Son art est pour lui tout à la fois le but de sa vie et le moyen de satisfaire un appétit de gloire presque sans limite. Compositeur hors normes, il est aussi un aventurier dont la carrière se mesure en terme de succès et d'échecs matériels. Un étrange parcours coupé de brusques ruptures fera de ce jeune Allemand le grand maître de l'opéra italien, puis le champion d'un oratorio auquel il donnera une forme neuve.

Jeunesse d'un héros

L'Europe du XVIIIe siècle ne se soucie guère de l'orthographe des noms propres, surtout lorsqu'il s'agit de noms étrangers, dont chacun donne une transcription phonétique approximative. Italie, Allemagne ou Angleterre, nous connaissons une douzaine de graphies différentes des noms et prénoms du musicien ; si chacune d'elles a sa logique, son emploi est le plus souvent un fait de hasard. Nous avons choisi de donner à Haendel l'orthographe qu'avait retenue le plus célèbre de ses biographes français, Romain Rolland

Georg Friedrich Haendel naît à Halle, le 23 février 1685. Un grand-père pasteur, un père barbier-chirurgien de quelque renom, rien dans la tradition familiale ne prédispose le jeune garçon à devenir musicien. On connaît la légende : un enfant prodige joue du clavecin en cachette de son père, se rend clandestinement au palais, se fait entendre d'un prince ami des arts dont l'intervention personnelle viendra à bout des réticences paternelles. Si les détails sont fortement romancés, le fond reste exact : c'est en forçant le destin que le jeune Georg Friedrich parvient à entrer en musique. L'organiste de la Marienkirche de Halle, Friedrich Wilhelm Zachow, l'initie à la science du contrepoint et lui fait connaître la discipline austère de la musique d'église telle qu'on la pratique en Allemagne du Nord.

Le métier de musicien d'église ne suffit pas à ce jeune homme plein d'ambition. Abandonnant une carrière à laquelle Jean-Sébastien Bach restera fidèle jusqu'à son dernier jour, Haendel déserte Halle pour Hambourg, échangeant la sécurité d'une ville de province fermée sur elle-même pour le mouvement d'une métropole, première ville d'Allemagne à s'être donné une salle d'opéra. Deuxième violon au Theater auf dem Gänsemarkt (Théâtre du marché aux oies), Haendel s'essaie à un modèle venu d'Italie mais qui n'est ici qu'un agrégat où se mêlent les langages et les styles. Témoins de cet apprentissage, les opéras *Florinda*, *Dafne* et *Almira* ne portent guère la marque du génie, même naissant.

Haendel comprend vite que l'opéra est l'instrument qui lui permettra de se tailler une place dans le monde musical mais aussi qu'il lui faut remonter aux sources, aller étudier en Italie les ressorts de cette magnifique machine à séduire. À la fin de 1706, il quitte donc Hambourg, bourse légère et nez en l'air, en direction de Florence et de Rome. Ne nous y trompons pas, ce voyage d'études est un voyage de conquête. Pendant trois ans, Haendel mène en Italie une étonnante campagne de séduction sur laquelle nous sommes faiblement documentés. Florence, Rome, Naples sont les étapes d'un tour d'Italie qui s'achève en décembre 1709 avec le succès triomphal d'une *Agrippina* applaudie à Venise. Le « caro Sassone » a été bien accueilli ; composant odes, cantates et oratorios, il a partout tenu son rang dans la vie musicale italienne. Quand il décide de repartir, il a appris des Italiens tout ce qu'il pouvait attendre d'eux ; qui plus est, il a pris goût au parfum de la gloire. Il est prêt pour la grande aventure.

Conquête d'un royaume

La renommée qu'il s'est acquise vaut au jeune musicien de se voir offrir le poste de *Kapellmeister* de la cour de Hanovre. S'il accepte cette fonction honorable et bien payée, Haendel n'en mûrit pas moins un projet plus ambitieux. Il n'a pas plus tôt pris ses fonctions qu'il demande un congé et part pour Londres. Ce choix va conditionner toute sa vie. Par sa population comme par sa prospérité, Londres est alors la première ville du monde. En Grande-Bretagne, une aristocratie terrienne et une bourgeoisie commerciale, l'une et l'autre férues de culture, ont enlevé à la royauté le privilège de l'argent et du pouvoir. Cette multiplicité des patronages dictera sa conduite à Haendel.

Haendel fait goûter aux Anglais un produit musical qu'ils ignorent encore et où il est passé maître. Le 24 février 1711, *Rinaldo*, son premier opéra écrit pour eux, remporte un succès qui le confirme dans son projet. Il ne s'empresse toutefois pas de poursuivre son avantage ; les années qui suivent voient peu de compositions pour la scène. Haendel se montre plus soucieux d'assimiler la culture musicale de son nouveau pays et de se faire une place dans la société londonienne. Quelques pièces officielles lui permettront de se poser en successeur de Purcell, dont la mort, seize ans plus tôt, a laissé l'Angleterre sans voix.

La démarche se révèle payante. 1719 voit naître une Royal Academy of Music installée au King's Theater et dont Haendel est nommé directeur musical. L'institution n'est royale que de nom ; il s'agit en fait d'une initiative privée de quelques aristocrates décidés à s'offrir un plaisir nouveau. Haendel recrute des chanteurs, fixe les programmes et, surtout, il compose. Dans les neuf premières années de l'Academy, il n'écrit pas moins de quatorze opéras. En 1724, avec *Giulio Cesare in Egitto* ou *Tamerlano*, il offre le type le plus parfait de l'opéra à la manière italienne. Ambitieux et arriviste, Haendel utilise la puissance que lui donne son poste pour écarter toute concurrence. Plusieurs compositeurs (le plus connu est Giovanni Bononcini) apprendront ainsi l'inutilité de s'opposer à ce Jupiter tonnant.

Naturalisé en 1727, Haendel est chargé de composer quatre hymnes pour le couronnement du roi George II. Tout semble lui sourire, lorsque l'édifice soigneusement élaboré menace de s'écrouler. L'opéra est un coûteux jeu de princes, et les nobles lords actionnaires de l'Academy renâclent à payer le prix de leur plaisir. Lourd déficit, appels de fonds refusés, dépôt de bilan, le théâtre ferme ses portes le 1er juin 1728. Ne s'étant jamais assuré un protecteur officiel, Haendel se retrouve aussi nu que lors de son arrivée à Londres.

Il commet alors l'acte le plus héroïque, et le plus insensé, de sa carrière. Refusant de s'incliner devant la réalité économique, il décide de reprendre l'entreprise à son compte. Huit ans durant, il poursuit un combat perdu d'avance. Saison après saison, dans un climat d'indifférence ou d'hostilité ouverte, il monte des spectacles. Dix-sept opéras composés pendant cette période font preuve d'un génie sans cesse renouvelé. Abandonnant les livrets sentimentalo-historiques que pratiquent les Italiens, il revient à la tradition du premier baroque avec *Orlando* et *Alcina* ; il introduit des ballets dans ses compositions, s'essaie au genre de l'oratorio. Rien n'y fait : une ruine totale, argent, santé, réputation, est au bout du chemin. Le 13 avril 1737, il est frappé d'une paralysie du bras droit.

Tout pourrait se terminer ici. Mais l'homme Haendel est doté d'une formidable vitalité, tant physique que mentale. Quelques semaines de soins, et le phénix renaît de ses cendres. Il sait maintenant que l'opéra est à Londres une voie sans issue. S'il en compose encore quelques-uns, il cherche ailleurs l'instrument d'un succès auquel il n'a pas renoncé.

Une nouvelle carrière

L'instrument du succès sera l'oratorio. Ce changement d'activité procède pour une part d'une démarche spirituelle ; il correspond aussi à une analyse précise du marché de la musique à Londres. L'oratorio coûte moins à produire que l'opéra : ni décors ni machines, de solides voix anglaises au lieu des vedettes capricieuses importées d'Italie. Il touche une clientèle plus large : cette bourgeoisie londonienne faite de gros commerçants ignorant l'italien mais qui préfèrent écouter dans un langage qu'ils comprennent de belles histoires tirées de la Bible ou de la mythologie classique. Ajoutons que l'oratorio n'est pas, comme l'opéra, interdit pendant le carême. Les conditions du succès commercial sont réunies.

Toutefois, la reprise est difficile. Si quelques succès importants et la publication de plusieurs recueils de musique instrumentale mettent le musicien à l'abri du besoin immédiat, ils ne lui rendent pas la place éminente qui a été la sienne. Ainsi *Le Messie*, applaudi à Dublin en avril 1742, est boudé à Londres. Curieusement, c'est la politique qui donnera à Haendel l'occasion de sa rentrée en scène définitive.

En 1745, Charles Édouard Stuart, prétendant remettre sa famille sur le trône et chasser le roi hanovrien George II, débarque en Écosse, lève une armée avec l'appui de la France et la dirige vers les comtés du sud de l'Angleterre. L'émotion et la peur sont fortes à Londres. Haendel se place résolument dans le camp loyaliste. En 1746, un *Occasional Oratorio*, oratorio de circonstance, est suivi, la paix revenue, d'un *Judas Maccabaeus* en l'honneur du duc de Cumberland, vainqueur des Écossais à Culloden. Transformé en chantre national, le musicien reconquiert d'un coup la faveur du public.

Jusqu'à la fin de sa vie, celle-ci ne lui fera plus défaut. Homme apaisé, Haendel partage son énergie entre la musique et la philanthropie. *Solomon*, *Susanna*, *Theodora* sont les jalons d'un automne doré. Le ton change avec *Jephta*, composé en 1751. Le malheur a rattrapé le vieil homme qui découvre, alors qu'il travaille à son oratorio, que sa vue s'en va. Une opération manquée, et Haendel s'enfonce dans une nuit de plusieurs années. Il mourra le Vendredi saint 13 avril 1759 et sera enterré à Westminster.

La manière haendélienne

Notre indifférence à l'œuvre haendélienne contraste avec l'admiration que lui ont portée les musiciens qui furent ses successeurs immédiats. Entendant *Le Messie* au cours d'un de ses voyages londoniens, le vieux Haydn découvre des voies nouvelles qui le conduiront aux deux grands oratorios, *La Création* et *Les Saisons*. Mozart transcrit Haendel, « celui d'entre nous qui sait le mieux ce qui fait grand effet [...]. Quand il le veut, il frappe comme le tonnerre ». Beethoven dit de Haendel qu'il est « le plus grand, le plus savant compositeur qui ait jamais vécu », et ajoute : « Je voudrais me découvrir et m'agenouiller devant sa tombe. » Avec eux, Chopin, Schubert, Schumann et Mendelssohn ont mieux reconnu que nous la grandeur de Haendel.

Notre erreur vient peut-être de ce que nous avons écouté Haendel sans nous soucier de son aventure. De fait, son style est le produit nécessaire de son étonnant parcours professionnel. Voyageur européen doté d'un formidable appétit, il nourrit son langage de compositeur du parler des pays qu'il traverse ; entrepreneur, il utilise son génie musical comme un instrument de promotion économique et mondaine ; farouchement ambitieux, il s'affranchit des contraintes sociales qui pèsent sur sa profession ; ce faisant, il invente des formes nouvelles et crée un langage qui n'appartient qu'à lui.

Les années allemandes de Haendel ont été des années de formation, où il n'y a de place que pour un travail d'apprenti. Ce sont pourtant des années riches ; le jeune homme y a appris les fondements irremplaçables de son métier : une solide connaissance des techniques de l'harmonie, le goût des sonorités instrumentales, un sens très sûr du coloris musical. La fermeté de ces bases donne à toute son œuvre une assise qui manque souvent à ses rivaux. Ajoutons qu'il gardera jusqu'à la fin de ses jours des réflexes musicaux dont la source doit être cherchée dans le souvenir des mois passés à la Marienkirche de Halle, notamment l'habitude d'enrichir son discours de thèmes de chorals empruntés à la liturgie luthérienne.

Plus court, trois ans à peine, le séjour en Italie le marquera à jamais. Quand il arrive à Florence, en 1707, il a encore toute la gaucherie d'un jeune Allemand empêtré dans son excès de savoir ; quand il repart dans les premiers jours de 1710, il est passé maître dans cet art de l'opéra qui semblait un monopole des Italiens. Au soleil de Rome et de Naples ont germé en lui ce goût de la mélodie pure et cette facilité d'expression qui lui permettront de séduire les auditoires les plus divers. Son prodigieux optimisme musical reste nourri de cette expérience de jeune homme qui fait de lui un cousin de Bernin et de Rubens : la Rome baroque, ses dômes et ses jardins, et l'éclat du soleil dans le jet des fontaines.

Que le langage haendélien soit le produit d'un mariage de l'harmonie allemande et de la mélodie italienne est évident. Cette constatation ne suffit pourtant pas à expliquer la force de persuasion d'une musique dont l'impact populaire a été exceptionnel. Il faut chercher plus loin et constater l'existence d'autres influences plus discrètes. Rappelons le souci que le musicien a montré, dès ses premières années londoniennes, d'angliciser son style. Après le *Rinaldo* de 1711, il apparaît comme le prophète de l'art italien chez les Anglais ; cela ne lui suffit pas ; à la recherche de coloris nouveaux, il se met à l'école des maîtres anglais du chant polyphonique : en premier lieu Purcell et les compositeurs de l'âge d'or élisabéthain, dont il devient l'héritier légitime au même titre que ses rivaux purement britanniques. Il emprunte à la musique française elle-même certaines des formes qu'il emploie dans ses opéras postérieurs à *Alcina*.

Certains auteurs ont voulu voir dans cette capacité d'assimilation une volonté délibérée de syncrétisme. C'est aller un peu vite en besogne ; Haendel est tout sauf un théoricien, et il n'a jamais cherché à réaliser une synthèse des goûts réunis. S'il varie les moyens d'expression qu'il utilise, c'est par un besoin très pragmatique de séduire des auditoires multiples.

Ce qui nous amène à une autre caractéristique de la manière haendélienne. L'homme a, en effet, construit toute sa carrière sur le refus de la situation de musicien « en service » qui assure à tous les compositeurs de son temps leur sécurité matérielle et morale. Ayant choisi la liberté, il se prive des ressources du mécénat institutionnel et se condamne à satisfaire le plus difficile et le plus inconstant des patrons, le grand public. Un tel choix de carrière implique des choix artistiques, dont le plus significatif est celui qui fait du théâtre son champ de bataille favori. Opéras ou oratorios, l'essentiel de son œuvre est destiné à la scène dramatique. Cela entraîne un ensemble de qualités (éventuellement de défauts) qui marquent jusqu'à sa musique instrumentale et ses compositions religieuses.

Avant tout, il lui faut séduire vite un auditoire changeant, aux réactions imprévisibles. Ainsi s'explique le soin apporté aux grandes arias qui doivent tout à la fois être faciles à entendre et faire valoir la virtuosité des interprètes. Castrats ou sopranos, ces monstrueux « rossignols » italiens attirent un public qui vient au théâtre pour les voir et les entendre comme on va assister aux ébats de bêtes curieuses ; la force de Haendel est d'avoir enchâssé leurs exercices de virtuosité éperdue dans des constructions dramatiques solides. Entrepreneur, il lui faut composer vite ; d'où la fréquence des remplois thématiques qui est souci d'efficacité ; mélodique ou rythmique, une formule capable de retenir l'attention du public est un matériau trop précieux pour être abandonné au nom d'une vaine originalité.

Compositeur soucieux de virtuosité vocale, Haendel se distingue peu des innombrables « fabricants » d'opéras de son temps. Sa grandeur est ailleurs, faite d'une force dramatique qui ne l'abandonne jamais et que vient soutenir le souci de l'équilibre entre la voix et l'instrument. Opéras ou oratorios, ses compositions, aussi répétitives qu'elles puissent paraître, racontent des histoires tendres ou violentes, héroïques ou pastorales, dont les héros, échappant à la convention, aiment et souffrent de façon humaine. En cela, il transcende le bel canto et apparaît comme le plus parfait technicien de l'opéra à l'italienne. Son énergie récuse la banalité ; c'est là probablement ce qui provoque l'admiration que lui portent Mozart et Beethoven.

Haendel peut aussi être considéré comme le parfait musicien européen avant la lettre. Aux sociétés et aux Églises si diverses qu'il sert, il parle toujours le même langage, simple et fort, que la recherche technique surcharge rarement. Nous voici ramenés à notre point de départ, à l'incroyable popularité du *Messie*, cette grande machine à réunir les hommes de bonne volonté par-delà les frontières, les langages ou les classes.

JEAN-FRANÇOIS LABIE

Bibliographie

G. Abraham dir., *Handel. A Symposium*, Oxford Univ. Press, Londres, 1954, rééd. 1969 / M. F. Bukofzer, *Music in the Baroque Era*, Dent, Londres, 1947 (*La Musique baroque. 1600-1750*, Lattès, Paris, 1982, nouv. éd. Presses-Pocket, Paris, 1992) / W. Dean, *Handel's Dramatic Oratorios and Masques*, Oxford Univ. Press, 1959, rééd. 1990 ; *Handel and the Opera Seria*, Univ. of California Press, Los Angeles, 1969 / W. Dean & A. Hicks, *Haendel* (trad. franç. P. Couturiau de l'article du *New Grove Dictionary of Music and Musicians*), éd. du Rocher, Monaco, 1985 / W. Dean & J. M. Knapp, *Handel's Operas 1704-1726*, Oxford Univ. Press, 1987 / O. E Deutsch, *Handel : a Documentary Biography*, A & C. Black, Londres, 1955, rééd. fac sim. Da Capo, New York, 1974, rééd. en allemand Deutscher Verlag für Musik, Leipzig, 1985 / J. Gallois, *Haendel*, Seuil, Paris, 1980 / C. Hogwood, *Handel*, Thames & Hudson, Londres, 1984 (*Haendel*, trad. franç. D. Collins, Lattès, 1985) / J. Keates *Handel. The Man and His Music*, Gollancz, Londres, 1985 (*Georg Friedrich Haendel*, trad. O. Demange, Fayard, Paris, 1995) / J.-F. Labie, *George Frédéric Haendel*, Diapason-Robert Laffont, Paris, 1981 / R. Rolland, *Haendel*, Alcan, Paris, 1910, nouv. éd. Albin Michel, Paris, 1975 / P. M. Young, *Handel*, Dent, 1947, rééd. 1975.

« Rinaldo », in *L'Avant-Scène Opéra*, n° 72, 1985 ; « Jules César », *ibid.*, n° 97, 1987, nouv. éd. 1992 ; « Alcina », *ibid.*, n° 130, 1990 ; « Orlando », *ibid.*, n° 154, 1993.

HAHN REYNALDO (1875-1947)

Né au Venezuela, mais arrivé à Paris à l'âge de trois ans et naturalisé français, Reynaldo Hahn, l'un des élèves favoris de Massenet, offre la quintessence de ce qu'on a coutume d'appeler « l'esprit français », avec ce que cela implique de culture, de finesse, mais aussi de légèreté. Des nombreuses opérettes qu'il a composées, *Ciboulette* (1923), sur un livret de Robert de Flers et de Francis de Croisset, est l'une des plus parfaites créations de ce genre ; mais il faut citer aussi *Le Marchand de Venise* (opéra, 1935), *Beaucoup de bruit pour rien* (musique de scène), *Le Bal de Béatrice d'Este* (suite), des pièces pour piano, et quantité de mélodies, qu'il chantait lui-même en s'accompagnant. Comme chef d'orchestre, Hahn avait la réputation d'un grand chef mozartien (exécutions de *Don Juan* à Salzbourg). Il fit mieux en composant, pour une comédie musicale de Sacha Guitry (*Mozart*, 1925), un à-la-manière-de Mozart qu'il chérissait, pastiche dont la frivolité ne doit pas donner le change. Compositeur, Reynaldo Hahn n'était que le Guitry d'une musique mondaine ; mélomane et critique, il n'était plus si léger ; ainsi quand, décelant très finement une certaine cruauté mozartienne, il notait que, certaines petites phrases de Mozart, il n'aimerait pas les rencontrer seul au coin d'un bois. Ceci explique mieux que cela la qualité de l'amitié profonde et durable qui unit Marcel Proust et Reynaldo Hahn ; pourvoyeur des découvertes et des informations musicales de Proust, son confident plus que l'inspirateur de sa recherche esthétique, il sut l'accompagner avec autant de discrétion que de dévouement dans l'aventure où s'élaborait la « Sonate de Vinteuil ». Reynaldo Hahn fut, en 1945, nommé directeur de l'Opéra ; on lui doit quelques ouvrages renfermant d'utiles conseils aux musiciens : *Du chant* (1920) ; *L'Oreille au guet* (1937) ; *Thèmes variés* (1946).

PHILIPPE BEAUSSANT

HALÉVY ÉLIE LÉVY dit JACQUES FRANÇOIS FROMENTAL (1799-1862)

Élève de Cherubini, comme son contemporain Auber, Halévy fut avec ce dernier l'une des gloires musicales de la Restauration et de la monarchie de Juillet. Là s'arrête la ressemblance ; Auber est l'héritier de l'opéra-comique et transpose l'esprit du XVIIIe siècle à l'usage de la bourgeoisie voltairienne du XIXe siècle. Au contraire, le souci de la couleur locale et de l'histoire, un goût prononcé pour les effets violents et dramatiques, mais aussi une grande générosité font d'Halévy l'exact contemporain de la bataille d'*Hernani*. Mais il fallait être Berlioz pour résister aux faiblesses du goût musical de ce temps : l'italianisme envahissant, le goût, mal contrôlé, du bel canto, qui conduit à bien des concessions ; une certaine monotonie aussi, dans des effets dramatiques parfois artificiels. Ces défauts sont graves et ont fait vieillir une musique incontestablement sincère, généreuse et soigneusement écrite.

Après des débuts difficiles (bien qu'Halévy ait obtenu le prix de Rome à vingt ans), le succès fut foudroyant à l'Opéra avec *La Juive* (1835), sur un livret de Scribe. Rien d'ailleurs n'avait été négligé pour obtenir ce succès : librettiste déjà en renom, distribution fameuse et mise en scène fastueuse (plus de cent mille francs pour les décors et les costumes). Le succès se poursuivit avec *L'Éclair* (1835), *Guido et Ginevra* (1838), *Charles VI* (1843) et surtout *La Reine de Chypre* (1841), qui fut aussi un triomphe. Professeur au Conservatoire, Halévy eut pour élèves Gounod, Victor Massé et Bizet, qui allait devenir son gendre. Son neveu Ludovic Halévy devait être le librettiste d'Offenbach.

PHILIPPE BEAUSSANT

HALFFTER CRISTÓBAL (1930-)

Né à Madrid, Cristóbal Halffter y effectue ses études musicales, au Conservatoire, à partir de 1948 ; il étudie la composition avec Conrado del Campo. En 1951, son œuvre *Scherzo* lui vaut un prix extraordinaire de composition. Il s'initie ensuite à la direction d'orchestre, devient à partir de 1952 collaborateur de la radiodiffusion espagnole et obtient, en 1953, le prix national de la musique avec son *Concerto pour piano et orchestre*. Après une période de voyages (séjour en Italie, rencontres avec Boulez, Stockhausen, Berio, Maderna, voyage au Japon), il occupe en 1962 la chaire de composition et formes musicales au Conservatoire de Madrid ; en 1964, il est nommé directeur de ce conservatoire, mais il démissionne en 1966 pour se consacrer à son œuvre de compositeur et à sa carrière de chef d'orchestre. Voyages à travers le monde, commandes nombreuses de festivals et de fondations diverses se succèdent. En 1970, il devient titulaire de la chaire de musique à l'université de Navarre et, en 1975, président d'honneur du festival de Royan, ce qui contribue à élargir sa renommée internationale.

L'une de ses toutes premières œuvres, l'*Antifona Pascual* (1952, pour solistes, chœur et orchestre), est une œuvre religieuse écrite sur le Regina Coeli, ce qui révèle d'emblée une des constantes de sa pensée : « D'une certaine façon, dit-il, toute musique véritable est religieuse, a un caractère spirituel. » Parmi ses autres œuvres spécifiquement religieuses, on peut citer *In expectatione resurrectionis Domini* (1962, pour baryton, chœur et orchestre), et la *Misa para la juventud* (1965). Commande de l'O.N.U., la cantate *Yes, Speak out* pour baryton, soprano, deux chœurs et deux orchestres, est créée en 1968 à New York, lors de la célébration du vingtième anniversaire des Droits de l'homme ; c'est une étape marquante pour le compositeur : dès lors, une partie de ses œuvres témoignent d'une inquiétude humanitaire face à la situation du monde, tels *Planto para las victimas de la violencia* (1970-1971, pour orchestre et dispositif électroacoustique), le grave et beau *Requiem por la libertad imaginada* (1971, pour orchestre), ou *Gaudium et Spes – Beunza* (1973, pour chœur et bande magnétique), tandis qu'à l'occasion de *Pourquoi* (1976, pour douze cordes), il s'interroge sur la finalité de l'œuvre musicale et sur le besoin de la communiquer à l'auditeur.

Après une période sérielle dont la *Sonate pour violon solo* (1959) est particulièrement représentative, le langage musical de Cristóbal Halffter a évolué vers un équilibre entre rigueur et souplesse ; ingéniosité et maîtrise de la construction, sens dramatique, diversité expressive de l'orchestration, goût de la répétition et de la permanence, mais variées par un renouvellement continu, donnent à l'ensemble de son œuvre une place de qualité dans la musique actuelle.

NICOLE LACHARTRE

HALFFTER ERNESTO (1905-1989)

Personnage essentiel de la vie musicale espagnole, ami et disciple de Manuel de Falla, chef d'orchestre, compositeur, pédagogue, Ernesto Halffter appartenait à une importante famille de compositeurs : son frère Rodolfo (1900-1987) s'était fixé au Mexique en 1939, où il avait largement contribué à l'édification d'une vie musicale, et leur neveu Cristóbal (né en 1930) est l'une des figures marquantes du renouveau de la musique espagnole.

D'ascendance allemande par son père, Ernesto Halffter Escriche naît à Madrid le 16 janvier 1905. Il fait ses études au Colegio Aleman puis étudie la composition avec Adolfo Salazar et Manuel de Falla, dont il devient le disciple privilégié et qui le pousse vers un style de composition authentiquement espagnol. D'emblée, il s'intéresse à la musique nouvelle : en 1923, il est nommé à la tête du nouvel Orquesta bética da cámara de Séville, avec lequel il diffuse largement la musique contemporaine.

Il n'a que vingt ans lorsqu'il obtient le prix national pour sa *Sinfonietta* (1925), la première partition importante de musique espagnole contemporaine qui parvienne à se glisser dans l'un des moules traditionnels. En 1930, il participe à Madrid au groupe des Huit (un émule du groupe des Six) avec Juan José Mantecón, Fernando Remacha, son frère Rodolfo, Gustavo Pittaluga, Salvador Bacarisse, Julián Bautista et Rosa García Ascot. En 1934, il est nommé directeur du conservatoire de Séville mais, au moment de la guerre civile, il préfère s'expatrier aux États-Unis, puis à Lisbonne. Il mène alors une importante carrière de chef d'orchestre en Europe et en Amérique du Sud. Il ne revient définitivement en Espagne qu'en 1960, où il est nommé chef d'orchestre honoraire de l'Orchestre symphonique de Madrid. Pendant sept ans, il se consacre à achever la dernière œuvre de Manuel de Falla, *L'Atlantide* (créée en concert à Barcelone en 1961), dont il donnera une nouvelle version en 1977. En 1966, il est nommé conseiller musical à la télévision espagnole et, en 1973, il est élu à l'Académie espagnole des beaux-arts. Il meurt à Madrid, le 5 juillet 1989.

Son œuvre s'inscrit dans le sillage de celle de Manuel de Falla : si, dans un premier temps, il semble marqué par l'école espagnole du XVIIIe siècle (Domenico Scarlatti, Antonio Soler), qui constitue la base de son néo-classicisme, il se tourne, à partir de la *Rhapsodie portugaise* pour piano et orchestre (dédiée à Marguerite Long, 1938), vers une écriture dominée par le rythme et la couleur. Mais, à l'encontre d'Albéniz ou de Granados, son approche hispanisante ne repose ni sur la citation ni sur la réminiscence. Il reconstitue une atmosphère, un contexte spécifique comme le faisaient Falla ou Bartók, avec une attirance particulière, à la fin de sa vie, pour la musique d'inspiration religieuse. Ses principales œuvres sont destinées à l'orchestre – *Deux Esquisses symphoniques* (1925), *Cavatina* (1934), *Fantaisie portugaise* (1941), *Fantasía pour violoncelle et orchestre* (1952), *Concerto pour guitare* (1968) – et au chœur

– *Psaume XX* et *Psaume CXVI*, *Canticum in memoriam P. P. Johannem XXIII* pour soprano, baryton, chœur et orchestre (1964), *Elegía en memoria del Principe de Polignac* (1966), *Gozos de Nuestra Señora* (1970). On lui doit également une sonate pour piano (1932), des pièces pour guitare et des mélodies (*Dos Canciones*, 1927 ; *L'Hiver de l'enfance*, 1928-1934). Pour la scène, il a composé un opéra, *La Muerte de Carmen* (1977), et plusieurs ballets, *Sonatina* (créé par la Argentina, 1928), *El Cojo enamorado* (1954), *Fantasía galaica* (1955). *La Danza de la gitana* (extraite de *Sonatina*) a connu plusieurs transcriptions (notamment celles de Jascha Heifetz et de Fritz Kreisler), grâce auxquelles elle a fait le tour du monde.

ALAIN PÂRIS

HARTMANN KARL AMADEUS (1905-1963)

Ce compositeur allemand a joué un rôle déterminant dans la vie musicale de son pays, mais sa notoriété a éprouvé quelques difficultés à s'étendre hors d'Allemagne. Né à Munich, il y fait ses études musicales, travaillant la composition avec Josef Haas à l'Akademie der Tonkunst. Il commence à composer assez tard, vers 1930, mais détruira ses premières partitions par la suite. Pendant la période nazie, de 1933 à 1945, il ne publie aucune œuvre, gardant par-devers lui le fruit de sa réflexion, qui verra partiellement le jour à la fin de sa vie. En 1941 et 1942, il travaille à Vienne avec Hermann Scherchen et Anton Webern ; ce dernier le poussera vers une écriture sérielle. Dès la fin de la guerre, il sort de son silence, devenant en outre l'un des animateurs de la vie musicale à Munich, où il fonde, en 1945, les concerts Musica Viva, qui deviennent rapidement l'une des plaques tournantes de la musique contemporaine en Europe. En 1952, il est élu membre de l'Académie allemande des beaux-arts et, l'année suivante, il prend la présidence de la section allemande de la Société internationale de musique contemporaine (S.I.M.C.). Il meurt à Munich en 1963.

Musicien engagé, il s'affirme comme un compositeur en marge de son temps. Sa production se regroupe en trois parties : les œuvres de jeunesse, antérieures à 1933 ; les œuvres majeures, généralement postérieures à 1945 ; les œuvres inédites composées pendant le nazisme et que l'on découvre seulement après sa mort. Rares sont les œuvres de jeunesse que Hartmann n'a pas détruites : quelques pièces pour piano, de la musique de chambre, cinq opéras de chambre et le *Miserae* pour orchestre (1933), véritable acte de protestation contre le nazisme. Parmi ses partitions majeures figurent huit symphonies (1946-1962), créées par des chefs d'orchestre comme Hans Rosbaud, Eugen Jochum ou Rafael Kubelik, le *Quatuor n° 2* (1948), le *Concerto pour piano* (1953), le *Concerto pour alto et piano* (1956), *Gesangszene* pour baryton et orchestre (inachevée) d'après *Sodome et Gomorrhe* de Giraudoux ; Hartmann remanie également après la guerre des œuvres antérieures qu'il souhaite publier : la *Symphonie n° 1, « Essai pour un requiem »* (1937-1948) et le *Concerto funèbre* pour violon et orchestre (1939-1959) sont à rapprocher du *Miserae* dans leur démarche de protestation contre le nazisme. Il fait également représenter en 1949 son opéra *Simplicius simplicissimus* (1934-1935). Les œuvres de la période

1933-1945 révèlent souvent un langage violent, déchiré : *Quatuor n° 1* (1934), *Sinfonia tragica* (1940), *Symphonie « Klagegesang »* (1944), *Sonate pour piano n° 2* (1945) ainsi qu'un projet de triptyque regroupant, sous le titre de *Sinfonia dramaticae*, *Symphonische Ouvertüre* (1942, d'abord intitulée *China kämpft*), *Symphonische Hymnen* (1942) et une œuvre perdue, *Symphonische Suite « Vita Nova »* (1943).

L'esthétique de Hartmann semble issue d'un creuset dans lequel le musicien a lentement fondu les éléments essentiels de son langage : classique par le respect des formes et la cohésion des édifices qu'il construit, il se présente tour à tour comme un expressionniste adepte de la polyphonie, comme un musicien sériel ou comme un héritier de Bruckner ou de Stravinski. La musique était pour lui un acte de communication. Soucieux de recherches rythmiques, il adopte, dans la *Symphonie n° 5* (1950), le système des mètres variables de Boris Blacher. À l'opposé, la *Symphonie n° 2 « Adagio »* est un immense mouvement lent dans la tradition de Bruckner, repensé dans le langage de l'après-guerre.

ALAIN PÂRIS

HASSE JOHANN ADOLF (1699-1783)

Compositeur allemand né à Bergedorf près de Hambourg. Le nom de Hasse symbolise à lui seul la conquête des pays germaniques par l'opéra et le style italiens au milieu du XVIIIe siècle. Hasse débute comme chanteur (ténor) à Hambourg et à Brunswick, où il fait représenter en 1721 *Antioco*, son premier opéra ; il étudie à Naples avec Porpora et Alessandro Scarlatti, et se fixe pour un temps à Venise. En 1730, il épouse la célèbre cantatrice Faustina Bordoni. En 1731, le couple est à Dresde, et Hasse devient maître de chapelle de la cour de Pologne et de Saxe ; on l'y retrouve en 1734, ce qui marque le début de trente années d'activités inlassables dans cette ville, entrecoupées il est vrai par des voyages à Londres, à Munich (1746), à Paris (1750), à Varsovie, à Berlin (il jouit de la très haute estime de Frédéric II). Tombé en disgrâce après la mort de Frédéric-Auguste II, il part pour Vienne, puis pour Venise (1773), où il termine ses jours. En 1771, à Milan, son dernier opéra, *Ruggiero*, a été représenté en concurrence avec *Ascanio in Alba*, du jeune Mozart. Appelé en Italie *il caro, il divino Sassone*, il connut une des carrières les plus heureuses du XVIIIe siècle, mais ses succès n'eurent d'égal que l'oubli dans lequel il tomba après sa mort, et qui ne s'estompa que dans les années 1980. Représentant typique (avec son principal librettiste Métastase) de l'*opera seria* et, d'une façon générale, de la musique italienne telle qu'elle se répandit à travers toute l'Europe mais en particulier en Allemagne, il n'écrivit pas moins de cinquante-six opéras et treize intermezzos bouffes, onze oratorios, dix messes et sept fragments de messes, ainsi qu'un très grand nombre de partitions religieuses et instrumentales (concertos, sonates) diverses. Sa musique vaut surtout par le dramatisme de son style déclamatoire, par la façon dont il sut, dans ses airs, caractériser musicalement une situation, un *sentiment* : par là, il s'inscrit profondément dans l'âge baroque. Il tenta certes, par exemple dans *Piramo e Tisbe* (1768), de reprendre à son compte les réformes de Gluck. Mais le classicisme viennois, pour qui la musique fut avant toute chose action, ne pouvait que se détourner de son art, trop emprisonné dans les contingences d'une période historique précise, d'un goût trop particulier. Ce qui n'empêcha pas des compositeurs aussi divers que Jean-Sébastien Bach, Johann Adam Hiller, Johann Friedrich Reichardt, Joseph Haydn, et même plus tard Hector Berlioz, de faire de Hasse le plus grand éloge.

MARC VIGNAL

HASSLER HANS LEO (1564-1612)

Né à Nuremberg, Hassler fut le premier grand musicien de son pays à se former en Italie. Après avoir grandi dans la tradition de Lassus, que représente à Nuremberg Leonhardt Lechner, il se rend en 1584 à Venise et y approfondit ses connaissances auprès d'Andrea Gabrieli tout en se liant d'amitié avec son neveu Giovanni Gabrieli, futur maître de Heinrich Schütz. Organiste d'Octavien II Fugger à Augsbourg en 1586, anobli par son protecteur l'empereur Rodolphe II en 1595, il est directeur de la musique municipale à Augsbourg puis à Nuremberg (1601), réside quelques années à Ulm, où il s'occupe d'activités minières et du commerce de l'argent, entre au service de la cour de Dresde en 1608, et meurt à Francfort au cours d'un voyage entrepris dans la suite du prince-électeur de Saxe, son patron, pour assister au couronnement de l'empereur Matthias. Principal représentant, avec Lechner et Praetorius, de la musique allemande entre Lassus et Schütz (en d'autres termes, de l'époque qui marqua l'apogée et la fin de l'âge polyphonique en l'adaptant à l'esprit et aux besoins de la Réforme ou du moins en en subissant profondément l'empreinte), il fut également, avant Praetorius, le promoteur en Allemagne de l'écriture polychorale vénitienne, jouant ainsi un rôle de pionnier pour tout le XVIIe siècle (alors qu'il était réservé à Praetorius d'introduire en pays germanique l'autre grande innovation transalpine, les concerts vocaux avec voix solistes, chœurs et instruments obligés). Ses madrigaux et ses canzonettes (*Canzonette 4 v. libro primo*, 1590 ; *Neue teutsche Gesäng nach Art der welschen Madrigalien und Canzonetten*, 1596, 1604, 1609) évoquent Andrea Gabrieli, ses ouvrages à deux chœurs Giovanni Gabrieli. Outre une nombreuse production religieuse, dont une centaine de motets (*Cantiones Sacrae* et *Sacri Contentus*), huit messes (parmi lesquelles la grandiose *Missa Octavi Toni* à huit voix), deux recueils de chorals et des pièces d'orgue, on lui doit notamment le *Jardin d'agrément des nouveaux chants allemands* (*Lustgarten neuer teutscher Gesäng*, 1601), vaste recueil groupant lieder polyphoniques, monodies accompagnées et pages instrumentales, et où Bach puisa la mélodie du célèbre choral « O Haupt voll Blut » de la *Passion selon saint Matthieu*.

MARC VIGNAL

HAYDN JOSEPH (1732-1809)

Haydn est-il, comme l'a écrit Stendhal, le « père du quatuor et de la symphonie » ? Cette formule, si répandue soit-elle, est inexacte et donne une idée fausse de la personnalité de Haydn. En effet, les grandes formes de la musique instrumentale, sonate, quatuor, symphonie, existaient avant lui, de même que le langage qui leur est propre ; son œuvre n'est pas celle d'un novateur, d'un inventeur, mais bien celle d'un homme qui a su trouver une unité nouvelle en perfectionnant le langage et les formes créés par ses prédécesseurs, et en réalisant une synthèse de différents styles : celui des Italiens (Giovanni Battista Sammartini), celui de l'Allemagne du Nord (Karl Philipp Emanuel Bach), celui des Viennois (Mathias Monn), et celui de l'école de Mannheim (Johann Stamitz). C'est une œuvre qui repose et prend son essor sur les bases solides des acquisitions d'un passé récent, assimilées par un esprit curieux, inventif, précis et organisé. Le talent de Haydn est fait d'une parfaite maîtrise de ses moyens, d'une invention constante, d'un sens aigu de l'équilibre, d'une sensibilité discrète, et aussi d'un sens dramatique résultant de son expérience théâtrale. Représentative du classicisme viennois, cette œuvre, qui couvre toutes les formes en usage à son époque, est un aboutissement des recherches des préclassiques, mais aussi un point de départ, car, tant dans le domaine de l'expression que dans celui de l'extension des formes, elle contient des éléments amorçant l'évolution vers le romantisme.

Serviteur et compositeur

La vie de Haydn est très représentative de ce que pouvaient être la place et le rôle d'un compositeur de son temps, comme d'ailleurs du siècle précédent. Là encore, il se trouve à l'apogée d'une époque proche de sa fin : bientôt, les musiciens ne seront plus au service d'un roi, d'un prince ou d'un évêque, et ils affronteront les avantages et l'insécurité de l'indépendance, comme Mozart et Beethoven, les premiers, le feront.

Né à Rohrau (Autriche) d'une famille respectée, modeste, ayant le goût de la musique, Joseph Haydn est, de huit à dix-sept ans, enfant de chœur à la cathédrale Saint-Étienne de Vienne. Peu de leçons de musique, mais un apprentissage par la pratique, et une discipline sévère. Puis, pendant dix ans, il mène à Vienne la vie hasardeuse d'un musicien indépendant, subvenant à ses besoins par des leçons et des travaux divers, et poursuivant tenacement sa formation musicale ; autodidacte, il étudie les ouvrages théoriques de Johann Joseph Fux (*Gradus ad Parnassum*) et de Johann Mattheson (*Der vollkommene Kapellmeister*), et déchiffre avec enthousiasme les six premières sonates de C. P. E. Bach. « Je ne quittai plus mon clavecin avant de les avoir jouées et rejouées, écrit-il, et quiconque me connaît bien doit savoir que je dois beaucoup à Emanuel Bach, car je l'ai compris et étudié avec application. » C. P. E. Bach étant l'un des premiers à prendre la musique comme moyen d'expression des mouvements de l'âme, une telle référence est significative.

Haydn entre, en 1761, au service des princes hongrois Esterházy, dont il sera bientôt le maître de chapelle pour de nombreuses années, à Eisenstadt puis à Eszterháza. C'est un tournant décisif dans sa vie : le contrat qu'il a signé est fort sévère ; il s'engage entre autres à se conduire convenablement, à éviter toute vulgarité, à porter l'uniforme, à composer toute musique que le prince désire, et à travailler exclusivement pour lui, sauf autorisation spéciale, à veiller à la bonne conduite des musiciens, régler leurs différends, surveiller instruments et partitions, faire travailler les chanteuses. Haydn est un serviteur : il figurera avec ses musiciens sur la liste des officiers du prince, entre les hussards et... la meute et ses valets ! Mais les avantages de sa situation sont grands ; sécurité matérielle, stabilité permettant d'entreprendre une œuvre de longue haleine.

Les cours princières rivalisent entre elles de luxe et d'éclat ; Haydn travaille dans un milieu brillant et cultivé, mais d'une culture qui n'est pas originale ; tout comme la noblesse autrichienne, la noblesse hongroise imite les Français : le château d'Eszterháza et la vie qu'on y mène sont conçus sur le modèle de Versailles. Haydn y dispose d'un opéra, d'un théâtre de marionnettes, il a sous ses ordres un orchestre et des chanteurs. Son grand talent lui assure une position privilégiée à la cour du prince Nicolas, qui n'entravera jamais la diffusion, pour lui source de prestige, des œuvres de son maître de chapelle. Haydn a lui-même analysé les avantages de sa situation, et leur incidence sur son travail : « Mon prince était satisfait de tous mes travaux, je recevais son approbation ; placé à la tête d'un orchestre, je pouvais me livrer à des expériences, observer ce qui produit l'effet ou l'amoindrit et, par suite, corriger, ajouter, en un mot oser ; isolé du monde, je n'avais auprès de moi personne qui pût me faire douter de moi ou me tracasser, force m'était donc de devenir original. »

Liturgie ou divertissement, la musique était alors essentiellement utilitaire. Le premier devoir de Haydn est de produire suffisamment pour faire face à tous les besoins musicaux de la cour princière. Heureusement, la vie musicale à Eszterháza lui permet de réaliser avec une suffisante liberté son œuvre vocale et instrumentale, de développer dans une production surabondante les qualités qui lui sont propres, et d'élaborer son style symphonique en y incorporant un sens dramatique nouveau. Mais le côté brillant, facile et décoratif de certaines œuvres, commandes de circonstance, est évident. Autre exemple de contrainte, à la suite d'une lettre comminatoire du prince Nicolas, Haydn dut composer une quantité insolite de musique pour le baryton (ou gamba), instrument dont le prince était très amateur. Lorsque cette passion du gamba fut remplacée par celle de l'opéra italien, Haydn, devenu directeur d'opéra, délaisse quatuors et symphonies pour se consacrer, d'une part, à la composition d'opéras italiens, d'autre part, à organiser les représentations de ses propres œuvres et de celles de ses collègues. En même temps, son style d'écriture dans la musique instrumentale semble perdre la force, l'originalité et la rigueur qu'il avait acquises pour prendre un ton plus facile, mettant l'accent sur la mélodie et l'ornement. On voit ici l'impact que les nécessités de sa charge ont eu sur son évolution. Cette période de style galant s'achève en même temps que se termine la production théâtrale.

La musique de Haydn n'est jamais restée cantonnée dans les limites d'Eszterháza ; sa célébrité est grande en Europe où les éditeurs publient ses œuvres dans divers pays ; des commandes lui sont faites : de France, les six symphonies dites *Parisiennes* (1785-1786), d'Espagne, *Les Sept Paroles du Christ en croix* (1787), pour un chanoine de Cadix. Trois mois seulement après la mort du prince Nicolas, Haydn, enfin libéré des obligations de sa charge, part pour Londres, où il effectue deux séjours (1791-1792, 1794-1795) et reçoit un accueil enthousiaste. C'est pour lui une période d'expériences : son invention, son goût de la recherche, de la nouveauté se donnent enfin libre cours. Pleine maîtrise technique, maturité et curiosité d'esprit, liberté. À Londres, puis à Vienne où il habite à son retour une maison qu'il s'est achetée, Haydn écrit ses œuvres les plus personnelles, les plus accomplies, des symphonies londoniennes aux derniers quatuors, de la *Messe « Nelson »* (1798) aux oratorios *La Création* (*Die Schöpfung*, 1798) et *Les Saisons* (*Die Jahreszeiten*, 1801), illustrant plus que jamais la phrase de Mozart qui fut son ami : « Personne ne peut comme Haydn tout faire, badiner et bouleverser, provoquer le rire et la profonde émotion. »

Un cheminement tenace

Musique instrumentale

C'est dans les quatuors et les symphonies qu'on peut suivre le mieux l'évolution de la pensée de Haydn. Dans ses premières symphonies, il utilise des éléments empruntés aux formes de la musique baroque : opposition d'un petit groupe concertant et de l'ensemble de l'orchestre rappelant le concerto grosso, mouvements simples en forme de danses évoquant le divertissement, introduction lente avant le mouvement principal vif, selon le modèle de la sonate d'église ; cette dernière particularité se retrouvera, avec une singulière force expressive, dans plusieurs des dernières symphonies. Très rapidement, Haydn adopte la division en quatre mouvements qu'il gardera presque constamment : allegro, andante, menuet et allegro ou presto.

À partir de 1768, son style symphonique prend peu à peu un tour nouveau, à tel point que ses commentateurs parleront de « crise romantique ». Une expressivité beaucoup plus forte est soulignée par des modulations rapides et inattendues, qui éclairent thèmes et motifs de jours différents, par une couleur harmonique qui recourt fréquemment au mode mineur, associé aux effets dramatiques ; les contrastes se multiplient entre les mouvements, entre les thèmes, entre les parties d'un même thème, dans une écriture où alternent les éléments horizontaux (lignes mélodiques, motifs combinés avec des imitations), la verticalité de grands accords abrupts, et la combinaison de ces deux éléments. Dans le domaine de la forme, des innovations montrent le goût de Haydn pour l'asymétrie : finales interrompus par des retours fugitifs de fragments des mouvements précédents, réexposition du thème échappant à la répétition textuelle en tenant compte des éléments du développement ; les mouvements lents, qui utilisent souvent les cordes avec sourdine, prennent la forme sonate, lied, ou thème et variations enchaînées.

On s'est beaucoup interrogé sur les raisons du retour de Haydn à un style moins singulier ; ses innovations avaient-elles fini par déplaire à son « patron » ? La pause de dix années dans l'évolution de son style symphonique n'est qu'une interruption ; les dernières symphonies composées à Eszterháza, et les douze « londoniennes », sont l'aboutissement de cette évolution. L'orchestration y souligne la construction avec une diversité et une force accrues. Les silences qui coupent le discours musical en accentuent l'expression ; parfois utilisés comme ellipses, ils peuvent remplacer un accord, un motif, un refrain, que l'auditeur doit reconstituer. On trouve là, à l'échelle de l'orchestre, la volonté de construction et la maîtrise d'écriture des quatuors.

Parallèlement à son activité de symphoniste, Haydn a composé une œuvre considérable de musique de chambre : sonates pour piano, trios, œuvres avec baryton, et surtout quatuors à cordes. Nul doute que ses symphonies aient bénéficié du remarquable travail thématique accompli dans les quatuors. Il semble que Haydn y ait eu le souci constant de rattacher ce que l'oreille perçoit à ce qu'elle a déjà perçu. Le développement thématique se fait par transformation et enrichissements successifs des motifs initiaux : mutations mélodiques (amplification des intervalles, renversement), et mutations rythmiques (étalement, contraction, variation dans les durées). Le monothématisme y est fréquent. Les motifs secondaires, qui apparaissent généralement dans l'exposition, entre la première et la seconde idée, jouent un rôle très important dans le développement, où ils se prêtent à d'habiles jeux contrapuntiques. L'organisation thématique à la fois si rigoureuse et si inventive des quatuors est souvent apparentée au style fugué ; quelques mouvements d'ailleurs prendront la forme de la fugue. C'est peut-être dans les quatuors que le travail de synthèse de Haydn est le plus apparent : en utilisant avec originalité les formes déjà existantes, il crée une unité nouvelle et trouve un équilibre particulièrement heureux entre la construction et l'expression.

Musique vocale

La production théâtrale de Haydn comprend d'abord des opéras bouffes, tel *Lo Speziale* (1768), où le sens de l'humour du compositeur se donne libre cours dans des airs d'une spirituelle vivacité, et des opéras sérieux, tels *Acide e Galatea* (1762), *Orfeo ed Euridice* (1791), *Armida* (1783). Puis Haydn réussit à unir ces deux styles dans *L'Infedeltà delusa* (1773), et surtout dans *La Vera Costanza* (1779), dont les préoccupations sociales, les airs reflétant les péripéties de l'action et la psychologie des personnages, et les beaux ensembles vocaux préfigurent *Les Noces de Figaro* de Mozart.

Haydn, chrétien fervent, ne semble pas avoir fait de différence en musique entre son style religieux et son style profane. Ses messes font apparaître le même travail de synthèse que ses autres œuvres : éléments venus du baroque (fugue), du style concertant (parties de trompette, d'orgue), de la forme sonate. Son écriture vocale y comporte de fréquentes oppositions entre le quatuor de solistes et la masse des chœurs. L'homme de théâtre et le symphoniste y sont très présents, surtout dans les six dernières messes, par les oppositions, les effets dramatiques harmoniques et orchestraux, le travail thématique, l'importance de la partie instrumentale. Ces caractéristiques ont provoqué de vives attaques, du vivant de Haydn et après sa mort, de la part des tenants d'une simplification de la musique religieuse.

Les oratorios *La Création* et *Les Saisons*, écrits par Haydn à Vienne, après son retour de voyage, sont sans doute les plus accomplies de ses œuvres vocales. Il est certain que l'audition, à Londres, d'oratorios de Haendel n'est pas étrangère à la composition de ces deux œuvres, de même que l'unité réalisée entre les différentes parties : intermèdes orchestraux, grands chœurs, ensembles vocaux, duos et airs, récitatifs, révèle une influence mozartienne. Dans *La Création*, apparaît un souci nouveau de simplicité, tant dans la discrétion des effets descriptifs, réservés à l'orchestre, que dans la sobriété harmonique des grands chœurs.

Forme et expression

Un moment dans l'évolution

L'œuvre de Haydn s'étend sur toute la seconde moitié du dix-huitième siècle. On a vu comment il a créé son propre style en utilisant les apports des baroques et des préclassiques, tout comme il reprend et adapte les conventions de l'opéra italien dans son œuvre théâtrale. Mais on ne peut comprendre la musique de cette époque sans mentionner le problème de l'expression musicale : y a-t-il une liaison entre phénomène sonore et phénomène psychologique ? La musique peut-elle, doit-elle exprimer un sentiment précis et le susciter chez l'auditeur, ou provoque-t-elle des réactions affectives diverses, purement individuelles ? Ces problèmes sont soulevés en France par Descartes et le père Mersenne dès le XVIIe siècle. En Allemagne, à partir des années 1750 environ, une évolution chez les musiciens tend à substituer à la science sévère des maîtres du début du siècle une libération de la forme, soumise volontairement à l'inspiration. C. P. E. Bach écrit des musiques à programme, tel un trio dont le texte d'introduction explique que la musique y traduit une situation sentimentale précise. Les fantaisies, les polonaises fleurissent, le côté expressif des tonalités, les modulations étranges y sont recherchées. Sulzer écrit en 1771 : « La composition qui n'exprime pas de manière intelligible quelque passion ou mouvement de la sensibilité (*Empfindung*) n'est qu'un fruit superflu. » Certes l'opéra a contribué à lier consciemment l'élément psychologique à son « support » musical. Ainsi se créent peu à peu des réflexes d'associations entre harmonie ou timbre et sentiments, tel par exemple le sombre et mélancolique mode mineur. Quelle est la position de Haydn par rapport à ce mouvement de pensée ?

Un équilibre passager

Il semble que pour Haydn le problème ne se soit pas posé avec acuité ; le souci évident de la construction cohabite chez lui avec l'expression ; n'a-t-il pas écrit à son amie Mme von Genzinger, au sujet de sa quarante-neuvième sonate : « Je recommande spécialement [l'adagio cantabile] à votre attention [...]. Il possède une signification profonde que je vous expliquerai quand j'en aurai l'occasion [...]. Il est difficile, mais plein de sentiment. » La sûreté de son métier, la grande expérience acquise à Eszterháza, lui permettent de connaître plus ou moins empiriquement, plus ou moins consciemment, les effets produits par telle ou telle modulation, ou par une couleur orchestrale donnée, et de les utiliser. Ainsi ses meilleures œuvres réalisent, avant le déferlement du romantisme, un moment d'équilibre entre la forme et l'expression, moment qui se retrouve, d'une façon plus accomplie et plus intuitive, dans certaines œuvres de Mozart, et qui donne au classicisme viennois sa portée et sa signification dans l'évolution musicale de l'Europe occidentale.

NICOLE LACHARTRE

Bibliographie

K. GEIRINGER, *Haydn*, Gallimard, Paris, 1984 / K. & I. GEIRINGER, *Haydn : A Creative Life in Music*, 3e éd. rév. et augm., Univ. of California Press, Berkeley, 1982 / R. HUGUES, *Les Quatuors de Haydn*, Actes sud, Arles, 1989 / H. C. R. LANDON, *Haydn. Chronicle and Works*, 5 vol., Indiana Univ. Press, Bloomington, 1976-1981 ; *Haydn*, Chêne-Hachette, Paris, 1981 / H. C. R. LANDON & D. WYN JONES, *Haydn : His Life and Music*, Indiana Univ. Press, 1988 / J. P. LARSEN & G. FEDER dir., *The New Grove Haydn*, Norton, New York, 1983 / C. ROSEN, *Le Style classique : Haydn, Mozart, Beethoven*, Gallimard, 1978 / M. VIGNAL, *Haydn*, Fayard, Paris, 1988.

HAYDN MICHAEL (1737-1806)

Frère cadet de Joseph Haydn, né comme lui à Rohrau, aux confins de l'Autriche et de la Hongrie, Michael le rejoint vers 1745 à la maîtrise de la cathédrale Saint-Étienne à Vienne, où il reste une dizaine d'années. En 1757, alors que Joseph, sans emploi, mène encore une vie incertaine, Michael est nommé maître de chapelle de l'archevêque de Grosswardein en Hongrie (actuellement Oradea Mare en Roumanie). Peu avant son départ de Vienne, il copie de sa main (5 sept. 1757) la célèbre *Missa canonica* de Johan Josef Fux, témoignant par là de son goût précoce pour la musique d'église et pour le style sévère. Il passe cinq ans à Grosswardein et y compose un bon nombre de partitions instrumentales et religieuses. En septembre 1762, les deux frères sont à Rohrau pour régler la succession de leur mère. C'est alors que Michael entre dans la chapelle de Sigismund von Schrattenbach, prince-archevêque de Salzbourg : il restera fixé dans cette ville jusqu'à la fin de ses jours. Il est mentionné pour la première fois dans le *Hofdiarum* du 24 juillet 1763 comme « musicien étranger, de Vienne ». Et, dès le 14 août, il accède aux postes de *Hofmusiker* et de *Konzertmeister* (c'est-à-dire de musicien attitré du prince-archevêque et de premier violon dans son orchestre). Le 17 août 1768, il épouse la cantatrice Maria Magdalena Lipp, créatrice l'année suivante du rôle de Rosine dans *La Finta semplice* de Mozart : mariage heureux, mais assombri par la mort de la fille unique du couple (27 janv. 1771). Il succède à Adlgasser aux orgues de l'église de la Trinité en 1777, à Wolfgang Mozart au poste d'organiste de la cour et de la cathédrale en 1781, à Leopold Mozart pour diverses fonctions enseignantes en 1787. En septembre-octobre 1798, il rend visite à Vienne à son frère Joseph, alors au sommet de sa gloire et qui vient d'achever *La Création* (que Michael dirigera plus d'une fois à Salzbourg). En septembre-octobre 1801, il se rend une seconde fois à Vienne, où il remet à l'impératrice sa récente *Theresienmesse*, et de là à Eisenstadt, où il retrouve Joseph et se voit offrir, par le prince Esterházy, un poste de vice-maître de chapelle pour seconder Joseph vieillissant. Mais il le refuse définitivement au début de 1803, préférant ne pas quitter Salzbourg, où il meurt en laissant inachevé son second *Requiem*.

Grand musicien, Michael Haydn ne le cède sans doute, en son temps, qu'à son frère et à Mozart. Cultivé, il s'intéressa aux classiques latins, aux sciences naturelles, à la météorologie. Il reste surtout célèbre comme compositeur religieux, mais sa musique orchestrale et sa musique de chambre sont très souvent de toute beauté, avec en particulier (par-delà de stupéfiantes ressemblances avec un certain Mozart – celui des années 1770 surtout) un caractère sensuel très marqué. Il y a chez lui une indéniable ivresse mélodique et sonore qui n'a pu que captiver le futur auteur de *Cosi fan tutte*. Il évolua certes moins que son frère et que Mozart, mais on peut à son sujet prononcer le mot de génie. Plusieurs de ses œuvres (il se refusa toujours à les faire éditer) furent faussement attribuées à Joseph, et sa *Symphonie en sol majeur* de 1783 passa longtemps pour la 37e (K 444) de Mozart, qui n'en écrivit que l'introduction lente. On lui doit notamment une cinquantaine de symphonies (la dernière du 26 juill. 1789) ; des musiques de scène comme celle pour *Zaïre* de Voltaire (1777) ; des sérénades et divertissements ; l'opéra *Andromeda e Perseo* (1787) ; l'oratorio *Le Pécheur repentant* (*Der büssende Sünder*, 1771), seconde partie d'une trilogie en collaboration avec Adlgasser et Krinner ; les pastorales *Rebecca fiancée* (*Rebekka als Braut*, 1768) et *Les Noces sur l'Alpe* (*Die Hochzeit auf der Alm*, 1768) ; de la musique de chambre dont, en 1773, deux quintettes à cordes qui ne manquèrent pas, celui en *sol* surtout, d'inspirer Mozart jusque dans ses œuvres du même genre de 1787 ; des chœurs d'hommes sans accompagnement, reconnus comme les premiers du genre (à partir de 1788) ; une trentaine de messes (la *Leopoldmesse* du 22 décembre 1805 est sa dernière partition achevée) et d'innombrables ouvrages religieux allemands ou latins, écrits soit en style concertant, soit en style ancien *a cappella*. On retrouve des traces de son *Requiem en ut mineur* (1771) dans celui de Mozart (1791).

MARC VIGNAL

HENRY PIERRE (1927-)

Le musicien et compositeur Pierre Henry travaille en solitaire, uniquement à partir de sons qu'il manipule, à de grandes œuvres inscrites sur la bande magnétique. D'aussi loin qu'il se souvienne, il a toujours été attiré par les bruits, les alliages et les truquages sonores. Pierre Henry a reçu une formation complète et traditionnelle de musicien (chez Nadia Boulanger et au Conservatoire de Paris). Messiaen lui révèle les sonorités insolites des musiques exotiques et des chants d'oiseaux. Son intérêt pour les sons pousse alors Pierre Henry vers la pratique de la percussion. Mais la rencontre décisive dans sa vie est celle de Pierre Schaeffer en 1948 ; les deux « chercheurs en bruits » collaborent et créent ensemble la *Symphonie pour un homme seul* (symphonie de « musique concrète ») révélée pour la première fois en 1950 à un public stupéfait. Travailleur acharné et passionné, Pierre Henry est chef des travaux du Groupe de recherche sur la musique concrète. Nombre d'œuvres naissent alors : travail de titan et d'artisan pour transformer les sons, pour les fabriquer selon l'exigence d'une œuvre pensée « musicalement », car Pierre Henry ne veut être que musicien, et il lui faut donc plier la matière sonore à son projet. Il réalise alors : *Microphone bien tempéré* (1952), *Le Voile d'Orphée* (1953), *Haut Voltage* (1956). Dès 1955, Maurice Béjart est séduit par les recherches de Pierre Henry, et c'est le début de leur longue et fructueuse collaboration.

En 1958, Henry se sépare de Schaeffer et du groupe de l'O.R.T.F. pour fonder son propre studio, le studio Apsome ; il élargit alors son langage, déborde la musique concrète, réalise des sons électroniques, élabore une synthèse entre la musique électronique et la musique concrète. Il tente des expériences étonnantes (*La Noire à Soixante*, 1961, « essai de structuration du temps », ou les *Variations pour une porte et un soupir*, 1963), brosse de grandes fresques qui introduisent au mystère d'un univers onirique (*Voyage*, 1962, d'après *Le Livre des Morts* tibétain), qui retracent pas à pas l'imagerie d'un texte visionnaire (l'*Apocalypse de Jean*, 1968 ; *Les Chants de Maldoror*, 1993), ou qui démontent une liturgie pour la recréer (*Messe de Liverpool*, 1967-1970). Il tente différentes expériences (collaboration avec un groupe pop) et, en 1975, se lance dans le spectacle total, avec *Futuristie*, en hommage au bruitiste Luigi Russolo. En 1983, il fonde Son-Ré, un nouveau studio de musique électroacoustique.

Il faut avoir vu Pierre Henry au travail pour réaliser l'aspect gigantesque d'une telle entreprise, et d'abord la constitution d'une sonothèque où reposent les matériaux de base, sons amassés et répertoriés depuis des années : « Tout ce qui peut être musicalisé est là, dans mes fichiers, sur mes rayonnages, dans ma mémoire aussi. J'ai tous les bruits, des sons d'animaux, des voix, des cris, ma voix, des sons électroniques et synthétiques, des sons manipulés et transformés par divers procédés (fragmentation, montage, mélange, changement de vitesse, filtrage, etc.). Ces sons je les ai fabriqués de toutes les façons possibles : par exemple je peux créer artificiellement un pizzicato de violoncelle avec un générateur, mais je peux aussi faire un son de couleur électronique à partir d'une note de violoncelle. J'enregistre et je fabrique en fonction d'idées précises, de projets d'œuvres, mais aussi par simple plaisir, de manière gratuite, sans penser à ce que cela deviendra. C'est un besoin permanent de m'exprimer en sons, de stocker tous les sons. J'ai là des milliers d'heures découpées en fragments de minutes, de secondes, de dixièmes de seconde sur différents supports, c'est-à-dire à différentes vitesses. C'est toute une vie que j'ai derrière moi, avec une multiplicité de possibilités et de richesses que ne sauraient plus offrir les instruments traditionnels. »

À partir de ces matériaux accumulés, Henry entreprend de rassembler et de composer : « Un peu à la façon d'un cinéaste, je suis le processus d'un film : repérage de l'univers sonore, puis travail sur la forme générale au niveau technique (prise de sons), montage, mixage. J'essaye d'organiser mon langage, je fais beaucoup de recherches de forme, car ni le vocabulaire, ni la syntaxe ne sont fixés a priori. Que sera l'œuvre définitive ? Je dirai : une série de mutations au fur et à mesure des glissements et des lentes maturations. » La démarche n'est donc pas facile. C'est un chemin et une discipline ardus. Les œuvres passent souvent par plusieurs états avant de trouver leurs formes définitives. Les recherches sur la durée, sur le silence, sur le mouvement ou l'immobilité, sur l'articulation de la forme, sur les possibilités nouvelles ouvertes à la polyphonie, ne sont là que pour permettre à Henry d'amener au jour sa musique intérieure, celle que depuis toujours il imagine « avec des sons complètement nouveaux ». Il ne craint pas de dire que son engagement dans cette musique correspond pour lui à « une quête de l'absolu, de l'infini », et qu'il lui faut « traquer le son jusqu'au silence, à la poursuite d'une autre notion du temps ».

BRIGITTE MASSIN

HENZE HANS WERNER (1926-)

Après des études musicales commencées à Heidelberg, interrompues par la guerre, poursuivies au lendemain de celle-ci à Paris, avec : Darius Milhaud et René Leibowitz, puis à Darmstadt, Henze commence en Allemagne sa carrière comme musicien de théâtre à Constance puis à Wiesbaden, avant de se fixer en Italie.

Le théâtre et toute forme musicale qui s'en rapproche (opéras, y compris opéras dits radiophoniques, cantates, ballets) demeurent au centre de ses préoccupations et de sa recherche. Il n'en est pas moins l'auteur de six symphonies (composées entre 1947 et 1969), de deux concertos pour piano (1950 et 1967), d'œuvres orchestrales, de musique de chambre. Mais, c'est la musique de théâtre, ou simplement chorale, qui correspond le plus intimement à son authentique besoin de communication avec un large public.

Sa volonté d'engagement en fait une figure parallèle en musique à celle de Bertolt Brecht en poésie ; Henze accepte volontiers et assume ce rapprochement, qui est particulièrement sensible dans l'intention didactique de certaines de ses œuvres : ses *Moralitäten* (1967) sont conçues comme des *Lehrstücken* de Brecht. Il partage avec le poète le même souci d'exprimer par son œuvre la réalité et les contradictions d'un monde en marche.

Sa musique, toujours intelligente, mue par une recherche constante de l'expression, s'insurge contre tout interdit, refuse tout dogmatisme, emprunte aux diverses écoles et esthétiques ; elle n'est pas toujours, en dépit de la générosité, de la sincérité et des dons très réels de son auteur, exempte d'une certaine facilité. Qu'il s'agisse de l'opéra (*Boulevard Solitude*, 1952 ; *Der Prinz von Homburg*, 1960, révisé en 1991 ; *Elegie für junge Liebende*, 1961, réorchestré en 1988 ; *Wir erreichen den Fluss*, 1977 ; *Das verratene Meer*, 1990), de ses importantes œuvres chorales (*Being Beauteous*, 1963, à partir des *Illuminations* de Rimbaud ; *Muses Siziliens*, 1966 ; *Das Floss der Medusa*, 1968, révisé en 1990) ou d'œuvres aux proportions plus modestes, comme *El Cimarou* (1970), qui allie la voix à la percussion et à la flûte, aucune de ses œuvres ne laisse indifférent. « Je n'ai pas trop de toutes mes forces pour écrire avec simplicité », a déclaré un jour Henze aux étudiants qui l'interrogeaient sur son œuvre.

BRIGITTE MASSIN

HÉROLD FERDINAND (1791-1833)

Compositeur d'opéras-comiques né et mort à Paris. Hérold prend d'abord des leçons de son père, qui a lui-même travaillé avec Karl Philipp Emanuel Bach. Grand prix de Rome de 1812, il donne des leçons, à Naples en 1813, aux filles du roi Murat. De retour à Paris après avoir visité l'Autriche, l'Allemagne et la Suisse, il collabore avec Boieldieu pour *Charles de France ou Amour et gloire* (1816), tandis que le succès boude ses propres œuvres. Il s'impose une première fois avec *Marie* (1826). Nommé maître de chant à l'Opéra, il n'y essuiera que des échecs jusqu'à ses deux chefs-d'œuvre : *Zampa ou la Fiancée de marbre* (1831), partition injustement dénigrée par Berlioz, et surtout *Le Pré-aux-Clercs* (1832).

MARC VIGNAL

HINDEMITH PAUL (1895-1963)

À l'origine du mouvement musical moderne en Allemagne, Paul Hindemith, à l'instar d'Arnold Schönberg en Autriche, représente une figure de compositeur et de théoricien de premier plan. Sous le régime de la République de Weimar, il est le symbole de la modernité, en réaction contre les derniers tenants du post-wagnérisme. Il est devenu celui du néo-classicisme, si ce n'est du conservatisme musical.

Le secret de son évolution se cache peut-être derrière le souci inavoué qui le conduisait à discipliner sans relâche une vitalité débordante, un instinct puissant de création dont la prodigieuse fécondité ne peut être comparée, à l'époque contemporaine, qu'à celle de Darius Milhaud. Il a systématisé – peut-être avec trop de volonté logique – sa théorie de la musique. Fidèle à son idéal, il figure le type de l'artisan au métier sûr et de l'artiste soucieux par-dessus tout de la forme.

À la recherche d'une discipline

Né à Hanau d'une famille originaire de Hesse et de Silésie, Paul Hindemith entre au Conservatoire de Francfort-sur-le-Main en classe de composition après des études de violon commencées dès 1904. En 1915, il devient *Konzertmeister* à l'Opéra de cette ville, poste qu'il occupe jusqu'en 1923. Il déborde d'activité, comme violoniste, comme chef d'orchestre et surtout comme altiste – en particulier dans le quatuor qu'il a fondé avec Licco Amar. Tout ce qui est résolument moderne l'intéresse. En 1921, il crée et dirige jusqu'en 1926 le festival de musique nouvelle à Donaueschingen. Les harmonies audacieuses de son opéra en un acte, *Mörder, Hoffnung der Frauen* (*L'Assassin, espoir des femmes*, op. 12, 1921) et la *Suite pour piano* (op. 26, 1922) traduisent une révolte de jeunesse contre la tradition. L'année 1924 consacre le fruit de ces premières recherches esthétiques. Il écrit *Das Marienleben* (*Vie de Marie*, op. 27), pour trois voix et piano, d'après Rainer Maria Rilke ; cette œuvre où la polyphonie obéit à un diatonisme modal original, est le résultat de son étude de la musique baroque allemande, de celle de Jean-Sébastien Bach en particulier. Il découvre ainsi la rigueur de l'écriture formelle qui discipline son tempérament de fougueux créateur. Avec le *Concerto pour orchestre* (*Konzert für Orchester*, op. 38, 1925), Hindemith rompt avec la tradition allemande du poème symphonique et du drame musical post-wagnérien, continuée encore par Richard Strauss (1864-1949). Opposé à la forme sonate et au concerto tels que le siècle précédent les a chéris et savamment illustrés, « le concerto devient pour Hindemith le type de composition qui permet de réaliser son double idéal de polyphonie et de force dynamique » (Heinrich Strobel). On pourrait établir assez justement un parallèle avec le style des *concerti grossi* italiens. Cette redécouverte par Hindemith du grand art musical baroque est d'ailleurs contemporaine des divers « retours à Bach » qui, en Europe, naissent un peu partout.

Entre les années 1920 et 1930, Berlin, ville en pleine effervescence artistique, accueille une pléiade d'artistes ; hommes de théâtre, compositeurs, chefs d'orchestre, tels qu'Erwin Piscator (1893-1966), Ferruccio Busoni (1866-1924), Arnold Schönberg (1874-1951), Otto Klemperer (1885-1973), Erich Kleiber (1890-1956), Bruno Walter (1876-1962), Wilhelm Furtwängler (1886-1954). La plupart d'entre eux doivent quitter l'Allemagne après l'avènement du régime hitlérien. Paul Hindemith enseigne à la *Hochschule für Musik* de Berlin (1927-1937), et fait de longs séjours à Ankara (1935-1937) où le gouvernement turc l'invite à créer un système d'éducation musicale selon les principes esthétiques occidentaux. Les nazis reprochent à Hindemith de s'opposer à Wagner et de favoriser une tradition musicale d'inspiration « non allemande ». Hitler lui-même prend personnellement fait et cause contre Hindemith dont il interdit l'exécution des œuvres. S'est-il senti visé par *Mathis le peintre* (*Mathis der Maler*, 1933-1938), où Hindemith, à la fois librettiste et compositeur, figure le « drame des rapports entre l'artiste et le peuple » ? Fuyant alors son pays natal, Hindemith se fixe momentanément en Suisse, puis aux États-Unis (1940), où il est naturalisé citoyen américain en 1946. À l'université de Yale, il enseigne la composition jusqu'en 1953, puis la musicologie à Zurich.

Pédagogue et théoricien

Paul Hindemith a formé et inspiré des élèves du monde entier, à Berlin, Yale, Harvard et Zurich, leur faisant découvrir la rigueur et la souplesse de l'écriture contrapuntique, reprenant en cela la voie tracée par Johannes Brahms (1833-1897) et surtout par Max Reger (1873-1916). Sans ce dernier qui composa des sonates, fugues, suites et variations aux formes classiques, l'œuvre de Hindemith ne serait certainement pas ce qu'elle fut.

Développant le sentiment tout à fait baroque de la couleur, Paul Hindemith est soucieux du timbre rare, des sonorités aux voix brutes ou râpeuses, telles celle du trombone, instrument peu favorisé par les compositeurs. En cela il est aussi le continuateur et le disciple d'Eduard Hanslick (1825-1904), pour qui l'arabesque sonore se suffit à elle-même dans on ne sait quel idéal de musique pure et abstraite, refusant toute possibilité de représentation affective : ce qui est assurément donner des armes aux pourfendeurs de Wagner, de Franck ou de Debussy. En France, à la même époque, des contemporains de Hindemith tels Erik Satie ou les musiciens du groupe des Six (Georges Auric, Louis Durey, Arthur Honegger, Darius Milhaud, Francis Poulenc, Germaine Tailleferre) ont en commun avec lui de lutter contre le romantisme et l'impressionnisme en souhaitant l'avènement de l'*objectivité* en art. Hindemith est, en Allemagne, le représentant de cette tendance esthétique, marquée par l'effort soutenu vers la rigueur de l'écriture, vers une retenue « spirituelle » de la sensibilité.

Pour traduire musicalement cet idéal, Hindemith enseigne à développer les recherches harmoniques qui utilisent mieux les richesses d'un chromatisme, tout à la fois atonal et « tonal ». Certes, les règles classiques de la tonalité sont dépassées, mais Hindemith pense que l'harmonie se fonde toujours sur un *ton* fondamental, les résonances naturelles étant à la base de sa théorie et assurant les attractions cadentielles du devenir musical. Ce faisant, il refuse le dodécaphonisme schönbergien.

Comme Igor Stravinski ou Darius Milhaud, il sait à l'occasion superposer les contrepoints rythmiques et une polyrythmie savante et, toujours, une solide construction formelle structure l'architecture de l'œuvre. En 1937, Hindemith publie le fruit de sa recherche dans *Unterweisung im Tonsatz* (*Leçon de composition*), où il justifie sa con-ception de l'harmonie en une somme qui tente d'expliquer les relations harmoniques de tous les styles d'écriture, du Moyen Âge à nos jours. Ses autres ouvrages didactiques ne font que développer cette théorie.

À ce propos, on a pu parler de « traditionalisme polyphonique » ou de néoclassicisme. En fait, Hindemith est parvenu à un « style très personnel où il n'y a plus de place pour l'humeur improvisatrice, ni pour la vanité du pur jeu sonore. Il écrit une musique savante, ce qui le rend difficilement accessible à bien des auditeurs. Et c'est justement ce caractère savant qui nous apparaît comme éminemment allemand. Hindemith oppose au post-romantisme, descriptif et décoratif, un art dont le sérieux artisanal et le renoncement conscient à chatouiller agréablement l'oreille remontent jusqu'à Bach » (H. Strobel).

Karlheinz Stockhausen, Hans Werner Henze, Giselher Klebe, Berndt Alois Zimmermann seront les représentants de cette génération de musiciens germaniques qui, bien qu'ils se soient détournés du chemin esthétique de Hindemith, ont subi son influence, parallèlement à celle de Stravinski, de Webern ou de Messiaen. Mais résonne encore le chant du « romantisme élargi » des dernières œuvres, plus chaud, plus lyrique, emplissant parfois son univers sonore de tendresse profonde et laissant sa place au verbe transfiguré, comme un défi lancé au théoricien (cantate *Mainzer Umzug*, 1962 ; *Concerto pour orgue*, 1963 ; *Messe* à quatre voix, 1963).

PIERRE-PAUL LACAS

Bibliographie

P. Hindemith, *A Composer's World*, Harvard Univ. Press, Cambridge (Mass.), 1952 ; *Briefe*, D. Rexroth éd., Fischer, Francfort-sur-le-Main, 1982 ; *Pratique élémentaire de la musique*, trad. de l'américain R. Mermoud, Lattès, Paris, 1986 / J. Kemp, *Hindemith*, Oxford Univ. Press, Londres, 1970 / D. Neumeyer, *The Music of Paul Hindemith*, Yale Univ. Press, New Haven (Conn.), 1986 / G. Schubert, *Paul Hindemith*, trad. de l'allemand M.-H. Ricquier et D. Collins, Actes sud, Arles, 1997 / G. Skelton, *Paul Hindemith. The Man Behind the Music*, Gollancz, Londres, 1975 / H. Strobel, *Paul Hindemith*, Schott, Mayence, 1928, 3e éd. entièrement remaniée, *ibid.*, 1948 ; *Paul Hindemith. Di letzten Jahre*, *ibid.*, 1965.

HOFFMANN ERNST THEODOR AMADEUS (1776-1822)

L'activité musicale de Hoffmann, écrivain, compositeur et critique musical allemand né à Königsberg qui s'était adjugé le prénom d'Amadeus en hommage à Mozart, mérite mieux qu'une mention courante en marge de sa création littéraire. Exceptionnellement doué pour les arts, il fait pourtant, selon le désir de sa famille, ses études de droit, et occupe à ce titre, au début de sa vie, des postes à Posen, à Plock et à Varsovie. En 1808, il accepte une situation de chef d'orchestre au Théâtre national de Bamberg, et y reste avec des fortunes diverses jusqu'en 1813 : c'est de ces années que datent la plupart de ses compositions les plus intéressantes. Il est ensuite chef de l'orchestre de la troupe Seconda à Leipzig et à Dresde (1813-1814). Ayant repris sa première profession, il est nommé juge à la cour d'appel puis membre du Conseil supérieur d'appel à Berlin où il meurt.

Son œuvre la plus marquante est, sans aucun doute l'opéra féerique *Undine* (1813-1814), dont la première représentation au Théâtre royal de Berlin le 3 août 1816, soit cinq ans avant celle du *Freischütz* de Weber, est à la fois un sommet de son existence et une date importante du romantisme musical naissant. Comme auteur de « nouvelles musicales », il n'a jamais été surpassé : il faut citer, en tout cas, *Le Chevalier Gluck* (*Ritter Gluck*, 1809) et *Don Juan* (1813), et surtout le personnage du maître de chapelle (guetté par la folie), Kreisler, sorte d'autoportrait destiné à devenir la figure principale du roman *Le Chat Murr* (*Die Lebensansichten des Katers Murr*, 1819-1822). Quant à ses critiques, parues ou non dans l'*Allgemeine musikalische Zeitung*, elles restent exemplaires, en particulier celles consacrées à Beethoven (*Cinquième Symphonie*, *Trios*, op. 70) et réunies plus tard sous le titre *La Musique instrumentale de Beethoven* (*Beethovens Instrumentalmusik*, 1813) : il s'agit des premiers textes fondamentaux sur ce compositeur (qui en eut lui-même connaissance, mais seulement plusieurs années après). Le terme « romantisme », souvent utilisé par Hoffmann, inclut également pour lui Mozart, et même Haydn, en raison notamment du rôle joué par chacun d'eux dans l'émancipation de la musique instrumentale : ce qui ne l'empêche pas d'aimer passionnément l'opéra, en particulier *Don Giovanni*. Représentant éminent du courant « fantastique » du début du XIXe siècle, il inspirera dans les décennies ultérieures plus d'un artiste, non seulement Offenbach et ses *Contes d'Hoffmann*, mais aussi et surtout Schumann et ses *Kreisleriana*, ainsi qu'une bonne partie de l'œuvre de Gustav Mahler.

MARC VIGNAL

HOLLIGER HEINZ (1939-   )

Choisir un instrument aussi méconnu, malgré ses origines lointaines, que le hautbois n'est certainement pas prendre le chemin le plus sûr qui mène à la célébrité. Son répertoire soliste reste finalement bien étroit et, ignorant superbement toute la période romantique, saute d'un bond des voluptés baroques aux aventures contemporaines naissantes. Les ensembles à vent et l'orchestre des XVIIIe et XIXe siècles ne sauraient se passer de son chant mais lui accordent rarement la vedette. Amoureux de l'une des plus riches sonorités qui soient, les hautboïstes se consacrent à la musique avec une abnégation que ne vient troubler aucun rêve de gloire. Heinz Holliger n'échappe au sort commun que par l'extraordinaire perfection de son jeu et par sa soif inextinguible d'horizons sonores nouveaux.

Il naît le 21 mai 1939 à Langenthal (Suisse). Il commence ses études musicales aux Conservatoires de Berne et de Bâle (1955-1959), où il aborde la composition avec Sandor Veress. Au Conservatoire de Paris (1962-1963), il travaille le hautbois avec Émile Passagnaud et Pierre Pierlot, ainsi que le piano avec Yvonne Lefébure. Pierre Boulez s'intéresse à ses premières compositions dès cette époque. Hautbois solo de l'Orchestre symphonique de Bâle (1959-1964), il se distingue en remportant brillamment le premier prix du concours international d'exécution musicale de Genève (1959) et le premier prix du concours de Munich (1961). Depuis 1966, il est professeur au Conservatoire de Fribourg. L'exceptionnel talent de Heinz Holliger est d'abord fait de maîtrise : précision et clarté absolues des attaques, phénoménale virtuosité digitale, contrôle parfait des couleurs et de l'ampleur du son. Mais que seraient toutes ces qualités sans ce phrasé qui allie simplicité de la ligne et force de la déclamation, sans cette émotion contenue qu'il faut découvrir sous la sobriété des moyens, sans cette respiration sensuelle dont il sait retrouver l'évidence. Souverain dans les concertos de Vivaldi, Bach, Albinoni, Cimarosa, Telemann ou Marcello, il se passionne aussi pour des œuvres beaucoup moins jouées, comme les *Concerts royaux* de Couperin, les quintettes pour piano et vents de Mozart et Beethoven, les trois *Romances* pour hautbois et piano de Schumann ou encore l'*Introduction, thème et variations* pour hautbois et orchestre de Hummel. Conscient de la nécessité absolue d'élargir le répertoire de son instrument, Heinz Holliger joue pour le hautbois un rôle aussi important que celui de Mstislav Rostropovitch pour le violoncelle. De très nombreux compositeurs écrivent pour lui et sa femme, la harpiste Ursula Holliger : André Jolivet (*Controversia* pour hautbois et harpe, 1968), Edison Denisov (*Romantic Music* pour hautbois, harpe et trio à cordes, 1969 ; *Double Concerto pour hautbois, flûte et orchestre*, 1970 ; *Concerto pour hautbois*, 1988), Franck Martin (*Trois Danses pour hautbois, harpe et orchestre*, 1970), Hans Werner Henze (*Doppio Concerto*, 1966), Klaus Huber (*Noctes intelligibilis lucis* pour hautbois et clavecin, 1961), György Ligeti (*Double Concerto pour flûte, hautbois et orchestre*, 1972), Isang Yun (*Double Concerto*, 1977 ; *Sonate pour hautbois et harpe*, 1979 ; *Concerto pour hautbois*, 1991), Brian Ferneyhough (*Coloration*, 1972), Witold Lutosławski (*Double Concerto pour hautbois, harpe et orchestre*, 1980), Paul Heinz Dittrich (*Concert avec plusieurs instruments n° 3*, 1979), Tōru Takemitsu (*Eucalypts 1*, 1970 ; *Eucalypts 2*, 1971 ; *Distance*, 1973), Elliott Carter (*Trilogy*, pour hautbois et harpe, 1992) mais aussi Gilbert Amy, Luciano Berio, Milko Kelemen, Vinko Globokar, Niccolō Castiglioni, Krzysztof Penderecki et Karlheinz Stockhausen. Tout ce répertoire – ainsi que le concerto de Bruno Maderna qu'il inscrit souvent au programme de ses concerts –, il le défend avec un grand engagement personnel. Étroitement associé aux activités de Paul Sacher à Bâle et à Zurich, Heinz Holliger n'en poursuit pas moins une féconde carrière de compositeur dont le départ peut être fixé au milieu des années 1950. Il écrit bien sûr pour lui et son épouse : *Sonate pour hautbois* (1956), *Sonate pour hautbois et piano* (1957), *Sonatine pour piano* (1958), *Sequenzen über Johannes*, I, *32* pour harpe (1962), *Mobile* pour hautbois et harpe (1962), *Improvisazionen* pour hautbois, harpe et douze cordes (1963), *Quintette* (1989). Mais le compositeur a bien d'autres curiosités et une profonde attirance pour la musique vocale et le théâtre, comme en témoignent de nombreuses partitions : trois *Liebeslieder* pour contralto et orchestre (1960), *Erde und Himmel*, cantate pour ténor, flûte, harpe, violon, alto et violoncelle (1961), *Schwarzgewobene Trauer* pour soprano, hautbois, violoncelle et clavecin (1962), *Glühende Rätsel* pour contralto et dix instruments (1966), *Der magische Tänzer*, opéra (1967), *Siebengesang* pour ensemble vocal, récitant, hautbois solo et orchestre (1968), *Va et vient* (1978), *Pas moi* (1980), *Cinq Pièces pour orgue et bande magnétique* (1981), *Trema* pour alto seul (1981), *Alb-Chehr* pour récitant, chœur et huit instrumentistes (1991). L'ensemble de son œuvre appartient à une esthétique postsérielle, marquée à la fois par une sensibilité boulézienne et l'ombre de Bach. La musique de Heinz Holliger ne se révèle pas moins très personnelle avec d'audacieux élans et une émotion rayonnante qui lui donnent un irrésistible pouvoir de séduction.

Heinz Holliger aurait légitimement pu se satisfaire de porter l'art de jouer du hautbois au sommet de la perfection et de faire revivre les splendeurs d'un répertoire ancien. Une ambition plus haute l'anime : être pleinement un musicien de son temps.

PIERRE BRETON

HOLST GUSTAV (1874-1934)

De son vrai nom Gustavus Theodore von Holst, il est, avec Frederick Delius et Edward Elgar, l'une des figures dominantes de la musique anglaise de la première moitié du xxe siècle. Il naît à Cheltenham le 21 septembre 1874, dans une famille d'origine suédoise ; ses parents lui donnent une formation de pianiste et d'organiste. Au Royal College of Music de Londres, où il est admis en 1895, il travaille le piano avec Herbert Sharpe et la composition avec Charles Villiers Stanford et Rockstro. Il étudie également le trombone, qu'il pratique dans divers orchestres londoniens jusqu'en 1905, date à laquelle il est nommé directeur musical à St Paul's Girls' School. Deux ans plus tard, il est responsable de la musique au Morley College de Londres, où il donnera en 1911 la première exécution moderne de l'opéra de Purcell *The Fairy Queen*. Il conservera ces deux postes jusqu'à la fin de sa vie. En 1907, il compose *Somerset Rhapsody* et, en 1913, *St Paul's Suite*, deux œuvres puisées aux sources de la musique populaire britannique. Il trouve ainsi une voie originale qui lui permet de se situer en marge du courant impressionniste, auquel adhère Delius, et du postwagnérisme, qui trouve de nombreux adeptes en Grande-Bretagne. Il s'intéresse également à la philosophie orientale, apprend le sanskrit pour mettre en musique la poésie hindoue (*Choral Hymns from the Rig Veda*, quatre recueils, 1908-1912) et recherche dans l'œuvre de Purcell les racines d'une authentique musique anglaise.

Pendant la Première Guerre mondiale, il séjourne à Thessalonique et à Constantinople, où il participe aux activités musicales des troupes britanniques. En 1917, il compose *The Hymn of Jesus* pour chœur et orchestre d'après un évangile apocryphe écrit en grec, partition dans laquelle il se tourne largement vers le plain-chant. En 1919, il est nommé professeur de composition au Royal College of Music de Londres ; mais sa santé précaire et un accident survenu en 1923 l'empêcheront d'exercer plus longtemps.

En 1916, il a présenté cinq mouvements de sa suite pour orchestre *Les Planètes*, qui sera créée intégralement en 1920 et assurera sa notoriété. Cette partition au lyrisme direct et à l'orchestration brillante traduit les préoccupations astrologiques de Holst. Elle est devenue un des éléments de base du répertoire des orchestres britanniques, au même titre que *Daphnis et Chloé* de Ravel en France ou que les poèmes symphoniques de Richard Strauss en Allemagne. On retrouve une veine analogue dans des œuvres symphoniques postérieures comme *A Fugal Overture* (1922) ou *Egdon Heath* (1927).

Les tentatives de Holst dans le domaine lyrique ne seront pas vraiment convaincantes : *Savitri*, opéra de chambre d'après une épopée sanskrite (1908), *The Perfect Fool* (1921), dont l'ouverture et le ballet sont restés au répertoire, *At the Boar's Head*, qui reprend un épisode de *Falstaff* (1924), ou *The Tale of the Wandering Scholar* (1929-1930), remaniée en 1951 par Benjamin Britten sous le titre *The Wandering Scholar*. Quelques œuvres originales comme *A Fugal Concerto* pour flûte, hautbois et cordes (1923), le *Concerto pour deux violons et orchestre* (1929) reflètent un sens des combinaisons instrumentales inusitées et une palette sonore qui s'affine au fil des années vers un dépouillement parfois excessif. Dans *Lyric Movement* pour alto et orchestre, seul mouvement achevé d'un projet de plus vaste envergure (1933), on décèle une veine plus lyrique qui aurait pu faire de lui un compositeur très populaire. Mais c'est surtout dans le domaine de la musique chorale qu'il donne le meilleur de lui-même : *Ode to Death* pour chœur et orchestre (1919) ou *Choral Symphony* (1925) traduisent une parfaite connaissance des moyens vocaux de masse qu'il avait découverts au contact des chorales d'amateurs, alors que les douze mélodies sur des chants populaires gallois concrétisent ce renouveau des musiques traditionnelles auquel l'avait converti son ami Ralph Vaughan Williams. Il meurt à Londres le 25 mai 1934.

Parfois présenté comme un amateur de génie, méconnu de son vivant au point de voir l'essentiel de ses œuvres resté à l'état de manuscrit, Holst est avant tout l'auteur d'une partition qui a fait le tour du monde, *Les Planètes*. Il joua cependant un rôle pédagogique essentiel dans un pays alors au balbutiement de son évolution musicale et a contribué à la prise de conscience de l'existence d'une musique britannique qui a ouvert la voie à des compositeurs comme Britten et Tippett.

ALAIN PÂRIS

HOLZBAUER IGNAZ (1711-1783)

Né à Vienne, Holzbauer, qui mène à Vienne des études de droit et de théologie, s'initie à la composition grâce au célèbre *Gradus ad Parnassum* du maître de chapelle impériale Johann Joseph Fux, qui, estimant ne rien avoir à lui apprendre de plus, lui conseille d'aller se perfectionner en Italie, où il se rend en effet. On le retrouve peu de temps après maître de chapelle en Moravie, puis de nouveau à Vienne (1741). Après un second voyage en Italie et deux années à Stuttgart comme chef d'orchestre, il est appelé en 1753 à Mannheim, où, exception faite de trois nouveaux voyages en Italie, il finira ses jours après avoir refusé, en 1778, de suivre à Munich l'électeur Karl Theodor. Comme tous les compositeurs de Mannheim, il écrivit beaucoup de musique instrumentale, dont environ soixante-dix symphonies. Mais son importance est surtout liée à ses opéras, à ses oratorios et à ses messes, ce qui s'explique largement par sa formation à l'école de Fux. En 1777, Mozart entendit à Mannheim deux œuvres de Holzbauer qu'il vanta chaleureusement : une messe déjà ancienne, mais dont la sûreté d'écriture l'avait impressionné ; et surtout l'opéra *Günther von Schwarzburg*, un des premiers en langue allemande sur un livret mettant en scène des personnages tirés de l'histoire germanique. Son second opéra allemand, *La Mort de Didon* (*Der Tod der Dido*), fut donné à Mannheim en 1779. Les autres sont en langue italienne, y compris son dernier, *Tancredi* (1783). Pour une exécution aux Concerts spirituels à Paris en 1778, Mozart ajouta à un *Miserere* de Holzbauer huit numéros malheureusement perdus.

MARC VIGNAL

HONEGGER ARTHUR (1892-1955)

Avec Georges Auric, Louis Durey, Darius Milhaud, Francis Poulenc et Germaine Tailleferre, Arthur Honegger fait partie, en 1920, du groupe des Six, c'est-à-dire de la révolution musicale parisienne d'après la Première Guerre mondiale.

Avec le *Roi David*, en 1921, il la transcende et se hisse, en pleine gloire, au classicisme intemporel. Depuis cet oratorio, et jusqu'à la fin de sa vie, il compose selon son génie, sans se soucier des écoles et des modes. Après sa mort, alors que les novateurs du jour relèguent son œuvre, le public lui fait fête et elle se dresse comme celle d'une des grandes personnalités du XXe siècle de la musique.

Un Suisse parisien

Né au Havre, de parents suisses, Arthur Honegger a gardé son passeport suisse toute sa vie, et c'était là pour lui plus qu'une commodité, l'expression d'une vérité qu'il ressentait profondément, celle d'une appartenance ancestrale à cette communauté suisse alémanique, branche essentielle du germanisme, qui a produit des écrivains comme Gottfried Keller et Conrad Ferdinand Meyer, et dont lui-même allait être un des protagonistes musicaux les plus puissants du XXe siècle. Mais Arthur Honegger a noué, encore enfant, des liens capitaux avec son pays comme élève du conservatoire de Zurich, en faisant aussi sa vie durant des séjours périodiques en Suisse, où certaines de ses œuvres les plus importantes ont été créées. En même temps, depuis son adolescence, lorsqu'il était l'élève de Lucien Capet, d'André Gédalge, de Charles Marie Widor et de Vincent d'Indy au Conservatoire national de Paris, et jusqu'à sa mort tragique et prématurée, à l'âge de soixante-trois ans, à son domicile parisien, il est resté un enfant du pavé de Paris le plus caractéristique, celui du Montmartre de la place Clichy, dont il pouvait contempler l'animation diurne et nocturne de ses fenêtres. De ce Paris, rien ne l'aurait séparé, et tout l'y attachait, ses amitiés, ses affections, ses grandes amours, sa gloire et le rôle qu'il y joua, essentiellement dans la vie musicale de l'entre-deux-guerres. Lorsque au cours d'une tournée américaine, en 1947, son cœur faillit brusquement s'arrêter et que, miraculeusement sauvé, il put regagner l'Europe, c'est à Paris qu'il revint, pour y vivre encore huit ans d'une vie physiquement diminuée, et y composer avant de s'éteindre ses derniers chefs-d'œuvre qui portent tous l'empreinte de la mort prochaine et sont, comme sa *Cinquième Symphonie*, déjà autant de Requiems.

Tout au long de sa vie et de sa musique se manifesta la double appartenance nationale et sentimentale d'Arthur Honegger. Ami et camarade de Conservatoire de Darius Milhaud, lié avec Francis Poulenc, il se trouva faisant partie de ce groupe d'amis si disparate qu'Henri Collet baptisa « groupe des Six » et qui fut « animé » par Jean Cocteau. Mais ce dernier plaidait pour le jazz nouvellement importé et pour la musique de cirque, et voulait faire d'Erik Satie le père spirituel du groupe. Aussi, très vite, Honegger s'en détacha-t-il avec une certaine violence, et il alla composer en Suisse, sous l'aile protectrice du mécène de Winterthur, Werner Reinhart, son *Roi David*, créé en 1921 au théâtre du Jorat, à Mézières, en Suisse romande, sur un texte français du poète René Morax son compatriote. De cette œuvre bâtarde, tenant du théâtre et de l'oratorio, mais géniale par sa musique grande et simple et généreusement inspirée, il sut extraire cet « oratorio avec récitant » qui, créé deux ans plus tard à la salle Gaveau, à Paris, fit passer un souffle d'air pur sur les faibles productions d'une certaine musique française d'après 1918, encouragea Milhaud, Poulenc et même Auric dans leurs propres aspirations secrètes. Honegger devint presque du jour au lendemain le musicien le plus célèbre d'Europe aux côtés d'Igor Stravinski.

Une dualité créatrice

Sa dualité fondamentale agissant, la célébrité lui vint en fait de deux œuvres complètement différentes : *Le Roi David* où Honegger réalisait pour la première fois son idéal d'une musique à la fois populaire et savante, dans la coulée de Bach, et puis, le premier de ses *Trois Mouvements symphoniques*, *Pacific 231* (1923) dont la structure, entièrement issue d'une unique cellule initiale, et l'écriture harmonique, fortement bardée de frottements polytonaux, voire atonaux, jetaient leurs phares loin dans l'avenir, et jusqu'aux jours où, après 1945, Honegger devait, comme un grand frère, encourager les premiers pas de Pierre Boulez et par là même de toute la jeune musique française.

Cette dualité se maintient durant l'entre-deux-guerres : dans les opéras *Judith* (1926) et *Antigone* (1927), le premier d'écriture violente et barbare, tributaire de l'expressionnisme allemand, l'autre sévère et dépouillé, mais montrant une fois de plus le chemin du futur, œuvre préférée de l'auteur. De même *Jeanne d'Arc au bûcher* (1935), qui sous sa forme d'oratorio scénique relança la renommée du musicien après la guerre, et *La Danse des morts* (1940), tous deux inspirés de Claudel ; le premier, une fois encore « savant et populaire », le second au lyrisme entrecoupé de virulence sonore et harmonique. Enfin, dernier exemple de ce dualisme, d'un côté la *Deuxième Symphonie* (1941) et la *Troisième* (1945-1946), de l'autre la *Quatrième* (1946) laissent l'impression de deux compositeurs différents. La *Deuxième*, pour cordes avec trompette *ad libitum* pour seize mesures à la fin, a été composée pour Paul Sacher à Bâle, en pleine tragédie de la guerre, et elle en reflète, dans un style expressionniste, tout le caractère implacable ; la *Troisième*, intitulée *Liturgique*, également inspirée par la guerre, immense prière de la créature au Dieu tour à tour vengeur et miséricordieux, participe d'un même style et d'une même écriture. La *Quatrième*, au contraire, *Deliciae Basilienses*, composée pour Sacher et sa ville de Bâle, est un souffle de paix, de charme, d'harmonie et de suavité qui vient, cette fois, d'un Paris point tellement éloigné de celui d'un Francis Poulenc. Et c'est tout de suite après qu'intervient la longue coupure de la maladie avec la menace permanente de la mort. La voie est ouverte au dépouillement, à la concentration définitive, à un retour à la simplicité d'écriture du *Roi David*, mais, cette fois, dans la nuit de l'accablement. Le cri vers Dieu vient encore de Bach, mais d'un Bach sans espoir, et l'écriture dans la *Cinquième Symphonie* (1950) se fait humble, claire, dans la tradition du meilleur Couperin, jusqu'à ces fins pianissimo des trois mouvements sur trois *ré* graves et assourdis de la timbale et des contrebasses, d'où, simplement, le titre *Di tre re*.

Après la mort de Honegger, sa voix devait assez brutalement retourner au silence presque complet, et c'est avec dédain que les jeunes générations considéraient son œuvre. De quoi ne fut-il accusé ! On lui en voulait de ne jamais avoir voulu être un « révolutionnaire », et, la veille de sa mort, certaines de ses déclarations très pessimistes sur l'avenir, ou plutôt sur le non-avenir de la musique, ne devaient, certes, pas arranger les choses. Le temps fera oublier certaines pages où, trop volontairement, Honegger tournait le dos à l'évolution nécessaire, qu'il avait pourtant laissé prévoir lui-même avec son *Antigone* (1927) ; le temps fera aussi renaître les autres, celles où cet artiste très humain laissait parler, tour à tour, les « deux âmes » que, tel Faust, il portait en lui.

ANTOINE GOLÉA

Bibliographie

J. BRUYR, *Honegger et son œuvre*, Corrêa, Paris, 1947 / J. COCTEAU, *Le Coq et l'Arlequin*, Paris, 1918, rééd. Stock, Paris, 1979 / M. DELANNOY, *Honegger*, Pierre Horay, Paris, 1953, nouv. éd. augm. du catalogue des œuvres par G. K. Spratt, Slatkine, Paris-Genève, 1986 / R. DUMESNIL, *La Musique en France entre les deux guerres*, éd. du Milieu du monde, Genève, 1946 / J. FESCHOTTE, *Honegger*, Seghers, Paris, 1966 / A. GOLÉA, *Esthétique de la musique contemporaine*, P.U.F., Paris, 1954 / H. HALBREICH, *Arthur Honegger. Un musicien dans la cité des hommes*, Fayard-S.A.C.E.M., Paris, 1992 ; « Arthur Honegger : l'homme des contrastes », in *Diapason-Harmonie*, n° 383, pp. 38-46, 1992 / A. HONEGGER, *Incantation aux fossiles*, éd. d'Ouchy, Lausanne, 1949 ; *Je suis compositeur*, éd. du Conquistador, Paris, 1951 ; *Écrits*, réunis et présentés par H. Calmel, Slatkine, 1992 / M. LANDOWSKI, *Honegger*, Seuil, Paris, 1957, rééd. 1978 / J. MAILLARD & J. NAHOUM, *Les Symphonies d'Arthur Honegger*, A. Leduc, Paris, 1974 / J. MATTER, *Honegger ou la Quête de joie*, Foetisch, Lausanne, 1957 / P. MEYLAN, *Honegger*, L'Âge d'homme, Lausanne, 1982 / D. MILHAUD, *Notes sans musique*, Julliard, Paris, 1949 / ROLAND-MANUEL, *Honegger*, Paris, 1925 / W. SCHUH, *Schweizer Musik in der Gegenwart*, Atlantis, Zurich, 1948 ; *Von neuer Musik*, *ibid.*, 1955 / G. K. SPRATT, *The Music of Arthur Honegger*, Cork Univ. Press, Cork, 1987 / H. H. STUCKENSCHMIDT, *Neue Musik zwischen den beiden Kriegen*, Suhrkamp, Francfort-sur-le-Main, 1951 (*Musique nouvelle*, Buchet-Chastel, Paris, 1956) / W. TAPPOLET, *Honegger*, À la Baconnière, Neuchâtel, 2e éd. 1957.

HOTTETERRE LES (XVIIe-XVIIIe s.)

Famille de musiciens français, facteurs d'instruments à vent, compositeurs, interprètes virtuoses à la Chambre du roi, sur la flûte, le hautbois, la musette, le cromorne... Le père, Loys (mort entre 1620 et 1625), était artisan tourneur et exerçait à la Courneuve-Boussey (près d'Évreux). Trois de ses huit enfants s'intéressèrent à la musique. Jehan (mort en 1691) fit partie à Versailles, vers 1650, des « dessus de hautbois et musette du Poictou » ; comme facteur, il perfectionna la musette et le bourdon. Louis fut nommé flûtiste du roi et sa survivance revint en 1714 à un de ses petits-neveux, Pierre Chédeville. Martin (mort en 1712) fut aussi « musette et hautbois » et participa en 1660 aux représentations de *Xerse* de Pier Francesco Cavalli dans la Grande Galerie du Louvre, avec des ballets de Lully. On connaît de lui une *Marche pour le régiment de Zurlauben*. Deux fils de Martin embrassèrent aussi la carrière musicale : Jean (mort en 1720), « hautbois et musette » du roi, écrivit des *Pièces pour la musette* (1722, posthumes), dont *La Nopce champêtre ou l'Himen pastoral*, de caractère ingénu, où le basson et le clavecin concertent avec la musette ; et surtout Jacques, dit le Romain (1674-1763), le plus célèbre de la dynastie, qui est l'un des plus remarquables flûtistes du XVIIIe siècle. C'est en tant que basse de viole et bassoniste qu'il entra en 1705 à la musique de la Grande Écurie ; sa célébrité provient surtout de sa virtuosité comme flûtiste de la Chambre du roi. Il étudia à Rome dans sa jeunesse. On lui doit de nombreuses compositions pour la flûte : *Pièces pour la flûte traversière avec la basse continue* (1708 et 1715) ; *Sonates en trio pour les flûtes traversières* (1712) ; des solos pour flûtes traversières, *Les Tendresses bachiques* ; *Brunettes* pour deux flûtes ; *Rondes ou chœurs à danser pour la flûte* ; *Menuets en duo* ; *Duos choisis pour deux flûtes ou deux musettes*. En outre, il écrivit aussi des *Pièces par accord pour la musette* (1722) et fit imprimer chez Ballard quelques *Airs sérieux et à boire*. Sa *Suite pour deux flûtes à bec* est un petit chef-d'œuvre ; la deuxième flûte donnerait presque l'illusion d'une basse continue, et l'intensité expressive de l'œuvre est évidente. Un tel art, très proche de celui de Couperin, atteint à l'un des sommets de la musique française du XVIIIe siècle. Jacques écrivit par ailleurs plusieurs méthodes dont la renommée fut considérable : *Principes de la flûte traversière ou flûte d'Allemagne, de la flûte à bec ou flûte douce, et du hautbois* (1707) ; une des rééditions parut sous le titre : *Méthode pour apprendre à jouer en très peu de temps de la flûte traversière* (1765) ; *L'Art de préluder sur la flûte traversière... avec des préludes dans tous les tons* (1719) ; *Méthode pour la musette* (1737). On peut y apprendre des techniques fort précises concernant les doigtés, les agréments, etc. ; elles contiennent aussi de précieux conseils d'interprétation. Nicolas Hotteterre dit Colin (mort en 1727 à Paris) est difficile à rattacher avec certitude à l'arbre généalogique de la famille. Il est l'auteur d'un *Recueil de bransles pour six parties de violons et hautbois*.

PIERRE-PAUL LACAS

HUBEAU JEAN (1917-1992)

La grande carrière de pédagogue que Jean Hubeau a accomplie un demi-siècle durant a longtemps relégué au second plan ses talents de compositeur et de pianiste, avant que le monde musical ne réalise que le piano français possédait en lui l'un de ses plus beaux fleurons.

Jean Hubeau voit le jour à Paris le 22 juin 1917. Il entre au Conservatoire à l'âge de neuf ans ; il y travaille le piano avec LazareLévy (premier prix en 1931), les disciplines théoriques et la composition avec Jean et Noël Gallon et Paul Dukas (premiers prix d'harmonie en 1931, de fugue et de composition en 1933). Il obtient un second grand prix de Rome en 1934 pour sa cantate *La Légende de Roukmani* et remporte, l'année suivante, le prix de piano Louis-Diémer. Dès 1935, il donne sa première œuvre pour orchestre, *Tableaux hindous*. Une bourse de l'Académie des beaux-arts lui permet d'aller travailler à Vienne en 1937, où il étudie la direction d'orchestre avec Felix Weingartner et Josef Krips. Il entame une carrière de soliste et de compositeur. Dès 1938, il enregistre son premier disque, consacré à Schubert, avec Pierre Fournier, il joue avec Maurice Maréchal, Henri Merckel (qui crée son *Concerto pour violon* en 1939 avant de le graver en 1947). Dès 1942, il est nommé directeur du conservatoire de Versailles, qui devient un passage obligé pour les postulants au Conservatoire de Paris. En 1957, il se voit confier une classe de musique de chambre au Conservatoire de Paris qu'il gardera pendant vingt-cinq ans et où seront formées plusieurs générations d'instrumentistes français : les pianistes Catherine Collard, Katia et Marielle Labèque, Michel Dalberto, Laurent

Cabasso, le violoniste Olivier Charlier, l'altiste Gérard-Caussé, les violoncellistes Roland Pidoux et Frédéric Lodéon. Puis ce sont des *master classes* très suivies à La Roque-d'Anthéron. Infatigable défenseur de la musique française, il est un partenaire de musique de chambre très recherché, notamment en trio, en quatuor avec piano ou en quintette. Ses enregistrements font date – intégrales de la musique de chambre de Fauré (1970) et de Schumann (1981), de la musique pour piano de Dukas et de Fauré (1991) –, tous couronnés par des grands prix du disque. Parmi ses partenaires figurent les violonistes Maurice Fueri et Alfred Loewenguth, les violoncellistes Paul Tortelier et André Navarra, les quatuors Loewenguth, Via Nova, Fine Arts, Viotti... Il meurt à Paris le 19 août 1992.

Son œuvre de compositeur, que sa carrière d'instrumentiste et de pédagogue a réduite au fil des années, touche à tous les genres mais est assez peu abondante : trois ballets (*Trois Fables de La Fontaine*, chorégraphie de Roland Petit, 1945 ; *La Fiancée du diable*, chorégraphie de Boris Kochno, 1945 ; *Un cœur de diamant, ou l'Infante*, ballets du marquis de Cuevas, Monte-Carlo, 1949), des concertos pour violon (1939), pour violoncelle (créé par Paul Tortelier en 1942), *Concerto héroïque* pour piano (1946), des sonates pour violon et piano (1941), pour trompette et piano (1943), pour piano, la *Sonate-Caprice* pour deux violons (1944), des pièces pour piano (*Variations*, 1933 ; *Conte fantastique d'Espagne*, 1936), de nombreuses mélodies et des musiques de film. Il a puisé chez Paul Dukas un art des timbres et un sens du rythme qui séduisent par leur spontanéité. La joie de vivre et la noblesse d'esprit qui se dégagent de ses œuvres sont autant d'hommages à Chabrier ou à Franck. En dehors de quelques pièces éparses, il a pratiquement cessé de composer à partir des années1950, laissant sommeiller une œuvre qui fut accueillie en son temps comme prometteuse. Mais l'homme était dévoué aux autres, trop discret et pudique pour faire valoir sa propre musique. La longue période pendant laquelle sa personnalité de pianiste a été reléguée derrière celle du pédagogue doit être imputée aux mêmes raisons ; heureusement, le temps passant, certains ont pris conscience de la grandeur du personnage et sont parvenus à le ramener sur les scènes de concert.

ALAIN PÂRIS

HUBER KLAUS (1924-)

Compositeur suisse né à Berne, Klaus Huber étudie la musique (théorie musicale, composition et violon) au conservatoire de Zurich, de 1947 à 1949. Il achève sa formation musicale à l'École supérieure de musique de Berlin (1955-1956), avec le compositeur Boris Blacher. En 1964, le chef d'orchestre Paul Sacher lui confie la classe de composition et d'instrumentation du conservatoire de Bâle : il y succède à Pierre Boulez, Karlheinz Stockhausen et Henri Pousseur. En 1973, il est nommé professeur de composition à l'école supérieure de musique de Fribourg-en-Brisgau. Il y dirige aussi l'Institut de musique nouvelle.

Souvent d'inspiration religieuse, son œuvre, l'une des plus vastes et des plus importantes de la lignée post-wébernienne, fait référence aux traditions d'écriture de la Renaissance et du Moyen Âge comme aux techniques de la musique sérielle et de la musique électroacoustique. Dans ses grandes architectures sonores, l'expression dramatique ample et profonde est soutenue par un sens de l'équilibre des masses et du détail, et par une grande maîtrise de l'écriture orchestrale et vocale : *Soliloqua* (1959-1964), sur un texte de saint Augustin, pour soli, deux chœurs et grand orchestre ; *Tenebrae* (1966-1967) pour un grand orchestre ; *Inwendig voller Figur...* (1970-1971) pour chœur, bande magnétique et grand orchestre, textes de l'Apocalypse de saint Jean et d'Albrecht Dürer ; *Ausgepannt...* (1972), musique spirituelle pour baryton, cinq groupes instrumentaux, bande magnétique et orgue, *Jot, oder wann kommt der Herr zurück* (1972-1973), opéra dialectique, pour soli, chef d'orchestre (voix parlée), chœur mixte, orchestre et bande magnétique ; *Turnus* (1973-1974) pour chef d'orchestre, coordinateur, grand orchestre et bande magnétique ; *Im Paradis oder Der Alte vom Berge* (1973-1975), opéra en cinq actes schématiques, texte d'Alfred Jarry traduit en allemand, pour pantomime, acteur, chanteurs solistes, chœur mixte, bande magnétique et orchestre, *Erniedrigt-Geknechtet-Verlassen* (1981), oratorio, *Ñudo que ansi juntais* (1984), pour seize voix en trois groupes, *Spes contra spem* (1989), pour chanteurs, acteurs et orchestre. Le catalogue de Klaus Huber comporte de nombreuses pièces pour petites formations instrumentales auxquelles il joint, souvent, une ou plusieurs voix (*Des Dichters Pflug*, 1989, pour trio à cordes ; *Fragmente aus Frühling*, 1987, pour mezzo-soprano, alto et piano...).

NICOLE LACHARTRE

HUGON GEORGES (1904-1980)

Une carrière placée sous le signe de la discrétion : toute sa vie durant, Georges Hugon, musicien sincère, a mis son talent au service de son art, oubliant qu'il était lui-même compositeur et qu'il faut parfois faire connaître sa propre musique. Né à Paris, il y fait ses études musicales au Conservatoire : il travaille le piano avec Isidore Philipp, les écritures avec Georges Caussade et Jean Gallon, la composition avec Paul Dukas. Premier prix de piano (1921), d'harmonie (1921) et de composition (1930), il se tourne vite vers l'enseignement : de 1934 à 1940, il dirige le conservatoire de Boulogne-sur-Mer ; en 1941, il revient à Paris où il enseigne le solfège au Conservatoire avant de se voir confier en 1948 une classe d'harmonie.

Ses premières œuvres importantes remontent au début des années 1930 : *Nocturne* pour violon et piano (1930), *Au Nord*, fresque symphonique d'après Verhaeren (1930), un quatuor à cordes (1931), *Prélude et quatre églogues de Virgile*, pour flûte, clarinette, cor et harpe (1931), un ballet d'après Flaubert, *La Reine de Saba* (1933). Toutes ces œuvres révèlent une écriture sobre, des combinaisons instrumentales raffinées et un sens profond du dépouillement. Le musicien semble s'isoler hors de son temps, réticent à l'évolution de la musique, notamment à la polytonalité alors très prisée. Cet isolement s'intensifie pendant les années de guerre où il reste pratiquement silencieux : seule sa première symphonie voit le jour en 1941. La Libération lui inspire ses *Chants de deuil et d'espérance* (1945), un oratorio qui traduit la détresse d'un homme bouleversé. Il compose une deuxième symphonie en 1951, *La Genèse d'or*, des chœurs a cappella pour voix de femmes (1953), une sonate-impromptu pour violon et piano (1960).

Son concerto pour piano (1962) marque un changement esthétique profond : la polytonalité est non seulement admise, mais largement utilisée, poussée parfois à l'extrême. Par contre, la construction reste traditionnelle et l'opposition de ces deux moyens d'expression engendre des œuvres fortes aux contrastes violents, très originales. Toutes ces caractéristiques se retrouvent dans ses dernières partitions, *Eaux-Fortes* pour piano (1963), *De lumière et d'ombre* (1965), trois esquisses pour orchestre à cordes ou orchestre symphonique, d'après Rembrandt et Dürer, *Fantaisie pour harpe* (1970), *Labyrinthe* pour ondes Martenot, piano et percussion (1976), et une troisième symphonie inachevée (1980). Georges Hugon avait reçu le prix de la fondation Blumenthal pour la pensée et l'art français en 1930 et le grand prix du conseil général de la Seine en 1967.

ALAIN PÂRIS

HUMMEL JOHANN NEPOMUK (1778-1837)

Pianiste, compositeur et chef d'orchestre autrichien né à Presbourg (aujourd'hui Bratislava), Hummel fait ses études avec son père, puis avec Mozart, grâce auquel il donne, en 1787, son premier concert public. Il part ensuite en tournée jusqu'à Copenhague et en Écosse, et participe en 1792 à Londres, comme enfant prodige, aux mêmes concerts que Joseph Haydn, dont il joue un trio. De retour à Vienne, il prend de nouvelles leçons auprès d'Albrechtsberger et de Salieri, et s'impose comme un des premiers pianistes de son temps. En 1804, il succède à Haydn à la tête de la chapelle du prince Esterházy, poste qu'il occupe jusqu'en 1811. Il est ensuite à Stuttgart puis, de 1818 à sa mort, à Weimar en tant que maître de chapelle du grand-duc (il fait, en 1827, le voyage de Vienne pour revoir une dernière fois Beethoven mourant). Auteur de nombreuses compositions de musique de chambre, de cinq concertos pour piano, d'innombrables pièces pour piano seul (dont des sonates), d'études et d'un ouvrage pédagogique datant de 1828, de musique vocale (dont trois messes), Hummel est un représentant typique avec Clementi, Moscheles, Weber pour une part, voire un certain Beethoven (première manière), de la génération néo-classicisante (qui imita les classiques) et préromantique (qui s'épanouira, par exemple, dans Chopin) du début du XIXe siècle. Il eut comme élève Czerny, Hiller et Thalberg.

MARC VIGNAL

HUMPERDINCK ENGELBERT (1854-1921)

Compositeur allemand né à Siegburg (Rhénanie), élève de Hiller, de Lachner et de Rheinberger, Humperdinck enseigne successivement à Barcelone, à Francfort et, de 1900 à 1920, à Berlin. En 1879, il rencontre à Naples Richard Wagner, qui l'invite à collaborer à Bayreuth à la préparation des premières représentations de *Parsifal*. On lui doit des œuvres pour chœurs, des musiques de scène, des lieder, de la musique de chambre et d'orchestre. De cette production abondante, une seule partition l'a sauvé de l'oubli en tant que créateur, y compris dans son pays natal : l'opéra *Hänsel und Gretel*, sur un livret de sa sœur Adelheid Wette, donné à Weimar en décembre 1893, et où sont adroitement utilisées, dans une atmosphère de conte de fées, quelques chansons populaires de Westphalie.

MARC VIGNAL

I

IBERT JACQUES (1890-1962)

Compositeur français, profondément indépendant, dont le style est impossible à rattacher à une école précise, mais qui est constamment empreint d'aisance et d'assurance technique ; tonal, polytonal ou atonal selon que son propos le requiert, il possède un sens aigu de la justesse d'expression humoristique, souriante et pudique, sensible et tendre, subtilement dessinée. Ibert est un classique et s'opposerait en cela à Florent Schmitt, beaucoup plus romantique. Il refuse à la fois l'héritage impressionniste et la réaction trop violente des Six. Ennemi de tout système, il se caractérise par sa concision, sa justesse de ton et sa sobriété.

Élève d'André Gédalge et de P. Vidal au Conservatoire de Paris, il obtient le premier grand prix de Rome en 1919. Pendant son séjour à la Villa Médicis, il compose l'une de ses œuvres majeures, *Escales* (1924), un triptyque symphonique évoquant le monde méditerranéen. Il aborde l'art lyrique avec *Angélique* (1927), une farce en un acte sur un livret de Nino qui fait vite le tour du monde. Puis voient le jour *Persée et Andromède* (1929), *Le Roi d'Yvetot* (1930). Avec Arthur Honegger, il signe *L'Aiglon* (1937) et une opérette, *Les Petites Cardinales* (1938). Plusieurs de ses ballets connaissent aussi la notoriété, notamment *Diane de Poitiers* que présente Ida Rubinstein (1934) et *Le Chevalier errant* (1950). Dans le domaine symphonique, il faut retenir *La Ballade de la Geôle de Reading*, d'après Oscar Wilde (1920) ; le *Concerto pour violoncelle et instruments à vent* (1926) ; le *Concerto pour flûte* (1934) ; l'*Ouverture de fête* (1942) ; la *Symphonie concertante*, pour hautbois (1949) ; *Louisville Concerto* (1954) et son ultime œuvre, *Bostoniana* (1956-1961). Auteur de nombreuses musiques de scène, il en a parfois tiré des partitions pour le concert, comme le *Divertissement*, pour orchestre de chambre (à l'origine destiné au *Chapeau de paille d'Italie* de Labiche, 1930). Mais il doit peut-être la plus grande part de sa réussite à deux petites pièces connues de tous les instrumentistes, *Entracte*, pour flûte et guitare (1935) et *Le Petit Âne blanc*, tiré des *Histoires*, pour piano (1943).

Sa carrière s'est essentiellement déroulée à Rome où il fut directeur de la Villa Médicis (1937-1955). À son retour à Paris, il fut administrateur de la Réunion des théâtres lyriques nationaux (1955-1956).

PIERRE-PAUL LACAS

INDY VINCENT D' (1851-1931)

Du compositeur ou du pédagogue, on ne sait auquel il faut accorder la première place : l'un et l'autre sont d'importance considérable ; l'un et l'autre se mêlent d'ailleurs ; d'Indy n'a jamais cessé d'être professeur en composant, comme il n'a jamais cessé, en enseignant, d'être un homme de principes, intransigeant encore que généreux et bienveillant. Originaire du midi de la France (bien que né à Paris), élève de Diemer et de Marmontel, pour le piano, de Lavignac pour l'harmonie, enfin – et surtout – de César Franck, auquel il voue un culte qui ne cessera de grandir, il complète sa formation musicale par plusieurs voyages en Allemagne. Il y rencontre Liszt, Brahms, Wagner surtout ; la découverte des drames lyriques de ce dernier va orienter toute sa carrière. Après ses premiers succès, celui en particulier de sa *Symphonie cévenole* (1886), il prend la direction de la Société nationale à la mort de Franck (1890) et fonde la Schola cantorum dont il deviendra très vite le directeur. Dès lors, son influence sur la jeune génération devient très importante non seulement dans le domaine musical mais sur le plan moral. D'Indy ne sépare jamais son enseignement artistique d'une attitude philosophique et morale. Son esthétique, fondée sur le culte de l'ordre, de la rigueur, n'est dans son esprit que l'application au domaine de l'art d'une pensée morale. C'est parce qu'il est fervent catholique, et parce qu'il est nationaliste, qu'il tentera de traduire en français le message wagnérien et cherchera son inspiration dans ses montagnes cévenoles. C'est au nom d'une certaine conception morale qu'il s'opposera vivement au debussysme, trop sensuel, trop peu structuré à son goût, et cela malgré une grande admiration personnelle pour l'œuvre de Debussy ; son école et ses disciples, renchérissant sur son rigorisme, le pousseront peut-être plus loin qu'il n'eût souhaité lui-même.

L'œuvre de Vincent d'Indy est, dans l'ensemble, plus pensée que sensible, volontaire et construite, à l'image de cet homme obstiné dans l'application de ses principes, mais d'une incontestable richesse. Elle se divise assez clairement en trois moments. La première période est nettement germanisante, sous l'influence des romantiques allemands et surtout de Wagner : elle consiste essentiellement en poèmes symphoniques (*La Forêt enchantée*, *Le Chant de la cloche*, et surtout les volets du triptyque de *Wallenstein*, 1870-1885). La seconde période marque un retour vers les traditions nationales, voire régionales. C'est l'époque de la *Symphonie cévenole* (ou *Symphonie sur un chant montagnard français*), 1886 ; de *Jour d'été en montagne* ; de ses deux opéras, intitulés « actions musicales », *Fervaal* et *L'Étranger* ; de la *Légende de saint Christophe*, gigantesque drame musical religieux et symbolique, enflé à l'excès, malgré de beaux moments (1885-1915). La dernière période (1915-1931) tend progressivement vers une sorte de classicisme, un dépouillement et un allégement : *Sinfonia brevis*, *De bello gallico*, *Diptyque méditerranéen*, *Quintette*, *Troisième Quatuor* ; c'est une musique toujours pensée, mais plus élégante, et dépouillée de tout ce que certaines œuvres précédentes pouvaient avoir, quelquefois, d'un peu grandiloquent. Les deux dernières périodes se rattachent très visiblement à des conceptions proches de César Franck, parfois avec un esprit de système ; la volonté de construction rigoureuse développe une structure cyclique dans laquelle elle s'épanouit.

L'importance de d'Indy est extrême pour l'intelligence de la musique du début du XXe siècle. Il a formé une pléiade d'artistes (Albert Roussel, Albéric Magnard, Érik Satie, Déodat de Séverac, Paul Le Flem, Arthur Honegger, Georges Auric, Joseph Canteloube, Gustave Samazeuilh, Guy Ropartz, et bien d'autres).

Les sympathies profondes comme les antipathies violentes qu'a suscitées cet homme généreux, passionné par son art, d'une inébranlable droiture, libéral envers ses élèves en dépit d'une terrible intransigeance doctrinale, ne sont pas sans marquer fortement le déroulement de la musique française des vingt dernières années du XIXe siècle et des trente premières du XXe. Les trois volumes de son *Cours de composition musicale* (1900, 1909 et 1933, posthume) prolongent jusqu'à nous le plus fécond et le meilleur de son enseignement ; même si on peut sourire aujourd'hui du schématisme acharné qui y pousse Vincent d'Indy à étendre toute œuvre qu'il aime sur un vrai lit de Procuste pour la conformer coûte que coûte à une idée abstraite de la « forme-sonate », il reste que maintes analyses en demeurent fort précieuses par la science, la finesse et la rigueur.

PHILIPPE BEAUSSANT

INGEGNERI MARCANTONIO (1547 env.-1592)

Compositeur et organiste italien de l'école vénitienne, dont l'écriture contrapuntique est très personnelle. Ingegneri fut le maître de Monteverdi. Il a reçu vraisemblablement l'enseignement de Vincenzo Ruffo (1510 env.-1587), maître de chapelle à la cathédrale de Vérone, où il était enfant de chœur ; il fut peut-être aussi l'élève de Cyprien de Rore à Parme. En 1568, on le trouve à Crémone où il est premier organiste et chantre à la cathédrale ; en 1576, il est nommé *musicis cathedralis praefectus* puis maître de chapelle (1581). Monteverdi, qui était son élève à cette époque, lui dédia ses quatre premiers livres de madrigaux. Ingegneri fut le protégé de Grégoire XIV, à qui il dédia plusieurs compositions de musique sacrée, écrites selon les nouvelles directives du concile de Trente. En 1584-1585, il était maître de chapelle de Saint-Ambroise de Gênes, après quoi il se fixa à Crémone. De sa musique d'église, on peut citer les vingt-sept *Responsoria Hebdomadae Sanctae*, *Benedictus et Improperia* (à quatre voix) et le *Miserere* (à six voix), œuvres publiées en 1588, à Venise ; on attribua longtemps ces répons à Palestrina, mais notamment l'usage qui y est fait du chromatisme ne permettait pas de les laisser au compte du maître romain. On a encore de lui neuf messes (de cinq à huit voix), quatre livres de *Sacrae cantiones*, soit plus d'une centaine de motets (de quatre à seize voix), où le double ou triple chœur, avec accompagnement instrumental, est bien caractéristique du style vénitien par l'ampleur et la solennité. En musique profane, bien qu'il sache utiliser une harmonie subtile et un chromatisme raffiné, Ingegneri se distingue moins par ses nombreux madrigaux (huit livres) que par ses deux *Arie di canzon francese per sonar*, pour quatre instruments (des violes ?) ; avec Nicola Vicentino, il est, en effet, l'un des premiers compositeurs de *canzoni francese*.

PIERRE-PAUL LACAS

ISAAC ou ISAAK HEINRICH (1450 env.-1517)

Organiste et compositeur qui se disait originaire des Flandres et qu'on peut rattacher au courant dit franco-flamand tel qu'il se manifesta en Italie. Isaac mourut à Florence, où Laurent de Médicis l'avait invité. Il a pendant longtemps passé pour allemand, mais son testament semble confirmer son origine flamande. Quoi qu'il en soit, Isaac était en 1474 l'élève à Florence de l'organiste et compositeur italien Antonio Squarcialupi (1416-1480), à qui il succéda à la tribune d'orgue de la cour des Médicis en 1475. Trois ans plus tard, il fut nommé maître de musique des enfants de Laurent de Médicis. Il fut peut-être organiste de l'église Saint-Jean, en 1480, voire de la cathédrale de Florence. En 1485, il occupait les fonctions de chantre et de compositeur à la chapelle Saint-Jean (San Giovanni) ; fut-il maître de chapelle ? Un document postérieur semble le prouver. On trouve des témoignages de sa présence à Innsbruck, en 1484, puis de 1494 à 1496, où il séjourna à la cour de Maximilien Ier, qu'il suivit à Augsbourg et à Vienne en 1497 ; cette année-là, il obtint le titre de compositeur de la cour impériale. Il semble qu'il ait dû quitter l'Italie à la suite des troubles qui éclatèrent à la mort de Laurent le Magnifique (1492), et surtout parce que la chanterie avait été dissoute sur l'ordre de Savonarole. Isaac célébra Laurent par deux motets : *Quis dabit capiti meo aquam ?* et *Quis dabit pacem populo timenti* et Maximilien par le motet à six voix *Virgo prudentissima*. Entre 1497 et 1500, il fut aussi en contact avec le prince électeur Frédéric le Sage à Torgau. En 1508, une vaste composition comprenant une nombreuse suite de pièces liturgiques commandée par le chapitre de la cathédrale de Constance, l'occupa presque entièrement ; c'est le fameux *Choralis Constantinus* qui fut édité par la suite : *Primus tomus choralis Constantini*, Nuremberg, 1550 ; *Tomus secundus choralis Constantini*, 1555 ; *Historiarum choralis Constantini tertius tomus*, 1555. Lorsque les Médicis revinrent au pouvoir, Isaac se mit à nouveau à leur service (1512) et fut nommé « proposto » ou « presidente della cappella ». L'année suivante, il dédia le motet à six voix *Optime...pastor* à Jean, fils de Laurent de Médicis, lors de son accession au pontificat (Léon X), et ce pape fit en sorte que son protégé retrouve les revenus substantiels qui étaient les siens du temps de son père. L'empereur Maximilien, qui avait accepté qu'Isaac retournât en Italie, en fit son ambassadeur près de la cour florentine. Le musicien mourut chargé de gloire et fut enterré à l'église Santa Maria de Servis. Son élève, Ludwig Senfl, lui succéda comme compositeur et organiste de la cour impériale et paracheva, avec Balthasar Resinarius (1480 env.-1546), le *Choralis Constantinus*.

Isaac est l'une des personnalités marquantes de la musique à la fin du XVe siècle ; il est la seule qu'on puisse qualifier d'internationale. Importante et variée, quoique encore trop mal connue, son œuvre semble inégale en qualité d'inspiration. Petrucci publia en 1506 cinq messes (*Misse Henrici Izac*) ; il existe une vingtaine de messes inédites et cinq autres publiées, en dehors de celles qui figurent dans le *Choralis Constantinus*. La musique religieuse comprend en outre quarante motets et des pièces liturgiques diverses ; la musique profane est illustrée par seize chansons allemandes et une dizaine de compositions instrumentales. Cependant, on lui a parfois attribué un bien plus grand nombre d'œuvres, répandues dans toute l'Europe musicale. Une étude critique reste à faire. Quoi qu'il en soit, Isaac s'illustra dans tous les genres pratiqués à son époque ; il parvint à une synthèse originale des styles flamands, italiens et germaniques du Sud. Dans ses chansons italiennes, *Canti carnascialeschi*, sur des paroles de Laurent de Médicis, il fait preuve de naturel, de simplicité populaire et il obéit à l'idéal de Leon Battista Alberti qui préférait « plaire à beaucoup plutôt qu'à peu de gens » (*giovare a molti che piacere a pochi*). Dans un certain nombre de messes (notamment cinq messes du troisième livre du *Choralis Constantinus*), Isaac utilise la structure dite de la messe allemande, avec alternance de polyphonie de quatre à six voix et de mélodie à l'unisson. Les chansons allemandes font partie des meilleures œuvres du compositeur, eu égard à la qualité de l'écriture ; presque toutes sont construites sur un ténor et dans le style savant de la musique de cour, avec accompagnement instrumental ; une seule confie la mélodie au superius (*Innsbruck, ich muss dich lassen*). Parmi les œuvres instrumentales, on citera un *ricercare* pour orgue, à partir d'une chanson populaire, *Adieu mes amours*. On peut signaler que le tome II du *Choralis Constantinus* fut réédité en 1909 par les soins de Anton von Webern dans *Denkmäler der Tonkunst in Österreich* (vol. XVI, 1).

PIERRE-PAUL LACAS

IVES CHARLES (1874-1954)

« Il existe un grand homme vivant dans ce pays, un compositeur. Il a résolu le problème de se préserver lui-même et d'apprendre. Il répond à la négligence par le mépris. Il n'est forcé d'accepter ni la louange ni le blâme ; son nom est Ives » (Arnold Schönberg).

L'importance de l'œuvre de Ives est considérable. Ce soi-disant amateur, ce père de la musique américaine fut longtemps un inconnu pour le plus grand nombre des mélomanes, formés à l'école européenne de Stravinski, Debussy ou Schönberg. En lui se sont combinés les gestes fondamentaux de la création musicale : écoute du monde sonore environnant, réalisation artisanale de l'œuvre, expérimentation de formes et de situations nouvelles, construction d'un univers sans précédent. En tissant pêle-mêle son écheveau, Ives a montré à la musique du XXe siècle que la nouveauté ne prenait pas obligatoirement le chemin de la réflexion critique et historique ou celui de la constitution d'une syntaxe, comme l'avaient laissé supposer les patients novateurs de l'école de Vienne. Ives unit le génie créateur d'un « compositeur du dimanche », qui ne craint aucune audace, à la rigoureuse discipline exigée par la composition. Bien qu'ayant une solide formation musicale, il fait figure de *self-made man*, en ce qu'il n'a obéi à aucun modèle venu d'Europe, ni à aucune mode de cette jeune nation, les États-Unis d'Amérique des premières années du XXe siècle.

Avant Charles Ives, il n'existait pas véritablement de musique classique américaine. Le paysage sonore des jeunes États-Unis d'Amérique se partageait entre des mélodies de salon de Stephen Collins Foster, héritières des romances romantiques en vogue en Europe, de nombreux airs à danser, de la musique militaire, des hymnes d'église, de la musique populaire noire. Toute importation européenne était saluée par la haute société qui se pressait pour aller écouter les solistes de passage.

Expériences et découvertes

Charles Edward Ives est né le 20 octobre 1874, à Danbury, dans le Connecticut. Son père, George, qui fut son principal professeur, était célèbre dans la région pour ses qualités de chef de fanfare. Sa grand-mère chantait dans le chœur de l'église de Danbury. Ces détails sont importants, car Ives fera constamment référence aux cantiques d'église et aux airs militaires dans son œuvre. Dès l'âge de quatorze ans, il est organiste à la Second Congregational Church de Danbury, activité qu'il poursuit à Yale pendant ses quatre années d'études. Comme organiste, et comme compositeur, Ives fait scandale, avec sa fâcheuse habitude d'improviser en superposant différentes tonalités ou en recherchant les sonorités les plus saugrenues (*Variations on « America »*). Ainsi, le jeune compositeur découvre-t-il la polytonalité avant Milhaud en accompagnant des mélodies dans des tonalités contradictoires, la polyrythmie avant Stravinski en superposant des figures rythmiques complexes, la spatialisation du son avant Stockhausen sous l'influence de son père, qui allait écouter du haut du clocher de l'église deux fanfares se rejoignant au milieu de la bourgade. Ces expériences d'un monde sonore inhabituel se retrouvent dans son œuvre. À la mort de son père, Ives étudie à l'université de Yale les techniques d'écriture avec Horatio Parker et acquiert le métier nécessaire à tout compositeur.

De cette période de jeunesse datent les *Variations on « America »*, variations polytonales sur un chant patriotique, la *Première Symphonie*, diverses pièces pour ensembles instrumentaux et des mélodies.

Homme d'affaires et compositeur

Au printemps de 1899, installé depuis peu à New York, Ives travaille dans une compagnie d'assurances où il rencontre Julian Myrick avec qui, en dix ans, il va créer la plus importante compagnie d'assurances sur la vie des États-Unis, Mutual Life Insurance Company. En 1908, il épouse Harmony Twichell, et adopte une petite fille. Pendant toute cette période, Ives se partage entre une trépidante vie d'homme d'affaires et une importante activité de compositeur. Cependant, il se refuse à faire carrière dans le domaine musical, à écrire des *pretty little tunes*, comme on le lui demande, n'espérant rien d'un public peu enclin à écouter une musique d'un abord difficile. Presque toute son œuvre importante a été écrite entre 1899 et 1918, année au cours de laquelle il est victime d'une éprouvante crise cardiaque. Dans le domaine symphonique, il faut citer la *Quatrième Symphonie* (1909-1916), qui rassemble à elle seule la plus grande part des recherches de Ives : une fugue grandiose, un orchestre gigantesque, des collages inattendus d'airs populaires et de fanfares, des citations de toutes sortes, des effets polytonaux.

Sa grande œuvre pour piano est sa *Seconde Sonate*, sous-titrée *Concord, Massachusetts, 1840-1860*, construite sur un argument philosophique inspiré par les transcendantalistes, et qui constitue une immense épopée sur l'osmose entre l'Homme et la Nature, où le piano est mené jusqu'à ses ultimes possibilités. Il écrit de nombreuses œuvres pour petits ensembles orchestraux, rassemblées en *sets* (séries), de très courte durée, petites formes à la manière de Webern, qui montrent son goût pour les sonorités nouvelles. La part la plus secrète de son œuvre se trouve sans doute dans les *114 Songs*, d'une audace et d'un lyrisme étonnants.

Une reconnaissance tardive

À partir de 1920, Ives n'écrit pratiquement plus, remettant sans cesse à l'ouvrage ses œuvres anciennes et découvrant avec stupéfaction que de jeunes musiciens américains sont en train de prendre le relai, tels Henry Cowell ou Aaron Copland. C'est au pianiste John Kirkpatrick que revient le mérite d'avoir fait connaître à un large public le nom de Ives lors d'un mémorable concert au Town Hall de New York, le 20 janvier 1939, où il joua la sonate *Concord* en seconde partie d'un récital. Kirkpatrick, qui s'était minutieusement préparé à cette œuvre avec le compositeur, n'eut cependant pas la joie de le voir dans la salle. Celui-ci avait d'ailleurs édité en 1920 une préface à cette partition, essentielle pour comprendre sa pensée : *Essays Before a Sonata*.

En 1954, Ives meurt sans avoir jamais fait carrière dans la musique, laissant derrière lui plusieurs centaines d'œuvres : œuvres chorales, œuvres symphoniques, quatuors à cordes, mélodies. Seul dans la campagne américaine, à l'aube du XXe siècle, il aura exploré des domaines qui seront plus tard les objets de recherche privilégiés d'autres compositeurs : micro-intervalles, polytonalité, collages, effets de masse orchestrale. Et, surtout, il aura porté sur la musique un regard radicalement différent de celui des compositeurs européens, en inaugurant une manière de faire spontanée mais rigoureuse, libre de toute entrave.

OLIVIER BERNAGER

Bibliographie

C. Ives, *Essays Before a Sonata and Other Writings*, J. Boatwright dir., New York, 1961 / J. P. Burkholder, *Charles Ives, the Ideas Behind the Music*, Yale Univ. Press, New Haven, 1985 / H. & S. Cowell, *Charles Ives and His Music*, Oxford Univ. Press, New York, 1955, rééd. 1981 / J. Kirkpatrick, *Memos*, Norton, New York, 1991 / R. S. Perry, *Charles Ives and the Amercican Mind*, Kent State Univ. Press, Kent (Ohio), 1974.

J

JACOPO DA BOLOGNA (actif mil. XIVe s.)

Musicien et théoricien italien, compositeur le plus célèbre des débuts de l'ars nova dans la Péninsule, avant Landini. Son influence sur la musique florentine fut importante et durable. À en croire les nombreuses copies qui nous sont parvenues, ses œuvres furent fort prisées de son temps. Jacopo da Bologna est l'un des tout premiers polyphonistes italiens. De sa vie, on sait par Filippo Villani (*Liber de origine civitatis Florentiae*, fin XIVe s.), qu'il concourut à la cour de Vérone, chez Massimo II della Scala (1329-1351), avec Piero et Johannes de Florentia ; il y est déclaré *artis musice peritissimus*. Plusieurs de ses œuvres laissent penser qu'il séjourna à Milan entre 1340 et 1360. Sur trente-quatre pièces connues de lui, douze sont copiées à la fois en notation italienne et en graphie française. Citons notamment ses vingt-neuf madrigaux (deux-trois voix ; certains à deux, puis à trois voix) – il est le premier Italien du XIVe siècle à écrire des madrigaux à trois voix ; deux cacce (canons) à trois voix ; une lauda à deux-trois voix ; un motet à trois voix, qui est le seul exemple de motet profane italien de ce temps (*Lux purpurata. Diligite justitiam*, dédié à Luchino Visconti) ; il n'est pas isorythmique et aucun cantus prius factus ne le soutient. Si Jacopo « s'efforce de varier la forme du madrigal, il n'en doit pas moins à Giovanni da Cascia le schéma dans lequel s'insèrent ses variantes ; s'il donne à la voix inférieure un dessin mélodique plus marqué et l'affranchit de la voix supérieure dans la récitation du texte, c'est dans l'application du canon au madrigal, tellement fréquente chez Piero, qu'il en trouva un exemple. Il n'en reste pas moins que son effort pour enrichir le langage de la polyphonie profane aboutit à un résultat remarquable » (Nino Pirrota). Le recueil de Faenza (manuscrit de 1400 environ), qui est la tablature la plus importante du XIVe siècle, possède de nombreux arrangements pour orgue de madrigaux de Jacopo da Bologna.

PIERRE-PAUL LACAS

JACOTIN LES

Surnom donné à plusieurs compositeurs du XVe et du XVIe siècle, difficiles à indentifier avec certitude. L'un serait Jacques Le Bel (ou Le Vel) qui fut chantre et chanoine de la Chapelle royale de France de 1532 à 1555. Il écrivit six motets (publiés par Attaingnant, 1534-1535), dans le style de l'école de Josquin des Prés ; quelques chansons à quatre voix, éditées à partir de 1528, dont certaines sont proches de celles de Claudin de Sermisy et d'autres plus traditionnelles. Celles à trois voix qu'édita Antico à Venise (1536) viennent-elles du même auteur ? Comme elles rappellent la tradition flamande (écriture mélismatique particulière), elles pourraient être attribuées à Jacob Godebrye, surnommé lui aussi Jacotin et qui fut chantre à la cathédrale d'Anvers de 1479 à 1529 ; il est l'auteur de motets et de chansons publiées par Petrucci, Salblinger, Ott, Rhaw et Ballard. Mais Jacques Le Bel, dit Jacotin, fut chantre du pape de 1516 à 1519. Un autre Jacotin, d'origine picarde, fit partie des chanteurs de la chambre (*cantori da camera*) du duc de Milan, de 1473 à 1494.

PIERRE-PAUL LACAS

JACQUET DE LA GUERRE ÉLISABETH (1667-1729)

L'une des premières femmes compositeurs. Brillante claveciniste française, Élisabeth Claude Jacquet naquit et mourut à Paris dans une famille qui comptait déjà plusieurs musiciens : Jehan, facteur de clavecin, mort à Paris après 1658 ; son fils, Claude Ier (1605-av.1675), facteur comme son père ; Claude II, petit-neveu de Jehan, claveciniste et organiste de Saint-Louis-en-l'Isle ; Élisabeth, fille de ce dernier. Très douée dès son jeune âge, Élisabeth se fit entendre à dix ans. Mme de Montespan la fit entrer à la Cour en 1682 et Louis XIV fut impressionné par ses qualités de musicienne. En 1684, elle se maria avec Marin de La Guerre (1658-1704), claveciniste et organiste réputé (chez les jésuites de la rue Saint-Antoine, à Saint-Séverin, à la Sainte-Chapelle), lui-même membre d'une dynastie de musiciens organistes (son frère, Jérôme, 1655 env.-apr. 1738 ; leur père, Michel, 1605 env.-1679 ; leur oncle, François) ; après ce mariage, elle quitta la Cour et se fixa à Paris où elle enseigna le clavecin et donna beaucoup de concerts, surtout après le décès de son mari.

Comme compositeur, Élisabeth fait preuve d'un réel talent par la qualité de son écriture, qui doit beaucoup au style italien dans les formes de la sonate et de la cantate. Elle écrivit notamment des *Pièces de clavecin qui se peuvent jouer sur le violon* (1707) – le recueil de 1687 est perdu –, des *Sonates pour le violon et pour le clavecin*, six *Sonates en trio pour deux violons et basse continue avec viole de gambe* (1695). De sa musique pour le théâtre, il reste une tragédie lyrique, *Céphale et Procris*, qui fut un échec (1694), une pastorale, *La Musette ou les Bergers de Suresne* (1713) ; elle a écrit aussi un ballet (perdu), *Jeux à l'honneur de la Victoire* (1685). Ses pages les plus nombreuses furent destinées à la musique vocale : plusieurs airs dans les *Recueils d'airs sérieux et à boire* (1710-1724) ; trois livres de cantates pour une voix avec basse continue, avec ou sans accompagnement instrumental, soit, en 1708, *Cantates françoises sur des sujets tirez de l'Écriture : Esther, Le Passage de la mer rouge, Jacob et Rachel, Jonas, Susanne, Judith* ; en 1711, *Cantates françoises... : Adam, Le Temple rebasti, Le Déluge, Joseph, Jephté, Samson* ; vers 1715, *Sémélé, L'Île de Délos, Le Sommeil d'Ulisse* (*Cantates françoises auxquelles on a joint le Racommodement comique*). Sa dernière œuvre, un *Te Deum à grand chœur* exécuté à la Cour en 1721 à l'occasion de la convalescence du futur Louis XV, reste inconnue jusqu'ici. Sa musique, parfois empreinte de quelque afféterie, manifeste souvent vigueur et force, en même temps qu'une grâce légère et aisée.

PIERRE-PAUL LACAS

JAMBE DE FER PHILIBERT (1515 env.-env. 1566)

Musicien français, protestant convaincu, qui mit le psautier en musique. Né à Champlitte (Haute-Saône actuelle), Philibert Jambe de Fer aurait été chantre à Poitiers ; en tout cas, sa première œuvre, un motet à quatre voix, *Salve salutaris victima*, est publiée en 1547, chez J. Moderne, à Lyon, ville où il mourut. On connaît de lui une chanson profane à quatre voix (1552, *Femme qui honneur veut avoir*). Mais c'est surtout comme musicien des Psaumes que sa renommée fut grande. En 1564, il composa la musique pour l'entrée de Charles IX à Lyon, après avoir dédié à ce roi ses *Cent Cinquante Psaumes* pour la fête de Noël 1563. Il met en musique des traductions de Jean Poitevin, de M. Scève, de C. Le Maistre, de É. Pasquier, de T. de Bèze, de Marot. Son écriture polyphonique, à quatre ou cinq voix, correspond parfaitement au style de son temps. Il écrivit par ailleurs un traité en français, l'*Épitomé musical des tons, sons et accords ès voix humaines, fleustes d'alleman, fleustes à neuf trous, violes et violons...* (1556, Lyon) ; à noter que les violons ici étudiés correspondent aux *viole da braccio* ou aux *kleine Geygen* de Hans Gerle.

PIERRE-PAUL LACAS

JANÁČEK LEOŠ (1854-1928)

Jusqu'à l'âge de soixante-deux ans, Leoš Janáček resta méconnu, sinon inconnu, mais, le 26 mai 1916, le Théâtre national de Prague afficha *Jeji Pastorkyna* (*Sa Belle-fille*) un opéra refusé par ce même théâtre et le même directeur, Karel Kovarovič, treize ans plus tôt. Le compositeur avait travaillé neuf ans à cette œuvre (1894-1903) qui fut toutefois représentée à Brno en 1904, mais il s'était heurté de la part des milieux pragois à une incompréhension et à une hostilité certaines. On considérait cet « obscur » musicien morave comme un artiste de mérite, un pédagogue doué – dont l'importance ne dépassait pas le cadre local –, et un expert en matière de chanson populaire. Enfin, en 1916, son opéra, applaudi et loué, allait faire carrière sous le titre renouvelé de *Jenufa*, du nom de son héroïne. Pendant treize ans, relate Max Brod, qui fut le grand propagandiste de Janáček, « ces Messieurs de Prague n'avaient pas cru devoir regarder cette œuvre qui « sentait sa province » ».

Une période créatrice s'ouvrait pour Janáček, favorisée non seulement par le succès de *Jenufa*, mais également par l'indépendance nationale recouvrée à la suite du traité de Versailles, sans parler de l'amitié amoureuse que lui inspira jusqu'à sa mort une jeune femme, de trente ans sa cadette. Entre 1916 et 1928, Janáček devait composer la quasi-totalité de son œuvre.

Patience et effort créateurs

Le musicien naquit à Hukvaldy, village du nord de la Moravie, aux confins de la Silésie, de la Pologne et de la Slovaquie. C'est le pays Lach auquel Janáček restera attaché. Issu d'une modeste famille d'instituteurs dans laquelle la tradition musicale était solidement établie, il fut placé, pour des raisons économiques, au monastère des augustins de Brno où, moyennant la nourriture et l'habillement, il chanta au sein de la maîtrise. Il n'en fallait pas plus pour que, sous l'influence amicale et sévère de Pavel Krizkovsky, compositeur et maître de chœur, le jeune Janáček, travailleur, bouillant et obstiné, décidât de son orientation. La musique allait donc occuper sa vie, bien que, par tradition familiale, il se dirigeât vers l'école normale d'instituteurs comme élève, puis en tant que professeur jusqu'en 1903. Il épousa en 1881 la fille de son directeur.

Entre-temps, il réussit à fréquenter l'école d'organistes de Prague, y faisant en une année le programme de trois ans, et à suivre les cours des conservatoires de Leipzig et de Vienne. En 1881, il fonda à Brno une école d'organistes où l'on étudiait surtout la théorie et la composition, et qui devint, en 1919, le conservatoire de la ville.

Ses premières compositions furent des œuvres chorales qu'il exécuta à la tête de la chorale Svatopluk, dont il était le chef avant de devenir le directeur de la Société chorale Beseda. Janáček est alors le véritable animateur de la vie musicale de la capitale morave, où il fonde le premier orchestre, fait exécuter des œuvres aussi représentatives de la musique européenne que le *Psaume XCIV* de Mendelssohn, le *Requiem* de Mozart et la *Missa solemnis* de Beethoven ; ces activités sont à la fois pleines de fougue et de désintéressement ; il élargit le répertoire des concerts et crée une revue musicale, mais son audace effraye.

Constantes et dominantes

Janáček avait les qualités et les défauts de l'autodidacte d'exception : humble, mais volontaire jusqu'à l'agressivité ; modeste, mais sûr de sa cause ; timide, sauvage, mais tranchant. Au physique, ces traits de caractère se lisaient dans des yeux vifs, étincelants, que dominait une chevelure argentée.

Dans ses rapports avec la société, certaines options de l'homme et de l'artiste – toujours accordés chez Janáček – retiennent l'attention. Des données politiques de l'époque (une effervescence patriotique de plus en plus vive qui aboutit en 1918 à l'émancipation nationale) Janáček tient un nationalisme progressiste. À quoi s'ajoute une attirance naturelle vers le « slavisme », attirance qui lui vaut l'hostilité des partisans de Bedřich Smetana. En raison de ses origines et de ses débuts difficiles, il ressentit vivement l'injustice sociale et acquit un sens aigu du droit civique et de la démocratie politique.

Il tient de naissance et du pays de son enfance le goût de la nature qui le conduira à l'étude des chants populaires, principalement ceux de sa Moravie natale. Son attrait pour la philologie (il obtint son diplôme à l'école normale d'instituteurs dans cette discipline) le mène à élaborer ses théories sur la « musique du langage ».

Le sens de la nature marque cependant son tempérament et sa conduite d'une empreinte plus profonde encore. Se déclarant lui même incroyant (en réalité, il est agnostique), il voit en la nature la motivation de toute chose et le recours suprême. C'est elle et son renouvellement perpétuel qui justifient à ses yeux le culte irréfragable de la jeunesse, conception qui explique son penchant pour un érotisme idéalisé au sein d'un panthéisme à la fois réaliste et poétique.

Jalons d'une œuvre

Cette esquisse de la pensée de Janáček permet d'aborder les grandes périodes de sa vie.

La période ethnographique (jusqu'en 1903)

L'intérêt de Janáček pour l'ethnographie débuta sous l'influence de Pavel Krizkovsky et d'Antonín Dvořák avec qui il s'était lié d'amitié. Les deux personnages avaient des points communs : leur slavisme, et aussi une certaine rusticité due à leur origine paysanne (« deux colosses silencieux », disait-on). En 1885, Janáček dédie à Dvořák *Quatre Chœurs pour voix d'hommes* et cette même année il se lie avec le directeur du lycée du vieux Brno, František Bartoš, qui recueillait des chants populaires. À la faveur de cette fréquentation, il pénètre plus systématiquement dans le monde de l'art populaire. Il parcourt la Moravie, du pays des Lachs et des Valaques, au nord, jusqu'aux régions méridionales. Il écoute, note, édite des recueils en collaboration avec Bartoš et devient rapidement « expert », ce qui, aux yeux des milieux officiels de Prague, estompa sa personnalité de compositeur. Ne se contentant pas de recueillir thèmes et chansons, il s'intéresse à l'analyse des rythmes, des tonalités, des formes, et étudie conjointement les conditions psychologiques et sociologiques de la création populaire. Ses études sont publiées à Brno, mais c'est seulement en 1955 que l'ensemble de ses travaux sera édité d'une manière ordonnée.

Poussant plus loin encore ses investigations, il se passionne non seulement pour la mélodie et la thématique populaires, mais pour le langage, étude patiente et originale, analysant l'intonation, la cadence, les inflexions à peine perceptibles de la parole, véritable transition, selon lui, entre le parler et le chant. Contrairement à ce que pourrait laisser supposer cette curiosité, il n'utilise jamais, dans ses compositions, la thématique du langage parlé, mais seulement l'observation des vibrations affectives qui lui permettent de silhouetter « psychologiquement » ses personnages. À entendre parler ses semblables, et sans s'intéresser particulièrement aux propos tenus, il était assuré, disait-il, de déchiffrer la pensée et le caractère de son interlocuteur. Janáček notait ces « mélodies du parler », du rire et des pleurs aussi, et encore le contexte psychologique qui les accompagnait. Il étendit ses observations aux chants multiples de la nature : chants d'oiseaux, bruits de mer, etc. Cette recherche systématique conduisit Janáček, lorsqu'il composait, à la pratique d'une thématique brève, nerveuse, constamment renouvelée, d'autant plus qu'il subissait l'auto-influence de son langage morave saccadé et économe. Ses partitions sont alors émaillées de notes groupées en petits paquets d'importance inégale. La vivacité, la vitalité, le réalisme et aussi la poésie de sa musique résident en grande partie dans ce continuel renouvellement auquel n'est pas étrangère la publication d'un ouvrage théorique sur *La Disposition et l'enchaînement des accords* (1897), complété en 1912-1913 par une *Théorie intégrale de l'harmonie*.

Les œuvres de cette époque sont surtout influencées par la thématique et la coloration populaires ; les *Danses des Lachs* (1889-1890) notamment, les deux tentatives d'opéra : *Šárka* (1888) et *Début de roman* (1891) ; une cantate *Amarus* (1897), et *Jenufa* (1894-1903), dont l'échec confina pour treize ans le musicien dans des activités strictement locales alors qu'il escomptait une renommée universelle.

Nation et société (1903-1918)

La seconde période qui s'ouvre sur le refus de *Jenufa* par le Théâtre national de Prague, contemporain de la mort de sa fille

Olga à laquelle l'opéra est dédié, s'étend jusqu'au triomphe de l'œuvre sur la scène de ce même théâtre en 1916. Pendant ces treize années, Janáček fut condamné à la vie d'un compositeur de province sans liens féconds avec le monde extérieur, ce qui, pour autant, ne le réduisit pas à l'inaction ; en effet, sans avoir une attitude ouvertement révolutionnaire, il faisait toujours preuve d'un civisme progressiste qui le conduisait à épouser étroitement la cause de sa nation et de ses compatriotes tchèques et moraves. Comme avant lui Smetana et Dvořák, comme tous les intellectuels de Bohême et de Moravie, Janáček se sentait, en attendant la libération, gardien de la culture et de la tradition nationales. Ainsi prirent naissance sa *Sonate pour piano*, sous-titrée *L.X. 1905*, écrite à la mémoire d'un ouvrier tué lors d'une manifestation pour la création d'une université tchèque à Brno (seuls les deux premiers mouvements ont été conservés), puis les trois chœurs composés sur des textes du poète national morave, ami de Janáček, Petr Bezruc : *Marycka Magdonova*, *Le Maître d'école Halfar* (1906) et les *Soixante-Dix Mille* (1909), auxquels on peut rattacher la cantate *Évangile éternel* (1914) et la ballade pour orchestre, *L'Enfant du violoneux* (1912), ainsi qu'un certain nombre de recueils d'inspiration nationale (comme les *Chansonnettes de Hradcany*, 1916) inspirés par le déclenchement de la guerre de 1914, qui avait rendu l'espérance aux patriotes tchèques. De cette époque datent aussi deux recueils de pièces pour piano, discrètes et personnelles impressions de mélancolie : *Sur le sentier broussailleux* (1901-1911) et *Dans les brumes* (1912).

Janáček manifeste aussi son slavisme, et plus précisément sa russophilie, en essayant de mettre en musique *Anna Karénine* (1907), dans le texte original russe (œuvre abandonnée), en composant un *Trio* (1908) inspiré par *La Sonate à Kreutzer* de Tolstoï (œuvre détruite), mais aussi le *Conte* (1910) pour violoncelle et piano d'après Joukovsky, *La Sonate pour violon et piano* (1914), de caractère russe, et surtout le triptyque symphonique *Tarass Boulba* (1915-1918) d'après Gogol.

Pour la scène, après la déconvenue de *Jenufa*, Janáček entreprit *Le Destin* (1903-1904), qui semble avoir été dicté par une aventure autobiographique et ne fut pas représenté. En revanche, en 1908, il composa un opéra fantastique, *Les Aventures de M. Brouček dans la Lune*, une charge de la couardise petite-bourgeoise, qu'en 1917, en quelques mois, et sans doute sous l'inspiration des événements, il compléta par *Les Aventures de M. Brouček au XVe siècle*, confrontant ainsi, en pleine effervescence patriotique, le personnage de Brouček, lâche et ridicule, avec l'héroïsme de ses ancêtres hussites. C'est alors que s'ouvrit la grande période créatrice du compositeur.

L'apogée (1918-1928)

En même temps que l'indépendance nationale est accordée, *Jenufa* triomphe à Prague et l'amour de Janáček pour Kamila Stösslova s'épanouit. L'écrivain allemand Max Brod se dévoue à sa cause comme il se consacre à Kafka. Janáček voyage ; on le joue ; on le fête. En dix années, il donne la presque totalité de son héritage musical, évitant toute redite, se frottant à tous les genres : le cycle vocal (*La Carnet d'un disparu*, 1917-1919), le poème symphonique (*La Ballade de Blanik*, 1920) d'inspiration patriotique, des opéras (*Katia Kabanova*, 1919-1921 ; *La Petite Renarde rusée*, 1921-1923 ; *L'Affaire Makropoulos*, 1923-1925), un chœur (*Le Fou vagabond*, 1922), le *Premier Quatuor* (1923) inspiré par *La Sonate à Kreutzer*, le *Sextuor « Jeunesse »* (quintette à vent et clarinette basse (1924), lequel, avec le *Concertino* (1925) pour piano, deux violons, alto, clarinette, cor et basson et le *Capriccio* (1926) pour piano (main gauche) et ensemble d'instruments à vent, est le fruit des contacts du compositeur avec l'avant-garde européenne, et prouve sa curiosité renouvelée pour la découverte sonore. En 1926, la *Sinfonietta* complète l'expérience des œuvres de chambre précédentes par le traitement des instruments de l'orchestre, non pas d'une manière globale, mais individuelle. De la même année date la *Messe glagolitique* sur le texte liturgique slavon, manifestation exemplaire de la personnalité du compositeur et de son panthéisme typiquement slave. L'humour de Janáček apparaît en 1927 dans les *Dictons* pour ensemble vocal et instrumental composé avant le dernier opéra, *De la Maison des morts* d'après Dostoïevski (représentation posthume en 1930) et le deuxième quatuor à cordes, *Les Lettres intimes* (1928), témoignage de fidélité envers Kamila.

Le culte de la jeunesse fut une des constantes de la vie de Janáček. Il est jeune aux approches de la mort, de cœur et de sang (ainsi s'explique sa soif d'érotisme), dans sa conception de la vie et du monde qu'expriment *L'Affaire Makropoulos* et *La Petite Renarde rusée* où la mort est présentée comme nécessaire au renouvellement de toute chose – c'est-à-dire à la jeunesse ; dans ses recherches esthétiques, dans son comportement de pédagogue et d'animateur. Âgé, il voyage encore beaucoup malgré la fécondité de son travail de compositeur : on le voit à Salzbourg en 1923, à Venise en 1925, à Londres en 1926. En 1927, il est élu membre de l'Académie des beaux-arts de Prusse en même temps que Paul Hindemith et Arnold Schönberg ; la même année, à Francfort, il représente la « jeune » culture tchécoslovaque aux manifestations de la Société internationale de musique contemporaine (S.I.M.C.). « On proteste en vain contre ces festivals, disait-il. Leurs voies peuvent être semées de chardons, d'épines et de broussailles, mais je m'y rends pourtant compte que la musique ne s'arrête pas dans son évolution, qu'elle « bourgeonne » elle aussi. »

À la suite d'une pneumonie, il mourut à l'hôpital d'Ostrava, « en pleine jeunesse », à l'âge de soixante-quatorze ans.

GUY ERISMANN

Bibliographie

G. ABRAHAM, *Slavonic and Romantic Music*, Faber & Faber, Londres, 1968 / M. BECKERMAN, *The Theoretical Works of Leoš Janáček*, Pendragon Press, Stuyvesant, 1992 / J.-C. BERTON, *La Musique tchèque*, P.U.F., Paris, 1982 / M. BROD, *Leoš Janáček*, Prague, 1924, trad. allem., Vienne, 1925 / M. ČERNOHORSKÁ, *Leoš Janáček*, trad. franç. M. Vaněk, Prague, 1966 / E. CHISHOLM, *The Operas of Leoš Janáček*, Oxford Univ. Press, Oxford, 1971 / G. ERISMANN, *Janáček ou la Passion de la vérité*, Seuil, Paris, 1980, n[lle] éd. 1990 / *Leoš Janáček. Sa personnalité et son œuvre*, catal. expos. Opéra de Paris, 1980 / D. MULLER, *Leoš Janáček*, Rieder, Paris, 1930, rééd. éd. d'Aujourd'hui, Plan-de-la-Tour, 1979 / J. RACEK, *Leoš Janáček*, Brno, 1948, trad. all. Reclam, Leipzig, 1971 / J. SEDA, *Janáček*, Prague, 1956 / B. ŠTĚDRON, *Janáček ve vzpominkách a dopisech*, Brno, 1940 / A. SYCHRA, *Leoš Janáček*, Prague, 1956 / J. TYRREL, *Leoš Janáček. A Documentary Account of the Operas by the Composer*, Princeton Univ. Press, Princeton (N. J.), 1992 / A. E. VAŠEK, *Po stopách Janáčkovych*, Brno, 1930 / A. VESELY, *Leoč Janáček : pohled do života a díla*, Prague, 1924 / J. VOGEL, *Leoš Janáček, život a dílo*, Prague, 1963, trad. angl., Norton, New York, 1981.

JANEQUIN CLÉMENT (1485 env.-1558)

Clément Janequin apparaît comme le maître de la chanson polyphonique au XVIe siècle. Clerc, il fut plus original dans le domaine de la musique profane que dans celui de la musique sacrée. Son nom demeure attaché aux *Amours* de Ronsard, à quelques poèmes de François Ier qu'il illustra musicalement, comme il célébra les campagnes de François de Guise dont il était le chapelain. Mais son domaine propre fut la chanson descriptive où il excella. Elle lui valut une renommée européenne dont la France à sa mort ne s'était pas encore aperçue.

Une courbe ascendante

Né à Châtellerault, Clément Janequin, présume-t-on, reçut sa première formation musicale dans la maîtrise de cette ville. Dès 1505 il est à Bordeaux, au service de Lancelot du Fau, président des enquêtes au Parlement, vicaire général de l'archevêché, puis évêque de Luçon en 1515. À sa mort en 1523, l'archevêque de Bordeaux, Jean de Foix, recueillit le jeune Janequin qui avait entre-temps achevé des études qui lui ouvraient l'accès aux ordres. Grâce à son protecteur, le musicien reçut quelques titres et bénéfices, assez modestes en vérité. À Bordeaux, il s'était lié avec le poète Eustorg de Beaulieu qui l'introduisit dans le cercle de l'avocat Bernard de Lahet, lequel jouait les mécènes et organisait des soirées de musique. C'est là qu'il fit probablement connaître ses premières compositions. Sa renommée grandit assez rapidement puisque, en 1529, l'éditeur parisien Pierre Attaingnant commence à publier ses œuvres, dont les premières chansons descriptives, qui allaient connaître un succès européen. La mort de Jean de Foix et la perte de ses bénéfices, déclarés vacants par le chapitre de l'archevêché, l'obligent à quitter Bordeaux.

Son frère Simon résidait à Angers. C'est sans doute ce qui incita Janequin à se rendre en cette ville en 1531. Il y devient chapelain puis maître de la « psallette » de la cathédrale. Il reçut en outre la cure d'Avrillé (petit bourg au nord d'Angers) et se lia d'amitié avec François de Gondi, qui se piquait de culture musicale. Période féconde pour le musicien dont toute la production est régulièrement publiée à Paris chez Attaingnant. La fin du séjour angevin est assez mal connue : on sait qu'il reçut un nouveau bénéfice et qu'il s'inscrivit à l'université pour conquérir les diplômes qui lui manquaient pour prétendre à de plus substantielles prébendes.

En 1549, on le retrouve à l'université de Paris où cet étudiant sexagénaire se lie avec son cadet Claude Goudimel, grâce à qui il se fait éditer chez Nicolas Du Chemin. Puis il s'associe au petit groupe (Pierre Certon, Marc-Antoine Muret, Goudimel) qui travaille à l'illustration musicale des *Amours* de Ronsard. Il fréquente les puissants du jour, gravitant autour de la cour de Henri II, bénéficie de la protection du cardinal Jean de Lorraine et de François de Guise, qui en fait son chapelain. Il remercie ce puissant personnage par la dédicace de nouvelles chansons descriptives célébrant les victoires de Metz et de Renty. Il parvient enfin à entrer à la chapelle royale comme « chantre ordinaire » sous les ordres de Claudin de Sermisy. Ce n'est qu'à l'extrême fin de sa vie qu'il obtint le titre envié de « compositeur ordinaire du Roi ».

Ses dernières œuvres sont des compositions spirituelles : *Lamentations de Jérémie, Proverbes de Salomon, Psaumes*. Dans ses *Psaumes*, Janequin utilise les mélodies traditionnelles du psautier huguenot ; mais rien ne permet de penser qu'il ait adhéré à la Réforme.

Il mourut à Paris, pauvre comme il avait toujours vécu. Une destinée somme toute assez médiocre, nullement en rapport avec la réputation acquise.

Un bouquet de chansons

Janequin a peu composé pour l'église. On lui doit seulement deux messes polyphoniques sur des thèmes de chansons : messe *La Bataille* (1534) et messe *L'Aveuglé dieu* (1538). Un seul motet nous reste, *Congregati sunt*, à quatre voix, qu'on pense issu d'un recueil paru en 1533 chez Attaingnant sous le titre *Sacrae Cantiones seu motectae*, et qui n'a jamais été retrouvé. On lui doit en outre cinq recueils de psaumes et chansons spirituelles, à savoir : *Premier Livre contenant vingt-huit psaumes de David* (édité par Nicolas Du Chemin, 1549), *Deuxième Livre de chansons et cantiques spirituels* (Du Chemin, 1555), *Premier Livre contenant plusieurs chansons spirituelles avec les Lamentations de Jérémie* (Le Roy et Ballard éd., 1556), *Proverbes de Salomon* (Le Roy et Ballard, 1558), *Octante-Deux Psaumes de David* (Le Roy et Ballard, 1559).

Mais la partie la plus importante et la plus représentative de l'œuvre de Janequin reste les quelque trois cents chansons publiées à partir de 1520 par Andrea Antico à Rome, et successivement à Paris par Pierre Attaingnant, Nicolas Du Chemin, Adrien Le Roy et Robert Ballard, enfin par Jacques Moderne à Lyon. Outre les nombreuses éditions anthologiques groupant selon l'usage du temps des chansons de plusieurs auteurs, il convient de souligner que tous les éditeurs parisiens ci-dessus cités ont consacré des recueils entiers à la seule production de Janequin.

Si la musique religieuse de Janequin paraît assez pâle, comparée à celle de son aîné Josquin Des Prés ou à celle de ses contemporains flamands et protestants, ses chansons en revanche constituent un modèle du genre. Le règne de François Ier marque l'apogée de cette forme particulière dite « chanson française » ou mieux « chanson parisienne » qui allait, dans la seconde partie du XVIe siècle, céder la place au madrigal italien. On peut distinguer trois styles dans cet abondant répertoire de chansons : les deux premiers (chanson sentimentale, chanson grivoise) ont été pratiqués par la plupart des musiciens français de l'époque (citons, aux côtés de Janequin, Sermisy, Certon, Passereau, Hesdin, Jacotin, Sandrin, Le Heurteur...), le troisième (la chanson descriptive) appartient en propre à Janequin.

La chanson sentimentale, composée sur des thèmes poétiques assez conventionnels, est généralement de mouvement modéré, avec des mélodies simples souvent ornées de mélismes ; sa fluidité fait son charme (mentionnons comme exemple de ce type chez Janequin, la chanson *Qu'est-ce d'amour ?* sur des vers de François Ier).

La chanson grivoise, souvent très rabelaisienne, se signale par sa vivacité : les valeurs sont brèves, le texte déclamé syllabiquement, souvent entrecoupé de mots inventés aux sonorités cocasses ; l'écriture contrapuntique y est généralement serrée avec des rebondissements rythmiques qui confèrent à ces courtes pièces un dynamisme inimitable. Au reste, ce genre est resté l'apanage des musiciens français et Janequin l'a traité en virtuose (Citons, entre autres, les chansons *Un petit coup ma mie*, *Or viens çà ma mie Perrette*, *Au joli jeu de pousse-avant*...).

Enfin la partie la plus originale et la plus célèbre de l'œuvre de Janequin est constituée par les grandes chansons descriptives, de dimensions beaucoup plus amples que les autres et qu'on peut considérer comme les ancêtres de ce qu'on appelle « la musique à programme ». Les premières en date restent les plus connues : *Le Chant des oiseaux* ; *La Guerre* (la bataille de Marignan) ; *La Chasse* (« Gentils veneurs », retraçant les péripéties d'une chasse de François Ier en forêt de Fontainebleau) ; *L'Alouette* ; *Les Cris de Paris*. Vinrent ensuite : *Le Caquet des femmes*, à 5 voix, et plus tard *Le Siège de Metz* et *La Guerre de Renty*.

Dès sa publication, en 1529, *Le Chant des oiseaux* fut transcrit pour luth par Francesco da Milano. *La Guerre* fut souvent imitée dans toute l'Europe, et notamment à Venise par Andrea Gabrieli qui en donna une version instrumentale amplifiée.

La forme de ces chansons à programme apparaît libre, conditionnée par le sujet traité : dans *Le Chant des oiseaux*, un refrain, « Réveillez-vous, cœurs endormis », et plusieurs couplets, chacun consacré à un oiseau différent ; dans la plupart des autres, deux grandes parties, introduites par une sorte de frontispice solennel en style d'imitation. Dans les parties anecdotiques, pittoresques, le contrepoint cède la place à une écriture verticale avec des ruptures rythmiques provoquées par les mots imitatifs et les nombreuses onomatopées représentant les cris d'oiseaux, le piétinement des chevaux, les appels des chasseurs ou des guerriers. L'écriture à quatre voix ne facilite pas la compréhension du texte, d'autant plus que, souvent, selon un usage hérité du Moyen Âge, les diverses voix ne comportent pas le même texte. Mais l'effet sonore prime l'intelligibilité. Le résultat est prodigieux de vie et de truculence ; c'est l'équivalent musical des toiles d'un Bruegel l'Ancien.

ROGER BLANCHARD

Bibliographie

C. Janequin, *Chansons polyphoniques*, éd. complète critique F. Lesure et A. Tillman Merritt, 6 vol., L'Oiseau-Lyre, Monaco, 1965-1971.

M. Brenet, *Musique et musiciens de la vieille France*, Alcan, Paris, 1911, rééd. éd. d'Aujourd'hui, Plan-de-la-Tour, 1978 / M. Cauchie, « Clément Janequin : recherches sur sa famille et sur lui-même », in *Revue de musicologie*, 1923 ; « Janequin, chapelain du duc de Guise », in *Le Ménestrel*, 21 janv. 1927 / F. Lesure, « Clément Janequin : recherches sur sa vie et sur son œuvre », in *Musica Disciplina*, vol. V, 1951 ; « La Jeunesse bordelaise de Janequin », in *Revue de musicologie*, 1963 ; « Janequin », in G. Gatti dir., *La Musica*, U.T.E.T., Turin, 1966 ; « Clément Janequin », in *Musique et musiciens français du XVIe siècle*, Minkoff, Genève, 1976 / F. Lesure & P. Roudié, « C. Janequin, chantre de François Ier », in *Revue de musicologie*, 1957 / J. Levron, *Clément Janequin*, Arthaud, Paris, 1948, rééd. éd. d'Aujourd'hui, 1984.

JAQUES-DALCROZE ÉMILE (1865-1950)

Pédagogue et compositeur suisse, né à Vienne et mort à Genève. Professeur d'harmonie au Conservatoire de Genève en 1892, convaincu de la nécessité de réformer les méthodes habituelles de formation des musiciens professionnels, Émile Jaques-Dalcroze remit en question l'enseignement de l'harmonie et développa un système d'éducation rythmique, appelé eurythmie, dans lequel on utilise les mouvements corporels pour traduire des rythmes musicaux. Vers 1905, il appliqua ses méthodes d'eurythmie aux élèves des écoles élémentaires ; en 1910, il fonda à Hellerau, en Allemagne, la première école d'enseignement de l'eurythmie, et en 1914, à Genève, l'institut qui porte son nom et qu'il dirigea jusqu'à sa mort.

Par l'eurythmie, Jaques-Dalcroze se proposait d'approfondir la prise de conscience des rythmes musicaux ; elle avait pour but de « créer, à l'aide du rythme, un courant rapide et régulier de communication entre le cerveau et le corps ». Jaques-Dalcroze enseignait à ses élèves comment représenter les valeurs des notes par des mouvements de pieds et du corps, et les intervalles de temps par des mouvements de bras. Sa méthode (ou une version modifiée de cette méthode) fut fréquemment utilisée pour exprimer plastiquement des fugues, des symphonies et des opéras. L'eurythmie influença également le développement de la danse au XXe siècle.

MICHÈLE GRANDIN

JEUNE FRANCE GROUPE

Les années qui ont suivi la Première Guerre mondiale ont vu la plupart des compositeurs réagir contre les courants esthétiques qui avaient marqué la fin du XIXe siècle et le début du XXe, essentiellement contre le wagnérisme et l'impressionnisme. Chacun à leur façon, Stravinski, Satie, le groupe des Six, Prokofiev ou Hindemith donnent alors naissance à une musique dépouillée de toute émotion qui allait engendrer, à son tour, une réaction inverse. Celle-ci voit le jour en 1935, lorsque Yves Baudrier assiste à la création des *Offrandes oubliées* de Messiaen. Un an plus tard, le 3 juin 1936, le premier concert de la Jeune France réunissait, sous la direction de Roger Désormière, des œuvres de ses quatre membres, Olivier Messiaen (1908-1992), Daniel-Lesur (né en 1908), Yves Baudrier (1906-1988) et André Jolivet (1905-1974). Patronné par Paul Valéry, François Mauriac et Georges Duhamel, le nouveau groupe n'avait pas de véritable maître, comme Jean Cocteau pour les Six ou Satie pour l'école d'Arcueil. D'emblée, l'accueil est favorable. Le manifeste, dont Baudrier est l'auteur, situait les objectifs du groupe : « Les conditions de la vie devenant de plus en plus dures et impersonnelles, la musique se doit d'apporter sans répit à ceux qui l'aiment sa violence spirituelle et ses réactions généreuses. Groupement amical de quatre jeunes compositeurs français, [...] la Jeune France reprend le titre qu'illustra autrefois Berlioz et se propose la diffusion d'œuvres jeunes, aussi éloignées d'un poncif académique que d'un poncif révolutionnaire. Les tendances de ce groupement seront diverses ; elles s'uniront pour susciter et propager une musique vivante dans un même élan de sincérité, de générosité, de conscience artistique. »

Mais, pour chacun des quatre jeunes musiciens, l'union ne devait pas constituer une entrave à l'indépendance des carrières individuelles. Ils avaient en commun un esprit d'une sincérité absolue et étaient motivés par la nécessité impérative d'un retour à l'humain et aux émotions dans la musique. Cette démarche s'inscrit dans un courant spiritualiste et humaniste et tend à redonner une sincérité et une certaine violence spirituelle à la création musicale. L'ennemi, c'est naturellement le néo-classicisme, l'absence de structures, la raillerie musicale. Debussy bénéficie d'une remise à l'honneur, ainsi que Wagner, par voie de conséquence, puisque les néo-classiques l'avaient condamné.

Le mouvement se veut à la fois romantique (référence à Berlioz oblige) et français. Il est indissociable du contexte historique de l'époque qui voyait les nazis dominer l'Allemagne et préparer la guerre. Les moyens d'action de la Jeune France tourneront essentiellement autour de concerts et d'écrits destinés à favoriser la diffusion de la musique répondant aux nouveaux canons. Outre les œuvres des quatre jeunes musiciens, on relève parmi les compositeurs joués à ces concerts les noms de Marcel Delannoy (1898-1962), Georges Migot (1891-1976), Claude Arrieu (1903-1990), Jean Françaix (1912-1997), Jean-Jacques Grünenwald (1911-1982) et Germaine Tailleferre (1892-1984), qui partageaient l'affiche de la soirée inaugurale. Les plus prestigieux interprètes de l'époque serviront ces objectifs, notamment Roger Désormière et Ricardo Viñes.

L'approche des quatre fondateurs de la Jeune France s'avérera différente dans la création musicale : Baudrier et Daniel-Lesur se mettront en quête d'une musique humaine permettant de conserver un contact avec le public, Jolivet et Messiaen, dans un premier temps, chercheront un nouveau langage conciliable avec un certain humanisme, avant de revenir, après la guerre, à une communication plus directe. Le groupe s'impose vite : il participe à l'Exposition universelle de 1937, il donne des concerts hors de France. Mais la Seconde Guerre mondiale interrompt ses activités, qui ne renaîtront pas sous cette forme collective.

« Si Jeune France est mort en fait, le groupe vit toujours en nous [...]. En 1936, nous avons eu le sentiment de réagir contre une esthétique desséchante. La suite nous a justifiés » (André Jolivet).

ALAIN PÂRIS

JOACHIM JOSEPH (1831-1907)

Violoniste, chef d'orchestre et compositeur né à Kittsee (près de Bratislava), Joseph Joachim travaille avec G. Hellmesberger senior à Vienne et F. David à Leipzig (1843) avant de faire ses débuts au Gewandhaus de Leipzig (1843), à Londres (1844), à Dresde, Vienne et Prague (1846). Premier violon en 1849 à Weimar, où il vit dans le cercle de Liszt, il devient directeur des concerts à Hanovre en 1856, puis en 1868 directeur de l'École supérieure de musique de Berlin, dont le très grand essor dans les années suivantes lui sera dû pour l'essentiel. Il sera encore, dans cette même ville, sénateur puis vice-président de l'Académie des arts. Pédagogue actif ayant formé plus de quatre cents élèves, il reste cité comme modèle pour ses interprétations du *Concerto pour violon* de Beethoven, qu'il imposa définitivement au répertoire, et des œuvres pour violon seul de Bach, que, grâce à la puissance de son jeu, il fut le premier à donner effectivement sans accompagnement. Il avait pris pour devise « *Frei, aber einsam* » (« Libre, mais seul »). C'est en jouant sur les initiales de cette devise et les notes musicales correspondant à ces initiales, que Schumann et les deux disciples préférés de ce dernier, Brahms et Dietrich, avec lesquels il était intimement lié, lui offrirent en 1853 une œuvre collective, la *Sonate F.A.E.* pour violon et piano dont le premier mouvement est de Dietrich, le troisième de Brahms, le deuxième et le quatrième de Schumann. Demeuré, après la mort de Schumann, le grand ami de Brahms malgré plusieurs brouilles, Joachim fut le dédicataire et le premier interprète de son *Concerto pour violon* (ceux de Schumann, Max Bruch et Dvořak furent aussi écrits à son intention). En 1869, Joachim fonda un quatuor à cordes qu'il conduisit jusqu'à sa mort, survenue à Berlin, et dont les concerts sont demeurés légendaires (chacun de ses membres possédait un Stradivarius de la meilleure époque). Comme compositeur, Joachim resta dans la lignée de Schumann et de Brahms. Son œuvre la plus célèbre est le *Concerto à la hongroise* (*Konzert in ungarischer Weise*) op. 11, pour violon et orchestre.

MARC VIGNAL

JOBIM ANTONIO CARLOS (1927-1994)

Figure emblématique de la musique populaire brésilienne, « inventeur » de la bossa nova à la fin des années 1950, auteur de plus de quatre cents chansons, dont une bonne dizaine de très grands succès internationaux, Antonio Carlos Jobim a su donner un rayonnement mondial à des formes musicales authentiquement brésiliennes. Il incarnait en outre, par son style de vie, une forme d'épicurisme en quoi beaucoup de Brésiliens se reconnaissaient. Intarissable causeur, grand amateur de cigares, de bière glacée et de whisky-soda, homme de rencontres et d'échanges, ce nonchalant infatigable – « Je travaille plus que je ne mérite », se plaisait-il à dire – laisse une œuvre aux dimensions imposantes.

Né à Rio de Janeiro le 25 janvier 1927, dans une famille bourgeoise dont le nom conserve la trace de lointaines origines normandes, « Tom » Jobim a vécu son enfance et son adolescence dans le quartier d'Ipanema, qui n'était alors qu'une longue plage encore très peu urbanisée au sud de Rio. De ce contact avec une nature édénique, il gardera durablement une nostalgie dont se font l'écho la plupart des albums enregistrés à partir des années 1970 (*Stone Flower*, *Matita Perê*, *Terra Brasilis*), et tout particulièrement le dernier d'entre eux, *Antonio Brasileiro*, achevé quelques semaines avant sa mort soudaine, le 8 décembre 1994.

Pourtant, la musique de Tom Jobim ne cultive en rien le passéisme. Lui-même était de ces Brésiliens plus spontanément tournés vers les États-Unis que vers l'Europe et avait une claire conscience de sa modernité. Quant à la bossa nova, elle s'inscrit dans un contexte citadin : celui des beaux quartiers de la *zona sul* de Rio, au temps où une bohème artiste et cultivée hantait les bars et les boîtes de nuit de Copacabana et d'Ipanema. Pianiste de bar lui-même, dès le début des années 1950, puis arrangeur et directeur artistique dans l'industrie du disque, Tom Jobim voit ses premières compositions enregistrées par des vedettes de l'époque. Dans ce contexte, la bossa nova va naître de deux rencontres capitales : celle du poète Vinicius de Moraes et celle du guitariste João Gilberto.

Pour le premier, Tom Jobim écrit en 1957 la musique de scène d'*Orfeu da Conceição*, pièce à succès dont l'adaptation au cinéma, *Orfeu negro*, remporte la palme d'or à Cannes en 1959. Suit une série de chansons sur des textes de Vinicius de Moraes qui deviendront des classiques de la bossa nova : on retrouve dans *Chega de saudade*, dans *Insensatez* et dans *Garota de Ipanema* cette poésie à la fois quotidienne et savante qui est la marque distinctive du mouvement.

Sur le plan musical, cette « tendance nouvelle » consiste à retenir de la samba traditionnelle une ligne mélodique et un rythme épurés, réduits à l'essentiel : au *balanço* de la guitare de João Gilberto correspond la démarche pleine de grâce des filles d'Ipanema, qu'évoquent, sur un arrière-fond d'indicible tristesse, les vers de Vinicius de Moraes. Les percussions et les chanteurs à voix cèdent la place, dans la bossa nova, à un style intimiste, savamment décalé par rapport aux canons habituels (c'est le thème de *Desafinado*), dont le travail vocal et instrumental de João Gilberto reste le plus bel exemple.

Le succès de la bossa nova déborde très vite les limites nationales et débouche, aux États-Unis, sur une rencontre avec le jazz. De cette fusion naît un disque culte : le miraculeux album gravé par Verve en mars 1963 et publié sous le titre *Getz/Gilberto*. Six des huit plages de cet enregistrement sont des compositions de Tom Jobim (dont *The Girl from Ipanema* et *Desafinado*). On y entend Stan Getz au saxophone ténor, João Gilberto à la guitare et Milton Banana à la batterie. João et Astrud Gilberto chantent, l'une en anglais et l'autre en portugais. Tom Jobim y tient, avec discrétion et une rare pertinence, la partie de piano.

Le retentissement de ce disque est immense et suscite, partout dans le monde, des légions d'imitateurs. Dans les années qui suivent, des interprètes tels que Frank Sinatra, Ella Fitzgerald ou Sarah Vaughan mettent à leur répertoire des chansons de Tom Jobim. S'installe parallèlement une production régulière d'albums enregistrés aux États-Unis et parfois produits par le compositeur lui-même, avec un grand souci du détail : œuvre très personnelle, dans laquelle se fait entendre la solide formation classique reçue dans sa jeunesse par celui que les journaux brésiliens appellent désormais le *maestro* Tom Jobim. En 1974 paraît *Aguas de março* (*Les Eaux de mars*) dont il écrit à la fois la musique et les paroles : cette chanson, qui évoque les pluies d'automne et l'automne de la vie, demeure l'une des plus parfaites réussites de la carrière du compositeur.

En 1993, l'école de samba Mangueira avait fait de Tom Jobim le héros et le dédicataire de son défilé lors du carnaval de Rio. Mais c'est à New York, à l'hôpital du Mont-Sinaï, qu'est mort le musicien, des suites d'une embolie pulmonaire. Ironie du destin envers un artiste très attaché à sa langue et à ses racines, et qui avait souvent déclaré vouloir « mourir en portugais ».

LOUIS LECOMTE

JOHANNES DE MURIS (XIIIe-XIVe s.)

Mathématicien, astronome, musicien, théoricien de la musique, Johannes de Muris (Jean des Murs) est l'un des fondateurs de l'*Ars nova*. Son influence fut grande dans les universités des XIVe et XVe siècles où, bien souvent, l'on commentait sa *Musica speculativa*, devenue, avec celle de Boèce, théorie officielle. Il naquit dans le diocèse de Lisieux, à la fin du XIIIe siècle ; il étudia à Évreux (1318). Il mourut, probablement à Paris, après 1351. Avec le titre de *Magister artium*, il a enseigné à la Sorbonne pendant plusieurs années, tout en publiant de nombreux ouvrages sur les arts du *quadrivium*, tels que, en tant qu'astronome (c'est ce qui lui valut certainement d'être le conseiller de Clément VI, en 1344, pour la réforme du calendrier), *Canones de eclipsi lunae* (1329) ; dans *Quadripartitum opus numerorum* (1343), œuvre considérée comme originale dans le domaine des mathématiques, il aborde aussi des considérations sur les proportions numériques en musique (*De sonis musicis*). Citons surtout ses ouvrages de théorie musicale : *Ars novae musicae* (1319) qui comprend deux parties, l'une théorique (examen des sons et des intervalles), l'autre pratique (mesure de l'ordre des temps, qui introduit au mensuralisme) ; *Musica speculativa secundum Boethium* (1323) ; *Epytoma Johannes de Muris in Musicam Boetii* ; *Quaestiones super partes musicae* ; *Libellus cantus mensurabilis* (entre 1340 et 1350). Il est le premier à faire mention de l'usage des proportions, qui, au XVe siècle et jusqu'au début du XVIe, caractérisera l'école franco-flamande (ce procédé consiste à diminuer ou à augmenter la valeur des notes par rapport à la valeur habituelle — *integer valor* — des différentes notes, et cela suivant certaines proportions arithmétiques indiquées par des fractions). Il donne autant d'importance à la division binaire qu'à la division ternaire jusque-là traditionnelle. De ses compositions musicales, on possède un double motet isorythmique : *Per grama prothoparet* (motet) / *Valde honorandus est beatus Johannes* (ténor).

PIERRE-PAUL LACAS

JOLAS BETSY (1926-)

Douée d'une forte personnalité, Betsy Jolas n'apprécie guère les chemins tout préparés ; elle suit sa voie de manière très personnelle, le plus souvent hors cadre. Curieusement, c'est aux États-Unis, où elle passe ses années de scolarité, que cette musicienne française découvre (au sein de la chorale dont elle fait partie) les musiques qui vont la déterminer en profondeur, et celles-ci sont bien attachées à l'histoire culturelle de l'Europe puisqu'il s'agit de Josquin Des Prés, de Roland de Lassus et des musiciens de leur époque. Rentrée en France en 1946, après avoir fait aux États-Unis ses premières études musicales (harmonie, contrepoint, orgue et piano) et avoir obtenu un titre de *bachelor of arts in music*, c'est au Conservatoire de Paris où elle travaille ensuite (avec Milhaud et Messiaen) qu'elle approche de plus près la musique contemporaine. De Messiaen, Betsy Jolas dit « qu'il lui a appris à écouter toute musique d'une oreille nouvelle ».

À l'heure où toute la jeune génération est fascinée par la découverte du dodécaphonisme, et prêche ce système d'écriture comme le seul possible, Betsy Jolas reste personnellement réticente : « C'était pour moi comme un purgatoire : je me demandais s'il était tout à fait nécessaire d'y faire son temps. » Non pas que les conceptions musicales de Betsy Jolas soient tournées vers le passé ; bien au contraire, elle participe joyeusement et très profondément à son époque et, du fait de sa double formation américano-européenne, elle se trouve aussi proche de la jeune musique américaine que de celle de l'Europe ; mais, par la force de ses premières découvertes musicales, elle est définitivement orientée vers un style d'écriture polyphonique. Sensibilisée dès le départ par la magie sonore, rien n'est plus essentiel pour elle que de parvenir à fixer son rêve poétique personnel. En conséquence, peu lui importent les arguties d'école ou les dépendances trop limitatives ; partant de la même exigence, elle n'utilise guère les formes ouvertes ou aléatoires, personne ne pouvant exprimer à sa place la réalité de son « rêve ». Son écriture, d'une grande finesse, est toujours très précise. C'est sans doute en raison de ces données très personnelles qu'elle n'a pas été tentée par l'utilisation musicale de l'électronique.

L'œuvre de Betsy Jolas s'articule autour de deux pôles de recherche privilégiés. D'une part, les recherches vocales : confronter la voix avec les instruments, considérer la voix comme un instrument (cantate *L'Œil égaré*, d'après Victor Hugo, 1961 ; *Quatuor II*, pour soprano colorature et trio à cordes, 1964 ; *Sonate à 12*, pour douze voix solistes, 1971 ; *Ballade*, pour baryton et grand orchestre, 1980) ou, au contraire, considérer des instruments comme la voix (*D'un opéra de voyage*, pour vingt-deux instruments, 1967 ; *D'un opéra de poupée*, pour onze instruments, 1982). D'autre part, l'étude de problèmes instrumentaux, aussi bien dans leur écriture que dans les formes instrumentales de petits et grands ensembles ; ici encore se manifeste son désir de s'opposer aux conceptions habituelles pour parvenir à une vision nouvelle à partir d'éléments connus (*Points d'aube*, pour alto solo et treize instruments à vent, 1968 ; *États*, pour violon et six percussions, 1969 ; *Trois Duos*, pour tuba et piano, 1983, etc.). La rigueur de l'écriture se trouve donc ainsi toujours associée à un grand souci de renouvellement dans la forme (elle dit devoir à Debussy « le besoin d'une forme en perpétuelle naissance »).

Betsy Jolas n'a cependant commencé à s'intéresser à l'opéra que tardivement (*Le Pavillon au bord de la rivière*, opéra de chambre, 1975 ; *Le Cyclope*, 1986 ; et, surtout, *Schliemann*, créé à l'Opéra de Lyon en 1995, et qui se caractérise par un orchestre sans violons, ni cors, ni harpe).

BRIGITTE MASSIN

JOLIVET ANDRÉ (1905-1974)

André Jolivet compte parmi les figures marquantes du XXe siècle musical. Ce chercheur infatigable, cet animateur dont la vitalité ne désarmait jamais a mis toutes ses qualités au service d'une conception supérieure de la musique : « C'est le moyen d'exprimer une vision du monde qui est une foi. » Viser si haut, cela signifie, pour lui, trouver des langages nouveaux, restituer le contenu du message musical à sa place originelle et chercher ce contenu dans une connaissance toujours approfondie de l'être humain.

Une formation originale

André Jolivet est d'abord attiré par le théâtre, puis par la peinture, et ce n'est qu'assez tard qu'il se tourne vers la musique. Ses premiers maîtres sont sa mère, le violoncelliste Louis Feuillard et l'abbé Aimé Théodas, maître de chapelle de Notre-Dame-de-Clignancourt, qui lui enseigne l'orgue, l'improvisation et l'analyse. Toute sa formation se situe en marge des établissements traditionnels et notamment du Conservatoire de Paris. Entre

1928 et 1933, il travaille la composition avec Paul Le Flem, qui le présente à Edgar Varèse en 1930 ; cette rencontre décisive va révéler au jeune compositeur sa voie véritable. Varèse lui fait découvrir le pouvoir du son et les ressources infinies que constitue l'apport des bruits à la musique. D'autres influences se font sentir à cette époque, notamment celles de Berg et de Bartók, mais Jolivet cherche à s'en dégager pour construire un langage personnel. Il ressent aussi la nécessité d'une action commune en faveur de la musique qui va se réaliser en 1935 avec La Spirale puis en 1936 avec le groupe Jeune France (André Jolivet, Olivier Messiaen, Daniel-Lesur, Yves Baudrier), destiné à promouvoir la jeune musique symphonique française.

La guerre interrompt une période d'activité intense où le jeune musicien s'est imposé par son audace. Puis il est successivement directeur de la musique à la Comédie-Française (1943-1959), conseiller technique à la Direction générale des arts et lettres (1959-1962), président de l'association des Concerts Lamoureux (1963-1968) et professeur de composition au Conservatoire de Paris (1966-1970). La consécration officielle ne viendra qu'assez tard : il reçoit le grand prix musical de la Ville de Paris en 1951, le grand prix international de la musique en 1954, le prix du Président de la République en 1958 et en 1972 et, à de nombreuses reprises, le grand prix du disque. Voyageur infatigable, il a dirigé sa musique dans le monde entier.

Une recherche solitaire

La richesse et la complexité de l'œuvre d'André Jolivet placent son auteur dans une position isolée. Loin de toute école, cet instinctif a cherché sa voie en solitaire, éclairé par les révélations sonores de Varèse et s'appuyant sur une parfaite connaissance des formes classiques. Sa musique est construite mieux que toute autre ; elle est aussi plus difficile que toute autre car le compositeur était toujours en quête d'un usage nouveau pour chaque instrument.

Le jeune André Jolivet se détache d'abord du système tonal pour retrouver, dans un langage incantatoire, les sources antiques de la musique. Il n'en adopte pas pour autant le système dodécaphonique dont s'éprennent alors tous les jeunes compositeurs, car il lui reproche d'étouffer les résonances naturelles de la musique. Son *Quatuor à cordes* (1934) est la première manifestation de cette esthétique ; il est suivi de *Mana* (1935), cycle de pièces pour piano qui suscite un article enthousiaste d'Olivier Messiaen et révèle le jeune compositeur au monde musical. Jolivet publie ensuite les *Cinq Incantations* pour flûte seule (1936), *Incantation* pour ondes Martenot (1937), *Cosmogonie* pour orchestre (1938) et *Cinq Danses rituelles* pour piano (1939), orchestrées par la suite. Les bases de son langage sont alors jetées et c'est autour de cette « atonalité naturelle » qu'il construit une « manifestation sonore en relation directe avec le système cosmique universel ». Il abandonne les procédés traditionnels de l'écriture polyphonique et crée une dynamique de la sonorité qui complète une nouvelle conception du rythme déterminée par le lyrisme, par le déroulement des phrases musicales : langage complexe où l'instinct joue un rôle essentiel et grâce auquel Jolivet ne se laissera jamais enfermer dans un système, la forme étant toujours pour lui au service du « chant de l'homme ».

Avec la guerre, il découvre la nécessité de parler une langue plus directe, qui le rapproche du public auquel il veut transmettre son message ; cette époque est marquée par un grand lyrisme : *Trois Complaintes du soldat* (1940), *Symphonie de danses* (1940), *Dolorès*, opéra bouffe (1942), *Suite liturgique* (1942), *Guignol et Pandore*, ballet créé à l'Opéra de Paris (1943), *Chant de Linos* (1944). Pour la Comédie-Française, il compose de nombreuses musiques de scène dont certaines, remaniées, s'imposent au concert parmi ses œuvres majeures (*Suite liturgique*, *Suite delphique*, *Suite transocéane*).

Des apports extra-européens

La recherche est la vocation de cet homme qui est toujours en quête de nouveaux moyens d'expression. Aux découvertes instrumentales et aux recherches de timbres vient s'ajouter un langage puisé aux sources des musiques tropicales et exotiques. Il réalise une synthèse entre ces éléments nouveaux et le langage personnel qu'il s'est déjà forgé. Sa *Sonate pour piano n° 1* (1945) – à la mémoire de Bartók – marque le début de cette nouvelle période pendant laquelle vont naître les grands chefs-d'œuvre d'André Jolivet. Il s'oppose aussi bien à l'académisme qu'au raffinement sonore comme une fin en soi, qu'il soit debussyste ou webernien. En cela, il s'écarte de la tradition française. Sa musique est souvent violente, lyrique. C'est une lutte contre la matière sonore à l'état brut et elle s'impose par sa puissance.

Comme à ses débuts, Jolivet continue de refuser le sérialisme intégral, stérile à ses yeux. Mais il en accepte certains principes appliqués à des musiques modales et construit ses œuvres autour de notes pivots, d'accords ou de rythmes clefs, de groupes sonores. Si les apports extra-européens sont très sensibles dans le *Concertino pour trompette* (1948) ou le *Concerto pour piano*, dont la création déchaîne un fameux scandale à Strasbourg en 1952, si les apports des timbres nouveaux sont également prédominants dans le *Concerto pour ondes Martenot* (1947) – l'une des premières œuvres importantes écrites pour cet instrument – ou *Épithalame* (1953), une fusion parfaite de ces éléments se dessine progressivement dans des œuvres dont la force et la profondeur s'imposent : trois symphonies (1953, 1959, 1964), *La Vérité de Jeanne*, oratorio écrit sur le texte du procès de réhabilitation (1956), *Le Cœur de la matière*, cantate d'après Teilhard de Chardin (1965), *Madrigal* (1963-1970), *Mandala* pour orgue (1969), *Heptade* pour trompette et percussion (1971-1972), *Le Tombeau de Robert de Visée* pour guitare (1972).

Les formes classiques jouent un rôle déterminant dans l'œuvre de Jolivet. Il trouve notamment dans le moule du concerto un moyen d'expression idéal et n'en compose pas moins de douze pour divers instruments (ondes Martenot, 1947 ; trompette, 1948 et 1954 ; flûte, 1949 et 1965 ; piano, 1950 ; harpe, 1952 ; basson, 1954 ; percussion, 1958 ; violoncelle, 1962 et 1966 ; violon, 1972). On peut en rapprocher *Songe à nouveau rêvé*, cycle de mélodies sur des poèmes d'Antoine Goléa (1970) qui constitue un véritable concerto pour soprano. L'écriture de Jolivet réclame une grande virtuosité. Chacun de ces concertos a été élaboré en étroite liaison avec les instrumentistes auxquels il était destiné et, comme Ravel, Jolivet a joué un rôle essentiel dans l'évolution de la technique instrumentale et vocale. Ses dernières partitions s'adressent à des formations restreintes : *La Flèche du temps* (12 cordes solistes, 1973) et *Yin-Yang* (11 cordes solistes, 1974). Œuvres à thème, elles sont bâties sur les idées forces qui ont servi de jalon à la production de Jolivet : le temps qui passe trop vite, comme une flèche, la dualité et l'unité sublimées, confondues par la pensée musicale.

Au cours des deux dernières années de sa vie, il travaille à un opéra sur un livret de Marcel Schneider, *Le Lieutenant perdu*, que Rolf Liebermann lui avait commandé pour l'Opéra de Paris. L'ouvrage reste inachevé ; seuls les deux premiers actes sont pratiquement terminés. Une suite en a été tirée, et créée en 1982 sous le titre de *Bogomilè*.

La production d'André Jolivet se situe à une place isolée dans la musique du XXe siècle. Elle était pour lui la vibration même du monde et il est peut-être l'un des seuls à avoir compris qu'au-delà d'un simple divertissement, au-delà d'une pensée artistique profonde mais peu appréhendée, au-delà d'une esthétique véritable, la mission du compositeur se résumait en une éthique éclipsant finalement tous les moyens techniques.

ALAIN PÂRIS

Bibliographie

D. BOURDET, *Visages d'aujourd'hui*, Plon, Paris, 1960 / S. DEMARQUEZ, *André Jolivet*, Ventadour, Paris, 1958 / A. GOLÉA, *Esthétique de la musique contemporaine*, P.U.F., Paris, 1954 / S. GUT, *Le Groupe Jeune France*, H. Champion, Paris, 1984 / M. HOFMANN, « Carte blanche à André Jolivet », in *Musica*, n° 177, 1969 / J.-P. HOLSTEIN, *L'Espace musical dans la France contemporaine*, P.U.F., 1988 / H. JOLIVET, *Avec... André Jolivet*, Flammarion, Paris, 1978 / P. LE FLEM, « André Jolivet. Réflexions sur une carrière de compositeur », in *Musica*, n° 69, 1959 / O. MESSIAEN, *Introduction au « Mana » d'André Jolivet*, Costallat, Paris, 1946 / G. MICHEL, « Essai sur un système esthétique musical », in *La Revue musicale*, n° 204, 1947 / J. ROY, *Présences contemporaines*, Debresse, Paris, 1962 / *Zodiaque*, n° 33, 1957 ; n° 119, 1979.

Catalogue des œuvres d'André Jolivet, G. Billaudot éd., Billaudot, Paris, 1969.

JOMMELLI NICCOLÒ (1714-1774)

En son temps l'un des plus célèbres compositeurs italiens d'opéras. Jommelli naît à Aversa près de Naples. Élève à Naples d'abord de Francesco Durante, puis de Leonardo Leo notamment, il fait représenter en 1737 son premier opéra, *L'Errore amoroso*, avec un succès tel que d'autres suivront bientôt non seulement à Naples mais aussi à Rome, à Bologne, où il étudie en 1741 le contrepoint avec le fameux padre Martini, et à Venise, où jusqu'en 1747 il dirige le célèbre Ospedaletto degli Incurabili (conservatoire des Incurables). Après des séjours à Vienne et à Rome, il est appelé, en 1753, comme maître de chapelle à Stuttgart, où il restera quinze ans, approfondissant ses connaissances harmoniques et orchestrales, et contribuant à la réforme, sous l'influence française, de l'*opera seria* du type de ceux de Métastase. De ces années d'intense activité témoignent, entre autres, *La Clemenza di Tito* (1753), *Pelope und Enea* (1755), et dans le domaine bouffe *La Critica* (1766), *Il Matrimonio per concorso* (1766), *Il Cacciator deluso* (1767) et *La Schiava liberata* (1768). De retour à Naples en 1769, il ne peut y rétablir son ancienne réputation. Ayant refusé un engagement de compositeur de la cour à Lisbonne, il se retire dans sa ville natale. Peu avant sa mort, survenue à Naples, il écrit encore son célèbre *Miserere* pour deux voix et orchestre. La souplesse de son inspiration, son usage du chœur et son abandon progressif de l'*aria da capo* en faveur d'une plus grande liberté mélodique l'ont parfois fait surnommer le « Gluck italien ».

MARC VIGNAL

JOSQUIN DES PRÉS (1440 env.-env. 1521)

Josquin Des Prés (ou Desprez, ou Jodocus Pratensis, ou Jodocus a Prato, ou simplement Josquin), surnommé le « Prince de la musique » par ses contemporains, est le plus éminent représentant de l'école dite « franco-flamande » à la fin du XVe siècle. Génie universel, Josquin occupe une position d'équilibre entre Moyen Âge et Renaissance. « Il possède dans leur plénitude, écrit Jacques Chailley, tous les caractères que l'on attribue à l'une et l'autre époque. »

Il appartient, certes, au temps des humanistes, mais il conserve une spiritualité, un sens du sacré, qui le rattache aux conceptions médiévales. Il a marqué de son empreinte profonde tous les genres qu'il a abordés (messes, motets, chansons), contribuant à imposer le style « en imitation continue » qui devait prévaloir durant tout le XVIe siècle. Seul Roland de Lassus devait atteindre à pareille maîtrise.

Un clerc itinérant

Qu'il soit né dans le Hainaut, ou, comme on le pense, à Beaurevoir, près de Saint-Quentin, il reçut sa première formation à la cathédrale de cette dernière ville où il fut enfant de chœur. Il est difficile d'affirmer que Josquin fut l'élève d'Ockeghem, mais il est permis de penser qu'au moins indirectement il reçut l'enseignement de son illustre prédécesseur. De même eut-il l'occasion d'approcher Guillaume Dufay, lors d'un séjour à Cambrai.

Il serait entré en 1459 à la maîtrise du Dôme de Milan, où il resta treize ans. Le titre de *biscantor*, alors associé à son nom, indique qu'il s'agit d'un chanteur adulte, ce qui confirme l'hypothèse d'une date de naissance antérieure à celle que mentionnent la plupart des dictionnaires.

En 1473 (ou 1474), Josquin sert le duc Galéazzo Maria Sforza ; en 1475, il écrit un *Livre de musique* pour la chapelle de ce prince. Cinq ans plus tard, on le trouve au service du cardinal Ascanio Sforza, frère de Ludovic le More. On le désigne souvent alors sous le pseudonyme « Josquin d'Ascanio ».

De 1486 à 1494, Josquin fut chantre du pape. Une interruption de quelques mois dans le service pontifical permet de penser qu'il est bien le Josquin payé à la cour de Lorraine en 1493. Après de brefs séjours à Florence, à Modène et à Blois, à la cour de France, il est devenu maître de chapelle d'Hercule Ier d'Este, duc de Ferrare, à qui il dédie une messe et son célèbre *Miserere*.

Ensuite, s'il est sûr qu'il a travaillé pour Louis XII, on ne peut affirmer avec certitude qu'il ait été maître de chapelle à la cour de France. Outre le témoignage de Glarean, relatant, dans son *Dodecachordon* de 1547, les rapports de Josquin avec la chapelle du roi de France, il reste quatre compositions concernant Louis XII : le motet *Memor esto verbi tui* ; la chanson-fanfare *Vive le roy* ; la chanson *Adieu mes amours*, contenant ces vers, « Vivray-je du vent / Si l'argent du roy ne vient plus souvent ? » ; enfin, la composition intitulée *Ludovici Regis Franciae iocosa cantio*, qui comporte une voix dite « vox regis », présentant irrévérencieusement une seule et même note d'un bout à l'autre de la pièce.

Après la mort du roi, Josquin reçut un canonicat à Saint-Quentin, qu'il ne devait point garder longtemps. On retrouve sa trace aux Pays-Bas. Déjà, la chanson *Plus nulz regrets*, datant de 1507, célébrait l'alliance anglo-néerlandaise. Mais, grâce à la régente Marguerite d'Autriche, il obtient de l'empereur Maximilien Ier le prieuré de l'église Notre-Dame de Condé et, en 1520, il remet à Charles Quint, qui résidait alors en Flandre, *Auculnes Chansons nouvelles*. Il mourut à Condé-sur-l'Escaut.

L'homme et le style

La réputation de Josquin, de son vivant, était supérieure à celle des autres musiciens. Ronsard, dans sa préface au recueil *Mélange de chansons*, publié en 1560 (réédité en 1572), cite parmi les disciples de Josquin : Mouton, Willaert, Richafort, Janequin, Maillard, Claudin (de Sermisy), Moulu, Jaquet, Certon et Arcadelt. Le mot disciple est ambigu. Mais si tous les musiciens cités par Ronsard n'ont pas été directement élèves de Josquin, ils lui sont tous redevables de leur technique.

On cite souvent le mot de Martin Luther : « Les musiciens font ce qu'ils peuvent des notes, Josquin en fait ce qu'il veut. » L'éditeur anversois Tylman Susato l'affirme « en son temps très excellent et superéminent en sçavoir musical ».

L'Italien Cosimo Bartoli écrit en 1567 : « De Josquin, on peut dire qu'il fut, en musique, un monstre de la nature comme le fut en architecture, en peinture, en sculpture, notre Michelangelo Buonarroti. » En 1576, l'édition des *Mélanges* de Roland de Lassus porte un sonnet de J. Megnier dont nous extrayons ce vers : « Josquin aura la palme ayant été premier. »

Du style et de la technique de ses prédécesseurs – Dufay, Busnois, Ockeghem, Obrecht – Josquin a hérité une parfaite connaissance de toutes les subtilités du contrepoint, et même prolonge-t-il, en les modifiant à sa guise, certains principes issus de l'Ars nova du XIVe siècle (l'isorythmie, par exemple). Mais lors même qu'il recourt aux artifices d'écriture les plus complexes (augmentations, diminutions, récurrences, canons à l'écrevisse), il le fait avec une telle aisance qu'on oublie la technique : la polyphonie est aérée, lumineuse, élégante, et donne une singulière impression d'équilibre et de facilité.

Une autre originalité de Josquin est son art de faire valoir le sens figuratif ou affectif d'un mot dans le texte. Prend-il un texte aussi ingrat à mettre en musique que le récit évangélique de la généalogie du Christ (*Liber generationis Jesu Christi*) il le vivifie par ses raffinements d'écriture ou la façon dont il jongle avec les syllabes des noms propres (tel Zorobabel). Mais ce n'est pas seulement un jeu ; souvent, il perpétue ou renforce une sorte de tradition du symbolisme sonore dont le musicologue F. Feldmann a étudié les divers aspects, distinguant notamment la *catabasis*, les *redictae* et les *faux-bourdons*. La *catabasis* peut figurer musicalement une descente, un instant de recueillement (s'accompagnant d'une inclination de tête de l'officiant durant la messe), voire s'associer à l'idée de la mort. Les *redictae* sont des notes isolées ou des formules mélodiques de trois notes qui se répètent avec plus ou moins d'insistance. Le théoricien du XVe siècle, Johannes Tinctoris, y voyait une *imitatio tubarum et campanarum*. Mais la signification des *redictae* n'était pas limitée à l'imitation des trompettes ou des cloches. Quant aux *faux-bourdons* (écriture à trois voix en accords de sixtes parallèles), ils sont généralement associés au symbolisme du nombre 3 (le mystère de la Sainte-Trinité par exemple).

L'éventail d'une œuvre

Josquin a écrit une vingtaine de messes, plus de cent motets, et environ soixante-dix chansons et pièces profanes.

Une grande partie de cette production a été publiée au XVIe siècle, d'abord par le premier éditeur de l'histoire, le Vénitien Ottaviano dei Petrucci, qui réserva une place d'honneur à Josquin dans son *Harmonice musices Odhecaton A*, ses *Canti B* et *C* (datant respectivement de 1501, 1502 et 1503) et publia trois livres de ses messes (1502, 1505, 1514). D'autres messes parurent à Nuremberg en 1539 chez John Otto. À partir de 1540, un regain d'intérêt pour l'œuvre de Josquin est sensible chez les éditeurs Kreisten à Augsbourg, Susato à Anvers, Du Chemin, Le Roy et Ballard à Paris.

D'autre part, il existe de nombreuses copies manuscrites des œuvres de Josquin, dispersées dans les plus riches bibliothèques du monde : Berlin, Bruxelles, Florence, Londres, Paris, Rome, Vienne, Washington.

Les messes

La plupart des messes sont construites sur un *cantus firmus* profane ou sacré, mais il en est d'autres dont Josquin a forgé lui même le thème en se proposant de résoudre des problèmes de contrepoint plus ou moins ardus. Josquin a assoupli l'usage du *cantus firmus* en tendant de plus en plus vers le style en « imitation continue », c'est-à-dire vers une répartition désormais plus équilibrée entre les diverses voix. À noter aussi une aération de la polyphonie par l'opposition de groupes de voix, le plus souvent soprano et ténor d'une part, dialoguant avec alto et basse de l'autre. Parmi les messes sur *cantus firmus profane*, nous citerons : la *Missa « L'Homme armé » super voces musicales* (la chanson de *L'Homme armé*, très populaire au XVe siècle, a servi de thème à une vingtaine de messes depuis Guillaume Dufay, au XVe, jusqu'à Carissimi, au XVIIe ; en utilisant cette mélodie, Josquin l'a changée plusieurs fois de mode, et c'est l'application aux six gammes ecclésiastiques différentes qu'indique le titre *super voces musicales*) ; la *Missa « L'Homme armé » sexti toni* (même thème, ici traité avec plus d'ampleur ; les voix parcourent toute l'étendue de leur tessiture, mais si le style est plus vocal, la construction est moins savante que dans la messe précédente) ; la *Missa Fortuna desperata* sur une chanson anonyme (Josquin joue avec le thème qu'il présente de diverses façons : augmentation, diminution, retournement) ; la *Missa « L'Amy Baudichon madame »* (il s'agit ici d'une chanson populaire dont le thème peut paraître lourd, mais comme l'écrit André Pirro, « il était séduisant d'environner ce maître engourdi de figures vives et claires » ; œuvre gaie évoluant dans le mode majeur) ; la *Missa « Une musque de Buschaia »*, sur une chanson basque, colportée probablement par les pèlerins de Saint-Jacques-de-Compostelle. La *Missa Didadi super « N'aray-je »* (titre étrange dont voici l'explication : le thème est emprunté à une chanson, *N'aray-je jamais plus*, d'un musicien de la cour de Bourgogne, Robert Morton ; la valeur des notes de ce thème est déterminée relativement aux autres voix par les points que marquent les dés représentés sur le texte musical – Josquin sacrifie ici aux séductions de l'exercice d'arithmétique). Citons encore la *Missa « Faysans regrets »*, qui mêle un thème profane à une cantilène liturgique, et les deux messes composées sur des chansons d'Ockeghem, *Malheur me bat* et *D'ung aultre amer*.

Parmi les messes sur *cantus* liturgique, mentionnons les messes *Mater patris* et *Ave maris stella*, d'une facture assez simple, et qui peuvent passer pour des œuvres de jeunesse. Plus élaborée est la *Missa De beata Virgine* construite, non sur un seul thème, mais sur plusieurs cantilènes rituelles dédiées à la Vierge Marie. Ces thèmes circulent d'une voix à l'autre. André Pirro parle à ce propos de « conversation sacrée » entre les chanteurs qui semblent échanger des bénédictions. Le kyrie et le gloria sont à quatre voix, mais, à partir du credo, une cinquième voix paraît, qui imite constamment l'une des autres. Signalons en passant la *Missa Gaudeamus* sur un introït grégorien, avant d'arriver au chef-d'œuvre qu'est la messe *Pange lingua*, publiée à Nuremberg en 1539. Josquin y atteint aux sommets de son art : sans perdre de vue les thèmes générateurs, il les traite avec une grande liberté, sait en varier la présentation sans qu'un instant sa technique se fasse trop sentir et sans qu'elle nuise à l'impression générale d'intense ferveur qui se dégage de cette œuvre souveraine.

Il reste quatre messes sans thème préexistant, si ce n'est ceux que Josquin lui-même a forgés : deux messes où le calculateur transparaît sous le musicien, les messes *Ad fugam* et *Sine nomine*, et deux messes dont le thème est issu d'un jeu de « solmisation », la *Missa la sol fa ré mi* (traduction cocasse des mots italiens *lascia fare a mi*) et la *Missa Hercules dux Ferrarie* dont le *cantus* est formé des voyelles du nom du dédicataire, ré, ut, ré, ut, ré, fa, mi, ré.

Cette dernière, l'une des plus justement célèbres de Josquin, est l'une des plus achevées. Le « ténor » choisi est rigide, mais Josquin joue précisément de cette rigidité pour construire un monument d'architecture, minutieusement agencé. Le miracle est que la beauté sensible y trouve son compte et se marie heureusement à la rigueur mathématique.

Les motets

Partant de l'agencement polyphonique de thèmes issus du plain-chant et de l'écriture à quatre voix, Josquin a peu à peu élargi le cadre du motet, donnant plus de liberté et d'indépendance au jeu des imitations, et enrichissant l'édifice sonore de voix supplémentaires, allant jusqu'aux huit voix du *Lugebat David*.

Parmi les motets sur le texte des psaumes, citons notamment : *Cantate Domino canticum novum* (Ps., XCV), *Miserere* (Ps., L), *De profundis* (Ps., CXXIX). Le plus beau et le plus développé est le *Miserere* à cinq voix, composé à la cour de Ferrare, construit sur un procédé déjà utilisé par Busnois dans son motet *In hydraulis* (*pes ascendans* et *pes descendans*, c'est-à-dire une gamme montante et descendante servant de support à l'édifice polyphonique).

Des motets évangéliques illustrent des textes des Évangiles ; par exemple *In principio erat Verbum* (Évangile de saint Jean), *Liber generationis Jesu Christi*, *In illo tempore stetit Jesus*... Les motets dédiés à la Vierge sont les plus nombreux : *Ave Maria*, *Salve Regina*, *O Virgo prudentissima*, *Virgo Dei genitrix*, *Benedicta es coelorum Regina*, *Stabat mater dolorosa* (construit sur le thème d'une chanson profane, « comme femme desconfortée », dont le sujet s'apparente à celui de la « mater dolorosa »).

Plus ou moins anecdotiques, sur des sujets bibliques, notons les motets consacrés au roi David : *Planxit autem David*, à quatre voix, et le monumental *Lugebat David* à huit voix, chef-d'œuvre de construction et d'expression. Enfin, mentionnons des motets de style archaïque où se retrouve, transformée, renouvelée, la vieille technique de l'isorythmie. Le plus représentatif est *Huc me sydereo descendere jussit Olympo* à six voix.

Les chansons

Il convient de distinguer les chansons à trois voix – probablement les plus anciennes – typiques du XVe siècle, des chansons à quatre, cinq et six voix dont la structure s'apparente à celle du motet.

L'accompagnement instrumental n'est point exclu, quoique aucune indication ne le précise, mais, dans les chansons de la maturité, le style *a cappella* prévaut. Dans les chansons à plus de quatre voix, beaucoup sont en forme de canon. Par exemple, la chanson *Baisies moy*, à six voix, présente trois canons différents : en fait, il s'agit de la superposition de deux groupes de trois voix, chacune des voix du premier groupe trouvant son imitation canonique dans le second groupe. Il faut remarquer que toutes ces chansons sont savantes, même celles dont la mélodie ou le texte ont une allure populaire (*Petite camusette*, *Allégez moy*).

Quant aux textes, ils restent soumis aux conventions de la poésie amoureuse du XVe siècle.

ROGER BLANCHARD

Bibliographie

JOSQUIN DES PRÉS, *Werken*, éd. crit. A. Smijers, Alsbach, Amsterdam, 1925-1957 ; éd. crit. A. Smijers et M. Antonowycz, *ibid.*, dep. 1957.

• *Études*

G. BIRKNER, « Josquin et ses contemporains », in *Histoire de la musique*, t. I, *Encyclopédie de la Pléiade*, Gallimard, Paris, 1993 / F. BLUME, *Josquin des Prés*, Wolfenbuttel, 1929 / J. CHAILLEY, *Histoire musicale du Moyen Âge*, P.U.F., Paris, 3e éd. 1984 / A. P. COCLICO, *Compendium musices*, Nuremberg, 1552, rééd. fac-similé in M. Bukofzer dir., *Documenta musicologica IX*, Bärenreiter, Kassel, 1954 / R. EITNER dir., *Publikation Aelterer Praktischer und Theoretischer Musikwerke*, vol. VI : *Josquin Depres*, 1873, rééd. Broude Brothers, New York, 1967 / B. GAGNEPAIN, *La Musique française du Moyen Âge et de la Renaissance*, P.U.F., 1993 / B. MEIER, « The Musica reservata of A. P. Coclico and its relationship to Josquin », in *Musica disciplina*, t. X, 1956 / H. K. METZGER & R. RIEHM, *Josquin des Prés*, Text und Kritik, Munich, 1982 / H. OSTHOFF, *Josquin des Prés*, Tutzing, 1962-1965 / J.-P. OUVRARD, *Josquin Desprez et ses contemporains*, Actes sud, Arles, 1986 / A. PIRRO, *Histoire de la musique de la fin du XIVe siècle à la fin du XVIe siècle*, Laurens, Paris, 1940 / C. SARTORI, « Josquin des Prés, cantore del Duomo di Milano », in *Annales musicologiques*, t. IV, 1956.

K

KABALEVSKI DIMITRI BORISSOVITCH (1904-1987)

Dernier survivant de la première génération de compositeurs soviétiques, Kabalevski fut longtemps, avec Chostakovitch et Khatchatourian, l'un des créateurs les plus en vue de l'U.R.S.S.

Né dans une famille modeste, Dimitri Borissovitch Kabalevski voit le jour à Saint-Pétersbourg le 30 décembre 1904. Sa famille se fixe en 1918 à Moscou, où il fait ses études secondaires avant de suivre des cours de peinture et de dessin. En 1922, il entre à l'institut Engels de sciences économiques et sociales. Pendant la même période (1919-1925), il étudie la musique à l'école de musique Scriabine. Il entre au Conservatoire de Moscou en 1925. Dès la fin des années 1920, il compose ses premières œuvres. Il est nommé, en 1932, professeur assistant de composition au Conservatoire de Moscou. Il sera titularisé en 1939. Rapidement, Kabalevski s'impose comme une figure dominante de la vie musicale soviétique : secrétaire de l'Union des compositeurs de l'U.R.S.S., il adhère au Parti communiste en 1940 et devient l'un des principaux rédacteurs de la revue *Sovietskaïa Musika* dans les années 1940. C'est dans les colonnes de cette revue que sont définis les grands axes de la politique officielle de création. Il joue également un rôle essentiel dans le domaine pédagogique, auquel il consacre une part importante de sa production – la meilleure à plus d'un point de vue – et se voit nommer président du Conseil scientifique d'esthétique pédagogique à l'Académie des sciences pédagogiques de l'U.R.S.S. en 1969, et président de l'International Society of Musical Education en 1972. Il meurt à Moscou le 17 février 1987.

L'œuvre de Kabalevski se situe à mi-chemin de la tendance prônée par l'Association russe des musiciens prolétariens et de celle de l'Association pour la musique contemporaine : il opte pour une musique facile et vivante, qui trouve sa place naturelle dans les formes traditionnelles. Sa fraîcheur d'inspiration, un certain charme séducteur ne sont pas sans évoquer Francis Poulenc ou Jean Françaix. Il trouve dans le concerto un moule qui lui permet de suivre les directives des décrets de 1948 : quatre concertos pour piano (1929, 1935, 1952 et 1975 ; le troisième, le plus joué, a été créé en 1953 par Vladimir Ashkenazy), un concerto pour violon (écrit pour David Oïstrakh, 1948) et deux concertos pour violoncelle (1948-1949 et 1964). Dans ce domaine, il s'impose par un lyrisme et un sens des couleurs discrets, qui contrastent avec la palette habituelle des compositeurs soviétiques (notamment Chostakovitch et Khatchatourian). En revanche, les formes plus développées dans lesquelles il veut transmettre un message en profondeur manquent de puissance : ses quatre symphonies (1932, 1933, 1934 et 1956, la troisième reprise en 1957 sous le titre de *Requiem en mémoire de Lénine*) semblent s'étirer en longueur, et toutes les œuvres d'inspiration patriotique qu'il compose pendant les années 1940 n'ont pas survécu aux circonstances de leur création. Dans le domaine lyrique, il a écrit cinq opéras, dont seul le premier s'est véritablement imposé : *Le Maître de Clamecy* (1937), d'après Romain Rolland, remanié en 1953, en 1969 et en 1972 sous le titre de *Colas Breugnon*. Il est également l'auteur d'une opérette, *Le printemps chante* (1957), et de nombreuses musiques de scène : la partition des *Comédiens* (pour la pièce d'Ostrovski, 1933), l'une des ses œuvres les plus pétillantes, a beaucoup joué en faveur de sa notoriété grâce à la suite d'orchestre qu'il en a tirée en 1940.

Mais le véritable visage de Kabalevski se trouve dans les petites formes, dans les œuvres pour piano à vocation pédagogique : *De la vie d'un pionnier* (1934), *Trente Pièces enfantines* (1937-1938), *Vingt-Quatre Préludes* (1943), des sonatines,

Vingt-Quatre Morceaux faciles (1944). On trouve la même veine d'inspiration dans ses mélodies, notamment les *Quatre Chansons pour rire* (1945). Mais, à partir de la fin des années 1940, il semble que Kabalevski ait laissé sa verve se tarir pour respecter les directives officielles du réalisme socialiste auxquelles ses fonctions officielles l'obligeaient à se soumettre. Son langage deviendra de plus en plus conservateur au fil des années, et il perdra cette originalité qui en faisait le plus spontané des musiciens russes et soviétiques.

ALAIN PÂRIS

KAGEL MAURICIO RAÚL (1931-)

La personnalité de Mauricio Kagel, une des plus fortes et des plus percutantes de sa génération, déborde le simple domaine de la composition. Né en Argentine, à Buenos Aires, venu ensuite en Europe à plus de vingt-cinq ans, Kagel est plus indépendant vis-à-vis des écoles musicales européennes (dodécaphonistes surtout) que bien des compositeurs occidentaux de sa génération ; plus que d'autres, il est prêt à remettre en question la notion même de culture, de composition musicale, de création. La force évidente de son impact dépend parfois davantage de la volonté de contestation qui accompagne son geste créateur que du contenu musical de sa création. En ce sens, on peut dire que Kagel joue, un peu comme l'Américain John Cage à presque une génération de distance, un rôle d'éveilleur et de semeur d'idées qui lui confère une importance historique.

Kagel fait ses études musicales dans sa ville natale, et très vite, dès 1950, s'oriente vers les recherches électroniques (*Transición I* et *II*, 1959-1960, sont écrites après son installation à Cologne en 1957). Déjà directeur du Teatro Colón à Buenos Aires, Kagel se montre dès le début de sa carrière préoccupé par l'art du spectacle. Nombre de ses œuvres sont conçues pour une destination scénique, elles perdraient leur sens détachées de la scène. Le visuel et le gestuel faisant souvent à ses yeux partie intégrante de l'œuvre musicale, il en vient à créer une forme originale de théâtre instrumental. Il faut souligner ici que c'est d'abord le matériau sonore en tant que tel qui intéresse Kagel au premier chef et que le choix et l'exploitation de ce matériau se trouvent parfois bien éloignés d'une conception habituelle de la musique.

Le caractère entier et l'esprit essentiellement analytique de Kagel lui permettent ainsi de pousser à bout des exercices ou des instrumentations soit à partir de l'individu interprète (*Pandorasbox*, 1960 ; *Fürst Igor, Stravinsky*, 1982), soit à partir d'un instrument lui-même (*Atem*, 1968), soit à partir d'un groupe d'individus (*Der Schall*, 1968 ; *Phantasiestück*, 1987-1988), soit plus simplement encore à partir de sons bruts (*Prima vista*, 1964) ; autant d'expériences qui débouchent sur un climat de mimodrame ou de psychodrame, soit personnel (*Antithèse*, 1962), soit de groupe (*Sur scène*, 1960 ; *Die Frauen*, 1962 ; *Match*, 1964 ; *Pas de cinq*, 1960 ; *Mare nostrum*, 1975 ; *Tantz-Schul*, 1985-1987).

Conjointement à celle qu'il mène sur l'action théâtrale, Kagel poursuit sa recherche sur le matériau sonore. Il mêle dans certaines œuvres les sources sonores les plus diverses (*Phonophonie*, 1963 ; *Montage*, 1967 ; *Ornithologica multiplicata*,

1967 ; *Vox humana ?*, 1978-1979). « Tout cela donne la gamme de l'univers sonore qui est ma réalité quotidienne », dit Kagel.

De la même manière, et dans un souci voisin, il cherche parfois à imposer un renouvellement dans l'effort de perception musicale, ainsi dans *Musique pour instruments de la Renaissance* (1966) ou dans *Exotica* (1971).

Il est dans la logique de sa création que le champ d'investigation de Kagel se soit étendu jusqu'à la production de films. Après *Solo* (1967) et *Duo* (1968), il est l'auteur d'un retentissant *Ludwig van*, conçu et réalisé pour la célébration du bicentenaire de la naissance de Beethoven, en 1970.

Un tel déploiement imaginatif, qui s'appuie sur des connaissances rigoureuses et sur une intelligence remarquable de l'histoire de la musique, vise, par le moyen d'une création aussi libre dans ses choix que multiple dans ses formes, à forcer ses auditeurs à bien vouloir « reconsidérer le quotidien ». Kagel a l'étoffe d'un grand pédagogue.

BRIGITTE MASSIN

KEISER REINHARD (1674-1739)

Principal représentant de l'opéra baroque allemand au début du XVIIIe siècle, Reinhard Keiser naît à Teuchern près de Weissenfels, aux confins de la Saxe et de la Thuringe. Élève de son père (organiste à Weissenfels), de Schelle à Saint-Thomas de Leipzig, et du compositeur d'opéras Johann Sigismund Kusser, il suit ce dernier à Hambourg après avoir été quelque temps chef d'orchestre et compositeur à la cour de Brunswick. La cité de Hambourg, qui a su échapper aux désastres de la guerre de Trente Ans, a inauguré en 1678 avec *La Création, la chute et le relèvement de l'homme* (*Der erschaffane, gefallene und aufgerichtete Mensch*) de Johann Theile, élève de Schütz, l'opéra du Marché-aux-Oies (*Die Oper am Gänsemarkt*), qui se veut allemand et plus ou moins relié aux traditions populaires, et qui joue alors le même rôle que Venise, un peu plus tôt, pour l'opéra italien. Keiser y règne bientôt en maître incontesté, influencé par l'Italie et, dans une moindre mesure, par la France sur le plan littéraire, mais il est beaucoup plus libre sur le plan musical. Il prend la direction de l'établissement en 1703 (avant de devenir cantor de la cathédrale en 1728), y accueille le jeune Haendel, qui y compose quatre opéras dont, seul, le premier (*Almira*, 1704) a subsisté, et en écrit lui-même régulièrement (jusqu'à quatre ou cinq en un an) : ainsi *Odysseus* (1702), *Orpheus* (1702), *Jules César élevé par la chute du grand Pompée* (*Der durch den Fall des grossen Pompejus erhötete Julius Cäsar*, 1710), *Croesus* (1710, remanié en 1730), œuvres remarquables à la fois par la synthèse qu'on y observe entre les larges courbes du bel canto italien et les périodes plus brèves du lied allemand ainsi que par la fusion des trames poétique et musicale. C'est à l'opéra du Marché-aux-Oies, alors que Keiser, pour échapper à la prison pour dettes, a dû quitter Hambourg, qu'en 1725 Telemann fera représenter son intermède bouffe *Pimpinone*.

Quand Keiser meurt dans la cité hanséatique, l'opéra allemand est déjà en plein déclin, face à l'opéra italien bientôt personnifié, dans les pays germaniques, par

Johann Adolf Hasse. Il faudra attendre près d'un demi-siècle, et surtout Mozart, pour le voir renaître.

MARC VIGNAL

KEMPFF WILHELM (1895-1991)

Sa longévité en avait fait une figure de légende du piano. Il incarnait tout ce que la tradition allemande peut avoir d'intemporel : un tempérament profondément classique mis au service d'un sens peu commun de l'improvisation qu'il tirait de sa formation d'organiste et qui faisait de chacune de ses interprétations une véritable recréation.

Né à Jüterborg (Brandebourg) le 25 novembre 1895 dans une famille d'organistes luthériens, il commence très jeune l'étude du piano et de l'orgue avec son père, lui-même compositeur et organiste titulaire de l'église Saint-Nicolas de Potsdam. Il travaille ensuite avec Ida Schmidt-Schlesicke et obtient deux bourses qui lui permettent d'entrer, à l'âge de neuf ans, à la Hochschule für Musik de Berlin, où il est l'élève de Heinrich Barth (piano) et de Robert Kahn (composition). Il mène simultanément des études universitaires (philosophie et histoire de la musique). En 1916, il remporte les prix Mendelssohn de piano et de composition qui lui ouvrent les portes de la carrière : il débute en 1918 avec l'Orchestre philharmonique de Berlin sous la direction d'Arthur Nikisch dans le *Quatrième Concerto en sol majeur* de Beethoven. Il se produira régulièrement avec cet orchestre jusqu'en 1979.

Il est engagé pour accompagner à l'orgue, au cours d'une tournée, le chœur de la cathédrale de Berlin. Entre 1924 et 1929, il est directeur de la Musikhochschule de Stuttgart, où il enseigne également le piano. À cette époque, il fait une brève incursion dans le domaine de la direction d'orchestre en dirigeant l'une des premières exécutions de *L'Art de la fugue* de J.-S. Bach, dans la version de Wolfgang Gräser (1928). Mais c'est une carrière de pianiste qui s'ouvre devant lui, avec chaque année de courtes périodes consacrées à l'enseignement ; l'été, il donne des cours à Marmorpalais, à Potsdam, en compagnie d'Edwin Fischer, Walter Gieseking et Elly Ney (1931-1941). En 1934, il effectue sa première tournée en Amérique du Sud, en 1936 au Japon et en 1938 en France (salle Gaveau, 9 nov. 1938). Après la guerre, Potsdam se trouve en zone soviétique et il décide de se fixer en Bavière, à Thurnau. Les autorités américaines lui imposent quelque temps de silence, qu'il consacre à la composition, et il fait sa rentrée à Paris en 1948. Il donne son premier concert à Londres en 1951. Pablo Casals l'invite à jouer avec lui au festival de Prades. En 1957, il se produit pour la première fois avec Yehudi Menuhin, à Athènes. La même année, un mécène italien met à sa disposition la Casa Orfeo à Positano, au sud de Naples : il y crée un cours d'interprétation de l'œuvre pour piano de Beethoven, auquel participeront notamment Éric Heidsieck, Robert Riefling, Ventsislav Yankoff, Idil Biret, David Lively, Mitsuko Ushida, Gerhard Oppitz. Après avoir longtemps refusé de jouer aux États-Unis, il fait des débuts triomphaux à New York en 1964. Au début des années 1970, son état de santé le contraint à une activité réduite. Mais il revient sur le devant de la scène dès 1974 et il continuera à jouer en public jusqu'en 1984, date à laquelle il se retire à Positano. Il y meurt le 23 mai 1991.

Kempff s'était imposé comme l'un des plus grands interprètes beethovéniens de son temps. Il rappelait volontiers la filiation qui le reliait à Beethoven : « J'ai été élève de Barth qui avait eu comme maître Hans von Bülow dont on sait qu'il bénéficia de l'enseignement de Liszt, lui-même de Czerny qui eut le privilège de travailler sous la direction de notre grand Beethoven. » En plus de soixante-cinq ans de carrière, la démarche de Kempff a évolué sensiblement et les disques en attestent, puisqu'il a commencé à enregistrer au cours des années 1920. Mais une constante domine : la rigueur classique sans cesse recréée par le sens de l'improvisation et une étonnante imagination, la simplicité au service de la poésie. L'approche interprétative de Kempff repose sur sa formation d'organiste et de compositeur ; sa lecture du texte est une lecture d'ensemble très rigoureuse qui n'isole aucun élément spécifique hors de son contexte. La construction reste omniprésente même si elle semble beaucoup moins évidente que chez Wilhelm Backhaus ou Claudio Arrau, peut-être plus véritablement germaniques que Kempff. Il y a dans la nature de Kempff une contradiction entre ses racines prussiennes et cette faculté intarissable à recréer un texte. Le dilemme se retrouve dans le domaine religieux, où le chrétien convaincu qu'il était se trouve dérouté par la rigueur du luthéranisme, qui lui semble épouser trop étroitement la discipline prussienne. Le miracle de la personnalité de Kempff est d'être parvenu à cette synthèse unique entre classicisme et improvisation. Jusqu'à la Seconde Guerre mondiale, le second aspect dominait généralement : fougue de la jeunesse, moyens techniques mieux assurés... Mais, au fil des années, la crinière du lion blanchit, l'homme qui s'avance sur scène avec une noblesse un peu hautaine prend du recul ; il est devenu un grand seigneur ; il semble perdu dans un univers lointain, les yeux fixés devant lui, quelque part vers la pointe du piano où personne n'a accès. C'est pourtant de sa rencontre avec le public que naissent ses interprétations les plus exceptionnelles. Le poète parle, il s'impose avec calme, dépouillement, excès parfois, absence aussi, car, pour recevoir quelques instants d'émotion exceptionnelle, il faut accepter de vivre des moments moins étonnants. Le jeu devient plus limpide, le legato, hérité du toucher de l'orgue, égal comme du velours, se colore de mille façons avec des nuances impalpables, les basses s'ancrent profondément dans le grave de l'instrument et la polyphonie offre une transparence parfaite : sous les doigts de Kempff, une fugue semble lisible comme sur le papier ! Puis il découvre les sonates de Schubert, un univers qui lui avait échappé jusqu'alors et où son sens poétique s'épanouit à merveille.

Kempff possédait un répertoire considérable, certes concentré autour de l'œuvre de Beethoven (il a enregistré trois intégrales des sonates pour piano et deux des cinq concertos). Mais il jouait aussi la quasi-totalité de l'œuvre pianistique de J.-S. Bach, de Mozart, de Schumann, dont il avait entièrement revu l'édition de Clara Schumann (Éditions Breitkopf u. Härtel, 1952), de Schubert (son intégrale des sonates reste une référence) et de Brahms. Il aimait également inscrire à ses programmes les pages les plus poétiques de Chopin et de Liszt ou des pièces de Couperin, de Rameau et de Scarlatti qui lui permettaient de laisser libre cours à son sens de la miniature et de la confidence. La musique de chambre a toujours occupé une place essentielle dans sa vie ; il a joué avec le violoncelliste Paul Grümmer et le violoniste Georg Kulenkampff ; il a accompagné les cantatrices Lotte Lehmann et Germaine Lubin. Plus tard, ses partenaires furent Wolfgang Schneiderhan, Pierre Fournier, Pablo Casals, Christian Ferras et l'Amadeus Quartet. Pour le bicentenaire de la naissance de Beethoven (1970), il retrouvait Yehudi Menuhin et formait, au disque, un nouveau trio avec Henryk Szeryng et Pierre Fournier. L'espace de quelques soirées, son chemin croisa celui de Mstislav Rostropovitch ou de Dietrich Fischer-Dieskau.

Le compositeur laisse une œuvre abondante, mais mal connue, qui s'inscrit dans le prolongement esthétique de Brahms avec un sens de l'humour et du clin d'œil assez prononcé : quatre opéras, *La Flûte de Sans-Souci* (1918), *Le Roi Midas* d'après Wieland (1930), *La Famille Gozzi* (1934), représenté au San Carlo de Naples, *Die Fasnacht von Rottweil* (1937) ; un ballet, *Le Miroir d'Hamlet* (1947) ; un concerto pour violon (créé par G. Kulenkampff, 1932), deux concertos pour piano (1915 et 1927), deux symphonies (n° 1, 1923 ; n° 2 créée par Furtwängler au Gewandhaus de Leipzig en 1926), un oratorio sur un poème d'Ernst Wiechert (*Deutsche Passion*, op. 40), une cantate dramatique (*Destin allemand*, 1937), l'*Ouverture fédéricienne* (1935), la *Suite arcadique* pour orchestre de chambre, d'après Watteau (1939), deux quatuors à cordes (1942) et de nombreuses pièces pour piano, qu'il jouait parfois au cours de ses concerts. Il a également transcrit pour le piano des extraits de cantates, des pièces d'orgue et instrumentales de J.-S. Bach, notamment la *Siciliana* de la *Troisième Sonate pour flûte et clavecin* popularisée par l'enregistrement qu'en fit Dinu Lipatti. Ce besoin d'adapter pour le piano les pages qu'il chérissait particulièrement reflète l'ouverture d'esprit de cet humaniste pour qui n'existait aucune barrière instrumentale ou culturelle. Il aimait autant Homère que les églises romanes ou la photographie et avait conscience du rôle que l'artiste pouvait jouer dans la société contemporaine pour lutter contre sa déshumanisation. Un être pur qui justifie cette phrase maintes fois répétée : « Les autres, on les applaudit ; Kempff, on l'aime. »

ALAIN PÂRIS

Bibliographie

B. Gavoty & R. Hauert, *Wilhelm Kempff*, Kister, Genève, 1954 / W. Kempff, *Unter dem Zimbelstern*, Piper, Stuttgart, 1951 (trad. franç. *Cette Note grave*, Plon, Paris, 1955) ; *Was ich hörte, was ich sah : Reisebilder eines Pianisten*, Piper, Munich, 1981.

KHATCHATOURIAN ARAM ILITCH (1903-1978)

Compositeur soviétique dont la musique incarne son pays d'origine, l'Arménie, Aram Khatchatourian voit le jour à Tiflis et ne vient qu'assez tardivement à la musique. Il est admis à l'institut Gnessine de Moscou, puis au Conservatoire où il est l'élève de Miaskovski (1929-1934). Rapidement, il s'impose comme l'une des figures marquantes de la nouvelle génération. Sa notoriété reposera sur un petit nombre d'œuvres, brillantes et spontanées, qui correspondent aux canons officiels de la musique soviétique et rencontrent partout un excellent accueil. En 1948, néanmoins, il est violemment critiqué par le comité central du Parti pour ses « tendances modernistes », ce qui l'amène à faire machine arrière dans une évolution esthétique pourtant en marge de son temps. Deux ans plus tard, il est nommé professeur au Conservatoire de Moscou puis à l'institut Gnessine.

La musique de Khatchatourian repose essentiellement sur le folklore arménien. Il puise volontiers dans les chants des *achongs*, la seule musique qu'il ait entendue jusqu'à son adolescence. L'étonnante diversité de l'âme arménienne se traduit sous sa plume en une musique savante tout en préservant l'originalité rythmique, modale et mélodique des sources dont il s'inspire. Khatchatourian y ajoute une harmonie originale qui met en valeur ces couleurs, cette ivresse rythmique et cette exubérance naturelle que l'on retrouve dans l'ensemble de sa production. Parfois même, l'Arménie lui fournit la matière première de son inspiration, comme dans le ballet *Gayaneh*, dont la fameuse *Danse du sabre* a fait le tour du monde. Élargissant son champ d'inspiration, il s'appuie parfois sur les folklores géorgien et azerbaïdjanais. À la fin de sa vie, l'influence de l'impressionnisme français semble tempérer une écriture naturellement assez rude.

Il laisse plusieurs concertos (pour piano, 1936 ; pour violon, 1940 ; pour violoncelle, 1946), des concertos-rhapsodies pour violon (1962) et pour violoncelle (1963), deux grands ballets, *Gayaneh* (1942) et *Spartacus* (1954), deux symphonies dont seule la seconde (1943) a acquis une certaine notoriété, *Jazzkomposition* pour clarinette (1966) écrit pour Benny Goodman, une *Sonate-Monologue* pour violon (1976), une *Sonate-Fantaisie* pour violoncelle (1976) et une *Sonate* pour alto (1976). Mstislav Rostropovitch, David Oïstrakh et Leonid Kogan ont été les principaux dédicataires de ses œuvres qu'il définissait lui-même comme de la « musique qui soit belle en soi, ni grande, ni petite, mais simplement belle, ouverte, épanouie, heureuse de vivre. Il y a trop de laideur et de désespérance dans le monde pour que nous les laissions envahir notre art. »

ALAIN PÂRIS

KLEBE GISELHER (1925-)

La Machine à pépier (*Die Zwitschermaschine*), variations pour orchestre inspirées par un tableau de Paul Klee, vaut à Giselher Klebe sa notoriété, lors de la création de l'œuvre à Donaueschingen, en 1950.

À une époque où, en Allemagne, toute diffusion de la musique de Schönberg est rigoureusement interdite, Klebe a le privilège de la découvrir et de l'étudier dans des cercles privés et oppositionnels. Bien que né à Mannheim, il vit alors à Berlin, où il achève ses études au Conservatoire. Dès 1951, son *Quatuor à cordes*, opus 9, fait référence à la technique d'écriture sérielle ; il précise que celle-ci « offre la possibilité recherchée d'établir un lien optimum entre l'idée, l'expression et la logique de la construction ». À la même époque, s'appuyant sur une recherche mathématique, il écrit une *Symphonie pour quarante-deux cordes* (1951) et, unissant le passé au présent, part d'une œuvre de Mozart (*Concerto en ut mineur*, K. 491), dont il retient le thème comme élément sériel, pour construire une *Symphonie* (1953).

Klebe a donc été un des premiers musiciens de la jeune génération a être révélé en Allemagne dans l'immédiat après-guerre. Aussi doué qu'éveillé, et compte tenu du caractère exceptionnel de sa formation intellectuelle dans la conjoncture historique, il est parti plus vite que ses contemporains et compatriotes à la découverte de la nouvelle musique, fille des grands Viennois (Schönberg, Berg, Webern) ; bien qu'il ne recule pas devant l'utilisation de la musique électronique (*Die Ermorderung Cäsars*, 1959), son œuvre demeure fondée sur le dodécaphonisme, et ceux qui viennent plus tard que lui (Stockhausen, notamment) le dépasseront vite dans leurs audaces de novateurs, tandis que Klebe semble davantage s'orienter vers une synthèse entre l'expressivité venue du passé et les recherches de style venues du présent. Il s'est imposé par ses opéras : *Die Räuber*, d'après Schiller, 1952-1956 ; *Die tödlichen Wünsche*, d'après *La Peau de chagrin* de Balzac, 1959 ; *Alkmene*, d'après Kleist, 1961 ; *Ein wahrer Held*, d'après Synge, 1972-1973 ; *Der jüngste Tag*, 1980 ; *Die Fastnachtsleiche*, 1983.

BRIGITTE MASSIN

KODÁLY ZOLTÁN (1882-1967)

« En tant que compositeur, Kodály se situe parmi les meilleurs de notre temps [...] son art et le mien, bien qu'ils soient issus de la même source, sont fondamentalement différents [...]. Mais cette différence [...] traduit une pensée musicale totalement nouvelle et originale [...]. Si je lui porte une si haute estime, ce n'est pas parce qu'il est mon ami, mais à l'inverse il est devenu mon ami parce qu'il est le meilleur des musiciens hongrois. Le fait que cette amitié ait été plus profitable pour moi que pour Kodály ne prouve, une fois de plus, que ses qualités humaines et son désintéressement... » Voilà ce qu'écrivait Béla Bartók en 1921, au moment même où Kodály avait quelques démêlés avec les autorités de la Hongrie contre-révolutionnaire.

L'amitié de ces deux hommes est à la source du grand épanouissement de la musique hongroise du XXe siècle. Le souci de retrouver les bases solides d'un « style national », que la musique hongroise avait déjà connu d'une certaine façon au XIXe siècle, les avait réunis en 1905, alors que ces bases étaient en voie de disparition. Au cours de leurs recherches, les deux maîtres ont découvert les traditions orales de la classe paysanne hongroise et n'ont pas tardé à en tirer toute la richesse artistique, scientifique et didactique, chacun à sa manière.

Au début du XXe siècle, les seules bases réelles et intégrales du langage musical hongrois se trouvaient enfouies dans le folklore. « Pour former une nation, il faut d'abord redevenir peuple », affirmera Kodály plus tard dans son ouvrage sur la musique populaire hongroise. Il ne s'agissait pas pour Kodály, ni pour Bartók, d'un « folklorisme » (terme souvent péjoratif dans le vocabulaire des théoriciens occidentaux) aprioriste et unilatéral, mais de l'intégration de la musique hongroise, avec tous ses caractères spécifiques, dans la culture européenne, comme une composante à part égale. Pour cela, il fallait mettre en relief son héritage historique, mais aussi l'« habiller » et l'intégrer dans la musique européenne du passé (le présent soulevait moins de difficultés, les éléments « périphériques » ou « exotiques » n'étant pas rares alors dans la musique occidentale). Kodály estime qu'un art national majeur ne peut s'édifier que sur la base du « passé intégral » ; c'est pourquoi il se tourne vers le passé hongrois, le fait revivre dans sa musique, le recrée même, là où c'est nécessaire, d'où son historicité, son hungarocentrisme, son conservatisme. À l'opposé, Bartók s'oriente vers l'avant-garde et vise à la fraternité entre les peuples ; son évolution artistique traduit une aspiration vers une synthèse à laquelle il n'arrivera que relativement tard. Quoi qu'il en soit, Bartók et Kodály sont profondément liés à la civilisation de leur pays et, dans leurs musiques, l'apport folklorique reste omniprésent, mais ne s'exprime pas de la même façon. Chez Bartók, les procédés de la musique populaire représentent une force motrice permanente ; chez Kodály, ils agissent dans le sens de la stabilité. Pour ce dernier, la synthèse est atteinte à l'âge de vingt-six ans et, à partir de ce moment-là, si son langage continue de s'enrichir, son style ne change plus.

Enfance et jeunesse

Deuxième enfant et fils aîné de Frigyes Kodály, fonctionnaire des Chemins de fer hongrois, et de Paula Jaloveczky, Zoltán Kodály naît à Kecskemét (Hongrie centrale) le 16 décembre 1882. Son père, violoniste amateur et mélomane, occupe successivement des postes de chef de gare à Szob, à Galánta (aujourd'hui en Slovaquie), puis à Nagyszombat (aujourd'hui, Trnava, en Slovaquie). L'enfant chante avant de parler et fait ses classes primaires à Galánta, bourgade célèbre par ses Tsiganes et leurs traditions musicales. En 1892, il entre au lycée archi-épiscopal de Nagyszombat, ville au grand passé historique et culturel : il y fait de brillantes études, et commence, seul, à jouer du violon et du violoncelle. Il se met à composer et dévore les partitions qu'il trouve dans les fonds musicaux de la cathédrale, apprend par cœur les œuvres pour piano de Beethoven sans toucher le clavier, se rend plusieurs fois à Pozsony (Bratislava) pour assister aux concerts. Il visite en 1896 l'Exposition de la Hongrie millénaire à Budapest, où un tableau attire son attention ; celui-ci retrace les pérégrinations d'une ballade populaire hongroise recueillie par Béla Vikár, promoteur de l'ethnomusicologie en Hongrie, le premier en Europe à avoir employé le phonographe dans ses recherches folkloriques.

Bachelier en 1900, Kodály s'installe définitivement à Budapest ; il s'inscrit à la faculté des lettres et est admis au collège Eötvös (équivalent de l'École normale supérieure de Paris) ; en même temps, il est élève de Hans Koessler, pour la composition, à l'Académie de musique de Budapest. Partageant le même goût pour la musique vocale, maître allemand et disciple hongrois s'entendent bien. Au collège Eötvös, Kodály se distingue par des compositions de circonstance ; il écrit son premier chœur en 1904. En 1905, il obtient le diplôme de professeur de langue et littérature hongroises et allemandes. La même année, il se lance dans des investigations folkloriques et sa première enquête le mène dans la région de Galánta ; il fait la connaissance de Béla Vikár et rencontre Bartók chez Emma Gruber, son élève, qu'il épousera en 1910. Dès lors, l'amitié des deux musiciens se confirme. En 1906, il soutient sa thèse de doctorat, *La Structure strophique des chants populaires hongrois*, publie avec Bartók une série de mélodies populaires hongroises pour chant et piano, compose *Soir d'été*, pour orchestre, œuvre qui, remaniée en 1929, va connaître un succès mondial sous la baguette d'Arturo Toscanini.

Impressionnisme et polyphonie vocale

En 1907, Kodály passe trois mois à Berlin, puis trois mois à Paris. Il y suit les cours de Charles Marie Widor au conservatoire et découvre la musique de Debussy, « cet art plus pictural que musical », écrira-t-il à Bartók. C'est à Paris qu'il reçoit, après la découverte du folklore musical, la deuxième impulsion décisive de sa vie, celle de l'impressionnisme français. Il compose sa *Méditation sur un thème de Claude Debussy*, pour piano. « L'Allemagne nous cache l'Occident », écrira-t-il plus tard dans la postface des *Bicinia Hungarica* (1937). Rentré à Budapest, il est nommé professeur de théorie musicale à l'Académie de musique. En 1908, Hans Koessler lui confie une de ses classes d'écriture. De cette année datent les *Deux Chants populaires de la région de Zobor*, pour chœur de femmes, puis successivement son *Énekszó* (op. 1) [16 mélodies sur paroles populaires, pour chant et piano ; 1907-1909], son *Premier Quatuor à cordes* (op. 2, 1908) et ses *Neuf Pièces pour piano* (op. 3, 1909), suivis de la *Sonate* pour violoncelle et piano (op. 4, 1909-1910), du *Duo* pour violon et violoncelle (op. 7, 1914), de la *Sonate* pour violoncelle (op. 8), l'une de ses œuvres les plus appréciées. Entre 1912 et 1916, il compose *Sept Mélodies attardées* sur des poèmes hongrois classiques, puis une deuxième série pour piano (*Sept Pièces*, op. 11), le *Deuxième Quatuor* (op. 10), deux chœurs d'hommes et des mélodies pour chant et piano (ou orchestre). À la fin de la Première Guerre mondiale, la Hongrie connaît une brève période durant laquelle toute sa structure politique et sociale semble se tranformer. Kodály fait partie du directoire musical et est nommé sous-directeur de l'Académie de musique auprès de Ernrro Dohnányi qui en est le directeur. Cette affectation lui sera sévèrement reprochée par la nouvelle direction installée à l'automne de 1919 par la contre-révolution. Kodály est suspendu, et ne sera réintégré comme professeur qu'en 1921. Entre-temps, il a signé un contrat d'exclusivité pour ses œuvres musicales avec la maison d'édition autrichienne Universal. La *Sérénade* pour deux violons et alto, sa dernière œuvre de musique de chambre, date de 1919-1920. En 1923, pour célébrer le cinquantième anniversaire de la ville de Budapest, Kodály compose sa première œuvre pour grand ensemble, sur le 55e Psaume de David, le *Psalmus Hungaricus*, op. 13, pour ténor solo, chœur mixte et orchestre, sur une adaptation libre de Mihály Vég de Kecskemét, prédicateur protestant du XVIe siècle ; cette œuvre remporte un grand succès et lui vaut une autorité internationale. À la même époque, il écrit *Nuits sur la montagne*, pour chœur de femmes sans paroles, première pièce d'une série complétée en 1955-1956, puis sa première transcription de Jean-Sébastien Bach, *Trois préludes de choral* pour violoncelle et piano (1924), qui sera suivie d'autres transcriptions. L'année 1925 marque le début de la grande éclosion d'œuvres chorales dans lesquelles Kodály semble trouver sa véritable vocation et la troisième source de son art : la polyphonie vocale. Les premiers chœurs d'enfants sur mélodies populaires sont composés, puis d'autres chœurs d'enfants, mixtes (*Tableaux de Mátra*, 1931) et des chœurs d'hommes (*Chants de Karád*, 1934). Kodály écrira plus tard une œuvre chorale sur des poèmes classiques et modernes, hongrois pour la plupart, mais aussi latins, italiens et anglais. Par ailleurs, et bien que la musique a cappella garde sa préférence, il achève entre 1924 et 1932 deux œuvres scéniques importantes. L'une, *Háry János*, est une féerie musicale, un drame mêlé de musique (livret de B. Paulini et Z. Harsányi d'après un poème populiste de János Garay) ; elle relate les aventures imaginaires d'un demi-solde fanfaron, avec un matériau musical de base presque exclusivement folklorique. L'autre, la *Soirée des fileuses*, présente une scène populaire sans texte parlé qui se passe chez les Sicules de Transylvanie et où l'action dramatique, arrangée par le compositeur lui-même, est secondaire ; en réalité, il a orchestré et développé les dix cahiers de *Musique populaire hongroise* pour chant et piano (1924-1932).

Le rayonnement international

Pendant les années 1930 se constitue autour de Kodály tout un mouvement de renouveau musical par le chant et pour le rajeunissement de l'enseignement. Les anciens élèves du maître y jouent un rôle très actif : Lajos Bárdos, avec György Kerényi et Gyula Kertész, fonde les éditions Magyar Kórus avec trois périodiques et d'innombrables publications. Jenrro Ádám et Kerényi mettent au point la « méthode Kodály » d'enseignement et d'initiation musicale, tandis que d'autres élèves, à l'étranger, contribuent au rayonnement de sa musique et de ses idées, comme Antal Doráti, Géza Frid, Tibor Harsányi, Mátyás Seiber, Tibor Serly et, plus tard, Sándor Veress. À partir de cette époque, Kodály dirige de plus en plus fréquemment ses œuvres en Hongrie et à l'étranger. Ses compositions chorales prennent un nouvel essor (*Ode à Franz Liszt*, de Mihály Vörösmarty, 1936) et, pour la première fois, il écrit un motet sur des paroles bibliques en prose (*Jésus et les marchands du Temple*, 1934).

Durant cette période si fertile, Kodály trouve encore le temps de composer de la musique instrumentale : *Danses de Marosszék* pour piano (1927, version orchestrée en 1930), *Danses de Galánta* pour orchestre (1933), *Prélude* (1931) et *Messe basse* (1942) pour orgue, *Variations symphoniques sur une mélodie populaire hongroise* (1937-1938, pour le cinquantenaire de l'Orchestre du Concertgebouw d'Amsterdam à la demande de Willem Mengelberg), *Concerto* pour orchestre (1940, à la demande de F. Stock et de l'Orchestre de Chicago). En 1936, pour fêter le deux cent cinquantième anniversaire de la libération de Buda et de la fin de son occupation par les Turcs, Kodály compose son *Te Deum* pour solistes, chœur mixte, orchestre et orgue ; cette œuvre, la deuxième pour grand ensemble, a été commandée par la Ville de Budapest. La troisième sera la *Missa brevis* (1944).

Vers la fin des années 1930, malgré la pression allemande qui se fait plus forte, l'école de Kodály s'affirme partout avec autorité. Surviennent l'Anschluss en 1938 et les lois raciales. Kodály et Bartók s'y opposent publiquement (avec trente autres intellectuels) et, l'année suivante, quittent les éditions Universal, devenues nazies, pour la maison Boosey & Hawkes. Bartók part en 1940 ; Kodály reste seul pour continuer leur œuvre commune. En 1942, le compositeur demande sa mise à la retraite pour se consacrer à l'édition systématique de la musique populaire hongroise. Mais sa carrière pédagogique n'est pas terminée : il enseignera encore le folklore musical.

En avril 1945, la Hongrie est libérée de l'occupation allemande ; commence alors une période de reconstruction fébrile et héroïque. Kodály continue son travail, mais sans Bartók. La perte de son compagnon, mort en 1945 aux États-Unis, pèsera lourdement sur lui. Durant les vingt et une années qui lui restent à vivre, il n'écrira que deux œuvres importantes :

Zrinyi szózata (*L'Appel de Zrinyi* pour baryton solo et chœur mixte, 1954) et la *Symphonie* (probablement d'après des esquisses de jeunesse, 1961). Le reste de son œuvre se compose de chœurs et d'exercices de tous genres (pour la voix, le piano, de déchiffrage...).

Académicien, Kodály prend souvent la parole non seulement sur les sujets concernant l'éducation musicale, mais aussi sur ceux relatifs à la prononciation du hongrois et à la mémorisation de chants et textes ; il organise également des concours nationaux ou régionaux. Sa principale préoccupation reste cependant le *Corpus musicae popularis hungaricae*, dont les cinq premiers volumes paraissent de son vivant. Son activité est très appréciée par les nouvelles autorités hongroises, bien qu'il rencontre quelques difficultés à faire admettre ses idées entre 1950 et 1956. Il reçoit trois fois le prix Kossuth, préside le conseil de direction de l'Académie de musique, l'Académie hongroise des sciences, le Syndicat des musiciens hongrois, le Conseil national des arts et l'International Folk-Music Council. Il est docteur *honoris causa* des universités de Kolozsvár (Cluj, 1944), de Budapest (1957) et d'Oxford (1960). Devenu veuf, il épouse en décembre 1959 la jeune Sarolta Péczely. La seconde madame Kodály jouera, comme la première, un rôle éminent dans la vie de son mari et sera, après la mort de celui-ci, le 6 mars 1967, la fidèle gardienne de son héritage. Leur appartement est devenu en 1990 un musée, abritant les archives consacrées à son œuvre.

Compositeur, professeur, écrivain, animateur, éducateur, savant et folkloriste, Kodály est l'un des esprits les plus polyvalents de son époque. Ses multiples champs d'activité forment une unité organique et indissoluble. Bien souvent, sa compétence littéraire lui a dicté le choix de ses textes. Sa musique doit à Bach sa clarté et sa rigueur, à Beethoven sa structuration, à Palestrina et ses contemporains le contrepoint vocal, à Debussy ses harmonies et ses tournures mélodiques, au folklore hongrois sa pensée musicale. L'homogénéité et la stabilité de son style s'expliquent non seulement par son tempérament, mais aussi parce que, professeur d'écriture pendant plus de trente ans, il se devait d'orienter ses élèves sur une voie nouvelle et accessible. Il a su partager avec eux ses propres expériences : lecture silencieuse de partitions, étude du contrepoint vocal suivant la méthode du Danois Knud Jeppesen. Kodály peut être considéré comme l'un des plus grands compositeurs vocaux de son temps. Pour y parvenir, il a procédé par étapes : d'abord, à titre d'essai, il a écrit ses premiers chœurs, puis, après un silence de dix ans (ou plutôt une période de maturation), il compose en 1923 un chœur sans parole et, deux ans plus tard, les premières transcriptions pour chœur de mélodies populaires. Dans ses deux œuvres théâtrales, il évite le chant sur paroles libres ou non populaires. Il faudra attendre 1934 pour que voient le jour les premiers chœurs composés sur des textes littéraires.

Il apparaît ainsi clairement que l'un des buts principaux de Kodály a été de trouver l'expression hongroise de la prose chantée. *L'Appel de Zrinyi* (homme d'État, écrivain et chef militaire au XVIIe siècle) est, de ce point de vue, d'une importance capitale et apporte une solution définitive. Quant à la « méthode Kodály », fondée essentiellement sur la créativité enfantine, elle représente également une synthèse dans le temps et dans l'espace. Quand parut la *Méthode de l'enseignement du chant dans les écoles* de Jenrro Ádám, Kodály, dans sa préface, déclara : « Nous sommes à l'aube d'une ère nouvelle. L'enfant libéré et devenu plus hongrois grandira pour former plus tard une Hongrie plus hongroise et plus heureuse, en partie grâce au chant. » Ces paroles datent de 1944, à la veille des événements les plus tragiques de l'histoire hongroise.

C'est cet optimisme sans défaillance, cette confiance dans l'avenir et dans sa propre mission qui confèrent à Kodály une place si importante dans la musique du XXe siècle.

JEAN GERGELY

Bibliographie

• Écrits de Zoltán Kodály

Articles sur la musique et des musiciens hongrois en français : *La Revue musicale*, 1921, 1922, 1923 ; en allemand : *Musikblätter des Anbruch*, 1921 ; en anglais : *Musical Courier*, 1922, 1923, *Modern Music*, 1925 ; en italien : *Il Pianoforte*, 1923 ; *Béla Bartók, Scritti sulla musica popolare* (préface), Einaudi, Turin, 1955 ; *A magyar népzene* (*La Musique populaire hongroise*), 5e éd. avec un appendice musical de L. Vargyas, Zenemrrukiadó, Budapest, 1971 ; version anglaise : Corvina, Budapest, 1960, rééd. Da Capo, New York, 1987 ; *Visszatekintés* (*Regards en arrière*), écrits réunis et annotés par F. Bónis, 3 vol., Zenemrrukiadó, 1964-1989 ; *The Selected Writings of Zoltán Kodály*, Schifferli, Budapest, 1974 ; *Mein Weg zur Musik : fünf Gespräche mit Lutz Besch*, Zurich, 1966 ; Lettres : *Kodály Zoltán levelei* (lettres de Zoltán Kodály réunies par D. Legány), Zenemrrukiadó, 1982 ; *Kodály Zoltán hátrahagyott írásai* (Écrits posthumes de Kodály), 2 vol., L. Vargyas éd., Szépirodalmi, Budapest, 1989, 1993.

• Études

J.-P. AMANN, *Zoltán Kodály*, L'Aire musicale, Lausanne, 1983 / P. E. BARBIER, « Zoltán Kodály, le père de la musique nationale hongroise aurait 100 ans le 16 décembre », in *Diapason*, p. 54, déc. 1982 / J. GERGELY, « Kodály », in F. Michel dir., *Encyclopédie de la musique*, vol. II, p. 688, Fasquelle, Paris, 1959 ; *La Musique hongroise*, *ibid.*, p. 487 ; « Zoltán Kodály et la conscience musicale de son pays », in *Études finno-ougriennes*, t. II, fasc. 1, p. 13, Paris, 1965 ; « Zoltán Kodály (1882-1967) », *ibid.*, t. IV, p. 7, 1967 ; « Zoltán Kodály », in *Le Club français de la médaille*, no 19, p. 40, 1968 ; « Zoltán Kodály », in M. Honegger dir., *Dictionnaire de la musique, les hommes et leurs œuvres*, vol. I, p. 573, Bordas, Paris, 1970 ; « Hongrie », in M. Honegger dir., *Science de la musique*, t. I, p. 468, *ibid.*, 1976 ; « Béla Bartók, compositeur hongrois », in *La Revue musicale*, nos 328-335, 1980-1981 / G. KROÓ, *La Musique hongroise contemporaine*, Corvina, 1981 / J. RIBIERE-RAVERLAT, *L'Éducation musicale en Hongrie*, 2e éd., A. Leduc, Paris, 1977 / E. SZRRONYI, *Quelques Aspects de la méthode de Zoltán Kodády*, Corvina, 1976 / J. VIGUÉ & J. GERGELY, *La Musique hongroise*, coll. Que sais-je ?, P.U.F., Paris, 1976.

J. BERECZKY et al. dir., *Kodály népdalfeldolgozásainak dallam-és szövegforrásai* (Les sources folkloriques de la musique de Kodály), Zenemrrukiadó, 1984 / J. BREUER, *Bartók és Kodály, Tanulmányok századunk magyar zenetörténetéhez* (Bartók et Kodály, Études sur l'histoire de la musique hongroise de notre siècle), Magvetrro, Budapest, 1978 ; *Contemporary Hungarian Composers*, Editio Musica, Budapest, 1967 / L. ERROSZE, *Zoltán Kodály. His Life and Work*, Corvina, Budapest-Londres, 1962 ; *Kodály Zoltán életének krónikája* (Chronique de la vie de Zoltán Kodály), Zenemrrukiadó, 1977 / E. HEGYI, *Solfege according to the Kodály-Concept*, Pedagogical Institute of Music, Kecskemét, 1975 / *Kodály dokumentumok* (Documents sur Kodály), vol. I, *Allemagne, 1910-1944*, J. Breuer dir., Zenemrrukiadó, 1976 / D. LEGÁNY, *A magyar zene krónikája* (Chronique de la musique hongroise), *ibid.*, 1962 / A. MOLNÁR, *Irások a zenérrol*, (Écrits sur la musique), *ibid.*, 1961 ; *Magamról, másokról*, (De moi-même et des autres), Gondolat, Budapest, 1974 ; *Eszmények, értékek, emlékek* (Idéals, valeurs, souvenirs), Zenemrrukiadó, 1981 / A. TÓTH, *Zoltán Kodály, Zu seinem 50. Geburtstag*, Musik-Blätter des Anbruch, Vienne, 1932 / P. M. YOUNG, *Zoltán Kodály an Hungarian Musician*, Greenwood, Londres, 2e éd. 1976 / *Zoltán Kodály. His Life in Pictures*, L. Errosze dir., Corvina, 1971, rééd. State Mutual Book and Periodical Service, New York, 1988 / *Zoltán Kodály emlékkönyv* (Mélanges Kodály), pour ses soixante-dix ans, B. Szabolcsi et D. Bartha dir., éd. de l'Académie des sciences, Budapest, 1953 / *Zoltán Kodály 75. születésnapjára* (Hommage à Zoltán Kodály pour ses soixante-quinze ans), B. Szabolcsi et D. Bartha dir., *ibid.*, 1957 / *Zoltano Kodály octogenario sacrum*, B. Szabolcsi dir., *ibid.*, 1962.

Voir encore : *Bulletin de la Société internationale Zoltán Kodály* ; *Études finno-ougriennes 1964* ; *La Revue musicale* 1927, 1957 ; *Nouvelle Revue de Hongrie*, 1933 ; *Studia musicologica Academiae Scientiarum Hungaricae*.

KŒCHLIN CHARLES (1867-1950)

Né à Paris de parents alsaciens, Charles Kœchlin reste sans doute le plus méconnu de tous les compositeurs français de la première moitié du XXe siècle ; de son vivant, il fut célèbre bien davantage pour ses ouvrages et traités – de fugue et de contrepoint, d'harmonie (en trois volumes) et d'orchestration (en quatre volumes), livres sur Fauré et sur Debussy – que par sa production proprement musicale, pourtant considérable (plus de deux cents numéros d'opus), mais dont seule une partie infime a été publiée. Il consacra son existence entière au travail créateur, refusant tout poste officiel, n'enseignant qu'à titre privé (à Berkeley, Californie, de 1927 à 1937, puis à la Schola cantorum). Un de ses élèves fut Darius Milhaud. Cet enseignement, très ouvert, tenait compte des techniques les plus avancées : lui-même fut le seul musicien français à faire usage, avant 1946 mais sans le moindre esprit de système, du dodécaphonisme sériel, et l'un des premiers à employer fréquemment la polytonalité. Il reçut en 1949, un an avant sa mort au Canadel (Var), le grand prix de la musique française. On lui doit notamment *L'Abbaye*, op. 16 et op. 42 pour soli, chœurs et orchestre (1908) ; des *Quatuors à cordes*, op. 51, op. 52 et op. 72 (de 1911 à 1921) ; *Symphonie d'hymnes* (1936) ; *Le Buisson ardent*, op. 171 pour grand orchestre avec orgue et ondes Martenot (1938) ; *Les Bandar-Log*, op. 176 pour grand orchestre (1939) ; *Le Buisson ardent* (2e partie), op. 203 (1945).

MARC VIGNAL

KOKKONEN JOONAS (1921-1996)

Après avoir pris conscience de son identité musicale grâce à Sibelius, la musique finlandaise a dû apprendre à se situer par rapport à cette personnalité de génie qui projetait une ombre difficile à contourner pour ses successeurs. La génération qui a suivi Sibelius n'a pas donné à la musique finlandaise de créateurs aussi puissants et originaux. Il a fallu attendre la suivante pour voir l'héritage totalement assimilé. Joonas Kokkonen fut l'un des compositeurs de cette génération qui ont su marier avec bonheur la spécificité de leurs racines avec les grandes tendances de l'écriture qui se manifestaient dans le reste de l'Europe.

Il naît à Iisalmi le 13 novembre 1921 et fait ses études musicales avec Selim Palmgren, Sulho Ranta et Ilmari Hannikainen à l'académie Sibelius d'Helsinki, où il obtient son diplôme en 1949. Simultanément, il poursuit des études de musicologie avec Ilmari Krohn à l'université d'Helsinki, jusqu'en 1948. Il entreprend une carrière de pianiste et donne le premier concert entièrement consacré à ses œuvres en 1953. À partir de 1950, il enseigne à l'académie Sibelius, où il devient professeur de composition (1959-1963) et président du département de composition (1965-1970). Il est également critique musical. En 1963, il est élu membre de l'Académie de Finlande ; entre 1965 et 1971, il est président de l'Union des compositeurs finlandais, entre 1968 et 1971, président de l'Union des compositeurs nordiques, avant de devenir président de la T.E.O.S.T.O., l'équivalent finlandais de la S.A.C.E.M. (1968-1988). En 1973, il reçoit

Korngold

le prix Sibelius, décerné par la fondation Wihuri. Il meurt à Järvenpää le 2 octobre 1996.

Si l'influence de Sibelius est perceptible dans ses premières œuvres, il pratique plutôt un langage proche de celui de Bartók : son *Quintette avec piano* (1951) en est l'un des exemples les plus typiques. Mais il abandonne bientôt les modalités diatoniques caractéristiques de la musique finlandaise pour se forger un style personnel, « au chromatisme curieusement sinueux et au contrepoint tortueux, librement dissonant » (Nicolas Slonimsky). La *Musique pour cordes* (1957) marque le début de cette période. Puis, comme la plupart des compositeurs de sa génération, Kokkonen se tourne vers le dodécaphonisme (*Quatuor nº 1*, 1959) ; mais il prend ses distances assez rapidement pour se consacrer à une écriture fortement contrapuntique, où les influences de Bach et de Hindemith sont perceptibles. Dès sa *Symphonie nº 1* (1960), il réalise un habile mélange entre tonalité et dodécaphonisme, une vision personnelle du néoclassicisme. À partir de la *Symphonie nº 2* (1961), la construction occupe une place déterminante dans son processus créatif, au point de devenir l'élément de base qui détermine la matière musicale elle-même. Mais l'écriture se dépouille et se concentre dans un procédé à base de motifs (*Missa a cappella*, 1963 ; *Esquisses symphoniques*, 1968). Cette période de dépouillement strict est assez courte ; sans y renoncer fondamentalement, Kokkonen la tempère par une expression romantique dont les prémices se trouvent dans le *Quatuor nº 2* (1966), bien avant l'éclosion du courant postromantique en Europe occidentale et en Pologne. *Le Concerto pour violoncelle* (1969), que son compatriote Arto Noras a joué dans le monde entier, et la *Symphonie nº 4* (1971) s'inscrivent dans la même ligne avec une force dramatique qui trouve son épanouissement dans l'opéra *Viimeiset Kiusaukset* (« Les Dernières Tentations »), d'après la vie d'un évangéliste finlandais du XIXe siècle, Paavo Ruotsalainen. Après l'avoir occupé pendant près de seize ans, cet ouvrage est créé à Helsinki le 2 septembre 1975 avec Martti Talvela dans le rôle principal. Le succès est considérable, et le monde musical finlandais le salue comme un événement national. L'inspiration religieuse domine plusieurs œuvres que compose alors Kokkonen : *... durch einen Spiegel...*, métamorphoses pour clavecin et cordes (1977) inspirées de la première Épître de saint Paul, et, surtout, son *Requiem* (1981), à la mémoire de sa femme, qui s'inscrit dans la ligne de celui de Fauré, mais un siècle plus tard. Le dépouillement s'accentue dans ses dernières œuvres, notamment *Il Paesaggio* pour orchestre de chambre (1987). Homme d'une exigence rigoureuse, Kokkonen a laissé une œuvre peu abondante mais d'une rare qualité et qui comporte peu de pages mineures.

ALAIN PÂRIS

KREISLER FRITZ (1875-1962)

Violoniste autrichien, élève d'Anton Bruckner et de Joseph Hellmesberger junior à Vienne (1882-1885), de Joseph Massart et de Léo Delibes à Paris (1885-1887), Fritz Kreisler commence une carrière d'enfant prodige interrompue pour effectuer des études médicales. En 1898, il reprend ses activités de violoniste, vivant à Vienne et à Berlin jusqu'en 1933. De 1933 à 1939, il se réfugie en France puis gagne les États-Unis où il séjournera jusqu'à la fin de sa vie, cessant de jouer en 1947.

Virtuose dans la tradition de l'école autrichienne, il s'est imposé dans les chefs-d'œuvre du répertoire et dans d'innombrables petites pièces qu'il avait lui-même écrites en les attribuant à des compositeurs du XVIIIe siècle (Pugnani, Francœur, Martini, Vivaldi). La supercherie ne fut découverte qu'en 1935, après plusieurs années ! Son style, très personnel, reposait sur un vibrato serré, une élégance et un sens de la phrase mélodique que soutenait une sonorité chatoyante. Habité par le rythme, il contribua à gommer les excès des interprétations romantiques sans en perdre l'expression générale. Peu attiré par la musique de chambre, il ne s'est guère produit qu'avec Sergueï Rachmaninov. Il est l'un des rares virtuoses de cette génération à n'avoir pas fait école. Comme compositeur, il laisse, en dehors de ses fameux pastiches, des pièces pour violon (*Caprice viennois*, *Liebesleid*, *Tambourin chinois*, *Schön Rosmarin*...), des cadences pour tous les grands concertos et plusieurs opérettes (*Sissi*).

ALAIN PÂRIS

KRENEK ERNST (1900-1991)

Le compositeur Ernst Krenek, l'un des plus originaux de l'école autrichienne contemporaine, se place dans le sillage de Schönberg ; il a néanmoins abordé les tendances d'écriture les plus diverses. Cet éclectisme et l'abondance de son œuvre l'ont rendu difficile à situer, et son importance a été souvent sous-estimée.

Il voit le jour à Vienne, le 23 août 1900, dans une famille d'origine tchèque (il abandonnera l'orthographe originale de son nom, Křenek, pour en simplifier la prononciation). Il travaille à l'Académie de musique à partir de 1916, notamment avec Franz Schreker. Il étudie également la philosophie à l'université de Vienne en 1919-1920. Puis il suit Schreker à Berlin, travaille à la Musikhochschule (1920-1923) et fréquente les figures marquantes de la vie musicale allemande, notamment Ferruccio Busoni et Hermann Scherchen. Après un séjour à Zurich (pendant lequel il épouse Anna Mahler, la fille du compositeur, dont il divorce en 1925 pour se remarier avec l'actrice Berta Hermann), il débute dans la vie musicale active comme chef d'orchestre et assistant de Paul Bekker à l'Opéra de Kassel (1925-1927) et à l'Opéra de Wiesbaden (1927). Il connaît vite le succès avec le scandale provoqué par son deuxième opéra, *Jonny spielt auf !* (créé à Leipzig en 1927), dont l'argument traite des amours entre Noirs et Blancs. Cet ouvrage sera traduit en dix-huit langues. De retour à Vienne, en 1928, Krenek s'adonne à la critique musicale comme correspondant de la *Frankfurter Zeitung* (1929-1933) et se lie d'amitié avec Berg et Webern. Il fait des tournées de conférences et dirige dans le monde entier. En 1938, lors de l'Anschluss, il quitte l'Autriche pour les États-Unis : il enseigne à Vassar College (Michigan) de 1939 à 1942 et à Hamline University (Saint Paul, Minnesota), où il est nommé à la tête du département musical (1942-1947). Il obtient en 1945 la nationalité américaine. En 1947, il se fixe en Californie mais revient régulièrement en Europe à partir de 1950 pour diriger ses œuvres et enseigner, notamment à Darmstadt. En 1965, il est professeur à Brandeis University (Waltham, Massachusetts), en 1966-1967, au Peabody Conservatory de Baltimore et, à partir de 1968, au Berkshire Music Center de Tanglewood, en Nouvelle-Angleterre. Compositeur très prolifique, son catalogue comporte près de deux cent cinquante numéros d'opus ; sa dernière œuvre, l'oratorio *Opus sine nomine*, est créée à Vienne pour ses quatre-vingt-dix ans. Il meurt à Palm Springs, en Californie, le 23 décembre 1991.

Ses premières compositions se situent encore dans l'héritage du XIXe siècle, mais avec ses deux premiers quatuors (1921) et ses trois premières symphonies (1921-1922) il se tourne vers une écriture atonale assez austère, aux rythmes violents, proche de l'expressionnisme, tout en gardant une certaine parenté avec l'influence mahlérienne (*Der Zwingburg*, cantate sur un texte de Franz Werfel, 1922 ; *Orpheus und Eurydike*, opéra sur un livret d'Oskar Kokoschka, 1926). Puis il traverse une période dominée par l'influence des principaux courants artistiques en vogue à Berlin dans les années 1920, la polytonalité, le néo-classicisme (*Concerto grosso no 2*, 1924), le jazz (*Jonny spielt auf!* , 1923-1926) et le néo-romantisme (*Leben des Orest*, opéra, 1928-1929 ; *Reisebuch aus den österreichischen Alpen*, cycle de lieder qui cherche à prolonger les grands cycles schubertiens, 1929). À partir du début des années 1930, il adopte le dodécaphonisme pour ne plus le quitter, même si la rigueur de sa démarche varie au fil des années (*Quatuor no 6*, 1937 ; *Symphonies nos 4 et 5*, 1947 et 1949 ; *Quaestio temporis* pour orchestre de chambre, 1959 ; *Perspectives* pour orchestre, 1967). Il s'en est expliqué dans son livre *Über neue Musik* (1937, révisé en 1967). Krenek s'intéresse aussi au chant grégorien et à la polyphonie médiévale, dont il mêle les influences au style éclectique qu'il s'est déjà forgé (*Lamentatio Jeremiae prophetae*, pour chœur a cappella, 1941). À la fin de sa vie, il aborde la musique électronique, qu'il pratique au studio de Cologne (*Pfingstoratorium*, 1955 ; *Spiritus Intelligentsiae Sanctus* pour voix et sons électroniques, 1956 ; *San Fernando Sequence*, 1963). Il s'intéresse également à l'écriture aléatoire et à l'informatique mais refuse le minimalisme et la « nouvelle simplicité ». On lui doit huit quatuors à cordes, cinq symphonies, quatre concertos pour piano (1923, 1937, 1947, 1950), deux pour violon (1924 et 1954), deux pour violoncelle (1950 et 1982) et deux pour orgue (1979 et 1982), sept sonates pour piano. Mais c'est surtout son œuvre lyrique qui reste la plus significative : dix-sept opéras, dont il a signé la plupart des livrets ; en dehors des ouvrages déjà cités, *Karl V* (1930-1933, où il fait appel aux ressources du cinéma, du théâtre dramatique et de la pantomime, interdit par les nazis et créé à Prague en 1938), *Pallas Athene weint* (1952-1955, créé à Hambourg en 1955), *Der goldene Bock* (créé à Hambourg en 1964), *Der Zauberspiegel*, pour la télévision (1966). Témoin engagé de son temps, Krenek est l'un des rares créateurs qui ait réussi à intégrer dans sa démarche toute la diversité des courants artistiques successifs sans renier les apports précédents. Ses œuvres de synthèse ne sont peut-être pas les meilleures qu'il ait écrites ; Krenek est plus original lorsqu'il s'engage vraiment dans un style déterminé, car, quelle qu'en soit l'orientation, il le tire toujours à lui et le marque de son empreinte. Il a rédigé une autobiographie, déposée à la Library of Congress à Washington, qui ne devra être ouverte que quinze ans après sa mort.

ALAIN PÂRIS

Bibliographie

• *Écrits d'Ernst Krenek*

E. Krenek, *Über neue Musik*, Vienne, 1937 (*Music Here and Now*, New York, 1939) ; *Hamline Studies in Musicologie*, 2 vol., Saint Paul, 1945-1947 ; *Modal Counterpoint*, Londres-New York, 1958 ; *Tonal Counterpoint*, New York, 1958 ; *Horizons Circled : Reflections on my Music*, Berkeley-Los Angeles, 1974.

• *Études*

T. W. Adorno, *Über Ernst Krenek, Briefwechsel*, éd. par W. Rogge, Suhrkamp, Francfort-sur-le-Main, 1974 / G. Bowles, *Ernst Krenek : a Bio-Bibliography*, Londres, 1989 / L. Knessl, *Ernst Krenek*, Lafite, Vienne, 1967 / O. Kolleritsch dir., *Ernst Krenek*, Vienne, 1982 / W. Rogge, *Ernst Kreneks Opern : Spiegel der zwanzigen Jahre*, Wolfenbüttel, 1970 / J. Stewart, *Ernst Krenek : the Man and his Music*, Univ. of California Press, Berkeley, 1991 / C. Zenck-Maurer, *Ernst Krenek, Komponist im Exil*, Lafite, 1980.

KUHLAU FRIEDRICH (1786-1832)

Ce compositeur est curieusement passé à la postérité grâce à son répertoire pour flûte, encore très joué de nos jours. Il convient d'emblée de dissiper un malentendu : la spécialité de Kuhlau n'est pas la flûte dont, contrairement à certaines allégations, il n'a vraisemblablement jamais joué lui-même. Ses nombreuses partitions pour cet instrument ont correspondu le plus souvent à des commandes purement alimentaires. (Et il s'est fait, semble-t-il, beaucoup aider par le flûtiste de l'Orchestre royal de Copenhague, où il a passé la majeure partie de sa vie.)

Kuhlau est né à Uelzen, près de Hanovre. Son père était membre de l'harmonie d'un régiment dont les déplacements expliquent qu'on retrouve Kuhlau dans sa jeunesse successivement à Lüneburg, puis à Brunswick et enfin à Hambourg, où il parfait son éducation musicale auprès de Christian Friedrich Gottlieb Schwencke, alors cantor de l'église Sainte-Catherine. Un premier concerto est malheureusement perdu tandis que quelques œuvres chorales et de musique de chambre subsistent de cette période de jeunesse. L'arrivée des troupes napoléoniennes à Hambourg en 1810 pousse Kuhlau à s'enfuir à Copenhague. Il ne se doute pas qu'en s'installant dans la capitale du Danemark, où il restera jusqu'à sa mort, il allait contribuer à relancer la vie musicale de ce pays avant que Niels Gade n'en reprenne le flambeau. L'année suivante (1811) voit naître son *Concerto pour piano en « ut » majeur* (très ou trop proche de celui de Beethoven). En 1814, son premier succès scénique, le singspiel *Roverborgen* (Le Château des voleurs), signale l'intérêt de Kuhlau pour l'opéra. Viendront successivement *Trylleharpen* (La Harpe magique) en 1817, *Lulu* en 1824 (une œuvre fondée sur le même conte oriental qui a inspiré Schikaneder pour *La Flûte enchantée* de Mozart), *William Shakespeare* en 1826, *Hugo og Adelheid* en 1827 et, surtout, le célèbre *Elverhøj* (La Colline aux elfes) en 1828, œuvre populaire par excellence au Danemark et qui puise largement dans les thèmes du folklore local (elle se termine, ni plus ni moins, par une citation intégrale de l'hymne national danois). Dans l'intervalle, Kuhlau aura rencontré Beethoven à Vienne en 1825 (ce dernier l'appellera en plaisantant le « grand canonnier », tant il est vrai que Kuhlau a excellé dans l'art du canon musical !) et se sera taillé une réputation de pianiste concertiste, notamment en Suède. La fin de son existence sera plus sombre ; dès 1830 une série de catastrophes s'abat sur lui : ses parents décèdent, puis, la dernière année de sa vie, il perd tous ses biens personnels dans l'incendie de sa maison de Lyngby où disparaîtront hélas bon nombre de ses partitions. Atteint d'un « mal de poitrine » consécutif aux émanations des fumées toxiques, il ne s'en remettra pas. Les nombreux duos, sonates, variations, soli et autres thèmes et variations de Kuhlau écrits pour la flûte ne doivent pas faire perdre de vue que le meilleur de son talent s'est souvent exercé au piano, pour lequel il laisse une centaine d'œuvres (à deux ou quatre mains) dont beaucoup témoignent d'un talent original. Mais Kuhlau aura surtout influencé durablement la vie musicale danoise, notamment en introduisant des œuvres de Weber et de Beethoven dans le répertoire des concerts donnés à Copenhague, en créant la tradition des œuvres pour chœurs d'hommes que l'on retrouvera jusqu'après Nielsen et, enfin, en dispensant un enseignement sur lequel s'est fondée l'école danoise qui lui a succédé.

MICHEL VINCENT

KÜHNAU JOHANN (1660-1722)

Compositeur allemand né à Geising (Erzgebirge), Kuhnau étudie à la Kreuzschule de Dresde et occupe un poste à Zittau avant d'aller étudier le droit à Leipzig. Organiste à Saint-Thomas tout en exerçant la charge d'avocat (1684), il succède en 1701 à Schelle comme cantor et comme directeur de la musique à l'université : son successeur sera Jean-Sébastien Bach. D'une grande culture, Kühnau traduisit en allemand des textes hébreux, latins, grecs, italiens et français, et écrivit même *Le Charlatan musical* (*Der musicalische Quacksalber*, 1700), roman assez plaisant, satire de l'italianisme en musique. Il nous reste de lui de la musique vocale religieuse (motets latins et une vingtaine de cantates), et surtout des pièces pour clavier dont certaines portent, pour la première fois dans l'histoire de la musique, le nom de « sonate ». Parmi celles-ci, les *Histoires bibliques* (*Musicalische Vorstellung einiger biblischer Historien*, 1700) ont beaucoup fait pour sa célébrité : il s'agit de six sonates à programme sur des sujets tirés de l'Écriture sainte (par exemple le combat entre David et Goliath).

MARC VIGNAL

L

LABROCA MARIO (1896-1973)

Compositeur et critique italien, Mario Labroca a été l'élève de Respighi et de Malipiero et le collaborateur de Casella.

Ses activités d'organisateur l'ont amené à assumer d'importantes fonctions officielles : il est successivement directeur de la section musicale de la Direzione generale dello spettacolo, surintendant du Teatro comunale de Florence, directeur artistique de la Scala de Milan, animateur de la Biennale contemporaine de Venise dès 1945 ; il dirige les émissions musicales de la radio italienne à partir de 1948.

Son œuvre, très abondante, comprend : musique de théâtre, musique de chambre œuvres orchestrales, cantates ; elle se situe dans une lignée néo-classique fortement teintée de romantisme. On peut citer son quatuor à cordes (1923), le *Stabat Mater*, pour voix solistes, chœur et orchestre, et *Tre Cantate della Passione secondo San Ciovanni*, pour basse, chœur et orchestre (festival international de Venise, 1950).

Sans atteindre la complexité rythmique et la subtilité des tuilages de l'auteur du *Sacre*, le quatuor à cordes de Labroca dénote une forte influence de Stravinski. La construction en est classique, la coupe rythmique simple malgré les décalages d'accents ; les nombreuses répétitions de motifs mélodiques, harmoniques et rythmiques sont souvent littérales. L'harmonie comporte de fréquentes superpositions de quintes et de quartes, un mélange de tierces majeures et mineures ; le cadre reste celui de la tonalité ou de la modalité librement traitées.

Critique, Labroca publie des études sur divers sujets, entre autres sur Malipiero, sur le théâtre musical contemporain, sur les rapports de la musique et du cinéma. Ses *Parole sulla musica* (Milan, 1954) rassemblent de brèves notes sur la vie musicale des années 1950-1953.

NICOLE LACHARTRE

LAGOYA ALEXANDRE (1929-)

Interprète et compositeur dont la célébrité restera attachée à celle de sa femme Ida Presti (1924-1967), avec laquelle il a formé un célèbre duo de guitaristes. De père grec, de mère italienne, de nationalité égyptienne (par sa naissance), naturalisé français, Alexandre Lagoya apprit à jouer de la guitare et du violon à l'âge de huit ans. À treize ans, il donne son premier récital à Alexandrie. Après la Seconde Guerre mondiale, il vient à Paris, s'inscrit à l'École normale de musique et travaille la composition avec Villa-Lobos et Castelnuovo-Tedesco. C'est à Paris qu'il rencontre Ida Presti ; cette rencontre de deux solistes éminents marquera l'histoire de la musique. En mars 1956, quelques années après leur mariage (1952), tous les deux créent le premier *Concerto pour deux guitares* qui ait jamais été écrit (Gontran Dessagnes, direction F. Oubradous, à la salle Gaveau). Nombreux sont les musiciens qui écrivent pour ce duo. Alexandre Lagoya a transcrit de nombreuses œuvres pour une ou deux guitares, et composé pour son instrument (notamment *Rêverie et caprice* pour une guitare, *Prélude* pour deux guitares). Il dirige la classe de guitare de la Schola cantorum et supervise l'enseignement de cet instrument dans plusieurs conservatoires français de province. De 1969 à 1994, il enseigne au Conservatoire national supérieur de Paris, où a été créée une classe de guitare. On lui doit au moins trois innovations techniques essentielles : une nouvelle position de la main droite, une nouvelle position pour accélérer le pizzicato et pour perfectionner la technique du staccato, la possibilité de trilles sur deux cordes.

PIERRE-PAUL LACAS

LAJTHA LÁSZLÓ (1892-1963)

Musicien hongrois, compositeur et folkloriste, qui a subi une forte influence française, non seulement en raison de son séjour à Paris à la Schola cantorum de Vincent d'Indy (1911-1913), mais aussi à cause de sa fréquentation de la musique française qu'il admirait, celle du XVIIIe siècle comme l'œuvre de Debussy et celle de Ravel.

À Budapest, sa ville natale, il fut l'élève, à l'école Franz-Liszt, de Viktor Herzfeld et d'Arpad Szendy respectivement pour la composition et pour le piano. Sa première œuvre imprimée, *Des écrits d'un musicien, neuf fantaisies* pour piano (1913), ainsi que *Smezék zongora* (contes pour piano), fut qualifiée alors par Bartók de « hardiesse stupéfiante ». Cette même année, le musée ethnographique de Budapest le nommait conservateur de la collection d'instruments populaires. Pendant trente ans, à partir de 1919, il tint la chaire de composition et d'esthétique musicale à l'École nationale de musique Nemzeti-Zenede ; en 1945, il devint directeur de cette même école, ainsi que du service musical de la Radiodiffusion hongroise. Comme Bartók et Kodály, Lajtha s'intéressa vivement à la musique populaire et son style en fut nettement marqué. De son œuvre abondante pour orchestre, pour les voix et pour le théâtre, voire pour le cinéma (*Meurtre dans la cathédrale*, 1951, sur un scénario écrit par T. S. Eliot lui-même), retenons ses dix quatuors à cordes, ses neuf symphonies, une *Messe en mode phrygien*, op. 50, pour chœur mixte et orchestre (1949-1950), la *Messe*, op. 54, pour chœur et orgue (1952), ainsi qu'un *Magnificat*, op. 60, également pour chœur et orgue (1954), enfin ses trois ballets *Lysistrata* (1933), *Le Bosquet des quatre dieux* (1943) et *Capriccio* (1944). Ses publications scientifiques occupent sept volumes publiés à Budapest.

PIERRE-PAUL LACAS

LALO ÉDOUARD (1823-1892)

Compositeur français dont l'un des buts fut de favoriser la création d'une école française de symphonistes, à l'instar de ce qui, dans le monde germanique, permit, un siècle auparavant, l'éclosion de Beethoven, de Schubert, de Schumann. « Musicien de transition, il suit la ligne de sa génération avec les idées de ses successeurs » (Alain Pâris, « Édouard Lalo... un coup de soleil dans la musique française », in *Scherzo*, no 20, février 1963). Le rôle de Lalo fut plus important qu'on ne l'a cru, car il ouvrit la voie, à sa manière, par sa finesse d'inspiration et sa précision d'écriture, à l'art de Fauré, de Debussy, de Chabrier, de Déodat de Séverac, de Duparc. Né à Lille dans une famille de militaires d'ascendance espagnole, Lalo étudie d'abord au conservatoire de musique de sa ville natale, puis à celui de Paris (1839), où il est l'élève de F. Habaneck pour le violon et le violoncelle. Il prend des leçons particulières chez J. Schulhoff et Crèvecœur pour la composition. En 1855, il entre dans le quatuor Armingaud et Jacquard comme altiste. Il étudie particulièrement les partitions des grands romantiques allemands et refuse de sacrifier à la mode des compositeurs d'opéras et d'opérettes dans le style de l'époque : il veut servir avant tout la musique de chambre, alors délaissée en France, le piano, le violon, et la musique d'orchestre, la symphonie. Il trouve le succès avec la *Symphonie espagnole* pour violon et orchestre que créa Pablo Sarasate (1875) ; ce dernier avait aussi créé, l'année précédente, le *Concerto de violon*. Le *Concerto pour violoncelle* (1876) et la *Symphonie en sol mineur* (1885-1887) trahissent l'influence schumannienne. La *Rhapsodie norvégienne* (1878 env.) est une des plus brillantes réussites de Lalo. En 1882, l'Opéra crée *Namouna* ; ce ballet qui enthousiasmera tellement Debussy, préfigure ceux de Diaghilev, en ce sens qu'il mérite plus l'attention par sa partition musicale, dont l'instrumentation est particulièrement brillante, que par sa chorégraphie. La version définitive du *Roi d'Ys* (1888), créée à l'Opéra-Comique, est une des meilleures pages de Lalo et « l'un des plus parfaits chefs-d'œuvre du répertoire lyrique français » (Jean Ziegler). Le livret d'Édouard Blau adapte une légende bretonne qui place l'action au ve siècle, en Cornouailles. Le librettiste oppose les deux filles du roi Gradlon, Margared et Rozenn, toutes deux amoureuses du prince Karnac, terrible et farouche voisin. Margared, qui doit épouser le prince, refuse cet hymen car elle aime secrètement Mylio, son ami d'enfance, que tous croyaient mort et dont elle vient d'apprendre le retour. Ce dernier vient offrir ses services au roi, lequel lui promet la main de Rozenn, sa deuxième fille, s'il revient vainqueur de Karnac. Celui-ci sera battu, mais Margared hait alors sa sœur et promet de livrer à l'ennemi de son père les clés des écluses qui protègent la ville. Au moment où le peuple en liesse célèbre le mariage de Rozenn et de Mylio, les écluses s'ouvrent et la mer emporte tout sur son passage. Mylio aperçoit Karnac et le tue. Margared, à la vue de la catastrophe, se jette à la mer, tandis que saint Corentin apparaît et calme les flots. « Lalo ne manie pas l'orchestre comme Fauré et, si sa palette sonore est délicate, si ses harmonies sont riches, son instrumentation reste plus proche de Franck, tant dans le domaine symphonique qu'en musique de chambre. C'est peut-être par ses mélodies qu'il se rapproche le plus de Fauré, pages concises où texte et musique sont vraiment placés sur le même plan » (A. Pâris). Citons seulement, parmi ses œuvres de musique de chambre, le *Quatuor à cordes en mi bémol majeur*, op. 19, les *Trois Trios pour violon, violoncelle et piano* (*ut* mineur, *si* mineur, *la* mineur), les *Sonates pour violon et piano*, les *Six Romances populaires*, les *Douze Mélodies*, les *Cinq Lieder*.

PIERRE-PAUL LACAS

LAMBERT MICHEL (1610 env.-1696)

Musicien français, compositeur, luthiste et chanteur célèbre. Le rôle de Lambert fut déterminant dans l'élaboration du récitatif à la française. La méthode de chant de cet excellent pédagogue exerça une influence considérable (cf. B. de Bacilly, *Remarques curieuses sur l'art de bien chanter*, 1668) ; elle était fondée sur une articulation sans défaut, sur une déclamation précise et juste, sur la recherche du naturel et de la souplesse dans l'expression des ornements et des « doubles ». Lambert, quittant le Poitou, vint à Paris ; c'est Étienne Moulinié qui, ayant remarqué ses dons, le fit connaître à Monsieur, frère du roi, chez qui il entra comme page de la Chapelle. Il fut de même au service de la duchesse de Montpensier, la Grande Mademoiselle dont il dirigea les six violons. Pierre de Nyert, chanteur de haut renom, lui prodiga ses conseils et lui fit découvrir le chant italien et sa manière. Lambert épousa, en 1641, Gabrielle Dupuy, sœur de la cantatrice Hilaire Dupuy. Vingt ans plus tard, il prit l'un des deux postes occupés par Jean de Cambefort (1605-1661), celui de maître de musique de la Chambre du roi, laissant celui de surintendant de la musique à Lully. Ce dernier reçut quelques leçons de Lambert et devint son gendre en 1661. Tous deux s'estimaient profondément et le beau-père aida le gendre lors de la création de l'Opéra (répétition des rôles, formation des chanteurs). En 1670, il remplit aussi les fonctions de maître de la Chapelle du roi. Il participa même, en tant que danseur, à une douzaine de ballets ; de plus, il en composa quelques-uns (*Ballet des Arts*, 1663 ; *Ballet des Amours déguisez*, 1664 ; *Ballet de la naissance de Vénus*, 1665). Il accompagnait lui-même au théorbe ses *Trois Leçons de ténèbres* (Feuillants, 1662). Il écrivit un grand nombre d'airs (seuls trois recueils, sur une vingtaine, ont été conservés), dont *Airs à 1, 2, 3, et 4 parties avec la basse continue* (1689), *Airs de M. Lambert non imprimez, 75 simples, 50 doubles* (manuscrit), *Airs sérieux et à boire* (1695), *Airs de dévotion à deux parties* (3 livres, 1656, 1658, 1662), *Parodies spirituelles en forme de cantates* (1717)...

L'air sérieux, alors en train de se substituer à l'air de cour, et l'air en rondeau sont traités par Lambert dans un style naturel, simple, plein d'allant, tout en délicatesse et en grâce. Il se rapproche de ce qu'écrivait son contemporain Sébastien Le Camus (1610-1677) par l'élégance et le raffinement. Sa science des doubles est remarquable (on sait que les doubles des airs d'un chant simple en lui-même sont des figures qui ajoutent plusieurs notes « qui varient et ornent le chant sans le gâter » (J.-J. Rousseau) ; les Italiens les appellent *variazioni*. Ses récits et ses dialogues accusent nettement le caractère dramatique qu'adoptera Lully ; les seconds apparaissent déjà comme de véritables petites scènes d'opéra, proches des premières pastorales mises en musique de Robert Cambert (1628 env.-1677) et de Michel de La Guerre (1605 env.-1679 ; *Le Triomphe de l'Amour sur des bergers et bergères*, 1654). Dans certains de ses airs, le chromatisme joue un rôle important. De plus, Lambert sait user des répétitions de mots et de phrases comme les Italiens, acceptant cette manière d'écriture que la génération précédente des Français récusait. Par de telles qualités, son nom devrait figurer en meilleure place parmi les précurseurs de l'opéra français.

PIERRE-PAUL LACAS

LANDINO ou LANDINI FRANCESCO (1330 env.-1397)

Célèbre musicien et poète de l'ars nova florentine (Trecento), Francesco Landino, surnommé Magister Franciscus Caecus, Francesco Cieco ou Cecco (l'« Aveugle »), ou encore il Cieco degli organi, est né à Fiesole. Sa date de naissance se situerait entre 1325 et 1335 environ. Son père, Jacopo del Casentino, était peintre, et le jeune Francesco, avant d'être atteint de cécité à la suite de la variole, s'intéressait à la peinture ; il s'orienta alors vers la musique et la facture d'orgue. Il pratiqua le chant et divers instruments : luth, guitare, flûte, orgue ; sa pierre tombale, à San Lorenzo, le représente avec son *organetto.* Ses qualités d'excellent improvisateur et d'organiste virtuose lui valurent, sans doute, la couronne de lauriers reçue du roi de Chypre, à Venise. À partir de 1365, il exerce ses activités d'organiste à San Lorenzo (Florence). En 1375, il obtint une charge ou un bénéfice à San Giovanni ; il participa à la construction de l'orgue de San Annunziata. Il est mort à Florence le 2 septembre 1397.

Comme Guillaume de Machaut, chef de file de l'ars nova française, Landino était à la fois poète et musicien. On lui doit 154 œuvres à deux et à trois voix. Ses neuf *Madrigaux à deux voix* ont une structure simple : un fragment de trois phrases avec des textes différents chantées deux ou trois fois, suivi d'une ritournelle sur un rythme différent. Il soigne la déclamation et l'ornementation du texte comprenant des mélismes. Ses deux *Madrigaux à trois voix* sont plus proches du motet français. Il apparaît comme le créateur de la *ballata* italienne, qu'il a élargie à deux et à trois voix (au lieu d'une seule) : sur 141 œuvres, 91 sont à deux voix ; 42 à trois, et 8 à deux et à trois voix. La partie supérieure, dotée de paroles, est assez élaborée. Dans les *ballate* à trois voix, il fait appel à un accompagnement instrumental. La ballata repose sur le schéma ABBAA. Dans quelques ballate, les cadences sont d'abord suspensives (« ouvertes ») puis conclusives (« closes »), comme dans les ballades françaises, alors que les ballate à trois voix, avec une partie instrumentale de contre-ténor, se réclament davantage – sur le plan rythmique et structurel – de la conception italienne. Landino a aussi écrit deux *cacce*, avec canon aux voix supérieures et ténor instrumental. Il exploite la technique du canon dans le madrigal (canon à la quinte dans la première partie aux voix inférieures, puis, dans la ritournelle, canon aux trois voix à l'octave et à la quinte).

Francesco Landino, habile organiste, à la fois poète et chanteur, a laissé une abondante œuvre lyrique qui s'impose par la mélodie ornée et la douceur poétique. Il apparaît comme le meilleur représentant de l'ars nova italienne et comme le principal représentant du style florentin au Trecento.

ÉDITH WEBER

LANDOWSKI MARCEL (1915-)

Compositeur français né à Pont-l'Abbé, Marcel Landowski fait ses études musicales au Conservatoire national supérieur de musique de Paris. D'abord critique musical, il consacre en 1957 un ouvrage à Arthur Honegger. Il est directeur du conversatoire de Boulogne-sur-Seine (1960-1964), directeur de la musique à la Comédie-Française (1961-1965), inspecteur général de l'enseignement musical. En 1966, André Malraux lui confie la direction du service de la musique, de l'art lyrique et de la danse qu'il a créé au ministère des Affaires culturelles, poste qu'il gardera jusqu'en 1975 ; Marcel Landowski entreprend alors une réforme générale de la musique en France : dans le domaine pédagogique, organisation des conservatoires régionaux et des lycées musicaux ; pour la diffusion musicale, fondation de l'Orchestre de Paris (1967) et création de la convention qui accorde à quelques formations instrumentales une rémunération de l'État pour leur permettre de donner gratuitement un certain nombre de concerts par an ; pour soutenir la création, développement éclectique des commandes d'État aux compositeurs. Jacques Chirac le nomme directeur des Affaires culturelles de la Ville de Paris (1977-1979). En 1975, il est élu à l'Académie des beaux-arts, dont il devient secrétaire perpétuel en 1986. En 1994, il est nommé chancelier de l'Institut de France. Marcel Landowski aura joué un rôle déterminant dans la vie musicale française.

Marcel Landowski a mené, simultanément à ces fonctions officielles, son œuvre de compositeur dans une voie proche de celle de Honegger, tenant son langage musical atonal, d'un classicisme évolué et expressionniste, à l'écart de tout souci d'école ou de mode. On lui doit quatre symphonies : n° 1, « Jean de la Peur » (1949), n° 2 (1963), n° 3, « Des espaces » (1965), n° 4 (1988) ; huit concertos : deux pour piano (1938-1940 et 1963), un pour violoncelle (1944-1946), un pour ondes Martenot et orchestre à cordes (1954), un pour basson (1957, réorchestré en 1990), un pour flûte (1968), un *Concerto pour trompette, bande magnétique et orchestre* (1977), *Un enfant appelle*, concerto pour soprano et violoncelle (1978) ; des ouvrages lyriques : *Le Rire de Nils Halerius* (1944-1948), *Le Fou* (1949-1954), *Le Ventriloque* (1954-1955), *Les Adieux* (1960), *L'Opéra de poussière* (1958-1962), *P'tit Pierre et la Sorcière du placard aux balais* (1983, révisé en 1991), *Montségur* (1980-1984) ; diverses œuvres pour chant et orchestre de chambre ; les *Chants d'innocence* (1952) pour quatre chœurs a cappella ; des oratorios, la *Messe de l'Aurore* (1977), *Leçons de ténèbres* (1991) ; trois poèmes pour soprano, violoncelle solo et orchestre (1978), créés en 1979 à Washington par le violoncelliste Mstislav Rostropovitch et la cantatrice Galina Vichnevskaïa.

L'imagination et la sensibilité musicale de Marcel Landowski apparaissent reliées à des idées philosophiques ou à des sentiments humanitaires et religieux.

NICOLE LACHARTRE

LANGLAIS JEAN (1907-1991)

L'organiste et compositeur français Jean Langlais s'inscrivait dans la lignée de César Franck ; il occupa les mêmes fonctions que celui-ci à la tribune de Sainte-Clotilde pendant plus de quarante ans.

Il naît à La Fontenelle (Ille-et-Vilaine) le 15 février 1907 dans une famille de tailleurs de pierre et est frappé de cécité dès l'âge de deux ans. Il entre à l'Institut national des jeunes aveugles en 1917, où il étudie l'orgue (avec André Marchal) et le violon. En 1927, il est admis au Conservatoire de Paris, où il devient l'élève de Marcel Dupré pour l'orgue (premier prix en 1930), de Noël Gallon pour le contrepoint et de Paul Dukas pour la composition (premier prix en 1932). Dans la classe de Dukas, il est le condisciple d'Olivier Messiaen. Il travaille simultanément l'improvisation avec Charles Tournemire, jusqu'en 1939. Il débute comme organiste à Saint-Pierre-de-Montrouge à Paris (1934-1945). Puis il succède à Ermend-Bonnal, lui-même successeur de Charles Tournemire, aux grandes orgues Cavaillé-Coll de la basilique Sainte-Clotilde à Paris (1945-1988). C'est sur cet instrument, qui avait été construit pour César Franck, que se déroulera l'essentiel de sa carrière, en dehors des nombreuses tournées qu'il effectue à l'étranger, particulièrement aux États-Unis, où il se rend pour la première fois en 1952. Il y fait connaître l'école française de l'orgue et compose de nombreuses œuvres pour des musiciens ou des chorales américaines. Il enseigne à l'Institut national des jeunes aveugles (1930-1968) et à la Schola cantorum (1961-1976). Il se retire en 1988 après un dernier récital au Royal Festival Hall de Londres et meurt à Paris le 8 mai 1991.

Langlais avait hérité de Marcel Dupré une grande virtuosité qu'il ne considérait pas, néanmoins, comme une fin en soi. Improvisateur de talent, il savait recréer les œuvres en fonction du contexte dans lequel elles devaient s'insérer, notamment le contenu de la liturgie à laquelle il participait. À une époque où le catholicisme a connu de grands bouleversements, il s'est élevé avec courage pour défendre le patrimoine grégorien contre la médiocrité musicale de la nouvelle liturgie. Une de ses pièces d'orgue, *Imploration pour la croyance* (1970), en est le reflet.

Son œuvre, considérable – plus de deux cent quarante numéros d'opus –, est marquée par un certain classicisme formel et s'inscrit dans la mouvance franckiste – par l'intermédiaire de Charles Tournemire –, avec une attirance particulière pour les harmonies polymodales et les références grégoriennes. Il a écrit des cantates, une douzaine de messes (*Messe solennelle*, 1949 ; *Missa « In simplicitate »*, 1952 ; *Missa « Salve Regina »*, 1954 ; *Missa solemnis « Orbis factor »*, 1969), des motets et de la musique de chambre (*Trio pour flûte, violon et alto*), mais c'est surtout sa musique pour orgue qui a assuré sa notoriété de compositeur : *Trois Poèmes évangéliques* (1932), *Neuf Pièces* (1941-1942), trois symphonies (1942, 1977 et 1979), *Suite française* (1948), trois concertos pour orgue et orchestre (1949, 1961 et 1971), *Hommage à Frescobaldi* (1951), son œuvre la plus connue, *American Suite* (1959), *Suite baroque* (1974), *Trois Esquisses romanes* (1976), *Trois Esquisses gothiques* (1977), *Double Fantaisie* pour deux organistes (1976), *Progressions* (1979). Il a également composé un oratorio, *La Passion* (1957), ainsi qu'une *Suite pour violoncelle et orchestre* (1936).

ALAIN PÂRIS

Bibliographie

A. MACHABEY, *Portrait de trente musiciens français*, Richard-Masse, Paris, 1949 / S. BINGHAM, « The Choral-Masses of Jean Langlais », in *Caecilia*, vol. LXXXVII, 1953 / P. GIRAUD, « Le Thème grégorien dans les œuvres pour orgue de Jean Langlais », in *L'Orgue*, n° 122-123, 1967 / M.-L. JACQUET-LANGLAIS, *Jean Langlais (1907-1991) : ombre et lumière*, Combre, Paris, 1995 / K. THOMERSON, *Jean Langlais : A Bio-Bibliography*, Westport (Conn.), 1988.

LANNER JOSEF (1801-1843)

Lorsqu'on parle de valses viennoises, on pense à la dynastie des Strauss, mais rarement au garçon mince et blond que fut Josef Lanner, né et mort à Vienne. C'est lui qui donna aux pas classiques (*Deutschen* et *Ländler*) le rythme et l'accélération de cadence d'où est issue la valse. Il donna un titre à chacune de ses œuvres, car lui seul comprit qu'une création musicale devait porter un nom qui permettrait au public de l'associer à quelque chose. Quand Josef naît dans cette banlieue viennoise de Saint-Ulrich, le père, gantier de son état, espère bien voir son fils prendre sa succession dans la boutique. Après quelques années, la famille connaît une aisance bourgeoise, et le père emmène souvent son fils avec lui à l'auberge voisine, pour écouter l'orchestre de Michael Pamer. Ce dernier est un Viennois original, un chef plein de tempérament et quelque peu ivrogne, mais c'est un brillant violoniste qui impressionne le public. Le jeune Josef trouve la musique à son goût et se montre musicalement doué. En 1811, c'est la grande banqueroute de l'État et l'indigence pour une grande part de la population. Le père de Josef Lanner se demande à présent ce qu'il doit faire de son fils. Pour la profession de gantier, Josef n'a aucun talent ; il souhaite devenir musicien mais cela est impensable. En 1815, le père confie le jeune homme à l'école technique pour apprendre pendant peu de temps le métier de ciseleur. Josef, qui joue déjà du violon d'une façon charmante, entre dans l'orchestre de Michael Pamer. Mais, dégoûté par l'ivrognerie de ce dernier, il fonde avec deux musiciens bohémiens, les frères Drahanek, un trio de musique de danse et de divertissement qui joue pour la première fois en public au printemps de 1819. Par la remarquable exactitude de leur jeu d'ensemble et grâce aux premières compositions de Lanner, le trio rencontre le succès. Bientôt le jeune Johann Strauss va venir les rejoindre. Leur notoriété est rapide ; de quatuor, l'ensemble devient un petit orchestre de douze exécutants : Strauss est premier violon, Lanner chef d'orchestre. En 1825 Lanner n'arrive plus à satisfaire toutes les demandes des salles de bal viennoises. Il divise son orchestre, gardant la direction d'une moitié, confiant l'autre à Strauss. Un incident éclate entre eux et ils se séparent. Lanner, âme naïve, en compose sa *Valse de la séparation.* Quatre ans plus tard, en 1829, il est nommé directeur de la musique de la Cour. Il a écrit deux cent sept œuvres répertoriées, plus une vingtaine d'autres n'ayant aucun numéro d'opus, et deux œuvres de scène, *La Naissance de Polichinelle* et *Le Prix d'une heure de vie*, qualifiées de charmantes en leur temps, mais qui disparurent bien vite du répertoire.

En 1839, Lanner est au faîte de sa célébrité. Dans les dernières années de sa vie, il compose ses pièces les plus célèbres : *Les Romantiques*, valse op. 141, les *Danses des bals de la Cour*, op. 161, *Les Schönbrunnois*, op. 200. Au début du mois d'avril 1843, il attrape le typhus et en meurt. Vienne lui rend de grandioses honneurs funèbres. À la valse, qui ne voulait être qu'une danse, il a donné une mélodie profonde. Ses compositions gardent l'esprit de son temps, don de sa ville natale, et peuvent passer pour un document culturel de l'époque Biedermeier. Elles révèlent un génie qui a l'art de l'instrumentation et dévoile beaucoup de sentiment et de grandeur.

ADOLF SIBERT

LANTINS ARNOLD & HUGO DE (déb. XVe s.)

Musiciens liégeois appartenant à l'école franco-flamande du XVe siècle. Les Lantins sont peut-être frères, Hugo étant alors l'aîné. Il vécut au moins une quinzaine d'années (1415-1430 env.) à

Venise où il composa un motet, *Christus vincit* (1423), lors de l'intronisation du doge Foscari, et une chanson *Tra quante regioni*, pour le mariage de Cleofe Malatesta de Pesaro et de Théodore Paléologue (1420), fils de l'empereur de Byzance ; on connaît en outre de lui une trentaine d'œuvres (motets, chansons françaises et italiennes), dispersées dans des manuscrits italiens. Son style le rattache à Ciconia (début XVe s.).

Arnold a vraisemblablement, lui aussi, séjourné à Venise, où une de ses chansons fut publiée (1428). Il fut chantre à la chapelle pontificale d'Eugène IV (1431), au même moment que Dufay. On possède de lui des motets, des fragments de musique d'église, la messe *Verbum incarnatum*, qui inaugure le genre de la messe unitaire.

Dans la chanson profane, les deux Lantins témoignent d'une préférence pour le rondeau, forme évoluée du virelai, qu'ils traitent à deux voix (cantus, ténor) sur un instrument accompagnateur (contraténor). C'est à la chanson profane que la messe a emprunté l'usage d'une voix solo avec ténor et contraténor confiés aux instruments. Ainsi, dans un *Gloria* de Hugo, les voix chantent le triplum et le ténor, tandis qu'un instrument joue le contraténor.

PIERRE-PAUL LACAS

LASSUS ROLAND DE (1532 env.-1594)

Le plus illustre polyphoniste du XVIe siècle et l'un des plus grands musiciens de tous les temps, plus original, plus expressif et plus fécond que son contemporain Palestrina, Lassus connut, à la tête de la chapelle ducale de Bavière, une situation privilégiée et une réputation européenne. Surnommé par ses compatriotes « l'Orphée belge », par les Français « le plus que divin Orlande », par les Italiens « Mirabile Orlando », il fut traité par ses maîtres bavarois plus en ami qu'en serviteur. Il aborda tous les genres pratiqués à son époque, laissant plus de deux mille œuvres, toutes marquées de l'empreinte de son génie. Profondément cultivé, il maniait aussi bien la langue française que l'italienne ou l'allemande ou le latin. Il fut un humaniste autant qu'un musicien.

1. Une jeunesse agitée

Né à Mons dans le Hainaut (Belgique), Roland de Lassus, enfant de chœur à Saint-Nicolas-de-Havré, dans sa ville natale, fut tôt remarqué pour ses dons et sa belle voix. Plusieurs fois enlevé par des amateurs éclairés et audacieux, plusieurs fois rendu à son église, l'enfant fut enfin pris en charge par Ferdinand de Gonzague, général de Charles Quint, qui recrutait les jeunes talents pour son empereur. Ce fut le début d'une jeunesse aventureuse. Marino Cavalli, ambassadeur de Venise, écrivait en 1551 à propos des chantres de Charles Quint : « Ils sont peut-être quarante et forment la plus complète et la plus excellente chapelle de la chrétienté... » Au sein de cette maîtrise, Lassus fut en contact avec d'éminents musiciens, tels Thomas Crecquillon et Nicolas Gombert, auprès de qui il put étudier et approfondir la technique de la polyphonie franco-flamande. Mais comme Charles Quint ne se déplaçait point sans ses chantres, qui devaient chaque jour célébrer le divin office, Lassus suivit son protecteur en France, et connut ainsi à Fontainebleau les musiciens de la chapelle de France, Claudin de Sermisy et Pierre Certon. Lorsque Gonzague fut nommé gouverneur de Milan (1546), il emmena son « page-musicien ». Le maître de chapelle du « Duomo » était alors un Flamand, Matthias Hermann Verrecorensis. C'est à Milan que Lassus paracheva sa formation musicale.

On pense qu'il quitta le service de Gonzague lorsqu'il perdit sa voix enfantine. C'est un adolescent qui suivit alors à Naples Constantino Castrioto, chevalier de Saint-Jean-de-Jérusalem, grand amateur de musique. Il résida chez le marquis della Terza, humaniste distingué et poète à ses heures ; auprès de lui, il s'imprégna de culture italienne. Au bout de trois ans, il se rendit à Rome ; grâce à son talent autant qu'à ses protecteurs, Lassus est appelé à diriger la chapelle de Saint-Jean-de-Latran. Mais, l'année suivante (1554), un intrigant gentilhomme napolitain l'entraîne à sa suite en Angleterre. Cet inquiétant personnage voulait approcher la reine Marie Tudor, fort entichée de musique. Mais les arrière-pensées politiques de l'aventurier furent vite découvertes : il fut emprisonné et expulsé... et Lassus avec lui.

Après un bref séjour en France, Lassus passa deux ans à Anvers, s'y faisant une enviable réputation et nouant des relations avec l'éditeur Tylman Susato, qui publia ses premières œuvres, un livre de *Mélanges* contenant des madrigaux et villanelles, des chansons françaises et des motets (1555).

2. La consécration bavaroise

C'est d'Anvers, en 1556, que Lassus fut appelé à Munich, engagé comme chantre du duc Albert V de Bavière. Il prend la direction de la chapelle ducale en 1560 et la garde jusqu'à sa mort. Dès lors, son activité se partage entre les devoirs de sa charge (direction des concerts et de la chapelle) et la composition. Quelques voyages en Italie pour recruter des chanteurs (1562, 1567, 1574, 1578 et 1585), ainsi qu'un voyage à Paris (1571) viennent seuls interrompre ce long séjour bavarois.

Lassus bénéficie de l'amitié agissante des plus hauts personnages. En 1570 Lassus est anobli par l'empereur Maximilien II ; en 1571, le pape Grégoire XIII le fait chevalier de Saint-Pierre à l'éperon d'or. Cette même année, au cours du voyage qu'il fait à Paris, il dédie un recueil de chansons françaises à Charles IX. Sollicité par lui trois ans plus tard pour prendre la direction de la chapelle royale de France, il accepte, mais la mort du roi fait avorter le projet. Il reste donc à Munich, où les cinq volumes de son *Patrocinium musices* sont édités luxueusement aux frais du duc de Bavière (1573-1576). Il est au sommet de sa carrière. À partir de 1580, il se retire peu à peu de la vie de la cour et se consacre principalement à la composition d'œuvres religieuses. Ses dernières années furent assombries par un état dépressif (*melancholia hypochondriaca*), conséquence, dit-on, d'une trop grande activité cérébrale. À sa mort, il laisse trois fils, Ferdinand, Rodolphe et Ernest, tous musiciens.

De son vivant, ses œuvres furent plusieurs fois publiées dans toutes les villes d'Europe, si bien que le dépistage des éditions originales est malaisé. Ses fils eurent ensuite à cœur de publier les inédits et de les joindre aux principales œuvres antérieurement parues : ainsi fut édité à Munich en 1604 le *Magnum Opus musicum*, réunissant cinq cent seize motets.

On doit à Lassus environ cinq cent vingt motets auxquels il convient d'ajouter les cycles de *Sacrae Lectiones ex propheta Job*, les *Lamentationes Hieremiae prophetae*, les *Psalmi poenitentiales* et les *Prophetiae sibyllarum*. Il écrivit en outre cinquante-deux messes, cent un *Magnificat*, huit *Nunc dimittis*, trente-deux hymnes, treize litanies, quatre passions et de nombreux répons pour la semaine sainte, des faux-bourdons et des « bicinia ».

Son œuvre profane comporte cent quatre-vingt-cinq madrigaux et vingt-neuf villanelles auxquels il faut ajouter le cycle posthume des *Lagrime di San Pietro* (vingt madrigaux spirituels à sept voix), cent quarante et une chansons françaises et quatre-vingt-dix lieder allemands, dont cinquante lieder spirituels.

3. L'homme et le style

Lassus a laissé une abondante correspondance qui permet, avec les témoignages de ses contemporains, de se faire une idée de ce qu'était l'homme. D'une tristesse maladive, il réagissait par une gaieté forcenée, des plaisanteries grossières, une truculence rabelaisienne. Ce musicien de génie était miné depuis son enfance par un état d'angoisse secrète et, paradoxalement, il affichait fréquemment une extravagance facétieuse. Ses lettres sont souvent écrites dans un jargon où se mêlent divers idiomes ; il joue avec les assonances, les rimes les plus folles, les associations d'idées saugrenues : un vrai délire verbal. « Je suis quasi pour devenir un monsieur fou », dit-il lui-même un jour. « Un spécialiste de la médecine mentale, écrit André Pirro, trouverait dans les lettres de Lassus assez de preuves pour en placer l'auteur dans une catégorie d'aliénés déterminée. » La frontière entre le génie et la folie n'est point toujours bien nette. Prodigieux par sa fécondité, il le fut plus encore par son aptitude à assimiler toutes les cultures et son inlassable curiosité de toutes les nouveautés dont il savait tirer profit (le chromatisme de certains madrigalistes italiens – Vicentino ou Marenzio, par exemple – ou les théories de la « musique mesurée à l'antique » de l'académie d'Antoine de Baïf). « Il est, écrit N. Bridgman, le musicien qui représente avec le plus de vérité l'homme de la Renaissance... »

Lassus a puissamment contribué à assouplir la rigidité du traditionnel contrepoint franco-flamand. Le style en « imitation continue » va, sous sa plume, s'alléger, s'aérer et tenir compte, sous l'influence des madrigalistes italiens, du contenu expressif des textes, sacrés ou profanes. Un humaniste flamand, qui fréquentait la cour bavaroise, Samuel Quickelberg, parle à son propos de *musica reservata*. Le terme est obscur ; il fut employé pour la première fois, semble-t-il, en 1552 par Adrianus Petit Coclicus, disciple de Josquin des Prés. D'aucuns pensent qu'il s'applique à une musique exprimant avec force les symboles du texte qu'elle illustre ; d'autres l'emploient à propos du chromatisme venu d'Italie ; il en est qui lui attribuent une signification sociologique : la « *musica reservata* » serait destinée à des connaisseurs, par opposition à la musique ordinaire, celle que même des oreilles incultes (*vulgari orecchie*) peuvent comprendre. Il y a probablement un peu de tout cela dans cette expression ésotérique.

La musique de Roland de Lassus témoigne d'une haute culture ; comparée à celle de ses prédécesseurs, elle fait apparaître une facture plus forte, une déclamation plus énergique, un maniement plus souple du contrepoint, une alternance de passages en imitation avec d'autres, sinon homophones, du moins en écriture verticale, alternance commandée par la signification des textes. Enfin, il use de dissonances dues à des retards savamment ménagés pour exprimer des émotions. Face à l'idéal de pureté formelle d'un Palestrina, le style de Lassus paraît plus complexe, plus varié, au service d'une pensée plus profonde.

Les motets

Les motets tiennent une place prépondérante dans l'œuvre de Lassus. Une faible partie d'entre eux seulement se rattache à la liturgie (antiennes à la Vierge, offertoires...). Le « divin Orlande » (le mot est de Ronsard) a élargi le choix des textes, puisant dans les Saintes Écritures tout ce qui pouvait stimuler son imagination. Il est davantage attiré vers les sujets dramatiques, ceux qui correspondent à son inquiétude secrète, à sa hantise du destin et de la mort. La technique utilisée est celle de l'imitation libre – parce que Lassus rompt l'équilibre quand il le juge nécessaire –, il évite les développements trop prévisibles. Sa ligne mélodique au lieu d'être ample et calme comme dans l'ancien motet se fait plus courte, plus incisive rythmiquement ; elle est coupée de sauts ou de silences inattendus. Ce sont là des procédés issus de la technique du madrigal.

Écrits pour un nombre de voix variant de deux à douze, ces motets marquent le point culminant de la polyphonie flamande. On peut signaler parmi eux les cycles de compositions assimilables aux motets par la forme, mais en dépassant la portée par leurs dimensions et leur contenu poétique.

Dans les *Prophetiae sibyllarum* que Lassus composa à l'âge de vingt-huit ans, mais qui ne connurent qu'une édition posthume, le poète anonyme imagine de faire annoncer la venue du Christ rédempteur par les douze sibylles de l'Antiquité. Le texte en vers latins est plein d'étrangetés ; ce qui a conduit le musicien à user du nouveau style chromatique. Un prologue précise ses intentions. La mélodie chromatique entraîne des enchaînements harmoniques inattendus dont la bizarrerie paraît correspondre au caractère fabuleux des messages sibyllins.

Les *Lectiones ex Job* publiées en 1565, mais composées à la même époque que les *Prophéties des sibylles*, frappent par leurs accents âpres et désespérés. « Lassus, commente André Pirro, a médité sur les plaintes et les invectives du patriarche avec une sombre vigilance. Sa cadence est brutale et saccadée pour marquer ce qui est méprisable ; il met de la violence dans les grands cris de la basse et il presse la mesure pour indiquer l'emportement de la fureur. Mais il renonce à toute périphrase quand il veut laisser à la parole une effiicacité immédiate... » Ici la technique s'efface devant la pensée créatrice ; le musicien se fait poète, voire « visionnaire ».

Les *Psalmi Davidis poenitentiales*, écrits à la requête du duc Albert, furent d'abord recueillis dans un manuscrit richement orné par le peintre Hans Muelich avant d'être édités en 1584. D'une grandeur austère et d'une écriture souvent massive (à cinq voix avec des épisodes de deux à six voix) dont le chromatisme est cette fois exclu, ces psaumes présentent encore un caractère de supplication désolée. Lassus y fait entendre « une voix lamentable et plaintive », selon les propres termes de Samuel Quickelberg.

Enfin les *Lamentationes Hieremiae prophetae* à cinq voix, publiées à Munich en 1585, chef-d'œuvre de la maturité, offrent, portées à leur plus grand raffinement, la virtuosité de l'écriture contrapuntique et les subtilités du symbolisme madrigalesque.

Les messes

Le lyrisme de Lassus semble mal à l'aise dans le cadre contraignant de l'ordinaire de la messe. Aussi n'apporte-t-il rien de bien neuf dans ce domaine. Sans doute y fait-il preuve de son extraordinaire maîtrise, mais sans atteindre à la sérénité de Palestrina. Dans leur immense majorité, les messes de Lassus appartiennent au genre de la « messe-parodie », c'est-à-dire qu'elles sont construites sur un *cantus firmus* issu d'une œuvre préexistante (chanson, madrigal ou motet). Les emprunts au chant grégorien sont très rares (*Asperges me*, messe de Noël et de Pâques). La brièveté des offices plaisait, dit-on, aux grands seigneurs. Est-ce la raison pour laquelle Lassus montra tant de prédilection pour les thèmes alertes de chansons françaises, thèmes qu'il traite avec concision et souvent en respectant même la structure contrapuntique de ses modèles ? Quelques titres par exemple : il emprunte à Pierre Certon la matière des messes *Frère Tibault* et *On me l'a dict* ; à Claudin de Sermisy, celle de *Là là Maître Pierre* ; à Clemens Non Papa, celle d'*Entre vous filles de quinze ans* ; à Cadéac, celle de *Je suis déshéritée* ; à Pierre Sandrin, celle de *Douce Mémoire*... Parmi les messes établies sur des thèmes de madrigaux, on peut citer celles issues d'œuvres d'Arcadelt (*Quand'io penso*), de Cyprien de Rore (*Ite rime dolenti*), de Palestrina (*Io son ferito*). La messe à huit voix en deux chœurs, bâtie sur le thème « Bella Amfitrit'altera », mérite une mention spéciale. Une autre messe à huit voix est construite sur une chanson bachique, *Vinum bonum*, dont Lassus lui-même est l'auteur (1570).

Le nombre de voix est souvent supérieur à quatre : cinq, voire six ou huit. Cet enrichissement de la polyphonie permet des dialogues entre divers groupes de chanteurs, ménageant d'heureux contrastes.

Les messes de Lassus sont restées longtemps au répertoire des églises européennes et elles ont été rééditées jusqu'au XVIIIe siècle (notamment à Paris, chez Ballard).

Une centaine de *Magnificat* furent publiés en 1619 par Rodolphe de Lassus. Certains d'entre eux avaient déjà été imprimés du vivant de l'auteur (1567, 1576, 1587). Ils sont écrits de quatre à huit voix ; quelques-uns sont traités en chacun des huit tons ecclésiastiques et prennent appui sur la liturgie. D'autres – une quarantaine – sont, comme les messes, « parodiés » d'après des pièces latines, françaises ou italiennes. Dans ces paraphrases, Lassus, gêné sans doute par la trop grande symétrie des versets du cantique marial, emprunte à ses modèles, non seulement des thèmes, mais leur caractère expressif. Là encore, le moindre détail du texte est prétexte à la recherche de correspondances sonores.

Madrigaux et villanelles

Ayant vécu sa jeunesse en Italie, pétri de culture italienne, Lassus a toute sa vie écrit des madrigaux et toute son œuvre a été influencée par le style madrigalesque.

Lassus n'a pas fait évoluer le madrigal, qu'il avait hérité de ses maîtres et amis italiens, mais il l'a pratiqué à la perfection et avec une sorte de prédilection. Il n'hésita pas à s'engager dans la voie des expériences chromatiques d'un Vincentino ; il se divertit même à user de ce qu'on appelle « madrigalisme », c'est-à-dire d'images ou figurations sonores associées à certains détails du texte ; ce sont là souvent jeux d'esprit, artifices, plus que nécessité artistique ; mais ces excès de raffinement enchantaient les esthètes du temps. À noter qu'avec un profond discernement Lassus a su choisir ses poètes, marquant une évidente préférence pour Pétrarque.

Au long de sa vie, on constate que ses madrigaux évoluent de la gaieté de la jeunesse à la méditation des vieux jours ; le dernier cycle (les *Lagrime di San Pietro*), dont il écrivit la préface quelques semaines avant de mourir, est plus dépouillé, plus austère, mais moins touchant que maintes œuvres antérieures.

La villanelle se distingue du madrigal en ce que celui-ci est toujours élégiaque et celle-là volontiers comique ou parodique. N'y voyons point cependant un genre populaire ; elle s'adresse au même public cultivé. Les premières villanelles parurent à Naples et l'on peut assigner à ce genre une origine napolitaine. Lassus ayant séjourné à Naples écrivit naturellement des villanelles ; il en publia à Anvers en 1555, souvenirs de jeunesse qui prouvent qu'il avait su comprendre et assimiler le caractère fantasque et ardent de l'Italie méridionale.

Les chansons

La chanson française est un genre où Lassus, dont le français était la langue maternelle, excella. C'est à Venise, puis à Anvers, qu'il publia ses premières chansons. Il y montre une verve qui témoigne de la parfaite connaissance du style de Clément Janequin et de ses émules. Lié d'amitié avec le luthiste-éditeur Adrien Le Roy, qui le présenta à Charles IX, Lassus, même après l'événement qui mit fin au projet de l'attacher à la cour de France, resta en rapport avec Paris, réservant à la maison d'édition Le Roy et Ballard la primeur de certaines de ses œuvres.

Il laissa donc cent quarante et une chansons de trois à huit voix. S'il pratique le style parisien (*Quand mon mari vient de dehors*) vif et souvent égrillard, il le fait en virtuose. Comme le souligne François Lesure : « Le miracle Lassus est qu'il parvient avec une écriture plus serrée que ses confrères français à un sens plus aigu du burlesque et du comique. » Mais la chanson, à l'époque, était déjà influencée par le madrigal, et Lassus ne pouvait que « madrigaliser » lui aussi dans ses œuvres françaises, accusant par rapport à ses rivaux un langage harmonique plus hardi et une recherche plus poussée de l'expression (par exemple les chansons : *La Nuit froide et sombre* ou *Ô faible esprit* sur des textes de Du Bellay). Il a ainsi élargi l'horizon de la chanson aussi bien du point de vue de la technique que du point de vue du choix des textes. Son goût et son érudition le portèrent en effet à choisir des textes de haute qualité, allant des poètes du XVe siècle, Alain Chartier et François Villon, aux poètes de la Pléiade, en passant par Clément Marot, Joachim du Bellay ; réservant une place d'honneur à Ronsard et puisant même dans les auteurs d'avant-garde, tels Guy du Faur, seigneur de Pibrac, et Jean-Antoine de Baïf.

Les lieder

Parmi les lieder polyphoniques (à trois, quatre, cinq, six et huit voix), on peut distinguer ceux qui ont un caractère populaire de ceux qui ont des intentions spirituelles. Avant Lassus, le lied polyphonique s'appuyait sur des « ténors » empruntés au répertoire populaire ; c'est ainsi qu'il fut pratiqué par Heinrich Finck et Ludwig Senfl. En introduisant dans ce genre des éléments stylistiques venus du madrigal et de la chanson française, Lassus en a quelque peu changé l'esprit et la forme, mais il a obtenu d'indéniables réussites dans les sujets de caractère narratif, rustique, satirique ou bachique, retrouvant le pittoresque des vieux « Meistersinger ».

Les lieder, tirés du psautier de Caspar Ulenberg (1582), se rattachent par leur contenu spirituel au mouvement de la Contre-Réforme, qui, sous le pontificat de Grégoire XIII, tendait à la rénovation de la foi catholique. Ils sont dans l'ensemble respectueux de la tradition germanique d'arranger à plusieurs voix des mélodies préexistantes, et par là se rapprochent des « chorals » protestants.

On ne peut oublier que Lassus était chef de la prestigieuse chapelle ducale de Bavière. Il y disposait de plus de cinquante chanteurs et d'un ensemble instrumental comportant violes, flûtes, hautbois, cornets, trombones, luths, épinettes, régales. Un musicien napolitain, Massimo Troiano, témoin des festivités organisées pour les noces du duc héritier Guillaume avec Renée de Lorraine en 1568, rapporte que Lassus savait introduire de la diversité dans ses chœurs en dégageant çà et là quelques solistes de la masse des chanteurs ; de même, en ce qui concerne les instruments, il avait la notion des effets qu'il pouvait obtenir en mélangeant ou opposant les timbres, séparant volontiers le groupe des vents de celui des cordes. Idées toutes modernes qui font regretter de ne point disposer d'une partition instrumentée par Roland de Lassus.

ROGER BLANCHARD

Bibliographie

• *Écrits de Roland de Lassus*

R. DE LASSUS, *Œuvres complètes* (*Sämtliche Werke*), F. X. Haberl et A. Sandberger éd., 21 vol., Leipzig, 1894-1927, nouv. éd. Bärenreiter, Kassel, depuis 1956 / *Con bien fou tu serais Orlando. Correspondance de Roland de Lassus avec le Prince de Bavière*, F. Langlois éd., 2 vol., éd. Bernard Coutaz, Arles, 1988.

• *Études*

J. A. BERNSTEIN, *Orlande de Lassus*, Garland, New York, 1987-1988 / W. BOETTISCHER, *O. di Lassus und seine Zeit*, Bärenreiter, 1963 ; *Aus Orlando di Lasso's Wirkungskreis, neue archivalische Studien, ibid.*, 1963 / C. VAN DEN BORREN, *Orlande de Lassus*, Alcan, Paris, 1920, rééd. fac-sim., éd. d'Aujourd'hui, Plan-de-la-Tour, 1975 / H. M. BROWN, *L'Ornementation dans la musique du XVIe siècle*, Presses universitaires de Lyon, 1991 ; *Music in the Renaissance*, Prentice-Hall, New York, 1976 / H. LEUCHTMANN, *Orlando di Lasso*, 2 vol., Breitkopf & Härtel, Wiesbaden, 1981 ; *Die musikalischen Wortausdeutungen in den Motetten des Magnum opus musicum von O. di Lasso*, Koerner Valentin, Baden-Baden, 1972 / E. LOWINSKY, *Music in the Culture of the Renaissance and Other Essays*, 2 vol., Univ. of Chicago Press, 1989 ; *Secret Chromatic Art in the Netherlands Motet*, New York, 1946 / T. MANTOVANI, *Orlando di Lasso*, Milan, 1895 / A. PIRRO, *Histoire de la musique de la fin du XIVe à la fin du XVIe siècle*, Laurens, Paris, 1940 / G. REESE, *Music in the Renaissance*, Norton, New York, 1954 / *Roland de Lassus*, La Chapelle royale, Paris, 1988 / A. SANDBERGER, *Beiträge zur Geschichte der bayerische Hofkapelle unter O. di Lasso*, Leipzig, 1895.

LECLAIR JEAN-MARIE (1697-1764)

Jean-Marie Leclair a sa place parmi les très grands musiciens français du XVIIIe siècle : mais sa réputation serait mieux établie probablement s'il était né à Hambourg ou à Venise, au lieu de voir le jour à Lyon. C'est comme danseur qu'il apparaît tout d'abord : trait typiquement français. Au XVIIIe siècle, composition, violon et danse ont encore partie liée en deçà des Alpes, et la réputation des danseurs français règne sur l'Europe entière. C'est à la cour de Turin que Leclair paraît ainsi pour la première fois ; il y est maître de ballet et travaille le violon avec Somis. À vingt-cinq ans, il publie à Paris son premier recueil de *Sonates*, puis se taille un triomphal succès de virtuose au Concert spirituel. En 1734, il entre à la Musique du roi. Mais son caractère difficile apparaît déjà : rivalité avec Guignon, incompatibilité d'humeur, insociabilité qui lui font quitter brusquement l'orchestre royal ; il se fixe à Amsterdam, important centre musical ; il y travaille avec Locatelli ; il séjourne à la cour de l'infant d'Espagne à Chambéry ; puis, de retour à Paris, il fait exécuter à l'Opéra *Sylla et Glaucus*, son unique tentative en ce domaine. Après un voyage en Hollande, il revient à Paris, où il meurt d'un coup de couteau donné dans la rue, en pleine nuit, par un inconnu : on découvrit son corps le lendemain matin.

Caractère difficile et ombrageux, instabilité d'humeur, misanthropie : ce ne fut pas un homme aimable ni, probablement, heureux. Mais son œuvre est de premier plan. Plus que l'opéra *Sylla et Glaucus* (1745), qui n'est sans doute pas ce qu'il y a de plus important chez lui, malgré des pages remarquables, en particulier les passages symphoniques (Leclair souffre de n'être pas un homme de théâtre), c'est sa musique instrumentale qui est considérable. Elle consiste en une série de recueils de sonates, publiées tout au long de sa vie, de 1723 à 1753 : *Sonates pour violon seul* (1734). *Sonates pour violon et basse continue* (4 vol., 1723-1738), *pour deux violons sans accompagnement* (1730), *pour deux violons et basse continue* (6 recueils, 1730-1753), ainsi qu'en deux volumes de *Concertos*, 1737-1743 (pour le violon à l'exception d'un seul, pour flûte ou hautbois). Leclair était célèbre pour la précision, la justesse de son jeu, et pour sa virtuosité dans les doubles cordes. Son domaine est donc le violon : il y est maître. L'aisance et la hardiesse de la technique violonistique se manifestent à chaque instant dans ses sonates. Mais, à la différence de Locatelli par exemple, il ne tombe jamais dans l'excès de la virtuosité : la rigueur de la composition, la hauteur de la pensée, et aussi le charme, égalent ou dépassent le brillant et l'éclat de la technique. Ce qui est admirable chez Leclair, c'est justement l'équilibre parfait que l'on trouve dans chaque œuvre, entre diverses tendances : de l'audace, de la hardiesse, mais profondément réfléchie. Une correction parfaite de l'écriture, sans froideur : du lyrisme au contraire, dans certains mouvements lents en particulier, mais grave et presque majestueux dans sa démarche. De la tendresse, mais contenue ; de la fougue parfois, *ma non troppo*. Le mot d'équilibre résume Leclair ; équilibre qui se retrouve aussi dans la manière dont il a su allier l'héritage italien du violon, comme celui du langage musical, avec la tradition française. La stylisation des rythmes chorégraphiques de la suite à la française dans le cadre de la sonate à l'italienne en est un remarquable exemple. Ses concertos en trois mouvements (les sonates sont à quatre mouvements : andante, allegro, andante, vivace) sont exclusivement pour soliste (pas de concerto grosso). Quatre *tutti* encadrent trois passages *soli* dans les mouvements vifs (trois et deux dans les adagios) ; les passages confiés au violon solo sont de la plus grande variété : brillants, virtuoses, récitatifs tendus ou frémissants. Mieux encore que dans les sonates, on y découvre la richesse de l'écriture harmonique de Jean-Marie Leclair.

Son frère, Jean-Marie Leclair cadet (ou Antoine-Remi Leclair 1703-1777), également violoniste, à Besançon d'abord puis à Lyon, a publié plusieurs recueils de sonates, des cantates, des divertissements (*Le Rhône et la Saône*, 1733).

Un troisième frère, Pierre (1709-1784), a aussi publié un recueil pour le violon.

PHILIPPE BEAUSSANT

LECOCQ CHARLES (1832-1918)

Élève de J. F. Halévy au Conservatoire de Paris, Charles Lecocq fut découvert par Offenbach lors d'un concours d'opérettes et fut son véritable successeur. Moins truculent que celui de l'auteur de *La Vie parisienne*, son style a peut-être plus de finesse, et parfois une véritable musicalité, malgré la trivialité des situations. *Les Cent Vierges* (1872), *Le Petit Duc* (1878), *La Petite Mademoiselle* (1880) connurent de grands succès, tous éclipsés cependant par celui de *La Fille de Madame Angot* (1872), qui connut cinq cents représentations consécutives et demeure une des opérettes le plus représentées en France. Lecocq a également écrit plus de cent mélodies.

PHILIPPE BEAUSSANT

LE FLEM PAUL (1881-1984)

Le compositeur français Paul Le Flem se situe en marge des courants et du temps. Sa patrie bretonne trouve un large écho dans sa musique, et il a su concilier cette source d'inspiration avec une écriture faisant revivre les principes de base de la musique polyphonique ou du chant grégorien.

Paul Le Flem voit le jour à Lézardrieux (Côtes-d'Armor). Après des études générales effectuées à Dinan et à Brest, il prépare l'École navale, où il découvre la musique grâce à Joseph Farigoul, chef de musique de la flotte, qui sera son premier professeur d'harmonie. Il vient à Paris où il suit, à partir de 1899, les cours d'harmonie d'Albert Lavignac au Conservatoire tout en menant à bien une licence de littérature et de philosophie à la Sorbonne avec Henri Bergson. Pendant dix-huit mois, il voyage en Russie (1903-1904) avant de s'inscrire à la Schola cantorum (1904), où il travaille le contrepoint avec Albert Roussel – un autre marin –, la composition et la direction d'orchestre avec Vincent d'Indy et le chant grégorien avec Amédée Gastoué. À la Schola, il est le condisciple d'Edgar Varèse. Puis il y est à son tour nommé professeur de contrepoint (1921-1929). Parmi ses élèves figurent Marcel Mihalovici, Roland-Manuel et André Jolivet, qu'il présentera à Varèse, devenu désormais le maître à penser du jeune compositeur. En 1924, Le Flem est nommé chef des chœurs à l'Opéra-Comique, et, l'année suivante, il prend la direction des Chanteurs de Saint-Gervais, succédant à Léon Saint-Réquier (1925-1939). Il se consacre au renouveau du répertoire polyphonique tout en servant utilement la musique de son temps. Parallèlement, il mène une importante carrière de critique à *Comœdia* (1922-1937), à *L'Écho de Paris* et au *Temps présent*. En 1935, il fonde une société de musique moderne, La Spirale.

Après la Seconde Guerre mondiale, il vit en Bretagne, à Tréguier ; son histoire est celle de ses œuvres, en retrait par rapport aux modes et aux passions. Il cesse de composer en 1975, car il est atteint de cécité. Son centenaire, en 1981, révèle au monde musical un compositeur effacé, mais fidèle à lui-même dans un parcours artistique d'une étonnante longévité : alors que le jeune compositeur a livré ses premières partitions à l'aube du XXe siècle, il ne cessera d'écrire que soixante-quinze ans plus tard, ayant connu Debussy, d'Indy, la création du *Sacre du printemps*, l'oppression sérielle des années 1950, la musique électroacoustique et bien d'autres nouveautés auxquelles il s'intéressera avec passion. Son esthétique initiale, solide et sobre, trahit l'influence debussyste et la formation rigoureuse de la Schola. Mais il y intègre rapidement des réminiscences populaires bretonnes tout en pratiquant une écriture marquée par les polyphonistes et Monteverdi. La mer apparaît souvent en filigrane de son œuvre, dont la première réalisation d'une certaine importance, destinée à l'orchestre, s'intitule précisément *En mer* (1901) ; elle est suivie dix ans plus tard des *Voix du large* (1911). Ce sont ses œuvres symphoniques qui connaîtront le plus grand succès : notamment ses quatre symphonies – la première (1908) n'est créée par Walter Straram qu'en 1927 avant de faire le tour de l'Europe, la deuxième (1958) est révélée au festival de Besançon, la troisième et la quatrième datent de 1967-1971 et de 1975, respectivement – ainsi que *Pour les morts*, triptyque (1912), *Ronde des fées* (1953), *La Maudite*, légende dramatique pour voix et orchestre (1967-1971), et son œuvre ultime, *Trois Préludes pour orchestre* (1975). Dans le domaine concertant, il a composé une *Fantaisie pour piano et orchestre* (1911) et un *Konzertstück pour violon* (1965).

Pour la scène, après les premiers essais que constituent *Endrymion et Sémélé* (1903) et *Aucassin et Nicolette* (1908-1909), il met en musique un conte breton, *Le Rossignol de Saint-Malo* (1938), créé à l'Opéra-Comique en 1942, et compose *La Clairière des fées* (1944) et *La Magicienne de la mer* (1947) sur un livret de José Bruyr, qui sera créé à l'Opéra-Comique en 1954. Il tirera de cet ouvrage deux interludes symphoniques. Pour la radio, il a signé des partitions originales comme *Les paralytiques volent* (1938) ou *Macbeth* (1950) et, pour le cinéma, *Côte de granit rose* (1954).

Attiré très tôt par les formes réduites, il laisse une *Sonate pour violon et piano* (1905), un *Quintette pour piano et cordes* (1908-1909) et des pièces pour piano marquées par la Bretagne : *Par landes* (1907), *Par grèves* (1907), *Le Vieux Calvaire* (1910) et *Le Chant des genêts* (1910) ; ces deux derniers cahiers furent créés par Blanche Selva en 1911. Pour la voix, il a composé plusieurs cycles de mélodies, dont les *Ariettes oubliées* (Verlaine, 1904), et de nombreux chœurs a cappella ; il a également harmonisé des chants populaires bretons.

La diversité de sa musique ainsi que la force qui éclate dans ses ultimes partitions placent Paul Le Flem dans une situation à part au sein de la musique française. Il est un musicien profondément enraciné mais qui a évité de tomber dans le piège du régionalisme excessif, un musicien d'un autre temps qui a su évoluer dans son propre siècle sans cultiver un passéisme stérile.

ALAIN PÂRIS

LEGRENZI GIOVANNI (1626-1690)

Fils et élève de G. M. Legrenzi, Giovanni fut successivement organiste à Bergame, maître de chapelle à Ferrare, puis nommé directeur du Conservatorio dei mendicanti à Venise (1672), poste auquel il ajouta celui de maître de chapelle à Saint-Marc (1685). Sa place dans l'histoire de la musique est importante à plus d'un point de vue. Par son enseignement d'abord : parmi ses nombreux élèves, on compte Lotti, Caldara, Gasparini, Pollarolo, Vivaldi. Par son influence : ses œuvres furent connues et appréciées à l'étranger (Händel lui emprunte des thèmes, Bach compose une fugue *thema Legrenzianum elaboratum*). Puis par la nouveauté de son œuvre, qui s'exerce dans tous les genres. En 1667, il écrit les premières sonates à deux violons et basse, précédant Corelli, et créant un style de composition qui marquera toute la musique instrumentale européenne. Ces sonates sont les premières à être construites en trois mouvements, structure qui concurrencera celle en quatre mouvements et s'imposera. Son souci de l'orchestration se manifeste dans la réforme de l'orchestre de Saint-Marc (trente-quatre musiciens), mais surtout dans ses œuvres lyriques (dix-huit opéras, de *Achille in Sciro*, 1664, à *Pertinace*, 1684). Legrenzi, musicien universel, d'une facilité étonnante, a composé en outre cinq recueils de motets, des psaumes, et six oratorios. La sûreté de l'écriture n'est pas moindre chez lui que la beauté des motifs mélodiques, dont les emprunts d'un Händel ou d'un Bach témoignent suffisamment.

PHILIPPE BEAUSSANT

LEHAR FRANZ (1870-1948)

Compositeur autrichien né à Komárom, en Hongrie, et mort à Bad Ischl. D'abord violoniste, puis chef de divers orchestres militaires dont ceux de Budapest (1898) et de Vienne (1899-1902), Franz Lehár se tourne finalement vers l'opérette et trouve là sa véritable voie. Il obtient déjà un franc succès avec l'opéra *Kukuška* (Leipzig, 1896) et parvient à la gloire avec *La Veuve joyeuse* (*Die lustige Witwe*, Vienne, 1905), qui reste une des opérettes le plus jouées avec celles de Johann Strauss. Suivront notamment *Le Comte de Luxembourg* (*Der Graf von Luxemburg*, Vienne, 1909), *Le Tsarévitch* (*Der Zarewitsch*, Berlin, 1927) et *Le Pays du sourire* (*Das Land des Lächelns*, Berlin, 1929). On décèle dans ces œuvres non seulement de fortes influences slaves, mais aussi celles du folklore des divers pays où se situe l'action. Lehár eut recours aussi bien à la valse viennoise qu'à des danses plus modernes, faisant appel au grand orchestre romantique enrichi parfois d'instruments pittoresques comme le célesta ou la balalaïka. Il fut également le premier à faire déboucher certains airs sur des évolutions chorégraphiques. Il a composé des musiques de film, deux concertos pour violon, des sonates pour piano, quelque soixante-cinq valses, plus de cinquante marches et quatre-vingt-dix mélodies.

MARC VIGNAL

LEIBOWITZ RENÉ (1913-1972)

Compositeur français, d'origine polonaise (il naquit à Varsovie), chef d'orchestre et critique musical. Leibowitz vint à Paris en 1926 et s'intéressa vivement à l'école de Vienne. Il étudia dans cette ville avec Webern, puis à Berlin avec Schönberg, enfin à Paris avec Pierre Monteux et Ravel. En 1936, il commence en Europe et en Amérique une activité de chef d'orchestre, consacrée à la diffusion de la musique contemporaine et surtout de celle de Berg, de Schönberg et de Webern, dont il est l'un des premiers exégètes. En 1945, après la Seconde Guerre mondiale, Leibowitz se fixe à Paris où il demeurera jusqu'à sa mort. Il se consacre avant tout à l'enseignement, à la critique et à la composition. Il publie des études célèbres et controversées, *Schönberg et son école* (1946), *Introduction à la musique de douze sons* (1949), *L'Artiste et la conscience* (1950), *L'Évolution de la musique de Bach à Schönberg* (1952), *Histoire de l'Opéra* (1957), *Un grand représentant de la musique contemporaine : E. I. Kahn* (1958), *Thinking for Orchestra* (New York, 1958), *Le Compositeur et son double* (1971). Il fut un polémiste, et s'en vantait, avec les qualités et les limites qu'un tel terme évoque. Boulez, H. W. Henze, S. Nigg, notamment, furent ses élèves. De son œuvre de compositeur, on retiendra *Symphonie*, op. 4 (1941), *Variations* (1945), *Symphonie dramatique pour récitant et orchestre* (1958), *Concerto pour violon, piano et orchestre* (1942), *Concerto pour piano* et *Concerto pour alto* (l'un et l'autre en 1958). Sa production en musique de chambre est particulièrement considérable ; les formations orchestrales y sont fort variées, et fréquentes les recherches de mélanges de timbres peu usités : par exemple, dans *L'Explication des métaphores*, pour récitant, deux pianos, harpe et percussion (1950), dans le *Concerto pour neuf instruments* (1947), ou la *Symphonie de chambre* (1948) pour douze instruments (éditée en 1958). Ses deux opéras, *La Rumeur de l'espace* et *Circulaire de minuit* sont demeurés inédits.

PIERRE-PAUL LACAS

LE JEUNE CLAUDE OU CLAUDIN (1528 env.-1600)

Le plus brillant musicien français du groupe lié à l'Académie de poésie et de musique que fonda Baïf ; surnommé « le phénix des musiciens », c'est un des grands noms de la musique de la Réforme en France, avec Goudimel, et son œuvre est la plus importante du répertoire français de la Renaissance. Ses premières compositions (quatre chansons) sont publiées à Louvain, chez Phalèse, en 1554 ; a-t-il résidé dans le nord de la France ? Probablement. Il se fixe à Paris en 1564, sous la protection de deux seigneurs huguenots, François de La Noue et Charles de Téligny, auxquels il dédie *Dix Pseaumes de David en forme de motets* (chez Le Roy et Ballard, à Paris, en 1564). Dès qu'elle est fondée par Jean Antoine de Baïf et Joachim Thibault de Courville, il entre à l'Académie, où il défend les principes de la musique mesurée. Avant 1582, il est au service de François, duc d'Anjou, frère de Henri III. C'est à Anvers, où il suivit peut-être ce prince, que paraît d'abord le *Livre des meslanges* (1585), composé de chansons et de motets. On trouve aussi sa trace à Paris en 1581, lors des fêtes données à la cour à l'occasion du mariage du duc de Joyeuse avec Marie de Lorraine (ballet *Cérès*). Après la mort du duc d'Anjou (1584), il sert vraisemblablement des nobles protestants, le duc de Bouillon, vicomte de Turenne ; Odet de La Noue ; Louise de Nassau, duchesse de Bavière. Pendant le siège de Paris (1590), il écrit une « confession de foy » hostile à la Ligue, et son ami catholique, le musicien Jacques Mauduit, l'aide à s'enfuir tout en sauvant ses manuscrits ainsi que ceux de Baïf. Il se réfugie à La Rochelle ; Henri IV le nomme, en 1595, « compositeur de la chambre du roi ». Deux ans avant sa mort, il est encore dans cette ville.

Aucun compositeur français de son époque n'a abordé autant de genres différents que Le Jeune (347 psaumes, 11 motets, 38 chansons sacrées, 66 chansons profanes, 146 airs. 43 madrigaux italiens, 3 fantaisies instrumentales et même une messe). La plupart de ces œuvres furent publiées après sa mort, par sa sœur Cécile et sa nièce Judith Mardo. On le considère comme le rival de Lassus, et sa renommée fut internationale. « Jamais l'austérité de la pensée et du cœur n'a su se manifester sous des dehors aussi aimables et avec une plus totale absence d'ostentation [...]. L'expression, chez Le Jeune, n'a pas cette raideur et cette contention, d'ailleurs empreinte de noblesse, qu'on trouve chez un Goudimel : elle a toujours un accent de vivacité, de justesse, de fraîcheur ingénue qui ravit » (R. Bernard). Dans les chansons, il emploie des valeurs plus courtes que celles qu'on utilisait avant lui, une rythmique plus libre ; la succession binaire-ternaire, pratiquée couramment au début du siècle, disparaît. Le genre traditionnel de la chanson polyphonique a ainsi éclaté sous les coups portés par les tenants de la musique mesurée. Dans *Le Printemps* (publié en 1603) et dans les *Airs* (1594, publié en 1608), l'attraction vers le majeur et le mineur apparaît nettement, bien que Le Jeune se montre plus modal que certains compositeurs de son temps. Il faut mettre à part les *Octonaires de la vanité et inconstance du monde* (à trois et quatre voix, publié en 1606), en raison de l'aspect didactique de cette œuvre ; en effet, les poèmes sont groupés en douze triptyques, chacun correspondant aux douze modes du système musical d'alors. On pourrait comparer une telle composition spéculative et synthétique à celle du *Clavier bien tempéré* de Bach ; Le Jeune résume l'apport du système modal parvenu à son apogée ; s'il y a chromatisme, il s'intègre dans le diatonisme, lequel est ici traité avec une puissance d'invention étonnante. Ses *Pseaumes* (de deux à huit voix), sur des paroles de Marot, Bèze, Baïf, Agrippa d'Aubigné (de ce dernier, notamment, le *Pseaume LXXXVIII*, où la truculence du poète ne le cède en rien à la verve du musicien), connurent une très large diffusion, surtout dans les pays de religion protestante. Certains (*Pseaumes en vers mesurés*) furent aussi chantés à une voix avec luth. Enfin, ses *Fantaisies instrumentales*, « en manière de recherches », proches du ricercare, écrites pour un ensemble de violes, ou pour clavier (orgue), figurent parmi les premières pages instrumentales françaises de quelque ampleur ; avec celles de Du Caurroy et de Costeley, on peut les considérer comme étant aux origines de la musique de chambre en France.

PIERRE-PAUL LACAS

LEKEU GUILLAUME (1870-1894)

D'origine belge, élève de Franck et de Vincent d'Indy, mort à vingt-quatre ans d'une fièvre thyphoïde, Guillaume Lekeu ne laisse qu'une œuvre très mince, dominée par une belle et prometteuse *Sonate pour violon et piano* (1892). Lekeu avait une personnalité très riche, très généreuse et attachante. On s'accordait, dans l'entourage de Franck, pour voir en lui le plus doué des disciples du maître, et sans doute aurait-il été le plus indépendant. Sa sonate, trop souvent rapprochée de celle de Franck, et qui inspira Proust (elle est peut-être l'original des « petites notes... »), n'est qu'une œuvre de jeunesse, avec des longueurs, des maladresses, mais elle contient d'admirables pages, un don mélodique et un élan extraordinaires. Lekeu laisse en outre deux *Études symphoniques* (1889-1890), un *Trio* (1890), des fragments d'opéras et de symphonies, enfin un *Quatuor avec piano* et une *Sonate pour violoncelle et piano* que d'Indy achèvera tous deux pieusement.

PHILIPPE BEAUSSANT

LEONCAVALLO RUGGERO (1857-1919)

Avec le Mascagni de *Cavalleria rusticana* et le Puccini de *La Bohème*, Ruggero Leoncavallo est le principal représentant de l'école dite vériste. Ses deux œuvres principales, *Pagliacci* (*Paillasse*, 1892) et *La Bohème* (1897), cette dernière postérieure d'un an à l'opéra du même nom composé par Puccini, se situent dans le monde pittoresque des saltimbanques et y mettent en scène le drame de la passion et de la jalousie. Le contraste entre la gaieté factice de ce monde et l'atmosphère violente est certes d'un effet facile ; mais la musique de Leoncavallo ne manque pas d'efficacité dramatique. Elle est parfois, malheureusement, d'une pauvreté de ton et d'invention qui effacent une grande partie de ses qualités, y compris celles qui viennent de la profonde connaissance de la voix dont dispose l'auteur. Une vingtaine d'opéras (dont la trilogie, inachevée, *I Medici*) ne parvinrent pas à éclipser l'œuvre, très proche mais plus brillante, de Puccini.

PHILIPPE BEAUSSANT

LÉONIN maître, lat. magister LEO ou LEONINUS (2e moitié XIIe s.)

Le premier musicien connu de l'école de Notre-Dame de Paris (*Ars antiqua*) à l'époque de l'*organum* à vocalises (ou *organum* fleuri). On ignore tout de sa vie et même de ses fonctions précises ; c'est un théoricien anglais, appelé Anonyme IV (Coussemaker, *Scriptorum de musica medii aevi*, 4 vol.) qui, vers 1275 – soit un siècle après – nous parle de lui : « Remarquez que maître Léonin fut un excellent *organista*, qui a fait un grand livre d'*organum* pour le Graduel et l'Antiphonaire, afin de répandre le service divin. Ce livre a été en usage jusqu'au temps du grand Pérotin qui l'abrégea et écrivit en grand nombre des clausules ou cadences plus belles, car c'était un très bon déchanteur (*optimus discantor*) et meilleur que Léonin. »

Organista signifie vraisemblablement soit qu'il chantait lui-même la voix organale, soit qu'il la composait, soit qu'il la chantait et la composait ; il ne faut sans doute pas comprendre qu'il jouait de l'orgue. Le *Magnus Liber organi de gradali et antiphonario pro servitio divino multiplicando*, auquel il est fait allusion, comportait des pièces d'*organum* à deux voix ; on ne les connaît pas sous leur forme primitive, mais seulement dans la version que Pérotin en fit ; celui-ci ajouta une troisième voix. L'*organum* de Léonin se présente ainsi : sur les syllabes du texte liturgique (Antiphonaire, Graduel) se trouve un grave (ténor, ou teneur, c'est-à-dire « qui soutient le déchant » – *discantum tenet*) en valeurs longues ou très longues, au-dessus duquel la voix organale déroule des mélismes obéissant à une mesure, qui pouvaient être en partie improvisés par un « déchanteur » (*discantor*) exercé. L'activité de Léonin se situe vers 1180, époque où la cathédrale de Paris fut ouverte au culte (1182). Du *duplum* de Léonin, on passa très rapidement avec Pérotin et les compositeurs et théoriciens du XIIIe siècle au *triplum* et au *quadruplum*. Parmi ces derniers, auxquels Léonin a ouvert la voie, citons Jean de Garlande (un Anglais ayant vécu à Paris et à Toulouse), Robert de Sabilon (successeur de Pérotin) et les deux Francon (de Paris et de Cologne).

PIERRE-PAUL LACAS

LE ROUX MAURICE (1923-1992)

Si le concept rabelaisien de l'« honnête homme » semble incompatible avec l'immensité du savoir moderne, Maurice Le Roux a montré qu'il pouvait encore s'appliquer à la musique : chef d'orchestre, compositeur, musicographe, passionné d'audiovisuel, il a occupé des responsabilités importantes dans la vie musicale française et fait tomber des barrières qui en paralysaient le fonctionnement.

Il naît à Paris le 6 février 1923 et effectue ses études musicales au Conservatoire entre 1944 et 1952. Il travaille le piano avec Isidore Philipp et Yves Nat, la direction d'orchestre avec Louis Fourestier et l'analyse avec Olivier Messiaen. Puis, il se tourne vers René Leibowitz, qui l'initie au dodécaphonisme, et reçoit les conseils du chef d'orchestre Dimitri Mitropoulos. Il commence une double carrière de compositeur et de chef d'orchestre à la fin des années1940. À partir de 1951, il travaille au studio de musique concrète de la R.T.F. Entre 1960 et 1968, il est directeur musical de l'Orchestre philharmonique de l'O.R.T.F., puis il est conseiller musical à l'Opéra de Paris (1969-1973) et inspecteur général à la direction de la musique du ministère de la Culture (1973-1988). Le chef d'orchestre se fait remarquer par un répertoire en marge des sentiers battus : il dirige la première exécution intégrale en France de l'*Orfeo* de Monteverdi (1955) ; il révèle les *Vêpres de la Sainte Vierge* du même compositeur (1959) et est l'un des premiers à diriger la version originale de *Boris Godounov* de Moussorgski, ouvrage qui le fascinera et pour lequel il militera toute sa vie. Il fait connaître les œuvres des compositeurs de l'école de Vienne, de Varèse et de Xenakis ; il dirige la première exécution en France (1953) du *Réveil des oiseaux* et le premier enregistrement de la *Turangalîla-Symphonie* d'Olivier Messiaen.

Ses premières œuvres révèlent un talent de compositeur profondément original et novateur : la *Sonate pour piano* (1946), les *Trois Psaumes de Patrice de La Tour du Pin* (1948), *Cahier d'inventions* pour piano (1948). Il donne ensuite quelques partitions majeures : *Le Petit Prince*, un ballet plein de poésie (1949), des mélodies sur des poèmes d'Henri Michaux, *Au pays de la magie* (1951), *Le Cercle des métamorphoses* (créé par Ernest Bour au festival d'Aix-en-Provence, 1953), œuvre symphonique qui intègre une écriture sérielle totale (jusqu'aux nuances et aux densités harmoniques) dans le principe de la variation, *Un koan* pour orchestre (1973), partition inspirée de la philosophie zen (le koan étant un sujet de méditation proposé par le maître au disciple pour mieux pénétrer la pensée zen). Il signe également des musiques de scène pour *Le Château* de Kafka (1957) et *Jules César* de Shakespeare (1960), pour la Compagnie Renaud-Barrault. Mais il compose peu pour le concert et consacre l'essentiel de son temps à la direction d'orchestre et au cinéma : plus d'une vingtaine de partitions, notamment pour des films d'Albert Lamorisse (*Crin blanc*, 1952 ; *Ballon rouge*, 1955), Denys de La Patellière (*Le Salaire du péché*, 1956), Maurice Cazeneuve (*Cette Nuit-là*, 1958), François Truffaut (*Les Mistons*, 1958), Jean-Luc Godard (*Le Petit Soldat*, 1960), Michel Deville (*Martin soldat*, 1966), Walerian Borowczyk (*Contes immoraux*, 1975), Jean Marbœuf (*Les Jardins secrets*, 1978). Membre du jury du festival de Cannes en 1960, il siège à la Commission d'avance sur recettes (1975-1977) avant d'être nommé vice-président de la Commission d'aide à la diffusion (1977-1979) et membre de la Commission d'aide à la musique de film (à partir de 1979). Il se passionne aussi pour la télévision et produit sur la première chaîne, à partir de 1968, la série « Arcana – Connaissance de la musique », une des émissions musicales les plus suivies. Il donne des conférences dans le monde entier et publie plusieurs livres importants : *Introduction à la musique contemporaine* (Gas, Paris, 1947), *Monteverdi* (éd. du Coudrier, Paris, 1947), *La Musique* (Encyclopédies Retz, Paris, 1979), *Boris Godounov* (Aubier-Montaigne, Paris, 1980). La perte progressive de l'acuité visuelle ralentit considérablement ses activités, et il meurt en Avignon, le 19 octobre 1992.

Maurice Le Roux est l'exemple même du surdoué qui n'a jamais voulu choisir entre les différentes voies qui s'ouvraient devant lui. Il aimait son art sous toutes ses formes et considérait cette pratique polyvalente comme un enrichissement. Il est vrai que son livre sur *Boris Godounov* n'aurait pas eu le même impact s'il n'avait découvert les antécédents de cette partition en tant que chef d'orchestre. L'homme reflétait cette immense culture qu'il est parvenu à faire partager dans ses émissions de télévision et ses conférences. Son enthousiasme était communicatif, peut-être parce qu'il semblait ne jamais se prendre au sérieux. Il s'intéressait beaucoup au métier de la direction d'orchestre et a joué un rôle déterminant dans les débuts de carrière de nombreux chefs d'orchestre français. On lui doit notamment la création des postes de chefs assistants et de chefs associés auprès des orchestres régionaux dès 1976.

De nombreux musicologues pensent qu'il aurait été l'un de nos compositeurs les plus importants s'il avait voulu embrasser cette seule carrière. Mais il a peut-être joué un rôle plus déterminant dans la vie musicale française en disséminant son talent dans de multiples directions pour devenir un vulgarisateur de génie.

ALAIN PÂRIS

LE ROY ADRIAN (1520 env.-1598)

Luthiste, guitariste, chanteur, compositeur, théoricien et éditeur de musique, qui aborda tous les genres en novateur fécond ; son influence fut considérable dans la vie musicale française du XVIe siècle. En 1551, Adrian Le Roy s'associe avec son cousin, Robert Ballard pour fonder une maison d'édition qui eut son importance pendant quelques siècles. Il fut le conseiller du roi Charles IX et, dans sa jeunesse, fréquenta le salon de la duchesse de Retz, Catherine de Clermont, chez qui se réunissaient des musiciens et des poètes comme Costeley, Ronsard, Pontus de Tyard, Desportes, Jamyn, Baïf, Dorat, Cohory, Durant, Pasquier. Il édita Lassus, devint son ami et l'introduisit auprès du roi (1571). Il appartint à la chapelle royale en tant que chanteur.

De son œuvre instrumentale, partiellement conservée, pour le luth, la guitare ou le cistre, il reste plusieurs livres contenant motets, psaumes, chansons, fantaisies et danses variées. Son *Livre d'airs de cour mis sur le luth* (1571) contribue à la diffusion de la monodie accompagnée ; de plus, l'expression « air de cour », si importante dans l'histoire ultérieure de la musique, apparaît ici pour la première fois. Il a transcrit et adapté de très nombreux musiciens, tels Sandrin, Lassus, Arcadelt, de Rore. Son écriture cultive beaucoup les ornements, surtout lorsqu'il adapte des danses ; les voix sont entrecoupées de silences, annonçant le « style brisé » des Gaultier. À chaque section de danse, exposée d'abord sans fioritures et en accords verticaux (non arpégés), correspond une section « plus diminuée », avec ornements variés. Si ses méthodes de guitare et de mandore n'ont jamais été retrouvées, on connaît, de son œuvre de théoricien et de pédagogue, notamment une *Brève et Facile Instruction pour apprendre la tablature* (de cistre) datée de 1565 et un *Traité de musique contenant une théorique succincte pour méthodiquement pratiquer la composition* (1583).

PIERRE-PAUL LACAS

LESUEUR JEAN-FRANÇOIS (1760-1837)

Compositeur français né à Drucat-Plessiel, près d'Abbeville, Lesueur est reçu sans concours, après avoir occupé des postes dans de nombreuses villes, à Notre-Dame de Paris en 1786. Aussitôt, il demande au chapitre « la permission d'ajouter de la symphonie à sa musique pour les quatre fêtes de l'année » : le premier essai a lieu le jour de l'Assomption, avec un vif succès, mais non sans provoquer des controverses dans les milieux ecclésiastiques et musicaux. D'où la publication par Lesueur des *Exposés d'une musique une, imitative et particulière à chaque solennité* (1787). Après un séjour à Londres, considéré comme un abandon de poste, il donne durant la Révolution trois opéras (1793-1796). Sa carrière véritable commence avec la fondation du Conservatoire (1795), dont il est membre de la Commission des études, et pour lequel il participe à la rédaction des *Principes élémentaires de la musique* et des *Solfèges du Conservatoire*. Quand, en 1804, Paisiello, maître de chapelle des Tuileries, rentre en Italie, Napoléon désigne Lesueur pour lui succéder. Le musicien écrit et dirige à Notre-Dame, pour le couronnement de l'Empereur, une *Marche triomphale*. Nommé compositeur de la Cour et chef d'orchestre de l'Opéra à la Restauration, il obtient en 1817 une classe de composition au Conservatoire : son plus brillant élève sera Berlioz. Celui-ci n'hésitera pas à vanter « l'étrangeté », le « coloris antique » et les « harmonies rêveuses » des mélodies d'un artiste qui, par ses effets de masse chorales et instrumentales et par son sens de la mise en scène somptueuse, ne fut pas sans influer sur l'opéra romantique en ses débuts.

MARC VIGNAL

LIADOV ANATOLI KONSTANTINOVITCH (1855-1914)

Fils de Constantin Liadov (1820-1868), maître de chapelle à la cour de Russie, attiré par la musique dès l'enfance, Anatoli Liadov a souvent été considéré comme « un sixième membre du groupe des Cinq ». Ayant fait ses études musicales sous la direction de Rimski-Korsakov, il composa ses *Bagatelles* (*Birioulki*), ses *Arabesques*, sa *Tabatière à musique* et des *Préludes*. On retrouve l'influence de Chopin et de Schumann dans ses œuvres de jeunesse. Plus tard, il s'orienta vers la musique symphonique : une symphonie en *si* mineur affirma son talent et précéda des poèmes symphoniques comme *Baba-Yaga*, *Kikimora*, *Le Lac enchanté* (une musique délicatement impressionniste d'une limpidité féerique), un très beau *Fragment tiré de l'Apocalypse*. Rimski-Korsakov disait que « chaque composition de Liadov est un précieux bijou, une pièce d'orfèvrerie musicale ». Il n'avait pas tort ; parfait élève de son maître – et apparenté à travers lui au groupe des Cinq –, Liadov ajoutait encore à cela une finesse rare, une intelligence minutieuse, un sens encore plus raffiné de l'orchestration, un goût encore plus aristocratique, une imagination pleine de poésie, mais aussi un humour et une verve comparables à ceux de Moussorgski. On lui doit aussi une autre très belle œuvre symphonique, ses *Huit Chants populaires russes*, pour orchestre, dont il eut l'occasion de recueillir les thèmes sur place en sa qualité de membre de la section musicale de la Société de géographie. Professeur au conservatoire de Saint-Pétersbourg, Liadov fut l'un des premiers maîtres de Prokofiev.

MICHEL-ROSTILAV HOFMANN

LIGETI GYÖRGY (1923-)

« Je m'imagine la musique comme quelque chose de très loin dans l'espace, qui existe depuis toujours, et qui existera toujours, et dont nous n'entendons qu'un petit fragment... »

En quelques mots, György Ligeti résume l'essentiel de ce qui constitue son travail de compositeur. Ses œuvres – dont on peut affirmer qu'elles marquent une étape décisive de la création musicale contemporaine – font la synthèse entre les recherches acoustiques les plus élaborées et un univers musical parfaitement traditionnel. C'est à partir de cette bipolarité tradition-modernité que Ligeti s'est forgé un langage « ambigu », n'appartenant à aucune catégorie répertoriable. Son écriture est harmonique sans être tonale ; atonale sans être sérielle ; véritablement animée d'un mouvement interne insaisissable, d'une vie au niveau des micro-éléments, autrement dit du détail.

Aussi ses œuvres se promènent-elles à travers le monde, douées d'un étonnant pouvoir de « radio-activité », au point que György Ligeti pourrait être un compositeur mutant venu d'un de ces « lointains » qu'il évoque parfois dans sa musique, pour nous parler d'un « ailleurs » unique et universel. Le résultat sonore est comparable à un dessin de notes animé par une vie foisonnante, infinitésimale, avec une multitude d'éléments indépendants qui se combinent, se superposent, se heurtent et finissent enfin par se rassembler en des espaces acoustiques d'une poésie et d'un rayonnement extrêmes.

La formation

Né le 28 mai 1923 dans la petite localité de Dicsőszentmárton (Transylvanie), autrefois hongroise, aujourd'hui Tîrnăveni, en Roumanie, György Ligeti partage ses études musicales entre le conservatoire de Cluj (1941-1943) et l'Académie Franz-Liszt de Budapest (1945-1949). Son père, Sándor Ligeti, était directeur d'une filiale de banque roumaine dans une région de langues hongroise et allemande. Ses ancêtres étaient juifs, vivant à l'entour du lac Balaton, à l'ouest de la Hongrie, et en Bohême. Les Autrichiens imposaient alors la langue allemande, ce qui explique le nom de son grand-père paternel, Auer, et celui de son grand-père maternel, Schlesinger. Mais, à la fin du XIXe siècle, lors de la magyarisation nationaliste, la plupart des juifs et des Allemands qui habitaient en Hongrie adoptèrent des noms hongrois. C'est ainsi que la famille Auer devint la famille Ligeti. Comme plusieurs artistes de sa génération, György Ligeti vécut difficilement la complexité de ses origines et le passage d'une identité culturelle à une autre : « Je suis né en Transylvanie et suis ressortissant roumain. Cependant, je ne parlais pas roumain dans mon enfance et mes parents n'étaient pas transylvaniens. [...] Ma langue maternelle est le hongrois, mais je ne suis pas un véritable Hongrois, car je suis juif. Mais, n'étant pas membre d'une communauté juive, je suis un juif assimilé. Je ne suis cependant pas tout à fait assimilé non plus, car je ne suis pas baptisé. »

1933 marquera une date fatidique dans sa vie, puisqu'il sera doublement haï, en tant que Hongrois par les Roumains (qui se souvenaient de leur discrimination par l'administration hongroise avant 1919), et en tant que juif.

Sa carrière en souffre d'autant plus que son père le destine à une profession scientifique, refusant dans un premier temps la véritable vocation de son fils. Lorsqu'il finit par céder, György a déjà quatorze ans. Ses dons ne tardent pas à se révéler et à s'affirmer grâce aux cours particuliers de piano qu'il reçoit (la famille Ligeti ne possède pas de piano). Il découvre alors l'univers harmonique des sons, leur organisation dans un espace structuré et tonal. Ses premières tentatives sont des pièces pour piano, mais la musique orchestrale l'attire au plus haut point. Coupé du reste du monde, il ne peut malheureusement se procurer les partitions qu'il désire, mais la radio diffuse certaines œuvres, comme *Don Quichotte* et *Ainsi parla Zarathoustra* de Richard Strauss. Le choc qu'il éprouve lors de ces auditions est tel qu'il écrit à seize ans une symphonie restée inachevée. La montée progressive de l'antisémitisme en Transylvanie ne lui permet pas d'accéder à l'université de Kolozsvár (en roumain, Cluj), où il voulait entreprendre des études de physique. Contraint de porter l'étoile jaune, il est incorporé en janvier 1944 dans les compagnies de travail obligatoire de l'armée hongroise. Il y transporte des sacs dans les silos de l'armée à Szeged, puis à la forteresse de Nagyvárad (aujourd'hui Oradea, en Roumanie). Ligeti s'enfuit et échappe de justesse à la déportation. Comprendre la musique de György Ligeti, c'est d'emblée la resituer dans le contexte politique et social de la Hongrie à la fin des années quarante : « Jusqu'en 1952, je ne savais pas qu'il existait une musique électronique, une musique sérielle, et en Amérique un compositeur appelé John Cage... Il faut comprendre ce qu'était alors la situation de la Hongrie. Nous étions totalement isolés. Une seule ouverture : les postes de radio allemands ; ils étaient brouillés, mais, grâce à eux, je suis arrivé à entendre tout de même des pièces de Messiaen, Fortner, Henze, puis de Boulez, Stockhausen et Nono. »

Imaginons en effet ce que pouvait signifier un tel isolement pour un compositeur avide de recevoir tout le foisonnement d'idées plus ou moins fructueuses régnant alors dans l'avant-garde européenne. La composition musicale était conduite à un stade extrême d'organisation des paramètres musicaux, fonctionnant à partir d'un schéma unique, la série (sérielle mais aussi stochastique), régie dans certains cas par des proportions exclusivement numériques. Le seul compositeur dont Ligeti reçoit à cette période l'influence directe est Bartók, de qui il hérite la « tonalité chromatique », identifiable dans le quintette à vent intitulé *Six Bagatelles* (1951-1953), ainsi que le langage issu des folklores hongrois, roumains, mais aussi arabes, slovaques, turcs. « Je voulais – explique Ligeti – trouver un chemin qui venait de Bartók et conduisait vers... »

Héritage et tradition : la quadrature du cercle

Partir de Bartók pour aller vers..., voilà une volonté constituant l'originalité majeure de la musique de Ligeti qui, avec son *Premier Quatuor à cordes*, intitulé *Métamorphoses nocturnes* (1953-1954), démontre qu'il est à la fois le garant d'une tradition bartokienne et le catalyseur d'une future modernité qu'il reste toutefois à trouver.

À trente ans, György Ligeti a déjà beaucoup composé pour de petites formations instrumentales et pour la voix, mais il reste profondément insatisfait, comme un créateur de génie qui n'a pas encore inventé le langage auquel il aspire. « Il y eut – dit-il – une opposition intérieure qui consistait à s'intéresser à Stravinski, à Alban Berg, à étudier quelques partitions de Schönberg qui existaient mais qu'on ne pouvait entendre... À la fin, j'en vins à me dire : tout cela ne vaut pas la peine. Pourquoi devrais-je maintenant, avec vingt ou trente années de retard, suivre un style qui existe déjà, et est accompli ? » Déjà se dessinent très nettement dans l'esprit de Ligeti les prémisses d'une pensée musicale spécifique et la volonté de se forger une écriture qui, ne répétant a priori aucune école, ne s'assujettit à aucune d'entre elles de manière absolue.

Après le soulèvement de 1956 et son échec, date sombre pour l'histoire de la Hongrie, György Ligeti quitte son pays et s'installe en Allemagne occidentale pour s'initier aux techniques de composition qu'il ignore encore, en particulier celles de la musique sérielle. On lui doit ainsi une remarquable analyse de la première des *Trois Structures pour deux pianos* de Pierre Boulez. Il a trente-trois ans, il travaille en compagnie de Karlheinz Stockhausen au studio de musique électronique de la radio de Cologne. Ligeti y réalise trois œuvres : *Glissandi* (1957), *Artikulation* (1958), et *Pièce électronique n° 3* (1958), restée inachevée.

Pour une esthétique du son continu

Grâce aux moyens du studio de musique électronique, Ligeti contrôle la nature même de la continuité du parcours sonore en modifiant, le cas échéant, leur seuil d'estompage par un travail inverse : la discontinuité d'éléments particuliers. Ces éléments évoluant individuellement et de façon discontinue sont systématiquement superposés en couches. Grâce à la rapidité du déroulement de la bande, on obtient l'impression d'une continuité, la durée de chaque hauteur étant dans ce cas inférieure à un vingtième de seconde. Toutefois, déçu par les limites de l'électronique, Ligeti quitte Cologne, s'installe à Vienne – il a acquis la nationalité autrichienne –, et enseigne la composition à Darmstadt, à Stockholm, à Berlin et à Hambourg.

S'il considère ses œuvres de musique électronique comme des échecs (sauf *Artikulation*) du point de vue de leur réalisation musicale (« il me semble, explique-t-il, que le résultat sonore est amoindri par la transmission par haut-parleur »), il reconnaît que cette expérience est le véritable point de départ d'une production exclusivement instrumentale ou vocale.

Ascétisme et complexité

Provocateur ou poète ? Ligeti, qui s'impose comme un compositeur non sériel en réaction contre un courant sans issue pour la nouvelle avant-garde européenne, va mettre en relief un certain nombre de confusions entre les domaines physique et psychique de l'écoute musicale : « Je pensais que même si les hauteurs, d'une part, et les durées, de l'autre, sont déterminées par un même ordre, quelque chose comme une série de nombres logarithmiques, l'analogie des deux séries n'est établie que sur le plan de la description verbale ; une analogie musicale efficiente ne s'établit pas. Notre système nerveux, quant aux rapports de hauteurs, réagit naturellement différemment que pour les rapports de durées. Ceux-ci, physiquement, appartiennent sûrement à un contexte commun, mais n'ont psychiquement, à travers la réalité de notre perception, aucune correspondance contextuelle. »

La musique statique devient un centre de préoccupations, non plus travaillée dans l'ordre mélodique, mais cherchant véritablement un son neutralisé, donnée sonore entre le son pur et le bruit. C'est ainsi que se laisse définir *Atmosphères* (1961), comme une œuvre de pure couleur sonore, où l'aspect essentiel de son mode de composition réside plutôt dans la modification et non dans l'abolition du système sériel. En effet, György Ligeti conserve, dans sa méthode de travail, deux grandes caractéristiques de la pensée sérielle : le choix des éléments, et leur systématisation. La grande innovation réside dans le fait que l'ordre de ces éléments est « prédéterminé » une fois pour toutes, dans les domaines du rythme, de la dynamique, du timbre, des hauteurs, du registre, de la densité, du mouvement intrinsèque et des enchaînements formels. Seule se métamorphose la trajectoire de ces éléments. Des sensations optiques et tactiles, où les sons ont une couleur, une forme, une consistance matérielle plus proche d'une intuition immédiate du monde qu'une réelle spéculation intellectuelle, s'échappent de cette musique diffuse, magma d'espaces sonores évoluant en un seul souffle, avec comme dynamique un « perpetuum mobile ». « Ma musique – dit Ligeti – donne l'impression d'un courant continu qui n'a ni début ni fin. Sa caractéristique formelle est le statisme, mais derrière cette apparence, tout change constamment. »

Ligeti et le timbre : le substrat expressif

Depuis *Atmosphères* (1961), le cheminement et l'évolution de la pensée musicale de Ligeti ont obéi à une logique interne étonnamment fidèle à celle du jeune homme solitaire qui avait reçu l'empreinte et le message indélébile de l'intense concentration bartokienne. Les œuvres écrites depuis 1960 sont presque toutes des jalons importants de la musique d'aujourd'hui : *Volumina* pour orgue (1962), *Aventures* (1962) qui deviendront *Aventures et Nouvelles Aventures* (1965), *Requiem* (1963-1965), *Concerto pour violoncelle* (1966), *Lux Aeterna* (1967), *Lontano* (1967), *Continuum* pour clavecin (1968), *Deuxième Quatuor à cordes* (1968), *Trio pour violon, cor et piano* (1982), *Études pour piano* (1985 et 1989-1990), *Concerto pour piano* (1988), *Concerto pour violon* (1990). Ligeti n'a cessé d'affiner un langage d'essence statique, en explorant les larges possibilités de la micropolyphonie, dans laquelle la division infinitésimale des parties instrumentales ou vocales est destinée à une perception globale plutôt qu'analytique, car les frontières entre les différents paramètres du son sont totalement inaudibles. On retrouve ici ce curieux mélange de tradition et de modernité si spécifique à Ligeti – toutes ses recherches de masses et d'extatisme instrumental se polarisant essentiellement sur les cordes et les voix. Ce sont incontestablement ses racines hongroises qui parlent, cet amour des cordes utilisées en *con sordono* (ensemble gigantesque de cordes jouant pianissimo), ainsi que le travail sur toutes les possibilités expressives de la voix. Avec Kagel, Ligeti est un des premiers à avoir exploré les voies du théâtre musical puis à se libérer de son systématisme et à renouer avec le véritable opéra (*Le Grand Macabre*, 1974-1977). En revanche, l'idée du timbre jouant comme état de développement de la forme musicale vient essentiellement de Schönberg, Berg et Webern. L'inspiration fondée sur le principe de la continuité sonore, de la lente métamorphose du spectre harmonique par nuances presque insensibles, est déjà présente dans la troisième des *Cinq Pièces pour orchestre* de Schönberg (*Farben*, couleurs). On pourrait presque parler d'une « Klangfarbenmelodie » en latence mouvante.

Toutes les œuvres de Ligeti sont empreintes d'une grande sérénité, mais derrière les alchimies musicales se cache un être profondément angoissé, cherchant obstinément à faire cohabiter l'infiniment petit avec l'infiniment grand, afin de se libérer de l'idée « d'une tension pleine de danger où la musique peut se casser ». En s'associant à toutes les strates de l'imagination, sa musique a libéré l'avant-garde européenne de son systématisme, en exploitant un des aspects contenus de toute évidence dans la musique : un rapport au temps et à l'espace rituel et sacré.

« Seul l'esprit créateur qui se renouvelle peut éviter et combattre ce qui est raide et figé, le nouvel Académisme. Ni le repos ni le retour en arrière ne sont possibles sans succomber à l'illusion d'un terrain ferme qui n'existe pas » (Ligeti, à propos du *Grand Macabre*).

DANIELLE COHEN-LEVINAS

Bibliographie

F. Bayer, *De Schönberg à Cage*, Klincksieck, Paris, 1987 / P. Griffiths, *Modern Music, György Ligeti*, Robson Books, Londres, 1983 / « György Ligeti », in *Musik-Konzepte*, nº 53, Munich, 1987 / *György Ligeti in Conversation*, E. Eulenburg, Londres, 1983 / « Ligeti-Kurtág », in *Contrechamps*, nos 12-13, L'Âge d'homme, Lausanne, 1990 / P. Michel, *György Ligeti, compositeur d'aujourd'hui*, Minerve, Paris, 1985 / O. Nordwall, *György Ligeti. Eine Monographie*, Schott, Mayence, 1971.

LINDBLAD ADOLF FREDERIK (1801-1878)

Compositeur suédois né en Scanie, mort dans l'Ostergötland, Adolf Frederik Lindblad fut le premier des grands compositeurs de mélodies nordiques. Son père adoptif, commerçant, veut lui apprendre son métier ; en vain : le jeune Lindblad joue de la flûte et du piano et cache ses premières partitions dans le grand livre de compte de la boutique ! (À quinze ans, il écrit déjà un concerto pour piano.) En 1817, Lindblad, séjournant à Hambourg pour travailler dans un bureau de compagnie maritime, en profite pour se familiariser avec les œuvres de Beethoven et aussi de Goethe et de Schiller... De retour en Suède, en 1820, il fait en sorte de rejoindre à Uppsala le groupe littéraire et musical qui s'est formé autour du poète et philosophe E. G. Geijer. Aidé par ses amis, Lindblad part faire des études à Berlin en 1825 avec C. F. Zelter. Là il fait la connaissance de Weber et se lie avec Mendelssohn, son jeune camarade d'études. Il complète ses études musicales à Paris avec Logier qui l'introduit à sa nouvelle méthode de piano. Lorsque ce dernier aura fondé son école de musique à Stockholm, il y invitera Lindblad. On compte parmi les élèves de Lindblad les enfants de la famille royale de Suède et la célèbre soprano suédoise Jenny Lind qui, outre ses succès dans le *Freischütz* de Weber et les opéras italiens (ceux de Bellini notamment), contribuera largement à immortaliser les mélodies de Lindblad. Elle inspirera à Mendelssohn son oratorio : *Elias*. Lindblad, lui, fait paraître son premier recueil de mélodies en 1823 (sur des textes de Per Daniel Amadeus Atterbom et de Goethe) et deux ans plus tard, des chants populaires avec accompagnement au piano. Dans les années 1840 naquit une controverse autour de Lindblad (sur un simple changement harmonique, osé pour l'époque !) et qui ne prit fin que grâce à l'intervention de L. Spohr depuis Cassel... Dans l'intervalle, en 1830, Lindblad signe une *Symphonie en « do » majeur* très beethovénienne qui sera révisée ultérieurement par Schumann et exécutée au Gewandhaus de Leipzig par Mendelssohn. Son opéra *Frondörerna* (Les Frondeurs) ne fut qu'un demi-succès (à cause du texte). L'essentiel de la production du compositeur réside bien sûr dans ses *215 Mélodies* qui lui valurent le surnom de « Schubert suédois ». Mais la constante des mélodies de Lindblad (enfant illégitime élevé rapidement au plus haut rang social) est infiniment plus sociologique que celle des *Lieder* de Schubert. Lindblad – qui a écrit lui-même plus d'un tiers de ses textes – reste le témoin d'un pays (la Suède) essentiellement rural et sur le point d'entrer dans l'ère industrielle. Lindblad a inventé le « portrait musical », un genre proche de ce que seront ultérieurement en peinture les caricatures : petite paysanne en route pour son travail saisonnier, soldat napoléonien invalide contraint de mendier, jeune ramoneur tremblant de froid, etc., l'univers du compositeur porte témoignage de l'histoire de toutes les couches sociales de la Suède ; c'est ce qui l'a souvent desservi à l'étranger et c'est ce qui lui a valu sa notoriété dans son propre pays.

MICHEL VINCENT

LIPATTI DINU (1913-1950)

La trop courte carrière de Dinu Lipatti a cependant laissé dans l'histoire de l'interprétation pianistique une trace ineffaçable. À l'âge où tant d'autres atteignent à peine leur maturité artistique, une implacable leucémie mettait un point final à un message musical qui avait su trouver dans l'intériorité la forme la plus parfaite de l'émotion. Les quelques souvenirs sonores qu'il nous laisse restent pour tous le modèle absolu du mariage idéal de la rigueur et de la sensibilité. Il n'y a qu'un seul Dinu Lipatti.

Constanti Lipatti naît à Bucarest le 19 mars 1913. Rarement milieu familial a été plus favorable à l'éclosion des dons musicaux d'un enfant. Sa mère est pianiste de talent. C'est avec Pablo de Sarasate et Carl Flesch que son père a étudié le violon. Quant à son parrain, il n'est autre que le grand compositeur et violoniste roumain Georges Enesco. Les dispositions du jeune Dinu sont telles que, dès ses quatre ans, il se produit dans des concerts de charité et commence à composer. Mihail Jora est l'un de ses premiers professeurs. Il lui faut une dispense spéciale pour entrer, bien avant l'âge minimal, au Conservatoire de Bucarest, où il travaille avec Florica Muzicescu. En 1933, il obtient le second prix au concours international de Vienne. Outré que le premier prix ait été refusé à « une vraie révélation à l'horizon des pianistes », Alfred Cortot démissionne avec éclat du jury. Dinu Lipatti s'établit alors à Paris pour étudier avec lui et Yvonne Lefébure. Charles Münch l'initie à la direction d'orchestre. Il se forme à la composition avec Paul Dukas pendant les derniers mois qui précèdent la mort du musicien français, puis avec la grande pédagogue Nadia Boulanger et Igor Stravinski. Ses premières tournées de concerts, à Berlin et en Italie, datent de 1936. C'est à cette époque que Walter Legge le découvre et commence à l'enregistrer en compagnie de Nadia Boulanger dans des pièces de Brahms (1937). Survient la guerre, dont il passe la première partie (1939-1943) en Roumanie, se produisant avec Georges Enesco et Willem Mengelberg. Il est cependant contraint de se réfugier en Suisse avec son épouse, la pianiste Madeleine Cantacuzène. Le Conservatoire de Genève lui confie alors la classe de virtuosité. Dès la fin des hostilités, il reprend sa vie de concertiste et joue régulièrement à Genève, Londres et Zurich. Il se dépense sans compter pour faire découvrir la musique trop méconnue de Georges Enesco et donne, en 1947, sous la baguette d'Ernest Ansermet, la première audition européenne du *Troisième Concerto pour piano* de Béla Bartók. Il signe avec la firme Columbia un contrat d'exclusivité et lui confiera, entre 1947 et 1950, l'essentiel d'un legs discographique hélas très réduit. Avec Bach, Chopin, Grieg, Liszt, Mozart, Ravel, Scarlatti, Schubert et Schumann se construit en quelques touches le portrait d'un musicien d'exception à qui le temps aura été trop mesuré pour qu'il puisse s'exprimer dans un répertoire aux dimensions de son génie. Quand il meurt, le

2 décembre 1950 à Genève, il nous laisse un petit nombre de partitions où dominent l'ombre de Bach et l'esprit d'Enesco : un *Concertino « en style classique »* pour piano et orchestre, des *Danses roumaines* pour orchestre, une *Symphonie concertante* pour deux pianos et orchestre à cordes, une *Sonatine pour la main gauche* et *Les Bohémiens*, poème symphonique en trois tableaux.

Le 16 septembre 1950, à Besançon, Dinu Lipatti, qui ne tient debout que par miracle, monte pour la dernière fois sur une scène. Au programme – tel qu'il a été enregistré pour l'éternité –, des œuvres qu'il a déjà marquées à jamais de cette limpide évidence qui n'appartient qu'à lui : la *Première Partita* de Bach, la *Huitième Sonate* de Mozart, deux *Impromptus* de Schubert et les quatorze *Valses* de Chopin. À bout de forces, il renonce à jouer la *Valse n° 2* en *la* bémol majeur qui devait achever le récital. Après une interruption, il revient à son piano et, devant les micros que la pudeur et le respect de tous avaient fait fermer, entonne pour la dernière fois le suprême message de Jean-Sébastien Bach, *Jesu bleibet meine Freude*.

PIERRE BRETON

LISZT FRANZ (1811-1886)

George Sand se décrit comme « une enfant du siècle ayant partagé toutes les douleurs et toutes les erreurs de son temps, et ayant bu à toutes les sources de la vie et de la mort ». Termes grandiloquents, et non dénués de prétention, mais qui, appliqués à Liszt, deviennent naturels et authentiques.

Franz Liszt, en effet, a porté le poids de la musique de son siècle, mais également celui de la musique du passé, et de la musique de l'avenir. Il a puisé à toutes les sources intellectuelles et musicales de son époque, assimilant jusqu'à leurs produits alluviaux pour les épurer, les féconder et en faire bénéficier ses contemporains et ses successeurs. Il fut réellement « l'enfant du siècle » ; son génie n'est pas seulement « typiquement romantique », il est l'esprit même de la musique romantique, dans laquelle l'exaltation rêveuse du romantisme naissant s'allie avec le feu des révolutions, le spleen byronien ou l'exaltation d'un Senancour avec l'humanisme élevé d'un Schiller, la responsabilité sociale et l'engagement politique avec le mysticisme religieux et le scepticisme de la résignation, la fascination germanique pour la mort avec la revendication d'un destin est-européen, le sens artistique raffiné de l'Occident avec un penchant tout oriental et ancestral pour les rhapsodes épiques.

Parmi les compositeurs du XIXe siècle, certains l'égalent ou même le dépassent, car Liszt n'est pas l'homme de l'accomplissement ni même de la synthèse. Mais cela même ne fait qu'exacerber son romantisme, car la musique du XIXe siècle, par sa nature, ne se prête pas, comme celle du baroque ou du « classicisme », à la synthèse ou à l'accomplissement, sauf à l'intérieur d'un seul genre, représenté par le despotisme intellectuel d'un Richard Wagner, ou dans un monde musical universel mais isolé et ésotérique, personnifié par le classicisme d'un César Franck. Le romantisme musical est, dans son essence, un « cosmos chaotique » aux prises avec les extrêmes, et dont les moments « bachiens » ou « beethoveniens » ne peuvent se réaliser qu'après son autodestruction. Cet ordre imparfait et toujours inabouti, cette aspiration éternelle et fanatique sans cesse en mouvement caractérisent l'œuvre de Franz Liszt. Il « jette sa lance dans l'espace infini de l'avenir ». L'insondable personnalité humaine et créatrice de cet « abbé-tsigane », sa carrière vertigineuse et tumultueuse, son œuvre perpétuellement discutée dans ses fondements mais d'une nouveauté toujours aussi éclatante n'ont cessé de hanter et d'inspirer les compositeurs.

1. Un virtuose précoce

L'année 1811, qui voit la naissance de Liszt, se situe juste au milieu du lustre qui voit naître les personnalités les plus marquantes de la première vague du romantisme musical : Mendelssohn (1809), Chopin et Schumann (1810), Wagner et Verdi (1813). Il s'agit d'une génération qui a vécu, vers 1830, l'explosion en Europe des révolutions et des mouvements pour la liberté, et aussi l'expérience déterminante de la révolution dans les arts. Dès 1823, le jeune Liszt vit à Paris, au cœur de la vie culturelle et politique. Avec l'enthousiasme débordant de la jeunesse, il se jette dans le tourbillon effervescent de la vie et des idées. Le ton de la littérature nouvelle – avec Byron, Heine, Lamartine, Chateaubriand, Hugo, Senancour –, les idées sociales des temps nouveaux – liberté politique de la communauté et libération sentimentale de l'individu –, les idéaux esthétiques – le goût du drame avec pour modèle Shakespeare (puis Beethoven, sur le plan musical), la recherche du particulier et des effets originaux, l'aspiration vers les contrastes aigus, vers l'opposition du sublime et du démoniaque –, tout cela s'est gravé dans son imagination et a exercé sur ses options humaines et créatrices une influence déterminante pour toute la vie.

Vers la fin des années 1820, bien qu'il fût encore l'élève de Ferdinando Paër et plus tard celui de Anton Reicha (ses maîtres viennois antérieurs avaient été Karl Czerny et Antonio Salieri), il était déjà connu et acclamé à Paris, à Vienne, à Londres et dans plusieurs villes allemandes et suisses comme l'un des plus grands virtuoses du piano. Il connut dès lors la position enviée et dangereuse de l'artiste à la mode, magicien admiré jusqu'à l'encensement et d'autant plus étroitement assujetti, mais également celle, tragique, du « prophète » méconnu, solitaire et excommunié. Cette situation le faisait souffrir et, pour y échapper, il cherchait déjà refuge dans la retraite religieuse, sans pour autant renoncer définitivement à l'attrait qu'exerçait sur lui la vie mondaine. Se maintenir ainsi dans ce rôle fait surtout d'apparence et de pose était le seul choix vraiment « romantique » qui lui permît de maintenir l'intérêt qu'on lui portait. À dire vrai, l'une des causes permanentes de ses conflits avec le monde extérieur vient de ses origines « modestes ». Jusqu'à la fin de sa vie, il gardera le souvenir des humiliations qui blessèrent profondément son amour-propre. De là vient l'une des contradictions fondamentales de sa personnalité : la solidarité ostensible avec les parias de la société (manifestée par des résonances tantôt religieuses et utopiques, tantôt radicales et idéologiques) et le désir de se tailler un rang social et d'être admis dans la « haute société ». Durant ses années parisiennes, Liszt fut surtout préoccupé par ses origines : ses ancêtres, paysans autrichiens, et son père, Ádám Liszt, régisseur des domaines du prince Esterházy, le mettaient mal à l'aise, même s'il leur manifestait une vive reconnaissance pour leur dévouement. Les dix premières années passées à Doborján (aujourd'hui Raiding) et les expériences enfantines vécues en Hongrie n'étaient alors pour lui que de lointains souvenirs sans éclat. Terre natale, patrie, nation sont des concepts qui n'existaient pas encore dans sa conscience, bien que son père se fût déjà déclaré hongrois, et que lui-même fût parvenu à Vienne, première étape de sa brillante carrière, grâce à une bourse accordée par des aristocrates hongrois.

Mais, si les expériences vécues jusqu'alors par Liszt furent déterminantes, celles des quatre années suivantes allaient confirmer définitivement sa nature et sa destinée artistique. Il rencontre Berlioz à la fin de 1830 et découvre la *Symphonie fantastique*. L'année suivante, il entend Paganini et rencontre Chopin et Mendelssohn. En 1832 et 1833, deux événements exercent une influence décisive sur sa vie intellectuelle : il découvre la théorie musicale de François Joseph Fétis et les idées de l'abbé Lamennais. Enfin, en 1834, il se lie avec la comtesse Marie d'Agoult qui, délaissant sa famille, sera sa compagne pendant dix ans et la mère de ses enfants.

C'est Berlioz et son œuvre « fantastique » qui lui donnent l'impulsion décisive. Liszt s'engage alors sur la voie de la « musique à programme », c'est-à-dire sur celle d'une écriture musicale tirant ses sujets directement de la vie et, à l'image des autres arts, suivant un ordre « narratif ». La virtuosité diabolique de Paganini et le jeu subjuguant de Chopin pianiste l'aident à trouver sa propre vocation d'exécutant et influencent aussi en lui le compositeur. C'est alors qu'il prend conscience du fait qu'il est le seul à pouvoir tirer de son instrument, le piano, des possibilités techniques et expressives jusqu'alors ignorées.

Les idées de Lamennais font ressortir son penchant latent pour le mysticisme et le panthéisme ; il croit à la religion comme à un facteur de promotion humaine et sociale. La théorie de Fétis, qu'il admire, lui apprend, en même temps, que les sources jaillies de l'intuition, le flot débordant de l'imagination doivent, si l'artiste veut atteindre son but, être maîtrisés dans la discipline formelle et le contrôle intellectuel. Dans les années 1830, le nombre des œuvres dans lesquelles le compositeur dépasse la virtuosité brillante et renonce à rechercher les faveurs du public ne cesse de croître ; les caractères stylistiques et structurels de ses compositions anticipent déjà sur le Liszt de la maturité. C'est l'époque de l'*Album d'un voyageur* (1835-1836), une série de pièces qui forment la base du cycle connu sous le nom d'*Années de pèlerinage* (achevé en 1859) : figurent parmi elles des pièces aussi importantes pour l'évolution ultérieure que *La Vallée d'Obermann*.

2. Les années 1840 : le retour à la Hongrie natale

En moins de dix ans, Liszt, le virtuose, va parcourir à plusieurs reprises toute l'Europe. Il mène une vie qui, même avec les moyens de communication d'aujourd'hui, demanderait une énergie au-dessus de la moyenne. Mais il ne se contente pas de voyager : il donne des concerts et compose sans trêve. Partout où il passe, il exerce une action stimulante sur la vie et l'activité musicales. Il donne souvent des récitals dans des buts charitables, et participe à toutes les bonnes œuvres qu'il juge utiles. Il propage avec zèle les œuvres de ses prédécesseurs et même celles de ses contemporains importants et moins importants ; il les joue plus souvent, peut-être, que les siennes propres. C'est à cette époque qu'est né le mythe d'un Liszt dévoué, accomplissant une mission artistique et sociale. Le compositeur s'identifie parfaitement à ce rôle créé à son usage, au détriment même de sa propre activité créatrice. C'est également l'époque où ses horizons, sa culture et sa musicalité trouvent leur dimension véritablement européenne ; dans cette Europe, il va retrouver sa Hongrie natale. Il y est attiré au début par les signes extérieurs d'une reconnaissance et par un accueil plus passionné, peut-être, qu'ailleurs ; mais, au fur et à mesure, il va pénétrer plus avant dans la vie spirituelle, mentale et musicale du peuple hongrois, dont il connaîtra de mieux en mieux les problèmes particuliers, le destin, les idéaux, les défauts et les valeurs. Il s'efforcera dès lors de contribuer activement à l'élévation culturelle de cette petite nation dont il n'apprendra jamais parfaitement la langue, mais dont le langage musical spécifiquement national, sinon populaire, deviendra peu à peu le sien. Ce processus est particulièrement bien illustré par les phases successives du cycle des *Rhapsodies hongroises* où, dans les premières versions (les *Magyar Dallok*, « Chant hongrois »), les transcriptions des mélodies toutes faites, à prétention populaire, sont encore prédominantes. Plus tard, les variantes personnelles, les idées originales « à la hongroise » se multiplient pour arriver, dans la rhapsodie la plus réussie, à l'élaboration d'un idiome à la fois national et typiquement « lisztien ». Les éléments hongrois du langage musical de Liszt s'intégreront plus tard dans son style « international » et en deviendront des parties organiques. C'est encore au cours de ses « années de pèlerinage » que Liszt se familiarise avec les musiques allemande et russe (il se lie personnellement avec Wagner, Glinka, Alexandre Dargomyjski). Son art doit beaucoup à ces deux cultures musicales, mais l'inverse est également vrai : les membres du « Groupe des Cinq » verront en lui l'apôtre et le précurseur de leurs propres options, et, sur la bannière (imaginaire) de la « nouvelle école allemande » pratiquant la musique à programme, on verra figurer, à côté du nom de Wagner, celui de Liszt. Il n'est pas de compositeur, contemporain ou postérieur, si « officiellement » opposées soient les tendances qu'il représente, qui n'ait profité de l'activité musicale liée à la « vie publique » de Liszt, et surtout de son art. Enfin, deux éléments biographiques importants interviennent alors : au cours de ses tournées, Liszt s'arrête de plus en plus souvent à Weimar, qui fut autrefois la ville des Muses ; il caresse l'idée de s'y établir, de s'y fixer définitivement. L'autre élément est l'apparition d'une femme dans sa vie. Quelques années après sa séparation définitive d'avec Marie d'Agoult, il fait la connaissance, en 1847, de la princesse Carolyne Sayn-Wittgenstein, en qui il voit la compagne idéale pour commencer une vie nouvelle. Carolyne, sans devenir une compagne vraiment « idéale », se montra prête, en tout cas, à jouer ce rôle. L'année suivante, elle fuit la Russie et le couple s'installe à Weimar.

3. Weimar et l'activité créatrice

La période de Weimar (1848-1861) est la plus calme et la plus équilibrée de la vie de Liszt. Pourtant, ces quatorze années compteront bien des incidents. Car l'exhibition, la société et le succès sont devenus pour l'artiste une passion nuisible mais indispensable. Par ailleurs, le mode de vie à la fois superficiel et rigoureux, fondé en partie sur des obligations sociales, que lui impose Carolyne, se révèle trop accablant pour lui. Carolyne s'arroge en effet le droit d'intervenir, d'une façon agressive, dans tous les détails de la vie de son compagnon, dans ses relations avec ses enfants, et jusque dans son activité créatrice.

La lutte du compositeur pour promouvoir la musique nouvelle ne fait que commencer ; lutte avec lui-même pour parvenir à la tranquillité extérieure et intérieure nécessaire à tout travail continu et régulier ; lutte contre l'indifférence toute bourgeoise de la petite ville endormie ayant oublié depuis longtemps son passé glorieux, contre les possibilités matérielles insuffisantes et l'esprit étroit de la cour ; lutte contre les détracteurs de plus en plus nombreux de son art ; et toujours, comme ce sera le cas jusqu'à la fin de sa vie, lutte pour la consécration des œuvres de ses contemporains (Schumann, Berlioz, Wagner), même si ces illustres compositeurs se sont montrés parfois ingrats à son égard, en appréciant mal son art et son abnégation. L'enseignement, qui exige de lui beaucoup d'énergie et dont il se chargera jusqu'à la fin de sa vie, la mort en 1859 de son fils Daniel, la protestation ouverte des représentants de la tendance « conservatrice » contre la musique nouvelle et Liszt (notamment dans un texte de 1860 signé, entre autres, par Joseph Joachim et Brahms), les intrigues renouvelées de la cour de Weimar : autant d'entraves au travail paisible de création tant désiré par Liszt et depuis si longtemps. Mais, même dans les conditions les plus défavorables, son talent s'affirme irrésistiblement : durant les années de Weimar, Liszt a créé un grand nombre d'œuvres importantes. C'est à cette époque que ses recherches de jeunesse, ses essais prometteurs mais inaboutis, ses tentatives pour exploiter plusieurs voies destinées à renouveler le langage musical (qui s'alimentait jusqu'alors à des sources hétérogènes, incompatibles les unes avec les autres) ont mûri pour former un style uni malgré son caractère éclectique, et déboucher sur une conception grandiose de l'écriture musicale. La perfection qui hante l'artiste n'est atteinte que dans quelques compositions : ainsi, et avant tout, dans la *Faust-Symphonie* et la *Sonate en si mineur* ; mais, là encore, après plusieurs remaniements, Liszt n'est, pour ainsi dire, jamais content de lui-même ; sa nature créatrice vise toujours plus haut et ne lui permet pas de considérer une œuvre comme définitive ou achevée. Sa méthode de travail le montre bien : corrections, additions, remaniements continuels. De chaque pièce, nous connaissons des versions innombrables dont la dernière n'est pas toujours la meilleure, et il n'est pas facile de choisir la variante la plus accomplie ou la plus conforme à la pensée du créateur. Pourtant, ces compositions, même inachevées, sont des chefs-d'œuvre. La série de douze poèmes symphoniques (*Le Tasse*, *Les Préludes*, *Mazeppa*, *Hungaria*, etc.) représente le triomphe de la musique à programme. C'est grâce à ce genre nouveau inventé par lui que Liszt est parvenu au renouvellement fondamental, sur les plans de la forme et du contenu, de la symphonie traditionnelle (*Dante* – et *Faust-symphonies*). Parmi les œuvres écrites pour piano et orchestre, les deux *Concertos* (en *mi* bémol majeur et en *la* majeur) méritent une mention particulière, ainsi que la *Danse macabre*, dans laquelle se manifeste, avec une intensité étonnante, l'attachement particulier de Liszt pour l'ironique et le démoniaque. Trois chefs-d'œuvre sont venus enrichir le répertoire d'orgue : *Ad nos salutarem undam*, fantaisie et fugue, *B.A.C.H.*, prélude et fugue, et des variations sur *Weinen, Klagen* écrites, à l'origine, pour piano. La moisson pianistique de l'époque weimarienne est encore plus riche (quelques pièces des *Années de pèlerinage*, *Ballade en si mineur*, *Consolations*, *Harmonies poétiques et religieuses*, *Grand Solo de concert*, etc.) La *Sonate en si mineur* représente, par la perfection de sa construction, la quintessence de l'art lisztien à l'époque de Weimar. On y trouve résumées toutes les tendances, les sources et les aspirations sur lesquelles Liszt a fondé son écriture : éléments du folklore, cantilène italienne, ironie méphistophélique et transcendance ; les acquisitions lisztiennes de la technique du piano et, avec elles, la forme de sonate traditionnelle enrichie de caractères nouveaux ; la disposition classique des mouvements et les principes nouveaux de structuration, reposant sur un système tonal élargi.

4. Rome et la musique liturgique

Au début des années 1860, la situation de Liszt à Weimar devient intenable. Ses rapports avec Carolyne se détériorent, en même temps que son instinct créateur le pousse vers d'autres domaines, vers d'autres buts. Sa nouvelle orientation lui indique le chemin de Rome et de la musique liturgique. Réformer la musique sacrée tombée en désuétude et l'élever à un rang qui soit digne d'elle est pour Liszt une vieille ambition. Après tant de déceptions ressenties sur les plans social et personnel, voici que son aspiration religieuse reprend le dessus. Il a cinquante ans. Il partage toujours les idées de Saint-Simon, mais n'a plus confiance dans l'efficacité de ses réformes sociales et, encore moins, dans celle de l'action révolutionnaire. Le dernier refuge de ses idéaux humanistes est la croyance en Dieu, croyance qui prépare de l'intérieur, par la purification de l'âme, l'amélioration de la société. Dans son orientation politique, Liszt devient partisan de Napoléon III et du pape ; il s'établit en 1861 à Rome, capitale d'un État pontifical moribond et centre momentané d'une idéologie européenne rétrograde. « L'abbé Liszt » croit naïvement que ses idées sur la réforme de la musique d'église trouveront là compréhension et soutien. Ses déconvenues successives l'amèneront plus tard sinon à une volte-face totale, au moins à davantage de discernement (et d'amertume). Néanmoins, il restera fidèle à ses idées sur la musique religieuse et prouvera – par ses œuvres liturgiques, par ses oratorios, unissant la tradition et les tendances modernes, et par ses messes – qu'il ne faut jamais identifier l'œuvre d'un artiste à son idéologie. Dans la musique d'église de la période romaine, dont les débuts remontent à l'époque de Weimar, on retrouve le même ton obstiné des marches « à la hongroise » déjà présent dans ses œuvres instrumentales d'autrefois consacrées à des sujets « révolutionnaires ». La manière hongroise y constitue une unité organique nourrie d'éléments pentatoniques ou modaux qui évoquent le chant grégorien ou la polyphonie vocale de la Renaissance. Les œuvres religieuses et les oratorios les plus importants de Liszt (*La Légende de sainte Élisabeth*, *Christus*, *Les Cloches de Strasbourg*, *Messe de Gran*, *Missa choralis*, *Messe hongroise pour le couronnement*, *Requiem*, *Psaume n° 137*, etc.) complètent et continuent très brillamment la série des compositions « à la hongroise » de Weimar.

Du point de vue stylistique et biographique, l'époque romaine n'est que transitoire. Liszt n'a pas encore dit son dernier mot. Ce dernier mot sera rude, cruellement dépouillé et sans illusion. Curieusement, c'est l'isolement total (à cette époque, il n'a pour compagnons que ses élèves) et l'abandon de toute illusion qui lui permettent, mieux que jamais, de découvrir la vérité. Ayant renoncé à l'ermitage romain – qui, en définitive, n'aura été qu'une attitude pleine de contradictions –, Liszt « rentre en scène » en 1871 à Weimar et à Pest. Cette année marque le début d'une vie dite « triangulaire », la troisième pointe du triangle se situant à Rome. Durant les quinze dernières années de sa vie, jamais il n'aura eu à affronter autant d'incompréhension, d'intrigues injustes et mesquines, surtout de la part de son entourage hongrois. Mais il n'en est plus affecté, car il a parfaitement conscience que son art tardif ne peut être compris. Sa foi en lui-même et en l'avenir de son œuvre est plus ferme que jamais. Certes, ses compatriotes « ne savent pas ce qu'ils font », quand ils agressent et négligent l'un des plus grands génies de leur temps. Mais il n'en est pas troublé, car il sait que, quand il organise, enseigne et accepte la présidence de l'Académie de musique qu'il a fondée, il n'agit pas pour le présent. Comme si, dans sa vieillesse, il avait pris conscience de ce que le siècle avait perdu (surtout en Europe orientale) en laissant s'éteindre l'idée de la liberté ; et comme si la seule chose importante pour lui était d'avertir, de se plaindre, d'accuser et de pleurer. Or le ton de ces lamentations funèbres est toujours hongrois. La pièce *Sunt lacrimae rerum* a pour sous-titre : « en mode hongrois ». Et cela apparaît non seulement dans la série élégiaque des *Portraits historiques hongrois* (1884-1886), mais aussi quand il pleure la mort de Wagner (*R. W. – Venezia*, *Sur la tombe de Richard Wagner*). Même sa piété évolue dans les dernières années de sa vie ; c'est à cette conclusion, du moins, qu'invitent ses œuvres : le mysticisme de sa musique réinvente le genre du Mystère, avec des séries d'images, des tableaux liés à la Passion, dont le statisme laisse transparaître une extrême tension dramatique.

La musique tardive de Liszt abandonne toute tradition, elle renonce même, parfois, à la tonalité (*Bagatelle sans tonalité*, *Unstern*) ; elle dit ses adieux en faisant éclater toutes les conventions. C'est dans ce règlement de comptes définitif, dans l'obscurité nocturne et sans espoir du « soir de la vie de Franz Liszt » (le terme est de Bence Szabolcsi) que naît l'aube du siècle à venir. Cette prophétie impitoyable contient déjà ce que la musique nouvelle, celle de Debussy, de Schönberg ou de Bartók, formulera des années ou des décennies plus tard, indépendamment de Liszt.

Franz Liszt meurt à Bayreuth le 31 juillet 1886. Sa maladie et sa mort furent tenues secrètes, conformément à la volonté de sa fille Cosima.

MÁRTA GRABÓCZ

Bibliographie

• *Écrits et correspondance de Franz Liszt*

Des Bohémiens et de leur musique en Hongrie, Bourdillat, Paris, 1859, rééd. éd. d'Aujourd'hui, Plan-de-la-Tour, 1982 ; *Pages romantiques*, J. Chantavoine éd., Alcan, Paris, 1912, rééd. éd. d'Aujourd'hui, 1985 ; *Lettres d'un bachelier ès musique*, R. Stricker éd., Le Castor astral, Bègles, 1991 ; *Chopin*, N. Priolland éd., Liana Levi, Paris, 1990 ; *Briefe*, La Mara éd., 8 vol., Breitkopf und Härtel, Leipzig, 1893-1905 ; *Correspondance de Franz Liszt et de la comtesse d'Agoult*, D. Ollivier éd., 2 vol., Grasset, Paris, 1933 ; *Correspondance de Liszt et de sa fille Madame Émile Ollivier. 1842-1862*, D. Ollivier éd., *ibid.*, 1936 ; *Une correspondance romantique. Madame d'Agoult, Franz Liszt, Henri Lehmann*, S. Joubert éd., Flammarion, Paris, 1947 ; *The Letters to Olga von Meyendorff. 1871-1886*, W. R. Tyler éd., Harvard Univ. Press, Cambridge (Mass.), 1979 ; *Correspondance*, P.-A. Huré & C. Knepper éd., Lattès, Paris, 1987.

• Catalogue de l'œuvre

Thematischer Verzeichniss der Werke. Bearbeitungen und Transcriptionen. Neue vervollständigte Ausgabe, H. Baron, Londres, 1965 / P. RAABE, *Verzeichniss aller Werke Liszts nach Gruppen geordnet*, Schneider, Tutzing, 1968.

• Études

L. J. ANDERSON, *Motivic and Thematic Transformation in Selected Works of Liszt*, Ph. D., Chicago State Univ., 1977 ; Univ. of Microfilms, Ann Arbour, 1981 / L. BÁRDOS, *Liszt Ferenc, a jövő zenésze* (F. L., musicien de l'avenir), Akadémiai Kiadó, Budapest, 1976 / D. BARTHA, *F. Liszt*, catal. expos., Musée national hongrois, éd. du Musée historique hongrois, Budapest, 1936 / B. BARTÓK, « Lisztprobleme », in *Franz Liszt, Beiträge von ungarischen Autoren*, pp. 122-132, K. Hamburger éd., Corvina, Budapest, 1978 / R. L. BEAUFORT, *Franz Liszt. The Story of his Life*, Ditson, Boston, 1910 / W. BECKETT, *Liszt*, Dent, Londres, 1963 / R. BORY, *La Vie de Franz Liszt par l'image* (précédée d'une introduction biographique par A. Cortot), éd. du Journal de Genève, Genève, 1936 / A. BRENDEL, *Musical Thoughts and Afterthoughts*, Robson Books, Londres, 1982 / J. BRUYR, *Franz Liszt*, Hermes, Paris, 1966 / E. BURGER, *Franz Liszt. Chronique biographique en images et en documents*, Fayard, Paris, 1988 / M. D. CALVOCORESSI, *Franz Liszt*, Laurens, Paris, 1905 / J. CHANTAVOINE, *Liszt*, Alcan, Paris, 1910 / J. DRILLON, *Liszt transcripteur*, Actes sud, Arles, 1986 / L. EŐSZE, *119 római Liszt-dokumentum* (119 Documents sur Liszt, de Rome), Zeneműkiadó, Budapest, 1980 / J. FAURE-COUSIN & F. CLIDAT, « Aux sources littéraires de Franz Liszt », in *La Revue musicale*, nos 292-293, Paris, 1973 / Z. GÁRDONYI, *Le Style hongrois de François Liszt*, éd. de la Bibl. nat. Széchenyi, Budapest, 1936 / S. GUT, *Franz Liszt. Les Éléments du langage musical*, Klincksieck, Paris, 1975 ; *Franz Liszt*, L'Âge d'homme, Lausanne, 1989 / S. GUT dir., « Actes du colloque international Franz Liszt », in *La Revue musicale*, nos 405-406-407, 1988 / K. HAMBURGER, *Liszt*, Gondolat, Budapest, 1980 ; en anglais, Corvina, 1987 / K. HAMBURGER dir., *F. Liszt, Beiträge von ungarischen Autoren, ibid.*, 1978 / É. HARASZTI, *Franz Liszt*, Picard, Paris, 1967 / P.-A. HURÉ & C. KNEPPER, *Liszt en son temps*, Hachette, Paris, 1987 / V. JANKÉLÉVITCH, *Liszt et la rhapsodie. Essai sur la virtuosité*, Plon, Paris, 1979, rééd. 1989 / R. KÓKAI, *Franz Liszt in seinen frühen Klavierwerken*, Akadémiai Kiadó, 1969 / Z. LÁSZLÓ & B. MÁTÉKA, *Franz Liszt par l'image*, trad. G. Wilhelm, Corvina, 1978 / D. LEGÁNY, *Franz Liszt. Unbekannte Presse und Briefe aus Wien, 1822-1886*, Böhlauss, Vienne-Cologne-Graz, 1984 ; *Liszt Ferenc Magyarországon, 1869-1873* (F. L. en Hongrie 1869-1873), Zeneműkiadó, 1976 ; *Liszt and his Country*, Corvina, 1983 / « F. Liszt », in *La Revue musicale*, no 10, réimpr. fondation Cziffra, Senlis-Budapest, 1986 / H. K. METZGER & R. RIEHN dir., *Franz Liszt*, Edition Text und Kritik, Munich, 1980 / J. I. MILSTEIN, *Liszt*, 2 vol., trad. en hongrois, Zeneműkiadó, 1965 / S. MONTU-BERTHON, « Un Liszt méconnu. Mélodies et lieder », in *La Revue musicale*, 2 vol., no 342-343-344 et no 345-346, 1981 / E. NEWMAN, *The Man Liszt*, Kynoch, Birmingham, 1934, rééd. Londres, 1970 / E. PERÉNYI, *Liszt*, Little, Boston, 1974 / G. DE POURTALÈS, *La Vie de Franz Liszt*, Gallimard, Paris, 1929, rééd. 1983 / D. REDEPENNING, *Das Spätwerk Franz Liszts : Bearbeitungen eigener Kompositionen*, Wagner, Hambourg, 1984 / H. SEARLE, *The Music of Liszt*, Dover, New York, 2e éd. 1966 ; *Liszt*, éd. du Rocher, Monaco, 1986 / R. STRICKER, *Franz Liszt. Les Ténèbres de la gloire*, Gallimard, 1993 / B. SZABOLCSI, *The Twillight of Ferenc Liszt*, Akadémiai Kiadó, 1959 / A. WALKER, *Franz Liszt. The Man and his Music*, Taplinger, New York, 1970 ; *Franz Liszt*, t. I : *The Virtuoso Years 1811-1847*, Knopf, New York, 1983, t. II : *The Weimar Years, 1848-1861*, Faber & Faber, Londres, 1989, trad. franç. H. Pasquier, *Franz Liszt, 1811-1861*, Fayard, 1990 / A. WILLIAMS, *Portrait of Liszt*, Clarendon Press, Oxford, 1990 / S. WINKELHOFER, *Liszt's Sonata in B Minor. A Study of Autograph Sources and Documents*, U.M.I. Research Press, Ann Arbour, 1980 / J. WOHL, *François Liszt. Souvenirs d'une compatriote*, Ollendorff, Paris, 1887.

LITAIZE GASTON (1909-1991)

Avec Maurice Duruflé et Jean Langlais, Gaston Litaize était un des plus illustres représentants de la génération d'organistes français qui, formée par Charles Tournemire, Louis Vierne et Marcel Dupré, propagea l'art de César Franck dans le monde entier.

Originaire des Vosges, il naît aveugle le 11 août 1909 à Menil-sur-Belvitte. Il fait ses études à l'Institut national des jeunes aveugles (1926-1931), puis au Conservatoire de Paris, où il travaille l'orgue et l'improvisation avec Marcel Dupré (premier prix en

1931), le contrepoint et la fugue avec Georges Caussade (premier prix en 1933), la composition avec Henri Büsser (premier prix en 1937) et l'histoire de la musique avec Maurice Emmanuel. Une de ses premières œuvres, la légende musicale *Fra Angelico*, lui vaut le prix Rossini en 1936. Il est le premier compositeur aveugle couronné au concours de Rome (deuxième grand prix en 1938). Mais c'est principalement vers une carrière d'organiste qu'il se dirige : il est successivement titulaire à Saint-Léon de Nancy et à Saint-Cloud avant d'être nommé, en 1946, aux grandes orgues de Saint-François-Xavier, à Paris, poste qu'il conservera jusqu'à la fin de sa vie. Il est également responsable du service de musique religieuse à la Radiodiffusion nationale et à l'O.R.T.F. (1944-1975) et titulaire de l'orgue de l'auditorium 104 de la Maison de la radio. Il mène parallèlement une carrière internationale de concertiste et de pédagogue. Il fait sa première tournée aux États-Unis en 1957 et joue régulièrement en Europe du Nord. En France, il enseigne à l'Institut national des jeunes aveugles (1938-1969) puis au conservatoire de Saint-Maur. Parmi ses élèves figurent Almut Rössler, Heinz Lohmann, René Saorgin, Georges Robert et Olivier Latry. Il meurt à Bruyères (Vosges) le 5 août 1991.

Au sein d'une génération d'organistes qui recherchait davantage l'expression dans la couleur de l'harmonie et de la registration, Litaize se distinguait par son sens du rythme et de la construction. Il possédait une étonnante technique, et ses improvisations restent des pièces d'anthologie. Héritier d'une tradition d'interprétation étroitement liée aux instruments de Cavaillé-Coll, il s'est illustré dans le répertoire de l'école franckiste : Bach, Franck et ses disciples, Widor, Vierne, Tournemire... Mais il fut aussi l'un des premiers à exhumer la musique d'orgue du Grand Siècle et il remporta, en 1955, un grand prix du disque pour son enregistrement de la *Messe pour les paroisses* de François Couperin. En tant que compositeur, son style plus sensible, moins brillant, semble se démarquer de celui de ses aînés, dont il ne conserve qu'un sens aigu du contrepoint. Il a surtout écrit pour son instrument, et ses pièces figurent au répertoire de la plupart des organistes : *Douze Pièces* (1931-1937), *Messe basse pour tous les temps* (1948), *Noël basque* (1949), *Cinq Pièces liturgiques* (1951), *Vingt-Quatre Préludes liturgiques* (1954), *Grand-Messe pour tous les temps* (1956), *Prélude et danse fuguée* (1964). Il est aussi l'auteur d'une *Sonate pour piano* (1935), d'un *Concertino pour piano et orchestre de chambre* (1937), d'une *Suite pour deux pianos* (1940-1941) et d'une *Symphonie pour orgue et orchestre* (1943). Dans le domaine de la musique vocale, on lui doit une *Missa solemnior* (1954) pour chœur et orgue, une *Missa Virgo gloriosa* (1959) pour trois voix mixtes et orgue et une *Messe solennelle en français* (1966, l'une des premières messes en langue vernaculaire écrites après le concile de Vatican II) pour schola, assemblée et orgue.

On pourra consulter : Sébastien Durand, *Gaston Litaize, 1909-1911 : un Vosgien aux doigts de lumière*, éd. Serpenoise, Woippy (Moselle), 1996.

ALAIN PÂRIS

LOCATELLI PIETRO ANTONIO (1695-1764)

Tandis que Sammartini, Giardini, Geminiani, Veracini se fixent à Londres et Lorenzani à Paris, Locatelli (né à

Bergame) trouve sa place à Amsterdam et participe au puissant mouvement d'expansion de la musique italienne en Europe au début du XVIIIe siècle. Élève de Corelli et doué très jeune d'une extraordinaire virtuosité, il voyage beaucoup avant de se fixer, en 1729, aux Pays-Bas où il exerce une influence considérable. Il fonde des concerts publics, donne des leçons aux enfants des riches bourgeois d'Amsterdam, fait lui-même le commerce des instruments de musique (cordes à violon), est chargé par les importants éditeurs hollandais de superviser l'édition de la musique italienne ; il collectionne les livres rares, les tableaux, les instruments de musique. Surtout il joue (il est, cent ans plus tôt, une préfiguration de Paganini) et il compose. Ses concertos et ses sonates sont de belle facture, d'inspiration noble et forte : il y prolonge l'œuvre de son maître, avec moins de génie peut-être, mais non sans grâce et non sans invention mélodique. L'autre aspect de son œuvre (les *caprici* de *L'Arte del violino*, 1733) appartient au virtuose : tout ce que peut ou ne peut pas faire le violon lui appartient, avec une *stravaganza*, une audace certaine, mais qui relève du doigt plus que de l'intellect ou de la sensibilité.

PHILIPPE BEAUSSANT

LŒILLET LES

Famille de musiciens français d'origine gantoise.

John ou Jean, dit le Lœillet de Londres, naquit à Gand en 1680, arriva à Londres en 1705 et y demeura jusqu'à sa mort (1730). Il fut un virtuose de la flûte traversière dont il jouait au Haymarket Theatre ; il aurait introduit cet instrument en Angleterre. Il jouait aussi du hautbois. Il écrivit notamment dix-huit *Sonates en trio*, op. 1 et 2 (Londres, 1722, 1725), douze *Sonates*, op. 3 (six pour flûte à bec et six pour flûte traversière et basse continue, Londres, 1729) ; ses *Lessons for the Harpsichord or Spinet* (Londres, 1709-1715) et les *Six Suits of Lessons for the Harpsichord* (1723) évoquent l'art de Purcell, avec qui il fut comparé. L'inspiration mélodique de J. Lœillet respire la grâce et le charme, et ses rythmes de danses sont vifs et pleins d'entrain. On trouverait plus d'un écho de ses œuvres dans les *Suites pour clavecin* de Haendel.

Jacques (ou Jacob), frère de John, naquit lui aussi à Gand (1685) ; il vécut en Bavière, près de l'électeur Max Emmanuel, dont il fut le musicien, puis à Versailles comme hautboïste de Louis XV, à la chambre du roi. Certains le font mourir à Versailles, d'autres à Gand – ce qui est le plus probable – (1746). Sa renommée de virtuose est fortement établie ; *Le Mercure galant* écrit par exemple : « Il commença par le basson, le violon, la flûte allemande, la flûte douce, la flûte à voix, en faisant deux parties et le hautbois. Il passa ensuite derrière un paravent et chanta un motet à quatre parties, accompagné d'un violon et de deux flûtes » (1er août 1727)... À ceux qui estimeraient aujourd'hui que pareil exploit est incroyable, on apprendra que Jacques Lœillet était aussi illusionniste ; l'art de la prestidigitation « explique » alors ces prouesses musicales ! Parmi ses compositions, retenons *Six Sonates pour une flûte traversière*, avec basse continue (Paris, 1728), *Six Sonates à deux flûtes traversières*, sans basse continue (Paris, 1728), un *Concerto en mi bémol majeur*, pour hautbois et orchestre à cordes, ainsi qu'un *Concerto en ré majeur*, pour flûte et orchestre à cordes.

Le cousin des précédents, Jean-Baptiste Lœillet, dit l'Œillet de Gand, naquit dans cette ville en 1688 ; on ignore la date de sa mort. On sait qu'il résida en France, à en croire les dédicaces qu'il fit de ses œuvres, qui comprennent entre autres : cinq recueils de *Sonates* pour une ou deux flûtes (1705, 1715, 1720) ; les *Six Sonates* pour deux flûtes sont des duos sans basse continue. Jean-Baptiste a souvent été confondu à tort avec son cousin John.

PIERRE-PAUL LACAS

LOPEZ FRANCIS (1916-1995)

L'immense succès de Francis Lopez pendant plus de vingt ans est dû à la rencontre d'un compositeur, d'une époque et d'un interprète.

Francisco Lopez naît le 15 juin 1916 à Montbéliard. Son père, mobilisé comme dentiste aux armées, était cantonné près de Belfort ; sa mère avait tenté de le rejoindre, mais avait dû s'arrêter à Montbéliard, qui comptait déjà une assez importante communauté hispanique. Et c'est dans la « cité des Princes » de Franche-Comté, où son père s'installe ensuite comme chirurgien-dentiste, que Francisco fera ses premiers pas. Très vite, la famille quitte Montbéliard pour Bayonne : le père était d'ascendance basque espagnole, la mère basque d'Hendaye. Francisco a cinq ans quand son père meurt ; il vit alors, avec sa mère, à Saint-Jean-de-Luz, puis à Pau, où il achève ses études secondaires. Parallèlement, il apprend le violon, puis le piano. Après quoi, il « monte » à Paris, pour y entreprendre des études de chirurgie dentaire. Le jeune homme est mobilisé et blessé pendant la Seconde Guerre mondiale. C'est un spectacle de Maurice Chevalier qui lui révèle sa vocation. Des rythmes ibériques plein la tête, il quitte l'odontologie pour la musique. Francisco, devenu Francis, rencontre alors un jeune Marseillais, Raymond Vincy, qui se destine à une carrière de librettiste. La rencontre sera décisive. Ils écrivent ensemble la première opérette de l'après-guerre, *La Belle de Cadix*, créée sur la scène du Casino-Montparnasse le 24 décembre 1945... Un triomphe ! Le tandem Lopez-Vincy durera trente-sept ans.

L'époque. Les quatre années d'occupation et de restrictions de la Seconde Guerre mondiale ont changé beaucoup de choses dans la société française ; mais, comme au lendemain de 1918, un besoin de détente, de distraction, de sourire se manifeste. Le théâtre retrouve son audience, en particulier le théâtre de divertissement. L'opérette refleurit, avec des reprises d'avant guerre, mais *La Belle de Cadix* apporte incontestablement quelque chose de nouveau. Ce qui frappe, c'est le rythme, qui mêle avec beaucoup d'éclectisme le flamenco et la sardane, le tango et le fandango, ou même le slow et le paso doble. La trame est classique : un couple sentimental, un couple comique ; une mise en scène à grand spectacle, avec une machinerie digne du Châtelet, des costumes colorés, chatoyants et, surtout, un exotisme ensoleillé qui fait rêver. La musique est « facile », certes, mais facile à retenir aussi et, il faut le reconnaître, bien construite. Quant au texte, le jeune Raymond Vincy s'est fait aider, pour cette première expérience, par deux « vieux routiers », Marc Cab et Maurice Vandair.

Encore fallait-il des interprètes. La vedette sera une découverte : Luis Mariano. Doté d'une belle voix, Mariano Eusebio González y García, dit Luis Mariano, né à Irún en 1914, a étudié le chant au conservatoire de Bordeaux, ville où s'était réfugiée sa famille au moment de la guerre civile espagnole. Il « monte » ensuite à Paris, où, grâce à sa rencontre providentielle avec Francis Lopez, il devient le « ténor à la voix de velours ». Plus tard, Francis Lopez gardera toujours un don particulier pour révéler de jeunes talents, comme Rudy Hirigoyen ou José Todaro.

Après le succès de *La Belle de Cadix*, qui sera jouée pendant deux années consécutives et régulièrement reprise à Paris et en province par la suite, les réussites se succéderont. Jusqu'à la mort de Luis Mariano, en 1970, Francis Lopez composera principalement pour lui. Dès 1947, sur la scène de la Gaîté-Lyrique, le ténor est en vedette dans *Andalousie* : le succès est étourdissant, dû toujours à la magnificence des ballets, des costumes, au mouvement de la mise en scène, mais aussi au fait que, le compositeur ayant acquis du métier, la partition est particulièrement soignée. Suivront, en 1948, à Bobino, *Quatre jours à Paris*, en 1949, une remarquable reprise de *La Belle de Cadix* à l'Empire, et, à la fin de 1950, *Pour don Carlos*, au Châtelet, avec cette fois le jeune Georges Guétary. Toujours au Châtelet, on retrouvera Luis Mariano dans *Le Chanteur de Mexico*, à la fin de 1951. Ce sera, pratiquement, l'apogée de la carrière de Francis Lopez et le triomphe de ce qui sera devenu un quatuor : Lopez-Vincy-Mariano et Maurice Lehmann, metteur en scène. On changera un peu de style avec *La Route fleurie*, jouée à l'A.B.C. par Guétary et Bourvil (1952), avant de revenir aux rythmes exotiques, dont le succès ne faiblit pas : *La Toison d'or* (1954), d'après Pierre Benoit, avec André Dassary, *Méditerranée* (1955), avec Tino Rossi, *Le Prince de Madrid* (1967), qui ne pouvait être que Mariano. Dès lors, avec les reprises constantes à Paris et en province, le nom de Francis Lopez ne quittera plus guère l'affiche ; il y avait eu encore *Le Secret de Marco Polo* au Châtelet avec Mariano (1962). Et, parmi les plus célèbres, il y aura *La Caravelle d'or* (1969), *Viva Napoli* (1970), *Gipsy* (1972), *Fiesta* (1975), *Viva Mexico* (1978), la plupart au Châtelet ou à Mogador. Au total trente-quatre opérettes – la dernière étant *Fandango*, en 1987 – et vingt-cinq films. Francis Lopez meurt à Paris le 5 janvier 1995. On pourra consulter : F. Lopez, *La Gloire et les larmes*, Presses de la cité, Paris, 1987 ; R. Lopez et D. Ringold, *Francis Lopez et ses grandes opérettes*, éd. du Rocher, Monaco, 1996.

SYLVIE FÉVRIER

LORTZING GUSTAV ALBERT (1801-1851)

Comédien, chanteur d'opéra (ténor), instrumentiste, librettiste et compositeur allemand né et mort à Berlin, Lortzing grandit dans un milieu d'acteurs et se forme en autodidacte. Ayant épousé une comédienne, il mène une existence nomade au hasard de tournées qui le conduiront d'Aix-la-Chapelle à Cologne et à Detmold, de Vienne à Leipzig et finalement à Berlin. Sa grande ambition est de réaliser un équivalent allemand de l'opéra-comique français, dont il a subi l'influence à Leipzig en particulier. Écrivant la plupart du temps lui-même ses livrets, doué d'un sens très sûr de l'effet tant musical que théâtral, il compose en effet, outre deux oratorios et des musiques de scène, quatorze opéras ou opéras-comiques dont certains rencontrent un succès destiné à durer, en Allemagne du moins, jusqu'à nos jours : ainsi *Tsar et charpentier* (*Zar und Zimmermann*, 1837), *Der Wildschütz* (1842), *Undine* (1845, d'après La Motte-Fouqué), *L'Armurier* (*Der Waffenschmied*, 1846) et *La Répétition d'opéra* (*Die Opernprobe*, 1851).

MARC VIGNAL

LULLY JEAN-BAPTISTE (1632-1687)

L'œuvre et le personnage de Lully dominent largement l'histoire de la musique française de la seconde moitié du XVIIe siècle. Malgré la présence de musiciens de premier plan tels que Marc Antoine Charpentier, c'est lui qui non seulement influe, de la manière la plus forte, sur la musique dramatique de son temps, mais qui fixe pour un siècle les destinées de la musique française et, par-delà, influence certains moments importants de l'art européen.

Les rivalités qu'il a suscitées de son vivant, comme le mythe qui s'est édifié autour de sa personne après sa mort, ont longtemps faussé l'évaluation exacte de son génie, comme ils ont entraîné l'élaboration de multiples légendes déformant les perspectives et altérant les faits.

Lully représente un phénomène extraordinaire de l'histoire de la musique. Il est l'un des meilleurs témoins de l'histoire du XVIIe siècle français, de son goût, de sa sensibilité. Il porte en lui certaines des contradictions de son temps, une part de sa complexité – bien plus grande qu'on ne le croit. De là provient la difficulté que l'on éprouve à le juger : comment discerner ce qui relève de l'homme de ce qui ressortit au mythe ? Son arrivisme et son opportunisme sont-ils l'expression de l'odieuse volonté de puissance d'un personnage douteux que rien n'arrête, ou de l'admirable sens de l'adaptation d'un homme qui se coule dans son siècle avec tant de souplesse, qui en épouse les tendances, qui adhère si parfaitement à ses lignes de force qu'il se confond avec lui ?

Des débuts ambitieux

Giambattista Lulli naît à Florence en 1632, six ans avant Louis XIV. Son père, Lorenzo Lulli, est meunier (sur une gravure du temps, on aperçoit au bord de l'Arno, à l'emplacement probable de la demeure familiale, la roue d'un moulin). Sur son contrat de mariage, en 1662, Lulli écrira : « Fils de Laurent de Lully, gentilhomme florentin », mais les recherches d'Henry Prunières ont définitivement effacé cette légende. Il arrive à Paris à l'âge de quatorze ans, en 1646, amené par le chevalier de Guise pour le service de sa nièce, Mlle de Montpensier, la Grande Mademoiselle, cousine du roi, qui voulait apprendre l'italien. Il passe ses premières années parisiennes dans le milieu italianisant favorisé par Mazarin et, en 1653, entre officiellement à la cour, où il apparaît comme danseur dans le *Ballet de la Nuit*, à la composition duquel il a participé.

Sa première carrière est, en effet, à la fois celle d'un danseur, généralement bouffon, d'un violoniste et d'un compositeur de ballets. Toute sa production, à cette époque, est nettement italianisante. Son art chorégraphique semble inspiré par la commedia dell'arte, dont il joue lui-même les personnages (Scaramouche), tandis que ses compositions, avec paroles italiennes, sont d'un style nettement ultramontain : *Ballet de l'Amour malade* (1657), *Ballet d'Alcidiane* (1658), *Ballet de la Raillerie* (1659).

On ignore ce que peut être son style et sa technique du violon à cette époque. La création de la bande des « Petits Violons » peut laisser supposer que, dans ce domaine également, il se démarque du style français des « Vingt-Quatre Violons du roi ».

Pourtant, très vite, il assimile les caractéristiques du style à la française. Après avoir, avec humour, composé le « Dialogue de la musique française et de la musique italienne » du *Ballet de la Raillerie*, il compose des ballets de plus en plus amples et, contrairement à la tradition, y insère des pièces chantées dont il est l'auteur (*Ballet des Saisons*, 1661 ; *Ballet des Arts*, 1663 ; *Ballet des Amours déguisés*, 1664 ; *Ballet de la Naissance de Vénus*, 1665 ; *Ballet des Muses*, 1666 ; *Ballet de Flore*, 1669) ; la partie vocale se développe de plus en plus.

L'avènement de la comédie-ballet

Vers 1660, Lulli à déjà atteint la notoriété. Favori du roi, riche, il se fait naturaliser et francise son nom en Lully. En 1664 commence la collaboration de Lully avec Molière, qui va donner le jour à neuf comédies-ballets (*Le Mariage forcé*, *La Princesse d'Élide*, 1664 ; *L'Amour médecin*, 1665 ; *La Pastorale comique*, 1667 ; *Le Sicilien*, 1667 ; *George Dandin*, 1668 ; *Monsieur de Pourceaugnac*, 1669 ; *Les Amants magnifiques*, 1670 ; *Le Bourgeois gentilhomme*, 1670). Cette production des « deux Baptiste », comme les appelle Mme de Sévigné, débouche sur la tragicomédie-ballet *Psyché* (1671), qui constitue une œuvre charnière vers l'opéra.

Cette série d'œuvres représente un phénomène exceptionnel dans l'histoire du théâtre, par l'alliance de deux génies comiques complémentaires qui se sont entraidés et influencés l'un l'autre, tous deux passionnés par la comédie italienne et capables de paraître en scène : dans *Le Bourgeois gentilhomme*, par exemple, Molière interprétait M. Jourdain, face à Lully en Grand Muphti.

D'un point de vue strictement musical, les comédies-ballets présentent de multiples intérêts. D'abord, elles permettent à Lully – mieux que ne le faisaient les ballets – d'apprendre à insérer les airs chantés et dansés dans un tissu dramatique continu (Molière a été, en ce sens, son maître). Lully intègre dans les comédies de véritables séquences, pastorales (dans *Georges Dandin*, *Le Bourgeois gentilhomme*) ou bouffonnes (turquerie du *Bourgeois gentilhomme*). Par ailleurs, tous les styles vocaux apparaissent dans les comédies-ballets : dès *La Princesse d'Élide*, les premiers essais de récitatif sont déjà parfaitement constitués.

Une place à part doit être réservée aux *Amants magnifiques* (1670). Écrite sur un canevas proposé par le roi, cette œuvre prétend offrir toutes les formes de divertissement imaginables : les tons y sont en effet très divers, et on peut y découvrir de nombreuses tentatives qui se réaliseront pleinement dans l'opéra ; l'air d'Éole préfigure celui d'Alceste, l'air « Dormez, beaux yeux » fait le lien entre celui de l'*Orfeo* de Luigi Rossi et les nombreux « sommeils » qu'on trouvera, largement développés, dans *Atys*, *Armide*...

La tragédie lyrique

À cette date, Lully est surintendant et compositeur de la Chambre (depuis 1661) ; il a épousé, en 1662, Madeleine Lambert, fille du compositeur Michel Lambert. Fort de l'appui du roi et de Colbert, Lully songe désormais à la création d'un genre nouveau, la tragédie lyrique, forme francisée de l'opéra italien. Pierre Perrin et Robert Cambert ont créé en 1669 l'Académie royale de musique où, en 1671, ils font triompher la pastorale *Pomone* (musique de Robert Cambert). Leur mauvaise gestion les ayant conduit à la faillite, Lully rachète en 1672 le privilège pour lui seul, devient directeur de « tout le théâtre en musique », évinçant Molière, avec qui la rupture est consommée en 1672. Avec la collaboration quasi exclusive de Philippe Quinault comme librettiste (excepté pour *Psyché*, *Bellérophon* et *Acis et Galatée*), il composera, de 1673 à sa mort, en 1687, pratiquement un opéra chaque année : *Cadmus et Hermione*, 1673 ; *Alceste*, 1674 ; *Thésée*, 1675 ; *Atys*, 1676 ; *Isis*, 1677 ; *Psyché*, 1678 ; *Bellérophon*, 1678 ; *Proserpine*, 1680 ; *Persée*, 1682 ; *Phaéton*, 1683 ; *Amadis*, 1684 ; *Roland*, 1685 ; *Armide*, 1686 ; *Achille et Polyxène*, inachevé, 1687.

Un génie novateur

Lully a opéré une sorte de synthèse entre les différents genres pratiqués en France – ballet de cour, tragédie, tragédie en musique (ce genre mixte où une musique de scène complète le spectacle), pastorale (le genre à la mode au milieu du siècle), comédie même –, avec un apport non négligeable venu des opéras italiens donnés en France grâce à Mazarin : l'*Orfeo* de Luigi Rossi, représenté en 1647, le *Xerse* et l'*Ercole amante* de Pier Francesco Cavalli, représentés en 1662 avec d'ailleurs des intermèdes dansés de Lully lui-même.

Du ballet de cour, la tragédie en musique a hérité le divertissement dansé et chanté qui figure obligatoirement à chaque acte (fête pastorale, royale ou nautique, ballet infernal, pompe funèbre, grand ballet final...). L'ingéniosité du librettiste doit le relier à l'action, mais il constitue un ensemble cohérent et clos sur lui-même. On y trouve toutes sortes de danses (danse pure ou danse d'action), des airs à forme fixe (issus de l'air de cour ou de la danse chantée) et des chœurs.

De sa rivalité avec la tragédie déclamée, la tragédie en musique a hérité un style récitatif qui cherche à transcrire musicalement la récitation tragique, et c'est en regard de cet idéal qu'il acquiert une grande importance. Mais, tandis que le récitatif italien tend à se séparer progressivement de toute forme chantée réellement mélodique (ce qui aboutira, à la fin du XVIIe siècle, à la division recitativo/aria), le récitatif de Lully reste à mi-chemin entre une déclamation chantée et l'air. En outre, loin d'être, comme le recitativo secco des Italiens, une part sinon négligeable, du moins secondaire, de l'opéra tout entier orienté vers l'épanouissement de l'aria, le récitatif lulliste est la partie la plus importante de l'œuvre, et elle en est la plus soignée. Plus mélodique que le recitativo italien, il se distingue malaisément de l'air : en France, à partir de Lully, on appellera air un moment de récitatif plus chantant, qui correspond généralement à un moment particulièrement intense de l'action dramatique (adieux de Cadmus à Hermione, fureur d'Armide...).

Tous les stades intermédiaires entre la stricte déclamation chantée, adaptée à la prosodie française, et l'air proprement dit se succèdent sans solution de continuité dans l'opéra lulliste : les passages de l'un à l'autre sont souvent insensibles. Une maturation progressive est toutefois sensible, depuis *Cadmus et Hermione*, où la langue musicale est encore un peu sèche, jusqu'à *Amadis*, *Roland* et *Armide*, où se développe le récitatif accompagné par l'orchestre (fureur d'Armide).

Si la tragédie en musique s'est voulue une véritable tragédie (Charles Perrault, dans sa *Critique de l'opéra*, pense pouvoir mettre sur le même pied l'*Alceste* de Lully et celle d'Euripide, voire *Andromaque* ou *Bérénice*), elle s'en distingue par son goût du spectacle et du merveilleux, héritage encore du grand ballet, et aussi de la tragédie en machines. L'importance de la décoration, des costumes, la multiplication des effets de machineries (vols de dieux, monstres, apparitions, transformations et métamorphoses...) témoignent de ce goût, qui existe dans l'opéra italien, mais que la tragédie en musique a porté en France à un degré inégalé de somptuosité.

Un compositeur accompli

Lully est par ailleurs un maître de l'orchestre. À l'écriture encore un peu raide, mais d'une grande clarté, de ses ballets, il substitue peu à peu une construction beaucoup plus variée, où se juxtaposent l'écriture à cinq parties de l'orchestre et des passages concertants à trois voix, hérités de la tradition concertante italienne. Il développe par moments une écriture évocatrice (sommeil de Renaud dans *Armide*, symphonies guerrières ou pastorales). Il a sinon créé, du moins réglé l'ouverture à la française (lent et pointé, vif et fugué, avec souvent reprise d'un mouvement lent) et donné à la passacaille ou à la chaconne une extension remarquable, faisant d'elles, par leur dimension et leur richesse inventive, les premières grandes pages symphoniques.

L'influence de Lully a été considérable. Joué en France jusqu'à la fin du XVIIIe siècle, le cadre de la tragédie lyrique fixé par lui restera pratiquement inchangé jusqu'à Gluck. La forme de l'ouverture à la française se répandra sur toute l'Europe, jusqu'à Telemann et Bach. Ses disciples, tel Georg Muffat, exporteront la manière de « l'incomparable M. de Lully ».

Bien que ses fonctions n'aient pas comporté la composition d'œuvres religieuses, Lully est également l'auteur de grands motets (*Miserere*, 1664 ; *Te Deum*, 1677 ; *De Profundis*, 1683 ; *Dies irae*...) où se fixe le genre déjà élaboré par Henry Du Mont et Pierre Robert. Lully s'y montre moins original, mais non moins inspiré. Une série de petits motets à deux et trois voix, plus intimes et d'une écriture plus italienne (bien que composés, semble-t-il, à la fin de sa vie), élargissent encore la palette du compositeur préféré de Louis XIV.

PHILIPPE BEAUSSANT

Bibliographie

P. BEAUSSANT, *Lully, ou le Musicien du Soleil*, Gallimard, Paris, 1992 / M. COUVREUR, *Lully*, Vokar, Bruxelles, 1992 / J. EPPELSHEIM, *Das Orchester in den Werken J.-B. Lullys*, H. Schneider, Tützing, 1961 / E. HAYMANN, *Lulli*, Flammarion, Paris, 1991 / J. H. HEYER, *Jean-Baptiste Lully and the Music of the French Baroque*, Cambridge Univ. Press, New York, 1989 / L. DE LA LAURENCIE, *Lully*, Alcan, Paris, 1911, rééd. éd. d'Aujourd'hui, Plan-de-la-Tour, 1977 / « Lully », in *La Revue musicale*, no 398-399, 1987 / H. PRUNIÈRES, *L'Opéra italien en France avant Lully*, Champion, Paris, 1913, rééd. 1975 ; *Lully*, Laurens, Paris, 1910 / H. SCHNEIDER, *Chronologisch-thematisches Verzeichnis sämtlicher Werke von Jean-Baptiste Lully*, H. Schneider, 1981.

LUTOSŁAWSKI WITOLD (1913-1994)

La carrière de Lutosławski s'identifie avec une page de l'histoire de son pays, la Pologne, et s'inscrit dans près d'un demi-siècle de totalitarisme dont il a dû s'accommoder avant de devenir le chef de file de l'une des écoles de composition les plus originales et les plus novatrices de la seconde moitié du XXe siècle.

Il naît à Varsovie le 25 janvier 1913 et commence à étudier le piano dans son enfance. Puis il travaille le violon, avec Lidia Kmitova (1926-1932) ainsi que la théorie et la composition, avec Witold Maliszewski (à partir de 1927). Il reçoit également une formation de mathématicien à l'université de sa ville natale (1931-1933). Au Conservatoire de Varsovie, il étudie le piano, avec Jerzy Lefeld et la composition, avec Maliszewski. Après avoir été fait prisonnier par les Allemands au début de la Seconde Guerre mondiale, il s'échappe et revient à Varsovie, où il mène une vie musicale clandestine en jouant notamment dans des cafés. Des œuvres composées à cette époque, seules les *Variations sur un thème de Paganini* pour deux pianos ont survécu (1941). Sa première symphonie, composée entre 1941 et 1947, est interdite par les autorités communistes à cause de son langage trop novateur. Il doit se soumettre aux directives artistiques du régime et composer des œuvres plus faciles d'accès. Sa première période créatrice est marquée par une écriture néo-classique avec des références à la musique populaire traditionnelle. L'influence de Bartók transparaît dans son *Concerto pour orchestre* (1950-1954), avec des changements de couleur incessants et des rythmes asymétriques. L'évolution de la doctrine officielle lui permet de revenir à un langage atonal avec sa *Musique funèbre* pour orchestre à cordes (1958), hommage à Bartók dont la base thématique repose sur un enchaînement de quartes augmentées descendantes. Dès la fin des années 1950, il se dégage totalement des contraintes et fait des incursions dans le langage dodécaphonique et dans celui de la musique aléatoire. Le contrepoint aléatoire constitue l'un des éléments les plus originaux de son écriture. Les *Jeux vénitiens* (1961) et les *Trois Poèmes d'Henri Michaux* pour chœur, instruments à vent, percussion, deux pianos et harpe (1963) le révèlent au monde occidental et marquent un point de départ dans l'évolution de la jeune école polonaise : ses cadets Penderecki, Górecki, Serocki et Baird s'inscrivent dans ce mouvement, qui date de 1956, année de la création de l'Automne musical de Varsovie, festival de musique moderne qui devient une des vitrines de la création contemporaine. Il commence à diriger ses propres œuvres à partir de 1963 et à enseigner en Europe occidentale.

Son écriture évolue alors vers des recherches de sonorités qui le mènent parfois vers un pointillisme à la façon de Webern, mais très personnel (*Symphonie no 2*, 1965-1967 ; *Livre pour orchestre*, 1968 ; *Concerto pour violoncelle*, dédié à Mstislav Rostropovitch, 1970). Féru de culture française, il continue à mettre en musique des vers de nos compatriotes (*Paroles tissées* pour ténor et orchestre de chambre sur un poème de J.-F. Chabrun, 1965). Au fil des années, une synthèse s'opère dans son langage et il élabore des structures polyphoniques plus serrées avec un retour aux formes classiques (*Mi-parti* pour orchestre, 1976 ; *Les Espaces du sommeil* pour baryton et orchestre sur des poèmes de Robert Desnos, 1975 ; *Novelette* pour orchestre, 1979). À partir des années 1980, sans rester insensible au courant néo-romantique qui domine les nouvelles écoles occidentales, son écriture trouve un point d'aboutissement avec un système harmonique reposant sur les accords de douze sons qu'il parvient enfin à mettre en œuvre dans des textures réduites. Le *Double Concerto pour hautbois et harpe* (écrit pour Heinz et Ursula Holliger, 1980) est la première partition de grande dimension de cette période, suivie de la *Symphonie n*° *3* (1972-1983), de *Chain 1* pour quatorze exécutants (1983), de la *Partita* pour violon et orchestre (1984), de *Chain 2* pour violon et orchestre (créé par Anne-Sophie Mutter, 1985), de *Chain 3* pour orchestre (1986), du *Concerto pour piano* (1988) et de *Chantefleurs et chantefables* pour soprano et orchestre sur des poèmes de Desnos (1991). Il meurt à Varsovie le 7 février 1994.

Lutosławski n'a laissé qu'un petit nombre d'œuvres : il les remaniait sans cesse pour parvenir à un état d'équilibre et de perfection satisfaisant, et certaines sont restées une dizaine d'années sur le métier. Il a ainsi toujours remis au lendemain un projet d'opéra dont il venait de trouver le sujet quelques mois avant de mourir. L'évolution de Lutosławski est exceptionnelle dans la musique du XXe siècle car il a subi relativement peu d'influences. L'isolement dans lequel il s'est trouvé entre la fin des années 1940 et le début des années 1960 l'a amené à créer de façon expérimentale les éléments fondamentaux de son écriture. S'il se reconnaît une parenté culturelle avec Debussy, Bartók ou le jeune Stravinski, il s'est trouvé complètement isolé des déferlements postsériels des années 1950. Certes, il n'est pas resté insensible au langage de Schönberg, mais il l'a plutôt détourné pour créer une forme harmonique originale fondée, elle aussi, sur les douze sons de la gamme chromatique. Sa rigueur, sa noblesse, son sens poétique et sa quête perpétuelle de la perfection en font l'un des créateurs les plus attachants du XXe siècle, proche à bien des égards de Dukas ou de Dutilleux. Il a su réconcilier la musique de son temps avec l'émotion et la poésie.

ALAIN PÂRIS

Bibliographie

J.-P. COUCHOUD, *La Musique polonaise et Witold Lutosławski*, Stock, Paris, 1981 / S. STUCKY, *Lutosławski and His Music*, Cambridge Univ. Press, Cambridge (G.-B.), 1981 / T. KACZYNSKI, *Conversation with Witold Lutosławski*, Londres, 1984 ; *Lutosławski : zycie i muzyka*, Sutkowski Edition, Varsovie, 1994 / E. SIKORA, « Witold Lutosławski : quatre-vingts ans de liberté », in *Diapason*, n° 393, 1993 / C. B. RAE, *The Music of Lutosławski*, Faber, Londres, 1994.

M

MACHAUT GUILLAUME DE (1300 env.-1377)

Guillaume de Machaut, musicien-poète, chanoine de Reims, mêlé intimement à la vie des plus grands personnages de son temps, fut à la fois le dernier des trouvères et l'un des principaux promoteurs de l'art nouveau, l'« Ars nova », codifié par Philippe de Vitry, où il se révéla plus souple et plus varié. La messe de Machaut n'est point seulement un des sommets de la musique médiévale, c'est un chef-d'œuvre universel.

Au service des princes

Guillaume de Machaut est né en Champagne. On présume qu'il étudia à Reims. Une bulle du pape Benoît XII, datée de 1335, nous apprend que Machaut est clerc et secrétaire du puissant Jean de Luxembourg, roi de Bohême, depuis une douzaine d'années. On peut donc tenir pour certain qu'il entra à son service en 1323. Plusieurs de ses œuvres témoignent de son activité auprès de ce prince : *Le Jugement du roi de Behaigne* (1346 env.), *Le Confort d'ami* (1357), *La Fonteinne amoureuse* (1360-1362), *La Prise d'Alexandrie* (1370-1371).

Pendant dix-sept ans, Machaut suivit son maître, participant à sa vie fastueuse et aventureuse. Il l'accompagna dans ses campagnes jusqu'en Lituanie.

Entre 1337 et 1340 il s'installe à Reims et il commence à écrire, à édifier son œuvre poétique et musical, mais il ne renonce pas à se déplacer au gré de son caprice ou selon les besoins de ses charges officielles.

Après la mort du roi de Bohême à Crécy (1346), Guillaume de Machaut entre au service de sa fille, Bonne de Luxembourg, épouse de Jean de Normandie, futur roi de France (Jean le Bon). À la mort de celle-ci, en 1349, Guillaume trouve un nouveau protecteur en la personne du jeune roi de Navarre, Charles, alors âgé de dix-huit ans. Il est assez paradoxal que Guillaume ait su concilier le service de ce prince intrigant, allié des Anglais, avec les amitiés qu'il a toujours conservées à la cour de France. Il resta fidèle au roi de Navarre jusqu'en 1357. L'impopularité du personnage, l'insuccès de ses entreprises, après l'échec à Paris de la révolte d'Étienne Marcel, et le regain d'autorité du dauphin Charles incitent Machaut à se montrer prudent.

Après le traité de Brétigny (1360), le roi Jean, captif en Angleterre, est libéré contre rançon, et deux de ses fils, Louis et Jean, doivent partir outre-Manche comme otages. Guillaume est chargé d'accompagner Jean de Berry jusqu'à Calais (il nous a laissé le récit de cet événement dans le *Dit de la Fonteinne amoureuse*).

En 1361, le dauphin Charles se rend à Reims pour arbitrer un conflit entre l'archevêque Pierre de Craon et les habitants de la ville. Il reçoit les échevins rémois au domicile même de Guillaume de Machaut, ce qui confirme le crédit exceptionnel dont ce dernier jouissait auprès de la famille royale.

C'est à cette époque que se place l'idylle de Machaut avec une jeune fille de dix-neuf ans, Péronne d'Armentières, charmée et honorée d'avoir été choisie par un poète et musicien de si grand renom. Cet épisode sentimental trouve son écho dans le *Livre du Veoir Dit* (1362-1365), comportant, outre la correspondance amoureuse échangée, des pièces lyriques en musique et près de dix mille vers.

Contrairement à la légende, sa messe polyphonique n'est pas exécutée lors du sacre de Charles V à Reims. Il semble hors de doute cependant que Guillaume servit Charles V, sans qu'il soit possible de préciser la nature de ce service.

La chronologie des dernières années de Machaut est plus floue. Parmi les hauts personnages auxquels son nom est associé, il faut citer Pierre de Lusignan, roi de Chypre, à qui il dédie sa *Prise d'Alexandrie* (1370-1371), et Amédée de Savoie.

Le maître vieillit paisiblement en sa maison de Reims, auprès de son frère Jean, et mourut en 1377 ; du moins est-ce la date généralement admise par les historiens. Elle est probable si l'on tient compte du fait que cette même année 1377, le jour de la Fête-Dieu, le poète Eustache Deschamps, disciple de Machaut, envoya à une religieuse de ses amies, aux Andelys, le texte de deux ballades, invitant à pleurer :

La mort Machaud, le noble Rhétorique...

Ces deux ballades sur les mêmes rimes et le même mètre, avec même refrain devaient être mises en musique, sur le modèle de la « double ballade » écrite par Machaut lui-même, par François Andrieu (ms. 1047 de Chantilly).

Un poète allégorique

L'œuvre de Machaut est intégralement restituée grâce à cinq manuscrits des XIVe et XVe siècles, conservés à la Bibliothèque nationale.

D'autres manuscrits de la même époque comportent des pièces de Machaut, dispersées au milieu de compositions diverses, et permettent aux musicologues un travail critique rigoureux.

Il est difficile de séparer l'œuvre poétique de l'œuvre musical. Les grands dits et poèmes romancés comportent des interpolations musicales et toutes les petites poésies à forme fixe (lais, virelais, rondeaux, ballades) sont inséparables de leur support musical.

On a beaucoup médit de Guillaume de Machaut poète. Si l'on recherche la beauté des vers, on ne la trouvera point ; mais à cette époque on ne recherchait point la beauté plastique pour elle-même. Machaut demandait au vers d'être maniable, fluide, léger, accordant toute son attention au rythme, souci naturel pour un musicien. Quant aux images poétiques, elles appartiennent au monde allégorique du *Roman de la rose* ; les symboles sont traditionnels, voire conventionnels, et il en sera ainsi jusqu'au XVIe siècle dans la poésie française. Le mérite de Machaut réside davantage dans l'art de la composition, c'est-à-dire dans l'architecture de ses poèmes : chaque grand poème forme un tout harmonieusement ordonné, où les souvenirs personnels de l'auteur, les personnages réels s'insèrent dans le jeu des allégories ; celui-ci en acquiert plus de vie. Au reste le symbolisme médiéval est toujours vivace au XIVᵉ siècle, et le passage d'un sens immédiat à un sens secondaire ou supérieur est naturel pour tout homme qui fait profession de penser. D'ailleurs ces préoccupations d'ordre ésotérique ne sont point absentes de la musique.

Dans le Prologue à son œuvre, rédigé probablement à la fin de sa vie (vers 1371 ?) et qui figure en tête de plusieurs manuscrits, Machaut se prétend aux ordres de Nature, qui lui a baillé pour l'aider trois de ses enfants : Sens, Rhétorique et Musique. Sens tiendra son esprit informé ; Rhétorique lui donnera l'art de construire et Musique lui fournira « chants divers et déduisants » (« partout où elle est, joie y porte »). Plus loin dans ce Prologue, le dieu Amour vient à Guillaume et lui présente à son tour ses enfants, « Doux penser », « Plaisance » et « Espérance », pour lui donner matière à faire ce que Nature lui a ordonné. La vocation du poète est ainsi définie, ainsi que les thèmes qu'il va traiter et les principes auxquels il doit obéir, la Musique occupant la place d'honneur.

L'œuvre musical

L'œuvre musical de Guillaume de Machaut comporte dix-neuf lais, trente-trois virelais, vingt-deux rondeaux, quarante-deux ballades, vingt-trois motets, une messe polyphonique et le *Hoquetus David*, composition instrumentale à trois voix, destinée, penset-on, à compléter l'organum *Alleluia Nativitas* de Pérotin.

En son *Remède de fortune* (1357 env.), Machaut parle de « la vieille et nouvelle forge », faisant allusion ainsi à l'art antérieur à son siècle (dit Ars antiqua par les musicologues) et à l'Ars nova de Philippe de Vitry. Machaut prend place dans l'Ars nova pour la majeure partie de son œuvre ; cependant dans ses compositions monophoniques (lais et virelais) il se montre attaché aux anciennes formes et par là continuateur des trouvères.

Seize lais sont monophoniques ; les trois autres, à deux ou trois voix, utilisent la technique du canon ou « chasse ». En adoptant une forme archaïque, Machaut assouplit les lignes mélodiques et généralise l'usage de chanter la dernière strophe du poème sur la musique de la première ; dans certains cas, il innove en reproduisant pour cette dernière strophe la mélodie de la première à la quinte supérieure.

Sur trente-trois virelais ou « chansons balladées » – forme apparentée à la *ballata* italienne et qui devait connaître une grande vogue au XVᵉ siècle –, vingt-cinq sont à une voix, et huit à deux voix. Il est certain que, dans ces pièces monophoniques, le chanteur était soutenu par un instrument (harpe ou vièle, selon l'ancien usage des troubadours et des trouvères).

Les rondeaux et ballades sont polyphoniques. La plupart sont à trois voix, quelques-uns à deux voix, d'autres à quatre voix. Le plus souvent une voix seule est chantée, les autres sont instrumentales. Dans certains cas (compositions sur plusieurs textes superposés), il y a deux ou trois parties vocales contre une instrumentale, ce qui n'exclut pas d'ailleurs un soutien instrumental pour les parties chantées. Formes et techniques appartiennent à l'Ars nova.

Quinze motets sont écrits sur un texte français et un sujet profane ; deux sur un texte mixte (français et latin), six en latin, dont deux seulement s'apparentent à la liturgie. Presque tous les « ténors » de ces motets, qu'ils soient empruntés au chant populaire ou au chant grégorien, sont isorythmiques ; la composition obéit aux stricts principes de l'Ars nova définis par Philippe de Vitry (isorythmie du ténor et du contraténor ; isométrie des parties supérieures).

La messe

La messe à quatre voix de Guillaume de Machaut est la première messe polyphonique conçue comme un tout homogène. On ne connaît avant elle qu'une messe complète à trois voix, la messe dite *de Tournai* formée de fragments hétérogènes qu'il faut attribuer à des auteurs différents. Le répertoire d'Avignon fait apparaître des morceaux de l'ordinaire, traités polyphoniquement (surtout des Gloria et des Credo) mais aucune messe in extenso. Il revient à Guillaume de Machaut l'honneur d'avoir créé un genre qui allait connaître un extraordinaire essor au XVe siècle.

On a vu que la messe de Machaut n'a point été exécutée pour le sacre de Charles V ; le titre *Messe Notre-Dame* qu'on lui donne quelquefois figure dans le manuscrit du marquis de Voguë. On peut le retenir en raison du fait suivant : Guillaume de Machaut et son frère Jean avaient fondé une messe de la Vierge qui se devait chanter tous les samedis à l'autel de la Rouelle en la cathédrale de Reims ; on peut légitimement penser que la *Messe Notre-Dame* a été écrite pour cette chapelle.

« La messe de Machaut, écrit Charles Van den Borren, demeure un chef-d'œuvre isolé bien fait pour surprendre par sa grandiose étrangeté et séduire par son audacieux modernisme. Il plane comme un mystère dans cette composition plus raffinée que barbare, encore qu'en l'étudiant de près l'on n'a pas de peine à apercevoir qu'elle est l'ultime produit d'une tradition, mais d'une tradition magnifiée par un génie qui n'hésite pas à en bousculer la rigidité, à la vivifier par toute la fantaisie que permettent depuis Philippe de Vitry les conceptions rythmiques élargies de l'Ars nova, avec leurs possibilités infinies de syncopation et solidairement d'emploi renforcé des notes de passage dissonantes. »

Les diverses parties de la messe ne sont point de même facture : le *Kyrie*, le *Sanctus*, l'*Agnus* et l'*Ite missa est* sont construits sur le modèle des motets isorythmiques, tandis que le *Gloria* et le *Credo* se rattachent à la technique du « conduit » et de la ballade. Mais il existe un facteur d'unité : le retour périodique de certains motifs mélodiques, ce qui est un pressentiment génial de ce que sera plus tard la forme dite cyclique.

Le *Kyrie* est bâti sur le thème du *Kyrie* grégorien *Cunctipotens genitor Deus* (graduel no IV, « *in festis duplicibus* »). Les ténors du *Sanctus* et de l'*Agnus* sont empruntés au graduel no XVII (« *in dominicis adventus et quadragesimae* »). Enfin le *cantus firmus* de l'*Ite missa est* reproduit presque intégralement le début du *Sanctus* grégorien emprunté au graduel no VIII (« *in festis duplicibus* »). Ces thèmes générateurs sont découpés en fragments isorythmiques, au sein desquels on découvre des symétries frappantes. Otto Gombosi en a fait l'analyse dans un article du *Musical Quarterly* (1950) et aboutit aux mêmes conclusions qu'Armand Machabey, lequel écrit à propos du ténor du *Kyrie* : « On remarque qu'il y a sept périodes de trois longues parfaites (ternaires) et l'on peut se demander si c'est le hasard qui a conduit Machaut à cette division plutôt que le sens mystique s'attachant à ces nombres (7 et 3). Les vues ésotériques n'étaient certainement pas étrangères au chanoine, qui vivait en un temps où l'occultisme s'était introduit dans tous les milieux intellectuels et se mélangeait plus ou moins subrepticement aux choses de la religion. » Au-dessus de ce ténor isorythmique et du contraténor de même structure, les parties supérieures (*triplum* et *motetus*) se développent plus librement dans un style fleuri, agrémenté de hoquets, quoiqu'on puisse y découvrir à maintes reprises un reflet de l'isorythmie des voix inférieures.

Dans le *Gloria* et le *Credo*, point de ténor liturgique, mais, comme le fait observer Jacques Chailley : « La partie correspondante présente une continuité de lignes, des repos de cadence tels, que manifestement Machaut y a vu une *vox prius facta* et l'a écrite isolément suivant la technique des anciens conduits. » Le style de ces deux morceaux tend vers l'homophonie ; la déclamation y est presque toujours syllabique. Comme dans la ballade, on y trouve une alternance de fins de phrases suspensives ou conclusives (ouvert ou clos). Otto Gombosi y voit une structure strophique, c'est-à-dire un certain nombre de strophes similaires, quant à leur structure interne, avec retour régulier des mêmes formules cadentielles ; les correspondances mélodiques sont aussi fréquentes que les correspondances harmoniques d'une strophe à l'autre.

Ainsi l'analyse de cette grande messe polyphonique met en évidence un souci d'ordre, de symétrie, d'équilibre sous la diversité des formes. Établir une correspondance avec les concepts des architectes gothiques s'impose ici. Un tel édifice sonore dépasse les limites de la perception sensible pour atteindre à l'abstraction. On peut le rattacher aux concepts pythagoriciens et à la philosophie de saint Augustin qui, dans son *De musica*, reconnaissait comme critère de la beauté d'une œuvre musicale la *numerositas* qu'elle contenait, c'est-à-dire sa participation à la beauté intelligible du nombre.

ROGER BLANCHARD

Bibliographie

• Œuvres de Guillaume de Machaut

Poésies lyriques, V. Chichmareff éd., Paris, 1909, reprod. fac-sim., Slatkine, Genève, 1973 ; *Œuvres littéraires de G. de Machaut*, E. Höppfner éd., Paris, 1921 ; *Musikalische Werke*, F. Ludwig éd., 4 vol., Leipzig, 1906-1954 ; *Messe de G. de Machaut*, J. Chailley éd., Paris, 1948 ; *Messe de G. de Machaut*, A. Machabey éd., Liège, 1948 ; *Messe de Nostre Dame*, G. de Van éd., Rome, 1949 ; « The Works of G. de Machaut », in *Polyphonic Music of the 14th Century*, L. Schrade éd., Monaco, 1957 ; *Poèmes*, éd. A. Fourrier, Droz, Genève, 1979 ; *Le Livre de la Fontaine amoureuse*, Stock, Paris, 1993.

• Études

H. Besseler, *Die Musik des Mittelalters und der Renaissance*, Potsdam, 1934 / I. Cerquiglini, *Guillaume de Machaut et l'écriture au XIVe siècle : « Un Engin si soutil »*, H. Champion, Paris, 1985 / J. Chailley, *Histoire musicale du Moyen Âge*, Paris, 1950, rééd. 1984 / A. Gastoué, *Les Primitifs de la musique française*, Paris, 1922 / T. Gérold, *Histoire de la musique des origines à la fin du XIVe siècle*, Paris, 1936 / *Guillaume de Machaut*, colloque, Klincksieck, Paris, 1982 / A. Machabey, *Guillaume de Machaut. La vie et l'œuvre musicale*, Paris, 1955 / D. Plamenac, « Keyboard Music of the 14th century in Codex Faenza 117 », in *Journ. of American Musicological Society*, vol. IV, 1951 / G. Reaney, « The Ballades, rondeaux and virelais of Guillaume de Machaut. Melody, rhythm and form », in *Acta musicologica*, vol. XXVII, 1955 ; « Les Lais de Guillaume de Machaut », in *Proceedings of the Royal Music Association*, vol. LXXXII, 1955 ; « Voices and instruments in the music of Guillaume de Machaut », in *Revue belge de musicologie*, vol. X, 1956.

MÂCHE FRANÇOIS-BERNARD (1935-)

Né à Clermont-Ferrand, normalien, agrégé ès lettres, diplômé d'archéologie grecque, docteur d'État en musicologie, élève d'Olivier Messiaen pour la composition au Conservatoire de Paris, François-Bernard Mâche, compositeur, entre dès 1958 au Groupe de recherches musicales de Pierre Schaeffer à la Radiodiffusion télévision française, et y reste jusqu'en 1963. En 1961, il devient professeur de littérature classique. De 1983 à 1994, il est professeur de musicologie à l'université de Strasbourg-II, et, en 1994, il est nommé directeur d'études à l'École des hautes études en sciences sociales. La musique électroacoustique, souvent alliée à l'instrument, tient une place importante dans son œuvre : *Volumes* (1960, 11 instruments et 12 pistes magnétiques) ; *Synergies* (1963, 21 instruments et 5 pistes magnétiques) ; *Nuit blanche* (1966, récitant et bande, sur un texte d'Antonin Artaud) ; *Korwar* (1972, clavecin et bande) ; *Rambaramb* (1972, orchestre, piano solo et bande) ; *Naluan* (1974, 8 instruments et bande) ; *Kassandra* (1976, 14 instruments et bande, commande de Radio-France et prix Italia en 1977) ; *Aulodie* (1983, pour hautbois, ou saxophone soprano, ou clarinette piccolo, et bande) ; *Iter memor* (1985, pour violoncelle et échantillonneur) ; *Moires* (1994, pour quatuor à cordes et sons de synthèse). Cette recherche sur les relations du son instrumental et de la bande magnétique est représentative d'une ligne de pensée : s'inscrivant en faux contre une certaine conception de la musique comme langage et développement du langage, François-Bernard Mâche la conçoit comme « une forme prise aujourd'hui par le sens du sacré, ce terme désignant, hors de tout sens religieux traditionnel, une vue non humaniste du monde ». La musique n'est plus pour lui communication culturelle, mais insertion biologique de l'homme dans la nature et lieu où l'unité du monde essaie de se refaire, d'où l'importance accordée à ses sources naturelles : le compositeur abolit, par juxtapositions et fondus, la frontière entre son musical et son brut (éléments naturels, chants d'oiseaux, cris d'animaux et – comme dans *Naluan* – voix humaines, machines, etc.) dans un « naturalisme sonore » qui tente, par la décomposition des formes naturelles prises comme modèles, d'extraire de cette réalité une pensée latente et de rejoindre ainsi des pratiques musicales universelles. François-Bernard Mâche est un pionnier de l'application des données linguistiques à la création musicale. Cette philosophie musicale se retrouve dans les principales œuvres instrumentales de François-Bernard Mâche : *Canzone III* (1967, 7 cuivres) ; *Répliques* (1969, « expérience orchestrale avec participation du public muni d'appeaux ») ; *Danaé* (1970, 12 voix mixtes et 1 percussionniste) ; *Octuor opus 35* (1977, pour l'Octuor de Paris), *Eridan* (1987, pour quatuor à cordes) ; *Braises* (1995, pour clavecin amplifié et orchestre). *Da capo* (1976) est un spectacle musical pour six musiciens et dix acteurs, ceux-ci utilisant un grand nombre d'instruments et de « gadgets » sonores. *Amorgos* (1979) utilise en fond sonore le bruit des vagues enregistré sur bande magnétique.

NICOLE LACHARTRE

MADERNA BRUNO (1920-1973)

Vénitien comme G. F. Malipiero qui fut son professeur, et comme son cadet Luigi Nono dont il fut à son tour l'initiateur, Bruno Maderna est un des plus authentiques représentants du renouveau de la musique italienne au lendemain de la Seconde Guerre mondiale. Enfant prodige, il a toujours vécu par et dans la musique. À six ans, il gagne sa vie avec son violon, à onze ans il dirige pour la première fois un orchestre, à douze ans il est présenté à Richard Strauss. Après de sérieuses études au conservatoire Santa Cecilia à Rome, il travaille avec Malipiero et surtout avec Hermann Scherchen qui l'oriente de manière décisive vers la recherche.

Maderna est, par voie de conséquence, un des pionniers de l'écriture sérielle (*Studio per il processo di Kafka*, 1950 ; *Serenata per undici strumenti*, 1957) ; il est également un pionnier de la musique expérimentale pour laquelle il fonde, en 1953, le « Studi di Fonologia » de Milan, avec Luciano Berio. Il compose alors de la musique électronique, souvent mêlée à des instruments traditionnels : *Musica su due dimenzioni* (1952, repris en une nouvelle version en 1958), *Notturno* (1955), *Syntaxis* (1957), *Serenata III* (1961), etc. Bruno Maderna est également l'auteur d'un important opéra, *Hypérion* (1964) ; il travaille à nouveau pour un opéra, *Satiricon* (1973), quand il est atteint par la maladie qui l'emporte en quelques mois. Ses dernières œuvres instrumentales (*Aulodia*, 1970 ; *Il Giardino religioso*, 1972 ; *Journal vénitien*, 1972) ne peuvent que faire regretter la disparition trop rapide d'un tel musicien. Sa musique, toujours intelligente, souvent teintée d'ironie, est d'un grand raffinement et manifeste un souci constant de pureté dans la recherche et l'utilisation d'un matériau sonore.

À l'égal de Pierre Boulez, dont il est du reste l'ami, Maderna est un des meilleurs chefs d'orchestre de sa génération. Passionné par la musique de tous les temps, il s'est attaché à faire revivre des musiques du passé (Monteverdi, Josquin Des Prés, Rameau). La singularité de Maderna tient aussi dans ce fait qu'il n'éprouve pas, en tant que musicien, de rupture entre la musique du passé et la musique contemporaine.

C'est ainsi qu'il lui arrive de donner (au conservatoire de Rotterdam en 1968), lui, le théoricien par ailleurs du dodécaphonisme, une série de cours sur « les rapports entre la musique de l'humanisme et de la Renaissance et la musique contemporaine ». Il professe volontiers que « les problèmes de la musique sont toujours les mêmes, le contenu aussi, celui-ci étant toujours émotif, seul le langage se transforme ».

BRIGITTE MASSIN

MAGNARD ALBÉRIC (1865-1914)

Le compositeur Albéric Magnard est l'un des seuls symphonistes de grande envergure qu'ait connu la France à l'aube du XXe siècle. Bien que son père, rédacteur en chef du *Figaro*, lui ait offert toutes les facilités pour réaliser une brillante carrière, il refuse ses interventions et suit, en solitaire, un chemin en marge des circuits musicaux de son temps. Après avoir reçu une formation juridique, il entre au Conservatoire de Paris en 1886, où il travaille avec Jules Massenet et Théodore Dubois. Il s'y lie d'amitié avec Guy Ropartz, qui sera par la suite l'un de ses plus fervents défenseurs. Puis il suit les cours de Vincent d'Indy à la Schola Cantorum (1888-1892) et compose, à la même époque, sa *Première Symphonie* (1889-1890) et son premier ouvrage lyrique, *Yolande* (1888-1891), représenté à la Monnaie de Bruxelles en 1892. Il voyage beaucoup et collabore de façon éphémère au *Figaro*. En 1897, il remplace pendant quelques mois Vincent d'Indy à la Schola, seule fonction officielle qu'il acceptera d'occuper. Très méfiant de nature, il limite la diffusion de ses œuvres à une élite privilégiée sans passer par l'intermédiaire d'un éditeur. Il préfère les faire imprimer à son propre compte. Cette méfiance explique pourquoi il fallut attendre les années 1980-1990 pour que sa musique soit redécouverte.

En 1899, il organise un concert de ses propres œuvres qui permet d'entendre notamment la *Symphonie n° 2* et la *Symphonie n° 3* : il s'agit d'une révélation pour le monde musical ; mais Magnard n'exploite pas la situation. En 1904, il achète à Baron (Oise) un manoir où il se retire, loin de la capitale. Seul Guy Ropartz, à Nancy, agit inlassablement en faveur de son ami, dont il dirige les principales œuvres. En 1911, l'Opéra-Comique crée *Bérénice*. Le 3 septembre 1914, Albéric Magnard meurt sous les balles allemandes en défendant, seul, son manoir de Baron, que ses idéaux l'empêchaient de livrer à l'envahisseur.

Personnalité complexe, en réaction contre les idées de la bourgeoisie aisée dont il était issu, Magnard a cherché durant sa vie un idéal terrestre satisfaisant une soif de vérité et de moralité qu'aucune religion n'épanchait à son goût. Il se passionne pour l'affaire Dreyfus, qui donne naissance à l'*Hymne à la justice*. Il confie l'impression de ses œuvres à une coopérative ouvrière qui abuse de sa générosité ; féministe, misanthrope, intransigeant, c'est un optimiste de nature, parfois un peu naïf, qui vire au scepticisme et au pessimisme par idéalisme blessé. Sa vision artistique est en dehors de son temps : il voit plus loin, et si l'effort paraît stérile dans l'immédiat, à long terme rien n'est perdu.

L'œuvre de Magnard est celle d'un symphoniste pur. On a souvent évoqué l'influence beethovénienne, révélée surtout dans le respect des formes classiques. Mais Magnard se présente davantage comme un Brahms français. Son caractère excessif le pousse à refuser tous les excès de ses contemporains : la musique à programme, le chatoiement harmonique, l'écriture cyclique et le chromatisme, malgré une influence wagnérienne indéniable. Il se réfugie dans les formes traditionnelles de la musique (sonate, symphonie), qu'il transcende par la richesse de ses idées. Son écriture est essentiellement contrapuntique et son orchestration, d'un effectif comparable à celle de Beethoven et de Brahms, repose avant tout sur les cordes.

Magnard a laissé quatre symphonies, trois poèmes symphoniques (*Chant funèbre*, 1895 ; *Hymne à la justice*, 1902 ; *Hymne à Vénus*, 1903-1904), plusieurs sonates (violon-piano, 1901 ; violoncelle-piano, 1909-1910), un quatuor à cordes (1902-1903), un quintette pour piano, flûte, hautbois, clarinette et basson (1894), des mélodies, des pièces pour piano et trois ouvrages lyriques (*Yolande*, 1888-1891 ; *Bérénice*, 1905-1909 ; *Guercœur*, 1897-1900, orchestration partiellement reconstituée par Guy Ropartz).

ALAIN PÂRIS

MAHLER GUSTAV (1860-1911)

À la fois héritier du romantisme allemand et source de la musique d'aujourd'hui, Mahler fut très tôt accusé de modernisme outrancier et de sentimentalité désuète. Juif surgi « sans crier gare » de « quelque part en Bohême », comme à la même époque Freud ou Kafka, à la fois grand chef d'orchestre et grand compositeur, il se consacra presque exclusivement au lied et à la symphonie, unissant ces deux genres par des liens très étroits, tout en menant à terme celui de la symphonie viennoise jadis créé par Haydn. Il fut l'un des principaux maîtres à penser d'Arnold Schönberg et de ses disciples Alban Berg et Anton Webern.

Mésentente des parents, drames familiaux, marches et sonneries militaires, chants populaires, passion pour la littérature marquent Mahler jeune, et marqueront plus tard sa musique. Gustav Mahler naît le 7 juillet 1860 à Kaliště, petit village de Bohême non loin de la frontière de Moravie, dans une famille israélite de langue allemande. Son père est aubergiste. Après trois années (1875-1878) passées au conservatoire de Vienne, où son caractère entier se manifeste déjà et où il a comme condisciple Hugo Wolf, il commence en 1880 sa double carrière de chef d'orchestre et de compositeur. Jusqu'en 1888, il occupe successivement des postes à Bad Hall, ville d'eau de Haute-Autriche (1880), à Laibach (aujourd'hui Ljubljana, 1881-1882), à Olmütz (aujourd'hui Olomouc, 1883), à Kassel (1883-1885), à Prague (1885-1886) et à Leipzig (1886-1888).

La plupart des œuvres composées par Mahler jusque vers l'âge de vingt-trois ans sont perdues ou détruites. Du 5 mars 1880 est daté le lied *Hans und Grete*, composé avec deux autres lieder et la cantate *Das klagende Lied* pour une jeune fille passionnément aimée du nom de Joséphine Poisl. *Das klagende Lied* (*Le Dit de la plainte*), cantate pour soli, chœurs et orchestre, est la première œuvre importante à avoir survécu ; soumise plus tard à révision, elle date bien pour l'essentiel de 1880. Mahler ne put la faire jouer qu'en 1901, mais, en 1881, il la présenta à un jury, et Brahms, qui en faisait partie, la rejeta avec horreur. L'argument avait pourtant de quoi séduire : il s'agissait d'une légende moyenâgeuse proche de certains contes de Grimm, de celles qui avaient constitué l'univers des premiers écrivains et compositeurs romantiques allemands. Mais dans cette œuvre, une des plus personnelles écrites par un compositeur aussi jeune, on trouve déjà tout Mahler : ses côtés poétiques et pittoresques mais aussi profondément inquiétants, des mélodies avenantes entonnées par les cors mais aussi des rythmes de marche venant les briser. *Das klagende Lied* rend hommage au fantastique et au grotesque, et rappelle que Mahler était un lecteur assidu de E. T. A. Hoffmann. On entend, aux moments les plus dramatiques de cette histoire de meurtre, une sorte d'orphéon : cette première intervention, chez Mahler, d'un instrument de « bas étage » porte une atteinte sérieuse à la respectabilité et à la bienséance en musique, qui choqua certainement.

Le lied et la symphonie

Mahler ne se consacre plus alors qu'au lied et à la symphonie. Les symphonies sont au nombre de dix, et la dernière reste inachevée ; les *Deuxième*, *Troisième*, *Quatrième* et *Huitième* font intervenir les voix (de façon chaque fois différente, d'ailleurs). Quant aux lieder, dont quelques-uns seulement sont accompagnés au piano et les autres par l'orchestre, ils se regroupent en cinq cycles plus ou moins importants et dont le dernier, *Das Lied von der Erde* (*Le*

Chant de la Terre), constitue en fait une véritable symphonie. De même que, jadis, on vanta Mahler interprète au détriment de Mahler créateur, on prit prétexte des dimensions des symphonies pour n'y voir que de « petits lieder gonflés en symphonies ». Ce genre d'objection apparaît aujourd'hui dérisoire.

À Kassel furent terminés les *Lieder eines fahrenden Gesellen* (*Chants d'un compagnon errant*), composés pour la chanteuse Johanna Richter, avec laquelle Mahler avait eu une liaison, et à Leipzig fut achevée la *Première Symphonie*, dite *Titan*, écrite sous le coup d'une nouvelle passion pour Marion von Weber, épouse du petit-fils de l'auteur du *Freischütz*. La symphonie fut créée dans sa version originale en novembre 1889 à Budapest, dont Mahler dirigea l'Opéra de 1888 à 1891. Ce fut le premier poste où il ne dépendit en principe, sur le plan artistique, que de lui-même. Il y assura les créations de *L'Or du Rhin* et de *La Walkyrie* de Richard Wagner en janvier 1889 ; et, en janvier 1891, il y dirigea une magnifique représentation du *Don Giovanni* de Mozart qui souleva l'enthousiasme de Brahms. Démissionnaire deux mois plus tard, Mahler devint immédiatement, et pour six ans (jusqu'au début de 1897), premier chef à l'Opéra de Hambourg, avec sous ses ordres un excellent ensemble de musiciens et, à partir de 1894, un jeune assistant nommé Bruno Walter. De cette époque datent la plupart des lieder du cycle *Des Knaben Wunderhorn* (*Le Cor merveilleux de l'enfant*), réalistes et fantastiques à la fois, ainsi que deux symphonies, conçues, elles aussi, sous le signe du *Wunderhorn* et avec chacune deux mouvements faisant appel aux voix : la *Deuxième* (1888-1894), dite *Résurrection*, dont le finale est bâti sur un hymne de Friedrich Gottlieb Klopstock, et la *Troisième* (1894-1896), qui chante un hymne immense à la nature (le quatrième de ses six mouvements repose sur un poème du *Zarathoustra* de Nietzsche). La *Quatrième Symphonie* (1899-1900), bien que composée à un autre moment de la vie de Mahler (durant les années passées à la tête de l'Opéra de Vienne), peut se rattacher aux trois premières. Elle n'en est pas moins une œuvre charnière.

Ces quatre premières symphonies présentent avec les lieder qui leur sont contemporains des liens particulièrement évidents : mouvements vocaux sur des poèmes du *Wunderhorn* (dans les *Deuxième*, *Troisième* et *Quatrième*), rencontres d'atmosphère, citations instrumentales éparses ou non (des *Lieder eines fahrenden Gesellen*, dans la *Première* ; des *Wunderhorn Lieder*, de la *Deuxième* à la *Quatrième*). Ces liens ne devaient jamais disparaître tout à fait, puisqu'on retrouve, davantage sous forme de souvenirs il est vrai, des « citations » des *Wunderhorn Lieder* jusque dans la *Septième Symphonie* au moins, et des échos des lieder sur des poèmes de Friedrich Rückert de la *Quatrième* à la *Septième*. Cela dit, les lieder de Mahler ne se laissent pas résumer par la notion, aussi extensible soit-elle, d'étude préalable. Tous furent finalement orchestrés, sauf les trois volumes publiés en 1892 comme *Lieder und Gesänge aus der Jugendzeit* (*Lieder et chants de jeunesse*), et ils sont difficilement concevables autrement, car ils ont eux-mêmes une dimension symphonique. Cette dimension fut déterminée, entre autres, par le choix des textes : choix souvent « archaïque », à l'opposé de toute attitude centrée sur le moi individuel. Les deux cycles sur des poèmes de Rückert (*Rückert Lieder* proprement dits et *Kindertotenlieder*, 1901-1904) en sont au contraire très proches, mais ne purent être composés par Mahler qu'à un stade avancé de son évolution. Les *Lieder eines fahrenden Gesellen* en relèvent partiellement (traits autobiographiques), mais se définissent également par un ton de ballade que l'on peut rencontrer chez Schubert et qui fait contrepoids.

L'objectivisme teinté d'archaïsme est avant tout l'apanage des *Wunderhorn Lieder*, qui occupent chez Mahler une position centrale. Que leurs textes ne soient pas authentiquement populaires n'y change rien. À eux seuls, ces textes font surgir un passé sans illusions, avec, à la fois, une nette distanciation et des reflets de catastrophes ambiantes. L'ironie y est fréquente et mêlée de compassion ; ils mettent en scène un monde de damnés, de condamnés, d'affamés, de réprouvés, qu'on retrouvera chez Alban Berg, et pas seulement dans *Wozzeck*. Mélodies, harmonies et structures tonales font ici bon marché d'une prétendue influence « populaire », même si le ton lui rend souvent hommage, et donnent naissance à autant de symphonies en miniature.

Inversement, le groupe des quatre premières symphonies est marqué par la littérature. Il ne s'agit pas là des « programmes » que Mahler rédigea pour les trois premières et auxquels il renonça par la suite. « Musique définie comme roman », a écrit Theodor W. Adorno : mais ce fut en se référant à sa forme, non à un quelconque héros. Sous cet aspect, la page la plus significative de Mahler est certainement le premier mouvement (le plus long de tous ceux de Mahler) de la *Troisième Symphonie* (également la plus longue de toutes). Ce mouvement, qui s'oppose à lui seul aux cinq autres de la symphonie, se présente comme un vaste montage, que la forme sonate recouvre comme un voile transparent. La nature y est privée de son innocence ; avec le matériau musical qui l'évoque « objectivement », Mahler, par le contexte dans lequel il le place, construit un outil aux prolongements particulièrement angoissants. Comme Kafka, il se sert des tournures les plus banales pour dire les choses les plus effrayantes. Dans cette page, Mahler prend le maximum de risques, sublimant le pot-pourri, n'hésitant pas à se faire le complice du chaos. La *Quatrième* n'abandonna pas ces conquêtes, mais, en les mêlant à des références à l'enfance et au XVIIIe siècle, devint objet de scandale. Plus stylisée, plus condensée, elle annonce en même temps les suivantes, et aussi le fait que vont apparaître à l'avenir chez Mahler des souvenirs et des échos, moins du monde extérieur que de son univers propre et, pour finir, de musiques imaginaires.

L'interprète et l'homme de théâtre

Avec son accession en mai 1897 au poste de directeur de l'Opéra de Vienne, Mahler aborde l'étape la plus prestigieuse de sa carrière officielle. Ne se ménageant pas plus qu'il ne ménage les autres, il s'attire à la fois des partisans dévoués et des ennemis acharnés : d'où ses triomphes et ses échecs. Il rénove le répertoire et les habitudes de travail de l'orchestre et dirige aussi, de 1898 à 1901, les concerts de la Philharmonie. En 1902, son mariage avec Alma Schindler, de dix-neuf ans sa cadette, marque un tournant dans sa vie. Avec le peintre Alfred Roller, collaborateur de premier plan, il réalise de 1904 à 1907 ses plus grandes mises en scène à l'Opéra (Gluck, Mozart, Beethoven, Wagner), fondant ainsi la renommée future de cette maison. Après la *Quatrième Symphonie* sont alors composées la romantique *Cin-*

quième (1901-1902), la grandiose et tragique *Sixième* (1903-1904) et la fascinante *Septième* (1904-1905) – qui forment une trilogie purement instrumentale –, la problématique *Huitième* (1906-1907), entièrement pour soli, chœurs et orchestre, en deux parties fondées l'une sur le *Veni Creator*, l'autre sur la fin du *Second Faust* de Goethe, ainsi que deux séries de cinq lieder (1901-1904) chacune sur des poèmes de Rückert, les *Rückert Lieder* proprement dits et les poignants *Kindertotenlieder* (*Chants pour des enfants morts*). Parallèlement, Mahler s'engage franchement, sans toujours l'approuver sur le plan artistique, en faveur du jeune Schönberg.

En 1907, trois « coups du destin » le frappent : perte, à la suite notamment d'attaques ouvertement antisémites, de sa situation à Vienne ; mort de sa fille aînée ; découverte chez lui d'une maladie de cœur incurable. Appelé par le directeur du Metropolitan Opera, Mahler passe quatre années de suite (de 1907 à 1911) l'automne et l'hiver à New York, où il dirige aussi la Philharmonie, et le printemps et l'été en Europe, où il termine en 1908 *Das Lied von der Erde*, sur des poèmes traduits du chinois, et en 1909 la *Neuvième Symphonie*. En 1910, une grave crise conjugale, qui le conduisit à consulter Freud, ne lui permit pas d'achever la *Dixième*. Mais la création à Munich (sept. 1910) de la *Huitième*, dite *des Mille*, lui valut son plus grand triomphe de compositeur (les trois partitions ultimes sont posthumes). Victime en Amérique (févr. 1911) d'une angine à streptocoques, ramené d'urgence en Europe, Mahler mourut à Vienne le 18 mai 1911 sur une dernière parole (*Mozartl*) adressée à Alma, dirigeant du doigt un orchestre invisible.

Les semences de l'avenir

Des trois symphonies instrumentales de la période médiane, l'œuvre clé est la *Sixième*. Les *Cinquième* et *Septième* se ressemblent, avec leurs cinq mouvements avançant des ténèbres vers la lumière (d'une marche funèbre initiale à un rondo triomphal en majeur) et leur tonalité évolutive (elles s'ouvrent et se terminent dans deux tonalités différentes). Extérieurement, la *Sixième Symphonie* est la plus traditionnelle de toutes : elle est la seule, avec la *Première*, à s'en tenir aux quatre types de mouvements fixés par Haydn, l'une des rares à finir dans sa tonalité de départ, et son finale est une apothéose de la forme sonate, de la dialectique thématique et tonale qui caractérise cette forme. La *Sixième* est aussi la seule de toutes à se terminer « mal », sur une défaite psychologique : sa tonalité de départ, et dans laquelle elle retombe, est *la* mineur. Mais, musicalement, c'est un des deux ou trois sommets de la production de Mahler. Et le discours, par le fait même de sublimer la tonalité, célèbre sa fin et l'impossibilité d'y revenir.

Le premier mouvement de la *Septième*, avec ses superpositions impitoyables de quartes (que l'on retrouve un an plus tard dans l'opus 9 de Schönberg), et celui de la *Huitième*, réduit (comme le finale de la *Septième*) à se forcer pour affirmer le mode majeur, en tiennent compte. Moins cependant que les œuvres ultimes. À partir du second mouvement de la *Huitième* disparaissent chez Mahler l'architectonique, la sonate ; et la forme romanesque, qui déteste savoir à l'avance où elle va, se réalise complètement. Les divers mouvements (chapitres) du *Chant de la Terre* et de la *Neuvième* disposent d'une autonomie inconcevable auparavant, et le premier mouvement de la *Neuvième* est presque une symphonie à lui tout seul. Dans ces deux ouvrages, le passé évoqué apparaît brisé, en miettes. « Il était une fois la tonalité », chante jusqu'à l'obsession le début de la *Neuvième*, dont le *ré* majeur est surtout là comme une couleur. Dans ce mouvement, celui de Mahler qui regarde le plus loin et le plus largement vers l'avenir, sont mis en relation comme jamais auparavant le chaos et l'organisation, l'amorphe et le dynamique, le silence et le cri, la mort et la vie. À la fin, après un des passages les plus terrifiants de tout Mahler, après une cadence incroyable de trois timbres (flûte, cor, cordes graves) signifiant bien plus profondément la désintégration que n'importe quelle musique aléatoire, *ré* majeur devient lieu de refuge. Ce n'est pas Schönberg, en y revenant dans ses dernières œuvres, mais bien Mahler, qui a su dire objectivement que la tonalité n'existait plus, et ce, paradoxalement, sans l'avoir jamais abandonnée.

La musique de Mahler est variations sur le thème du sublime et du banal, de l'idéalisme et du réalisme, du recherché et du naïf, du sérieux et de l'ironie, du lied et de la symphonie, du XIXe et du XXe siècle, mais ces éléments, elle les magnifie et les oppose tout en les laissant toujours clairement reconnaissables, sans jamais les fondre. Le compositeur eut des visions fulgurantes, mais son originalité foncière réside aussi dans sa façon en apparence iconoclaste, en réalité fort lucide, de traiter le passé. De l'art de la citation (réelle ou imaginaire), il sut faire un souvenir ou un pressentiment, non une banale reconnaissance, une vision non pas idéalisée, mais critique et corrosive, de l'héritage musical. Faut-il préciser que ce trait de style est une des données principales de l'actualité de son art ?

MARC VIGNAL

Bibliographie

T. W. ADORNO, *Mahler*, Suhrkamp, Francfort, 1960 (trad. franç. J.-L. Leleu, *Mahler : une physionomie musicale*, éd. de Minuit, Paris, 1976) / N. BAUER-LECHNER, *Erinnerungen an Gustav Mahler*, E.P. Tal, Leipzig, 1923 (trad. angl. *Recollections of Gustav Mahler*, Faber, Londres, 1980) / K. BLAUKOPF, *Gustav Mahler*, trad. franç. B. Berlowitz, Laffont, Paris, 1979 / P. CHAMOUARD, *Gustav Mahler, tel qu'en lui-même*, Klincksieck, Paris, 1989 / D. COOKE, *Gustav Mahler : an Introduction to his Music*, Faber, 1980 / S. GUTH, *Aspects du lied romantique allemand*, Actes sud, Arles, 1994 / M. KENNEDY, *Mahler*, Dent, Londres, 1974 / H.-L. DE LA GRANGE, *Gustav Mahler*, 3 vol., Fayard, Paris, 1979, 1983, 1984 / P.-G. LANGEVIN, « Le Siècle de Bruckner », in *La Revue musicale*, nos 298-299, 1975 / « Mahler », in *L'Arc*, 1976 / « Mahler et la France », in *Musical*, no 9, 1989 / G. MAHLER, *Lettres à Alma*, trad. franç. M. et R. d'Asfeld, Van de Velde, Tours, 1979 / G. MAHLER & R. STRAUSS, *Correspondance : 1888-1911*, trad. M. Kaltenecker, B. Coutaz, Arles, 1989 / A. MAHLER-WERFEL, *Ma Vie*, trad. de l'all. G. Marchegay, Hachette, Paris, 1985 / J. MATTER, *Connaissance de Mahler*, L'Âge d'homme, Lausanne, 1974, réimpr. 1986 / D. MITCHELL, *Gustav Mahler, Songs and Symphonies of Life and Death*, Faber, 1985 / D. NEWLIN, *Bruckner, Mahler, Schönberg*, Norton, New York, 1947, rééd. 1978 / H. F. REDLICH, *Bruckner and Mahler*, Dent, 1955, rééd. 1963 / M. VIGNAL, *Mahler*, Seuil, Paris, 1966, nouv. éd. 1994 / B. WALTER, *Gustav Mahler*, Vienne, 1936 (trad. franç. B. Vierne, Hachette Pluriel, Paris, 1983).

MALEC IVO (1925-)

La rencontre de Pierre Schaeffer à Paris en 1955 a joué pour Ivo Malec – compositeur, chef d'orchestre et pédagogue français d'origine croate – un rôle capital dans son évolution, et déterminant dans sa vie. Après des études universitaires et musicales très brillantes à Zagreb, sa ville natale, Ivo Malec gagne sa vie comme chef d'orchestre lyrique en Yougoslavie (il se révélera un remarquable chef pour la musique contemporaine). Dès sa rencontre avec Schaeffer, il commence à collaborer aux travaux que celui-ci dirige sur la musique concrète. Malec se fixe définitivement en France en 1959, devient dès sa fondation (en 1960) un des animateurs les plus solides du Groupe de recherche musicale de l'O.R.T.F. ; il est professeur de composition au Conservatoire national de Paris de 1972 à 1990.

Passionné par l'ouverture nouvelle que cela implique pour l'enrichissement et le renouvellement du langage musical, Malec s'engage tout entier dans l'apprentissage de la manipulation sonore (création du matériau brut, lois des assemblages). Il apprend à écouter d'une nouvelle manière. Persuadé du « droit d'aller plus loin » qui justifie à ses yeux les recherches de Schaeffer sur l'objet sonore, Malec va orienter sa création dans ce sens. Œuvres pour bande magnétique, bien sûr (*Mavena*, 1956 ; *Reflets*, 1960 ; *Dahovi I*, 1961 et *II*, 1962 ; *Bizarra*, 1972 ; *Recitativo*, 1980 ; *Carillon choral*, 1981 ; *Artemisia*, 1991). L'expérience acquise et les découvertes faites sur la bande vont insuffler une vie et un langage nouveaux à l'écriture instrumentale (*Sigma*, 1963, pour orchestre, où se glisse l'esprit du « mixage » sonore). D'autres expériences, où la bande se mêle aux instruments, les uns et les autres réagissant les uns par rapport aux autres : *Tutti* (1967) pour orchestre, et l'étonnante *Cantate pour Elle*, pour soprano, harpe et bande (1966), *Attaca*, concerto pour percussion soliste et bande magnétique (1986), où Malec cherche délibérément « ce que l'on peut faire avec ce qui n'est pas à faire », révèlent l'originalité et la puissance de sa démarche. La triple expérience des *3 L* (1966-1970) donne en trois œuvres indépendantes et interdépendantes, un exposé complet de cette recherche : *Luminétudes*, recherche et exposition du matériau sur la bande ; *Lumina*, œuvre mixte, confrontation et fusion de la bande et de douze instruments à cordes ; *Lied*, extension à trente-neuf cordes et à dix-huit voix, les voix faisant ici l'office de la bande. L'expérience vocale, où la voix devient génératrice de sons, est poussée encore plus loin dans des œuvres comme *Dodécaméron*, 1970, pour douze voix solistes, *Vox, vocis, f.*, 1979, pour trois voix de femmes et neuf instruments.

Un souffle puissant et généreux, un sens de la fête sonore et de la couleur instrumentale (*Miniatures pour Lewis Caroll*, 1964) et orchestrale (formation qu'il affectionne et qu'il ne craint pas d'aborder d'emblée) s'accordent à créer parfois des œuvres de larges dimensions : *Oral* (1966-1967) pour « récitant-comédien-musicien » et grand orchestre (d'après *Nadja* d'André Breton) ; *Un contre tous* (1971), théâtre musical (d'après des textes de Victor Hugo) ; *Gam(m)es* pour grand orchestre et deux chefs (1971), *Arco-22* (1976) pour vingt-deux instruments à cordes ; *Exemples* (1988) pour grand orchestre. Autant d'expériences, toujours conduites dans la plus grande rigueur de l'écriture et la probité de l'engagement — au-delà de ses propres peurs — qui poussent toujours plus loin une recherche d'expression nouvelle ouvrant sans doute les voies du futur. C'est du reste le souhait d'Ivo Malec : « Que ma musique soit de celles qui permettent à d'autres de venir. »

BRIGITTE MASSIN

MALIPIERO GIAN FRANCESCO (1882-1973)

Gian Francesco Malipiero (1882-1973), compositeur italien, a fait ses études musicales à Venise où il est né, puis à Vienne. À Paris, où il vient en 1913, il découvre Debussy, Ravel et Stravinski. Ces influences, combinées à l'étude des maîtres italiens, notamment Monteverdi et Cavalli, sont déterminantes pour la formation de son style. Malipiero prend une influence considérable sur la vie musicale de l'Italie de l'après-Première Guerre mondiale en luttant contre les outrances du vérisme et du mélodrame pour retrouver la sobriété, la gravité expressive de la grande tradition de la Renaissance italienne. De 1939 à 1952, il est directeur du Conservatoire de Venise, où il a notamment pour élèves Luigi Nono et Bruno Maderna.

L'œuvre de Malipiero est d'une abondance surprenante : neuf symphonies, des concertos, des ballets, de la musique de chambre et de la musique chorale, de nombreux ouvrages lyriques. Son style évolue d'une écriture harmonique, proche de la tonalité mélangée de modalité, à de libres emprunts au dodécaphonisme, qu'il pratiquera dans ses dernières partitions mais sans jamais se plier vraiment à un système ; c'est un style de synthèse mélangeant des langages différents, où se retrouvent les échos de l'impressionnisme français, de l'atonalisme de Bartók, aussi bien que du symbolisme des poèmes symphoniques, du récitatif de la grande école vénitienne, ou de l'archaïsme d'un D'Annunzio. Dans ses premières œuvres théâtrales, il recherche l'expression sobre et directe d'une situation dramatique : les *Sette Canzoni* (sept moments dramatiques tirés de poèmes italiens des XIIIe, XIVe et XVe siècles), *Torneo notturno* et les *Tre Commedie goldoniane* illustrent cette première période. Puis Malipiero introduit dans ses ouvrages lyriques des éléments descriptifs visant à la création d'atmosphères sonores. Dans *Antonio e Cleopatra* (1936-1937), il emploie airs, récitatifs, dialogues, parlando rythmé, mais pas de chœurs ; cet opéra, encore proche de la tonalité, est un exemple de l'expressionnisme dramatique propre au compositeur. Une œuvre pour baryton et orchestre, de 1962, dont le titre est un jeu amusant sur le mot « abracadabra », est représentative du style tardif de Malipiero : forme plus rigoureuse, emploi d'éléments contrapuntiques, construction en panneaux successifs et contrastés, écriture vocale qui s'apparente assez à celle du *Wozzeck* d'Alban Berg.

NICOLE LACHARTRE

MANNHEIM ÉCOLE DE

Mannheim a été, au XVIIIe siècle, un centre musical dont le rayonnement dépassait largement les limites du Palatinat ; l'orchestre de la cour du prince-électeur Karl Theodor était considéré comme le meilleur de l'Europe par le nombre et la grande qualité des instrumentistes qui le composaient ; le musicologue anglais Burney le qualifiait, en 1772, d'« armée de généraux », et le jeune Mozart, lors de son séjour à Mannheim, apprécia fort le volume sonore et la beauté des exécutions, dont il n'avait pas connu l'équivalent à Salzbourg ou en Italie.

Les compositeurs de Mannheim, ayant été eux-même le plus souvent membres de l'orchestre, exécutants et virtuoses, disposaient grâce à cet ensemble exceptionnel d'une précieuse possibilité de réaliser des effets inusités dans le jeu de l'instrumentiste et dans l'orchestration. C'est ainsi que s'est développé un nouveau style musical, dont Mannheim n'est d'ailleurs pas le seul berceau, les mêmes tendances apparaissant alors en Italie, à Vienne, en Allemagne du Nord. L'emploi des nuances (forte, piano) s'accentue et se généralise ; la forme sonate avec ses deux thèmes s'affirme jusque dans le premier mouvement de la symphonie ; le groupe des instruments à vent gagne en importance dans l'orchestre. Le rôle prépondérant des « Mannheimer » dans cette évolution est incontestable.

Un lieu privilégié

Les antécédents

Un goût très vif pour la musique instrumentale existait au XVIIIe siècle en Allemagne ; rois, princes, évêques, électeurs, seigneurs grands et petits rivalisaient pour avoir à leur cour des musiciens de qualité, et entretenaient orchestres de concerts et chœurs de chapelle. Les plus riches avaient maître de chapelle, maître des concerts de la cour, compositeur, organiste, et toute une troupe d'instrumentistes et de chanteurs ; les plus pauvres transformaient en musiciens leurs domestiques, et cochers, valets de chambre ou d'écurie venaient le soir, en présence du maître ou même avec son concours, exécuter quatuors, sonates, trios ou symphonies. L'auditoire étant toujours le même, le maître de chapelle ou le compositeur de la cour devait varier les programmes, ce qui explique l'abondance surprenante de la production des compositeurs de cette époque. La gravure musicale étant encore assez rare et coûteuse, beaucoup d'œuvres restèrent manuscrites et se sont perdues depuis ; d'autres sommeillent encore, dispersées dans les archives seigneuriales ou les bibliothèques publiques allemandes.

L'histoire de la chapelle de Mannheim commence en 1717. Le prince-électeur Karl Philipp, qui avait résidé à Innsbruck comme gouverneur, s'installe définitivement à Mannheim en 1720 et y amène une partie de sa chapelle d'Innsbruck ; seize des cinquante-cinq musiciens qui sont au début nommés à la cour de Mannheim viennent d'Innsbruck et apportent l'esprit et les traditions musicales du Tyrol autrichien. Ce sont surtout des joueurs d'instruments à vent. Une autre partie des musiciens nommés vient de la chapelle que le frère décédé de Karl Philipp avait constituée à Düsseldorf. Les premiers maîtres de concert qui se succèdent à la tête de l'orchestre de Mannheim sont d'origine diverse : Moravie, Silésie, Bruxelles, Roumanie. Ainsi la cour est dès ce moment un carrefour où convergent et s'allient des traditions musicales variées.

La vie musicale à Mannheim

Karl Theodor, qui accède au pouvoir en 1743, est un amateur d'art, et particulièrement de musique. Des artistes de tous pays vont venir à sa cour, attirés par son orchestre et son théâtre. Très attaché à la culture française, le prince cherche à imiter l'esprit parisien, surtout dans les domaines littéraire et philosophique, comme c'est le cas dans beaucoup de cours allemandes de l'époque. La nomination comme maître de concert, en 1745, du violoniste virtuose et excellent musicien Johann Stamitz, originaire de Bohême, assure une qualité croissante à l'orchestre de la cour. Johann

Stamitz, bientôt secondé par Franz Xaver Richter, inaugure dans ses compositions le nouveau style de Mannheim, et l'orchestre, sous sa direction, réalise le fameux crescendo d'ensemble, met en valeur les oppositions des nuances piano et forte, avec une précision et une qualité de sonorité attestées par les témoignages émerveillés de nombreux visiteurs. Les trios et symphonies de Stamitz, édités sur place, sont vite diffusés à travers toute l'Europe ; le compositeur vient lui-même à Paris en 1754, et ses symphonies, connues sous le nom de « melodia germanica », y reçoivent un accueil excellent.

C'est Christian Cannabich, fils d'un flûtiste de l'orchestre, qui succède à Stamitz comme *Konzertmeister* et directeur de la musique de chambre de la cour. La seconde génération des compositeurs de Mannheim va prolonger la tradition musicale inaugurée par Johann Stamitz, mais ne saura pas toujours éviter le maniérisme résultant de la recherche de l'effet pris pour son côté décoratif, et non pour sa nécessité structurelle ou expressive.

Un courant nouveau apparaît à Mannheim vers 1775 ; Karl Theodor crée la « Kurpfälzische deutsche Gesellschaft », institution destinée à l'étude de la pensée allemande dans les domaines de la langue, de la littérature et du théâtre. Un théâtre national est fondé, où l'opéra allemand se développe. Le « deutsche Singspiel » est représenté par la troupe Sayler. Ayant apprécié l'opéra allemand *Alceste*, d'Anton Schweitzer (1735-1787), le prince-électeur encourage cette nouvelle tendance, et Ignaz Holzbauer (1711-1783), maître de chapelle à Mannheim, écrit alors son opéra *Günther von Schwarzburg*, dont Mozart appréciera la musique.

Mozart séjourne avec sa mère à Mannheim en 1777, et ses lettres à son père apportent des indications précises et des appréciations enthousiastes sur le célèbre orchestre, dont il donne la composition : onze violons, quatre altos, quatre violoncelles, quatre contrebasses, deux flûtes, deux hautbois, deux clarinettes, quatre bassons, deux cors et timbales.

En 1778, Karl Theodor transporte sa cour à Munich, et la plupart des musiciens l'y suivent, en particulier Cannabich qui continue à remplir l'office de Konzertmeister.

Le nouveau style

L'apport des « Mannheimer »

Les compositeurs de Mannheim ont commencé à rechercher ce qui fera la qualité particulière du classicisme viennois : un équilibre entre la forme et l'expression ; mais ce n'est que dans certaines œuvres de Haydn, et surtout de Mozart et de Beethoven, que cet idéal sera atteint. À Mannheim, la musique est un art de cour, comme elle le sera encore à Eszterháza pour Haydn ; cela explique en partie que les Mannheimer aient recherché les effets brillants qui frappent l'auditoire, et le côté expressif, facilement accessible et un peu superficiel chez eux, de l'emploi des nuances, des modulations, des timbres. Mais leur démarche s'inscrit dans la lignée de l'*Empfindsamkeit* (approximativement : sensibilité), un mouvement assez général dans l'Europe musicale du XVIIIe siècle, particulièrement fort en Allemagne où C. P. E. Bach en était le meilleur représentant, et qui proposait comme idéal en musique l'expression des sentiments et des mouvements de l'âme. Certes les contrastes de nuances, de timbres et de tonalités des compositeurs de Mannheim paraissent souvent maintenant plus décoratifs qu'expressifs, mais il n'en allait pas de même pour leurs contemporains, et ces innovations firent sensation.

Dans le domaine de la dynamique, Stamitz et ses successeurs obtinrent le crescendo et le decrescendo de tout l'orchestre ; ils employèrent beaucoup cet effet. Dans une des symphonies « melodia germanica » de Stamitz par exemple, le premier mouvement débute avec les cordes pianissimo en trémolos, et un grand crescendo amène l'entrée du thème fortissimo. Le crescendo peut être souligné par une entrée progressive des instruments, et il peut, à son sommet, aboutir à un piano subito, ce qui était tout à fait surprenant à l'époque. Ces nuances concernent une partie d'un mouvement, ou bien se trouvent contenues dans les limites d'un thème, dont elles font alors partie intégrante. Les Mannheimer emploient aussi un effet d'écho : une même phrase musicale est jouée deux fois, la première fois fortissimo, la seconde fois pianissimo.

Ces effets de dynamique sont renforcés par l'opposition de timbres différents, ce qui amène les compositeurs de Mannheim à donner à chacun des groupes d'instruments de l'orchestre son caractère propre et plus d'indépendance. L'emploi des bois, en particulier, est différencié, et le timbre de ces instruments se fond beaucoup moins dans l'ensemble des cordes qu'auparavant. Dans les symphonies, les oppositions sont fréquentes entre un instrument soliste ou un petit groupe d'instruments et le tutti de l'orchestre. Le thème peut être exposé par les instruments à vent aussi bien que par les cordes. En 1755, Johann Stamitz introduit la clarinette dans l'orchestre. Les concertos mettent en valeur non seulement la qualité de sonorité du soliste, mais aussi sa virtuosité, en particulier dans les cadences qui lui sont confiées. Le trémolo, sur une ou plusieurs notes (intervalle allant jusqu'à la tierce), est d'usage très fréquent dans l'écriture des cordes.

L'écriture de ces compositions est plus harmonique que contrapuntique ; la mobilité croissante de la basse met fin peu à peu au règne de la basse continue. La ligne mélodique a une grande importance, elle est souvent assez ornée, les sauts du grave à l'aigu y apparaissent, son expression est parfois soulignée par de longues pauses. Mais la tonalité est encore très stable ; les modulations rapides et les contrastes violents entre majeur et mineur, si fréquents chez Haydn, sont ici relativement rares.

Stamitz et ses successeurs contribuent beaucoup à fixer et à généraliser l'usage de la forme sonate : deux thèmes de caractère opposé, développement, réexpositon et coda. Les Mannheimer adoptent cette forme pour le premier mouvement de la symphonie, qui est souvent le plus construit et le plus long de l'œuvre, et introduisent le menuet en troisième partie ; la symphonie prend ainsi sa forme classique en quatre mouvements : allegro, andante, menuet et presto.

Stamitz et son école

Les compositeurs de Mannheim sont presque tous des instrumentistes de l'orchestre de la cour.

Johann Stamitz (1717-1757), né en Bohême, est le fondateur de l'école. Comme ses contemporains en France et en Autriche, il adapte à de grands ensembles d'instruments la forme de la sonate issue de l'ancienne sonate à trois ; ce sont ses trios d'orchestre op. 1, écrits en quatre mouvements, qui ont un succès européen et ne diffèrent des symphonies que par le nombre réduit (trois) des parties entièrement réalisées. Ces œuvres annoncent la sonate classique, le quatuor, toute la musique de chambre ultérieure. En ajoutant aux effectifs de cordes, sous la même forme, des parties obligées pour le groupe des bois, les cors, les trompettes et les timbales, Stamitz constitue l'orchestre classique qui sera celui des grands Viennois dont il est l'un des précurseurs. On lui doit notamment : dix trios d'orchestre, plus de cinquante symphonies, des trios, de nombreuses sonates pour divers instruments, plusieurs concertos dont six pour clavecin, huit pour flûte, quatorze pour violon, un pour hautbois, un pour clarinette (le premier à avoir été composé pour cet instrument). Franz Xaver Richter (1709-1789) et Anton Filtz (1733-1760), appartiennent à la première génération de Mannheim ; font partie de la seconde, les deux fils de Stamitz, Karl Philipp (1745-1801) et Johann Anton (1750-env. 1809), Christian Cannabich (1731-1798), Franz Danzi (1763-1826), Peter Ritter (1763-1846) et l'abbé Georg Joseph Vogler (1749-1814).

La cour de Karl Theodor fut une étonnante pépinière de musiciens et montre l'effet bienfaisant d'un mécénat éclairé. L'école de Mannheim a beaucoup contribué à faire la liaison entre le baroque et le classicisme. Haydn trouve un style et des formes déjà constitués ; l'orchestre a atteint son effectif classique ; il offre des possibilités élargies ; les Viennois pourront dépasser leurs prédécesseurs, continuer la réforme de l'orchestre, élargir la forme et la dimension des mouvements de la symphonie ; il revient aux premiers Mannheimer et à leurs contemporains d'avoir, en créant un style nouveau, préparé la voie à l'éclosion du grand classicisme.

NICOLE LACHARTRE

Bibliographie

S. ANDREAE et al., *176 Tage Mozart in Mannheim*, Brausdruck, Heidelberg, 1991 / C. BURNEY, *Voyage musical dans l'Europe des Lumières*, trad. M. Noiray, Flammarion, Paris, 1992 / K. G. FELLERER, « Mozart et l'école de Mannheim », in *Les Influences étrangères dans l'œuvre de Mozart*, C.N.R.S., Paris, 1961 / P. GRADENWITZ, *Johann Stamitz*, Brno, 1936 / B. HÖFT, *Mannheimer Schule*, Stadtbücherei, Mannheim, 1984 / R. PEČMAN, « Aktuelle Forschungs-probleme zum Thema Mannheimer Schule », in E. Thom dir., *Zur Entwicklung der Kammermusik*, Kultur- und Forschungsstätte, Michaelstein-Blankenburg, 1986 / H. RIEMANN, « Die Mannheimer Schule », in *Denkmäler der Tonkunst in Bayern*, Leipzig, 1907.

MARAIS MARIN (1656-1728)

Né à Paris, fils d'un cordonnier, Marin Marais est enfant de chœur à Saint-Germain-l'Auxerrois, en même temps que de Lalande. Il étudie la viole avec Sainte-Colombe et devient virtuose de la basse de viole. Il se marie en 1676 : il aura dix-neuf enfants, dont plusieurs deviendront musiciens. « Musicqueur du Roy » à la Cour, il devient en 1679 « ordinaire de la Chambre du Roy pour la viole ». Disciple de Lully, il lui dédie son premier livre de viole (1686). Violiste dans l'orchestre de l'Opéra de 1695 à 1710, il est souvent chargé par Lully de « battre la mesure ». Ses opéras, *Alcide ou le Triomphe d'Hercule* (1693), *Ariane et Bacchus* (1696), *Alcyone* (1706) et *Sémélé* (1709), sont très appréciés par la Cour, de même que ses pièces pour viole. En 1725, alors qu'il est en pleine gloire, il se retire.

Ses ouvrages de théâtre, dans la tradition française, sont influencés par les principes de Lully : récitatif soumis à la métrique du vers, signification expressive des intervalles, les grands écarts étant réservés à la passion, à la violence, et les petits écarts aux sentiments modérés ; ses airs sont plus libres et plus ornés que ceux de son maître. *Alcyone*, le plus célèbre de ses ouvrages, reste au programme de l'Opéra jusqu'en 1771 ; il y a composé une évocation de la tempête qui fit l'admiration des spectateurs de l'époque.

Son langage harmonique, traditionnel dans les opéras, est beaucoup plus original dans ses pièces instrumentales : cinq livres de *Pièces à une et deux violes* (échelonnés entre 1685 et 1725), deux livres de *Pièces en trio pour les flûtes, violons et dessus de viole* (1692), *La Gamme et autres morceaux de symphonie pour le violon, la viole et le clavecin* (1723) ; au total, environ 650 pièces, groupées par suites, et portant souvent des titres imagés. Il y emploie un chromatisme expressif, de fréquentes modulations, et y fait alterner les pièces descriptives et les danses.

NICOLE LACHARTRE

MARCELLO BENEDETTO (1686-1739)

S'il ne signe pas ses œuvres en faisant suivre son nom de *dilettante* comme Albinoni, le Vénitien Marcello en est un, dans le meilleur sens du terme, par ce que sa naissance aristocratique a pu ajouter de culture, de finesse, de noblesse vraie à ses dons musicaux. Élève de Lotti et de Gasparini, il n'occupa naturellement aucun poste officiel, mais des charges d'avocat, de membre du Conseil des Quarante, de *Provveditore* de la ville de Pola, de *camerlingo* à Brescia. Pourtant son œuvre est abondante ; il s'est essayé dans tous les genres, méritant le titre qui lui fut donné de « prince de l'art ». Son *Estro poetico armonico* est une série de huit recueils, contenant cinquante psaumes, sur les poèmes de Girolamo Giustiniani, à une, deux, trois et quatre voix avec basse continue. Pour ses deux opéras, *Dorinda* et *Arianna*, pour sa pastorale *Calisto in Orsa*, il fut son propre librettiste ; ces trois œuvres ont les mêmes qualités d'élégance et de charme. Son œuvre instrumentale est plus importante encore : ses *concerti a cinque* figurent parmi les premiers essais de véritables concertos de solistes, en même temps que ceux de Torelli et d'Albinoni. Il laisse quantité d'œuvres de musique de chambre, en particulier des sonates pour violoncelle.

Marcello a écrit, d'autre part, un livre spirituel autant qu'instructif pour la connaissance des mœurs musicales italiennes à son époque : *Il Teatro alla moda*, publié à Venise vers 1720. Des poètes aux compositeurs, des chefs d'orchestre aux machinistes, personne n'est épargné, mais les chanteurs, comme il faut s'y attendre, sont les plus cruellement visés. On y voit le soliste, pendant qu'on joue la ritournelle de son air, prenant une prise, parlant à ses amis assis sur la scène ; puis, pendant qu'il fait des vocalises, le chef d'orchestre, à son tour, prend une prise, quitte son clavecin... Rien n'est plus cruel que les conseils ironiques qu'il donne à une jeune chanteuse...

PHILIPPE BEAUSSANT

MARCHAND LOUIS (1669-1732)

Claveciniste et compositeur français ; célèbre aussi comme virtuose et improvisateur à l'orgue. C'est son père,

Jean Marchand, maître de musique, qui lui donne vraisemblablement les rudiments de son art. Enfant prodige, Louis quitte Lyon, sa ville natale, pour tenir les orgues de la cathédrale de Nevers dès l'âge de quatorze ans. Dix ans plus tard, il occupe la tribune de la cathédrale d'Auxerre. En 1689, il est à Paris où il joue dans l'église du collège des jésuites de la rue Saint-Jacques. De 1703 à 1707, il tient les claviers de Saint-Honoré, mais, il était aussi, depuis 1699, titulaire des instruments de Saint-Benoît et du couvent des Cordeliers. Enfin, de 1706 à 1714, il est organiste à la chapelle royale, après avoir obtenu, sans concours, de succéder à Nivers. À la suite de nombreux démêlés avec sa femme, dont il est séparé de corps et de biens, il démissionne de tous ses postes, ne conservant que les Cordeliers, où il est seulement logé et nourri par les religieux, sans rien percevoir d'autre. Ces difficultés conjugales expliquent peut-être qu'il soit parti en tournée en Allemagne, où il reste quatre ans environ. C'est au cours de ce voyage que se situe l'épisode fameux (à propos duquel bien des éléments demeurent obscurs) : sa rencontre manquée avec J.-S. Bach, à Dresde, en 1717 ; ayant certainement entendu jouer le grand cantor, il n'ose se mesurer à lui sur le clavecin et ne vient pas au rendez-vous. On remarquera cependant que Bach avait jugé bon de transcrire une page de clavecin de Marchand, *Les Bergeries*, sous le titre de *Rondo*, dans le recueil manuscrit d'Anna Magdalena. On connaît deux *Livres de pièces de clavecin* (1702), des *Pièces choisies pour l'orgue* (posthumes, 1732), les quarante-deux pièces d'orgue en quatre livres, trois *Cantiques spirituels* (Racine), une cantate, *Alcyone*, quelques airs à boire et deux chansons italiennes (*Io provo nel cuore*, *Marinero soy de amor*). Un opéra, *Pyrame et Thysbé*, est perdu. Enfin, il a écrit un résumé de traité d'harmonie, *Règles pour la composition des accords à trois parties*, où il divise ceux-ci en « accords consonances, accords dissonances et accords faux ».

Au clavecin, son style est proche de ceux de Jacques Champion de Chambonnières et de François Couperin, et il multiplie à l'envi diminutions et coloratures. Son caractère original, fantasque et irascible a certainement marqué ses compositions, où l'on entend des rythmes vifs, capricieux, virevoltants, pleins de fougue et d'allant, une harmonie qui parfois ne manque pas d'imprévu et que goûtaient fort Rameau et Pierre Du Mage, l'un de ses élèves. Son langage est donc personnel ; il a assimilé les leçons tant des Français que des Italiens. Toutefois, on n'approuvera pas la conclusion défavorable à Couperin dans le parallèle qu'établit Daquin entre les deux rivaux : « Ces deux hommes supérieurs partageoient le public de leur tems, et se disputoient mutuellement la première place. Marchand avoit pour lui la rapide exécution, le génie vif et soutenu, et des tournures de chant que lui seul connaissoit. Couperin, moins brillant, moins égal, moins favorisé de la nature, avoit plus d'art, et suivant quelques prétendus connoisseurs [*sic*], étoit plus profond. » Quelle que soit la valeur du *Quatuor* pour orgue (où la virtuosité demandée à l'instrumentiste est évidente) ou du *Plein-Jeu* à six voix (dont deux de pédale), voire du grand *Dialogue* de 1696 à l'énergie ardente (c'est la page la plus développée qu'il ait laissée pour orgue, et dont la structure formelle, avec ses changements de tempo et d'esprit, témoigne du talent de l'artiste), la plupart des autres pages n'atteignent pas à la qualité d'inspiration dont font preuve les compositions de Couperin le Grand.

PIERRE-PAUL LACAS

MARENZIO LUCA (1553-1599)

Un des plus éminents madrigalistes italiens, avec Gesualdo et Monteverdi. Marenzio fut surnommé par ses contemporains *il più dolce cigno* et *divino compositore*. Giovanni Contino, maître de chapelle de la cathédrale de Brescia (1565-1567), l'eut peut-être pour élève. Marenzio passa plusieurs années à Rome, auprès du cardinal de Trente, Cristoforo Madruzzo (mort en 1578), puis auprès du cardinal Luigi d'Este (jusqu'à la mort de celui-ci en 1586). En 1588, il est à la cour de Florence au service des Médicis et il participe activement, avec le comte Bardi, C. Malvezzi et E. Cavalieri, aux intermezzos et concertos pour *La Pellegrina*, comédie de Bargagli donnée à l'occasion du fastueux mariage du grand-duc de Toscane, Ferdinand Ier, avec Christine de Lorraine (1589) ; il écrit notamment pour cette fête le *IIe* et le *IIIe Intermède*, sept madrigaux, deux *sinfonie* pour instruments. À la fin de 1589, il est de retour à Rome au service du cardinal Cinzio Aldobrandini ; il fait partie de la Vertuosa Compagnia dei musici et il est le protégé du prince Virginio Orsini et du pape Clément VIII. Mis à part un voyage en Pologne (1596-1598), à la demande du roi Sigismond III, et un court séjour à Venise (1598), il ne quittera plus Rome.

De ses compositions sacrées, citons quelques motets de haute inspiration (*Motectorum pro festis totius anni, lib. I*, à quatre voix, Gardano, 1585 ; on n'a pas retrouvé les deux autres livres), tels *Hodie Christus natus est*, *Gabriel angelus* ou *Tribus Miraculis*, et les *Sacræ Cantiones* (de cinq à sept voix, 1616). Toutefois, il a écrit surtout de la musique profane. Il porta à sa perfection l'art du madrigal (dix-sept livres de *Madrigali* et un de *Madrigali spirituali*, de quatre à six voix, de 1580 à sa mort), où ses dons de coloriste et d'harmoniste se donnent libre cours. Il puise à toutes les sources d'écriture, avec un sens inné de la justesse expressive : homophonie, récitation syllabique, canon, imitation, contrepoint en imitation, opposition de deux chœurs. Il incarne superbement ce rêveur sensuel, réclamé par l'Arétin, qui sait peindre pour l'oreille la poésie de la nature. De la sérénité de *Quando sorge l'aurora* à la tristesse de *Giunto a la tomba*, en passant par la douceur de *O voi che sospirate* ou de *Solo e pensoso*, il sait doser subtilement les effets de surprise. Son chromatisme est ordinairement moins hardi que celui de Gesualdo, mais il brille tout à la fois par l'élégance et la fraîcheur. Chez lui, la villanelle, qui survécut au madrigal comme forme lyrique, conserve le caractère enjoué et le ton léger de la frottola ; il l'écrit à trois voix (*Villanelle e Arie alla napoletana*, en cinq livres, 1584-1587). Ses œuvres furent souvent transcrites, notamment pour le luth. Citons seulement les vingt-trois madrigaux, traduits par Nicolas Yonge (Londres, 1588), signe de son influence sur l'école des madrigalistes anglais, Byrd, Dowland (qui fut son élève), Wilbye, Weelkes.

PIERRE-PAUL LACAS

MARTIN FRANK (1890-1974)

Contemporain d'Arthur Honegger, Frank Martin a occupé dans la vie musicale suisse une place analogue à celle de son compatriote, mais qu'on ne lui reconnaît pas encore.

Fils d'un pasteur protestant, il voit le jour à Genève et se destine d'abord aux mathématiques. Il ne s'oriente définitivement vers la musique qu'à l'âge de vingt ans. Au Conservatoire de Genève, il travaille avec J. Lauber et Émile Jaques-Dalcroze. Au cours de différents voyages, il découvre les grands courants esthétiques des années vingt, notamment l'impressionnisme. À Paris, il approfondit ses recherches rythmiques en étudiant les musiques de l'Antiquité et de l'Extrême-Orient. De retour en Suisse, il est nommé professeur d'improvisation et de rythme à l'Institut Jaques-Dalcroze de Genève (1928-1939), puis professeur de composition au Technicum moderne et au conservatoire de Genève. Il préside l'Association des musiciens suisses (1942-1946) puis se fixe aux Pays-Bas, à Naarden. De 1950 à 1957, il enseigne à la Hochschule für Musik de Cologne.

Sa musique reflète la plupart des tendances dominantes depuis le début du XXe siècle. Après avoir adopté l'héritage wagnérien, il réagit avec passion en choisissant une écriture classique teintée d'impressionnisme. Les recherches rythmiques de Jaques-Dalcroze trouvent un écho important dans sa production. Rapidement, le classicisme des années vingt tourne à la dissonance et il adopte l'écriture sérielle à laquelle il donne une chaleur humaine qui le ramène à la tonalité, à la fin de sa vie. Parallèlement à cette recherche esthétique, Frank Martin est soumis à différentes influences culturelles apparemment opposées qui permettent, dans une large mesure, de comprendre son cheminement esthétique. Francophone, il possède une culture fortement germanisée ; protestant, il s'épanouit dans des créations religieuses d'inspiration catholique ; l'homme est grave, méditatif et son tempérament tourmenté ne trouvera son équilibre qu'aux Pays-Bas, là où l'opposition entre les caractères latins et germaniques est moins accentuée.

Son œuvre, très abondante, touche à tous les genres. De sa manière « classique », on peut retenir le *Quintette pour piano et cordes* (1920) et les *Quatre Sonnets à Cassandre* (1921). Avec *Rythmes* (1926), partition symphonique, il s'oriente vers le sérialisme qui sera marqué par la *Sonate pour violon et piano* (1931), le *Concerto pour piano n° 1* (1934) et surtout sa première œuvre scénique, *La Nique à Satan* (1931), un spectacle populaire qui connut un grand succès.

Les partitions majeures de Frank Martin sont postérieures à 1938, date à laquelle il trouve un langage véritablement personnel. Ses plus grandes réussites sont des oratorios : *Le Vin herbé* (1938-1941) d'après le *Tristan et Yseult* de Joseph Bédier, le révèle au monde musical ; *In terra pax* (1944), *Golgotha* (1948), *Le Mystère de la nativité* (1959), *Pilate* (1964) et son *Requiem* (1971) sont des œuvres puissantes et profondes qui dominent la production d'inspiration religieuse de notre époque. Dans le domaine de la mélodie, on retiendra *Le Cornette*, sur des poèmes de Rilke et les *Six Monologues de Jedermann* sur des poèmes de Hofmannsthal (1943). Ses trois œuvres lyriques principales illustrent bien les différents visages de son tempérament : *La Tempête* d'après Shakespeare (Vienne, 1956), *Le*

Mystère de la nativité (porté à la scène à Salzbourg en 1960) et *Monsieur de Pourceaugnac* (Genève, 1963).

Sa production symphonique est dominée par la *Passacaille* (1944), la *Petite Symphonie concertante* (1945) qui a fait le tour du monde, et par le *Concerto pour sept instruments à vent, cordes et timbales* (1949). Il a aussi composé des concertos pour violon (1951), pour clavecin (1952), pour violoncelle (1956), pour piano (*n° 2*, 1969) ainsi qu'une œuvre originale pour soprano, violon et orchestre, *Maria Triptychon* (1968) et une série de *Ballades* pour différents instruments qui jalonnent sa production. Au cours des dernières années de sa vie, il a surtout écrit pour des petites formations : *Quatuor à cordes* (1967), *Polyptyque* pour violon et cordes (1973), dédié à Yehudi Menuhin. Au bout d'un long chemin, l'homme et le compositeur semblent s'être rejoints dans une simplicité parfois austère, mais d'une rare profondeur.

ALAIN PÂRIS

MARTINI GIOVANNI BATTISTA (1706-1784)

Bien que ses compositions, élégantes et savantes, ne soient pas du premier intérêt, le padre Martini est une personnalité considérable du XVIIIe siècle musical par l'influence qu'il a exercée.

Élève de son père Antonio, puis de Zanotti et de Certi, c'est le musicien le plus cultivé de son temps : violoniste, chanteur, claveciniste, organiste d'abord ; mais aussi mathématicien, théologien, philosophe. Prêtre, il devient maître de chapelle à San Francesco de Bologne et ne quittera guère la ville. C'est qu'on vient à lui de toutes parts, pour profiter de son immense érudition et de son rare sens pédagogique.

On le consulte, on lui écrit de toute l'Europe, et il est toujours prêt à débroussailler une question, à résoudre un problème, avec une bonté, une affabilité et une modestie qui s'exercent de loin comme de près. Frédéric-Guillaume de Prusse, la princesse Marie-Antoinette de Saxe, le pape Clément XIV le traitent amicalement, les musiciens le respectent. Il recevra, en 1770, Mozart avec chaleur – le jeune Mozart de quatorze ans, qui se fera son élève durant trois mois et lui écrira, bien des années après, qu'il reste « l'homme qu'il aime, estime et vénère le plus au monde ». Ses innombrables relations, le plaisir que chacun avait à lui communiquer des livres ou manuscrits rares contribuèrent à faire de sa bibliothèque musicale (17 000 volumes !) une des plus riches de l'Europe.

Le padre Martini avait entrepris une monumentale histoire de la musique, dont il ne rédigea malheureusement que trois volumes, et qui s'arrête au XIe siècle. On n'a conservé que les matériaux des suivants. Son autre ouvrage : *Esemplare ossia Saggio di contrappunto* est un catalogue d'exemples tiré des maîtres anciens d'Italie et d'Espagne. Sa correspondance et quantité de textes manuscrits sont extrêmement précieux.

Ses œuvres musicales consistent en messes, un *Requiem*, des *Litanies*, trois oratorios, des sonates pour orgue et clavecin et trois petits opéras bouffes : aucune ne s'élève au niveau du théoricien et du pédagogue.

PHILIPPE BEAUSSANT

MARTINŮ BOHUSLAV (1890-1959)

Quatrième grand nom de la musique tchèque après Smetana, Dvořak et Janaček, c'est vers la France que contrairement à eux, et dès sa prime jeunesse, Martinů se tourne. Sous le choc de la découverte de *Pelléas*, il compose vers 1910 quantité d'œuvres restées inédites. Son activité de second violon à la Philharmonie tchèque lui fait découvrir également Ravel, Dukas et surtout Roussel, dont il devient l'élève après s'être fixé à Paris en 1923. Il y reste jusqu'en 1940, faisant partie de cette école de Paris formée de musiciens originaires comme lui d'Europe centrale ; il écrit une musique à la fois influencée par la France et intensément tchèque. Après avoir vécu aux États-Unis de 1941 à 1953, il partage ses dernières années entre Nice, Rome et la Suisse où il meurt chez son ami le chef d'orchestre et mécène Paul Sacher.

Son œuvre, forte de près de quatre cents ouvrages, se ressent de quatre influences décisives : au folklore tchéco-morave et à la révolution debussyste déjà cités s'ajoutent en effet le madrigal anglais de la Renaissance (pour son contrepoint chantant et polymélodique) et surtout le concerto grosso de l'époque baroque, à la base de sa conception de la « musique de chambre à l'échelle symphonique » et aussi à l'origine de son abandon de la dialectique thématique classique au profit de la prolifération organique de très brèves cellules. De la violence rythmique et polytonale de ses premières œuvres, il passe progressivement au lyrisme plus ample et plus détendu de la période américaine, puis au néo-impressionnisme empreint de liberté de ses ultimes années. Pour le théâtre, on lui doit notamment *Juliette ou la Clé des songes*, d'après Georges Neveux (1936-1937), et *Passion grecque* (1956-1959) d'après *Le Christ recrucifié* de Nikos Kazantzakis ; à l'orchestre, six symphonies (1942-1953), *Les Fresques de Piero della Francesca* (1955), *Paraboles* (1958), une trentaine de concertos, dont cinq pour piano, trois pour violon et trois pour violoncelle ; à l'orchestre de chambre, le *Double Concerto*, écrit sous le coup des événements de 1938 ; en musique de chambre, environ quatre-vingt-dix partitions dont sept quatuors à cordes ; pour piano, quelque quatre-vingts recueils ; dans le domaine vocal, plus de cent mélodies, dont la *Messe au champ d'honneur* (1939), *Gilgamesch* (1955) et *Prophétie d'Isaïe* (1959).

MARC VIGNAL

MASCAGNI PIETRO (1863-1945)

Un opéra en un acte, *Cavalleria rusticana*, représenté à Rome en 1890, inaugure l'ère du vérisme – deux ans avant *Paillasse* de Leoncavallo et trois avant *Manon Lescaut* de Puccini : qui aurait prédit le succès à cet obscur petit professeur de province ? Dès lors, l'œuvre de Mascagni, avec celle des deux autres compositeurs cités, poursuivra une carrière éclatante, en dépit de l'évolution du goût et de celle de la technique musicale. La musique de *Cavalleria rusticana*, pleine d'émotion et évocatrice, exerce un attrait considérable sur les amateurs d'opéra. Pourtant, la veine créatrice de Mascagni semble épuisée après cette œuvre. Il n'en écrira pas moins quinze autres opéras (dont seul *L'Amico Fritz*, 1891, obtiendra un succès relatif). Mascagni a également composé deux symphonies, de la musique de chambre, un requiem, entre autres œuvres.

PHILIPPE BEAUSSANT

MASSENET JULES (1842-1912)

Élève d'Ambroise Thomas, prix de Rome à vingt et un ans, membre de l'Institut à trente-six ans (contre Saint-Saëns), la carrière de Massenet est celle d'un musicien heureux, adulé du public et des chanteurs. Son génie est facile, trop facile ; sa complaisance pour le goût du public et pour les chanteurs est responsable de bien des banalités et de bien des fautes de goût. À part des oratorios, composés dans sa jeunesse et plus proches du théâtre que de l'église (*Ève*, *La Terre promise*, *Marie Magdeleine*), et quelques œuvres pour orchestre (*Suites symphoniques*, *Concerto pour piano*), son œuvre est tout entière tournée vers le théâtre : vingt-six opéras, dont les principaux sont *Hérodiade* (1881), *Manon* (1884), *Le Cid* (1885), *Werther* (1892), *Thaïs* (1894), *Sapho* (1897), *Le Jongleur de Notre-Dame* (1902). Il y a bien de la monotonie dans cette œuvre, et il n'est pas faux de reprocher à Massenet d'avoir fabriqué ses opéras « comme les romanciers industriels leurs volumes annuels ».

Le « métier » de Massenet est certain, sa connaissance des voix évidente ; une sensibilité voluptueuse colore toutes ses œuvres, dont le défaut essentiel est, précisément, de traiter tous les sujets sans guère changer de registre. Son chef-d'œuvre, *Manon*, qui n'a plus grand-chose à voir avec l'héroïne de l'abbé Prévost, est une réussite charmante par sa grâce et son charme. Massenet, excellent pédagogue, a formé de nombreux élèves, parmi lesquels on peut citer André Bruneau, Gustave Charpentier, Pierné et Florent Schmitt.

PHILIPPE BEAUSSANT

MASSON GÉRARD (1936-)

Venu relativement tard, et de manière très personnelle, à la composition, le Français Gérard Masson s'est affirmé comme un compositeur de premier plan. Après avoir écrit sa première œuvre, *Pièce pour quatorze instruments et percussion* (1964), il part travailler pendant deux ans à Cologne avec Stockhausen, Pousseur et Earle Brown. C'est après son retour à Paris qu'il écrit *Dans le deuil des vagues I* (1966), pour quatorze instruments, que suit bientôt *Dans le deuil des vagues II* (1968), pour grand orchestre. La seconde de ces deux œuvres réclame quatre-vingt-quinze musiciens. C'est dire que Gérard Masson se pense volontiers comme un symphoniste, ce qui ne l'empêche pas d'écrire pour des ensembles plus petits (*Ouest I*, pour dix instruments, 1967) ou un *Quatuor à cordes* (1973), en parfaite convenance du reste au caractère tout à la fois grave, dense et raffiné de son écriture. *Hymnopsie* (1972), confirme la recherche d'une expression instrumentale. L'œuvre est écrite pour chœur et très grand orchestre. Gérard Masson revient ensuite à des pièces pour petits ensembles : *Sextuor*, pour flûte, hautbois, clarinette, clarinette basse, basson et cor (1976) ; *Renseigne-*

ments sur Apollon I, pour deux pianos (1982) et *II* (1989) ; *La Mort de Germanicus*, pour piano et violoncelle (1991). Berlioz et Varèse restent à ses yeux au moins aussi importants et proches de lui dans leurs conceptions musicales que l'école sérielle qui a, bien sûr, croisé sa route.

BRIGITTE MASSIN

MATTEIS NICOLA (fin XVIIe s.)

Musicien napolitain, dont on ignore les dates de naissance et de mort, qui émigra en Angleterre, où il apparaît en 1672. Professeur de chant, de guitare, mais surtout remarquable violoniste, il publia à Londres sept recueils de pièces pour violon, groupées en suites, trois recueils d'airs et une *Ode à sainte Cécile*, à l'occasion de la fête annuelle, traditionnelle à Londres.

PHILIPPE BEAUSSANT

MATTHESON JOHANN (1681-1764)

Compositeur et théoricien allemand né et mort à Hambourg, Johann Mattheson donne une audition d'orgue dès l'âge de neuf ans et, ayant bénéficié d'une très solide éducation, se produit comme chanteur (1696), puis comme chef d'orchestre et compositeur (1699) à l'Opéra de sa ville natale. En 1703, il y fait la connaissance de Haendel, son cadet de quatre ans, qu'il manquera, un peu plus tard, de tuer en duel. Secrétaire de l'ambassadeur anglais à Hambourg (1706), directeur musical de la cathédrale (1718-1725), maître de chapelle du duc de Holstein (1719), il compose à cette époque beaucoup d'œuvres restées pour la plupart manuscrites : opéras, oratorios, cantates, sonates à deux et trois flûtes sans basse (Amsterdam, 1708), suites pour clavecin (Londres, 1714). En 1728, une surdité complète dont les premiers signes se sont manifestés dès 1705 l'oblige à se retirer de la vie musicale publique. Il se consacre alors à des écrits théoriques qui, beaucoup plus que ses compositions, permettront à son nom de survivre ; ils font de lui une sorte de pape dans les affaires musicales de son temps.

Son esprit vif et belliqueux et sa plume acérée, mais aussi ses attaches avec l'esprit assez conservateur de l'Allemagne du Nord, se manifestent bien dans les deux ouvrages principaux, qui constituent en quelque sorte le point de départ de la musicologie allemande : *Le Parfait Maître de chapelle* (*Der vollkommene Capellmeister, Das ist gründliche Anzeige aller derjenigen Sachen, die einer wissen* [...] *muss, der einer Capelle* [...] *vorstehen will*, 1739), véritable encyclopédie de la pratique musicale de l'époque ; et *Fondement d'une porte d'honneur* (*Grundlage einer Ehren-Pforte*, 1740), source inépuisable de renseignements biographiques sur les musiciens.

MARC VIGNAL

MAUDUIT JACQUES (1557-1627)

Compositeur, luthiste et humaniste parisien à l'esprit universel. Mauduit étudia les lettres et la philosophie, séjourna en Italie, exerça la charge de garde du dépôt des requêtes du palais, qu'il héritait de son père, devint secrétaire ordinaire de la reine, tout en s'adonnant sérieusement à la musique. En 1581, il remporta un prix de composition au puy musical d'Évreux avec son motet *Afferte Domino*. Il fut l'ami de Ronsard, pour les obsèques duquel on interpréta son *Requiem* à cinq voix (dont un fragment seulement est conservé). Il fut surtout l'un des principaux collaborateurs de Baïf, après T. de Courville (mort en 1581), à la seconde académie de poésie et de musique fondée en 1571. Après la mort de Baïf (1589), et sous l'impulsion de Mauduit, cette académie accorda de plus en plus d'importance à la musique. En outre, Mauduit anima les semaines saintes du Petit-Saint-Antoine pour lesquelles il composa plusieurs œuvres ; de même, lors des fêtes de sainte Cécile à Notre-Dame. Il participa aux ballets de cour sous Henri IV et Louis XIII ; c'est lui qui dirigea, en 1614, l'ode célébrant l'entrée à Paris de ce dernier ; on comptait cent quarante chanteurs, luthistes et violistes. En 1617, il composait déjà d'authentiques airs de cour pour le *Ballet de la délivrance de Renaud*, écrit en collaboration avec Pierre Guédron, Antoine Boesset, Gabriel Bataille ; l'œuvre comportait quatre-vingt-douze choristes et « plus de quarante-cinq instruments ». Mauduit écrivit dans tous les genres (messes, motets, cent quatre hymnes, fantaisies instrumentales, etc.) ; malheureusement la plupart de ces œuvres sont perdues. Parmi celles qui restent, ses *Chansonnettes mesurées de J. A. de Baïf* à quatre voix (1586) sont incontestablement l'un des plus purs chefs-d'œuvre de la musique vocale française à la fin du XVIe siècle. Elles comprennent des dialogues, des chœurs, des récits, des ensembles vocaux et instrumentaux.

C'est Mauduit qui a, semble-t-il, introduit le premier en France les concerts de violes. Dans ses chansons, musique et poésie font étroitement corps ; c'est un art de transparence et de délicatesse. « On ne peut rien rêver de plus uni, de plus fondu et de plus délicatement sensible que des chansons comme : *Vous me tuez si doucement* ou *Voicy le verd et beau may* » (R. Bernard). Une des meilleures réussites de Mauduit est aussi consacrée aux voix : il s'agit des cinq *Psaumes* qu'il composa, bien que catholique, selon le rite protestant, sur une traduction de Baïf. C'est grâce à lui que Claude Le Jeune put échapper aux massacres de la Saint-Barthélemy, et sauver plusieurs de ses compositions.

PIERRE-PAUL LACAS

MEFANO PAUL (1937-)

Français né en Irak, élève, au Conservatoire de Paris, de Messiaen et de Milhaud, Paul Mefano est très représentatif de cette génération de musiciens pour laquelle les contacts avec le groupe de compositeurs qui les précèdent d'une dizaine d'années (Boulez, Stockhausen, Pousseur) ont été aussi importants pour leur formation que les écoles qu'ils ont par ailleurs largement fréquentées, et parfois violemment contestées.

Les œuvres de Mefano révèlent un tempérament qui allie une très fine sensibilité à un souffle puissant et large. Mefano affirme, avec toute la violence de son non-conformisme et avec la tranquille certitude de sa vision poétique, un style qui, né de l'influence boulézienne, s'en affranchit ensuite au profit d'une recherche expressive très libre. *Incidences*, pour piano et orchestre (1960), *Madrigal* (1962), pour trois voix de femmes et petit ensemble à partir de textes d'Eluard *Interférences* (1966), pour cor principal, piano et orchestre de chambre, *Lignes* (1967), pour basse noble, cuivres, percussion, basson et contrebasse à cinq cordes amplifiées, *La Cérémonie* (1969), pour grand orchestre, trois solistes vocaux et douze récitants, *Micromegas* (1979), pour quatre chanteurs, récitant, trois acteurs, dix instruments et bande magnétique, *À Bruno Maderna* (1980), pour violoncelle, cordes et bande magnétique, *Dragonbass* (1993), pour voix de basse, deux saxophones et dispositif électroacoustique, soulignent tout autant l'éclectisme que l'ouverture manifeste de la recherche formelle et instrumentale de Mefano.

À ses dons de compositeurs, Mefano joint ceux d'un organisateur efficace : avec l'ensemble 2e 2m (collectif musical de Champigny), qu'il a fondé pour l'animation culturelle d'une ville de la banlieue parisienne, il a créé un remarquable outil pour la diffusion de la musique contemporaine. En 1989, il est nommé professeur de composition au Conservatoire de Paris.

BRIGITTE MASSIN

MÉHUL ÉTIENNE (1763-1817)

Compositeur français né à Givet (Ardennes), Étienne Méhul arrive à Paris en 1778 et reçoit les encouragements de Gluck. Il présente à l'Opéra *Alonzo e Cora*, qui ne sera joué que six ans plus tard (1791), mais, dès 1790, obtient à l'Opéra-Comique avec *Euphrosine et Corradin ou le Tyran corrigé* un succès qui devient le point de départ d'une production considérable. Auteur pendant la Révolution du *Chant du départ*, presque une seconde *Marseillaise*, inspecteur au Conservatoire dès sa fondation en 1795 et membre de l'Institut la même année, il donne sous le Directoire, le Consulat et l'Empire ses ouvrages dramatiques les plus célèbres : ainsi *Le Jeune Henri* (1797), jugé politiquement inopportun dans la mesure où est mis en scène un tyran (Henri IV), mais dont l'ouverture, scène de chasse avec huit cors, triomphe comme morceau de concert ; *Les Deux Aveugles de Tolède* (1806) ; et surtout *Joseph* (1807), dont Weber, qui s'en réclamera toujours expressément, utilise dès 1812 une romance comme thème de variations pour piano. Grand maître de l'orchestre, Méhul utilisa la technique du leitmotiv dans *Ariodant* (1799). Il exerça une influence certaine non seulement sur Weber, mais sur Mendelssohn et Berlioz. On lui doit aussi de la musique religieuse, des sonates pour piano, et surtout des symphonies dont n'ont subsisté que les deux publiées en 1809 (en *sol* mineur et en *ré* majeur) : elles comptent parmi les plus imposantes de leur temps (des échos de celle en *ré* majeur apparaissent jusque dans le premier mouvement de la *Neuvième Symphonie* de Beethoven).

MARC VIGNAL

Fanny Mendelssohn

MENDELSSOHN-BARTHOLDY FÉLIX (1809-1847)

Tenu de son vivant pour le successeur de Beethoven, Mendelssohn occupe aujourd'hui une place plus modeste dans l'histoire de la musique que celle de son illustre devancier. Pour les uns, il est un classique attardé, trop amoureux de la forme en un temps où le sentiment veut s'épancher sans contraintes ; pour d'autres, un sage initiateur du romantisme à la suite du grand symphoniste, quoique autrement que lui. Le romantisme lumineux du *Songe d'une nuit d'été* que n'assombrit pas la passion ignore tout autant les affrontements angoissés d'*Eusébius et Florestan* que les grondements hugoliens ou les rivages obsédants de la *Fantastique*. Il est mal porté d'être heureux au siècle d'*Hernani*. Est-ce une raison pour lui reprocher on ne sait quel manque de profondeur, comme si la fortune et le succès qui accompagnèrent fidèlement sa trop courte carrière en étaient le motif ? Mozart, à qui aussi il fut comparé – et par Wagner ! –, écrivit, dans la misère, des pages sereines, et l'heur, bon ou mauvais, ne fut jamais un sûr critère pour apprécier sainement Couperin ou Bach, Boulez ou Stravinski. Le musicien du *Concerto pour violon*, de l'*Octuor* et d'*Elias* « représente d'une manière irremplaçable un moment de la sensibilité européenne du XIXe siècle » (Dorel Handman).

Une carrière harmonieuse

Petit-fils du philosophe Moïse Mendelssohn (1729-1786), Felix naît à Hambourg où son père, converti au luthéranisme (il a ajouté à son nom celui de Bartholdy pour distinguer sa lignée de celle demeurée dans le judaïsme), dirige une banque. En 1811, toute la famille s'établit à Berlin. Le jeune garçon reçoit là une éducation sérieuse dans les domaines les plus variés – lettres, peinture, sport, philosophie (il va suivre les cours de Hegel) – tout en cultivant un don exceptionnel pour la musique. Sa mère et sa sœur Fanny sont des musiciennes authentiques : sa grand-tante, Sara Levi-Itzig, ancienne élève de Wilhelm Friedemann Bach (1710-1784), lui fait connaître les œuvres du Cantor de Leipzig. Ses parents organisent chaque dimanche des heures musicales que fréquentent tous les artistes en renom de passage à Berlin. Enfin, des voyages à l'étranger, notamment à Paris, complètent la formation du musicien.

Génie précoce incontestable, Mendelssohn a composé entre douze et quatorze ans un impressionnant corpus de douze symphonies, le plus souvent pour instruments à cordes. Ces œuvres ont longtemps dormi, comme beaucoup d'autres, dans les recueils de la Deutsche Staatsbibliothek de Berlin. Elles contiennent déjà des trouvailles inattendues : ainsi les altos divisés en trois dans le deuxième mouvement de la *Huitième Symphonie, en ré majeur* (1822), les violons divisés en quatre dans la *Neuvième, en ut majeur* (préfigurant la technique wagnérienne), ou encore l'abondant chromatisme, très neuf pour l'époque, dans la *Douzième, en sol mineur*, « laissant entrevoir des horizons qui furent explorés beaucoup plus tard par Reger et Hindemith » (H. C. Wolff).

La qualité de l'*Octuor pour cordes*, op. 20 (1825), révèle un talent comparable à celui de Schubert ou de Mozart adolescents. L'année suivante, l'irréfutable chef-d'œuvre qu'est l'*Ouverture pour le Songe d'une nuit d'été* témoigne de son entrée pour toujours dans l'histoire de la musique. Goethe, qui le reçoit à Weimar, est subjugué par l'intelligence et le génie du pianiste ; il ne se lasse pas de l'écouter improviser. Passionné de tout ce qui est musical, Mendelssohn parcourt l'Europe à la fois comme pianiste virtuose, à l'instar de Sigismund Thalberg, de Liszt ou de Ignaz Moscheles, et comme chef d'orchestre. La sobriété et la précision de ses gestes s'allient à une vigueur qui galvanise les musiciens, au dire du violoniste Josef Joachim. Révélant à ses contemporains les pages oubliées de Lassus, de Palestrina, de Haendel, de Bach surtout, dont il dirige, pour le centenaire de sa création, la *Matthaeus Passion* (1829), Mendelssohn défend aussi la musique de Beethoven, encourage Schumann à qui le lie une profonde amitié, crée la *Symphonie en ut* de Schubert, après la mort de celui-ci. Enfin, il fait applaudir ses propres compositions, les cinq grandes symphonies, les deux concertos pour piano, les oratorios (*Elias*, *Paulus*), etc. De chef d'orchestre du Festival rhénan, il passe à la direction musicale du théâtre de Düsseldorf, puis à celle du Gewandhaus de Leipzig, ville où il fonde un conservatoire qui devient vite célèbre ; il est finalement nommé directeur général de la musique de Prusse et maître de la chapelle royale. Cet immense labeur ne l'empêche pas d'écrire, dans un style raffiné, une volumineuse correspondance, véritable monument littéraire, ni de traduire pour son plaisir Dante ou Térence (il envoie à Goethe une traduction versifiée d'une œuvre de ce dernier). Son élégance délicate, sa vaste culture, la qualité de son goût font de lui une des figures les plus attachantes du monde musical du XIXe siècle. « À la gloire de Mendelssohn : quelque chose de Goethe qu'on ne trouve que chez lui » (Nietzsche).

Témoin et initiateur

On sait l'admiration fervente de Robert Schumann : « Mendelssohn, je lève les yeux vers lui comme vers une haute cime. C'est un véritable dieu » (à T. Schumann, 1er avril 1836) ; ou encore : « Je le tiens pour le premier musicien de notre époque » (15 mars 1839, à Simone de Sire). Marcel Beaufils résume ainsi l'apport de Mendelssohn à la musique : il est « à la fois le témoin des solidités anciennes et l'initiateur romantique [...]. La féerie, le surnaturel, l'intériorité nostalgique opèrent chez lui avec des moyens loyaux, merveilleusement dépouillés. » Mendelssohn occupe en effet une place essentielle entre le baroque contrapuntique de Jean-Sébastien Bach, le classicisme concertant de Mozart et de Haydn, la symphonie beethovénienne, d'une part, et, d'autre part, le romantisme qui vient, celui de Schumann en particulier. Ce dernier, dont le génie est ailleurs, n'a pas comme son ami le don précieux de doser les valeurs sonores et il n'atteint jamais à la transparence orchestrale qui illumine la *Symphonie italienne* ou l'*Écossaise* ; Schumann, peut-être, enviait la sérénité et la santé mendelssohniennes qui lui faisaient tellement défaut. Cette sérénité s'accommodait, mais dans l'équilibre, de quelque mélancolie. « J'ai, disait Mendelssohn à ses intimes, une prédilection pour le spleen, comme pour tout ce qui est anglais. Et il me le rend bien. » Ainsi l'auteur du *Songe* ou de *Heimkehr aus der Fremde* (*Retour au pays*) ou des *Märchen von der schönen Melusine* (*Contes de la belle Mélusine*) excelle-t-il à créer une atmosphère ; il est en cela précurseur du poème symphonique de Berlioz ou de Liszt, mais sans rien attendre d'un texte pour soutenir son évocation. Le souvenir du titre littéraire suffit à orienter l'allusion descriptive. Il faut oublier que *Lieder ohne Worte* fut traduit par *Romances*, car *Lieder sans paroles* évoque aux Français du XXe siècle un plus noble contenu ; ce détail suffirait à éclairer d'un jour neuf leur interprétation. Mais il serait erroné de ne voir dans Mendelssohn qu'un musicien du spleen. La force et le puissant dynamisme qui sont à l'œuvre dans *Die Erste Walpurgisnacht*, op. 60 (*La Première Nuit de Walpurgis*, sur une ballade de Goethe) en seraient l'un des plus brillants témoignages : exécutée pour la première fois à l'Académie de chant de Berlin en janvier 1833, cette œuvre fut révisée et publiée dans sa version définitive en 1843 ; elle est le type même d'une composition pour orchestre, chœur et solistes de conception dramatique. Le chœur *Komm mit Zacken und mit Gabeln* est, sans nul doute, l'un des sommets, non seulement de la musique chorale de Mendelssohn, mais encore de toute celle de son siècle. Berlioz ne s'y est pas trompé qui fut bouleversé à l'audition de cette page, comme si son auteur avait lu par avance le traité d'orchestration du musicien français.

La *mélodie* mendelssohnienne se caractérise par son ampleur ; cette « expansion mélodique » (D. Handman) nettement accusée, si on la compare à la concentration beethovénienne ou au souffle schumannien souvent haché, se déploie à l'intérieur d'une carrure solide mais souple ; l'ondulation légère, dansante et sérieuse à la fois, n'appartient qu'à lui seul. Le *rythme*, fréquemment ternaire, possède un frémissement aérien propre ; un *staccato e pianissimo* inédit l'anime à l'envi. Mendelssohn est le musicien du *scherzo* ; il a rendu ce mouvement indépendant de la notion de *trio*, avec lequel il alternait dans la musique classique. Depuis Beethoven, aucune forme nouvelle aussi caractéristique n'était apparue.

Après Haydn et Mozart, jamais l'orchestre n'avait sonné si radieux. Si Mendelssohn ne jouit pas de la rutilance épique de Berlioz ni de la dynamique puissante de Franz Berwald (1796-1868) – le trop méconnu symphoniste de Stockholm –, son originalité porte sur la dignité nouvelle dont il pare les instruments à vent. Les bois et les cuivres distinguent l'orchestre mendelssohnien. Dans l'ouverture, op. 26, *Die Hebriden – Fingalshöhle* (*Les Hébrides – La Grotte de Fingal*), « l'une des plus admirables œuvres musicales qui soient » au jugement de Wagner, Mendelssohn redonne à la trompette, pour la première fois depuis J.-S. Bach, un rang d'instrument soliste. Avec les trompettes de Saul (*Paulus*), le choral est ennobli d'un éclat où sonne le souvenir du *Magnificat* du Cantor oublié ou celui du *Messie* de Haendel. Mais, dans ce langage des cuivres, rien ne ressemble à la recherche du clinquant ou du brillant pour eux-mêmes. Mendelssohn demeure pudique et retenu. Il insinue sans déclarer, il dévoile sans violer. Cultivant l'art subtil de la litote, il ne tombe jamais dans les développements sans humour d'un Franck ou d'un Messiaen, lesquels, dans des langages musicaux choisis volontairement éloignés du sien, ne sacrifient aucune note de leur rhétorique, dès que leur discours a commencé. Une syntaxe classique soutient toujours la période mendelsshonienne qui s'inscrit à l'intérieur d'une forme harmonieuse. Le musicien de l'*Octuor* aime l'unité de l'œuvre et que s'enchaînent les mouvements symphoniques entre eux, sans laisser de « pauses qui rompent le charme », novateur en cela (par exemple, *Concerto pour piano*, op. 25, *Sixième Sonate pour orgue*, op. 65, *Quatrième Symphonie, en la majeur*, op. 90, *« Italienne »*). Comme Carl Maria von Weber (1786-1826), il illumine d'une touche pittoresque la musique allemande, trop volontiers en recherche d'un symbolisme sensuel, parfois obscur. Léger et fougueux, nerveux et transparent, tel est l'orchestre mendelssohnien ; un exemple parmi d'innombrables : le *saltarello* (danse populaire italienne) de la *Symphonie*, op. 90. Pour sa gloire et pour notre plaisir, Mendelssohn est au carrefour des moments esthétiques d'une logique musicale de l'intellect qui discourt dans un parler ancien – classique –, et du sentiment où s'épanche le nouvel éthos romantique.

Un artiste méconnu

On est en droit d'attendre un rigoureux décapage, non seulement des *Lieder sans paroles*, mais aussi de l'œuvre d'orgue, composée à une époque où la facture romantique, telle qu'elle fut illustrée plus tard, n'existait pas. Ce n'est point l'instrument d'après 1860 de Walcker ou de Cavaillé-Coll qui convient à ses fugues et à ses sonates, mais l'orgue cousin germain des Silbermann et des Schnitger : l'anachronisme où sombre une interprétation conventionnelle éviterait ainsi un faux-sens. On est aussi en droit d'espérer que soient dévoilés la puissance dramatique, le sombre coloris, l'âpreté rythmique de pages telles que le *Trio en ut mineur*, op. 66, les *Quatuors en la mineur*, op. 13, et en *fa mineur*, op. 80 (à la mémoire de Fanny) ou la splendeur orchestrale du ballet des sorcières dans *Die erste Walpurgisnacht* qui enchantait Berlioz, sans doute par sa richesse inventive dans l'emploi inédit des percussions.

Mendelssohn est un des musiciens du XIXe siècle parmi les plus inspirés qui aient écrit pour chœur. À côté des deux oratorios achevés (*Paulus*, *Elias*) dont le dramatisme choral renoue avec la tradition baroque et classique du siècle précédent, les nombreuses pages de musique religieuse chorale injustement délaissées, du moins en France, multiplient à l'envi les exemples de l'exploration éminemment variée de ce domaine musical ; ainsi avec l'hymne *Hör mein Bitten* (*Écoute ma prière*) dont la manière polyphonique, l'originalité de la pensée, l'usage d'un coloris vocal renouvelé se situent nettement entre l'art de Schubert et celui d'un Max Reger ; ou encore, parmi les trois *Motets pour voix de femmes*, op. 39, le souffle de louanges qui anime le psaume 112, *Laudate Pueri*. Qui donc à son époque a écrit un *Vespergesang*, op. 121, pour voix d'hommes seulement, avec cet équivalent d'un continuo de violoncelle, et cette richesse austère et solide d'un contrepoint plein d'émotion ? Ce sont quelques dizaines de pages qu'il faudrait ici évoquer.

A-t-on jamais relevé dans l'analyse poétique du style mendelssohnien cette prescription qui exige un *accelerando* dans les fugues pour orgue et piano ? D'aucuns à notre époque, tel Henri Pousseur, ont déploré le caractère suranné de la fugue au XIXe siècle ; ont-ils perçu en quoi cette dramatisation d'une forme ancienne venait lui insuffler un sang neuf et en renouveler l'attrait ? Ou bien faut-il croire que Mendelssohn avait entendu des dépositaires vivants de la tradition d'interprétation du « vieux Bach » jouer dans cet esprit les fugues du Cantor de Leipzig ?

L'influence de Mendelssohn fut immense. On se bornera à citer, sans marquer ce que chacun lui doit : Robert Schumann, Niels Gade, Charles Gounod, Camille Saint-Saëns, Alexandre Borodine, César Franck, Richard Strauss, les musiciens de l'oratorio anglais, Richard

Wagner (dont l'un des *leitmotive* de *Parsifal* cite les mesures 33-41 de la *Cinquième Symphonie « Réformation »*), Darius Milhaud...

Une étude psychologique dévoilerait des raisons ignorées de l'activité dévorante du nerveux et susceptible Mendelssohn, de son instabilité voyageuse, de son malheur méconnu, de son obsession de la mort et de sa passion religieuse. Étrangère à la fascination du mal, sa limpidité n'est pas que naturelle ; il portait en lui l'inquiétude romantique, mais il la transposa dans une eurythmie de la forme. Sa vie a brûlé comme un feu énergique d'une impatience, à la fin, presque désespérée. Cela expliquerait, peutêtre, que, pour les mêmes motifs que Mozart et Schubert, le svelte et exquis musicien mourut trop jeune, à un âge où tout promettait encore de fleurir.

PIERRE-PAUL LACAS

Bibliographie

• Œuvres et correspondance

Leipziger Ausgabe der Werke Felix Mendelssohn Bartholdys, Deutscher Verlag für Musik, Leipzig, 1960-1968 / *Briefe aus Leipziger Archiven*, H. J. Rothe & R. Szeskus éd., *ibid.*, 1972 / *Reisebriefe... aus den Jahren 1830 bis 1832*, Leipzig, 1861 (*Lettres de voyage, 1830-1832*, trad. franç. A. A. Rolland, rééd. Stock, Paris, 1980) / *Briefe an Ignaz und Charlotte Moscheles*, Sändig, Walluf, 1976.

• Études

C. Bellaigue, *Mendelssohn*, Alcan, Paris, 1907 / A. Clostermann, *Mendelssohn Bartholdys kirchenmusikalisches Schaffen*, Schott, Londres, 1989 / E. Donner, *Felix Mendelssohn Bartholdy. Aus der Partitur eines Musikerlebens*, Droste, Düsseldorf, 1992 / S. Hensel, *Die Familie Mendelssohn*, Berlin, 1879 (*The Mendelssohn Family from Letters and Journals*, Greenwood Press, New York, 1968, rééd. Harper, New York, 1990) / F. Hiller, *Felix Mendelssohn-Bartholdy. Briefe und Erinnerungen*, 1861 (*Felix Mendelssohn-Bartholdy. Lettres et souvenirs*, trad. F. Grenier, Fischbacher, Paris, 1867) / J. Horton, *The Chamber Music of Mendelssohn*, Oxford Univ. Press, Oxford, 1946, rééd. 1972 / R. Jacobs, *Mendelssohn*, Seuil, Paris, 1977 / K. H. Köhler, *F. Mendelssohn-Bartholdy*, Reclam, Leipzig, 1966 / W. Konold, *Die Symphonien Felix Mendelssohn Bartholdys*, Laaber-Verlag, Laaber, 1992 / P. Radcliffe, *Mendelssohn*, New York, 1954, rééd. Dent, Londres, 1990 / P. Ranft, *F. Mendelssohn-Bartholdy. Eine Lebenschronik*, Deutscher Verlag für Musik, 1972 / G. Schuhmacher dir., *Felix Mendelssohn Bartholdy*, Wissenschaftliche Buchgesellschaft, Darmstadt, 1982 / R. Schumann, *Erinnerungen an F. Mendelssohn-Bartholdy*, G. Eismann éd., Zwickau, 1948 / P. de Stoecklin, *Mendelssohn*, H. Laurens, Paris, 1927 / Y. Tiénot, *Felix Mendelssohn-Bartholdy, musicien complet*, H. Lemoine, Paris, 1972 / E. Werner, *Felix Mendelssohn, a New Visage of the Composer and his Age*, The Free Press of Glencoe, Londres, 1963 / H. C. Worbs, *Felix Mendelssohn-Bartholdy*, Rowohlt, Hambourg, 1974, rééd. 1992 / P. M. Young, *Introduction to the Music of Mendelssohn*, Londres, 1949.

MENOTTI GIAN CARLO (1911-)

Historiquement, Menotti se situe entre Dallapiccola et la grande triade de compositeurs italiens composée de Maderna, Nono et Berio, mais il est resté bien en retrait de son aîné de sept ans, Dallapiccola, quant à la connaissance et à l'approche des musiques de son temps. Sa musique, qui tourne résolument le dos à toute recherche de modernité, a connu depuis le début de sa carrière un succès éclatant. Fixé aux États-Unis à l'âge de dix-sept ans et jusqu'en 1974, il y a développé le souvenir rétrograde de l'opéra vériste italien. Il se situe donc dans son esthétique à l'opposé de ses compatriotes plus jeunes (Maderna, Nono et Berio) qui, eux, ont incontestablement marqué l'histoire de l'évolution de la musique dans leur pays.

Menotti est avant tout un homme de théâtre et d'opéra ; dans ce domaine sa facilité est étourdissante. Il écrit toujours lui-même ses livrets (et, à deux exceptions près, toujours en anglais) et la plupart du temps sur des sujets tirés de la vie contemporaine. Il assure également les mises en scènes de ses opéras. Il est le créateur de l'opéra conçu et réalisé pour la télévision. L'importance de son effort pour revivifier l'opéra, pour lui apporter un nouveau souffle dans la communication, ne peut être négligée. Aussi n'est-ce pas par hasard si les œuvres qui resteront de lui, plus que ses créations purement instrumentales, sont justement ses opéras ; parmi eux : *The Medium* (1946), *The Telephone* (1947), *The Consul* (1950), *Amahl and the Night Visitors* (1951, opéra télévisé), *The Saint of Bleecker Street* (1954), *Labyrinth* (1963, opéra télévisé), *The Egg* (1976, opéra d'église), *A Bride from Pluto* (1982).

BRIGITTE MASSIN

MERCADANTE SAVERIO (1795-1870)

Vers 1840, après le retrait de Rossini, la mort de Bellini et le départ à Paris de Donizetti, Mercadante est considéré comme le plus grand compositeur d'opéra italien. Toutefois, il est rapidement supplanté, dans le cœur de ses compatriotes, par le jeune Verdi. À sa mort, sa notoriété décline, effacée par celle du génial compositeur de Busseto, que Mercadante a largement inspiré sans toutefois en avoir la puissance créatrice.

Saverio Mercadante, né à Altamura, près de Bari, est baptisé le 17 septembre 1795. En 1806, il arrive à Naples avec sa famille. Deux ans plus tard, il obtient (en falsifiant sa date de naissance et son origine géographique) une place d'élève non payant au conservatoire (collège San Sebastiano) de cette ville, où il effectue un cycle complet d'études musicales théoriques et pratiques. De 1816 à 1820, il suit des cours de composition chez le directeur de l'établissement, Niccolo Zingarelli. Il se met alors au métier, dirigeant l'orchestre du collège et composant ses premières pièces instrumentales et vocales qui lui valent les louanges de Rossini. En 1818-1819, quatre de ses ballets sont exécutés au théâtre San Carlo de Naples ; ils obtiennent un tel succès qu'il reçoit la commande de son premier opéra, *L'Apoteosi d'Ercole* (1819). Dès lors, Mercadante se consacrera essentiellement au théâtre, signant des contrats dans toutes les villes d'Italie (Naples, Rome, Milan, Turin...) et menant une activité effrénée. *Elisa e Claudio*, représenté au théâtre de la Scala à Milan, en 1821, marque le début d'une carrière internationale : l'opéra est repris dans l'Europe entière. Entre 1826 et 1831, Mercadante effectue de nombreux déplacements (Cadix, Lisbonne et Madrid), entrecoupés par de constants retours dans la péninsule. En 1832, *I Normanni a Parigi* remporte un très vif succès dans le public turinois. La même année, il épouse à Gênes une jeune veuve dont il aura trois enfants. L'année suivante, le compositeur est nommé *maestro di cappella* à la cathédrale de Novare. Cette fonction l'amènera à écrire des pièces religieuses sans toutefois lui faire abandonner l'opéra. En 1835, Rossini invite Mercadante à Paris : il écrit, pour le Théâtre-Italien, *I briganti*, opéra qui restera un demi-échec. Mais ce voyage est loin d'être inutile : Mercadante, profondément marqué par les œuvres d'Auber et de Meyerbeer, décide d'entreprendre, dès son retour au pays, un énergique plan de réforme de l'opéra italien, devenant, en même temps, l'une des figures majeures de la vie musicale italienne. En 1839, il est nommé à Bologne directeur du Liceo Musicale et maître de chapelle de San Petronio. L'année suivante, il abandonne ces deux charges pour prendre la fonction, plus prestigieuse encore, de directeur du collège San Sebastiano de Naples. *Orazi e Curiazi*, représenté au théâtre San Carlo en 1846, est chaudement accueilli par le public napolitain. À cette période, Mercadante est revenu cependant à une esthétique plus conventionnelle. Ses tâches pédagogiques (il publie plusieurs exercices de chant) et administratives l'absorbent considérablement, au détriment de son œuvre dramatique. Ses opéras, confrontés par les Italiens à ceux de Verdi, tendent à être dépréciés. Ayant perdu l'usage d'un œil à Novare, il devient totalement aveugle en 1862. Mercadante s'éteint à Naples, le 17 décembre 1870.

Mercadante laisse derrière lui une vaste production (environ 60 opéras) qui couvre près de quarante années (1819-1866). Dans les genres *buffa* et *semi seria*, son style est d'abord marqué par la verve mélodique de Rossini. Puis il s'infléchit, après 1830 et le retour d'Espagne, vers le pathos de Donizetti, de Bellini et de Pacini, dans lequel il se sent plus à l'aise. Dans les œuvres composées après le séjour à Paris (*Il Giuramento*, *Le Due Illustri Rivali*, *Elena da Feltre*, *Il Bravo*, *La Vestale*, *Il Reggente*), il se place nettement à l'avant-garde de l'esthétique mélodramatique italienne. Il écrit ses pages les meilleures, démontrant un métier solide et annonçant Verdi. Il recherche en effet la cohérence dramatique, un approfondissement psychologique des situations et des personnages, l'abandon de la virtuosité superflue, le pouvoir lyrique acquis par la mélodie et un nouveau type d'harmonie et d'orchestration... Ses librettistes préférés sont F. Romani et S. Camarano. Vers 1845, alors que Verdi commence son ascension, Mercadante retombe dans les stéréotypes du genre *seria* et dans une rhétorique conventionnelle.

Mercadante compose aussi de nombreuses cantates en hommage à des compositeurs et à des librettistes disparus ou à de prestigieux personnages politiques (Vittorio Emanuele, Garibaldi...), des chansons napolitaines, de courtes pièces vocales populaires ou de salon (romances, duos, etc.).

Dès son plus jeune âge, Mercadante avait ressenti un attrait particulier pour le genre instrumental, moins lucratif cependant que l'opéra et qu'il devra laisser en second ordre. Il écrit toutefois de multiples pièces dans le style de l'ouverture d'opéra avec variations, des hommages divers, et quelques œuvres de musique de chambre (sérénades, *Divertissement*, *Decimino*, *Elegia*...), parmi lesquelles figure un quatuor pour quatre violoncelles.

L'œuvre sacrée de Mercadante est attachée surtout aux fonctions occupées par le compositeur à Novare (*Tantum Ergo*, un *Salve Regina*, une vingtaine de messes et motets...) et à Naples (*Christus e Miserere* exécuté par les élèves du collège). Dans son oratorio, *Le Sette Ultime Parole di Nostro Signore* (pour quatre voix solistes, chœur et orchestre, interprété à Novare en 1833), on lui reproche d'écrire dans un style tour à tour opératique et académique tout en reconnaissant que ces pages ne manquent pas d'accents de sincérité religieuse.

SYLVIE MAMY

MERULO CLAUDIO (1533-1604)

Compositeur italien, versé dans la facture d'orgue, et le plus célèbre organiste de son temps. Merulo fut l'élève de Tuttovale Menon et de Girolamo Donati. Ses œuvres vocales (messes, madrigaux, motets) et ses pièces pour orgue sont très représentatives de l'école vénitienne de la seconde moitié du XVIe siècle. Il fut organiste à la cathédrale de Brescia (1556) ; nommé pour cinq ans, il abandonna ce poste au bout d'un an pour devenir second organiste de la prestigieuse basilique Saint-Marc de Venise (1557) ; il en devint le premier en 1566, succédant à Annibale Padovano, tandis qu'Andrea Gabrieli prenait sa tribune. Il quitta Venise en 1584 pour, peut-être, se fixer à Mantoue ; en 1586, le duc de Parme, Ranuccio Farnese, le prit comme organiste de la cour, et Merulo assura aussi la même fonction à la cathédrale de Parme (1587) ; enfin, en 1591, il cumula ces deux charges avec celle d'organiste de la cour ducale de la Steccata. On possède, au conservatoire de Parme, un orgue positif sorti de ses mains. Ses compositions pour orgue (*Ricercari*, *Canzoni fatte alla francese*, *Toccate*, *Messe d'intavolatura d'organo*) ouvrent la voie à celles de Frescobaldi, à travers les très nombreux élèves qu'il forma, notamment Girolamo Diruta, Florentio Maschera (1540 env.-apr. 1584), Giovanni Luca Conforti, Giovanni Battista Mosto (mort en 1596), Guglielmo Arnone (1557 env.-1630), Vincenzo Bonizzi (mort en 1630), Camillo Angleria (1580 env.-env. 1630), l'Espagnol Ivo de Vento (1540-1575), son arrière-neveu Giacinto Merulo (1595-env. 1650). Son écriture en imitation se rapproche de celle du ricercare, tout en contenant des éléments « improvisés ». La toccata de Merulo, caractéristique du style vénitien aux couleurs rutilantes est somptueuse ; elle contient en germe le futur binôme : toccata et fugue.

PIERRE-PAUL LACAS

MESSAGER ANDRÉ (1853-1929)

Compositeur français, qui s'illustra principalement dans la musique lyrique, et dont le rôle de chef d'orchestre fut de grande importance, notamment dans la diffusion de la musique symphonique allemande ; il fut, en France, l'un des premiers wagnériens convaincus. Il naquit à Montluçon et s'intéressa à la musique, presque en autodidacte, dès son plus jeune âge. Il fut, à l'école Niedermeyer, l'élève de Gigout en harmonie, de Laussel pour le piano et de Loret pour l'orgue. Saint-Saëns lui fait découvrir les lieder, les symphonies allemandes (Mendelssohn, Schumann), ainsi que les œuvres de Liszt et de Wagner. En 1874, Messager succède à Fauré comme organiste de chœur à Saint-Sulpice. Deux ans plus tard, sa *Symphonie* (1875-1876) lui fait attribuer une médaille d'or de la Société des compositeurs ; on y relève l'influence de Mendelssohn et de Schumann. En 1877, il commence une carrière de chef d'orchestre aux Folies-Bergères, qui étaient alors fort sages (c'est l'époque de l'ordre moral) ; il compose des ballets pour cette scène parisienne (*Fleurs d'oranger*, *Vins de France*, *Mignons et Vilains*). En 1880, il dirige l'orchestre de l'Eden-Théâtre de Bruxelles ; l'année suivante, il est nommé organiste à l'église Saint-Paul-Saint-Louis et, en 1882, maître de chapelle.

Le deuxième prix de la ville de Paris lui est décerné pour sa cantate *Prométhée enchaîné*. En 1884, il est maître de chapelle à Sainte-Marie-des-Batignolles. De ses nombreuses compositions théâtrales, *Les Deux Pigeons*, montés à l'Opéra en 1886, est l'une de celles qui remportèrent un vif succès. C'est une œuvre pleine de finesse et d'élégance. En 1897, *Les Petites Michu* fut également une très grande réussite. De 1898 à 1903, Messager dirige les œuvres nouvelles à l'Opéra-Comique ; il y fait accepter *Pelléas et Mélisande* de Claude Debussy, qu'il crée comme chef d'orchestre. Wagnérien enthousiaste, il monte la *Tétralogie* à l'Opéra (1909), après avoir présenté *La Walkyrie* à Marseille. Il dirige souvent à l'étranger, surtout à Londres (Covent Garden) ; il fait une tournée aux États-Unis (1918) à la tête de la Société des Concerts du Conservatoire. Toujours au service de la musique contemporaine, il dirige, en 1924, *Les Biches* de Poulenc, *Le Train bleu* de Darius Milhaud et *Les Fâcheux* d'Auric. De ses autres compositions lyriques, il convient de citer *Véronique* (1898), *Béatrice* (1914), *Monsieur Beaucaire* (1918), *Coups de roulis* (1928). Son langage harmonique est plutôt sage et n'abuse point de dissonances. Ici ou là transparaît l'influence de l'école Niedermeyer (harmonies modales). Ses œuvres obéissent à une architecture équilibrée : Messager est un classique de la forme ; la rythmique est vivante, la mélodie souple et chantante. « Il a donné un caractère tout à fait nouveau à l'opérette, l'inclinant vers un genre essentiellement lyrique, à l'exclusion de tout élément parodique, trivial et cocasse. Au rire se substitue le sourire, à la farce la malice, aux effets en gros plan le jeu délicat des nuances. Son style vise à la simplicité, mais il est raffiné, et, s'il est populaire, cela tient à la nature des sujets qu'il traite et à la parfaite concordance qu'il y a entre la musique et le texte » (R. Bernard). Comme plusieurs de ses contemporains qui furent organistes et maîtres de chapelle, Messager, curieusement, n'écrivit jamais pour l'orgue ; il est vraisemblable que la facture d'alors ne créait pas les instruments qui convenaient à sa sensibilité musicale.

PIERRE-PAUL LACAS

MESSIAEN OLIVIER (1908-1992)

Par son œuvre et son enseignement, Messiaen est sans doute le musicien français qui a le plus influencé la musique composée après la Seconde Guerre mondiale. Par ses recherches éloignées de tout esprit de système, il n'a rien renié de l'apport des musiciens du passé qu'il sut faire découvrir à ses élèves ; en même temps, l'auteur des *Vingt Regards sur l'Enfant Jésus* et du *Traité du rythme* rompit les barrières stylistiques traditionnelles de la musique occidentale. Son langage allie un style expressionniste passionné à une rigueur formelle d'écriture où tout se justifie grammaticalement. L'intensité est peut-être la qualité qui résumerait le mieux l'art de Messiaen. Déplorerait-on à peine l'absence d'un appel à l'ellipse, car le compositeur ne fait grâce d'aucun développement dès que la variation annoncée déploie sa logique jusqu'à la dernière note. Il n'empêche que l'auditeur, souvent dépaysé, subit le charme d'un langage où la répétition, ressort secret de l'enchantement musical, est ici maîtrisée avec génie.

Créateur et pédagogue

Olivier Messiaen, né le 10 décembre 1908 à Avignon, a fait ses études musicales au Conservatoire national de musique de Paris. À partir de 1931, il est titulaire du grand orgue de l'église de la Trinité à Paris, où ses improvisations sont vite célèbres. En 1936, il fait partie du groupe « Jeune France », avec Yves Baudrier, André Jolivet et Daniel-Lesur. Prisonnier de 1940 à 1942, il est rapatrié et nommé professeur d'harmonie au Conservatoire de Paris ; en 1947, débute la classe d'esthétique où se forma l'élite musicale de la nouvelle génération : Pierre Boulez, Pierre Henry, Maurice Le Roux, Iannis Xenakis, Karlheinz Stockhausen, Gilbert Amy, Paul Méfano et bien d'autres bénéficient de la vaste culture, de la lucidité, de l'éclectisme et des recherches personnelles de créateur de Messiaen, dont la réputation de compositeur et de pédagogue a bientôt dépassé les frontières de la France.

Les lignes de force de la vie et de l'œuvre de Messiaen sont la foi chrétienne, l'amour de la nature, un lyrisme poétique, alliage de spontanéité et de recherche dans l'organisation rationnelle du travail créateur.

Messiaen a consacré une part importante de son activité de compositeur à l'orgue de la Trinité, dont il a inventorié soigneusement les possibilités ; dans ces œuvres, en particulier la *Messe de la Pentecôte* (1950) et le *Livre d'orgue* (1951), toutes les ressources de son langage et les effets de timbres obtenus par des registrations originales sont mis au service d'une simple et forte spiritualité.

Dans l'œuvre pour piano, la quatrième des études de rythme, *Mode de valeurs et d'intensités* (1949), a une importance historique dans l'évolution musicale de cette période, car elle est à l'origine de l'application de la série à tous les paramètres musicaux ; Stockhausen, Boulez et les compositeurs du Domaine musical en retinrent le principe d'une organisation globale du matériau sonore. Le *Catalogue d'oiseaux* (1956-1958) est entièrement fondé sur une transposition des chants des oiseaux de France et de l'atmosphère, des lumières et des paysages qui les entourent.

L'œuvre vocale comporte les *Poèmes pour mi* (1936-1937), les *Trois Petites Liturgies de la Présence divine* (1944) et les *Cinq Rechants* (1948).

Le *Quatuor pour la fin du temps* (1941) illustre la force morale d'un homme qui l'a composé durant sa captivité et contient déjà l'essentiel de ses recherches rythmiques.

Dans les œuvres pour petites formations instrumentales : les *Oiseaux exotiques* (1955), les *Sept Haïkaï* (1962), les *Couleurs de la Cité céleste* (1963), les percussions tiennent une place importante dans des dosages de timbres minutieux et divers. Dans les œuvres pour grand orchestre, si *Chronochromie* (1960) se caractérise par de rigoureuses architectures sonores, le lyrisme de la *Transfiguration de Notre-Seigneur Jésus-Christ* (1969) rejoint celui de la gigantesque *Turangalîla-Symphonie* (1946-1948).

Le langage

Les rythmes

Messiaen note toujours exactement les durées. Lorsqu'il écrit une « musique amesurée », il utilise les barres de mesure non pour diviser le temps en fractions régulières, mais pour marquer les périodes musicales et limiter l'effet des altérations (dièses, bémols, etc.). Certaines particularités donnent à son écriture rythmique raffinement et complexité :

– La valeur ajoutée est une valeur brève (note, point ou silence) qui, adjointe à un rythme quelconque, en décale le déroulement.

– Les rythmes augmentés ou diminués sont employés sous des formes diverses : ajout ou retrait du point, augmentation ou diminution de tout ou partie des valeurs qui constituent un motif rythmique par ajout ou retrait d'une fraction de chacune. Ces différentes modifications permettent de réaliser une grande variété de canons rythmiques.

– Les rythmes non rétrogradables (deux groupes rythmiques symétriques autour d'une partie centrale) donnent le même résultat s'ils sont lus de droite à gauche ou de gauche à droite.

– La polyrythmie superpose soit des rythmes de longueurs différentes, soit un rythme à ses différentes formes augmentées ou diminuées, soit un rythme à son rétrograde.

– La pédale rythmique est un ostinato qui se répète indépendamment des autres rythmes qui l'entourent.

– Les valeurs irrationnelles sont des divisions irrégulières des temps et des mesures (triolets, quintolets, etc.).

– La gamme chromatique de durées est faite des multiples d'une unité de base, par exemple une triple croche, deux triples croches..., *n* triples croches. Chacune des façons différentes de grouper les valeurs de la gamme correspond à une de ses permutations.

D'autres éléments sont utilisés par Messiaen ; il emprunte à la rythmique grecque et indienne, étudie les rythmes des chants d'oiseaux et les rythmes naturels, tels ceux du torrent dans *Chronochromie*.

Le souci d'une organisation rationnelle et diversifiée à l'extrême des rythmes est constant dans l'œuvre de Messiaen, et son apport dans ce domaine très important. À propos de quelques-uns des procédés ainsi résumés, Pierre Boulez écrit : « Les recherches de Messiaen posent certaines bases qu'il est indispensable de considérer comme acquises » (*Relevés d'apprenti*).

Les trois « personnages rythmiques » de la *Turangalîla-Symphonie* sont des groupes ayant chacun un comportement propre : l'un augmentant, l'autre diminuant, le troisième restant stable.

La pièce pour piano *Mode de valeurs et d'intensités* applique aux hauteurs, rythmes, attaques et intensités la notion de série, que Schönberg et Webern réservaient au paramètre hauteur ; vingt-quatre durées chromatiques y sont réparties en trois divisions. Division 1 : durée chromatique d'une à douze triples croches, utilisée dans la portée supérieure du piano ; division 2 : d'une à douze doubles croches, portée médiane ; division 3 : d'une à douze croches, portée inférieure.

Dans *Chronochromie*, Messiaen prend comme matériel rythmique de base certaines permutations d'une série de trente-deux valeurs, obtenue à partir d'une gamme chromatique de durées d'une à trente-deux triples croches ; chaque permutation n'est pas faite de durées absolues, mais de rapports absolus.

Les hauteurs

Dans *Technique de mon langage musical* (A. Leduc, Paris, 1944), Messiaen écrit : « Primauté à la mélodie. Élément le plus noble de la musique, que la mélodie soit le but principal de nos recherches. » Le compositeur utilise des lignes mélodiques issues du plain-chant, des chants d'oiseaux, des *ragas* (modes) de l'Inde, et surtout des modes à transpositions limitées. Ces modes sont des échelles qui, au bout d'un petit nombre (de deux à six) de transpositions sur les degrés de la gamme chromatique tempérée, retombent sur les mêmes notes, telle la gamme par tons, employée par Debussy, qui n'a que deux présentations différentes.

Le langage harmonique de Messiaen est souvent assez proche de l'harmonie classique : accords classés avec notes ajoutées, superpositions d'accords, mais aussi complexe de sons formés avec les notes d'un mode. Il pratique la polymodalité, c'est-à-dire la superposition de deux ou plusieurs modes différents. Il emploie pour l'écriture harmonique certains procédés analogues au travail du rythme, telle l'écriture en canon ; un exemple de canon d'accords se trouve dans l'introduction et la coda des *Sept Haïkaï* : soixante et un complexes de sons joués en sens droit au piano et en sens rétrograde aux bois dans l'introduction, et vice versa dans la coda.

Les timbres

Lorsque Messiaen lit une partition musicale, il voit des couleurs associées aux sons et bougeant selon leur résonance ; il note parfois des couleurs sur ses partitions et il utilise les timbres en coloriste, pour donner à un accord sa teinte exacte, pour éclairer un canon rythmique ou mélodique, pour traduire la texture particulière d'un chant d'oiseau. Le goût du timbre employé comme une couleur sonore se retrouve aussi bien dans le raffinement des différents groupes de percussions que dans la diversité et la beauté des registrations de l'orgue.

Paradoxes d'une personnalité

L'homme qui a accordé la primauté à la mélodie et aux accords, issus de la polymodalité, d'une écriture harmonique est aussi le rythmicien subtil, celui en qui demeure une conscience aiguë de l'importance des différents paramètres musicaux (hauteurs, durées, timbres, intensités), ce qui l'a induit à concevoir l'application à chacun d'entre eux d'une organisation rationnelle, cristallisant ainsi les tendances de son époque. Il n'y a pas de tournant décisif dans l'œuvre d'Olivier Messiaen, car le *Mode de valeurs et d'intensités* n'est pas une rupture, mais l'aboutissement logique de ses recherches antérieures, et le style de la *Transfiguration* montre bien la permanence chez lui d'un expressionnisme mélodique et harmonique.

Chants d'oiseaux, associations de couleurs aux sons, ragas et talas indiens, constructions complexes et précises, libre jaillissement d'une expression parfois trop lyrique coexistent apparemment sans s'unir dans l'œuvre de Messiaen et sont à l'image du musicien lui-même. Profondément enraciné dans le passé, il a infléchi le cours de l'évolution musicale dans son temps ; la fraîcheur de sa personnalité, sa jeunesse, sa lucidité ont fait de lui la source claire et vivante qui a désaltéré toute une génération de musiciens.

Analyse d'une analyse

Olivier Messiaen a toujours pris le soin de présenter, d'expliquer et d'analyser lui-même ses œuvres. Ainsi, le texte qu'il a consacré à la *Turangalîla-Symphonie* est important, car il définit à la fois l'esprit de l'œuvre et les moyens techniques employés. *Turangalîla-Symphonie* est un chant d'amour. *Turangalîla-Symphonie* est un hymne à la joie. Non pas la joie bourgeoise et tranquillement euphorique de quelque honnête homme du XVIIe siècle, mais la joie telle que peut la concevoir celui qui ne l'a qu'entrevue au milieu du malheur, c'est-à-dire une joie surhumaine, débordante, aveuglante et démesurée. L'amour y est présenté sous le même aspect : c'est l'amour fatal, irrésistible, qui transcende tout, qui supprime tout hors lui. Ces propos vont à l'encontre d'une conception abstraite de la musique conçue comme jeu intellectuel, et ils sont bien éloignés de la célèbre réflexion de Stravinski : « La musique, par son essence, [est] impuissante à exprimer quoi que ce soit. » Peut-on aujourd'hui relier une musique à l'expression d'un sentiment avec autant de force et de précision ? La musique, dans son abstraction de fait, parvient-elle réellement à traduire un état d'âme, une émotion, une passion ? Elle les signifie autrement, mais elle sait les faire éprouver. Ce pouvoir lui a été souvent dénié, et pourtant, elle le possède effectivement, par l'action profonde qu'exercent les sons, les timbres, les registres, les rythmes, les intervalles, les couleurs harmoniques, sur la sensibilité, sur le psychisme, et même sur l'état physiologique de l'auditeur. Pour décrire les quatre thèmes cycliques qui sont l'ossature de la *Turangalîla-Symphonie*, Olivier Messiaen emploie des termes d'un lyrisme imagé : « Le premier thème cyclique (fig. 1), en tierces pesantes, presque toujours joué par des trombones fortissimo, a la brutalité lourde, terrifiante, des vieux monuments mexicains. Il a toujours évoqué pour moi quelque statue terrible et fatale (on pense à *La Vénus d'Ille* de Prosper Mérimée). Je l'appelle *thème-statue* . » On retrouve dans ce paragraphe la liaison traditionnelle, manifestée sous bien des formes à travers les musiques de lieux et de temps divers, d'un timbre instrumental et d'un sentiment : « la brutalité lourde » attribuée aux trombones n'évoque-t-elle pas le tragique de ces mêmes instruments qui accompagnent l'entrée de la statue du Commandeur dans le *Don Giovanni* de Mozart ? Messiaen dira d'ailleurs, ultérieurement, dans son analyse : « Voix épaisses, bourbeuses, des trombones et tubas en position serrée dans le grave, qui s'avancent lentement, tels des dinosaures monstrueux. » Le sentiment tragique est alors lié au registre grave ; il peut aussi venir du rythme : « Un rythme terrifiant [...], donnant une double sensation d'élargissement et de rétrécissement, de hauteur et de profondeur, chaque terme aboutissant à un formidable coup de tam-tam. Cela rappelle la double horreur du balancier en forme de couteau se rapprochant peu à peu du cœur du prisonnier [...] dans le célèbre conte d'Edgar Poe *Le Puits et le Pendule*. » Le deuxième thème cyclique (fig. 2) ou « thème-fleur » est confié « aux caressantes clarinettes » ; liant la ligne mélodique à une image végétale, Messiaen évoque ici « la tendre orchidée, le décoratif fuchsia, le glaïeul rouge, le volubilis trop souple... ». Les références littéraires sont si fortes (le conte d'Edgar Poe, *La Vénus d'Ille*), qu'on peut légitimement se demander si elles sont vraiment « un simple moyen mnémotechnique », comme le dit le compositeur, ou si les traces profondes des lectures qui l'ont frappé n'ont pas été, consciemment ou inconsciemment, à l'origine de l'invention de certaines couleurs instrumentales, de rythmes, de registres et d'intervalles. Il faut signaler aussi que la *Turangalîla-Symphonie* tout entière est inspirée du mythe de Tristan et Yseult, auquel les références sont constantes ; ainsi, le troisième thème cyclique, « le plus important de tous », est le « thème d'amour ». Le compositeur a voulu explicitement réaliser une musique d'amour, mais cette insistance sur le sentiment, la coloration émotive, si inusitée aujourd'hui, ne l'empêche

fig. 1

Premier thème cyclique ou « thème-statue ».

fig. 2

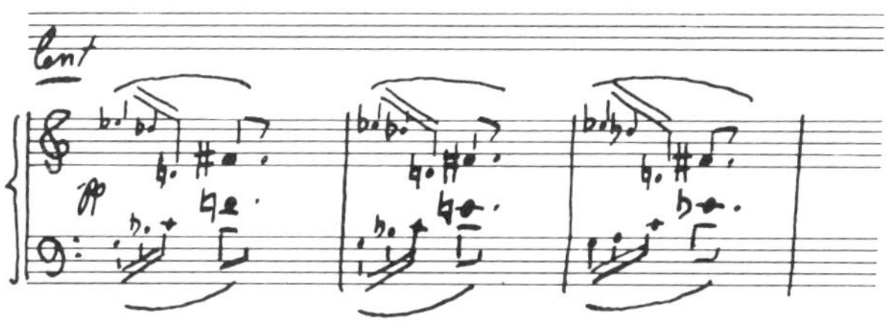

Deuxième thème cyclique ou « thème-fleur ».

nullement d'exposer avec précision, dans la même analyse, les procédés techniques employés (personnages rythmiques, rythmes non rétrogradables, etc.), en insistant toujours sur leur subordination à une situation ou à une expression spécifiques.

Le créateur ne doit pas vieillir

En 1978, l'ensemble de l'œuvre d'Olivier Messiaen est exécutée presque intégralement lors d'un festival qui lui est consacré à Paris ; rarement compositeur aura été, de son vivant, l'objet d'une telle célébration, mais la maladie et une opération urgente privent Olivier Messiaen de la joie d'y assister. C'est également l'année où, ayant atteint l'âge de la retraite, il quitte sa classe de composition du Conservatoire national de Paris, mettant ainsi un point final à trente-sept années d'un enseignement inoubliable, dont Iannis Xenakis, l'un de ses anciens élèves, a pu écrire : « Ce fut une sorte de soleil qui illuminait la musique, celle du passé comme celle du futur, d'un éclairage généreux et plein d'amour, comme ces arcs-en-ciel de vitraux sonores qu'il chérissait. » Peut-être cette interruption, douloureuse pour un homme si naturellement pédagogue, était-elle nécessaire pour qu'il puisse mener à bien l'œuvre gigantesque commandée par Rolf Liebermann et entreprise en 1975 : *Saint François d'Assise*, opéra en trois actes, d'une durée de quatre heures, pour solistes, cent cinquante choristes, et grand orchestre, créé à l'Opéra de Paris le 28 novembre 1983 sous la direction de Seiji Ozawa. Olivier Messiaen en a composé lui-même le livret, en ajoutant des éléments originaux au montage qu'il a réalisé avec des extraits des *Fioretti* de saint François d'Assise et de différents textes concernant le saint ; le compositeur a également établi les projets de costumes et de décors. Ce travail monumental interrompit la rédaction du *Traité du rythme*, commencé pourtant depuis longtemps.

Ses deux sujets de prédilection, l'orgue et les oiseaux, occupent les dernières années de sa vie : il compose le *Livre du saint sacrement* (1984), les *Petites Esquisses d'oiseaux* (1985), *Un vitrail et des oiseaux* (1986). Avant de mourir, le 28 avril 1992, il rend hommage à Mozart avec *Un sourire* (1991) et écrit, pour le cent cinquantième anniversaire de l'Orchestre philharmonique de New York, *Éclair sur l'au-delà* (1992).

NICOLE LACHARTRE

Bibliographie

C. H. BELL, *Olivier Messiaen*, Twayne, Boston, 1984 / M. FISCHER, *L'Œuvre d'orgue d'Olivier Messiaen*, thèse univ. Paris-Sorbonne, 1991 / A. GOLÉA, *Rencontres avec Olivier Messiaen*, Julliard, Paris, 1961, rééd. Slatkine, Genève, 1984 / P. GRIFFITHS, *Olivier Messiaen and the Music of Our Time*, Faber & Faber, Londres, 1985 / S. GUT, *Le Groupe Jeune France*, H. Champion, Paris, 1977 / H. HALBREICH, *Olivier Messiaen*, Fayard, Paris, 1980 / T. HIRSBRUNNER, *Olivier Messiaen*, Laaber-Verlag, Laaber, 1988 / *Hommage à Olivier Messiaen*, album-programme du festival Messiaen, La Recherche artistique, Paris, 1978 / R. S. JOHNSON, *Messiaen*, Dent, Londres, 1975, nouv. éd. 1989 / M. MALLET, *Étude de la correspondance des sons et des couleurs dans la musique d'Olivier Messiaen*, thèse, univ. Paris-VIII, 1992 / P. MARI, *Olivier Messiaen*, Seghers, Paris, 2e éd. 1970 / B. MASSIN, *Olivier Messiaen : une poétique du merveilleux*, Alinéa, Aix-en-Provence, 1989 / « Messiaen : Saint François d'Assise », in *L'Avant-Scène Opéra*, série *Opéra d'aujourd'hui*, no 4 a, 1992 / H.-K. METZGER & R. RIEHN dir., *Olivier Messiaen*, Text + Kritik, Munich, 1982 / R. L. NICHOLS, *Messiaen*, Oxford Univ. Press, Londres, 1975, éd. rév. 1987 / A. PÉRIER, *Messiaen*, Seuil, Paris, 1979 / M. REVERDY, *L'Œuvre pour piano d'Olivier Messiaen*, A. Leduc, Paris, 1978 ; *L'Œuvre pour orchestre d'Olivier Messiaen*, *ibid.*, 1988 / C. ROSTAND, *Olivier Messiaen*, Ventadour, Paris, 1958 / C. SAMUEL, *Entretiens avec Olivier Messiaen*, Belfond, Paris, 1967 ; *Musique et couleur, nouveaux entretiens*, *ibid.*, 1986 / R. SHERLAW-JOHNSON, *Messiaen*, Dent, Londres, 1975 / K. SCHWEIZER, *Olivier Messiaen : Turangalîla-Symphonie*, W. Fink, Munich, 1982 / S. WAUMSLEY, *The Organ Music of Olivier Messiaen*, A. Leduc, 1968, rééd. 1975.

MEYERBEER JAKOB LIEBMANN BEER dit GIACOMO (1791-1864)

Compositeur allemand né à Vogelsdorf, près de Berlin, et mort à Paris. Principal représentant en France du « grand opéra » du milieu du XIXe siècle, Jakob Meyerbeer se produit comme pianiste dès l'âge de neuf ans, et suit l'enseignement d'un élève de Clementi, puis de Zelter, et enfin de l'abbé Vogler à Darmstadt (1810-1812), où il a comme disciple Carl Maria von Weber. Il s'essaie au théâtre dès 1812 (*Jephtas Gelübde*) mais n'obtient son premier grand succès, après s'être converti à l'italianisme, qu'avec *Les Croisés en Égypte* (*Il Crociato in Egitto*, Venise, 1824). Cet ouvrage ayant connu le triomphe à Paris, il décide de s'établir dans cette ville, et change encore une fois sa manière. De cette métamorphose, la révélation sera *Robert le Diable* (sur un texte de Scribe), dont la création à l'Opéra de Paris, en 1831, non seulement fonde la gloire du compositeur, mais bat tous les records de recettes établis jusqu'alors. *Les Huguenots* suivent en 1836. Nommé, en 1842, directeur de la musique (*Generalmusikdirektor*) de la cour de Berlin, il ne rompt pas ses contacts avec Paris, où sont créés successivement *Le Prophète* (1849), *L'Étoile du Nord* (1854), *Le Pardon de Ploërmel* (1859), et, surtout, un an après sa mort, *L'Africaine* (1865).

Ses œuvres sont, en fait, très nombreuses et couvrent bien d'autres genres, vocaux et instrumentaux, sacrés et profanes. Mais sa réputation se fait, et décline, avec ses opéras. Tout en demeurant allemand pour l'harmonie, et italien pour la mélodie, il emprunte aux Français, aidé en cela par son librettiste Scribe, un rythme plus accentué reflétant les moindres détails du texte et de la charpente du drame, le côté visuel de la tragédie lyrique et les intrigues à sensation de l'opéra comique. D'où l'idolâtrie dont il fait l'objet de la part de la société de la monarchie de Juillet et du second Empire ; d'où aussi les réserves de musiciens comme Berlioz, Schumann ou Wagner, qui ont bien vu, en particulier Schumann, ce que son art avait de clinquant et d'artificiel ; d'où enfin le discrédit dont il souffrit après sa mort. Cela dit, on ne saurait nier l'efficacité ni même la grandeur de certaines de ses scènes (ainsi l'épisode de la Saint-Barthélemy des *Huguenots*), ni oublier l'influence qu'il a exercé sur Wagner ou sur Verdi.

MARC VIGNAL

MIGOT GEORGES (1891-1976)

Compositeur français dont l'art très original en fait une figure tout à la fois isolée et fort attachante. C'est un artiste indépendant, qui cultive aussi la peinture et la poésie ; il est difficile de le ranger dans un groupe esthétique déterminé. Profondément humaniste, Migot développe un art de distinction, empreint d'un esprit polyphonique qui s'abreuve aux sources de la monodie française du Moyen Âge, ainsi qu'aux pièces des luthistes du XVIIe siècle. Cet art accorde aux problèmes d'écriture fortement architecturée une attention primordiale ; ainsi, un de ses principes compositionnels est-il d'opposer et de juxtaposer des plans sonores selon la tradition baroque. Sa musique écarte les problèmes du développement d'un thème pour s'attacher à la continuité mélodique, aux lignes amples et somptueuses, soutenues par des harmonies fluctuantes.

Originaire d'une famille protestante, il est l'élève de Maurice Emmanuel, Vincent d'Indy et Charles-Marie Widor. Sa formation le rattache aux grandes lignes de la musique française. Parmi ses premières œuvres figure l'étonnante fresque symphonique *Les Agrestides* (1919) que crée Pierre Monteux à Amsterdam. Par la suite, aucune date importante ne jalonne sa vie, faite d'une réflexion lente et profonde qui donne naissance à près de deux cent cinquante partitions. Entre 1949 et 1961, il est conservateur du Musée des instruments anciens du Conservatoire de Paris.

Sa démarche artistique commence par un retour aux sources qui lui permet de créer une musique en dehors de tout système qui soit le prolongement de celle d'hier. La polyphonie lui apporte toutes les solutions et ce parti pris fait de lui l'indépendant parmi les indépendants.

La voix et la religion sont à la base d'une partie essentielle de sa production : dix oratorios dont *Saint-Germain d'Auxerre* (1947) pour voix *a cappella*, et un cycle de sept ouvrages consacrés à la vie du Christ, douze symphonies dont l'étonnante

Sinfonia da chiesa pour quatre-vingt-cinq instruments à vent (1955), des fresques symphoniques (*Les Agrestides*, 1919 ; *Hagomoro*, 1921 ; *La Jungle*, avec orgue principal, 1928 ; *Le Livre de danceries*, 1929), de nombreuses pages de musique de chambre et œuvres vocales, des sonates monodiques (pour violon, pour alto, pour flûte, pour clarinette, pour basson), l'immense cycle *Le Zodiaque* (1931-1932) qui réunit douze études pour piano de vaste dimension, ainsi que des pièces pédagogiques (*Le Petit Fablier*, dix-huit vocalises, 1927) qui sont un merveilleux exemple de dépouillement et d'humilité.

Théoricien et historien de la musique, on doit à Georges Migot, outre divers articles, des *Essais pour une esthétique générale* (1915), *Jean-Philippe Rameau et le génie de la musique française* (1930), *Lexique de quelques termes utilisés en musique* (1947) et *Musique et matière sonore* (1963).

PIERRE-PAUL LACAS

MIHALOVICI MARCEL (1898-1985)

Compositeur français originaire de Roumanie, Marcel Mihalovici comptait parmi les quelques figures du monde musical qui ont traversé le XXe siècle en conservant une indépendance artistique totale, sans rester pourtant en marge des grands courants créateurs.

Né à Bucarest le 22 octobre 1898, il fait des études générales approfondies dans sa ville natale et commence à composer dès l'âge de onze ans. Il travaille le violon avec Franz Fischer et Bernard Bernfeld, un élève de Georges Enesco, puis l'harmonie et le contrepoint avec Dimitri Cuclin et Robert Cremer, deux disciples de Vincent d'Indy. Sa rencontre avec Enesco va décider de la suite de sa carrière. Sans jamais compter parmi ses élèves, il deviendra son héritier spirituel au travers d'une longue amitié, particulièrement renforcée lors des dernières années de la vie d'Enesco à Paris. Suivant les conseils de son aîné, Mihalovici vient à Paris en 1919, où il s'inscrit à la Schola cantorum, travaillant le violon avec Nestor Lejeune, l'harmonie avec Léon Saint-Réquier, le chant grégorien avec Amédée Gastoué et la composition avec Vincent d'Indy. Ces six années d'études cultivent une ouverture intellectuelle et une curiosité naturelle qui vont l'amener à s'intéresser à la plupart des nouvelles tendances de la création musicale, alors foisonnante. Dès 1921, il reçoit en Roumanie le deuxième prix de composition Georges Enesco pour sa *Sonate pour violon et piano no 1* qui, remaniée en 1927, sera créée deux ans plus tard par Georges Enesco et Clara Haskil. En 1928, il fonde, autour de l'éditeur Michel Dillard (La Sirène musicale), l'école de Paris, qui réunit d'autres compositeurs étrangers fixés à Paris, le Tchèque Bohuslav Martinů, le Suisse Conrad Beck et le Hongrois Tibor Harsányi. Peu après viendront se joindre à eux le Polonais Alexandre Tansman, les Russes Alexandre Tcherepnine et Igor Markevitch et l'Autrichien Alexandre Spitzmüller. Aucun lien esthétique ne rapprochait ces musiciens, unis seulement par leur exil et une solide amitié.

Infatigable animateur, Mihalovici participe, en 1932, à la fondation du Triton, une société de musique contemporaine qui allait réunir les compositeurs les plus en vogue de l'époque : Darius Milhaud, Jacques Ibert, Jean Rivier, Pierre-Octave Ferroud, Henri Tomasi, Serge Prokofiev, Arthur Honegger, Tibor Harsányi... Le Triton occupera, pendant les années1930, une place essentielle dans la vie musicale parisienne, devenant une sorte de vitrine de la nouvelle musique. L'expérience ayant tourné court après quelques années, Mihalovici s'engage dans une nouvelle voie, fondant l'A.M.C. (Association de musique contemporaine), qui donnera des concerts pendant la saison 1939-1940. Durant l'Occupation, Mihalovici se réfugie dans le Midi et revient à Paris à la Libération, où il s'impose rapidement comme l'une des figures marquantes du monde musical. Il épouse la pianiste Monique Haas. En 1955, il reçoit la nationalité française et le prix Ludwig Spohr à Brunswick. De 1959 à 1962, il enseigne la morphologie musicale à la Schola cantorum. En 1964, il devient membre correspondant de l'Institut de France. Deux ans plus tard, il reçoit le prix Georges Enesco de la S.A.C.E.M., qui lui attribue son Grand Prix en 1979 pour l'ensemble de son œuvre.

La diversité de la production de Mihalovici interdit de le cataloguer dans quelque mouvement que ce soit. Ce « jeune loup » de l'entre-deux-guerres n'est jamais devenu un nostalgique du passé. Hostile aux expériences de l'avant-garde, il savait détecter chez les compositeurs des générations montantes les qualités fondamentales susceptibles d'assurer un avenir à certains d'entre eux. Cette lucidité se retrouve dans son œuvre, qui est restée fidèle à ses origines, même si la langue utilisée a naturellement évolué.

Deux grandes lignes constituent les bases de l'esthétique de Mihalovici, ses origines roumaines et l'enseignement de Vincent d'Indy. De son pays natal, il a conservé le lyrisme, la nostalgie et une attirance pour les musiques modales ; l'auteur de *Fervaal* lui a donné un sens de la construction et le goût des grandes formes. Sa curiosité le mène sur le même chemin que Bartók et Enesco, puisant aux sources de la musique populaire d'Europe centrale, dont il aime les métriques inégales. Architecte de la musique, il ne renie pas l'influence de Brahms, que lui a fait découvrir Enesco. Mais l'impressionnisme transparaît dans l'ensemble de son œuvre, même si ses harmonies dissonantes, son attirance pour l'atonalité et un chromatisme parfois sériel relèguent bien loin les influences debussystes. Son œuvre, très abondante, est mal connue en France, où elle a pourtant été régulièrement exécutée. C'est surtout l'Allemagne qui a accueilli ses cinq opéras : *L'Intransigeant Pluton* (1928), *Phèdre* (1949) – son chef-d'œuvre, qui n'est pas sans évoquer l'*Antigone* d'Honegger –, *Le Retour* (*Die Heimkehr*, sur un livret de Karl-Heinz Ruppel d'après Maupassant, 1954), *Krapp* (ou *La Dernière Bande*, d'après Samuel Beckett, 1960) et *Les Jumeaux* (opéra-bouffe de Claude Rostand d'après Plaute, 1962). On lui doit plusieurs ballets : *Une vie de Polichinelle* (1922), *Le Postillon du roy* (1924), *Thésée au labyrinthe* (1956), *Alternamenti* (1957) et *Variations* (1960). Pour l'orchestre, il laisse cinq symphonies (*Sinfonia giocosa*, 1951 ; *Sinfonia partita*, 1952 ; *Sinfonia variata*, 1960 ; *Sinfonia cantata*, 1963 ; *Symphonie n° 5* pour soprano et orchestre sur un texte de S. Beckett, 1966-1969), un *Concerto pour violon* (1930), l'*Ouverture tragique* (1957), *La Follia* (1976-1977) ainsi que plusieurs partitions pour piano et orchestre écrites pour Monique Haas (*Toccata*, 1938-1940 ; *Rhapsodie concertante*, 1951 ; *Études en deux parties*, 1951). Dans le domaine de la musique de chambre, il faut retenir les quatre quatuors à cordes (1923, 1931, 1946 et 1981) ainsi que des sonates pour la plupart des instruments à cordes ou à vent. Il a également signé une vingtaine d'œuvres pour la radio : *Fioretti* (saint François d'Assise), *Meurtre dans la cathédrale* (T. S. Eliot, 1952), *Orphée* (Cocteau, 1954)... et de nombreuses mélodies. Ses ultimes partitions le ramènent aux formes intimes de la musique de chambre et à son instrument de prédilection, le violon : *Torse*, œuvre écrite pour le concours international Yehudi Menuhin, *Élégie II*, pour le concours Long-Thibaud (1984), *Sonate pour alto solo*, op. 110 (1980) et le *Quatuor nº 4*, op. 111 (1981), dédié à l'un de ses plus fidèles amis, Vladimir Jankélévitch.

ALAIN PÂRIS

MILÁN LUIS (1490 env.-apr. 1561)

Vihueliste, compositeur et écrivain espagnol, qui vécut principalement à la cour de Ferdinand d'Aragon et, vraisemblablement, pendant quelque temps à la cour de Portugal, près de Jean III, auquel fut dédié son ouvrage principal, *Libro de música de vihuela de mano, intitulado « El Maestro »* (Valence, 1535-1536). Cet ouvrage, première tablature espagnole de *vihuela* (luth), contient à la fois des œuvres vocales accompagnées (*villancicos* espagnols et portugais, romances castillanes, sonnets italiens) et des pages instrumentales (fantaisies ou *tientos*, pavanes) où l'on trouve l'indication *sonadas*. Certains *villancicos* sont suivis de variations (*diferencias*). Milán publia aussi un *Libro de motes* (1535), pages de divertissements courtois, et *El Cortesano* (1561), où il décrit les fêtes de la cour de Valence.

PIERRE-PAUL LACAS

MILHAUD DARIUS (1892-1974)

Prodigieusement fécond et divers, Milhaud chante, lucide et sans désespoir, ironique et joyeux, le tragique de l'homme. Sa truculence le porte à cultiver un lyrisme objectif et l'éloigne d'autant de l'épanchement individuel. Il compose en un jaillissement où prime l'invention mélodique, dans un style persuasif et expressionniste sans être romantique ; atonal et rigoureux sans être systématique ni froid. Comme Kœchlin, Migot, Jolivet ou Françaix, il lutte contre la sensibilité postromantique et s'oppose au trop délicieux raffinement impressionniste de Debussy ou de Dukas. Pour ce faire, il élabore un langage polymélodique original fortement structuré, mais qui refuse de s'enfermer dans les systématisations nées de l'École viennoise. La perception polytonale est d'autant plus claire que le caractère diatonique des mélodies est plus affirmé, perception que favorisent encore les petits ensembles de solistes.

Concise de forme, pudique de sentiment, sa pensée musicale fait l'économie du développement, concentrant sa force en un dessin clair et net qu'enrichit une verdeur orchestrale incisive et rutilante. Musique d'apparat, mais purifiée du divertissement, musique de dramaturge, mais allégée de l'angoisse, musique de franche gaieté, parfois même de cocasserie, son efficacité se mesure à son classicisme et à son énergie.

À un tournant de la musique

Depuis des siècles, la famille Milhaud était provençale et pratiquait le négoce des amandes. Darius naît le 4 septembre 1892 à Aix-en-Provence. Il se désignera comme « Français de Provence, de religion israélite ». À six ans, il joue déjà du violon. En 1904, l'audition du *Quatuor* de Debussy est une révélation. Ses amis intimes à Aix étaient le poète Léo Latil et Armand Lunel, écrivain et historien. Après le baccalauréat, il continue ses études musicales au Conservatoire de Paris. Indifférent à Wagner, Milhaud s'enthousiasme pour *Pelléas et Mélisande* et *Boris Godounov*. Il suit les cours d'harmonie de Xavier Leroux, mais refuse de se plier aux règles de l'harmonie classique. Son maître estime qu'il ne peut rien lui apprendre en cette matière, reconnaissant qu'il a déjà trouvé par lui-même un langage harmonique personnel. C'est au cours de contrepoint d'André Gédalge qu'il fait la connaissance de Honegger. En 1912, Milhaud rend visite à Francis Jammes et lui fait part de son intention d'écrire un opéra sur *La Brebis égarée*. Au moment des adieux, Jammes lui offre un exemplaire de *Connaissance de l'Est*, de Claudel. Ces deux poètes vont fixer une fois pour toutes l'horizon littéraire du musicien. Il suit le cours de fugue de Charles Marie Widor et est auditeur du cours d'analyse musicale de Vincent d'Indy à la Schola Cantorum. En 1913, il accueille avec enthousiasme *Le Sacre du printemps*.

Avant 1914 paraissent les premières compositions, dans lesquelles la personnalité du musicien s'affirme déjà pleinement : *Sept Poèmes de la Connaissance de l'Est* pour chant et piano, l'opéra comique *La Brebis égarée*, la musique de scène pour *Agamemnon* d'Eschyle, dans la traduction de Claudel, les mélodies *Alissa*, d'après *La Porte étroite*, de Gide. De 1914 à 1916 datent trois quatuors à cordes, des sonates et quelques mélodies. En 1916, Milhaud accompagne Claudel à Rio de Janeiro, en qualité de secrétaire d'ambassade. Impressionné par le climat tropical, il compose la musique de scène pour *Les Choéphores*, deuxième partie de *L'Orestie*, *L'Homme et son désir*, ballet sur un argument de Claudel. Il entame la troisième partie de *L'Orestie* : *Les Euménides*. Pour un orchestre de solistes et des voix, il écrit une cantate sur un texte de Gide, *Le Retour de l'enfant prodigue*, et deux petites symphonies de chambre. Rentré à Paris en 1918, Milhaud rejoint Cocteau, Satie et les « Nouveaux Jeunes » qui seront bientôt connus sous le nom de groupe des Six. *Le Bœuf sur le toit*, fantaisie sur des thèmes sud-américains (argument de Cocteau, décors de Dufy, masques de Fauconnet), est créé le 21 février 1920 au Théâtre des Champs-Élysées. Accueilli triomphalement, ce spectacle ouvre la voie aux jeunes compositeurs français qui préconisent une musique robuste, non romantique, où éclate la joie de vivre.

Un génie classique

Le 24 octobre 1920, Gabriel Pierné crée la musique pour *Protée* de Claudel. Cette exécution provoque un grand scandale, par suite des propositions de polytonalité qui se révèlent dans cette œuvre. Le scandale se poursuit en mai 1921, lors de la création des *Cinq Études pour piano et orchestre*. Le vacarme est tel que la police doit faire évacuer la salle. À partir de ce moment, l'opinion concernant le compositeur se sépare en deux factions opposées : les partisans, qui comprennent le langage polytonal, et les opposants, qui restent accrochés à des conceptions plus traditionnelles... *L'Homme et son désir* et *La Création du monde*, aux Ballets suédois, connaissent un très grand succès, ainsi que *Salade*. Ces trois ballets (1923-1924) continuent à être considérés comme représentatifs de l'art du compositeur, de même que l'opéra *Les Malheurs d'Orphée* (texte de Lunel), créé en 1925, et que la complainte *Le Pauvre Matelot* (texte de Cocteau), créée en 1927. En 1925, Milhaud épouse sa cousine Madeleine Milhaud. Ensuite, il entreprend de nombreux voyages et tournées de concerts en Europe et en Amérique.

À l'invitation de Hindemith, il compose en 1927 trois « opéras-minute » sur des textes d'Henri Hoppenot, *L'Enlèvement d'Europe*, *L'Abandon d'Ariane* et *La Délivrance de Thésée*, accueillis partout avec un chaleureux succès. Le 5 mai 1930 a lieu à l'opéra Unter den Linden, à Berlin, la création du grandiose *Christophe Colomb* (texte de Claudel), sous la direction d'Erich Kleiber. Cet ouvrage, un des sommets de la production du compositeur, consacre définitivement son importance dans l'opinion mondiale. Infatigable, doué d'une puissance de création inépuisable, en dépit d'un état de santé précaire, Milhaud a déjà composé à cette époque plus de cent œuvres (son catalogue comporte plus de cinq cents ouvrages, grands et petits, magnifiques ou sans éclat, comme cela se passe pour tous les auteurs doués d'un tel pouvoir de production). Bientôt, aux genres abordés précédemment s'ajoutent des concertos et des cantates. La musique de Milhaud est accueillie favorablement en Allemagne, en Angleterre, en Belgique, en Italie, en Amérique du Nord. En France, son art n'a cessé d'être âprement discuté, mais ne laisse personne indifférent. Le 5 janvier 1932, l'Opéra de Paris crée *Maximilien*, grand opéra dramatique qui se heurte à une incompréhension quasi totale. Mais sa musique de chambre recueille une adhésion presque unanime. Le 7 octobre 1939, l'opéra d'Anvers crée *Médée*, opéra en un acte, qui reste une œuvre majeure dans la série des tragédies en musique. Le 10 mai 1940, après la représentation de *Médée* à l'Opéra de Paris, la guerre ramène l'auteur à Aix, d'où il part pour les États-Unis, à l'invitation de l'Orchestre symphonique de Chicago, qui lui avait commandé une symphonie, genre auquel il ne s'était pas encore attaqué ; cette symphonie sera suivie de onze autres. Milhaud donne un cours de composition au Mills College, à Oakland. Rentré en France en juillet 1947, il voit son *Bolivar* monté à l'Opéra de Paris, avec des décors de Fernand Léger, en 1949. C'est à nouveau un succès. Durant son séjour aux États-Unis, soixante-quatre œuvres nouvelles avaient vu le jour, parmi lesquelles un treizième quatuor à cordes, une troisième symphonie et un somptueux *Service sacré pour le samedi matin*. Il est nommé professeur de composition au Conservatoire de Paris, Messiaen professant l'analyse musicale. Parallèlement à son activité parisienne, Milhaud donne régulièrement un cours d'été à Aspen (Colorado). De partout affluent les commandes, qu'il tient à honorer régulièrement. En 1951 paraît son dix-huitième et dernier quatuor à cordes. Quatre quintettes vont suivre, ainsi qu'un sextuor (1958) et un septuor à cordes (1964). Dans la série des concertinos et de la musique instrumentale, Milhaud revient à ses préférences de jeunesse : les groupes d'instruments solistes. En 1952-1953 est menée à bien la composition d'un nouvel opéra sur un texte de Lunel : *David*. Lors des développements œcuméniques que mène l'Église catholique, il fait un choix parmi les textes de l'encyclique de Jean XXIII pour son œuvre *Pacem in terris*, créée lors de l'inauguration du grand auditorium de la Maison de la radio, à Paris (1963), et reprise en grande pompe à Notre-Dame de Paris à l'occasion du huitième centenaire de la cathédrale. Milhaud reçoit en 1971 le Grand Prix international de la musique et est élu à l'Institut de France au fauteuil de Marcel Dupré. La même année, il s'installe à Genève, où il continue à écrire, jusqu'à sa mort, le 22 juin 1974.

La puissance créatrice et la vitalité de Milhaud sont comparables à la fécondité de Bach ou de Boccherini ; la joie qui rayonne de ses œuvres invite à le rapprocher de Haydn ou de Haendel ; comme Mozart, il atteint le difficile équilibre entre le cœur et l'esprit ; comme Mendelssohn et Roussel, il cultive le souci de la forme, la cohérence et la perfection du langage. Ouvert à la nature et lucide sur son ouvrage, « son art n'est point confession, mais communion » (Gisèle Brelet). De telles qualités en font une des figures les plus riches de la musique du XXe siècle.

La postérité a surtout retenu ses œuvres d'inspiration sud-américaine (*Saudades do Brasil*, 1920-1921 ; *Le Bœuf sur le toit*, 1919 ; *Scaramouche*, 1937), le ballet *La Création du monde* (1923), marqué par les débuts du jazz, et les pages dans lesquelles il fait référence à sa Provence natale (*Le Carnaval d'Aix*, 1926 ; *Suite provençale*, 1936). Les grandes fresques dramatiques, plus difficiles d'approche, semblent, en cette fin du XXe siècle, traverser un purgatoire alors que sa musique de chambre suscite un regain d'intérêt.

PAUL COLLAER et ALAIN PÂRIS

Bibliographie

G. Beck, *Darius Milhaud*, Heugel, Paris, 1949 / P. Collaer, *Darius Milhaud*, Nederlandse Boekhandel, Anvers, 1947, nouv. éd. Slatkine, Genève, 1982 / J. Drake, *The Operas of Darius Milhaud*, Garland, New York, 1989 / A. Lunel, *Mon ami Darius Milhaud*, G. Jessula éd., Édisud, Aix-en-Provence, 1992 / D. Milhaud, *Études*, Les Horizons de France, Paris, 1927 ; *Notes sans musique*, Julliard, Paris, 1949 ; *Entretiens avec Claude Rostand*, *ibid.*, 1952, rééd. Belfond, Paris, 1992 ; *Ma Vie heureuse*, Belfond, 1973, rééd. 1987 ; *Notes sur la musique. Essais et chroniques*, J. Drake éd., Flammarion, Paris, 1982 ; *Jean Cocteau-Darius Milhaud. Correspondance*, univ. Paul-Valéry, Montpellier, 1992 ; *Correspondance Paul Claudel-Darius Milhaud*, *Cahiers Paul Claudel*, no 3, Gallimard, Paris, 1961 / J. Roy, *Darius Milhaud*, Seghers, Paris, 1968.

MOMPOU FEDERICO (1893-1987)

De père catalan et de mère française, le compositeur espagnol Federico Mompou voit le jour à Barcelone le 16 avril 1893. Il commence ses études musicales au conservatoire du Liceo de Barcelone, avec P. Serra. Il vient ensuite à Paris où il est l'élève, au conservatoire, de Marcel Samuel-Rousseau et Émile Louis Pessard (harmonie), de Ferdinand Motte-Lacroix et Isidore Philipp (piano). Baigné dans l'atmosphère artistique très animée de la capitale française au début du XXe siècle, il décide de se consacrer à la composition. Entre 1914 et 1921, il revient à Barcelone avant de se fixer à Paris, où il restera jusqu'en 1941, fréquentant notamment les musiciens de l'École de Paris, groupe de compositeurs émigrés de différents pays d'Europe centrale et fixés, comme lui, à Paris (Martinů, Tansman, Mihalovici, Tcherepnine...). À partir de 1941, il reviendra s'installer dans sa ville natale, qu'il ne quittera plus jusqu'à sa mort, le 30 juin 1987.

Compositeur discret, lui-même excellent pianiste, il avait opté délibérément pour une carrière intime, réservant sa musique à un petit cercle d'élus et non aux grandes salles de concert. L'essentiel de son œuvre est destiné au piano – *6 Impresiones intimas* (1911-1914), *3 Pessebres* (1914-1917), *Suburbis* (1916-1917), *Scènes d'enfants* (1915-1918, orchestrées par Alexandre Tansman) – ou à la voix humaine – *Cantos màgicos* (1917-1919), que chanteront Victoria de Los Angeles, Teresa Berganza ou Montserrat Caballé. Ses cycles pianistiques – surtout les *Scènes d'enfants* – évoquent la musique d'Erik Satie, tant par leur concision et leur dépouillement que par les mentions figurant sur la partition : « questionnez de loin », « donnez des excuses », « chantez avec la fraîcheur de l'herbe humide ». À cette filiation satiste, il faut ajouter des racines debussystes et une parenté certaine, de l'autre côté des Pyrénées, avec Déodat de Séverac, comme le soulignait Vladimir Jankélévitch, qui voyait dans la musique de Mompou « rien que l'essentiel ! ou même bien moins encore – rien que le quintessentiel... ».

Sans qu'il soit possible de le considérer comme un musicien folkloriste, Mompou s'est profondément imprégné de l'atmosphère de la musique populaire catalane, dont il retrouve, peut-être subconsciemment, le dépouillement dans ce style de *recomienzo* qui le hantera tout au long de sa vie : sa démarche tend à retrouver l'esprit des primitifs de la composition, sans modulation ni développement, avec des thèmes d'une grande simplicité. Il parle néanmoins un langage harmonique de son temps, toujours à la frontière de la consonance et de la dissonance. Au fil des années, sa musique, qu'il remanie sans cesse, tend à se dépouiller davantage et à s'intérioriser pour déboucher sur un véritable ascétisme, chemin qui n'est pas sans une certaine parenté avec l'itinéraire artistique de Manuel de Falla : *10 Préludes* (1927-1951), *Variations sur un thème de Chopin* (1938-1957), *3 Paisajes* (1942, 1947, 1960), *Música callada* (3 cahiers, 1959, 1962, 1966), toutes ces pièces destinées au piano ; pour la guitare, il compose en 1963 la *Suite compostelana* et semble ensuite se tourner davantage vers la voix humaine : *Sant Marti*, pour chant et piano (1960), et *Cantar del alma*, pour chant et orgue (1960) sur un poème de saint Jean de la Croix – qui lui avait déjà inspiré *Música callada*, son chef-d'œuvre –, l'oratorio *Los improperios* (1964), le chœur *Vida interior* (1966)...

Deux ballets ont été tirés de ses pièces pour piano : *The House of Birds* (pour le Royal Ballet de Londres, en 1955) et *Don Perlimplin* (pour les Ballets du marquis de Cuevas). Seuls honneurs qu'ait acceptés Mompou, il était membre de la Real Academia de Bellas Artes de San Jorge (Barcelone, 1951) et de celle de San Ferdinando (Madrid, 1959).

ALAIN PÂRIS

Bibliographie

V. JANKÉLÉVITCH, *Albéniz, Séverac, Mampou et la présence lointaine*, Seuil, Paris, 1983 ; « Le Message de Mompou », in *Scherzo*, n° 2, avril 1971 / S. KASTNER, *Federico Mompou*, Amiario de Hispanismo, Madrid, 1945 / R. PREVEL, *La Musique et Federico Mompou*, Ariana, Genève, 1976.

MONDONVILLE JEAN-JOSEPH CASSANÉA DE (1711-1772)

Violoniste virtuose et compositeur, Mondonville tient une place importante dans la musique française du XVIIIe siècle ; plusieurs de ses innovations méritent d'être signalées. Il naquit à Narbonne où son père était musicien à la cathédrale Saint-Just. Il vint à Paris vers 1731, publia deux recueils de musique instrumentale en 1733 et 1734 (*Sonates pour le violon avec basse continue*, op. 1 ; *Sonates en trio pour deux violons ou flûtes et basse continue*, op. 2). Il servit comme premier violon au Concert de Lille, et se mit à composer des motets. Il entra au Concert spirituel en 1734 comme violoniste, puis en 1738 en tant que compositeur. L'année suivante, il est musicien du roi et, en 1740, il occupe les fonctions de sous-maître de la chapelle royale. Ses motets connurent une vogue extraordinaire et restèrent trente ans au répertoire du Concert spirituel, aussi bien les motets pour chœur (*Dominus regnavit*, *Jubilate Deo*, *Magnus Dominus*, *Lauda Jerusalem*, *Cantate Dominum*, etc.) que ceux pour soliste (*Regina coeli*, *Simulacra gentium*). Dans l'ensemble, Mondonville continue Lalande.

Il écrivit beaucoup pour le théâtre, notamment le ballet héroïque *Le Carnaval du Parnasse* (1749) et les opéras-ballets, *Bacchus et Érigone*, *Vénus et Adonis*, *Titon et l'Aurore* (1753). Ce dernier opéra, à l'orchestration ingénieuse, connut un succès littéralement prodigieux, en pleine querelle des Bouffons ; il fut soutenu par le roi et par Mme de Pompadour. Ses adversaires pouvaient écrire par exemple : « Jamais le grand Rameau, si supérieur à M. de Mondonville [...], n'a vu dans sa plus grande gloire accueillir ses pièces les plus brillantes avec des transports si outrés » (*Lettre sur les Bouffons*). Lors de cette fameuse querelle, il est à la tête du parti français. En 1755, et jusqu'en 1762, il dirige l'orchestre du Concert spirituel où il introduit des nouveautés du genre concerto pour orgue, avec le concours de Claude Balbastre (1755) ; cette forme était alors inconnue en France. Il réduit aussi pour orgue ses ouvertures d'opéra (*Daphnis et Alcimadure*, *Titon et l'Aurore*) et Balbastre les interprète pour le plus grand plaisir d'un auditoire léger. En 1758, avec *Les Israélites à la montagne d'Horeb*, qu'il appela « motet français », il passe pour innover (la France avait alors oublié les oratorios latins, et les œuvres de Bach et de Haendel restaient encore inconnues) ; l'année suivante, il écrivit un nouvel oratorio français, *Les Fureurs de Saül*, ainsi qu'une cantate mythologique, *Les Titans*, sur un livre de l'abbé de Voisenon. Il fit connaître les symphonies de quelques maîtres étrangers (Ignace Holzbauer, Henri de Croes, Wagenseil, Schencker) ainsi que celles de Gossec. Dans le domaine de la musique instrumentale, comme la vogue des sonates prenait alors son essor, c'est lui qui s'avisa d'abandonner peu ou prou le genre de la sonate en trio et, dès 1734, il publia ses *Pièces de clavecin en sonates avec accompagnement de violon* ; on constate par le seul énoncé du titre que les rôles sont inversés : le clavecin tient maintenant le devant de la scène. Rameau suivra cet exemple (*Pièces de clavecin en concerts*), ainsi que Guillemain, voire J. C. Bach, Boccherini, J. F. Edelmann, N. J. Hüllmandel, Schobert, Méhul, Mozart... qui écrivirent selon ce même principe. Armand-Louis Couperin écrivit lui aussi des sonates en pièces de clavecin avec accompagnement de violon *ad libitum*.

Jean Cassanéa de Mondonville, frère de Jean-Joseph, lui aussi né à Narbonne (1716), fut violoniste et compositeur ; il servit comme musicien du roi et publia *Six Sonates à violon seul et basse continue* (1767).

PIERRE-PAUL LACAS

MONN GEORG MATHIAS (1717-1750)

Sans doute le plus doué parmi les compositeurs préclassiques autrichiens, né et mort à Vienne, Georg Mathias Monn est mentionné en 1731-1732 comme petit chanteur au monastère de Klosterneuburg ; en 1738 au plus tôt, il devient organiste de la toute récente Karlskirche de Vienne. Malgré sa célébrité comme pédagogue, on ne connaît le nom d'aucun de ses élèves. Dans sa courte vie, il écrivit un nombre impressionnant de partitions pour l'Église, de symphonies, de concertos (dont un en *sol* mineur pour violoncelle réédité par Schönberg en 1914) et d'œuvres de musique de chambre (dont six quatuors à cordes en deux mouvements) et pour clavier, ainsi qu'un traité de basse continue. Une de ses symphonies, datée de 1740, adopte déjà la forme classique en quatre mouvements, avec menuet en troisième position. Pourtant, à côté de traits novateurs de ce genre, on observe chez lui, surtout si on le compare à son contemporain Wagenseil qui, il est vrai, lui survécut longtemps, de forts relents du style sévère hérité de Johann Joseph Fux : les quatuors à cordes déjà mentionnés font tous se succéder un adagio et une fugue. C'est très certainement cette synthèse, que Haydn et Mozart devaient reprendre à leur compte en la menant bien plus loin, qui rend sa musique particulièrement intéressante.

MARC VIGNAL

MONSIGNY PIERRE ALEXANDRE (1729-1817)

Un des principaux auteurs d'opéras-comiques français du XVIIIe siècle. Pierre Monsigny naît à Fauquembergues (Pas-de-Calais), et décide de travailler la musique après s'être enthousiasmé, en 1754, pour la fameuse *Servante maîtresse* (*La Serva padrona*) de Pergolèse. Après avoir donné à la foire Saint-Germain *Les Aveux indiscrets* (1759) et *Le Maître en droit* (1760), il entame avec Sedaine une collaboration qui décidera de son avenir. Seront notamment représentés, signés de leurs deux noms, *On ne s'avise jamais de tout* (1761), *Rose et Colas* (1764), *Aline, reine de Golconde* (1766), *Le Déserteur* (1769), qui fait couler de nombreuses larmes, *Le Faucon* (1771) et *Félix ou l'Enfant trouvé* (1777). Malgré le triomphe de cette dernière partition, qui comme les précédentes vaut d'ailleurs beaucoup plus par son invention mélodique que par une dimension harmonique en définitive assez maigre, Monsigny cesse alors complètement de composer. Il se survivra quarante ans, devenant simplement inspecteur des études au Conservatoire de 1800 à 1802, et succédant à Grétry à l'Institut en 1813.

MARC VIGNAL

MONTEVERDI CLAUDIO (1567-1643)

« Oracolo della musica », selon l'expression de Benedetto Ferrari (1604 env.-1681), Claudio Monteverdi appartient à la fois au dernier tiers du XVIe siècle et à la première moitié du XVIIe siècle. Il assure le lien entre la Renaissance, l'humanisme et l'époque baroque. Vers le milieu du XIXe siècle, des auteurs italiens tels que le père Francesco Caffi et Angelo Solerti, puis allemands, comme Emil Vogel, Hugo Leichtentritt et August Wilhelm Ambros, suivis par Hugo Riemann et, en France, par Romain Rolland vont attirer l'attention sur ce musicien italien et européen. Plus proche de nous, Nadia Boulanger définira ainsi Claudio Monteverdi : « C'est un génie qui savait exactement ce qu'il faisait. C'était un homme qui choisissait, un homme qui pensait. Ce n'était pas un homme qui n'était qu'inspiré comme le sont la plupart des grands. »

Les recherches plus récentes des spécialistes Leo Schrade (1950, 1964, 1981), Silke Leopold (1982), et les mélanges en l'honneur de Reinhold Hammerstein consacrés à Monteverdi et édités en 1986 par Friedrich Ludwig Finscher, offrent une vue plus synthétique et plus détaillée sur le compositeur et sur son œuvre. Et la chanteuse Nella Anfuso se fonde sur les travaux d'Annibale Gianuario qui, dans les domaines technique et esthétique, s'attache à proposer une interprétation des œuvres de Monteverdi plus conforme à la réalité historique.

Si Monteverdi est encore proche de Johannes Ockeghem, de Josquin des Prés, de Pierre de La Rue, de Nicolas Gombert, qui préconisent la *prima prattica*, il se rattache aussi à Cyprien de Rore, Marc'Antonio Ingegneri, Luca Marenzio, Jacopo Peri et Giulio Caccini, qui exploitent la *secunda prattica*. Cette proximité traduit deux attitudes opposées : ou la musique domine le texte, ou le texte détermine la musique. L'œuvre montéverdienne oscille entre tradition et modernité, objectivisme et subjectivisme.

L'humanisme et la Renaissance ont lancé la doctrine du retour *ad fontes*, c'est-à-dire aux sources gréco-latines qui favorisent l'étroite union du texte et de la musique, l'intelligibilité des paroles, la théorie des passions (*Affektenlehre*), les principes de l'*ethos* dans la traduction musicale des images et des idées du drame musical, la prosodie juste, sans négliger les acquis du contrepoint franco-flamand et de Palestrina, et les innovations : harmonie, monodie accompagnée, basse continue, figuralismes, madrigalismes et *stile rappresentativo*. Ayant vécu à une époque charnière, Monteverdi occupe une position historique d'une importance capitale dans l'évolution de la musique religieuse et dans la genèse du drame musical, encouragée par les fastes de Venise et ses hauts lieux : la basilique Saint-Marc et les théâtres.

Une vie mouvementée

Crémone : la jeunesse (1567-1590)

Claudio Monteverdi est baptisé à Crémone le 15 mai 1567. Peu de renseignements nous sont parvenus sur sa jeunesse. Dans cette ville sous domination espagnole, ce fils de médecin apprend l'orgue, la viole, le chant, le contrepoint. Il est l'élève de Marc'Antonio Ingegneri, maître de chapelle ; il fréquente l'école de la maîtrise de la cathédrale et reçoit une solide instruction humaniste (grec, latin, lettres, arts). Il commence à composer des motets, des messes en style sévère et des madrigaux. Il est donc à la fois organiste, violiste et compositeur.

Mantoue : les difficultés (1590-1612)

À l'âge de vingt-trois ans, Monteverdi est chanteur et joueur de viole à la cour des Gonzague, dans l'entourage de Jachet de Wert, de Giovanni Giacomo Gastoldi, de Lodovico Grossi da Viadana, de Benedetto Pallavicino (qui meurt en 1601). Dans cette ville prestigieuse, il est d'abord maître de musique de la chambre, puis *maestro di capella*, et dispose en 1601 d'une douzaine de chanteurs et de sept joueurs de viole. Il travaille pendant vingt et un ans, tout en voyageant avec le duc Vincenzo Gonzague. À la mort de celui-ci, en 1612, le prestige de la ville disparaît, et Monteverdi est congédié par Francesco Gonzague. Pendant son séjour à Mantoue, il a publié la *Sanctissimae Virgini Missa senis vocibus ad ecclesiarum chorus. Ac Vesperae pluribus decantandae* (1610) et son *Orfeo* a été représenté en 1607, à l'occasion du carnaval. Sa réputation dépasse largement Mantoue grâce à ses messes, motets, *Vêpres*, qui illustrent le style *concitato* opposant le chœur et l'orchestre, ou la voix soliste et l'orgue. Après Mantoue, à la recherche d'un poste, il retourne à Crémone et voyage à Milan et à Venise.

Venise : la maturité (1613-1643)

Le 19 août 1613, Monteverdi est nommé maître de chapelle à la basilique Saint-Marc. Dans cette ville prospère, il bénéficie d'un statut social plus élevé, contribue aux divertissements et aux festivités de la Sérénissime République. Il enseigne aux jeunes chanteurs deux techniques de composition exploitées dans la musique polyphonique : le *canto figurato* (traitement de la mélodie en ornementation) et le *canto firmo* (traitement de la mélodie en valeurs longues). Il compose des messes, des motets, des symphonies et dirige les chœurs ; il dispose d'une trentaine de chanteurs et de vingt instrumentistes ainsi que d'un vice-maître de chapelle chargé des répétitions. Son renom grandit après qu'il a assumé une succession difficile (Adrian Willaert, Andrea et Giovanni Gabrieli). Il compose des pages religieuses : deux messes complètes, un *Gloria*, des pièces pour les grandes fêtes de l'année liturgique et la fête de saint Marc. Plusieurs œuvres sont également publiées à Mantoue – le ballet *Tirsi e Clori* (1616), par exemple –, mais il refuse d'y retourner ; la même année, il compose le *Combattimento di Tancredi e Clorinde*. En 1620, il précise que son service à Saint-Marc l'a « quelque peu éloigné de la musique théâtrale ». Les commandes affluent de Bologne, Milan, Parme. En 1621, il écrit une messe de requiem à la mémoire du grand-duc Cosme II de Médicis. Après la mort de son fils à la suite d'une épidémie de peste, Monteverdi entre dans les ordres ; il sera ordonné prêtre en 1632. Mais le padre Claudio Monteverdi ne va pas pour autant cesser de composer de la musique profane. Il publie encore trois livres de madrigaux et, dans ses *Scherzi musicali*, fait appel au style *recitativo*. Avec la *Serva morale e spirituale* (1640), il revient à la musique religieuse, alors qu'en 1642, au théâtre San Cassio, *L'Incoronazione di Popea* connaît un succès considérable ; un an après, le 29 novembre 1643, il meurt à Venise.

Le portrait de Claudio Monteverdi par Bernardo Strozzi (1581-1644) souligne un visage fin, allongé, avec moustache et barbiche ; d'épais sourcils et un front haut traduisent l'austérité, la mélancolie, la bonté et l'énergie. Selon Louis Schneider, sa correspondance reflète « sa probité, son humanité réelle ; il y apparaît comme un humaniste, un penseur épris de culture ancienne [...], un visuel, un homme de théâtre, un réaliste du sentiment ».

Joueur de viole, maître de chapelle, pédagogue, compositeur ayant conféré ses titres de noblesse à l'opéra italien naissant et ayant largement contribué à la magnificence des offices à Saint-Marc, Monteverdi apparaît comme l'un des meilleurs musiciens de son époque, autant apprécié pour sa musique religieuse que pour sa production dramatique.

Une œuvre prodigieuse

La musique religieuse

Dans sa musique religieuse, Monteverdi tient compte des exigences de la liturgie ; il reprend le style traditionnel et le nouveau style, mettant l'accent sur le côté dramatique et subjectif, oscillant entre tradition et modernité.

Les *Sacrae cantiunculae*, en latin – forme encouragée par la Contre-Réforme –, composés en 1582, s'insèrent dans la liturgie et sont écrits à trois voix ; ils reposent sur des textes en prose (Évangiles, livre de l'Ecclésiaste, psaumes) ; la déclamation en est soignée (notamment l'accentuation des syllabes). Monteverdi utilise l'écriture en imitation et des motifs brefs ; ces pages n'échappent cependant pas à une certaine monotonie. Avec les *Madrigali spirituali* (en italien, à quatre voix), elles appartiennent aux œuvres de jeunesse.

Les *Vespro della Beata Vergine* ont été composées à Mantoue, en 1610, et publiées à Venise avec deux magnificats et la messe *In illo tempore* (d'après le motet de Nicolas Gombert). De nombreuses compositions sont dédiées à Marie, qui occupe une place importante dans l'hagiographie vénitienne. Cette œuvre frappe par la multiplicité des styles (psalmodie grégorienne, cantus firmus, thèmes grégoriens, style responsorial, mélismatique) et des moyens (huit voix, double chœur, mais aussi *a voce sola*, ou dialogue). Le *Magnificat* est un « concerto en miniature ». Les anciens tons d'église sont utilisés dans les psaumes, à côté du concerto soliste ou de l'écriture uniquement instrumentale dans la *Sonata sopra Santa Maria*.

Le recueil *Selva morale e spirituale*, dédié à Eleonora Gonzague, contient une *Missa a 4 da capella* (sans accompagnement, mais avec une basse instrumentale non chiffrée servant de soutien dans les passages à découvert), des motets, psaumes, hymnes en latin et en italien pour voix solo. D'autres œuvres ont été publiées après la mort de Monteverdi dont, en 1650, la *Messa a quattro voci e Salmi* (*Beatus vir* ; *Nisi Dominus...*) avec instruments et basse continue.

Monteverdi a mis en musique l'ordinaire de la messe, des psaumes en forme de motets, des magnificats, des antiennes et hymnes. Il a assimilé les divers styles *a capella*, *recitativo* et monodie, *concertato* (œuvres vénitiennes), à la manière de Palestrina (une messe de *Selva morale*). Tradition et modernité fusionnent. Selon Leo Schrade, Monteverdi « rend possible l'interprétation personnelle des textes religieux » et « montre que l'exégèse des textes est une expérience esthétique individuelle ».

Madrigaux et Scherzi musicali

En Italie, le madrigal est issu de la fusion du motet franco-flamand et de la *frottola* homorythmique et syllabique. Ces pages vocales, allant de trois à six voix au début, reposent sur un texte profane, galant, lyrique, érotique, correspondant au goût mondain. D'abord proche du motet de Johannes Ockeghem, de Jacques Arcadelt, de Giovanni Gabrieli, avec Monteverdi la forme s'éloigne progressivement du modèle. Ses quatre premiers livres se réclament de l'ancien contrepoint et de la *prima prattica*. À partir du cinquième, il applique les principes de la *seconda prattica* (style concertant avec basse continue). Après les *Madrigali spirituali* de 1583, le premier livre de madrigaux utilise une forme concise, de larges intervalles, des accords de quinte augmentée pour mettre en valeur les textes de Giulio Strozzi et du Tasse. Le second livre (1590), avec des paroles de Girolamo Casoni, Filippo Alberti, Pietro Bembo, subit un processus de simplification par rapport à l'ancien contrepoint. Le souci de raffinement, de subtilité pour traduire l'émotion des poèmes de Battista Guarini est très net dans le troisième livre (1592). Le quatrième (1603) reprend cette préoccupation déclamatoire pour traduire les plaintes, la passion, la douleur, les soupirs ; Leo Schrade y constate une « déclamation harmonisée » ; l'intérêt pour les parties extrêmes – basse et *superius* – y est évident. En 1605, le cinquième livre passe à cinq voix avec la basse continue *ad libitum* pour les treize premiers madrigaux, et la basse obligée pour les suivants ; des accords et intervalles plus audacieux renforcent le côté dramatique et l'expressivité, ce qui a provoqué, dès 1603, les réactions du chanoine Giovanni Maria Artusi à propos des imperfections de la musique moderne... Le sixième livre (1604), avec des poèmes de Pétrarque et de Giambattista Marino, contient le *Lamento d'Ariane* à cinq voix. Monteverdi continue à accentuer l'expressivité. Le septième livre (1619) va de deux à six voix, avec diverses combinaisons de solistes ; le musicien force sur l'ornementation, l'intensité émotionnelle et l'intelligibilité du texte (une voix chante sur un accompagnement instrumental). En 1638, le huitième livre, *Madrigali guerrieri e amorosi*, à six, sept et huit voix, avec *Il Combattimento di Tancredi e Clorinda*, évoque la guerre, la passion, la colère, la nature, le lyrisme, comme en une petite cantate, et se situe entre le madrigal, la cantate et l'opéra.

En 1632, les *Scherzi musicali* marquent le sommet de la forme et du genre *rappresentativo*. En 1640, le recueil *Selva morale* réunit des madrigaux spirituels, et le neuvième livre (1651), publié après la mort du compositeur, contient des madrigaux et canzonettes à deux et à trois voix. Le motet et la frottola ont donc évolué, grâce à Monteverdi, vers le madrigal théâtral et les *scherzi musicali*, qui ouvrent la voie à la cantate (paroles galantes, mélodie agréable) ; le style récitatif *ad imitatione della passioni dell'oratione* annonce l'opéra et une esthétique nouvelle.

Le « dramma per musica »

À côté des madrigaux lyriques, Monteverdi prend ses distances par rapport aux musiciens florentins qui critiquent le contrepoint, mais il s'en rapproche par le *stile rappresentativo*. Il peut être considéré comme le créateur du drame musical destiné à l'élite, dans le cadre de la *riforma melodramatica*.

Le 24 février 1607, *Orfeo, favola in musica*, sur un livret de Alessandro Striggio, est représenté à Mantoue pour les membres de l'Accademia degl'Invaghiti di Mantova ; l'œuvre rencontre un succès décisif et elle est éditée à Venise en 1609.

Divisée en cinq actes, avec une ritournelle instrumentale au début, à la fin, et dans le corps du développement, elle comprend des chœurs entrecoupés de duos et de trios, et fait appel au *stilo recitativo* et expressif qui contraste avec l'ancien contrepoint ; des intervalles mélodiques audacieux renforcent l'expression vocale ; l'orchestre reste discret.

De l'*Arianna* (1618), seul le *lamento* – sommet d'expression – est conservé. La même année, Monteverdi compose le *Ballo delle ingrate* (cf. *supra*, huitième livre), célèbre par sa progression rythmique obtenue par augmentation et par diminution des valeurs, sur le texte de Ottavio Rinuccini. En 1615, il continue la série de ballets avec *Tirsi e Clori*. *Andromeda* (1618) est composé sur un livret de Marigliani ; le *Lamento d'Apollon* (livret de Alessandro Striggio) est perdu.

En 1624, *Il Combattimento di Tancredi e Clorinda*, madrigal scénique d'après la *Gerusalemme liberata* du Tasse, offre un bel exemple de style *concitato* (agité) pour traduire la violence et l'animation. L'année 1637 est marquée par l'ouverture du premier théâtre public d'opéra à Venise ; l'année 1641, par *Il Ritorno d'Ulisse in patria* (d'après *L'Iliade* d'Homère, chap. XII à XXIV). *L'Incoronazione di Poppea* renoue, en 1642, avec l'opéra historique romain, et peut être considéré comme le « premier opéra réaliste ». Selon Louis Schneider, Monteverdi a retrouvé « l'expression immédiate de la passion et le langage de l'âme ».

Deux styles et deux pratiques

Aux alentours de 1600, les compositeurs de musique vocale, religieuse ou profane, oscillant entre tradition et modernité, ont à choisir entre deux attitudes : ou la musique domine le texte, selon les habitudes de la *prima prattica*, ou le texte détermine la musique, selon les principes de la *seconda prattica* : « l'oratione sia padrona dell'armonia e non serva » (le texte est le maître de la musique et non sa servante). Ils feront largement appel à l'ornementation, aux madrigalismes, aux figuralismes, au *stile rappresentativo* (« espèce de mélodie chantée sur scène », selon Giovanni Battista Doni), en renforçant l'expression des sentiments, au *stile recitativo*, mélodie à mi-chemin entre la déclamation et le chant (avec un soutien harmonique), à la basse continue assumant une véritable fonction harmonique (cf. cinquième et sixième livres de madrigaux).

Claudio Monteverdi, musicien lucide, homme de la Renaissance et de l'époque baroque, exploite intelligemment toute la palette sonore et les tendances esthétiques de son temps ; il s'agit de « parler en chantant » pour provoquer chez l'auditeur tristesse et gaieté, larmes et rire ; il veut émouvoir, susciter les passions humaines – « movere gli affetti », exprimer les sentiments individuels par le chant individuel et le style concertant (à partir du cinquième livre de madrigaux). Il est à la fois un humaniste qui place la musique au service du texte, et un musicien baroque qui préconise un art raffiné et particulièrement expressif. Par sa vaste production sacrée et dramatique, par sa musique mise au service de la religion et écrite pour un public aristocratique, par son sens de l'humain, par son application de la *prima prattica* plus objective et de la *secunda prattica* plus subjective, Claudio Monteverdi s'est imposé dans l'histoire de la musique non seulement comme un génie italien et européen, mais encore comme un génie de tous les temps, qui « savait ce qu'il faisait ».

ÉDITH WEBER

Bibliographie

• Œuvres de Claudis Monteverdi

Tutte le opere di Claudio Monteverdi, G. F. Malipiero éd., vol. I-XVI, Vittoriale, Bologne, 1926-1942 ; rééd. Universal Edition, Vienne, à partir de 1954, 1966-1968, supplément, vol. XVII et révision des vol. XV et XVI par D. Arnold / *12 Composizioni vocali profane e sacre (inedite) di Claudio Monteverdi*, W. Osthoff éd., Ricordi, Milan, 1958 / *Monteverdi : lettere, dediche e prefazione*, D. De'Paoli éd., De Santis, Rome, 1973 / *The Letters of Claudio Monteverdi*, trad. angl. D. Stevens, Faber, Londres, 1981.

• Études

A. A. ABERT, *Claudio Monteverdis Bedeutung für die Entstehung des musikalischen Dramas*, Wissenschaftliche Buchgesellschaft, Darmstadt, 1979 ; *Claudio Monteverdi und das musikalische Drama*, Kistner und Siegel, Lippstadt, 1954 / N. ANFUSO & A. GIANUARIO, *Preparazione alla interpretazione della Poiesis Monteverdiana*, Centro studi e rinascimento musicale, Florence, 1971 / D. ARNOLD, *Monteverdi*, Dent, Londres, 1963, éd. augm., 1975 / D. ARNOLD & N. FORTUNE dir., *The New Monteverdi Companion*, Faber, 1985 / R. CHAFE, *Monteverdi's Tonal Language*, Schirmer, New York, 1992 / P. FABBRI, *Monteverdi*, Musica, Turin, 1985 / L. FINSCHER dir., *Claudio Monteverdi. Festschrift Rheinhold Hammerstein zum 70. Geburtstag*, Laaber-Verlag, Laaber, 1986 / C. GALLICO, *Monteverdi. Poesia musicale, teatro e musica sacra*, Einaudi, Turin, 1979 / N. HARNONCOURT, *Le Dialogue musical. Monteverdi, Bach et Mozart*, Gallimard, Paris, 1985 / D. KIEL & K. G. ADAMS, *Claudio Monteverdi. A Guide to Research*, Garland, New York, 1989 / J.-G. KURTZMANN, *Essays on the Monteverdi Mass and Vespers of 1610*, Houston, 1979 / S. LEOPOLD, *Claudio Monteverdi und seine Zeit*, Laaber-Verlag, 1982, trad. angl. A. Smith, Oxford Univ. Press, New York, 1991 / M. LE ROUX, *Claudio Monteverdi*, éd. du Coudrier, Paris, 1951 / G. F. MALIPIERO, *Claudio Monteverdi*, Treves, Milan, 1929, 2e éd., 1945 / « Monteverdi », no spéc. in *Early Music*, Oxford Univ. Press, 1993-1994 / W. OSTHOFF, *Das dramatische Spätwerk Claudio Monteverdis*, H. Schneider, Tützing, 1960 / D. DE'PAOLI, *Claudio Monteverdi*, U. Hoepli, Milan, 1945 ; rééd. Ricordi, 1979 / H. PRUNIÈRES, *Monteverdi*, F. Alcan, Paris, 1924 ; rééd. éd. d'Aujourd'hui, Plan-de-la-Tour, 1977 / H. F. REDLICH, *Claudio Monteverdi : Leben und Werk*, O. Walter, Olten, 1949 ; trad. angl., *Claudio Monteverdi. Life and Works*, Oxford Univ. Press, Londres, 1952 ; *Claudio Monteverdi : ein vorgeschichtlicher Versuch*, Berlin, 1932 / M. ROCHE, *Monteverdi*, Seuil, Paris, 1960, rééd. 1988 ; *Les Trois Opéras de Monteverdi*, *ibid.*, 1980 / C. SARTORI, *Monteverdi*, La Scuola editrice, Brescia, 1953 / L. SCHNEIDER, *Claudio Monteverdi 1567-1643, l'homme et son temps*, Perrin, Paris, 1921 / L. SCHRADE, *Monteverdi, Creator of Modern Music*, W. W. Norton, New York, 1950, trad. franç. J. Drillon, Lattès, Paris, 1981, rééd. Presses pocket, Paris, 1991 / D. STEVENS, *Monteverdi : Sacred, Secular and Occasional Music*, Assoc. Univ. Press, Londres, 1977 / R. TELLARD, *Claudio Monteverdi, l'homme et son œuvre*, Seghers, Paris, 1964 / O. TIBY, *Claudio Monteverdi*, Einaudi, 1944 / G. TOMLINSON, *Monteverdi and the End of the Renaissance*, Clarendon Press, Oxford, 1987 / E. VOGEL, « Claudio Monteverdi. Leben und Werken im Licht der zeitgenössischen Kritik und Verzeichnis seiner im Druck erschienen Werke », in *Vierteljahrsschrift für Musikwissenschaft*, vol. III, Leipzig, 1887 / A. WATTY, « Zwei Stücke aus Claudio Monteverdis 6. Madrigalbuch in handschriftlichen Frühfassungen », in *Schützjahrbuch*, Bärenreiter, Kassel, 1985-1986 / J. WHENHAM, *Duet and Dialogue in the Age of Monteverdi*, 2 vol., Books on Demand, Ann Arbor, 1982 ; *Claudio Monteverdi : Orfeo*, Cambridge Univ. Press, New York, 1986.

MORALES CRISTÓBAL DE (1500 env.-1553)

Compositeur le plus éminent de l'école andalouse et maître du Siècle d'or espagnol, Morales connut la renommée internationale la plus grande, de son vivant et après sa mort. Il étudia certainement avec le père Fernández de Castilleja, maître de chapelle à la cathédrale de Séville ; en 1526, il occupait cette fonction à la cathédrale d'Ávila, puis à celle de Plasencia (1528-1531). En 1534, le pape Clément VII lui procura un bénéfice canonial à la cathédrale de Salamanque. De 1535 à 1545, il est chanteur à la chapelle Sixtine ; on le retrouve maître de chapelle à Tolède (1545-1547), puis au service du duc d'Arcos à Marchena, près de Séville. En 1551, il est maître de chapelle à Málaga. Il écrivit surtout de la musique religieuse : 21 messes de quatre à dix voix (Venise, 1542 ; Rome, 1544), 16 Magnificat à quatre voix (Venise, 1542), 91 motets de trois à huit voix (Venise, 1546), des lamentations de quatre à six voix (Venise, 1546), 11 hymnes, 1 madrigal et 1 *villancico*. Le style de Morales est influencé par celui de l'école franco-flamande, dont il est à peu près le seul Espagnol à savoir et à vouloir s'inspirer, et cela par l'intermédiaire de Francisco de Peñalosa, chantre à la cour. On peut le situer, ainsi, entre Josquin et Palestrina. Dans ses messes, il utilise comme « cantus firmus » des thèmes profanes (deux fois dans *L'Homme armé*, par exemple), qu'il sait traiter avec une facilité étonnante. Guerrero notamment fut son disciple, et son autorité est invoquée par J. Bermudo, Pietro Cerone (1566-1625) et, au XVIIIe siècle, par A. Soler. Ses principes esthétiques concernant la musique sacrée furent ratifiés par le Concile de Trente, qui commença dix ans après sa mort. Une grande expressivité, née du texte liturgique, pour ne pas dire l'expressionnisme propre à la musique espagnole du XVIe siècle (dramatisme), ne lui est pas étrangère, bien qu'il soit plus sobre que beaucoup de ses contemporains et successeurs immédiats de la péninsule Ibérique.

PIERRE-PAUL LACAS

MORLEY THOMAS (1557 ou 1558-1602)

La vie de ce compositeur coïncide à peu près exactement avec le règne d'Élisabeth Ire dont il est l'un des musiciens les plus brillants et les plus représentatifs.

Né à Norwich, Thomas Morley est associé à divers titres à la cathédrale de sa ville, très tôt d'abord comme petit chanteur, puis, vers 1583, comme organiste et maître de chœur. Bachelier ès musique d'Oxford en 1588, il est, la même année, à Londres où il occupe le poste d'organiste à l'église Saint Giles et, en 1590, à la cathédrale Saint Paul. C'est en 1592 qu'il est nommé gentilhomme de la Chapelle royale – titre envié entre tous. Devenu entre-temps l'élève et l'ami de William Byrd, il lui dédiera en 1597 son important ouvrage théorique *A Plain and Easy Introduction to Practical Music*. De sa vie personnelle on connaît peu de choses, si ce n'est qu'il s'est marié deux fois et qu'il a eu quatre enfants dont le premier, Thomas, est mort en 1589. On sait aussi que, s'étant établi à partir de 1596 dans la paroisse de St. Helen à Bishopgate, il fut le proche voisin de Shakespeare. Il n'est pas impossible que musicien et dramaturge se soient rencontrés : l'une des pièces les plus célèbres des *Consort Lessons* de Morley, « O Mistress Mine », est chantée par le bouffon dans *La Nuit des rois*, et l'air non moins illustre du *First Booke of Ayres*, « It was a lover and his lass », est confié à deux pages dans *Comme il vous plaira*. L'un des derniers faits que l'on connaisse de la vie de Morley est sa démission de la Chapelle royale en octobre 1602, peu de temps, semble-t-il, avant sa mort prématurée. Ce qui, de toute façon, intéresse la postérité, ce sont les diverses étapes de sa carrière et de sa production.

Son œuvre est dans bien des domaines, sauf sans doute dans celui du madrigal, explicablement marquée par l'influence de William Byrd, même si ce ne fut que trop rarement que le disciple ait égalé le maître.

C'est surtout dans ses motets écrits sur des textes latins – dont quatre figurent dans *A Plain and Easy Introduction* – que se ressent cette influence, mais elle affleure, ici et là également, dans certains de ses *verse anthems* et certains de ses « services » – notamment le « service dans le mode dorien » – destinés au culte anglican.

Il n'est jusqu'à ses pièces pour le clavier – orgue et surtout virginal – où l'on ne retrouve dans une certaine mesure un rappel de la griffe de Byrd, même si dans telle « variation » ou telle « fantaisie » Morley enjolive à sa manière par des figures très ornementées des formes de tradition stricte mais relativement ouvertes à des styles divers et personnalisés. Quant à ses autres œuvres instrumentales, si l'on peut voir un reflet de son maître – qui semble n'avoir porté aucune attention au luth dans sa propre production – dans le fait qu'il n'a pratiquement lui non plus rien écrit pour cet instrument (il nous reste de lui une seule pavane publiée en 1610 dans *A Variety of Lute Lessons* de Robert Dowland), Morley nous offre en revanche une contribution remarquablement originale à la musique d'ensemble avec son *First Booke of Consort Lessons* (1599), écrit pour six instruments concertants : dessus de viole, flûte traversière, basse de viole, luth, cistre et pandore – combinaison unique en son genre.

Mais le vrai titre de gloire de Morley, bien plus que son *First Booke of Ayres* (1600), reste le madrigal, qu'il a servi de bien des manières, comme compositeur certes, mais aussi comme éditeur, traducteur, adaptateur et propagandiste.

Propagandiste, c'est bien ce qu'il est dans son traité de 1597 déjà cité, *A Plain and Easy Introduction* où, sous couleur de faire œuvre didactique, il défend en fait en théoricien la musique italienne, se réservant d'appuyer son discours sur la publication, la même année et l'année suivante, de deux anthologies de pièces italiennes légères.

Traducteur et adaptateur, il s'avère tel lorsqu'il publie, en 1595, deux versions, l'une anglaise, l'autre italienne, de son *First Booke of Canzonets to Two Voyces* et de son *First Booke of Balletts to Five Voyces*, l'un et l'autre recueils presqu'exclusivement fondés sur des textes italiens déjà respectivement mis en musique d'une part par Anerio, et d'autre part par Gastoldi et Marenzio.

Éditeur et compilateur, c'est en 1601 qu'il publie en l'honneur de la reine Élisabeth Ire *The Triumphs of Oriana*, recueil de vingt-cinq madrigaux dont chacun est dû à un musicien anglais différent, Morley s'en réservant exceptionnellement deux. L'idée de ce recueil se fonde une fois de plus sur un exemple italien, celui d'une anthologie publiée en 1592 pour célébrer l'épouse d'un noble vénitien, et chaque madrigal se termine sur un distique : « Then sang the shepherds and nymphs of Diana / Long live fair Oriana », traduction des deux derniers vers d'un des madrigaux de l'anthologie italienne.

Compositeur enfin, c'est bien à son talent propre que Morley fait appel pour écrire, outre ses *Canzonets* et ses *Balletts* de 1595, les autres recueils qui ont fait sa gloire, les *Canzonets, or Little Short Songs to Three Voyces* (1593), les *Madrigalls to Foure Voyces* (1594) – qui pour la première fois en Angleterre font apparaître le terme générique du « madrigal » –, enfin les *Canzonets or Little Short Aers to Five and Six Voyces* (1597), où l'art du musicien anglais s'élève au-dessus de ses modèles italiens par les dimensions, la complexité de structure et la qualité polyphonique de l'écriture. Cet art, en effet fortement imprégné d'italianisme, cherche normalement son inspiration dans l'évocation des plaisirs champêtres, la fantaisie, la verve, l'humeur joyeuse, et ne cède que rarement à la séduction de thèmes sérieux, mélancoliques ou passionnés. Thomas Morley, promoteur, fournisseur et animateur de l'école madrigalesque élisabéthaine, occupe incontestablement dans ce domaine la première place parmi ses pairs et reste pour l'ensemble de son œuvre l'un des fleurons les plus prestigieux de la musique anglaise de son temps.

JACQUES MICHON

MORRICONE ENNIO (1928-)

Le nom d'Ennio Morricone apparaît pour la première fois sur les écrans en 1962, au générique d'un film de Luciano Salce *La Voglia matta*. Deux ans plus tard, Morricone est déjà célèbre. Il n'a pourtant écrit que trois autres musiques de film : *Prima della revoluzione* de Bernardo Bertolucci (1964), *Des oiseaux petits et grands* de Pier Paolo Pasolini (1965) et, surtout, *Pour une poignée de dollars* de Sergio Leone, qui va lancer la mode des westerns « spaghetti ». Ses thèmes sont si puissants qu'ils forcent l'attention et les partitions se révèlent assez solides pour devenir autonomes. Éclectique et singulier, Morricone utilise dans ces trois films trois styles résolument différents, définissant, autour des trois pôles expérimentation-classicisme-populisme, les frontières de son univers. Tout au long de sa carrière, il utilisera un double système : tonalité pour les films commerciaux, atonalité ou improvisation pour les tentatives cinématographiques plus audacieuses.

Ennio Morricone naît à Rome en 1928. Les professeurs de l'académie Santa Cecilia peuvent se féliciter d'avoir formé quelques-uns des meilleurs compositeurs du cinéma italien. Morricone y obtient des prix de composition, d'instrumentation et de direction de chœur. Armando Trovajoli – à qui l'on doit les musiques des films *Les Monstres* (Risi, 1963), *Nous nous sommes tant aimés* (Scola, 1974), *Une journée particulière* (Scola, 1977) - et Nino Rota, qui sut créer pour Federico Fellini d'admirables mélodies, en sont également sortis couverts de médailles et de diplômes. Son goût de la rigueur allié à un certain esprit avant-gardiste pousse Morricone vers la musique sérielle.

Ses premières œuvres ne sont pas destinées au cinéma : il compose un trio pour cordes et piano, des variations pour violoncelle et hautbois, des concertos et des quatuors... Ces pièces témoignent déjà de l'existence d'une esthétique qui lui est propre, d'un monde musical « privé » même s'il demeure encore soumis à des influences. Le compositeur Mario Nascimbene – dont on retiendra les audaces électroniques dans le *Barabbas* de Richard Fleisher (1962) ou l'étrange thème de *La Comtesse aux pieds nus* de Joseph Mankiewicz (1954) – lui confie les arrangements de ses musiques et la direction d'orchestre. Ainsi commence l'apprentissage cinématographique du jeune musicien. « Quand je suis sorti du conservatoire, déclare-t-il, je ne pensais absolument pas à la musique de film. Mais je me suis fait un nom et on m'a proposé de travailler pour le cinéma. Franchement, j'ignorais, quand j'ai accepté, combien de temps je resterais dans ce milieu, ni même si je m'y plairais. Il m'est difficile d'affirmer que ma carrière a été le résultat d'un libre choix ou si les circonstances me l'ont imposée. Amour ou contrainte, on ne peut jamais vraiment savoir. »

Le succès populaire vient avec les films de Sergio Leone : *Pour une poignée de dollars* (1964), *Pour quelques dollars de plus* (1965), *Le Bon, la brute et le truand* (1966), et, surtout, *Il était une fois dans l'Ouest* (1968) aux inoubliables accents. Morricone invente un son, une orchestration, des lignes mélodiques originales. Il détourne les instruments de leur fonction, les mixe d'une manière inhabituelle, les gadgétise ou les oblige à se pasticher eux-mêmes. Pour écrire la musique de ces westerns italiens, Morricone déclare avoir bénéficié de cinq années de réflexion. Hélas, le rythme de ses productions ne fait ensuite que s'accélérer. Plus de trois cents partitions sont composées pour le cinéma à raison d'une moyenne de quinze films par an, sans compter les œuvres pour concert ! Il s'agit d'un travail colossal où le meilleur côtoie parfois le pire, la découverte, le plagiat : « La popularité est un piège, avoue Ennio Morricone, on me demande souvent de me copier moi-même. Le seul moyen de m'en sortir, c'est de me servir de ma technique et de ma sensibilité. » Est-ce pour préserver sa créativité que, parallèlement à son travail pour le cinéma, le compositeur joue de la trompette dans un orchestre de musique improvisée ? « Cet ensemble a quand même participé à l'élaboration de certaines séquences dans le film d'Elio Petri *Un coin tranquille à la campagne* mais ça n'est pas sa fonction », explique-t-il : « Faire partie de ce groupe me délasse et me stimule. Je retourne ensuite d'autant plus volontiers à la musique de film. »

Se débarrassant peu à peu de cette étiquette trop voyante, presque caricaturale, dont l'avaient affublé les westerns de Sergio Leone, Morricone se tourne – notamment avec *1900* (Bernardo Bertolucci, 1976), *Queimada* (Gillo Pontecorvo, 1970) et *Orca* (Michael Anderson, 1977), qui resteront des modèles du genre – vers un classicisme de trop bon goût dont les résultats ne sont pas toujours des plus stimulants. Seul l'auditeur entraîné pourra reconnaître, dans la bande son de *La Banquière* (Francis Girod, 1980), de *Butterfly* (Matt Cimber, 1982) ou de *La Dame aux camélias* (Mauro Bolognini, 1982), la griffe morriconienne. Travail bâclé ? Fatigue ? Manque d'intérêt ? Le compositeur s'en défend : « J'ai toujours travaillé avec autant d'application, quels que soient les films, quels que soient les budgets, je ne renie aucune de mes musiques. D'ailleurs, travailler me fait du bien. Plus je travaille, plus je progresse. Les grands compositeurs ont toujours beaucoup composé. »

La voix demeure l'élément commun à toutes les musiques d'Ennio Morricone. Qu'elle soit fondue dans la masse orchestrale (*Les Moissons du ciel*, Terence Mallik, 1978), utilisée dans des chœurs (*Il était une fois dans l'Ouest*, Sergio Leone, 1968), ou qu'elle domine une petite formation (*Sacco et Vanzetti*, Giuliano Montaldo, 1971), sa présence semble indispensable. Et c'est à elle certainement que l'on doit ce curieux rapport qui s'établit chaque fois entre la musique et l'image. Ennio Morricone est l'un des rares compositeurs de cinéma qui ait réussi ce tour de force de fondre la musique dans l'image... et l'image dans la musique. « La musique de film est un art spécifique, insiste-t-il. En aucun cas elle ne doit être comparée à la musique "classique". La musique de film doit raconter tout ce que l'image ne montre pas, ce que l'on ne peut pas dire avec des mots, ce qui ne peut être représenté. »

PIERRE JOB

MOSCHELES IGNAZ (1794-1870)

Né à Prague d'une famille juive, le petit Moscheles est l'élève au conservatoire de cette ville, du fameux Dionys Weber, connu pour son hostilité envers Beethoven : c'est à l'insu du professeur que l'adolescent se procure diverses partitions du maître de Bonn, dont celle de la *Sonate pathétique*. De 1808 à 1820, Moscheles réside surtout à Vienne, où il prend pour commencer des leçons avec Albrechtsberger et Salieri. Il finit par réussir à approcher Beethoven, qui en 1814 lui confiera la tâche de réduire pour piano la version définitive de *Fidelio*. Comme pianiste, il effectue aussi des tournées de virtuose. Il fait en 1824, à Berlin, la connaissance de Mendelssohn, et peu après son mariage s'installe à Londres, où il restera vingt ans (1826-1846). Il y joue un grand rôle, à la fois comme professeur à la Royal Academy of Music et comme organisateur de concerts. Le 18 mars 1827, c'est à lui que Beethoven, une semaine avant sa mort, adresse sa dernière lettre, en remerciement d'une aide financière venue de la Société philharmonique de Londres. En 1846, il est appelé par Mendelssohn pour diriger l'enseignement du piano au conservatoire de Leipzig et c'est dans cette ville qu'il meurt, laissant le souvenir d'un homme aimable et bon.

Son catalogue comprend environ cent cinquante numéros d'opus : production considérable, destinée surtout au piano mais non limitée à lui. Jusqu'en 1820, dominent les sonates pour piano et la musique pianistique de caractère virtuose. L'époque anglaise est celle des concertos pour piano (sept, échelonnés de 1819 à 1836), des études pour piano, et de diverses pages orchestrales dont une symphonie en *ut* (1829). De la période de Leipzig datent presque tous les lieder.

Selon le critique Hanslick, Moscheles est « un des derniers représentants de l'ancienne virtuosité classique du piano », mais il annonce « le début d'une nouvelle époque » ; selon Schumann, il se situe « au premier rang des compositeurs contemporains pour piano » ; Moscheles est, comme Hummel ou Field, un représentant typique de cette génération du début du XIXe siècle qui, tandis que Beethoven poursuivait imperturbablement sa route et que se dressaient Weber et Schubert, fraya la voie au romantisme d'un Mendelssohn, puis d'un Chopin et d'un Liszt. Il fut aussi un musicien authentique qui, dans certaines *Études*, rejoint curieusement Schumann (op. 95, nos 4 et 6) et même Brahms (op. 70, no 5).

MARC VIGNAL

MOULINIÉ ÉTIENNE (1600 env.-env. 1669)

Musicien français, d'origine languedocienne (Narbonne, Carcassonne ?), qui connut une certaine renommée comme chanteur et comme compositeur. Après avoir chanté à la cathédrale Saint-Just de Narbonne, Moulinié devint maître de musique de Gaston d'Orléans, frère de Louis XIII (de 1629 à 1660). À la mort de son protecteur, il devint maître de musique des états de Languedoc. Il écrivit surtout de la musique profane (quatre livres d'*Airs de cour avec la tablature de luth*, 1624, 1625, 1629,

1633 ; six autres livres d'*Airs de cour*, jusqu'en 1639). L'air de cour dont il adopte le style bénéficie de certaines inflexions mélodiques d'origine languedocienne. Après Boesset, il est le premier à employer la basse continue (IIIe livre, 1635 ; puis *Airs à quatre et cinq parties avec la basse continue*, 1668). Il connaît l'art ultramontain et il a écrit des airs italiens ou bien en a transcrits. L'élément dramatique pénètre peu à peu, avec lui, dans la musique vocale française (*Ballet du monde renversé*, 1624 ; *Ballet de Mademoiselle : les quatre monarchies chrétiennes*, 1635 ; airs du *Ballet du mariage de Pierre de Provence et de la belle Maguelonne*, 1638). Dans ses trois *Fantaisies pour violes* (1639), assez strictement polyphoniques (*fugato*), il suit le chemin illustré par Costeley, La Grotte, Du Caurroy, Le Jeune, Nicolas Metru, mais, ici ou là, apparaît le style de l'air. Quant à sa *Missa pro defunctis* à cinq voix, 1636, elle témoigne de son attachement au style traditionnel sans continuo (cf. Du Caurroy). En revanche, dans les *Meslanges de sujets chrétiens, cantiques, litanies et motets de deux à cinq parties avec la basse continue* (1658), il utilise les techniques nouvelles relativement peu connues alors en France, notamment la mélodie accompagnée et une écriture harmonique où prédominent le majeur et le mineur sur les anciens modes. Dans les motets, il sait se servir du nouveau style concertant et du double chœur. Moulinié aurait rencontré Molière en 1652 à Carcassonne et participé à ses spectacles. Cette ville s'honore de montrer la maison natale du compositeur, mais aucune preuve ne confirme cette attribution.

Antoine Moulinié, dit l'Aîné, frère d'Étienne, fut un célèbre chanteur (basse-contre) de la musique de la Chambre de Louis XIII, d'Anne d'Autriche et de Louis XIV. Il mourut à Paris en 1655.

PIERRE-PAUL LACAS

MOURET JEAN-JOSEPH (1682-1738)

Compositeur français et chef d'orchestre, « le représentant le plus pur de la musique de la Régence » (P. M. Masson), Mouret fut appelé « le musicien des Grâces » et allia en une heureuse synthèse les goûts italien et français. En outre, il peut être tenu pour le précurseur immédiat de Favart, fondateur de l'Opéra-Comique. Après ses études à Notre-Dame-des-Doms à Avignon, sa ville natale, il arrive à Paris en 1707, où il devient successivement surintendant de la musique de la duchesse du Maine à la cour de Sceaux (1709 env.-1736), chef d'orchestre de l'Académie royale de musique (Opéra, 1714-1718), principal animateur des Grandes Nuits de Sceaux (1714-1715), chantre à la Chambre du roi (1720), compositeur en titre et directeur de la musique à la nouvelle Comédie-Italienne (1716-1737), directeur artistique et directeur de la musique au Concert spirituel des Tuileries (1728-1734), où il succède à Anne Philidor. Peut-être est-ce en raison d'une exigence psychologique intérieure qu'il se dépensait ardemment en de telles activités ; quoi qu'il en soit, il perdit la raison et fut interné à Charenton, où il mourut.

Cette carrière éminemment brillante a fortement marqué la musique française de son époque. Mouret a traité tous les genres : musique symphonique, musique de chambre, musique d'église, musique de théâtre, musique de ballet, divertissements. Il participa à la création de deux genres nouveaux : l'opéra pastoral (*Les Grâces*, 1735) et le ballet d'action. Il est avec Destouches le précurseur de Rameau dans le genre comique (comédie lyrique chantée telle que *Le Mariage de Ragonde, ou la Veillée de village*, 1714). Il occupe une place de choix dans l'histoire de la symphonie française (cf. le ballet héroïque *Les Amours des dieux*, 1727, en raison de son instrumentation et de son orchestration ; de même, les deux suites, *Fanfares pour les trompettes, violons, hautbois et timbales avec une suite de symphonies mêlées de cors de chasse*, 1729). De ses œuvres pour le théâtre, on peut citer, notamment, les tragédies lyriques *Ariane* (1717) et *Pirithoüs* (1723), l'opéra-ballet, *Les Festes ou le Triomphe de Thalie* (1714), ainsi que *Le Triomphe des sens* (1732), *La Provençale* (1722). De sa musique religieuse, à un *Premier Livre de cantates* (1729) et à un *Recueil de neuf cantatilles françaises avec symphonie* (1729) font suite des petits *Motets à une et deux voix avec symphonie* (1742) et une *Messe du Saint-Sacrement*. Son *Te Deum* fut exécuté avec grand succès au Concert spirituel. Mouret excelle, en raison de sa verve prodigieuse et de sa gaieté, dans la musique de « vaudeville » ; on lui doit environ deux cents *Divertissements*, composés pour la Comédie-Italienne et dédiés au duc d'Orléans (6 vol., de 1718 à 1737). Il écrivit encore trois livres d'*Airs sérieux et à boire* (1719, 1727), un *Concert de chambre pour les violons, les flûtes et les hautbois* (1734), etc. Méridional comme Campra, de peu son aîné, Mouret possède comme lui un don mélodique inépuisable, coulant et populaire ; ses rythmes vivent par leur originalité et leur spontanéité ; il cultive les recherches de timbre.

PIERRE-PAUL LACAS

MOUSSORGSKI MODEST PETROVITCH (1839-1881)

Moussorgski incarne l'image de la Russie éternelle, avec ses troubles, ses complexités, sa richesse de fonds et d'inspiration reproduite par le mode d'expression qui lui est le plus naturel : la musique. Il n'en reste pas moins un musicien extrêmement personnel, même au sein du petit groupe slavophile que l'on est convenu d'appeler le groupe des Cinq. Les recherches de langage qu'il s'est imposées, autant que cette originalité, ont ouvert au monde de l'art des voies nouvelles que les musiciens du XXe siècle ont explorées à l'envi. Il peut sembler paradoxal de voir en lui l'homme d'une synthèse, parce que l'on a coutume de considérer que la synthèse doit s'opérer, comme c'est le cas chez Bach, au moyen d'une vaste et longue prospection des formes. La musique de Moussorgski réalise une synthèse d'un tout autre ordre, par l'accord qu'elle propose des différents caractères du chant populaire russe, qu'il soit profane ou religieux, d'un sens de la couleur commun à la plupart des grands musiciens russes du XIXe siècle, et de conceptions dramatiques d'une hardiesse sans précédent. Au-delà du pittoresque, il a découvert le secret dont la recherche hantait les nationalistes slaves de son temps, qu'ils fussent musiciens, poètes ou philosophes : un « ton » russe, dépouillé des vestiges des cultures française, allemande et italienne que des générations d'artistes européanisants avaient implantées en Russie aux dépens d'une expression autochtone véridique.

Un jeune aristocrate russe

Modest Petrovitch Moussorgski, né à Karevo, reçut l'éducation d'un fils de hobereaux. Quelques faits sont à retenir qui joueront un grand rôle dans l'évolution de l'homme et du musicien ; ses aptitudes précoces pour la musique, considérée par ses proches comme un art d'agrément ; l'influence de sa *niania*, nourrice traditionnelle dont les contes fécondent son imagination ; un attachement profond pour sa mère qui lui a légué une vive sensibilité et ses goûts poétiques ; enfin un intérêt pour le peuple et le paysan, le moujik, qui étonne son entourage. Concurremment à la carrière des armes, propre à sa condition, il poursuit ses études pianistiques et s'essaie timidement à la composition.

Mais, bientôt, il s'abandonne à sa vocation musicale sous l'influence d'Alexandre Dargomyjski et de Mili Balakirev, compositeurs que l'exemple de Mikhaïl Glinka a engagés dans la voie du nationalisme musical. La personnalité si forte et les opinions si nouvelles de Balakirev favorisent autour de lui la formation d'un mouvement d'idées, incarné par un groupe de jeunes musiciens qui comprend, avec Moussorgski, César Cui, Borodine et Rimski-Korsakov, tous soucieux de découvrir à leurs contemporains, enivrés de musique étrangère, le visage russe de leur art. En dépit de la tyrannie de Balakirev, de l'opposition des tempéraments et de la dispersion finale de ses membres, le groupe des Cinq a marqué de son empreinte l'évolution de chacun d'eux autant que celle de la vie musicale russe.

« Je veux parler aux hommes le langage du vrai »

De la constitution du groupe des Cinq à la composition de *Boris Godounov*, l'existence de Moussorgski apparaît traversée d'épreuves diverses. En revanche, son univers intérieur s'enrichit de toute une somme de recherches qui le conduisent à la révélation de son langage propre. Malgré sa culture et son admiration pour les romantiques, la formation de son style ne doit pas beaucoup à l'étude scolastique des grandes formes, et il n'ambitionne nullement d'assumer sur le plan symphonique la succession d'un Schumann, d'un Berlioz ou d'un Liszt. Son attention le porte vers un autre centre d'intérêt plus conforme à ses dons essentiels de mélodiste et d'harmoniste. À quelques exceptions près, d'ailleurs remarquables, telles qu'*Une nuit sur le mont Chauve*, et la suite pour piano des *Tableaux d'une exposition*, son domaine de prédilection reste celui de la voix humaine dont il explore les possibilités avec une diversité de procédés unique en son temps. Par l'usage naturel qu'il fait des échelles modales de la musique populaire de son pays (en particulier, le mode phrygien), sensible dès ses premières compositions, et par une science harmonique dérivée de sa connaissance de la musique d'église, il se situe au cœur de traditions séculaires dont la présence constante dans son œuvre atteste la quête ininterrompue de la vérité psychologique et esthétique de l'homme et de l'âme russes.

« Découvrir les traits délicats de la nature humaine et des groupes humains, écrit-il, sonder avec opiniâtreté ce terrain vierge et en faire la conquête, voilà la mission du véritable artiste. »

Pour réaliser cet objet, il ne se contente pas de s'abandonner à ses dons naturels et aux charmes du folklore qui ne l'auraient peut-être pas conduit beaucoup plus loin qu'un Glinka ; il se met passionnément à l'étude de la parole humaine, de l'intonation parlée et de la rythmique du mot russe : « Quelle que soit la personne qui parle et surtout quoi que l'on dise, mon cerveau travaille aussitôt à la reproduction musicale de ce que j'entends. » Par-delà cet intense travail d'objectivation s'opère une alchimie mystérieuse de l'intelligence et de la sensibilité qui porte ses premiers fruits dans un essai de conversation musicale inspiré par le premier acte du *Mariage* de Gogol (1868) et surtout dans un cycle de mélodies dédiées à l'enfance : *La Chambre d'enfants* (*Les Enfantines*, 1868-1872). Dans *Le Mariage*, le récitatif suit de si près les incidences du discours qu'on penserait à un exercice de style s'il ne permettait d'entrevoir, sous le couvert du comique, ce que seront les grandes réalisations dramatiques de *Boris Godounov* et de la *Khovanchtchina*. Dans *La Chambre d'enfants*, l'accord réalisé entre le texte et la musique implique, tout autant que l'univers intime du musicien, une appréhension exceptionnelle du caractère de l'enfance. Du rire aux larmes, de la réflexion aux fantasmes, la mélodie pénètre, avec une grâce inimitable et sans marquer aucun souci de logique musicale, tous les caprices de l'humeur enfantine dont l'ambiguïté naturelle échappe, elle aussi, aux contraintes de la pensée logique. En s'efforçant de « parler aux hommes le langage du vrai », Moussorgski n'a pas découvert moins que sa vérité profonde.

« Boris Godounov »

« C'est le peuple russe que je veux peindre [...]. Le passé dans le présent, voilà ma tâche ! »

Dans le même temps qu'il polit l'ivoire de ses statuettes enfantines, Moussorgski est exalté par la composition de son opéra, *Boris Godounov*, archétype génial dont la prodigieuse architecture absorbe la somme des idées nationalistes et réalistes du mouvement progressiste russe du XIXe siècle.

Plus conscient de ses impératifs, et surtout plus sûr de ses moyens que les autres musiciens, Moussorgski tente l'ouvrage de synthèse qui unit l'art du visionnaire à l'expérience de l'observateur, et la grandeur historique à l'expression populaire. D'un voyage à Moscou, entrepris à l'âge de vingt ans, et de la lecture de Pouchkine sont nés en lui l'intérêt pour l'histoire et le projet de *Boris Godounov*. Dans le récit de Pouchkine, dont Moussorgski s'inspire, la vérité historique est sacrifiée à la beauté sombre de la légende : Boris Godounov, beau-frère d'Ivan le Terrible, a fait assassiner Dimitri, l'enfant héritier du trône. Il règne donc au milieu des famines, des incendies, des épidémies. Le peuple murmure et, bientôt, court le bruit que Dimitri n'est pas mort et qu'il va chasser l'usurpateur. Sur ces entrefaites, un jeune novice, ambitieux ou trompé par ses rêves, se fait passer pour Dimitri, prend la tête d'une armée de Polonais, de mercenaires et de Cosaques, et marche sur Moscou. Boris, que le remords éprouve durement, ne résiste pas à l'annonce de cette nouvelle et meurt de culpabilité. La conception générale de l'opéra est absolument neuve : le livret n'est pas en vers ; on n'y trouve point l'alternance traditionnelle des airs, récitatifs et ensembles ; le leitmotiv n'est pas considéré comme un principe de construction ; l'opportunité musicale et scénique l'emporte toujours sur le déroulement logique. L'œuvre oscille continuellement entre ses deux pôles d'intérêt dramatique essentiels qui sont les différentes incarnations du peuple russe et la mise en place rigoureuse du personnage de Boris, tandis que, par ses appels prophétiques, ses longues pédales, ses trémolos et ses glas, l'orchestre assume la permanence de l'angoisse. Moussorgski s'attache à peindre le peuple russe sous les éclairages les plus opposés ; il diversifie les effets d'une manière imprévisible et note les réactions spontanées d'une foule particulièrement mouvante, en mêlant les interjections et les incidences dramatiques aux chants populaires et religieux. Et de cette foule émergent des prototypes tels que la nourrice, gardienne vigilante de l'enfance, l'aubergiste méfiante, les moines ivrognes, l'innocent prophète dont le musicien dessine fermement les contours par un choix de mélodies parafolkloriques d'un charme et d'une couleur uniques.

D'instinct, il s'est appuyé sur le rapport de forces qui anime la tragédie antique : face à la foule sagace qui observe et commente ses actes, un héros solitaire lutte avec son destin. Mais ce héros est russe, aussi complexe que les personnages de Dostoïevski ; il se situe au-delà du bien et du mal, dans un univers qui défie l'analyse. À l'aide d'un récitatif travaillé jusqu'au moindre point d'orgue, qui mêle les cris organiques aux courbes mélodiques, souligne la valeur dramatique du silence et projette le monologue intérieur aux limites de la folie, Moussorgski parvient à suivre pas à pas tous les méandres de cette âme tourmentée, à lui donner force et valeur de représentation en une fusion d'art et de vie qui échappe à toute classification.

Les dernières œuvres, la solitude et la mort

Boris Godounov fut représenté pour la première fois au théâtre Marie, à Saint-Pétersbourg, au début de 1874. Si le public lui fit un accueil assez chaleureux, la critique fut réservée, et, du vivant de son auteur, l'œuvre ne connut qu'une brève carrière. Plus tard, Rimski-Korsakov en entreprit la révision. C'est lui aussi qui donna sa forme définitive à la *Khovanchtchina*. Cet opéra, qui traite de la révolte des princes Khovansky et qui s'inscrit dans la ligne du drame historique ouverte par *Boris Godounov*, présente d'admirables caractères pleins d'austère grandeur ou de passion sauvage, des chœurs d'une ordonnance quasi liturgique et un mode de récitatif qui marque une évolution dans la manière de Moussorgski : « J'ai réussi à trouver, écrit-il, une mélodie que la parole crée, une mélodie informée par l'esprit. »

Tout à l'opposé, la conception générale de *La Foire de Sorotchin*, dernier ouvrage lyrique entrepris par le musicien, et qui s'inspire du texte de Gogol, laisse apercevoir ce qu'eût réalisé le génie de Moussorgski dans l'illustration musicale de la truculence populaire par une mélodie jaillissante, la fraîcheur de la notation folklorique et la caricature de personnages savoureux. Malheureusement, il n'en reste que quelques fragments, car l'état de santé physique et morale de Moussorgski ne lui permit pas de mener à bien cette œuvre ultime. Les dix dernières années de sa vie attestent les progrès en lui d'un état morbide que la pauvreté, l'insuccès, l'abandon de ses amis et l'abus de la boisson transformeront en une déchéance finale.

Trois œuvres, cependant, parfaitement achevées, témoignent de la permanence de dons exceptionnels : d'une part, les

Tableaux d'une exposition (1874), véritable fresque pour le piano composée à la mémoire de son ami, l'architecte et peintre Victor Hartmann, et dont la couleur et la facture autant que les inventions rythmiques ont renouvelé les possibilités de l'instrument ; d'autre part, deux cycles de mélodies, *Sans Soleil* (1874) et *Chants et danses de la Mort* (1875-1880), qui sont le fruit d'une amitié qui le lia quelque temps à l'auteur des poèmes, Arsène Golenischev-Koutouzov. Depuis *Le Voyage d'hiver* de Schubert, il n'est peut-être pas, en ce domaine, de réussite plus tragique. L'extrême et déchirante nudité de l'un, la mortelle beauté de l'autre dévoilent, au comble de l'art, les secrets d'une âme tendre, hantée par la solitude et par la mort. Moussorgski s'est éteint à l'hôpital militaire de Saint-Pétersbourg. Par le souffle de liberté et la chaleur humaine qui l'habitent, son œuvre a suscité un nouvel élan créateur dans l'histoire du lyrisme musical.

MYRIAM SOUMAGNAC

Bibliographie

P. D'ALHEIM, *Moussorgski*, Paris, 1896, rééd. éd. d'Aujourd'hui, Plan-de-la-Tour, 1983 / V. BLOCK dir., *Modeste Moussorgski et le drame musical russe*, Radouga, Moscou, 1987 / M. H. BROWN dir., *Musorgsky*, U.M.I., Ann Arbor, 1982 / M. D. CALVOCORESSI, *Moussorgski*, Alcan, Paris, 1908 / A. DUAULT dir., *« Boris Godounov », Moussorgski*, W. Blake, Bordeaux, 1993 / V. FEDOROV, *Moussorgski*, Laurens, Paris, 1935 / R. GODET, *En marge de « Boris Godounov »*, Alcan, 1926 / M.-R. HOFMANN, *La Vie de Moussorgski*, éd. du Sud, Paris, 1964 / M. LE ROUX, *Moussorgski « Boris Godounov »*, Aubier-Montaigne, Paris, 1980 / M. MARNAT, *Moussorgski*, Seuil, Paris, 1962, rééd. 1981-1994 / « Modest Musorgskij », in *Musik-Konzepte*, n° 21, Munich, 1981 / « Boris Godounov », in *L'Avant-scène opéra*, n°s 27-28, 1980 ; « La Khovanchtchina », *ibid.*, n°s 57-58, 1984 / A. ORLOVA, *Musorgsky's Days and Works*, U.M.I., 1983 / O. VON RIESEMANN, *Moussorgski*, Berlin, 1925 ; trad. franç. Gallimard, Paris, 1940 ; trad. angl. A.M.S. Press, New York, 1970 / A. RIMSKI-KORSAKOV, *Boris Godounov de Moussorgski*, trad. B. de Schloezer, Besel, Paris, 1917.

MOYSE MARCEL (1889-1984)

Avant que la flûte ne connaisse une vogue extraordinaire grâce à Jean-Pierre Rampal, plusieurs instrumentistes français lui avaient déjà rendu sa place de soliste en la sortant de l'anonymat orchestral où l'avait reléguée le XIXe siècle. En même temps, elle voyait se développer ses possibilités techniques et expressives, grâce à Paul Taffanel, Philippe Gaubert et leur disciple, Marcel Moyse, qui ont jeté les bases de l'école française de flûte, reconnue dans le monde entier.

Né à Saint-Amour, dans le Jura, le 17 mai 1889, Marcel Moyse reçoit sa formation musicale à Besançon, puis au Conservatoire de Paris dans les classes d'Adolphe Hennebains, Paul Taffanel et Philippe Gaubert. Il remporte un premier prix de flûte en 1906 et travaille la musique de chambre avec Lucien Capet. En 1908, il débute dans différents orchestres parisiens. Flûte solo à l'Opéra-Comique (1913-1938) et à la Société des concerts du Conservatoire à partir de 1918, il est engagé au même poste par Walter Straram dans l'orchestre d'élite que celui-ci forme à Paris au service de la musique nouvelle (1922-1933).

Dès 1913, il s'impose en soliste, effectuant une première tournée américaine en compagnie de Nellie Melba et du violoniste Jan Kubelík. De 1932 à 1949, il est professeur au Conservatoire de Paris, où il forme l'élite des flûtistes français et étrangers (Roger Bourdin, James Galway,

Aurèle Nicolet, Peter Lukas Graf, Jean Fournet...). En 1933, il fonde le trio Moyse avec son fils Louis, également flûtiste, et sa belle-fille, la violoniste Blanche Honegger-Moyse. L'année suivante, il est invité au festival de Salzbourg, où il joue en soliste avec l'Orchestre philharmonique de New York sous la direction d'Arturo Toscanini. De 1936 à 1939, il est membre du Conseil supérieur de la Radiodiffusion française. Fixé aux États-Unis en 1949, il participe, avec Rudolf Serkin et Adolf Busch, à la fondation de l'école de musique et du festival de Marlboro, qui accueillera Pablo Casals à plusieurs reprises. Il fonde aussi un festival à Brattleboro, dans le Vermont, où il résidera jusqu'à sa mort. L'été, il revient en Europe pour donner des cours d'interprétation à Boswil, près de Lucerne et, à partir de 1973, il enseigne au Japon. Il meurt à Brattleboro le 1er novembre 1984.

Flûtiste polyvalent par excellence, Moyse s'est imposé en soliste, comme flûte solo des meilleurs orchestres français, ou en musique de chambre, que ce soit dans le domaine de la musique ancienne ou pour défendre celle de son temps. C'est lui qui enregistra les *Concertos brandebourgeois* de J.-S. Bach sous la direction d'Adolf Busch (avec un jeune pianiste nommé Rudolf Serkin), c'est lui qui a fait revivre les concertos de Mozart, qu'il grava (avec Lily Laskine dans le *Concerto pour flûte et harpe*) sous la direction de Piero Coppola, et qui obtinrent le grand prix du disque en 1932. Il remporta l'un des premiers grands prix du disque pour son enregistrement du *Prélude à l'après-midi d'un faune* de Debussy sous la baguette de Walter Straram. Jacques Ibert lui a dédié son *Concerto pour flûte* (1934), Bohuslav Martinů et Darius Milhaud chacun un concerto pour flûte et violon, qu'il a créés avec Blanche Honegger-Moyse (1936 et 1940). Roussel a écrit pour lui les *Joueurs de flûte* (1924).

Compositeur au service de son instrument, Marcel Moyse a écrit *50 Variations sur l'allemande de la Sonate pour flûte en la mineur de Bach*, *25 Études de virtuosité* (d'après Czerny), *12 Études de grande virtuosité* (d'après Chopin), ainsi qu'un ouvrage de technique instrumentale, *Tone Development through Interpretation.*

ALAIN PÂRIS

MOZART LEOPOLD (1719-1787)

Compositeur et théoricien allemand né à Augsbourg, Leopold Mozart est d'abord passé à la postérité comme le père de Wolfgang Amadeus, à la fois pour le rôle de maître et de mentor qu'il joua pour lui dans sa jeunesse et pour les différends qui les opposèrent plus tard. Au collège des jésuites de sa ville natale, il reçoit une solide formation humaniste et, sur le plan musical, de violoniste et d'organiste ainsi que de théoricien. Entré comme violoniste et comme valet de chambre au service du comte de Thurn-Valsassina et Taxis en 1740, il devient grâce à lui quatrième violon de la chapelle du prince-archevêque de Salzbourg en 1743, puis compositeur de la cour et de la chambre en 1747, et enfin second maître de chapelle en 1756. Sa réputation s'étend avec la parution de son *Essai d'une école fondamentale de violon* (*Versuch einer gründlichen Violinschule*, 1756). Ayant reconnu vers 1760 le talent, pour ne pas dire le génie, de son tout jeune fils (né en 1756), il consacre à sa formation le meilleur de son temps, et entreprend dès 1763, avec lui, son épouse et sa fille, une tournée à travers l'Europe, qui durera près de quatre ans. Trois voyages en Italie suivront encore (1769-1773), sans parler des séjours à Vienne. Quand Wolfgang, en 1777-1778 (voyage à Mannheim et à Paris), puis en 1781 (installation à Vienne), manifeste clairement sa volonté d'indépendance, ses relations avec Leopold, demeuré à Salzbourg, se tendent, moins d'ailleurs sous le signe de la mauvaise volonté que d'une profonde incompréhension. Il passe ses dernières années à Salzbourg en compagnie de sa fille (sa femme est morte à Paris en 1778), s'y consacre entièrement à ses charges (sans avoir jamais accédé aux toutes premières), et y meurt quelque peu aigri.

On lui doit une grande quantité de musique instrumentale et vocale où se mêlent traits baroques et préclassiques. La *Symphonie des jouets* (*Kindersymphonie*, vers 1760), longtemps attribuée à Joseph Haydn, est, selon toute probabilité, l'œuvre de Leopold Mozart. Quant à sa méthode de violon, elle fait partie des écrits théoriques de base de l'époque : tout en transmettant aux violonistes allemands l'art d'artistes italiens comme Tartini ou Locatelli, elle apparait fortement influencée par les traités écrits respectivement par Quantz (1752) et par Karl Philipp Emanuel Bach (1753) pour la flûte et le clavier, et témoigne, de la part de son auteur, d'une connaissance étonnante de théoriciens anciens comme Glareanus, Reisch et Gaffurius (fin du XVe siècle et début du XVIe).

MARC VIGNAL

MOZART WOLFGANG AMADEUS (1756-1791)

Aucun musicien n'a été, autant que Mozart, victime d'incompréhensions et de contresens. Si les « grands » du XIXe siècle – Beethoven, Schubert, Schumann, Chopin et Wagner – surent reconnaître ce qu'ils devaient à leur devancier, le public romantique, un Berlioz en tête, ne voulut voir en Mozart que l'ordonnateur frivole des festivités galantes et désuètes de l'Ancien Régime musical. On ne retrouvait pas en lui le titanisme prométhéen dont s'enivrèrent les générations postérieures aux bouleversements initiaux du siècle. Pourtant, à partir du premier centenaire (1856), une certaine faveur lui revint, mais ce fut pour la pire des raisons. On fit de lui, pour l'opposer aux hardiesses alors scandaleuses des novateurs, le parangon d'un académisme fade et béat : sa musique était présentée comme le point culminant de la perfection, au-delà duquel il ne pouvait y avoir que décadence. Ainsi s'instaura la légende, si difficile à extirper, de l'enfant prodige au profil de bonbonnière, de l'artiste recevant miraculeusement du Ciel ses mélodies suaves.

Il fallut attendre le début du XXe siècle pour que fussent révélés les aspects sombres, inquiétants, « démoniques » de son œuvre (Alfred Heuss, 1906). Puis, grâce aux admirables travaux de grands musicologues – *in primis* Georges de Saint-Foix (1912), Hermann Abert (1919) et Alfred Einstein (1945) –, le vrai visage de Mozart fut peu à peu retrouvé ; l'auditeur put enfin embrasser la totalité mozartienne et découvrir la déroutante variété des aspects de son œuvre. De plus, en dénonçant le mythe de la facilité et de l'inspiration, l'historien restitua au Maître sa qualité de travailleur acharné et de technicien accompli, scientifique, de l'art musical.

Aussi sommes-nous maintenant à même de le situer musicologiquement à sa juste place : place véritablement centrale, tant pour le site que pour l'heure. Car il s'épanouit et mûrit à tous les climats musicaux de l'Europe de la fin du XVIIIe siècle : l'Allemagne du Sud et du Nord, l'Italie, la France, de sorte qu'il put se rendre maître de tous les langages qui étaient alors en faveur ou en gestation. Mais son intérêt pour la technique musicale était si vif qu'il ne se contenta point de cela : il remonta le cours du temps, cherchant à capter les formes du passé qui pouvaient encore lui être accessibles. Ce fut donc un gigantesque travail de synthèse qu'il s'astreignit à réaliser, englobant à la fois tous les langages contemporains et antérieurs, et anticipant hardiment sur les recherches les plus audacieuses des compositeurs à venir.

Mais là n'est pas le plus important. L'actuel « retour à Mozart » n'est pas simplement de l'ordre artistique. Si Mozart aujourd'hui nous va si droit au cœur, c'est que nous découvrons en son œuvre, non pas en dépit, mais en fonction directe de sa limpidité, une grande profondeur de pensée. Et cette pensée ne porte pas seulement sur l'inanité des passions, l'amour et la fraternité humaine, mais elle s'attache surtout à des problèmes que, certes, l'on s'est posés de tout temps, mais que nous soulevons aujourd'hui d'une manière plus instante que jamais : qu'est-ce que la mort ? quel est le sens de la vie ? De la réponse à ces questions dépendait pour lui la paix, la sérénité à quoi il aspira foncièrement depuis l'enfance. Mais son aspiration, toujours insatisfaite, le fit passer par des crises d'inquiétude et d'angoisse alternant avec des moments de paisible luminosité. Ces alternances, à mesure qu'il approchait de la mort, se précipitèrent et s'aggravèrent. Aussi est-il fort impressionnant de voir un musicien, dont les œuvres tant de fois ont respiré le bonheur, manifester aussi, d'une manière si désolée, l'angoisse foncière qui ne le quittait pas. Car, après la luminosité de *La Flûte enchantée* et de sa dernière *Cantate maçonnique* (K. 623), nous assistons au tragique effondrement qu'exprime son *Requiem* interrompu. Il fut acculé, à l'heure de la mort, au désarroi, à la désespérance, faute de la clef intellectuelle que, grâce à Paul de Séligny, nous avons aujourd'hui à notre disposition pour résoudre ces problèmes fondamentaux :

Puis, inexorable, vient le jour où sonne pour toi
[l'heure de te retirer de cette scène,
et tu t'en vas les mains vides,
vides de l'essentiel, [...]
Faute d'un enseignement adéquat,
faute donc de savoir ce qu'il en est de toi-même
[en vérité,
tu t'en vas
toujours captif de ta méprise,
toujours enlisé dans ta confusion,
toujours plongé dans la dualité,
tu poursuis ta course folle,
tu poursuis ton errance.

Les étapes de la vie musicale de Mozart

La vie privée de Mozart ne présente guère d'intérêt pour qui veut comprendre sa musique. Elle se réduit d'ailleurs à peu de chose : né à Salzbourg, il reste au service de la cour archiépiscopale de sa ville natale, jusqu'au moment où il se brouille violemment avec l'archevêque Colloredo, en mai 1781 ; il se fixe alors à Vienne. Contre le gré de son père, il épouse Constanze Weber (1782). Le succès qu'il escompte lui échappe de plus en plus ; il tombe dans la pire misère et meurt à Vienne dans une indifférence quasi générale. Seul Joseph Haydn, apprenant à Londres la mort de son jeune ami, passera la nuit de Noël à le pleurer.

Les seuls événements marquants de sa vie sont ceux qui jalonnent les étapes de son évolution musicale.

L'enfance (1756-1778)

Dès l'âge de trois ans, Wolfgang manifeste, outre une puissance exceptionnelle de concentration, des dons musicaux remarquables : justesse absolue d'oreille et mémoire prodigieuse. Son père, Leopold (1719-1787), sévère mais excellent pédagogue musical, entreprend son instruction. On lui a reproché d'avoir exercé sur son fils une influence conservatrice et retardatrice ; mais Wolfgang sut faire la part de l'étroitesse d'esprit et celle de la solidité du métier : jusqu'à la mort de son père, il se référa toujours avec une totale confiance à son jugement.

Leopold entreprend, avec son fils et sa fille Maria Anna, des tournées où il exhibe l'enfant prodige, au risque d'exposer Wolfgang, entre sa septième et sa onzième année, aux fatigues et aux maladies de voyages lointains. Ces expéditions se retournent d'ailleurs partiellement contre le père, car l'enfant y trouve l'occasion de capter des influences qui n'agréent pas à son mentor et qu'il n'aurait pas connues si tôt s'il était demeuré à Salzbourg.

Une première tournée (1762) mène le bambin à Munich et à la cour impériale de Vienne. Mais c'est la deuxième qui est la plus importante : elle dure trois ans (1763-1766) et les fait passer par l'Allemagne occidentale, Mannheim, Francfort (où il fait l'admiration de Goethe), Bruxelles, Paris (où il joue devant la Cour), Londres, La Haye, Amsterdam, Lyon, Genève. Voyage capital pour la suite, parce que, dès l'âge de huit ans, Mozart fait la découverte de deux musiciens qui le marqueront pour toujours : Johann Schobert (1735 env.-1767) à Paris, Jean-Chrétien Bach (1735-1782) à Londres. Grâce au premier s'éveillent à la fois en lui le sens de la tendresse mêlée à l'intensité pathétique et celui de la poésie musicale. Par le second (fils cadet de Jean-Sébastien), c'est paradoxalement en allant vers le Nord qu'il entre en contact avec la chaleur ensoleillée du Midi italien.

De retour dans son Autriche natale, il s'imprègne de l'esprit musical, à la fois sérieux et *gemütlich* de l'Allemagne du Sud, représenté par Joseph Haydn, son aîné de vingt-quatre ans, qu'il découvre lors de quelques séjours à Vienne.

Il lui fallait dorer sa palette musicale au soleil du Midi, et c'est un point à mettre à l'actif de son père que de l'avoir envoyé à trois reprises en Italie : 1769-1770, 1771, 1772-1773. Pendant cette période, il se plonge, alternativement, dans la musicalité chantante mais superficielle de l'opéra italien d'alors et dans la sensibilité autrichienne. Ce qu'il retire de plus précieux de ce contact avec l'Italie, c'est, grâce au padre Martini qui le fait travailler à Bologne (1770), l'art de la mélodicité polyphonique puisé à la tradition des anciens maîtres du contrepoint chantant. Jusqu'au terme de sa carrière, Mozart restera dès lors un maître incontesté, surtout dans les ensembles d'opéras, de la science de la polyphonie vocale.

Il résulte de son dernier voyage en Italie une crise « romantique » où Mozart, alors âgé de dix-sept ans, produit de purs chefs-d'œuvre : les quatuors milanais (à cordes), K. 155 à 160, et la trilogie symphonique de l'hiver 1773, K. 200, 183 et 201, qui consacrent la synthèse du Nord et du Midi.

Ensuite, pendant quatre ans, il s'adonne à la « galanterie » musicale. On désigne par là une forme musicale bâtarde, intermédiaire entre la puissante structure baroque qui est abandonnée et le nouveau langage thématique qui s'élabore (surtout grâce à Joseph Haydn) ; la galanterie tire son agrément de l'enrubannement rococo de mélodies flottant sur un accompagnement d'accords rompus. Beaucoup ont reproché à Mozart de s'être laissé aller à la facilité en adoptant ce style décoratif pour complaire à l'aristocratie salzbourgeoise : sérénades, divertissements, sonates salonnières pour le piano. Pourtant, ces années de détente lui ont permis de développer le sens de la poésie musicale. Celle-ci affleure déjà dans les concertos pour violon (1775), et surtout elle fleurit à pleines corolles dans la merveilleuse année 1776, celle où le Maître a vingt ans. Si de telles œuvres faisaient défaut, il manquerait quelque chose d'important dans l'œuvre mozartien. Et c'est l'année suivante (1777) qu'il réalisera soudain son premier chef-d'œuvre dans la lignée des grands concertos pour le piano, le bouleversant K. 271 en *mi* bémol majeur.

De septembre 1777 à janvier 1779, c'est le grand voyage à Paris. Il part, accompagné seulement de sa mère, et l'aventure sera très décevante sur le plan du sentiment (son amour déçu pour Aloisia Weber), de la famille (sa mère meurt à Paris) et de sa carrière (il est évincé des milieux musicaux de la capitale et lâché par le baron Grimm, son protecteur). Par contre, sur le plan musical, ce voyage sera très fructueux : à l'aller, il s'arrête longuement à Mannheim où il découvre les puissances expressives de l'orchestration romantique moderne. À Paris, lui qui depuis toujours est hanté par le désir d'écrire des opéras, il tombe en plein dans la lutte entre piccinnistes et gluckistes ; mais il ne s'y engage pas parce qu'il prend déjà conscience du style de théâtre musical qui sera le sien. Par-dessus tout, ce séjour à Paris aura une importance capitale du fait que Mozart capte de l'esprit français – sans en retenir la sécheresse – le goût de la pudeur, de l'élégance et de la concision. Il aura dès lors plus que jamais horreur de la longueur et de l'emphase oratoire (ce qu'il appelle le « goût long des Allemands »).

À présent, son assise est bien solide, tripartite : il devient le musicien européen par excellence, capable de réaliser la synthèse des langages allemand, italien et français, dont il peut user, comme en se jouant, en y mettant sa propre touche.

La maturité (1779-1788)

Pendant trois ans, il pose les bases de son évolution future : concertos pour le piano, sonates pour violon et piano, sérénades qui font craquer les limites galantes du genre. Tout cela aboutit à un chef-d'œuvre dramatique qui, en dépit de la forme désuète de l'*opera seria*, offre les prémices de tout son art lyrique et symphonique : l'*Idoménée* (Munich, 29 janvier 1781). En mai, il rompt, après des scènes affligeantes, avec son employeur, l'archevêque Colloredo, et s'installe, sans ressources et sans situation, à Vienne. Son père désapprouve cette rébellion et prend plus mal encore les fiançailles de Wolfgang avec Constanze Weber, qu'il estime indigne de lui. Mozart passera outre et l'épousera le 3 août 1782.

Un problème se pose alors au Maître : comment gagner la plus vaste audience possible – car la vie même du jeune ménage en dépend –, non seulement en s'interdisant toute concession à la facilité, mais encore en mettant tout en œuvre pour hausser le public superficiel de Vienne à des hauteurs inaccoutumées ? Mozart a enfin l'occasion d'écrire, pour la scène, un opéra qui ressortit à un genre où il est libre, le *Singspiel*, et où il ne subit plus les lourdes contraintes de l'*opera seria*. *L'Enlèvement au sérail*, opérette allemande, inaugure, le 16 juillet 1782, la série de ses chefs-d'œuvre lyriques.

À partir de 1782, Mozart passe par des crises successives qui deviendront de plus en plus graves à mesure qu'il approche de la mort. Ces périodes où l'ethos se fait angoissé et, par moments, tragique (1783, 1785, 1787, 1790), alternent avec de merveilleuses accalmies (1784, 1786, 1788, 1791).

Aucun événement de sa vie privée ne saurait expliquer ces « strangulations ». Elles se comprennent, mais en partie seulement, par des problèmes de technique musicale : la rencontre de nouvelles formes d'écriture crée toujours chez lui une contraction de style qui ne peut se détendre que lorsque les nouveautés ont été complètement assimilées ; et, par assimilation, on n'entend pas l'art d'adopter des procédés (ce qui pour lui était un jeu d'enfant), mais le fait d'en arriver à parler ces langages à l'état naissant. Certes, après son retour de Paris, tous les styles proprement contemporains lui étaient devenus familiers, et ce n'est pas une des choses les moins stupéfiantes qu'un musicien doué d'une telle mémoire ait pu rester foncièrement libre à l'égard de toute imitation. Pourtant, il lui restait encore deux langages à découvrir et à faire siens : l'un qui avait son assise dans le passé, l'autre qui s'ouvrait audacieusement sur l'avenir. Le premier est la puissante structure baroque de type fugal, représenté par Jean-Sébastien Bach ; le second, illustré par Joseph Haydn, surtout dans ses quatuors à cordes, est le style thématique du type sonate, avec ce qu'il implique de richesse harmonique, par l'extension tonale, et de construction dialectique orientée vers la forme cyclique. C'est en 1782 que Mozart découvre ces deux langages antinomiques, qui sont d'ailleurs l'un et l'autre peu compatibles avec la mélodicité à laquelle son travail de synthèse l'a fait parvenir. C'est donc à un nouveau travail de synthèse qu'il va s'adonner durant ses deux premières années viennoises (1782-1783), synthèse d'autant plus vaste et difficile qu'elle doit englober tout ce qu'il a précédemment acquis. Ces découvertes, il les a faites à point nommé : tôt, puisqu'il n'a que vingt-six ans ; tard, puisqu'il n'a plus que neuf ans à vivre...

Mozart-Bach ! Conjonction historique impressionnante, d'autant plus qu'il fallait alors du courage, et presque de l'audace, pour remonter le cours du temps. En effet, Jean-Sébastien, mort en 1750, était, trente ans plus tard, non seulement méconnu, mais inconnu. Ses partitions étaient introuvables, et c'est par hasard qu'un diplomate mélomane, le baron van Swieten, rapporta de la cour de Prusse des copies manuscrites de quelques fugues du grand Cantor. Mozart prend feu, s'essaie à ce style périmé dont il est le seul alors à saisir la puissance. Et, en mai 1783, c'est la merveille, le chef-d'œuvre de sa musique religieuse : la *Grande Messe en ut mineur* (inachevée) K. 427. Pendant le même temps, il se concentre dans le travail ardu (comme il le déclare lui-même) de la composition thématique. Son coup d'essai est un coup de maître : en décembre 1782, le quatuor à cordes K. 387 inaugure la glorieuse série des six quatuors (les trois derniers seront terminés en 1784-1785) qu'en hommage à Haydn il lui dédiera. Celui-ci, les écoutant, dira à Leopold présent à l'exécution : « Je vous déclare devant Dieu, en honnête homme, que je tiens votre fils pour le plus grand compositeur que je connaisse » (février 1785).

Ces travaux de recherche, c'est dans le retrait du laboratoire scientifique que Mozart les mène ; aussi voyons-nous, à partir de 1782, ses compositions se scinder en deux : les œuvres de solitude, le plus souvent rétractées et même tragiques, et les œuvres destinées aux concerts où il évite de choquer et de brusquer le grand public. Non qu'il fasse des concessions pour conquérir une audience dont il a tant besoin ; au contraire, avec autant de sûreté de main que de prudence, il introduira peu à peu dans ses concertos et ses symphonies les découvertes audacieuses qu'il a faites dans la solitude. Cela lui coûtera d'ailleurs, à partir de 1786, la désaffection croissante du public viennois.

Le résultat de cette complexe élaboration se voit dans l'explosion magnifique des six concertos pour piano de 1784, chefs-d'œuvre qui seront suivis de six autres jusqu'à la fin de 1786. Mais ce succès de 1784 est suivi d'une année sombre, la plus « romantique » de la vie du Maître (*Concerto en ré mineur* K. 466, les trois derniers quatuors à Haydn). Notons qu'en décembre 1784 Mozart est initié à la franc-maçonnerie, et que les idées qu'il brasse lui inspireront la dramatique *Ode funèbre* K. 477 (novembre 1785).

1786 : une année claire comme l'avait été celle de ses vingt ans, mais avec, maintenant, une aisance qui est le signe qu'il a réalisé la synthèse de tous ses langages. Le style thématique en arrive à s'épanouir dans la mélodicité, comme on peut le voir dans sa musique de chambre avec piano (les trios), dans les trois beaux concertos pour le piano K. 488, 491 et 503, et surtout dans *Les Noces de Figaro*. Mozart a trouvé le genre théâtral qui lui convient le mieux, l'*opera buffa*, où la richesse et l'intensité musicales vont de pair avec l'alacrité et la présence scéniques.

Nouvelle crise en 1787 : Mozart est gravement préoccupé par l'idée de la mort, surtout après le décès de son père. C'est l'année du *Quintette en sol mineur* K. 516 et du *Don Giovanni*, où se pose à cru le problème de la rupture de l'ardeur de vivre et de l'inanité des passions.

L'année 1788 est dominée par le massif symphonique aux trois cimes : la *Mi bémol* K. 543, la *Sol mineur* K. 550 et l'ultime : la *Jupiter* (K. 551, du 10 août), qui est le testament symphonique du Maître. Mais, le plus étonnant, c'est que Mozart fait voisiner avec ces pièces monumentales des œuvres légères, presque galantes, comme la *Sonate « facile »* (K. 545) et les derniers trios.

Les dernières œuvres (fin 1788-1791)

À partir de l'automne 1788, Mozart entre dans une période de retrait ; mais sa musique d'intimité (pour cordes ou piano solo) a le plus souvent un caractère de sérénité (*Trio* K. 563, *Sonate* pour piano K. 570). Au cours d'un voyage où il essaie d'obtenir la faveur du roi de Prusse, il fait un pèlerinage à la Thomasschule de Leipzig, rendant un suprême hommage à Bach. Son écriture se resserre encore (*Sonate* pour piano K. 575 et derniers quatuors) et s'épanouit dans la concentration poétique du *Quintette* avec clarinette K. 581. Tout cela aboutit à l'œuvre théâtrale la plus translucide de Mozart, le *Così fan tutte*, comédie-proverbe d'une profonde gravité sous son élégance frivole (Burgtheater, Vienne, 26 janvier 1790).

L'année 1790 est un véritable désert, aride et désespéré. Pourtant, en décembre, le magnifique *Quintette à cordes en ré majeur* K. 593 marque un redressement total. La poésie décantée de l'ultime année s'épanouit dans de vastes compositions (le dernier *Concerto* pour piano K. 595, le *Concerto* pour clarinette K. 622) et, d'une façon plus concentrée encore, dans les piécettes apparemment insignifiantes (lieds, adagio pour harmonica, cantiques maçonniques). Deux mois avant sa mort, le succès semble enfin se dessiner avec *La Flûte enchantée*, singspiel maçonnique où il récapitule pour la scène tous les langages de sa carrière. Mais, en même temps qu'il achève cette œuvre toute pénétrée de son aspiration à la lumière, il commence son *Requiem*. L'œuvre ne sera pas terminée : Mozart meurt le 6 décembre. Son corps sera enterré dans la fosse commune.

La musique mozartienne

Mozart n'a créé aucun langage. Sa vie durant, il ne laissa pas d'être à l'affût de tous les idiomes dont il pouvait prendre connaissance, et, quand il les adoptait, loin d'en rester au formalisme des procédés, il les recréait de l'intérieur. Mozart n'a été le maître d'aucun langage : il a été maître de tous ses langages, jusqu'à les parler comme autant de langues maternelles, et c'est là la vraie maîtrise.

Et pourtant, il leur imprime la marque « mozartienne » qui les dépouille de tout particularisme national ou culturel. On ne peut cependant pas, à son propos, parler d'originalité : il n'a pas marqué son œuvre du cachet de ce qu'on nomme la personnalité de l'artiste, ainsi que firent un Beethoven ou un Wagner. Il n'y a pas de style mozartien ; il n'y a pas, même dans ses opéras, de « monde », de climat mozartien. Et pourtant, sa musique a quelque chose d'unique, qui se décèle dès l'audition de quelques mesures, quelque chose d'insaisissable.

Et cela est constant en dépit de la versalité des ethos, lesquels changent, souvent, d'un moment à l'autre. Innombrables, en effet, sont les aspects opposites de cette œuvre protéiforme : légèreté badine et gravité pathétique, galanterie salonnière et romantisme farouche, distinction aristocratique et bonhomie (*Gemütlichkeit*), voire truculence populaire, tendresse alanguie ou rêveuse et âpreté, violence virant parfois à l'atroce. Musique si facile d'accès et en même temps si savante, avec des structures accessibles aux seuls connaisseurs. Faut-il privilégier tel ou tel de ces aspects pour y voir le vrai Mozart ? Et de quel droit ? Comme, longtemps, on avait insisté sur la grâce et la légèreté, on a, par réaction, souligné les aspects graves et tragiques. Mais, à suivre la ligne d'évolution de sa création musicale, on voit combien il est simpliste de dire qu'il ait tendu de la galanterie de cour à la « grande » musique : les œuvres de la dernière année récapitulent tous ses styles et rejoignent – question de métier mise à part – celles de l'enfance. Une chose, par contre, est patente : c'est que le marasme n'est pas un état où il se soit complu, et qu'il a eu horreur de toute confidence ostentatoire. Les moments les plus hauts de son œuvre sont ceux où, dans une totale solitude, il cherche une issue de sérénité. Et – chose stupéfiante – cela arrive en plein concerto, en plein opéra.

Ce qui fait la profondeur de sa musique, disions-nous, c'est la pensée. Mais, entendons-nous bien : il n'avait aucun goût pour le maniement d'idées abstraites ; sa correspondance serait fort décevante pour qui y chercherait des spéculations de philosophie, de politique, voire d'esthétique. C'est en musique qu'il pensait et qu'il parlait, et cela lui était possible en vertu, précisément, de sa maîtrise technique : rien ne s'interposait entre l'idée et la vibration ordonnée du tissu musical.

Or, les problèmes qui, très tôt, l'ont préoccupé sont ceux de la mort, de la survie, du sens de la vie : les seuls passages de ses lettres où il fait part de ses réflexions profondes touchent à cela, et dès que, dans un texte à mettre en musique, apparaît le mot de « mort », le ton s'aggrave immédiatement. « Toujours entre l'angoisse et la joie », écrit-il à son propre sujet. Mais comment venir à bout de cette dualité, source d'une continuelle instabilité, d'un continuel déséquilibre ? Par un sursaut héroïque, de type romantique, où l'on s'enivre de puissance en créant un monde fictif d'évasion ? Non ! Chez Mozart, c'est tout le contraire : c'est dans un langage clair, simple, aussi proche que possible (avec un métier consommé) du naturel qu'il cherche une issue. Sa musique n'emporte pas l'auditeur roulé passivement dans un flot d'harmonies ; elle requiert de lui lucidité et présence. Mais encore, pour dire quoi ? L'art n'est pas un but.

Mozart fut séduit, sans doute pour fortifier la foi de son enfance, par le symbolisme maçonnique de la dualité de l'Ombre et de la Lumière. Mais ce symbolisme, qui se manifeste surtout à partir de 1784, il l'a maintes fois rompu, parce qu'il ne pouvait pas s'en satisfaire. Le triomphe idéologique de la Lumière sur l'Ombre, qu'est-ce d'autre, après tout, que l'option qu'il a refusée, à savoir l'évasion dans un monde fictif, le renoncement, et donc l'incomplétude ? Il semble avoir pressenti que la Lumière, la sérénité à quoi nous aspirons, ne saurait être une entité, un pôle, un au-delà. Et c'est sans doute à ce pressentiment, à cette impression de vide que tient ce qui distingue sa musique de toutes celles qui revêtent une apparence de plénitude. « Je ne peux pas bien t'expliquer mon impression, écrit-il quatre mois avant sa mort (7 juillet 1791), c'est une espèce de vide qui me fait très mal, une certaine aspiration qui, n'étant jamais satisfaite, ne cesse jamais, dure toujours et croît de jour en jour. Même mon travail ne me charme plus. »

La Flûte enchantée est terminée le 30 septembre ; il lui reste à écrire son *Requiem*, dont il sent qu'il le compose pour lui-même. Une panique eschatologique emporte tout et disloque ce qui était fondé sur l'espérance. Ce ne sont ni l'insuccès, ni la misère, ni la maladie qui ont miné Mozart : cette déroute est de l'ordre du désarroi intellectuel.

Si cette musique touche si directement et si intensément, c'est qu'elle exprime un appel fondamental qui dépasse de loin le cas de Mozart lui-même, et qui vient du plus profond de nous tous. Nul musicien n'a accusé, avec autant de sincérité et d'intégrité, le fiasco final de toute idéologie devant la seule question qui importe et qui, à l'heure de la mort, est inéluctable : qu'en est-il de nous-mêmes ?

JEAN-VICTOR HOCQUARD

Bibliographie

H. ABERT, *Mozart*, Breitkopf & Härtel, Leipzig, 1919, rééd. 1978 / P. A. AUTEXIER, *Mozart*, Champion, Paris, 1987 / J. CHAILLEY, *« La Flûte enchantée », opéra maçonnique*, Laffont, Paris, 1968, rééd. 1991 / A. EINSTEIN, *Mozart, l'homme et l'œuvre*, Desclée, Paris, 1954, rééd. Gallimard, Paris, 1991 / K. G. FELLERER, *Die Kirchenmusik W. A. Mozarts*,

Laaber, Laaber, 1985 / W. HILDESHEIMER, *Mozart*, trad. C. Caillé, Lattès, Paris, 1990 / J.-V. HOCQUARD, *La Pensée de Mozart*, Seuil, Paris, 1958, rééd. 1991 ; *Les Grands Opéras de Mozart*, 7 vol., Aubier, Paris, 1978-1986 ; *Mozart, l'amour, la mort*, Lattès, 1992 / A. HUTCHINGS, *Les Concertos pour piano de Mozart*, trad. O. Demange, Actes sud, Arles, 1991 / P. J. JOUVE, *« Don Juan » de Mozart*, éd. d'Aujourd'hui, 1977, rééd. C. Bourgois, 1993 / A. H. KING, *La Musique de chambre de Mozart*, trad. P. Rouillé, Actes sud, 1988 / H. C. R. LANDON, *Mozart. L'âge d'or de la musique à Vienne, 1781-1791*, trad. D. Collins, Lattès, 1989 / J. & B. MASSIN, *Mozart*, Fayard, Paris, 1959, rééd. 1990 / O. MESSIAEN, *Les 22 Concertos pour pianos de Mozart*, Séguier, Paris, 1987, rééd. 1990 / W. A. MOZART, *Correspondance*, 6 vol., trad. G. Geffray, Flammarion, 1986-1994 / C. DE NYS, *La Musique religieuse de Mozart*, P.U.F., Paris, 1982, rééd. 1991 / A. OULIBICHEFF, *Mozart* (*Nouvelle Biographie de Mozart*, Moscou, 1843), Présent. J.-V. Hocquard, Séguier, 1991 / R. STRICKER, *Mozart et ses opéras*, Gallimard, 1980, rééd. 1987 / M.-C. VILA, *Sotto voce. Mozart à Paris*, Actes sud, 1991 / T. DE WYZEWA & G. DE SAINT-FOIX, *Mozart*, 5 vol., Desclée, 1912-1946, rééd. Laffont, Paris, 1986 / N. ZASLAW, *Mozart's Symphonies*, Clarendon Press, Oxford, 1991.

MUFFAT GEORG (1653-1704)

Organiste et compositeur, véritable génie cosmopolite. Né à Megève (Savoie) d'une mère française et d'un père soldat de l'armée autrichienne, dont la famille était originaire d'Angleterre et d'Écosse, Georg Muffat est l'un des plus grands musiciens autrichiens. Il porta notamment la musique d'orgue de l'Allemagne méridionale au plus haut niveau qu'elle ait connu à l'époque baroque : ses toccatas se situent à l'apogée de cette forme entre celles de Frescobaldi et celles de Jean-Sébastien Bach. En lui se manifestent, en une synthèse originale, les styles allemand, italien et français ; il en avait parfaitement conscience, comme l'indiquent ses préfaces à ses œuvres. On peut le tenir à bon droit comme l'un des principaux fondateurs du style composite typique de la musique baroque allemande. Dans sa prime jeunesse, Muffat se rendit à Sélestat et à Molsheim (Alsace), où il fréquenta vraisemblablement le collège des Jésuites. Il est resté pendant six ans à Paris auprès de Lully, qui l'initia à la composition pour orchestre à la française. En 1671, il joue de l'orgue à la cathédrale de Strasbourg. En 1674, on le retrouve à l'université d'Ingolstadt, puis à Vienne et à Prague. En 1678, il devient organiste et valet de chambre du prince-archevêque Maximilien Gandolf, comte de Kuenberg, à Salzbourg, lequel lui offre, en raison de son talent, des études musicales à Rome auprès de Bernardo Pasquini. Il rencontra aussi Corelli, dont l'influence se fit nettement sentir sur ses *Armonico tributo cioè Sonate di camera* (1682). Après la mort de l'archevêque, il séjourna à Munich et assista, à Augsbourg (1689), aux fêtes du couronnement de Joseph Ier. C'est à l'empereur de Vienne, Léopold Ier, qu'il dédia son chef-d'œuvre l'*Apparatus musico-organisticus* (1690). Enfin, en 1687, ou 1690, il devint, à Passau, organiste et musicien de la chambre du prince-évêque Johann Philipp, puis intendant des pages et maître de chapelle en 1695. C'est lui qui assura définitivement la victoire de la suite à grand orchestre avec ouverture à la française ; les deux *Suavoris harmoniae instrumentalis hyperchematicae Florilegium I* (1695) et *Florilegium II* (1698), soit quinze suites comprenant pour la plupart sept mouvements chacune, représentent le nouveau style. Johann Caspar Ferdinand Fischer a subi profondément l'influence d'une telle œuvre (*Le Journal du printemps*, 1696). Avec ses douze *Concerti grossi* (*Exquisitoris harmoniae instrumentalis gravi-jucundae selectus primus*, 1701), il introduit en Allemagne le style italien d'un Corelli. Ses *canzone* obéissent à la forme de la sonate en plusieurs mouvements (*Sonate di camera*, 1682) et ressemblent à celles de ses contemporains Johann Heinrich Schmelzer (*Sonatae unarum fidium*, 1662 ou 1664), Johann Rosenmüller (*Sonate*, 1682), Johann Christoph Pezel (*Opus musicum sonatarum*, 1686, sonates pour instruments à cordes et basse continue). Sa messe s'inscrit dans la ligne des grandes messes concertantes qui, à travers celles de Scarlatti, Leonardo Leo, Francesco Durante, Nicola Porpora, Johann Adolf Hasse, Antonio Caldara, Giovanni Alberto Ristori, Johann Joseph Fux, Johann Ernst Eberlin, Franz Xaver Murschhauser, conduisent à Mozart et à Haydn. Surtout, Muffat porta à son apogée en Allemagne méridionale, la toccata pour orgue introduite par Johann Jakob Froberger et Johann Kaspar Kerll. La toccata, d'origine italienne, lui avait été enseignée à Rome par B. Pasquini ; il avait pu connaître celles des Gabrieli et de Frescobaldi, voire d'Alessandro Poglietti. La toccata d'Allemagne du Sud est plus modeste que celle de l'école du Nord, créée par Jan Pieterszoon Sweelinck, laquelle est monumentale et fait appel à une partie de pédale ordinairement importante. Ici, sur deux claviers manuels seulement et un modeste pédalier, la virtuosité en appelle surtout aux mains, bien qu'il y ait une partie obligée de pédale. Les douze toccatas constituent l'essentiel de l'*Apparatus*, à côté d'une ciaccona et d'une passacaglia. Cette œuvre de premier plan dans l'histoire de la musique d'orgue (depuis Frescobaldi, aucun livre aussi important n'avait été publié pour cet instrument) exerça une profonde influence sur ses contemporains ; elle se signale à l'attention par ses qualités expressives et formelles. Ainsi Muffat écrit-il telle toccata sur trois tempos essentiels (*grave*, *allegro*, *grave*) ; telle autre sur quatre (*adagio*, *allegro*, *adagio*, *allegro*) ; dans une autre encore à quatre tempos, il propose : *allegro*, *adagio*, *allegro*, *adagio*.

PIERRE-PAUL LACAS

MUFFAT GOTTLIEB (1690-1770)

Fils de Georg Muffat, Gottlieb Muffat étudia le piano avec Johann Joseph Fux à Vienne et, en 1717, devint organiste de la chapelle impériale et ce jusqu'à sa mort. Il eut notamment pour élèves l'empereur François Ier et l'impératrice Marie-Thérèse. Il est l'un des grands noms de la première moitié du XVIIIe siècle comme compositeur de musique pour clavier, à côté de François Couperin, de Haendel et de Jean-Sébastien Bach. « Avec lui s'achève la tradition austro-allemande de l'ère baroque. Dans ses œuvres se mêlent une science sévère du contrepoint, un certain goût du pathétique et de la virtuosité inspiré du baroque, la grâce de l'art rococo et un sens mélodique très populaire. » (F. W. Riedel.) À côté des deux seules œuvres qu'il ait publiées (douze toccatas et soixante-douze versets en forme de petites fugues, 1726 ; *Componimenti musicale per il cembalo*, vers 1739), on a découvert de nombreux manuscrits qui, par leur qualité, évoquent l'œuvre de Jean-Sébastien Bach : vingt-quatre toccatas avec vingt-quatre capriccios, dix-neuf canzones, des fugues, des partitas, deux messes pour orgue, etc.

PIERRE-PAUL LACAS

N

NABOKOV NICOLAS (1903-1978)

La musique doit parfois ses plus grandes réalisations à des hommes dont l'activité reste dans une semi-obscurité. Nicolas Nabokov en témoigne, qui a souvent délaissé sa carrière de compositeur pour se consacrer à l'animation musicale internationale, et surtout depuis la Seconde Guerre mondiale. Il a joué un rôle prédominant dans le rapprochement et les échanges entre les diverses écoles de la musique contemporaine et a permis de faire connaître de nombreuses œuvres de notre temps en organisant des festivals d'une ampleur sans précédent (Paris, Rome, Tōkyō).

Né à Ljubtcha (Russie), Nabokov étudie d'abord à Saint-Pétersbourg et à Yalta avant de quitter son pays natal. Stuttgart, Berlin et Strasbourg sont les étapes qui le mènent vers Paris et au cours desquelles il est profondément marqué par la personnalité et le rayonnement de l'un de ses maîtres, Ferruccio Busoni. À Paris, où il séjourne de 1924 a 1933, il complète sa formation à la Sorbonne et rencontre Diaghilev qui monte son premier ballet, *Ode* (1928). Son intérêt pour la musique de ballet restera toujours très vif En 1934, il émigre aux États-Unis dont il deviendra citoyen peu après. Il est rapidement appelé à enseigner dans différentes universités et, après la guerre, il se consacre à cette mission pour la propagation de la musique, d'abord au sein des armées américaines en Europe, puis dans le cadre du Congrès pour la liberté de la culture, dont il est secrétaire général de 1950 à 1963. Puis il assure la direction artistique des Berliner Festwochen (1963-1968) avant de se consacrer à nouveau à l'enseignement (professeur d'esthétique à l'université de Buffalo, 1970-1971 ; directeur du département de la musique à l'université de New York, 1972-1973).

Si l'œuvre de Nicolas Nabokov semble masquée par son activité intense d'animateur, elle n'en est pas moins abondante et originale.

De ses premiers ballets (*Ode*, 1928 ; *Aphrodite*, 1930 ; *La Vie de Polichinelle*, 1934) ou de son oratorio *Job* (l'une de ses pièces maîtresses, 1932) à ses deux opéras (*La Mort de Raspoutine*, 1958 ; *Peines d'amour perdues*, d'après Shakespeare, 1973), sa production traduit une ouverture et un cosmopolistisme peu communs. Au sein d'un même ouvrage (*La Mort de Raspoutine*), il utilise avec autant d'aisance la langue sérielle et sa rigueur que les sources populaires et religieuses de la Russie et leur spontanéité, et il sait même reconstituer l'atmosphère tzigane avec une véracité surprenante. Dans d'autres œuvres, il marque un attachement profond aux préoccupations religieuses (*Symphonie biblique*, 1939 ; Symphonie n^{0} 3 *A Prayer*, 1964 ; *Simboli Christiani*, 1953).

Nabokov a su fondre trois activités : composer, connaître et faire connaître la musique. L'ensemble de ces trois démarches, qui constitue une véritable éthique, transparaît dans l'intégralité de son œuvre.

ALAIN PÂRIS

NARVÁEZ LUÍS DE (1re moitié XVIe s.)

Vihueliste renommé et compositeur espagnol, dont il nous reste l'œuvre qu'il dédia au commandeur de León, Dom Francisco de los Cobos, *Los Seys Libros del Delphín de música de cifras para tañer vihuela* (1538), ainsi que deux motets (*De profundis*, quatre voix et *O salutaris*, cinq voix). Il fut notamment au service de l'impératrice Isabelle et du futur Philippe II, qu'il accompagna en voyage dans les Flandres. Il cultiva l'art de la variation, sur des hymnes ou des airs populaires, genre où il fait figure de précurseur (nombreuses *diferencias*, dont les vingt-deux sur le ton du *Romance del Conde Claros*). À côté de quatorze fantaisies instrumentales, il écrivit plusieurs transcriptions (six de Josquin, deux de Gombert, une de Richafort). Bermudo (*Declaración de instrumentos*) et L. de Zapata (*Miscelánea*, 1590) ont chanté ses louanges.

PIERRE-PAUL LACAS

NAT YVES (1890-1956)

Pianiste pudique, réservé et même secret, Yves Nat a toujours refusé d'être un bateleur d'estrade, un histrion du clavier. Une phrase résume son projet et son trajet artistiques : « Tout pour la musique et rien pour le piano. » Très jeune, à Béziers, sa ville natale, il est initié à la musique : piano, solfège et harmonie. À l'âge de sept ans, il donne son premier récital. À onze ans, *Le Clavier bien tempéré* ne lui offre plus de secrets. De telles prouesses ne peuvent rester sans suite. De bonnes fées parisiennes, Fauré et Saint-Saëns, se penchent sur son piano. Il monte donc à Toulouse puis à Paris, au Conservatoire, dans la classe de Louis Diémer – qui forma Cortot – et dont il ressort, en 1907, avec un premier prix. Bien vite, il s'attire l'amitié enthousiaste de Debussy et du grand violoniste Ysaÿe, qui promeuvent sa carrière internationale de virtuose.

Très vite cette expérience, faite de continuelles déambulations et de prestations trop souvent superficielles, déplaît profondément à Yves Nat, qui souhaite une approche plus authentique du domaine musical, et cela principalement par le biais de la composition. En attendant, il faut bien vivre et donc autant préférer aux simagrées obligatoires du soliste le rôle ingrat mais noble du pédagogue. En 1934, Nat est nommé professeur de piano au Conservatoire de Paris, charge qu'il exercera avec intégrité et abnégation, refusant le rôle coutumier du maître, mais faisant partager une foi exigeante en son art : « Je n'enseigne pas le piano, mais la musique », aimera-t-il à dire.

Cette ferveur musicale est la résultante d'une profonde foi chrétienne et prône donc un complet effacement de l'individu face à la création qu'il interprète ou, mieux, restitue. Humble intercesseur entre le compositeur et l'auditeur, le pianiste n'est alors plus conçu que comme un relais : « L'interprétation idéale présuppose un oubli total de la personne au bénéfice de l'œuvre. S'oublier totalement, afin que l'œuvre se ressouvienne. Qu'elle ait tout de notre être, sensiblement, éloquemment obéissant. » Beau programme, fort heureusement théorique. Dès qu'il y a interprétation, il y a forcément subjectivité et donc choix parmi une infinité de possibles. On conçoit ainsi les interrogations et les inquiétudes qui poursuivirent Yves Nat durant toute sa vie et dont ses *Carnets* donnent l'écho. Pianiste malgré lui, il avait l'impression de détourner le temps dû à la réflexion du compositeur. Compositeur, il éprouvait douloureusement l'inadéquation entre le projet créatif et sa réalisation ; d'où la rareté de sa production : un cahier de *Préludes* et une *Sonatine* (1920) pour piano ; *L'Enfer*, poème symphonique dans lequel Nat investit beaucoup de travail et de tourments (1942) et enfin un *Concerto pour piano*, créé et enregistré par lui-même (1952).

L'héritage discographique de Nat pianiste, de quantité relativement réduite, est d'une exceptionnelle qualité : qualité musicale évidemment, mais aussi sonore. Yves Nat, en effet, a enregistré à une époque où le microsillon monophonique connaissait son apogée technique : ses gravures possèdent une présence, un dynamisme qui feraient pâlir bien des enregistrements stéréophoniques plus récents. Cet héritage se compose d'abord et surtout d'une intégrale des sonates de Beethoven dont l'unité d'ensemble et la probité sonore demeurent inégalées ; vient ensuite une anthologie des principales œuvres de Schumann, où l'on assiste à une rare identification entre un instrumentiste et un compositeur, à un rendu quasi médiumnique des partitions. Restent des enregistrements consacrés à Chopin (avec une lecture âpre et sans langueur de la *Sonate funèbre*), à Brahms (où, dans les *Variations sur un thème de Haendel*, Nat montre, malgré lui, qu'il était un parfait virtuose), à Franck. Tout cela est indispensable non seulement à tout mélomane, mais aussi à tout honnête homme, qui y trouvera, à tous les points de vue, une école d'intégrité et de scrupule.

PHILIPPE DULAC

NICOLAI CARL OTTO EHRENFRIED (1810-1849)

Compositeur et chef d'orchestre allemand. Né à Königsberg, Nicolai parvient, après avoir fui l'éducation tyrannique de son père, à travailler à Berlin avec Carl Friedrich Zelter. Organiste à l'ambassade de Prusse à Rome, il s'y familiarise avec la musique italienne ancienne. Après un court séjour à Vienne, il fait représenter en Italie plusieurs opéras. De retour à Vienne en 1841, il y devient premier chef d'orchestre de l'Opéra impérial, et y fonde les concerts philharmoniques. En 1847, pour son concert d'adieux (il vient d'être appelé à Berlin), il dirige sans aucun succès trois extraits de son opéra *Les Joyeuses Commères de Windsor* (*Die lustigen Weiber von Windsor*), d'après Shakespeare, qu'il a en chantier depuis 1845. La création de cette œuvre humoristique et très gaie, qui seule sauvera son nom de l'oubli, a lieu en mars 1849 à Berlin, où il meurt deux mois plus tard.

MARC VIGNAL

NIEDERMEYER LOUIS (1802-1861)

Compositeur et pédagogue suisse naturalisé français. Né à Nyon, Niedermeyer travaille à Vienne le piano et la composition, avec Moscheles et E. A. Förster ; puis il se rend en Italie, où il donne son premier opéra, *le Roi par amour* (*Il re per amore*, Naples, 1820). Fixé à Paris en 1823, il n'obtient qu'un succès limité pour ses ouvrages dramatiques. Il se tourne alors vers la musique d'église, fait revivre l'institut de musique religieuse jadis créé par Choron, et fonde l'école Niedermeyer, qui se développera rapidement, et d'où sortiront notamment E. Gigout, G. Fauré et A. Messager. En même temps, il écrit un *Traité théorique et pratique de l'accompagnement du plain-chant* (Paris, 1857), qui fait époque tout en révélant les lacunes de l'auteur en la matière, et fonde *la Maîtrise*, journal de musique religieuse avec suppléments musicaux. Comme compositeur, on lui doit encore des messes et de nombreux motets, ainsi que plusieurs mélodies sur des poèmes de Lamartine ou de Victor Hugo.

MARC VIGNAL

NIELSEN CARL (1865-1931)

Malgré l'importance de son œuvre, Carl Nielsen commence seulement à figurer parmi les grands noms de la musique européenne. Être scandinave est déjà un handicap qui se double, dans le cas de Nielsen, d'une ambiguïté : le Danemark, son pays d'origine, est perçu par les Latins comme la partie avancée de l'Allemagne vers la Baltique, alors que les Norvégiens, les Suédois et les Finlandais suspectent les Danois d'être les plus Latins des Nordiques... Cette ambiguïté rejaillit sur la musique de Nielsen.

En outre, la partie de son œuvre la plus importante pour les critiques – ses symphonies – a souffert et souffre encore de leur coloration mahlérienne ; et l'intérêt porté à cet autre géant du Nord qu'est Sibelius n'a pas facilité la tâche de ceux qui ont voulu redonner au compositeur danois la position charnière qu'il est en droit d'occuper tant par son origine que par son œuvre.

L'activité créatrice de Nielsen est contemporaine de celle de Sibelius : ils naissent tous deux en 1865, et la dernière œuvre orchestrale de Nielsen date de 1928, deux ans après que Sibelius a cessé de composer. Mais si tous deux laissent à la postérité un message essentiel à travers un cycle de symphonies très personnelles, le parallèle s'arrête presque là. Nielsen est un compositeur nationaliste ; il a en particulier écrit de très nombreuses œuvres vocales en danois, dont certaines étaient destinées directement à développer le chant choral dans son pays. Il est, par tempérament, beaucoup moins isolé du monde germanique ; il comprend Wagner, même s'il refuse l'idée du leitmotiv, qu'il trouve simpliste, et il compose deux opéras – fait quasi exceptionnel pour un scandinave ; son goût passionné pour Mozart s'exprime dans son *Quintette à vent*, op. 43, de 1922, et dans le *Concerto pour clarinette* op. 57, de 1928 ; il écrit beaucoup de musique de chambre, notamment des quatuors. La musique russe lui est étrangère pour les mêmes bonnes raisons qui font que l'on ne peut éviter de la mentionner pour caractériser l'univers de Sibelius. Nielsen enfin se distingue par la production de trois concertos, genre où les Nordiques ont rarement excellé et dont l'expression peut servir, là encore, à latiniser l'image de ce compositeur danois.

Un enfant du terroir

Carl Nielsen naît le 9 juin 1865 à Nørre Lyndelse, un village de Fionie tout proche d'Odense, la ville natale d'Andersen. Il est le fils de Niels et de Maren Kirstine Jørgensen et, selon la coutume scandinave, Nielsen tient son nom de l'appellation de « fils de Niels » (Niels'sen). La famille Jørgensen était extrêmement pauvre : les douze enfants – Nielsen était le septième – se partageaient les deux uniques pièces d'une maison que cinq d'entre eux quitteront pour émigrer aux États-Unis ; deux autres mourront en bas âge. Le père ajoutait à ses modestes revenus de peintre ceux de musicien amateur, animant mariages et fêtes de campagne (il jouait du violon et du cornet). Si Nielsen doit à son père les rudiments de la pratique instrumentale – il joue du violon à six ans, puis est enrôlé dans le « Braga », groupe de musiciens traditionnels formé par les villageois –, c'est de sa mère qu'il va tenir le fonds d'inspiration populaire qui réapparaîtra surtout dans ses œuvres vocales. En bonne villageoise, elle connaissait tout un répertoire de chants traditionnels qui formeront Nielsen à la mélodie. De ses années d'enfance, Nielsen parle avec beaucoup de finesse dans un livre autobiographique, *My Childhood in Fyen* (*Mon enfance en Fionie*), paru en 1925 pour son soixantième anniversaire.

En 1879, à quatorze ans, Nielsen gagne un concours destiné à recruter un musicien pour le régiment d'Odense. Il quitte sa famille et part pour la ville, où il rencontre un vieux pianiste qui lui ouvre l'univers de Bach, de Mozart, de Haydn et de Beethoven. Le compositeur doit ainsi les prémices de sa formation classique à une rencontre de bar... Quelques mois plus tard, il fonde son quatuor avec des musiciens du régiment et se met lui-même à composer pour cette formation (les deux premiers quatuors n'ont jamais été publiés ; quatre autres suivront de 1888 à 1906). À la fin du mois de mai 1883, Nielsen part tenter sa chance à Copenhague. Après une entrevue avec Niels Gade, directeur du Conservatoire, il y est admis comme élève. Il poursuit donc ses études musicales (violon notamment) et, parallèlement, se passionne pour les grands auteurs nordiques et les classiques (*La République* de Platon sera son livre de chevet sa vie durant). Le 1er septembre 1889, Nielsen entre comme second violon à l'orchestre de la chapelle Royale, où il demeurera pendant seize ans.

La tonalité progressive

De septembre 1890 à juin 1891, Nielsen voyage en Allemagne, en France et en Italie. À Paris, il rencontre le sculpteur Anne-Marie Brodersen, qu'il épousera un mois plus tard. Ils ne se quitteront pas et elle lui survivra une dizaine d'années, qu'elle consacrera à ériger des monuments à la mémoire de son mari à Copenhague et en Fionie. En 1892, il lui dédie sa *Première Symphonie*. Pour cette œuvre seule, Nielsen aurait mérité d'être reconnu. Cette symphonie qui, dans sa forme, doit encore à Brahms, que Nielsen admirait beaucoup, présente l'originalité de se terminer dans une tonalité différente de celle où elle débute. Trois ans avant que Gustav Mahler n'exploite un procédé analogue dans sa *Deuxième Symphonie*, Nielsen institue ce que l'on a appelé par la suite la « tonalité progressive » et qui reste l'acquis le plus marquant de son expression musicale.

En 1893, Nielsen fait ses débuts comme chef d'orchestre. Sa *Deuxième Symphonie*, appelée *De fire temperamenter* (*Les Quatre Tempéraments*) est composée immédiatement après son premier opéra, *Saul og David* ; cette œuvre ne se départit pas de la marque du symphoniste, mais reste proche d'un oratorio, notamment dans le traitement des chœurs. La *Deuxième Symphonie* a été inspirée à Nielsen par la peinture danoise contemporaine et reprend donc dans l'ordre les thèmes du colérique, du flegmatique, du mélancolique et du sanguin. Sans tomber dans la musique à programme, on y retrouve le souci de caractérisation qui marque les personnages de Saül et de David.

Après être allé aux sources de la culture classique (il voyage avec sa femme en Grèce en 1902 et compose une ouverture, *Helios*, en 1903), Nielsen revient à l'opéra – bouffe cette fois – avec *Maskarade*, qui reste un grand succès populaire. Le 1er août 1908, l'année de *Sagadrøm* (un poème symphonique où se dessine l'intérêt du compositeur pour les instruments à vent), Nielsen prend la succession de Johan Svendsen à la tête du Théâtre royal de Copenhague. Il y restera jusqu'au 30 mai 1914. Dans l'intervalle, il achève en avril 1911 sa *Troisième Symphonie* dite *Sinfonia espansiva*, la plus ensoleillée des six, et, en décembre 1913, son *Concerto pour violon*, commencé à Trodlhaugen, la maison de Grieg où l'avait invité la veuve du compositeur norvégien ; dans ces deux œuvres il poursuit son traitement si personnel des tonalités.

Une vision du monde

Pendant la Première Guerre mondiale, Nielsen prend en 1915 la tête de la Société de musique (Musikföreningen) que Niels Gade avait conduite de 1850 à 1890 et il achève en 1916 sa *Quatrième Symphonie*, *Det undslukkelige* (*L'Inextinguible*), qui symbolise l'indestructibilité de la vie malgré toutes les agressions. Après la guerre, le compositeur poursuit sa carrière de chef d'orchestre. En 1921, il termine sa *Cinquième Symphonie*, sans doute son chef-d'œuvre, découpée en deux uniques grands mouvements qui expriment la résolution d'un combat pour la vie ; ainsi, dans le premier mouvement, la partie de percussion n'est pas écrite mais l'instrumentiste doit tenter, dans le temps qui lui est imparti, d'arrêter l'orchestre ! Nielsen s'était interrompu dans la composition de sa *Cinquième Symphonie* pour écrire sa cantate *Fynsk foraar* (*Printemps en Fionie*), qui témoigne du souci qui est le sien de mettre son art au service des musiques populaires chorales.

Le travail sur les instruments

En 1922, Nielsen donne son *Quintette à vents*, qui marque un désir de composer en s'appuyant sur la spécificité de l'instrument ; cette dernière période créatrice est caractérisée par la composition de pièces de musique de chambre et de concertos. Elle inclut la *Sixième Symphonie*, dite *Sinfonia semplice*, le *Concerto pour flûte avec orchestre de chambre*, de 1926, commencé à Florence et où se développe un duel humoristique entre la flûte soliste et le trombone de l'orchestre, le *Concerto pour clarinette*, de 1928, où Nielsen semble avoir résolu ses conflits de tonalité, enfin de nombreuses œuvres pour instruments solo dont le gigantesque *Commotio* pour orgue.

Nielsen meurt le 3 octobre 1931. Six ans plus tôt, le Danemark avait célébré dans la ferveur son soixantième anniversaire. Nielsen était au sommet de sa gloire. Son pays devra attendre plusieurs décennies pour que cette gloire trouve un peu d'écho dans le monde...

MICHEL VINCENT

Bibliographie

J.-L. CARON, *Carl Nielsen*, L'Âge d'homme, Lausanne, 1990 / D. FOG & T. SCHOUSBOE, *Carl Nielsen kompositioner : en bibliografi*, Balzer, Copenhague, 1965 / T. MEYER & F. SCHANDORF PETERSEN, *Carl Nielsen*, 2 vol., *ibid.*, 1947-1948 / C. NIELSEN, *La Musique et la vie* (recueil de textes de C. Nielsen, trad. A. Artaud et E. Berg Gravenstein), Actes sud, Arles, 1988 / T. SCHOUSBOE, « Carl Nielsen », in S. Sadie dir., *The New Grove Dictionary of Music and Musicians*, Macmillan, Londres, 1980 / T. SCHOUSBOE & I. E. MØLLER éd., *Carl Nielsen : dagbøger og korrespondance med Anne-Marie Carl-Nielsen* (correspondance entre Carl Nielsen et sa femme), Balzer, 1986 / R. SIMPSON, *Carl Nielsen, Symphonist*, Dent, Londres, 1952, éd. révisée 1979 ; *Sibelius and Nielsen, a Centenary Essay*, *ibid.*, 1965 / S. SØRENSEN, « Nielsen », in M. Honegger dir., *Dictionnaire de la musique. Les hommes et leurs œuvres*, Bordas, Paris, 1979 / P. VIDAL, « Le Centenaire de Carl Nielsen », in *Musica*, n° 140, p. 20, 1965.

NIGG SERGE (1924-)

Contre toute facilité, le musicien français Serge Nigg revendique hautement le respect de l'artisan pour son « métier de compositeur ». Sa rigueur intérieure est à la source de son insatisfaction permanente. Son exigence le pousse à préférer le signifant au signifié, le « quoi dire » au « comment dire ». Cela explique le métier toujours très sûr qui se manifeste dès ses premières œuvres : *Timour* (1944), poème symphonique, et *Variations pour piano et dix instruments* (1946), une des premières œuvres dodécaphonistes écrites en France ; ces deux œuvres apparaissent comme les fruits du double enseignement reçu successivement d'Olivier Messiaen et de René Leibowitz.

Ce souci primordial du contenu de l'œuvre à écrire explique, étant donné l'authenticité de Nigg, la force de ses engagements idéologiques (il est un des fondateurs de l'Association des musiciens progressistes) et détermine souvent le choix d'une forme musicale favorable à une large communication (œuvres chorales et cantates le requièrent en 1949-1950, de préférence à d'autres formes). C'est en fonction du même souci qu'il s'avoue peu porté vers la recherche en elle-même et peu concerné par les techniques nouvelles (électro-acoustiques, mécaniques ou autres) qu'il éprouve personnellement comme froides et artificielles.

Ses compositions sont donc résolument instrumentales. Évoluant dans un climat de douze sons (langage qu'il a été un des premiers à dominer parmi les musiciens de sa génération), Nigg construit ses œuvres suivant une logique poétique du discours (et non suivant une logique abstraite), attentif aux éléments dialectiques qui donnent son sens au récit (argumentation thématique, discussion des contraires). Des œuvres instrumentales comme le *Premier Concerto pour piano* (1954), le *Concerto pour violon et orchestre* (1957), la *Deuxième Sonate pour piano* (1965), la *Sonate pour violon seul* (1965), le *Deuxième Concerto pour piano* (1971), qu'il estime appartenir à sa maturité musicale, et où se donnent libre cours tout à la fois sa tendresse et son agressivité, témoignent de sa grande rigueur formelle. De grandes œuvres orchestrales témoignent de sa puissance inventive qui prend sa source dans une large culture : *Jérôme Bosch Symphonie* (1959), *Le Chant du dépossédé*, pour récitant, baryton et orchestre, sur des notes poétiques de Mallarmé (1964), *Visages d'Axël*, pour orchestre d'après Villiers de L'Isle-Adam (1967), *Fulgur* d'après *Héliogabale* d'Artaud, pour orchestre (1969), *Mirrors for William Blake*, symphonie pour orchestre et piano (1978), *Millions d'oiseaux d'or* (1980-1981), *Concerto pour alto* (1988). Dans cette suite d'œuvres se manifeste son souci (involontaire, affirme-t-il) de la beauté harmonique et de l'ampleur du *melos*.

BRIGITTE MASSIN

NONO LUIGI (1924-1990)

« Pour un musicien, il existe une position – toujours et dans chaque cas – de *choix*, actif ou passif, conscient ou non, face à la structure de la société contemporaine. L'homme-musicien mesure – et choisit – sa participation inventive, créatrice, par rapport à la réalité de son propre temps, et établit la valeur de son témoignage. Cela est en rapport direct avec la rencontre économico-idéologique qui marque l'époque » (Nono, en 1964). Luigi Nono a toujours été, et cela dès ses débuts dans les années 1950, un musicien « engagé ». Pour lui, une voie crédible pour la musique exigeait une technique de composition résolument contemporaine. En même temps, cette musique devait être intimement liée à la prise de conscience du présent par *l'homme-musicien* responsable et devait dépasser le fait musical pur. Enfin, cette position d'« intellectuel organique » (selon Antonio Gramsci) exigeait de l'artiste un engagement total. Nono ne fut pas seulement un des plus importants compositeurs de la seconde moitié du XXe siècle, il en a été le plus important agitateur moral.

Le creuset de Darmstadt

Luigi Nono naît à Venise le 29 janvier 1924. Il suit les cours de composition que dispense Gian Francesco Malipiero, à qui il doit surtout les bases de ses larges connaissances de l'histoire de la musique. Après un diplôme de droit obtenu à l'université de Padoue, il reprend ses études musicales en 1946 auprès de son futur ami, le compositeur et chef d'orchestre Bruno Maderna, et devient en 1948 élève de Hermann Scherchen, qui va l'influencer aussi bien sur le plan musical que sur les plans culturel et politique. Aux cours d'été de Darmstadt de 1950, Scherchen crée sa première œuvre, les *Variations canoniques sur la série de l'op. 41 de Schönberg pour orchestre*. Dès lors, Nono va faire partie, d'abord comme étudiant, ensuite comme enseignant jusqu'en 1960, de ce « laboratoire de la musique sérielle » de Darmstadt, sans pour autant utiliser systématiquement dans ses œuvres d'avant 1955 (jusqu'à *Incontri* pour 24 instruments) le principe de la sérialisation musicale intégrale. À la base des compositions des années cinquante se trouvent souvent, outre les textes, des « objets musicaux » (mélodies folkloriques, chants politiques, etc.) qui influencent la structure musicale. Dans les œuvres capitales de cette période – *Epitaffio* (1952-1953), sur des textes de García Lorca et de Neruda, *Il Canto sospeso* (1955-1956), les œuvres pour chœur et instruments sur des textes de Cesare Pavese et de Giuseppe Ungaretti (*La Terra e la Compagna*, 1957 ; *Cori di Didone*, 1958), l'opéra *Intolleranza 1960* (1960-1961) –, les techniques d'avant-garde sont mises au service d'une volonté expressive, d'une prise de position directe. Des textes de Lorca ou des lettres de condamnés à mort de la résistance européenne contre le fascisme (dans le *Canto sospeso*) créent, dans et par l'œuvre, une relation consciente entre l'histoire et le présent. Nono, membre du Parti communiste italien depuis 1952, marié depuis 1955 à Nuria, fille d'Arnold Schönberg, refuse aussi bien le « réalisme socialiste » pompeux qu'une musique avant-gardiste fuyant le présent pour s'isoler dans une subculture hermétique. La création du *Canto sospeso* par Scherchen à Cologne en 1956 établit Nono comme l'un des plus importants compositeurs européens, position confirmée en 1961 par la première houleuse (pour des raisons politiques) de son « action scénique » *Intolleranza 1960* dans le cadre de la Biennale de Venise.

Si la musique de l'école de Darmstadt est essentiellement musique instrumentale, celle de Nono fait une large part à la voix et surtout au chœur. Dans les parties chorales, Nono développe de nouveaux types d'écriture en transférant à l'ensemble vocal l'écriture orchestrale fragmentée et en créant de nouveaux rapports entre le texte et la musique.

La période électro-acoustique

En 1960, Nono commence à travailler au studio de musique électro-acoustique de la radio italienne R.A.I. à Milan, le Studio di Fonologia placé sous la houlette du technicien Marino Zuccheri. Les œuvres des années 1960 – à partir de *La Fabbrica illuminata* (1964) pour voix de soprano et bande – et de la première moitié des années 1970 sont plus radicales que les précédentes. Elles combinent souvent les voix, les instruments et les bandes pour dresser de grandes fresques qui expriment les positions militantes du compositeur solidaire des luttes des travailleurs italiens (*La Fabbrica illuminata*), de la Chine de Mao (*Per Bastiana Tai-Yang Cheng*, 1967), des mouvements de libération en Amérique latine (*A floresta é jovem e cheja de vida*, 1966) ou des étudiants de Mai-68 (*Musica manifesto n° 1*, 1968-1969). Le travail au studio de musique électro-acoustique permet une utilisation différenciée des « objets acoustiques » préexistants en vue de l'élaboration d'un langage dramatique qui juxtapose de grandes explosions sonores et des passages d'un lyrisme doux et intense. Ces œuvres envisagent une rupture nette avec les rituels du concert traditionnel et cherchent des publics différents, aussi bien en Europe que dans les pays de l'Est européen ou d'Amérique latine, pays dans lesquels Nono a donné de nombreux cours et conférences, et qui ont laissé de profondes traces dans ces compositions.

De même qu'*Intolleranza 1960* résume le développement de Nono durant les années cinquante, de même le deuxième opéra, *Al gran sole carico d'amore*, de 1972-1974 (une commande de la Scala, créée en 1975 à Milan), résume les expériences des années soixante. Sans présenter une histoire linéaire et continue, cette « action scénique » juxtapose des épisodes de la Commune parisienne de 1871, de la révolution russe de 1905 et du Turin des travailleurs des années cinquante. Sur le plan musical, des moments lyriques pour quatre sopranos et bande se confrontent aux déchaînements pour soli, chœur, orchestre et bande. La dramaturgie de cette œuvre, fondée sur les conceptions du scénographe russe Meyerhold, est le résultat d'une étroite collaboration avec le metteur en scène Yuri Liubimov et le décorateur David Borovsky, tous deux du théâtre Taganka de Moscou.

En développant son langage musical des années 1950, Nono élargit les structures sérielles, travaillant avec des « blocs harmoniques » et leurs transformations (surtout à partir des *Canti di vita e d'amore*, 1962). L'écriture vocale et instrumentale devient plus dense et tire profit des expériences acquises au studio de musique électro-acoustique.

Entre 1976 et 1979, Nono n'a presque rien composé. « Après *Al gran sole*, j'ai éprouvé le besoin de repenser tout mon travail, toute ma façon d'être un musicien aujourd'hui, un intellectuel dans cette société, pour ouvrir de nouvelles voies de connaissance, d'imagination. Certains schémas, certaines pensées sont dépassés ; aujourd'hui, c'est un besoin que d'exalter le plus possible l'imagination », disait Nono dans un entretien de 1981. Le résultat de cette mise en question radicale fut en premier lieu l'effondrement des certitudes, même si elles avaient toujours été exposées dans leur complexité. Cette remise en question de tous les acquis fut telle que la critique se demanda si Nono avait rompu avec son passé, s'il n'était pas devenu un renégat, ou si ce qui apparaissait avec une nouveauté aussi provocatrice dans une œuvre comme le quatuor à cordes *Fragmente-Stille, An Diotima* (1979-1980) ne dévoilait pas une de ses faces jusqu'alors cachée. Entre-temps, le philosophe Massimo Cacciari servait de catalyseur à Nono ; il lui ouvrait de nombreux nouveaux horizons philosophiques et littéraires. Au centre de cette pensée musicale « nouvelle » trône l'idée d'une ouverture et d'une mise en question permanentes. Les œuvres deviennent plus longues, plus nombreuses aussi, et le discours musical, fragmenté par de nombreux silences, imprévisible, énigmatique. Les textes, noyés dans les sons, agissent de l'intérieur sur la musique.

Dès lors, la musique a comme premier devoir d'ouvrir de nouveaux univers et espaces sonores. Elle veut briser les habitudes d'une écoute standardisée par les médias. Face aux réalités contradictoires du présent, elle veut réveiller l'ensemble des facultés humaines.

Dans la production des années 1980, les œuvres pour petites formations de voix et d'instruments dominent. Nono utilise presque toujours les appareils de *live electronics* du studio de musique électro-acoustique de Fribourg-en-Brisgau. Ils lui permettent de transformer en temps réel les sons joués et chantés et de les distribuer dans l'espace selon sa volonté. Ils lui donnent aussi la faculté de composer en fonction de l'acoustique d'une salle particulière. Le travail expérimental avec les solistes qui participent aux créations gagne en importance et il se crée une nouvelle relation entre compositeur et interprètes, entre la partition et sa réalisation dans une situation donnée. La « tragédie de l'écoute » *Prometeo* (première version à Venise en 1984, deuxième version à Milan en 1985, révisée par la suite) constitue l'aboutissement de cette dernière étape (marquée par *Das atmende Klarsein*, 1981 ; *Quando stanno morendo*, 1982 ; *Guai ai gelidi mostri*, 1983) et, en même temps, un nouveau point de départ pour *Risonanze erranti* (1986), *Camminantes... Ajacucho* (1987), *No hay caminos, hay que caminar... Andrej Tarkovskij* (1987). Dans toutes ces œuvres, la vérité de Nono s'affirme comme une vérité fragmentaire. Il refuse toute approche unificatrice. Les œuvres utilisent des micro-intervalles, vont jusqu'aux limites de l'audible, prétendent « réveiller l'oreille, les yeux, la pensée humaine, l'intelligence, le maximum d'intériorisation extériorisée » (Nono, en 1983).

Les dernières œuvres éclairent d'une façon nouvelle celles du passé, ces œuvres qui, jadis, provoquaient par leur prise de position directe et par le mélange explosif de textes oppositionnels et d'un langage musical moderne et sans compromis. Elles mettent en lumière un trait de la personnalité de Nono trop longtemps ignoré : cet homme ne fut pas le produit d'un système politique, esthétique ou musical. Dans les années cinquante, par exemple, Nono refusait toute forme d'écriture néo-classique, mais utilisait toutefois des canons et autres formes de musique ancienne qu'il savait intégrer à ses œuvres, tout comme il intégrait des citations ou allusions à d'autres musiques, qu'elles soient savantes ou populaires. Mais il s'est aussi farouchement abstenu de toute forme de collage ou de copie de styles anciens.

Dès sa première – et fameuse – conférence de Darmstadt en 1959, « Geschichte und Gegenwart in der Musik von heute » (« Histoire et présent dans la musique aujourd'hui »), Nono s'opposait à toute forme de rupture de tradition et exigeait une conscience lucide de l'histoire et du présent. Ainsi reprochait-il à John Cage et à ses imitateurs leur position « a-historique » et critiquait-il surtout le projet de Cage visant à réconcilier la vie et l'art, et de ce fait esthétiser la réalité.

Nono n'a jamais enseigné d'une manière systématique, de même qu'il n'a pas systématisé sa pensée musicale, comme l'ont fait Boulez (*Penser la musique aujourd'hui*, 1963), Stockhausen ou Xenakis. Sa vie est indissociable de ses œuvres, qui ne sont pourtant jamais autobiographiques, et toujours liées à un présent en mutation perpétuelle. Leur contenu est exprimé par la musique et non par des textes – ou par des programmes – mis en musique. À l'interaction entre texte et musique correspond l'interaction entre œuvre et public. *Prometeo* fut en fait la première œuvre s'approchant d'un *work in progress* ; les révisions d'œuvres antérieures, si fréquentes chez Boulez, n'existent pas chez Nono : chaque œuvre est une prise de position qui s'affirme comme telle, sur laquelle il n'est pas besoin de revenir, et qui ne prétend pas survivre à tout prix.

En quarante ans de composition, Nono a suivi de près l'histoire sociale et politique mondiale, et a profondément marqué l'histoire musicale de son temps, surtout en Italie et en Allemagne. Les différentes étapes que l'on peut constater dans sa démarche ne suffisent pas à mettre en doute la cohérence et l'originalité de Nono, mort à Venise le 8 mai 1990.

JÜRG STENZL

Bibliographie

P. ALBÈRA dir., « Luigi Nono », in *Contrechamps*, nº spéc., 1987 / O. KOLLERITSCH dir., *Die Musik Luigi Nonos*, Universal, Vienne, 1991 / W. LINDEN, *Luigi Nonos Weg zum Streichquartett*, Bärenreiter, Kassel, 1989 / H.-K. METZGER & R. RIEHN dir., *Luigi Nono*, text + kritik, Munich, 1981 / L. NONO, *Írások, interjúk, előadások*, I. Balázs éd., Zeneműkiadó, Budapest, 1985 ; *Écrits*, L. Feneyrou éd., Bourgois, Paris, 1993 / E. RESTAGNO éd., *Nono*, E.D.T. / Musica, Turin, 1987 / B. RIEDE, *Luigi Nonos Kompositionen mit Tonband*, Katzbichler, Munich, 1986 / F. SPANGEMACHER, *Luigi Nono : Die elektronische Musik*, Bosse, Ratisbonne, 1983 / J. STENZL dir., *Luigi Nono, Texte. Studien zu seiner Musik*, Atlantis, Zurich, 1975 / P. VÁRNAI, *Beszélgetések Luigi Nonóval*, Zeneműkiadó, 1978.

O

OBRECHT JACOB (1450-1505)

Musicien de l'école franco-flamande, dont le style s'apparente à celui du dernier Dufay et d'Ockeghem. Comme celle de ce dernier, la production musicale de Jacob Obrecht est très variée, ainsi que ses techniques d'écriture ; il demeure toutefois assez traditionnel. Il voyagea beaucoup dans l'Europe musicale de son temps : en 1476, il est maître des enfants choristes d'Utrecht, où il eut Érasme comme élève ; en 1480, il reçoit l'ordination sacerdotale ; en 1484-1485, on le trouve à Cambrai comme maître de chapelle ; de 1487 à 1492, il occupe la charge de *succentor* à Saint-Donatien de Bruges, et fait un séjour de six mois (1487-1488) près du duc de Ferrare, Ercole Ier ; de 1492 à 1496, il est maître de chant à Notre-Dame d'Anvers, où il succède à J. Barbireau ; en 1498, le voici de nouveau à Bruges, jusqu'en 1500, où il retourne à Anvers. Il revient à Ferrare, où il rejoint Josquin, en 1504 ; il y meurt de la peste l'année suivante. Obrecht possède un style facile et spontané, fruit d'une imagination jaillissante ; Glarean nous apprend qu'il pouvait composer une messe en une nuit. Sa production est assez abondante ; citons surtout les vingt-six messes, écrites sur *cantus firmus*, trente et un motets (trois à six voix) et environ vingt-cinq chansons profanes (d'inspiration flamande et allemande). Même si son harmonie et son langage sont moins hardis et plus sages que ceux d'Ockeghem, on aime chez lui une affirmation plus nette de la tonalité. S'il est ennemi des solutions contrapuntiques savantes, en revanche M. Van Crevel a décelé dans les messes et les motets une architecture cachée, fondée sur une structure numérique : « la symétrie rigoureuse des fragments et l'équilibre de la grande forme résultent d'une formule mathématique » (R. B. Lenaerts). Non seulement plusieurs pages d'Obrecht furent transcrites pour instruments, mais lui-même écrivit au moins cinq œuvres sans paroles (à trois voix, et une fugue à quatre voix).

PIERRE-PAUL LACAS

OCKEGHEM JOHANNES (1425 env.-1495)

Un des génies de l'école franco-flamande, entre Guillaume Dufay et Josquin Des Prés, à côté d'Anthoine Busnois, tel est Johannes Ockeghem, dont la puissance créatrice ouvrit le chemin au style polyphonique qui se développa pendant plus d'un siècle. Ses contemporains du milieu du XVe siècle saluèrent en lui le premier musicien de ce temps, jugement qui est ratifié par la musicologie contemporaine : « Tous les musiciens de la pré-Renaissance ont subi plus ou moins directement son influence » (Jean Vigué) ; et

Ernst Křenek a judicieusement remarqué : « C'est son habileté à évoquer non seulement un intérêt intellectuel, mais encore d'immédiates réactions émotionnelles, qui prouve que la musique d'Ockeghem est toujours vivante. »

France, terre d'élection

La musicologie a, au XXe siècle, accordé une dizaine d'années de plus à la vie d'Ockeghem : sa naissance aurait eu lieu vers 1410 et non vers 1420. Le lieu de celle-ci demeure toujours incertain. Sa famille était peut-être originaire du village d'Okegem, sis à une vingtaine de kilomètres de Bruxelles, mais Johannes a pu naître aussi dans le Hainaut, ou encore à Dendermonde, en Flandre orientale. Le premier document assuré que nous possédions le désigne comme chantre à Notre-Dame d'Anvers, entre juin 1443 et juin 1444 : Ockeghem est dans sa trentaine. Puis la France devient sa terre d'élection : de 1446 à 1448, il figure parmi les douze chapelains de Charles Ier, duc de Bourbon, au château de Moulins. En 1452, il est nommé premier chapelain et compositeur de la chapelle royale installée sur les bords de la Loire ; en 1465, il devient « maître de la chapelle du chant du roy ». Sa carrière se déroule dès lors au service exclusif des monarques français, successivement Charles VII, Louis XI et Charles VIII. Le premier d'entre eux lui accorde de riches prébendes ; c'est ainsi qu'il le nomme, entre 1456 et 1459, trésorier de l'abbaye Saint-Martin de Tours, dignité lucrative et assortie de privilèges. Contrairement à nombre de compositeurs franco-flamands qui parcoururent l'Europe et vécurent notamment en Italie, Ockeghem voyagea peu ; à peine connaît-on un déplacement en Espagne (1470), car il faisait partie d'une mission diplomatique, et un autre en Flandre (1484). Mais sa renommée s'étend, de son vivant, dans toute l'Europe musicale. Ses œuvres furent souvent reproduites, surtout dans des manuscrits italiens. Gilles Binchois lui a dédié son motet *In hydraulis* ; Loyset Compère l'a cité dans son motet *Omnium bonorum plena* ; Johannes Tinctoris lui a dédié, ainsi qu'à Anthoine Busnois, le *Liber de natura et proprietate tonorum* (1476), témoignant de son admiration pour les deux *« praestantissimi ac celeberrimi artis musicae professores »*. À sa mort en 1497 (et non 1495), plusieurs complaintes furent écrites : deux par Jean Molinet, dont une fut mise en musique par Josquin Des Prés (*Sol lucens super omnes*), une par Érasme, dédiée au *« musicus summus »* et mise en musique par Johannes Lupi (*Ergo ne conti cuit*) et, la plus célèbre, la *Déploration de Guillaume Crétin sur le trépas de Johannes Ockeghem*, qui comprend plus de quatre cents vers et commence par cette invitation : « Acoutrez-vous d'habitz de deuil : Josquin, Brumel, Pinchon, Compère... »

La musique profane n'est pas la musique sacrée

Quand une oreille contemporaine peu avertie entend de la musique polyphonique de la Renaissance, il lui semble difficile de distinguer entre musique profane et musique religieuse. Et pourtant ! Ockeghem, l'un des premiers, compose dans un esprit différent l'une et l'autre musiques. De ses pages religieuses nous connaissons treize messes de trois à cinq voix, un requiem de deux à quatre voix – le premier de l'histoire de la musique qui nous ait été conservé après la perte de celui de Dufay –, un credo et une dizaine de motets. En outre, une vingtaine de chansons regroupent l'essentiel de l'œuvre profane. On le voit, Ockeghem ne fut pas prolifique. Peut-être s'est-il senti quelque peu à l'étroit dans le cadre de la chanson profane ; il la traite de manière plutôt conservatrice, à trois voix, évitant habituellement les imitations, et maintenant, comme la plupart de ses prédécesseurs ou contemporains, la partie de contraténor dans une fonction subalterne (sauf dans le canon figuraliste *Prenez sur moi vostre exemple amoureux*). La majorité des textes reprend les formules poétiques consacrées de l'amour courtois : un amant vante la beauté de la dame de ses pensées (*Autre Venus estes*), proteste de sa loyauté (*D'un autre amer*), clame sa douleur (*Je n'ay dueil*), ne peut supporter son absence (*Quand de vous seul*), regrette son indifférence (*Fors seulement l'actente*), au risque d'en mourir (*Presque trainsi*) ; il se plaint du refus (*Ma bouche rit*) ; pourtant, il est parfois comblé (*Tant fuz gentement resjouy*) ou encore propose ses conseils (*Prenez sur moi vostre exemple amoureux*). Rondeau, bergerette et ballade sont les formes les plus courantes de la chanson au XVe siècle. La plus populaire – le rondeau – est dix-huit fois utilisée par Ockeghem. Le refrain comporte généralement quatre lignes (rondeau quatrain) ; il est l'objet de l'attention particulière du compositeur. La bergerette, version plus courte du virelai du XIVe siècle, a vu son succès reprendre surtout dans la seconde moitié du XVe siècle ; Ockeghem en a écrit quatre ; dans la première strophe du couplet de cette forme deux courtes demi-strophes sont dotées de rimes et de musiques différentes (c'est ce qui la distingue du rondeau). La chanson en motet n'a pas de forme particulière ; elle peut prendre celle de la ballade (*Rejois toy terre de France* ou *Mort tu as navre*). On remarquera cependant qu'Ockeghem fait évoluer le contraténor au-dessus et au-dessous du ténor, notamment dans plusieurs rondeaux. Dans ces chansons profanes, chacune des voix possède sa fonction propre : la voix supérieure (cantus) fait chanter la mélodie principale et s'harmonise avec la voix inférieure (ténor) de manière à constituer un tout indépendant, qui pourrait être séparé – de soi – de la troisième voix (contraténor) ; celle-ci enrichit cependant les deux premières harmoniquement et mélodiquement. Au XVe siècle, les chansons d'Ockeghem ont joui d'une grande vogue, à en croire le grand nombre de manuscrits où nous pouvons les lire. La plupart d'entre elles en effet se signalent à l'attention par leur caractère mélancolique (*La Despourvue et la Bannie*, *Quand de vous seul je perds la vue*, et surtout la complainte pour célébrer la mort de son ami Binchois, « patron de bonté »). La simplicité traditionnelle de la forme, l'expression vraie – émotion poignante ou accents joyeux, quand la justesse du ton y invite – leur assurèrent ce long succès. Il importe de détruire une légende, celle d'un Ockeghem uniquement virtuose et expert en difficultés contrapuntiques. Certes, il fut l'un des très grands maîtres du contrepoint, aucune prouesse d'écriture ne l'effrayait : témoin, le fameux canon *Deo gratias* à trente-six voix (mais celui que l'on connaît est-il bien de sa plume ?) ou une fugue à trois voix dans laquelle un canon à la quarte pose un problème dont la solution demeure controversée ; mais « nul moins que lui n'a sacrifié la beauté à l'étalage de la technique » (Nanie Bridgman).

Le meilleur Ockeghem

La musique religieuse occupe chez Ockeghem la place essentielle : c'est dans ce domaine qu'il donne le meilleur de lui-même. Là, s'épanouit avec le plus de liberté son mysticisme, qui dénote une vie intérieure profonde, une passion chaleureuse, traduites, par exemple, par une mélodie qui sait s'épancher en effusions « irrationnelles » et neuves (chute d'une octave sur *et mortuos* dans la *Missa quinti toni*). Une telle expressivité s'allie à un sens profond de l'équilibre et de la grandeur qui assure ce qu'on pourrait appeler son classicisme. En outre, par la riche couleur de son harmonie, il émeut toujours l'auditeur contemporain. L'accentuation des voix graves dans l'interprétation des œuvres de cette époque, l'inclusion d'instruments à vent aussi affirmés que la chalémie ou le trombone permettent de faire revivre la texture musicale étonnante de cette littérature contrapuntique. C'est avec Ockeghem, ensuite avec Jacob Obrecht et Josquin Des Prés, que la messe acquiert en musique une forme cohérente et structurée. Ockeghem est certainement le premier à avoir utilisé le ténor d'une chanson comme *cantus firmus* d'une messe ; il sait en exploiter toutes les possibilités : citation textuelle au ténor (messe *L'Homme armé* par exemple) ou à toutes les parties (messe *Fors seulement*). Il n'est esclave d'aucun système et cultive avec bonheur une écriture très variée. « Comment le compositeur, malgré une technique motivique extrêmement ramifiée, une liberté et une indépendance absolue dans la conduite des voix, dans la rythmique et l'agogique, et en l'absence de tout élément thématique de synthèse, parvient à donner cependant une sensation de parfaite unité, c'est là un miracle auquel seule une analyse détaillée serait susceptible de rendre justice » (Harry Halbreich, à propos de la messe *L'Homme armé*). La *Missa Prolationum* est écrite sur l'imitation canonique : quatre voix, deux à deux, chantent deux canons différents. La *Missa cujus vis toni* révèle un exploit incroyable de ce virtuose, dont le génie combinatoire ne peut être comparé qu'à celui de Jean-Sébastien Bach : l'œuvre ne possède pas de clés ; il suffit de choisir les clés appropriées pour la chanter dans chacun des tons ecclésiastiques d'alors. Ockeghem s'avère ainsi l'un des précurseurs lointains des techniques aléatoires d'aujourd'hui. La *Missa mi-mi* ou *Quarti toni* tire son nom de la quinte mi-la (mi-mi en solmisation guidonienne), par laquelle débute chaque partie ; elle ne possède pas de cantus firmus, mais se trouve composée « librement », ce qui constitue une innovation audacieuse pour l'époque ; il faut noter dans cette messe le duo d'une haute inspiration expressive sur *Crucifixus*. Les messes *Sine nomine* et *Quinti toni* comportent un incipit pour chacune des pièces de l'ordinaire. Dans l'ensemble de ces pages, « les voix cheminent généralement côte à côte, en relation fort libre, tantôt l'une, tantôt l'autre suscitant l'impulsion créatrice du mouvement d'ensemble. De temps à autre, une ligne unique, abondamment ramifiée, d'une ferveur intense, apparaît au premier plan ou, au contraire, toutes les voix se rassemblent pour une paisible déclamation en accords » (H. Besseler).

Dans les motets, notamment ceux à la Vierge (*Alma Redemptoris Mater*, les deux *Salve Regina*, *Ave Maria*, *Intemerata* et *Gaude Maria*), le traitement du plain-chant (par exemple la paraphrase mélismatique) est fort ingénieux et expressif. Souvent Ockeghem divise les parties en fin de pièce pour ajouter à l'éclat harmonique de la dernière cadence ; il sait s'affranchir de la contrainte de la mesure ; il diversifie avec bonheur les suites rythmiques élémentaires, obéissant en cela aux prescriptions de son contemporain, Tinctoris (syncopes, imitations, silences, ornements). Toutes ces qualités expliquent le succès de ces œuvres et expliquent aussi que nombre de ses chansons et de ses motets aient été transcrits pour instruments, notamment par les luthistes Francesco Spinaccino (XVIe s.), Vincenzo Capirola (1474-1547), et Ottaviano Petrucci (*Harmonice Musicae Odhecaton*, 1501).

Une dernière remarque, qui n'est pas pour nous étonner, quand on connaît la prédilection des hommes de ce temps pour le jeu symbolique des nombres : dans la messe *Ecce ancilla Domini*, le cantus firmus parvient au rapport de 2/3 entre notes et silences, le plus exactement qui se puisse. Dans le manuscrit de cette messe, c'est la seule œuvre qui soit ornée d'une enluminure représentant l'Annonciation à Marie : or les mots additionnés suivant l'ordre numérique des lettres (*Ave Maria gratia plena*) donnent aussi le rapport 2/3. Faut-il voir une simple coïncidence dans le fait que tous les éléments constructifs de cette messe soient divisibles par cinq, nombre peu usité en musique, quand celui-ci correspond à « Maria » ? Obrecht et Lassus, eux aussi, nous ont stupéfiés par de telles combinatoires...

Musicien de génie, Ockeghem fut aussi un homme au cœur généreux, toujours prêt à rendre service. Dans son journal, son contemporain l'Italien Francesco Florio a noté : *Hic solus inter cantores omni vitio caret, omni abundat virtute* (« Lui seul, parmi tous les chantres, ignore le vice et cultive toutes les vertus »).

PIERRE-PAUL LACAS

Bibliographie

M. BRENET, « Jean de Ockeghem », in *Musique et musiciens de la vieille France*, Alcan, Paris, 1911, rééd. éd. d'Aujourd'hui, Plan-de-la-Tour, 1978 / N. BRIDGMAN, « Ockeghem et son temps », in Roland-Manuel dir., *Histoire de la musique*, Encyclopédie de la Pléiade, Gallimard, Paris, 1960, rééd. 1993 / R. H. HOPPIN, *La Musique au Moyen Âge*, 2 vol., Mardaga, Liège, 1991 / E. KŘENEK, *Johannes Ockeghem*, New York, 1953 / M. PICKER, *Johannes Ockeghem and Jacob Obrecht : A Guide to Research*, Garland, New York, 1988.

OFFENBACH JACQUES (1819-1880)

Le nom d'Offenbach est indissociable de la forme musicale de l'opérette. Même s'il s'agit d'un genre dont il s'est progressivement détaché et qui n'est pas associé à ses plus grands succès, il en reste le créateur. Doué d'une étonnante invention mélodique, il sait rire et faire rire en musique car il observe et élabore, aidé de ses librettistes, des caricatures parfaites. Sa musique est divertissante mais elle réclame de ses interprètes une grande attention, car elle est difficile à restituer dans son authenticité. Pendant trop longtemps, elle fut l'apanage de « spécialistes » qui, vivant de traditions, portent de lourdes responsabilités dans la désaffection du public pour ce qui devenait un genre mineur et vieillissant.

À l'occasion du centenaire de la mort d'Offenbach, un nouveau courant s'est cependant dessiné, qui a remis en cause les traditions désuètes et les mutilations subies par ses ouvrages : la vieille passion du public français revit depuis lors.

La passion du théâtre

De son vrai nom Jakob Eberst, Jacques Offenbach naît à Cologne le 20 juin 1819. Son père est un cantor de la synagogue. Il lui enseigne des rudiments de violon. Mais Jakob se tourne vers le violoncelle, qu'il vient étudier à Paris. Il adopte le nom de la ville d'Offenbach-sur-le-Main, berceau de sa famille. En 1833, il est admis au Conservatoire de Paris dans la classe d'Olive-Charlier Vaslin, qu'il quitte après un an d'études. Il est alors violoncelliste à l'Ambigu-Comique puis à l'Opéra-Comique, où il découvre le théâtre. Pour gagner sa vie, il compose des valses et joue dans les salons, accompagné au piano par son ami Friedrich von Flotow.

Mais le théâtre seul le passionne. Ses premiers essais sont autant d'échecs. En 1844, il épouse Herminie d'Alcain.

La chance lui sourit une première fois en 1850, lorsque Arsène Houssaye l'engage comme chef d'orchestre à la Comédie-Française. « Pendant les cinq années où je restai au Théâtre-Français, devant l'impossibilité persistante de me faire jouer, l'idée me vint de fonder moi-même un théâtre de musique. Je me dis que l'Opéra-Comique n'était plus à l'opéra-comique, que la musique véritablement bouffe, gaie et spirituelle, la musique qui vit enfin, s'oubliait peu à peu. Les compositeurs travaillant à l'Opéra-Comique faisaient de *petits grands opéras*. Je vis qu'il y avait quelque chose à faire pour les jeunes musiciens qui, comme moi, se morfondaient à la porte du théâtre lyrique. »

Des Bouffes-Parisiens à l'Opéra-Comique

L'occasion se présente en 1855 lors de l'Exposition universelle : Offenbach obtient, sur les Champs-Élysées, à côté du palais de l'Industrie, la concession d'un petit théâtre, qu'il baptise Bouffes-Parisiens. D'emblée, la bouffonnerie du compositeur enivre un public affamé de plaisir. Au mois de décembre, les Bouffes s'installent dans le théâtre du passage Choiseul. Une autorisation ministérielle permet à Offenbach de diriger les nouveaux Bouffes-Parisiens pendant cinq ans. Ses pièces ne doivent compter qu'un acte et quatre personnages au maximum. Il présente *Der Schauspieldirektor* de Mozart et organise un concours d'opérette remporté ex aequo par Georges Bizet et Charles Lecocq, tous deux auteurs d'un *Docteur Miracle*.

Mais les contraintes de la censure l'étouffent. *Croquefer* (1857) lui permet de tourner la difficulté en faisant intervenir un cinquième personnage, muet, qui s'exprime en brandissant des pancartes ! Rapidement, Offenbach se voit délivré de cette réglementation absurde et vole vers des ouvrages à grand spectacle. Le succès d'*Orphée aux enfers* (1858) arrive à point nommé pour l'arracher à des créanciers embarrassants, car sa gestion est assez catastrophique. Son vieux rêve resurgit alors ; il sollicite à nouveau les directeurs des théâtres impériaux et, cette fois, obtient satisfaction : en 1860, l'Opéra présente son ballet *Le Papillon*, que danse Emma Livry, et l'Opéra-Comique monte *Barkouf* ; deux échecs qui ne le guérissent pas. En 1863, à l'Opéra de Vienne, il donne *Die Rheinnixen*, opéra romantique en trois actes (où figure le thème qui deviendra celui de la barcarolle des *Contes d'Hoffmann*), et, à nouveau, s'égare hors de son domaine...

La Belle Hélène (1864) le ramène à la réalité : il continue d'exploiter la veine mythologique et construit un rôle sur mesure pour Hortense Schneider. Cette grande actrice, qu'il a engagée pour la première fois en 1855 dans *Le Violoneux*, devient sa tête d'affiche : *La Vie parisienne* (1866), *La Grande-Duchesse de Gerolstein* (donnée en 1867, à l'occasion de l'Exposition universelle) et *La Périchole* (1868) sont écrites pour elle. Cette époque est particulièrement faste pour Offenbach, qui a trouvé en Henri Meilhac et Ludovic Halévy des librettistes complices. Deux nouvelles tentatives à l'Opéra-Comique – *Robinson Crusoé* (1867) et *Vert-Vert* (1869) – précèdent *Les Brigands* (1869), où les bottes des carabiniers annoncent l'arrivée des Prussiens. Cette période est difficile pour Offenbach, attaqué de tous côtés : bien qu'il soit naturalisé français depuis 1860, les Français l'accusent d'être prussien de cœur et d'avoir composé des hymnes patriotiques pour l'empire allemand en 1848, et les Allemands trouvent dans son œuvre des attaques contre son pays natal !

La chute du second Empire est un peu celle d'Offenbach. Les mentalités changent. Le plaisir et la frivolité cèdent le pas à un nouvel ordre moral qui veut effacer les souvenirs ; la popularité d'Offenbach décline ; pour la IIIe République, il est devenu le « grand corrupteur ». Il va d'échec en échec. Il remanie ses grands succès d'autrefois pour en faire des productions grandioses et faire rêver le public. En 1873, il prend ainsi la direction du Théâtre de la Gaîté ; mais sa gestion est toujours aussi déficiente et, deux ans plus tard, c'est la faillite. En 1876, il entreprend aux États-Unis une tournée, triomphale, qui assainit sa situation financière. L'Exposition universelle de 1877 est l'occasion d'un sursaut, mais son projet de pièce féerique ne voit même pas le jour. Son centième ouvrage, *La Fille du tambour-major* (1879), lui permet de renouer avec le succès. Il est bien davantage occupé, cependant, par *Les Contes d'Hoffmann*, que Carvalho s'engage à monter à l'Opéra-Comique ; mais la mort l'empêchera de mener à terme son premier ouvrage sérieux et d'importance (Ernest Guiraud en complétera l'orchestration et les récitatifs), qui deviendra l'une des pièces maîtresses du répertoire lyrique français.

Le père de l'opérette

Dans l'histoire de la musique, Offenbach est un cas. Né pour divertir, il adapte les formes de la musique à ses objectifs. Après quelques essais baptisés vaudeville, pantomime, anthropophagie ou bouffonnerie musicale, le mot opérette apparaît en 1855, pour qualifier une forme lyrique dérivée de l'opéra, courte, gaie et entrecoupée de dialogues. C'est l'époque de la création des Bouffes-Parisiens : elle voit la naissance d'une vingtaine de pièces en un acte, d'essence satirique, mettant en scène des personnages de la vie courante, sans trop s'attaquer aux grands de ce monde. Mais Offenbach voit plus loin et la forme évolue pour devenir le digne successeur de l'*opera-buffa* italien. L'opéra-bouffe est plus ambitieux que l'opérette : il comporte des intrigues plus consistantes, une satire des valeurs établies (le bel canto, l'opéra historique, plus tard la cour) et, très vite, l'acte unique et les quatre personnages sont abandonnés.

Dès 1856, *Le Savetier et le financier* porte ce nouveau qualificatif ; cette œuvre sera suivie d'une demi-douzaine d'ouvrages annonçant *Orphée aux enfers* (1858), opéra-bouffon, et *Le Pont des soupirs* (1861), premier opéra-bouffe de grande dimension. Le vocable est adopté ; l'opérette ne désignera plus – à deux exceptions près : *La Jolie Parfumeuse* (1873) et *La Boîte au lait* (1876) – que des pièces en un acte.

Parallèlement, le style évolue : *Orphée* marque le début d'une période dominée par une invraisemblance outrancière des personnages : la société du second Empire est déjà visée sous les traits d'une Antiquité caricaturale. À la verve comique s'ajoute l'entrain du cancan, qui a fait son apparition dans *Croquefer* et deviendra le symbole du divertissement parisien. Ce sont les débuts de la collaboration avec Halévy, qui formera dès 1863 un tandem fameux avec Meilhac, réalisant les meilleurs livrets d'Offenbach (*La Belle Hélène*, *Barbe-Bleue*, *La Vie parisienne*, *La Grande-Duchesse de Gerolstein*, *La Périchole*, *Les Brigands*). Car on ne saurait dissocier le musicien de ses librettistes : les échecs qu'a connus Offenbach sont souvent imputables à des textes médiocres.

L'apogée de la carrière du musicien se situe à la fin du second Empire (1866-1870), lorsqu'il donne coup sur coup ses plus grands succès, composés sur mesure pour Hortense Schneider, actrice et chanteuse au timbre sombre dont les rôles restent toujours difficiles à attribuer, car ils réclament une forte présence scénique, une voix pas trop lourde et une tessiture, à la limite du mezzo-soprano, que possèdent peu de cantatrices. Les ouvrages de cette époque ne s'embarrassent pas de formes inutiles pour railler : chacun se reconnaît dans *La Vie parisienne* et la censure croit découvrir Catherine de Russie sous les traits de la Grande-Duchesse. Mais Offenbach est l'homme d'une époque. Après 1870, il ne retrouvera jamais sa verve satirique. Paradoxalement, il réussira là où il avait toujours échoué, dans le genre sérieux, avec *Les Contes d'Hoffmann*. Sur un livret de Jules Barbier, il reprend une idée vieille de plus de vingt-cinq ans et réalise un opéra fantastique. Le rire est toujours là, bien qu'à présent sarcastique. Le cynisme sous-jacent de la satire du second Empire est devenu grinçant. Offenbach est peut-être un peu aigri d'avoir été oublié ; mais la vie qu'incarne la mélodie demeure, symbole de celui que Rossini appelait « le petit Mozart des Champs-Élysées ».

ALAIN PÂRIS

Bibliographie

J. BRINDEJONT-OFFENBACH, *Offenbach, mon grand-père*, Plon, Paris, 1940 / A. DECAUX, *Offenbach, roi du second Empire*, Perrin, Paris, 1975 / C. DUFRESNE, *Jacques Offenbach, ou la Gaîté parisienne*, Critérion, Paris, 1992 ; *Hortense Schneider, la divine scandaleuse*, Perrin, 1993 / S. KRACAUER, *Jacques Offenbach, ou le Secret du second Empire*, Grasset, Paris, 1937 / J. OFFENBACH, *Notes d'un musicien en voyage*, Paris, 1877 ; rééd. fac-sim., La Flûte de pan, Paris, 1979 / A. PÂRIS, « Jacques Offenbach », in *Universalia 1981*, Encyclopædia Universalis / R. POURVOYEUR, *Offenbach*, Seuil, Paris, 1994 / D. RISSIN, *Offenbach, ou le Rire en musique*, Fayard, Paris, 1980 / L. SCHNEIDER, *Offenbach*, Perrin, 1923.

OHANA MAURICE (1914-1992)

C'est une place à part dans la musique française qu'occupe Maurice Ohana, celle d'un indépendant qui a patiemment acquis ses lettres de noblesse après avoir suivi un parcours discret en marge des milieux officiels.

Il naît à Casablanca, le 12 juin 1914, d'un père originaire de Gibraltar et d'une mère andalouse. Il aborde le piano à Bayonne puis vient à Paris en 1933 pour y étudier l'architecture. Il travaille le piano avec Lazare-Lévy et l'harmonie et le contrepoint avec Daniel-Lesur à la Schola cantorum (1937-1940). Il commence une carrière de pianiste, interrompue par la guerre, pendant laquelle il porte l'uniforme britannique. Un séjour à Rome, en

1944, lui permet de se perfectionner avec Alfredo Casella à l'Accademia di Santa Cecilia. Il commence a composer pour son instrument (*Trois Caprices*, *Sonatine monodique*). En 1947, de retour à Paris, il est l'un des fondateurs du groupe Zodiaque, qui cherche à réagir contre la tutelle esthétique des différents systèmes en vogue pour privilégier une libre expression, démarche qui vise autant le postsérialisme que le néo-classicisme. Il conservera cette forme d'engagement tout au long de sa vie. Sa musique est d'abord profondément enracinée dans la tradition andalouse et nord-africaine : *Llanto por Ignacio Sànchez Mejias*, sur un poème de Federico Garcia Lorca (1950), *Cantigas* pour soli, chœur et instruments, sur un texte de poésie médiévale espagnole (1953-1954), les *Trois Graphiques* pour guitare et orchestre (1950-1957) ou *Tiento* pour guitare (1955), que jouera Narciso Yepès. Puis elle s'élargit aux moyens d'expression les plus actuels : la percussion, avec les *Études chorégraphiques* (1955, créées seulement en 1963 par les Percussions de Strasbourg) et *Silenciaire* (1969) ; les micro-intervalles, grâce auxquels il reconstitue les inflexions mélodiques *du cante flamenco* et dont il systématise l'emploi dans *Le Tombeau de Claude Debussy* pour soprano, cithare, piano et orchestre (1962) ; la voix humaine, dont il explore les ressources, du chant parlé aux onomatopées ; l'électroacoustique. Il fait tomber les obstacles de la barre de mesure, bouleverse la gamme diatonique, fait éclater les mots qu'il met en musique et opère un véritable retour aux sources d'expression primitives (Grèce antique ou préchristianisme). La scène lui offre une nouvelle dimension pour concrétiser ses recherches : *Syllabaire pour Phèdre*, opéra de chambre (1967, et *Autodafé*, cantate scénique créée à l'Opéra de Lyon (1971-1972) ; le sens du sacré s'exprime avec vigueur dans *L'Office des oracles* (1974) et la *Messe* (1977) , puis vient l'expérience du théâtre musical, avec les *Trois Contes de l'honorable fleur*, inspirés du nō japonais (1978). Parallèlement, il enrichit son catalogue de quelques œuvres instrumentales marquantes : les *Vingt-Quatre Préludes* pour piano (1973), qu'Antoine Goléa considère comme un « acte d'opposition et de réparation », *L'Anneau du Tamarit*, pour violoncelle et orchestre (1976), d'après Garcia Lorca, *Le Livre des prodiges*, pour orchestre (1979), les quatuors à cordes n° 2 (1980) et n° 3 (1990), le *Concerto pour piano* (1981), le *Concerto pour violoncelle* n° 2 (1989). Entre 1982 et 1986, il travaille à un opéra d'après la pièce de Rojas, *La Célestine*, qui est donné au palais Garnier en 1988. Sa dernière œuvre, *Avoaha*, d'après un rituel afro-cubain, est créée en 1992 pour les jeux Olympiques d'Albertville. Il meurt à Paris le 13 novembre 1992.

S'il se situe en marge de tout courant esthétique, son langage est essentiellement poétique et raffiné ; il rayonne d'une lumière venue de la Méditerranée et se pose en continuateur de Manuel de Falla et de Claude Debussy, réfutant d'un seul bloc l'héritage germanique, de Wagner et Brahms au sérialisme. Véritable magicien des sons, il laisse une œuvre profondément lyrique. Si le monde musical l'a tenu à l'écart (le caractère ombrageux de l'homme en est peut-être la cause), sa porte est toujours restée ouverte aux jeunes compositeurs qui sont venus travailler avec lui : Ton-That Tiêt, André Bon, Félix Ibarrondo ou Guy Reibel.

ALAIN PÂRIS

ONSLOW ANDRÉ GEORGES LOUIS (1784-1853)

Ce compositeur français est né et mort à Clermont-Ferrand. De mère française et de père anglais fixé en Auvergne, il était le petit-fils du premier lord Onslow. À Londres, où il séjourne adolescent, il travaille le piano avec Johann Baptist Cramer, Jan Ladislav Dussek et Nicolas Joseph Hüllmandel. De retour à Clermont-Ferrand, il étudie le violoncelle. Pendant deux ans, il voyage en Allemagne et séjourne à Vienne. Vers 1806, il aborde la composition avant de compléter ses études à Paris avec Anton Reicha (1808). Il enseigne le piano et donne des concerts, comptant parmi les figures marquantes du clavier à l'époque romantique. En 1829, un accident de chasse le rend sourd d'une oreille, événement qu'il retrace dans son *Quintette n° 15 « De la balle »*. En 1842, il succède à Cherubini comme membre de l'Institut, sa candidature étant préférée à celle de Berlioz.

Sa production comporte essentiellement des œuvres de musique de chambre qui traduisent une grande facilité d'écriture et un sens affirmé du rythme. Elles ne sont toutefois pas dépourvues de faiblesses, révélant un musicien très doué qui manquait parfois de concentration. On lui doit cinq sonates pour piano (à deux et à quatre mains), six duos pour violon et piano, trois sonates pour violoncelle et piano, une dizaine de trios, trente-six quatuors à cordes, trente-quatre quintettes à cordes (on l'a souvent comparé à Boccherini, aussi prodigue que lui dans ce domaine), des sextuors, septuors, octuors, nonettes, quatre symphonies et trois opéras-comiques, *L'Alcade de la Vega* (1824), *Le Colporteur* (1827) et *Le Duc de Guise* (1837).

ALAIN PÂRIS

ORFF CARL (1895-1982)

Carl Orff se présente comme l'une des figures les plus originales de la musique du XXe siècle : autodidacte en marge de son temps, il a connu, avec *Carmina burana*, l'un des plus grands succès remportés par un compositeur de son vivant. Né à Munich le 10 juillet 1895, il étudie très tôt le piano, l'orgue et le violoncelle. Il commence à composer, tout en effectuant ses études secondaires. À l'Akademie der Tonkunst de sa ville natale, il est l'élève de Anton Beer-Walbrunn et de Paul Zilcher. Puis il dirige les Münchner Kammerspiele (1915-1917), est mobilisé de 1917 à 1918, puis engagé comme chef d'orchestre aux théâtres de Mannheim et de Darmstadt (1918-1919). À partir de 1920, il commence à enseigner la musique tout en suivant les cours de composition de Heinrich Kaminski (1921-1922). L'année 1924 marque une étape essentielle dans sa carrière : il fonde, avec Dorothee Günther, l'École de gymnastique, de musique et de danse de Munich. De son enseignement naîtra le *Schulwerk* (1930), méthode pédagogique de la musique, entièrement nouvelle, qui fera le tour du monde. À la même époque, il s'intéresse à la musique ancienne et arrange plusieurs ouvrages de Claudio Monteverdi. De 1930 à 1933, il prend la direction de la Société Bach de Munich.

Le succès de *Carmina burana*, en 1937, l'incite à détruire la plupart de ses œuvres antérieures. Il choisit une écriture simple, essentiellement orientée vers le théâtre. De la tragédie grecque au conte de fées, du mystère médiéval à la comédie populaire bavaroise, tous les aspects originels de la dramaturgie revivent dans sa production, animée par la volonté de mettre en œuvre un théâtre total. De 1950 à 1955, il enseigne la composition à la Hochschule für Musik de Munich, et consacre les dernières années de sa vie à la rédaction d'une autobiographie. Il meurt dans sa ville natale le 29 mars 1982.

À l'exception du *Schulwerk* et du triptyque d'après Monteverdi – *Klage der Ariadne* (sur le *Lamento d'Ariane*, 1925-1940), *Orfeo* (1923-1939), *Tanz der Spröden* (sur le *Ballo delle Ingrate*, 1925-1940) réunis en 1958 sous le titre général de *Lamenti* –, Carl Orff a détruit ou interdit ses autres œuvres antérieures à *Carmina burana* (1935-1936). Cette cantate scénique doit donc être considérée comme le point de départ de sa démarche esthétique, bien que l'on sache, par différents écrits, qu'il avait composé un premier opéra, *Gisei* (1913), marqué par l'influence de Claude Debussy. Par la suite, l'esthétique de Richard Strauss et celle d'Arnold Schönberg lui auraient servi de guide avant qu'il ne trouve sa voie véritable dans ses recherches pédagogiques et auprès des maîtres anciens. *Carmina burana* s'adapte aussi bien au concert qu'à la scène. Elle comporte une action mimée facultative. Le texte – en latin estudiantin du XIIIe siècle – chante les louanges du vin, des femmes et de l'amour. Il repose sur un manuscrit de 1280 conservé au monastère de Beuron. Avec *Catulli Carmina* (d'après Catulle, 1942) et *Le Triomphe d'Aphrodite* (1950-1951), *Carmina burana* forme le triptyque des *Trionfi*, essentiel dans la production de Carl Orff. Il y reprend des procédés d'écriture anciens pour donner davantage de force à l'expression, toujours simple et directe. L'harmonie ne s'embarrasse d'aucune recherche, excluant la modulation. Orff fait revivre de vieilles monodies et les adapte au contexte du XXe siècle, grâce à un contrepoint dissonant et à une instrumentation colorée que domine une abondante percussion. Mais l'essentiel de son apport est constitué par le lien qui unit le texte à la musique : la mélodie épouse étroitement le rythme de la phrase ; elle se déroule dans un style incisif où la répétition et la variété rythmique jouent un rôle déterminant. La pluralité des langues utilisées (*Catulli Carmina*) accentue la force dramatique de l'ensemble.

Avec *Der Mond* (*La Lune*, d'après Grimm, 1937-1938) et *Die Kluge* (*L'Épouse sage*, 1941-1942), Orff aborde le domaine du conte de fées. À l'exubérance des *Trionfi* succède la fantaisie. Mais les moyens restent les mêmes, en marge de l'évolution esthétique du XXe siècle : Orff se tourne délibérément vers les sources de la dramaturgie européenne. *Die Bernauerin* (*Agnès Bernauer*, 1944-1945) et *Astutuli* (1945-1952) lui permettent d'aborder la comédie populaire bavaroise, mettant en musique la langue et les danses traditionnelles de son pays natal. *Antigone* (1947-1948), *Œdipe le tyran* (1957-1959) et *Prométhée* (1963-1967) constituent sa trilogie grecque antique, qui révèle le visage méditerranéen de Carl Orff, à la recherche d'une culture qu'il a découverte chez Monteverdi et abordée dans les *Trionfi*. La rupture avec l'opéra traditionnel est encore plus forte : la musique se simplifie à l'extrême et s'efface derrière le texte, qui devient une déclamation où la hauteur du son n'est plus exactement notée (*Antigone*), avant d'arriver à une récitation monocorde (*Œdipe le tyran*). *Comoedia de Christi resurrectione* (jeu pascal,

1955), *Ludus de nato Infante mirificus* (jeu de Noël, 1960) et *De temporum fine comoedia* (jeu pour la fin des temps, 1969-1979) renouent avec la tradition du mystère chrétien médiéval et complètent une approche dramatique originale en quête d'universalisme.

Carl Orff a toujours refusé l'opéra traditionnel. Il lui préfère le théâtre musical où l'action dramatique et la musique sont étroitement liées, en dehors de toutes conventions. Seul ce retour aux formes originelles pouvait lui permettre de trouver un cadre crédible où s'impose cette langue forte et dépouillée : « Plus le message est simple et significatif, plus l'effet est direct et durable. » On doit aussi à Carl Orff plusieurs chœurs, sur des textes de Friedrich Schiller et de Bertolt Brecht, une cantate *I veni Creator Spiritus* (1930-1973), *Entrata*, une suite d'orchestre d'après Byrd (1940-1954) et *Kleines Konzert* pour orchestre sur des thèmes du XVIe siècle (1927-1975). La simplicité est également à l'origine de ses découvertes pédagogiques. Ce que l'on connaît sous le nom de *Méthode Orff* est l'application des principes contenus dans le *Schulwerk*. Cette pédagogie repose sur les données physiologiques du son, le rythme et la percussion, éléments « susceptibles de faire naître l'émotion dans les zones vitales et spirituelles ». L'approche de la musique qui en résulte est excessivement simple ; elle met l'enfant en contact direct avec des instruments appropriés ou spécialement élaborés (flûtes à bec, métallophones, percussions diverses) qui lui permettent d'associer les sons concrets aux notions théoriques. Le succès de cette méthode a été considérable au lendemain de la Seconde Guerre mondiale et elle s'est imposée, aux côtés de celle de Zoltán Kodály, comme l'une des approches essentielles de la pédagogie musicale dans la seconde moitié du XXe siècle.

ALAIN PÂRIS

Bibliographie

H. Krellmann & J. Horton, « Carl Orff », in *The New Grove Dictionary of Music and Musicians*, Macmillan, Londres, 1980 / A. Liess, *Carl Orff, Idee und Werk*, Atlantis, Zurich, 1955 / R. Münster, *Carl Orff, das Bühnenwerk*, Munich, 1970 / K. H. Ruppel, G. R. Sellner & W. Thomas, *Carl Orff, ein Bericht in Wort und Bild*, Schott, Mayence, 1960. *Carl Orff und sein Werk, Dokumentation* (la plupart des textes sont d'Orff lui-même), 8 vol., Hans Schneider, Tutzing (Suisse).

OUBRADOUS FERNAND (1903-1986)

Le bassoniste et chef d'orchestre français Fernand Oubradous a joué un rôle déterminant dans la diffusion de la musique pour instruments à vent et, plus tard, dans le domaine pédagogique.

Né à Paris le 15 février 1903, il est admis au Conservatoire en 1916 dans la classe de solfège de Paul Rougnon, puis comme auditeur dans la classe de piano d'Isidore Philipp (1921). Il travaille le basson avec son père, François Oubradous, et entre en 1922 dans la classe de Bourdeau d'où il sort, un an plus tard, avec un premier prix. Parallèlement, il étudie, en privé, l'harmonie, le contrepoint, l'écriture et la direction d'orchestre avec André Bloch, Jean Gallon, Jules Mazelier et Philippe Gaubert. Entre 1925 et 1930, il assure la direction musicale au théâtre de l'Atelier, à Paris. En 1927, il fonde le Trio d'anches de Paris (hautbois, clarinette, basson) avec M. Morel et Pierre Lefebvre ;

de nombreux compositeurs écrivent pour cette nouvelle combinaison instrumentale : Jacques Ibert, Darius Milhaud, Albert Roussel, Florent Schmitt, Bohuslav Martinů... Oubradous s'impose rapidement comme la figure dominante de sa discipline : lors de la fondation de l'Orchestre national, en 1934, Désiré-Émile Inghelbrecht l'engage comme basson solo. Il n'y reste qu'un an pour occuper ensuite les mêmes fonctions à l'orchestre de l'Opéra de Paris (1935-1953) et à la Société des concerts du Conservatoire (à partir de 1936). En 1939, il fonde son propre orchestre, issu de la transformation en orchestre de chambre de la Société d'instruments à vent qu'avait créée Paul Taffanel en 1879 : l'Association des concerts de chambre de Paris deviendra, en 1943, les Concerts symphoniques de chambre de Paris puis les Concerts Oubradous qui poursuivront leur activité, salle Gaveau, chaque dimanche, jusqu'au début des années 1970.

Après la guerre, Oubradous se consacrera surtout à l'enseignement et à la direction d'orchestre ; son activité instrumentale ira en se ralentissant. En 1942, il avait été nommé professeur de musique de chambre au Conservatoire de Paris. En 1947 et 1948, il est chef d'orchestre à l'opéra de Lille. On le retrouve au Mozarteum de Salzbourg, l'été, entre 1954 et 1958 ; il y donne des cours d'interprétation. Il dirige au festival d'Aix-en-Provence, à Salzbourg ou à Menton. En 1958, il fonde à Nice l'Académie internationale d'été sur le modèle de celle de Salzbourg ; il en assure lui-même la direction et accueille, pendant deux mois, étudiants et professeurs venus du monde entier : Leonid Kogan, Hans Swarowsky, Lily Laskine, Alexandre Tcherepnine, Pierre Cochereau, Christian Ferras, Jean-Pierre Rampal, André Navarra... C'est la première institution d'un tel genre à voir le jour en France. Il est nommé président de l'Association française de musique de chambre en 1961, et membre du comité des programmes de l'O.R.T.F. en 1965. À partir des années 1970, il se consacre essentiellement à l'Académie de Nice. Il meurt à Saint-Mandé le 9 janvier 1986.

Actif dans de multiples domaines de la musique, Fernand Oubradous avait publié plusieurs ouvrages pédagogiques, notamment l'*Enseignement du basson* (Paris, 1939). Il dirigeait plusieurs collections de musique ancienne ou contemporaine, assurant lui-même la réalisation des œuvres anciennes publiées (l'*Offrande musicale* de Jean-Sébastien Bach ; *Concerts* de François Couperin, 1950 ; version orchestrale des *Indes galantes* de Rameau, 1954 ; œuvres de Pleyel, Leclair, Lully...). Il a largement servi la musique contemporaine et on lui doit la création d'œuvres de Maurice Emmanuel, Jacques Ibert (*Suite élisabéthaine*, 1943), André Jolivet (*Concerto pour flûte*, 1950), Bohuslav Martinů (*Concerto da camera*, 1954), Georges Enesco (*Symphonie de chambre*, 1955), Henri Sauguet, Jean Françaix, Reynaldo Hahn, Jean Langlais, Frank Martin, Henri Tomasi, Jean Wiener, Jean Rivier, Daniel-Lesur... Comme compositeur, il laisse une symphonie, une ouverture pour orchestre (1941), un *Concerto de basson ou de violoncelle d'après Bodin de Boismortier* (1955) et plusieurs partitions de musique de chambre (*Variations sur un thème populaire* pour basson et piano, 1942 ; *Fantaisie dialoguée* pour quintette à vent, 1949 ; *Quintette à vent d'après Rameau*, 1955).

ALAIN PÂRIS

P

PABLO LUIS DE (1930-)

Le mérite historique d'avoir le premier fait se rejoindre la musique de la jeune école espagnole et les autres musiques de l'Occident européen revient bien à Luis de Pablo.

Né à Bilbao, Pablo pense d'abord être juriste. Il passe en 1952 ses examens de droit à Madrid, est employé ensuite à la compagnie Iberia, mais il compose déjà depuis l'âge de quinze ans ; il dit lui-même rompre en 1953 « avec une soi-disant tradition musicale espagnole, laquelle – du moins à l'époque où je vis – n'est qu'une tyrannie de la médiocrité et de l'ignorance, née d'une position défensive ». Après des études musicales traditionnelles, Luis de Pablo se tourne vers la musique sérielle, qu'il connaît par l'entremise de l'enseignement de Max Deutsch. Les œuvres théoriques et musicales d'Olivier Messiaen jouent aussi un rôle important dans son évolution. Luis de Pablo fréquente alors les cours d'été de Darmstadt, prend des contacts avec les musiciens de l'avant-garde européenne. Il fonde à son tour, à Madrid, le groupe Tiempo y Música pour faire connaître la musique contemporaine en Espagne. Lui-même ne reste pas longtemps fixé sur l'écriture sérielle. Il découvre l'aléatoire, en utilise largement le principe dans ses œuvres, fonde en Espagne le groupe Alea (1965) et y introduit la musique électroacoustique. Il enseigne la composition et l'analyse musicale à Buffalo, à Ottawa et à Montréal. Il devient président de la section espagnole de la Société internationale de musique contemporaine en 1981.

Dans le catalogue important de ses créations, il faut retenir, parmi les œuvres qui permettent de suivre les étapes de son évolution : *Móvil* (1958), pour deux pianos, encore attaché aux principes sériels ; *Radial* (1960), pour vingt-quatre instruments, et *Polar* (1961), pour voix, saxophone, clarinette basse et percussion. Ces premières tentatives vers l'aléatoire sont suivies, dans le même esprit, par *Glosa* (1961), pour voix et instruments, et *Prosodia* (1962), pour six instruments. La série des *Módulos* tente de définir les principes d'une nouvelle grammaire musicale : *I* (1965), pour ensemble de chambre ; *II* (1966), pour double orchestre ; *III* (1967), pour dix-sept instruments ; *IV* (1965), pour quatuor à cordes ; *V* (1967), pour orgue ; *VI* (1968), pour vingt-quatre instruments, tandis que *Heterogénea* (1968), pour orchestre, est une réflexion sur le passé de la musique. Suivent : *Por diversos motivos* (1969), pour voix, images projetées et ensemble de chambre ; *Vielleicht* (1973), pour six percussionnistes ; *Al son que tocan* (1974), pour huit instruments, voix et bande magnétique. Il revient vers des voies plus classiques avec deux concertos pour piano (1978-1979 et 1979), un opéra, *Kiu* (créé en 1983), *Serenata* (1984-

1985), pour instruments à vent et chœur, *Sueños* (1992), pour piano et orchestre.

BRIGITTE MASSIN

PACHELBEL JOHANN (1653-1706)

Organiste et compositeur allemand né et mort à Nuremberg. Pachelbel se forme à Ratisbonne auprès de Kaspar Prentz, puis à la cathédrale Saint-Étienne de Vienne avec Johann Kaspar Kerrl ; il occupe des postes à Eisenach (1677), où il se lie d'amitié avec la famille Bach, à la Predigerkirche d'Erfurt (1678), aux cours de Stuttgart et de Gotha (1690-1695) et enfin, jusqu'à sa mort, à la Sebalduskirche de Nuremberg. Il constitue, après Frescobaldi, Froberger et Muffat, le dernier maillon de la chaîne d'organistes originaires du Sud aboutissant à Bach et se caractérisant, par opposition à la liberté formelle et au souffle épique des organistes du Nord (de Sweelinck et de Scheidt à Buxtehude), par une plus grande rigueur et une écriture plus serrée. Peu enclin aux contrastes et aux violences, porté vers la solidité et l'élégance ainsi que vers la clarté de la forme, l'équilibre et la concision, il ne s'en approprie pas moins, fait capital, le choral protestant, naturellement étranger aux provinces méridionales catholiques de l'Allemagne, et lui donne dans sa production une place d'honneur. À ce titre, il influence d'innombrables organistes d'Allemagne du Centre, tout en affirmant sa position en flèche parmi les prédécesseurs de Bach. Ses paraphrases de chorals ayant essentiellement pour fonction de préluder au chant des fidèles, il marque une préférence certaine, contrairement à ses contemporains du Nord, ayant à leur tête Buxtehude, pour le *cantus firmus* sans ornements. On lui doit des préludes de choral, des chacones et des toccatas (même là il renonce à la virtuosité), quatre-vingt-quatorze fugues sur le *Magnificat*, des ricercare et des fantaisies ; il a composé, pour clavecin, des suites d'une importance secondaire et deux recueils de variations sans doute conçus pour cet instrument, même le premier, pourtant fondé sur des chorals : *Méditations musicales sur la mort* (*Musikalische Sterbensgedanken*, 1683) et *Hexachordum Apollinis* (1699) ; à quoi il faut ajouter quelques motets et cantates.

MARC VIGNAL

PAGANINI NICCOLÒ (1782-1840)

Violoniste et compositeur italien, né à Gênes et mort à Nice, Niccolò Paganini personnifia au violon le type du virtuose romantique aux prouesses inimaginables et à l'existence plus ou moins entourée de légende. Il fut à cet instrument, pour lequel son seul rival était Spohr, ce que Liszt fut au piano. Il se produit pour la première fois en 1794, poursuit à Parme une formation commencée par son père, entreprend ses premières tournées. Engagé à la cour de Lucques (1805-1809) par la princesse Baciocchi, sœur de Napoléon, il vit à partir de 1809 en artiste indépendant, parcourant en tout sens l'Italie puis l'Europe (les années 1828-1834 sont celles de sa plus grande renommée) ; à sa mort, il laisse à son fils Achille une fortune considérable. Les thèses semblent peu fondées selon lesquelles il aurait eu des mains et des bras exceptionnellement développés (ce que ne semble pas prouver en tout cas son portrait dessiné par Ingres !). Son extraordinaire habileté résulta à la fois d'exercices assidus et d'une intuition aiguë des possibilités du violon. Cela dit, il aima s'entourer d'une aura de mystère, suscitant en plein concert des situations désespérées (bris de cordes ou d'archet) dont il se tirait avec brio. Il développa l'usage des doubles cordes, du staccato, du pizzicato de la main gauche, et parvint à ses effets les plus stupéfiants notamment par le procédé de la *scordatura* (accord inhabituel des cordes à des fins précises). À peu près incapable de s'intégrer à un ensemble, et donc de jouer dans un quatuor à cordes, il fut, en revanche, aussi grand virtuose sur un autre instrument, la guitare. En 1805, parurent à Milan ses fameux *Vingt-Quatre Caprices pour violon seul*, op. 1, plus tard transcrits au piano par Schumann et Liszt. On lui doit encore de la musique de chambre (dont les trois quatuors, op. 5 pour violon, guitare, alto et violoncelle), des sonates et six concertos (nº 1, 1817 ; nº 2, 1826 ; nº 3, 1826 ; nº 4, 1830 ; nº 5, 1830 ; nº 6, 1815).

MARC VIGNAL

PAIK NAM-JUNE (1932-)

Né à Séoul en 1932, le jeune Nam-June Paik fut contraint par la guerre de Corée à s'expatrier en 1949 à Hong Kong, puis à Tōkyō, où il étudia conjointement la musique et la philosophie. En 1956, il passe sa thèse de doctorat sur Schönberg et part pour l'Allemagne où, au conservatoire de musique de Fribourg-en-Brisgau, il devient l'élève du compositeur Wolfgang Fortner, tout en poursuivant ses études d'esthétique avec Thrasybulos Georgiades. Inscrit en 1958 aux cours d'été pour la nouvelle musique de Darmstadt, Paik reçoit le choc de l'enseignement de John Cage-Nosferatu, dont les compositions et conférences font scandale en ce qu'elles introduisent, dans la citadelle même de la musique sérielle, donc sérieuse, le hasard, immédiatement interprété en termes d'indiscipline, voire d'anarchie. C'est un Paik nouveau, transformé, déchaîné, qu'abrite, à partir de l'automne de 1958, le studio de musique électronique de la Westdeutscher Rundfunk que dirige Karlheinz Stockhausen à Cologne – un Paik qui a jeté par-dessus bord l'académisme de ses premières partitions et ne vit plus que pour le happening et les performances. À la sagesse du *Quatuor à cordes* de 1955-1957 se substitue sans transition le délire de l'*Étude pour pianoforte* de 1959, au cours de laquelle le musicien bondit, depuis la scène, sur son idole John Cage, et lui taillade la cravate et la chemise à grands coups de ciseaux, avant de faire mine de se jeter par la fenêtre dans le vide. « Avec Paik, dira plus tard John Cage, on peut s'attendre à tout, même à des actions physiquement dangereuses » : rien de surprenant à ce que Nam-June Paik devienne, à partir de sa rencontre avec George Maciunas – le fondateur du mouvement Fluxus – et Dick Higgins – le compositeur des *Danger Musics* –, l'une des figures les plus en vue du néo-dadaïsme des années 1960.

Ce qui le distingue, pourtant, de l'ensemble des artistes que l'on regroupe habituellement sous cette rubrique, et ce qui va lui permettre de s'imposer comme un créateur d'une tout autre trempe, c'est ce que l'on pourrait appeler sa passion technicienne. Il avait fait, dans une lettre à John Cage de 1959, l'aveu de son attirance pour la télévision ; au début de 1963, il achète treize téléviseurs d'occasion, et en mars 1963, à la galerie Parnass à Wuppertal, il consacre sa première exposition individuelle à ces téléviseurs, qu'il a « préparés » au sens du « piano préparé » de John Cage – en les bricolant – et auxquels il a ajouté trois pianos eux aussi « préparés », ainsi que divers instruments de son cru. La manifestation fait d'autant plus de bruit que Joseph Beuys, en veine d'improvisation, n'hésite pas à attaquer l'un des pianos à coups de hache... En fait, l'art vidéo est né ce jour-là : certes, Paik aborde la télévision en musicien, et il ne vise au départ qu'à démultiplier la lutherie existante ; mais, l'expérience aidant (dès 1963, il construira avec l'ingénieur Shuya Abe le *Robot K-456*, qui parle, marche et défèque ; 1964 est l'année de son installation à New York et des premières performances – notamment celle du *Robot Opera* – avec la violoncelliste Charlotte Moorman), Paik n'hésitera pas à détourner « vers l'art » le média télévisuel comme tel. Il s'achète en 1965 sa première caméra Sony ; le taxi dans lequel il prend place avec l'appareil est bloqué à un carrefour dans un embouteillage provoqué par la visite à New York de Paul VI ; il en fera sa première bande vidéo, projetée en octobre 1965 au *Café à Go-Go*. Une bourse Rockefeller va lui permettre de développer son invention : le résultat en sera le *Paik/Abe Video-Synthesizer* de 1969, qui permet toutes les déformations et distorsions de l'image télévisée en direct. Dès lors, Nam-June Paik est célèbre ; ses œuvres vont se succéder et imposer une poétique complexe, mêlant à la dénonciation de l'abêtissement collectif par l'image télévisée (ce qu'il appelle le *Vuzak*) une certaine tendresse. Il s'agit d'activer un auditoire que la télévision endort : « humaniser » la technologie, n'est-ce pas faire de l'auditeur un créateur ; Mais, au-delà ou en deçà de l'activisme, la vidéo réveille – et révèle – le sens du corps de celui qui l'utilise. Le corps, c'est d'abord le sexe. La partition d'une des musiques « fluxiennes » de Paik consistait en cette injonction : « Faufilez-vous dans le vagin d'une baleine vivante » – et le critique américain Richard Kostelanetz y voyait, le plus sérieusement du monde, un exemple d'art conceptuel. Moins « conceptuel », certes, était l'*Opéra sextronique* qui valut à Paik et à Charlotte Moorman de se faire arrêter en 1967 pour indécence. Mais lorsqu'en 1969 Nam-June Paik récidive en substituant deux mini-téléviseurs au soutien-gorge de Charlotte Moorman (*TV Bra for Living Sculpture*), ou lorsqu'il s'affuble lui-même d'un seul de ces appareils (*TV Penis*), la vidéo fait concurrence au *Body Art* : ce que l'on voit, ce n'est pas le sexe, mais l'écran sur lequel apparaît l'image entière de l'interprète ; comme si la présence exigeait d'être redoublée à l'infini grâce à la technologie, et cela afin d'être vraiment présente. Je vois Paik à la fois en chair et en os, et sur la concaténation des écrans : alors, le temps semble se creuser, comme s'il avait une épaisseur et qu'il faille, aux yeux du spectateur, l'évider.

Il ne faut pas oublier que Paik est à la fois oriental et philosophe : des œuvres comme *Zen for Touching*, *Zen for Walking*, *Zen for TV* (1961) témoignent d'un raffinement étranger à toute provocation. Si bien qu'il serait tout aussi avisé de dire que, pour Paik, le corps, ce n'est pas le sexe – mais le texte, ou le pré-texte, de l'art. En effet, l'installation de la vidéo-sculpture, intitulée *My Faust* (Kunsthaus de Zurich,

1991), ne rejoint-elle pas, et par les formes et par les concepts qu'elle véhicule, l'Art, au sens traditionnel du terme ; Le chef-d'œuvre de Paik, c'est peut-être ce *TV Buddha* (1978) dans lequel une statue se contemple elle-même, indéfiniment, sur l'écran qui lui fait face. Jamais, sans doute, la technologie n'a mieux servi en l'exaltant la splendeur du silence.

DANIEL CHARLES

PAISIELLO GIOVANNI (1740-1816)

Un des plus célèbres compositeurs d'opéra bouffe italiens de la fin du XVIIIe siècle, Paisiello naît à Roccaforzata, près de Tarente, et, dès l'âge de quatorze ans, est envoyé à Naples, où il reçoit l'enseignement de Francesco Durante. Ses premiers opéras sont écrits pour Bologne, Venise, Modène, Parme. De retour à Naples (1766), il évince divers rivaux et assure tant bien que mal sa suprématie. Appelé par Catherine II à Saint-Pétersbourg en 1776, il y reste huit ans et y fait représenter notamment son œuvre la plus célèbre : *Le Barbier de Séville* (*Il Barbiere di Siviglia*, 1782), d'après Beaumarchais. Le succès en sera tel à travers toute l'Europe, et durera si longtemps, qu'en 1816 encore le public romain se refusera pour un temps à prêter attention à la partition du même nom de Rossini. En 1783, le roi Ferdinant IV de Naples le nomme maître de chapelle ; il quitte la Russie en 1784 : il produit alors, entre autres, *La Meunière* (*La Molinara*, 1788), dont deux airs serviront à Beethoven de thèmes de variations pour piano, et *Nina ou la Folle par amour* (*Nina o sia la Pazza per amore*, 1789). Lauréat en 1797 d'un concours organisé auprès des musiciens italiens pour une marche funèbre à la mémoire du général Hoche, il réussit deux ans plus tard, quand le régime change à Naples, à devenir directeur de la musique nationale de la République parthénopéenne. « Emprunté » par Napoléon (dont il est le musicien préféré) au roi de Naples, il organise pendant deux ans (1802-1804), à Paris, la musique du Premier consul, faisant jouer une *Proserpine* qui échoue complètement, composant pour le sacre du nouvel empereur des Français une *Messe* et un *Te Deum* à double chœur. Réinstallé à Naples en 1804, il y sert successivement Joseph Bonaparte et Murat, tombe en disgrâce au retour des Bourbons en 1815, et meurt l'année suivante sans avoir eu le temps de vraiment redresser sa situation.

Sa production instrumentale est assez réduite, avec notamment six quatuors à cordes, six concertos pour piano et deux volumes de sonates et caprices pour piano ; sa production religieuse est à peine plus abondante, mais le nombre de ses opéras dépasse quatre-vingt-dix. Il en composa du genre *seria*, mais c'est surtout dans le domaine *buffa* qu'il donna le meilleur de lui-même (ses plus connus datent de la même décennie que les grands de Mozart). Moins habile que Cimarosa dans les ensembles et en particulier les finales d'actes, il sut en revanche écrire des airs très vivants, fermes et élégants à la fois, et excella dans ceux de caractère tendrement expressif (celui de Rosina avec clarinettes, du *Barbier de Séville*, en est un remarquable exemple). D'ailleurs, à écouter aujourd'hui ce *Barbier*, que Joseph Haydn lui-même dirigea à Esterhaza en 1790, on comprend sans peine son fulgurant tour d'Europe : les temps morts y sont quasi inexistants, l'air de la Calomnie est sans doute supérieur à celui de Rossini ; quant au trio Bartolo (personnage principal de l'ouvrage), L'Éveillé et La Jeunesse, sans équivalent chez le musicien de Pesaro, il reste, qu'on le veuille ou non, avec ses bâillements et ses éternuements, un véritable morceau d'anthologie.

MARC VIGNAL

PALESTRINA GIOVANNI PIERLUIGI DA (1525 env.-1594)

Palestrina est un des plus illustres musiciens du XVIe siècle. L'époque romantique a vu en lui « le père de l'Harmonie » (Victor Hugo), le sauveur de la musique d'église en péril et en a ainsi donné une image qui ne correspond pas à la réalité. Il ne fut pas un novateur, mais il a su manier en virtuose la technique héritée de ses prédécesseurs franco-flamands et porter à son point de perfection formelle le style polyphonique.

« Chez Palestrina, note un de ses biographes (Félix Raugel), le styliste est plus grand que le musicien. Il représente la musique vocale pure proposée comme idéal de l'art religieux. »

Face au tempérament imaginatif et passionné de son contemporain Roland de Lassus, face aux audaces de madrigalistes comme Luca Marenzio, Marco Antonio Ingegneri, Carlo Gesualdo, il incarne une certaine tradition académique faite de mesure et de sérénité, à laquelle restèrent longtemps fidèles les maîtres de l'école romaine.

Une carrière au service de la papauté

Palestrina n'est pas son nom patronymique, mais celui de sa ville natale, l'antique Préneste, chantée par Virgile et Horace, célèbre par son temple de la Fortune aujourd'hui en ruine, située non loin de Rome dans la région des monts Prenestini. Fils de Sante Pierluigi, humble propriétaire terrien, Giovanni fut d'abord enfant de chœur à la maîtrise de la cathédrale Sant'Agapit. En 1537, âgé d'une douzaine d'années, il figure parmi les chanteurs de la basilique Sainte-Marie-Majeure à Rome. C'est là qu'il reçoit sa formation musicale, principalement de deux Français, Robin Mallapert et Firmin Le Bel, qui se succédèrent à la direction de la maîtrise de la basilique.

En 1544, Giovanni est de retour à Palestrina, s'étant vu offrir le double poste d'organiste et de maître de chant à la cathédrale Sant'Agapit. Années paisibles et laborieuses. Mariage en 1547 avec Lucrezia de Goris, jeune Prénestinienne de bonne famille qui lui apporte un petit pécule et lui donnera trois fils, Rodolfo, Angelo et Iginio.

Un événement allait donner une dimension nouvelle à cette existence modeste : l'ancien évêque de Palestrina, le cardinal del Monte, est élu pape et prend le nom de Jules III. Le nouveau pontife appelle aussitôt le jeune musicien, qu'il estimait, et lui confie la direction de la maîtrise de la chapelle Giulia à Saint-Pierre de Rome. En 1551, Pierluigi et sa famille s'installent définitivement à Rome. Pour remercier son protecteur, le compositeur lui dédie son premier livre de messes : ce *Primus Liber*, paru en 1554, comportait cinq messes, dont la première, sur le thème *Ecce sacerdos magnus*, constituait un hommage tout particulier au nouveau pape. Sensible à ce geste, Jules III admit sans examen Palestrina parmi les chantres de la chapelle Sixtine (passe-droit contraire aux usages, qui vaudra au bénéficiaire de sérieuses jalousies).

En 1555, Jules III meurt ; il est remplacé par Marcel II, qui ne devait régner que vingt et un jours. Mais ce pontife éphémère a laissé un nom dans l'histoire, parce qu'il est à l'origine d'une réforme de la musique d'église. Mécontent de la façon dont les chantres de la Sixtine avaient célébré l'office de la semaine sainte, il les convoqua pour les réprimander et les engager désormais à « réciter ce qui devait être récité et chanter ce qui devait être chanté de telle façon que les mots puissent être à la fois entendus et compris ». C'était une invitation à renoncer à une ornementation abusive au profit d'une plus grande clarté et d'un plus grand respect des textes sacrés. Palestrina fit aussitôt son profit de ces observations et les mit en pratique dans la célèbre *Messe du pape Marcel* qu'il écrivit entre 1555 et 1560 et qui demeure un des sommets de son œuvre.

Marcel II fut remplacé par le cardinal Pietro Caraffa, qui régna sous le nom de Paul IV. Celui-ci avait la ferme volonté de réformer l'Église et une de ses premières décisions fut de congédier de la chapelle pontificale les musiciens laïques mariés. Cette mesure brutale fit trois victimes : Domenico Ferrabosco, Antonio Barré et Palestrina. Ce dernier trouve alors un nouvel emploi à Saint-Jean-de-Latran, où il ne reste que cinq ans. Ce fut une période d'intense activité créatrice tant dans le domaine de la musique sacrée que dans celui de la musique profane (recueils de madrigaux édités à Rome et à Venise).

En 1561, Palestrina revient à la basilique de son enfance, Sainte-Marie-Majeure, en qualité de maître de chapelle. Les recueils de messes et de motets se succèdent. La réputation du maître grandit et franchit les frontières ; il domine de loin tous ses rivaux romains.

En 1567, l'ambassadeur d'Autriche lui propose la direction de la chapelle impériale à Vienne. Conscient de sa valeur, Palestrina formule des exigences financières qui ne sont point acceptées. Cependant, depuis 1564, il était en relation avec le cardinal Hippolyte d'Este et dirigeait notamment les concerts d'été à Tivoli (à la fameuse villa d'Este). En 1571, le nouveau pape, Pie V, réintègre Palestrina dans ses fonctions à la chapelle Giulia au Vatican. Suit une période assez sombre dans la vie du musicien : il perd un frère et deux de ses trois fils, Rodolfo et Angelo, puis sa femme, victimes de la terrible épidémie de peste qui ravage l'Italie centrale. Après la mort de son épouse (1580), il envisage d'entrer dans les ordres. Il reçoit même la tonsure, lorsque le destin le favorise d'une heureuse rencontre. En mars 1581, il épouse Virginia Dormoli, la riche veuve d'un marchand de fourrures. Il investit une partie de ses économies dans le commerce des peaux et jouit d'une situation matérielle plus aisée que celle qu'il avait jusqu'alors connue. Ce qui ne le détourne pas de son travail de créateur : il publie de nouveaux livres de messes, de motets et de madrigaux spirituels.

Depuis 1568, Palestrina était en rapport avec le duc de Mantoue, qui souhaitait disposer d'œuvres originales pour les services de la cathédrale Santa Barbara. Il composera pour le duc neuf messes (qui n'ont été retrouvées qu'en 1938) ; par la rigueur de leur facture, celles-ci peuvent être considérées comme « l'art de la fugue » du compositeur.

Un nouveau pape, Sixte Quint, intronisé en 1585, reçoit l'hommage d'une messe, *Tu es pastor ovium*. Pierluigi espère toujours accéder au poste envié de directeur de la chapelle pontificale (la chapelle Sixtine). Il ne connaîtra jamais cette consécration. Sixte Quint, en réduisant le nombre des chantres pontificaux, décida en effet que leur chef serait désormais désigné à l'ancienneté.

Mais le titre importait peu : Palestrina était depuis longtemps considéré comme le maître de l'école romaine et, en 1592, il se vit honorer par la publication à Venise d'un recueil de psaumes, hommage collectif de quatorze musiciens.

Il servit encore trois papes, Urbain VII, Grégoire XIV et Clément VIII, avant de songer à prendre sa retraite dans sa ville natale. Mais il ne devait pas connaître cette ultime joie : il mourut à Rome et fut inhumé dans la Cappella nuova de la basilique Saint-Pierre.

L'évolution du style de la musique d'église

Il est préférable de parler d'évolution plutôt que de révolution à propos des changements survenus dans la musique sacrée au temps de Palestrina. On a certes surestimé l'importance du concile de Trente (1545-1563) à ce propos. En fait, l'autorité ecclésiastique s'était émue de certains abus : l'usage de chansons profanes comme *cantus firmus*, l'abondance des éléments purement décoratifs et l'étalage de science gratuite de la part de musiciens plus soucieux de briller que de servir Dieu. À cet égard, le concile confirma les recommandations du pape Marcel aux chanteurs de la Sixtine. Après la clôture du concile, des commissions spécialisées eurent la charge de veiller à l'application des décrets. Les cardinaux Charles Borromée et Vitelli notamment supervisèrent l'administration de la chapelle pontificale et invitèrent les chanteurs à exécuter devant eux des messes conformes au nouvel idéal. Palestrina ayant été le premier à appliquer les consignes, son style devint le style officiel de l'Église romaine.

En 1577, le pape Grégoire XIII chargea Palestrina et Annibale Zoilo de réviser le chant liturgique grégorien, afin que les missels et bréviaires soient purgés de tous « barbarismes, obscurités, contradictions et superfluités ». Trop habitués à utiliser les mélodies grégoriennes comme matière première de leurs constructions polyphoniques, les deux musiciens se laissèrent entraîner par leur zèle au point d'élaguer outre mesure les antiques cantilènes. Certains spécialistes s'en émurent et un mémoire de protestation fut remis au pape, appuyé par le roi d'Espagne Philippe II. Palestrina abandonna sagement cette entreprise hasardeuse pour revenir à la composition.

La véritable importance de Palestrina ressort de l'étude de son œuvre et, plus particulièrement, de ses messes polyphoniques, forme qu'il a traitée plus de cent fois.

La messe palestrinienne

Palestrina avait d'abord subi l'influence des maîtres franco-flamands et avait pratiquement assimilé leur technique. Il la domina bientôt avec aisance, transcendant les procédés d'écriture, pour atteindre à un style fluide, clair et bien ordonné. Ses dons mélodiques naturels, une liberté rythmique issue de la fréquentation assidue des cantilènes grégoriennes, une harmonie fondée sur les accords parfaits, enrichis de notes de passage, retards et autres broderies qui lui confèrent une allure moderne tendant vers le mode majeur classique, enfin et surtout un sens aigu de ce que l'on peut appeler « l'orchestration vocale », c'est-à-dire une judicieuse répartition des voix solistes et des masses chorales (effets de « registration » analogues à ceux des organistes), tout concourt à faire de la messe palestrinienne le modèle achevé de la forme polyphonique.

D'une façon générale, les messes de Palestrina obéissent au schéma suivant : un *Kyrie* lyrique, dont la souple écriture reste fidèle aux principes de l'ancienne école ; un *Gloria* triomphant, avec des effets de contraste et de longs passages homophones ; un *Credo*, épuré de tout élément ornemental superflu (ici la déclamation syllabique propice à l'intelligibilité du texte prévaut dans l'ensemble du morceau, seul l'*Amen* final voyant se déployer d'amples vocalises) ; un *Sanctus* puissant et joyeux, où, dit Raugel, « le fleuve de la polyphonie coule à pleins bords » ; un *Benedictus* recueilli, le plus souvent confié aux seules voix aiguës ; un *Agnus* suave avec un second *Agnus*, conforme à l'ancien usage des Flamands qui y faisaient volontiers étalage de leur science contrapuntique en réalisant des canons énigmatiques.

Certains sommets émergent de cette « production fleuve ». Les messes du premier livre (*Ecce sacerdos magnus* ; *L'Homme armé* ; *Repleatur os meum* ; *Ad fugam*) s'apparentent encore au vieux style et se soumettent au principe du *cantus firmus*.

Mais, dès la *Messe du pape Marcel*, à six voix, les conceptions purement palestriennes s'affirment : le mode choisi est le plus limpide de tous, c'est l'*ut* majeur moderne. Point de *cantus firmus*. Palestrina, remarque André Pirro, « renouvelle sans cesse les éléments de son discours et ne procède que rarement par imitation. Il a établi cependant dès les premières mesures un rapport étroit de symétrie entre les intonations des deux basses et il a poursuivi un canon à trois voix sur les mêmes données dans le second *Agnus*. [...] Les paroles essentielles sont souvent accentuées par de fermes accords, ou bien elles émergent quasi récitées par un des chanteurs. La perception du texte est ainsi assurée... ».

À partir de cette œuvre, on note une évolution du style : le développement est fondé sur de courts motifs qui passent d'une voix à l'autre, chacun d'eux étant sujet à variation mélodique ou rythmique.

Parmi les compositions les plus représentatives et les plus belles, véritables chefs-d'œuvre de l'art sacré, on citera la messe à six voix *Assumpta est Maria*, la messe *Te Deum laudamus*, dont le charme tient à une sorte de conflit entre l'antique modalité et la tonalité moderne, la messe *Ecce ego Joannes*, enfin la messe *Laudate Dominum*, à huit voix, une des plus somptueuses constructions du maître romain.

Les motets

On doit à Palestrina plusieurs centaines de compositions sur des textes liturgiques. Il existe près de quatre cents motets d'une durée de quelques minutes, en une ou deux parties, de quatre à douze voix (trois chœurs), sur des antiennes, des répons ou des offertoires ; on mentionnera, par ailleurs, des compositions plus importantes, dans lesquelles la polyphonie composée et notée doit être complétée lors de l'exécution par des séquences du plain-chant correspondant. Dans le domaine des pièces alternées, Palestrina a composé quatre séries de *Magnificat* pour les huit tons de l'église (trente-cinq *Magnificat* en tout), quatre séries de leçons de ténèbres sur les lamentations de Jérémie (quarante et un motets au total), onze série de litanies, quarante-cinq hymnes et plusieurs psaumes.

En ce qui concerne le motet traditionnel à quatre voix, il est évident que Palestrina doit céder la palme à Roland de Lassus, infiniment plus original et attentif à illustrer les moindres détails du texte. Deux pages de toute beauté dominent cependant cette production : *Sicut cervus* et *Super flumina Babylonis*. La principale qualité de Palestrina est ici le renouvellement perpétuel de l'invention mélodique. Quant au traitement polyphonique, il reste fidèle aux principes franco-flamands : chaque phrase du texte est supportée par une phrase musicale qui se répercute dans toutes les voix en imitations successives.

Quand la polyphonie s'enrichit (six voix et plus), la composition devient, comme dans les messes, une « symphonie vocale » d'autant plus riche et expressive que le mysticisme du texte trouve un écho dans l'âme fervente du musicien. Citons quelques sommets de cette abondante production : *Surge illuminare*, *Sum complerentur*, *Exaltabo Domine*, et les antiennes mariales *Ave Maria* et *Salve Regina*.

Dans les compositions à huit voix, Palestrina est influencé par l'école vénitienne, opposant deux chœurs dans des effets de masses ou d'écho. Deux réussites majeures dans cette catégorie : *Hodie Christus natus est* et *Stabat mater*.

Les madrigaux

En ce domaine, Palestrina apparaît très conservateur. On lui doit cent trente-trois madrigaux (quarante-deux madrigaux spirituels, quatre-vingt-onze madrigaux profanes), mais la plupart d'entre eux ne marquent aucun progrès sur les maîtres de la première époque (Philippe Verdelot ; Jacques Arcadelt). « Une prudence tout ecclésiastique, écrit Pirro, gouverne ici le style, et les pièces amoureuses y ont plus d'onction que de flamme. » Certes, Palestrina connaît à fond la technique du genre, mais il n'innove point et se garde bien de suivre les expériences chromatiques qui séduisirent certains de ses rivaux.

Une mention spéciale doit être faite pour les madrigaux spirituels qui portent la marque de l'inspiration oratorienne.

En deçà des autres madrigalistes quant à l'expression poétique, Palestrina reste en ce domaine comme ailleurs un maître de l'écriture vocale et du coloris harmonique.

ROGER BLANCHARD

Bibliographie

Pierluigi Palestrinas Werke, T. de Witt éd. (vol. I-III), F. Espagne éd. (vol. IV-VIII), F. Commer éd. (vol. IX), F. X. Haberl éd. (vol. X-XXXIII), Breitkopf und Härtel, Leipzig, 1862-1907 ; *Le Opere complete*, édition dite vaticane, R. Casimiri éd. (vol. I-XVI), L. Virgili éd. (vol. XVII), K. Jeppesen éd. (vol. XVIII-XIX), L. Bianchi éd. (vol. XX-XXVI), Institut italien pour l'histoire de la musique, Rome, 1939-1959.

L. Bianchi, *Palestrina*, trad. de l'italien F. Malettra, C. Mela, Fayard, Paris, 1994 / M. Brenet, *Palestrina*, Paris, 1906, rééd. G. Montfort, Saint-Pierre-de-Salerne, 1983 / L. Comes, *La Melodia palestrina e il canto gregoriano*, Venise, 1975 / A. Einstein, *The Italian Madrigal*, Princeton Univ. Press, Princeton (N. J.), 1949, rééd. 1971 / K. G. Fellerer, *Palestrina*, Schwann, Ratisbonne, 1930, 2e éd. Düsseldorf, 1960 / J.-F. Gautier, *Palestrina, ou l'Esthétique de l'âme du monde*, Actes Sud, Arles, 1994 / K. Jeppesen, *Der Palestrinastil und die Dissonanz*, Leipzig, 1927, rééd. Copenhague, 1946 ; « The Recently Discovered Mantova Masses of Palestrina », in *Acta musicologica*, vol. XXII, 1950 / L. Lockwood, *Pope Marcellus Mass*, Norton, New York, 1975 / A. Pirro, *Histoire de la musique de la fin du XIVe à la fin du XVIe siècle*, Laurens, Paris, 1940 / F. Raugel, *Palestrina*, Paris, 1930, rééd. Laurens, 1960 / J. Samson, *Palestrina, ou la Poésie de l'exactitude*, Genève, 1939, nouv. éd. Henn, Genève, 1950 / É. Weber, *Le Concile de Trente et la musique : de la Réforme à la Contre-Réforme*, H. Champion, Paris, 1982.

Actes des séminaires de l'association Palestrina, Paris / Actes des congrès de l'institut Palestrina, 1975, 1986 et 1994.

PAPINEAU-COUTURE JEAN (1916-)

Petit-fils de Guillaume Couture, un des pionniers de la musique canadienne au XIXe siècle, Jean Papineau-Couture est une des figures des plus représentatives de la vie musicale au Canada. Bien que diplômé du New England Conservatory de Boston et un moment élève de Nadia Boulanger, c'est Montréal, ville près de laquelle il est né (Outremont), qui est le centre de son activité musicale. Après y avoir été élève au Conservatoire (harmonie et piano), il devient à son tour professeur de ce même Conservatoire. Il devient ensuite professeur, puis vice-doyen de la faculté de musique de l'université. Il fonde, et préside de 1966 à 1973, la Société de musique contemporaine du Québec.

À l'époque de ses études, il rencontre la musique de Bartók, de Berg, de Stravinski. Compositeur, il s'oriente d'abord vers un style néo-classique (*Concerto grosso*, 1943 ; *Symphonie*, 1947-1948 ; *Psaume CL*, 1954) ; puis, à partir de 1956, il définit son style comme « constructiviste », c'est-à-dire qu'il élabore ses œuvres suivant une architecture qui s'ordonne autour d'un pivot central, celui-ci pouvant varier d'une œuvre à l'autre (élément rythmique ou mélodique). Il compose alors : *Suite pour violon seul* (1956), *Quatuor à cordes* (1957), *Éventails* (1959), *Miroirs* (1963), *Concerto pour piano* (1965), *Contraste* (1970), *Obsession* (1973), pour seize instrumentistes, *Trio pour clarinette, alto et piano* (1974), *Prouesse* (1985) pour voix d'alto, *Arcadie* (1986), pour quatre flûtistes.

BRIGITTE MASSIN

PÄRT ARVO (1935-)

Le compositeur Arvo Pärt naît le 11 septembre 1935 à Paide, en Estonie. Élève de Heino Eller, il sort diplômé du Conservatoire de Tallinn en 1963. Pour gagner sa vie, il travaille comme ingénieur puis comme directeur du son à la radio d'État estonienne de 1957 à 1967. Il compose, entre autres pièces, des musiques de films ; il en aurait écrit plus d'une cinquantaine, mais cette production est difficile à évaluer car ces compositions de jeunesse ne figurent pas au catalogue officiel de son œuvre. De cette période, on peut néanmoins mentionner une courte *Partita* pour piano (1958), encore sous l'influence de Chostakovitch et de Prokofiev, un *Quatuor à cordes* (1959), deux *Sonatines pour piano* (1958, 1959). La cantate *Meie Aed* (*Notre Jardin*, 1959), pour chœur d'enfants, et l'oratorio *Maailma Samm* (*L'Essor du monde*, 1960) lui permettent de remporter, en 1962, le premier prix de composition de l'Union des jeunes compositeurs. Cette première manière, mélange de musique « alimentaire » et de préoccupations plus artistiques, débouchera sur l'application des théories dodécaphoniques. *Nekrolog*, pour orchestre, dédié aux victimes du fascisme (1960) en est le témoignage et le symbole. À cette époque, le pouvoir soviétique qualifie le dodécaphonisme et les recherches sérielles d'art décadent, marqué par une influence procapitaliste suspecte ; *Nekrolog* déconcerte évidemment les autorités culturelles. *Solfeggio*, pour chœur mixte et quatuor à cordes (1964) reste énigmatique. Pärt, entré pourtant dans une phase sérielle, expérimente déjà des techniques aboutissant à la consonance, en usant de procédés de « tuilage » annonçant bien des années à l'avance l'évolution du style de sa musique.

Ses trois symphonies reflètent une évolution qui le conduiront en définitive à une impasse. Sa *Première Symphonie* (1963) est entièrement composée dans un langage dodécaphonique ; la *Deuxième* (1966) combine l'aléatoire et des passages agressifs. La *Troisième Symphonie* (1971), composée dans une période charnière, porte en elle des éléments archaïques et des envolées mélodiques. Le musicien dévoile ici son attrait pour les techniques médiévales, mais celles-ci, incluses dans le moule formel de la symphonie, ne lui donneront pas entière satisfaction. En 1968, son *Credo* pour piano, chœur mixte et orchestre accentue la brouille avec les autorités soviétiques. Il ne s'agit plus cette fois d'esthétique mais de religion, voire de politique. Le livret débute par « Je crois en notre Seigneur Jésus-Christ » suivi d'un passage de saint Matthieu. Il n'en faut pas plus pour que, après un premier concert, l'œuvre soit interdite. Avec *Credo* apparaît le Pärt croyant, celui que l'on connaît le mieux.

En 1969, il abandonne le sérialisme, qu'il perçoit comme une technique dangereuse, destinée à tuer la musique plus qu'à en renouveler la forme. Il étudie le chant grégorien, les polyphonies franco-flamandes des XIVe, XVe et XVIe siècles (Machaut, Obrecht, Josquin des Prés...), et met au point un système qui sera au cœur de ses partitions à venir, le style « tintinnabuli », qui « donne à entendre le son continu d'un unique accord parfait, exprimé ou sous-entendu, un peu à la manière d'une cloche qui continue à sonner longtemps après l'émission de la note » (Paul Hillier).

Sa femme étant juive, Pärt demande un passeport pour Israël, qu'il obtient en 1980. Il s'arrête à Vienne et obtient la nationalité autrichienne, les autorités de ce pays étant traditionnellement attentives au sort des musiciens. Une bourse d'étude allemande lui permet de s'installer définitivement à Berlin-Ouest en 1981. Pärt emporte des partitions dans ses bagages. En effet, depuis 1976, il compose dans un style tonal, cultive la simplicité et ne cache plus ses convictions religieuses, poussant ses préoccupations spirituelles jusqu'à la mystique orthodoxe la plus extrême. Sur le plan technique, ses créations s'articulent autour du silence et de la résonance propre au style tintinnabuli. L'emprunt à la musique médiévale, l'héritage de Bach, de Mozart ou de Britten est intégré par des techniques d'écriture contemporaines, parfois subtilement dissonantes (sensation de frottement), évoluant en spirales, toujours intériorisées et d'un effet plastique saisissant. La rencontre avec Manfred Eicher, producteur et directeur du label discographique allemand E.C.M., va être capitale. Ses compositions, dans un style éminemment provocateur pour l'avant-garde occidentale, qui ne jure que par la complexité, seront pourtant défendues et enregistrées par le violoniste Gidon Kremer, le compositeur Alfred Schnittke, le chef d'orchestre Dennis Russell Davies, le pianiste Keith Jarrett. Le premier enregistrement, paru en 1984 chez E.C.M., comprend plusieurs « tubes » : deux versions de *Fratres* (1977), pour violon et piano et pour ensemble de violoncelles (qui sera décliné par la suite dans de nombreuses versions : quatuor, quatuor et percussion, orchestre à cordes...), feront le tour du monde ; *Cantus in Memory of Benjamin Britten* (1980), écrit à la mémoire de celui que Pärt admirait pour la pureté de sa musique, et, surtout, l'extraordinaire *Tabula Rasa* (1977), pour piano préparé, violon, et chœur. Pärt connaît ainsi une renommée internationale. Son style attire un public qui n'est pas exclusivement composé des habituels mélomanes : des jeunes venus d'autres horizons, des amateurs de musique ancienne, des esprits séduits par sa personnalité mystérieuse (il donne peu d'interviews et fait de fréquents séjours dans des monastères). Les critiques n'hésitent pas à le classer dans la catégorie des minimalistes, à deux doigts des courants « planants » ou « New Age ». Pärt, en effet, annonce qu'il aime Erik Satie (un des pères de « l'esprit minimaliste ») et respecte le travail des répétitifs américains (Glass, Reich, Riley), tout en affichant un mépris métaphysique pour la musique sérielle, qualifiée d'antibiotique ! Il donnera pour la voix le meilleur de sa production. L'une de ses sentences la plus célèbre est : « La voix humaine est le plus parfait des instruments. » Depuis le début des années 1980, le chanteur Paul Hillier, d'abord avec son ensemble vocal Hilliard Ensemble, puis avec sa nouvelle formation, The Theatre of Voices, inscrivent régulièrement à leur répertoire *Miserere* (1989), *Summa* (1978), *De Profundis* (1980), un *Stabat Mater* (1985) bouleversant pour voix et trio à cordes, et un chef-d'œuvre, sa *Passio* (1982). Les compositions se suivent et sans cesse Pärt trouve un public fidèle, en particulier aux États-Unis et en Europe du Nord (Suède, Danemark, Pays-Bas et Allemagne). Le chœur estonien dirigé par Tönu Kaljuste participe également à son essor. Un *Te Deum* (1984-1985), un *Magnificat* (1989), une *Berliner Messe* (1990) témoignent de l'attrait de Pärt pour les textes sacrés de la liturgie latine. La légende affirme que *Litany* (1994), inspiré par la célèbre prière pour toutes les heures du jour et de la nuit de saint Jean Chrysostome, a été écrit pendant un séjour dans un monastère. Depuis le changement stylistique, l'approche de l'orchestre symphonique se limite à de précieuses miniatures comme *Psalom* (1985), *Trisagion* (1992), *Festina Lente* (1988), *Silouans Song* (1991). Le chef d'orchestre Neeme Järvi met souvent à son répertoire ses œuvres symphoniques. Son fils, Paavo Järvi, également chef d'orchestre, enregistre en 1996 *Nekrolog* et la *Première Symphonie*, signe que ces pages, en apparence éloignées du véritable Pärt, constituent le terreau fertile sur lequel a germé son art.

PATRICK WIKLACZ

PEDRELL FELIPE (1841-1922)

L'influence de Felipe Pedrell, compositeur, historien, musicologue, critique espagnol, d'origine catalane, fut et demeure considérable – à côté de celle de son contemporain Francisco Asenjo-Barbieri (1823-1894) – sur l'entrée de la musique espagnole dans le mouvement esthétique moderne. Son élève, Manuel de Falla, a écrit à son sujet : « Pedrell fut un *maître* dans toute l'acception du mot : par sa parole et par son exemple, il a montré et ouvert aux musiciens d'Espagne un chemin que l'on croyait déjà fermé sans espoir, au début du siècle dernier, pour la musique nationale. » Wagner avait salué en lui l'artiste qui, seul, avait restitué à son pays une place de premier plan. Ce n'est pas un mince mérite ; mais l'Espagne demeure ingrate envers sa musique.

Enfant de chœur à Tortosa, sa ville natale, il étudia la musique avec Juan Mir ; à la cathédrale, il connut dès son enfance quelques pages de la musique polyphonique de tradition hispanique. Cependant, il est avant tout un autodidacte doué d'une prodigieuse capacité de travail : « Il composa, écrivit, édita, rédigea des catalogues, fouilla les archives, fut chef d'orchestre, académicien, enseigna pendant trente ans au Conservatoire de Madrid et jeta à lui seul les bases de la musicologie espagnole contemporaine » (D. Devoto). Prenant à son compte le principe énoncé par le jésuite Eximeno (XVIIIe s.) : « C'est sur la base des chansons populaires nationales que chaque peuple doit construire son système musical », Pedrell sut rechercher les traditions dont il avait subi les influences dès son jeune âge, influences populaires paysanne, villageoise (chansons de métier) et prolétarienne à la fois. Il commença de composer à l'âge de quinze ans (musique religieuse) ; il ne quitta sa région natale tarragonaise qu'à dix-huit ans pour visiter la capitale catalane, Barcelone. Le premier opéra national qu'il composa, *L'Ultimo Abenzerragio* (1874) ignore encore le folklore. Sur la douzaine d'opéras qu'il écrivit, il convient de citer la trilogie *Els Pireneus*, *La Celestina* et *Ramón Llull*, *El Conde Arnau*, *La Matinada*. On peut rappeler sa musique de scène (*Le Roi Lear* de Shakespeare), le *Requiem*, le *Te Deum*, ainsi que des œuvres symphoniques telles que *Lo Cant de los montanyes*, *Excelsior*, *I Trionfi*, *Marcha de la Coronación a Mistral*, ou des mélodies (*Orientales*, *Consolations*, *Canciones arabescas*). Ses écrits littéraires fort nombreux eux aussi portent aussi bien sur l'histoire du passé que sur l'action à entreprendre dans le présent. Le manifeste *Por nuestra música* porte en sous-titre : « Quelques observations sur la grande question d'une école lyrique nationale » ; il y définit le drame lyrique national : « Le lied développé dans les proportions voulues par le drame ; c'est le chant populaire transformé. » En 1894, paraît son premier travail lexicographique : *Diccionario técnico de la música* (Barcelone), suivi des premiers fascicules du *Diccionario biográfico-bibliográfico de los músicos españoles* (1894-1897), de l'*Emporio científico e histórico de organografía musical antigua española* (Barcelone, 1901), des deux volumes *Catálech de la biblioteca de la Disputació de Barcelona* (1908-1909), de son étude sur *Las Formas pianísticas* (2 vol., Madrid, 1918). Ses articles et ses monographies sur des sujets fort divers sont innombrables. Il étudie *Vitoria* qu'il réédite en huit volumes (1902-1912), publie une anthologie de l'ancienne musique espagnole depuis les *Cantigas* d'Alfonso el Sabio jusqu'au XVIIIe siècle, édite quatre volumes du *Cancionero musical popular español* (1919-1922), *Salterio sacro hispano* (1882-1905), *Hispaniae schola musica sacra* (8 vol., 1894-1896), *El Teatro lírico en España* (1896-1899), *La Música religiosa en España* (1896-1899), *El Teatro lírico español anterior al siglo XIX* (1897), *El Organista litúrgico español* (1905), *Antología de organistas clásicos españoles* (2 vol., 1908), et la présente liste est encore fort incomplète.

PIERRE-PAUL LACAS

PENDERECKI KRZYSZTOF (1933-)

Né à Debica, en Pologne, Penderecki a vécu une longue partie de son existence sous un régime socialiste. Paradoxalement, il a accordé la place la plus importante à la musique liturgique, située réellement au centre de son œuvre.

Dès 1959, Penderecki reçoit le prix de l'Union des compositeurs polonais. Parmi les œuvres qui ont déterminé le choix du jury : *Les Psaumes de David* (1958), pour chœur, deux pianos, célesta, harpe, quatre contrebasses et percussion, première œuvre sacrée du compositeur. Suit, en 1962, le *Stabat Mater*, pour trois chœurs *a cappella*, intégré par la suite dans la grande œuvre à laquelle il travaille de 1962 à 1965, *La Passion selon saint Luc*, qui sera créée en 1966. En 1967 naît le *Dies irae* à la mémoire des victimes d'Auschwitz (pour soli, chœur et orchestre) et, en 1970, *L'Aurore* (pour solistes, deux chœurs et orchestre) à partir de textes orthodoxes anciens, tandis que *Utrenja* (pour une formation similaire, 1969-1971) évoque et recrée la liturgie russo-byzantine.

L'orientation esthétique de Penderecki n'est pas pour autant tournée vers le passé. Même dans ce domaine sacré, la démarche de la création n'a de sens pour lui que si la musique du passé parvient à rejoindre les directions les plus nouvelles de la musique : il en va ainsi du langage sériel, qui doit pouvoir rejoindre le grégorien, ou du choix de supports électroacoustiques dans des œuvres liturgiques : *Psalmus* (musique électronique, 1961), *Ekecheireia* (pour bande magnétique, 1972).

C'est du reste la nouveauté et l'originalité de son langage qui, avec *Thrène à la mémoire des victimes d'Hiroshima* (1959-1960), a attiré en premier lieu sur le compositeur l'attention internationale ; l'œuvre est conçue pour un ensemble de cinquante-deux instruments à cordes. La recherche sur les sons (emploi des clusters), sur le timbre des instruments à cordes (glissandi, bois tapé, cordes frottées) et même sur les objets « musicaux » (sirène, sifflet, machine à écrire, sonnerie électrique, etc.) font partie intégrante de son écriture. Pour lui, tous ces éléments doivent soit tendre à se fondre, soit mettre en évidence un fond sonore continu très représentatif de son style. Penderecki pratique volontiers la progression par blocs sonores ou par « nappes de sons ».

Outre une création importante dans l'ordre symphonique (citons : *Symphonies nº 1*, 1973, et *nº 2*, 1979-1980 ; *Concerto pour violoncelle nº 2*, 1981-1982 ; *Concerto pour flûte*, 1992) et dans celui de la musique de chambre, Penderecki est aussi un auteur d'opéras, parmi lesquels se détachent *Les Diables de Loudun*, écrit à la demande de l'Opéra de Hambourg et représenté en 1969, *Paradis perdu* (1976-1978), *Le Masque noir* (1984-1986), *Ubu Rex* (1990-1991).

BRIGITTE MASSIN

PERGOLÈSE JEAN-BAPTISTE (1710-1736)

Malgré une existence très brève (il est mort à l'âge où d'autres commencent une carrière), Pergolèse eut le temps d'affirmer sa valeur ; il est un des génies les plus authentiques du préclassicisme italien. De tous les compositeurs vocaux du XVIIIe siècle, Pergolèse est certainement celui qui annonce le plus directement les réussites uniques de Mozart, aussi bien dans le domaine de la musique lyrique que dans celui de la musique sacrée. Le musicien de *La Serva Padrona* anticipe, sans l'étonnante profondeur psychologique, les belles pages de *Così fan tutte*, comme l'auteur du *Salve*, du *Laudate* et du *Stabat* laisse entrevoir le compositeur de la *Messe* en *ut* mineur ou de l'*Ave verum*.

Toute une carrière

La famille des Draghi était originaire de la ville de Pergola ; c'est pourquoi son plus illustre rejeton, né à Jesi dans la Marche, fut connu sous le patronyme de *Pergolesi*, après avoir quelque temps porté celui de sa ville natale... Jean-Baptiste Pergolèse était de santé délicate dès sa naissance ; le dessinateur Leone Ghezzi, auquel on doit une savoureuse caricature du jeune maître, rapporte qu'il boitait en raison d'une très grave affection ; on sait aussi qu'il fut le seul des quatre enfants de ses parents à survivre.

Après les premiers éléments d'éducation musicale reçus du violoniste Francesco Mondini et du maître de chapelle de la cathédrale de Jesi, Francesco Santi, il fut admis vers 1722 ou 1723 au célèbre conservatoire napolitain « dei Poveri di Gesù Cristo », probablement grâce à un marquis mécène de Jesi, C. M. Pianetti. Parmi les maîtres qui le formèrent, il faut relever les noms de Gaetano Greco, Leonardo Vinci et Francesco Durante.

Pergolèse avait vingt et un ans lorsqu'il termina ses études au conservatoire et fit présenter comme une sorte de « chef-d'œuvre », au sens artisanal du mot, l'oratorio *La Conversione di San Guglielmo d'Aquitania* dans la cour du cloître S. Agnello : il révéla subitement un don d'invention mélodique tout à fait exceptionnel et déjà cette capacité de caractériser en quelques traits une situation qui est sans doute l'une des qualités principales des compositeurs lyriques authentiques. Le succès fut tel qu'il reçut immédiatement la commande d'un opéra pour la saison qui commençait au théâtre San Bartolemeo ; cette *Salustia* est évidemment influencée par son maître Vinci, mais on y perçoit déjà tout ce qui fera le succès de ses partitions bouffes à venir.

À la fin de cette année 1732, qui vit la présentation des deux premiers opéras de Pergolèse sur les scènes napolitaines, la ville fut secouée par un violent tremblement de terre, et des services religieux solennels de supplication et de pénitence eurent lieu dans les principales églises. C'est à cette occasion que Pergolèse composa une messe solennelle à dix voix, double chœur, deux orchestres et deux orgues ainsi que les vêpres solennelles à cinq voix, dont le *Confitebor tibi, Domine*, particulièrement remarquable par ses richesses harmoniques et la structure originale des soli avec chœurs « en pédale ».

Dès lors, la carrière du musicien était assurée. Il travailla pour l'impératrice d'Autriche, pour Charles III de Bourbon, pour les rois d'Espagne et même directement pour la cour impériale à Vienne. En 1734, il était devenu l'adjoint du maître de chapelle municipal de Naples, Domenico Sarri ; il était le musicien attitré de la famille des Duchi Maddaloni et semble avoir joui très rapidement d'une considération dépassant largement sa patrie. Le président De Brosses parle de lui, dès 1739, comme de son « auteur d'affection », ce qui montre bien que sa gloire ne date pas, comme on l'écrit trop fréquemment, de la fameuse représentation de la *Serva padrona* à Paris, le 1er août 1752, qui déclencha la « querelle des bouffons ».

Pour les noces fastueuses d'un alchimiste princier, dans la province de Foggia, en décembre 1735, Pergolèse devait composer deux partitions ; la seconde a été achevée par Nicola Sabatini parce que le musicien était tombé malade. Le 19 août précédent, Pergolèse avait présenté la plaisanterie musicale *Coi Cappucini di Pozzuoli*, et la partition autographe de cette œuvre mentionne qu'il est mort dans ce monastère. Il paraît bien aussi que c'est dans le monastère de la baie qu'il acheva, quelques jours avant sa mort, le bouleversant *Stabat Mater*.

Il n'existe encore aucun catalogue indiscutable de l'œuvre de Pergolèse ; dans la liste qui peut être actuellement établie, les œuvres incertaines ou faussement attribuées sont beaucoup plus nombreuses que les partitions certainement authentiques, ce qui prouve la grande gloire qui entourait le compositeur de son vivant ou au lendemain de sa mort. Parmi les œuvres le plus couramment attribuées par erreur à Pergolèse, il y a les six concertos pour cordes publiés par Ricciotti à Amsterdam. Les œuvres instrumentales certaines comportent un concerto pour violon, des sonates pour clavier, une sonate pour violoncelle et des pièces pour orgue ; leur caractère commun est la qualité de l'invention mélodique et une conception nettement « progressiste », dans le style de l'école de Mannheim et de Jean-Chrétien Bach.

Une œuvre lyrique

L'essentiel de l'œuvre de Pergolèse est néanmoins vocal. Parmi ses grands opéras, il faut citer *Il Prigionier superbo* (1733) contenant le fameux intermezzo, *La Serva Padrona* (*La Servante maîtresse*), *Adriano in Siria* (1736) – l'intermezzo *Livietta e Tracollo* en fait partie, plus connu sous le titre ultérieur de *La Contadina astuta* – et surtout *L'Olimpiade* (1735), qui n'a pas dû faire l'unanimité lors de sa présentation, car si le président De Brosses parle des « applaudissements que lui attira l'excellent opéra *L'Olimpiade* », André Grétry parle de tomates lancées au compositeur. Cela se comprend fort bien, car cette œuvre occupe une place unique dans l'art lyrique du XVIIIe siècle : Pergolèse y a réussi, probablement en vertu des contraintes imposées par une distribution de second plan, des mélodies d'une simplicité et d'une vérité évoquant le lied et les plus belles inspirations de Mozart, ce qui devait désorienter les spectateurs habituels de l'*opera seria* de son époque.

Les comédies musicales et les nombreuses arias sont moins importantes ; il faut retenir pourtant *Lo Frate 'nnamorato* (1732), dont le succès justifia plusieurs arrangements successifs du compositeur.

En musique sacrée, les deux grandes messes (en *ré* et en *fa*), les psaumes des vêpres mentionnées plus haut, un admirable *Laudate pueri*, qui date probablement de la fin de sa vie, comme l'un des motets à la Vierge, *Salve Regina*, comptent parmi les chefs-d'œuvre de la musique d'église concertante à l'orée de l'ère classique. Les qualités éminentes de ces œuvres se trouvent concentrées dans le célèbre *Stabat Mater* en *fa* mineur pour deux voix de femmes, orchestre à cordes et orgue : une extraordinaire perfection formelle de la ligne mélodique au service d'un sentiment particulièrement intense, toujours inspiré par le texte, et qui n'est pas sans rappeler la spiritualité la plus « humaine » du Moyen Âge, symbolisée par les écrits de Bernard de Clairvaux.

CARL DE NYS

Bibliographie

C. Boyer, « Notice sur la vie et les ouvrages de Pergolèse », in *Mercure de France*, Paris, juill. 1772 / C. de Brosses, *Voyage en Italie, 1739-1740*, H. Juin éd., Paris, 1964 / A. Della Corte, *G. B. Pergolesi*, Turin, 1926 / F. Degrada, « Le Messe di Giovanni Battista Pergolese », in *Studien zur italienischdeut-*

sche Musikgeschichte, vol. III, Cologne, 1966 / F. DEGRADA dir., *Pergolesi Studies*, Pendragon, New York, 1987 / R. GIRALDI, *G. B. Pergolesi*, Rome, 1936 / H. HUCKE, « Die Neapolitanische Tradition in der Oper », in *Internationale Musikgesellschaft*, colloque, New York, 1961, Bärenreiter, Kassel, 1961 ; *Pergolesi*, *ibid.*, 1965 / E. LUIN, *Fortuna e influenza della musica di Pergolesi in Europa*, Ticci, Sienne, 1943 / I. MAMCZARZ, *Les Intermèdes comiques italiens au XVIIIe en France et en Italie*, C.N.R.S., Paris, 1972 / M. E. PAYMER, *G. B. Pergolesi, a Thematic Catalogue of the Opera Omnia*, Pendragon, 1976 / M. E. PAYMER & H. W. WILLIAMS, *Giovanni Battista Pergolesi. A Guide to Research*, Garland, New York, 1989 / M. F. ROBINSON, *Naples and Napolitan Opera*, Clarendon, Londres, 1972.

PERI JACOPO (1561-1633)

Avec Caccini, Peri est le véritable initiateur du style *rappresentativo*, et donc de l'opéra. Comme Caccini, il est, dans les dernières années du XVIe siècle, musicien de cour à Florence et membre de l'Académie du comte Bardi, où s'élabore le style récitatif. Après les intermèdes qu'il chante lui-même en s'accompagnant sur le chitarrone au mariage du grand-duc Ferdinand (1591), il donne, avec sa *Dafne*, représentée en 1597 au palais Corsi, une œuvre authentiquement dramatique qui surpasse les essais antérieurs de Caccini ou de Galilei. L'œuvre eut un succès considérable. Trois ans plus tard, pour le mariage de Marie de Médicis (1600), c'est *Euridice*, sur un poème de Rinuccini, que Caccini met en musique de son côté.

L'art de Peri est moins brillant que celui de Caccini, plus sec aussi. La virtuosité vocale y est moins prononcée, les vocalises ornementales ou expressives moins fréquentes. Mais Peri a plus de sens dramatique, et respecte plus fidèlement les inflexions de voix et les accents poétiques. Dans certains madrigaux à voix seule, on voit poindre l'opposition d'un style récitatif et de passages en forme d'aria, qui s'imposera dans l'opéra du XVIIe siècle. Peri a peut-être plus marqué la destinée de l'opéra en gestation que son rival Caccini. Pourtant, la popularité de ce dernier restera plus vivante après sa mort, tant en Italie qu'en France.

PHILIPPE BEAUSSANT

PÉROTIN (XIIe-XIIIe s.)

Pérotin est un compositeur français du Moyen Âge dont le nom reste attaché à l'essor de la polyphonie et de l'école parisienne dite école de Notre-Dame. C'est, en effet, alors que s'édifiait la cathédrale et que l'Université de Paris rayonnait dans tout le monde occidental, que les musiciens parisiens firent de leur cité un foyer artistique de renom international. La plupart de ces musiciens restèrent anonymes : seuls les noms de Maître Albert de Léonin et de Pérotin furent transmis à la postérité, quoique les découvertes musicologiques les concernant soient relativement récentes.

Les sources

En 1864, le musicologue Edmond de Coussemaker mit au jour un certain nombre d'écrits théoriques du XIIIe siècle, publiés sous le titre : *Scriptorum de musica medii aevi*. Parmi ces documents, un traité anonyme, dit *Anonyme IV*, révèle l'existence de Maître Léonin, « organiste » (c'est-à-dire compositeur d'organum), auteur d'un *Grand Livre pour le Graduel et l'Antiphonaire*, et de Pérotin-le-Grand, salué comme *optimus discantor*, qui remania le livre de Léonin et l'enrichit d'œuvres personnelles d'une technique plus évoluée. Le nom de Pérotin apparaît encore dans le traité de Jean de Garlande, professeur à l'Université de Paris, qu'on date généralement de 1240-1250. Jean de Garlande précise qu'on trouve les grands *organa* quadruples (à quatre voix) de Pérotin en tête du *Grand Livre de Notre-Dame* (*Magnus Liber*).

En 1898, Wilhelm Meyer reconnut le *Magnus Liber* dans un manuscrit conservé à Florence (Biblioteca Medicea Laurenziana), dont le contenu répond à la description de Jean de Garlande et de l'*Anonyme IV*. Les œuvres de l'école de Notre-Dame furent également reconnues dans un manuscrit de Madrid (Biblioteca Nacional) et dans deux manuscrits de Wolfenbüttel en Allemagne, l'un d'origine française, l'autre provenant du monastère écossais de Saint-Andrew. En France, en 1948, Yvonne Rokseth publiait et commentait le manuscrit H. 196 de la faculté de médecine de Montpellier (XIIIe siècle) contenant organa, conduits et motets. Plus récemment, le musicologue espagnol Higinio Anglès exhumait à Las Huelgas un manuscrit du XIVe siècle dont le contenu, d'un siècle antérieur, est consacré à l'école française.

Telles sont les principales sources dont nous disposons. Ces divers manuscrits se recoupent, et la majorité des œuvres qu'ils renferment sont anonymes. Seuls les textes de l'*Anonyme IV* et de Jean de Garlande permettent d'identifier avec certitude sept compositions de Pérotin. Il s'agit de quatre organa – *Viderunt omnes*, organum quadruple pour le temps de Noël ; *Sederunt principes*, organum quadruple pour la fête de saint Étienne ; *Alleluia posui*, organum triple ; *Alleluia Nativitas*, organum triple pour la nativité de la Vierge – et de trois « conduits » – *Beata viscera*, à une voix ; *Salvatoris hodie* et *Dum sigillum patris* à deux voix.

L'*Anonyme IV* parle encore d'un conduit, *Justitia*, qui n'a pas été retrouvé. D'autre part, la clausule à quatre voix, *Mors*, qui suit le *Sederunt principes* dans les manuscrits, est selon toute vraisemblance l'œuvre de Pérotin. Enfin, les deux conduits pour le sacre de Louis VIII (*Beata nobis gaudia*) et de Louis IX (*Gaude felix Francia*, figurant dans le manuscrit latin 15139 de la Bibliothèque nationale, à Paris) ont été attribués à Pérotin par Leo Schrade (hypothèse plausible, mais non confirmée).

Le bilan peut paraître maigre : une dizaine d'œuvres, dont sept authentifiées. Mais ces quelques œuvres suffisent à mesurer l'importance de Pérotin dans l'histoire de la musique : elles constituent les premiers monuments de la musique française.

Une identification difficile

Qui était Pérotin ? On s'accorde à penser que son nom est un diminutif de Pierre. Les musicologues se plongèrent dans l'étude des parchemins du temps de Philippe Auguste et de Saint Louis – notamment dans les archives de Notre-Dame – pour tenter de découvrir parmi les Pierre qui eurent quelque activité à la maîtrise de la cathédrale lequel pouvait être Perotinus Magnus. Notons que le chantier de la cathédrale fut ouvert en 1163 sous le règne de Louis VII et que, lorsqu'on parle d'école de Notre-Dame, il s'agit d'un répertoire concernant en fait tout le diocèse de Paris. Le traité de Jean de Garlande présente Pérotin comme un personnage dont la disparition est récente ; or ce traité a été daté de 1270 environ. Les recherches portent donc sur une longue période. Nous possédons quelques jalons : on sait, par exemple, par un texte de l'évêque Eudes de Sully, que le *Viderunt omnes* fut exécuté en 1198 et le *Sederunt principes* en 1199 ; comme il s'agit d'œuvres d'une technique avancée, on présume que leur auteur n'était pas un tout jeune homme lorsqu'il les a composées. D'autre part, si l'on suit Leo Schrade dans l'hypothèse ci-dessus mentionnée, Pérotin aurait écrit le « conduit » pour le sacre de Saint Louis, qui eut lieu en 1226. Le musicien aurait donc vécu dans le dernier tiers du XIIe siècle et le premier tiers du XIIIe siècle.

Plusieurs Pierre ont retenu l'attention des enquêteurs. Jacques Chailley fait état de cinq hypothèses dont la plus sérieuse semble être celle de Jacques Handschin : elle concerne un « sous-chantre » (*Petrus succentor*) dont le nom paraît dans divers actes de 1208 à 1238 et est mentionné après sa mort comme prêtre (*sacerdos*) en compagnie de l'évêque Odon et du doyen Hugues. Mais l'incertitude demeure.

Nouveautés techniques

Deux nouveautés essentielles : l'enrichissement de la polyphonie et les progrès de la notation. Avant Pérotin, l'écriture polyphonique était à deux voix (déchant et organum). Les musiciens parisiens semblent être les continuateurs des moines de Saint-Martial de Limoges, dans le domaine de l'organum en particulier. On pense généralement que, dans le *Magnus Liber*, les organa à deux voix doivent être attribués à Léonin ; Pérotin ne fit que les réviser en les abrégeant. Par contre, avec Pérotin paraît l'écriture à trois et à quatre voix.

En fait, il existe un conduit à trois voix signé d'un certain Maître Albert (*Magister Albertus Parisiensis*) figurant en appendice dans le manuscrit d'un office, destiné à Saint-Jacques-de-Compostelle, qu'on peut dater des environs de 1140 (*Codex Calixtinus*). Cet exemple est unique et l'écriture en est encore assez gauche.

Avec Pérotin, l'écriture s'enrichit donc et s'affine. Qui plus est, la notation dite pérotinienne permet de préciser les rythmes : un ingénieux système de ligatures détermine la place des valeurs longues et des valeurs brèves, selon les modes rythmiques alors en usage. Il y avait six modes : le premier comportait l'alternance longue/brève ; le deuxième, l'alternance brève/longue ; le troisième, l'alternance une longue/deux brèves ; le quatrième, deux brèves/une longue ; le cinquième, deux longues ; le sixième, six brèves consécutives. Ce système, bien qu'encore rudimentaire, marque un pas en avant considérable et ouvre la voie à l'écriture proportionnelle (*notatio mensurabilis*) dont l'apparition permettra l'éclosion de l'ars nova.

L'évolution des formes

L'organum

L'organum est une des premières formes polyphoniques ; il apparaît avant le Xe siècle. Au-dessus de la *vox principalis* à laquelle était confiée la mélodie grégorienne, une *vox organalis* évoluait parallèlement à une distance de quarte ou de quinte. Afin d'éviter la fausse relation de triton (quarte augmentée) que les musiciens médiévaux considéraient comme « le diable en musique » (*diabolus in musica*), la *vox organalis* fut amenée à former avec la mélodie principale d'autres intervalles que la quarte ou la quinte : unisson, seconde ou tierce. Mais il s'agissait encore de contrepoint note contre note (déchant). En évoluant encore, la *vox organalis* allait acquérir plus d'indépendance par rapport à son support liturgique et s'enrichir de mélismes. Les premiers exemples de ce nouveau style apparaissent à Saint-Martial de Limoges. Les musiciens de Paris développent cette technique et, au temps de Léonin, la *vox principalis* ou « teneur » s'étire en valeurs longues tandis que le *duplum* ou *vox organalis* développe d'amples vocalises dans un style qu'on peut qualifier de fleuri. À l'intérieur de la composition, des sections dans le style du déchant (note contre note) apportent un élément de contraste. Dans les sections en pur style d'organum, la teneur est non mesurée ; elle l'est au contraire dans les passages en style de déchant. Tous les manuscrits dont on dispose présentent ce genre de composition en partition, ce qui facilite aux exécutants la compréhension de la concordance des deux voix.

Telle est la forme dont hérita Pérotin et qu'il allait transformer. L'un des inconvénients majeurs de l'organum était sa durée parfois excessive (jusqu'à 20 minutes). Afin d'abréger la composition, Pérotin substitua des clausules en style de déchant aux clausules dans le vieux style. Exemple : un des manuscrits de Wolfenbüttel comporte quatre clausules (au choix) sur la syllabe « go » du mot *virgo*, destinées à prendre place dans l'organum *Benedicta Virgo Dei genitrix*.

Modes et voix

Autre nouveauté, l'usage des six modes rythmiques (séparés ou combinés) alors que Léonin se contentait du premier mode. Mais la grande innovation fut l'adjonction d'une troisième et d'une quatrième voix. Cet enrichissement s'accompagnait d'une économie dans l'usage des mélismes ou vocalises. Les deux ou trois voix supérieures présentent chez Pérotin de courts fragments mélodiques et rythmiques dont la répétition devient élément d'animation. Au contrepoint mélodique s'ajoute un contrepoint rythmique. Une brève analyse du *Viderunt omnes* fera comprendre l'importance des réformes pérotiniennes : cet organum quadruple se divise en trois sections ; dans la première, la teneure fait entendre les syllabes des mots *Viderunt omnes*, chacune en valeurs très longues (les notes qui supportent ces syllabes correspondent à des dizaines de mesures dans les parties supérieures en notation moderne). Au-dessus de ces gigantesques piliers, les trois voix supérieures échangent de courts motifs de rythme semblable ; les voix de même tessiture se croisent et s'imitent ; car Pérotin semble avoir découvert le principe de l'imitation qui va devenir la base de l'écriture contrapuntique jusqu'à Jean-Sébastien Bach. Contrastant avec la solennité puissante de la basse (teneur), les voix du duplum, triplum et quadruplum donnent une impression d'allégresse carillonnante. La seconde section du *Viderunt omnes* est traitée en plain-chant (*fines terrae salutare Dei nostri, jubilate Deo omnis terra*). La troisième partie, de beaucoup la plus développée, est consacrée au verset : *Notum fecit Dominus salutare suum, ante conspectum gentium revelavit*. On y retrouve le style de la première ; mais aux deux tiers environ du morceau, la basse s'anime soudain ; les valeurs, jusqu'ici démesurément longues, font place à des valeurs brèves : on a l'impression que l'édifice s'ébranle et l'effet est prodigieux. Il y a une sorte de crescendo dynamique qui amène une conclusion enthousiaste : *faciem suam*. Il n'y a rien de comparable dans toute l'histoire de la musique.

Le conduit

Selon le musicologue américain Albert Seay, le « conduit » (*conductus*) était à l'origine une musique destinée à accompagner une procession ; il semble que le terme ait été utilisé pour la première fois dans le *Jeu de Daniel*, drame liturgique du XIIe siècle, où il désignait des morceaux introduisant les divers personnages. En outre le mot *conductus* fut appliqué au prélude du *Benedicamus Domino* à la fin des vêpres. Le conduit, ultérieurement, ne fut plus nécessairement lié à la liturgie ou aux cérémonies religieuses ; il pouvait s'appliquer à des faits du jour ou à des événements politiques (le couronnement d'un roi par exemple). Sa forme ne dépendait point d'un thème liturgique ou profane ; elle était entièrement libre : monophonique ou polyphonique, le conduit était entièrement créé par le compositeur.

Le conduit à une voix, selon J. Chailley, est issu des *versus* limousins, eux-mêmes dérivant des tropes ; il alterne la déclamation syllabique et les abondants mélismes lyriques, surtout en fin de phase. Le *Beata viscera* de Pérotin est un modèle du genre, par sa ligne souple, expressive et variée et sa structure parfaitement ordonnée. L'analyse du *Beata nobis gaudia*, pour le sacre de Louis VIII, également à une voix, semble donner raison à L. Schrade dans son hypothèse d'attribution à Pérotin. Quant au conduit polyphonique (deux ou trois voix), il repose sur le principe de la superposition de mélodies ayant chacune sa marche propre : c'est du contrepoint pur. « Qui veut composer un conduit, écrivait le théoricien Francon de Cologne, doit d'abord composer la plus belle mélodie qu'il pourra ; ensuite il lui adjoindra d'autres mélodies en veillant à leur propre valeur ainsi qu'aux consonances de l'ensemble selon les règles du déchant. »

Les deux conduits authentifiés de Pérotin, *Salvatoris hodie*, méditation sur le rite de la circoncision, et *Dum sigillum Patris* sont assez développés et élaborés. Quant au *Gaude felix Francia*, c'est une pièce de circonstance exprimant la joie du royaume devant le couronnement du nouveau roi ; il comporte deux parties, chacune commençant par un long mélisme (peut-être destiné à une exécution instrumentale) ; le reste offre une déclamation syllabique.

Le motet est la troisième forme pratiquée par les musiciens du XIIIe siècle. Si les manuscrits nous livrent plusieurs centaines de textes de motets, aucun d'eux n'a pu être attribué à Pérotin. Cependant, si l'on accepte le fait que les clausules des organa ont pu avoir des exécutions séparées de l'ensemble pour lequel elles ont été conçues, on peut assimiler ces clausules à des motets.

L'œuvre de Pérotin représente l'apogée de ce qu'on peut appeler « le classicisme médiéval ».

ROGER BLANCHARD

Bibliographie

J. H. BAXTER, *An Old St. Andrew's Book*, Londres, 1931 / J. CHAILLEY, *Histoire musicale du Moyen Âge*, Paris, 1950, nouv. éd. P.U.F., Paris, 1984 / E. DE COUSSEMAKER, *Scriptorum de musica medii aevi*, 4 vol., Paris, 1864-1876 / L. DITTMER, « Eine zentrale Quelle der Notre-Dame Musik », in *Veröffentlichungen mittelalterlichen Musikhandschriften*, vol. III, Brooklyn, 1959 / A. GASTOUÉ, *Les Primitifs de la musique*, Paris, 1921 / J. HANDSCHIN, « Zur Notre-Dame Rhythmik », in *Zeitschrift für Musikwissenschaft*, 1931 ; « Zur Geschichte von Notre-Dame », in *Acta musicologica*, vol. IV, 1932 / H. HUSMANN, *Die drei und vierstimmen Notre-Dame Organa*, Leipzig, 1940 / F. LUDWIG, *Repertorium organorum*, Halle, 1910 ; « Die liturgischen Organa Leonins und Perotins », in *Medieval Music*, Garland, Londres, 1985 / A. MACHABEY, « À propos des quadruples pérotiniens », in *Musica disciplina*, vol. XII, 1958 / G. REESE, *Music in the Middle Ages*, Londres, 1941, rééd. Waveland Press, Prospect Hill

(Ill.), 1991 / Y. Rokseth, *Polyphonies du XIII*^e *siècle*, 4 vol., Monaco, 1935-1948 / L. Schrade, « Coronation Conductus », in *Annales musicologiques*, vol. I, 1953 / A. Seay, *Music in the Medieval World*, Prentice-Hall, Engewood Cliffs (N. J.), 2e éd. 1975 (trad. P. Sieca, *La Musique au Moyen Âge*, Actes sud, Arles, 1988) / H. Tischler, « Perotinus Revisited », in *Mélanges*, New York, 1966 ; *The Parisian Two-Part Organa*, 2 vol., Pendragon, New York, 1988 / G. Waite, *The Rhythm on 12th Century Polyphony*, New Haven, 1954 / C. M. Wright, *Music and Ceremony at Notre Dame of Paris 500-1500*, Cambridge Univ. Press, New York, 1989.

PHILIDOR LES DANICAN dits LES (XVIIe-XVIIIe s.)

Dynastie de musiciens français (depuis Louis XIII jusqu'à la Révolution), dont certains furent illustres. Après Michel Danican, hautboïste sous Louis XIII (lequel l'aurait comparé à un artiste italien du nom de Filidori, d'où le pseudonyme adopté), une douzaine de compositeurs ou d'instrumentistes virtuoses portent ce nom. Jean (1620 env.-1679), hautboïste et fifre de la Grande Écurie, est aussi virtuose sur le cromorne, la trompette marine et la timbale. André (1647 env.-1730), ou Philidor l'Aîné, fit partie de la Grande Écurie, de la Chapelle et de la Chambre du roi ; ses fonctions de bibliothécaire musical près le roi à Versailles (1684) furent importantes. De ses compositions, on peut signaler seulement les onze opéras-ballets, ses *Pièces à deux basses de viole, basse de violon et basson* (1700) et sa *Suite de danses pour les violons et les hautbois* (1699). Après Alexandre, frère du précédent, qui appartint à la musique du roi (basse de cromorne, trompette marine), Jacques le Cadet (1657-1708), son frère, occupa les mêmes fonctions à la Grande Écurie ; il entra aussi à la Chapelle et à la Chambre. Anne, fils d'André l'Aîné (1681-1728), fut flûtiste (Grande Écurie, Chapelle, Chambre), et surintendant du prince de Conti ; il dirigea les concerts de la duchesse du Maine. C'est lui qui fonda le célèbre Concert spirituel des Tuileries (1725), première association permanente de concerts publics, qu'il dirigea pendant deux ans et dont l'activité artistique se poursuivit jusqu'à la Révolution. Il a laissé notamment un *Premier Livre pour la flûte traversière, flûte à bec, violon et basse* (1712), des pastorales, des motets, un *Te Deum* et une messe. Pierre (1681-1731), fils de Jacques le Cadet, fut violoniste et flûtiste à la Chambre du roi. Il écrivit une pastorale, exécutée à Versailles (1697), trois recueils de *Suites à deux flûtes traversières* (1717, 1718) et *Six Suites de trios* pour flûte (1718). Michel (1683-apr. 1722), frère d'Anne, fut percussionniste (timbalier des gardes du corps et tambour de la Chambre) ; il devint le gendre de Delalande. Jacques (1686-1709), lui aussi fils de Jacques le Cadet, fut musicien de la Grande Écurie et timbalier du duc d'Orléans, qu'il suivit en Espagne. François, son frère (1695-1726), fit partie de la Chapelle (basse de cromorne, trompette marine), de la Chambre (hautboïste) et de la Grande Écurie (basse de viole) ; il laissa plusieurs pièces pour la flûte traversière (1716-1718). Nicolas (1699-1769), son frère, fut violiste à la Chambre et hautboïste à la Grande Écurie. Il joua aussi du serpent à la Chapelle.

François-André Philidor (1726-1795), fils d'André l'Aîné, est le plus illustre de la dynastie. Il mourut à Londres dans l'émigration. Élève de Campra, il fit entendre ses premières œuvres à Versailles. Il écrivit beaucoup pour le théâtre : dix opéras-comiques, dont *Blaise le savetier* (1759), *Sancho Pança* (1762), *Le Bûcheron* (1763), *Le Maréchal-Ferrant* (1761), *Le Sorcier*

(1764), *Tom Jones* (1765), *Le Diable à quatre* (1756), *Le Soldat magicien* (1760), *Le Jardinier et son seigneur* (1761), *Ernelinde, princesse de Norvège* (1767), modifiée en *Sandomir, prince de Danemark* (1769), *La Nouvelle École des femmes* (1770), *Persée* (1780), *L'Amitié au village* (1785), *La Belle Esclave* (1787), *Le Mari comme il les faudrait tous, ou la Nouvelle École des maris* (1788). Il collabora avec Rousseau aux *Muses galantes* et au *Devin de village*. Son œuvre théâtrale suit l'évolution de l'opéra-comique tout au long du XVIIIe siècle. Elle est, tour à tour, vaudevillesque, bourgeoise, fantastique, philosophique. Les qualités de l'orchestration manifestent le talent du compositeur, ainsi que celles de l'écriture vocale, tant pour les solistes que pour les chœurs. Dans sa musique religieuse, on peut retenir, à côté de ses motets, un *Requiem* (1766) et un *Te Deum* (1786). C'est en Angleterre que furent créés le *Carmen saeculare* (1779), sorte d'oratorio profane, et les *Odes anglaises*. Dans sa musique, Philidor sait user d'effets dramatiques puissants et sûrs. Il connaît parfaitement la technique de l'écriture harmonique et contrapuntique, bien mieux en tout cas que ses rivaux Monsigny ou Duni. Dans *Le Jardinier et son seigneur* apparaît une touche de satire sociale (ce qui est nouveau pour le temps) au milieu des idylles imaginaires de la vie pastorale. Son chef-d'œuvre est certainement la comédie lyrique *Tom Jones*. « Philidor sut lui donner le ton qui convenait grâce à une vigueur, une sensibilité, une vivacité et un pittoresque qui ont rarement été atteints dans tout l'opéra-comique du XVIIIe siècle » (D. J. Grout) ; on en retiendra notamment le septuor du deuxième acte, et l'air « Ô toi qui ne peux m'entendre » du troisième acte. Enfin, Philidor fut l'un des grands joueurs d'échecs de l'histoire de ce jeu. Il publia une *Analyse du jeu d'échecs* (1748), et l'on a donné son nom à une ouverture classique, appelée la « défense Philidor ». Diderot réserve une place de choix à cet étonnant personnage dans son spirituel *Neveu de Rameau*.

PIERRE-PAUL LACAS

PHILIPPOT MICHEL (1925-1996)

Compositeur, théoricien, pédagogue, musicologue et musicographe (il a en particulier signé de nombreux articles de l'*Encyclopædia Universalis*), Michel Philippot, né à Verzy, dans la Marne, le 2 février 1925, était l'un de ces musiciens d'exception pour qui l'expression de leur art passe nécessairement par la pratique de plusieurs disciplines.

La guerre éclate alors qu'il a entrepris des études de mathématiques, qu'il doit donc interrompre. Il participe à la Résistance et est arrêté à Lyon. À la Libération, il se tourne vers la musique, qu'il étudie notamment avec Georges Dandelot au Conservatoire de Paris (1945-1947) et avec l'apôtre du dodécaphonisme, René Leibowitz (1945-1949). D'abord professeur d'enseignement musical dans les écoles du département de la Seine (1946-1949), il entre ensuite à la Radiodiffusion française, comme musicien metteur en ondes (1949-1959). Entre 1959 et 1961, il est adjoint de Pierre Schaeffer au Groupe de recherches musicales (G.R.M.) de la R.T.F., puis Henry Barraud l'appelle à ses côtés à la direction de la chaîne France Culture (1961-1963). Il se voit alors confier le service des créations musicales de l'O.R.T.F. (1963-1964) avant de devenir sous-directeur de la radiodiffusion à l'O.R.T..F. (1964-1967) et responsable des productions et émissions musicales (1964-1972). Il est conseiller du directeur général de l'O.R.T.F. (1972-1975) et du président de l'Institut national de l'audiovisuel (I.N.A., 1975-1976). Parallèlement, il enseigne la musicologie et l'esthétique aux universités de Paris-I et de Paris-IV (1969-1976). Il est également professeur de composition au Conservatoire de Paris (1970-1990), où il est à l'origine de la création d'un département d'enseignement supérieur aux métiers du son (1989). Les compositeurs Denis Cohen, Philippe Manoury et Nicolas Bacri comptent parmi ses élèves. Il partage sa vie entre la France et le Brésil (il a épousé la pianiste brésilienne Anna-Stella Schic) et crée, en 1976, le département de musique à l'Université d'État de São Paulo, qu'il dirige jusqu'en 1979. Puis il est professeur à l'Université fédérale Unirio de Rio de Janeiro (1979-1981). En France, il occupe à nouveau un poste de conseiller scientifique à l'I.N.A. (1983-1989). En 1987, il reçoit le grand prix national de la musique. Il meurt à Vincennes le 28 juillet 1996.

Cet homme de savoir (il était fier de posséder un exemplaire de la première édition de l'*Encyclopédie*) ignorait les frontières qui s'élèvent trop facilement entre les écoles. Si sa formation de mathématicien et l'héritage de Schönberg puisé chez Leibowitz l'avaient conduit à une écriture rigoureuse, son passage au G.R.M. et son expérience d'ingénieur du son avaient aiguisé son sens de la curiosité et de l'ouverture. Chercheur invétéré, il avait largement exploré le domaine de la musique électroacoustique avant de se passionner pour l'informatique, mais il n'a jamais laissé la machine prendre le pas sur l'homme. Il se refusait à « transposer des lois mathématiques ou physiques dans la musique » et défendait ce qu'il considérait comme l'objectif essentiel, « toujours arriver à une cohérence du discours musical. Il arrive ainsi que, pour résoudre un problème spécifiquement musical, on fasse appel à des méthodes empruntées aux mathématiques ».

Sa musique est souvent austère ; musique de l'avenir pour certains, musique inclassable sûrement, « jeu subtil de miroirs où les éléments se renvoient les uns aux autres », qui repose sur le principe de la variation continue et sur « un savant dosage de plans, de force ou de couleurs » (Gérard Condé). On retiendra une série de partitions qu'il avait simplement intitulées *Composition*, dont les nomenclatures s'échelonnent d'un instrument seul (violon ou piano) au grand orchestre (1958-1990), ainsi que ses quatre quatuors à cordes (1976, 1982, 1985, 1988). Certaines partitions semblent plus directement signées par le mathématicien qu'il était : un hommage à Pascal pour douze instruments, *Transformations triangulaires* (1963), un septuor en hommage à Newton (1977) et *Contrapunctus X* pour le bicentenaire de l'École polytechnique (1994). Mais c'est probablement dans ses deux sonates pour piano (1947, 1973) qu'il a livré ce qu'il avait de plus intime. De ses nombreux écrits, on retiendra *Électronique et techniques compositionnelles* (C.N.R.S., Paris, 1956) et son *Traité de l'écriture musicale* (Ed. Novas Metas, São Paulo, 1984).

ALAIN PÂRIS

PIAZZOLA ASTOR (1921-1992)

Le cas est assez rare, dans le domaine musical, d'un créateur jouant, si l'on peut dire, sur les deux tableaux pour qu'on ait pu parler d'Astor Piazzola comme d'un génie. Jamais sans doute il n'a entretenu l'ambition d'une rivalité avec son maître Alberto Ginastera et, passionné de ces éléments multiples qui correspondent à la personnalité du bandonéon, il n'a cherché à le sortir du cadre où le maintenaient les aficionados du tango traditionnel qu'en lui insufflant l'air frais qui s'imposait à la survie du tango lui-même. Il occupe ainsi une place privilégiée parmi les maîtres de l'Argentine, ni tout à fait la même ni tout à fait une autre que celle de Gershwin pour les États-Unis.

Né à Mar del Plata le 11 mars 1921, il suit sa famille, trois ans plus tard, à New York, et c'est là qu'il commence à jouer du bandonéon. À vingt ans à peine, il revient en Argentine et étudie sérieusement la musique avec Ginastera, tout en s'intégrant, avec son instrument, jugé plus ou moins populaire, dans la formation d'Anibal Troilo. Peu après, il constitue son propre orchestre et s'essaye à la composition ainsi qu'à la direction d'orchestre, la première à Paris, sous la férule de Nadia Boulanger, la seconde en Allemagne, avec Hermann Scherchen. Temporairement, l'influence de Nadia Boulanger le confirme dans l'épanouissement de sa vocation. Il fonde tour à tour un quintette, l'octetto Buenos Ayres et un orchestre à cordes avec lesquels il entreprend des tournées dans les universités d'Argentine, puis, à partir de 1960, dans toute l'Amérique latine. Il en est également le « fournisseur », et son aisance à concevoir des mélodies originales le signale à l'attention des producteurs de films et des directeurs de théâtre. Il leur offrira un nombre important de compositions (*Tango, l'exil de Gardel*, *Sur* de Fernando Solas, *Famille d'artistes* d'Alfredo Arias), tout en restant attentif à une autre perspective créatrice : dès 1952, sa *Rapsodia Portena* conquiert les États-Unis ; l'année suivante, une *Symphonie Buenos Ayres* lui vaut le prix Fabien-Sevitzky ; puis, une *Sinfonietta* obtient celui de la critique ; ses trois *Mouvements symphoniques* sont créés par Paul Klecki en 1963.

En 1967, *Maria de Buenos Ayres*, premier opéra-tango, écrit en collaboration avec le poète Horacio Ferrer, lui apporte une célébrité que ses compatriotes n'hésiteront pas à contester à cause du visage nouveau qu'il confère déjà à l'intouchable tradition nationale qu'est le tango. Il récidive avec *Milonga en ré* et *Tangaso*, écrit pour Ignacio Calderon, et, surtout, la *Balada por un loco*, que Julien Clerc devait répandre dans le public francophone sous sa traduction littérale *Ballade pour un fou*. En compagnie de Ferrer, il poursuit son chemin de lumière avec des mélodies où Stravinski et les musiciens du groupe des Six se rejoignent sous le signe du jazz et de la liberté.

L'autre aspect de sa vocation le sollicite pourtant, avec *Pueblo juven*, composé à Paris et diffusé en 1973 sur la première chaîne austro-allemande ; un peu plus tard, c'est le *Concerto pour violoncelle et orchestre* (1981), que crée Rostropovitch, et la musique de scène pour *Le Songe d'une nuit d'été* monté à la Comédie-Française dans une production de Lavelli (1987).

Que lui importe à présent le reniement de son pays natal sclérosé dans sa vision du tango ? Son *Tango argentino*, mis en vedette à Broadway en 1985, le libère des dernières hésitations qu'il aurait pu conserver dans la conception des lettres de noblesse à donner à un genre, populaire en Europe depuis cinquante ans. Mieux encore, les musiques d'atmosphère qui coulent de source sous ses doigts et sous sa plume font de lui un irremplaçable compositeur de musique de films et les amateurs n'ont pas besoin de plus de quelques mesures pour reconnaître sa « patte ». Ce monde qu'il évoque ou qu'il invente est bien à lui, comme le fut, dans des temps déjà lointains, celui d'un Maurice Jaubert. Et sans que l'idée de folklore vienne à l'esprit.

Terrassé par une attaque en 1990, Astor Piazzola supporta deux ans d'agonie avant de s'éteindre, à Buenos Aires, le 5 juillet 1992. Son œuvre, qui pouvait être déconcertante en fonction des classifications habituelles, a trouvé une audience au sein d'un public pour lequel l'équilibre plastique et spirituel se révèle d'instinct et s'impose comme par magie.

Un dernier disque maintiendra l'équivoque sur l'étiquette qu'il convient d'apposer sur son œuvre. Les quatre tableaux qui illustrent son *Histoire du tango* vont, en effet, des allusions conventionnelles aux hauts lieux où on pouvait l'entendre au cours des premières décennies du XXe siècle (« Bordel 1900 », « Café 1930 », « Night-Club 1960 ») à un « Concert d'aujourd'hui » qui mêle les figures rythmiques habituelles à une syntaxe plus spécieuse. Mais la flûte et la guitare qui prennent ici la relève du bandonéon apparaissent moins convaincantes que l'instrument cher à l'auteur et qu'il a joué en grand initié.

ANDRÉ GAUTHIER

PICCINNI NICOLA (1728-1800)

Compositeur italien d'opéra né à Bari, connu surtout pour la querelle qui, en 1777-1778 à Paris, opposa ses partisans à ceux de Gluck. Élève à Naples de Leo et de Durante, Piccinni donne son premier opéra (*Le Donne dispettose*) dans cette ville en 1754. Appelé à Rome en 1758, il y écrit *Alessandro nell'Indie*, de style *seria* (sur un livret de Métastase), et en 1760 *La Cecchina ossia la buona figliola* d'après Goldoni, de style *buffa*. Une cinquantaine d'opéras suivront en une dizaine d'années. En 1776, il se rend à Paris sur l'invitation de Marie-Antoinette, y entreprend immédiatement six opéras français et y fait notamment jouer *Roland*, sur un livret de Marmontel (1778). Gluck vient alors de donner *Armide* (1777). Bientôt se déclenche la « querelle des gluckistes et des piccinnistes », envenimée par les nombreux écrits des partisans respectifs des deux compositeurs. Piccinni, qui représente la musique italienne, se voit confier la direction d'une troupe transalpine. Deux ans après l'*Iphigénie en Tauride* de Gluck, il fait représenter son opéra du même nom (23 janv. 1781) : Gluck a quitté la place, mais l'ouvrage de Piccinni n'obtient qu'un succès d'estime. Un nouveau rival lui est alors suscité en la personne de Sacchini : la cour ayant commandé un opéra à chacun d'eux, Sacchini donne *Chimène* (1784), et lui-même *Didon* (1783). Le plus étonnant dans cette affaire est que Piccinni tient Gluck comme Sacchini en très haute estime : il prononce l'éloge du second devant sa tombe ouverte (1786), et en 1787, à la mort de Gluck, tente en vain d'organiser à Paris des cérémonies commémoratives annuelles. Au début de la Révolution, il retourne à Naples, puis se réfugie à Venise, où il écrit encore *La Griselda* (1793). Accueilli de nouveau par la France en 1798, il est nommé inspecteur de l'enseignement du Conservatoire en 1800, peu avant sa mort survenue à Passy.

MARC VIGNAL

PIERNÉ GABRIEL (1863-1937)

Élève de Massenet, de Lavignac et de Franck, Pierné succède à celui-ci comme organiste à la tribune de Sainte-Clotilde (1890-1898). Grand prix de Rome en 1882, il partage son activité entre la direction d'orchestre et la composition. À la tête des concerts Colonne (1910-1934), il révèle de jeunes compositeurs comme Debussy, Roussel ou Stravinski et s'impose parmi les meilleures baguettes de sa génération.

Son métier de chef d'orchestre, faisant de lui un assimilateur, ne lui permet pas de créer une œuvre personnelle tranchée. Mais, dans ses créations, se révèlent un métier d'une sûreté absolue, une écriture limpide, une orchestration parfaite, le tout joint à une grande légèreté de touche, à la verve, à la délicatesse, à la souplesse. Son œuvre est très diverse : de grandes fresques chorales qui s'imposent par leur sincérité (*L'An mil*, 1897 ; *La Croisade des enfants*, 1905 ; *Les Enfants à Bethléem*, 1907 ; *Saint François d'Assise*, 1912), des opéras-comiques (*Fragonard*, 1934), des ballets (*Cydalise et le Chèvre-pied*, 1919 ; *Impressions de music-hall*, 1927), des pages symphoniques (*Concertstück pour harpe*, 1901 ; *Paysages franciscains*, 1920 ; *Divertissement sur un thème pastoral*, 1932), des musiques de scène (*Ramuntcho*, pour la pièce de Pierre Loti, 1908), de la musique de chambre et des mélodies.

ALAIN PÂRIS

PIERRE DE LA CROIX (2e moitié XIIIe s.)

Théoricien et musicien français de la seconde moitié du XIIIe siècle, originaire d'Amiens, Pierre de la Croix (Petrus de Cruce) peut être identifié à Pierre de Picardie dont le traité fut reproduit par le dominicain, professeur de musique à la Sorbonne au temps de Saint Louis, Jérôme de Moravie, sous le titre *Musica mensurabilis*. Il composa une messe (1298) en souvenir de Louis IX. Grâce aux *Regulae* (1326) de Robert de Handlo (XIVe s.) et à la *Summa super musicam continuam et discretam* de John Hanboys (XVe s.), on sait qu'il aurait introduit le point de division dans la notation mensuraliste. Dans le *Speculum musicae* du pseudo-Jean des Murs, aujourd'hui restitué à Jacques de Liège, on lit l'*incipit* de deux motets à trois voix de Pierre de la Croix, où le compositeur divise la brève parfaite (temps musical) en plus de trois semi-brèves. On a retrouvé ces deux motets dans le manuscrit de Montpellier (*H. 196*) et dans un autre de Turin (*Vari 42*) : *Aucun ont trouvé chant* et *S'amour eust point de poer*. Une telle innovation (on trouve jusqu'à neuf semi-brèves par « temps ») donna naissance à la minime de P. de Vitry (*Ars nova*). Bien que, pour cette raison, il eût été compréhensible qu'il fût appelé *optimus notator*, cette dénomination est appliquée à un Pierre de Notre-Dame qui aurait vécu avant les

Francon (Francon de Cologne et Francon de Paris) ; or, par J. de Liège, on sait que Pierre de la Croix suivit la doctrine de ces derniers.

PIERRE-PAUL LACAS

PORPORA NICOLA ANTONIO GIACINTO (1686-1768)

Le compositeur italien Porpora est, durant la première partie du XVIIIe siècle, c'est-à-dire à l'âge d'or du bel canto, l'un des principaux représentants de ce qu'il est convenu d'appeler l'école napolitaine. Sa carrière comporte deux types d'activités : la composition (environ 150 œuvres connues comprenant de très nombreux opéras, des cantates profanes et sacrées, des oratorios, des pièces religieuses et un groupe d'œuvres instrumentales) et la pédagogie musicale. Il enseigne le chant et la composition dans son école privée, dans les institutions de bienfaisance napolitaines et vénitiennes ainsi qu'à des personnes de l'élite aristocratique. Parmi ses multiples élèves, il compte les célèbres castrats Carlo Broschi – dit Farinelli –, Gaetano Majorano – dit Caffarelli –, Antonio Uberti – dit Porporino –, Felice Salimbeni et la soprane Regina Mingotti.

Porpora naît à Naples, le 17 août 1686. Son père est un commerçant aisé de la ville. En septembre 1696, il entre au Conservatorio dei Poveri di Gesù Cristo, où il séjourne pendant dix ans comme élève payant, puis sans frais. En novembre 1708, Porpora présente son premier opéra (*Agrippina*) au palais royal puis au théâtre San Bartholomeo de Naples. En 1711, il est maître de chapelle du prince de Hessen-Darmstadt et, en 1713, de l'ambassadeur du Portugal. L'année suivante, il reçoit sa première commande (*Arianna e Teseo*) pour la cour de Vienne. De 1715 à 1722, Porpora est *maestro* au conservatoire napolitain de Sant'Onofrio, composant parallèlement des *opere serie* et des cantates pour les théâtres et la cour de Naples et commençant à enseigner la musique en privé. À partir de 1720, on lui commande des œuvres pour les théâtres de grandes villes italiennes (Rome, Milan, Turin...). Après un passage rapide à Vienne (1725), Porpora enseigne, de 1726 à 1733, à Venise, à l'Ospedale degli Incurabili. En 1733, sa candidature à un poste dans la chapelle de la basilique Saint-Marc ayant été rejetée, il part pour Londres fonder, avec de très bons chanteurs comme Farinelli, Senesino, Francesca Cuzzoni, une troupe rivale de celle de Haendel, The Opera of the Nobility. Après avoir composé cinq opéras pour cette compagnie, il quitte l'Angleterre, durant l'automne de 1736, sur une impression de demi-échec. Du printemps de 1737 à l'automne de 1738, il reprend son ancien poste aux Incurabili de Venise. À cette date, il revient à Naples, occupant jusqu'au 6 octobre 1741 le poste de maître de chapelle au conservatoire de Santa Maria di Loreto. En 1742, on le trouve à nouveau à Venise, *maestro di coro* à l'Ospedale della Pietà, puis à l'Ospedaletto. En 1747, Porpora se rend, à la suite de l'ambassadeur vénitien, à Vienne puis à la cour de Dresde où il entre en concurrence avec Johann Adolf Hasse. Avant d'être nommé Kapellmeister en 1748, il enseigne le chant à la princesse électorale Maria Antonia Walpurgis. En 1752-1753, il est de nouveau à Vienne, où le jeune Joseph Haydn devient son élève et son valet. C'est, pour Porpora, le début d'une période de déclin artistique et financier. Ses œuvres ne plaisent plus et la cour d'Autriche en difficulté ne parvient pas à le payer. Il rentre à Naples au printemps de 1760. Nommé premier *maestro* à Sant'Onofrio, il doit quitter cette charge dès l'automne de l'année suivante. Il s'éteint à Naples le 3 mars 1768, après sept années d'extrême indigence.

Porpora a composé une cinquantaine d'opéras, presque tous dans la veine seria, c'est-à-dire sur des sujets héroïco-historiques. Ses librettistes sont A. Zeno, S. Stampiglia, A. Salvi, Métastase... et P. Rolli à Londres. Parallèlement, il a écrit une vingtaine de grandes cantates et sérénades, souvent à l'occasion de fêtes princières protocolaires et dédiées à de hauts personnages (douze d'entre elles sont adressées à l'électeur de Bavière et publiées à Londres en 1735). On compte aussi cent trente-deux cantates à une voix. Porpora est un compositeur cosmopolite dont le style musical « napolitain » s'enrichit de ses expériences artistiques européennes. Sa production sacrée est abondante et variée. Il compose plusieurs messes, deux Te Deum, environ quinze oratorios exécutés à Naples, Rome, Venise et Londres. Une grande partie de ses œuvres furent écrites pour les « filles » des *ospedali* de Venise et pour voix féminines : une cinquantaine de motets et psaumes, des Introductions, un *Magnificat en « sol » mineur* (1742), *In exitu Jerusalem* (1744). Ses partitions religieuses dénotent un fort enracinement dans le style traditionnel napolitain de la fin du XVIIe siècle (homophonique et contrapuntique), mais il n'en utilise pas moins dans certaines pièces l'écriture mélodique ornée de la musique profane.

Ses œuvres instrumentales sont nombreuses : Porpora compose six *Sinfonie da camera*, six *concerti*, douze sonates pour violon et continuo, six autres sonates pour violon, violoncelle et continuo dédiées à Maria Antonia Walpurgis. *Sei Sinfonie da camera a tre*, opus 2, sont publiées à Londres en 1735. Dans ce domaine, Porpora sait faire la synthèse entre la conduite contrapuntique rigoureuse des voix et les différents styles rencontrés au cours de ses voyages (ornementation, rythmes de danses, pointé « à la française »...).

Après 1750, Porpora est supplanté par des compositeurs germaniques comme Jean-Chrétien Bach et Gluck. On donne souvent de lui une opinion peu flatteuse. Charles de Brosses le trouve, par exemple, « naturel mais peu inventif » et Charles Burney écrit que ses cantates « ont toujours été estimées en fonction de l'excellence de leurs récitatifs, du bon goût et du style des airs. Mais [ajoute l'historiographe anglais], en confinant rigoureusement ses airs et ses cantates à des passages convenant uniquement à la voix, [ceux-ci] semblent manquer d'esprit quand on essaie de les transposer sur un instrument ».

Généralement, les commentaires portés par leurs contemporains sur les compositeurs napolitains de la génération de Porpora (Leonardo Leo, Leonardo Vinci, Pergolèse) se rejoignent : cette musique est essentiellement vocale et doit beaucoup aux très grands chanteurs qui l'interprètent. Oubliant même les activités de compositeur de Porpora, Charles Burney remarque que celui-ci fut « longtemps considéré comme le meilleur professeur de chant en Europe, car il eut du succès avec les voix qu'il lui fallut former, particulièrement avec celle de Farinelli », castrat dont le style vocal, note par ailleurs l'historiographe, est fidèlement calqué sur celui de son maître.

SYLVIE MAMY

PORTAL MICHEL (1935-   )

Certains êtres, et particulièrement certains artistes, découragent toute espèce de classement ou de définition. De Michel Portal, clarinettiste et saxophoniste (mais aussi joueur de bandonéon), interprète classique et jazzman (mais également compositeur), Francis Marmande brossait en 1981 le portrait d'un « exilé permanent qui se sent en instance » ; presque une manière de congédier tout enfermement du personnage dans la fixité, illusoire, d'une identité. Autant dire que, si l'on veut se donner une chance de cerner la singularité du musicien, le portrait devient singulièrement... pluriel ; un paradoxe qui permit en 1972 à Lucien Malson de « botter en touche » du côté de la mythologie grecque : « Protée, c'est déjà lui : plusieurs artistes en un seul, un seul homme sous diverses apparences. » Faut-il voir dans ces appartenances toujours transitoires la clé de l'anxiété radicale qui le sous-tend, humainement et musicalement ? Ce n'est probablement pas un hasard si l'une des plages de son disque « Any Way » (publié en 1993) s'intitule *Intranquilo*, adjectif qui signifie l'inquiétude dans la langue d'une Espagne chère au cœur de ce Bayonnais, mais aussi dans celle du Portugais Fernando Pessoa ; le *desassossego* sur quoi le poète fonde son *Livre de l'intranquillité* n'est probablement pas étranger à l'univers du clarinettiste.

Il faut dire que l'itinéraire du musicien défie constamment l'académisme : s'il est vrai qu'il obtint en 1959 le premier prix de clarinette du Conservatoire de Paris, puis ceux des concours de Genève et du jubilé suisse (1963), et aussi de Budapest (1965), cela ne l'empêcha nullement de jouer dans des orchestres de danse (Perez Prado, Aimé Barelli...), après avoir pratiqué dès l'enfance les musiques populaires de son Pays basque (il est né à Bayonne le 25 novembre 1935). Les années 1960 le voient parcourir toutes les provinces de l'univers musical, au sens le plus large : des orchestres qui accompagnent les grands artistes de variétés à ceux qui divertissent le Lido ou les Folies-Bergères, il vit le « métier » du musicien, dans son prosaïsme et sa diversité. Mais il participe aussi aux orchestres de jazz, pour jouer les musiques de Pierre Michelot, Jef Gilson, Jean-Luc Ponty, Ivan Jullien ou André Hodeir... Parallèlement, il s'implique dans le free jazz dès que ce courant s'exprime sur la scène française, notamment aux côtés du pianiste François Tusques, du trompettiste Bernard Vitet, ou du batteur américain Sunny Murray. Il s'affirme, dans le même temps, comme l'interprète indispensable aux compositeurs contemporains, qui trouvent dans la surprenante étendue de ses modes de jeu et dans son intelligence musicale le médiateur idéal sur ce difficile instrument qu'est la clarinette. Il suffira, pour éclairer ce rôle, de citer ses multiples participations à l'ensemble Musique vivante de Diego Masson, notamment pour *Domaines*, de Pierre Boulez, et sa collaboration avec de nombreux compositeurs comme Luciano Berio, Mauricio Kagel, Karlheinz Stockhausen ou Vinko Globokar, lequel lui dédie *Ausstrahlungen*. Avec ce dernier, également tromboniste, il se produira dès 1969 au sein du New Phonic Art, ensemble de « musique de chambre contemporaine improvisée » qu'ils ont créé en compagnie du pianiste-compositeur Carlos Roqué Alsina et du percussionniste Jean-Pierre Drouet.

L'année 1971 voit naître le Michel Portal Unit, structure ouverte dévolue à l'improvisation libre, et où vont se croiser pendant plusieurs lustres quelques-uns des musiciens les plus aventureux du jazz et de la musique improvisée, d'Amérique ou d'Europe. Cela n'empêchera nullement le clarinettiste (dans cet univers clarinettiste-basse ou saxophoniste, le plus souvent) de se joindre aussi, selon des formules dont la plus intime sera le duo, à de très grands improvisateurs. Sans prétendre à l'exhaustivité, et dans le seul but de mettre en relief la diversité de ces partenaires, il convient de citer les saxophonistes John Surman, Anthony Braxton, Jean-Louis Chautemps, Harry Sokal, Dave Liebman, Louis Sclavis, François Jeanneau ; les batteurs ou percussionnistes Pierre Favre, Daniel Humair, Paul Motian, Han Bennink, Mino Cinelu, Jack DeJohnette, Trilok Gurtu, André Ceccarelli ; les contrebassistes Jean-François Jenny-Clark, Léon Francioli, Beb Guérin, Henri Texier, Charlie Haden ; les pianistes Martial Solal, Joachim Kühn, Andy Emler ; ou encore le guitariste Claude Barthélemy, l'organiste Eddy Louiss, le violoniste Didier Lockwood, le tromboniste Albert Mangelsdorff, le tubiste-poly-instrumentiste Howard Johnson et, depuis toujours, Bernard Lubat, l'homme-orchestre ; sans oublier, dans un registre différent, la danseuse Carolyn Carlson...

Cette activité plurielle sur tous les fronts des musiques d'aujourd'hui ne doit évidemment pas occulter l'importance du clarinettiste classique, soliste et chambriste dont la renommée s'affirmera plus tardivement : en décembre 1975, la salle Pleyel l'accueille enfin, alors qu'il est depuis longtemps demandé sur les grandes scènes du jazz ou de la musique contemporaine (Châteauvallon, Donaueschingen, Royan...) et rares seront désormais les critiques ou les mélomanes rétifs à lui reconnaître cette liberté de saute-frontière, de brouilleur d'étiquettes que son insatiable appétit d'émois musicaux conduit d'un univers à l'autre. Et les plus honnêtes reconnaîtront vite que, loin d'altérer son insigne qualité de concertiste, cette diversité de pratiques enrichit au contraire sa musicalité, et l'émotion qu'elle communique. Dans le domaine de la musique de chambre, il donnera ainsi la réplique aux pianistes Georges Pludermacher, Maria-João Pires, Michel Dalberto, Mikhail Rudy..., aux violoncellistes Frédéric Lodéon, Boris Pergamenschikow..., aux altistes Gérard Caussé, Youri Bashmet..., aux quatuors Melos, Talich, Orlando...

Ultime facette d'un portrait dont les multiples touches disent assez la complexité, il convient de ne pas oublier le compositeur pour l'image : en effet, Michel Portal écrit des musiques pour le cinéma et la télévision ; de cette importante activité on citera, notamment, sa fidélité au cinéaste et critique de jazz Jean-Louis Comolli (*La Cecilia*, 1975 ; *L'Ombre rouge*, 1981 ; *Balles perdues*, 1983) ; sans oublier bien sûr trois césars obtenus pour *Le Retour de Martin Guerre* (Daniel Vigne, 1981), *Les Cavaliers de l'orage* (Gérard Vergez, 1983) et *Champ d'honneur* (Jean-Pierre Denis, 1986).

Par-delà les apparents clivages d'une activité plurielle, ce qui frappe, chez Michel Portal, c'est une invocation quasi rituelle de la solitude, conjuguée au désir éperdu de communiquer, de partager : avec les musiciens qui le côtoient sur scène, mais aussi avec le public. Ce haut degré d'exigence d'une réponse, d'une implication de l'autre, est la légitime attente d'un musicien qui s'investit constamment jusqu'à la limite, jusqu'au danger. On trouve chez l'improvisateur cette grandeur, ce courage d'accepter l'absence de partition avec le risque, l'angoisse que cela induit : que jouer, maintenant ? On trouve chez l'interprète classique cette lucidité qui s'en remet au texte sans entraver, selon l'analyse de Patrick Szernovicz, l'instauration d'un « climat, au sens propre, extraordinaire, fait de pulsions, mais qui retrouve l'ardeur première de l'œuvre ». Son art, dans l'un et l'autre cas, se construit par l'enlacement de tensions dramatiques, d'échappées de gaieté surgies de la gravité même ; écrite ou improvisée, sa musique paraît sans cesse remise en jeu. Et, s'il recourt souvent à l'Afrique, pour le caractère irrépressible de ses rythmes, pour ses spontanéités de fête, Michel Portal sait aussi le secret des emportements de Brahms. Constamment saisi d'un doute fécond, il sait que l'art ne saurait advenir sans cette part de violence faite à toutes les certitudes.

XAVIER PRÉVOST

POULENC FRANCIS (1899-1963)

Avec Arthur Honegger et Darius Milhaud, Francis Poulenc est l'un des trois compositeurs du groupe des Six dont l'œuvre a acquis aujourd'hui une renommée internationale. On ne saurait mieux caractériser cet artiste qu'en le disant « musicien français » par excellence. Francis Poulenc est français en effet par la clarté, le sens des proportions, la sensualité et l'imagination visuelle. La musique pure l'inspire peu, ou, du moins, ne constitue pas son domaine de prédilection. Mais la rencontre des poètes, les climats musicaux à créer, les caractères à dessiner aiguisent ses facultés. Il a merveilleusement assimilé les langages poétiques d'Apollinaire, de Max Jacob et de Paul Eluard, et c'est en s'appliquant d'abord à traduire avec exactitude le texte de Bernanos qu'il a fait des *Dialogues des Carmélites* un chef-d'œuvre sans équivalent sur la scène lyrique. Pour la première fois, en effet, la vie religieuse n'y est pas dénaturée, et Poulenc lui-même a pu dire qu'il avait composé un opéra dont le sujet était « la Grâce et le transfert de la Grâce ».

Primauté du style

Francis Poulenc naît à Paris le 7 janvier 1899, aveyronnais par son père, parisien par sa mère. Il s'est formé en dehors de l'enseignement officiel (ses maîtres ont été Ricardo Viñes, pour le piano, et Charles Kœchlin, pour la composition) ; se trouvant tout naturellement accordé à son temps, il n'a pas eu à lutter, si ce n'est contre sa propre facilité. Tout en se fiant à son propre goût, à son seul instinct, il s'inscrit pourtant dans la tradition de Chabrier, de Stravinski et de Satie. Francis Poulenc a toujours reconnu la dette qu'il avait contractée à leur égard : Chabrier a été, en quelque sorte, son « grand-père spirituel », Stravinski et Satie jouant pour lui le rôle à la fois de garants et d'exemples. Mais c'est moins du côté des musiciens que de celui des poètes et même des peintres (souvent cités dans ses écrits) que Francis Poulenc a recueilli les leçons qui lui ont permis de faire entendre une voix entre toutes personnelle, celle d'un musicien à qui l'on doit quelques-uns des plus beaux cycles de mélodies pour chant et piano composés au XXe siècle. N'est-il pas significatif que son premier chef-d'œuvre, écrit en 1919, soit *Le Bestiaire*, sur des poèmes d'Apollinaire ?

Au groupe des Six, Francis Poulenc doit certainement la liberté, l'audace, la franchise de ses débuts. La mode était alors aux œuvres brèves et cela convenait parfaitement au jeune musicien qui n'avait pas encore étoffé son langage. Trop longtemps regardé comme un « petit maître », même après avoir écrit des œuvres aussi importantes que le cycle de mélodies *Tel jour telle nuit* ou le *Concerto pour orgue et orchestre*, le compositeur est apparu sous un autre visage vers 1950, après la création de son *Stabat Mater* au festival de Strasbourg. Les *Dialogues des Carmélites*, créés en 1957 à Milan puis à Paris, achèvent de lui donner, aux yeux de la critique et du public, sa véritable stature.

On ne doit à Francis Poulenc aucune innovation d'ordre technique. Il n'est pas de la race des révolutionnaires ; encore moins de celle des théoriciens. Aux recherches sur le vocabulaire musical il a préféré l'invention et le perfectionnement d'un style. Mais s'il n'a pas innové, il a *rénové* la mélodie pour chant et piano, le motet (*Stabat Mater*), l'opéra bouffe (*Les Mamelles de Tirésias*), l'opéra (*Dialogues des Carmélites*). La musique vocale est, chez lui, un domaine privilégié. Par une conséquence toute naturelle, la primauté accordée au dessin mélodique se retrouve dans sa musique instrumentale. Francis Poulenc n'est pas un symphoniste ; il ne développe pas des thèmes, mais juxtapose et enchaîne des motifs mélodiques que l'orchestration met en valeur. Les couleurs instrumentales, d'une sobriété volontaire (ce qui n'empêche nullement leur éclat, leur mordant), ne viennent jamais surcharger le dessin. Une des grandes vertus de la musique de Francis Poulenc est d'être conçue dans des proportions parfaites, c'est-à-dire parfaitement mesurée par rapport à ses ambitions. Elle est à la fois exactement *cadrée* et *située*. Charmer, toucher, enchanter par le bonheur de l'expression juste, émouvoir par une confidence qui n'est jamais impudique, mais le plus souvent secrète (et comme à demi-mot), laisser ici toute liberté à la fantaisie, la contraindre ailleurs – tout cela procède d'un style, qui, sans être unique, est toujours accordé à son sujet.

Claude Rostand a défini Francis Poulenc par une phrase qui a fait fortune : « Il y a chez lui du moine et du voyou. » Le Poulenc à casquette du *Bal masqué* (cantate profane sur des poèmes de Max Jacob) et de l'*Embarquement pour Cythère* (valse musette pour deux pianos) coexiste avec le musicien qui « entre en religion » lorsqu'il écrit ses *Motets pour un temps de pénitence*.

Du divertissement aux œuvres religieuses

On peut distinguer plusieurs périodes dans l'œuvre de Francis Poulenc. De 1917 à 1923, le musicien ne compose que des œuvres de petite dimension : *Trois Mouvements perpétuels* pour piano (1918), *Le Bestiaire*, six mélodies sur des poèmes d'Apollinaire (1919), *Cocardes*, trois chansons populaires sur des poèmes de Jean Cocteau (1919), *Le Gendarme incompris*, une comédie bouffe (restée inédite) sur un texte de Jean Cocteau et Raymond Radiguet (1921). Il collabore, avec Georges Auric, Germaine Tailleferre, Darius Milhaud et Arthur Honegger, aux *Mariés de la tour Eiffel* (1921), écrit (entre 1918 et 1922) de brèves sonates pour piano à quatre mains, pour deux clarinettes, pour clarinette et basson, pour cor, trompette et trombone. Ces œuvres se rattachent à l'esthétique prônée par Cocteau : mélodies d'allure populaire, rythmes alertes, sonorités crues rappelant le music-hall et le cirque. Mais déjà dans *Le Bestiaire* apparaissent une sensibilité et une poétique personnelles, teintées de mélancolie.

De 1923 à 1935, le musicien réalise des œuvres où le métier s'affermit en même temps que s'enrichit sa palette expressive. *Les Biches*, ballet créé à Monte-Carlo par Serge de Diaghilev (1923), le *Concert champêtre* pour clavecin et orchestre, écrit pour Wanda Landowska (1928), *Aubade*, concerto chorégraphique pour piano et dix-huit instruments (1929), le *Concerto en ré mineur* pour deux pianos et orchestre (1932) témoignent de sa jeune maîtrise. Il compose des œuvres de musique de chambre : un *Trio pour piano, hautbois et basson* (1926), un *Sextuor pour piano, flûte, hautbois, clarinette, basson et cor*, marquant ainsi sa préférence pour les instruments à vent. Sa musique vocale se tourne vers le pastiche et le divertissement (*Chansons gaillardes*, 1926), retrouve une verve plus personnelle avec les *Cinq Poèmes de Max Jacob* (1931) et *Le Bal masqué* (1932), et atteint la perfection avec les *Quatre Poèmes de Guillaume Apollinaire* (1931). Si 1935 est l'année du premier concert à Paris du duo Bernac-Poulenc et des premières mélodies sur des textes de Paul Eluard, 1936 est l'année décisive qui marque un tournant très important dans l'œuvre de Francis Poulenc avec les *Sept Chansons a cappella*, les *Litanies à la Vierge noire* et le cycle de mélodies sur des poèmes d'Eluard *Tel jour telle nuit* (achevé en 1937). Écrites pour le baryton Pierre Bernac, les mélodies de Francis Poulenc épousent le cours subtil de la poésie de Paul Eluard, le clarifient sans le dénaturer. À la gravité de ces poèmes répondent, de leur côté, les œuvres d'inspiration religieuse : la *Messe en sol majeur* (1937), les *Quatre Motets pour un temps de pénitence*.

De 1940 à 1944, les années noires de l'Occupation ralentissent l'activité du musicien qui compose pourtant un ballet d'après les *Fables* de La Fontaine, *Les Animaux modèles* (1941), de nombreuses mélodies, la cantate *Figure humaine*, écrite en 1943 sur des poèmes d'Eluard et, dans l'espérance de la Libération qui semble proche, en 1944, ce mélange explosif de gaieté et de mélancolie, *Les Mamelles de Tirésias*, opéra bouffe sur un texte de Guillaume Apollinaire.

L'après-guerre est pour Francis Poulenc la période des moissons. Les chefs-d'œuvre succèdent aux chefs-d'œuvre : en 1950, le *Stabat Mater* ; en 1953, la *Sonate pour deux pianos* ; en 1955, les *Dialogues des Carmélites* ; en 1958, *La Voix humaine*, sur un texte de Cocteau ; en 1959, le *Gloria* ; en 1961, les *Sept Répons des Ténèbres*. Les deux dernières œuvres, en 1962, sont deux *Sonates*, pour hautbois et piano, pour clarinette et piano. Francis Poulenc y affirme une fois encore sa prédilection pour les instruments à vent, mais avec une gravité et une ampleur que l'on ne trouve pas dans les œuvres de sa jeunesse.

Ainsi, sans rupture, dans un développement harmonieux, cette œuvre a-t-elle grandi, inscrite dans son époque, mais libre, authentique, et, pour reprendre le titre d'une des *Sept Chansons a cappella* (sur un poème d'Eluard), « belle et ressemblante ».

JEAN ROY

Bibliographie

• *Écrits de Francis Poulenc*

Entretiens avec Claude Rostand, Julliard, Paris, 1954 ; *Chabrier*, La Palatine, Genève, 1961 ; *Moi et mes amis*, *ibid.*, 1963 ; *Journal de mes mélodies*,

Grasset, Paris, 1964, nouv. éd. Cicéro-Salabert, Paris, 1993 ; *Correspondance 1915-1963*, Seuil, Paris, 1967.

• *Études*

P. BERNAC, *Francis Poulenc et ses mélodies*, Buchet-Chastel, Paris, 1978 / « *Dialogues des Carmélites, La Voix humaine* », in *L'Avant-Scène Opéra*, n° 52, 1983 / H. HELL, *Francis Poulenc*, Fayard, Paris, 1978 / G. R. KECK, *Francis Poulenc*, Greenwood, New York, 1990 / W. MELLERS, *Francis Poulenc*, Oxford Univ. Press, Londres, 1993 / D. PISTONE dir., « Poulenc et ses amis », in *Revue internationale de musique française*, n° 31, 1994 / J. ROY, *Francis Poulenc*, Seghers, Paris, 1964.

POUSSEUR HENRI (1929-)

Le plus brillant représentant de la musique belge contemporaine. Né à Malmédy (Belgique), Henri Pousseur, qui fit ses études musicales à Liège, puis à Bruxelles, est un des musiciens du XXe siècle les plus préoccupés d'élargissement et de renouvellement des connaissances.

L'aventure musicale dans laquelle il s'engage tout entier est une aventure intellectuelle qui dépasse le simple domaine de la prospection du son et rejoint par ses préoccupations celle où peuvent être engagés d'autres esprits en d'autres domaines : André Souris en esthétique, Michel Butor dans l'ordre du langage, deux personnalités qui ont beaucoup compté dans sa recherche personnelle.

Étonnamment ouvert à la pensée d'autrui, Pousseur tire parti de toute rencontre. Par Pierre Froidebise (son professeur à Liège et son ami), il découvre Webern (et compose dès 1955 un *Quintette à la mémoire d'Anton Webern*). Avec Boulez, Stockhausen et Berio, de peu ses aînés, ce sont des échanges fructueux qui entraînent sa participation au studio de musique électronique de Cologne (Séismogramme, 1953), au Domaine musical tout récemment fondé (*Symphonie à quinze solistes*, 1954-1955), puis au studio de Milan (*Scambi*, 1957) et qui l'amènent à fonder à son tour le studio de musique électronique de Bruxelles, fixé à Liège par la suite (*Rimes*, 1958-1959 ; *Trois Visages de Liège*, 1961). Parti d'une technique d'écriture wébernienne, Pousseur, un peu grâce à ses découvertes dans le domaine de l'électroacoustique, évolue vers une technique plus mobile, plus aléatoire (*Mobile*, 1956-1958), puis, élargissant encore sa perspective, dans un regard libre et indépendant de toute école, il cherche à réaliser une synthèse entre passé et présent pour susciter un langage qui ne renonce à aucun élément du passé musical (redécouverte de Monteverdi aussi bien que de Stravinski), langage qui trouvera le moyen de faire « éclater » et déborder l'expérience musicale pour se fondre avec celui des recherches vécues en d'autres domaines.

La rencontre entre Henri Pousseur et Michel Butor est alors décisive et débouche sur une fructueuse collaboration (*Répons*, 2e version, 1965). Écrivain et compositeur travaillent étroitement en commun pour une œuvre scénique de grande dimension, l'opéra *Votre Faust* (1961-1967), où la forme est volontairement mobile. Le public participe directement au déroulement de l'œuvre par ses choix entre plusieurs possibles ; le tissu musical est fait de citations extraites d'œuvres étalées sur plusieurs siècles de musique et travaillées suivant une technique sérielle, tentative pour fondre les musiques les plus diverses en une pensée musicale unique. Entreprise déroutante peut-être, qui ne peut être assimilée à un simple collage, mais capitale dans la démarche créatrice de Pousseur.

Parallèlement à cette œuvre d'envergure, Pousseur compose nombre d'œuvres instrumentales, toujours d'une grande rigueur de composition (*Couleurs croisées*, 1967 ; *Les Éphémérides d'Icare II*, 1970 ; *Invitation à l'utopie*, 1971 ; *Die Erprobung des Petrus Hebraicus*, 1974 ; *Ballade berlinoise*, 1977 ; *La Seconde Apothéose de Rameau*, 1981 ; *Un jardin de passacailles*, 1987 ; *Dichterliebesreigentraum*, 1993).

La même volonté d'élargissement que prouve sa démarche créatrice détermine Pousseur à des recherches sur les formes de la pratique musicale (sociologie, pédagogie : il enseigne à Darmstadt, Cologne, Bâle, Buffalo, et est nommé directeur du Conservatoire de Liège en 1975 ; de 1983 à 1987, il assume la direction de la mise en chantier de l'Institut de pédagogie musicale et chorégraphique du Parc de la Villette, à Paris). La conséquence de ces activités toujours réfléchies est une œuvre écrite importante sur les problèmes de la musique (*Les Écrits d'Alban Berg*, *Fragments théoriques I sur la musique expérimentale*).

BRIGITTE MASSIN

POWER LEONEL (mort en 1445)

Avec Dunstable, Leonel Power (Leonellus Anglicus) est le théoricien et le compositeur le plus renommé de la musique anglaise de la première moitié du XVe siècle. L'œuvre de ces deux musiciens assure très nettement le passage de l'*ars nova* à l'écriture de la Renaissance. En 1423, Power entra dans la fraternité bénédictine de Saint-Augustin à Canterbury. On connaît de lui un peu plus de quarante œuvres authentiques ; il en a certainement composé au moins une cinquantaine. Plusieurs, que d'autres sources présentent comme étant dues à Dunstable, lui sont attribuées par certains. On ne connaît de lui que de la musique religieuse, dont la messe *Alma Redemptoris Mater* (la messe *Rex saeculorum* est peut-être de Dunstable), vingt-trois fragments de messes (*Gloria*, *Credo*, *Sanctus*, *Agnus* séparés), plusieurs antiennes et motets. La messe *Alma* est la plus ancienne dont l'ordinaire soit construit sur un même *cantus firmus* de plain-chant qui figure à toutes les voix (ici, deux fois par mouvement, et dans un traitement isorythmique), ce qui confère à l'ensemble de l'œuvre une unité musicale évidente. Une telle forme dominera par la suite l'école franco-flamande. Les œuvres de jeunesse (cf. le manuscrit d'Old Hall) manifestent qu'il continue d'écrire selon les principes de la fin de l'*ars nova* (proportions complexes, rythmes irréguliers) ; en revanche, dans les compositions de la deuxième manière (manuscrits italiens de Trente, d'Aoste, de Modène, de Bologne), il se rapproche du style souple et aisé de Dunstable et de celui de la chanson du début du XVe siècle. Ainsi établit-il un contraste entre le duo solo et le chœur à trois ou quatre voix, ce qui est un processus caractéristique de la musique anglaise (déb. XVe s.), qui sera repris par les Français Guillaume Le Grant ou Dufay. Un exemple révélateur de cette manière est le motet *Gloriosae Virginis*. Dans le traité *In Contrivd upon ye Gamme*, il étudie seulement l'art d'improviser le *quatrible* (déchant ajouté à la quarte supérieure) et le déchant ordinaire (deux voix chantées par de jeunes garçons).

PIERRE-PAUL LACAS

PRAETORIUS MICHAEL (1571-1621)

Fils d'un pasteur luthérien, né à Kreuzberg (Thuringe), Praetorius fait ses études à Francfort-sur-l'Oder et, après avoir débuté comme maître de chapelle à Lüneburg, devient organiste, maître de chapelle et secrétaire du duc de Brunswick à Wolfenbüttel. À la mort du duc, ses liens avec la cour se relâchent : jouissant d'une très grande célébrité, Praetorius est sollicité par les principales cours luthériennes d'Allemagne, et séjourne quelque temps à Dresde, chez l'électeur de Saxe Johann Georg, où il rencontre le jeune Heinrich Schütz. Il meurt, riche et honoré (en laissant par testament tous ses biens aux pauvres), à Wolfenbüttel. Sa production est considérable (1 244 motets dans le seul recueil des *Musae Sioniae*), et imprégnée d'esprit luthérien. Parti du grand style choral de Lassus, aboutissement de la tradition franco-flamande, il découvre le style nouveau originaire d'Italie, c'est-à-dire la somptueuse écriture polychorale des Vénitiens (dont s'était déjà préoccupé son prédécesseur allemand immédiat Hans Leo Hassler), et les « concerts vocaux » avec voix solistes, chœurs et instruments (qu'il fut au contraire le premier, quelques années avant Schütz, à introduire en Allemagne). Cet italianisme adapté aux exigences du culte luthérien se manifeste surtout dans son dernier recueil (*Polyhymnia Caduceatrix et Panegyrica*), paru en 1619. Praetorius est également l'auteur de danses (*Danses de Terpsichore*), et du *Syntagma musicum*, véritable encyclopédie en quatre volumes (dont le dernier inachevé) traitant en détail des genres musicaux pratiqués depuis l'Antiquité, des instruments, des formes et de la pratique musicales du début du XVIIe siècle.

MARC VIGNAL

PRESTI IDA (1924-1967)

L'une des plus prestigieuses guitaristes de l'histoire de la musique. Le nom d'Ida Presti est lié à celui d'Alexandre Lagoya, avec qui elle s'associa pour former un duo de guitaristes qui marqua un tournant dans l'évolution de l'art de cet instrument. Elle naquit à Suresnes (près de Paris), de mère italienne et de père français ; celui-ci lui enseigna la guitare et le piano. À l'âge de huit ans, elle donne son premier concert public ; à dix ans, elle se produit à la salle Pleyel, engagée par la société des concerts du Conservatoire. Sa carrière de guitariste internationale ne fait que commencer. Après avoir fait la connaissance de Lagoya, elle l'épouse en 1952 et ils fondent leur duo. En mars 1956, Fernand Oubradous dirige, à la salle Gaveau, le *Premier Concerto pour deux guitares et orchestre à cordes*, composé par Gontran Dessagnes. De nombreux compositeurs écrivent pour elle et pour son mari : Jean Wiener, Pierre-Petit, André Jolivet, Daniel-Lesur (*Élégie*), John Duarte, Fernande Fernandez Lavie (professeur de guitare au Conservatoire de Strasbourg). Ida Presti a aussi écrit plusieurs compositions pour son instrument, telles *Jardin dans Grenade*, *Guitare*, *Danse rythmique* (pour une seule guitare) et *Danse d'Avila*, *Sérénade*, *Étude*, *Valse* (pour deux guitares). Elle fut la première vice-présidente de l'Académie de guitare de Paris. Elle mourut subitement à l'âge de quarante-deux ans à Rochester (État de New York), alors qu'elle devait créer avec son mari, le 18 juin 1967, au festival de Strasbourg, sous la direction de Charles Münch, le *Concerto pour deux guitares* que leur avait dédié Henri Tomasi.

PIERRE-PAUL LACAS

PREY CLAUDE (1925-)

En fonction sans doute de sa très vaste culture littéraire et de son attachement passionné à la musique de Mozart, Claude Prey a orienté sa création vers la composition musicale liée à une recherche théâtrale. Il fait au Conservatoire de Paris des études musicales classiques, mais rien n'est jamais classique pour son regard chargé d'humour. C'est ainsi qu'il se souvient d'avoir travaillé l'harmonie avec Messiaen, « mais il enseignait le rythme », et la composition avec Milhaud, « mais il enseignait la mélodie ».

La création de Prey part du constat personnel (à la fin de ses études) de la mort historique de la musique comme art séparé et indépendant, et de sa volonté d'engagement dans un théâtre qui serait tout à la fois événement, jeu et catharsis.

Il situe son travail dans la lignée des expériences de Brecht sur le théâtre et de celles de Moreno sur le psychodrame. Dans chacune de ses œuvres théâtrales, qui sont autant de recherches (*Le Cœur révélateur*, opéra de chambre, 1962 ; *Jonas*, opéra-oratorio, 1963 ; *On veut la lumière ? Allons-y*, opéra-parodie, 1968 ; *Fêtes de la faim*, opéra pour cinq comédiens, violoncelle et deux percussionnistes, 1969 ; *Donna Mobile II*, « opéra-kit », 1972 ; *Les Liaisons dangereuses*, opéra épistolaire, 1973 ; *Les Trois Langages*, opéra pour enfants, 1978 ; *Scénarios VII*, opéra pour haut-parleurs, 1982 ; *Le Rouge et le Noir*, opéra, 1989 ; *Parlons fric !*, « O.P.A. comique », 1992 ; *Sitôt le septuor*, opéra « opus Proust », 1994), la musique, présente à des degrés divers, joue un double rôle. « À la recherche scénique, elle apporte une méthode (série, permutation, variation, composition) permettant la notation et le contrôle d'un domaine agrandi (intonation, distances, mais aussi niveaux de langages, silences, gestes, discours, costumes). Au jeu dramatique, elle apporte l'élément actif du chant et de la variation de style, sur toute la gamme de la parodie, permettant un théâtre “à distanciation variable” et libérant ainsi le comédien de son paradoxe. »

Le rapport du choix et de la construction de chaque œuvre est toujours rigoureusement déterminé. Formule numérique (du monodrame au conflit intergroupes) délibérée en fonction d'une destination précise (radio, télévision, théâtre ouvert, etc.), en référence à un genre (opéra-comique, opéra-oratorio, opéra-parodie) et à une époque donnés, dans l'éclairage et pour l'éclaircissement de problèmes particuliers (vérité historique, utopie, pacifisme, etc.) révélant des obsessions communes (l'écrit et l'oral, la règle des jeux, éros et civilisation) et dans les décors presque interchangeables qui sont ceux des mutations douloureuses (école, prison, terrain vague ou théâtre). Toute la recherche vise à rendre possible et évidente la révélation qui naît de l'exacerbation de conflits intérieurs.

Est-il besoin de préciser que Claude Prey est généralement l'auteur responsable des textes (ou de l'arrangement des textes) mis en musique, qui font partie intégrante de sa recherche musicale ?

BRIGITTE MASSIN

PROKOFIEV SERGE (1891-1953)

La notoriété parfois tapageuse de Stravinski semble avoir relégué au second plan Prokofiev, son cadet d'une dizaine d'années. Celui-ci, qui s'est souvent abrité derrière une façade un peu rude, voire audacieuse, a su pourtant incarner, mieux qu'aucun autre, la continuité de la musique russe, par-delà les événements politiques et artistiques qui ont secoué la première moitié du XXe siècle.

Les débuts en Russie (1891-1918)

Serge Prokofiev voit le jour à Sontsovka (district d'Ekaterinoslav, en Ukraine) le 23 avril 1891. Il est initié à la musique par sa mère, puis étudie l'harmonie avec Reinhold Glière (1902-1903). Dès l'âge de cinq ans, il compose ses première œuvres, des pièces pour piano, suivies d'une symphonie, de deux sonates et de quelques opéras (*Le Géant*, 1900 ; *Sur les îles désertes*, 1902 ; *Ondine*, 1904-1907). En 1904, il entre au conservatoire de Saint-Pétersbourg où ses maîtres sont Anatoli Liadov (harmonie), Nikolaï Rimski-Korsakov (orchestration), Yasep Vitol (composition), Anna Essipova (piano) et Nikolaï Tcherepnine (direction d'orchestre). Déçu par l'enseignement académique des premiers, il ne se sentira vraiment à l'aise que dans la classe de Tcherepnine. Prokofiev donne ses premiers récitals de piano en 1908 et publie quelques œuvres qui montrent déjà sa volonté de s'inscrire en réaction face aux courants issus du XIXe siècle. Son cinquième opéra, *Maddalena* (1911), créé seulement en 1979 après reconstitution de l'orchestration inachevée, révèle déjà un réalisme dramatique hors du commun. En 1914, il obtient son diplôme de piano au conservatoire de Saint-Pétersbourg et triomphe au concours Rubinstein en jouant son propre premier concerto. La même année, il rencontre Serge de Diaghilev auquel il propose, en vain, un opéra d'après *Le Joueur* de Dostoïevski. Il se résigne à lui livrer un ballet, *Ala et Lolly*, que Diaghilev refuse ; c'est de cette partition que sera tirée la *Suite scythe* dont la création à Saint-Pétersbourg, en 1916, provoque un scandale comparable à celui du *Sacre du printemps* : effrayé par une telle audace, Glazounov quitte ostensiblement la salle. Rarement une œuvre avait réclamé un tel effectif instrumental : son utilisation agressive soulignait la nouveauté d'un langage harmonique très dur. La page du romantisme est définitivement tournée : Prokofiev cultive à la fois un langage violent et un retour au classicisme qui s'épanouit dans la symphonie no 1 dite *Symphonie classique*. Au lendemain de sa création, en 1918, il obtient l'autorisation de quitter l'U.R.S.S. et se fixera aux États-Unis.

La période occidentale (1918-1932)

Les trois années de son séjour américain lui permettent de se faire connaître comme pianiste et comme compositeur. Son opéra *L'Amour des trois oranges*, d'après une fable de Carlo Gozzi, est créé à Chicago en 1921. À quelques mois d'intervalle, il présente dans la même ville son troisième concerto pour piano, l'une de ses œuvres les plus populaires, qui figure maintenant au répertoire de la plupart des pianistes. Mais c'est Paris qui l'attire, il y retrouve Diaghilev qui lui commande trois ballets (*Chout*, 1921 ; *Le Pas d'acier*, 1928 ; *Le Fils prodigue*, 1919) et Serge Koussevitzky qui avait édité ses premières œuvres en Russie. Koussevitzky vient de former à Paris un orchestre exceptionnel avec lequel il crée le premier concerto pour violon (1923) et la deuxième symphonie (1925) de Prokofiev. Plus tard, il lui commandera sa quatrième symphonie pour le cinquantième anniversaire de l'Orchestre symphonique de Boston (1930). En 1923, Prokofiev épouse une soprano espagnole, Lina Llubera, de son vrai nom Carlina Codina. Il se tourne alors vers le constructivisme (symphonie n° 2, *Le Pas d'acier*), poussant l'utilisation d'une structure mécanique à son paroxysme, comme le fera Honegger dans *Pacific 231*.

Vers la fin des années 1920, Prokofiev commence à ressentir le besoin d'un retour en U.R.S.S. : il évolue dans un milieu auquel il n'a pas le sentiment d'appartenir, notamment les cercles d'émigrés russes, trop conservateurs à son gré. L'homme semble en quête perpétuelle d'un équilibre impossible à trouver. Un séjour dans les Alpes bavaroises lui permet de terminer son opéra *L'Ange de feu*. En 1927, il effectue un premier séjour en U.R.S.S. ; il y retourne deux ans plus tard, salué comme l'enfant prodigue. La mort de Diaghilev, en 1929, fait disparaître l'un des liens essentiels qui l'attachaient encore au monde occidental. Après une nouvelle tournée aux États-Unis, il compose ses deux derniers concertos pour piano. Le quatrième, pour la main gauche (1931), est refusé par son dédicataire, le pianiste autrichien manchot Paul Wittgenstein (à l'intention duquel Ravel avait également composé son *Concerto pour la main gauche*) ; le cinquième est une sorte de couronnement pour Prokofiev qui le crée lui-même avec l'Orchestre philharmonique de Berlin sous la direction de Wilhelm Furtwängler (1932). Quelques années plus tard, Sviatoslav Richter se fera le champion de cette œuvre, qu'il imposera en U.R.S.S.

La période soviétique (1933-1953)

En décembre 1932, Prokofiev choisit de se fixer en Union soviétique. Il reçoit rapidement des commandes d'État : *Lieutenant Kijé*, une partition destinée au film de Feinzimmer, dont il tirera une suite d'orchestre (1933), le conte pour enfants *Pierre et le loup* (1936), *Roméo et Juliette* (1935-1938) qui marque les débuts de sa collaboration avec les ballets soviétiques. En 1937, il obtient sans trop de difficulté la citoyenneté soviétique (il avait, en effet, quitté son pays natal avec l'autorisation des autorités légales et, à ce titre, n'avait pas de statut de réfugié lorsqu'il vivait en Occident). L'année suivante, il effectue sa dernière tournée aux États-Unis. Le régime stalinien commence alors à se durcir et l'emprise du pouvoir ne cesse de s'affirmer dans le domaine artistique. Sa *Cantate pour le XXe anniversaire de la révolution* (1937) est refusée par la censure car les textes des grands théoriciens (Marx, Lénine...) ne doivent pas être mis en musique ! En 1938, il collabore avec Eisenstein au film *Alexandre Nevski* dont il tire une cantate. L'année suivante voit la naissance de son premier opéra soviétique, *Siméon Kotko*, inspiré des événements de la guerre civile en Ukraine.

En 1940, il rencontre sa future compagne, la poétesse Myra Mendelssohn, qu'il ne pourra pas épouser, n'ayant jamais divorcé de Lina Llubera. Elle jouera un rôle essentiel dans l'orientation dramatique et le choix des livrets de ses deux prochaines œuvres lyriques avant d'être condamnée, en 1946, à huit ans de camp de travail. Tous deux élaborent le texte d'un opéra-comique d'après *La Duègne* de Sheridan : *Les Fiançailles au couvent* (1940). Puis Prokofiev s'attaque à une réalisation monumentale, qui l'occupera pendant plus de dix ans, un opéra d'après *Guerre et paix* de Tolstoï (1941-1952). Pendant la guerre, il est évacué dans le Caucase, comme la plupart des intellectuels. Il travaille à un nouveau film d'Eisenstein, *Ivan le Terrible* (1945), dont le premier épisode est couronné du prix Staline et le second censuré. Il ne sera présenté qu'en 1958.

Prokofiev trouve parmi les jeunes interprètes soviétiques les propagateurs d'une musique moins officielle : Sviatoslav Richter crée les sixième et septième sonates pour piano (1943) avant de recevoir en dédicace la neuvième qui sera créée en 1949 ; Emil Guilels crée la huitième (1944) ; Prokofiev transcrit à l'intention de David Oïstrakh sa sonate pour flûte et piano qui devient la seconde sonate pour violon et piano (1943-1944). En 1945, il compose la cinquième symphonie et le ballet *Cendrillon*. L'année suivante, il se voit assigné à résidence à Nikolina Gora, non loin de Moscou. Il ne pourra se rendre dans la capitale que pour les exécutions de ses œuvres, généralement des partitions de circonstance. Cette soumission au régime ne le tient pas à l'écart des foudres du décret de 1948 attaquant le formalisme des compositeurs soviétiques ; il est particulièrement visé pour *Guerre et paix*, dont une première version avait été représentée à Leningrad en 1946. Il travaille à un nouvel opéra, *Histoire d'un homme véritable*, qui traite de l'héroïsme du pilote Alexeï Meresiev pendant la Seconde Guerre mondiale : la seule exécution (privée) donnée du vivant de Prokofiev soulève une opposition unanime. Il faudra attendre la déstalinisation pour voir cet opéra représenté (1960). Avec l'oratorio *La Garde de la paix* (1950) et le poème symphonique *La Rencontre de la Volga et du Don* (pour l'inauguration du canal reliant les deux fleuves en 1951), il retrouve les faveurs des autorités. Il pourra passer ses derniers hivers à Moscou : en 1952, il remanie, à l'intention de Rostropovitch, son concerto pour violoncelle op. 33 (1933-1938) qui devient la *Symphonie concertante* op. 125. Il termine un nouveau ballet, *La Fleur de pierre* (1948-1953), et son ultime symphonie, la septième (op. 131, 1952), laissant de nombreuses œuvres inachevées ou à peine ébauchées : le concertino pour violoncelle op. 132 (1952) que termineront Rostropovitch et Kabalevski, un sixième concerto pour piano op. 133, une sonate pour violoncelle seul op. 134 et deux nouvelles sonates pour piano (n° 10 op. 137, incomplète ; n° 11 op. 138, à l'état de projet). Sa mort, le même jour que celle de Staline, le 5 mars 1953 à Nikolina Gora, passera inaperçue.

Musique pure avant tout

L'esthétique de la musique de Prokofiev reste très difficile à définir en raison de ses nombreuses facettes. Prokofiev lui-même reconnaissait trois directions essentielles à son art : une tendance classique (résurgence de la prime enfance), une tendance novatrice (à la recherche d'une harmonie originale permettant de traduire les émotions fortes) et une tendance constructiviste, « la moins valable des trois ». Mais à ces trois directions il ajoutait le lyrisme et le grotesque. Tous ces éléments se retrouvent dans l'ensemble de sa musique sans qu'il soit possible de les associer à des époques précises. Prokofiev aimait travailler simultanément à des œuvres très différentes ; d'où son étonnante fécondité et le fait qu'il ait abordé tous les genres musicaux. Il aimait aussi remanier ses propres œuvres, soit en tirant des suites d'orchestre de ses ballets ou de ses musiques de films, soit en les transcrivant, soit en réutilisant un même matériau thématique dans une autre œuvre (symphonie no 3 d'après *L'Ange de feu*, 1929 ; symphonie no 4 d'après *Le Fils prodigue*, 1930). Seuls, le début et la fin de sa carrière semblent correspondre à des orientations esthétiques précises : agressivité rythmique et harmonique, contrastes violents entre le sarcasme brillant et un indéniable sens élégiaque dans le premier cas (ballets écrits pour Diaghilev), dépouillement frisant l'austérité mais parfois intensément dramatique à la façon de Moussorgski dans le second (période soviétique). Figure marquante de la musique russe du XXe siècle, Prokofiev n'est pas, contrairement à Stravinski, un véritable novateur. En dehors de son instrumentation et de certains aspects de son langage harmonique, il reste très classique dans le choix des formes et dans la recherche des structures. Les contraintes de l'art officiel soviétique ont indéniablement pesé sur son évolution esthétique mais, si l'on fait abstraction du caractère descriptif inévitable de ses musiques de film, il est resté fidèle à la musique pure. Son lyrisme, d'abord caché, s'est affirmé progressivement au fil des partitions, faisant de lui l'un des plus authentiques musiciens russes du XXe siècle.

ALAIN PÂRIS

Bibliographie

M. DORIGNÉ, *Prokofiev*, Fayard, Paris, 1994 / M. HOFMANN, *Prokofiev*, Seghers, Paris, 1964 / S. MOISSON-FRANCKHAUSER, *Serge Prokofiev et les courants esthétiques de son temps*, Slatkine, Genève, 1974 / S. PROKOFIEV, *Voyage en U.R.S.S., 1927*, Actes sud, Arles, 1991 / H. ROBINSON, *Prokofiev*, Viking, New York, 1987 / C. SAMUEL, *Prokofiev*, Seuil, Paris, 1960, rééd. 1988 / V. SEROV, *Serge Prokofiev, a Soviet Tragedy*, Taplinger, Londres, 1979.

PUCCINI GIACOMO (1858-1924)

Parce que la carrière de Puccini s'est déroulée pendant la période postverdienne et que le compositeur n'a pas été indifférent au nouveau visage de l'opéra italien, on le considère généralement comme un vériste. Le choix de ses sujets et l'éloquence passionnée de leur traduction musicale ne sont, du reste, pas étrangers à cette classification, en raison de la trajectoire qui va des légendaires Villi à la légendaire Turandot. Mais bien des différences surgissent quand on compare son œuvre à celle de Pietro Mascagni ou de Ruggero Leoncavallo : une tendance à exploiter l'émotion plus que la violence, une sollicitation permanente de l'élément poétique ou de la fantaisie et surtout un raffinement du style, de l'orchestration et de l'harmonie qui se manifeste de plus en plus au détriment du « bel canto ». L'évolution de Puccini est, à cet égard, de la plus haute importance. Il a fait la synthèse, à l'italienne, de l'art de Verdi et du wagnérisme, tout en rejoignant les subtilités debussystes et en montrant une audace de pionnier (gammes par tons entiers, polytonalité, tentatives sérielles) à laquelle

Arnold Schönberg lui-même rendra hommage. Si son œuvre laisse, par ailleurs, une impression d'aisance et de cordialité que perçoivent les auditoires les moins connaisseurs, c'est qu'il n'a jamais caché son désir de plaire en se gardant de tout intellectualisme et en s'efforçant de « donner, de toutes ses forces et par tous les moyens, le sens de la vie ». Cependant, l'examen approfondi de ses partitions lui a peu à peu gagné les suffrages d'un public plus exigeant, et l'audience universelle qui est aujourd'hui celle de *La Bohème*, de *Tosca* et de *Madame Butterfly* confirme, en Puccini, le dernier grand maître de l'opéra italien.

Musique religieuse ou opéra ?

Héritier de quatre générations d'organistes et maîtres de chapelle, Puccini, né à Lucques, semble tout naturellement destiné à la musique religieuse et remporte, du reste, ses premiers succès scolaires dans la classe d'orgue de l'Institut Pacini. C'est la révélation d'*Aïda*, à Pise, en 1876, qui l'oriente vers l'art lyrique. Après trois ans d'études à Milan avec Antonio Bazzini et Amilcare Ponchielli, un *Capriccio sinfonico* attire sur lui l'attention de la critique, et le concours ouvert par Edoardo Sonzogno pour couronner un opéra en un acte lui donne sa première chance. Il échoue, mais *Le Villi*, remarqué par Arrigo Boïto, est cependant présenté à Milan, au Teatro dal Verme, en 1884, et obtient un grand succès. Cet acte légendaire inspiré d'Alphonse Karr affirme, en effet, un tel sens dramatique que Giulio Ricordi lui offre aussitôt un contrat pour un ouvrage plus important dont la création pourrait avoir lieu à la Scala. Adapté d'Alfred de Musset, le nouvel opéra *Edgar* est pourtant un échec (1889). « Organisme théâtral défectueux », dira Puccini, le livret n'avait pas eu en lui la résonance nécessaire à une inspiration selon son cœur.

Les opéras populaires

Le mérite de Giulio Ricordi fut de ne pas le décourager et de lui permettre le premier grand triomphe de sa carrière avec *Manon Lescaut* (1893), inspiré du célèbre roman de l'abbé Prévost que Jules Massenet, neuf ans plus tôt, avait déjà porté à la scène. Succédant à *Cavalleria rusticana* de Mascagni (1890) et au *Paillasse* de Leoncavallo (1892), cet opéra pouvait, huit jours avant la création de *Falstaff*, faire figure de manifeste par la nuance très personnelle dont Puccini accompagnait son adhésion au vérisme. « L'exemple terrible de la force des passions » que l'abbé Prévost se proposait d'évoquer, se pare ici de toutes les séductions de l'époque Régence, et la musique y garde la même noblesse que le poignant destin des héros avait conférée au roman. Noblesse qui se réclame, à bon droit, de l'héritage verdien.

Avec *La Bohème*, créée à Turin sous la direction d'Arturo Toscanini (1896), la poésie du réalisme s'installe pour la première fois dans un décor moderne et oppose sa fantaisie bruyante à la tendre émotion postromantique teintée d'une certaine sensualité. C'est dans sa nouvelle résidence de Torre del Lago, au bord du lac de Massaciucoli, que Puccini écrit cet opéra spontanément appelé à une fulgurante carrière. Jamais encore son instinct inné des lois de la scène ne l'avait, en effet, conduit à une telle justesse de ton, à une si harmonieuse esthétique de l'angoisse, à un tel raffinement de couleur dans les thèmes musicaux. Cette virtuosité de la palette orchestrale donne tout son sens à l'emploi discret du leitmotiv et tout son relief à l'indissociable union de la mélodie et de l'harmonie.

Un vériste malgré lui

Si *La Bohème* joue dans l'émotion, *Tosca* (1900) joue dans la violence en marge du scénario le plus vériste (avec *La Houppelande* [*Il Tabarro*]) que Puccini ait choisi. Et c'est paradoxalement celui de ses opéras où l'on perçoit la tentative la plus hardie dans l'interprétation et l'assimilation des procédés wagnériens : importance plus grande accordée à l'orchestre, caractérisation systématique par leitmotiv, chromatismes qui ont écouté la leçon de *Tristan.* La carrière de Puccini est alors à son zénith, et son désir de se renouveler l'entraîne hors d'une certaine tradition intimiste, celle des « chambrettes d'amour languide » de *Manon Lescaut* et de *La Bohème.* Débarrassée de ses allusions historiques, politiques et sociales, la pièce de Victorien Sardou a pu donner naissance à un drame lyrique resserré, non sans risque de monotonie, autour des trois protagonistes classiques, et tout l'art du musicien est bien ici d'échapper aux gros traits capables d'évoquer une « tranche de vie » dans la nudité presque primitive des passions. C'est donc à la hauteur de son inspiration que *Tosca* a dû une carrière, entre toutes, enviable.

Madame Butterfly marque, en revanche, un retour au lyrisme tendre, et l'échec de la création (1904) a prouvé que le public n'y avait entendu qu'une nouvelle *Bohème* transportée en Extrême-Orient. Puccini ne cessera pourtant de la considérer comme son œuvre la plus moderne, par sa personnalité harmonique, l'effort vers le « parlando » généralisé et le refus des concessions, morceaux de bravoure, etc. De plus, le thème de la petite geisha abandonnée correspondait à sa sensibilité qui trouvait là, parfaitement exprimée, la « créature de rêve ». D'où le souffle lyrique exceptionnel soutenu par un orchestre plus éloquent, plus raffiné, et la richesse des idées mélodiques : le duo du premier acte est sans doute le chef-d'œuvre de Puccini.

Vers l'opéra futur

Le cycle des opéras populaires est alors terminé et Puccini est désormais célèbre dans le monde entier. Soucieux de ne pas exploiter les recettes qui lui ont assuré sa notoriété, il laisse pourtant s'écouler plusieurs années avant de s'engager, avec *La Fille du Far-West* (*La Fanciulla del West*, 1910), dans une voie encore plus moderne. Parallèlement, l'attirance manifeste pour le grand opéra d'esprit romantique le conduit à choisir des scénarios favorables aux scènes d'ensemble et dont le plus magnifique exemple sera celui de *Turandot.*.

Entre-temps, une incursion dans le domaine de l'opérette avec *La Rondine* (1917) est moins significative que les trois chefs-d'œuvre en un acte qui constituent *Le Triptyque* (1918) : *Il Tabarro*, tranche de vie colorée et violente, *Suor Angelica*, tragédie intime qui semble émaner d'un vitrail, et *Gianni Schicchi*, où le réalisme bouffe de la grande tradition italienne trouve, après *Falstaff* et dans la même veine, son expression la plus équilibrée, la plus intelligente et la plus originale.

La maladie a malheureusement empêché Puccini d'achever *Turandot*, qui marquait la dernière étape vers le traditionnel grand opéra d'inspiration légendaire. La concentration de l'intensité créatrice, la simplification grandiose et le perfectionnement intérieur du sens dramatique font cependant de cette immense fresque l'aboutissement d'une démarche où le compositeur « jette les maquillages du sentimentalisme et de la sensiblerie facile », en s'éloignant délibérément du climat vériste. Atteint d'un cancer de la gorge, il ne devait pas survivre à une opération tentée à Bruxelles, et c'est Franco Alfano qui accepta la tâche redoutable de réaliser la scène finale de l'opéra à partir des esquisses trouvées sur le lit de mort de l'auteur. Cette œuvre-testament, créée à la Scala en 1926, est, à bon droit, considérée comme l'une des plus hautes réussites de l'art lyrique, même si elle ne connaît pas le succès de foule de ses cadettes.

ANDRÉ GAUTHIER

Bibliographie

W. ASHBROOK, *The Operas of Puccini*, Oxford Univ. Press, Londres, 1985 / A. BARESEL, *Puccini*, Sikorski, Hambourg, 1934 / A. BONACCORSI, *Giacomo Puccini e i suoi antenati musicali*, Curci, Milan, 1950 / M. CARNER, *Puccini. A Critical Biography*, Duckworth, Londres, 1958 (*Puccini*, trad. C. Ludet, J.-C. Lattès, Paris, 1984) / E. CLAUSSE, *Puccini*, Espasa-Calpe, Madrid, 1980 / G. CSÁTH, *Puccini*, Harmonia, Budapest, 1912 / A. FRACCAROLI, *La Vita di Giacomo Puccini*, Ricordi, Milan, 1925 / A. GAUTHIER, *Puccini*, Seuil, Paris, 1961, rééd. 1981 / H. GERICK, *Puccini*, M. Hesses, Berlin, 1937 / G. MAGRI, *L'Uomo Puccini*, Mursia, Milan, 1992 / G. R. MAREK, *Puccini*, Simon and Schuster, New York, 1951 / T. NÁDOR, *Puccini*, Zeneműkiadó, Budapest, 1974 / C. SARTORI, *Puccini*, Nuova Accademia, Milan, 1958 / R. SPECHT, *Giacomo Puccini*, M. Hesses, 1931 / F. THIESS, *Puccini : Versuch einer Psychologie seiner Musik*, P. Zsolnay, Vienne, 1947.

« Tosca », in *L'Avant-Scène opéra*, n° 11, nouv. éd. 1993 / « La Bohème », *ibid.*, n° 20, nouv. éd. 1994 / « Turandot », *ibid.*, n° 33, 1981 / « Madame Butterfly », *ibid.*, n° 56, nouv. éd. 1990 / « Manon Lescaut », *ibid.*, n° 137, 1991.

PURCELL HENRY (1659-1695)

Après les dix années de « morne silence » du gouvernement de Cromwell, la restauration des Stuarts, en 1660, avec le roi Charles II, stimula de nouveau la vie artistique en Angleterre. Malgré le cosmopolitisme de la cour entretenu par les nombreux musiciens étrangers appelés par le roi, c'est à ce moment que la musique anglaise trouva son représentant le plus glorieux et le plus typiquement national, avec Purcell dont le seul nom résume toute l'histoire de la musique de ce pays dans la seconde moitié du XVIIe siècle. Son œuvre est d'une si incomparable qualité que, dans tous les domaines, opéra, musique de scène, cantates, musique de clavier ou musique de chambre, il a éclipsé tout ce que ses contemporains ont pu composer dans ces mêmes genres. Ouvert aux influences françaises et italiennes en même temps que profondément enraciné dans les traditions nationales, il a su tirer de ces éléments opposés la plus heureuse « synthèse musicale ». Si, de son vivant déjà, la valeur de son œuvre a été reconnue et si, trois ans à peine après sa mort, il était consacré *Orpheus Britannicus* par son éditeur Henry Playford qui, en 1698, rassembla ses plus beaux airs en un recueil commémoratif, il n'est pas aussi connu de nos jours qu'on pourrait le supposer, car, même en Angleterre, nombre de ses œuvres n'ont encore jamais été exécutées. Il est vrai que l'édition de l'œuvre complète n'a été achevée qu'en 1968 par la Purcell Society. Il est vrai aussi que certaines des œuvres de Purcell dont les paroles datent terriblement seraient difficilement acceptées aujourd'hui ; en effet, il fut, par la force des choses, un musicien très « engagé », et dans ce que la vie officielle de son temps avait de plus banalement conformiste, et dans ce que la mode imposait alors à un compositeur de cour. Fort heureusement, il a su le plus souvent triompher de ces impératifs stérilisants.

Au service de l'Église et du roi

Si l'on sait que Henry Purcell naquit à Londres, on n'est pas tout à fait sûr de l'identité de son père, bien qu'on tende maintenant à en faire le fils de Thomas Purcell († 1682) qui était *gentleman* de la chapelle royale et chef de l'orchestre royal. On sait aussi qu'il se maria en 1681 avec une certaine Frances dont il eut six enfants, et enfin qu'il mourut à Londres et fut enterré à Westminster après des funérailles solennelles.

On connaît mieux sa vie professionnelle, tout entière consacrée au service de l'Église et du roi. Purcell entra très jeune dans les rangs de cette cohorte des musiciens de cour qu'il ne quitta jamais. C'est à dix ou onze ans, en effet, qu'il est admis comme choriste à la chapelle royale par le *captain* Henry Cooke, qui chantait selon le style italien, puis, en 1673, par son successeur Pelham Humphrey, qui avait rapporté de son séjour sur le continent le goût de la musique instrumentale et de l'opéra de style baroque. Après la mue de sa voix, Purcell quitte le chœur, mais reste cependant à la chapelle royale au titre de conservateur, réparateur et accordeur de tous les instruments à vent de Sa Majesté, puis, l'année suivante, comme accordeur des orgues de l'abbaye de Westminster où l'organiste, le célèbre compositeur John Blow, devient à la fois son maître et son ami. Dès 1677, il est nommé compositeur des Violons du roi, ensemble que Charles II avait constitué à l'exemple des Vingt-Quatre Violons de Louis XIV. Enfin, en 1679, il succède à Blow à l'orgue de Westminster et, en 1682, il est l'un des organistes de la chapelle royale, chargé en outre de l'entretien des orgues et clavecins du roi, fonctions qu'il occupera jusqu'à sa mort.

Musique profane et musique religieuse

Sa courte vie n'a pas empêché Purcell de laisser une œuvre importante, qui comprend un opéra proprement dit et cinq « pseudo-opéras », quarante-trois musiques de scène, vingt-cinq odes et *welcome songs*, dix cantates profanes, soixante-huit anthems, trois services, quarante-deux airs spirituels, cent cinquante-deux airs à une, deux et trois voix et basse continue, cinquante-trois *catches* (chansons), sans compter des fantaisies et sonates pour instruments à cordes et quelques compositions pour clavecin et orgue.

Œuvres instrumentales

Il est curieux que Purcell, organiste et claveciniste de métier, n'ait à peu près rien écrit pour les instruments à clavier et que ses *Suites* pour le clavecin aussi bien que ses *Voluntaries* pour l'orgue ne représentent que des pages de peu d'importance dans son œuvre. C'est aux violes qu'il consacrera son premier chef-d'œuvre, ses fantaisies écrites, d'après les dates que porte le manuscrit autographe (British Museum, *Add. 30930*), du 10 juin au 31 août 1680. Depuis la fin du XVIe siècle, la fantaisie, ou *fancy* comme on l'appelait en Angleterre, jouissait d'une grande popularité dans ce pays où la musique de chambre était pratiquée par de nombreux groupes d'amateurs. Le compositeur pouvait y donner libre cours à son imagination et développer un simple fragment thématique, au moyen de tous les procédés de contrepoint, en d'ingénieuses combinaisons pour le plaisir des exécutants qui devaient surmonter les difficultés de leur propre partie tout en restant conscients de la marche de l'ensemble. Ce genre commençait cependant à passer de mode et les fantaisies de Purcell sont les dernières qui furent écrites pour un ensemble de violes, instrument qui perdait du terrain devant le plus brillant violon. Désormais, avec l'avènement de la basse continue et les genres nouveaux de musique instrumentale venus d'Italie, c'est un style bien différent qui envahit l'Angleterre et Purcell se tourne vers le genre plus moderne de la sonate à trois, confiant à Playford ses *Twelve Sonnatas of Three Parts* (1683), pour deux violons et basse, qui marquent un nouveau point de départ dans sa création. Deux ans après sa mort, en 1697, devant le succès remporté par ces sonates, sa veuve publiera un second volume de *Ten Sonnatas in Four Parts*, parmi lesquelles la célèbre *Golden Sonnata*, qui est une chaconne plutôt qu'une véritable sonate, puisque édifiée sur une basse immuable. L'influence italienne (revendiquée dans la préface au premier volume par Purcell lui-même) s'allie au style de tradition anglaise des fantaisies pour faire de ces sonates des créations typiquement « purcelliennes », car si elles adoptent la forme de la sonate d'Église telle que la pratiquait Corelli, Purcell ajoute au climat noble et serein du musicien italien ce que son contemporain Roger North qualifiait de « l'air anglais des sonates de Purcell », caractérisé surtout par l'emploi expressif du chromatisme et une harmonie aux inflexions inattendues qui touchent directement le cœur.

Œuvres vocales

C'est avant tout par ses œuvres vocales que Purcell avait gagné l'admiration de ses contemporains et, par leur nombre, elles occupent en tout cas la place la plus importante dans l'ensemble de son œuvre. Il est vrai qu'il y était porté non seulement par ses goûts personnels (étant lui-même un chanteur réputé), mais encore par ses obligations de musicien officiel, attaché à la fois à la cour et à l'Église.

Pour l'Église, Purcell a composé quelques services et surtout de nombreuses anthems, certaines suivant la tradition a cappella, tandis que d'autres, adoptant la forme de *verse-anthems*, font intervenir des ariosi pour une ou deux voix avec basse continue et quelquefois aussi une introduction et des intermèdes pour les Vingt-Quatre Violons du roi. Toujours dans le genre religieux, mais destinées aux exécutions privées, ses *sacred songs*, dont la plus grande partie est réunie dans les deux volumes de son *Harmonia sacra* (1688-1693), révèlent un style beaucoup plus personnel que les anthems, et plus passionné : ainsi *The Blessed Virgin's Expostulation*, sur des paroles de Nahum Tate, qui est traité en récit pathétique du plus grand effet théâtral, ou encore la scène à trois personnages *Saul and the Witch of Endor*, remarquable par ses effets tragiques et qui constitue un véritable petit oratorio.

Le service du roi imposait à Purcell de composer de nombreuses odes d'apparat qui ne sont pas toutes également inspirées, mais dont certaines jouissent encore de quelque faveur. Alors que les textes qui lui étaient proposés par de médiocres poètes maniant sans pudeur la flagornerie la plus pompeuse auraient pu tarir son inspiration, on est fort étonné de constater qu'il surmonte le plus souvent ce handicap et parvient à rehausser de son art les insignifiantes flatteries des poètes courtisans. Chaque printemps, pendant six ans, il écrira ainsi une ode pour l'anniversaire de la reine Mary, épouse de Guillaume III, la plus belle étant sans conteste la dernière, exécutée le 30 avril 1694, *Come Ye Sons of Art*, pour soli, chœurs et orchestre. L'ode pour la mort de la reine, le 24 décembre 1694, *O Dive Custos*, pour deux soprani et basse continue, montre avec évidence le génie mélodique de Purcell, celui qui se retrouve dans les nombreux airs à une ou plusieurs voix de l'*Orpheus Britannicus*, dont beaucoup sont tirés de ses œuvres théâtrales.

Œuvres pour le théâtre

Bien que la liste des œuvres que Purcell a écrites pour le théâtre ne comprenne pas moins de quarante-neuf numéros, dans ce domaine il n'a pu donner toute sa mesure. Ce compositeur, si généreusement doué pour traduire les émotions du cœur, les angoisses de l'âme et toutes les situations d'un drame, est malheureusement venu trop tôt en un siècle où, dans son pays, livré cependant à l'influence italienne, on résistait encore à l'opéra. On restait fidèle au genre hybride qui consistait à agrémenter une pièce parlée d'une musique de scène importante. Purcell suivit donc l'esthétique de ses contemporains. C'est en 1680 qu'il commence sa carrière théâtrale avec le *Theodosius* de Nathaniel Lee, représenté au Duke's Theatre et pour lequel il avait composé quelques airs, chantés entre les actes, et une grande scène de sacrifice qui, pour être assez simples, n'en révèlent pas moins déjà une accentuation expressive de la langue et comportent quelques effets dramatiques qui annoncent son génie futur. Suivent une dizaine de pièces auxquelles il participe pour la musique de scène de façon plus ou moins heureuse, lorsque, en 1689, l'occasion lui est enfin offerte de s'attaquer à une œuvre d'importance, celle qui lui vaut plus que toute autre la célébrité, *Dido and Æneas*. Il est assez curieux de constater que cette commande ne lui vint pas du théâtre, mais d'un certain maître de pensionnat de Chelsea, Josiah Priest, qui désirait offrir un divertissement à ses élèves. Si le compositeur dut se plier aux conditions que lui imposaient les moyens réduits de ses interprètes (les jeunes filles de l'école) et ne pas dépasser les limites de ce que Westrup appelle « un opéra de chambre pour amateurs », il n'en reste pas moins qu'il a trouvé dans cette modeste représentation scolaire la possibilité de réaliser pleinement son génie dramatique. Le livret, élaboré par le poète lauréat Nahum Tate, suit dans ses traits essentiels l'histoire de Didon et Énée telle que la rapporte Virgile et il a au moins le mérite d'avoir inspiré à Purcell le seul opéra digne d'être retenu entre Monteverdi et Mozart. Malheureusement, *Dido and Æneas* représente un exemple unique et nous serions prêts à suivre Gustav Holst lorsqu'il accuse Purcell du « crime » de n'avoir produit que cet opéra. Mais il lui fallait vivre et qui donc, sauf ce brave maître de collège, aurait pensé à commander une telle œuvre, alors que la mode exigeait de tout autres spectacles ?

Purcell retombe donc aux mains des poètes épiques et satisfait au goût du public pour lequel, comme l'écrira Addison, il aurait été ridicule « d'entendre des généraux commander en musique et des dames donner des messages en chantant ». En 1690, l'acteur à succès Thomas Betterton adapte la pièce de Beaumont et Fletcher *The Prophetess*, plus connue des musiciens sous le titre de *Dioclesian* que lui donne

Purcell. Le musicien renouvelle le style pastoral conventionnel par la vitalité de son invention mélodique et par la richesse de son instrumentation. Après le succès que remporta cette œuvre, il n'est pas étonnant que Dryden ait sollicité la collaboration de Purcell pour le grand opéra national qu'il projetait, *King Arthur* (1691), dont la musique ne nous est parvenue qu'en partie. On en a retenu surtout la pittoresque « Frost Scene » du troisième acte et l'air de Vénus, « Fairest isle, all isles excelling », où le patriotisme trouve son expression la plus élevée.

C'est Shakespeare qui fournit maintenant à Purcell la matière de deux nouveaux *semi-operas*, si tant est que l'on puisse dire que l'adaptation fantaisiste (dont on ignore l'auteur) du *Midsummer Night's Dream* représentée en 1692 sous le titre de *The Fairy Queen* ait grand-chose à voir avec le poète élisabéthain. La partition, égarée pendant deux siècles, fut retrouvée en 1901. Sa perte eût été irréparable, car cette œuvre, la plus longue que Purcell ait écrite pour le théâtre, est généralement considérée comme son chef-d'œuvre. Moins importante, malgré de beaux airs, *The Tempest* (1695) est le second sujet shakespearien élu par Purcell. Moins connu, à tort cependant, *The Indian Queen* (1695), drame historique de Dryden et Howard, a inspiré à Purcell une très belle partition.

À côté de ces six « opéras », Purcell a fourni la musique de scène à plus de quarante pièces de théâtre. Deux d'entre elles, datant de la dernière année de sa vie, méritent d'être signalées : *Bonduca*, adaptation anonyme de la tragédie de Beaumont et Fletcher, et *The Comical History of Don Quixote*, parodie écrite par d'Urfey sur le roman de Cervantès, qui a inspiré à Purcell l'un de ses plus beaux airs, « From Rosy Bowers », le dernier qu'il écrivit alors qu'il était déjà mortellement malade. Si Altisidora y joue la comédie de l'amour malheureux, c'est sa propre agonie que vivait Purcell lorsque, avec un réalisme dramatique, il exprime par sa musique les affres d'un cœur qui cesse de battre.

NANIE BRIDGMAN

Bibliographie

D. ARUNDELL, *Henry Purcell*, Oxford-Londres, 1927 / M. CAMPBELL, *Henry Purcell*, Hutchinson, Londres, 1993 / T. DART, « Purcell's Chamber Music », in *Proc. Roy. Music. Assoc., 85th Session*, 1958-1959 / S. DEMARQUEZ, *Purcell*, La Colombe, Paris, 1951 / S. FAVRE-LINGOROW, *Der Instrumentalstil von Purcell*, Berne, 1950 / I. HOLST dir., *Henry Purcell*, Londres, 1959 / R. E. MOORE, *Henry Purcell and the Restauration Theatre*, Londres, 1961, rééd. 1974 / C. A. PRICE, *Henry Purcell and the London Stage*, Cambridge Univ. Press, Cambridge (G.-B.), 1984 / R. SIETZ, *Henry Purcell*, Leipzig, 1955 / J. A. WESTRUP, *Purcell*, Londres, 1937 (trad. A. Dieudonné, J. B. Janin, Paris, 1947), éd. rév. par N. Fortune, Dent, Londres, 1980 / F. B. ZIMMERMAN, *Henry Purcell. A Guide to Research*, Garland, Londres, 1989.

Q

QUANTZ JOHANN JOACHIM (1697-1773)

Flûtiste, compositeur et théoricien allemand né à Oberscheden près de Göttingen, capable en sa jeunesse de jouer de tous les instruments à vent à l'exception de la flûte traversière (qui deviendra plus tard sa grande spécialité), Quantz étudie le contrepoint à Vienne avec Fux en 1717, puis occupe des postes de hautboïste à Dresde et à Varsovie. Engagé comme flûtiste à Dresde après avoir suivi l'enseignement de Buffardin, il joue devant le prince héritier Frédéric de Prusse, auprès duquel, à partir de 1728, il se rend deux fois par an pour lui donner des leçons. Celui-ci, monté sur le trône sous le nom de Frédéric II, l'appelle à Potsdam (1741), et en fait son musicien de chambre et son compositeur de cour. En trente ans, il écrit pour le roi environ trois cents concertos et deux cents partitions de musique de chambre pour flûte, auxquels il faut ajouter quelques airs et quelques lieder spirituels. Avec ses collègues Karl Philipp Emanuel Bach, Friedrich Benda et Johann Gottlieb Graun, mais sans le génie du premier nommé, Quantz illustre fort bien le style mi-galant, mi-sentimental, caractérisant l'école de Berlin. On lui doit une méthode de flûte (*Versuch einer Anweisung die Flöte traversiere zu spielen*, Berlin, 1752) qui reste le témoignage le plus complet et le plus riche sur le jeu de cet instrument à la fin du baroque.

MARC VIGNAL

R

RACHMANINOV SERGUEÏ VASSILIEVITCH (1873-1943)

Un des plus typiques représentants de la « deuxième génération » de la musique russe. À la fin du XIXe siècle, le « groupe des Cinq » et Tchaïkovski ont imposé l'existence d'une école nationaliste ; après cette première victoire, le fanatisme n'a plus cours, car, avant de s'embarquer pour de nouveaux rivages –

ceux que découvriront Scriabine, Stravinski, Prokofiev –, il convient de dresser un bilan et de consolider les positions acquises. Tel sera le principal objectif d'une nouvelle génération de jeunes musiciens qui ne sont plus des autodidactes passionnés, mais des compositeurs érudits formés dans les conservatoires de Saint-Pétersbourg et de Moscou. La génération de Rachmaninov aspire, dans son ensemble, à une musique à la fois « universellement russe » et « pure » – une musique en soi et non pas un art « anecdotique » comme celui de ses devanciers.

Ce désir de pureté, ce culte d'une musique en soi – d'une musique essentiellement mélodique parce que russe, le Russe étant d'instinct un chanteur – se manifeste dans tout l'œuvre de Rachmaninov : ses trois opéras (*Aleko*, *Le Chevalier ladre*, *Francesca da Rimini*), ses trois symphonies, ses quatre concertos pour piano et orchestre, ses poèmes symphoniques, sa musique de piano, sa musique de chambre, ses soixante-dix-sept belles mélodies, et dans un de ses plus indiscutables chefs-d'œuvre, *Vêpres et Matines*.

« Tous les grands maîtres, déclarait Rachmaninov, se sont attachés au culte de la mélodie en soi, considérée comme l'élément primordial de la musique. En effet, la mélodie constitue pour moi le germe de la création musicale, puisqu'elle contient et suggère sa propre réalisation harmonique... »

Rachmaninov considère encore la musique comme « une sœur de la poésie et une fille de la tristesse ». En ce sens, il s'apparente à la fois à Tchaïkovski et à certains poètes symbolistes russes de son temps, qui pratiquaient une sorte de « lyrisme sans objet réel », d'émotion à l'état pur, détachée de son prétexte. C'est ce lyrisme-là (« un lyrisme abstrait », voudrait-on dire si cela n'était paradoxal, et très russe) qui chante dans sa musique. C'est un certain « mal de fin de siècle » analogue à celui de Tchekhov (qui fut un des premiers admirateurs de Rachmaninov), une prémonition des grands bouleversements imminents, une nostalgie de l'irréversible, des choses qui meurent lentement, irrémédiablement. C'est la lumière de *La Cerisaie* et d'*Oncle Vania* (dont Rachmaninov avait d'ailleurs envisagé de tirer un opéra) : une lumière mélancolique et sereine, des touches discrètement postromantiques, des ombres et des jours atténués, des silences habités...

MICHEL-ROSTILAV HOFMANN

RAMEAU JEAN-PHILIPPE (1683-1764)

Le plus grand musicien français du XVIIIe siècle, contemporain de Jean-Sébastien Bach, de Haendel et de Domenico Scarlatti (nés en 1685), Rameau représente, face à ces maîtres étrangers, le classicisme français à son apogée. Théoricien autant que compositeur, il connut une gloire tardive : il avait cinquante ans quand fut créée sa première tragédie lyrique (*Hippolyte et Aricie*), soixante-deux ans lorsque Louis XV lui octroya le titre de « compositeur de la chambre du Roy », quatre-vingts ans lorsqu'il reçut ses lettres de noblesse. Oublié dès la fin du XVIIIe siècle, Rameau fut redécouvert au XXe : Debussy lui rend hommage dès le début du siècle ; plus près de nous, le festival d'Aix a monté *Platée* et *Hippolyte et Aricie*, l'Opéra de Paris *Les Indes galantes*... En Angleterre, en Allemagne, en Italie on joue

Rameau. Beaucoup de ses œuvres figurent maintenant aux catalogues des firmes discographiques. L'effort accompli, particulièrement depuis 1983, année Rameau, n'est certes pas encore à la mesure de ce génie, mais le mouvement est lancé et beaucoup de musiciens pensent, avec l'un de ses biographes, que Rameau est « un auteur d'avenir ».

Des débuts obscurs

Jean-Philippe Rameau naquit à Dijon. Son père, organiste à la collégiale Saint-Étienne, puis à la cathédrale, fut son premier maître. Mais ce n'est qu'à l'âge de dix-huit ans qu'il se décida à devenir musicien professionnel.

Après un bref séjour à Milan, on le trouve, en 1702, maître de chapelle à Avignon, puis à la cathédrale de Clermont. En 1706, il « monte » à Paris et y publie son premier recueil de *Pièces de clavecin*. Il est alors organiste des Jésuites de la rue Saint-Jacques. En 1709, il revient à Dijon, où il succède à son père à l'orgue de la cathédrale. En 1713 et 1714, il est organiste à Lyon. Après quelques années de piétinement, semble-t-il, il retourne à Clermont, puis résilie son contrat pour s'établir définitivement à Paris (aux environs de 1722).

Il fait alors paraître son premier ouvrage théorique (*Traité de l'harmonie réduite à ses principes naturels*) et son deuxième livre de *Pièces de clavecin*. En 1726, il publie son *Nouveau Système de musique théorique*. La même année, il épouse Marie-Louise Mangot, une musicienne de dix-neuf ans qui lui donnera quatre enfants. Il est toujours organiste chez les Jésuites, poste qu'il conservera jusqu'en 1738. L'événement marquant de sa vie a lieu en 1727 : sa rencontre avec le fermier général La Pouplinière, généreux mécène qui va le soutenir pendant vingt-cinq ans.

Le grand essor

La Pouplinière entretenait un orchestre : il en confie la direction à Rameau. Mme de La Pouplinière devient son élève et fait de son hôtel un cénacle artistique, où Rameau rencontre l'abbé Pellegrin et Voltaire, qui lui donnent ses premiers livrets. C'est à l'hôtel de La Pouplinière qu'on crée, en concert, *Hippolyte et Aricie*, sa première tragédie lyrique, qui est ensuite représentée à l'Académie royale de musique le 1er octobre 1733. Dès lors, c'est une étonnante floraison d'ouvrages lyriques (il en écrit deux ou trois par an) qui vont hisser le nom de Rameau au pinacle. Il devra cependant lutter pour les imposer : lutte contre les tenants de la tradition lulliste, effrayés de ses audaces harmoniques et de ses innovations dans le domaine de l'instrumentation ; lutte, plus tard, contre d'Alembert et Rousseau et les partisans des bouffons italiens. Il apparaît alors comme le champion de la musique française.

Rameau fournit des spectacles tant à l'Opéra qu'à la cour de Versailles, tragédies lyriques, opéras-ballets, divertissements et pastorales dont les principaux sont : *Hippolyte et Aricie* (1733), *Les Indes galantes* (1735), *Castor et Pollux* (1737), *Les Fêtes d'Hébé* (1739), *Dardanus* (1739), *Platée* (1745), *La Princesse de Navarre* (1745), *Les Fêtes de l'hymen et de l'amour* (1747), *Pygmalion* (1748), *Les Surprises de l'amour* (1748), *Zoroastre* (1749), *Les Paladins* (1760). *Les Boréades* (1764). Cette dernière œuvre fut exécutée en concert en 1964 seulement.

En 1753, Rameau s'était brouillé avec La Pouplinière. Les dernières années de sa vie furent marquées par sa querelle aiguë et passionnée avec Rousseau qui, avec infiniment d'incompétence et de mauvaise foi, reprochait à Rameau la complexité de ses « symphonies » et son harmonie trop riche : « La tête a peine à tenir au tintamarre continuel », écrivait-il au baron Grimm. Rousseau avait réussi à entraîner les Encyclopédistes ; Rameau eut pour lui le roi, Voltaire et l'immense majorité du public. Mais il ne se grandit pas en se laissant entraîner dans une polémique stérile.

Il mourut à Paris et fut enterré à l'église Saint-Eustache.

Un homme taciturne

Rameau était réputé d'abord difficile, volontiers solitaire, décourageant l'importun qui venait le déranger dans son travail. Il ne dédaignait point cependant la discussion avec ses pairs, aidant même de jeunes confrères (un Dauvergne, un Balbastre). Mais il s'emportait facilement : ses yeux alors étincelaient et sa voix, qu'il avait naturellement rude et rocailleuse, devenait cassante. Un de ses ennemis, Charles Collé, le décrit comme « le mortel le plus impoli, le plus grossier et le plus insociable de son temps ». Cependant l'examen des divers portraits que nous avons de lui (croquis de Carmontelle, peintures d'Aved, de Greuze, pastel de Quentin de La Tour) nous livre une image moins rébarbative, où l'intelligence la plus vive semble se mêler à une certaine sensualité. Rameau lui-même a écrit des phrases qui renseignent mieux que tout commentaire sur sa vie intérieure : « C'est à l'âme que la musique doit parler », ou encore : « La vraie musique est le langage du cœur. »

Le théoricien

Rameau est un de ces rares créateurs qui ont cherché à analyser leur propre démarche créatrice. On lui doit la première théorie cohérente de l'harmonie, fondée sur des principes physiques et les découvertes du mathématicien Joseph Sauveur (1653-1716). Pour lui, la musique est à la fois une science physico-mathématique (fondée sur le son, phénomène physique, et les rapports mathématiques des sons entre eux) et un art dont la finalité est d'exprimer et de susciter des passions.

Les principaux ouvrages théoriques de Rameau sont, dans l'ordre chronologique : le *Traité de l'harmonie réduite à ses principes naturels* (1722) et le *Nouveau Système de musique théorique* (1726), déjà cités, puis *La Génération harmonique* (1737), *Démonstration du principe de l'harmonie servant de base à tout l'art musical* (1750). Il convient d'ajouter à ces ouvrages essentiels, la série des lettres critiques à d'Alembert et aux éditeurs de l'*Encyclopédie*.

Partant de la résonance d'une corde vibrante, Rameau note les harmoniques naturels : octave supérieure, 12e (quinte de l'accord parfait), 2e octave, 17e majeure (tierce de l'accord parfait majeur) et les sons les plus aigus perçus par une oreille exercée, et il conclut que tous les accords issus de la combinaison de ces sons sont identiques ; c'est le principe du renversement des accords. Ainsi, d'un seul son fondamental, il déduit l'unité de l'harmonie ; les 2e et 3e harmoniques formant la *triade majeure*, les dissonances naissant des tierces ajoutées. De plus, il formule la théorie des deux séries de quintes, ascendantes et descendantes. D'autre part, il remarque que lorsque des cordes 2, 3, 4 et 5 fois plus longues entrent en vibration aux côtés de la corde résonante, elles fournissent des harmoniques inférieurs qui, ramenés à l'intérieur d'une octave, donnent la *triade mineure* (explication figurant dans la *Génération harmonique*). Il en déduit les rapports étroits entre la *dominante*, la *sous-dominante* et la *tonique*, fondement de l'harmonie classique. Enfin, il attribue aux tonalités et aux harmonies des effets psychologiques et des fonctions expressives. Ainsi, la joie et la magnificence se traduisent par des consonances ou des dissonances préparées, tandis que les dissonances non préparées expriment la fureur et le désespoir. Il pense que « le diatonique a l'agréable en partage, le chromatique, le varié, que le mode mineur tient du tendre et du triste, que l'enharmonique effraie, épouvante, met partout le désordre... ». Il en vient ainsi tout naturellement à formuler une esthétique fondée sur l'harmonie, dont le rôle est de « pénétrer l'âme [...] C'est à l'harmonie seulement qu'il appartient de remuer les passions, la mélodie ne tire sa force que de cette source dont elle émane directement. » C'est précisément ce que Rousseau contestera, en prônant avec les Italiens la primauté de la mélodie.

L'opéra versaillais

Un spectacle enchanteur

La production dramatique de Rameau constitue l'essentiel de son œuvre. Elle offre les exemples les plus achevés des divers genres pratiqués à l'époque : tragédies ou comédies lyriques, opéras-ballets, pastorales héroïques. Tous ces genres ont en commun le faste de la mise en scène, la prépondérance de l'élément chorégraphique et on peut les réunir sous la dénomination d'« opéra versaillais » : spectacle des spectacles, féerie éblouissante à la dimension de Versailles. Déjà du temps de Lully, La Bruyère écrivait : « Il faut des machines aux opéras et le propre de ce spectacle est de tenir les esprits, les yeux et les oreilles dans un égal enchantement. » L'opéra est au départ une commande royale et commémore une victoire, un traité de paix, une naissance ou un mariage illustre. Il est inauguré par le roi à Versailles, avant d'être livré au public de la ville. D'où les imposants prologues célébrant la gloire du souverain, le plus souvent assimilé à un dieu de l'Olympe. Il faut admettre cette convention : ces prologues, développés aux dimensions d'un acte, sont déjà une fête, une apothéose, qui mettent l'auditeur « en condition » pour la suite du spectacle.

On peut distinguer l'opéra-ballet de la tragédie lyrique. Le meilleur commentateur du théâtre musical de Rameau, Paul-Marie Masson, donne une bonne définition de l'opéra-ballet : « C'est une sorte d'opéra où la danse et les airs chantés prédominent et qui comporte, réunis sous un même titre, non plus une seule action comme dans la tragédie lyrique, mais autant de sujets différents qu'il y a d'actes dans la pièce [...] Chaque acte est un petit opéra dont l'action est extrêmement réduite, où le sujet galant n'est qu'un prétexte à la danse. » Le goût du public français pour les ballets était resté très vif depuis *Le Ballet comique de la reine* (1582), ancêtre des ballets de cour, et on ne concevait point de spectacle lyrique sans danse. Ainsi, dans l'opéra-ballet, le divertissement amenait l'action, tandis que dans la tragédie lyrique l'action amenait le divertissement. Mais partout la danse était présente.

Toutes les œuvres lyriques de Rameau offrent des caractères communs : les livrets sont généralement médiocres, textes conventionnels, sujets le plus souvent mythologiques, faisant appel à un merveilleux naïf nécessitant une machinerie compliquée. On peut sourire aujourd'hui de ces divinités descendant des cintres du théâtre, ou de ces monstres affreux surgissant des flots. Chez Racine, ces scènes fantastiques étaient narrées par Théramène ou l'un de ses émules ; à l'opéra, il était normal de montrer à un public exigeant les sortilèges les plus extravagants. Au moins ces scènes étaient-elles l'occasion pour le musicien d'écrire des pages descriptives et mouvementées. La musique, par sa qualité, faisait passer sur les invraisemblances comme sur la platitude des vers.

L'élément musical

Du point de vue strictement musical, trois éléments sont à considérer : les récits, les airs et les « simphonies ».

Le récitatif français, à la différence du *recitativo* italien, est chantant. C'est à lui qu'est confiée l'action dramatique, il supporte les dialogues essentiels et acquiert de ce fait un tour pathétique, voire passionné. Le récitatif de Rameau est très expressif : accompagné tantôt par le clavecin, tantôt par l'orchestre, il rejoint souvent l'« air », si bien qu'on passe insensiblement du récit à l'air et vice versa.

Les airs se distinguent des airs italiens (proches par leur structure du style instrumental) en ce que la musique y épouse le plus fidèlement possible le rythme du discours. « L'intérêt musical, souligne P.-M. Masson, réside surtout dans l'emploi expressif des accents mélodiques et de l'harmonie. » Dans les dialogues, les airs semblent se rapprocher des récits ; par contre, dans les monologues ils acquièrent plus d'individualité lyrique. Troisième forme d'airs, les airs de danse sont des reprises chantées des danses jouées à l'orchestre et qui s'insèrent dans les divertissements. Enfin, mentionnons l'ariette, ou air à vocalises dans l'esprit des airs italiens, destinée à mettre en valeur la virtuosité de l'interprète. En général ces ariettes ne sont pas en rapport direct avec l'action. Les ensembles vocaux sont des airs à plusieurs voix : duos, trios et chœurs. En écrivant ses chœurs, Rameau a bénéficié de son expérience de maître de chapelle ; certains d'entre eux, de style fugué, peuvent rivaliser avec les meilleures pages de Bach ou Haendel.

On appelait « simphonies » à l'époque de Rameau tout ce qui était instrumental ; le mot recouvrait à la fois l'ouverture, les interludes dramatiques et les morceaux purement chorégraphiques. Grande nouveauté pour l'ouverture : elle n'est plus une simple introduction décorative ; Rameau lui confère une réelle puissance dramatique et, en certains cas (*Zoroastre*...), elle s'inspire du sujet de la tragédie.

Préludes, interludes, accompagnement orchestral des airs prennent sous la plume de Rameau un relief neuf : attentif à souligner les péripéties de l'action, à mettre en valeur une situation psychologique, il soigne son instrumentation ; c'est une idée toute moderne de faire ainsi participer l'orchestre au drame : « Il serait à souhaiter, écrit-il, qu'il se trouvât pour le théâtre un musicien qui étudiât la nature avant de la peindre et qui, par sa science, sût faire le choix des couleurs et des nuances dont son esprit et son goût lui auraient fait sentir le rapport avec les expressions nécessaires... »

Le public du XVIIIe siècle était friand de musique descriptive : le merveilleux de certaines scènes amenait fatalement le musicien à évoquer orages et tempêtes, séismes et raz de marée, ou au contraire à suggérer le calme de la nature au lever du jour, l'éveil des oiseaux dans la campagne ou le miroitement des eaux tranquilles. « Rameau, dit encore P.-M. Masson, est en musique le principal représentant de cette théorie classique de l'imitation [de la nature] qui règne alors sans conteste dans la littérature et dans les arts. » Il est aux antipodes de ce qu'on a aujourd'hui l'habitude d'appeler la « musique pure ».

Un dernier mot sur les danses : c'est la partie la plus connue des « simphonies ». Menuets, gavottes, rigaudons, passepieds, gigues et contredanses, tour à tour gracieux ou vigoureux, réunis en suites de concert, n'ont rien perdu de leur séduction. En résumé, tant d'éléments divers et le passage souvent brusque de l'un à l'autre en cours d'action confèrent au théâtre de Rameau une vie intense que seule une représentation fidèle à l'esprit de l'époque et dans un cadre approprié (Versailles en particulier) permet d'apprécier dans tout son rayonnement.

Les pièces de clavecin

Les trois recueils de *Pièces de clavecin* (1706, 1724, 1728) et les *Pièces de clavecin en concert* (trios avec violons ou flûtes parus en 1741) constituent l'un des chefs-d'œuvre de l'école française. On y trouve des suites sur le modèle des anciennes suites de danses et des pièces poétiques, aux titres pittoresques et aux intentions descriptives ou imitatives (*Le Rappel des oiseaux*, *Les Tendres Plaintes*, *Les Niais de Sologne*, *Les Tourbillons*, *Les Cyclopes*, *La Villageoise*, *La Poule*, *Les Sauvages*, etc.). L'écriture en est plus élaborée que celle des pièces de Couperin. Rameau y met en application ses trouvailles harmoniques ; les modulations sont souvent audacieuses, les développements amples et variés. Mais aussi on note des nouveautés dans la technique du clavier (passages de pouces et croisements de mains), si bien que ces pièces supportent aisément d'être interprétées sur un piano moderne. Cette écriture riche sous-entend souvent l'orchestre. P.-M. Masson remarque : « Les morceaux de clavecin qui ne sont pas des danses ont tout à fait le caractère des *simphonies* descriptives ou expressives que nous retrouvons dans l'opéra. » Au reste, Rameau a instrumenté lui-même certaines de ces pièces pour les réutiliser dans les divertissements d'opéra.

Motets et cantates

Si l'on songe que Rameau a été maître de chapelle pendant la première moitié de sa vie, on est surpris qu'il ait écrit si peu d'œuvres religieuses. Parmi les quelques motets qu'il a laissés, quatre (*In convertendo*, *Deus noster refugium*, *Quam dilecta*, *Diligam te*) se rattachent à la forme « motet à grand chœur et simphonie », forme à laquelle Michel Richard Delalande a donné le maximum d'éclat. Rameau n'innove point ici et seul le *Quam dilecta* se hisse au niveau des grandes œuvres. Quant au petit motet *Laboravi*, c'est une pièce à cinq voix de style fugué avec basse continue, dont le style rappelle celui de l'ancien motet polyphonique.

Les cantates sont des œuvres de jeunesse. Le genre, importé d'Italie avait connu la grande vogue à la fin du XVIIe siècle et au seuil du XVIIIe ; il était sur son déclin au temps de Rameau. À une ou deux voix avec accompagnement instrumental, les cantates de Rameau ont plus d'ampleur que leurs devancières et leur style annonce celui de l'opéra. Citons : *Les Amants trahis*, *Aquilon et Orithie*, *Le Berger fidèle*, *L'Impatience*, *La Musette*, *Orphée*, *Thétis*.

ROGER BLANCHARD

Bibliographie

L'édition complète des œuvres musicales de Rameau a été entreprise en 1895, sous la direction de Saint-Saëns, chez Durand. 18 volumes étaient parus en 1913 (vol. XVII double). Cette édition reste inachevée. Les préfaces de Charles-Théodore Malherbe gardent tout leur intérêt.

• **Œuvres de J.-P. Rameau** (édition originale entre parenthèses)

Complete Theoretical Writings, E. R. Jacobi éd., 6 vol., American Institute of Musicology, New York, 1967.

Code de musique pratique, Broude Brothers, New York, 1977 (Imprimerie Royale, Paris, 1760) ; *Démonstration du principe de l'harmonie*, *ibid.*, 1971 (Durant-Pissot, Paris, 1750) ; *Erreurs sur la musique dans l'Encyclopédie*, *ibid.*, 1969 (S. Jarry, Paris, 1755) ; *Génération harmonique*, *ibid.*, 1971 (Prault, Paris, 1737) ; *Nouveau Système de musique théorique*, *ibid.*, 1968 (Ballard, Paris, 1726) ; *Nouvelles réflexions de M. Rameau sur sa démonstration du principe de l'harmonie*, *ibid.*, 1975 (Durant-Pissot, 1752) ; *Observations sur notre instinct pour la musique et sur son principe*, *ibid.*, 1977 (Prault-Lambert-Duchesne, Paris, 1754) ; *Traité de l'harmonie réduite à ses principes naturels*, *ibid.*, 1965, Klincksieck, Paris, 1986 (Ballard, 1722).

• **Études**

J. d'Alembert, *Éléments de musique théorique et pratique suivant les principes de M. Rameau*, Paris, 1752, éd. d'Aujourd'hui, Plan-de-la-Tour, 1984 / P. Beaussant, *Rameau de A à Z*, Fayard, Paris, 1983 / S. Bouissou, *Jean-Philippe Rameau : les Boréades*, Klincksieck, 1992 / M. G. de Chabanon, *Éloge de M. Rameau*, Paris, 1764 / T. S. Christensen, *Rameau and Musical Thought in the Enlightenment*, Cambridge Univ. Press, 1993 / G. Cucuel, *La Pouplinière et la musique de chambre au XVIIIe siècle*, Paris, 1913 / D. Foster, *Jean-Philippe Rameau. A guide to Research*, Garland, Londres, 1989 / J. Gardien, *Jean-Philippe Rameau*, La Colombe, Paris, 1949 / C. Girdlestone, *Jean-Philippe Rameau, sa vie, son œuvre*, Londres, 1957, Desclée de Brouwer, Paris, 1962, nouv. éd. 1983 / E. Haeringer, *L'Esthétique de l'opéra en France au temps de Jean-Philippe Rameau*, The Voltaire Foundation, Oxford, 1990 / E. R. Jacobi, « Nouvelles Lettres inédites de Rameau », in *Recherches*, vol. II, Picard, Paris, 1962 ; « Le Dernier Manuscrit de Rameau », in *Revue de musicologie*, vol. XLVII, 1962 / C. Kintzler, *Jean-Philippe Rameau, splendeur et naufrage de l'esthétique du plaisir à l'âge classique*, Sycomore, Paris, 1983, rééd. Minerve, Paris, 1988 / Z. Klitenic, *The Clavecin Works of J.-P. Rameau*, thèse, Philadelphie, 1955 / J. de La Gorce dir., *Jean-Philippe Rameau*, Champion, Paris, 1987 / L. de La Laurencie, *Rameau*, Paris, 1908 / L. Laloy, *Rameau*, Paris, 1908 / J. Malignon, *Rameau*, Seuil, Paris, 1960, rééd. 1988 ; *Petit Dictionnaire Rameau*, Aubier, Paris, 1983 / H. Maret, *Éloge historique de M. Rameau*, Dijon, 1766 / P.-M. Masson, *L'Opéra de Rameau*, Laurens, Paris, 1930, rééd. fac-sim., Da Capo, New York, 1972 / G. Migot, *J.-P. Rameau et le génie de la musique française*, Paris, 1943 / Y. Tiénot, *Jean-Philippe Rameau*, Lemoine, Paris, 1954.

RAVEL MAURICE (1875-1937)

Avec Fauré et Debussy, dont il était le cadet, Ravel partage la gloire d'avoir « fait » la musique française du premier tiers du XXe siècle. Élève du premier, auquel il dédia son *Quatuor à cordes*, la mode et le snobisme des premières années du siècle voulurent faire de lui un rival du second. Il s'agissait d'une erreur de perspective, comme il s'en produit fréquemment lorsqu'on manque du recul nécessaire, car la personnalité de Ravel est unique et toute comparaison avec un autre musicien, même avec l'un de ses obscurs épigones, ne saurait être qu'artificielle. Cette personnalité paraît d'ailleurs paradoxale, pour peu qu'on cherche à l'analyser. Novateur hardi, Ravel marque cependant assez faiblement de son empreinte les musiciens qui lui succèdent ; toutefois, durant de longues années, les candidats au prix de Rome se sont obstinés à l'imiter. Musicien rigoureux, amoureux des agencements sonores longuement calculés et réfléchis, il n'obtint pas, lui-même, cette récompense suprême. Inventeur audacieux de savoureux agrégats harmoniques, il manifeste un amour constant pour les formes musicales traditionnelles (son *Qua-*

tuor est presque une forme « d'école » et il fait survivre dans plusieurs de ses œuvres l'esprit des « suites françaises »). Orchestrateur prodigieux, il lui arrive souvent de ne pas penser directement pour les timbres instrumentaux et d'orchestrer, ensuite, des œuvres déjà écrites pour le piano. Épris de liberté, il paraît s'imposer perpétuellement d'insolubles gageures. Mais il reste à cette personnalité au moins deux constantes : le perpétuel souci de la perfection et le culte de la clarté. Il est juste, d'ailleurs, de parler de constantes, car si, chez la plupart des musiciens, on observe une évolution entre la jeunesse et la maturité, l'œuvre de Ravel jouit d'une remarquable unité. Chez lui, point de balbutiements ou d'essais maladroits ; dès ses premières compositions, il accède à la maîtrise. En revanche, on ne trouve pas dans ses derniers travaux cette ascèse révolutionnaire qui est si caractéristique de la dernière manière de la plupart des grands musiciens. Le souci de la clarté et de l'unité semble avoir effacé chez lui, d'emblée, toute hésitation et avoir tracé définitivement sa route. À la fois typiquement français et étonnamment universel (il connut, très rapidement, une vaste audience internationale), Maurice Ravel est l'exemple parfait de l'artiste qui n'a jamais renoncé au souci du métier de l'artisan et du « compagnon » directement promu à la « maîtrise ».

Des origines diverses

Ce musicien si français commence par recueillir un héritage en lequel se mêlent des origines diverses. Son grand-père paternel était de nationalité helvétique. Son père, ingénieur, épousa en 1874 une jeune fille d'origine basque, Maria Deluarte, à Ciboure, près de Saint-Jean-de-Luz et, le 7 mars de l'année suivante, naissait l'aîné de cinq enfants : Maurice. À l'âge de quatorze ans, celui-ci entre au Conservatoire de Paris dans la classe de piano, qu'il quitte dès 1897 pour les disciplines de l'écriture musicale : le contrepoint et la composition pour lesquelles il a pour maîtres André Gedalge et Gabriel Fauré. Il retient du premier la méticulosité dans l'invention qui rapproche le tempérament de l'ingénieur de celui du musicien, et du second la sensibilité contenue qu'il livrera ensuite dans ses œuvres. En 1901, Ravel obtient un second grand prix de Rome avec une cantate assez anodine : *Myrrha*. Il n'obtiendra jamais le premier grand prix car, après plusieurs échecs, il est déjà devenu un compositeur reconnu, à l'originalité incontestable et qui effraye les dignes membres du jury, à tel point qu'ils ne l'admettent même plus aux éliminatoires. En effet, en 1904, date de sa dernière tentative, Ravel a déjà écrit ses *Jeux d'eau* (1901), son *Quatuor à cordes* (1903), la *Pavane pour une infante défunte* (1899), les *Sites auriculaires* (1895) et *Schéhérazade* (1903). Peut-être est-il possible d'expliquer la relative discrétion de toute sa vie, le mépris des honneurs officiels, l'isolement aristocratique dans lequel il a aimé se réfugier par le détachement acquis à la suite d'échecs immérités. Peut-être aussi la maladie qui l'emporta et dont il ressentit les atteintes dès 1928 (une tumeur au cerveau) le prédisposait-elle à rechercher un refuge, une « tour d'ivoire » dans laquelle il pouvait méditer longuement une œuvre qui est le type même de la perfection préméditée. C'est en 1920 que Ravel s'installa à Montfort-l'Amaury, où il habita jusqu'à sa mort et où il écrivit bon nombre de ses chefs-d'œuvre. En 1937, une opération fut tentée, mais en vain ; il disparut, en pleine gloire, à l'âge de soixante-deux ans.

De ses origines, Ravel conserva des tendances apparemment contradictoires mais qui, en sa musique, se résolvent en une synthèse à l'équilibre étonnamment dosé. D'une part un goût « ibérique » de la couleur, voire du pittoresque, lequel se manifeste dans la richesse inégalée de son orchestration et aussi dans cet aspect de son inspiration qui lui fait rechercher des thèmes, des sujets souvent évocateurs. L'Espagne le fascine (*Rhapsodie espagnole*, 1907 ; *L'Heure espagnole*, 1907 ; le *Boléro*, 1928), mais il peut se laisser séduire par bien d'autres idées (les viennoiseries de *La Valse*, 1919 ; les rêveries de *Tzigane*, 1924 ; l'orientalisme de *Schéhérazade*, 1903 ; l'exotisme des *Chansons madécasses*, 1925-1926 ; ou le pittoresque littéraire, de nombreuses autres œuvres en témoignent) ; toutefois, il tient à rester, toujours, parfaitement français. C'est alors que, sans doute hérité de son grand-père, un goût helvétique pour la perfection et la minutie le pousse vers la musique pure (le *Quatuor*, 1913 ; la *Sonatine*, 1905 ; les deux *Concerti pour piano*, les *Poèmes de Mallarmé*, 1913, etc.), sans que, pourtant, soient dédaignées les références littéraires. S'il est l'auteur de nombreuses mélodies, Ravel n'a cependant composé que deux fois pour le théâtre : *L'Heure espagnole* (1907) et *L'Enfant et les sortilèges* (1925). Si la bouffonnerie ibérique du premier échappe à tout folklorisme de mauvais aloi, il sait, dans le second, faire sortir un lyrisme et une poésie profonde à partir de la description de rêves enfantins aux prises avec le prosaïque des objets quotidiens.

Classique et novateur

Du classique, Ravel possède le goût pour la perfection de la forme et de l'écriture. Du novateur, il a l'esprit de recherche, l'amour de la découverte et de la solution inédite. Mais ces solutions inédites, il les cherche plutôt dans un développement, dans une extension des démarches de ses prédécesseurs que dans l'invention de procédés nouveaux. Sur le plan de l'écriture mélodique ou harmonique, Ravel a plus volontiers recours, pour permettre à son imagination de s'exercer sur des recettes non encore éprouvées, à des formules anciennes, à des rajeunissements insolites (*Ma Mère l'Oye*, 1908 ; *Le Tombeau de Couperin*, 1918) plutôt qu'à des trouvailles qu'il juge hasardeuses et, peut-être... de mauvais goût. Sur le plan de la forme, il innove peu et, en tout cas, moins que Debussy car, lorsqu'il se penche vers l'un des schèmes formels les plus traditionnels, il en respecte généralement la structure essentielle. À cet égard, le *Quatuor* de Debussy, comparé à celui de Ravel, est beaucoup plus novateur. On a dit que Ravel était un classique. C'est juger là moins de sa technique que de son esprit. Ravel est classique en ce sens qu'il respecte profondément une tradition de rigueur, de clarté, et même de sagesse. S'il suffisait pour être novateur de faire ce que nul autre n'avait fait auparavant, bien d'autres musiciens que Ravel le seraient. S'il suffisait pour être classique ou « néo-classique » de copier des moules anciens sans chercher à y modeler des idées nouvelles, il suffirait, également, d'être bon élève. Mais Maurice Ravel n'est pas non plus un révolutionnaire : il affine, cisèle, aiguise le système tonal traditionnel sans vouloir lui trouver des prolongements radicaux. Il est, essentiellement, l'homme de la mesure.

Le jeu et la gageure

C'est Vladimir Jankélévitch qui, le premier, discerna, chez Ravel, ce goût prononcé pour la gageure, pour le pari, pour le jeu dont on invente soi-même les règles et que, par conséquent, on se doit de gagner. Mais peut-être ce jeu n'est-il que l'expression du paradoxe d'un esprit en qui coexistent une originalité certaine et des scrupules traditionalistes. À cet égard, nul mieux que Ravel n'illustre cette boutade d'Arnold Schönberg (d'un an son aîné) : « Il y a encore beaucoup de bonne musique à écrire en *ut* majeur. » Mais, pour écrire, encore, de la bonne musique en *ut* majeur, il faut imaginer et résoudre les problèmes qu'une telle musique est susceptible de poser. C'est toujours Jankélévitch qui remarque quel prodigieux tour de force technique représente le fait d'écrire toute une pièce pour piano (*Le Gibet*, dans *Gaspard de la nuit*) autour d'une pédale obstinée de *si* bémol. Il serait, par ailleurs, banal de rappeler qu'il s'agit encore d'un véritable défi aux possibilités instrumentales dans le fameux *Concerto pour la main gauche* (1931) à l'audition duquel un auditeur imparfaitement exercé reconnaît difficilement que le pianiste ne dispose que d'une seule main. Pari encore avec lui-même que cette *Sonate pour violon et violoncelle* (1922) dans laquelle l'extrême mobilité polyphonique supplée, sans qu'il y paraisse, aux impossibilités harmoniques de deux instruments dont la nature est foncièrement mélodique. Enfin, que dire de ce *Boléro*, qui est sans conteste son œuvre la plus célèbre, et cela, sans doute, à cause d'un absurde malentendu. Car, en effet, si le *Boléro* dut son succès à la répétition incantatoire d'une même ligne mélodique, le génie de son auteur réside en la variation perpétuelle de l'instrumentation et de l'orchestration qui, remplaçant les développements traditionnels, en font l'une des œuvres les plus originales du début du XXe siècle.

L'orchestre et l'instrument

Pour Ravel, le piano restera toujours l'instrument par excellence. Bien au-delà de tout ce qui s'était pratiqué avant lui, il innove, dans *Jeux d'eau*, une écriture pianistique qui rompt radicalement avec celle de Chopin ou de Liszt. C'est cette voie qu'il poursuit dans *Miroirs* (1906) et dans *Gaspard de la nuit*, dont la troisième pièce, *Scarbo*, est devenue l'un des morceaux de bravoure favoris des virtuoses. Mais s'il invente pour le piano, il rêve de sonorités à proprement parler inouïes, il rêve d'un orchestre neuf. « Il ne faut pas, disait-il à Maurice Delage, se contenter d'orchestrer des partitions de piano », et, toujours paradoxalement, il le fit fréquemment lui-même, soit avec ses propres œuvres (*Alborada del Gracioso*, *Valses nobles et sentimentales*, 1911 ; *Le Tombeau de Couperin* ; *Ma Mère l'Oye*), soit avec celles des musiciens qu'il admirait (*Les Tableaux d'une exposition* de Moussorgski, *Sarabande et danse* de Debussy, *Le Menuet pompeux* de Chabrier). Magnifiquement affirmé dès la *Rhapsodie espagnole*, son orchestre est à la fois un prolongement et une négation de celui de Berlioz. Un prolongement car il lui doit cette autonomie des timbres, ces dosages de sonorités, ces subtiles substitutions d'un instrument à un autre, qui donnent des couleurs si originales au fameux *Boléro* ; une négation parce que, contrairement à Berlioz, la couleur sonore, le timbre ne prévalent jamais, chez lui, sur la rectitude harmonique. Ce parfait technicien de l'écriture instrumentale était aussi un amoureux de l'écriture, de l'harmonie et du contrepoint.

Dans sa vie, Ravel fut aussi paradoxal que dans sa musique. Toujours élégant et même mondain, il aimait à vivre retiré. Ayant appartenu au groupe de ceux qui s'appelaient entre eux les « Apaches » (Léon-Paul Fargue, Tristan Klingsor, Michel Calvocoressi), il ne dédaignait pas de fréquenter le « grand monde », les endroits où l'on se montrait le plus volontiers conventionnel. Malgré la curiosité des critiques, nul ne parvint jamais à percer ce que fut sa vie privée. Maurice Ravel reste l'exemple le plus parfait du génie le plus sage et du révolutionnaire le plus conservateur.

MICHEL PHILIPPOT

Bibliographie

L. Davies, *Ravel Orchestral Music*, B.B.C., Londres, 1970 / V. Jankélévitch, *Maurice Ravel*, Seuil, Paris, 1956, rééd. 1982 / G. Léon, *Ravel*, Seghers, Paris, 1964 / M. Long & P. Laumonier, *Au piano avec Maurice Ravel*, Billaudot, Paris, 1971 / M. Marnat, *Maurice Ravel*, Fayard, Paris, 1986 / « Maurice Ravel hier et aujourd'hui », in *Revue internationale de musique française*, nº 24, 1987 / A. Orenstein, *Lettres, écrits, entretiens*, Flammarion, Paris, 1989 / A. Penesco dir., *Écrits sur la musique française : autour de Debussy, Ravel et Paul Le Flem*, Presses universitaires de Lyon, Lyon, 1994 / P. Petit, *Ravel*, Fayard, Paris, 1969 / M. Ravel, *Lettres à Roland-Manuel et à sa famille*, J. Roy éd., Calligrammes, Paris, 1986 / *Ravel par lui-même et ses amis*, M. de Maule, Paris, 1987 / H. H. Stuckenschmidt, *Ravel*, Jean-Claude Lattès, Paris, 1981.

REGER MAX (1873-1916)

Compositeur allemand né à Brand (Bavière), élève de Hugo Riemann en 1890, Reger enseigne la composition au Conservatoire de Wiesbaden en 1893 tout en approfondissant sa connaissance de l'orgue, son instrument de prédilection. En 1901, il s'installe à Munich et voit sa réputation s'établir grâce au soutien de son ami Karl Straube, cantor à Saint-Thomas de Leipzig. Nommé en 1907 à Leipzig directeur de la musique à l'université (il ne conservera ce poste qu'un an) et professeur au Conservatoire, il dirige à partir de 1911 (tout en continuant d'enseigner à Leipzig) la chapelle ducale de Meiningen, à la tête de laquelle se sont trouvés jadis Hans von Bülow et Richard Strauss. En 1914, il se retire à Iéna et meurt subitement deux ans plus tard à Leipzig d'une crise cardiaque au cours d'une tournée. Auteur d'une production énorme (147 numéros d'opus totalisant un millier de pièces), ses maîtres à penser furent Bach et Brahms, ainsi que Beethoven, et ses domaines d'élection (il n'aborda l'orchestre que sur le tard et ignora totalement le théâtre) la musique de chambre, le lied, l'orgue et le piano. À Richard Strauss, qui, après avoir entendu ses *Quatre Poèmes symphoniques d'après A. Böcklin* op. 128 (*Vier Tondichtungen nach A. Böcklin*, 1913), lui disait : « Encore un pas, Reger, et vous serez des nôtres », il répondit : « Ce pas, justement, je me refuse à le franchir. » Il poussa le contrepoint jusqu'à ses plus extrêmes limites, mais c'est à tort qu'on se l'imagine lourd et rébarbatif. Hypersensible, affectionnant les nuances harmoniques infimes et attirant l'attention sur cet aspect de Bach, il pressentit le total chromatique au point d'écrire des séries de onze sons tout en cultivant les formes baroques de la fugue et de la variation. On lui doit notamment : pour orchestre, une *Sinfonietta en la majeur* op. 90 (1904-1905), et deux de ses œuvres les plus connues, *Variations et fugue sur un thème de J. A. Hiller* op. 100 (1908) et *Variations et fugue sur un thème de Mozart* op. 132 (1914), le thème étant dans ce dernier cas celui des variations de la *Sonate* K 331 ; un *Concerto pour piano* op. 114 (1910) ; en musique de chambre, deux quintettes avec piano, deux quatuors (1910 et 1914) et deux trios avec piano, neuf sonates pour violon et piano, quatre pour violoncelle et piano dont celle en la mineur op. 116 (1910) et trois pour clarinette et piano, cinq quatuors à cordes et diverses partitions pour violon seul, alto seul et violoncelle seul ; de très nombreuses œuvres pour piano, dont *De mon journal* (*Aus meinem Tagebuch*), trente-cinq pièces op. 82, *Variations et fugue sur un thème de Bach* op. 81 (1904) et *Variations et fugue sur un thème de Telemann* op. 134 (1914) ; pour piano à quatre mains, *Variations et fugue sur un thème de Beethoven* op. 86 (1904) ; pour orgue, des fantaisies et fugues, dont celle sur le nom de Bach op. 46 (1900), des préludes et chorals, en tout une trentaine de numéros d'opus ; enfin 229 Lieder et de la musique vocale avec ou sans orchestre. Sa dernière partition achevée fut un très beau *Quintette* pour clarinette et quatuor à cordes en *la* majeur (op. 146, 1915). Violemment attaqué par Mahler et par Stravinski, il était tenu en haute estime par Alban Berg.

MARC VIGNAL

REICH STEVEN MICHAEL dit STEVE (1936-)

Steve Reich apparaît comme le compositeur le plus représentatif du courant américain dit minimaliste. Dans le sillage de La Monte Young, il a créé, avec Terry Riley et Philip Glass, une alternative à l'avant-garde européenne en développant un style particulier qui favorise la continuité de la musique tonale. De loin le plus « classique » des répétitifs, ses compositions abstraites sont d'un raffinement extrêmes. Ses expérimentations, parfois réalisées grâce à des artifices technologiques (bande magnétique, travail de studio, *sampling*...) sont toujours profondément pensées. Elles excluent toute facilité et toute démagogie de son discours. Néanmoins, sa musique reste d'une écoute et d'une efficacité immédiates, facilitées par un sens de l'émotion doublé d'une sensualité trop souvent absente de l'autre musique contemporaine, la musique atonale.

Stephen Michael Reich naît le 3 octobre 1936 à New York. Adolescent, il s'intéresse au rythme et étudie les percussions avec Roland Kohloff, timbalier de l'Orchestre philharmonique de New York, ainsi qu'en écoutant les disques de John Coltrane et de Kenny Clarke. Diplômé de philosophie à la Cornell University, il étudie en privé la composition : avec Hall Overton (1957-1958), avec Vincent Persichetti et William Bergsma à la Juilliard School of Music (1958-1961) ; il se perfectionne au contact de Darius Milhaud et de Luciano Berio au Mills College d'Oakland jusqu'en 1963. Ses œuvres de jeunesse laissent entrevoir, derrière le dépouillement et l'austérité, une idée fortement orientée sur la pulsation et la répétition de motifs. Apparaît également la technique du déphasage, consistant en un décalage dans le temps d'une voix par rapport à une autre, contrepoint générateur d'effets saisissants, canon virtuel ou encore glissement contrôlé. Le premier Reich ne pense pas vraiment à l'harmonie et à la mélodie. Ces « études » montrent l'ascétisme d'une démarche authentique et profonde. *It's gonna Rain* (1965) et *Come out* (1966) résultent de l'action de magnétophones mis en boucle, répétant à l'infini le même fragment de phrase, de manière à contrôler, à organiser minutieusement le temps musical ; le plus petit écart de vitesse de l'un par rapport à l'autre induit le fameux effet de déphasage.

Au début des années 1970, Reich, comme d'autres musiciens, en particulier Philip Glass, avec lequel il partage de nombreux points communs, est contraint, afin de diffuser ses compositions, de fonder son propre ensemble, le Steve Reich and Musicians. *Four Organs* (1970), pour orgues électriques, va lui donner l'occasion de rencontrer un public plus large séduit par un sens motorique envoûtant. Poursuivant avec logique l'orientation de ses débuts, il part étudier au Ghana les secrets de la musique africaine, fondée principalement sur les percussions. Il en résulte le merveilleux *Drumming* (1971), qui ne donne pas une musique faussement exotique, mais assimile l'éclairage offert par une culture en l'intégrant dans une nouvelle manière. *Drumming* sera joué dans le monde entier. En France, l'Ensemble intercontemporain, pourtant peu enclin à défendre ce qui sort du cadre de la musique atonale, le mettra à l'affiche. Reich approfondit et enrichit sans cesse son langage de multiples expériences. Les gamelans de Bali aiguisent sa curiosité : les cours de l'American Society for Eastern Arts Summer Program à Seattle (1973) vont la satisfaire. Peut-être cherche-t-il dans les anciennes civilisations ce qu'il a oublié de la sienne ? Il va étudier les formes traditionnelles de la cantilation (chantée) des écritures hébraïques à New York et à Jérusalem (1976-1977). Commence alors pour lui un itinéraire à la fois spirituel et artistique. Il met en musique, avec *Tehillim* (1981), des textes sacrés. « Quant à *Tehillim*, c'est un nouveau départ. J'ai introduit le texte dans ma musique [...]. Je n'écris plus de mélodies, je ne fais que les découvrir. C'est le texte qui impose la ligne mélodique, le rythme, le tempo, le timbre, la voix. » L'opéra *The Cave* sera l'aboutissement des recherches commencées avec *Tehillim*, puis mises en forme et maîtrisées par un chef-d'œuvre, le quatuor *Different Trains* (1988), une commande du Quatuor Kronos, spécialiste américain de musique contemporaine. Dans ce « pseudo-quatuor », l'ensemble est démultiplié, plusieurs sections instrumentales se superposent en strates. Des voix échantillonnées sont reprises en timbre, rythme, intensité par les instruments. La deuxième partie évoque les trains de la mort de l'holocauste.

Musicalement, l'opéra *The Cave* (1993) fonctionne suivant les mêmes principes. Sur scène, des écrans vidéo, un ensemble instrumental, des chanteurs. Les personnages filmés répondent à des questions, l'orchestre joue en suivant l'intonation de la voix, les chanteurs soulignent parfois une partie de phrase importante. Les techniques vocales utilisées par Reich n'ont pas grand-chose à voir avec l'opéra du XIXe siècle. Volontairement, il utilise la voix « naturelle, sans vibrato, comparable à celle que l'on trouve dans la musique médiévale, ou dans celle de la Renaissance ». Des passages de la Genèse, du Coran, sont chantés ou affichés sur cinq écrans. *The Cave* (la caverne), c'est le lieu mythique où Adam et Ève, Abraham, sa femme Sarah et leurs descendants sont enterrés. La mystique juive affirme qu'elle est le lieu de passage vers le jardin d'Éden. Nommée par la suite grotte des Patriarches, la caverne est située dans la ville d'Hébron et sert de lieu de culte où juifs et musulmans viennent se recueillir. L'opéra est divisé en trois actes ; le premier concerne des Israéliens, le deuxième des Palestiniens, le troisième des

Américains. Dans chaque acte sont posées les mêmes questions ; la réponse des intervenants est filmée par la vidéaste Beryl Korot. Représenté dans le cadre du Festival d'automne de Paris en 1993, cet opéra séduit par l'ouverture au monde contemporain, par un regard neuf porté sur un *sens*, religieux et symbolique, qui fait défaut à nos sociétés occidentales. La fascination de la voix humaine, des bruits, des ambiances est toujours la matière première, la source de l'inspiration purement musicale.

Une carte postale de l'Amérique tragique des années 1990 se dessine avec *City Life* (1995), pour bois, piano, claviers électroniques, percussions, quatuor à cordes et basse, commande de l'Ensemble Modern, du London Sinfonietta et de l'Ensemble intercontemporain. La création a lieu en mars 1995 à Metz, au cours d'un concert donné par l'Ensemble intercontemporain dirigé par David Robertson, admirateur et défenseur de l'œuvre de Reich. Le climat est poétique, les décors nocturnes sont presque irréels, les voix et les bruits enregistrés recadrent dans un présent cruel des polyphonies merveilleuses. Le regard onirique porté sur la ville se fait l'écho d'une certaine Amérique : l'attentat du World Trade Center a, par exemple, inspiré les « échantillons » de voix du cinquième mouvement...

Depuis le minimalisme des débuts, la musique de Reich est devenue plus harmonique. Les accords répétés (appelés *patterns*) et les effets hypnotiques ont laissé la place à des créations sophistiquées, à une complexité sous-jacente, à un enrichissement des matériaux thématiques rendus nécessaires par une évolution naturelle du compositeur et de ses auditeurs. Si l'aspect répétitif est toujours présent, il se renouvelle en se fondant dans une orchestration chatoyante. Il s'inscrit, en fait, dans une profonde lame de fond qui donne, en cette fin de siècle, une nouvelle vigueur à la musique tonale.

PATRICK WIKLACZ

Bibliographie

S. Lelong, *Nouvelle Musique*, Balland, Paris, 1996 / S. Reich, *Writings about Music*, Press of Nova Scotia College of Art and Design, Halifax, 1974 (*Écrits et entretiens sur la musique*, trad. B. Reynaud, Bourgois, Paris, 1981) / K. R. Schwarz, « Dialogue à Manhattan. Les enjeux de la nouvelle musique américaine par deux grands compositeurs d'aujourd'hui, John Corigliano et Steve Reich », in *Diapason*, n^0^ 436, pp. 26-32, 1997 / « La Mémoire d'Abraham », interview de Steve Reich et Beryl Korot, in *Le Monde de la musique*, sept. 1993 / Programme-livret de l'opéra *The Cave*, réalisé par MC 93 Bobigny et le Festival d'automne à Paris.

• *Discographie sélective*

Works 1965-1995, Steve Reich Ensemble, Kronos Quartet Theatre of Voices, dir. Paul Hillier, et London Symphony Orchestra, dir. Michael Tilson Thomas, Nonesuch/Warner ; Six *Pianos*, Piano Circus, Argo/Decca ; *Four Organs-Phase Patterns*, enregistrement public 1970, Mantra, Wotre Music ; *Drumming*, Steve Reich and Musicians, Nonesuch/Warner ; *The Desert Music*, Steve Reich and Musicians, Brooklyn Philarmonic, dir. Michael Tilson Thomas, Nonesuch/Warner ; *Variations pour bois, cordes et claviers*, San Francisco Symphony, dir. Edo de Waart, Philips ; *Different Trains*, *Electric Counterpoint*, Kronos Quartet, Pat Metheny, Nonesuch/Warner ; *Tehillim*, *Three Movements*, Nonesuch/Warner ; *The Cave*, Nonesuch/Warner ; *City Life*, *Proverb*, *Nagoya*, Nonesuch/Warner.

REICHA ANTON (1770-1836)

Compositeur, né à Prague ; devenu orphelin de bonne heure, Reicha est recueilli et élevé par la famille de son oncle Joseph, violoncelliste et compositeur, chef de l'orchestre de l'Électeur de Cologne au moment où le jeune Beethoven y joue de l'alto. Après l'occupation de la Rhénanie par l'armée française, Reicha s'installe à Hambourg (1794-1799), à Paris (1799-1802) puis à Vienne (1802-1808). Fixé définitivement à Paris en 1808, il y est nommé professeur de composition au Conservatoire, en 1818. Naturalisé en 1829, il succède à Boieldieu à l'Institut en 1835. Sa renommée comme professeur et comme théoricien lui attire de nombreux élèves, parmi lesquels Berlioz, Liszt, Franck et Gounod. On lui doit des opéras, des symphonies, de la musique de chambre pour cordes, des fugues pour piano. Mais c'est surtout par ses quintettes à vent que ce musicien parfois étrange, aux trouvailles harmoniques et rythmiques souvent prophétiques, voire tout à fait expérimentales, s'est maintenu au répertoire.

MARC VIGNAL

RESPIGHI OTTORINO (1879-1936)

Dans ce qu'on a appelé la « renaissance » de la musique italienne après un XIXe siècle livré, malgré des chefs-d'œuvre, à un esprit mélodique trop facile, à une dramaturgie à gros effets et à une virtuosité trop extérieure, Respighi occupe une place importante, bien qu'isolée et difficile à définir. Élève de Sarti pour le violon et l'alto, de Martucci pour la composition, de Rimski-Korsakov et un moment de Max Bruch, il concilie une volonté de renouveau, de pureté, de rigueur avec une conception voluptueuse de son art et la fidélité au poème symphonique. Son métier est d'une solidité à toute épreuve ; sa connaissance de l'orchestre, son goût du chatoiement orchestral le retiennent de poursuivre aussi loin que Malipiero la recherche du dépouillement. Sans avoir véritablement subi l'influence des impressionnistes français et de Debussy, il est proche d'eux par un sentiment commun de la transposition sonore de l'impression sensible, comme par l'influence de la musique russe, de l'exotisme, des modes archaïques et orientaux. Deux poèmes symphoniques, *Les Fontaines de Rome* et *Les Pins de Rome*, ont établi sa réputation ; mais le *Triptyque botticellien*, ses concertos (*Concerto grégorien* pour violon, *Concerto mixolydien* pour piano), ses ballets (*La Boutique fantasque*, d'après Rossini) ne leur sont pas inférieurs. Cette synthèse d'éléments modernes, classiques, postromantiques, heureusement équilibrée, apparaît avec son plus grand raffinement dans les *Airs anciens et danses pour luth*, qu'il a orchestrés avec une science extrême. Ses œuvres lyriques (*La Cloche engloutie*, *La Flamme*, *Marie l'Égyptienne* et d'autres) sont nettement inférieures à celles du symphoniste.

PHILIPPE BEAUSSANT

RICHTER FRANZ XAVER (1709-1789)

Compositeur né à Holesov (Holleschau) en Moravie, élève sans doute de Johann Joseph Fux à Vienne, Richter entre, après un voyage en Italie en 1740, au service du prince-abbé de Kempten. À la mort de celui-ci (1747), il est appelé, d'abord comme chanteur, puis comme violoniste, chef d'orchestre et compositeur, à la cour du fameux prince-électeur de Mannheim : lui et Johann Stamitz dominent sans conteste la première génération de l'école à laquelle Mannheim ne tardera pas à donner son nom. C'est alors que Richter compose la plus grande partie de sa production instrumentale : concertos, sonates de chambre, quatuors à cordes (son opus 5 est à peu près contemporain des premiers quatuors de Joseph Haydn), symphonies. Il se distingue, entre autres, de Stamitz, par la façon dont il sait, par-delà toute « galanterie », garder le contact avec l'ancienne écriture fuguée (ce genre de démarche sera bientôt, pour Haydn et Mozart, un des moyens d'accès au style classique). En 1769, Richter arrive à Strasbourg où, jusqu'à sa mort, il occupe les fonctions de maître de chapelle à la cathédrale, en se consacrant pour une grande part, contrairement aux années précédentes, à la musique religieuse.

MARC VIGNAL

RIMSKI-KORSAKOV NIKOLAÏ ANDREÏEVITCH (1844-1908)

« Je n'aime pas le chagrin, les deuils, les messes commémoratives. Si vous voulez un jour penser à moi, quand je ne serai plus là, écoutez simplement ma musique... » De tous les compositeurs russes de son temps, Rimski-Korsakov fut l'un des plus féconds. Ce ne fut pas un compositeur de musique « pure » ; le poème symphonique et surtout l'opéra constituaient son vrai domaine. Dans sa musique, il se détache des choses et des passions humaines et les considère avec une bienveillante indulgence, nuancée d'un scepticisme discret. De la sorte, il se crée un univers à lui, où les grands sentiments ne parviennent qu'à l'état d'échos atténués ; il façonne des personnages imaginaires asservis à sa volonté, et les présente à travers le prisme de son génie, un peu comme l'astrologue du *Coq d'or* : ne disait-il pas en plaisantant que le chanteur chargé de ce rôle devait se faire sa tête à lui ! Et puis, très différent en cela de Moussorgski et de Borodine, qui estimaient, l'un, que l'âme d'un peuple s'exprime le mieux au cours des périodes troublées de son histoire, et, l'autre, qu'elle se reflète le plus fidèlement dans les grandes épopées nationales, Rimski-Korsakov pensait que la sagesse populaire trouve sa plus belle traduction dans les légendes et les contes, surtout quand ils comportent une morale. De là son attachement à un « fantastique russe » qui n'a rien de romantique, ni de postromantique, qui ne constitue pas une « machine » théâtrale, musicale ou littéraire, mais se rattache directement aux évasions en esprit, aux rêveries populaires russes, où l'émotion revêt un aspect candide, naïf et pourtant réellement humain.

Voué à la musique

Nikolaï Andreïevitch Rimski-Korsakov est né à Tikhvin, petite cité de la province de Novgorod. Sa vie fut sans histoire. Épris de musique dès l'âge de quatre ans, il s'y consacra totalement à vingt-deux ans, après avoir donné sa démission d'officier de marine. En 1871, il devint professeur d'instrumentation et de direction d'orchestre au conservatoire de Saint-Pétersbourg, ce qui l'obligea à de très sérieuses études musicales théoriques qu'il fit par correspondance, sous la direction de Tchaïkovski. En effet, bien qu'ayant été initié par Balakirev, il fut cependant avant tout un autodidacte ; il n'était donc pas encore capable d'enseigner ; mais, poussé par ses compagnons du « groupe des Cinq » (Balakirev, César Cui, Borodine, Moussorgski), il avait accepté ce poste afin d'établir « une tête de pont chez l'ennemi » : la rivalité était encore flagrante entre les « académiques » formés au conservatoire et les « fauves » du groupe. Au terme d'une vie entièrement vouée à la musique, Rimski-Korsakov mourut à Lioubensk.

En plus de quinze opéras, il laissait notamment : quatre symphonies, trois concertos, un trio, deux quatuors, un quintette, un sextuor, cinq poèmes symphoniques, trois cantates, trois ouvertures symphoniques, deux fantaisies, quatre recueils de pièces pour piano, une trentaine de mélodies et de la musique sacrée.

Optimisme et contemplation

« Dieu ne bénit pas les larmes de tristesse : il bénit les larmes de béatitude », chante Fevronia, le personnage central de *La Légende de la ville invisible de Kitège et de la vierge Fevrona* (1903-1905), qui est le chef-d'œuvre lyrique de Rimski-Korsakov. Celui-ci n'aime pas les sentiments portés au paroxysme, la douleur véhémente, les cris tragiques : il leur préfère une sereine contemplation.

C'est dans le domaine de l'opéra et du poème symphonique qu'il a incontestablement réussi le mieux, car beaucoup de ses partitions, à commencer par celle de *La Nuit de mai* (d'après Gogol, 1878-1879), dévoilent des perspectives nouvelles dans le champ du fantastique en musique, prolongeant et élargissant les promesses contenues dans *Rousslan et Lioudmila* de Glinka, anticipant *L'Oiseau de feu* et *Pétrouchka* de Stravinski et *L'Amour des trois oranges* de Prokofiev. Cependant, autant Rimski-Korsakov se sent à l'aise dans la féerie populaire et ses enluminures, autant il semble gêné et peu personnel quand il s'agit d'évoquer la cour de Catherine II (*La Nuit de Noël*, 1895), de reproduire les dialogues de *Mozart et Salieri*, d'évoquer la Rome antique de *Servilia* (1901) ou bien la Pologne légendaire de *Pane Voïevode* (1902), composé en hommage à Chopin.

Le compositeur lyrique

Rimski-Korsakov a subi l'influence de Glinka, puis celle de Moussorgski et de Borodine, celle enfin de Wagner, et l'on peut distinguer trois manières différentes dans ses opéras, où, en outre, les emprunts à la musique populaire russe sont assez fréquents.

Les œuvres du premier type s'apparentent à celles de Glinka : la partition est une succession de « numéros séparés », parfaitement achevés dans leur forme, reliés par des récitatifs, toujours personnalisés, quoique tributaires des mélopées des vieux bardes russes qui chantaient en s'accompagnant au *gousli* : tels sont les airs et les ensembles vocaux de *La Fiancée du tsar* (1898-1899).

Les opéras du deuxième type, comme l'admirable *Légende de la ville invisible de Kitège* ou le discutable *Mozart et Salieri* (1897), sont conformes au principe du drame wagnérien : « mélodie ininterrompue », sans airs ni récitatifs nettement définis.

Les opéras de la troisième manière, la plus fournie, participent à un genre intermédiaire. Rimski-Korsakov n'y obéit qu'à son instinct de musicien, si bien que la même partition renferme des « numéros » et des scènes entières conformes à la tradition wagnérienne. Tels sont *La Nuit de mai*, *Sniegourotchka* (1880-1881), *Sadko* (1894-1896), *La Nuit de Noël* (1894-1895), *Le Tsar Saltan* (1899-1900), *Katchei l'immortel* (1901-1902, rév. 1906) et *Le Coq d'or* (1906-1907) – pour ne mentionner que les plus importants.

L'orchestrateur

Au service de son inspiration, Rimski-Korsakov utilise presque toutes les ressources de la gamme chromatique, et son orchestration tient parfois du prodige (cf. *Schéhérazade* et le *Capriccio espagnol*). Il y a chez lui une sorte de griserie physique du son instrumental qui annonce Richard Strauss, Ravel, Stravinski et Prokofiev. Les harpes de *Daphnis et Chloé*, le contrebasson utilisé par Dukas dans *L'Apprenti sorcier* ont subi l'influence de Rimski-Korsakov, et le grand carnaval de *Pétrouchka* a été préparé par la scène du marché de Novgorod, dans *Sadko*.

Parti du *Traité d'instrumentation* de Berlioz, ayant fréquenté les œuvres de Liszt, de Weber, de Mendelssohn, de Bizet, de Delibes, lui qui ne savait pas, au début de sa carrière, se servir des cors chromatiques, il a été l'un des fondateurs de l'orchestre moderne.

MICHEL-ROSTISLAV HOFMANN

Bibliographie

• Œuvres de N. A. Rimski-Korsakov

Chronique de ma vie musicale (1905), trad. du russe G. Blumberg, Paris, 1914, rééd. Gallimard, Paris, 1938 ; éd. abrégée, *Ma Vie musicale*, Lafitte, Paris, 1914, rééd. Stock, Paris, 1981 ; *Principles of Orchestration*, 2 vol., Dover, New York, 1964.

• Études

G. ABRAHAM, *Rimski-Korsakov : a Short Biography*, Londres, 1945 / B. ASSAFIEV, *N. A. Rimski-Korsakov*, Muzghiz, Moscou-Leningrad, 1945 / R.-M. HOFMANN, *Rimski-Korsakov, sa vie, son œuvre*, Flammarion, Paris, 1958 / J. F. KUNIN, Nikolai Andrejewitsch Rimski-Korsakov, Neue Musik, Berlin, 1986 / A. N. RIMSKI-KORSAKOV, *N. A. Rimski-Korsakov žizn'i tvorčestvo*, 5 vol., Muzghiz, 1933-1946 / G. R. SEAMAN, *Nikolai Andreewich Rimsky-Korsakov*, Garland, New York, 1988 / V. V. YASTREBTSEV, *Reminiscences of Rimsky-Korsakov*, Culumbia Univ. Press, New York, 1985 / « Sadko » et « Kitège », in *L'Avant-Scène Opéra*, n° 162, 1994.

RIVIER JEAN (1896-1987)

Le compositeur français Jean Rivier a fait figure de continuateur dans le panorama de la création musicale du XXe siècle ; il s'est toujours efforcé de maintenir à leur plus haut niveau les qualités spécifiques de la musique française héritées de Roussel et d'Honegger, tout en admettant les influences de quelques courants marquants, comme ceux qui sont issus de Stravinski, de Prokofiev ou du jazz.

Né à Villemomble le 21 juillet 1896, Jean Rivier ne viendra à la musique qu'après la Première Guerre mondiale. Il s'engage en décembre 1914 et sera gazé à l'ypérite en août 1918. Après trois ans de repos, il entre au conservatoire de Paris où il est l'élève de Jean Gallon (harmonie), de Maurice Emmanuel (histoire de la musique) et de Georges Caussade (contrepoint et fugue, 1er prix en 1926). Il travaille en outre le piano avec Paul Braud et le violoncelle avec Paul Bazelaire. Dès le milieu des années1920, il commence à écrire ses premières œuvres : un premier *Quatuor à cordes* en 1924 (créé quatre ans plus tard), *Chant funèbre* pour orchestre que crée Albert Wolff à la tête des Concerts Pasdeloup et *Rapsodie pour violoncelle et orchestre* créée par Emanuel

Feuermann aux Concerts Straram (1928). Rapidement, les plus grands interprètes s'intéressent à lui : *Ouverture pour un Don Quichotte* créée à New York par l'orchestre de Cleveland (1929), *Ouverture pour une opérette imaginaire* (Straram, 1931)... Président du Triton, l'une des sociétés de musique de chambre contemporaine les plus importantes de l'entre-deux-guerres, Rivier sera nommé professeur de composition au conservatoire de Paris en 1947, exerçant d'abord en alternance avec Darius Milhaud (un an sur deux, pendant que celui-ci enseignait aux États-Unis), puis seul entre 1962 et 1966. Il recevra le grand prix musical de la Ville de Paris en 1970, rare distinction accordée à un homme qui semblera de plus en plus ignoré des générations montantes, malgré une ouverture d'esprit et une curiosité qui faisaient toute la valeur de son enseignement. Il meurt à La Penne-sur-Huveaune (Bouche-du-Rhône), le 6 novembre 1987. L'œuvre de Jean Rivier est celle d'un architecte adepte de la concision : fidèle aux formes, il se situe dans la lignée d'Albert Roussel et de Florent Schmitt, et son sens de l'expression le distingue de tout un courant avide de nouveauté purement intellectuelle. Jean Rivier parlait de sa « volonté de construction » et de son « horreur de la complication et du *pathos*. J'écris pour chaque œuvre, et inconsciemment, dans le langage qui paraît lui convenir ». Il en résulte donc une musique d'une étonnante diversité qui trouve son épanouissement dans les formes traditionnelles : huit symphonies qui s'échelonnent de 1932 à 1978 (la première créée par Pierre Monteux, la deuxième par Charles Münch et la quatrième par Roger Désormière), deux ouvertures, une émouvante page pour orchestre, *Paysage pour une Jeanne d'Arc à Domrémy* (1936), deux quatuors (1924 et 1940) et plus d'une dizaine de concertos pour divers instruments – piano (1940 et 1953), violon (1942), flûte (1955, écrit pour Jean-Pierre Rampal, comme la *Sonatine pour flûte et piano*), clarinette (1958), basson (1963), hautbois (1966), trompette (1970)... –, tous accompagnés, pour ceux qui sont postérieurs à 1953, par un simple orchestre à cordes. Ses pièces pour piano, *Pointes sèches*, *Torrents*, *Tornades*, *Stridences*, nous transportent dans un univers de soin et de concision qui frise la perfection. On retrouve ces qualités dans ses mélodies, pour lesquelles il choisit soigneusement les poètes mis en musique : Apollinaire (1925-1926), Ronsard et Marot (1944), René Chalupt (1952), Paul Gilson (1955).

L'œuvre de Rivier ne se découpe pas en différentes périodes comme celle de la plupart des compositeurs ; son style s'adapte au genre de musique auquel il s'adresse. Lorsqu'il aborde la comédie musicale, avec *Vénitienne* (1936, créée l'année suivante à la Comédie des Champs-Élysées dans une mise en scène de Louis Jouvet), il retrouve la finesse et la truculence de l'opérette d'André Messager. Lorsqu'il se tourne vers la musique religieuse, on trouve en filigrane ce sens de la mort qu'il a frôlée pendant la Grande Guerre et qui donne à son *Psaume 46* (1937), à son *Requiem* (1953), à son *Christus Rex* (1966) ou à *Dolor* (1974) une profondeur et une maturité poignantes. Cette apparente diversité trouve peut-être sa meilleure définition sous la plume d'Antoine Goléa : « Avec Rivier, la musique dépasse de très loin l'anecdote et les grimaces de la mode ; elle est cette chose essentielle qui permet de dire le vrai mystère de l'être humain. »

ALAIN PÂRIS

ROBERT PIERRE (1618 env.-1699)

Musicien parisien fort injustement oublié : son œuvre de musique sacrée constitua pourtant l'essentiel du répertoire de la chapelle du roi Louis XIV, entre 1670 et 1683, avec les motets de Lully et de Du Mont. Enfant de chœur à Notre-Dame de Paris (1639), maître de musique à la cathédrale de Senlis, Pierre Robert obtient le premier prix au concours de la Sainte-Cécile du Mans (1648). À partir de 1653, sa carrière musicale est parallèle à celle d'Henri Du Mont, il est comme lui maître de chapelle à Notre-Dame de Paris, puis, en 1663, sous-maître de la chapelle royale, enfin, en 1672, compositeur de la chapelle et de la chambre du roi. Comme lui, il démissionne en 1684. Ordonné prêtre, il reçut plusieurs bénéfices ecclésiastiques (abbaye de Chambon, Saint-Pierre de Melun). Le roi ordonna la publication de ses vingt-quatre grands *Motets pour la chapelle du roy* (1684), à deux chœurs avec instruments : les chœurs, à l'écriture soit harmonique, soit contrapuntique, encadrent des récits fort expressifs à une, deux et trois voix. Robert écrivit aussi des petits motets : une dizaine, à une, deux et trois voix, avec ou sans basse continue (in *Petits Motets et élévations de MM. Carissimi, de Lully, Daniélis et Foggia*, manuscrit, 1688, collection Philidor l'Aîné), ainsi que deux autres, *Splendor aeterne gloriae* et *Memorare dulcissime Jesu*, dont l'inspiration évoque celle de Carissimi, de Grandi ou de Monteverdi.

PIERRE-PAUL LACAS

RODRIGO. 1901 :
concerto d'Aranjuez.

RORE CYPRIEN DE (1516-1565)

Ce musicien flamand, né à Anvers ou à Malines et venu très tôt se fixer à Venise, est l'un des madrigalistes les plus fameux de sa génération (surnommé « Cypriano il Divino »). Alors que le genre madrigal n'était apparu que depuis vingt ans à peine, Rore, sous l'influence de Nicola Vicentiho le porta à un sommet que peu de ses contemporains purent atteindre. Son influence fut grande sur Lassus et Philippe da Monte. Il faudra attendre la production de Monteverdi, Marenzio et Gesualdo pour que le genre explore de nouvelles voies. Vers 1535, Rore est à Venise où il est chantre sous la direction d'Adrian Willaert à Saint-Marc. De 1545 environ à 1558, il occupe les fonctions de maître de chapelle à la cour de Ferrare. De retour en Flandre, il se met au service de la régente des Pays-Bas, Marguerite de Parme, femme d'Octave Farnèse, chez qui on le retrouve en 1561. Après la mort de Willaert, il succède à son maître pour un an seulement (1563) et, l'année suivante, il revient à Parme et y meurt.

Rore écrivit dans tous les styles alors en honneur. Ses cinq messes se rattachent à l'écriture traditionnelle ; trois d'entre elles prennent un motif de motet de Josquin et suivent la technique de la messe-parodie typique de ce dernier. Ballard publia en 1557 une *Passion selon Saint-Jean*. Par ses motets (environ soixante-cinq), il se rapproche du style de Willaert ; enfin, c'est dans ses madrigaux de trois à cinq voix (cent vingt-cinq environ) qu'il est le plus novateur : chromatisme hardi, harmonie audacieuse, ton dramatique. Il a traité toutes les « stanze » de *Vergine* de Pétrarque. Plusieurs de ses pages furent transcrites pour luth ou pour clavier, notamment (plus de douze fois) *Anchor che col partire*. Son nom apparaît dans la musique instrumentale française dans le *Sixième Livre de chansons* publié chez A. Le Roy (Paris, 1559). Parmi ses nombreux disciples, citons notamment l'organiste le plus renommé de ce temps, Luzzasco Luzzaschi, bien que ses œuvres pour orgue obéissent moins que ses pages vocales à l'influence moderne de son maître.

PIERRE-PAUL LACAS

Rossetti

ROSSI SALOMONE (1570 env.-env. 1630)

Originaire de Mantoue, Rossi est condisciple et collaborateur de Monteverdi. Juif, il compose quelques-unes des plus anciennes pièces de la liturgie synagogale écrites en style polyphonique, rompant ainsi avec la tradition homophonique juive. Mais c'est en tant que violoniste que son nom doit être retenu : son recueil *Il Primo Libro delle sinfonie e gagliarde*, publié à Venise en 1607, est en effet le premier exemple connu de sonates en trio, ce genre qui devait prendre tant d'ampleur dans l'Italie du XVIIe siècle, puis dans toute l'Europe. À côté de sinfonie à trois, quatre et cinq instruments, quinze pièces (sur vingt-sept) sont écrites à trois voix, pour deux violes ou deux cornets et un instrument harmonique, avec usage de la basse continue. L'écriture, tantôt polyphonique tantôt homophone, est très exactement celle que l'on retrouvera dans toute la musique en trio, durant un siècle et plus : elle implique l'égalité des deux « dessus », sans prédominance de la voix supérieure. C'est dans l'art de la variation instrumentale que Rossi a particulièrement brillé.

PHILIPPE BEAUSSANT

ROSSINI GIOACCHINO (1792-1868)

On a écrit qu'entre Gluck et Wagner tout le drame musical est l'œuvre de Rossini. Il n'en faut pas sourire. On ne doit pas, en effet, mésestimer une œuvre pour laquelle Wagner professait la plus grande admiration. « Il restera de moi, disait Rossini, le troisième acte d'*Otello*, le deuxième de *Guillaume Tell* et tout *Le Barbier de Séville*. » Chaque fait saillant de la vie de Rossini est un événement de théâtre : tels sa naissance, son milieu familial, son enfance, sa vie intime, son *rifiuto* (sa retraite). En outre, sa venue à Paris, son passage à Vienne, son voyage en Angleterre constituent autant de jalons musicaux. Rossini fut le réformateur de l'opéra italien.

Un « génial paresseux »

Né à Pesaro, en Italie, Gioacchino Antonio Rossini était le fils d'un commerçant et d'une cantatrice d'occasion. Et c'est parce que les événements politiques firent du premier un musicien d'orchestre et de la seconde une chanteuse professionnelle que Rossini vécut toute son enfance au théâtre.

N'aimant pas l'effort, mais élève doué, Gioacchino apprit aisément le chant et l'accompagnement. À onze ans, lecteur consommé, corniste, accompagnateur, il chante et déchiffre à vue. À douze, il débute au théâtre, obligé de gagner sa vie et celle des siens. Il est déjà l'auteur des *Six Sonates pour instruments à cordes* qui étonnent par l'originalité de leur écriture et par leur spontanéité. À quatorze ans, il compose son premier opéra, que la famille Mombelli lui a fait écrire sans qu'il s'en rende compte, morceau par morceau : *Demetrio e Polibio* (1806). Déjà, il discerne l'importance de l'école allemande, il perçoit, seul, les éléments nouveaux dont Haydn et Mozart ont enrichi la musique, et, pour se faire la main, il met en partition quelques-uns de leurs quatuors et symphonies, et il compose pour le lycée de Bologne sa première cantate. Les années d'apprentissage s'achèvent. La simplicité de Haydn, l'inspiration de Mozart l'ont convaincu, la nécessité a fait le reste. En vingt-cinq ans, ce « génial paresseux » va écrire plus de quarante opéras.

Musique sacrée ou musique de théâtre ? En Italie, le chanteur fait la loi, et les saisons théâtrales prolifèrent. Par goût, mais aussi par obligation, Rossini se lance dans le genre à la mode : l'opéra bouffe. Donné à Venise, son opéra *La Cambiale di matrimonio* (*Le Contrat de mariage*, 1810) bénéficie d'un certain succès, malgré une orchestration trop chargée et qui fait hurler d'indignation les chanteurs. De retour à Bologne, il donne la cantate *Didone abbandonata* (1811) en hommage à la famille Mombelli, fait un triomphe avec *L'Equivoco stravagante* (1811), puis l'année suivante présente à Venise, notamment, *L'Inganno felice* (*L'Heureux Stratagème*).

Le réformateur de l'opéra italien

Créateur avant tout, Rossini, déjà, brise la forme traditionnelle de l'opéra bouffe ; il orne ses mélodies, anime ensembles et finales, emploie des rythmes inusités, redonne à l'orchestre son importance et met le chanteur au service de la musique. Déjà, *Le Barbier* pointe sous *La Cambiale*. En 1812, Rossini écrit encore un oratorio : *Ciro in Babilonia*.

Grâce à l'intervention de la Marcolini, une cantatrice qui s'intéressait à lui, Rossini écrit pour la Scala de Milan *La Pietra del paragone* (*La Pierre de touche*, 1812), sorte de pierre de touche, en effet, de son génie naissant et qui le révéla, seulement âgé de vingt ans, à l'échelon national. Inlassable, il écrit encore *L'occasione fa il ladro* (*L'occasion fait le larron*), tandis que la famille Mombelli organise la première représentation de *Demetrio e Polibio*. Six ouvrages en une année ; qui oserait évoquer sa paresse légendaire ?

Sept ouvrages lyriques, quelques cantates, la fréquentation des milieux du théâtre et de la musique, les femmes, la vie facile ont donné à Rossini, ce pudique malicieux, une profonde connaissance de son métier et affiné son goût de la vie. Soucieux d'originalité, il est mûr pour les ouvrages majeurs. La voix n'a plus de secret pour lui ; le théâtre et les cantatrices non plus. Aussi les conceptions scéniques de l'époque le font-elles sourire. Venise, la ville la plus raffinée d'Italie, va lui offrir une vraie gloire avec *Tancredi* (1813) ; il réforme entièrement le vieil *opera seria* : il supprime les longues tirades de récitatifs et les remplace par des passages de déclamation lyrique ; il relie les mélodies vocales par un ornement orchestral, composant une authentique partition dramatique. L'œuvre enthousiasme les Vénitiens. La réussite de *L'Italiana in Algeri* (1813) lui succède. Dans le genre léger, Rossini réformait encore. Ces deux succès lui ouvrent en grand les portes de la Scala de Milan. Avec *Aureliano in Palmira* (1814), le compositeur affirme son autorité vis-à-vis des chanteurs : il décide d'imposer et d'écrire les ornements de ses cantilènes.

La maturité

Elisabetta, regina d'Inghilterra (1815) est un triomphe. Rossini complète sa réforme de l'*opera seria*. Fêté, admiré, aimé, Rossini se rend à Rome où l'attend la composition de deux ouvrages : l'un sérieux, l'autre bouffe. *Torvaldo e Dorliska* (1815) y fit une carrière éphémère, et, assigné par un contrat draconien qui en dit long sur la condition du compositeur à cette époque, Rossini entreprend d'écrire *Le Barbier de Séville*. Treize jours lui suffisent pour qu'en un véritable accès de fièvre et de délire – en empruntant néanmoins quelques pages à des ouvrages antérieurs, notamment l'ouverture à *Elisabetta, regina d'Inghilterra* – naisse ce chef-d'œuvre (1816). Inspiré par Beaumarchais, Rossini le dépasse. Au faîte de son art, il maîtrise, épure, discipline son inspiration mélodique. Son chant orné se justifie : les défauts disparaissent, le style devient original. Coup sur coup, il produit quatre de ses œuvres maîtresses dans des genres différents : la comédie du *Barbier*, la tragédie d'*Otello* (1816), le conte de *La Cenerentola* (1817) et le mélodrame de *La Gazza ladra* (1817).

Quand paraît *Armida* (1817), œuvre à grand spectacle, célèbre par son trio pour voix de ténor, Rossini semble vouloir rajeunir son talent. Mais *Mosè in Egitto* (1818) subit l'influence allemande. En réaction, avec *Adelaide di Borgogna*, *Adina o il Califfo di Bagdad*, *Ricciardo e Zoraide* (1818), le compositeur développe les ornements du chant.

En 1820, il part pour Vienne soucieux de rencontrer Beethoven, emmenant la cantatrice Isabelle Colbrand qu'il venait d'épouser. Déçu par la situation de l'auteur de *Fidelio*, il retourne à Venise où il allait couronner sa carrière italienne par *Semiramide* (1823). Les Vénitiens, attardés, ne comprirent pas cet ouvrage étonnant, à notre goût le plus accompli de tout le théâtre rossinien, et le musicien prit définitivement la résolution de ne plus écrire une seule note pour ses compatriotes. Fidèle à cette résolution qu'il suivit de façon inexorable, il décida de quitter l'Italie.

Riche, marié, instable, Rossini, épicurien de nature, avait le désir de voyager. Le 9 novembre 1823, il entre à Paris, accueilli dans l'enthousiasme. Mais, si les anciens le surnommaient « il signor Vacarmini » ou « Monsieur Crescendo », les jeunes affichaient très vite leur admiration. Et, après un séjour infructueux à Londres, Rossini revient à Paris prendre la direction du Théâtre-Italien. Après avoir fait jouer quelques-uns de ses ouvrages, il compose *Il Viaggio a Reims*, opéra de circonstance écrit pour les fêtes du sacre de Charles X, qui le nomme, en 1825, premier compositeur du roi et inspecteur général du chant en France. Cette nomination s'accompagne de la commande de cinq opéras en dix ans dont, seul, *Guillaume Tell* verra le jour, la révolution de 1830 mettant fin à ses fonctions. Il détruit ainsi les esquisses d'un *Faust* et abandonne un projet consacré à Jeanne d'Arc. De même, il renonce vite à la direction du Théâtre-Italien devant la jalousie des autres compositeurs et les caprices de la diva en vogue, la Pasta. Il y avait été cependant d'une grande efficacité, imposant un style de chant opposé au *urlo francese*, faisant débuter la Malibran et tirant Giulia Grisi des petits rôles où elle s'ennuyait.

Depuis longtemps, Rossini souhaitait modifier sa manière : abandonner ce que le chant orné a de technique, d'artificiel et de froid au profit de la déclamation et du chant soutenu, c'est-à-dire de la vérité et de l'intensité. Pour cela, il lui fallait aussi réformer l'orchestre et donner plus d'importance aux masses chorales. Paris, après Gluck, l'autorisait. Naquirent ainsi – tous trois sur un livret en langue française – *Le Siège de Corinthe* (1826), salué par Berlioz, suivi d'un *Moïse* remanié (1827) et du *Comte Ory* (1828), où Rossini entend prouver qu'il sait s'adapter à l'opéra comique.

La composition de *Guillaume Tell* (1829) fut extrêmement laborieuse. Mais il en vint à bout, car le thème de la liberté tel que le concevait Schiller l'enthousiasmait. Le public parisien lui fit une ovation, et, en un seul ouvrage, il avait répondu à toutes les critiques de la façon la plus élégante. Il décidait aussi, à trente-sept ans, de ne plus écrire pour le théâtre.

Le silence

Sur les causes de son silence, on se perd aujourd'hui encore en suppositions. Pourquoi ce fameux *rifiuto* ? Pour les uns, sa paresse légendaire serait à l'origine de cette attitude. C'est peu probable. Pour les autres, l'hostilité et les bouderies parisiennes à l'égard de son œuvre, comme le succès de Meyerbeer, l'incitèrent au silence, ce qui paraît plausible.

Retiré dans sa maison de Passy, il s'adonne à la composition de pages instrumentales et religieuses. Le démon du voyage le reprend : en 1836, il est à Milan ; puis il se fixe à Bologne où il est nommé président honoraire du Liceo Musicale. Il y réforme l'enseignement de la musique mais doit abandonner ses fonctions en 1848 : la révolution le chasse à Florence. Deux ans plus tôt, il a épousé, en secondes noces, Olympia Descuilliers. En 1855, de retour à Paris, il devient le centre de la vie artistique de la capitale : son autorité, son sens critique acerbe, mais lucide (n'avait-il pas qualifié Offenbach de « petit Mozart des Champs-Élysées »), font graviter autour de lui une vie musicale trépidante. Les *Péchés de ma vieillesse*, pages instrumentales (essentiellement pour piano) et vocales (1857-1868) constituent le meilleur témoignage de cet ultime acte de la vie de Rossini : pastiches ironiques, satires ou portraits caricaturés portent la marque indélébile de l'auteur du *Barbier*, son sens inné de la mélodie et du raffinement.

Au cours de ses voyages, il avait écrit plusieurs recueils de mélodies dont les *Soirées musicales*, où l'on retrouve la fameuse *Danza*, sur des thèmes napolitains (1835), et la *Regata Veneziana* (1857). Le *Duetto bouffe pour deux chats* vit le jour dans le même contexte. Mais c'est dans le domaine religieux qu'il livre les pages les plus marquantes de cette dernière période : le *Stabat Mater* (1831-1842), commande de l'archidiacre de Madrid, don Manuel Varela, et la *Petite Messe solennelle* (1864) dans laquelle il substitue à l'orchestre traditionnel deux pianos et un harmonium, dépouillant volontairement l'instrumentation au profit d'une écriture vocale où l'inspiration religieuse est indéniable, bien qu'elle fasse la part à certains effets dont le brillant convient peut-être mieux à la scène qu'à l'église. « Peu de science, un peu de cœur, tout est là. Sois donc béni et accorde-moi le Paradis », écrivait-il à propos de cette messe qui demeure son testament musical.

JEAN-LOUIS CAUSSOU et ALAIN PÂRIS

Bibliographie

M. Bucarelli dir., *Rossini 1792-1992*, Electa, Pérouse, 1992 / A. Camosci, *Rossini*, Paleani, Rome, 1985 / J.-L. Caussou, *Rossini*, Seghers, Paris, 1967, rééd. Slatkine, Genève, 1982 / P. E. Gossett, « Rossini », in *Masters of Italian Opera*, Macmillan, Londres, 1984 ; *The Operas of Rossini*, U.M.I., Ann Arbor (Mich.), 1986 / A. Kendall, *Rossini*, Gollancz, Londres, 1992 / N. Mario, *La Maschera di Rossini*, Rizzoli, Milan, 1990 / C. Osborne, *Rossini*,

Dent, Londres, 1986 / G. Rossini, *Lettere et documenti*, vol. I : *1792-1822*, B. Cagli & S. Ragni éd., Fondazione Rossini, Pesaro, 1992 / Stendhal, *La Vie de Rossini*, Paris, 1823, rééd. Gallimard, Paris, 1992 / F. Vitoux, *Gioacchino Rossini*, Seuil, Paris, 1986 / H. Weinstock, *Rossini, a Biography*, Knopf, New-York, 1975.

ROSTROPOVITCH MSTISLAV (1927-)

Né à Bakou (Azerbaïdjan), Mstislav Rostropovitch étudie le piano et le violoncelle à l'École centrale de Moscou puis au Conservatoire où il travaille également la composition et la direction d'orchestre (1937-1948). En 1945, il remporte le premier prix au concours général de Moscou. En 1949, il est lauréat du concours international de Budapest et, l'année suivante, il remporte celui de Prague. Nommé professeur au Conservatoire de Leningrad, il est chargé de cours (1953) puis professeur au Conservatoire de Moscou (1959). Il épouse la soprano Galina Vichnievskaia en 1955. Sa carrière internationale ne débute qu'en 1964. Il se tourne vers l'opéra et dirige pour la première fois au Bolchoï en 1967 : il en devient l'un des invités réguliers. En 1974, après des prises de position très nettes en faveur de Soljénitsyne et de la liberté d'expression, il quitte l'U.R.S.S. et sera déchu, quatre ans plus tard, de la citoyenneté soviétique. En 1977, il est nommé directeur musical du National Symphony Orchestra à Washington, poste qu'il conservera jusqu'en 1994, et du festival d'Aldeburgh en Angleterre. Il est naturalisé suisse en 1982 et, en 1990, il est réintégré dans sa nationalité russe et réapparaît sur les scènes russes.

Musicien complet, il pratique la musique de chambre, accompagne sa femme au piano et passe avec aisance du violoncelle à la baguette. En Union soviétique puis en Russie, ses partenaires sont Sviatoslav Richter, Emil Guilels, Leonid Kogan ou Rudolf Barchaï. En Occident, ce sont Yehudi Menuhin, Martha Argerich ou le quatuor Melos, sans oublier ses élèves qu'il accompagne avec attention. La littérature du violoncelle s'est enrichie, grâce à lui, d'un apport sans précédent. Tous les grands compositeurs ont écrit pour lui des œuvres dont beaucoup se sont déjà imposées sous les doigts d'autres interprètes : Chostakovitch (*Concertos n*[o] *1* et *2*, *Sonate pour violoncelle et piano*), Prokofiev (*Symphonie concertante*, *Sonate*), Lutosławski (*Concerto*), Penderecki (*Concerto n*[o] *2*), Britten, Ohana, Sauguet, Henze, Ginastera, Berio, Bliss, Titchenko, Halffter, Schnittke... Au pupitre, il poursuit la même action en faveur de la musique de son temps et a notamment créé des partitions de Dutilleux, Landowski, Walton, Chtchedrine, Dusapin, Colin Matthews et Lutosławski. Son violoncelle est un instrument particulièrement rare de Stradivarius (1711). Il a appartenu à Jean-Pierre Duport (dont il porte le nom), le créateur des sonates de Beethoven et à Auguste Franchomme.

ALAIN PÂRIS

ROTA NINO (1911-1979)

Il est difficile d'imaginer l'univers de Fellini sans la musique de Nino Rota : elle est le piment qui en même temps assaisonne et adoucit les visions du cinéaste ; de Gelsomina à Casanova, elle a accompagné les monstrueuses parades de Fellini pendant près de trente ans. Rota disparu il nous reste des images et des mélodies qu'il serait vain d'essayer de dissocier, tant elles se complètent en notre souvenir.

Fellini a toujours nourri envers la musique des sentiments ambigus : « En dehors de mon travail, je préfère ne pas écouter de musique, cela me déprime, c'est comme une voix lancinante qui me remplit de regret et de désespoir car elle me parle d'un pays d'harmonie, de paix, de perfection, d'où nous aurions été chassés à jamais. Heureusement, je connais Nino Rota. Je suis son ami, il m'aime bien, et c'est une petite consolation, bien maigre, de savoir que l'on a, dans ce royaume métaphysique aux lois sereines et implacables, un parent influent qui peut s'entremettre, en tout bien tout honneur, vous prendre par la main et, s'il le désire, vous y ramener un jour ou l'autre. » La musique de film ne doit pas nous parler de paradis perdus mais assurer un rôle purement fonctionnel de soutien à l'image. La volonté de Fellini rencontrera dans la désobéissance apparente de Nino Rota son meilleur atout.

Né en 1911 à Milan dans une famille de musiciens, Rota commence dans la métropole lombarde sa formation musicale, avec Giacomo Orefice et Ildebrando Pizzetti, avant de partir à Rome, où il étudie à l'Academia Santa Cecilia avec Alfredo Casella. Il y obtient en 1929 un diplôme et un premier prix de composition.

De 1930 a 1932, titulaire d'une bourse, Rota vit aux États-Unis. Au Curtis Institute de Philadelphie il suit les classes de composition et de direction d'orchestre avec Rosario Scalero et Fritz Reiner. Il poursuit également des études littéraires, couronnées, à Milan, par une thèse sur *Zarlino et la musique de la Renaissance en Italie*. Il commence à enseigner en 1937, nommé en 1939 professeur au Liceo Musicale de Bari, il deviendra directeur de cet établissement en 1950.

Ses premières œuvres sont un oratorio, *L'Infanzia di san Giovanni Battista* (1923) et *Il Principe porcaro* (1926), d'après Andersen. Elles seront suivies par des opéras et des musiques de scène : *Ariodante* (1942), *Torquemada* (1943), *Il Cappello di paglia di Firenze* (1946) d'après *Un Chapeau de paille d'Italie*, *I Due Timidi* (1950), etc. Trois symphonies, un quatuor à cordes, des oratorios et des ballets (dont le *Molière imaginaire*, pour Béjart) complètent le catalogue de l'œuvre « hors-écran » de Nino Rota.

Sa collaboration avec Fellini fut exemplaire : il a écrit les musiques de tous ses films. On en oublierait presque ses travaux, pourtant tout aussi remarquables, pour des cinéastes aussi divers que Renato Castellani (*Deux Sous d'espoir*), René Clément (*Barrage contre le Pacifique*, *Plein Soleil*), Luigi Comencini, Mario Monicelli, Franco Zeffirelli (*Roméo et Juliette*) et surtout Luchino Visconti (*Rocco et ses frères*, *Nuits blanches*). Il a signé également les musiques de superproductions américaines : *Guerre et Paix* de King Vidor ou encore *Le Parrain* de Francis Ford Coppola ; le thème de ce dernier film est devenu une rengaine à succès comme, dix-huit ans plus tôt, le thème de Gelsomina dans *La Strada*. Mais il ne faut pas chercher dans ces quelques mélodies le meilleur de l'art de Rota. Au contraire, sa musique est d'une rare discrétion, se confondant presque avec l'air du terroir péninsulaire. D'une simplicité désarmante, elle chemine en nous avec force et douceur. Elle est ritournelle, elle est chansonnière, elle est pastiche, elle est fanfare ! Ses racines, il faut les chercher du côté du « café chantant » et du cirque, et ses maîtres spirituels ont pour nom Weill, Rossini et Satie. Il subsiste toujours dans les musiques de Nino Rota comme un parfum de 1930, nostalgique souvenir de jeunesse (celle de l'auteur, celle de Fellini), en même temps référence à une belle époque dérisoire. Chez Rota, l'ironie n'est jamais bien éloignée de la tendresse. Cela ajoute un poids supplémentaire d'humanité, même aux films les plus sarcastiques de Fellini. C'est comme une perversion constante de la volonté du cinéaste. À moins que celui-ci n'ait espéré, sans mot dire, cet adoucissement par la musique.

Nino Rota utilisait rarement l'orchestre symphonique traditionnel. Il préférait de loin les petits ensembles et faisait intervenir les instruments de la rue aussi bien que certaines sonorités inhabituelles : harmonica de verre dans le *Casanova*, musiques indonésiennes katak dans le *Satyricon*. Là encore, aucune théorie, aucun principe esthétique, simplement la volonté d'écrire une musique directe, qui provoque l'adhésion du spectateur aux rêves d'un Fellini. Qui, dorénavant, saura leur retrouver d'aussi parfaits prolongements ? Nino, « l'entremetteur », n'emmènera plus son ami Federico au pays d'harmonie.

MARCEL WEISS

ROUGET DE LISLE CLAUDE (1760-1836)

Officier et compositeur français né à Lons-le-Saunier, mort à Choisy-le-Roi, Rouget de Lisle est en 1791 capitaine en garnison à Strasbourg. En avril de l'année suivante, il y écrit les vers et compose très probablement la mélodie d'un *Chant de guerre de l'armée du Rhin*, qui prendra le nom de *Marseillaise* après avoir été chanté par les volontaires de Marseille lors de leur entrée à Paris en juillet 1792. En 1795, un décret de la Convention en fait un chant national. Après avoir connu une éclipse sous l'Empire et la Restauration, il reparaît lors des révolutions de 1830 et de 1848, et il est déclaré hymne national en 1879. Rouget de Lisle écrit encore l'*Hymne dithyrambique sur la conjuration de Robespierre* (1794), le *Chant des vengeances* (1798), le *Chant du combat* (1800) pour l'armée d'Égypte, ainsi que des livrets d'opéra ; on lui doit aussi un *Premier Recueil de vingt-quatre hymnes, chansons ou romances avec violon obligé* (vers 1796) et *Cinquante Chants français* (1825).

La paternité de la musique *La Marseillaise* a souvent été contestée à Rouget de Lisle, qui semble pourtant devoir en être plus probablement l'auteur que tous les autres concurrents qu'on a voulu lui susciter (un certain Grisons, ou même Ignace Pleyel). Le thème mélodique, assez courant pour l'époque, s'apparente à des thèmes divers d'opéras sans s'y ramener absolument. Plus complexe est l'histoire des nombreuses variantes, et surtout des harmonisations orchestrales que divers musiciens adapteront à l'hymne : la moins somptueuse n'est pas celle de Berlioz. Une chose demeure certaine : *La Marseillaise* que nous entendons aujourd'hui dans les cérémonies officielles n'est plus exactement le chant qu'improvisa le jeune capitaine de l'armée du Rhin en avril 1792 à Strasbourg, dans la maison du maire Dietrich, ni celui qui frappa tant Goethe lorsqu'il l'entendit chanter dans l'été de 1793 par les « Mayençais » de Kléber.

MARC VIGNAL

ROUSSEL ALBERT (1869-1937)

Il y a un « cas Roussel ». Ce musicien-né avait embrassé la carrière d'officier de marine, qu'il abandonne à l'âge de vint-cinq ans pour se consacrer à la musique. Il rattrape vite le temps perdu, acquiert un solide métier auprès d'un maître, Eugène Gigout, sorti de l'école Niedermeyer dont l'enseignement, fondé sur l'étude des modes du plain-chant, s'oppose à celui du Conservatoire national. Le musicien va suivre les cours de la Schola cantorum et développe auprès de Vincent d'Indy le sens de la construction, le goût des architectures sonores. Influencé au départ par l'impressionnisme (*Évocations*, 1911 ; *Le Festin de l'araignée*, 1912), il s'en dégage lors d'une période transitoire avec l'opéra-ballet *Padmâvatî* (1914-1918) et la *Deuxième Symphonie* (1921), dont les audaces divisent la critique.

Usant de modes anciens et exotiques, conjuguant souvent le contrepoint avec l'harmonie, Roussel occupe la difficile position d'un novateur au moment d'une mutation : il sert de lien entre l'impressionnisme et le groupe des Six, et jette les bases d'un nouveau classicisme. Bien que de six ans l'aîné de Ravel, il incarne les tendances nouvelles, et a quelque peine à s'imposer. Parti du constructivisme, il passe par-dessus le debussysme, qui ne l'a guère touché, ignore la secousse autoritaire de Stravinski, reste insensible à l'école dodécaphonique viennoise, pour se trouver, lors des festivals de son soixantenaire en 1929, le contemporain de musiciens beaucoup plus jeunes que lui, tels Milhaud, Honegger, Hindemith, Prokofiev, Chostakovitch : cas exceptionnel dans la musique française, Roussel livre alors ses chefs-d'œuvre, comme la *Suite en fa*, le *Concerto* pour piano, la *Troisième Symphonie*, le ballet *Bacchus et Ariane*.

La formation et les premières œuvres

Albert Roussel naît le 5 avril 1869 à Tourcoing. Son père meurt en 1870 alors que l'enfant n'a pas deux ans. Sa mère lui apprend les chansons populaires, lui met les mains sur le piano. Mais elle a contracté la tuberculose de son mari et disparaît à son tour en 1877. Orphelin à huit ans, le jeune Roussel vit auprès de son grand-père maternel, maire de Tourcoing. À la mort de celui-ci en 1879, l'enfant est recueilli par la sœur de la mère défunte. Il vit isolé, lit beaucoup, surtout Jules Verne qui développe son goût de l'aventure. Tous les étés, il passe ses vacances à Heyst, en Belgique, au bord de la mer du Nord : la vocation se dessine, Roussel sera marin alors que, fils et petit-fils d'industriels, il était logique qu'il reprît l'affaire familiale, le tissage. Il entre à l'École navale, seizième sur plusieurs centaines de candidats. Devenu officier de marine, il parcourt les océans, visite les terres lointaines, engrange des souvenirs qui marquent sa vie intérieure. Une santé médiocre, peu compatible avec le rude métier de la mer, la musique qui ne cesse de le hanter le conduisent en 1894 à démissionner. Roussel se consacre dès lors à la composition. Après quelques rudiments d'harmonie acquis auprès de Julien Koszul, directeur du conservatoire de Roubaix, il s'installe à Paris, travaille durant quatre ans avec l'organiste Eugène Gigout, qui lui enseigne le piano, l'orgue, l'harmonie, le contrepoint, la fugue. Il va parfaire ses études à la Schola cantorum auprès de Vincent d'Indy, qui l'initie à la composition, à l'orchestration, à l'histoire de la musique. Très vite le maître a deviné la valeur du disciple, et il lui confie une classe de contrepoint. Roussel enseignera de 1902 à 1914. Parmi ses élèves, Erik Satie, Edgar Varèse et, en dehors de la Schola, Bohuslav Martinů.

Les premières œuvres importantes datent du début du siècle. Elles se distingueront vite des modèles inspirés par les maîtres. Il faut citer, de 1903, une mélodie : *Le Jardin mouillé* (sur un poème de Henri de Régnier), un premier chef-d'œuvre ; une première symphonie : *Le Poème de la forêt* (1906), légèrement influencée par Debussy ; un *Divertissement* pour quintette à vent et piano, où le martellement rythmique annonce les tendances futures ; la *Suite en fa dièse* pour piano dont le *Prélude* de 1909, en plein impressionnisme, propose une construction serrée, fondée sur une basse obstinée, sans cesse renouvelée, sur laquelle s'appuient des variations mélodiques, harmoniques, rythmiques, unies dans une violente progression ; parsemée d'âpres dissonances, cette page prémonitoire annonce, par sa forme et ses tendances, le « nouveau classicisme ».

Désireux de voir l'intérieur des pays dont il a connu comme marin les rades et les ports, Roussel, en 1909, entreprend avec sa femme un voyage au Cambodge et aux Indes. Il en rapporte l'idée de trois tableaux symphoniques avec chœurs : les *Évocations*. Achevée en 1911, la partition fait connaître le musicien. Il atteint la popularité avec son ballet *Le Festin de l'araignée* (1912), sur un argument de Gilbert de Voisins, qui met en scène le monde tout ensemble délicat et féroce des insectes. L'œuvre est montée avec grand succès au théâtre des Arts par Jacques Rouché, futur directeur de l'Opéra, qui commande à Roussel un nouveau spectacle. Ce sera *Padmâvatî*, un opéra-ballet sur un livret de Louis Laloy, inspiré par le voyage effectué aux Indes. L'argument en est emprunté à un événement historique qui se situe à la fin du XIIIe siècle : la destruction de Tchitor par Alaouddin et le sacrifice de la reine Padmâvatî. Ce spectacle, conçu par les auteurs pour l'Opéra de Paris avec ses vastes possibilités, agrandit et renouvelle par sa forme l'opéra-ballet du XVIIIe siècle grâce à ses danses nombreuses qui s'imbriquent dans l'action, à ses masses chorales, tantôt témoin objectif – la foule –, tantôt élément symphonique, qui viennent se mêler à l'orchestre. Une orchestration à la fois somptueuse et raffinée rehausse la partition, qui est entraînée par une puissante pulsion dramatique.

La deuxième manière

Padmâvatî (créé en 1923) inaugure une écriture plus âpre, aux harmonies libérées du « bien-écrire » ; Roussel a rompu définitivement avec l'impressionnisme. Commence alors une période transitoire riche de partitions significatives comme le poème symphonique *Pour une fête de printemps* (1920), la *Deuxième Symphonie* (1921), œuvre austère mal accueillie à sa création en 1922, mais qui, l'année suivante, sous la baguette de Serge Koussevitzky, prend toute sa signification. Cette mutation qui sépare les *Évocations* et *Le Festin de l'araignée* de la *Deuxième Symphonie* pourrait correspondre à une sorte d'introspection de la part du musicien – qui a fait la guerre de 1914-1918 –, ainsi qu'il le suggère lui-même dans une interview (*Guide du concert*, 12 oct. 1928) : « Ces quatre années ne furent pas perdues pour moi. Je les employai à réfléchir sur mon art. De ces retours sur moi-même qui me furent imposés, je retirai le plus grand profit. J'avais, comme tant d'autres, été entraîné par les modes nouveaux de la création musicale. L'impressionnisme m'avait séduit ; ma musique s'attachait, trop peut-être, aux moyens extérieurs, aux procédés pittoresques qui – j'en ai jugé ainsi plus tard – lui enlevaient une part de sa vérité spécifique. Dès lors, je résolus d'élargir le sens harmonique de mon écriture, je tentai de m'approcher de l'idée d'une musique voulue et réalisée pour elle-même. » Cette deuxième manière qui prépare la dernière grande période voit encore éclore *La Naissance de la lyre* (1924), conte lyrique sur un livret de Théodore Reinach d'après Sophocle ; la même année, Roussel donne *Les Joueurs de flûte* pour flûte et piano, quatre tableaux de genre aux traits incisifs : *Pan*, *Tityre*, *Krishna*, *Monsieur de La Péjaudie* ; la *Deuxième Sonate* pour piano et violon, dont le premier thème tire son charme d'un mode hindou ; la *Sérénade* (1925) pour flûte, harpe, violon, alto, violoncelle ; les *Six Odes anacréontiques* pour chant et piano, traduites par Leconte de Lisle.

La grande époque

1926 : la *Suite en fa* pour orchestre éclate avec la force du génie. Roussel a trouvé, un peu tardivement, sa vraie voie, celle d'un nouveau classicisme dont il donne, en créateur, les premiers monuments valables. On assiste alors, avec cette troisième manière, à une période de grande fécondité, celle, selon André Gide, du « romantisme dominé ». La production du musicien s'enrichit d'une série imposante de chefs-d'œuvre : une quinzaine durant les dix années qu'il lui reste à vivre. Les mouvements de la *Suite en fa* : *Prélude*, *Sarabande*, *Gigue*, font référence à la « suite ancienne ». Toutefois, si le *Prélude* dévide ses croches égales à la manière d'un Bach, d'un Haendel, il ne s'agit nullement d'un pastiche : le langage est neuf, personnel. Viennent ensuite le *Concert* pour petit orchestre de 1927 et, la même année, le *Concerto* pour piano avec un adagio évoquant la mère tôt disparue, et qui s'élève jusqu'aux nues ; le *Psaume LXXX* (1928) pour ténor, chœurs et orchestre, bloc d'une seule coulée qui s'achève par une douce prière ; la *Petite Suite*, d'un style moins sévère. L'année 1930 voit naître deux partitions exceptionnelles : la *Troisième Symphonie*, créée par Serge Koussevitzky à Boston (pour le cinquantenaire de l'orchestre), et le ballet *Bacchus et Ariane* sur un argument d'Abel Hermant, et dont les deux *Suites* ont fait le tour du monde. Roussel atteint dans ces deux œuvres le sommet de sa production par la densité de la pensée, la sûreté de la réalisation. Citons encore le *Quatuor à cordes* de 1932, la juvénile *Sinfonietta* de 1934 pour orchestre à cordes, où l'on perçoit, après l'alerte d'une grave maladie, une renaissance à la vie. Quatre jours après avoir terminé cette œuvre, Roussel attaque la *Quatrième Symphonie*, digne des précédentes. Pour les « Soirées de Bruxelles », le chef Hermann Scherchen demande au compositeur un ballet, *Aeneas* (1935), d'après un livret de Joseph Wetterings relatif à la fondation de Rome. Viennent encore une *Rapsodie flamande* (1936) sur des thèmes populaires chers à Roussel, qui se disait appartenir à la Flandre, un *Concertino* (1936) pour violoncelle, un *Trio* pour cordes (1937), et son chant du cygne, un *Trio* d'anches dont deux parties seulement sont achevées. Albert Roussel meurt à Royan d'une angine de poitrine le 23 août 1937. Il repose sous le bronze de son mausolée au cimetière marin de Varengeville, face à la mer qu'il a tant aimée.

L'esthétique

L'écriture roussélienne se caractérise par son rythme dominateur, une pulsation toujours présente qui commande les structures, les développements. Les thèmes sont nettement dessinés, les harmonies mouvantes comme la mer, les mélodies d'une riche envolée, rénovées par l'emploi de modes anciens (grecs) ou orientaux. L'orchestration simplifiée ignore les ornements superflus, se résume à l'essentiel tout en sonnant à la perfection. À l'esprit méditatif des profonds adagios, où se reflète la contemplation des vastes horizons marins, s'oppose l'esprit le plus vif, la truculence toute flamande des scherzos rapides. Loin de la séduction facile, il faut aller vers l'œuvre, l'approfondir pour en saisir toute la beauté malgré ses attraits évidents. Art parfois douloureux dans sa quête à considérer le chemin parcouru, il s'impose par son authenticité. Et si l'on songe à l'enfance meurtrie par les deuils, aux aléas d'une santé délicate, une antithèse apparaît : celle du malheur inspirant une production où se mêlent à l'évocation poétique la force et la joie de vivre.

ARTHUR HOÉRÉE

Bibliographie

R. BERNARD, *Albert Roussel*, La Colombe, Paris, 1948 / B. DEANE, *Albert Roussel*, Barrie & Rockliff, Londres, 1961, rééd. Greenwood, Westoport (Conn.), 1980 / N. DEMUTH, *Albert Roussel*, United Music, Londres, 1947, rééd. Hyperion, New York, 1979 / R. FOLLET, *Albert Roussel*, Greenwood, 1988 / H. HALBREICH et al., *Albert Roussel*, Actes sud-Papiers, Paris, 1987 / A. HOÉRÉE, *Albert Roussel*, Rieder, Paris, 1938 / D. KAWKA, *Un marin compositeur, Albert Roussel. Le carnet de bord 1889-1890*, C.I.E.R.E.C., Saint-Étienne, 1987 / M. KELKEL dir., *Albert Roussel. Musique et esthétique*, Vrin, Paris, 1989 / N. LABELLE éd., *Catalogue raisonné de l'œuvre d'Albert Roussel*, Univ. catholique de Louvain, 1992 ; *Albert Roussel. Lettres et écrits*, Flammarion, Paris, 1987 / M. PINCHERLE, *Albert Roussel*, R. Kister, Genève, 1957 / *Revue musicale*, nos 400-401, 1987 / DOM A. SURCHAMP, *Albert Roussel*, Seghers, Paris, 1967 / L. VUILLEMIN, *Albert Roussel et son œuvre*, Durand, Paris, 1924.

RÓZSA MIKLÓS (1907-1995)

Comptant parmi les figures marquantes de la musique de film à Hollywood, Miklós Rózsa remporta trois oscars pour *Spellbound* (*La Maison du docteur Edwards*, Alfred Hitchcock, 1945), *A Double Life* (*Othello*, George Cukor, 1948) et *Ben Hur* (William Wyler, 1959).

Né à Budapest le 18 avril 1907, il commence par étudier le violon avec Lajos Berkovits ; puis, tout en recevant une formation de chimiste, il travaille le piano et décide, en 1925, de poursuivre ses études au conservatoire de Leipzig, où il est l'élève de Hermann Grabner (piano et composition), de Karl Straube (orgue) et de Theodor Kroyer (musicologie). Il en sort diplômé en 1929 et fait jouer la même année sa première œuvre importante, *Variations sur un chant paysan hongrois* pour violon et orchestre. Il s'installe à Paris en 1931 et présente sa musique avec succès un peu partout en Europe, notamment *Thème, variations et finale* pour orchestre, op. 13 (1933, révisé en 1943), dirigé par les plus grands chefs du moment : Charles Münch à Paris, Bruno Walter à Amsterdam, Leonard Bernstein pour ses débuts à la tête de l'Orchestre philharmonique de New York (1943), plus tard Georg Solti... Il rencontre Arthur Honegger, qui le pousse à s'intéresser à la musique de film et le recommande chez Pathé-Nathan. Puis il se fixe à Londres, en 1935, et travaille la direction d'orchestre au Trinity College of Music. Entre 1938 et

1942, il est directeur musical de la compagnie cinématographique d'Alexander Korda, d'abord à Londres puis aux États-Unis (*Les Quatre Plumes blanches*, 1939 ; *Le Voleur de Bagdad*, 1940). Ses *Three Hungarian Sketches* pour orchestre, op. 14 (1938, révisées en 1958), remportent un véritable triomphe.

En 1937 et 1938, il reçoit à deux reprises le prix François-Joseph à Budapest. En 1940, il émigre aux États-Unis et s'installe à Hollywood, où il compte parmi les principaux compositeurs qui se consacrent au septième art. Il travaille à la M.G.M. (1948-1962) et enseigne à l'université de Californie du Sud à Los Angeles (1945-1965). Il acquiert la nationalité américaine. Il est président des Screen Composers of the U.S.A., de la Young Musician's Federation et de l'American Composer's and Conductor's Association. Il continue à écrire pour le concert : son *Concerto pour cordes* (1943, révisé en 1957) est joué dans les principaux orchestres américains. Il compose un *Concerto pour violon* à l'intention de Jascha Heifetz, qui le crée à Dallas en 1956, un *Concerto pour piano* pour Leonard Pennario, qui le crée en Italie en 1966, et un *Concerto pour violoncelle* pour János Starker, qui le crée à Berlin en 1969. Plus tard, c'est Pinchas Zukerman qui crée son *Concerto pour alto* (1984). On lui doit également *Sérénade* (1932, révisée en 1946 sous le titre *Sérénade hongroise*), *Sinfonia concertante* pour violon, violoncelle et orchestre (1966), deux quatuors à cordes (1950 et 1981), une *Sonate pour flûte et piano* (1983) et une *Sonate pour clarinette seule* (1987). Toutes ces œuvres révèlent sa double filiation esthétique : un langage néo-classique à l'écriture polyphonique solidement structurée, héritage de la formation reçue dans la patrie de Bach, et des harmonies et des rythmes qui reconstituent l'univers de la musique populaire hongroise dans lequel s'est déroulée son enfance. Mais, comme Bartók et Kodály, Rózsa ne procède jamais par citation. Il recrée à sa façon un folklore imaginaire. Malgré cette importante production, c'est surtout comme compositeur de musique de film que Miklós Rózsa a marqué son époque. Son écriture, très brillante, repose ici sur les canons du romantisme et de la grandiloquence wagnérienne. Il adopte une démarche analogue à celle d'Erich Wolfgang Korngold, de Max Steiner, de Franz Waxman ou de Dimitri Tiomkin, autres compositeurs originaires d'Europe centrale qui ont fait l'essentiel de leur carrière dans les studios de Hollywood. En dehors des musiques de film déjà citées, il a signé une centaine de partitions, notamment celles du *Livre de la jungle* (Zoltán Korda, 1942), *The Lost Weekend* (*Le Poison*, Billy Wilder, 1945), *The Naked City* (*La Cité sans voiles*, Jules Dassin, 1948), *Le Secret derrière la porte* (Fritz Lang, 1948), *Asphalt Jungle* (*Quand la ville dort*, John Huston, 1950), *Quo Vadis ?* (Mervyn LeRoy, 1951), *Les Chevaliers de la Table ronde* (Richard Thorpe, 1953), *Le Temps d'aimer et le temps de mourir* (Douglas Sirk, 1958), *Le Cid* (Anthony Mann, 1961), *Providence* (Alain Resnais, 1977) – dont la *Valse crépusculaire* est passée à la postérité –, *Time after Time* (*C'était demain*, Nicholas Meyer, 1979), *Eye of the Needle* (*L'Arme à l'œil*, Richard Marquand, 1981). Il meurt à Los Angeles le 27 juillet 1995.

Il a écrit une autobiographie, *Double Life. The Autobiography of Miklós Rózsa*, Midas Books, Tunbridge Wells (G.-B.), 1982, et Hippocrene Books, New York, 1982.

ALAIN PÂRIS

S

SAGUER LOUIS (1907-1991)

Compositeur français d'origine allemande, Louis Saguer est toujours resté d'une grande discrétion sur sa propre biographie, notamment sur la première partie de sa vie, qui se prête difficilement aux investigations. De son véritable nom Wolfgang Simoni, il serait né à Charlottenburg (ville qui sera incorporée à Berlin en 1920) le 26 mars 1907, d'une mère artiste peintre et d'un père d'ascendance italienne. Atteint de tuberculose, il passe plusieurs années de son enfance et de son adolescence dans des sanatoriums, tout en recevant une solide formation musicale de deux disciples de Ferruccio Busoni. Il étudie au conservatoire Stern de Berlin avec Wilhelm Klatte et fait un premier séjour à Paris en 1926. L'année suivante, il commence à travailler comme accompagnateur et entre à la Staatsoper de Berlin comme chef de chant, ce qui lui permet de participer aux répétitions de Bruno Walter, Wilhelm Furtwängler et Otto Klemperer. Il est ensuite chef d'orchestre au théâtre Piscator et commence à écrire des musiques de film. Il fait un second séjour à Paris en 1929, où il reçoit les conseils d'Arthur Honegger et de Darius Milhaud. De retour à Berlin, il travaille avec Paul Hindemith et Kurt Sachs. Ses origines juives et ses sympathies communistes l'obligent à fuir l'Allemagne et à se fixer à Paris en 1933. Il mène une vie obscure, fréquentant l'intelligentsia communiste et travaillant comme accompagnateur à la radio. Il s'engage dans les Brigades internationales et part pour l'Espagne combattre Franco. Pendant la Seconde Guerre mondiale, il doit prendre le maquis en Ardèche et ne réapparaît véritablement qu'en 1947, date à laquelle il adopte la nationalité française. Il enseigne à Darmstadt à partir de 1949 et mène une carrière de chef d'orchestre (au Théâtre national populaire) et d'accompagnateur (de Georges Thill ou Irène Joachim). Il est invité à donner des cours à la fondation Gulbenkian de Lisbonne (1962 et 1968). Il est ensuite nommé inspecteur à la Réunion des théâtres lyriques municipaux de France (R.T.L.M.F.). La S.A.C.E.M. lui décerne le grand prix de la promotion de la musique symphonique. Il meurt à Paris le 1er mars 1991.

Saguer a longtemps conservé la plupart de ses œuvres par-devers lui. Rares sont celles qu'il laissait exécuter et il ne cessait d'ailleurs de les remettre sur le métier, ce qui décourageait les quelques éditeurs audacieux qui acceptaient d'en tenter la publication. Il utilisait en outre différents pseudonymes qui compliquaient encore davantage les recherches pour établir une liste exhaustive de ses œuvres.

Sa musique se situe en marge de tous les courants dominants de son temps. Il cultivait une écriture instrumentale très subtile, riche de poésie et de charme, et avait assimilé les tendances les plus diverses de la musique ancienne et du XXe siècle pour créer un langage original fondé sur les intervalles et sur le rythme. Chacune de ses œuvres est conçue autour de quelques intervalles, formule qui n'est pas sans une certaine parenté avec le sérialisme, qu'il a d'ailleurs pratiqué à la fin des années 1940. Il considérait que la musique ne réclamait aucun commentaire pour être comprise par l'auditeur, et son œuvre est surtout axée sur l'expression. On lui connaît deux opéras – *Lili Merveille*, d'après Jean-Louis Bory, et *Mariana Pineda* (1967), d'après Federico García Lorca, qui lui a valu le prix de composition Prince-Pierre-de-Monaco –, deux cantates – *Seis Cantares*, sur un texte de García Lorca (1960), et *Quant'e bella giovinezza*, sur un texte de Laurent de Médicis (1972) –, des pièces vocales et des mélodies sur des poèmes de Pierre Emmanuel, Aragon, Shakespeare, André Gide, L. Chaves... Pour orchestre, il a écrit *Musique d'après-midi* pour flûte et orchestre (1942), *Musique d'été* pour clavecin et orchestre (1944), *Suite Sefardi*, *Musique en sol* pour violon et orchestre, *Mouvement 60* pour cordes (1963), *Sine nomine* (1968-1971). Dans le domaine de la musique de chambre, on lui est redevable de *Musique à 3* (1943), *Quadrilles*, *Messages* pour onze instruments (1965).

ALAIN PÂRIS

SAINT-SAËNS CAMILLE (1835-1921)

Camille Saint-Saëns, compositeur, organiste, pianiste virtuose, naquit à Paris le 9 octobre 1835 et mourut à Alger le 16 décembre 1921. Il peut être aisément considéré comme le musicien le plus « intelligent » de la France dans la seconde moitié du XIXe siècle. Certes, on a dit que son œuvre – immense – est assez rarement passionnée, qu'elle est brillante mais froide ! Ce n'est pas, en bien des cas, tout à fait exact, car il suffit de se pencher attentivement sur des pages comme la *Troisième Symphonie* ou *Samson et Dalila*, pour s'apercevoir que sous les notes perce une véritable sensibilité, ce qui est également évident dans des œuvres comme *Introduction et Rondo Capriccioso*, et le *Troisième Concerto pour violon*. À dire vrai, la musique de Saint-Saëns peut déconcerter parce qu'elle est, précisément, merveilleusement écrite et conçue, et en même temps tellement aisée (on l'a comparée à la prose de Voltaire) qu'on a peine à imaginer qu'elle fut autre chose que l'ouvrage d'un parfait technicien : erreur trop fréquente.

L'origine et la carrière

L'origine du nom de Saint-Saëns est liée à une petite ville de Seine-Maritime, berceau de la famille du compositeur. Cette bourgade située dans l'arrondissement de Dieppe abritait un monastère créé au VIIe siècle par le roi mérovingien Thierry III. Le souverain en confia la charge à un moine irlandais, disciple de saint Philbert de Jumièges, dont le nom de baptême était Sidonius. Un château se construisit plus tard à côté du cloître. Tout le village se bâtit finalement autour de l'édifice qui, en souvenir du fondateur – canonisé entre-temps –, prit le nom de Sanctus Sidonius, francisé petit à petit en Saint-Saëns.

Installé à Paris, le père du futur musicien se maria en 1834 avec une demoiselle Clémence Collin. Le 9 octobre de l'année suivante naissait Charles Camille. Deux mois plus tard, miné par la phtisie, le père de Camille disparaissait. L'enfant sera donc élevé par sa mère et sa grand-tante, qu'il a considérée toute sa vie comme sa « seconde maman ».

Saint-Saëns était atteint, lui aussi, de troubles pulmonaires. Il ne pouvait donc pas demeurer continuellement à Paris. Aussi est-ce à Corbeil d'abord, à Wassy ensuite, qu'il fut en partie élevé.

Musicalement, Saint-Saëns était prodigieusement doué puisque l'on raconte qu'à deux ans il savait le nom des notes et qu'à deux ans et demi il voulut, de sa propre volonté, apprendre le piano. Il s'y montra à ce point exceptionnel que le 6 mai 1846 il pouvait se produire à la salle Pleyel : il avait onze ans. Il obtint un triomphe qui devait en appeler bien d'autres, jusqu'à la Cour puisque la duchesse d'Orléans manifesta le désir de l'entendre. Présenté par Camille-Marie Stamaty, Saint-Saëns jouera aux Tuileries le 24 mars 1847.

En 1848, le jeune homme entre dans la classe d'orgue de François Benoist, d'abord comme auditeur, puis comme élève régulier (janv. 1849), et il obtient le premier prix en 1851. Notons encore qu'il acheva ses études d'harmonie, de contrepoint et de fugue, commencées avec P. Maleden, dans la classe d'Halévy.

C'est en 1852 que Saint-Saëns – il a seize ans – se présente au Prix de Rome : il ne l'obtiendra pas. Sa consolation, il la doit à sa nomination, l'année suivante, au poste d'organiste de Saint-Merry à Paris. Il y restera cinq ans, jusqu'en 1857 où il sera nommé titulaire, en remplacement de Louis Lefébure-Wély, démissionnaire, du grand instrument de la Madeleine, dû à Aristide Cavaillé-Coll.

La nomination de Saint-Saëns à la Madeleine, paroisse très mondaine, lui valut nombre de jalousies. Il n'en avait cure car commença alors pour lui une belle période d'une vingtaine d'années. Il trouvait le temps de composer et de jouer plus souvent de l'orgue. Saint-Saëns, en effet, demeura toujours un fervent de cet instrument. « L'orgue, écrira-t-il vers 1911, est un évocateur : à son contact l'imagination s'éveille, l'imprévu sort des profondeurs de l'inconscient. »

L'homme

L'homme fut injustement critiqué, peut-être parce qu'il paraissait lui-même souvent insensible ; on lui a reproché notamment ses propos cinglants.

Il était, plutôt qu'orgueilleux, conscient de sa valeur – mais on ne saurait lui en faire grief. En fait, il tenait le mot « moi » pour haïssable en matière d'art sous toutes ses formes et, volontairement, il n'aimait guère discuter de ses travaux : preuve de vanité, disaient ses ennemis, et de lui reprocher, à nouveau, son peu d'indulgence envers les autres.

Parmi ceux que Saint-Saëns critiquait, citons d'abord César Franck – pourtant l'un des membres de la Société nationale de musique que Saint-Saëns fonda, avec Romain Bussine, le 25 février 1871 –, qu'il avait naguère aidé et défendu. D'Indy ne lui plaisait guère non plus, peut-être parce qu'il avait horreur de l'esprit de système. Debussy ? Il l'estimait seulement pour ses « jolies mélodies ». Quant à Brahms, il le détestait.

On oublie, à côté de cela, qu'il y avait chez cet homme de la bienveillance et de l'amitié, qu'il donnait à ceux qu'il avait adoptés. Il pleura Bizet sincèrement ; c'est grâce à lui que Gounod arrivera à survivre ; Fauré lui doit toute sa carrière, et combien d'autres...

L'œuvre

L'œuvre de Saint-Saëns est relativement peu jouée, exception faite de la *Symphonie avec orgue* (écrite en 1886 comme *Le Carnaval des animaux*), du *Troisième Concerto pour violon* (1880), du *Premier Concerto pour violoncelle* (1873), de *Samson et Dalila* (créé à Weimar, en allemand, en 1877) et, bien évidemment, de la trop célèbre *Danse macabre* (1874). Ajoutons le *Deuxième* et le *Cinquième Concerto pour piano* (dont la composition embrasse pratiquement toute la carrière du maître : 1858-1896), et c'est à peu près tout. Pourtant Saint-Saëns a laissé un ensemble considérable de partitions.

Si toutes les œuvres du compositeur ne présentent pas les mêmes qualités, on ne saurait négliger pour autant la *Deuxième Symphonie* (1859), d'une grande beauté, toute la musique de chambre, dont un *Septuor pour trompette, cordes et piano* (1881) et un admirable *Quatuor pour piano et cordes*, opus 41 (1875) ; on ne saurait davantage oublier la *Messe solennelle* (1856), celle de *Requiem* (1878), les pages pour orgue (dont les *Six Préludes et Fugues*, les *Sept Improvisations*, les *Trois Fantaisies*), les opéras comme *La Princesse jaune* (1872), *Le Timbre d'argent* (1877), *Henry VIII* (1883), toutes pages dignes d'intérêt car dues à un artiste d'un talent supérieur qui a atteint, comme l'a très justement écrit Arthur Dandelot, « à la vraie et durable beauté ».

MICHEL LOUVET

Bibliographie

C. SAINT-SAËNS, « Correspondance inédite », in *La Revue musicale*, nos 358 à 360, 1983 ; *Regards sur mes contemporains*, Y. Gérard éd., B. Coutaz, Arles, 1989 ; *Correspondance*, Klincksieck, Paris, 1994.
P. D'AGNETAN, *Saint-Saëns par lui-même*, Alsatia, Colmar, s.d. / L. AUGÉ DE LASSUS, *Camille Saint-Saëns*, Paris, 1914, rééd. Éditions d'Aujourd'hui, Sainte-Maxime, 1978 / É. BAUMANN, *Les Grandes Formes de la musique. L'œuvre de Saint-Saëns*, Ollendoff, 1905 / J. BONNEROT, *Camille Saint-Saëns*, Durand, Paris, 1923 / J. CHANTAVOINE, *Camille Saint-Saëns*, Richard Masse, Paris, 1947 / « Correspondance Saint-Saëns - Fauré », J.-M. Nectoux éd., in *Rev. Musicologie*, vol. LVIII-LIX, 1972-1973 / A. DANDELOT, *La Vie et l'œuvre de Saint-Saëns*, Dandelot, Paris, 1930 / M. FAURE, *Musique et société du second Empire aux années vingt*, Flammarion, Paris, 1985 / J. HARDING, *Saint-Saëns and his Circle*, Chapman, Londres, 1965 / R. ROLLAND, *Musiciens français d'aujourd'hui*, Hachette, Paris, 1908, rééd. 1946 / G. SERVIÈRES, *Saint-Saëns*, Alcan, Paris, 1918 / M. STEGEMANN, *Camille Saint-Saëns*, Rowohlt, Hambourg, 1988.

SALIERI ANTONIO (1750-1825)

Compositeur italien né à Legnato Veneto (près de Vérone) mais ayant passé la quasi-totalité de sa vie à Vienne. Salieri arrive dans la capitale autrichienne en 1766 en compagnie de Florian Gassmann, qui lui enseigne la composition et le contrepoint, et y présente dès 1770 son premier opéra bouffe, *Le Donne letterate*. Nommé compositeur de la cour et maître de chapelle de l'Opéra italien à la mort de Gassmann (1774), il se forme encore auprès de Gluck : *Les Danaïdes* (sur un livret de Ranieri Di Calzabigi), exécuté à Paris en 1784 et présenté comme œuvre commune des deux compositeurs, se révèle après coup n'être que du seul Salieri. De retour à Vienne, il est nommé en 1788 maître de chapelle impérial, mais n'exerce plus, après la mort de Joseph II, que les fonctions de chef de la chapelle vocale de la cour (*Hofsängerkapelle*) et de compositeur d'opéras. Il se pose, à cette époque, en rival de Mozart. Pendant plus d'un quart de siècle encore, il jouera dans la vie musicale viennoise un rôle de premier plan, dirigeant *La Création* de Haydn lors de la dernière apparition publique de ce dernier (27 mars 1808), ayant pour élèves Beethoven, Schubert et Liszt. En 1816, le cinquantième anniversaire de ses activités dans la ville donne lieu à des fêtes solennelles pour lesquelles le jeune Schubert écrit une cantate. Malade à partir de 1821, il obtient d'être mis à la retraite en 1824 et meurt un an plus tard, non sans s'être expressément défendu, comme on l'en accuse depuis longtemps déjà, d'avoir fait empoisonner Mozart. L'accusation effectivement ne tient pas ; il s'agit bien d'une légende, entretenue d'ailleurs au XIXe siècle par une nouvelle de Pouchkine dont Rimski-Korsakov tirera un opéra (*Mozart et Salieri*, 1898) et, au XXe siècle, par la pièce de Peter Schoffer, *Amadeus*, qui connaîtra une grande diffusion grâce au film de Milŏs Forman (1984). Il reste que beaucoup de témoignages concordent pour présenter Salieri comme un caractère envieux, « critiquant tout ce qui n'est pas... saliérien ». Le musicographe allemand Friedrich Rochlitz (1769-1842) en parle pourtant comme d'un homme aimable et spirituel. Son œuvre, surtout vocale, comprend notamment une vingtaine d'œuvres lyriques relevant des genres opéra bouffe, tragédie lyrique, singspiel, dramma giocoso, etc., et qui font de lui à la fois un héritier de Gluck et un des derniers grands représentants de la tradition napolitaine.

MARC VIGNAL

SAMMARTINI GIOVANNI BATTISTA (1700-1775)

Compositeur italien qui a joué un grand rôle dans la naissance et le développement de la symphonie dans la péninsule. Giovanni Battista Sammartini naît à Milan dans une famille de musiciens. Son père, le hautboïste français Alexis Saint-Martin, venu habiter Turin puis Milan, où il travaille pour le théâtre ducal, a fini par italianiser son patronyme. Son frère aîné, Giuseppe, né à Milan vers 1693 et mort à Londres en 1751, deviendra la personnalité musicale la plus importante de la capitale britannique après Haendel et Geminiani. Lui-même fera carrière, à Milan, dans la musique d'église, et aura entre 1760 et 1770 la responsabilité d'au moins sept des principales églises de la ville. Maître de Gluck de 1741 à 1745, il aide et apprécie aussi, lors de leurs séjours respectifs à Milan, Jean-Chrétien Bach, Boccherini et le jeune Mozart. Vers le milieu du siècle, sa musique se répand à travers l'Europe, et influence peut-être le jeune Haydn, qui pourtant, à la fin de sa vie, le traitera de « barbouilleur ». De ses symphonies, au nombre d'au moins soixante-dix-huit, il est difficile de tracer une chronologie exacte. Celles en trois mouvements et pour cordes seules comptent vraisemblablement parmi les plus anciennes. Plus tard s'ajoutent les hautbois et les cors, tandis que l'élément purement mélodique prend une importance accrue. Plusieurs de leurs allegros constituent des modèles achevés de forme sonate, avec deux thèmes bien distincts et des développements étendus. Parfois proche de Vivaldi, notamment dans ses concertos (on en possède dix-sept), il témoigne aussi à l'occasion d'une nervosité et d'une inquiétude rythmique rares en Italie, et annonçant le Sturm und Drang. Il composa également plus de deux cents sonates, une trentaine de quatuors et de quintettes, et un assez grand nombre de partitions religieuses malheureusement en grande partie perdues (cantates pour solistes et orchestre, *Miserere*, *Magnificat*, trois messes). On observe déjà dans celles qui ont été conservées la synthèse, reprise par Jean-Chrétien Bach, entre le style galant et la polyphonie expressive. On lui doit également trois opéras de jeunesse.

MARC VIGNAL

SANDRIN PIERRE REGNAULT dit (1re moitié XVIe s.)

Compositeur français, un des maîtres de la chanson parisienne, qui introduisit l'influence du style italien dans la chanson française du XVIe siècle. Son surnom, qu'il se donna lui-même, est emprunté à *La Farce du savetier*, où Sandrin « ne respont que chansons ». Ses premières pièces, publiées chez Attaingnant (1538), obéissent encore au style initial de la chanson parisienne, caractérisé notamment par le syllabisme. Lassus lui emprunta un motif fameux (*Doulce Mémoire*) pour une des ses messes. En 1539, il fut nommé doyen du chapitre de Saint-Florent-de-Roye (Picardie) ; son nom est cité, en 1543, à côté de celui de Sermisy, comme faisant partie de la chapelle royale, dont il devint compositeur attitré en 1547 ; il devint même chanoine de cette chapelle entre 1549 et 1560 ; il bénéficia de plusieurs prébendes canoniales. C'est un peu après 1550 qu'il partit pour l'Italie, car en 1554 il est maître de chapelle du cardinal de Ferrare, Hippolyte d'Este, ambassadeur de France à Rome ; il le resta certainement jusqu'en 1561. Un tel séjour enrichit notablement son écriture ; l'italianisme apparaît par exemple avec *Amour si haut* ou *Puisque suivre en servitude* (influence de la frottola et du madrigal). De 1538 à 1560, il publia une cinquantaine de chansons à Paris, à Lyon, à Anvers, à Louvain. Beaucoup de ces pages furent transcrites en tablatures de luth, guitare, viole ou orgue. On ignore si ce maître de chapelle a écrit de la musique religieuse.

PIERRE-PAUL LACAS

SATIE ERIK (1866-1925)

Abondamment commentée, objet de multiples exégèses, l'œuvre de Satie reste imparfaitement connue en notre époque qui, pourtant, est presque encore la sienne. Il faut dire que tout semble être fait, aussi bien dans son existence d'artiste et de créateur que dans sa vie, pour déconcerter qui veut comprendre totalement l'esprit et l'influence de cet humoriste grave, humaniste aussi. Cette influence s'est exercée non seulement sur de nombreux musiciens, mais encore sur des écrivains, des peintres et des poètes. Tant par la pratique de son art que par la clarté de ses convictions exprimées avec une rare intransigeance malgré une pudeur qui les lui faisait dissimuler sous des plaisanteries qui rappellent celles d'Alphonse Allais, il a incarné et contribué à orienter l'esprit de tout un mouvement esthétique, d'une époque encore parfois capable d'influencer la nôtre.

« Né si jeune dans un monde si vieux »

C'est par cette phrase lapidaire qu'Erik Satie résumait son autobiographie. Toute la vie du musicien peut, en effet, se décrire en termes tels qu'on y découvre à chaque instant une volonté de renouvellement, un émerveillement devant la découverte, une humilité d'apprenti. Plus qu'à une éternelle jeunesse, elle nous fait penser à cette parole de l'Évangile : « Si vous ne restez semblable à ce petit enfant, vous n'entrerez pas dans le royaume des cieux. » Il est né à Honfleur, d'une mère d'origine écossaise et d'un père courtier maritime normand, et fut élevé dans la religion anglicane. Sa mère mourut alors qu'il avait six ans ; son père se remaria avec une jeune femme, professeur de piano, de qui il fut l'élève. C'est après ce second mariage qu'Erik Satie embrassa la religion catholique romaine. En 1879, il entre au conservatoire de Paris. Tout de suite, il déteste l'académisme et le conservatoire lui-même (« c'est un lieu sombre, sans agrément ni intérieur ni extérieur »). Il s'éloigne, d'instinct, d'Ambroise Thomas ou de Théodore Dubois pour vouer son admiration adolescente à Bach, Chopin et Schumann. En 1886, il quitte le conservatoire et s'engage dans un régiment d'infanterie, mais, s'apercevant vite qu'il n'a fait qu'échanger une prison hargneuse pour une autre absurde, il expose un soir d'hiver, par désespoir, sa poitrine nue à la bise glaciale et contracte une congestion pulmonaire qui, en le faisant réformer, lui rend sa liberté. Il est, dès lors, prêt à affronter la seule existence qui puisse lui convenir, qui puisse être en harmonie avec ses goûts et sa volonté non conformiste : la vie d'artiste. En 1887, c'est donc à Montmartre qu'il s'installe, car il sait pouvoir y rencontrer les êtres qui lui ressemblent ou, en tout cas, avec qui partager les risques d'une vie de bohème, la pauvreté parfois, et l'intransigeance esthétique.

Un sage visionnaire

L'intransigeance de Satie s'allie donc avec ses goûts d'indépendance et une nature profondément originale. Cette originalité le conduit, paradoxalement, à sacrifier à la mode d'alors (grand feutre, cheveux longs, barbiche effilée et lavallière), simplement, semble-t-il, pour ne pas se faire remarquer, car il adopte un logis discret et si exigu qu'on le surnomme « le placard ». Mais la même originalité se révèle tout entière dans ses premières œuvres : *Ogives* (1886), *Sarabandes* (1887), *Gymnopédies* (1888) et *Gnossiennes* (1890). Satie, qui s'émerveille de tout, qui se plaît à fréquenter les cabarets chantants et les auberges littéraires, mais qui hante aussi les voûtes de Notre-Dame sous lesquelles il s'exalte aux cérémonies liturgiques et s'imprègne de chant grégorien, livre alors à l'attention étonnée des milieux musicaux des œuvres dans lesquelles non seulement la forme est inattendue, mais où l'on trouve la prémonition de tout ce qui caractérise le langage harmonique de la musique à venir. Ce sont des compositions lumineuses, transparentes, à la ligne si pure, si ferme et d'une courbe si parfaite qu'elle demeure fixée, soutenue par des harmonies fixes et dont l'enchaînement inhabituel crée un charme pénétrant, appartenant à ce « frisson nouveau » que Baudelaire décelait dans les œuvres chargées de sensations inouïes. Debussy, d'ailleurs, ne devait pas s'y tromper, puisque, après avoir accordé son amitié à Satie qu'il appelait un « musicien médiéval et doux », il orchestra deux des *Gymnopédies*. On doit au Satie de cette époque des agrégations sonores savoureuses et mystérieuses, des enchaînements d'accords de neuvième qui furent, quelque temps après, utilisés, parfois avec moins de bonheur, par les musiciens dits impressionnistes. C'est sans doute à cause de ce goût pour une forme de rêve raisonnable et mystique que, alors pianiste au Chat-Noir, accompagnateur du chansonnier Vincent Hyspa, Satie fut séduit par un étrange personnage qui se faisait appeler le *sār* Peladan (en réalité Joséphin Peladan), auteur de *L'Androgyne* et du *Vice suprême*. Sous l'influence du *sār*, il écrit des *Sonneries pour la Rose-Croix*, puis, sur un texte de Peladan, une œuvre dramatico-lyrique : *Le Fils des étoiles* (1891). L'écriture harmonique est encore celle des premières œuvres, et on y trouve des mouvements parallèles d'accords majestueux dont l'ensemble a des résonances architecturales. Il fonde, lui aussi, une secte : l'Église métropolitaine d'art de Jésus-Conducteur et lance des anathèmes contre les « malfaiteurs spéculant sur la corruption humaine ».

Un ascète pudique

Satie considère la pratique de son art comme une ascèse quasi religieuse. Il est, et sera, pour les musiciens et artistes sur qui il aura exercé son influence, un ardent prosélyte de l'art pour l'art. Peu à peu, son style musical s'épure, il dédaigne et méprise l'effet. Dans une attitude de renoncement et d'intériorité contemplative, il écrit une *Messe des pauvres* (1895). Il semble avoir lui-même fait vœu de pauvreté, car il pratique un désintéressement si profond qu'on dirait qu'il a choisi plutôt que subi cet état de dénuement qu'il connut souvent. La *Messe des pauvres* est une œuvre de rupture. Non seulement il s'est séparé, d'une manière fracassante, du *sār* aussi bien que de ses amis du Chat-Noir, mais il a également renoncé aux chatoyantes couleurs harmoniques pour adopter un style dans lequel les lignes sont d'une rare simplicité et où un hiératisme presque immobile rappelle les chants liturgiques (modaux) qu'il admirait. Dès lors, Satie, ayant rompu toute attache avec Montmartre, s'installe à Arcueil où il habite jusqu'à sa mort, dans une maison où personne ne pénétrait jamais. En 1905, il avait eu le courage d'entrer à la Schola cantorum, de redevenir un élève, celui de Vincent d'Indy d'abord, puis d'Albert Roussel. La discipline du contrepoint à laquelle il se consacre convient au caractère d'ascétisme qui est, dorénavant, celui de sa musique.

Un précurseur discret

Satie est généralement victime d'une équivoque. On voit trop exclusivement en lui l'humoriste qui aime donner à ses œuvres des titres cocasses et qui ne recule devant une plaisanterie que si elle cesse d'être inoffensive. En réalité, cet homme courtois et doux, sociable et ne se signalant en public par aucune excentricité, masquait derrière une volonté comique entretenue avec un sourire discret une audace de précurseur que sa pudeur naturelle lui interdisait de trop mettre en évidence. Il continue à écrire son œuvre en dehors de tous les mouvements esthétiques, de toutes les chapelles et écoles de l'époque, mais il les approche toutes. Après les *Pièces froides* (1897) et les *Morceaux en forme de poire* (1903), ce sont les *Préludes flasques pour un chien*, les *Embryons desséchés*, les *Valses du précieux dégoûté*, les *Danses de travers*, les *Croquis et agaceries d'un gros bonhomme en bois*, échelonnés entre 1906 et 1914, œuvres détachées de tout système, nues, sans prestige ni sortilège d'écriture, modestes dans leur nouveauté et dépourvues de tout effet oratoire. Satie est mêlé au mouvement de la Société de musique indépendante, et ami de Ravel qui fait jouer sa musique. Brusquement, il passe auprès du grand public pour un précurseur, un personnage d'avant-garde, car, en 1917, les Ballets russes de Diaghilev montent *Parade*, ballet écrit d'après un argument de Cocteau et dansé dans des décors de Picasso avec une chorégraphie audacieuse de Massine. L'œuvre est fracassante, et l'on y voit apparaître des procédés qui feront fureur, bien des années plus tard, chez des musiciens soucieux de modernisme mais souvent moins imaginatifs que Satie : il s'agit de l'extension de la percussion classique par toutes sortes d'instruments d'occasion tels que sirène, machine à écrire. Cependant, le musicien produit simultanément une œuvre d'une austérité rare, un drame symphonique sur un texte de Platon traduit par Victor Cousin : *Socrate* (1918). Il s'agit là d'une technique nouvelle qui appartient entièrement à Satie, et qui nous envoûte par sa sereine noblesse, son renoncement à tout brillant, sa richesse intérieure extraordinaire.

Une influence « imprégnante »

Malgré deux autres partitions de ballet, *Mercure* (avec Picasso, 1924) et *Relâche* (avec Picabia, 1925), et quelques pièces pour piano d'une écriture tout aussi nouvelle, Satie ne fut jamais, ou ne voulut jamais être le chef de file d'une école. Cependant, on fait de lui le chef des « nouveaux jeunes », parfois l'inspirateur du « groupe des Six ». Mais il ne perd rien de son intransigeance et refuse de se laisser placer sur un piédestal. Sa vie est énigmatique, son art quelquefois étrange, son œuvre insolite. Il est violemment contesté par les uns, adulé par les autres. À partir de 1921, des jeunes musiciens viennent se grouper autour de lui et aiment s'appeler, entre eux, l'« école d'Arcueil » (Henri Sauguet, Maxime Jacob, Henri Cliquet-Pleyel et Roger Désormière). Il est à la fois leur guide, leur fétiche et le champion de leur indépendance. L'influence de Satie, très grande, se manifeste cependant plus par une sorte d'imprégnation esthétique, par une manière de penser la musique et la vie qui n'appartiennent qu'à lui, que par la transmission de dogmes ou de principes d'écriture, par l'application de nouveaux systèmes. On peut donc dire que son influence se traduit surtout par une attitude à l'égard de la musique. À ce titre, elle n'a pas épargné Stravinski et, plus récemment, fut très grande chez un John Cage. Pouvoir citer ces deux noms montre aussi bien l'aspect positif que l'aspect négatif. Malgré les dédains, critiques ou admirations maladroites, l'influence de Satie reste vivante aujourd'hui.

MICHEL PHILIPPOT

Bibliographie

J. BARRAQUÉ, *Claude Debussy*, Seuil, Paris, 1969 / M. BREDEL, *Erik Satie*, Mazarine, Paris, 1982 / « Erik Satie », in *La Revue musicale*, nos 386-387, 1985 / M. KELKEL, *La Musique de ballet en France de la Belle Époque aux Années folles*, Vrin, Paris, 1992 / E. SATIE, *Écrits*, O. Volta éd., G. Lebovici, Paris, 1990 / P.-D. TEMPLIER, *Erik Satie*, Plon, Paris, 1932, rééd. éd. d'Aujourd'hui, Plan-de-la-Tour, 1975 / O. VOLTA, *Satie et la danse*, Plume, Paris, 1992 ; *Satie, Cocteau : les malentendus d'une entente*, Le Castor astral, Paris, 1993.

SAUGUET HENRI (1901-1989)

Dernier survivant d'une génération qui avait côtoyé Erik Satie, Henri Sauguet est l'un des rares compositeurs français à avoir intégré l'héritage debussyste dans un langage direct, sobre et spontané qui n'est pas sans parenté avec l'esprit initial des Six.

De son vrai nom Henri Poupard, il naît à Bordeaux le 18 mai 1901, où il travaille d'abord avec Julien-Fernand Vaubourgoin. Il étudie ensuite la composition avec Joseph Canteloube à Montauban (1919). En 1920, il fonde à Bordeaux le groupe des Trois, avec le poète Louis Emié et le compositeur J.-M. Lizotte, à l'image du groupe des Six. Leur premier concert provoque un scandale dans la société bordelaise, et, contraint par son père, il adopte comme pseudonyme le nom de jeune fille de sa mère. Il se fixe à Paris en 1922, où il travaille avec Charles Kœchlin et s'intègre rapidement au foisonnement artistique de la capitale. Un an plus tard, Darius Milhaud le présente à Erik Satie en compagnie de trois autres jeunes compositeurs, Henri Cliquet-Pleyel (1894-1963), Roger Désormière (1898-1963) et Maxime Jacob (1906-1978). En hommage à l'auteur de *Parade*, ils adoptent le nom d'école d'Arcueil et donnent leur premier concert en 1923, au cours duquel la pianiste Marcelle Meyer crée les *Trois Françaises* de Sauguet. Satie voyait en eux les successeurs du groupe des Six, mais le mouvement ne survivra pas à sa disparition, en 1925. Seul Sauguet cherche à prolonger dans son œuvre les idéaux d'origine : refus de l'académisme et du romantisme, recherche de la simplicité. Il s'impose rapidement dans les salons parisiens, préalable alors indispensable, et, s'il se brouille assez vite avec Blanche de Polignac, il trouve un protecteur en la personne du comte Étienne de Beaumont. Son premier succès est un opéra bouffe, *Le Plumet du colonel*, dont Ernest Ansermet dirige la création en 1924. Diaghilev lui commande un ballet, *La Chatte*, que les Ballets russes créent à Monte-Carlo en 1927 dans une chorégraphie de George Balanchine. Puis c'est Ida Rubinstein qui lui commande *David* (créé en 1928 à l'Opéra de Paris, sous la direction de Walther Straram). Sa voie est tracée, et l'essentiel de sa production sera consacré à la scène : dans le domaine lyrique, *La Contrebasse* (livret de Henri Troyat d'après Tchekhov, 1930), *La Chartreuse de Parme* (livret d'Armand Lunel d'après Stendhal, Opéra de Paris, 1939), *Les Caprices de Marianne* (livret de Jean-Pierre Grédy d'après Musset, festival d'Aix-en-Provence, 1954), *Le Pain des autres* (d'après Tourgueniev, 1974) ; dans le domaine chorégraphique, vingt-sept ballets dont *Les Mirages* (argument de Cassandre et Lifar, Opéra de Paris, 1943), *Les Forains* (Boris Kochno, chorégraphie de Roland Petit, décors de Christian Bérard, 1945, son plus grand succès), *La Rencontre* (Kochno, 1948), *Le Caméléopard* (A. Vigo, d'après Edgar Poe, 1956), *La Dame aux Camélias* (Tatiana Qsovska, Berlin, 1957, avec Yvette Chauviré). À partir de 1939, Louis Jouvet lui confie les musiques de scène de ses principales productions : *Ondine* (1939) et *La Folle de Chaillot* (1945) de Jean Giraudoux, *Les Perses* (1940) d'Eschyle, *Dom Juan* (1947) et *Tartuffe* (1950) de Molière. Il travaille ensuite pour Jean-Louis Barrault et pour la Comédie-Française. Il compose un grand nombre de partitions pour la radio et la télévision, ce qui lui donne l'occasion de collaborer avec Cocteau, Mauriac,

William Aguet, Pierre Cardinal... Au cinéma, il donne notamment la musique de *L'Épervier* de Marcel L'Herbier (1933), de *Premier de cordée* de Louis Daquin (1944), de *Farrebique* de Georges Rouquier (1946), de *France* d'Étienne Lallier (1962) et de *L'Heure de vérité* de Henri Calef (1965).

Dans le domaine de la musique pure, son œuvre est aussi abondante : quatre symphonies (*n° 1, « Expiatoire »*, à la mémoire des victimes de la guerre, 1945 ; *n° 2 « Allégorique »*, 1949 ; *n° 3 « I.N.R. »*, 1955 ; *n° 4 « du troisième âge »*, 1971), des concertos pour violon (*Concerto d'Orphée*, 1953), piano (1934, 1948, 1963), violoncelle (*Mélodie concertante,* écrite pour Mstislav Rostropovitch, 1964), harmonica (*Garden's Concerto*, 1970, dont il tire ensuite une version pour hautbois), la suite symphonique *Tableaux de Paris* (1950), composée pour le bimillénaire de la capitale, les *Deux Mouvements pour archets* à la mémoire de Paul Gilson (1964), des cantates (*L'oiseau a vu tout cela*, 1960), plus d'une centaine de mélodies (*Six Sonnets de Louise Labbé*, 1927 ; *Visions infernales*, sur des poèmes de Max Jacob, 1948 ; *Le Cornette*, sur des poèmes de Rainer Maria Rilke, 1951), quatre quatuors à cordes, des pièces pour piano, des chansons (notamment pour Édith Piaf, d'après un thème des *Forains*)...

Le caractère frivole et mondain de Sauguet a certainement nui à sa musique. Dans les années 1950, malgré quelques essais dans le domaine de la musique concrète, son attachement indéfectible à la tonalité, son charme et une certaine forme de romantisme ne suscitaient guère l'admiration d'un public entiché de « postwébernisme ». Il incarne pourtant hors de France, un aspect très prisé de la musique française, fait de finesse, de sensibilité et d'une gaieté parfois mélancolique dans la lignée de Chabrier et Poulenc. Humoristené, ennemi de tout système, doué d'un irrésistible talent d'imitateur, il ne cachait pas des convictions religieuses et royalistes très profondes qui l'avaient amené à militer dans des mouvements traditionalistes, notamment pour la défense de la musique liturgique, mise en péril, à son avis, par la réforme conciliaire. Il n'a pourtant écrit aucune œuvre majeure pour l'église, bien que sa musique soit imprégnée de la tradition du plain-chant. Prix Italia en 1957 pour un ballet, *Le Prince et le Mendiant*, président de la Société des auteurs et compositeurs dramatiques (1969-1970), de l'Académie du disque français, de l'Union nationale des compositeurs, il succède en 1976 à Darius Milhaud à l'Institut de France (Académie des beaux-arts). Il meurt à Paris le 22 juin 1989.

ALAIN PÂRIS

SCARLATTI LES

Famille de musiciens siciliens des XVIIe et XVIIIe siècles, les Scarlatti se sont illustrés principalement à Naples, ce qui leur vaut d'être rattachés habituellement à l'école napolitaine. Parmi eux se distinguent Alessandro, qui fut l'un des premiers grands musiciens classiques, et Domenico, qu'on peut tenir dans une large mesure pour le créateur de la technique moderne du clavier dont l'influence s'étendit jusqu'à Liszt. Par ses opéras, où le grand art du chant (*bel canto* ou *buon canto*) atteint son apogée, Alessandro est de plus l'un des fondateurs de l'école napolitaine : il eut ainsi, indirectement, une influence sur tout

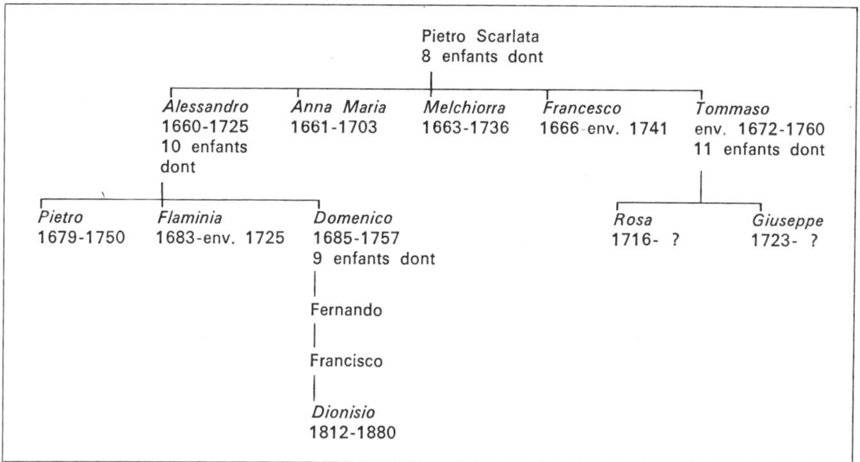

Généalogie des musiciens de la famille Scarlatti

le développement de l'opéra italien, dans le sens d'une primauté de l'élément lyrique sur le dramatique. Outre des opéras et quelques œuvres religieuses, on doit à Domenico les célèbres « sonates » pour clavecin. La liberté de l'inspiration et l'exceptionnelle virtuosité instrumentale qu'exigent ces « sonates » en font des œuvres particulièrement « modernes » pour leur temps.

La dynastie des Scarlatti

Le chef de cette dynastie fut un certain Pietro Scarlata, né à Trapani vers 1630, dont on ne sait presque rien (peut-être descendait-il d'une illustre famille toscane, connue depuis le XIIe siècle).

Parmi ses huit enfants, cinq allaient être musiciens : Alessandro (1660-1725) et Francesco (1666-env. 1741), compositeurs, Anna Maria (1661-1703), Melchiorra (1663-1736) et Tommaso (env. 1672-1760), chanteurs. Dans la génération suivante, on trouve encore trois musiciens parmi les dix enfants d'Alessandro : les compositeurs Pietro (1679-1750) et Domenico (1685-1757) et la cantatrice Flaminia (1683-env. 1725). Tommaso eut lui aussi une fille musicienne, Rosa (1716- ?), qui fit une très brillante carrière de cantatrice, particulièrement à Venise, et un fils, Giuseppe (1723- ?), en qui l'on peut reconnaître le Giuseppe Scarlatti, compositeur d'opéras, mort à Vienne en 1777 et dont on n'est pas parvenu à prouver la filiation. Enfin, un arrière-petits-fils de Domenico, Dionisio Scarlatti y Adalma (1812-1880) contribua à la fondation de l'opéra espagnol à Madrid.

Alessandro Scarlatti

Né à Palerme, Alessandro Scarlatti fut envoyé à Rome vers l'âge de douze ans avec ses deux sœurs, Anna Maria et Melchiorra ; mais on ignore tout de leur première jeunesse et de leur éducation. En dépit d'une tradition persistante, il n'y a aucune raison d'admettre qu'Alessandro ait été l'élève de Giacomo Carissimi, mort en janvier 1674, alors que le jeune musicien, établi à Rome depuis un peu plus d'un an, n'avait pas encore quatorze ans. Ses premières œuvres (notamment la *Passion selon saint Jean*) semblent témoigner d'une influence de Giovanni Legrenzi et surtout d'Alexandro Stradella, plutôt que de Carissimi. Selon une hypothèse plus plausible, il aurait été l'élève de Francesco Foggia et de Bernardo Pasquini, respectivement maestro di cappella et organiste de Sainte-Marie-Majeure.

En 1678, Scarlatti épouse à Rome une Napolitaine, Antonia Anzalone, et l'année suivante son premier opéra *Gli Equivoci nel sembiante* est représenté sous le patronage de la reine Christine de Suède, qui prend à son service le jeune musicien et acceptera, en 1684, d'être la marraine de son cinquième enfant. En 1683, il se rend à Naples, précédé d'une excellente réputation, pour y faire représenter ses œuvres nouvelles, notamment *Psiche* (1683), *Olimpia vendicata* (1685), *Ezio* (1686).

Devenu rapidement le musicien en vogue dans l'aristocratie napolitaine, il prend part régulièrement à presque toutes les fêtes publiques et privées, compose d'innombrables cantates de chambre et des opéras pour le théâtre San Bartolomeo et celui du palais royal. Il laissera 115 opéras, plus de 600 cantates de chambre, environ 30 oratorios, 60 motets, 10 messes, etc. La plus grande partie de sa carrière fut centrée sur Naples, mais il fit deux longs séjours à Rome (1702-1708 et 1718-1722). Il était allé à Venise en 1707 pour faire représenter deux ouvrages très importants au théâtre San Giovanni Grisostomo : *Mitridate Eupatore*, qui s'inspire du style des opéras vénitiens, et *Il Trionfo della libertà*. Cette dernière œuvre lui valut d'être fait chevalier de l'Éperon d'or par le pape Clément XI. En 1708, le nouveau gouvernement du cardinal Grimani (contrôlé par l'Autriche) le rappelle à Naples où il est réintégré dans ses anciennes fonctions : il est alors au faîte de sa carrière.

Après son deuxième séjour prolongé à Rome (où il était parti avec un congé de six mois !), il termine ses jours à Naples dans une demi-retraite. C'est alors qu'il reçoit quelques élèves privés, dont Johann Adolf Hasse (1699-1783) qu'il considère comme son fils. L'attribution de nombreux élèves à Scarlatti est une pure invention, liée à sa réputation de « fondateur de l'école napolitaine ». Il eut le mérite d'instruire son fils Domenico, mais n'enseigna jamais régulièrement dans un conservatoire. Il mourut à Naples et fut enseveli dans l'église de Montesanto, au pied du Vomero, sous l'autel dédié à sainte Cécile.

Alessandro Scarlatti peut être tenu pour un précurseur direct de Mozart. On lui doit la mise au point de l'*aria da capo*, à reprise ornée, qu'il adopta comme seul type d'air d'opéra, et le triomphe de l'ouverture dite « italienne ». Inaugurée par Marcantonio Cesti en 1667, ce genre d'ouverture, généralement qualifiée de « sinfonia », se compose de trois parties contrastées, soit, dans l'ordre : vif-lent-vif (disposition inverse de celle de l'ouverture « à la française », cf. J.-B. LULLY). Il fut aussi le maître incontesté de la cantate de chambre, déployant dans cette musique essentiellement intime et raffinée une remarquable virtuosité d'écriture.

Les dernières vingt-cinq années de sa vie furent celles des plus grands chefs-d'œuvre dans tous les genres. Dans les plus beaux opéras de cette période (*Mitridate Eupatore*, 1707, *Tigrane*, 1715, *Cambise*,

1719 et *Griselda*, 1721), le style classique d'opéra est à son sommet ; et le délicieux opéra-comique *Il Trionfo dell'onore* (1718) annonce Mozart. De la même période datent les douze admirables *Sinfonie di concerto grosso* (1715), qui sont les premiers chefs-d'œuvre de la musique instrumentale classique. Car c'est bien le classicisme musical qui fait son apparition avec Alessandro Scarlatti. Le sens du développement thématique, l'audace des modulations, la sobriété de l'instrumentation, l'intelligence de la forme et le naturel de l'expression mélodique préfigurent le génie de Mozart.

Domenico Scarlatti

Né à Naples, Domenico Scarlatti étudia avec son père, puis avec Francesco Gasparini (1668-1727) à Venise ; il a peut-être aussi suivi l'enseignement de Gaetano Greco (1650-1728) dont il a subi l'influence. En 1701, il est déjà organiste de la chapelle royale de Naples ; puis, après un bref séjour à la cour de Toscane avec son père (1702), il fait ses débuts à Naples comme compositeur d'opéras. En 1705, il est à Venise, où se noue une durable amitié avec Haendel, son aîné de huit mois. Un peu plus tard, on le trouve à Rome, au service de la reine Maria Casimira de Pologne (1709-1714), pour qui il compose sept opéras, avant de devenir maestro di cappella de l'ambassadeur portugais et de la cappella Giulia (1715-1719).

Après un premier voyage au Portugal en 1720, Domenico est nommé maître de chapelle de la cour de Lisbonne, poste qu'il n'occupe qu'une année. Il quitte, en effet, Lisbonne pour Madrid, où il passe le reste de ses jours comme maître de chapelle de la cour (1729-1757), à la suite de son élève l'infante Maria Barbara, épouse du futur Fernando VI. Pendant sa longue carrière espagnole, au cours de laquelle son existence matérielle fut constamment compliquée par sa passion du jeu, il semble s'être exclusivement consacré à son œuvre pour clavecin, exception faite d'un *Salve Regina* composé dans les dernières années de sa vie. Il mourut à Madrid.

Les célèbres « sonates » pour clavecin n'ont de sonate que le nom ; mais chacune des trente pièces du recueil d'*Essercizi* (1738 : première publication de ses œuvres et la seule qu'il ait entreprise lui-même) est déjà intitulée « sonata ». On trouve cette dénomination dans toutes les publications ultérieures. Ces courtes pièces, d'une merveilleuse diversité, s'inspirent des genres les plus variés. Pour la plupart, elles sont de coupe binaire comme les morceaux de la « suite » ; elles s'en distinguent par la richesse harmonique, la fantaisie dans l'écriture instrumentale (croisements de mains, changements de registre ou d'octave), par l'originalité rythmique et souvent par l'utilisation libre de deux thèmes. Certaines pièces sont écrites à deux voix et comportent un chiffrage de la basse : elles étaient vraisemblablement destinées à un instrument solo (violon ou flûte), accompagné au clavecin.

L'attrait permanent des sonates de Scarlatti (qui doivent être jouées au clavecin, non au piano) tient essentiellement à leur liberté, à leur fantaisie et à leur remarquable diversité de style ou d'inspiration. Certaines ont la saveur et la vivacité des musiques populaires d'Espagne (K. 105 en *sol* maj. ou K. 492 en *ré* maj.) ou d'Italie méridionale (K. 421 en *ut* maj. ou K. 519 en *fa* min.), d'autres fascinent par l'exceptionnelle originalité de l'écriture, notamment sur le plan harmonique (K. 124 en *sol* maj., K. 119 en *ré* maj., K. 175 en *la* min., K. 490 en *ré* maj.). Parfois leur ampleur déborde largement le cadre de la musique de clavier du temps, annonçant les grands poèmes pianistiques de Liszt (K. 447 en *fa* dièse min. ou K. 206 en *mi* maj.).

La principale source des sonates de Scarlatti est une collection de manuscrits (non autographes) conservés à Venise et contenant 496 pièces. D'autres manuscrits sont à Parme, Münster, Vienne, Londres, Cambridge... Une réédition moderne de 545 sonates a été publiée à Milan à partir de 1906. Puis, le musicologue américain Ralph Kirkpatrick en a catalogué 555. Les autres œuvres de Scarlatti consistent en quatorze opéras ou *intermezzi* (dont un seul, *Narcisso*, nous est parvenu intégralement), quelques œuvres religieuses (dont un admirable *Stabat Mater* à 10 voix), des oratorios et une cinquantaine de cantates de chambre.

De Pietro Scarlatti (1679-1750) on ne connaît que l'opéra *Clitarco*, représenté, en 1728, au théâtre San Bartolomeo, et quelques toccatas pour clavecin ou orgue.

Francesco Scarlatti (1666-env. 1741) a composé de la musique religieuse (dont nous sont parvenus une messe, un *Dixit Dominus* et un beau *Miserere*), des oratorios, des cantates, quelques opéras bouffes en dialecte napolitain.

Giuseppe Scarlatti (?-1777) se trouve, en 1747, à Venise où son opéra *Pompeo in Armenia* est créé au théâtre San Angelo, et où chante la même année Rosa Scarlatti, fille de Tommaso. Quelques mois plus tard, il épouse à Lucca une chanteuse florentine, Barbara Stabili, et fait représenter dans la même ville son opéra *Artaserse*. Les lieux de représentation des opéras suivants laissent supposer qu'il était fréquemment en voyage dans toute l'Italie (notamment à Venise), avant de s'établir à Vienne.

ROLAND DE CANDÉ

Bibliographie

M. BOGIANCKINO, *L'Arte clavicembalistica di Domenico Scarlatti*, De Santis, Rome, 1956 / M. BONTEMPELLI, *Gli Scarlatti*, Rome, 1940 / R. BOULANGER, *Les Innovations de Domenico Scarlatti dans la technique du clavier*, Soc. de Musicologie du Languedoc, Vias, 1988 / R. DE CANDÉ, « Giuseppe Scarlatti », in *Enciclopedia dello spettacolo*, vol. VIII, Rome, 1961 / A. de CHAMBURE, *Catalogue analytique de l'œuvre pour clavier de Domenico Scarlatti*, Costallat, Paris, 1987 / E. J. DENT, *Alessandro Scarlatti*, Arnold, Londres, 1905 / « Domenico Scarlatti », in *Musik-Konzepte*, n° spéc. 47, Munich, 1986 / D. J. GROUT, *A. Scarlatti : an Introduction to His Opera*, Berkeley (Ca.), 1979 / R. KIRKPATRICK, *Domenico Scarlatti*, Princeton Univ. Press, Princeton (N.J.), 1953, trad. franc., J.-C. Lattès, Paris, 1982 / C. SARTORI, « Gli Scarlatti a Napoli. Nuovi contributi », in *Rivista musicale italiana*, vol. XLVI, 1942 / O. TIBY, « La Famiglia Scarlatti », in *Journ. of Renaissance and Baroque Music*, vol. I, 1947 / C. F. VIDALI, *Alessandro and Domenico Scarlatti*, Garland, New York, 1993 / F. WALKER, « Some Notes on the Scarlattis », in *Music Review*, vol. XII, 1951.

SCELSI GIACINTO (1905-1988)

Giacinto Scelsi meurt le 9 août 1988, dans sa quatre-vingt-quatrième année. La veille, avant de perdre conscience, il avait signifié qu'il rompait le contact avec ici-bas ce jour, le 8.8.88 (quatre fois l'infini !), symbole qui paraissait important à un homme né aussi le 8 janvier. Depuis sa disparition, une imposante collection de disques compacts a fait son apparition, image d'une fulgurante destinée posthume, amorcée déjà par la gloire tardive qui était venue illuminer les dernières années de son existence, après une « traversée du désert » sans doute plus longue et plus solitaire que pour tout autre grand créateur musical du XXe siècle, rançon d'une originalité sans pareille et d'une totale indépendance de caractère.

En Italie, la controverse continue à faire rage, l'hostilité des compositeurs les plus en vue n'y désarme pas, allant jusqu'à contester que Scelsi soit vraiment l'auteur de sa musique.

Et il est vrai qu'il travaillait avec des copistes et des assistants, de sorte qu'il n'existe pas de partitions holographes de ses œuvres de maturité. Dans le reste du monde, les positions de ses collègues demeurent partagées ; face à l'adhésion enthousiaste de Xenakis ou de Ligeti, l'hostilité de Boulez, par exemple, demeure irréductible. Conflit de générations, d'options esthétiques fondamentales. Cette attitude est somme toute normale car il s'agit (et cela, même ses adversaires ne peuvent le nier) d'un novateur, d'un créateur totalement original remettant en question les fondements mêmes de la composition musicale.

La querelle de ceux qui reprochent à Scelsi l'absence d'« écriture » (au sens traditionnel du conservatoire : harmonie, contrepoint...) est exactement, et jusque dans les termes utilisés, celle de d'Indy et de la Schola cantorum attaquant Debussy. Il est certain qu'une remise en cause aussi radicale d'options sur lesquelles la musique occidentale a vécu durant plus de huit siècles ne peut sembler que dérangeante, inquiétante, et même... subversive. Par ailleurs, le grand public, qui n'a d'autres préjugés à combattre que ceux de ses habitudes d'écoute, réagit avec enthousiasme (le succès des disques en témoigne) à une musique dont l'impact très direct se situe à un niveau à la fois physique et spirituel, sans les barrières intellectuelles qui limitent l'accès de tant de musiques contemporaines à une petite élite. Le grand fossé séparant Scelsi de la tradition postsérielle et structuraliste est celui-là même qui oppose une conception métaphysique du son à la notion, traditionnelle en Occident, de tension dialectique et discursive.

Mais le statisme de la musique de Scelsi est plus apparent que réel : sa dynamique, d'une force prodigieuse, se situe dans le devenir biologique du son, dont il explore toutes les dimensions intérieures les plus subtiles (par décomposition spectrale, par analyse infinitésimale de l'articulation, du grain, de la palette des couleurs et des nuances), libérant ainsi une énergie dont les ressources semblent sans limite. Et, de fait, *énergie* semble le mot clé, le secret de la force d'impact de la musique de Scelsi, ce qui le situe dans la grande lignée d'un Edgard Varèse ou d'un Iannis Xenakis, dont la musique est exactement complémentaire de celle de Scelsi, avec, d'ailleurs, une action tout aussi forte et efficace sur le public. Revanche séculaire du son sur la note, de la réalité acoustique sur les structures combinatoires où l'intellect a fini par l'emporter sur l'expérience vécue, du jour où la fin d'un système harmonique (modal, tonal, peu importe) a privé l'oreille du contrôle « vertical » de la simultanéité d'événements sonores. C'est pourquoi une nouvelle génération de compositeurs, après les musiciens du groupe de l'Itinéraire (Gérard Grisey, Tristan Murail, Michaël Levinas...) et Horatiu Radulescu, s'est jetée avec enthousiasme dans la brèche ouverte par Scelsi, confirmant une nouvelle manière de « penser la musique aujourd'hui » (de l'*entendre*, surtout !), qui situe la phase structuraliste et postsérielle dans la perspective d'une étape historique désormais révolue.

Peut-être aucun compositeur n'aura-t-il davantage bouleversé le paysage musical depuis Debussy. La diffusion croissante de l'œuvre de Scelsi parmi les interprètes de tous bords, instrumentistes et chanteurs, confirme cette importance.

Car ce qui demeure au-delà des controverses et des querelles esthétiques, c'est la valeur intrinsèque de la musique. Rappelons que l'abondante production de Scelsi (quelque cent cinquante titres connus, mais il existe de nombreux inédits) se divise en deux étapes de très inégale importance : avant 1948, c'est l'époque de la formation, des recherches, des tâtonnements parfois, du passage par le dodécaphonisme et le sérialisme, vite abandonnés, car jugés inadéquats et dépassés, puis de la découverte de Scriabine, et, surtout, de l'Orient, tant du point de vue spirituel que musical. Des quelque vingt ans d'activité créatrice de cette première phase subsistent une trentaine d'ouvrages de réussite très inégale, parmi lesquels le compositeur lui-même avait effectué un tri très sévère, qu'il importe de respecter, car le reste ne sert guère sa mémoire.

On en retiendra essentiellement le premier de ses cinq quatuors à cordes, les sonates et les suites (jusqu'à la *Septième*) pour piano, enfin, la grande cantate *La Naissance du Verbe*, qui en constitue le point final. À l'issue de quatre longues années de crise et de remise en question émerge, à partir de 1952, le Scelsi de la maturité et ici, pratiquement jusqu'à la fin de sa longue existence, presque tout ce qu'il a livré à la publication est à retenir. Les chefs-d'œuvre abondent, tant à l'orchestre et aux chœurs qu'en musique de chambre instrumentale ou vocale ; le théâtre seul n'a jamais sollicité Scelsi.

Écrire la biographie de Scelsi s'avère une tâche redoutable, voire utopique : l'homme était secret, refusait photos et entretiens, n'aimait pas que l'on parle de lui, et ne livrait que des bribes de renseignements, dans l'horreur absolue des dates et de la chronologie (celle même de ses compositions doit, selon sa volonté, demeurer conjecturale).

Giacinto Scelsi, comte d'Ayala Valva, naît à La Spezia le 8 janvier 1905, dans une vieille famille aristocratique de l'Italie du Sud ; par sa mère, il est d'ascendance espagnole. Il passe son enfance dans un château des confins de la Campanie et de la Basilicate, bénéficiant, selon ses dires, d'une éducation « médiévale » (latin, échecs, escrime...). Tout enfant, il demeure de longues heures au piano, s'immergeant dans le son, s'enivrant de résonances. Ni ses études traditionnelles au conservatoire de Rome ni son séjour à Vienne auprès d'un disciple de Schönberg ne le satisfont ; des études à Genève avec un élève de Scriabine lui conviennent davantage.

S'il est le premier Italien, dès 1936, bien avant Dallapiccola – à qui l'on attribue généralement cette priorité –, à utiliser la dodécaphonie, il s'en écarte assez rapidement, découvrant que le sérialisme est une impasse (avant que l'avant-garde européenne de l'après-guerre ne s'y engage). La pratique sérielle, si contraire à sa nature profonde, provoque même chez lui une grave dépression nerveuse qui nécessite plusieurs années de traitement. Il s'en guérit par une musicothérapie toute personnelle : jouer longuement la même note au piano, se pénétrer de ses résonances secrètes, entrer véritablement à l'intérieur du son, en renouant ainsi avec les hantises de sa petite enfance. Scriabine, l'harmoniste novateur, le fascine autant que le théosophe, bien qu'il se sente personnellement plus proche de l'anthroposophie de Rudolf Steiner. Trois séjours aux Indes sont essentiels pour son développement spirituel, et il demeurera, jusqu'à la fin de sa vie, profondément marqué par la spiritualité et la philosophie de l'Orient, par le bouddhisme zen et le taoïsme en particulier. Il est difficile de cerner une personnalité aux aspects aussi multiples et contradictoires : aristocrate, grand mondain, marié à l'un des grands noms de la noblesse anglaise, il a mené une vie brillante à Paris, à Londres, ou à Monte-Carlo, avant de se fixer définitivement à Rome, au pied du Palatin et du Forum, dans une retraite qu'il quitta rarement, sauf pour assister à la création tardive (et qu'il n'avait jamais sollicitée) de ses grandes œuvres. Scelsi était un homme d'une urbanité exquise et d'une grande culture ; il est l'auteur de plusieurs recueils de poèmes (en français exclusivement, langue qu'il parlait admirablement) dont la perfection, la concentration et la rigueur hautaine suffiraient à lui assurer une place éminente dans l'histoire. Au cours de ses années parisiennes, il fut l'ami des plus grands : Dalí, Michaux, Pierre-Jean Jouve, qu'il sauva des nazis pendant la guerre... L'obscurité dont il fut si longtemps la victime n'est pas seulement la conséquence de son refus de toute publicité et de tout carriérisme ; elle résulte aussi d'un féroce boycottage dans son pays d'origine, dû en grande partie à l'envie et à la jalousie de collègues moins privilégiés par la fortune. Cependant, la raison profonde (et ici le destin de Scelsi rejoint ceux de Varèse et de Ives) tient à une musique trop en avance sur son temps, et en porte à faux par rapport aux tendances de son époque. Alors que, entre 1950 et 1965 environ, l'avant-garde européenne s'attachait aux problèmes du structuralisme et d'une conception combinatoire et dialectique de la musique, Scelsi anticipait hardiment les préoccupations les plus récentes, celles du continuum sonore, de l'entretien du son, de l'exploration des micro-intervalles, de l'espace non tempéré, du spectre harmonique et inharmonique. Ce sont les jeunes musiciens du groupe français de l'Itinéraire qui ont « découvert » Scelsi au cours de leurs séjours à Rome, à la villa Médicis, et qui l'ont fait connaître en France. Et l'influence de Scelsi, sans cesse grandissante, a touché à peu près exclusivement les compositeurs nés après 1940, pour lesquels le phénomène sériel fait partie de l'histoire. Parmi eux, c'est sans doute le Franco-Roumain Horatiu Radulescu qui s'est aventuré le plus avant dans la voie ouverte par Scelsi.

La musique de Scelsi exerce une très forte impression sur le public, même non spécialisé en musique contemporaine, et, en dépit de son extraordinaire nouveauté, s'avère éminemment accessible : l'instinct y prime sur l'intellect et, surtout, elle est le reflet d'une expérience sonore et spirituelle vécue. Pour autant que l'on puisse classer ses œuvres dans le temps, elles correspondent à une conquête graduelle du son, le piano, limité par le tempérament égal, s'avérant insuffisant, est abandonné après 1957.

Les œuvres, très nombreuses, pour instrument ou voix seule, donc d'écriture monodique, sont capitales dans ce processus d'exploration, les micro-intervalles étant abordés à partir de 1956. De 1959 datent les fameuses *Quatre Pièces* sur une seule note, pour orchestre de chambre, qui exploitent tous les paramètres connus du son unique et en inventent d'autres (articulation, granulation, oscillations infrachromatiques), utilisés par les jeunes compositeurs actuels. L'apogée de la maturité créatrice de Scelsi s'étend sur ses dix dernières années, et enrichit le répertoire avec les admirables quatuors à cordes nº 2 à 5, déjà classiques, avec des pièces pour ensembles aussi magistrales qu'*Anabit, Okanagon* ou les deux *Pranam*, avec des pages aussi exceptionnelles que les *Tre Canti sacri*, pour chœurs, ou *In nomine lacis*, pour orgue. Mais il semble que le génie de Scelsi se manifeste le plus pleinement dans les grandes pièces symphoniques des années 1960-1974, dans *Hurqualia*, *Aion*, *Konx-Om-Pax* (avec chœurs), *Uaxuctum* (avec chœurs)...

À présent que son œuvre rayonne enfin, elle nous conduit à envisager la musique de la seconde moitié du XXe siècle dans une perspective différente, certains grands noms de l'avant-garde « officielle » des années 1950 (la fameuse « école de Darmstadt ») s'avérant moins importants, sans doute, qu'on ne l'avait pensé. En tout cas, il semble bien que l'avenir s'inscrive dans une large mesure dans le sillage de la personnalité si singulière de ce musicien, qui allait jusqu'à refuser d'être considéré comme un compositeur, et préférait se définir comme un intermédiaire entre deux mondes, une sorte de messager. Son émergence illustre la revanche de l'oreille sur le cerveau, de l'irrationnel et du spirituel sur l'ordinateur, bref, de la métaphysique sur la dialectique en notre époque de faillite des idéologies et de renouveau spirituel.

HARRY HALBREICH

SCHAEFFER PIERRE (1910-1995)

Il aimait à dire qu'il naquit « à l'ombre d'un conservatoire de province [à Nancy, le 14 août 1910], d'une mère chanteuse et d'un père violoniste ». Ancien élève de Polytechnique, Pierre Schaeffer est chargé en 1934 d'équiper les studios de la Radiodiffusion française, à peine née. En 1940, il fonde un mouvement culturel, Jeune France, rapidement dissous par Vichy mais qui resurgit sous la forme du Studio d'essai qu'il crée en 1942, lequel, sous couvert de formation technique, découvre, avec Jacques Copeau, l'exigence du micro et initie à l'art radiophonique. Mais c'est aussi du Studio d'essai, de son activité nocturne et clandestine, que surgiront les premières émissions du Paris libéré, et la ferveur moderne dans l'acte nouveau de transmettre. Formation profonde, à laquelle contribue l'empreinte d'un « homme remarquable », Gurdjieff, ses exercices d'attention, où se renouvelait le précepte paternel déterminant : « Travaille ton instrument ! »

Cette approche ardente de la réalité des êtres et des choses, Schaeffer l'applique alors à son domaine de prédilection, la musique. Le Studio d'essai s'agrandit, et le Club d'essai offre, en 1948, le premier laboratoire sonore à l'ingénieur-manipulateur. Était-elle encore musicale, cette opération sur les bruits et les sons, retenus sous forme de traces perpétuées, agencées par montage et mixage selon le modèle radiophonique ? Opération expérimentale que son inventeur voulut souligner du nom de *musique concrète*, pour marquer le primat de l'écoute. La *Symphonie pour un homme seul* (1950) de Schaeffer et Pierre Henry fera, avec Béjart, le tour du monde.

Mais bien vite l'exigence de ce qu'il désignera comme « la sévère mission de la musique » lui apparaît. Gratuits seraient les jeux, même concrets, sans une *recherche musicale* portant sur l'*objet* (de perception), dont il inaugure le concept et le discours de la méthode. Critique fondamentale des modernismes d'avant-garde et plaidoyer pour l'écoute du « langage des choses ».

Entre-temps l'attire aussi, avec plus d'urgence, une autre expérience de décloisonnement : en 1953, il crée la Radio d'outre-mer et invente avec ses proches collaborateurs – les mêmes qui, au fil des décennies, le suivront dans ses missions utopiques, Jacques Poullin pour la technique et André Clavé pour l'administration – une conception, bien concrète elle aussi, d'équipe légère et de moyens intégrés de communication, spécifique du métier des médias, véritable objet de sa vocation, qu'il réexpérimentera sans cesse.

Mais le pouvoir politique ne supportera pas longtemps ce libertaire, qui sera renvoyé à ses études, musicales et humaines, là où son ardeur révolutionnaire laissera la trace la plus profonde et la plus féconde. En 1958, il transforme le Groupe de musique concrète en Groupe de recherches musicales, la plus vivace de ses utopies (le G.R.M., aujourd'hui au sein de l'Institut national de l'audiovisuel – I.N.A. –, en constitue de fait le noyau historique initial). Cette mutation revêt la valeur d'un mot d'ordre. Un courant musical en résulte, parmi les plus dynamiques de l'époque, ainsi que, pour son instigateur, la renommée internationale.

Et c'est le succès inattendu d'un festival de musiques et d'images nouvelles qui entraînera Schaeffer dans l'aventure la plus pérenne de sa carrière, la création en 1960 d'un Service de la recherche dont la direction lui est confiée et qu'il conservera contre vents et marées (même celles de Mai-68 !), jusqu'au bout, en 1974, date de l'éclatement de l'organisme français de radiotélévision. De cette période productive les traces sont nombreuses.

Préférant à son œuvre de musicien à contre-courant (et dont il doute) la qualité plus rare de chercheur, son ambition primordiale, il fournira avec l'imposant *Traité des objets musicaux* un riche appareil descriptif du sonore et un outil original pour la pensée musicale. La plus considérable de ses contributions lui vaudra d'être nommé professeur associé au Conservatoire national supérieur de musique de Paris. La recherche musicale lance définitivement Schaeffer dans l'expérience audiovisuelle. Les étapes d'une analyse des médias, l'étude critique de leurs modèles multiples vont donner la matière des *Machines à communiquer*, l'autre versant de sa vaste entreprise théorique, ouvrage incomplet, en recherche.

Au moment où il est mis fin à ses fonctions, il lui reviendra encore de susciter la création d'un institut chargé du patrimoine audiovisuel, de la formation et de la recherche, l'I.N.A., héritier donc de ce Service qui constitua une quinzaine d'années durant le riche vivier des auteurs et des genres d'une télévision de culture (séries « Un certain regard », « Les Conteurs », « Les Shadoks », « Les Grandes Répétitions »...).

Si ensuite, de 1975 à 1981, on a demandé à Schaeffer de rejoindre les hautes instances de conseil en matière d'audiovisuel, c'est désormais comme écrivain qu'il donnera toute sa verve, souvent acerbe, toujours fondée. En repassant, d'un siècle mouvementé à l'extrême, les événements vécus et surmontés par un observateur lucide et rusé, à la mesure des épreuves et des expériences qui s'offraient à lui ou qu'il suscitait, le roman des destins croisés de Pierre Schaeffer constitue un exemple étonnant, un témoignage unique, mais aussi un réservoir infini de réflexions intemporelles autant qu'anticipatrices.

Il meurt le 19 août 1995 aux Milles, dans les Bouches-du-Rhône.

FRANCOIS BAYLE

Bibliographie

• Œuvre musicale éditée de Pierre Schaeffer

Études de bruits, 1948 ; *Diapason concertino*, 1948 ; *Variations sur une flûte mexicaine*, 1949 ; *Suite 14*, 1949 ; *L'Oiseau R.A.I.*, 1950 ; *Bidule en ut* et *Symphonie pour un homme seul*, en collab. avec Pierre Henry, 1950 ; *Étude aux allures, aux sons animés, aux objets*, 1958-1959 ; *Le Trièdre fertile*, 1975 ; *Bilude*, 1979 (ces œuvres et leur révision en 1971 ont été publiées en un coffret de 4 disques compacts, l'un comportant des documents parlés, avec un livre de commentaires, présentés par F. Bayle, I.N.A.-G.R.M., 1990) ; *Dix Ans d'essais radiophoniques*, coffret de 4 disques compacts, I.N.A.-Phonurgia Nova, 1989 ; *La Coquille à planètes*, coffret de 4 disques compacts, *ibid.*, 1990, avec un livre, *Propos sur « La Coquille », entretien avec R. Frisius.*

• Œuvre littéraire éditée de Pierre Schaeffer

À la recherche d'une musique concrète, Seuil, Paris, 1952 ; *Traité des objets musicaux*, *ibid.*, 1966 ; *Le Gardien du volcan*, *ibid.*, 1969 ; *Machines à communiquer*, vol. I : *Genèse des simulacres*, *ibid.*, 1970, vol. II : *Pouvoir et communication*, *ibid.*, 1972 ; *L'Avenir à reculons*, Casterman, Paris, 1970 ; *Les Antennes de Jéricho*, Stock, Paris, 1978 ; *Excusez-moi, je meurs*, Flammarion, Paris, 1981 ; *Prélude, choral et fugue*, *ibid.*, 1983 ; *Faber et Sapiens*, Belfond, Paris, 1986.

• Études

F. Bayle, *L'Œuvre musicale de Pierre Schaeffer*, I.N.A.-G.R.M. - Seguier, Paris, 1990 / S. Brunet, *Pierre Schaeffer*, Richard-Masse, Paris, 1970 / M. Chion, *Guide des objets sonores : Pierre Schaeffer et la recherche musicale*, Buchet-Chastel-I.N.A., Paris, 1995 / S. Dallet, *.Pierre Schaeffer : itinéraires d'un chercheur*, éd. du Centre d'études et de recherche Piere Schaeffer, Paris, 1977.

SCHEIDT SAMUEL (1587-1654)

Organiste, maître de chapelle à la cour de Brandebourg et compositeur, Samuel Scheidt est né deux ans après Heinrich Schütz et un an après Johann Hermann Schein ; par sa naissance, il est donc le dernier des « trois S » de la musique allemande entre la Renaissance et l'époque baroque, et pendant les affres de la guerre de Trente Ans. Ayant séjourné à Amsterdam dans l'entourage de Jan Pieterszoon Sweelinck, il sera d'abord marqué par la musique néerlandaise ; sans avoir voyagé en Italie, il subira cependant l'influence italienne. Respectueux de la tradition du contrepoint et des exigences de la musique d'orgue fonctionnelle, il est aussi ouvert à la modernité. Il sera, avant tout, un musicien au service de l'Église luthérienne et de la cour de Brandebourg.

Les années d'apprentissage

Samuel Scheidt, né en 1587, est baptisé le 3 novembre 1587 à Halle, sur la Saale, en Allemagne orientale. Issu d'une famille de musiciens, il assure, dès 1603, le service d'organiste à la Moritzkirche (église Saint-Maurice) de cette ville. Jusque vers 1608, il se perfectionne en orgue auprès de Jan Pieterszoon Sweelinck (1562-1621), à Amsterdam. Ce célèbre « faiseur d'organistes » lui inculque l'art de l'orgue et du clavecin, et lui transmet la science du contrepoint et l'héritage musical néerlandais. En 1609, Scheidt retourne à Halle et devient organiste de la cour de Christian Wilhelm de Brandebourg, qui réside à Halle depuis 1608 ; il se produit « auf der Moritzburg » (au château) et « bei der Tafel » (à table). Il rencontre Michael Praetorius (1571-1621) qui, depuis 1615, est *Hofkapellmeister* (maître de chapelle à la cour). Il a déjà acquis une certaine renommée et est souvent sollicité en dehors de Halle. En 1618, il inaugure la « Concert-Music » à la cathédrale de

Magdebourg, avec Michael Praetorius et Heinrich Schütz (1585-1672) ; il supervise la construction du nouvel orgue de la Moritzkirche.

Le maître de chapelle à la cour

En 1619, Scheidt est nommé maître de chapelle à la cour ; il se trouve à la tête d'une chapelle vocale et instrumentale bien fournie et dont les effectifs sont renforcés, pour la musique d'Église, par les *Cantoreischüler* (élèves de l'école humaniste, ou Gymnasium). Il commence à publier : ses trente-neuf *Cantiones sacrae* paraissent en 1620 ; pour la pratique musicale lors des cultes luthériens à la cour, il écrit des *Concertus sacri* (concerts sacrés) dont la *Pars prima concertuum sacrorum* date de 1621. La musique profane est également cultivée à la cour, comme le prouvent ses quatre volumes de *Ludi musici*, œuvres instrumentales allant de quatre à huit parties (seul, le deuxième volume subsiste).

Spécialiste du clavier (clavecin, orgue), Scheidt compose, à partir de 1624, les trois parties des *Tabulatura nova*. Les deux premiers volumes exploitent l'ancien style allemand pour instruments à clavier, d'après le modèle néerlandais. Le troisième volume, destiné au culte, est un vaste compendium de la musique luthérienne pour la messe et les vêpres. Ces volumes contiennent les formes en usage à cette époque : variations, fantaisies, cantilènes, canons, toccatas, hymnes, magnificat, paraphrases du *Kyrie* et du *Credo*.

Le « director musices »

En 1628, alors que la guerre de Trente Ans (1618-1648) bat son plein, Scheidt, directeur de la musique municipale, réforme la *Stadtpfeiferei* (fifres municipaux), achète du matériel – partitions et instruments –, réorganise la pratique musicale au Gymnasium et introduit le nouveau style concertant dans la musique d'Église à la Marienkirche (église Sainte-Marie), dont il occupe le poste, créé pour lui, de *director musices*. Il réunit des textes pour ses *Geistliche Konzerten* (concerts spirituels), avec instruments obligés, mais leur parution sera retardée à cause de la guerre, la ville, occupée par les Suédois, étant en ruines. Ces « concerts » paraîtront à Halle en quatre parties, sous les titres suivants : *Newe geistliche Konzerten, prima pars* (à deux et à trois voix), en 1631 ; *Geistliche Konzerten Ander Theil*, en 1634 ; *Dritter Theil*, en 1635 ; *Vierter Theil*, en 1640. Ses « concerts » reposent sur des textes bibliques et comprennent cent cinq pièces vocales, de deux à six voix, avec basse continue et soutien instrumental facultatif.

En 1644, vers la fin de l'interminable guerre, les cultes luthériens reprennent à la cour, et la *Hofkapelle* (la chapelle) recommence à travailler avec des effectifs réduits ; mais l'administrateur August s'intéresse davantage à l'opéra qu'à la production de Scheidt, qui lui dédie cependant ses *LXX Symphonien auff Concerten manir*, dans lesquelles il utilise, pour ses soixante-dix préludes en *style concertant*, les sept tonalités en usage. Il compose encore, en 1650, un volume de cent chorals pour orgue à quatre voix, intitulé *Görlitzer Tabulaturbuch* ; ces chorals sont destinés à la pratique alternée (*Alternatim Praxis*) : selon l'usage de l'époque, les chorals sont joués à l'orgue alternant avec le chant de l'assemblée (il ne s'agit donc pas d'un accompagnement). Samuel Scheidt meurt à Halle le 24 mars 1654.

Une œuvre musicale entre tradition et modernité

L'œuvre de Scheidt – environ sept cents numéros connus – comprend deux tiers de chorals et un tiers d'œuvres liturgiques, ou encore environ 50 p. 100 de musique vocale et 50 p. 100 de musique instrumentale. Plus de cent madrigaux sont perdus.

Sa production assure la synthèse entre les œuvres de musiciens de l'Allemagne du Nord, la science du contrepoint et de la variation codifiée par les musiciens francoflamands et néerlandais – que lui avait enseignée Sweelinck à Amsterdam – et le nouveau style concertant venu d'Italie, développé – entre autres – par Michael Praetorius, mettant l'accent sur l'exégèse du texte religieux, l'emploi des instruments concertants, des madrigalismes et du chant orné. Les *Concerti sacri I*, avec basse continue – un ensemble instrumental à huit voix dans un style différent pour les ensembles de solistes (concertino) et le chœur (ripieno) – et avec instruments obligés recherchant l'opposition entre les cordes et les vents et la différenciation des coloris, illustrent la transition de la technique du motet vers le style concertant.

Scheidt s'est imposé dans l'histoire de la musique allemande, à côté de Schütz et de Schein, en tant que *créateur de la variation pour orgue* à partir de thèmes de chorals luthériens (par exemple, avec les chorals de la deuxième partie de sa *Tabulatura nova*, traités en *bicinium*, en *tricinium*, en imitation, avec des combinaisons de thèmes).

Il respecte la *tradition* dans la technique de la variation à la manière de Sweelinck et avec toute la rigueur polyphonique requise. Il exploite la *modernité* en empruntant au ricercare italien la construction contrapuntique avec plusieurs thèmes, les formes canoniques, les principes de l'augmentation ou de la diminution, et le style concertant. Son œuvre appartient au patrimoine musical allemand et luthérien.

Il n'a exercé ses activités d'organiste, de maître de chapelle et de compositeur pour ainsi dire qu'à Halle. Ses compositions restent dans le sillage de Sweelinck ; il est d'abord *conservateur* en restant fidèle au culte latin dans sa ville natale, mais il exploitera le choral rimé, lorsque le culte de la cour sera relayé par le culte paroissial en ville. Il a laissé une musique à usage pratique : *Tabulatura nova*, *Ludi musici*, *Görlitzer Tabulaturbuch* (représentant le pendant du *Cantionale* de Johann Hermann Schein). Il a eu pour élèves Gottfried Amling, Adam Krieger, Gottfried Scheidt (son frère cadet, qui a aussi été l'élève de Sweelinck) et Christian Scheidt, à Halle. Son œuvre a été largement diffusée en Thuringe et en Saxe.

Tout en acceptant la modernité, Samuel Scheidt respecte la tradition en se considérant comme « dépositaire de la méthode et des anciennes règles de composition ». En ce sens, il occupe une place originale parmi les « trois S ».

ÉDITH WEBER

Bibliographie

W. APEL, *Geschichte der Orgel- und Klaviermusik bis 1700*, Bärenreiter, Kassel, 1967 / F. BLUME, *Geschichte der evangelischen Kirchenmusik*, *ibid.*, 1965 / D. E. BUSH, « The Sacred Organ Works of Samuel Scheidt », in P. Walker dir., *Church, Stage and Studio. Music and its Contexts in 17th Century Germany*, U.M.I., Ann Arbor, 1990 / F. DIETRICH, *Geschichte des deutschen Orgelchorals im 17. Jahrhundert*, *ibid.*, 1932 / W. GURLITT, « Canon sine pausis », in *Mélanges offerts à Paul-Marie Masson*, vol. I, Richard-Masse, Paris, 1955 / F. KRUMMACHER, *Die Choralbearbeitung in der protestantischen Figuralmusik zwischen Praetorius und Bach*, Bärenreiter, 1978 / C. MAHRENHOLZ, *Samuel Scheidt, sein Leben und Werk*, Breitkopf und Härtel, Leipzig, 1924, rééd. Gregg Press, Farnborough (G.-B.), 1968 ; « Scheidt », in F. Blume dir., *Die Musik in Geschichte und Gegenwart*, vol. XI, Bärenreiter, 1963.

SCHEIN JOHANN HERMANN (1586-1630)

À la fois cantor, poète, compositeur, maître de chapelle, latiniste et pédagogue, Johann Hermann Schein – le deuxième des « trois S » de la musique allemande au XVIIe siècle, à côté de Heinrich Schütz, d'un an son aîné, et de Samuel Scheidt, né en 1587 – a vécu moins longtemps que les deux autres musiciens de cette triade. Cependant, malgré sa mort prématurée à l'âge de quarante-quatre ans, au milieu des affres de la guerre de Trente Ans (1618-1648), il a exercé une influence considérable sur la musique allemande par son œuvre vocale profane et par sa musique religieuse, dans laquelle il traite le choral luthérien avec une certaine liberté. Son œuvre se situe dans le cadre de la *Prima* et de la *Secunda Pratica* ; elle est à la fois proche du style allemand et de l'esthétique italienne.

Les années de formation

Johann Hermann Schein naît à Grünhain (près d'Annaberg, en Saxe), en 1586 ; il est le fils d'un pasteur luthérien. Ce dernier meurt en 1593 ; sa veuve s'installe à Dresde avec ses cinq enfants en 1599. Johann Hermann Schein a treize ans ; il est enfant de chœur (*Kantoreiknabe*), et chante sous la direction de Rogier Michael (1554 env.-1619), dont il sera aussi l'élève. Il a pour précepteur Andreas Petermann, qui lui enseigne la *musica theoretica et practica*. En 1603, une bourse du prince Christian II lui permet de s'inscrire à l'université de Leipzig, pour des études de droit ; mais il est aussi admis à l'école de Pforta, où il bénéficie d'une formation humaniste et musicale, du 18 mai 1603 au 26 avril 1607. L'année suivante, il étudie le droit et les *artes liberales* à Leipzig. Dès 1609, il publie sa première œuvre, *Venus-Kräntzlein*. En 1613, il est précepteur et *Hausmusikdirector* (directeur de la musique) au château de Weissenfels, chez Gottfried von Wolffersdorff. À partir du 21 mai 1615, il est maître de chapelle à la cour du duc Johann Ernst (Le Jeune), à Weimar.

Le cantor à Saint-Thomas de Leipzig

Le 19 août 1616, Schein succède à Sethus Calvisius (mort le 24 novembre 1615) au poste très envié de cantor de l'église Saint-Thomas de Leipzig, pour laquelle Calvisius avait composé des hymnes et des chorals (pour les services religieux et pour ses élèves). Schein réussit la synthèse entre l'héritage luthérien de la Réforme et de l'humanisme, et entre les idées de la Renaissance et l'esthétique musicale italienne.

Comme Jean-Sébastien Bach, Schein rencontre des difficultés d'organisation et ses charges sont très lourdes. Depuis 1617, les obligations du cantor sont les suivantes : il dispense dix heures de cours de matières scientifiques et quatre heures de cours de musique ; il s'occupe, en plus, du chœur des élèves, divisé en *chorus primus* et *chorus secundus* (il est secondé par un autre professeur) ; il assure la musique dans deux églises, Saint-Thomas et Saint-Nicolas, et pour des circonstances particulières (mariages, enterrements, élections au Conseil...).

En 1617, dans son *Banchetto Musicale*, il s'intitule « Cantor und Musicus zu Leipzig » et, en 1618, dans son recueil *Opella nova*, « Director Musicus » et « Director musici chori ». Depuis Weissenfels, il est lié d'amitié avec Samuel Scheidt, et avec Heinrich Schütz, qui, lors de la mort de Schein, en 1630, composera un motet funèbre.

Schein, qui occupera ses fonctions à Leipzig jusqu'en 1630, a eu de nombreux élèves, parmi lesquels Christoph Schultze (1606-1683), Andreas Unger (Ungar), le cantor de l'église Saint-Wenzel à Naumbourg (sur la Saale), Christian Koch, Daniel Schade... Le 8 novembre 1630, Schütz lui rend visite et compose, à sa demande, le motet à six voix *Das ist je gewisslich wahr...* (« C'est une parole certaine et entièrement digne d'être reçue... ») d'après la Première Épître à Timothée, I, 15-17, qui sera publié le 9 janvier 1631 à Dresde, et repris dans la *Geistliche Chormusik* (1648). Schein meurt le 19 novembre et ses obsèques ont lieu le 21 novembre 1630, en présence de nombreuses personnalités ; l'éloge funèbre est prononcé par Wilhelm Avianus, le *Rector Academiae Lipsiensis*, le sermon allemand par le pasteur de Saint-Nicolas, Johannes Höpner. Le successeur de Schein sera Tobias Michael – le fils de son maître Rogier Michael –, nommé le 26 avril 1631.

Typologie de l'œuvre

Les œuvres profanes et religieuses, publiées à Leipzig (ou dans des recueils collectifs), illustrent la fusion entre l'héritage allemand et l'esthétique italienne ; elles sont marquées à la fois par la Réforme luthérienne et par le nouveau style. Le *Venus-Kräntzlein* (œuvres vocales et instrumentales) de 1609, publié à Wittenberg et contenant des pages vocales et instrumentales, le recueil *Cymbalum Sionium* (de cinq à douze voix), publié à Leipzig en 1615, et les quinze *Cantiones sacrae* (motets sur des textes allemands et latins), édités en 1616, se réclament encore de la Prima Pratica, dans le sillage de Sethus Calvisius, de Leonhard Lechner, de Michael Praetorius, mais démontrent déjà la recherche d'un style personnel privilégiant les contrastes, la technique concertante, les effets dramatiques et la traduction musicale figurative des images et des idées du texte. Il en est de même du *Banchetto musicale* (1617) contenant vingt suites (avec des danses : paduane, gagliarde, allemande...) pour instruments *ad libitum* (« auf allerley Instrumenten » – pour toutes sortes d'instruments – mais de préférence « auf Violen »).

La Secunda Pratica commence dès 1618, avec la première partie de l'œuvre *Opella nova*, avec la *Musica boscareccia* (chansons profanes) en 1621, 1626 et 1628, et les *Geistliche Concerten* (concerts spirituels) à trois, quatre et cinq voix et basse continue, à la manière italienne. Dans ces pages, Schein a adapté – avant Schütz et Scheidt – la technique du concert vocal (pour solistes) aux chorals luthériens allemands ; l'héritage de la Réforme rejoint le nouveau style « concertant ». La seconde partie (1626) du recueil *Opella nova* contient également des « concerts » à base de chorals et avec des instruments obligés selon la technique du *bicinium* et du *tricinium* (à deux ou trois voix) reprenant la première strophe du choral traité mélismatiquement. Il s'agit de concerts pour petit effectif (compte tenu des difficultés occasionnées par la guerre de Trente Ans, qui bat son plein en 1626) : deux sopranos et basse continue ; deux sopranos, un ténor et basse continue, avec quelques instruments obligés, ou avec un chœur s'ajoutant aux effectifs précédents. Par le truchement de la musique, Schein se livre à un genre d'exégèse biblique, et propose en quelque sorte des petits sermons en musique sur quelques versets. Pour la composition de la basse continue, il prend modèle sur le *Syntagma musicum III* de Michael Praetorius.

Schein transpose cette structure sonore du concert spirituel dans le domaine profane, comme dans la *Musica boscareccia / 50 Wald-Liederlein Auff Italian-Villannellische Invention* (à trois voix) de 1621, 1626 et 1628. Pour mettre en musique des textes qui s'inspirent de la mythologie, de la poésie, de la Renaissance italienne, Schein, musicien et poète, reprend le style homophonique et concertant de la villanelle, et s'appuie sur Adriano Banchieri pour l'exécution. Il exploite l'apport italien dans ses madrigaux spirituels – *Israelbrünnlein* (1623) – et dans ses madrigaux profanes – *Diletti Pastorali, Hirtenlust* (1624) – à la manière italienne avec traitement madrigalesque du texte et une recherche de profondeur et d'intériorité dans l'expression. Ces madrigaux spirituels, comparables aux *Cantiones sacrae* et à la *Geistliche Chormusik* de Schütz, montrent combien Schein a assimilé le style madrigalesque italien tout en manifestant ses attaches avec les sources bibliques (psaumes, *Apocalypse*), sans oublier quelques compositions libres, peut-être sur des textes du musicien.

Apport à l'hymnologie protestante

L'apport de Schein à la musique fonctionnelle protestante est considérable, et reflète la pratique liturgique luthérienne dans les deux églises de Leipzig. La première édition de son *Cantional*, en 1627, supervisée par Tobias Michael, comprend 286 chorals luthériens ; la seconde (posthume), de 1645, en contiendra 313 (dont 235 de quatre à six voix), parmi lesquels 62 sont de Schein (texte, mélodie et harmonisation). Le style a été simplifié, il reste fonctionnel, c'est-à-dire parfaitement adapté au chant des fidèles. Ses harmonisations seront reprises ultérieurement dans de nombreux recueils, pour les différents moments de l'année liturgique.

Schein apparaît comme le plus « italianisant » des « trois S », comme un compositeur prolifique – malgré sa brève existence – au service de la musique vocale concertante, de la musique liturgique luthérienne et de la musique profane et instrumentale. Le cantor de Saint-Thomas, après une brillante carrière, a laissé une œuvre de synthèse entre le style italien et le prébaroque allemand, respectueux des traditions tout en recherchant une ouverture esthétique. Il a donné une impulsion durable au style concertant (par ses concerts spirituels), à la chanson profane et spirituelle, au répertoire de chorals fonctionnels et à la forme de la suite. Son œuvre marque la transition de l'art du motet issu de l'école dite franco-flamande vers la nouvelle esthétique italienne, qu'il a su adapter à la sensibilité de son pays ; en ce sens, il apparaît comme le premier musicien « baroque » allemand.

ÉDITH WEBER

Bibliographie

A. Adrio, « Schein », in F. Blume dir., *Die Musik in Geschichte und Gegenwart*, vol. XI, Bärenreiter, Kassel, 1963 / U. Asper, « Johann Hermann Schein zum 400. Geburtstag des Thomaskantors », in *Musik und Gottesdienst*, Zurich, 1986 / F. Blume, *Geschichte der evangelischen Kirchenmusik*, Bärenreiter, 1965 / F. O. Göring, « Schein, ein hoher Mann, Schein, ein hoher Nam », in *Credo musicale, Festschrift R. Mauersberger*, *ibid.*, 1969 / W. Hanke, *Die Thomaner*, Union, Berlin, 1985 / H. J. Moser, « Johann Hermann Schein », in *Musikgeschichte in 100 Lebensbildern*, Reclam, Stuttgart, 1958 / A. Prüfer, *Johann Hermann Schein*, Breitkopf und Härtel, Leipzig, 1895.

SCHMITT FLORENT (1870-1958)

D'origine lorraine, né à Blâmont (Meurthe-et-Moselle), élève de Massenet et de Fauré au Conservatoire de Paris, Florent Schmitt débute assez lentement dans la carrière musicale. Premier grand prix de Rome en 1900, il consacre les années qui suivent à de longs voyages en Europe et au Moyen-Orient. Dès ses premières œuvres (*Quintette*, 1901-1908 ; *Psaume XLVII*, 1904 ; *La Tragédie de Salomé*, ballet, 1907), il affirme une forte personnalité. Schmitt est un indépendant : il n'appartient à aucune école, à aucune chapelle, et aucune influence n'est déterminante sur lui. Membre de la Société musicale indépendante (S.M.I.) dès 1909, président de la Société nationale de musique (1938) et membre de l'Institut (1936), il n'occupe d'autre poste officiel que la direction du conservatoire de Lyon, de 1921 à 1924, préférant se consacrer exclusivement à la composition, ainsi qu'à la critique musicale (*La France*, *Le Courrier musical*, *Le Temps*).

Son œuvre est très abondante, toujours rigoureuse, brillante, large, voire passionnée. Que ce soit dans son *Quintette* pour piano et cordes, œuvre ambitieuse, d'écriture et de structure complexes, où il fait craquer les cadres de la musique de chambre et fait sonner cinq instruments comme un grand orchestre, ou encore dans son *Psaume XLVII* pour soprano, chœur, orgue et orchestre, énorme construction d'une puissance et d'une couleur violentes, sa maîtrise des formes se double d'un sens inné de la mélodie qu'il fait sortir du moule de la mesure traditionnelle. Sa musique est dotée d'une pulsation interne très forte reposant sur une rythmique puissante et audacieuse (*Antoine et Cléopâtre, suites symphoniques*, 1920 ; *Salammbô*, d'après Flaubert, 1925 ; *Oriane et le prince d'Amour*, ballet, 1934 ; *Symphonie concertante pour piano et orchestre*, 1930). Florent Schmitt connaît aussi une veine plus légère, voire humoristique : il aime le calembour, le coq-à-l'âne (*Les Canards libéraux*, *Fonctionnaire MCMXII*) ; les dernières œuvres, enfin, semblent tendre au dépouillement sinon à la simplicité (*Suite en rocaille* pour flûte, alto, violon, violoncelle et harpe, 1935 ; *Hasards* pour piano et trio à cordes, 1944 ; *Suite sans esprit de suite*, pour orchestre, 1938 ; *Clavecin obtempérant*, 1947 ; *Trio à cordes*, 1946). Son *Quatuor* opus 112, écrit en 1948, semble reprendre la voie du *Quintette* composé quarante ans auparavant.

ALAIN PÂRIS

SCHNABEL ARTUR (1882-1951)

En ce temps-là, Beethoven passait pour sévère, Schubert pour ennuyeux, Schumann pour compliqué. Pour séduire les foules, il fallait une musique de mœurs légères, prête à échanger une vertu peu farouche contre une poignée de bravos. Au concert régnaient, non sans charme d'ailleurs, les arrangements racoleurs et les facilités aimables. Il ne faut pas oublier aujourd'hui ce qu'il fallait alors de courage et d'obstination pour imposer dans toute leur intégrité les chefs-d'œuvre du grand répertoire. Artur Schnabel fut de ceux qui, poussant l'honnêteté jusqu'à la grandeur et le sens du style jusqu'à la noblesse, sacrifiaient sans hésiter les succès d'un jour pour que nous parvienne dans toute sa pureté la puissante voix du romantisme allemand.

Artur Schnabel naît le 17 avril 1882 à Lipnik (Autriche). C'est avec Hans Schmitt qu'il commence l'étude du piano. Il la poursuit au Conservatoire de Vienne, où Theodor Leschetizky perçoit sans peine la nature profonde de son élève : « Vous ne serez jamais pianiste, vous êtes musicien. » Son professeur d'écriture et de théorie, Eusebius Mandyczewski, le présente à Johannes Brahms. Dès ses débuts de concertiste, Artur Schnabel fuit toute virtuosité clinquante. Très vite son répertoire accueille Brahms, les sonates de Schubert, les bagatelles et les variations de Beethoven. Cette musique exigeante dont il fera peu à peu comprendre les secrètes beautés à ses auditeurs européens, il la propose sans la moindre concession au goût du jour. Artur Schnabel ne cherche pas à séduire – de sa vie il ne donnera le moindre *bis* – mais à élever. En 1900, il se fixe à Berlin et épouse la contralto Therese Behr (1876-1959), avec qui il donnera de nombreuses soirées de lieder. Il déploiera aussi une intense activité de musicien de chambre, notamment avec Carl Flesch, Pablo Casals, Emanuel Feuermann, Pierre Fournier, Paul Hindemith, Bronislaw Huberman, Joseph Szigeti, William Primrose et le Quatuor Pro Arte. Il participe même, en 1912, à la première audition berlinoise du *Pierrot lunaire* d'Arnold Schönberg, seule incursion qu'on lui connaisse dans l'aventure de la musique contemporaine. De 1925 à 1930, il enseigne à la Musikhochschule de Berlin et forme de nombreux élèves, dont Clifford Curzon et Peter Frankl. En 1927, pour le centenaire de la mort de Beethoven, il donne à Berlin – c'est la première fois qu'un pianiste s'y risque – l'audition complète des trente-deux sonates pour piano. C'est le début d'une vaste croisade beethovenienne à travers le monde entier qui l'amènera à renouveler cet exploit à Londres (en 1932 et 1934), à Berlin (en 1933) et à New York (en 1936). Fuyant la montée du nazisme, il se fixe à Londres en 1933. C'est à cette époque qu'il commence à enregistrer sur disque, réalisant d'impérissables premières : l'intégrale des sonates et concertos pour piano de Beethoven, les dernières sonates de Schubert et un chapelet de concertos pour piano de Mozart. L'été, il donne des cours d'interprétation à Tremezzo, près du lac de Côme, en Italie. En 1939, il émigre aux États-Unis ; il prendra la nationalité américaine en 1944. Sur le Nouveau Continent, le professeur est toujours très recherché – il enseigne à l'université du Michigan, à Ann Harbour (1940-1945) –, mais l'interprète est trop rigoureux pour être à la mode. Aussi ne tarde-t-il pas à se fixer en Suisse, laissant son fils Karl-Ulrich (né en 1909) mener aux États-Unis une double carrière de pianiste et de professeur. Il ne cessera de jouer et d'enregistrer jusqu'à sa mort, qui survient à Axenstein le 15 août 1951. Il nous laisse plusieurs partitions pour piano, dont une *Pièce pour piano en sept mouvements* (1947), quelques œuvres de musique de chambre, trois symphonies, une rhapsodie et un concerto pour piano, ainsi que trois ouvrages : *Reflections on Music* (1933), *Music and the Line of Most Resistance* (1942), *My Life and Music* (1951).

« J'ai débuté sous le signe de Brahms et maintenant j'arrive progressivement à Mozart. » Lorsqu'on explore l'héritage sonore d'Artur Schnabel, on s'étonne de le voir se concentrer à ce point, au fil des années, sur les grandes œuvres pianistiques du romantisme germanique. Comme si toute une vie ne suffisait pas à en percer le secret et qu'il soit donc interdit de musarder en des royaumes plus exotiques. Il nous lègue une brassée de concertos de Mozart, splendides certes, mais où son somptueux piano se prête plus au drame et à la hauteur de ton qu'à la plaisante fantaisie. L'âme d'Artur Schnabel s'exprime plus naturellement dans Schubert. Sonates, *Impromptus* et *Moments musicaux* retrouvent, grâce à l'humilité de ce grand maître, leur respiration naturelle, les véritables couleurs de leur rêve intime et la cohérence de leur architecture sentimentale. Mais c'est bien sûr dans Beethoven qu'Artur Schnabel aura laissé sa trace la plus profonde. D'autres ont su depuis lors – Edwin Fischer, Yves Nat, Wilhelm Backhaus, Alfred Brendel ou Claudio Arrau – nous passionner aussi dans ces pages. Mais comment ne pas rester fasciné devant la puissance de la construction, l'irrésistible force de la déclamation intérieure, la tendresse à la fois virile et fraternelle que les doigts d'Artur Schnabel savent comme nul autre nous y faire découvrir ?

PIERRE BRETON

SCHNEBEL DIETER (1930-)

Compositeur et théologien allemand né à Lahr, dans le pays de Bade, Dieter Schnebel commence ses études musicales en 1942, s'inscrit en 1949 à la Hochschule für Musik de Fribourg-en-Brisgau, et passe en 1952 son examen de professeur de piano avec une analyse de l'opus 27 de Webern. Mais il renonce à cette carrière, et entreprend la même année de nouvelles études de théologie, de philosophie et de musicologie à Tübingen, avant d'être nommé pasteur et professeur de théologie à Kaiserslautern (1957), à Francfort (1963), puis à Munich (1970). En 1976, il est nommé professeur de musique expérimentale et de musicologie à la Hochschule für Musik de Berlin. D'abord influencé par Stockhausen, à qui il consacre un article de synthèse en 1958, il est ensuite très frappé par la démythification de la musique sérielle opérée par John Cage, ce qui déterminera ses travaux, à partir des années 1958-1962 surtout. Sa démarche allie de façon très systématique spéculation théorique et travail créateur, et fait appel à des notions telles que la composition collective, le refus du son, le langage muet, la participation du public, cela en utilisant souvent des matériaux gestuels et optiques ainsi que divers auxiliaires acoustiques. La plupart de ses compositions se groupent autour de grands projets théoriques en cours, et sont des *works in progress*. Les *Essais* (*Versuche*, 1953, 1956, 1964) relèvent encore du système sériel tout en organisant le temps de façon fluctuante et en intégrant la dimension spatiale ; ils comprennent *Analysis* (1953), pour cordes, harpe et percussion, *Morceaux* (*Stücke*, 1954-1955), quatuor à cordes, *Fragment* (1955), pour voix et ensemble de chambre et *Compositio* (1955, 1956, révisé en 1964), pour orchestre. Les trois morceaux du cycle pour vocalistes *Pour voix (... missa est) – Für Stimmen (... missa est)* – (1956-1969), qui, comme les précédents, peuvent s'exécuter séparément, forment une sorte de messe dont une des caractéristiques est la réduction de plus en plus nette des textes utilisés : tandis que *dt 31.6* pour douze groupes vocaux (1956-1958) et *amn* pour sept groupes vocaux (1958, 1966, 1967) combinent des versets bibliques avec un grand nombre de traductions étrangères, *: !* (*madrasha 2*) – 1958-1967-1968 – n'utilise comme matériau que des mots signifiant « dieu » et des formules d'adoration sous forme de sons ne se référant plus à aucune langue. À ce cycle conçu comme exercice de libération de la voix se rattache *Préludes de choral* (*Choralvorspiele*, 1966, 1968, 1969) pour orgue, instruments annexes et bande magnétique. Les *Projets* (*Projekte*, depuis 1958), musique pour la plupart définie verbalement, comprennent : *Espace-Temps y* (*Raum-Zeit y*, 1958) pour un nombre indéterminé d'instrumentistes ; *Le Procès* (*Der Prozess*, 1959), d'après Kafka, pour instruments dénaturés, voix naturelles diverses, sources sonores et public ; *Glossolalie* pour récitant et instrumentistes (1959-1960) ; *Glossolalie 61* (1960-1961), pour trois ou quatre récitants et trois ouquatre instrumentistes. Les *Déchets I* (*Abfälle I*, 1960-1962), résidus de travaux destinés à des œuvres plus importantes, comprennent *Réactions* (1960-1961), pour un instrumentiste et public, *Visible Music I* (1960-1962), pour un chef d'orchestre et un instrumentiste, *Visible Music II* (réduction à un chef de *Visible Music I*) et *Visible Music III* (réduction à un instrumentiste assumant aussi le rôle de chef de *Visible Music I*). Des *Déchets II* (*Abfälle II*, à partir de 1964) relèvent *Stoj* pour trois instrumentistes et *Lectiones* pour quatre récitants et auditeurs. Les *Modèles-Réalisations* (*Modelle-Ausarbeitungen*, 1962 1966) comprennent, d'une part, des réalisations de certains *Projets* et *Déchets* d'abord élaborés collectivement comme *Compositio* (réalisé en 1963-1964), *Glossolalie 61* et *Le Procès*, d'autre part, *Nostalgie* (1962), solo pour un chef d'orchestre, *Espressivo* (1961-1963), drame musical pour un claviste, *Concert sans orchestre* (1964), pour un pianiste et public, *Fall-out* (1965), passion pour un vocaliste et public, et *Desseins-Résultats* (*Anschläge-Ausschläge*, 1965-1966), variations scéniques pour trois instrumentistes. Les *Processus auditifs* (*Gehörgänge*, à partir de 1963) comprennent *Ki-No*, musique nocturne pour projecteurs et auditeurs avec bandes magnétiques, récitant et percussionniste *Ad libitum* (1963-1967), et dont *Mo-No* (1969) est une version livresque, *Radiothéâtre I* (*Hörfunk I*, 1969-1970) et *Radiothéâtre II* (*Hörfunk II*, 1972). Enfin, relèvent des *Processus de production* (*Produktionsprozesse*, à partir de 1968) les *Ouvrages de gueule* (*Maulwerke*, à partir de 1968) pour plusieurs organes d'articulation et appareils de reproduction, les *Morceaux pour bouche* (*Mundstücke*, 1968-1971), les *Respirations* (*Atemzüge*, 1970-1971) et les *Coups de langue* (*Zungenschläge*). On citera encore *Wagner-Idyll* (1980) et *Beethoven-Sinfonie* (1984-1985), tous deux pour ensemble de chambre, *Raumklang X* (1987-1988), pour orchestre et quatre groupes instrumentaux, *Monotonien* (1989), pour piano et électronique, *Mit diesen Hände* (1992), pour voix et violoncelle.

On doit aussi à Schnebel de nombreux écrits, dont les principaux (1952-1972) ont été réunis en volume sous le titre de *Denkbare Musik* (1972).

MARC VIGNAL

SCHNITTKE ALFRED (1934-)

Compositeur de nationalité russe mais d'ascendance allemande, Alfred Schnittke est né à Engels, en U.R.S.S., dans ce qui était alors la république des Allemands de la Volga. Au conservatoire de Moscou, il est l'élève d'Evgeni Goloubev et de Nikolaï Rakov (1953-1958) avant d'y être lui-même professeur de 1962 à

1972. Il travaille au Studio expérimental de musique électronique de Moscou. Ses premières œuvres s'inscrivent dans une esthétique assez conventionnelle, héritée de Prokofiev (*Concerto pour violon nº 1*, 1957, rév. 1962 ; *Concerto pour piano*, 1960). Puis il se tourne vers l'écriture sérielle dans la lignée de Webern, en cultivant les recherches de sonorités et de couleurs (*Dialogue*, pour violoncelle et sept instruments, 1965 ; *Concerto pour violon nº 2*, avec orchestre de chambre, 1966 ; *Quatuor à cordes nº 1*, 1966). C'est ce qu'il appelle volontiers sa période d'absolutisme (1962-1966). Mais les influences conjuguées de Berg, de Bartók et de la jeune école polonaise le conduisent dans une voie plus dramatique où la rigueur sérielle cède le pas à une écriture diversifiée marquée à la fois par le lyrisme, la tonalité, la citation et l'imitation de l'art baroque ; cette technique d'écriture pluraliste, élaborée sous l'influence de Mahler et de Zimmermann, est qualifiée par Schnittke de « technique des styles multiples » (*Concertos pour violon nºs 3 et 4*, 1978 et 1982 ; *Double Concerto pour hautbois, harpe et cordes*, 1970-1971 ; cinq symphonies, *nº 1*, 1969-1972, *nº 2*, 1979, *nº 3*, 1981, *nº 4*, 1984, *nº 5*, 1988 ; deux concertos pour alto, 1985 et 1989 ; *Concerto pour piano à quatre mains et orchestre de chambre*, 1989 ; *Requiem*, 1975 ; *Hymnus I, II, III* et *IV*, 1974, 1974, 1975, 1976 ; *Septuor*, 1981-1982 ; *Quatuor avec piano*, 1988). Il viendra tardivement à l'opéra, donnant deux chefs-d'œuvre : *La Vie avec un idiot* (créé en 1992) et *Historia von D. Johann Fausten* (créé en 1995).

Schnittke est l'un des premiers à avoir pu imposer une écriture s'écartant du réalisme musical imposé par les autorités soviétiques. Sa musique ne repose sur aucun programme et se situe en marge de tout engagement politique. Elle s'impose par la clarté de son langage et de ses structures. Schnittke doit beaucoup, pour la diffusion de son œuvre en Occident, à des interprètes comme Gidon Kremer ou Heinz Holliger. À plus d'un égard, son évolution est comparable à celle des principaux compositeurs polonais du XXe siècle (Tadeusz Baird, Witold Lutosławski, Kazimierz Serocki). Il s'intéresse au « sonorisme », dans lequel les gradations dynamiques revêtent une signification thématique. Schnittke est considéré comme un des expérimentateurs les plus importants de la composition musicale de la fin du XXe siècle.

ALAIN PÂRIS

SCHOBERT JOHANN (1740 env.-1767)

Compositeur aux origines incertaines (il naît sans doute en Silésie à une date inconnue), Schobert arrive à Paris vers 1760 après avoir enseigné quelque temps la musique à Strasbourg et avoir occupé un poste d'organiste à Versailles. En 1761, il entre au service du prince de Conti comme maître de musique et claveciniste de chambre. Les portes des salons s'ouvrent devant lui. Mais sa destinée sera météorique : encore jeune, il meurt avec presque toute sa famille pour avoir mangé des champignons vénéneux ramassés en forêt de Saint-Germain, ne laissant, outre un opéra-comique intitulé *Le Garde-chasse et le Braconnier* (1765), que de la musique instrumentale avec clavier réunie en vingt numéros d'opus. Mozart enfant a fait sa connaissance lors de ses deux premiers séjours à Paris (1763-1764 et 1766) : Georges de

Saint-Foix, biographe du maître de Salzbourg, n'hésitera pas à appeler Schobert « le premier poète que Mozart ait rencontré sur son chemin ». De fait, Schobert est à tous points de vue un pionnier et un audacieux solitaire, une des personnalités les plus singulières de l'époque de la « sensibilité » (*Empfindsamkeit*). Il ne prescrit pas, pour ses œuvres, le piano-forte moderne (qui ne fut présenté en public à Paris qu'en 1768), mais (sans qu'il faille le prendre à la lettre) le clavecin. Ses contemporains n'en estimèrent pas moins qu'il avait « transplanté la symphonie au clavier », ce qui montre bien à quel point son écriture fut tournée vers l'avenir, et s'écarta du travail de filigrane propre aux clavecinistes. Partout, il accorda au clavier un rôle prédominant et central : les six ouvrages qui forment son opus 14 sont par exemple aussi bien les plus anciens (selon toute probabilité) quatuors avec clavier, au sens classique du terme, que (les deux parties de violon et celle de violoncelle étant *ad libitum*) d'authentiques sonates pour soliste. Surtout, il excella à évoquer des atmosphères poétiques rares, tantôt âpres et sombres, tantôt viriles et décidées, mais le plus souvent d'un romantisme doucement rêveur et nostalgique. Cornélie, la sœur de Goethe, ne s'y trompa pas qui, annonçant au poète la mort de Schobert, parla des « sentiments douloureux » qui perçaient son âme quand elle jouait ses sonates. Mozart non plus, dont l'andante du *Concerto pour clavier* K. 39 n'est autre qu'une adaptation d'un mouvement de Schobert ; en 1778 encore, lors de son ultime séjour à Paris, il faisait étudier à ses élèves, de préférence à toute autre, la musique de celui qui, une quinzaine d'années auparavant, l'avait tant impressionné.

MARC VIGNAL

SCHÖNBERG ARNOLD (1874-1951)

« Schönberg est mort » : tel est le titre, resté fameux, d'un article que le jeune Pierre Boulez écrivit peu après la disparition de l'auteur de *Pierrot lunaire*. Il s'agit d'un cas classique de « meurtre du père », car le compositeur Boulez n'existerait pas sans Schönberg, pas plus que Stockhausen, Nono (son gendre !) ou les autres pionniers du sérialisme dans les années d'après-guerre ; ceux-ci se réclamaient sans doute davantage d'Anton Webern (sauf, précisément, Nono), mais Webern, tout comme Alban Berg, est impensable sans Schönberg.

Arnold Schönberg demeure plus admiré qu'aimé (sauf d'une minorité) ; il suscite aujourd'hui encore bien des polémiques et des aversions, voire des haines, et sa musique, à l'exception de l'une ou l'autre page de jeunesse, ne s'est pas intégrée au grand répertoire des concerts : il n'atteint pas, et n'atteindra sans doute jamais, à la popularité de son grand antipode, Igor Stravinski. Et pourtant, il a eu encore plus d'importance historique, la plus grande pour son temps, un temps qui suit immédiatement celui de Debussy.

L'homme et l'œuvre sont d'un abord austère, abrupt ; bien des musiciens d'aujourd'hui, et non des moindres, à qui on demanderait quel est le plus grand compositeur de la première moitié du XXe siècle, seraient tentés de lui appliquer le « Victor Hugo, hélas... » de Gide. Sa production, de son premier chef-d'œuvre, *Verklärte Nacht* (*La Nuit transfigurée*, 1899), au *Psaume moderne* qu'il laissera inachevé en 1951, renferme nombre des œuvres fondamentales de ce temps ; pourtant, elle n'est pas particulièrement abondante et son inspiration est inégale, si sa facture reste toujours un objet d'étude et d'admiration.

Cet homme, qui a révolutionné la musique en mettant fin à trois siècles d'hégémonie du système tonal, s'est défini comme « un conservateur forcé par les circonstances de devenir un radical » ; et ses opinions politiques (même aux États-Unis, il demeura partisan de la monarchie des Habsbourg, dont il regrettait la disparition), ainsi que sa religiosité profonde confirment ces tendances traditionalistes. C'est d'ailleurs en assumant l'héritage des grands maîtres de la tradition austro-allemande, de Bach à Brahms et à Mahler, maîtres dont il se considérait à bon droit comme le descendant direct, qu'il fut amené en toute logique à franchir les limites du langage tonal. Celui-ci était arrivé à saturation par un chromatisme de plus en plus envahissant (dans la lignée directe du *Tristan* de Wagner), et, de ce point de départ, qui est à peu près celui de ses premières œuvres, Schönberg parvint à la suspension des fonctions tonales par une *évolution*, non une *révolution*.

Après une quinzaine d'années de création en état d'apesanteur harmonique (l'émancipation de la dissonance et la fin de l'harmonie cadentielle-résolutive), il ressentit la servitude de tant de liberté, et le besoin d'organiser ce nouveau monde sonore pour le soustraire au danger de l'anarchie. L'élaboration de la méthode d'écriture « avec douze sons n'ayant de rapports qu'entre eux » (sa propre définition), devenue célèbre sous le nom de dodécaphonisme sériel, obéit donc avant tout au besoin de créer une tradition nouvelle, destinée à suppléer les aspects caducs de l'ancienne. Schönberg et ses disciples les plus proches appelaient d'ailleurs cette méthode *la loi* (*das Gesetz*), et ce n'est pas l'un des moindres paradoxes du dodécaphonisme que cette suppression de la *hiérarchie* entre les sons et entre les intervalles, venant d'un homme aussi ancré dans le conservatisme social et idéologique.

Débuts et premières compositions

Arnold Schönberg, né à Vienne le vendredi 13 septembre 1874 de parents de la petite bourgeoisie juive, est l'un des représentants éminents de cette classe sociale bien déterminée qui allait donner au XXe siècle naissant quelques-uns de ses génies les plus dérangeants et les plus lourds d'avenir : nous sommes encore les petits-fils spirituels de Freud, de Kafka, d'Einstein, de Mahler et de Schönberg, et le siècle que ces juifs d'Europe centrale ont façonné demeure le nôtre, pour le meilleur et pour le pire. Né un jour « fatidique », Schönberg conserva toujours une horreur superstitieuse du chiffre 13 et du vendredi, allant jusqu'à numéroter les mesures de ses partitions avec un 12 bis ! Ce qui ne l'empêcha pas de mourir à 76 ans (7 + 6 !) le vendredi 13 juillet 1951, à minuit moins 13.

Il ne fut pas un enfant prodige, mais, mis au violon à neuf ans, il commença très jeune à composer d'instinct. À dix-neuf ans, violoncelliste dans un orchestre d'amateurs, il rencontra son futur beau-frère, le compositeur et chef d'orchestre Alexandre von Zemlinsky, son aîné de trois ans, qui lui apprit le contrepoint en six mois. Ce fut, avec l'étude de l'harmonie élémentaire prodiguée par son ami Oskar Adler, l'unique enseignement que reçut jamais celui qui devait être le plus grand professeur de composition et le plus grand pédagogue de son siècle : Schönberg un autodidacte ! Son développement créateur fut extraordinairement rapide : un quatuor de 1897 révèle un disciple doué des classiques ; deux ans plus tard, *Verklärte Nacht* est un premier chef-d'œuvre, dont les audaces harmoniques (notamment un accord décrété « impossible » par les traditionalistes viennois : un quatrième renversement de la neuvième de dominante de *ré* bémol !) soulèvent déjà des protestations. « Depuis lors », dira Schönberg par la suite, « le scandale n'a jamais cessé. » Cette œuvre innove également en chargeant une formation de chambre (sextuor à cordes) de toutes les tensions dramatiques d'un poème symphonique : synthèse audacieuse de Wagner et de Brahms, les deux modèles du jeune compositeur à cette époque.

L'année suivante, il met en chantier la plus colossale de toutes ses œuvres, l'oratorio des *Gurrelieder*, dont il dut interrompre l'orchestration, pour ne la compléter que douze ans plus tard. Mais ces milliers de pages d'orchestration d'opérettes qu'il écrivit entre-temps pour pouvoir subsister affermirent certainement son métier : cette première partition d'orchestre, d'un gigantisme sans précédent, témoigne déjà d'une maîtrise géniale, confirmée dans le vaste poème symphonique de *Pelléas et Mélisande*, écrit lors du premier de ses trois séjours à Berlin (1901-1903), sans connaître l'opéra de Debussy créé quelques mois plus tôt. En 1901, il avait épousé Mathilde von Zemlinsky. De retour à Vienne, il fit la connaissance de Gustav Mahler, puis commença bientôt sa féconde activité pédagogique, sur le plan privé tout d'abord : Anton Webern et Alban Berg furent parmi ses premiers élèves (automne 1904).

Le gigantesque *Premier Quatuor* de 1904-1905 fond les quatre parties traditionnelles en un seul tout continu : c'est sans doute la plus grande œuvre du genre qui ait vu le jour depuis les derniers quatuors de Beethoven. En 1906, la *Première Symphonie de chambre* réalise la même gageure, mais l'œuvre dure vingt-deux minutes au lieu de quarante-cinq. L'émancipation de l'intervalle antitonal de quarte constitue le dernier grand pas avant le saut dans l'atonalité, cependant que l'instrumentation pour quinze solistes annonce toute la musique pour ensembles du second demi-siècle.

La période « atonale »

C'est le *Deuxième Quatuor* de 1907-1908 qui constitue l'œuvre-charnière, le *Janus bifrons* de la musique moderne, l'équivalent sonore des *Demoiselles d'Avignon* que Picasso réalisa exactement au même moment. Il débute en *fa* dièse mineur, semble se désintégrer en un *scherzo* ricanant et anarchique, puis, avec l'adjuvant inattendu d'une voix de soprano chantant deux poèmes de Stefan George, il fait ses premiers pas, à la fois craintifs et émerveillés, dans l'inconnu sans pesanteur tonale : les paroles du *finale* : « Je sens l'air d'autres planètes » sont devenues à juste titre symboliques de toute la musique du XXe siècle. Malgré la grande crise conjugale de 1908, 1909 fut l'année miracle, celle qui vit l'achèvement du *Livre des jardins suspendus*, puis, coup sur coup, la composition des *Trois Pièces pour piano*, op. 11, des *Cinq Pièces pour orchestre*, op. 16 et du monodrame *Erwartung*, op. 17. Sans doute Schönberg ne retrouva-t-il plus jamais une pareille intensité d'inspiration « chauffée à blanc ». Ce sont là les premiers chefs-d'œuvre de la musique atonale et, en même temps, de l'expressionnisme musical.

Mais, si *Erwartung* est impensable sans la révolution de la psychanalyse freudienne (c'est la plus téméraire plongée vers le subconscient jamais tentée par un musicien et, dans son audace informelle défiant toute analyse, la plus géniale et la plus vaste *improvisation* de toute la musique), la visionnaire troisième pièce de l'opus 16 annonce, un demi-siècle à l'avance, le Ligeti d'*Atmosphères* et toutes les musiques « statiques » actuelles, fondées sur l'exploration infinitésimale des paramètres sonores.

Les deux années suivantes marquent un inévitable temps d'arrêt, une crise : se heurtant de front au problème de la grande forme en l'absence des structures tonales et du développement thématique, Schönberg se consacre surtout à la peinture (il rencontre Kandinsky, et exposera trois de ses toiles au *Blaue Reiter*), ainsi qu'à la rédaction de son monumental *Traité d'harmonie*, dédié à la mémoire de Mahler, bilan de trois siècles de musique tonale et prémisses de l'étape suivante. Tandis qu'un second monodrame, *Die glückliche Hand* (*La Main heureuse*) reste en panne (il ne sera achevé qu'en 1913), le compositeur donne ses pages les plus accomplies dans le domaine de la « petite forme », dont l'aboutissement est le très célèbre *Pierrot lunaire*, apogée du *Sprechgesang*, intermédiaire entre le chanté et le parlé. Inauguré en octobre 1911, le deuxième séjour berlinois est interrompu par la guerre ; de retour à Vienne en été 1915, Schönberg achève un peu plus tard le cycle étonnant des *Quatre Lieder avec orchestre*, op. 22, entrepris dès 1913.

Il ne terminera plus aucune œuvre avant 1923. La guerre et, par deux fois, la mobilisation, n'en sont pas les seules causes : le problème de l'organisation du monde atonal, celui de la reconquête de la grande forme, se font de plus en plus aigus. Schönberg consacre l'essentiel des années de guerre à une œuvre immense, qui ne sera jamais achevée. D'abord conçue comme une symphonie avec chœurs (et parmi les esquisses de mai 1914, on trouve un premier thème *dodécaphonique*), elle devient un oratorio, *Die Jakobsleiter* (*L'Échelle de Jacob*) dont il achève le livret, mais dont la composition ne sera jamais poussée au-delà de la première moitié. Tel quel, ce grand fragment, qui ne fut créé qu'en 1960, et dont le premier enregistrement date de 1980, demeure l'œuvre de transition par excellence. Du point de vue musical, certes, mais autant et davantage du point de vue spirituel. Né dans un milieu juif libéral et agnostique, Schönberg s'était converti à la religion luthérienne en 1898. *L'Échelle de Jacob*, au mysticisme encore confus, influencé par Swedenborg et par la *Séraphita* de Balzac (qui avait déjà inspiré le premier des *Lieder* de l'opus 22), le montre en train de revenir vers la religion de ses ancêtres, cheminement qui exigera une quinzaine d'années encore. Mais dès cette époque, et jusqu'à sa mort, Schönberg est un être profondément religieux, un fils du Livre et de ses Commandements, un serviteur de la Loi.

La phase dodécaphonique

Une loi, c'est précisément ce qu'il cherche ardemment à formuler dans le domaine du langage musical. Il en a l'intuition dès les années de guerre, et la soudaine « révélation » durant les vacances d'été de 1921. Avec la mise au point de la méthode d'écriture avec douze sons, il croit « avoir assuré la suprématie de la musique allemande pour les cent prochaines années ». On sait que l'avenir lui a donné tort, même si le rayonnement de sa pensée et de son œuvre reste immense. Comme toute méthode contraignante, celle-ci comportait le risque de l'académisme et du formalisme, et les premières œuvres dodécaphoniques de Schönberg souffrent certainement d'une certaine sécheresse cérébrale, et sont parfois même rebutantes, comme le *Quintette à vent*, op. 26, redoutable *pensum*. Il n'est pas difficile d'adresser au système des critiques fondamentales : prenant le tempérament égal comme base intangible, il ne tient pas compte de la résonance naturelle, et supprime le paramètre de la tension harmonique en ne proposant aucune alternative à l'articulation cadentielle défunte. Mais il y a plus grave : une pièce donnée faisant usage simultanément, en superposition polyphonique, de différentes formes et transpositions de la série choisie, seule une analyse extrêmement laborieuse de la partition permet de dégager la fonction de chaque son, qui n'est donc plus perceptible à l'oreille, contrairement à ce qui se passait dans la musique tonale. L'organisation la plus poussée aboutit donc à un résultat sonore bien proche de l'arbitraire ! On peut dire que la musique dodécaphonique a suscité un certain nombre de chefs-d'œuvre, dont certains de Schönberg lui-même, presque *en dépit* du système : par leur essence expressive, ou même leur climat sonore, les grandes réussites dodécaphoniques de Schönberg (une fois passées les années moins fertiles) ne se différencient pas fondamentalement de ses œuvres atonales « libres », ou même des plus complexes de ses partitions tonales. Et chez son disciple Webern, le seuil menant du dernier opus « libre » au premier opus dodécaphonique est imperceptible à l'oreille...

1923 est l'année des premières œuvres dodécaphoniques, et même des premières œuvres achevées et publiées depuis plus de sept ans (op. 23, 24 et 25), l'année de la mort de sa première femme (il se remariera l'année suivante avec Gertrude, sœur de son élève Rudolf Kolisch), l'année enfin de sa rupture avec Kandinsky, influencé par les milieux antisémites du Bauhaus et qu'il met en garde (en 1923 !) contre Hitler. En 1926, Schönberg se réinstalle pour la dernière fois à Berlin, où il succède à Ferruccio Busoni à la chaire de composition de l'Académie des beaux-arts. Les années d'ascèse débouchent sur de nouveaux chefs-d'œuvre, dominés par les *Variations pour orchestre*, op. 31.

Après cette première partition orchestrale réalisée selon la nouvelle « loi », voici le premier opéra, *Von heute auf morgen*, qui se veut plaisant et divertissant. Mais c'est le galop d'essai avant une œuvre autrement importante, matériellement la plus vaste entreprise depuis les lointains *Gurrelieder*, mais spirituellement d'une portée tout autre : un grand drame biblique, *Moïse et Aron*, dont les deux premiers actes sont composés entre 1930 et 1932 (le deuxième presque entièrement à Barcelone, où il passe l'hiver chez son élève Roberto Gerhard, pour fuir le climat berlinois devenu dangereux pour ses bronches). Le bref troisième acte, dont le texte existe, ne sera jamais mis en musique, mais l'œuvre est bel et bien complète ainsi, sinon achevée. Cette œuvre a été préparée par une page très peu connue, *Der biblische Weg*, drame en prose en trois actes qui traite d'un projet sioniste (une Nouvelle Palestine dans un pays d'Afrique) voué à l'échec, car son promoteur n'est *spirituellement* pas à la hauteur de son projet. Le sujet de *Moïse et Aron* est le conflit irréductible entre l'esprit et la matière, entre Moïse, qui conçoit l'idée du Dieu unique, tout-puissant et invisible, mais ne peut la formuler, et Aron, qui la rend accessible au peuple, mais en l'abaissant, en la matérialisant. Après avoir brisé les tables de la Loi dans un geste de désespoir, après qu'Aron lui a fait remarquer qu'elles ne sont elles aussi qu'une de ces images qu'il abhorre, Moïse, accablé, s'exclame : « Ô parole, parole qui me manques ! » et la partition s'achève ainsi. Elle demeure l'un des plus hauts chefs-d'œuvre de toute la musique européenne, et l'étape capitale, non la dernière cependant, de la longue quête de Dieu de Schönberg, artiste et croyant tourmenté. Voici cependant des tourments d'autre sorte : en 1933, lorsque Hitler prend le pouvoir, Schönberg est aussitôt démis de ses fonctions, il quitte à tout jamais l'Allemagne, et, après de vaines tentatives faites pour trouver une situation en France, il s'embarque pour les États-Unis, où il débarque le 31 octobre 1933 ; il ne quittera plus jamais le nouveau continent.

La période américaine

Il passe son premier hiver américain entre Boston et New York, où se trouvent ses deux postes d'enseignant, mais il ne supporte pas le climat, et dès l'automne de 1934 il s'installe sous des cieux plus cléments, à Los Angeles, où il sera nommé professeur de composition à l'université de Californie (U.C.L.A.) en 1936. Cette année-là, après quatre années de création plus détendue (dont datent cependant les œuvres tonales, savoureuses et trop peu connues, que sont la *Suite en sol* et les deux *Concertos* d'après Monn et Haendel, ce dernier une manière de chef-d'œuvre), il achève deux des pages maîtresses du dodécaphonisme « classique » : le *Quatrième Quatuor* et le *Concerto pour violon*. Fixé à Hollywood, il se lie d'amitié avec Gershwin, son partenaire au tennis, dont il admire beaucoup la musique, et il acquiert la citoyenneté américaine en 1941. Il alterne à présent les œuvres tonales et dodécaphoniques, achevant même sa *Deuxième Symphonie de chambre* trente-trois ans après l'avoir commencée. Un certain académisme se fait jour parfois, cependant que la frontière entre tonal et atonal (l'alternative si comiquement posée dans la deuxième des *Satires* de 1926 !) s'estompe : l'*Ode à Napoléon*, ou même le *Concerto pour piano*, dodécaphoniques, sont moins dissonants et moins tendus que les *Variations pour orgue*, qui sont tonales.

Atteint par la limite d'âge, Schönberg est mis à la retraite en 1944, avec une pension dérisoire ; alors que sa santé se dégrade fortement, il doit continuer à donner des leçons particulières pour survivre. Le 2 août 1946, crise cardiaque très grave, et même presque fatale : cliniquement mort pendant une minute ou deux, il ne « ressuscite » que grâce à une piqûre en plein cœur. Cette résurrection est foudroyante : quelques semaines plus tard, il a achevé le chef-d'œuvre de sa vieillesse, peut-être même son chef-d'œuvre tout court : le prodigieux *Trio à cordes* opus 45, son ouvrage le plus audacieux et le plus « avancé », retrouvant la flamme révolutionnaire de sa jeunesse. Depuis 1923, il n'avait appliqué l'écriture dodécaphonique qu'aux formes classico-romantiques reprises, à peine modifiées, de Brahms ; et l'incompatibilité foncière entre ces formes à thèmes et à développements et l'absence des tensions et des relations tonales ne va pas sans poser de graves problèmes d'ordre esthétique qui nuisent souvent à leur parfaite réussite (une œuvre dramatique comme *Moïse et Aron* échappe évidemment à ce genre de réserves). Or, avec le *Trio*, Schönberg franchit le pas d'une libération formelle complète, il retrouve la coulée unitaire de ses premières grandes œuvres, tout en faisant appel à des techniques sonores inouïes.

La dernière de ses partitions instrumentales, la *Fantaisie pour violon et piano*, confirme cette liberté et cette jeunesse retrouvées. Et cette « fin en beauté » culmine dans les dernières grandes pages chorales, toutes consacrées à la proclamation de son identité juive enfin reconquise : le bouleversant *Survivant de Varsovie*, ce cri de six minutes qui est la plus grande page *politique* du XXe siècle, par un homme qui se voulait apolitique, mais c'est encore une fois la victoire de l'esprit qu'elle proclame, et le dernier triptyque, celui de l'opus 50. Un premier volet célèbre le retour du Peuple élu à Jérusalem, le deuxième élabore le texte hébreu du *De profundis* (psaume 130) en une extraordinaire mêlée de chanté et de parlé, le troisième, enfin, fait appel une dernière fois à l'orchestre, et met en musique le premier des seize textes que Schönberg avait écrits à cette époque dans l'esprit psalmique, et qu'il avait d'ailleurs intitulés *Psaumes modernes*. Celui-ci traite de la prière, unique moyen de communication entre l'homme et son Dieu ; et cette communication, qu'importe l'exaucement, constitue à elle seule la fin de l'acte de la prière. La plume du vieil homme fatigué lui a échappé avant la fin, de sorte qu'après l'*Échelle de Jacob* et *Moïse et Aron*, cette troisième profession de foi est demeurée, elle aussi, et symboliquement, inachevée, en pleine lutte avec l'Ange, sur les mots, chantés par un soprano tout seul : *Und trotzdem bete ich*, « Et cependant je prie » : l'*Art de la fugue*, la *Neuvième* de Bruckner, s'achèvent ainsi. S'achèvent ? S'accomplissent.

Schönberg est mort, soit. Son esprit et le meilleur de son œuvre vivront aussi longtemps qu'il y aura sur terre des hommes assez civilisés pour aimer la musique.

HARRY HALBREICH

Discographie

• Œuvres principales de Schönberg

En dehors des 50 opus numérotés, tous repris ci-après, il y a une dizaine d'œuvres très importantes sans opus, plus de nombreuses œuvres mineures ou inachevées, dont une partie seulement figure ici.

Opéras : *Erwartung* op. 17 (1909) ; *Die glückliche Hand* op. 18 (1910-1913) ; *Von heute auf morgen* op. 32 (1928-1929) ; *Moses und Aron* (1930-1932 ; du troisième et dernier acte, il n'existe que le livret).

Solistes, chœurs et orchestre : *Gurrelieder* (1900-1911) ; *Die Jakobsleiter*, oratorio inachevé (1917-1922) ; *Kol Nidre* op. 39 (1938) ; *A Survivor from Warsaw* (*Un survivant de Varsovie*) op. 46 (1947) ; *Moderner Psalm* (inachevé) op. 50 C (1950).

Mélodies avec orchestre : *Sechs Lieder* op. 8 (1903-1905) ; *Vier Lieder* op. 22 (1913-1916).

Chœurs a cappella ou avec instruments : *Friede auf Erden* op. 13 (1907) ; *Quatre Pièces* op. 27 (av. instr. dans no 4, 1925) ; *Trois Satires* op. 28 (av. instr. dans no 3, 1925-1926) ; *Six Pièces pour voix d'hommes* op. 35 (1929-1930) ; *Trois Chants populaires* op. 49 (1948) ; *Dreimal tausend Jahre* op. 50 A (1949) ; *De profundis* op. 50 B (1950).

Voix seule et ensemble : *Herzgewächse* op. 20 (1911) ; *Pierrot lunaire* op. 21 (1912) ; *Ode to Napoleon Buonaparte* op. 41 (1942).

Mélodies avec piano : *Recueils* op. 1 (1898), 2 (1899), 3 (1899-1903), 6 (1903-1905), 12 (*Deux Ballades*, 1907), 14 (1907-1908) et 48 (1933) ; Cycle *Das Buch der hängenden Garten* (*Le Livre des jardins suspendus* op. 15, 1908-1909) ; nombreux *Lieder* sans opus.

Orchestre : *Pelléas et Mélisande*, poème symphonique op. 5 (1902-1903) ; *Symphonies de chambre no 1* op. 9 (1906) et *no 2* op. 38 (1906-1939) ; *Cinq Pièces* op. 16 (1909) ; *Trois Petites Pièces* pour orch. de chambre (1910) ; *Variations* op. 31 (1926-1928) ; *Begleitmusik zu einer Lichtspielszene* (*Musique d'accompagnement pour une scène de film*) op. 34 (1929-1930) ; *Suite en sol majeur pour cordes* (1934) ; *Thème et variations en sol mineur* op. 43 B (1943 ; version pour orch. d'harmonie op. 43 A) ; *Prélude à la Genèse* op. 44 (1945, avec chœur vocalisant).

Concertos : *Pour violoncelle en ré majeur* (d'après un *Concerto pour clavecin* de G. M. Monn, 1932-1933) ; *Pour quatuor à cordes et orchestre en si bémol* (d'après le *Concerto grosso* op. 6 no 7 de Haendel,

1933) ; *Pour violon* op. 36 (1935-1936) ; *Pour piano* op. 42 (1942).

Musique de chambre : *Quatuors à cordes : en ré majeur* (1897) ; *n° 1 en ré mineur* op. 7 (1904-1905) ; *n° 2 en fa dièse mineur, avec soprano* op. 10 (1907-1908) ; *n° 3* op. 30 (1927) ; *n° 4* op. 37 (1936).

Autres œuvres : *Verklärte Nacht* pour sextuor à cordes op. 4 (1899 ; transcrit en 1917 pour orch. à cordes) ; *Sérénade* op. 24 (7 instr. avec baryton, 1920-1923) ; *Quintette à vent* op. 26 (1923-1924) ; *Suite* op. 29 (*Septuor*, 1925-1926) ; *Trio à cordes* op. 45 (1946) ; *Fantaisie pour violon et piano* op. 47 (1949).

Orgue : *Variations sur un récitatif*, en ré mineur, op. 40 (1941).

Piano : *Trois Pièces* op. 11 (1909) ; *Six Petites Pièces* op. 19 (1911) ; *Cinq Pièces* op. 23 (1920-1923) ; *Suite* op. 25 (1921-1923) ; *Deux Pièces* op. 33 (1928-1931).

Divers : une trentaine de *Canons* ; nombreuses orchestrations, dont les transcriptions pour grand orchestre des *Chorals* d'orgue de Bach *Komm, Gott Schöpfer, heiliger Geist* (1922), *Schmücke dich, O liebe Seele* (1925), du *Prélude et fugue en mi bémol majeur* pour orgue (1928), du *Quatuor avec piano en sol mineur* op. 25 de Brahms (1937).

Bibliographie

• Écrits de Schönberg

Structural Functions of Harmony, Norton, New York, 1954 ; *Correspondance 1910-1951*, Schott, Mayence, 1958, trad. franç., Lattès, Paris, 1983 ; « Correspondance avec W. Kandinsky », in *Contrechamps*, n° 2, Lausanne, 1984 ; *Correspondance* avec A. Berg, New York, 1987 ; *Preliminary Exercises in Counterpoint*, Londres, 1963 ; *Schöpferische Konfessionen*, Arche, Zurich, 1964 ; *Testi poetici e drammatici*, Feltrinelli, Milan, 1967 (seule version publiée de *Der biblische Weg*) ; *Analisi e prattica musicale*, Einaudi, Turin, 1974 ; *Le Style et l'Idée*, trad. franç. Buchet-Chastel, Paris, 1980 ; *Gesammelte Schriften*, Suhrkamp, Francfort, dep. 1976 ; *Traité d'harmonie*, trad. franç. Lattès, 1983, rééd. 1991 ; *Les Fondements de la composition musicale*, trad. franç., *ibid.*, 1987 ; *Journal de Berlin*, trad. franç. Bourgois, Paris, 1990.

• Ouvrages et études sur Schönberg

T. W. ADORNO, *Philosophie de la nouvelle musique* (1949), trad. franç. Gallimard, Paris, 1979 / « Arnold Schönberg et l'école de Vienne », in *La Revue musicale*, nos 416-417, 1989 / B. BORETZ & E. T. CONE dir., *Perspectives on Schönberg and Strawinski*, Princeton Univ. Press (N. J.), 1968 / C. DALE, *Tonality and Structure in Schönbergs Second String Quartet, op. 10*, Garland, New York, 1993 / U. DIBELIUS dir., *Herausforderung Schönberg : was die Musik des Jahrhundertes veränderte*, C. Hansen, Munich, 1974 / J. DUNSBY, *Schönberg. Pierrot Lunaire*, Cambridge Univ. Press, 1992 / M. HANSEN, *Arnold Schönberg*, Bärenreiter, Kassel, 1993 / E. HILMAR, *A. Schönberg*, catal. expos., Universal, Vienne, 1974 / D. HUILLET et al., *« Moïse et Aaron », Arnold Schönberg*, Ombres, Toulouse, 1990 / G. KRIEGER, *Schönbergs Werke für Klavier*, Göttingen, 1968 / R. LEIBOWITZ, *Schönberg et son école*, Janin, Paris, 1947 ; *Introduction à la musique de douze sons*, Seuil, Paris, 1949, rééd. 1981 ; *Schönberg*, *ibid.*, 1969, rééd. 1984 / A. P. LESSEN, *Schönberg expressionista*, Marsilio, Venise, 1988 / G. MANZONI, *Arnold Schönberg, l'Uomo, l'Opera, i Testi musicati*, Feltrinelli, 1975 / M. MCDONALD, *Schönberg*, Dent, Londres, 1976 / H. K. METZGER & R. RIEHN dir., *Schönberg*, n° spéc. *Musik-Konzepte*, Munich, 1980 / A. PAYNE, *Schönberg*, Oxford Univ. Press, Londres, 1968 / G. PERLE, *Serial Composition and Atonality : An Introduction to the Music of Schönberg, Berg and Webern*, Faber & Faber, 1968 / U. VON RAUCHHAUPT, *Schönberg, Berg, Webern. Die Streichquartette* (livret), Deutsche Grammophon, Hambourg, 1971, rééd. CD Polydor, Hambourg, 1987 / W. REICH, *Schönberg oder der konservative Revolutionär*, F. Molden, Vienne, 1968, trad. angl. Calder, Londres, 1977 / O. REVAULT D'ALLONNES, *Aimer Schönberg*, Bourgois, 1992 / A. L. RINGE, *Arnold Schönberg, the Composer as a Jew*, Clarendon, Oxford, 1993 / L. ROGNONI, *La Scuola musicale di Vienna, espressionismo e dodecafonia*, Einaudi, 1966 / C. ROSEN, *Schönberg*, trad. franç. Minuit, 1980, rééd. 1990 / J. RUFER, *Das Werk Arnold Schönbergs*, Bärenreiter, 1959 / H. H. STUCKENSCHMIDT, *Arnold Schönberg*, Atlantis, Zurich, 1951-1957, trad. franç. Rocher, Monaco, 1956 ; *Schönberg : Leben, Umwelt, Werk*, Atlantis, 1974, trad. franç. et *Analyse de l'œuvre* par A. Poirier, Fayard, Paris, 1993 / A. WHITTALL, *La Musique de chambre de Schönberg*, trad. franç. Actes sud, Arles, 1987 / K. H. WÖRNER, *Gotteswort und Magie*, L. Schneider, Heidelberg, 1959.

SCHUBERT FRANZ (1797-1828)

« Voulais-je chanter l'amour, cela m'entraînait à la douleur ; voulais-je chanter la douleur, cela me menait à l'amour » (Schubert, 1822). Schubert ou le paradoxe. La proposition est peut-être inattendue ; à y regarder de près, c'est sans doute celle qui s'attache le plus sérieusement à lui dans la perception que l'on peut avoir de sa vie, de son œuvre et de sa légende.

Pur produit d'un univers clos, fils et prisonnier d'une ville (Vienne) où il naquit et mourut sans presque jamais la quitter, il n'en est pas moins, tant par sa vie que par son œuvre, le parfait symbole du « voyageur » romantique. Constamment mis en échec dans toutes ses tentatives d'insertion sociale, il est, dégagé de toute fonction servile, le premier des musiciens à n'avoir pour unique statut que celui de compositeur. Ignoré de son époque, il est l'ami des meilleurs parmi les Autrichiens de sa génération (Grillparzer et Bauernfeld pour la littérature, Schwind et Kupelwieser pour la peinture). Fils d'instituteur, il devient, par le pouvoir de sa musique, l'égal des maîtres qu'il vénère (Goethe, Schiller, Heine). Méconnu en tant que compositeur par ses contemporains, pratiquement jamais joué, très peu édité, il n'en laisse pas moins à sa mort un catalogue considérable d'œuvres (998 numéros). Cependant, nul comme lui n'a été le musicien de l'« inachevé », élevant cette catégorie jusqu'au mythe esthétique. Libre de toute contrainte, il bouscule les formes musicales, impose des œuvres brèves nées de l'instant-improvisation (*Impromptus*, *Moments musicaux*) au moment même où il élargit le temps musical pour devenir le musicien de ces « célestes longueurs » (*Grande Symphonie en ut*) qui laisseront Schumann admiratif et médusé. Inspirateur d'un groupe amical et culturel qui se nourrit de lui au point de prendre son nom pour enseigne de ses réunions régulières (les « schubertiades »), il en reste un des membres les plus modestes. Le joyeux compagnon vit en réalité dans la confrontation quotidienne avec la mort, l'ami naïf est un « clairvoyant » (ainsi que le nomment ses intimes) aux intuitions musicales fulgurantes et prophétiques.

Une fécondité inquiète

À dix-sept ans, avec la composition de *Marguerite au rouet* (*Gretchen am Spinnrade*), Schubert marque d'un sceau indélébile l'histoire de la musique, mais à trente et un ans, quinze jours avant sa mort, il commence à prendre des leçons de contrepoint. On dirait qu'il éprouve le besoin de se rassurer sur son identité de musicien ; cinq messes, une dizaine de symphonies, une œuvre très importante de musique de chambre (trios et quatuors), de multiples compositions pour le piano (à quatre ou à deux mains), etc., et surtout le massif de ses six cents lieder, ne suffisent pas à l'authentifier à ses propres yeux. Sans parler de la vingtaine de tentatives pour l'opéra, objet constant d'espoir et d'échec, qui jalonnent sa vie de créateur, Schubert a-t-il jamais eu conscience de l'immensité (numérique) de son œuvre ? Se rappelle-t-il seulement au terme de sa vie qu'il lui est arrivé au cours de deux de ses années d'adolescence (1815-1816) de composer plus que tels compositeurs leur vie durant ? Trois messes, quatre symphonies, six essais d'opéra, deux cent quarante-trois lieder. Contrairement à certains de ses prédécesseurs (Bach, Mozart, Beethoven) il n'a jamais tenté de tenir un compte de ses productions ; il eût fallu pour cela qu'il se prît au sérieux ou que le monde autour de lui le prît au sérieux.

Vienne, à l'époque du congrès « qui danse », livrée à la fièvre italienne de Rossini, puis à l'engouement de la musique-divertissement, pouvait-elle prêter attention au jeune musicien qui se voulait « un chantre allemand », grandi à l'ombre des remparts qu'il a vu démanteler pendant son enfance dans les désastres nationaux ? Seul un Beethoven pouvait encore s'imposer – difficilement – à contre-courant de la mode du jour. La génération de Schubert, partageant l'amertume d'une période de reflux politique, mesurant le poids du régime intellectuellement oppressant instauré par Metternich, est promise au suicide, à la folie, ou au rêve échappatoire. Schubert est le frère de Grillparzer le désenchanté, comme de Lenau l'insatisfait.

Les « schubertiades », avec leurs enfantillages mais aussi leur chaleur humaine, ne prennent leur sens que dans ce contexte. Il s'agit de recréer dans le groupe le monde désiré mais refusé de la libre communication intellectuelle. C'est la vraie vie en marge de la vie réelle ; en fait, une condition de la survie. Le groupe est formé en majorité de jeunes universitaires, traditionnellement libéraux, et de jeunes artistes avides de connaissances internationales ; il entend continuer l'esprit des « associations d'étudiants allemands » interdites depuis 1819. Bien que non directement politique, il lui arrive de se trouver aux prises avec les inquisitions policières (Schubert fut même l'objet d'interrogatoires et de rapports). Dans un tel univers, la formule goethéenne « au commencement était l'action » (devise éminemment mozartienne ou beethovénienne) perd son sens au profit de : « Au commencement était le rêve. » L'impulsion créatrice ne vise pas à inciter à une transformation inutile et promise à l'échec, mais elle tend à valoriser le rêve qui seul compensera et dépassera un état de fait dont aucune rébellion n'a de chance de venir à bout. La musique de Schubert est bien souvent une musique du pur constat. Le tragique schubertien, celui de *La Belle Meunière* (*Die schöne Müllerin*) ou celui du *Voyage d'hiver* (*Die Winterreise*), prend sa source dans ce manque fondamental d'agressivité.

Dans un curieux récit littéraire, écrit à l'âge adulte, Schubert – sous la symbolique d'un rêve – dresse lui-même le catalogue des thèmes clés qui définissent à nos yeux le tragique de sa vie comme de son œuvre musicale. S'y trouvent successivement, et repris par deux fois en deux récits parallèles : la séparation, le voyage, la solitude, la nostalgie du Paradis perdu, la mort, l'amour refusé, la béatitude dans la communion. Les lieder abondent, qui correspondent à chacun de ces thèmes. Se trouvent également dans ce récit l'énoncé de l'ambivalence Amour-Douleur, revécue musicalement par Schubert dans le perpétuel échange, caractéristique de son langage, entre les modes majeur et mineur.

Solitude et amitiés

Une des contradictions les plus profondes chez Schubert, et qui se trouve souvent à l'origine de la méconnaissance réelle de son œuvre ou de sa personnalité, vient de la croyance que cette vie de groupe l'a garanti de la solitude et que sa création a été d'abord œuvre de divertissement pour ses amis (la légende du Schubert des *Valses*, des schubertiades-beuveries). Or la première immersion dans un groupe autre que la famille est d'abord source de solitude pour le jeune Schubert. La première incitation au tragique dans sa vie vient en effet de l'arrachement d'avec le foyer paternel, lorsqu'il devient, comme petit chanteur à la cour, interne au collège municipal de Vienne. Arrachement directement lié pour lui à l'exercice initial de sa vocation musicale. Il a onze ans (cette séparation précède de trois ans et demi la mort de sa mère). Si la situation est vécue par l'enfant sans révolte apparente, elle est subie plus qu'assumée. À son arrivée au collège, Schubert est un enfant grave et solitaire, et ses premiers lieder sont dominés par le thème de la mort. Commence alors pour lui ce grand voyage de l'éternel errant à la recherche d'un Paradis perdu, souvent entrevu, toujours inabordable, rêve qui va alimenter toute son œuvre, et non seulement l'orienter dans le choix des poèmes qu'il mettra en musique, mais aussi déterminer bien des éléments de sa musique instrumentale (la rythmique du voyage si particulière à la musique de Schubert).

On ne peut pour autant négliger l'apport intellectuel et artistique, la culture musicale acquise lors des années de collège. De ces années demeurent des amitiés nombreuses, fécondes et fidèles, source de joie permanente dans la vie du musicien. De là vient aussi l'affinité de Schubert avec le milieu universitaire viennois, élargissement certain par rapport à son milieu culturel natal.

Cependant, sur le plan des créations de jeunesse, les œuvres sont nombreuses qui naissent spontanément liées à des exercices de groupe autour de lui : onze quatuors sur quinze, cinq symphonies sur neuf et même ses premières messes répondent ainsi à la demande de la famille ou des amis. Le nombre et la qualité des pièces pour piano à quatre mains ou des chœurs restent, dans son œuvre, un symbole de la musique vécue en commun dès l'enfance.

Un atavisme sans héritage

Grandi dans la vénération de Beethoven (Beethoven, de vingt-sept ans l'aîné de Schubert, meurt un an avant lui), dans la même ville où ils ne se sont pratiquement jamais rencontrés, son développement musical ne se fait pas moins de manière tout à fait indépendante et originale par rapport au style musical de ce prestigieux aîné. Dans le domaine symphonique, la recherche du langage chez le Schubert des premières années, spontanément établi dans la filiation de Haydn, s'oriente vers un apprentissage du style mozartien. Ce qu'il appelle alors « la lumière mozartienne » fascine d'autant plus le cœur et l'esprit du jeune Schubert qu'il est naturellement porté à scruter les ténèbres de la nuit et de la mort. Une évidente « tentation mozartienne » pèse sur nombre d'œuvres de sa jeunesse (*Cinquième Symphonie* entre autres).

Devenu indépendant, éloigné de sa famille et de l'univers des collèges (école normale d'instituteurs après le collège municipal), Schubert abandonne parfois pour longtemps les « ordres obligés » de sa jeunesse (symphonie et quatuor) ; il lui faut de longues années pour y revenir et dans une perspective très différente, après avoir prospecté des domaines nouveaux dans la ligne d'une exploration plus intérieure : la première vraie sonate pour piano seul se situe après la fin de l'année d'études à l'école normale d'instituteurs.

Les tentatives de l'âge adulte pour revenir aux grands genres de la jeunesse seront d'abord marquées par des échecs (*Quatuor en ut mineur* de 1820 dont un seul mouvement est écrit, *Symphonie en mi majeur* de 1821 laissée à l'état d'esquisse, *Symphonie en si mineur* « inachevée » en 1822). Si, dans ses années de jeunesse,

Schubert tirait fréquemment l'impulsion initiale de thèmes d'autrui (Haydn le plus souvent ou Mozart), dans la période cruciale qui marque le passage de l'homme et du créateur à l'âge adulte, il la trouve souvent dans ses propres œuvres antérieures, chaque fois vocales, ce qui lui permet de créer une œuvre nouvelle. Ainsi le lied *La Jeune Fille et la mort* (*Der Tod und das Mädchen*, 1817) qui nourrit tout le *Quatuor en ré mineur* (1824-1826), la *Fantaisie pour piano en ut majeur* dite du *Voyageur* (1822) qui tire son nom du réemploi en son sein du lied du même nom (*Der Wanderer*, 1816), etc. Ce n'est qu'à la faveur de cette double assumation de lui-même que Schubert s'accomplit réellement, avec son langage désormais adulte, dans les genres familiers de son enfance : musique de chambre et symphonie. Entre 1827 et 1828 naissent coup sur coup des œuvres magistrales, toutes profondément novatrices : *Quintette pour deux violoncelles en ut majeur*, *Trios pour piano et cordes en si bémol majeur* et en *mi bémol majeur*, *Symphonie en ut majeur*, sans oublier les œuvres pour piano : *Fantaisie pour quatre mains en fa mineur*, *Impromptus*, *Sonates en ut mineur, la majeur et si bémol majeur*. Schubert est parvenu à la maîtrise absolue dans toutes les formes de son langage instrumental, lorsque le typhus le fauche à trente et un ans. À titre de comparaison : à l'âge où Schubert écrit son quinzième quatuor, sa neuvième symphonie, sa presque millième œuvre, Beethoven composait ses premiers quatuors ou sa première symphonie.

L'univers des lieder

S'il est possible, dans le double domaine de la musique de chambre et de la symphonie, de tracer une histoire de l'évolution du style de Schubert, de noter les étapes de l'apprentissage qui mène à une exemplaire maturité, il en va tout autrement dans le domaine du lied. Des premiers lieder, à la forme lâche qui laisse courir l'imagination débridée, à l'extrême concision des derniers, de la grande ballade composée de bout en bout ou du lied tripartite au lied purement strophique ou encore strophique varié, en tous les temps, sous toutes les formes, le lied est présent dans la création schubertienne : des premiers essais de 1811 au *Pâtre sur le rocher* (*Der Hirt auf dem Felsen*), sa dernière œuvre, en octobre 1828. Les années les plus creuses en ce domaine, 1821 ou 1824, comptent encore une dizaine de lieder ; l'année la plus folle, 1815, en compte 143. Le phénomène est si impressionnant qu'il aurait suffi à assurer à Schubert, sans qu'il écrive jamais autre chose, une juste place dans l'histoire de la musique. Mais il est plus étrange encore lorsqu'on constate que Schubert, dans ce domaine très précis, atteint d'emblée ou presque le sommet de son génie. Si *Le Sosie* (*Der Doppelgänger*) est composé à trente et un ans, *Le Voyage d'hiver* à trente ans, *La Belle Meunière* et *Le Nain* (*Der Zwerg*) à vingt-six ans, *Le Roi des aulnes* (*Erlkönig*) est écrit à dix-huit ans et *Marguerite au rouet* à dix-sept ans, et les deux œuvres sont si marquées du génie schubertien qu'elles en sont devenues le symbole. Dès cette époque l'adolescent Schubert a porté à sa perfection un genre musical que personne avant lui n'avait exploité.

Une sensibilité frémissante, une excellente culture musicale et une enfance vouée au chant, un cercle d'amis éveillés à la poésie sont autant de raisons personnelles qui ont pu concourir à fixer Schubert sur le lied. Sur un plan caractériel, ce choix flatte aussi sa timidité et sa pudeur essentielle. Composer la musique qui accompagne un poème, c'est se mettre au service d'un texte : une manière de dire « je » sous le couvert d'autrui. La nécessité du duo dans le lied (chanteur et accompagnateur) le rassure en lui évitant la difficile confrontation avec soi-même que suppose toute œuvre pour soliste. À celle-ci Schubert ne parvient que plus tard (par le piano) ; mais pas une fois de sa vie il ne s'est produit comme exécutant soliste et, sauf en de rares occasions, l'esprit de virtuosité dans la composition lui est resté étranger (la représentation minime du genre concertant dans son œuvre en est un signe).

Par ailleurs, la société de son temps et de son pays, aux valeurs perturbées, aux remises en question douloureuses, requiert aussi ce recours à la poésie, délivrance et refuge. Elle est souvent médium de la connaissance du monde pour toute la jeune génération germanique ; c'est aussi vrai à Berlin qu'à Vienne. Dans ce sens, la création ou l'exploitation d'une poésie allemande prend une signification très précise d'affirmation d'une germanité contestée. La couleur intimiste du lied, son essence communautaire, la recherche en finesse d'une adéquation du langage parlé et du langage musical correspondent également à l'univers clos de petites sociétés chaleureuses et éprises de culture qui entendent trouver en elles-mêmes les clés de la connaissance en dépit d'un monde hostile.

Au gré de quinze années de confrontation avec le genre du lied, Schubert a utilisé les écrits d'une centaine de poètes. Quelques-uns se détachent, qui l'ont attiré tout particulièrement : le sombre dramatisme de son ami Mayrhofer (47 lieder), le courage et la bravoure de Schiller (42 lieder), la vision cosmique goethéenne vécue comme une expérience salvatrice (70 lieder), la plongée dans le tragique individuel de Wilhelm Müller (45 lieder) et en tout dernier lieu la rencontre avec le regard visionnaire de Heine par le truchement duquel Schubert, visionnaire à son tour, échappe musicalement à son époque.

Il est à peine possible d'esquisser une histoire du lied schubertien. L'imagination mélodique, évidente depuis le début, garde toute sa puissance, mais l'exigence musicale entraîne à plus de rigueur dans la forme, le tissu harmonique se fait plus serré, l'accompagnement lui-même, élément essentiel du lied schubertien, s'allège et devient plus suggestif qu'illustratif ; il devient partie intégrante du lied. Ce qui se pressentait dès les premiers lieder est pleinement réalisé dans les derniers ; l'accompagnement comme tel n'existe plus, seule la fusion intime et totale de la voix et de l'instrument peut rendre le regard unique d'une vision poétique, déboucher sur un monde transfiguré.

En cela Schubert est prophétique. Rien d'étonnant si sa fortune posthume est d'abord celle d'un compositeur de lieder. Fortune somme toute restrictive qui agace parfois un peu les schubertiens d'aujourd'hui ; mais il fallait peut-être plus longtemps pour découvrir dans les œuvres instrumentales du dernier Schubert un génie profondément original que seul avait rendu possible l'approfondissement de l'expérience du lied.

BRIGITTE MASSIN

Bibliographie

M. J. E. BROWN, *Schubert*, Le Rocher, Monaco, 1986 / E. BUENZOD, *Franz Schubert*, L'Âge d'homme, Lausanne, 1988 / J. CHAILLEY, *Le Voyage d'hiver de F. Schubert*, Leduc, Paris, 1975 / O. E. DEUTSCH, *Schubert. Thematic Catalogue*, Dent, Londres, 1951 ; *Schubert, die Erinnerungen seiner Freunde*, Breitkopf u. Härtel, Leipzig, 1957 ; *Schubert, die Dokumente seines Lebens und Schaffen*, Leipzig, 1964 / J. DRILLON, *Schubert et l'infini*,

Actes sud, Arles, 1988 / W. Dürr & A. Feil, *Franz Schubert*, Reclam, Stuttgart, 1991 / A. Einstein, *Schubert, portrait d'un musicien*, Gallimard, Paris, 1979 / D. Fischer-Dieskau, *Les Lieder de Schubert*, Laffont, 1979 / « Franz Schubert », nº spéc. *Musik Konzepte*, Munich, 1978 / P.-G. Langevin dir., « F. Schubert et la symphonie », in *R.M.*, nº 355-357, Paris, 1982 / B. Massin, *F. Schubert*, Fayard, Paris, 1977, rééd. 1993 / F. Reininghaus, *Schubert*, Lattès, Paris, 1982 / M. Schneider, *Schubert*, Seuil, Paris, 1994 / *Schubert Kongress*, Graz, 1979 / S. Youens, *Schubert : Die schöne Müllerin*, Cambridge Univ. Press, Cambridge (Mass.), 1992.

SCHUMAN WILLIAM (1910-1992)

Avec Aaron Copland et Samuel Barber, William Schuman représentait le point de départ d'une tradition musicale américaine dont les racines étaient européennes, mais le langage spécifique à l'outre-Atlantique. À l'inverse d'Eliott Carter, de John Cage ou d'Earle Brown, Schuman ne recherchait pas cette spécificité dans l'avant-garde mais préférait se situer dans une continuité que semblent prolonger les compositeurs minimalistes et néo-romantiques de la génération suivante. William Howard Schuman naît à New York le 4 août 1910. Après avoir fait des études commerciales (1928-1930), il travaille l'harmonie avec Max Persin et le contrepoint avec Charles Haubiel. Il suit les cours de Bernard Wagenaar et d'Adolf Schmid à la Juilliard School of Music de New York (1932-1933), puis étudie au Teacher's College de Columbia University et au Mozarteum de Salzbourg (1935). Il est aussi l'élève de Roy Harris (1936-1938). Serge Koussevitzky dirige son *American Festival Overture* en 1939, sa *Troisième Symphonie* en 1941 et *A Free Song* en 1943, partition qui lui vaut le premier prix Pulitzer décerné en musique. Il reçoit deux bourses Guggenheim (en 1939 et en 1941) et enseigne à Sarah Lawrence College, à Bronxville, dans l'État de New York (1935-1945). Puis il est nommé président de la Juilliard School of Music de New York (1945-1962), à laquelle il va donner un essor considérable en attirant les meilleurs musiciens américains dans le corps enseignant. Il est à l'origine de la constitution du Quatuor Juilliard, en 1946, et directeur des éditions Schirmer de 1945 à 1952.

Schuman devient vite une des figures dominantes de la vie musicale américaine : en 1955, il reçoit la première commande d'une œuvre musicale passée par le gouvernement fédéral (*Credendum, Article of Faith*) ; il est président du Lincoln Center for Performing Arts à New York (1962-1969), de la MacDowell Colony de Peterborough, dans le New Hampshire (1973) et de la fondation Norlin (1975-1985). Il est élu en 1946 à la National Institution of Arts and Letters et, en 1973, à l'American Academy of Arts and Letters. Partout, il se fait le champion de la cause de la musique américaine et suscite créations et commandes d'œuvres nouvelles. En 1981, l'université Columbia fonde un prix qui porte son nom, décerné chaque année à un jeune compositeur et dont il est, curieusement, le premier récipiendaire ! Schuman reçoit un second prix Pulitzer, en 1985, et la National Medal of Arts, en 1987. Il meurt à New York, le 15 février 1992.

Schuman a essentiellement composé pour l'orchestre : ses dix symphonies, qui s'échelonnent de 1935 à 1975, ont été créées par les principaux orchestres américains. Il a écrit des concertos pour piano (1938, rév. 1942), pour violon (1947, rév. 1954 et 1959), *New England Triptych*

(1956), *A Song of Orpheus,* pour violoncelle et orchestre (1961), qu'a fait connaître Leonard Rose, *Three Colloquies*, pour cor et orchestre (1979). Il est aussi l'auteur d'un « baseball opera », *The Mighty Casey* (1951-1953), de plusieurs ballets (*Night Journey*, 1947 ; *Judith*, 1949), d'œuvres chorales (*Te Deum*, 1944 ; *Carols of Death*, 1959 ; *The Young Dead Soldiers*, 1975) et de musique de chambre (5 quatuors à cordes, *Amaryllis*, pour trio à cordes, 1964). Il a bénéficié d'emblée du soutien des plus grands solistes et chefs d'orchestre, qui ont créé ses œuvres : Serge Koussevitzky, Isaac Stern (*Concerto pour violon*, 1950), le Quatuor hongrois (*Quatuor à cordes no 4*, 1950), Charles Münch (*Symphonie no 7*, 1960), Leonard Bernstein (*Symphonie no 8*, 1962 ; *In Praise of Shahn*, cantique pour orchestre, 1969), Eugene Ormandy (*Symphonie no 10*, 1976). Son langage, très solidement structuré, notamment au point de vue contrapuntique, intègre des éléments de folk music, de jazz ou d'autres sources : *New England Triptych* (1956) est fondé sur des hymnes, la *Symphonie no 7* (1960) sur des noëls traditionnels, la fantaisie chorale *To Thy Love* (1973) et le *Concerto on Old English Rounds*, pour alto (instrument), chœur de femmes et orchestre (1974), sur des danses populaires anglaises. Il est aussi l'homme des cérémonies officielles et son œuvre regorge de pièces de circonstance comme *On Freedom's Ground : An American Cantata*, pour la réinstallation de la statue de la Liberté (1986).

Son langage est essentiellement tonal, même s'il tend vers une expression mélodique qui fait appel à la polytonalité ou au chromatisme et mène à des dissonances parfois violentes. Mais la mélodie reste pour lui le but essentiel d'une œuvre et il lui donne toujours une assise solide avec des rythmes vigoureux et des structures élaborées : il pratique volontiers l'écriture en canon, la fugue ou l'ostinato. Mais il est aussi l'homme des grands adagios essentiellement mélodiques, où s'affirment un large pouvoir émotionnel et un irrépressible besoin de communiquer. Schuman n'avait rien d'un novateur. Représentant parfait du « melting-pot », il a exploré toutes les tendances de la musique de son temps compatibles avec ses propres conceptions créatrices. Son œuvre est longtemps restée peu connue en Europe, où un tel néo-classicisme ne pouvait cohabiter avec le « terrorisme » postwebernien qui a régné pendant plus d'un quart de siècle.

ALAIN PÂRIS

Bibliographie

N. Broder, « The Music of William Schuman », in *Musical Quarterly*, vol. XXXI, 1945 / F. R. Schreiber & V. Persichetti, *William Schuman*, Schirmer, New York, 1954 / C. Rouse, *William Schuman : Documentary*, New York, 1980 / P. Dickinson, « William Schuman : an American symphonist at 75 », in *Musical Times*, août 1985 / J. Clark, « William Schuman on his symphonies », in *Musical America*, automne de 1986.

Clara Schumann.

SCHUMANN ROBERT (1810-1856)

Le XIXe siècle, en la personne de compositeurs très importants, a observé, à l'égard du compositeur allemand Robert Schumann, une attitude ambivalente. Ces maîtres, alors même qu'ils subissaient quasi inconsciemment une véritable imprégnation du langage musical schumannien, lui adressaient des reproches qu'il suffirait souvent de prendre à l'envers pour les transformer en éloges. Saint-Saëns, par exemple, critiquait la forme et même le thème initial du *Quintette* opus 44 de Schumann, en le jugeant d'après des canons beethovéniens et sans voir que le contenu psychologique de l'ouvrage ne pouvait trouver meilleure adéquation que dans *ce* thème et dans *cette* forme. Quant à Liszt, c'est l'idée même d'un quintette qui lui paraissait périmée. Mais, chez Saint-Saëns comme chez Liszt, l'influence du langage de Schumann, et par conséquent de la vérité psycho-musicale qu'il véhicule, est évidente en maint endroit. La tâche incombe à notre époque de mettre en lumière l'originalité complète d'un langage musical dont tous les éléments – et souvent la forme elle-même – ont fait l'objet d'une recréation personnelle. Chez Schumann, la mélodie, l'harmonie, l'écriture polyphonique, le mètre, la sonorité instrumentale, ont tous subi une rénovation simultanée. Il n'est peut-être pas un seul musicien du romantisme dont on en puisse dire autant. À l'origine de cette richesse : une puissance d'imagination qui n'a d'égale que l'intensité des pulsions affectives.

La difficulté de choisir

Le premier problème, pour Robert Schumann qui compose dès l'âge de neuf ans, fait exécuter un psaume avec orchestre à onze ans, écrit des poèmes, esquisse des romans, des drames, un opéra, c'est de choisir la voie unique qu'il suivra. Le père, August-Friedrich, est libraire, éditeur, traducteur de Byron et de Walter Scott. La mère, Johanna-Christiana née Schnabel, chante en amateur. Jusqu'à seize ans, l'enfant, né à Zwickau (Saxe), mène d'excellentes études générales, et, tout en éblouissant les bourgeois de sa localité par ses dons d'improvisateur, il hésite longtemps sur sa véritable vocation. Pianiste, il connaît aussi le violoncelle et la flûte, mais, à côté d'un orchestre de jeunes, il fonde une association littéraire. Ses premières admirations vont au Schubert des lieder et à Mendelssohn, mais il a lu Goethe, Schiller, Byron, les classiques grecs, et il découvre en Jean Paul un grand inspirateur, dans son art à la fois visionnaire et populiste. La mort de son père (1826) le place sous tutelle, et, réaliste, sa mère le pousse aux études de droit. Ce sont donc, successivement, l'université de Leipzig où il s'ennuie, puis celle de Heidelberg où ses maîtres le comprennent mieux. Un premier choix se dessine lorsqu'il rencontre Friedrich Wieck, pédagogue renommé du piano, et son futur beau-père (un second choix est donc en vue). Mais ce n'est qu'à sa majorité qu'il finit par vivre en musicien. Un dilemme subsiste en lui – virtuosité ou composition ? –, vite tranché par un accident bien romantique : dans sa hâte d'égaler Johann Nepomuk Hummel et les autres pianistes célèbres, Robert a inventé un appareil ingénieux dont l'usage n'aboutit qu'à lui paralyser la main droite. Reste donc la composition. Dans une hâte phénoménale et une incroyable fécondité, naît en dix ans (1829-1839) une production pianistique géniale. Aucun temps de préparation, aucune hésitation apparente, d'emblée Schumann est lui-même, des *Abegg-Variationen*, opus 1 et des *Intermezzi*, opus 4 au *Faschingsschwank aus Wien* (*Carnaval de Vienne*, opus 9), en passant par la *Sonate en fa dièse mineur*, opus 11, les *Études symphoniques*, opus 13, les *Kreisleriana*, opus 16, les *Fantasiestücke*, opus 12, les *Novelletten*, opus 21 et bien d'autres.

La notoriété est venue très vite, et l'édition des œuvres ne paraît pas poser de problèmes. Ce fantastique répertoire, constitué en dix ans, ne peut manquer de refléter, à l'occasion, les espoirs et les désespoirs d'un amour qui se cherche, Clara Wieck, autant que Robert, étant sujette à l'impatience comme à de passagères infidélités. Mais surtout le père Wieck, ambitionnant pour sa fille une carrière internationale, ne veut pas qu'elle épouse un compositeur encore peu connu, et plus âgé qu'elle de neuf ans. Tous les moyens lui sont bons, même la calomnie, jusqu'au jour où le procès intenté par Robert libère sa fiancée de la tutelle paternelle. Le mariage a lieu le 12 septembre 1840. Robert a affronté victorieusement son dernier choix.

« Créer tant qu'il fait jour »

La réputation du compositeur de trente ans a franchi le cercle de la Saxe natale. Le premier numéro de la revue qu'il a fondée, la *Neue Leipziger Zeitschrift für Musik* (*Nouvelle Revue musicale de Leipzig*) a paru le 3 avril 1834. Schumann est lié avec Mendelssohn depuis cinq ans. À Paris, Liszt a fait l'éloge de ses œuvres dès 1837. Il est en relations avec Berlioz et Chopin, dont il a signalé les mérites. L'année du mariage, 1840, est celle de l'éclosion prodigieuse des lieder : plus d'une centaine (sur les 250 que Schumann composa) ; d'un seul coup il égale Schubert, et dépasse même sa capacité annuelle de production. Parmi ces lieder, il y a les cycles célèbres : *Dichterliebe* (*Amours du poète*, opus 48), *Frauenliebe und-leben* (*Amour et vie d'une femme*, opus 41).

L'instant du mariage est solennel, car Robert, averti par le suicide de sa sœur Emilie en 1826, est parfaitement conscient des menaces qui planent sur sa santé, sur son psychisme. Se sachant vulnérable, et en dépit de son extraordinaire puissance de travail, il a tendance à ne plus sortir du cercle de sa famille et de ses amis musiciens ; il y cherche une protection, même si cet embourgeoisement est peu conforme aux tendances libertaires de sa jeunesse ; il veut aussi s'affirmer comme un compositeur « sérieux » pour compenser la célébrité de virtuose de son épouse. Il aborde donc systématiquement l'orchestre en 1841 (la *Première Symphonie en si bémol majeur*, opus 38, dite *Symphonie du printemps* et l'esquisse de la *Quatrième*, une *Sinfonietta*, l'allégro du futur *Concerto de piano*), la musique de chambre en 1842 (trois quatuors à cordes, quatuor et quintette avec piano, variations pour deux pianos). Puis viennent les grands ouvrages, de 1843 à 1848 : l'oratorio *Das Paradies und die Peri* (*Le Paradis et la Peri*, opus 50), l'opéra *Genoveva* (*Geneviève de Brabant*, opus 81), la musique de scène pour *Manfred*, opus 115. Les *Faustszenen* (scènes du *Faust* de Goethe) ne sont achevées que plus tard, mais dès son premier abord des scènes finales du *Second Faust*, il crée l'un des plus hauts chefs-d'œuvre du romantisme européen. Les nécessités matérielles n'entravent pas l'incessante création ; elles contribuent cependant à la fatigue nerveuse dont les symptômes deviennent fréquents et dangereux.

Robert a vite renoncé à n'être que le mari d'une femme célèbre, et ne l'accompagne plus dans ses tournées. À la maison, le travail du compositeur gêne parfois celui de la pianiste. Et les naissances se succèdent : huit enfants de 1841 à 1854. Il faut vivre. Trop sensible aux ambiances, Robert s'accommode mal de ses fonctions successives : professeur au conservatoire de Leipzig (créé en 1843 par Mendelssohn), il s'installe ensuite à Dresde en 1844 et y dirige une association chorale. Mais il devient de moins en moins apte à la communication et ses expériences de chef de chœur ou d'orchestre restent décevantes. Du moins est-ce pour lui l'occasion de créer des chefs-d'œuvre, notamment le *Concerto pour piano et orchestre en la mineur*, opus 54, terminé en 1845, une des œuvres les plus célèbres de Schumann. C'est de cette époque que datent les œuvres pour orgue (*Six Fugues sur le nom de Bach*, opus 60) et les *Études pour piano à pédalier* (opus 56). L'activité créatrice, jamais ralentie, culmine en 1849 : 30 numéros d'opus dans l'année ! On touche ici le paradoxe de cet homme en qui une vitalité exceptionnelle lutte pendant vingt ans contre la malédiction d'un atavisme. Pour ne parler que de l'année 1849, les *Douze Pièces à quatre mains* (*Zwölf vierhändige Clavierstücke für kleine und grosse Kinder*, opus 85) furent écrites en six jours, le *Konzertstück pour quatre cors* en trois jours, l'*Adagio et allegro pour cor* en une seule journée. Tout cela ne serait qu'anecdote, si les pages géniales n'étaient aussi nombreuses, et dans les genres les plus divers. Du reste, jusqu'à la fin, en dehors des périodes de dépression ou de crise, quand Schumann compose, c'est à ce rythme fabuleux. En 1850, la majestueuse *Symphonie « rhénane »*, n° 3 en *mi* bémol majeur opus 97, est achevée en à peine plus d'un mois.

À cette date, il a déjà quitté Dresde pour Düsseldorf où il a repris la Direction de la musique, au départ de son ami Ferdinand Hiller. Là, plus encore qu'à Dresde, c'est à contrecœur qu'il lui faut admettre ses limites : un compositeur génial n'est pas nécessairement un bon chef d'orchestre. Une illusion s'en va, avec un peu de sa jeunesse. Désormais, c'est la lutte sans espoir entre l'usure psychique et les sursauts d'un pouvoir créateur qui reste exceptionnel. Car – il faut y insister – le mal héréditaire n'explique pas tout. Robert était forgé d'un tel alliage de vitalité et de volonté que l'atavisme morbide met longtemps à le détruire. Ce qui pourrait étonner, ce n'est pas la catastrophe finale, d'ailleurs acceptée avec lucidité (« je veux être hospitalisé, je ne réponds plus de mes actes »), c'est l'énorme labeur créateur accompli par un génie que la nuit de l'esprit menaçait d'engloutir. Jusqu'aux toutes dernières heures, le génie, en effet, jette ses lueurs dans des œuvres dont la valeur n'a été que tardivement reconnue : les *Märchenerzählungen*, opus 132 (*Récits légendaires*, quatre pièces pour clarinette, alto et piano), *Concerto pour violon*, 1853, *Gesänge der Frühe* pour piano (*Chants de l'aube*, opus 133) entre 1854 et 1856.

La découverte du jeune Brahms est la dernière joie de son existence qui ne se sait pas encore tragique. Précisément parce que Schumann est la droiture même, il redoute de perdre complètement la raison et de devenir un danger pour ceux qu'il aime : d'où la tentative de suicide le 27 février 1854. L'homme que des bateliers repêchent dans le Rhin ne souhaite plus qu'une chose, pour lui-même et pour les siens : rester entre les murs de la clinique d'Endenich. Avec quelques reprises de conscience pendant lesquelles il travaille, correspond, compose même, reçoit quelques personnes, il survit encore deux ans, et s'éteint calmement.

Présence de Schumann

Les jugements sur Schumann ont été, le plus souvent, formulés par des biographes qui n'étaient pas des analystes. On n'a donc pas assez souligné la *concentration* de son langage, sa densité naturelle. La musique de Schumann naît « tout armée », dans une complexité spontanée sous l'angle harmonique, polyphonique, rythmique et dynamique. Cette musique est de loin la plus riche de son époque en événements divers dans l'instant musical. Les commentaires célèbres d'Alban Berg sur la *Träumerei* (*Rêverie*) donnent une idée de ce que l'analyse découvrirait dans les *Kreisleriana*, les *Danses du Davidsbund* (*Davidsbündlertänze*, opus 6) ou le premier *Trio*. Si cet aspect est longtemps resté caché, il serait aisé, en revanche, de montrer l'impact de cette originalité *simultanée* des divers éléments du langage schumannien sur les compositeurs français postérieurs, sur Fauré évidemment, mais même sur Debussy.

Au piano, Schumann rivalise sans peine avec Chopin sur le plan de l'originalité des idées et de la beauté des dispositions sonores. Dans le lied, il se distingue le plus souvent de la simplicité schubertienne en ce sens qu'il fait du lied un poème verbo-musical subtil où la voix n'est qu'une ligne de faîte hautement significative, tandis que le piano crée un environnement d'une densité psychique que seuls retrouveront Moussorgski et le Debussy de *Pelléas*.

S'il ne paraît pas toujours à l'aise dans le discours symphonique, c'est alors qu'il s'agit là, par rapport à sa concentration naturelle, d'une simplification grossissante, d'un regain en durée de ce qu'on perd en profondeur. C'est le sentiment du temps qui est en jeu. Les natures intenses et rapides s'accommodent mal des ressassements dialectiques, et Schumann a cherché et trouvé des solutions neuves en ce domaine : multiplicité des thèmes, idées cycliques et « thèmes conducteurs » avant la lettre. Sous cet aspect, il a préparé sans le savoir la réaction française d'hostilité au « développement » de type germanique, réaction qui culminera avec Debussy, mais qui avait déjà affecté le groupe russe des Cinq, en particulier Moussorgski, d'ailleurs fervent adepte de Schumann.

De réels défauts n'apparaissent qu'ici ou là dans des œuvres des toutes dernières années : banalités mélodiques sous prétexte de « style populaire » et brusque manque d'inspiration qui choque d'autant plus que Schumann nous avait habitués aux perpétuelles trouvailles. Rares, ces points faibles sont la rançon de la maladie. En revanche, le retour au répertoire de la musique chorale (*Doubles Chœurs*, opus 141 par exemple), et des grandes pages dramatiques ou lyriques (*Le Paradis et la Peri*, les *Scènes de Faust*) est riche d'enseignement. Après la résurrection des derniers recueils pour piano (*Chants de l'aube*), la création en France de l'opéra *Genoveva*, en 1985, a permis de vérifier à quel point son abandon fut, selon les mots d'Alfred Einstein, « l'une des plus affligeantes erreurs judiciaires de toute l'histoire musicale ».

En vertu même de sa culture et de sa totale sincérité, Schumann a assumé jusqu'au bout, jusqu'à la destruction de soi, l'insatisfaction romantique. C'est lui, l'inspiré, qui est allé le plus loin dans la tentative d'incarner en musique l'héroïsme spirituel de Faust et de Manfred, la pensée de Byron, de Hoffmann, de Heine, de Goethe.

OLIVIER ALAIN

Bibliographie

• Œuvres de Robert Schumann

Gesammelte Schriften über Musik und Musiker, Leipzig, 1854 ; *Écrits sur la musique et les musiciens*, Paris, 1898, rééd. Stock, Paris, 1979 ; *Lettres choisies*, Paris, 1912 ; *Lettres d'amour de Clara et Robert Schumann*, Paris, 1948 ; *Journal intime de Robert et Clara Schumann*, Buchet-Chastel, Paris, 1988.

• Études

O. ALAIN, « Schumann und die französische Musik », in *Sammelbände der Robert-Schumann-Gesellschaft*, vol. I, Leipzig, 1961 / M. BEAUFILS, *La Musique de piano de Schumann*, Larousse, Paris, 1951, rééd. Phébus, Paris, 1979 / A. BERG, « La « Rêverie » de Schumann », in *Contrepoints*, n° 6, 1949 / A. BOUCOURECHLIEV, *Schumann*, Seuil, Paris, 1956, rééd. 1989 / M. BRION, *Schumann et l'âme romantique*, Albin Michel, Paris, 1954, rééd. 1986 / J. CHAILLEY, *Le Carnaval de Schumann*, Leduc, Paris, 1971 / A. DESMOND, *Les Lieder de Schumann*, Actes sud, Arles, 1990 / A. EINSTEIN, *La Musique romantique*, trad. J. Delalande, Gallimard, Paris, 1959 / G. EISMANN, *Robert Schumann*, 2 vol., Breitkopf u. Härtel, Leipzig, 1956 / D. FISCHER-DIESKAU, *Robert Schumann*, Seuil, 1984 / *L'Œuvre de piano de Robert Schumann*, éd. de travail par A. Cortot, Paris, s.d. / H. POUSSEUR, *Schumann, le poète*, Klincksieck, Paris, 1993 / « Robert Schumann », in n° spéc. *Musik-Konzepte*, Munich, 1981-1982 / « Schumann », in *La Revue musicale*, n° spéc., déc. 1935 / « Schumann, Genoveva », in *L'Avant-Scène Opéra*, n° 71, 1985 / R. STRICKER, *Robert Schumann*, Gallimard, 1984.

SCHÜTZ HEINRICH (1585-1672)

Heinrich Schütz, « père de la musique allemande », premier grand musicien protestant, vécut jusqu'à l'âge de quatre-vingt-sept ans. Sa vie mouvementée a été jalonnée par de nombreux déplacements : voyages d'étude en Italie, séjours à Copenhague pendant les affres et les désastres de l'interminable guerre de Trente Ans (1618-1648). Il fut maître de chapelle à la cour de Saxe (*Hofkapellmeister*) et non pas cantor rattaché à une église et à une école, comme Jean-Sébastien Bach. Son œuvre se situe dans le prolongement de la Réforme et dans le sillage de l'humanisme, tout en appartenant déjà à la civilisation baroque. Schütz a composé sa vie durant, en exploitant tous les moyens mis à sa disposition. Son œuvre, dont plus d'un tiers semble perdu, est essentiellement religieuse ; elle repose sur des textes bibliques et des hymnes en latin et en allemand, et sur des paraphrases de Martin Luther, entre autres. Le premier des « trois S » de la musique allemande – à côté de Johann Hermann Schein (né en 1586) et de Samuel Scheidt (né en 1587) – se situe à mi-chemin entre tradition et modernité ; il est à la fois un homme du XVIe siècle et une figure très marquante du XVIIe siècle ; il a été qualifié, à juste titre, de *sui saeculi musicus excellentissimus*.

Une longue vie au service de la musique

De Köstritz à Venise et Kassel (1585-1613)

Heinrich Schütz (Henricus Sagittarius, de son nom latinisé) naît le 14 octobre 1585 (selon Otto Brodde) à Köstritz, près de Gera (entre la Thuringe et la Saxe). En 1591, la famille s'installe à Weissenfels, où son père possède une auberge à l'enseigne « *Zum Schützen* ». Il apprend les premiers éléments de musique auprès du cantor Georg Weber et de l'organiste Heinrich Colander ; il devient rapidement soliste du chœur de garçons. En 1598, le landgrave Maurice de Hesse est frappé par sa belle voix et lui propose d'assurer son instruction à Kassel. Il suit des cours de musique, de mathématiques, de théologie, de grec, de latin et de français au Collegium Mauritianum ; il est aussi chanteur et instrumentiste et participe aux festivités de la cour ; il bénéficie d'une excellente éducation humaniste. En 1608, il entreprend des études de droit à Marbourg. L'année suivante, son protecteur lui accorde une bourse de séjour à Venise, où Giovanni Gabrieli lui enseigne, dès 1609, le contrepoint vocal et instrumental. Il est tenté par la musique profane et par le madrigal. Son opus 1, *Il Primo Libro di Madrigali*, paru en 1611, est déjà un chef-d'œuvre. En 1613, il revient à Weissenfels, puis reprend ses études de droit à Leipzig, où il rencontre Johann Hermann Schein, cantor de Saint-Thomas. Il accepte le poste de second organiste à Kassel et il est également chargé de l'éducation des enfants du landgrave. Il voyage et se produit à la cour du prince électeur de Saxe qui l'engage à Dresde, en 1614, comme maître de chapelle.

Dresde et Venise (1613-1628)

À trente-deux ans, Schütz est à la tête de la plus importante chapelle luthérienne d'Allemagne. En 1619, il s'est déjà affirmé avec ses *Psalmen Davids*. La guerre s'est déclarée en 1618. Il se marie, compose en 1623 son *Auferstehungshistorie*, suivie, en 1625, de ses *Cantiones sacrae* et, en 1627, de la tragi-comédie *Dafne* sur le texte de Martin Opitz, d'après la version d'Ottavio Rinuccini. En 1628-1629, il séjourne pour la seconde fois à Venise, où l'atmosphère s'est modifiée ; la tragédie lyrique dans le sillage de Monteverdi – est à l'honneur. Il y poursuit ses recherches, qui se concrétisent dans les *Symphoniae sacrae I* (1629).

Les voyages à Dresde et au Danemark (1630-1672)

Schütz retourne à Dresde en 1630. Malgré les rivalités et les difficultés dues à la guerre, il s'efforce d'y maintenir une vie musicale. En 1633, il sollicite un congé et se rend au Danemark, qui avait retrouvé la paix. Dans l'entourage de Christian IV, il compose des œuvres de circonstance pour les noces du prince Christian IV avec Magdalena Sibylla de Saxe, la dernière fille de Johann Georg. En 1635, il rentre à Dresde et écrit ses *Musikalische Exequien*, « concert en forme de messe allemande » pour les obsèques du prince Heinrich Posthumus von Reuss, édités en 1636, la même année que ses *Kleine geistliche Konzerte I* (la seconde partie de ces Petits Concerts spirituels paraîtra en 1639). Il effectue son deuxième séjour au Danemark en 1637, revient en Allemagne en 1639 ; malade, il réside à Weissenfels. Lors de son troisième voyage à Copenhague, il occupe le poste de directeur général de la musique auprès de Christian IV. En 1646 et 1647, il entreprend de brefs voyages ; le traité de Westphalie est signé en 1648. Les conditions de travail s'améliorent ; la même année, il écrit sa *Geistliche Chormusik* ; en 1650, il publie la troisième partie des *Symphoniae sacrae*. Âgé, il se retire à Weissenfels ; sa santé laisse à désirer ; il s'adonne à la composition d'œuvres mystiques et liturgiques : les *Zwölf geistliche Gesänge*, la *Weihnachtshistorie*, et les *Passions* selon saint Luc, saint Matthieu et saint Jean ; puis, en 1671, il compose son *Opus ultimum*, le *Deutsches Magnificat*, à huit voix, le *Psaume 119* (publié en 1984 dans le vol. XXXIX de la *Neue Ausgabe sämtlicher Werke*) et le *Psaume 100*. Il meurt le 6 novembre 1672, et est enterré sous le porche de l'ancienne Frauenkirche.

Une œuvre considérable

Au cours de sa longue existence, Heinrich Schütz n'a cessé de composer, comme il ressort de la chronologie sommaire de ses œuvres (cf. tableau). En 1989, 494 numéros d'opus nous étaient parvenus (la dernière restitution remonte à 1985, année du quatrième centenaire de sa naissance).

Il a abordé de nombreux genres ; la musique profane est représentée par ses madrigaux italiens et l'opéra *Dafne* (seul le livret est conservé, sans la musique). Dans le cadre de la musique religieuse – mis à part le *Beckersche Psalter*, opus 5, en style note contre note favorisant l'intelligibilité du texte, indispensable pour la musique fonctionnelle destinée au culte –, Sagittarius a exploité des formes très variées. Les psaumes à huit voix pour double chœur sont marqués par l'influence italienne. Le thème de la Passion, de la mort et de la résurrection du Christ est abordé dans son *Auferstehungshistorie*, dans *Die sieben Worte* et les trois *Passions* selon saint Luc, saint Matthieu et saint Jean. Schütz privilégie les sources bibliques pour ses textes allemands ou latins, qu'il traite en forme de motets dans sa *Geistliche Chormusik*, en forme de petits concerts spirituels dans ses *Kleine geistliche Konzerte*, qui sont des joyaux du genre malgré les moyens limités par la guerre, ou de *Symphoniae sacrae*, et dans ses *Geistliche Gesänge*. Ses attaches luthériennes sont aussi confirmées dans ses *Musikalische Exequien*.

Son œuvre apparaît comme une synthèse entre le XVIe et le XVIIe siècle, et le qualifie incontestablement de « chantre inspiré » ou, selon Friedrich Blume, d'« aristocrate de l'esprit ».

Un rôle historique indéniable

Heinrich Schütz, personnalité très attachante, occupe une position capitale dans l'histoire de la musique allemande et européenne. Sa vie a été très active : il a beaucoup voyagé (Italie, Allemagne, Danemark) ; il a connu les vicissitudes de la guerre de Trente Ans ; il a été à la fois maître de chapelle, pédagogue, conseiller musical, compositeur ; il a composé sur des textes italiens, allemands, latins et s'est intéressé à l'hymnologie protestante (luthérienne). Il représente un trait d'union entre les musiciens allemands, les compositeurs de la Réforme, de l'humanisme et de l'époque baroque.

ÉDITH WEBER

Bibliographie

D. BERKE, H. BROCZINSKI & G. SCHWEICKHART, *Heinrich Schütz, der hervorragendste Musiker seiner Zeit*, Stadtsparkasse, Kassel, 1985 / W. BITTINGER, *Schütz Werkverzeichnis*, Bärenreiter, Kassel, 1960 / W. BLANKENBURG, « Heinrich Schütz im Rückblick auf das Gedenkjahr 1985 », in *Musik und Kirche*, fasc. II, 1986 / O. BRODDE, *Heinrich Schütz, Weg und Werk*, Bärenreiter, 1972 / H.-H. EGGEBRECHT, *Heinrich Schütz, musicus poeticus*, Heinrichshoffen, Wilhelmshafen, 1984 / A. EINSTEIN, *Heinrich Schütz*, Bärenreiter, 1978 / H. EPPSTEIN, *Heinrich Schütz*, Hänssler, Neuhausen, Stuttgart, 1975 / M. GREGOR-DELLIN, *Heinrich Schütz*, trad. O. Demange, Fayard, Paris, 1986 / K. GUDEWILL, « Schütz », in F. Blume dir., *Die Musik in Geschichte und Gegenwart*, t. XII, Bärenreiter, 1965 (bibliographie à jour en 1965) / H. KRAUSE-GRAUMNITZ, *Heinrich Schütz*, Akademie der Künste, Leipzig, dep. 1985 / F. KRUMMACHER, « Heinrich Schütz als « poetischer Musiker » », in *Musik und Kirche*, fasc. II, 1986 / H. J. MOSER, *Heinrich Schütz, sein Leben und Werk*, Bärenreiter, 1936, 2e éd. 1954 / J. MÜLLER-BLATTAU, *Die Kompositionslehre Heinrich Schützens in der Fassung seines Schülers Christoph Bernhard*, *ibid.*, 1963 / R. PETZOLD, *Heinrich Schütz und seine Zeit in Bildern, Heinrich Schütz and His Times in Pictures*, *ibid.*, 1972 / A. PIRRO, *Schütz*, Alcan, Paris, 1924, rééd. éd. d'Aujourd'hui, Plan-de-la-Tour, 1975 / SAGITTARIUS, 4 vol. parus, 1966-1973, Internationale Heinrich Schütz Gesellschaft, Kassel, suivi de *Schütz Jahrbuch*, depuis 1979 / E. SCHMIDT, « Heinrich Schütz, Ausleger der heiligen Schrift », in *Musik und Kirche*, fasc. II, 1986 / A. B. SKEI, *Heinrich Schütz*, Garland, New York, 1981 / R. TELLART, *Heinrich Schütz, l'homme et l'œuvre*, Seghers, Paris, 1968.

année	opus	S.W.V.	titre	remarques
1611	1	1-19	*Italienische Madrigale* (Madrigaux italiens)	première œuvre composée pendant son premier séjour en Italie ; pour cinq voix (huit pour le dernier), sans basse continue
1619	2	22-47	*Psalmen Davids* (Psaumes de David)	psaumes à plusieurs chœurs ; influence italienne ; en partie avec instruments
1623	3	50	*Auferstehungshistorie* (Histoire de la Résurrection)	participation vocale et instrumentale
1625	4	53-93	*Cantiones sacrae*	motets latins à quatre voix
1627	perdu		*Dafne*	opéra sur un texte de Martin Opitz, d'après Ottavio Rinuccini ; musique perdue, livret conservé
1628, 1661	5	97-256	*Beckersche Psalter* (Psautier de Becker)	textes de Cornelius Becker ; plusieurs éditions ; style note contre note, à l'usage fonctionnel (église, culte)
1629	6	257-276	*Symphoniae sacrae I*	concerts spirituels, en latin ; à trois et à six voix, avec instruments
1636 (éd.)	7	279-281	*Musikalische Exequien* (Obsèques en musique)	du latin *exequiae*, obsèques ; texte allemand ; œuvre de commande pour le prince Heinrich Posthumus von Reuss ; pour six à huit voix ; style concertant, style de motet ; trois parties ; 2e et 3e à double chœur
1636	8	282-305	*Kleine geistliche Konzerte I* (Petits Concerts spirituels)	de une à cinq voix
1639	9	306-337	*Kleine geistliche Konzerte II*	de une à cinq voix ; instruments
1645 ? (ms.)	–	478	*Die sieben Worte* (Les Sept Paroles du Christ)	cf. *Passions* ; cinq voix et cinq instruments
1647	10	341-367	*Symphoniae sacrae II*	concerts spirituels pour une à trois voix et deux violons ou « instruments du même genre »
1648	11	369-397	*Geistliche Chormusik* (Musique chorale spirituelle)	motets (collection) pour cinq à sept voix ; instruments ; fin de la guerre de Trente Ans ; traité de Westphalie
1650	12	398-418	*Symphoniae sacrae III*	concerts spirituels pour trois à six voix avec deux violons ou instruments du même genre (« dero gleichen ») ; avec, *ad libitum*, un ou deux chœurs complémentaires
1657	13	420-431	*Zwölf geistliche Gesänge* (Douze Chants spirituels)	motets à quatre voix
1664 éd.	?	435	*Weihnachtshistorie* (Histoire de la Nativité)	voix et instruments
1653 (ou plus tard)		480	*Lukaspassion* (Passion selon saint Luc)	quatre voix, sans basse continue
1656 (ms.)		479	*Matthäuspassion* (Passion selon saint Matthieu)	quatre voix, sans basse continue
1666 (version ms. 1965)	–	481	*Johannespassion* (Passion selon saint Jean)	quatre voix, sans basse continue
1671	–	482-494	*Opus ultimum* (Chant du cygne) :	
			Psaume 119	deux chœurs à quatre voix
			Psaume 100	retrouvé en manuscrit, édité et complété par W. Steude (Dresde)
			Deutches Magnificat (Magnificat allemand)	huit voix

Principales œuvres de Heinrich Schütz – S.W.V. : Schütz Werke Verzeichnis (catalogue des œuvres de Schütz).

SCRIABINE ALEXANDRE NIKOLAÏEVITCH (1872-1915)

Alexandre Nikolaïevitch Scriabine, né le 6 janvier 1872 d'un père diplomate et d'une mère pianiste, est certainement l'une des figures les plus originales de la musique russe du XXe siècle. À ses débuts, il appartient avec Sergueï Mikhaïlovitch Liapounov, Vladimir Ivanovitch Rebikov et Serge Rachmaninov au cénacle moscovite, de tendance cosmopolite, ayant subi l'influence de Chopin, de Liszt, de Wagner et, dans une moindre mesure, de Debussy. Mais, depuis la création de *Prométhée* ou *Le Poème du feu* en 1911 à Moscou, Scriabine est considéré en Russie comme le chef de file incontestable du courant moderniste, prenant en charge en même temps que Schönberg, mais pour des raisons différentes, la réorganisation de l'univers sonore.

Virtuose et compositeur

Dès son âge le plus tendre, Scriabine manifesta des dons exceptionnels en improvisant des fantaisies au piano ou en imaginant de petites pièces de théâtre. De 1882 à 1888, il fut un élève modèle de l'École militaire de Moscou, tout en préparant sous la direction de G. Conyous, de N. Zvérev et de S. Tanéiev son entrée au conservatoire de Moscou en 1888 où il continua ses études chez Vassili Safonov, Sergueï Tanéiev et Antoni Stepanovitch Arensky, en même temps que Serge Rachmaninov. En 1892, muni d'une petite médaille de piano mais sans avoir obtenu la moindre récompense en composition, il quitta le conservatoire pour partager désormais son existence entre son activité de compositeur et sa carrière de virtuose itinérant. Ses premières tournées, pendant lesquelles il n'exécutait que sa propre musique, l'amenèrent en Suisse, en Allemagne, aux Pays-Bas, en Belgique et finalement à Paris où il devint en 1896 membre de la Société des auteurs, compositeurs et éditeurs de musique (S.A.C.E.M.). En 1898, il fut nommé professeur de piano au conservatoire de Moscou, poste qu'il conserva jusqu'en 1902.

Les œuvres (op. 1 à 29), composées pendant cette première période de sa vie, peuvent être considérées comme un fervent hommage au génie de Chopin. Le romantisme et l'affectivité de Scriabine s'y expriment à travers une harmonie tonale, mais souvent chromatisée, et une architecture formelle simple, inspirée des modèles épuisés de la musique de salon toujours en vogue en Russie à l'aube du XXe siècle. Les compositions les plus importantes de cette phase sont sans doute les *Études*, op. 8, les trois premières *Sonates* (op. 6, 19 et 23), les *Préludes*, op. 11, 15 et 16, son *Concerto* pour piano, ses deux symphonies op. 26 et op. 29, marquées plutôt par l'influence wagnérienne, ainsi qu'une série de mazurkas, impromptus et nocturnes. Ces œuvres furent éditées par le mécène Mitrofan Bélaiev qui avait fondé sa propre maison d'édition pour faire connaître la musique russe de son temps. Vers 1900, Scriabine avait adhéré à la Société de philosophie de Moscou, dirigée par Serguei Troubetzkoi, et il se plongera désormais dans l'étude d'ouvrages philosophiques.

Une créativité intense

L'année 1903 avait été très fertile en créations. Scriabine avait écrit environ trente-cinq pièces pour le piano, dont la magnifique *Quatrième Sonate*, op. 40, le

Poème tragique, le *Poème satanique*, les *Études*, op. 42, et surtout une grande partie de la *Troisième Symphonie*, le *Poème divin* tout imprégné de fichtéisme. Dans cette œuvre grandiose, il s'efforce d'atteindre une sorte de dimension cosmique en dépassant le plan des émotions personnelles. En 1904, Scriabine quitta la Russie pour séjourner plusieurs années à l'étranger, d'abord à Vézenaz en Suisse, puis à Paris (en 1905), à Bogliasco en Italie (1905-1906), aux États-Unis (1906). Après avoir pris part en 1907 aux Concerts russes, organisés à Paris par Diaghilev, il s'installa à Lausanne et à Beatenberg en 1907 pour y terminer le *Poème de l'Extase* et y écrire sa magnifique *Cinquième Sonate*, op. 53.

La création du *Poème divin* à Paris, le 20 mai 1905, au théâtre du Châtelet par les Concerts Colonne fut très mal accueillie. Malgré cela, Gabriel Pierné, alors chargé du journal *L'Illustration*, publia le 1er juillet 1905 le *Poème languide*, op. 52, que Scriabine avait spécialement écrit pour les lecteurs français. Pendant longtemps, ce devait être la dernière publication d'une œuvre de Scriabine, car après la mort de Bélaiev il s'était brouillé avec les nouveaux administrateurs de la maison d'édition et, pendant quatre ans, il ne trouva personne qui acceptât de l'éditer. De ce fait, il vécut pendant plusieurs années dans des conditions matérielles très difficiles, notamment à Bogliasco où il avait loué une petite maison pour y composer le *Poème de l'Extase*, intitulé d'abord *Poème orgiaque*.

Dans une lettre à Tatiana de Schloezer, il relate la genèse du *Poème de l'Extase* :

« Je suis emporté par une énorme vague de créativité. J'en perds le souffle, mais, oh, quelle joie ! Je crée comme un Dieu. J'examine le plan de ma nouvelle composition pour la millième fois. Chaque fois, il me semble que le canevas est dessiné, que j'ai exprimé l'Univers en termes de libre créativité et que je puis finalement devenir le Dieu joyeux qui crée librement. Puis, le lendemain amène de nouveaux doutes, de nouvelles questions [...] »

En raison de son éloignement de sa patrie, Scriabine n'avait pas participé directement aux graves événements survenus en Russie en 1905. « Sa musique est le miroir de notre révolution. Mais c'est un mystique incorrigible ! », disait alors de lui le philosophe marxiste et ami de Lénine Gheorghi Valentinovitch Plekhanov, que Scriabine avait rencontré à Bogliasco. Sur les instances de Plekhanov, il donna le 30 juin 1906 à Genève un récital au bénéfice des réfugiés politiques de la révolution. Son adhésion aux idées marxistes ne fut cependant que passagère, et ses convictions élitaires le guidèrent bientôt vers d'autres sphères comme les milieux théosophiques de Bruxelles, qu'il fréquenta dès son installation dans la capitale belge, en septembre 1908.

Une conception mystique de la musique

Entre 1904 et 1906, Scriabine tint un journal dans lequel il nota ses idées et ses réflexions philosophiques. La réalité lui apparaissait alors comme un complexe de sensations et le monde extérieur comme le résultat de l'activité créatrice. On sait qu'il avait lu la *Clef de la théosophie* et la *Doctrine secrète* de Hélène Petrovna Blavatzky, mais rien ne prouve qu'il ait jamais adhéré à la Société théosophique, même s'il fréquentait à Bruxelles plusieurs théosophes comme le linguiste Émile Sigogne et le peintre symboliste Jean Delville, auteur d'un livre, *La Mission de l'art*, et de la page de titre d'inspiration théosophique de *Prométhée* (*Le Poème du feu*), ébauché en 1909 à Bruxelles. Scriabine n'avait pas assisté à l'échec de la première exécution de son *Poème de l'Extase* à New York, le 11 décembre 1908. Conscient de la valeur de son œuvre, il avait accepté le fiasco avec une complète indifférence, car tous ses efforts étaient alors consacrés à la réorganisation complète de son univers sonore, afin de le rendre conforme aux buts fantastiques poursuivis sans relâche : la création d'une œuvre d'art total, magique, qui conduirait ses participants à l'extase collective et produirait le miracle de leur transformation spirituelle. Sous l'apparence statique des grands accords synthétiques de *Prométhée*, déroulés tantôt horizontalement, tantôt échafaudés en grands blocs monolithiques, se devine une dimension spirituelle qui commande à chaque instant au travail d'écriture. De même, la présence d'un clavier à couleurs dont les chromatismes accompagnent le vertige des sons selon des correspondances secrètes crée un climat sonore où l'on pressent des tourbillons sidéraux qui transcendent le temps. La pensée qui commande à l'élaboration d'une telle œuvre repose essentiellement sur la vision grandiose d'un monde en vibration constante, régi par la sympathie mutuelle des choses, d'un univers donc où « tout est lié, où tout est vibration ». Ainsi Scriabine entend-il agir « comme par magie » sur tout ce qui existe au moyen d'une œuvre parfaite, faisant appel à toutes les perceptions sensorielles : par la musique et la parole à l'ouïe, par les couleurs à la vision, par l'emploi d'un orgue à parfums à l'odorat et, au toucher, par les caresses de l'assistance. Certes, *Prométhée* n'est que le tout premier jalon d'une longue quête dont l'aboutissement ultime devait être la grandiose liturgie sacrée du *Mystère*, son *Opus magnus* dans le sens alchimique. L'ouvrage ne fut jamais écrit et seuls subsistent le texte poétique et cinquante-trois pages d'esquisses musicales de l'*Acte préalable*, devant servir précisément de « rituel préparatoire » au *Mystère*.

Un nouveau monde sonore

En 1910, Scriabine avait regagné sa patrie. Il ne la quittera plus que pour de brèves tournées à l'étranger. On peut dire que l'apogée du rayonnement de Scriabine coïncide avec les quatre dernières années de sa vie, après la création de *Prométhée* en 1911. C'est maintenant que Scriabine est vraiment lui-même et que son œuvre est écrite sur des bases qui ne doivent plus rien à personne. On note alors dans sa musique une tendance vers la dématérialisation du son et des sonorités de cloches, des fusées de triples croches et des gerbes de trilles y abondent. La *Septième Sonate*, composée en 1912, est, par sa joie tranquille, déjà proche du *Mystère*. Constamment, il cherche l'équivalent de ses idées sur le plan sonore. Derrière les schémas formels simples de ses sonates se cache tout un monde souterrain secret de proportions numériques, de sections dorées et de séries fibonaciennes, assez analogue à la géométrie invisible des peintres de la Renaissance qui avaient quadrillé leurs tableaux selon de telles proportions harmoniques, avant d'y étaler leurs couleurs. À l'époque de la composition des trois dernières sonates dans une datcha de Kalouga, en 1913, Scriabine déclarait précisément à son ami et biographe, le compositeur Léonide Sabaneev, que la forme, les thèmes, les harmonies de la *Huitième Sonate* étaient des « ponts jetés entre l'harmonie et la géométrie, le visible et l'invisible ». Que l'interprétation des dernières œuvres pose donc des problèmes autres que la virtuosité pure n'est guère surprenant. Chaque œuvre étant une sorte de « rituel magique miniature », des points de repère psychologiques tels que « mystérieux », « lugubre », « divin », « comme en un rêve », etc., suggèrent à l'interprète l'ambiance sonore qu'il devra évoquer. Le pianiste devient ainsi un mage qui nous invite à la méditation, à l'écoute attentive de quelque chose de plus que la musique, indéfinissable en son essence mais où l'on pressent de secrètes mutations internes. C'est par le philosophe-musicien Inayat Khan, venu du nord de l'Inde pour donner quelques concerts à Moscou en 1914, que Scriabine fait connaissance avec les danses des derviches tourneurs, provoquant l'extase collective dans certaines conditions. C'est en Inde, en effet, qu'il veut faire bâtir un temple, consacré uniquement à l'exécution de son *Mystère*, sorte de « Bayreuth hindou ». L'exécution de *Prométhée* à Londres en avril 1914 lui donnera enfin l'occasion d'approcher les milieux théosophiques londoniens dont il espère l'aide pour la réalisation de ses projets – projets que la mort soudaine anéantira bientôt. Piqué par une mouche charbonneuse à la lèvre supérieure, il mourut de septicémie, après d'atroces souffrances, le jour de Pâques (27 avr. 1915), en murmurant : « Qui est là ? » Il n'avait que quarante-trois ans. On l'enterra au cimetière de Novodévitchy.

MANFRED KELKEL

Bibliographie

« Alexandr Skrjabin und die Skrjabinisten », in *Musik-Konzepte*, nº spéc. 32-33, Munich, 1983-1984 / G. Abraham, « Scriabin », in M. D. Calvocoressi et G. Abraham dir., *Masters of Russian Music*, Drocksworth, Londres-New York, 1936 / J.-M. Baker, *The Musik of Alexander Scriabin*, Yale Univ. Press, New Haven, 1986 / J. Beer, *L'Évolution du style harmonique dans l'œuvre de Scriabine*, thèse, inédite, Institut de musicologie, Paris, 1966 / I. F. Belsa, *Alexander Nikolajewitsch Scriabin*, Neue Musik, Berlin, 1982 / F. Bowers, *Scriabin, A Biography of the Russian Composer, 1871-1915*, 2 vol., Kodansha, Tōkyō-Palo Alto, 1969 ; *The New Scriabin*, St. Martin's Press, New York, 1973 / V. Delsson, *Scriabin, O Tcherqui jizni i Tvortchestva*, Izdatelstvo, Moscou, 1971 / P. Dickenmann, *Die Entwicklung der Harmonik bei A. Skrjabin*, Akademische Buchhandlung, Berne-Leipzig, 1935 / M. Druskin éd., *Alexander Skrjabin-Briefe*, P. Reclam, Leipzig, 1988 / W. Evrard, *Scriabine*, J. Millas-Martin, Paris, 1972 / M. R. Hofmann, *La Musique russe, des origines à nos jours*, Buchet-Chastel, Paris, 1968 ; « Scriabine, l'homme et ses extases », in *La Vie des grands musiciens russes*, éd. du Sud-Albin Michel, Paris, 1965 / E. A. Hull, *A Great Russian Tone-Poet, Scriabin*, Trench-Trubner, Londres, 1916, rééd. A.M.S., New York, 1970 / M. Kelkel, *Alexandre Scriabine. Sa vie, l'ésotérisme et le langage musical dans son œuvre*, H. Champion, Paris, 1978, rééd. 1984 ; « Esoterik und formale Gestaltung in Skrjabins Spätwerken », in *Studien z. Wertungsforschung*, nº 13, Universal, Vienne, 1980 ; « Les Esquisses musicales de l'Acte préalable de Scriabine », in *Revue de musicologie*, t. LVII, nº 1, 1971 ; *Alexander Scriabine et ses contemporains*, I.R.C.A.M., Paris, 1979 / O. Kolleritsch dir., *Alexander Skrjabin*, Universal, 1980 / D. Mast, *Struktur und Form bei Alexander Skrjabin*, Wollenweber, Munich, 1981 / H. MacDonald, *Skrjabin*, Oxford Univ. Press, Oxford, 1978 / A. Pople, *Skryabin and Stravinsky*, Garland, New York, 1989 / L. Sabaneev, *Vospominania o Skriabinye* (Mes souvenirs de Scriabine), Musikalnije Sektor, Gosoudarstvenago Isdatelstvan, Moscou, 1925 / B. de Schloezer, « Alexandre Scriabine », in *Musique russe*, vol. II, P.U.F., Paris, 1953 ; *Alexander Scriabin*, Cinq Continents, Paris, 1975 ; « Notes sur l'Acte préalable », in *Russkiye Propileii*, trad. franç. M. Scriabine, nº 9, pp. 99-119 / A. Scriabine, *Notes et réflexions, carnets inédits*, Klincksieck, Paris, 1979 / M. Scriabine, « Alexandre Scriabine », in *Les Cahiers canadiens de la musique*, nº 3, Montréal, 1971.

SENFL LUDWIG (1488-1543)

Compositeur suisse, célèbre pour ses lieder, Senfl fut « le prince de la musique allemande tout entière ». Jeune choriste à la chapelle de la cour de Maximilien Ier (qu'il suit à Augsbourg, Constance, Florence), sous la direction de H. Isaac, il adopte le style franco-flamand et succède à son maître en 1517. Il s'établit à Augsbourg (1520) où il termine le monumental *Choralis Constantinus* d'Isaac (paru en 1550-1555) et publie le *Liber selectarum cantionum* (1519-1520), premier recueil allemand de motets. Il termine aussi les « Odes d'Horace » de P. von Hofhaimer (*Varia Carmina*, 1534). Après 1523, il travaille à Munich comme *musicus intonator* (ou *musicus primarius*) du duc Guillaume IV de Bavière. Dans ses six messes et ses motets (quatre à huit voix), il continue Josquin Des Prés et utilise des cantus firmus d'origine sacrée ou profane, et parfois la technique de l'ostinato et de la parodie. Il publie près de trois cents lieder, odes et carmina en polyphonie, avec *ad libitum* accompagnement de trois ou quatre violes. Plusieurs de ses œuvres furent adaptées au luth par Hans Newsidler de Nuremberg ou Simon Gintzler de Trente.

PIERRE-PAUL LACAS

SERMISY CLAUDE OU CLAUDIN DE (1490 env.-1562)

Un des musiciens les plus féconds de la Renaissance française, fort prisé pendant la première moitié du XVIe siècle et dont la renommée repose surtout sur ses chansons galantes. Après avoir été enfant de chœur à la Sainte-Chapelle (1508), Claude Sermisy fut chantre à la chapelle royale (1515), avant d'en être nommé sous-maître vers 1532 (il succéda à A. de Longueval) ; il conserva cette charge jusqu'à sa mort. En 1533, il fut élevé au canonicat et il bénéficia de plusieurs prébendes (Rouen, Troyes). Après un voyage en Italie, dont certains pensent qu'il eut lieu en compagnie de François Ier (1515), il demeura en contact avec le duc de Ferrare auquel il procura des chantres. Dans ses compositions sacrées, Claudin conserve le style traditionnel (messe-parodie), dans l'esprit de Josquin ; toutefois, il écrit un contrepoint plus aéré, il multiplie les passages homophoniques, et la déclamation syllabique met davantage en valeur la compréhension du texte latin. Outre ses treize messes (quatre voix), il écrivit soixante motets (de trois à six voix), qui reflètent les mêmes qualités et où il a certainement laissé le meilleur de lui-même ; on peut seulement citer *Domine quis habitabit*, *Nisi Dominus*, *Aspice Domine*, *Sancta Maria*, *Nos qui vivimus*. Les *Lamentations* de Jérémie (notamment celle du samedi saint) et la *Passion selon saint Matthieu* (avec duos, trios et quatuors de voix d'hommes) possèdent un souffle religieux authentique. C'est cependant par ses chansons profanes que Claudin a mérité la gloire. Il en écrivit quelque deux cents, de deux à quatre voix, voire à six voix à la fin de sa vie. Avec Pierre Certon, il a porté le genre de la chanson parisienne à son apogée. Contemporaine du madrigal italien, la chanson française s'en différencie notamment d'abord par une rythmique précise qui affectionne le syllabisme et utilise peu d'ornements, de vocalises ou de mélismes, ensuite par la qualité de l'invention mélodique, au trait incisif et à la courbe raffinée. Les phrases de Claudin sont ordinairement courtes mais souvent répétées. Elles obéissent à la technique de l'imitation. On rencontre quelquefois une accélération du tempo (*Un jour Robin*, *La, la, maître Pierre*). *En entrant dans un jardin* est une mélodie populaire qu'il traite en harmoniste consommé. Clarté, élégance, gaieté, telles sont quelques-unes des qualités de cet art de cour. Claudin met en musique les chansons de Clément Marot, du cardinal de Tournon, voire de François Ier, mais, à l'opposé de Janequin et de Certon, peu de textes grivois. La structure de ces compositions obéit, non aux exigences du poème, mais à celles de la musique ; elle reste toujours simple : ABCA, AABA, AABCA. Le retentissement de l'œuvre de Claudin fut immédiatement international de son vivant et longtemps après sa mort. Attaingnant en publia des transcriptions pour clavier dès 1531 ; il en exista de très nombreuses dans toute l'Europe, pour le luth, instrument auquel ces chansons s'adaptent parfaitement en raison de la fluidité de l'écriture (on peut penser notamment au *Fronimo* de V. Galilei et à la *Tablature* de J. de Lublin).

PIERRE-PAUL LACAS

SEROCKI KAZIMIERZ (1922-1981)

Après des études musicales au Conservatoire de Łódź, le compositeur polonais Kazimierz Serocki vient à Paris dès la fin de la Seconde Guerre mondiale. Il travaille avec Nadia Boulanger et Lazare Lévy, et il débute comme pianiste. Il est, en Pologne, l'un des fondateurs, avec Tadeusz Baird et Jan Krenz, du Groupe 49, qui s'inspire de l'esthétique du groupe des Six français. Il compose dans cet esprit quelques œuvres importantes (deux *Symphonies*, 1952 et 1953 ; un *Concerto pour trombone*, 1953). La *Sinfonietta* (1956) pour deux orchestres à cordes créée lors du festival d'automne de musique contemporaine de Varsovie (dont Serocki est l'un des animateurs), laisse pressentir par l'élargissement de son écriture l'évolution du compositeur vers d'autres formes du langage musical. Avec sa *Musica concertante* (1958) pour orchestre de chambre, Serocki livre sa première composition strictement sérielle, que suivront *Épisodes* (1958-1959) pour cordes et percussions, *Segmenti* (1960-1961) pour douze instruments à vent, six instruments à cordes, piano, célesta, clavecin, guitare, mandoline et cinquante-huit instruments à percussion et *Fresques symphoniques* (1964), où la recherche s'élargit aux problèmes de l'espace et des notations rythmiques. Serocki expérimente également les procédés aléatoires, s'intéresse à la musique électronique et n'hésite pas à s'inspirer du jazz : *Musique rythmée* (1970) pour clarinette, trombone, violoncelle ou contrebasse ; *Ad libitum* (1976), cinq pièces pour orchestre ; *Pianophonie* (1976-1978), pour piano, transformation sonore électronique et orchestre.

BRIGITTE MASSIN

SESSIONS ROGER (1896-1985)

Le compositeur américain Roger Huntington Sessions voit le jour à Brooklyn (New York) le 28 décembre 1896. En 1910, il entre à Harvard University où il commence ses études musicales, obtenant le diplôme de Bachelor of Arts en 1915. Il travaille ensuite la composition à la Yale School of Music avec Horatio Parker et obtient le titre de Bachelor of Music en 1917. À cette époque, il devient l'élève, en privé, d'Ernest Bloch, qui s'était fixé depuis peu aux États-Unis, à Cleveland et à New York. Simultanément, il commence à enseigner la théorie musicale au Smith College de Northampton, dans le Massachusetts (1917-1921). Assistant de Bloch au Cleveland Institute of Music (1921), il y est ensuite nommé chef du département de composition musicale. Grâce à différentes bourses, il passe l'essentiel des années 1925-1933 en Europe : deux Guggenheim Fellowships (1926 et 1927), le prix de Rome américain (1928) et le Carnegie Fellowship (1931-1932) lui permettent de séjourner à Florence, Rome, Berlin et Paris, où il travaille avec Nadia Boulanger. Une période déterminante dans son évolution artistique.

Revenant périodiquement aux États-Unis, il organise avec Aaron Copland une série de concerts de musique contemporaine à New York, les Copland-Sessions Concerts, qui joueront un rôle essentiel dans la diffusion de la jeune musique américaine. Commence alors pour lui une carrière pédagogique très importante : il est professeur à l'université de Boston (1933-1935), au New Jersey College for Women (1935-1937), à l'université de Princeton (1935-1945 et 1953-1965), à Berkeley (1942-1952 et 1966-1967), à Harvard (1968-1969), ainsi qu'à la Juilliard School of Music de New York, où il enseignera de 1965 à la fin de sa vie. Parmi ses élèves, on trouve la plupart des figures marquantes des générations suivantes : David Diamond, Leon Kirchner, Milton Babbitt... Président de la section américaine de la Société internationale de musique contemporaine entre 1932 et 1942, il en partage les fonctions de chairman avec Copland à partir de 1953. Il recevra de nombreuses récompenses, notamment le prix Pulitzer (1974). Il meurt à Princeton le 16 mars 1985.

Les premières œuvres de Roger Sessions sont profondément marquées par l'esthétique d'Ernest Bloch : style rhapsodique, polytonalité, contrepoint très serré et dissonances non résolues forment un ensemble austère. L'influence de Stravinski transparaît parfois dans une production souvent éclectique dominée par un sens de la construction très développé. Sessions cherche alors à lutter contre l'américanisme souvent facile et excessif de ses contemporains. Ce refus de la séduction est souvent mal compris, et les œuvres qu'il compose alors passent difficilement la rampe. De cette première période datent la musique de scène pour *The Black Maskers* de Leonide Andreïev (1923), la *Première Symphonie* (1926-1927), créée à Boston par Serge Koussevitzky et la *Première Sonate pour piano* (1928-1930). Avec le *Concerto pour violon* (1931-1935), il se tourne vers une écriture chromatique, alors qu'à son retour d'Europe il cultive volontiers le néo-classicisme à la façon de Stravinski. Mais sa voie est ailleurs : la *Deuxième Symphonie* (1944-1946), créée à San Francisco, et la *Deuxième Sonate pour piano* (1946) révèlent un chromatisme assez dur qui l'amène vers une écriture atonale caractérisant *The Trial of Lucullus*, opéra sur un texte de Brecht (1947), le *Deuxième Quatuor* (1950), la *Troisième Symphonie* (1955-1957), que crée Charles Münch à Boston. À cette période atonale succède naturellement une période sérielle, déjà prévisible dans la *Sonate pour violon seul* (1953), mais qui s'affirme dans un dodécaphonisme assez libre : *Concerto pour piano* (1956), *Idyll of Theocritus*, pour soprano et orchestre (1956), *Messe* (1956), *Quintette à cordes* (1957), *Quatrième Symphonie* (1958).

Les dernières années de sa vie voient Sessions opérer une synthèse de ces différentes approches qui provoque des réactions contradictoires dans le monde musical américain, certains le considérant comme un compositeur progressiste, résolument en avance sur son temps, d'autres comme le Brahms américain. Il compose alors ses *Symphonies n° 5* (1964), *n° 6*, (1966), *n° 7* (1967), *n° 8* (1968) et *n° 9* (1976-1978), le *Psaume 140* pour soprano et orgue (1964), le *Troisième Quatuor* (1965), le *Duo pour violon et piano* (1966), la *Rhapsodie pour orchestre* (1970), le *Concerto pour violon et violoncelle* (1970), le *Concertino pour orchestre de chambre* (1971) et *Cinq Pièces pour piano* (1975). Son opéra *Montezuma* d'après Giuseppe Borgese, composé en 1941, remanié en 1963 et créé à l'Opéra de Berlin en 1964, est le seul succès important qu'il remportera sur le continent européen.

Théoricien hautement respecté, Sessions a laissé de nombreux ouvrages et collaboré, entre 1915 et 1917, à la *Harvard Musical Review* et, de 1927 à 1940, à *Modern Music*.

ALAIN PÂRIS

Bibliographie

R. SESSIONS, *The Musical Experience of Composer, Performer, Listener*, Princeton Univ. Press, Princeton (N.J.), 1950 ; *Harmonic Practice*, Harcourt Brace Jovanovich, New York, 1951 ; *Reflections on the Music Life in the United States*, Merlin, New York, 1956 ; *Questions about Music*, Harvard Univ. Press, Cambridge (Mass.), 1970 / J. ABRUZZO & H. WEINBERG, « Roger Sessions », in S. Sadie dir., *The New Grove Dictionary of Music and Musicians*, MacMillan, Londres, 1980 / A. OLMSTEAD, *Roger Sessions and his Music*, Ann Arbor, 1985 ; *Conversations with Roger Sessions*, Boston, 1986.

SÉVERAC DÉODAT DE (1872-1921)

Originaire de Saint-Félix-de-Caraman (Haute-Garonne), Séverac trouve dans l'enseignement de Vincent d'Indy à la Schola cantorum, et dans l'exemple du maître, une raison de retourner en Cerdagne. Ses opéras-comiques nous mènent l'un dans le Lauraguais (*Le Cœur du moulin*, 1903-1908), l'autre à Béziers (*Héliogabale*, 1910) ; ses poèmes symphoniques et surtout ses pièces pour piano (*Le Chant de la terre*, 1900 ; *En Languedoc*, 1904 ; *Baigneuses au soleil*, 1908 ; *Cerdaña*, 1910-1911) sont d'une écriture forte et charpentée comme celle de son maître, mais où se décèle une subtile influence debussyste. Debussy disait : « Sa musique sent bon. »

PHILIPPE BEAUSSANT

SGRIZZI LUCIANO (1910-1994)

Claveciniste, pianiste, compositeur et musicologue italien, Luciano Sgrizzi est l'un des artisans du renouveau de la musique ancienne de son pays natal. Il voit le jour à Bologne le 30 octobre 1910 et commence à étudier la musique avec un de ses oncles, qui l'oriente vers le violon. Mais, dès l'âge de douze ans, il se tourne vers le piano et entre à l'Accademia filarmonica de Bologne, où il étudie aussi l'orgue, l'harmonie et la composition. À douze ans, il a déjà obtenu son diplôme de piano. Il travaille ensuite au Conservatoire de Parme, où il est, de 1927 à 1931, l'élève de Luigi Ferrari-Trecate avant de poursuivre ses études à Paris avec Albert Bertelin,

Léonce de Saint-Martin (l'organiste de Notre-Dame de Paris) et Georges Migot (1934-1937). Il donne des récitals de piano en Italie, fait une tournée en Amérique latine, mais se consacre alors surtout à la composition. Il étudie également l'histoire et la littérature. À la déclaration de guerre, il refuse de regagner l'Italie fasciste et s'installe en Suisse. La musique l'attire de moins en moins, et c'est comme chroniqueur littéraire et rédacteur de feuilletons qu'il est engagé à la Radio suisse italienne, à Lugano, en 1948. Il y travaillera jusqu'en 1974. Il présente également des émissions musicales. Il revient alors vers le piano et joue en première audition de nombreuses œuvres de compositeurs suisses et italiens. La même année 1948, toujours en autodidacte, il aborde le clavecin, qui devient rapidement son instrument de prédilection. Il commence à se faire connaître sous ce nouveau visage et Edwin Loehrer, le chef de la Società cameristica di Lugano, l'engage pour faire des réalisations de musique ancienne (1958-1960). Comme claveciniste attitré de cet ensemble, il effectue ses premiers enregistrements et révèle une nouvelle approche de la musique italienne du XVIIIe siècle, marquée par une recherche d'authenticité et une exceptionnelle vitalité. Sa carrière de soliste se développe alors très rapidement, notamment en France et en Italie. Il est l'un des premiers, en dehors de Wanda Landowska, à jouer les sonates de Scarlatti au clavecin. Il exhume celles de Marcello, Paradisi et Albinoni. Il est aussi l'un des premiers à opérer un retour vers des instruments conformes à ceux du XVIIIe siècle. En 1965, il aborde le pianoforte et élargit ses investigations à la musique instrumentale du début du XIXe siècle : il participe, avec Edwin Loehrer, à la redécouverte des *Péchés de ma vieillesse* de Rossini ; plus tard, il révèle les œuvres de Johann Schobert. En 1970, la perte de l'usage d'un œil ne l'empêche pas de poursuivre ses activités avec un rayonnement qui étonne tous ceux qui l'approchent. Il entreprend alors l'enregistrement intégral des sonates de Scarlatti et suit l'évolution de l'interprétation de la musique ancienne en se produisant avec l'Ensemble 415 de la violoniste Chiara Banchini. Il meurt à Monte-Carlo le 11 septembre 1994.

Ses travaux musicologiques vont de Monteverdi à Pergolèse. À une époque où la musique de ces compositeurs n'était éditée que de façon partielle et généralement dans des arrangements modernes, il a opéré un retour aux sources. Ses reconstitutions et réalisations ont marqué une génération de transition sans laquelle la vogue actuelle de la musique ancienne n'aurait pas connu un tel essor. Il a édité des madrigaux de Monteverdi et Caldara, *Ercole amante* de Cavalli et les sonates pour clavecin de Benedetto Marcello. Son œuvre de compositeur s'inscrit dans le prolongement de celle de Casella et de Respighi : *Concerto pour piano* et *Trio à cordes* (1935) ; *Impressioni* et *Concerto pour orchestre* (1936) ; suites pour orchestre *Paesaggi* et *Suite napolitaine* (1951), *Suite belge* (1952) ; *Viottiana*, divertimento sur des thèmes de Viotti (1954) ; *Suite anglaise* (1956) ; nombreuses pièces pour piano.

ALAIN PÂRIS

SIBELIUS JEAN (1865-1957)

Ayant suscité les appréciations les plus contradictoires chez les critiques, tenu longtemps dans un purgatoire d'où seuls Anglais et Américains l'avaient fait sortir (ce qui ajoutait à la méfiance des Allemands et des Latins puisque le bon goût musical ne semblait pouvoir franchir ni la Manche ni l'Atlantique !), Sibelius revient au premier rang et prend peu à peu la place qu'il mérite. Non sans erreurs d'appréciation : un certain nombre d'opinions préconçues circulent sur le personnage et il convient de les dissiper.

Sibelius ne peut pas être rangé dans la catégorie des compositeurs dits « nationaux ». Il n'est ni le Grieg, encore moins le Dvořák, voire le Bartók, finlandais : il n'utilise pas la musique populaire comme matériau thématique, et les caractéristiques de son style mélodique ne doivent rien aux mélodies populaires de son pays. Ce sont les commentateurs, victimes de l'hyperurbanisation de l'Europe occidentale industrialisée, qui ont vu en Sibelius un chantre du terroir. Nul besoin pour lui de retourner aux sources : il ne les a jamais quittées tant la Finlande d'alors était – et reste encore – un paradis écologique ! Sibelius n'a cherché qu'à atteindre un langage universel ; le plus grand risque pour lui aurait été de « folkloriser » sa musique et de la reléguer ainsi à une production couleur locale inapte à passer les frontières. La toile de fond (et non pas le développement) de l'œuvre de Sibelius reste nordique, et le nationalisme finlandais ne peut y trouver son compte qu'après coup.

Lorsqu'il vient au monde, la Finlande est sous le joug russe depuis un peu plus d'un demi-siècle. Mais, pendant les six siècles précédents, c'est la Suède qui dominait le pays. Sibelius va vivre dans un contexte familial suédois, d'extraction et de culture : sur la centaine de mélodies environ qu'il va composer, l'écrasante majorité empruntera des textes en suédois. Dès lors, même si la montée de son art coïncide avec celle du nationalisme littéraire (à la suite de la publication par Elias Lönnrot du *Kalevala*, vaste épopée finnoise), il est aussi vain de nier que Sibelius se rapproche de la lignée (dont Franz Berwald – suédois – est à l'origine) des grands symphonistes nordiques pannationaux au côté de Carl Nielsen, son exact contemporain, qu'il est absurde d'en faire un antirusse (alors que bien des similitudes avec sa musique apparaissent dans certaines œuvres de Borodine, de Rimski-Korsakov ou de Tchaïkovski).

Enfin, Sibelius a été un grand voyageur sensible aux divers courants esthétiques qui ont traversé l'Europe. Lorsqu'il compose des musiques de scène, là encore, il choisit Strindberg, Maeterlinck, Hofmannsthal, Shakespeare. Il ne négligera aucun des courants qui ont éveillé sa curiosité et enrichira d'autant son art, qui va à chaque fois y gagner en universalité.

Premiers contacts

Sibelius est né le 8 décembre 1865 à Hämeenlinna, une ville située à près de 200 kilomètres au nord d'Helsinki. Le père, médecin militaire de souche à la fois suédoise et finnoise, avait épousé la fille d'un médecin immigré de Suède : l'atmosphère culturelle dans laquelle va baigner le jeune Johan Julius Christian sera donc de langue et de coutumes presque exclusivement suédoises, d'autant plus que seules sa mère et sa grand-mère maternelle l'élèveront après la mort du père en 1868. Les premières leçons de piano se révèlent peu fructueuses : les compositions de Sibelius pour cet instrument resteront marginales. Il préfère et préférera toujours le violon, pour lequel il écrira son unique concerto (il regrettera beaucoup de n'avoir pu devenir un violoniste virtuose).

Après avoir été reçu bachelier en 1885, il commence des études de droit – concession faite à la famille – tout en poursuivant ses études musicales à l'Institut de musique (l'actuelle Académie Sibelius), fondé trois ans auparavant par Martin Wegelius. Sibelius y apprend la composition après avoir abandonné le violon et malgré plusieurs apparitions en soliste au cours de concerts locaux. À l'Institut, il se lie avec Karl Flodin (critique du quotidien suédois *Nya Pressen*), Robert Kajanus – père de la musique finlandaise – et Ferruccio Busoni (professeur chez Wegelius de 1888 à 1890).

Affirmation d'une personnalité

En 1889, Sibelius découvre en fouillant dans des vieux tiroirs qu'un de ses oncles, grand voyageur, avait internationalisé en Jean son prénom Johan : Sibelius décide de faire de même et lui aussi, cette même année, commence à voyager. À Berlin, il étudie le contrepoint avec Alfred Becker pendant l'hiver 1889-1890 et compose un quintette pour piano et cordes. L'hiver suivant, il est à Vienne : en dépit d'une lettre de recommandation de Busoni, il est éconduit par Brahms, et c'est auprès de Robert Fuchs et de Karl Goldmark que Sibelius se perfectionne. Il compose ses premières partitions orchestrales et lance les premières ébauches de *Kullervo*. De retour en Finlande, il donne, en avril 1892, sa symphonie *Kullervo* pour soprano, baryton, chœur d'hommes et orchestre : les quelque quatre-vingt-dix minutes de la partition transportent le public qui veut y voir l'acte de naissance de la musique finnoise. L'œuvre, saluée avec un enthousiasme patriotique, sera reprise mais disparaîtra complètement de l'affiche du vivant de Sibelius qui n'en était ni satisfait, ni désireux de la réviser ! Quelques semaines après ce premier succès, Sibelius épouse Aïno Järnefelt : ils auront six filles et vivront ensemble pendant soixante-cinq ans ! Cette même année 1892, Sibelius est nommé professeur à l'Institut. Le 16 février 1893, il exécute *En Saga* (« Une légende »), une œuvre grand public que semblait appeler sa notoriété grandissante ; insatisfait encore une fois, il retire la partition. Il faut attendre 1902 pour voir naître la version entièrement révisée que nous connaissons aujourd'hui.

Avec la *Suite de Lemminkäinen* (1893-1896), moins bien accueillie en Finlande que *Kullervo*, Sibelius atteint la dimension universelle de son génie. Les deux derniers des quatre mouvements de cette suite – *Le Cygne de Tuonela* et *Le Retour de Lemminkäinen* – vont connaître une brillante carrière internationale. Entre-temps, au cours d'un voyage à Bayreuth et à Munich, Sibelius avait entendu *Tristan* : il avoue n'éprouver aucune sympathie pour l'art de Wagner. Il ne faut donc pas s'étonner si *Lemminkäinen* – bien que l'exprimant par des moyens fort différents – témoigne d'une sensibilité beaucoup plus proche de l'expressionnisme français que du wagnérisme, définitivement étranger à Sibelius après la tentative infructueuse de la composition d'un opéra (*La Construction du bateau*) et malgré *La Jeune Fille et la tour*, opéra achevé en 1896 mais que Sibelius refusera toujours de faire reconnaître. Cette même année, Sibelius échoue devant Robert Kajanus à la succession de Friedrich Richard Faltin comme professeur à l'Université, mais en 1897 il reçoit une rente annuelle qui sera dix ans plus tard tranformée en pension à vie, ce qui lui évitera bien des soucis matériels.

Le cycle des symphonies

En 1899, Sibelius achève sa *Première Symphonie*, en *mi* mineur. Il entamait là un cycle qui va porter la marque de l'évolution de son art et le fait apparaître comme le second grand symphoniste du tournant de siècle, au côté de Gustav Mahler. C'est néanmoins *Finlandia*, poème symphonique publié en 1900, qui allait marquer le début de sa carrière internationale, favorisée par la présence du pavillon finlandais à l'Exposition universelle de Paris où se produisit l'Orchestre philharmonique d'Helsinki dont il était le second chef accompagnateur. La *Deuxième Symphonie*, en *ré* majeur (1901), porte les marques de l'infatigable voyageur que devient Sibelius : mûrie depuis son retour de Paris, poursuivie en Italie après un voyage en Allemagne, elle repose sur un grand nombre de réminiscences, bien qu'il lui dénie toute intention de programme.

En 1903, pour illustrer une scène de la pièce *Kuolema* (la mort) de Armas Järnefelt (son beau-frère), Sibelius achève un « tempo di valse lente » qui, rebaptisé *Valse triste*, allait devenir inséparable de son renom, alors que ce petit mouvement est à ranger aux côtés des nombreuses valses qu'il écrivait (souvent pour se détendre) et qui rappellent simplement le goût avoué que Sibelius avait pour celles de Strauss. En 1904, Sibelius se souvient de son instrument favori : le résultat est le *Concerto pour violon*, œuvre virtuose dans laquelle soliste et orchestre ne se renvoient pratiquement jamais les mêmes thèmes. Au printemps de la même année, il quitte Helsinki pour faire construire à Järvanpää la villa qu'il habitera jusqu'à sa mort. Et, à l'automne, il commence sa *Troisième Symphonie*, en *ut* majeur, présentée au public le 25 septembre 1907. Sibelius y atteint une extrême concentration (l'œuvre dure moins d'une demi-heure) et prône un dépouillement de l'orchestre (absence de tuba, prédominance des cordes) qui annonce Karl Amadeus Hartmann. Entretemps, après Berlin et l'Angleterre, il attache son nom, à la suite de Fauré, Debussy et Schönberg, à une musique de scène de *Pelléas et Mélisande*. Un mois plus tard, Mahler est à Helsinki, le temps pour Sibelius de constater que leurs conceptions de la symphonie s'opposent... Après de nouveaux voyages en Angleterre (au cours de l'un d'eux, il achève son quatuor à cordes *Voces Intimae*), Sibelius commence en 1910 sa *Quatrième Symphonie*, en *la* mineur. Il la termine l'année suivante après l'avoir poursuivie en Norvège, à Berlin, en Suède et à Riga ! L'austérité de l'œuvre, sa concision et sans doute aussi son incertitude tonale déconcertent le public qui passe à côté d'une des plus intéressantes créations de Sibelius. Il faut attendre 1913 et les cinquante ans du compositeur pour que voie le jour la *Cinquième Symphonie*, en *mi* bémol majeur, qui sera celle qui lui donnera le plus de mal. (L'annonce de la Première Guerre mondiale, qui est pour lui une complète surprise, l'a profondément perturbé et n'a sûrement pas simplifié sa tâche.) De ses années passées en Angleterre et aux États-Unis émerge *Luonnotar*, un chef-d'œuvre absolu pour soprano et orchestre donné en 1913 au festival de Gloucester et dont on s'étonne encore qu'il ne soit pas plus joué aujourd'hui.

La révolution russe de 1917 a eu de tragiques conséquences en Finlande. Une guerre civile d'indépendance particulièrement meurtrière allait décimer le pays avant que ne soit proclamée la république le 25 juillet 1919. Quatre mois plus tard sera donnée la version définitive de la *Cinquième Symphonie*. Elle sera suivie de la *Sixième Symphonie* en 1923 (après un dernier voyage en Angleterre et une tournée en Suède et en Norvège), qui correspond dans sa simplicité à l'idéal de clarté, d'équilibre et de concentration auquel tendait Sibelius depuis la *Quatrième Symphonie*. L'unique mouvement, d'une grandeur très dépouillée, de la *Septième Symphonie*, en *ut* majeur (appelée d'abord *Fantasia sinfonica*), achevée en 1924 confirme définitivement cet idéal.

Il y aura encore *Tapiola* en 1926, sorte de testament avant la lettre, retour final à la mythologie finnoise abordée dans *Kullervo*, apothéose d'un génie qui désormais va se taire. Sibelius, à qui il reste trente ans à vivre, ne va plus écrire. Sensible à tous les courants qui ont marqué son époque, il a senti, avec sagesse, que le moment était venu pour lui de se tenir à l'écart, plutôt sans doute que de se voir dépassé. C'est l'explication la plus plausible à ce silence, sur lequel on n'a pas fini d'épiloguer. Sibelius meurt le 20 septembre 1957.

MICHEL VINCENT

Bibliographie

G. Abraham, *The Music of Sibelius*, Da Capo, Londres, 1975 / G. Abraham dir., *Sibelius. A Symposium*, L. Drummond, Londres, 1947 / L. & R. de Gorog, *From Sibelius to Sallinen*, Greenwood, Westport (Conn.), 1989 / C. Gray, *Sibelius*, Londres, 1931 ; *Sibelius. The Symphonies*, Oxford, 1935, rééd. 1980 / T. Howell, *Jean Sibelius*, Garland, New York, 1990 / B. James, *Music of Jean Sibelius*, Fairleigh Dickinson Univ. Press, Teaneck (N.J.), 1983 / « Jean Sibelius », in nº spéc. 3-4, *Finnish Music Quarterly*, 1990 / H. E. Johnson, *Jean Sibelius*, Greenwood, 1978 / R. Layton, *Sibelius*, Dent, Londres, 1988 / S. Levas, *Sibelius*, *ibid.*, 1972 / S. Parmet, *The Symphonies of Sibelius*, Londres, 1959 / N. E. Ringbom, *Jean Sibelius*, Oklahoma Univ. Press, Oklahoma, 1954, rééd. Greenwood, 1977 / R. Simpson, *Sibelius and Nielsen, a Centenary Essay*, Dent, 1965 / E. Tanzberger, *Jean Sibelius, eine Monographie*, Breitkopf und Härtel, Wiesbaden, 1962 / E. Tawaststjerna, *Jean Sibelius*, 5 vol. Otava, Helsinki, dep. 1966, trad. angl. R. Layton, Faber, Londres, dep. 1976 / M. Vignal, *Jean Sibelius*, Seghers, Paris, 1965 / P. Vidal, « Jean Sibelius », in *Harmonie-Opéra*, nº 16, 1982.

SINDING CHRISTIAN (1856-1941)

Né à Kongsberg et mort à Oslo, Christian Sinding reste le plus grand compositeur norvégien après Grieg. Formé à l'école allemande (il est resté quatre ans au conservatoire de Leipzig, où il se fera remarquer en 1882 par son *Quintette avec piano*, op. 5), Sinding subira à la fois l'influence de Wagner et celle de Liszt. Il passera au total près de quarante ans sur le sol germanique ; il ne quittera l'Europe que pour une saison universitaire (1921-1922), pendant laquelle il enseignera à l'Eastman School of Music de Rochester (qui venait juste d'être dotée par son bienfaiteur, l'inventeur du célèbre appareil photographique Kodak).

Des compositions de Sinding, outre le quintette déjà cité, on retiendra plusieurs œuvres de musique de chambre et de nombreuses partitions pour le piano qui oscillent entre des morceaux faciles de salon (tels les célèbres *Murmures du printemps*, op. 32, nº 3) et quelques exercices de bravoure très lisztiens (au sein desquels les remarquables *Caprices* de l'opus 44). Son *Concerto pour piano*, opus 6, n'a rien à envier là encore à ceux de Liszt, tandis que de ses quatre symphonies la première reste inégalée : caractéristique troublante de la production de Sinding, qui ne semble pas avoir progressé durant sa longue existence par rapport à ses œuvres de jeunesse. En vieillissant, son style deviendra plus ampoulé. Il a écrit deux opéras, *Titandros* (1884) et *Der heilige Berg* (1912, créé en 1914). Là où Grieg avait donné à la musique norvégienne une identité nationale fortement enracinée dans le folklore, Sinding rétablit un équilibre au profit des influences germaniques, en attendant que Johan Svendsen, le grand chef d'orchestre et talentueux orchestrateur contemporain des deux compositeurs (1840-1911), assure une synthèse d'où pourra naître le courant moderniste norvégien du XXe siècle.

MICHEL VINCENT

SIOHAN ROBERT (1894-1985)

Musicien universel, Robert Siohan avait choisi de servir son art en écartant d'emblée toute idée de carrière personnelle. Compositeur, chef d'orchestre, journaliste, musicologue, il était l'un des rares survivants d'une génération qui avait vécu la grande mutation post-debussyste et défendu avec vigueur les nouveaux courants musicaux.

Né à Paris le 27 février 1894, il fait ses études musicales au Conservatoire où, entre 1909 et 1922, il est notamment l'élève d'Alexandre Lavignac, Georges Caussade et Charles-Marie Widor. Il remporte des premiers prix d'alto, de contrepoint et de fugue avant de travailler avec Vincent d'Indy, qui le pousse vers la direction d'orchestre. Il débute comme altiste à la Société des concerts du Conservatoire et voit ses premières œuvres couronnées du prix Halphen (*Quatuor à cordes*, 1922) et du prix Blumenthal (*Symphonie*, 1925-1926, *Quatuor* et mélodies). On lui doit la première audition parisienne du *Roi David* d'Arthur Honegger (1924). Il commence à acquérir une certaine notoriété de chef d'orchestre et dirige régulièrement aux Concerts Pasdeloup. En 1929, il fonde son propre orchestre, les Concerts Siohan, qui deviennent l'une des formations les plus dynamiques de la capitale, ouverts à la nouvelle musique et aux jeunes interprètes. Mais, devant les problèmes financiers qui s'accumulent, ils fusionnent, en 1935, avec les Concerts Poulet, avant de disparaître l'année suivante. Siohan crée notamment, à la tête de son orchestre, des œuvres de Milhaud, Honegger et Ibert ainsi que *L'Ascension* de Messiaen (1934). De 1932 à 1946, il est chef des chœurs à l'Opéra de Paris puis professeur de déchiffrage au Conservatoire (1948-1962) et inspecteur général de la musique au ministère des Affaires culturelles (1962-1964). Il soutient en Sorbonne une thèse sur *Les Théories nouvelles de l'harmonie* (1954) qu'il publie sous le titre d'*Horizons sonores, évolution actuelle de l'art musical* (1956).

Ses premières œuvres s'inscrivent dans la ligne néo-classique qu'il ne quittera guère. Doué d'un sens mélodique spontané, il recherche les édifices solidement construits, en disciple de Vincent d'Indy, laissant évoluer son inspiration sur une harmonie librement tonale. Il restera toujours étranger aux courants aléatoires. Son œuvre s'échelonne sur plus d'un demi-siècle, bien que le chef d'orchestre et le critique musical aient relégué dans l'ombre le compositeur. On lui doit un opéra, *Le Baladin de satin cramoisi* (livret de René Morax, 1926-1927), et un ballet, *Hypérion* (1938), des œuvres symphoniques, *In memoriam*, op. 3 (1922), *Symphonie*, op. 6 (1925-1926), *Concerto pour violon*, op. 14 (1927), *Concerto pour piano*, op. 15 (1939), de la musique de chambre et instrumentale – *Quatuor*, op. 2 (1922), *Mallarméennes* pour piano, op. 17 (1945), *Gravitations* pour alto et piano (1952) – et des mélodies. Après une période de silence d'une vingtaine d'années consacrée surtout à la musicologie et à la critique, il compose deux œuvres chorales avec orchestre, *Images chorégraphiques* et *Jeux phonétiques* (1972), *Trois Dialogues* pour violon et piano (1975), un *Quatuor avec piano* (1977) et *Thrène* (1982). Il a été, pendant plusieurs années, critique musical au journal *Le Monde* et à *Combat*, collaborant également à la *Revue d'esthétique*. Il est l'auteur de nombreux écrits, parmi lesquels *Stravinski* (1959) et *La Musique étrangère contemporaine* (1954), rééd. sous le titre *La Musique étrangère au XXe siècle*, 1984.

ALAIN PÂRIS

SIX GROUPE DES

La musique du groupe des Six représente une réaction aussi bien contre le wagnérisme et ses émules nouveaux (Richard Strauss) que contre l'impressionnisme debussyste, voire contre le ravélisme. D'un côté, une harmonie chargée, un chromatisme exacerbé, de l'autre, des nuances toujours diffuses et estompées. Il y a la réaction stravinskienne, la réaction schönbergienne, la réaction régérienne ; mais celle des Six emprunte une autre voie. La musique ne fait que gagner en complexité ; c'est l'essor de l'atonal, du polytonal, du polyrythmique, du grossissement des effectifs orchestraux. La surcharge menace d'envahir l'art musical. Quelque diffus qu'il puisse apparaître, le besoin de simplifier la trame, de clarifier le discours, de laisser se décanter l'expression, de faire souffler un vent d'humour et de pittoresque léger dans la musique sont là bien présents. Le groupe des Six va s'employer à incarner de tels désirs.

C'est le critique Henri Collet, rédacteur musical du journal *Comœdia*, qui, de son propre chef, donna un nom à ce groupe ; il intitula un de ses articles (où l'on voit le parallèle avec les Russes et l'origine de son expression) « Un livre de Rimski et un livre de Cocteau, les Cinq Russes, les Six Français et M. Erik Satie » (janv. 1920), puis publia un second article, « Les Six Français » ; ces musiciens sont Darius Milhaud, Francis Poulenc, Arthur Honegger, Georges Auric, Louis Durey et Germaine Tailleferre.

Une création spontanée

Henri Sauguet a pu parler, à propos de la naissance de ce groupe, de « phénomène de création spontanée ». Ce n'est pas, de fait, une volonté esthétique préalable qui a présidé à la réunion de ces compositeurs. Pourtant, l'affirmation n'est vraie qu'à moitié, car quelques-uns d'entre eux se réunissaient déjà à Paris et avaient proposé de s'appeler les Nouveaux Jeunes. Quelques jeunes musiciens furent, en effet, fortement attirés par les représentations du ballet *Parade*, de Satie pour la musique, de Cocteau pour le livret, de Picasso pour les costumes et les décors, de Massine pour la chorégraphie, et qui avait été créé par les Ballets russes en 1917. Le scandale fut grand ; l'œuvre, avec ses allures à la fois naïves et provocantes, heurtait de front les habitués récents des finesses chatoyantes de l'impressionnisme. On croyait voir une parenté révolutionnaire entre *Parade* et les excentricités de la littérature d'Apollinaire et de la peinture de Picasso. Blaise Cendrars prit l'initiative de réunir autour de Satie quelques musiciens et de faire entendre leur musique lors de concerts où seraient aussi présentées les œuvres de la poésie nouvelle (Apollinaire, Max Jacob, Reverdy, Radiguet, Cendrars, Cocteau), d'abord dans l'atelier du peintre Lejeune, ensuite au théâtre du Vieux-Colombier que dirigeait Jeanne Bathori (1918). C'est alors que les musiciens qui se réunissaient ainsi se regroupèrent et prirent le nom de Nouveaux Jeunes. Il y avait Auric, Durey, Honegger et Tailleferre. Milhaud était au Brésil, avec Claudel ; Honegger, qui avait été le condisciple de Milhaud au Conservatoire de Paris, lui proposa qu'on l'intégrât au groupe. Ce n'est que plus tard que Poulenc les rejoignit, et c'est là-dessus qu'intervint Henri Collet. On remarquera que ces artistes possédaient des personnalités très différentes.

Se sont-ils vraiment reconnus dans les articles de Jean Cocteau (*Paris-Midi*, 1919, et *Le Coq*, 1920) réunis dans *Le Coq et l'Arlequin*, véritable manifeste de cette école informelle ? On en peut discuter. Un poète dictant leurs impératifs à des musiciens ! Sans formuler leurs projets de manière aussi brutale que Satie (« Toutes ces sociétés, la Nationale, la S.M.I. [Société musicale indépendante], ça joue la musique des autres ! Nous, on va faire une société pour jouer notre musique »), ils auraient pu en accepter le propos comme signe d'une volonté de renouveau. Le théoricien Cocteau félicite ses amis de « s'évader d'Allemagne » et de « chanter dans leur arbre généalogique ». Pour ce faire, il suffit d'écouter la musique des bals populaires et des cafés-concerts. Wagner, voilà l'ennemi ! Debussy lui-même a succombé au charme des sirènes germaniques et n'a su éviter « le piège russe ». Un seul modèle : Erik Satie, le poète des « petits riens » ! « Après tant de drames dont le XIXe siècle s'était repu, les nuages se dissipaient et s'éclaircissait le ciel musical : le temps des concerts champêtres était venu. » (Roger Delage).

Remarquons, par ailleurs, que si le nombre six a été retenu, il aurait pu avec une justesse non moins grande être remplacé par un sept, un huit ou un neuf : on pense à Roland-Manuel, à Pierre Menu ou à Henri Cliquet-Pleyel. Quoi qu'il en soit, chacun des Six a mené son évolution esthétique comme bon lui a semblé. On citera pour l'anecdote plus que pour leur valeur signifiante les deux œuvres qu'il créèrent en commun : une série de pièces pour piano, *Album des Six*, et un ballet, *Les Mariés de la tour Eiffel* (livret de Cocteau et Jan Börlin, décors de Jean Victor-Hugo, et pour la musique, *Ouverture* d'Auric, *Discours du général* de Poulenc, *Quadrille* de Tailleferre, *Marche nuptiale* de Milhaud, *Marche funèbre* d'Honegger). L'œuvre fut créée par les Ballets suédois en 1920. On n'essayera pas ici de scruter les oppositions ni de déterminer toutes les affinités qui éloigneraient ou relieraient ces artistes. On relèvera tout au plus quelques analogies et, tout d'abord, un besoin d'exalter le rythme et la danse, en dehors de théories esthétiques a priori et systématiques ; mais de cela, on trouverait également des signes chez Stravinski ou chez Schmitt qui partagent le souci de la simplicité d'écriture – au sens de dépouillement, de bannissement des artifices trop voyants, et non de pauvreté d'invention. On insistera enfin et surtout sur le sens de l'humour, par lequel ils apparaissent comme typiquement français et aussi comme se rattachant tous, par quelque côté, à Satie.

Louis Durey

Louis Durey (1888-1979) demeura fidèle à Debussy, son modèle initial, même s'il accepta l'influence ultérieure de Schönberg (*L'Offrande lyrique*), de Stravinski (deux pièces à quatre mains : *Carillons* et *Neige*), de Satie (*Trois Poèmes de Pétrone*) et de Ravel (*Le Bestiaire*). Après son adhésion au Parti communiste (1936), il mit son art surtout au service de ses convictions (cantates, chants de masse, harmonisations de chansons de terroir). On lui reconnaît un réel talent de mélodiste et de compositeur de musique vocale (quatuors, chœurs avec petit ensemble instrumental).

Francis Poulenc

La musique de Francis Poulenc (1899-1963), tenu pour un poète frivole et charmant, bref un « petit maître », ne correspond guère cependant à cette image ; à preuve *Litanies à la Vierge noire* (1936), *La Messe en sol* (1937), *Sécheresses* (1937), le *Stabat mater* (1951), *Sept Répons des ténèbres* (1961), à côté de pages avec orchestre, telles que le *Concerto pour deux pianos* (1932) ou le *Concerto pour orgue* (1938). La vivacité, la tendresse, le lyrisme de *Dialogues des carmélites* (créé à la Scala de Milan en 1957) furent salués comme un événement. Dans le sillage d'un Chabrier, Poulenc a retrouvé l'esprit baroque de Couperin ou Rameau, capable de peindre, avec la retenue typique de la musique française, les sentiments les plus profonds de l'amour et de la prière dans un langage dépouillé et accessible de la plupart. « Ses harmonies étaient celles de tout le monde, mais il en usait comme personne. » (Bernard Gavoty).

Georges Auric

À l'instar de Satie, Georges Auric (1899-1983) avait le sens de l'humour et se gaussait gentiment de ceux qui faisaient naître l'histoire de la musique à l'école de Vienne. Infatigable producteur pour la scène et l'écran, il a donné ses lettres de noblesse au genre nouveau de la musique de film. Sa musique de chambre pour la voix, pour le piano ou pour petit ensemble (*Imaginées*, *Sonate en fa*, *Partita pour deux pianos*, *Doubles Jeux pour deux pianos*, *Cinq Chansons françaises*) mériterait de retrouver la faveur d'un public apte à reconnaître la vivacité raffinée de son style d'écriture, par-delà les apparences frivoles du divertissement. Cocteau avait élégamment évoqué cette plume « qui déchire, troue et caresse le papier à musique... ».

Germaine Tailleferre

La « Dame du Groupe », Germaine Tailleferre (1892-1983), disparut peu de temps après Auric ; comme lui, elle avait écrit nombre de musiques de scène et de films, plusieurs ballets (*Le Marchand d'oiseaux*, 1923 ; *Paris-Magie*, 1949 ; *Parisiana*, 1955), un opéra-comique (*Il était un petit navire*, 1951). Sa musique de chambre, quoique peu développée (notamment *Quatuor à cordes*, 1918 ; *Concerto pour deux pianos*), est empreinte de force et de dramatisme, alors que son « jeu de malicieuse équivoque et qui consiste, surtout, à parsemer de notes imprévues et subversives un langage volontairement ingénu » (R. Bernard) lui vaut d'être tenue pour un compositeur léger et charmant, une « Marie Laurencin pour l'oreille » (Cocteau *dixit*). Sa dernière création, un an avant sa mort, lui valut un franc succès à l'Opéra de Paris (*Le Concerto de la fidélité*, 1982), avec Arleen Augér. Germaine Tailleferre est toujours restée fidèle à l'écriture sereine de sa jeunesse, malicieuse et séductrice, ennemie affirmée du constructivisme sériel et de l'expérimentalisme électroacoustique.

PIERRE-PAUL LACAS

Bibliographie

G. AURIC, *Quand j'étais là...*, Grasset, Paris, 1979 / P. BERNAC, *Francis Poulenc et ses mélodies*, Buchet-Chastel, Paris, 1978 / J. BRUYR, *L'Écran des musiciens*, Corti, Paris, 1930 / J. COCTEAU, *Le Coq et l'Arlequin*, Paris, 1918, rééd. Stock, Paris, 1979 / A. GOLÉA, *Georges Auric*, Ventadour, Paris, 1959 / H. HELL, *Francis Poulenc*, Fayard, Paris, 1978 / É. HURARD-VILTARD, *Le Groupe des Six*, Klincksieck, Paris, 1987 / P. LANDORMY, *La Musique française après Debussy*, Gallimard, Paris, 1943 / R. MANUEL, « Esquisse pour un portrait de Germaine Tailleferre », in *Revue Pleyel*, nov. 1926 / N. PERLOFF, *Art and the Everyday. Popular Entertainment and the Circle of Erik Satie*, Clarendon Press, Oxford, 1991 / F. POULENC, *Entretiens avec Claude Rostand*, Julliard, Paris, 1954 / F. ROBERT, *Louis Durey, l'aîné des « Six »*, Éd. français réunis, Paris, 1968 / C. ROSTAND, *La Musique française contemporaine*, P.U.F., Paris, 1952 / J. ROY, *Francis Poulenc*, Seghers, Paris, 1964 ; *Le Groupe des Six*, Seuil, Paris, 1994 / A. SCHAEFFNER, *Georges Auric*, Paris, 1928 / O. VOLTA, *L'Album des Six*, Placard, Paris, 1990.

SLONIMSKY NICOLAS (1894-1995)

On l'avait surnommé le Sherlock Holmes de la musique, car il menait ses travaux musicographiques avec une minutie et un souci de l'exactitude hors du commun. Nicolas Slonimsky vécut dans l'entourage des plus grands artistes du XXe siècle et fut l'un des principaux témoins de notre temps en matière musicale. Mais l'histoire retiendra surtout son don d'observation, sa faculté d'analyser en quelques mots les phénomènes musicaux avec une acuité, un humour et un sens de la fantaisie sans précédents.

Issu d'une illustre famille de Saint-Pétersbourg, Nikolaï Leonidovitch Slonimsky voit le jour le 27 avril 1894. Il commence à étudier le piano en 1900 avec l'une de ses tantes, Isabelle Vengerova, avant d'entrer au Conservatoire de Saint-Pétersbourg, où il travaille l'harmonie et l'orchestration avec deux élèves de Rimski-Korsakov, Vassili Kalafati et Maximilian Steinberg. Après une tentative dans le journalisme, sans lendemain, les événements de 1917 l'incident à quitter sa ville natale. Il est répétiteur à l'Opéra de Kiev, où il travaille la composition avec Reinhold Glière (1919) ; puis il séjourne à Yalta (1920) et gagne la France. À Paris, il est le secrétaire-répétiteur de Serge Koussevitzky. Entre 1923 et 1925, il vit aux États-Unis comme répétiteur à l'Eastman School of Music de Rochester. Il y complète sa formation en travaillant la composition avec Selim Palmgren, et la direction d'orchestre avec Albert Coates. Entre 1925 et 1927, il rejoint Koussevitzky à Paris et à Boston, mais son indiscipline convient mal au grand chef et mécène russe, qui se passe de ses services. Il collabore à plusieurs journaux américains, enseigne à Boston, où il fonde, en 1927, l'Orchestre de chambre de Boston. Il dirige les premières auditions d'œuvres de Charles Ives et d'Edgar Varèse. Il adopte la nationalité américaine en 1931. Pendant un temps, il se consacre à la direction d'orchestre dans le domaine de la musique contemporaine, mais le « marché » est étroit, et il abandonne vite la baguette. On le retrouve maître de conférences en langues et littératures slaves à l'université de Harvard (1945-1947). En 1962-1963, il effectue, sous les auspices du département d'État américain, un important voyage d'études en Europe de l'Est, qui le mène jusqu'en Union soviétique, et en Israël. Il enseigne ensuite à l'université de Californie à Los Angeles (U.C.L.A.) de 1964 à 1967. Exemple unique d'une longévité aussi active, il continue à enrichir la musicographie jusqu'à la veille de ses cent ans. Il meurt, à Los Angeles, le jour de Noël 1995.

Son œuvre de compositeur reflète l'excentricité de son tempérament. *Studies in Black and White*, petites pièces pour piano (1928) au « contrepoint consonant mutuellement exclusif » ; *My Toy Balloon* (1942), variations pour orchestre sur une mélodie brésilienne nécessitant cent ballons de couleur qui doivent exploser en un point précis ; *Gravestones*, mélodies sur des textes relevés sur des pierres tombales d'un vieux cimetière (1945). Il est aussi l'auteur des premières publicités chantées : *Make this a Day of Pepsodent*, *No more Shiny Nose* et *Children Cry for Castoria* (1925).

Ses ouvrages majeurs se situent dans le domaine de la musicographie : l'almanach *Music since 1900* (New York, 1937 ; nombreuses éditions mises à jour) ; l'*International Cyclopedia of Music and Musicians* d'Oscar Thompson, qu'il a dirigé de la quatrième à la huitième édition (1946-1958), et le *Baker's Biographical Dictionary of Musicians*, dont il reprend la responsabilité éditoriale en 1958 (8e éd. Schirmer Books, New York, 1992) ; les Préfaces aux éditions successives de cet ouvrage sont de véritables morceaux d'anthologie. Son autobiographie, entreprise en 1978, est publiée en 1988 sous le titre *Perfect Pitch*. Parmi ses autres écrits, on citera : *Music of Latin America*, 1945 ; *The Road to Music*, 1947 ; *A Thing or Two about Music*, 1948 ; *Lexicon of Musical Invective*, 1952 ; *Lectionary of Music*, 1988.

Tous les ouvrages musicaux de référence doivent un important tribut à Slonimsky. Sous sa plume, les musiciens vivent comme d'autres êtres, avec leur originalité et leurs petites folies. Il a su donner à la lexicographie musicale un piquant savoureux qui rend l'histoire de la musique d'une simplicité lumineuse.

ALAIN PÂRIS

SMETANA BEDŘICH (1824-1884)

Il n'y avait plus de musique tchèque, mais seulement des musiciens tchèques. Pour comprendre cela, il faut connaître l'histoire de la Bohême depuis qu'en 1621 la tragédie de la Montagne Blanche avait mis fin à son indépendance. La domination autrichienne étouffa alors toute velléité de culture nationale. Un des premiers martyrs fut Krystof Harant de Polžic, célèbre parmi les polyphonistes de cette ville de Prague qui passait pour être la capitale musicale de l'Europe. La langue tchèque fut bannie, les arts aussi. La musique se réfugia dans les campagnes ; seul le peuple continua à parler et à chanter tchèque. Bourgeois et aristocrates se convertirent par force, par raison ou par habitude à la langue allemande.

Pourtant, Prague continue de fournir les plus brillants musiciens, et l'on peut s'étonner que les artistes de cette Bohême si patriote, si imperméable à la domination culturelle étrangère, slaves par surcroît, se soient si facilement exilés. Il faut donc savoir aussi que, si les Tchèques sont slaves de race, leur culture nationale fut façonnée sous des influences occidentales et unifiée par Jan Hus lui-même. Ainsi s'explique que cette culture, au moment de l'émancipation, c'est-à-dire au XIXe siècle, fut parfois tiraillée entre deux pôles d'attraction : l'Occident et le slavisme. Ajoutons enfin que deux révolutions venues de France (1789 et 1848) exercèrent une fascination évidente sur tout individu conscient des réalités ethniques de sa terre natale occupée.

Un musicien « tchèque »

Né dans la campagne de Bohême, à Lytomyšl, Bedřich Smetana connut une jeunesse sans nuages, exempte de soucis matériels, ce qui lui permit d'accéder facilement aux cercles d'intellectuels que traversaient les nouveaux courants nationalistes et révolutionnaires. L'ordre postrévolutionnaire de Metternich laissait peu de chance aux contestataires d'alors, mais le jeune Smetana y forgea son art et sa conscience : « La musique n'est pas une fin en soi mais un des modes de l'expression humaine. » Il puise son idéal chez Beethoven, artiste novateur et homme libre ; Schumann, le passionné ; Chopin, le modèle slave, un musicien confronté avec sa réalité profonde et celle de sa race, qui parle dans son arbre généalogique un langage universel. En 1846, il découvre Berlioz qui inspire la ferveur des artistes « révolutionnaires » aussi bien par ses audaces de chercheur que par ses attitudes de citoyen ; Liszt aussi, un Hongrois dont la virtuosité chevaleresque devient un stimulant. 1848 apporte le goût inattendu de la liberté ; attente vite déçue, noyée dans « l'absolutisme de Bach » (Alexander Bach, nouveau Premier ministre), mais les événements aiguisent les consciences et le sens du combat politique. Le jeune Smetana s'anime, organise des concerts, se produit comme virtuose, fonde un institut de musique. Les années passent cependant, laissant loin derrière les promesses du printemps de la liberté. Seule la vie de famille lui est douce : une jeune femme et une fille... mais la mort emporte cette dernière. Le musicien effondré, ayant composé le beau *Trio* en *sol* mineur (piano, violon, violoncelle), s'exile à Göteborg (1856). Le séjour paisible en Suède ne lui apporte rien d'exaltant. De là, il visite Weimar, véritable capitale où règne Liszt. Il trouve dans les poèmes symphoniques du Hongrois la forme apte à exprimer l'idée combattante, à serrer de près la vie politique en la transcendant. Sur ces modèles, il compose *Richard III* (d'après Shakespeare, 1858), *Le Camp de Wallenstein* (d'après Schiller, 1858) et *Hakon Jarl* (d'après le poète danois Adam Oehlenschläger, 1861), trois sujets « politiques » traitant de la domination, de l'usurpation et de la réalité nationale. À Weimar, il réfléchit aussi au problème du théâtre, et le *Benvenuto Cellini* de Berlioz le frappe. En 1861, les événements précipitent son retour à Prague. L'Autriche, défaite dans la guerre qui l'opposait à l'Italie, s'était débarrassée de Bach (1859). Une ère de relative liberté s'ouvrait devant les nationaux de Bohême.

Le témoin de l'âme d'un peuple

La seconde partie de la vie de Smetana commence donc sur d'heureuses perspectives. Désillusion encore ! Rien ne sera fait de sérieux en faveur de la culture tchèque. En 1862, la Diète décide de faire construire un théâtre provisoire, mais il fallut une souscription populaire pour ériger le Théâtre national : « Le Peuple à lui-même. » Smetana devient de plus en plus un musicien militant, mais il sera déçu par son propre milieu. La vie musicale s'organise néanmoins : l'orchestre de l'opéra, sous sa direction depuis 1866, donne naissance à une école symphonique tchèque qu'illustrera surtout Dvořák. Une grande école chorale naît aussi. Smetana collabore par ailleurs à la fondation du « Cercle des arts ». Depuis son séjour à Weimar, il rêvait de théâtre. Il savait que ce genre pouvait être un enjeu politique et satisfaire les aspirations populaires. Sa première œuvre, imparfaite, était déjà sans ambiguïté : *Les Brandebourgeois en Bohême* (1863). Vinrent ensuite *La Fiancée vendue* (1863-1866) et *Dalibor* (1866-1867), ouvrages qui illustrent parfaitement le « tchéquisme » du musicien.

Smetana fut pourtant assailli de reproches, insulté par les censeurs, accusé de wagnérisme par ceux qui ne demandaient, en fait de musique nationale, qu'une simple imitation, un calque des chansons et des danses rurales. Curieusement, l'Occident aura tendance à ne retenir de lui que le « cachet national », une sorte d'exotisme de surface masquant la synthèse réussie par Smetana des différentes facettes de l'âme tchèque. Une certaine hostilité, virulente et parfois sans pitié, l'entoura jusqu'à sa mort malgré *Libuše* (1871-1872), œuvre qui touche au sentiment profond de la nation tchèque, et le charme délicat que l'on trouve dans *Les Deux Veuves* (1873-1874), *Le Baiser* (1876), *Le Secret* (1877-1878)...

Solitaire malgré lui

Smetana devint sourd en octobre 1874, d'une surdité totale accompagnée progressivement de troubles nerveux. Il mourut dans un état proche de la misère à l'asile d'aliénés où il était depuis peu. Ces dix dernières années furent malgré tout d'une étonnante fécondité. De cette époque datent *Le Baiser* et *Le Secret*. Il ajouta pour le théâtre *Le Mur du diable* (1881-1882) et *Viola* qu'il laissa inachevé. Il composa aussi mélodies, chœurs et pièces pour piano. Les deux cahiers de *Danses tchèques* pour piano (1877-1879) sont à rapprocher des *Danses slaves* de Dvořák et des *Danses hongroises* de Brahms, mais Smetana compose plutôt des petits tableaux chorégraphiques. Sa surdité facilite peut-être ce dépouillement et lui inspire cette synthèse qui rappelle davantage les mazurkas et les polonaises de Chopin. C'est cet homme totalement sourd qui imagine la poésie évocatrice du cycle *Ma Patrie* (*Má vlast*, 1874-1879) dont la pièce la plus célèbre est *Vltava*. Le qualitatif « à programme » semble ici mal approprié. L'état d'âme compte plus en effet que la description. À travers les différents tableaux où le sens de l'histoire est étroitement lié à celui de la nature, c'est une évocation complète du sentiment tchèque tel qu'il vibrait sous la pression d'un contexte national qui occupait de plus en plus les esprits. C'est une œuvre tout intérieure malgré les couleurs qu'on se plaît à admirer et qui sont le fruit à la fois de l'habileté d'écriture et de la ferveur. En cela, *Ma Patrie* occupe une place particulière dans la musique symphonique du XIXe siècle.

Smetana s'est aussi livré dans ses deux *Quatuors*. Le premier, *De ma vie*, est nettement autobiographique (1876) : « J'ai voulu dépeindre par des sons le cours de ma vie. » Le second, si proche de la fin, porte les marques des secousses psychiques qui emportèrent le compositeur, mais Arnold Schönberg en fut impressionné. Smetana fut toute sa vie, et principalement à l'époque de sa surdité, l'exemple de la domination de la pensée sur le phénomène artistique, de l'intelligence et du civisme sur l'instinct.

GUY ERISMANN

Bibliographie

G. ERISMANN, *Smetana, l'éveilleur*, Actes sud, Arles, 1993 ; *Histoire de la musique tchèque*, Fayard, Paris, 1995 / K. HONOLKA, *Bedřich Smetana*, Rowohlt, Hambourg, 1990 / B. KARÁSEK, *Bedřich Smetana* (en français), Prague, 1967 / B. LARGE, *Smetana*, Londres, 1970, rééd. Da Capo, New York, 1985 / Z. NEJEDLÝ, *Smetana*, Paris, 1924 / W. RITTER, *Smetana*, Paris, 1907, rééd. Aujourd'hui, Sainte-Maxime, 1978 / V. ŠTEPÁNEK & B. KARÁSEK, *Petite Histoire de la musique tchèque et slovaque*, Prague, 1964 / J. TIERSOT, *Smetana*, H. Laurens, Paris, 1926.

SOLAL MARTIAL (1927-)

La première séance d'enregistrement à laquelle participa Martial Solal, le 8 avril 1953, fut aussi la dernière que dirigea Django Reinhardt. On ne peut s'empêcher de prêter à cette coïncidence la signification d'un passage de témoin entre deux artistes majeurs qui, certes, ont créé chacun leur propre monde, mais possèdent plus d'un trait en commun.

Tout d'abord, une confondante maîtrise de leurs instruments respectifs, subordonnée en toute occasion à un projet esthétique qui l'escamote, comme si la virtuosité cultivée avec passion devait être pratiquée sans complaisance. Ensuite, un imaginaire foisonnant, polychrome, mouvementé, capricieux souvent, paradoxal quelquefois, volontiers tourbillonnaire – incapable cependant de les priver, ne fût-ce qu'un instant, de leur formidable lucidité. Enfin – et c'est en quoi ces irréductibles originaux, ces individualistes farouches ont fait école –, une relation tantôt implicite, tantôt revendiquée, mais toujours fondatrice, à un univers culturel qui n'est pas, ou du moins pas seulement, celui de la musique afro-américaine. Si l'on a pu parler d'« eurojazz », si une telle réalité résiste à l'analyse, Solal en aura été, après le génial Manouche, l'un des accoucheurs et l'une des références ultimes.

Le pianiste, chef d'orchestre, compositeur et arrangeur français a vu le jour à Alger, le 23 août 1927. Contrairement à de nombreux jazzmen, il ne semble pas avoir trop pris en grippe les inévitables leçons de piano auxquelles on le soumet dès l'âge de huit ans. Il en a quatorze, dit-on, lorsqu'il fait une découverte aussi banale que décisive : un musicien peut prendre la liberté de soumettre une mélodie écrite à des variations de son cru. Dans sa ville natale, l'un des plus habiles à ce jeu se trouve être le saxophoniste et clarinettiste Lucky Starway (Lucien Séror), voisin de palier d'une proche parente. Celui-ci va l'initier à l'accompagnement sans partition, à la technique de la « pompe » (une basse - un accord, deux fois par mesure) chère aux pianistes de l'école harlémite (James P. Johnson, Fats Waller), avant que son élève ne s'essaie à l'improvisation, dont les disques de Teddy Wilson, Coleman Hawkins, Lester Young ou Benny Goodman lui fournissent d'étourdissants exemples. Pédagogie efficace, puisque Martial devient musicien professionnel en 1945. Il se produit à Radio-Alger puis, alors qu'il remplit ses obligations militaires au Maroc, à Radio-Rabat.

En 1950, il décide de tenter sa chance à Paris. Après trois mois passés à courir un cachet pour le moins rétif, il songe à regagner l'Afrique du Nord quand Noël Chiboust l'engage pour la saison d'été à Évian. Ce sera le vrai début d'une carrière qui lui permettra de fréquenter des orchestres en vogue, comme celui d'Aimé Barelli, et des hauts lieux du jazz parisien, tels que le Club Saint-Germain et le Ringside, de jouer avec des Américains de passage aussi prestigieux que Clifford Brown, Jimmy Raney, Bob Brookmeyer et, finalement, de réunir sa propre formation (qui comptera dans ses rangs le guitariste René Thomas). Il enregistre son premier disque personnel le 16 mai 1953, en trio, et, un an plus tard, s'impose définitivement au troisième Salon international du jazz de Paris, à l'issue d'une confrontation où sont engagés avec lui Thelonious Monk, Mary Lou Williams, ainsi que ses compatriotes Bernard Peiffer et Henri Renaud.

Dans les studios comme sur les estrades, il côtoie désormais les plus grands : Sidney Bechet, Don Byas, Lucky Thompson, Dizzy Gillespie, Stan Getz... Le très exigeant André Hodeir chante partout ses louanges, puis l'entraîne dans la belle aventure de *Jazz et Jazz*. Par la suite, Solal et Lee Konitz formeront l'un des tandems les plus singuliers, les plus subtils du jazz contemporain. Les associations fécondes ont du reste jalonné la trajectoire de notre pianiste. Avec Kenny Clarke. Avec Daniel Humair dès 1959. Avec Hampton Hawes. Avec Jean-François Jenny-Clark, Niels-Henning Ørsted-Pedersen, Jean-Louis Chautemps, Michel Portal, Toots Thielemans ou encore, le temps d'un disque ou d'un concert, avec John Lewis, Joachim Kühn, Stéphane Grappelli, Jimmy Raney (déjà cité). Et aussi, nous y reviendrons, avec Marius Constant.

Dès qu'on le laisse maître de ses choix, du destin de ses phrases, il est à l'aise dans tous les contextes. Solitaire du clavier, il a triomphé à son premier essai (*Real Gone*, en 1956) de cette périlleuse épreuve — ce qui ne l'empêchera pas de revoir sans cesse sa copie, insatisfait de soi-même comme peu l'auront été, jusqu'à proposer des œuvres aussi substantielles et variées que *The Solosolal* (1978) ou *Improvisations* (1989). À la tête d'un trio, il fut l'un des rares, avec Bill Evans, à renouveler la formule, profitant d'une exceptionnelle empathie avec Humair pour transformer le triangle classique en une figure à géométrie variable, avant de remplacer la batterie par une deuxième contrebasse et, ainsi, de tout remettre en question. Dans le cadre du big band (une expérience tentée pour la première fois dans *Quelle heure est-il ?*, réalisé un mois avant *Real Gone*), il a toujours trouvé le moyen d'étonner ses fidèles et de se prendre lui-même à contre-pied en conjuguant deux attitudes contradictoires : ou bien l'orchestre est traité comme une extension du piano, ou bien le piano travaille à l'éclatement de l'orchestre.

Rassembler, disperser. À l'une et à l'autre de ces tentations permanentes, Solal refuse d'accorder sa préférence parce que ce sont chez lui les deux expressions d'un même désir. Et voilà justement ce qui le rend unique, dans ses improvisations comme dans son écriture. Avec beaucoup d'autres, il partage l'obsession de l'unité et de la plénitude. Mais il ne lui sacrifie pas les commentaires, les parenthèses, les incises, les échappées, les dérapages qui, à ses yeux, assurent la cohésion du discours en l'intégrant au mouvement même de la vie. D'aucuns prendraient prétexte de cette philosophie pour excuser une démarche erratique. Il ne veut y voir que l'obligation de faire, avec les cartes qu'on a brouillées, une *réussite* : de construire un château, même si ce n'est qu'un château en Espagne. Ennemi de la linéarité, briseur acharné de ces « climats » que lui-même instaure, il ne supporte pas davantage, en dépit de ce qu'affirment ses détracteurs, les fantaisies gratuites. Dans l'univers solalien, tout se paie, parce que tout a sa place et sa fonction. À chaque instant, n'importe quelle contradiction peut (doit) être apportée à ce qui s'énonce : encore faut-il qu'elle soit résolue d'une manière ou d'une autre. Elle l'est toujours. Avec tant de malice, tant d'élégance, tant de finesse parfois que l'auditeur inattentif manque ce dénouement.

Au moins n'aura-t-il pu se soustraire à l'évidence : le génie manifesté par l'artiste dans sa jonglerie avec ces « variations » qui l'avaient tant fasciné lorsqu'il était enfant. Jonglerie ? Voire... Là encore, aucune ostentation, rien d'aléatoire. La multiplication des points de vue relève d'une volonté d'exposer l'« objet » musical dans toutes ses dimensions, sous toutes ses faces à la fois. En cela, on a pu rapprocher Solal des cubistes. D'autres analogies pourraient être risquées avec le simultanéisme en littérature. Pour quel profit ? L'essentiel est d'établir que le créateur se place à distance de sa création et porte sur elle un regard non dénué d'ironie (comme en témoigne l'humour avec lequel il baptise souvent ses œuvres : *Key for Two*, *Thèmes à tics*, *Leloir est cher*, *Séquence tenante*, *Jazz frit*, *L'Allée Thiers et le poteau laid*, etc.). Il se place et, surtout, il se déplace : observateur en mouvement d'une réalité mouvante, il se trouve de la sorte soumis avec elle aux lois de la relativité.

C'est ici que la technique joue tout son rôle. Elle autorise les investigations les moins convenues, les moins confortables. « Elle donne des idées », résume Solal. Aussi n'a-t-il cessé d'affiner la sienne, au point de devenir dans les années 1970 l'élève du pianiste classique Pierre Sancan. La technique, c'est la promesse d'une plus grande autonomie de la sensibilité par la garantie d'un meilleur contrôle des automatismes. Le triomphe, autrement dit, de cette « liberté surveillée » célébrée par un autre de ses titres et qu'il aurait pu prendre pour devise.

C'était aussi, n'en doutons pas, le moyen de se faire reconnaître des musiciens « classiques » et admettre dans un univers où, de plus en plus, il se sentait appelé. Sa collaboration avec Marius Constant à partir de 1979 (qui écrit pour lui son *Concerto pour trio de jazz et orchestre*, 1981, et sa *Fantaisie pour deux orchestres*, 1984), ses œuvres symphoniques (*Nuit étoilée*, *Concerto pour piano et orchestre*), les pièces qu'il a signées pour la claveciniste Élisabeth Chojnacka ou les Percussions de Strasbourg, après avoir été un compositeur de musique de film très demandé (*Deux Hommes dans Manhattan*, *À bout de souffle*, *Léon Morin, prêtre*, *Échappement libre*, etc.), marquent-elles une rupture avec le jazz ? On inclinerait plutôt à penser qu'elles scellent la rupture avec une américanité que son jazz lui-même n'a jamais voulu courtiser.

ALAIN GERBER

SOLER père ANTONIO (1729-1783)

Organiste et compositeur catalan (né à Olot, province de Gérone), le père Antonio Soler est le musicien le plus remarquable de l'Espagne du XVIIIe siècle, dans la mouvance de Domenico Scarlatti. Formé à l'Escolania de Montserrat, où il entra à l'âge de six ans, il apprit le solfège, l'orgue et la composition. Il fut maître de chapelle à la cathédrale de Lérida, mais renonça à ces fonctions pour prendre l'habit des Hiéronymites au monastère royal de l'Escurial (1752), où il fit profession religieuse l'année suivante. Il fut organiste et maître de chapelle du couvent jusqu'à sa mort. Il y reçut les leçons de D. Scarlatti et de José de Nebra (organiste madrilène mort en 1768). Une grande partie de sa musique a disparu lors de l'occupation de l'Escurial par les troupes napoléoniennes (1808).

La renommée du padre Soler fut fort grande de son vivant. Il écrivit environ cent vingt sonates pour clavier, dont *XXVII Sonatas para clave*, des pièces d'orgue (*intentos*, *versos*, *pasos*), six concertos pour deux orgues ou clavecins obligés, six quintettes pour cordes et orgue (ou clavecin) obligé. Sa production de musique religieuse est considérable et compte environ trois cents compositions : messes, répons, litanies, motets, psaumes, hymnes, antiennes, Magnificat, lamentations, séquences, *Benedicamus Domino*, invitatoires, leçons, cantates de Noël, *villancicos* à saint Laurent et à saint Jérôme, etc., le plus souvent à huit voix (et jusqu'à douze), œuvres accompagnées d'un ou de deux orgues et ordinairement avec instruments. En musique profane, Soler écrivit quelques *comedias*, *autos* (mystères), *loas* (prologues de pièces dramatiques) et *bailes* (danses). L'écriture pour le clavier est toujours pétillante, primesautière, légère, rythmiquement alerte et pleine d'esprit. « On trouve dans ces ravissantes sonates des locutions qui ont un caractère ibérique, mais dont on est tenté d'attribuer le parrainage à Scarlatti. À y regarder de plus près, il n'y a souvent qu'une rencontre d'autant plus naturelle qu'ils puisaient tous deux à un même fonds commun. À cet égard, Soler n'emprunte rien à son maître et c'est celui-ci qui s'enrichit de ses emprunts au folklore et au style espagnols » (R. Bernard). Soler fit aussi œuvre de théoricien : *Llave de la modulación y antigüedades de la música*, Madrid, 1762 ; *Satisfacción a los « reparos » precisos hechos por Don Antonio Roel del Río a la « Llave de la modulación »*, Madrid, 1765.

PIERRE-PAUL LACAS

SPOHR LOUIS (1784-1859)

Violoniste, chef d'orchestre et compositeur allemand. Spohr entre dès 1799 à la chapelle de la cour de Brunswick, sa ville natale. Après de premières tournées de concerts, il dirige la chapelle de la cour de Gotha (1805-1812) et est nommé en 1813 chef d'orchestre au Theater an der Wien, où il compose son premier succès dramatique, *Faust* (représenté à Prague en 1816). Il est considéré comme le premier violoniste allemand et a déjà accompli avec sa femme, célèbre harpiste, de nombreuses tournées. De sa renommée témoigne, entre autres, le concerto pour violon op. 47, dit *In modo di scena cantante* (1816). Directeur de l'Opéra de Francfort de 1817 à 1819, il devient en 1822, sur la recommandation de Weber, maître de chapelle à la cour de Kassel, où il finira ses jours. Sous sa direction, la vie musicale y prend un grand essor, en particulier l'opéra : il y crée son second succès dramatique (*Jessonda*, 1823), y donne *Le Vaisseau fantôme* de Wagner en 1843, *Tannhäuser* en 1853. À l'occasion du vingt-cinquième anniversaire de son arrivée, il est fait directeur de la musique (Generalmusikdirector). Mais ses relations avec la Cour se tendent, et c'est contre son gré qu'il est mis à la retraite en 1857. Ses dernières années sont encore attristées par une fracture du bras gauche qui lui interdit de jouer du violon. Le nombre de ses élèves de violon s'élevait, paraît-il, à cent quatre-vingt-sept !

Compositeur très fécond dans tous les domaines, on lui doit notamment dix symphonies, dix-sept concertos pour violon et quatre pour clarinette, un célèbre quadruple concerto pour quatuor à cordes et orchestre, une très grande quantité de musique de chambre dont plusieurs pièces faisant appel à la harpe, près de cent lieder, des oratorios, dix opéras... Ces ouvrages en font l'un des principaux représentants du romantisme allemand dans l'esprit de Mendelssohn : d'où à la fois le très grand succès qu'il rencontra de son vivant, sans parler de sa renommée posthume en Angleterre, et l'oubli quasi total dans lequel il tomba par la suite. Certes, il effectua dans le domaine du chromatisme des recherches assez poussées. Mais des tendances vraiment avancées de son époque il ne sut (ou plutôt ne voulut) tirer toutes les conséquences : son goût pour la forme classique, mêlé à un sens très net de l'expression mélodique, déboucha souvent sur le néo-classicisme. Cela dit, ses meilleures œuvres de musique de chambre, comme le célèbre *Nonette* op. 31 pour violon, alto, violoncelle, contrebasse, flûte, hautbois, clarinette, basson et cor, l'*Octuor* op. 32 ou le *Septuor* op. 147, restent de beaux témoignages non seulement de son grand talent, mais de tout un courant musical – courant quelque peu provincial, mais synthétisant non sans bonheur les côtés les plus brillants des traditions que, plus que tout autre, il sut personnifier. Parmi ses écrits, on citera une méthode de violon (*Violinschule*, 1832) et une intéressante autobiographie posthume en deux volumes (*Selbstbiographie*, 1860-1861).

MARC VIGNAL

SPONTINI GASPARE (1774-1851)

Compositeur italien d'opéra né et mort à Majolati, petit village des États pontificaux, Spontini débute à Naples, où il est encouragé par Piccinni, et se fixe à Paris en 1803. Le Théâtre-Italien monte *La Finta Filosofa*, créée à Naples quatre ans plus tôt, mais à l'Opéra-Comique, en juin 1804, *La Petite Maison* est sifflée si fort que la représentation doit être interrompue. Nommé compositeur de cour de l'impératrice Joséphine, grâce à la cantate *L'Eccelsa Gara*, il triomphe en 1807 avec *La Vestale*, dont Boieldieu et Cherubini ont refusé le livret : à cette participation au sujet héroïque, influencée par Gluck mais plus dramatique que lyrique, son nom restera attaché. Directeur du Théâtre-Italien en 1810, il y donne la première représentation parisienne du *Don Giovanni* de Mozart sous sa forme originale. Tombé en disgrâce sous Louis XVIII, il est nommé en 1819, par le roi de Prusse Frédéric-Guillaume III, premier maître de chapelle et *Generalmusikdirektor* (titre alors utilisé pour la première fois). Ses activités à Berlin, où il arrive en mai 1820, dureront vingt et un ans. Investi pour commencer de tous pouvoirs, il élève l'opéra et les concerts de la ville au tout premier rang. Mais ses démêlés avec la critique et avec l'administration minent peu à peu sa situation. En avril 1841, une violente manifestation lors d'une représentation de *Don Giovanni* l'oblige à quitter son pupitre, puis l'Allemagne. Après quelques années à Paris, il se retire en 1850 dans son pays natal, où on l'accueille comme un véritable souverain.

MARC VIGNAL

STAMITZ KARL PHILIPP (1745-1801)

Fils aîné de Jan Vaclav Stamic, qui a germanisé son nom tchèque et se fait appeler Johann Stamitz, Karl naît à Mannheim l'année même où son père prend la direction de l'orchestre du prince-électeur Karl Theodor, dont il fait partie depuis quatre ans. Avant sa mort prématurée (1757), et aidé par les nombreux compositeurs de talent groupés autour de lui, Johann fera de cet orchestre un des meilleurs d'Europe, et de Mannheim un des lieux de naissance de la symphonie classique et surtout de la symphonie concertante, dont Mozart s'inspirera pendant et après son séjour à Mannheim et à Paris en 1777-1778. Karl Stamitz n'est membre de l'orchestre de Mannheim (comme second violon) que de 1762 à 1770. À cette date, il suit à Strasbourg son ancien maître Franz Xaver Richter, avant d'embrasser, pour un quart de siècle, la carrière de virtuose itinérant (ses instruments sont le violon et l'alto). On le retrouve à Paris au service du duc de Noailles (il fait sensation au Concert spirituel le 25 mars 1773 en y jouant une de ses symphonies concertantes) ; puis à Francfort (1773), à Londres (1777-1778), en Hollande, à Berlin (où il participe en 1786 à une fameuse exécution du *Messie* de Händel), à Prague et à Nuremberg (1787), à Cassel, à Saint-Pétersbourg, à Weimar (où il se produit le 12 novembre 1792), à Leipzig. En 1794, fatigué de sa vie errante, il accepte un poste de premier violon et de professeur de musique à Iéna, où il meurt oublié en laissant plus de cinquante symphonies, une quarantaine de symphonies concertantes pour un nombre d'instruments solistes allant de deux à sept, plus de quarante concertos dont deux pour alto et une douzaine pour clarinette (cet instrument mozartien par excellence), de nombreuses partitions de musique de chambre, une messe, trois cantates et deux opéras aujourd'hui perdus : *Dardanus* et *Le Tuteur amoureux*. Une grande partie de cette production est restée manuscrite, et se trouve dispersée dans des bibliothèques et archives aux quatre coins de l'Europe : ce qui témoigne de la popularité et de l'estime dont bénéficia en son temps Stamitz, compositeur dont la profondeur ne fut certes pas la qualité dominante, mais qui, par son charme, son élégance et sa facilité d'élocution, conserve une place de choix parmi les prédécesseurs immédiats du style classique de Haydn et surtout de Mozart.

MARC VIGNAL

STENHAMMAR WILHELM (1871-1927)

Né et mort à Stockholm, Wilhelm Stenhammar est considéré à juste titre comme l'un des pères de la musique suédoise contemporaine. Disparu trop tôt (il s'éteint à l'âge de 56 ans d'une hémorragie cérébrale), Stenhammar a marqué la vie musicale de son pays tout autant par ses activités d'interprète et de chef d'orchestre que par ses talents de compositeur.

Élevé dans une famille où la musique comptait beaucoup (notamment pour son père, architecte et compositeur, ancien élève de Lindblad et qui a laissé quelques œuvres chorales influencées par le style de Mendelssohn), Stenhammar fait très tôt partie d'un ensemble choral. Son apprentissage sera néanmoins celui d'un autodidacte : il n'est passé par aucun conservatoire même si, pour le piano, il a reçu des leçons de Richard Andersson, disciple de Clara Schumann. C'est avec des œuvres vocales et des compositions pour le piano que Stenhammar fera ses armes. Une première sonate pour piano (1890), un premier concerto pour piano (1893), un opéra (*Gildet på Solhaug*, 1892) et diverses pièces chorales n'atteindront pas la célébrité que lui conféreront certaines œuvres de sa maturité : en 1895, les trois fantaisies pour piano (écrites la même année qu'une deuxième sonate) annoncent par leurs mélodies caressantes les *Sensommarnätter* (Nuits de fin d'été) de 1914. Entre ces deux dates vont s'inscrire les productions majeures de Stenhammar. La cantate *Ett folk* (Un peuple), écrite en 1904-1905, surpasse toutes les autres ; l'année 1904 sera aussi celle d'un deuxième concerto pour piano (terminé en 1907) et d'un quatrième quatuor à cordes (achevé en 1909) qui, avec les trois premiers (respectivement 1894, 1896 et 1897-1900) et les deux suivants (le cinquième, de 1910, connu sous le nom de *Sérénade*, et le sixième, de 1916) constitueront un exemple unique de synthèse nordique post-beethovénienne dans ce domaine particulier de la musique de chambre. Stenhammar sacrifiera encore à des épanchements mélodiques néo-romantiques avec les deux *Sentimentala Romanser* (Romances sentimentales, pour violon et orchestre, de 1910) et de nombreuses mélodies dont la célèbre *Sverige* (Suède), perçue comme un second hymne national par ses concitoyens, avant d'atteindre le dépouillement très protestant de sa deuxième symphonie (écrite de 1911 à 1915), qui contraste avec le lyrisme tout aussi intérieur et spirituel des cinq élégants mouvements de la *Sérénade pour orchestre* (1911-1913). Enfin, l'impressionnante cantate *Sången* (Le Chant) comporte un interlude marqué par Bruckner et un grandiose final quasi haendélien ; cette œuvre fut composée en 1921 pour le cent cinquantième anniversaire de l'Académie de musique royale suédoise.

Les œuvres de Stenhammar jalonnent une existence tout entière dévouée à la musique. Dès 1902, il jouera avec le quatuor de Tor Aulin et donnera ultérieurement plus de mille concerts avec cette formation. Mais c'est surtout en tant que chef d'orchestre que Stenhammar se distingue : après des débuts à Stockholm, il dirigera la toute nouvelle Göteborgs Orkesterförening (Société philharmonique de Göteborg) de 1906 à 1922. Sous son impulsion, de nombreuses œuvres de compositeurs nordiques sont exécutées pour la première fois (entre autres Nielsen, qui a été chef invité, et Sibelius, qui a dédié sa sixième symphonie à Stenhammar), mais aussi des artistes du continent, dont un certain Gustav Mahler, que Stenhammar a su apprécier avant qu'il ne reçoive la reconnaissance tardive que l'on sait. Stenhammar reprendra des tournées de concerts, notamment avec le violoniste Henri Marteau, et apparaîtra quelque temps à l'Opéra de Stockholm avant que la maladie ne l'emporte. Il laisse en Suède l'empreinte durable d'une ouverture vers l'Europe, mais aussi d'une indépendance envers le monde germanique. « Si nous marchons sur les traces de Wagner, nous n'atteindrons que Richard Strauss et ses imitateurs », a-t-il écrit à Carl Nielsen, un compositeur avec lequel il partage, dans l'écriture symphonique, une esthétique nordique détachée du folklore et dont le maître d'œuvre reste Sibelius (un des plus proches amis de Stenhammar), par opposition à Grieg, notamment.

MICHEL VINCENT

STOCKHAUSEN KARLHEINZ (1928-)

Stockhausen est l'homme du refus. Refus de l'héritage admis par esprit de routine, refus d'un confort intellectuel qui va de pair avec l'estime des hommes en place, refus de ses propres conquêtes qui doivent être dépassées avant même d'avoir acquis droit de cité. Là où d'autres cherchent fébrilement la sécurité, il n'admet que le « tout est possible ». Il note, avec un plaisir évident, qu'« il n'y a pas lieu de se leurrer sur le nombre et l'importance des problèmes encore non résolus » et constate, avec une satisfaction encore plus grande, « que rarement une génération de compositeurs a eu entre les mains les atouts de la nôtre, est née à un moment aussi favorable » car « les villes sont rasées, et on peut recommencer par le commencement, sans tenir compte de ruines ni de témoins restés debout d'une époque sans goût ».

Stockhausen préfère les ruines aux charpentes vacillantes. Il ne s'encombre pas des idées reçues et s'engage passionnément dans les voies périlleuses de l'aventure permanente. Aux avant-postes de la recherche contemporaine, il indique grâce à des créations étonnantes une multiplicité d'approches du problème musical actuel. Il stimule toute une génération de musiciens qui tentent, non toujours sans essoufflement, de suivre cette course effrénée de l'invention, et sème le trouble dans l'esprit de ceux qui, ayant avec peine compris l'œuvre précédente, ne lui pardonnent pas sa fuite en avant. Mais, au-delà du trouble plus ou moins légitime que l'on peut ressentir, au-delà du risque assumé (car les voies de la recherche sont parfois des impasses), une œuvre existe : prodigieusement variée, détentrice d'un puissant pouvoir poétique, chargée d'un message humain qui dépasse singulièrement les procédés, souvent inouïs, d'une syntaxe nouvelle. Une œuvre essentielle dans le paysage musical de notre temps.

Une pensée créatrice

Karlheinz Stockhausen est né en 1928 à Altenberg (Allemagne). Son père, soldat, est porté disparu lors de la Seconde Guerre mondiale, sa mère est victime du programme d'euthanasie des nazis. Dès l'âge de six ans, il aborde le piano et appartient, de 1940 à 1945, à l'orchestre d'élèves de son collège. À partir de 1947, il suit les cours de philosophie, de musicologie et de philologie de l'université de Cologne et travaille à l'académie de musique de cette même ville. En 1951, il participe aux Cours d'été de Darmstadt en compagnie des jeunes pionniers de la nouvelle école et, comme ses camarades, il se rallie d'emblée au grand mouvement de la musique sérielle, né de l'enseignement de l'école de Vienne dont le maître privilégié est Anton Webern. C'est l'époque où il compose *Kreuzspiel* pour hautbois, clarinette basse, piano et percussion, œuvre que le public de Darmstadt n'accepte pas sans protestation.

Fasciné par les Viennois, Stockhausen n'en est pas moins impressionné par les acquisitions rythmiques d'Olivier Messiaen, par la *Sonate pour deux pianos* de Karel Goeyvaerts qui annonce le sérialisme total, dont il découvre le *Mode de valeurs et d'intensités*, impressionné au point de partir pour Paris (1952-1953), où il travaillera précisément avec Messiaen, et enfin sous la direction de Pierre Schaeffer au studio de musique concrète de la Radio-Télévision française.

Stockhausen compose alors quelques partitions qui révèlent la nécessité profonde d'un système sériel généralisé à tous les paramètres : *Spiel* pour orchestre, les quatre premiers *Klavierstücke*, *Kontrapunkte pour dix instruments*. Afin d'aller plus loin dans la généralisation de la série, il s'oriente vers l'électronique, qu'il aborde dans le studio de la Westdeutscher Rundfunk de Cologne (fondé par Herbert Eimert en 1951), avec laquelle il se familiarise grâce aux conseils de Werner Meyer-Eppler (Bonn, 1954-1956).

Pour Stockhausen, la musique électronique balbutiante représente à la fois l'exploration d'un matériau nouveau et l'insertion de ce matériau dans un système d'écriture rigoureux ; dans son *Étude électronique* de 1953, il utilise des sons sinusoïdaux (sons purs, sans harmoniques) produits par un générateur de fréquences et leur affecte une structure sérielle, première approche d'un univers où Stockhausen sera l'un des plus intéressants pionniers. Ces expériences mènent au *Gesang der Jünglinge* (*Chant des adolescents*, 1956), tiré du IIIe Livre de Daniel, œuvre dans laquelle Stockhausen concilie des sons chantés et des sons produits par l'électronique, tous spatialisés à travers cinq haut-parleurs.

Tandis qu'il prédit pour l'avenir de la musique électronique un règne exclusif, Stockhausen poursuit son œuvre instrumentale fondée sur des structures sérielles globales : *Klavierstücke V* à *X* (1954-1955) et *Zeitmasze*, partition capitale où Stockhausen propose d'utiliser simultanément des tempi différents, tantôt précisément déterminés, comme dans *Gruppen* (1957), tantôt aléatoires, déterminés par les limites techniques des musiciens.

Les expériences

Ces quelques aspects de la pensée créatrice de Stockhausen permettent déjà de saisir l'acuité de son invention. Mais cette étape est à nouveau rapidement franchie et, le 28 juillet 1957, il livre au public de Darmstadt une œuvre lourde de conséquences : son *Klavierstück XI*, contemporain de la *Troisième Sonate* de Pierre Boulez et analogue dans sa démarche. En effet, le *Klavierstück XI* rompt avec les rigueurs de l'ultra-prévu en adoptant le principe d'une forme ouverte aux parcours multiples. La partition se présente comme un placard rectangulaire de 53 cm × 93 cm et comporte dix-neuf groupes de notes. « L'interprète, indique le compositeur, jette un regard sur le feuillet de papier et commence par le premier groupe qui lui tombe sous les yeux ; il a toute liberté de régler à sa guise la rapidité de son jeu (à l'exception toujours des notes imprimées en petits caractères), l'intensité de base et la forme de l'attaque. Une fois le premier groupe achevé, il lit les indications subséquentes, relatives à la rapidité, à l'intensité fondamentale et à la forme d'attaque, prend au hasard l'un quelconque des autres groupes, et se conforme en le jouant à ces trois directives. »

On s'est beaucoup interrogé sur le sens de l'irruption des musiques « aléatoires » dans un monde musical où chaque geste visait à mieux cerner le moindre détail, et on a évoqué quelques exemples, dont celui de John Cage. En vérité, si des créateurs comme Stockhausen et Boulez ont ressenti la nécessité de la forme ouverte, et si tant de compositeurs ont ensuite emboîté le pas, c'est en une réaction évidente contre l'abstraction desséchante d'un enseignement post-schönbergien poussé à ses extrêmes conséquences. On peut dire qu'en 1957 un des chapitres de la musique sérielle est clos.

Quant à Stockhausen, il poursuit la spatialisation de sa musique : *Gruppen* pour trois orchestres et *Carré* pour quatre orchestres et chœurs (1960) ; puis il réalise la superposition du son instrumental et de la musique électronique (*Kontakte* pour piano, batterie et bande en 1960) avant d'envisager une vaste synthèse où se retrouvent des formes ouvertes, des collages citations et une répartition spatialisée du matériau sonore dans une de ses œuvres les plus étranges et les plus fascinantes : *Momente II* pour soprano, quatre chœurs et treize instruments.

C'est alors que Stockhausen réévalue radicalement l'apport électronique dont il avait été quelques années auparavant un des promoteurs ; il substitue à l'inertie de la bande magnétique la transformation instantanée du son grâce au jeu de filtres, de potentiomètres, de modulateurs en anneau et microphones, et, du même coup, devient le metteur en scène d'une œuvre qui se modifie à chaque instant au gré des interprètes. C'est *Mikrophonie I* et *II*, *Mixtur* pour 5 groupes d'orchestre et modulateurs, *Prozession* et, surtout, *Hymnen* (1968), pour son électroniques et concrets, constuit à partir d'une quarantaine d'hymnes nationaux. L'auditeur, connaissant ces mélodies, peut être sensible au « comment » de leur transformation électronique.

Une nouvelle esthétique se dessine, une esthétique de la subjectivité, du lyrisme et de l'onirisme qui permet de mesurer le chemin parcouru depuis les épures de *Zeitmasze* ; esthétique jalonnée de partitions aux accents obsessionnels, telles *Stimmung* pour six chanteurs (1968), *Mantra* pour deux pianos avec électronique et *Trans* (1971), où la musique baignée dans une lumière violette est ponctuée du bruit d'un métier à tisser, tandis que le *Helikopter Quartett*, créé en 1995 par le Quatuor Arditti, intègre le rythme du rotor d'un hélicoptère. Stockhausen effectue l'un des virages les plus spectaculaires de l'histoire de la musique en proposant des partitions à l'état zéro : ainsi se présentent ces dix-sept textes de *Für kommende Zeiten* (1969-1970) dont, seuls, les vocables sont chargés d'inspirer les interprètes. Cette musique « intuitive » est le point extrême d'une évolution fulgurante. Mais, quoique obstiné dans le tracé d'un itinéraire qu'il vit comme une absolue nécessité, Stockhausen continue à manifester son invention sur les plans les plus variés : dans *Alphabet pour Liège* (1972), il essaie de montrer la façon dont « les vibrations acoustiques modulent la matière ». Dans *Herbstmusik* (1974), les interprètes cassent des branches, clouent des planches, s'agitent dans des feuilles mortes sèches, puis humides... Il évoque ainsi la richesse des sons familiers de l'automne. Stockhausen appréhende, à sa façon, la liberté de la création et découvre aussi l'importance de la représentation visuelle. Ses concerts, dont il surveille à travers le monde les moindres détails, vont bientôt devenir de véritables spectacles. Qu'il s'agisse du fascinant environnement de *Sternklang*, ou musique dans un parc (1971), du rituel de *Sirius* (1977) avec ses quatre solistes qui cernent le public, ou de l'irruption d'un danseur dans *Inori* (1978), l'hédonisme de ces spectacles est plus qu'incertain. Stockhausen le démiurge crée de troublantes fêtes mystiques et les théorise : « *Sternklang*, dit-il, est une musique destinée à une écoute concentrée en méditation et à l'immersion de l'individu dans le Tout cosmique. Elle doit, en outre, préparer l'arrivée d'êtres venant d'autres étoiles. » L'œuvre *Sirius* fait référence aux habitants de la planète du même nom, pour lesquels, note le compositeur, « la musique est la forme la plus élevée de toutes les vibrations ». La musique est cosmogonique : « Nous sommes limités, dit Stockhausen, par nos corps terrestres. Certains hommes possèdent des modes de perception irrationnels. Conscients que la vie ici-bas n'est qu'un bref intervalle, ils possèdent des antennes pour capter et traduire acoustiquement les rythmes qui relient l'homme à l'univers. Les artistes sont, de ce point de vue, des récepteurs. » Position orgueilleuse, chimérique, que de nombreux musiciens, naguère compagnons de route de Stockhausen, ont d'autant moins compris qu'elle s'est accompagnée d'un infléchissement syntaxique caractéristique, l'auteur de *Sirius* utilisant comme matériau de base ses douze mélodies du zodiaque (ou *Tierkreis*) dont l'apparente naïveté déconcerte. Est-ce le retour à un mélodisme simplifié ou, plutôt, le ralliement à ce que l'on pourrait appeler l'esthétique de l'innocence perverse ?

Depuis 1977, Stockhausen travaille sur *Licht* (*Lumière*) : un grand opéra en sept parties correspondant aux sept jours de la semaine et dont la durée totale sera de l'ordre de vingt-cinq heures. Toute l'œuvre est fondée sur une formule universelle à partir de laquelle un grand éventail de styles ou de « dialectes » musicaux est proposé, reflétant la conception de Stockhausen sur les musiques du monde : elles représentent toutes des dialectes dérivables à partir d'un noyau simple et universel. Les protagonistes, Michel, Lucifer et Ève personnifient respectivement l'« ange créateur de notre univers » et les forces du progrès, son antagoniste rebelle et la force du renouveau. Chaque personnage a trois formes : chanteur, instrumentiste et danseur. Les trois premiers jours, *Donnerstag* (*Jeudi*), *Samstag* (*Samedi*) et *Montag* (*Lundi*) sont créés en 1981, 1984 et 1988 à la Scala de Milan, *Dienstag* (*Mardi*) et *Freitag* (*Vendredi*) sont créés à Leipzig en 1993 et 1996.

Chaque partie de cet immense opéra en pièces détachées court sa propre aventure et révèle, bribe par bribe, la pensée philosophique du maître. Car il s'agit là d'un véritable parcours initiatique, symbolisé par le *Voyage de Michel autour du monde*, où Michel – trompettiste – n'est autre que Markus (Stockhausen), le propre fils du compositeur.

CLAUDE SAMUEL

Bibliographie

K. Stockhausen, *Texte zur Musik*, 6 vol., DuMont, Cologne, 1963-1989 ; *Entretiens avec Jonathan Cott*, trad. de l'allemand J. Drillon, Lattès, Paris, 1988.

• *Études*

« Karlheinz Stockhausen », in *Contrechamps*, n° 9, 1988 / J. Harvey, *The Music of Stockhausen*, Univ. of California Press, Londres, 1975 / M. Kurtz, *Stockhausen*, Bärenreiter, Kassel, 1988, trad. angl., Faber & Faber, Londres, 1992 / R. Maconie, *The Works of Karlheinz Stockhausen*, Oxford Univ. Press, 1976, rééd. Clarendon Press, Oxford, 1990 / D. Schnebel, « Karlheinz Stockhausen », in *Die Reihe*, n° 4, 1958 / K. H. Wörner, « Karlheinz Stockhausen, Kontrapunkte », *ibid.* ; *Stockhausen, Life and Work*, Faber, 1973.

STÖLZEL GOTTFRIED HEINRICH (1690-1749)

Compositeur allemand né à Gründstädtl (Erzgebirge), fils d'un organiste dont il reçoit sa première formation, Stölzel (ou Stözl, Stöltzel) occupe tout d'abord divers postes en Allemagne non sans effectuer, de 1713 à 1715, un voyage en Italie. Maître de chapelle à la cour de Saxe-Gotha à partir de 1719, il devient en 1739 membre de la Société scientifique musicale (*Korrespondierende Sozietät der musikalischen Wissenschaften*) de Lorenz Christoph Mizler (J.-S. Bach en fera partie lui aussi douze ans plus tard). Très célèbre de son vivant, auteur de vingt-deux opéras, d'une grande quantité de musique religieuse et de nombreuses partitions instrumentales, il sut unir les conquêtes du nouveau style italien à la tradition contrapuntique allemande.

MARC VIGNAL

STRADELLA ALESSANDRO (1645-1682)

La vie de Stradella relève du roman. Deux cents cantates, des motets, sonates et symphonies, des opéras, des oratorios le disputent à cent intrigues amoureuses, à l'enlèvement d'une novice dans un couvent à Florence, à une affaire d'escroquerie à Rome, à une fuite à travers l'Italie avec une grande dame fiancée à un sénateur, à des embuscades de spadassins ; des maris jaloux, encore une élève séduite, d'où une nouvelle embuscade — qui réussit, celle-là : il meurt assassiné à Gênes. Les légendes se sont multipliées sur son compte, mais elles n'exagèrent sans doute pas et la vérité, qu'on ne saura jamais, pourrait bien être plus pittoresque encore. Cette existence mouvementée, désordonnée et géniale, manifeste l'un des aspects de la vie musicale italienne au XVIIe siècle. On ne s'étonnera pas de trouver chez ce don Juan une œuvre religieuse abondante, émouvante et incontestablement profonde et sincère : c'est inhérent à cet homme, à ce pays et à ce siècle. On ne s'étonnera pas non plus que la plupart de ses œuvres soient restées manuscrites : où aurait-il trouvé le temps et la disponibilité d'esprit que demande une édition ? Son œuvre n'en est pas moins considérable. Ses opéras, *Il Biante*, *Il Corespero*, *Floridoro ovvero Moro per amore*, sont d'une remarquable richesse mélodique et d'un lyrisme admirable. Mais c'est peut-être l'oratorio qui lui doit le plus : jadis petit chanteur à *l'oratorio della Vallicella* et *del santissimo Crocifisso*, il a, en particulier dans *San Giovanni Battista*, son chef-d'œuvre (1675), enrichi et développé l'héritage de Carissimi, clarifié et amplifié ses formes et tracé la voie à Händel, dont il semble parfois une préfiguration méditerranéenne et ensoleillée.

PHILIPPE BEAUSSANT

STRAUS OSCAR (1870-1954)

Compositeur d'opérettes et chef d'orchestre autrichien souvent apparenté, à tort, à l'auteur du *Beau Danube bleu* : pour mieux se différencier, il a lui-même modifié l'orthographe de son nom, qui comportait deux « s » à l'origine.

Né à Vienne le 6 mars 1870, dans une famille de banquiers, il étudie en privé avec Adolf Prosniz et Hermann Grädener, puis travaille avec Max Bruch à Berlin. Il commence une carrière de chef d'orchestre qui le mène dans divers opéras allemands et autrichiens entre 1893 et 1900 (Brünn – aujourd'hui Brno –, Presbourg (Bratislava), Mayence, Teplitz – aujourd'hui Teplice –, Hambourg). En 1901, Ernst von Wolzogen l'engage comme pianiste et compositeur dans son cabaret artistique berlinois, l'Überbrettl. Après un premier opéra créé à Berlin en 1894, *Die Waise von Cordova*, il fait représenter à Vienne plusieurs opérettes qui trahissent l'influence d'Offenbach, notamment *Die lustigen Nibelungen*, une parodie de la tétralogie wagnérienne (1904), et *Hugdietrichs Brautfahrt* (1906) ; il obtient son premier succès durable en 1907 avec *Ein Waltzertraum* (« Rêve de valse »), qui se situe davantage dans la lignée de Johann Strauss et de Franz Lehár. *Der tapfere Soldat* (1908), d'après *Le Héros et le Soldat* de George Bernard Shaw, fait une brillante carrière dans les pays anglo-saxons sous le titre *The Chocolate Soldier* (New York, 1909). En 1920, il donne à Berlin *Der letzte Walzer* (« La Dernière Valse »). Il se fixe à Vienne en 1927. En 1935, il fait créer à Zurich *Drei Waltzer* (« Trois Valses »), compilation d'œuvres de Johann Strauss père et fils à laquelle il a ajouté un troisième acte de sa composition et qui triomphe aux Bouffes-Parisiens, à Paris, à partir de 1937, avec Yvonne Printemps dans le rôle principal. Chassé par l'Anschluss, il quitte Vienne pour Paris en 1938, où il acquiert la nationalité française un an plus tard. En 1940, il émigre aux États-Unis et partage sa vie entre New York et les studios de Hollywood, avec lesquels il collaborait déjà depuis 1932 ; sa meilleure contribution au septième art reste la partition qu'il a écrite pour le film de Max Ophuls, *La Ronde* (1950), avec la fameuse *Ronde de l'amour*.

De retour en Europe en 1948, il compose l'opérette *Die Musik kommt*, qui reprend plusieurs chansons écrites à l'époque de l'Überbrettl (Zurich, 1948), et qui est révisée sous le titre *Ihr erster Waltzer* (Munich, 1952), ainsi qu'un ultime opéra, *Božena* (Munich, 1952). Il se fixe à Bad Ischl, où il meurt le 11 janvier 1954.

On lui doit également deux ballets, *Colombine* (1904) et *Die Prinzess von Tragant* (1912), une sérénade pour orchestre à cordes, une sonate pour violon et piano et plusieurs pièces pour piano, pages agréables qui cultivent la nostalgie d'une époque révolue.

ALAIN PÂRIS

STRAUSS LES

Le nom de Strauss, ou plutôt des Strauss (Johann, le père ; Johann, Josef et Eduard, les fils), restera à jamais attaché à ce que l'on appelle la « musique viennoise » et plus précisément à cette danse à trois temps, la valse, qui obsédait tant le héros d'une des plus célèbres nouvelles de Thomas Mann, Tonio Kröger. Plus encore que d'une famille, il s'agit avec les Strauss d'une véritable dynastie qui régna, cinquante ans durant, sur toutes les cours et dans tous les cœurs d'Europe.

E. U.

Johann Strauss père (1804-1849)

Johann Strauss père est né le 14 mars 1804 à Vienne et mort dans la même ville, le 25 septembre 1849. Il a contribué, plus que tout autre, avec son collègue et ami Josef Lanner, à donner ses lettres de noblesse à une danse nouvelle, la valse. Fils d'aubergiste, autodidacte, il apprend le violon et l'alto ; il s'engage à quinze ans dans l'orchestre de danse de Lanner dont il se séparera en 1825 pour fonder sa propre formation. Pendant plusieurs années, il se fait entendre dans une célèbre brasserie où nombre de visiteurs étrangers, dont le jeune Chopin et le jeune Wagner, sont fascinés par la nouveauté de la « valse viennoise ». Il compose lui-même et il s'efforce, tout comme Lanner, de briser la tyrannie de la mesure à 3/4, variant ses longueurs de phrases et utilisant une orchestration brillante, la syncope et les variations rythmiques. Avec son orchestre de vingt-huit musiciens, il se rend à Berlin en 1834, à Paris en 1837 où il joue devant le roi Louis-Philippe et suscite l'admiration de Berlioz, à Londres enfin, en 1838. À son retour à Vienne, il s'aperçoit avec un grand déplaisir que son fils aîné, Johann, pour lequel il a envisagé une carrière commerciale, s'apprête à suivre ses traces. Nommé directeur des Bals de la cour, puis chef de la musique du 1er Régiment de la garde civile de Vienne, il compose en cette qualité sa fameuse *Marche de Radetzky* pour célébrer la victoire du général sur les insurgés italiens en 1848. Cette œuvre lui vaut de violentes attaques des milieux républicains. Il meurt l'année suivante de la fièvre scarlatine. Ses funérailles furent grandioses et suivies par la foule immense des Viennois. Il a composé cent cinquante valses dont *Loreley-Rheinklänge* (*Échos de la Loreley*) reste sans doute la plus connue, vingt-huit galops, quatorze polkas, dix-neuf marches, trente-cinq quadrilles mais un grand nombre de ses œuvres sont souvent attribuées, par erreur, à son fils aîné.

Johann Strauss fils (1825-1899)

Celui-là, dit Johann Strauss fils, surnommé le « roi de la valse », naquit le 25 octobre 1825 et mourut le 3 juin 1899 à Vienne. À six ans, il improvise sa première valse, mais son père n'est pas content car il souhaite pour son fils un autre avenir que celui de musicien. C'est pourquoi il devient employé de banque, non sans avoir fait de sérieuses études secondaires et musicales (violon et composition). À dix-neuf ans, il forme un ensemble de quinze musiciens, dont le succès est tel qu'il devient alors le dangereux concurrent de son père. À la mort de ce dernier, il réunit les deux orchestres et entreprend des tournées qui le conduisent à travers l'Europe et même aux États-Unis. Engagé en Russie durant les mois d'été, et pour plusieurs saisons à partir de 1854, il confie, pendant ses absences, son orchestre à ses frères Josef et Eduard.

Entre ses mains la valse viennoise poursuit son évolution avec l'apparition de vastes introductions et de vastes codas, de thèmes plus contrastés, de phrases plus développées. En 1863, il est nommé directeur des Bals de la cour. C'est alors l'époque de ses grandes valses : *Le Beau Danube bleu* (1867) et *Histoires de la forêt viennoise* (1868). Il abandonne petit à petit son orchestre à ses deux frères, pour se consacrer à l'opérette. Après quelques tentatives, il donne son premier chef-d'œuvre dans ce domaine : *La Chauve-Souris* (1874) ; le deuxième sera *Le Baron tzigane* (1885). En 1888, il écrit, pour le quarantième anniversaire de l'accession au trône de François-Joseph, sa valse au très grand style : *La Valse de l'Empereur*. Son essai à la musique sérieuse se traduit par un opéra-comique en 1892, *Le Chevalier Pasman*. Sa dernière œuvre est un ballet : *Cendrillon*. Admiré de Brahms, de Mahler, de Wagner et de Liszt, il meurt d'une pneumonie après avoir composé près de deux cents valses, environ cent quarante polkas, quarante-cinq marches et soixante-dix quadrilles.

Josef Strauss (1827-1870)

Architecte et ingénieur réputé, Josef est le personnage le plus énigmatique de la dynastie. Appelé à prendre la direction de l'orchestre familial, il ne se sent pas compétent, mais, avec les encouragements de Johann et devant la nécessité de nourrir la famille, le timide Josef commence à regrets à suivre des cours de direction d'orchestre, de composition et de violon. Peu de temps après, il paraît en public : c'est aussitôt l'enthousiasme pour ce nouveau Strauss, qui ressemble tant à Liszt. La mélancolie qui émane de sa personne fascine. Il connaît un grand succès, comme chef mais aussi comme compositeur. En dix-sept ans, il a composé plus de trois cents pièces, parmi lesquelles les merveilleuses valses : *Hirondelles d'Autriche* et *Écho des sphères*. Ses valses, extrêmement belles, expriment une grande mélancolie. Ses polkas sont pures et pleines d'esprit. Sa vie, hélas, fut courte : il mourut d'une commotion cérébrale à quarante-trois ans.

Eduard Strauss (1835-1916)

Le cadet des frères Strauss naît à Vienne le 15 mars 1835. Il fait de solides études et désire se consacrer à la carrière diplomatique, mais, au contact de ses deux frères et de leur musique de divertissement, il devient également compositeur. Johann lui confie la direction de son orchestre, et il débute le 8 avril 1862. Son charme et son imperturbable élégance sur le podium le font très vite surnommer par les Viennois « le bel Edi ». Il est le prototype du véritable enfant de Vienne, chaleureux et aimable. Il présente ses propres œuvres parmi celles de ses frères, mais il est moins talentueux que Johann et Josef. Lorsqu'il dissout l'orchestre Strauss, en 1901, il a écrit environ trois cents œuvres, dont les plus nombreuses sont des polkas. En 1907, dans un gigantesque autodafé, il brûle toutes les œuvres de Johann non éditées et restées à l'état de manuscrits. Les souvenirs qu'il écrivit durant sa retraite constituent une source importante d'informations, à la fois sur lui-même et sur les autres membres de la famille. Comme son père et son frère Johann, il fut nommé directeur des Bals de la cour. Il fit plusieurs tournées à travers l'Allemagne et l'Amérique. Il se retira de la vie publique dès 1901 et mourut le 28 décembre 1916.

ADOLF SIBERT

Bibliographie

G. COULONGES, *Les Strauss*, Librairie théâtrale, Paris, 1982 / H. FANTEL, *Les Strauss*, Buchet-Chastel, Paris, 1986 / R. FREIHERR VON PROCHASKA, *Johann Strauss*, Literatur und Kunst, Berlin, 1900 / H. E. JACOB, *Johann Strauss und das neunzehnte Jahrhundert : die Geschichte einer musikalischen Weltherrschaft*, Amsterdam 1937 (*Les Strauss et l'histoire de la valse*, trad. franç. M. Roth, Buchet-Chastel, 1955) / H. JÄGER-SUNSTENAU, *Johann Strauss, der Walzerkönig und seine Dynastie*, Jugend und Volk, Vienne, 1965 / « Johann Strauss, La Chauve-Souris », in *L'Avant-Scène Opéra*, n° 49, 1983 / G. KNOSP, *Johann Strauss. La vie, une valse*, Bruxelles, 1951 / M. KRONBERG, *Johann Strauss. La grande valse*, trad. L. Gara et E. de Holstein, éd. de France, Paris, 1939 / N. LINKE, *Johann Strauss (John)*, Rowohlt, Hambourg, 1989 / F. MAILER, *Josef Strauss*, Jugend und Volk, 1977 ; *Das kleine*

Johann Strauss Buch, Residenz, Salzbourg, 1975 / P. Prange, *La Dynastie des Strauss*, Orban, Paris, 1992 / M. Prawy, *Johann Strauss, Weltgeschichte im Walzertakt*, F. Molden, Vienne, 1975 / W. Ritter, *Les Dernières Œuvres de Johann Strauss*, Magasin littéraire et scientifique, Paris, 1892 / O. Schneidereit, *Johann Strauss und die Stadt an der schönen blauen Donau*, VEB, Berlin, 1972 / M. Schönherr & K. Reinöhl, *Das Jahrhundert des Walzers*, vol. I : *Johann Strauss Vater*, Universal, Vienne, 1954 / M. Schönherr & J. Ziegler, *Aus der Zeit des Wiener Walzers, Titelblätter zu Tanzkompositionen der Walzerfamilie Strauss*, Harenberg, Dortmund, 1981 / E. Strauss, *Erinnerungen*, F. Deuticke, Leipzig-Vienne, 1906 / « Vienne, les Strauss », in *Cahiers Renaud-Barrault*, n° 104, Gallimard, Paris, 1982.

STRAUSS RICHARD (1864-1949)

Compositeur et chef d'orchestre allemand doté d'une belle longévité et ayant traversé maintes époques charnières de l'histoire de la musique, contemporain de Berlioz et de Boulez, de Brahms et de Stockhausen, de la création de *Pelléas et Mélisande* et du plan Marshall, Richard Strauss offre comme un résumé d'un siècle de musique, de ses premiers poèmes symphoniques, dans la tradition récente de Liszt, jusqu'à ses *Quatre Derniers Lieder*, aussi résolument anachroniques que splendides. Personnage majeur de la vie musicale de 1885 à la veille de la Seconde Guerre mondiale, sa place dans le répertoire de l'opéra est unique.

La jeunesse

Richard Strauss naît à Munich, le 11 juin 1864, d'un père corniste de talent dans l'orchestre de l'Opéra (et ennemi juré de Wagner – le Moderne !) et d'une mère héritière des brasseries Pschorr. Son enfance s'écoule heureuse, en compagnie de sa sœur Johanna, de trois ans sa cadette.

Les dons musicaux du jeune garçon se révèlent très vite et, tout en menant des études scolaires normales, puis des études supérieures d'histoire de l'art à l'université de Munich, Richard Strauss connaît une véritable vie d'adolescent prodige. Il compose dès l'âge de six ans, mais sa première œuvre publiée est une *Marche de fête* composée à douze ans. En 1881, sa *Symphonie en ré mineur* est donnée en public par le grand chef Hermann Levi, qui créera *Parsifal* l'année suivante ; le jeune musicien assistera à cette représentation en récompense de son baccalauréat (*Reifeprüfung*). En 1884, un premier séjour berlinois le fait connaître dans les milieux culturels et musicaux de la capitale.

Meiningen (1885-1886)

En octobre 1885, Hans von Bülow l'appelle à ses côtés comme chef du petit mais réputé *Hoftheater* (opéra) de Meiningen. Cette charge brève, mais décisive, va lui permettre de rencontrer un musicien-idéologue, Alexandre Ritter, dont la forte culture et le wagnérisme vont vivement l'impressionner. Strauss, surtout influencé par Brahms au début de sa vie, se tourne vers l'idéal de la « musique à programme » d'inspiration littéraire, historique, philosophique, et compose la *Burlesque*, pour piano et orchestre, hommage brillant à la valse viennoise.

Munich (1886-1889)

Nommé *Musikdirektor* à l'Opéra de Munich (août 1886), Strauss va avoir là l'occasion de parfaire sa technique de direction d'orchestre et de déployer son autorité créatrice dans le domaine du poème symphonique. Les premières pages célèbres du musicien voient le jour ; *Aus Italien*, symphonie illustrative, est ramenée du classique voyage en Italie (1886). Au cours de l'été de 1889, il est appelé à Bayreuth comme assistant. Deux ans auparavant, il avait rencontré sa future femme, Pauline de Ahna, cantatrice qu'il accompagnera souvent par la suite lorsque, ayant abandonné la scène, elle donnera des récitals de ses lieder.

Weimar (1889-1894)

En octobre 1889, sur la recommandation de Hans von Bülow, Richard Strauss devient *Kapellmeister* au théâtre impérial de Weimar. Dès le 11 novembre, un véritable coup de tonnerre résonne dans le monde musical : c'est la création de *Don Juan*, un de ses poèmes les plus réussis, qui révèle un jeune compositeur de vingt-cinq ans en possession d'une maîtrise stupéfiante de l'orchestre et de la forme, d'une imagination mélodique originale et d'une vivacité propre à « régénérer » une musique allemande en proie aux langueurs de *Parsifal*. L'année suivante, c'est *Mort et Transfiguration*, où l'influence de Schopenhauer se fait sentir, puis *Macbeth*, d'après Shakespeare.

Parallèlement à cette première série de poèmes symphoniques, Strauss compose des lieder pour voix et piano, dont les premiers cahiers (op. 10, op. 17) occupent une place de choix dans le répertoire du lied postromantique allemand. En revanche, le 10 mai 1894, il connaît un échec complet avec son premier opéra, *Guntram*, où l'influence wagnérienne se fait par trop indiscrète. Au cours de l'été de la même année, Strauss dirige pour la première fois à Bayreuth, avec notamment Pauline dans le rôle d'Élisabeth de *Tannhäuser*.

Munich (1894-1898)

Le second séjour munichois va permettre d'asseoir la réputation de Strauss non seulement en Allemagne, mais dans toute l'Europe. Le chef d'orchestre n'est pas moins prisé que le compositeur. Celui-ci passe alors, à juste titre, pour le premier compositeur allemand, l'héritier de Beethoven, de Brahms et de Wagner tout à la fois : le temps de Mahler n'est pas encore venu.

Passée la déception de *Guntram*, Strauss se remet aux poèmes symphoniques (et au lied – comme une compensation pour la voix absente) ; il compose l'étincelant et populaire *Till Eulenspiegel*, le majestueux (et un peu boursouflé) *Ainsi parlait Zarathoustra* d'après Nietzsche, *Don Quichotte*, qui comporte quelques pages extraordinaires mais se voit menacé par l'anecdote – grand péril couru par le poème symphonique en général. Enfin, dans *Une vie de héros*, Strauss se met en scène lui-même avec une sereine impudeur, comme « héros » aux prises avec ses « ennemis », qui triomphent de lui... jusqu'au jugement de la postérité, qui récompense le compositeur auto-cité dans le cours de l'œuvre...

Berlin (1898-1919)

S'ouvre alors la période la plus importante de la vie de Strauss, non seulement parce que c'est à Berlin qu'il occupe son plus long poste (*Hofkapellmeister* à l'Opéra), mais aussi parce qu'il compose à cette époque les ouvrages lyriques qui ont établi sa réputation. Après l'œuvre intermédiaire qu'est *Feuersnot* (1901), sur un livret du satiriste Ernst von Wolzogen, ce seront bientôt deux chefs-d'œuvre absolus, deux « opéras noirs », *Salomé*, en 1905, d'après la pièce d'Oscar Wilde, et *Elektra*, qui est la première œuvre écrite en collaboration avec le poète viennois Hugo von Hofmannsthal (1909). Dans ces deux partitions, une science inouïe de l'orchestre et une grande « demande » vocale conduisent à des ouvrages violents, ramassés en un acte unique, à la fois héritiers indéniables de la dramaturgie wagnérienne et puissamment originaux, qui mettent en scène un monde de passions troubles et proches de l'hystérie. *Salomé*, peut-être mieux maîtrisé qu'*Elektra*, s'est installé durablement au répertoire des maisons d'opéras.

Autour de 1910, un changement semble se produire, sans doute en grande partie sous l'influence néo-romantique d'Hofmannsthal. Celui-ci est l'auteur de deux livrets admirables, *Le Chevalier à la rose* (1911) et *Ariane à Naxos* (première version en 1912, seconde version en 1916). La première œuvre est une immense réussite des deux auteurs : l'intrigue croisée d'un petit monde aristocratique échappé du XVIIIe siècle de l'impératrice Marie-Thérèse d'Autriche parvient à toucher chacun, qui s'identifie aux personnages entraînés dans le tumulte des passions. Une musique somptueuse, héritière des *Noces de Figaro* et des *Maîtres Chanteurs*, se déploie pendant les trois actes de cette « comédie en musique » qui pourrait préfigurer quelque film du Bergman de la grande époque (*Sourires d'une nuit d'été*).

Quant à *Ariane à Naxos*, l'originalité indéniable de son dispositif dramatique ainsi qu'une musique dotée de tous les charmes (surtout dans le Prologue) laissent à peine percevoir les signes avant-coureurs d'une évolution néo-classique ultérieure.

Le succès de cette dernière œuvre a longtemps paru problématique : une première version, malhabile, devra être reprise ; l'ouvrage, né d'une hybridation avec *Le Bourgeois gentilhomme* de Molière, s'en séparera : seule la musique inspirée par l'écrivain français, que Strauss chérissait, demeurera sous la forme d'une *Suite*. En revanche, le succès du *Chevalier à la rose* est immédiat et total. Il suffit de signaler qu'en 1917, à Dresde, Strauss en dirige la centième représentation, ce qui est considérable, compte tenu des années de guerre. Les autres partitions, notamment symphoniques, que Strauss compose en ces années ne sont pas du niveau des meilleurs poèmes, comme si ces sortes « d'opéras instrumentaux » avaient véritablement dû « laisser la place » lorsque leur auteur réussit, enfin, à composer véritablement pour la scène. On citera la *Sinfonia domestica*, narration bourgeoise et musicale de la propre famille de Strauss, et la *Symphonie des Alpes*, partition parfaitement indigeste. Mais d'autres œuvres, beaucoup moins connues et enregistrées, mériteraient à coup sûr un meilleur accueil, notamment des chœurs et des « mélodrames » comme *Enoch Arden* (d'après Alfred Tennyson, 1897), *Das Schloss am Meer* (d'après Ludwig Uhland, 1898), formules originales et hautement dramatiques, dont Schönberg s'inspirera dans son *Pierrot lunaire* de 1912.

Enfin, dans le même temps se développe l'activité publique de Strauss chef d'orchestre ; il voyage constamment et, à Berlin même, hérite de l'orchestre rival de la Philharmonie, le Berliner Tonkünstlerverein. Il doit donc le diriger régulièrement, mais surtout organiser son activité, recruter les instrumentistes, établir les programmes, engager chefs invités et solistes, etc.

De nombreuses « semaines Strauss » sont organisées un peu partout, au cours desquelles il dirige ses propres œuvres et celles d'autres compositeurs (Londres en

1903, Wiesbaden en 1908, Munich en 1910, Vienne en 1918...). Strauss est également appelé à la tête de nombreuses organisations musicales, notamment d'ordre corporatif : c'est un « président » idéal, autoritaire, affable, pratique, compétent.

Sa renommée en fait également une recrue de choix pour les spectacles à la mode : en 1914, les Ballets russes de Diaghilev créent sa *Légende de Joseph*, où la somptuosité orchestrale masque mal une action peu dansable, avec un net penchant pour la suavité et la lourdeur.

Enfin, parmi les tâches à la fois honorifiques et importantes, signalons la création du festival de Salzbourg, avec Hofmannsthal et Max Reinhardt, auquel le mozartien qu'est Strauss apportera souvent son concours.

À partir de 1909, ses charges à l'Opéra de Berlin sont allégées, et il passera une partie de l'année, lorsqu'il ne voyage pas, dans sa belle villa de Garmisch, construite grâce aux tantièmes rapportés par... *Salomé*. Il y demeurera également une partie de la guerre, peu concerné par les événements politiques et militaires d'alors, mais nullement francophobe, au contraire de la plupart de ses compatriotes.

Vienne (1919-1924)

À l'automne de 1919, Strauss est nommé à Vienne, où semblent le prédisposer et son nom et ses complicités (Hofmannsthal) et ses inclinations naturelles, depuis la *Burlesque*. Rappelons cependant que Richard Strauss *n'est pas* viennois, mais bavarois ! Il y dirige l'Opéra, qui depuis le départ de Mahler (1907) a erré en des mains fragiles, mais vit sur sa gloire, ainsi que le fameux Philharmonique, auquel l'attacheront toujours des liens de confiance et d'amitié (il enregistrera avec cette phalange une partie de son œuvre). Les partitions qui s'esquissent alors permettent de situer Strauss dans la pensée musicale « moderne ».

Strauss accompagne la musique de son temps jusqu'en 1909 (*Elektra*), puis fait retour vers des formes de musique néo-romantiques ou baroques surprenantes chez l'iconoclaste qu'il semblait être depuis ses vingt ans. Il s'aventure jusqu'aux lisières du système tonal, invente des formes originales, renouvelle le genre lyrique – *Salomé* était un des ouvrages préférés de Berg, qui en subira, d'une certaine manière, l'influence dans *Wozzeck* et *Lulu*. Mais, à partir d'une certaine date, qu'on pourrait fixer aux années 1910, il tourne le dos à l'évolution de la musique en train de se faire : l'école de Vienne, par exemple, ne lui devra à peu près rien – mais elle devra beaucoup à Mahler. Il y a là un cas curieux de « réaction » chez un compositeur en pleine possession de ses moyens (il a cinquante ans en 1914) et dont la gloire pouvait le conduire à toutes les audaces. Les ouvrages lyriques qui succèdent à *Ariane à Naxos*, et pour lesquels la collaboration d'Hofmannsthal se poursuit, n'atteignent pas en originalité et en bonheur de formulation les précédents, même si les belles pages abondent ici et là, comme dans *La Femme sans ombre* (1919), parabole métaphysique lointainement inspirée de *La Flûte enchantée*.

Entre Garmisch et le monde entier (1924-1939)

Délivré de tout poste permanent, mais invité partout, Strauss ne cesse d'aller et venir entre sa villa des Alpes bavaroises et les différentes capitales allemandes et européennes. Ses ouvrages lyriques continuent d'être composés et représentés. *Hélène d'Égypte*, sur un livret remarquable d'Hofmannsthal, pour une partition qui tire vers la convention, et *Intermezzo* en sont les deux titres principaux. Pour cette dernière pièce, Strauss a abandonné un temps son librettiste habituel pour écrire lui-même le livret d'une « pochade » où, dans la veine de la *Sinfonia domestica*, il met lui-même en scène un épisode de sa vie conjugale. L'œuvre, amusante, bien écrite, enlevée, n'est pas loin d'être du meilleur Strauss – n'était-ce la minceur du propos !

Avec *Arabella*, Strauss retrouve Hofmannsthal... et Vienne, pour une comédie amère sur la décomposition d'un monde – la bourgeoisie viennoise au milieu du XIXe siècle. L'œuvre abonde en pages splendides (deux duos) et en séquences assez banales. La mort brutale de Hofmannsthal en 1929 met fin à une collaboration exemplaire, où l'homme de théâtre n'est peut-être pas celui qu'on pense, mais où la finesse et l'intelligence sensible du poète complétaient bien le réalisme poétique du musicien. Après cette disparition, Strauss ne cessera de déplorer le manque de librettiste. Il semblait avoir trouvé un écrivain à sa convenance en la personne de Stefan Zweig (Viennois, habile traiteur d'une matière qui n'est pas la sienne, et homme de véritable et belle culture, bref, toutes les qualités d'un bon librettiste), qui lui donna le livret de *La Femme silencieuse* (1935), lorsque les événements politiques, que Strauss eût bien voulu ignorer, mirent fin à une collaboration heureuse : Zweig était juif, et il dut s'exiler – avant de se suicider en Amérique latine en 1942.

Les « événements » de 1933 trouvèrent un Strauss qui n'avait en fait ni sympathie ni antipathie pour le régime, plutôt de l'antipathie d'ailleurs à cause de ses rapides excès culturels, mais dont le profond égoïsme allait le mener à ce qu'on a pu à juste titre nommer de la complaisance : président de la Reichsmusikkammer en 1933 par sentiment de « devoir d'État », mais inconscient qu'il servait de caution à un régime qui en avait tant besoin (et qui persécutait ses amis, ses collègues et ses collaborateurs mêmes), il en démissionne en 1935, après un épisode où il soutint Zweig davantage par volonté arrogante de ne pas s'en laisser conter que par courage politique conscient et sincère. En 1936, il ne croit pas devoir refuser de composer et diriger un méchant *Hymne olympique*, qui ouvrira les Jeux de Berlin. À part cela, il se retire le plus possible dans sa villa, tandis que sa veine de compositeur semble s'exténuer : plusieurs ouvrages lyriques voient le jour (*L'Amour de Danaé*, *Friedenstag*, *Daphné...*), ainsi que de nombreuses œuvres « de circonstances » : préludes solennels, marches de fête, chœurs...

Pendant la guerre, passée en bonne partie à Garmisch, Strauss va composer un ouvrage singulier dont l'action se déroule au moment de la querelle des glückistes et des piccinistes, *Capriccio*, où la fable amoureuse sert de prétexte à un ouvrage à thèse sur le fameux dilemme propre à l'opéra : *prima la musica doppo la parola* – ou l'inverse ?

L'été indien (1939-1949)

La réponse apportée par Strauss quant à la primauté de la musique ou du texte est – on l'aurait juré ! – syncrétique : les deux sont également importants. De fait, Strauss est certainement un des auteurs d'opéra qui accorde le plus d'attention à ses livrets, auxquels il ne manquait pas de collaborer avec un instinct infaillible de la scène.

À la sortie de la guerre, le musicien qu'on croyait plus ou moins épuisé, et dont on parlait comme d'un vieillard envers lequel il convenait d'être indulgent, connaît un étonnant retour de l'inspiration. À quatre-vingts ans, il va entamer la dernière étape de sa carrière, en allant diriger à Londres, à l'invitation de Thomas Beecham, mais, surtout, il va composer une série de partitions, dont trois chefs-d'œuvre : le *Deuxième Concerto pour cor*, plus automnal et serein que le premier, de 1882, les *Métamorphoses*, superbe élégie pour vingt-trois instruments à cordes solistes, où se mêlent l'hommage à Beethoven, la gravité du contrepoint et une nostalgie toute brucknérienne envers sa ville de Munich, et enfin les *Quatre Derniers Lieder*, pour soprano et orchestre, où s'exprime comme la quintessence de l'art straussien de faire chanter une voix de femme et résonner un orchestre. Richard Strauss meurt à Garmisch le 8 septembre 1949.

Ainsi se clôt cette vie si remplie, qui l'aura fait passer par des âges, des styles, des manières si différents. 1948 : les *Quatre Derniers Lieder* sont contemporains d'une œuvre comme la *Deuxième Sonate* de Boulez ! Deux mondes différents certes : l'un appartient au XXe siècle, l'autre n'en est plus. Mais, au tribunal de la beauté, les privilèges chronologiques seront finalement de peu de poids.

DOMINIQUE JAMEUX

Bibliographie

B. BANOUN, *Strauss, Hofmannsthal et le livret d'opéra*, thèse, univ. Paris-Sorbonne, 1992 / B. R. GILLIAN, *Richard Strauss : new perspectives on the composer and his music*, Duke Univ. Press, Durham (N.C.), 1992 / A. GOLÉA, *Richard Strauss*, Flammarion, Paris, 1965 / R. HARTMANN, *Richard Strauss. Opéras, de la création à nos jours*, Vilo, Paris, 1980 / D. JAMEUX, *Richard Strauss*, Hachette-Pluriel, Paris, 1986 / M. KENNEDY, *Richard Strauss*, Dent, Londres, 1976 / G. MAHLER & R. STRAUSS, *Correspondance, 1888-1911*, B. Coutaz, Arles, 1989 / N. DEL MAR, *Richard Strauss. A Critical Commentary on his Life and Work*, 3 vol., Faber, Londres, 1986 / W. SCHUH, *Richard Strauss. Jugend und frühe Meisterjahre. Lebenschronik, 1864-1898*, Atlantis, Zurich, 1976 / R. STRAUSS & H. VON HOFMANNSTHAL, *Correspondance 1900-1929*, Fayard, Paris, 1992 / A. TUBEUF, *Richard Strauss, ou le Voyageur et son ombre*, Albin Michel, Paris, 1980.

STRAVINSKI IGOR FEODOROVITCH (1882-1971)

Il est difficile de découvrir un musicien qui eut, de son vivant, une gloire égale à celle de Stravinski. Il fut certainement le compositeur le plus célèbre de la première moitié du XXe siècle ; et dire qu'il fut célèbre signifie que sa réputation s'est étendue bien au-delà des milieux musicaux, ou des milieux dits éclairés, pour se répandre dans le grand public et chez les profanes. Lors de ses obsèques, à Venise, une foule énorme, venue du monde entier, se pressait pour lui rendre un hommage tel qu'aucun créateur, sans doute, n'en a jamais eu. On peut rechercher les raisons d'un destin aussi exceptionnel. Quel qu'eût été le succès prodigieux qui suivit le scandale non moins prodigieux du *Sacre du Printemps* (dont la création eut lieu en 1913, à Paris), et même si, pour presque tous, Stravinski est essentiellement l'auteur du *Sacre*, il n'est pas possible de faire graviter une vie entière autour d'une seule œuvre, aussi étincelante soit-elle. Sans doute pourrait-on suggérer que Stravinski fut, de tous les compositeurs, celui qui eut, sur son art, les idées les moins traditionnelles, en ce sens qu'il est celui qui, tandis qu'il plaçait à un niveau très élevé la technique de son métier, eut à cœur de s'éloigner le plus radicalement possible des préjugés romantiques sur l'expression et l'« inspiration ». À ce titre, il fut aussi théoricien, et certaines de ses phrases lapidaires, telles qu'on les trouve dans ses divers écrits, peuvent suffire à changer notre conception du monde sonore. En outre, davantage compositeur de ballets et d'opéras que de musique pure (malgré d'étonnantes réussites comme l'*Octuor*, pour instruments à vent, ou les *Mouvements*, pour piano et orchestre), il reste étroitement lié à un mouvement culturel et intellectuel dans lequel on trouve aussi bien des décorateurs et des peintres que des philosophes et des écrivains. En fait, il gardera sa vie durant une prédilection pour l'atmosphère un peu enfiévrée d'une création presque collective comme celle qu'il avait découverte avec les Ballets russes, voire pour une certaine agitation mondaine et même pour la vénération que le monde lui accorde. Mais ce serait trop vite conclure que de ne voir en Stravinski un musicien illustre que par ce qui, paradoxalement, reste un peu extérieur à son art, par ce qu'il appelle lui-même les « franges de la musique ». S'il refuse les préjugés romantiques, il accorde la plus grande importance à la perfection de la technique musicale, et la maîtrise a, chez lui, le même sens que celui qu'on lui accordait autrefois, lorsqu'un artisan passait, grâce à son chef-d'œuvre, du rang de compagnon à celui de maître. Stravinski a donc toujours voulu être capable d'appliquer cette maîtrise qui lui est personnelle à toutes sortes de formes de la musique, transformant apparemment son style et pouvant, à ce titre, passer pour un musicien protéiforme. En réalité, sa personnalité pourrait être comparée à celle de Picasso (avec qui, d'ailleurs, il lui est arrivé de collaborer). Chez de tels artistes, une feinte variété, voire une apparente versatilité dissimulent une remarquable continuité. Alors qu'elles sont très dissemblables les unes des autres, les œuvres de Stravinski sont toujours reconnaissables, portent l'empreinte d'un tempérament inimitable. Tellement inimitable, d'ailleurs, que Stravinski n'eut aucun épigone dont le nom mérite d'être retenu. C'est ainsi que, considéré longtemps comme le chef de file d'un mouvement esthétique opposé au romantisme, il ne fut jamais un chef d'école. Stravinski est mort sans descendance musicale, ou presque.

Musicien cosmopolite ou citoyen du monde

Que Stravinski soit un musicien profondément russe, voilà qui ne peut être mis en doute. Et pourtant, il existe chez lui une tendance inavouée à l'universalisme qui transparaît dans certaines de ses œuvres, notamment celles de la période dite néoclassique et quelques-unes de la dernière partie de sa vie. Parallèlement, ses multiples pérégrinations et ses nationalités successives (il fut tour à tour porteur des passeports russe, français, puis américain) ne peuvent s'expliquer seulement par les circonstances fortuites et par les dures nécessités provoquées par deux guerres. Dans des circonstances semblables, on voit, par exemple, Prokofiev revenir s'installer dans sa Russie natale ; mais Stravinski veut être le citoyen du monde où sa musique est appréciée, et il donne donc l'impression de se déplacer en même temps que ses maxima de célébrité. Cette carrière itinérante commence avec les Ballets russes et à cause d'eux. C'est en effet Diaghilev qui, après avoir entendu le *Scherzo fantastique* et *Feu d'artifice*, et après avoir d'abord commandé à Stravinski une orchestration de Chopin (*Les*

Sylphides), lui demande la partition de *L'Oiseau de feu* et le fait venir à Paris en 1910. Dès lors, et jusqu'à ce qu'il se fixe aux États-Unis, en 1939, l'histoire des déplacements du musicien fournirait, à elle seule, matière à tout un chapitre.

Igor était le troisième de quatre enfants. Son père, Feodor Ignatievitch, était chanteur à l'Opéra impérial de Saint-Pétersbourg. Remarquablement cultivé, il possédait une bibliothèque de près de vingt mille volumes consacrés essentiellement à la littérature russe et aux recherches sur les chants et les légendes populaires. C'est là que le compositeur devait puiser un grand nombre d'idées, notamment le sujet de *Renard* (« histoire burlesque chantée et jouée », 1916-1917) et les poésies populaires utilisées dans *Les Noces* (« scènes chorégraphiques russes », 1917-1923). À travers le cosmopolitisme de Stravinski, ou plutôt à la racine de ce cosmopolitisme, on retrouve un souci constant de retour aux sources, un désir de ne jamais se séparer totalement de sa terre natale. Mais, en tant que père, celui de Stravinski paraît s'être montré assez distant et sévère vis-à-vis de ses enfants. Par les *Chroniques de ma vie*, nous savons aussi que Stravinski semble en avoir été blessé, et il avoue n'avoir ressenti de réelle tendresse que pour sa nourrice (la *niania*), son frère cadet (tué au cours de la Première Guerre mondiale) et un oncle qui était un personnage pittoresque aux idées libérales. Cela peut expliquer l'instabilité, le détachement, le souci de ne pas se laisser attacher en un lieu fixe qui paraît caractériser le mode d'existence du musicien. Il n'est pas sans intérêt, par ailleurs, de constater que la musique de Stravinski est demeurée l'une de celles qui sont le plus abondamment jouées dans le monde entier.

Le maître de l'orchestre

Selon le calendrier julien (calendrier de la Russie des tsars), Igor Stravinski est né le 5 juin 1882. Selon notre calendrier, il est né le 18 juin de la même année. Profondément attaché à sa terre natale et à ses coutumes, il accordera assez longtemps une certaine importance à ces différences de dates, et les esquisses du *Sacre du Printemps* portent encore, de sa main, de doubles annotations. Il est né dans un petit pays de villégiature en face de Kronstadt, où son père était venu passer des vacances : Oranienbourg. Le compositeur n'y reviendra jamais, préférant un autre lieu de villégiature où l'entraînaient également ses parents : Oustiloug et, surtout, la ville de Saint-Pétersbourg, où il fit ses études classiques. Igor n'était pas destiné par ses parents à devenir musicien. Mais, comme tout enfant de la bonne bourgeoisie, il fit des études de piano avec une élève d'Anton Rubinstein, Mlle Kashperova. Son grand plaisir, racontera-t-il plus tard, n'était pas de se soumettre au dur apprentissage de la virtuosité pianistique, mais d'improviser. Dès 1903, il avait d'ailleurs écrit une *Sonate pour piano* qui avait été exécutée une fois au cours des « Soirées russes de musique de chambre », et c'est au cours des mêmes soirées que Stravinski put entendre les quatuors de Debussy et de Ravel qui furent pour lui des révélations. En 1901, à Heidelberg, il fut présenté à celui qui était alors le chef incontesté de l'école musicale russe. Rimski-Korsakov accepta de le rencontrer et d'écouter ses improvisations. On sait que, dès ce moment, la détermination de Stravinski de devenir compositeur était acquise, car il déclara à son illustre auditeur qu'aucun découragement n'aurait de prise sur lui. Loin de le décourager, le maître le prit comme élève.

On peut mesurer la valeur pédagogique de Rimski-Korsakov en se référant à son traité d'orchestration et imaginer que le génie orchestral de Stravinski est dû, en grande partie, à l'influence et à la compétence de son maître. Mais cette explication est insuffisante, car Rimski-Korsakov eut bien d'autres élèves, et aucun de ces derniers n'est parvenu à la maîtrise de Stravinski. Il semble, en revanche, que les tempéraments du maître et de l'élève se soient merveilleusement accordés et complétés. Ce que l'on peut dire de l'enseignement de Rimski-Korsakov est qu'il était froidement technique et d'une rigueur tout objective ; cette froideur et cette rigueur étaient exactement ce qui plaisait au jeune Stravinski, qui considérait déjà, comme il le fit toute sa vie, que la moindre des intentions d'un compositeur devait être non pas le résultat d'une inspiration nébuleuse, mais le fruit d'un artisanat méthodique et consciencieux et que, de plus, ces intentions devaient toujours être complètement et exactement traduites par la partition et la partition seule. « Ce que je demande à un chef d'orchestre, devait-il dire, ce n'est pas de m'interpréter mais seulement d'exécuter mon œuvre. » Si l'on peut passer sous silence une certaine *Symphonie* en *mi* bémol majeur écrite sous le contrôle de Rimski-Korsakov (1905-1907), on constate que le génie orchestral de Stravinski éclate dans deux œuvres composées en 1908 : le *Scherzo fantastique* et *Feu d'artifice*. On y trouve tout ce qui, plus tard, fera l'essentiel de la personnalité de l'auteur : un goût très vif de la couleur, du timbre, des combinaisons instrumentales insolites pour l'époque, un penchant aussi pour la démesure, pour le pittoresque et, même, une tendance à la vulgarité. Mais, en ce qui concerne cette « vulgarité » de Stravinski, il faut dire qu'elle est complètement ennoblie par la volonté avec laquelle il l'affirme, avec laquelle il en joue, comme pour la dépasser, l'arracher à la banalité qui la rendrait insupportable. Il évite toujours ce que tout artiste devrait redouter le plus : le juste milieu de la médiocrité, et surtout de la médiocrité distinguée. Certaines pages de *Petrouchka* sont particulièrement significatives à cet égard. Et pourtant, combien opposé à ce genre d'outrance calculée apparaît le raffinement de *Rossignol*, l'opéra dont, dès cette époque, Stravinski traçait déjà les esquisses. Ces extrêmes montrent que le compositeur, en toutes circonstances, va jusqu'au bout de ses intentions, avec une froide lucidité, avec, presque, une férocité calculée. D'où vient alors que, à partir de 1925 environ, la palette du magicien s'éteigne, s'affadisse et que l'on puisse entendre des œuvres aussi ternes, aussi grises que l'*Apollon Musagète* (1928) ou le *Dumbarton Oaks Concerto* (1938) ? Quelles sont les raisons d'un tel appauvrissement, dont il est en tout cas certain qu'il fut volontaire et, lui aussi, lucidement calculé ? La plupart des commentateurs et exégètes du musicien, principalement ceux qui lui vouent une admiration inconditionnelle, y voient une ascèse, une sublimation, une élévation vers l'abstraction. Mais alors, Stravinski aurait abandonné ce « progrès » vers la fin de sa vie, avec des œuvres comme *Threni* (1958), *Mouvements*, pour piano et orchestre (1959), ou *Gesualdo monomentum* (1960). Il semble que l'évolution du compositeur ne puisse pas si facilement s'expliquer par la seule volonté d'ascétisme qu'il a parfois manifestée et que les causes doivent, en l'occurrence, être aussi multiples que les effets.

Les Ballets russes et les dangers du succès

À partir de 1910, avec *L'Oiseau de feu* qui lui a été commandé par Diaghilev, Stravinski est un musicien célèbre. Son succès se confirme avec *Petrouchka* ; deux ans après, en 1913, *Le Sacre du Printemps* l'installe au premier plan de l'actualité artistique. Il est dès lors plongé dans la vie parisienne et, aussi, dans la vie mondaine internationale. S'il exerce donc une influence certaine sur les divers mouvements esthétiques qui se manifestent un peu partout, et notamment en France, les milieux qu'il fréquente l'influencent à leur tour. Très schématiquement, on peut affirmer que ces influences réciproques se conjuguent pour exacerber une réaction antiromantique et surtout antiwagnérienne et, simultanément, pour se dégager du debussysme. Un retour à la simplicité, au classicisme est souvent prôné mais, aussi, une réhabilitation des formes saines et spontanées d'une musique qui serait populaire, d'une esthétique de cabaret et de café-concert. De plus, c'est l'époque de la découverte du jazz. Chez Stravinski, la guerre ayant mis un frein à l'activité des Ballets russes, ces tendances se manifestent dans les *Pièces faciles pour piano à quatre mains* (celles de 1915 et celles de 1917), dans l'*Étude pour pianola* (1917), le *Ragtime* et *L'Histoire du soldat* (1918). Avec cette dernière œuvre, sorte de ballet mimodrame sur un texte de Ramuz, nous assistons à ce qu'on pourrait appeler le « triomphe de la fausse note » : des harmonies assez traditionnelles se trouvent épicées par des notes étrangères, la simplicité feinte dissimule de croustillantes trouvailles rythmiques, et des mélodies à l'aspect populaire déroutent par leurs détours inattendus. C'est une prodigieuse réussite instrumentale où les sonorités les plus originales sont obtenues avec le concours de sept musiciens seulement. Mais, en 1919, les Ballets russes reprennent leur activité et, pour cette reprise, Diaghilev avait demandé à Stravinski d'orchestrer quelques pages de Pergolèse : ce fut *Pulcinella*. On raconte que Diaghilev aurait protesté violemment en prenant connaissance du début du travail de Stravinski : « Je ne t'ai pas commandé, aurait-il rugi, de mettre des moustaches à la Joconde. » Il est vrai, à certains égards, qu'on peut reprocher à *Pulcinella* de graves fautes de goût. Mais Stravinski est, de toute évidence, au-delà des notions traditionnelles de bon ou de mauvais goût. Entraîné par un mouvement esthétique dont il est d'ailleurs l'un des promoteurs, Stravinski cède à une tentation qui n'est pas exactement celle de l'ascétisme, de l'austérité musicale. Il est simplement en accord parfait avec des tendances du moment.

Par ailleurs, le succès le force à écrire surtout sur commande. Diaghilev a été son premier et principal mécène. D'autres suivront qui, de plus, l'encourageront à travailler avec des écrivains illustres (*Œdipus Rex*, 1926-1927, avec Jean Cocteau, *Perséphone*, 1933-1934, avec André Gide). Avec Gide, Stravinski fut victime d'une véritable incompatibilité d'humeur, et *Perséphone* n'eut qu'un médiocre succès. De plus, écrire sur commande impose une sérieuse discipline, et Stravinski avait déjà le goût de la discipline. On peut donc émettre l'hypothèse que, par un mécanisme psychologique assez intuitivement explicable, ce qui passe pour de l'austérité et de l'ascétisme n'est que la mise en marche d'un mécanisme mental dans lequel s'allient la lucidité et la nécessité. Lorsque, en 1948, on demandera à Stravinski pourquoi il a écrit une *Messe*, il répondra : « À mon âge, on ne travaille que pour de l'argent... ou pour Dieu. »

Le propriétaire de toutes choses

Il semble aussi que *Pulcinella* (1920) soit une étape importante dans l'évolution esthétique de Stravinski. Certes, avant de se référer à Pergolèse, il avait pratiqué des emprunts, surtout de mélodies populaires russes, mais aussi d'une chanson française (*Elle avait une jambe de bois*) dans *Petrouchka*. Mais peut-être est-ce avec *Pulcinella* qu'il découvre que toute musique, même celle de Pergolèse, devient, lorsqu'il la reprend, une œuvre nouvelle, profondément originale. Dès lors, Stravinski agit comme s'il se sentait propriétaire de toute musique existante, à quelque style qu'elle appartienne, et comme, chaque fois, il la transforme pour en faire « du Stravinski », sans que soit supprimée pour autant la source originale, apparaît cette variété des styles qui a si souvent étonné aussi bien ses admirateurs que ses détracteurs. C'est ainsi que Tchaïkovski lui fournit *Le Baiser de la fée* (1928) ; Rossini, *Jeu de cartes* (1936) ; Glinka et César Cui, *Mavra* (son œuvre préférée, 1921) ; Grieg, les *Norwegian Moods* (*Impressions norvégiennes*, 1942) ; Haydn, la *Symphonie* en *ut* majeur (1938-1940) ; Guillaume de Machault, la *Messe*, pour chœur mixte et double quintette à vent (1944-1948) ; J.-S. Bach, le *Dumbarton Oaks Concerto* (1938) ; etc. Et chaque fois, si l'on reconnaît assez facilement le modèle, et d'autant plus facilement qu'il arrive que Stravinski l'indique lui-même, on est cependant en face d'une œuvre telle que n'importe quel auditeur, même inexpérimenté, y reconnaît infailliblement l'auteur du *Sacre*. Il y introduit toujours une touche personnelle, une combinaison instrumentale que seule une imagination comme la sienne a pu concevoir. Ces combinaisons instrumentales, il aime d'ailleurs à les renouveler à l'infini, à trouver des solutions inédites, à refuser souvent la disposition de l'orchestre telle qu'elle lui est léguée par la tradition. À cet égard, il est l'un des plus grands précurseurs de certaines recherches de la seconde moitié du XXe siècle. L'une des solutions les plus originales découvertes par lui est sans doute celle de *Noces*, ballet écrit pour solistes chanteurs, chœurs, quatre pianos et percussions. Même lorsque, se référant volontairement à des formes traditionnelles comme il le fait dans son opéra *The Rake's Progress* (écrit sur le livret de Wystan H. Auden et Chester Kallman, d'après des gravures de Hogarth, créé à La Fenice de Venise en 1951), il tourne le dos à la conception du drame musical tel qu'on l'imaginait après Wagner et Alban Berg et pratique le découpage en scènes et tableaux, il n'oublie pas de se réserver une part d'insolite en poussant l'audace jusqu'à ne pas orchestrer une scène entière et à la faire accompagner par le seul piano.

Une perpétuelle faculté de rajeunissement

Peut-être cette malléabilité du style dont fait preuve Stravinski est-elle le signe d'une insatiable curiosité, donc d'une jeunesse jamais perdue ? Il devait en faire la démonstration à la fin de sa vie. En 1912, il avait assisté, à Berlin, à l'audition du *Pierrot lunaire* de Schönberg. Rien ne pouvait être plus opposé à l'expressionnisme du Viennois que l'« objectivisme » de Stravinski, qui déclara que l'« esthétisme » (*sic*) de cette œuvre lui déplaisait profondément. Mais la technique de Schönberg l'avait impressionné, et c'est en pensant à la facture instrumentale du *Pierrot lunaire* qu'il avait écrit, en 1913, ses

Trois Poésies de la lyrique japonaise. Dans son esprit, la technique sérielle dodécaphonique de Schönberg était liée à l'expressionnisme postromantique, et c'est pourquoi il la repoussait. En 1952, il lui fut pourtant donné de découvrir Webern, en qui il vit un musicien « suprêmement important ». Dès lors, il devait stupéfier le monde (et décevoir provisoirement quelques-uns de ses admirateurs maladroits) en annonçant qu'il se ralliait à la technique sérielle. Si le *Septuor* (1953) paraît encore souffrir d'une certaine rigidité maladroite, les *Mouvements* pour piano et orchestre (1959) s'avèrent une étonnante réussite, sans omettre, en 1957, *Agon*, ballet pour douze danseurs. Les dernières années de Stravinski sont marquées par cette prodigieuse faculté de rajeunissement. Restant toujours lui-même et toujours divers, il est un exemple d'inépuisable imagination.

Le postulat de Stravinski

En 1939, Stravinski se trouvait aux États-Unis où il devait faire une série de cours aux étudiants de l'université de Harvard. La Seconde Guerre mondiale arrivant, il devait, hormis quelques voyages en Europe et notamment en U.R.S.S., où il fut reçu en héros, se fixer sur le Nouveau Continent. Ces cours à l'université de Harvard furent publiés sous le titre de *Poétique musicale*. Cet ouvrage est très éclairant quant à ses idées musicales et esthétiques ; il nous irrite aussi parfois. L'auteur (d'ailleurs aidé, pour la rédaction française, par Roland-Manuel qui lui a, par surcroît, insufflé quelques-unes des idées les plus originales) y défend des thèses justes avec une outrance qui, quelquefois, incite à les combattre. Cette outrance est manifeste dans l'exposé qui y est fait d'une colossale haine contre Wagner. Or, même mort, Wagner est un ennemi dangereux, car il a lui aussi marqué l'histoire de la musique, et il est vain de le combattre si l'on se refuse à le surpasser. Mais cet acharnement antiwagnérien s'explique fort bien si l'on tient compte des principes qui animent Stravinski. Il pousse à l'extrême ce qu'il a appelé lui-même son « objectivisme » musical, défend le métier de musicien et pourfend la plupart des préjugés romantiques. On lui donnerait difficilement tort. Mais le fond de son argumentation se trouve, en réalité, dans les *Chroniques de ma vie* (1935). Il est bon de citer intégralement le passage, car il fut souvent déformé : « Je considère la musique, par son essence, impuissante à exprimer quoi que ce soit : un sentiment, une attitude, un état psychologique, un phénomène de la nature, etc. L'expression n'a jamais été la propriété immanente de la musique. La raison d'être de celle-ci n'a jamais été conditionnée par celle-là. Si, comme c'est presque toujours le cas, la musique paraît exprimer quelque chose, ce n'est qu'une illusion et non pas une réalité. C'est simplement un élément additionnel que, par une convention tacite et invétérée, nous lui avons prêté, imposé, comme une étiquette, un protocole, bref, une tenue, et que, par accoutumance ou inconscience, nous sommes arrivés à confondre avec son essence. »

On pourrait, évidemment, discuter longtemps sur une telle prise de position. Ce qui doit retenir ici est seulement le fait qu'elle éclaire à la fois le personnage et la musique de Stravinski.

On peut s'étonner que, malgré sa puissante personnalité, l'auteur du *Sacre du Printemps* n'ait été, en réalité, suivi par aucune école. Il y a, encore là, une contradiction. Cet amoureux de l'artisanat et de la technique musicale n'a jamais pratiqué l'enseignement et, s'il fit parfois œuvre de philosophe de la musique (et aux idées combien fracassantes), il ne fit jamais œuvre de théoricien. De plus, ses idées esthétiques et la mise en pratique qu'il en fit paraissent maintenant, hormis ce qui concerne quelques-uns de ses chefs-d'œuvre, comme fortement attachées à l'époque et à la société qui les a vues naître, et l'on sait que, aussitôt après la Seconde Guerre mondiale, ce sont précisément les idées et les théories de Schönberg qui devaient déferler sur le monde musical... et sur Stravinski lui-même. Son œuvre reste donc unique, exemplaire ; et, malgré son prodigieux succès, malgré la gloire et la vénération dont il fut l'objet de son vivant, il apparaît comme l'auteur vertigineux d'une œuvre immense, dominée par *Le Sacre du Printemps*, mais refermée sur elle-même.

MICHEL PHILIPPOT

Bibliographie

A. BOUCOURECHLIEV, *Igor Stravinski*, Fayard, Paris, 1989 / W. BURDE, *Strawinsky. Monographie*, Schott, Mayence, 1982 / R. CRAFT, *Stravinsky. Chronicle of a Friendship, 1948-1971*, A. A. Knopf, New York, 1972 / M. DRUSKIN, *Igor Stravinsky : his Life, Works and Views*, Cambridge Univ. Press, Cambridge (G.-B.), 1983 / C. GOUBAULT, *Igor Stravinsky*, Champion, Paris, 1991 / M. MARNAT, *Stravinsky*, Seuil, Paris, 1995 / M. PHILIPPOT, *Igor Stravinski*, Seghers, Paris, 1965 / « *The Rake's Progress* », in *L'Avant-Scène Opéra*, nº 145, 1992 / A. SCHOUVALOFF & V. BOROVSKI, *Stravinsky on Stage*, Stainer & Bell, Londres, 1982 / I. STRAVINSKY, *Chroniques de ma vie*, Paris, 1935, rééd. Denoël-Gonthier, Paris, 1971 ; *Poétique musicale sous forme de six leçons (1939-1940)*, Harvard Univ. Press, Cambridge (Mass.), 1942, nouv. éd. Le Bon Plaisir, Paris, 1952 ; *Themes and Episodes*, A. A. Knopf, 1966 ; *Retrospectives and Conclusions*, *ibid.*, 1969 ; *Selected Correspondence*, R. Craft éd., 2 vol., Faber & Faber, Londres, 1982-1984 / I. STRAVINSKY & E. ANSERMET, *Correspondance, 1914-1967*, C. Tappolet éd., 3 vol., Georg, Genève, 1990-1992 / I. STRAVINSKY & R. CRAFT, *Memories and Commentaries*, Faber & Faber, 1960 (*Souvenirs et commentaires*, trad. F. Ledoux, Gallimard, Paris, 1964) ; *Expositions and Developments*, *ibid.*, 1962 ; *Dialogues and a Diary*, *ibid.*, 1968 / V. STRAVINSKY & I. STRAVINSKY, *Dearest Bubushkin : the Correspondence of Vera and Igor Stravinsky, 1921-1954*, R. Craft éd., Thames & Hudson, Londres, 1985 / *Stravinsky Centenary 1982. A Catalogue and Complete Work List*, Boosey & Hawkes, Londres, 1982 / J.-M. VACCARO dir., « *The Rake's Progress* », éd. du C.N.R.S., Paris, 1990 / E. W. WHITE, *Stravinsky : the Composer and his Works*, Faber & Faber, 1966, rééd. rev. et augm. 1979 (*Stravinsky : le compositeur et son œuvre*, trad. D. Collins, Flammarion, Paris, 1983).

SUTERMEISTER HEINRICH (1910-1995)

Avec Arthur Honegger et Frank Martin, Heinrich Sutermeister est l'un des rares compositeurs suisses de notoriété internationale ; il se présente comme un héritier de Carl Orff et de Honegger.

Originaire du canton de Schaffhouse, en Suisse alémanique, il naît à Feuerthalen le 12 août 1910. Son père, pasteur protestant, l'envoie étudier la philologie et la littérature allemande à Bâle, où il suit également les cours de musicologie de Karl Nef. Il vient ensuite à Paris et travaille avec André Pirro à la Sorbonne (1930-1931). Il y rencontre Honegger et décide alors de se consacrer à la musique. Il va se perfectionner avec Carl Orff (composition), Walther Courvoisier (harmonie et contrepoint), G. Geierhaas et Hugo Röhr (direction d'orchestre) à l'Académie de musique de Munich (1932-1934). De retour en Suisse, il est chef de chant à l'Opéra de Berne (1934-1935) avant d'abandonner toute fonction régulière pour se consacrer essentiellement à la composition. La guerre le surprend à Munich, en 1939, où il reste pendant trois ans avant de pouvoir rejoindre son pays natal. Il se fixe alors dans le canton de Vaud, à Vaux-sur-Morges. Entre 1958 et 1980, il est président de la société suisse de reproduction mécanique Mechanlizenz. Il reçoit le prix de la Société des auteurs et compositeurs dramatiques, à Paris (1962), et le prix de composition de l'Association des musiciens suisses (1967). Il enseigne la composition à la Hochschule für Musik de Hanovre (1963-1975). En 1977, il est élu membre correspondant de l'Académie des beaux-arts de Bavière. Il meurt à Morges le 16 mars 1995.

Sutermeister s'est surtout imposé dans le domaine lyrique. Son opéra radiophonique *Die schwarze Spinne* (1935, présenté sur scène à Saint-Gall en 1949) est marqué par l'influence de Carl Orff. Mais il élargit bientôt ses centres d'intérêt, et *Romeo und Julia* (1938-1940), d'après Shakespeare, parle un langage qui tient autant de Debussy que de Verdi et de Puccini. La création a lieu à l'Opéra de Dresde en 1940, sous la baguette de Karl Böhm. Le succès est immédiat, et le livret est traduit aussitôt en cinq langues différentes. Un souci d'efficacité dramatique habite la plupart des ouvrages lyriques du compositeur, l'un des rares Européens qui continue à pratiquer un genre considéré à l'époque comme condamné : *Die Zauberinsel* (1942), d'après *La Tempête* de Shakespeare, *Raskolnikoff* (1946-1948), d'après *Crime et Châtiment* de Dostoïevski, *Niobe* (1943-1945), *Der rote Stiefel* (1949-1951), *Madame Bovary* (1967), *Le Roi Bérenger*, d'après *Le roi se meurt* d'Eugène Ionesco (créé à l'Opéra de Munich en 1985, sous la direction de Wolfgang Sawallisch, dans une mise en scène de Jorge Lavelli). Il travaille beaucoup dans le domaine de la radio et de la télévision, qu'il considère comme des moyens d'expression musicale à part entière ; on lui doit ainsi plusieurs opéras télévisés : *Das Gespenst von Canterville* (1962-1963, *Le Fantôme de Canterville*), d'après Oscar Wilde, *La Croisade des enfants* (1969) et *Der Flaschenteufel* (1969-1971), d'après Robert Louis Stevenson.

Compositeur humaniste de culture française et germanique, mais refusant d'être assimilé à l'école allemande, Heinrich Sutermeister se considérait comme un représentant moderne de la Bourgogne de Charles le Téméraire. Il a toujours évolué en dehors de toute école, recherchant un langage agréable sur le plan mélodique, généralement tonal, qui n'écarte pas néanmoins la dissonance dès lors qu'elle reste naturelle. Il montrait un penchant certain pour l'ostinato, technique contrapuntique qui répète une même figure à la basse pendant que les parties supérieures évoluent sur des chemins différents. Dans le domaine instrumental, il a laissé trois concertos pour piano (1943, 1953, 1962), deux concertos pour violoncelle (1955 et 1973), un concerto pour clarinette (1975). Il a composé de nombreuses œuvres chorales : huit cantates, un *Requiem* (1952), dans lequel il réduit le traitement contrapuntique pour se concentrer sur une recherche des couleurs vocales (créé à Rome en 1953 sous la direction de Herbert von Karajan, avec Elisabeth Schwarzkopf), *Ecclesia*, composé pour le septième centenaire de la cathédrale de Lausanne (1975) et *Consolatio philosophiae*, scène dramatique pour voix élevée et orchestre (1979).

ALAIN PÂRIS

SVIRIDOV GUEORGUI VASSILIEVITCH (1915-1998)

Un des compositeurs russes soviétiques les plus populaires, Sviridov, originaire de Fatezh, fait ses études à Koursk (1929-1932) puis au Conservatoire de Leningrad où il travaille avec le pianiste et pédagogue Maria Yudina (1932-1936) et avec Dmitri Chostakovitch (1936-1941). Il débute comme pianiste et, dès ses premières œuvres, se montre très attiré par le nationalisme (six *Romances* sur des poèmes de Pouchkine, 1935). Il devient rapidement l'une des figures marquantes de la musique soviétique, et son militantisme musical lui permet d'accéder aux fonctions les plus influentes : en 1962, il est nommé secrétaire de l'Union des compositeurs et, en 1970, artiste du peuple de l'U.R.S.S.

Ses œuvres reposent essentiellement sur le folklore kursk qu'il intègre à sa musique en respectant l'idéologie esthétique du monde soviétique. Loin de chercher la nouveauté, il touche les masses en puisant aux sources profondes de la musique populaire. Sans posséder le génie créateur de Moussorgski, il s'en rapproche par ses facilités mélodiques et son attachement à l'« éternel russe ». Sa musique est essentiellement vocale ; elle s'appuie sur les chefs-d'œuvre de la littérature russe, et Sviridov sait mener à bien une fusion parfaite du verbe et de la musique.

Parmi ses œuvres les plus célèbres : *Le Pays de nos pères*, cycle de mélodies (1950), *Poème à la mémoire de Serguei Essenine*, pour ténor, chœur et orchestre (1955-1956) et l'*Oratorio pathétique* (1959, sur des textes de Maïakovski), une des œuvres qui furent les plus fréquemment exécutées en Union soviétique, dans laquelle son lyrisme naturel est compensé par une force dramatique qui lui permet de traduire fidèlement les énormes blocs oratoires du « poète hurlant ». Dans le domaine instrumental et symphonique, il est l'auteur, entre autre pièces, d'un *Trio avec piano* (1945), de deux *Quatuors à cordes* (1945-1946 et 1947-1948) et du *Petit Triptyque* pour orchestre (1964). On lui doit aussi des musiques de film.

ALAIN PÂRIS

SWEELINCK JAN PIETERSZOON (1562-1621)

Né à Deventer, fils d'organiste, Sweelinck suit son père à Amsterdam quand celui-ci est nommé titulaire du grand orgue de l'Oude Kerk et lui succède sans doute en 1577 à cette charge, qu'il conservera jusqu'à sa mort. À peine en poste, il voit son statut se modifier du fait de l'adoption par la ville d'Amsterdam de la religion calviniste. N'ayant pratiquement plus aucun rôle durant le service religieux, il donne presque quotidiennement dans son église des concerts publics qui feront beaucoup pour établir sa renommée de compositeur, de virtuose et d'improvisateur. Il y gagne aussi de nombreux élèves originaires des Pays-Bas et d'Allemagne, parmi lesquels Jakob Praetorius et surtout Samuel Scheidt ; par eux, son influence s'étendra sur toute l'école du nord de l'Allemagne, jusqu'à Buxtehude et même Bach. Il meurt à Amsterdam, n'ayant jamais quitté son pays dont il reste le compositeur le plus marquant. Il connaît fort bien la musique tant française (chansons et psaumes) qu'italienne (madrigaux et tablatures) et il est lié d'amitié avec l'Anglais John Bull. D'où, dans son œuvre, trois aspects essentiels. Il est, d'une part, un continuateur des polyphonistes français et italiens en s'orientant de préférence, comme son aîné Lassus par exemple (sauf dans le recueil de *Rimes françaises et italiennes* de 1612), vers un effectif choral de plus de quatre voix. De cette optique relèvent notamment trois recueils de *Chansons* (1592, 1593 et 1594) et aussi les cent cinquante-trois *Psaumes français* du psautier de l'Église réformée, qu'il revêt d'une musique de quatre à huit voix (quatre livres parus en 1604, 1613, 1614 et 1621). Il se montre, d'autre part, plus novateur encore dans ses *Cantiones sacrae* de 1619, trente-sept motets latins à cinq voix auxquels il adjoint une basse continue à l'instar des Italiens. Enfin et surtout, il est un véritable pionnier du clavier (clavecin et surtout orgue), domaine pour lequel sa production nous est parvenue tout entière en manuscrit. S'inspirant à la fois de l'art des virginalistes anglais comme John Bull et de celui des Italiens auteurs de *ricercari* et de *toccate*, il réalise une admirable synthèse, orientant, sans que ses pièces portent d'indications précises d'instrument, la musique d'orgue vers le style fugué (ainsi dans ses *Fantaisies* avec thème unique) et le choral, celle de clavecin vers la variation sur des mélodies sacrées ou profanes, parmi lesquelles la célèbre chanson *Ma jeune vie a une fin* (*Mein junges Leben hat ein End*). Occupent une place un peu à part les cinq *Fantaisies en écho* et surtout la grandiose *Fantasia chromatica*. De ce grand maître hollandais, les règles de composition ont été heureusement conservées dans divers manuscrits.

MARC VIGNAL

SZYMANOWSKI KAROL (1882-1937)

Profondément enracinée dans son époque, par excellence littéraire, l'œuvre de ce compositeur polonais s'appuie sur une synthèse très personnelle entre divers domaines de la culture, poésie, histoire, mythes, littérature, qui forment un tout parfaitement uni et cohérent. Les étapes de son évolution stylistique sont directement liées non seulement à ses lectures (Goethe, D'Annunzio, Platon, Burckhardt, Wyspiański, Nietzsche...), mais aussi à ses voyages, surtout vers l'Italie, la Sicile et le Proche-Orient. Enfin, sa nature, très susceptible, d'une excitabilité presque maladive, se lit dans sa musique, intensément extatique, voire érotique.

C'est dans le monde clos et protégé du grand domaine familial de Tymoszówka (non loin d'Ielisavetgrad, en Ukraine) que Szymanowski vécut sa jeunesse ; il fut un enfant fragile, entouré de l'affection de sa mère et de ses sœurs. Ses penchants homosexuels s'affirmèrent assez tôt, et la découverte d'un chapitre d'*Ephebos* (titre du roman écrit par Szymanowski en 1918, détruit lors de l'incendie de Varsovie en 1939) a jeté une lumière plus complète sur l'énigme que l'homosexualité, qu'il a assumée sa vie durant, posait au jeune Szymanowski.

En 1901, Szymanowski quitte l'école d'Ielisavetgrad, où il avait eu pour professeur Gustav Neuhaus, et s'inscrit aux cours du Conservatoire à Varsovie. C'est là qu'il rencontre ses futurs interprètes et amis, le pianiste Arthur Rubinstein et le violoniste Paul Kochanski, ainsi que le chef d'orchestre Grzegorz Fitelberg. Avec trois jeunes compositeurs polonais, impatients de se faire connaître (G. Fitelberg, L. Rozycki, J. Szeluta), Szymanowski crée en 1905, sous le patronage financier du prince Lubomirski, la Société d'édition de jeunes compositeurs polonais. Ce groupement, dit « Jeune Pologne en musique », reste actif pendant près de six ans en menant ses activités à Lvov (Lemberg), Cracovie, Varsovie, Berlin, Leipzig et Dresde. Le jeune compositeur publie, par ce canal, ses premières œuvres, sept opus au total ; ses compositions d'alors pour piano présentent des affinités stylistiques avec Chopin, Schumann et Scriabine. En 1906, Szymanowski présente publiquement ses œuvres lors d'un concert donné par sa société à Varsovie (*Ouverture de concert* op. 12, *Variations* op. 10, *Troisième Étude* en si bémol mineur). Le succès est tel que le concert est donné deux fois. Quelques jours plus tard, Szymanowski présente le même programme à Berlin, où il rencontre un accueil plutôt réservé (pour des raisons plus politiques que musicales) ; ce premier contact avec le monde musical allemand marque la fin d'une époque dans l'œuvre de Szymanowski, déjà auteur de 14 opus, et notamment des *Chants* d'expression romantique, fondés sur les textes des poètes polonais Kasprowicz, Tetmajer, Micinski et Berent.

Le mûrissement

Les années qui suivent sont celles des recherches et des échecs. Séjournant souvent à Berlin et à Leipzig, Szymanowski découvre l'univers polyphonique et contrapuntique de Max Reger. Fasciné également par les poètes symbolistes allemands comme Dehmel, Bodensted, Bierbaum et Mombert, il commence une série de lieder, s'aventurant ainsi sur un terrain où sa sensibilité et son talent ne sauront pas vraiment épouser l'esprit des textes. À partir de 1909, de retour à Tymoszówka, il s'impose un rythme sévère de travail et son vrai profil de compositeur se précise avec une étonnante rapidité. Les œuvres qui naissent lui redonnent la foi et l'espoir : la *Deuxième Symphonie* op. 19, la *Deuxième Sonate pour piano* op. 21. Les deux œuvres, jouées à Vienne et à Berlin (avec Rubinstein au piano), sont accueillies avec le plus grand intérêt.

En 1912, Szymanowski décide de s'installer à Vienne où, grâce à l'aide très généreuse du prince Lubomirski, il passera avec son ami G. Fitelberg plusieurs mois, en 1912 et 1913. Mais le tourbillon de la vie mondaine l'ennuie et, malgré toutes les possibilités que lui offre maintenant le premier contrat signé avec Universal Edition pour dix ans, le compositeur retourne dans son domaine familial de Tymoszówka. C'est là un moment important dans sa vie ; il étudie avec passion *La Civilisation en Italie au temps de la Renaissance* de Burckhardt, qui réveille en lui le souvenir de ses premiers séjours en Italie (Florence et Rome). La culture germanique, dont les limites l'oppressent déjà, cède la place à une nouvelle patrie spirituelle, l'Italie. Un recueil de poésies perses de Ḥāfiẓ de Chīrāz donne vie à un premier cycle de *Chants d'amour de Hafiz*, dont l'érotisme brûlant enflamme les sens du compositeur et attire son attention sur la culture orientale. À l'automne 1913, Szymanowski achève sans grande conviction la partition de l'opéra *Hagith*, fondé sur un livret de Dörmann et fortement influencé par *Salomé* et *Elektra* de Richard Strauss.

Avant son départ définitif de Vienne, Szymanowski découvre l'existence de Stravinski, à l'occasion des représentations de *Petrouchka* par les ballets Diaghilev. Dans une lettre à son ami Spiess, il écrit : « Il est génial, Stravinski (celui des Ballets russes), je suis troublé et, par conséquent, je commence à détester les Allemands. »

Changements de climats

Au cours des derniers mois précédant la guerre, le compositeur se déplace beaucoup : la Sicile et Palerme, Rome, l'Algérie, Biskra, Constantine, Tunis. Ensuite, via Paris, il atteint Londres où il rencontre Diaghilev et Stravinski. Une amitié s'esquisse avec ce dernier, mais les événements de 1914 se précipitent et Szymanowski retourne en Pologne par les tout derniers trains encore en service. En 1915, il rencontre à Kiev son ami Paul Kochanski, qui sera l'inspirateur d'une série de très populaires compositions pour violon : *Mythes* op. 30, triptyque pour violon et piano inspiré par la mythologie grecque, *Nocturne et Tarantelle* et, en 1916, *Premier Concerto pour violon* op. 35, influencé par le poème *La Nuit de mai* du poète polonais Micinski. La même année, Szymanowski termine sa *Troisième Symphonie* pour ténor (ou soprano), chœur et orchestre, œuvre inspirée par l'*Hymne à la nuit* du poète perse du XIIIe siècle Djalal-ad-Din Roumi. La liste des œuvres pour piano grandit aussi, avec les trois *Métopes* op. 29, inspirées aussi bien par les sculptures des temples siciliens que par l'*Odyssée* ; elle se poursuit par le cycle de *Douze Études* et la *Troisième Sonate* op. 36, ainsi que par la plus complexe d'harmonie et de contrepoint de ses œuvres pianistiques, *Masques*, sorte de portrait de trois personnages : Schéhérazade, Tantris et Don Juan. Ces œuvres marquent les progrès d'un certain constructivisme et d'un détachement d'avec les ivresses sensuelles arabes ou grecques. En même temps, Szymanowski travaille à deux cantates d'inspiration mythologique sur des poèmes de sa sœur Zofia, mais *Agave* reste inachevée et *Déméter* sera terminée en 1924 seulement.

À la suite de cette série des compositions « à programme », le *Premier Quatuor pour cordes* signifie le retour à la musique pure. Mais cette période féconde est brusquement interrompue par la guerre qui, atteignant l'Ukraine, oblige toute la famille à quitter Tymoszówka. Devant la « Magnifique Révolution » – comme Szymanowski l'appellera plus tard –, la famille se réfugie à Ielisavetgrad. Son domaine familial et ses biens disparaissent dans les feux de la révolution d'Octobre, sa bibliothèque et ses deux pianos seront engloutis dans un lac. Toute sa vie, le compositeur sera contraint de travailler sur des pianos de location. Bloqué jusqu'en 1919 à Ielisavetgrad, il achève son *Quatuor*, avec sa fugue tritonale conclusive, d'une âpreté toute stravinskienne.

La Pologne indépendante

En cette fin de 1919, Szymanowski et sa famille quittent définitivement l'Ukraine et partent pour la Pologne, devenue un État indépendant mais territorialement très réduit. À Varsovie, ses œuvres, présentées lors d'un concert au conservatoire, ne suscitent aucun intérêt, et le compositeur décide de voyager à nouveau : il part pour Londres où il retrouve Arthur Rubinstein et Paul Kochanski, puis tous trois se rendent aux États-Unis. L'accueil y est très chaleureux, tant à New York qu'à Boston, villes où Pierre Monteux dirige deux fois la *Deuxième Symphonie* avec l'Orchestre symphonique de Boston. Fidèles, Rubinstein et Kochanski interprètent ici ses œuvres avec succès, en particulier les *Mythes* et *Masques*, lors d'un grand concert donné au Carnegie Hall. Le nom de Szymanowski commence à être cité également dans les programmes de radio, mais, maladroit en affaires et assez mal à l'aise dans la vie musicale américaine, le compositeur décide de rentrer. Ses succès outre-Atlantique lui ouvriront pourtant plus largement les portes en Europe. À Paris, Henri Prunières et *La Revue musicale* organisent un concert consacré à son œuvre, réunissant Robert Casadessus au piano, Paul Kochanski au violon et Stanislawa Szymanowska (la sœur du compositeur) comme soliste du *Chant du muezzin fou* (pour soprano). C'est à Paris que Szymanowski rencontre Ravel, Auric, Milhaud, Cocteau, Casals, Cortot, Landowska, Thibaud, Gide et Stravinski. Ses amis de toujours essaient de le convaincre de rester à l'étranger, de fuir la morose ambiance polonaise, bref de suivre leur exemple. Malgré leurs arguments, le compositeur décide de rentrer, profondément convaincu que son pays natal a besoin de lui. La constitution de l'État polonais réveille en lui un fanatique amour du mot « Pologne », et cet élan patriotique se double de la certitude qu'il n'est pas fait pour vivre à l'étranger. Déjà auteur de chants slaves, *Slopievnie*, il se tourne résolument vers les trésors du folklore polonais, vers celui de Podhale et des Tatras, au sud de la Pologne.

Le folklore montagnard

Cette source, qu'il dédaignait en tant que compositeur dans ses jeunes années, l'attire maintenant avec une telle force qu'il décide de passer le plus de temps possible dans la région de hautes montagnes des Tatras, prenant comme base cette véritable capitale du folklore montagnard qu'était Zakopane. C'est là que voient le jour plusieurs partitions décisives pour sa période « nationale » : le ballet *Harnasie* (1923-1931), cette quintessence du folklore des Tatras, plein d'aspérités, à l'ample respiration mélodique, au violent tempérament rythmique. La création de ce ballet à l'Opéra de Paris, en 1936 (avec Serge Lifar), reste l'un des plus grands succès de Szymanowski en France. À Zakopane naissent aussi les *Vingt Mazurkas pour piano*, où le compositeur mêle le rythme d'une danse de Mazovie aux mélodies montagnardes. Enfin, le *Deuxième Quatuor pour cordes* voit le jour en 1927. La région de Podhale, unique par son puissant folklore, attirait depuis toujours les plus grands noms de la culture polonaise : Tetmajer et Kasprowicz, Zeromski et Witkiewicz, Nałkowska et Słonimski, Malczewski... C'est dans cette région que Szymanowski travaille à son chef-d'œuvre : l'opéra *Le Roi Roger.* L'idée d'un opéra se déroulant en Sicile au temps des rois normands hantait le compositeur depuis ses deux voyages : en 1911 (Palerme-Agrigente-Syracuse-Taormine-Naples), et en 1914 (Sicile et Maghreb). La première esquisse du livret date de 1918, lorsque le compositeur rencontre le poète Jaroslaw Iwaszkiewicz, l'auteur du texte du *Roi Roger.* Szymanowski consacre quatre ans à la composition de son *magnum opus.* Mais, entre-temps, l'influence de Stravinski – celui du *Sacre* – avait grandi et, si *Le Roi Roger* semble faire la synthèse de ses rêves orientalisants et médiévaux, le compositeur est déjà engagé dans sa troisième période créatrice, celle qui fera de lui le plus grand compositeur polonais après Chopin ; elle voit naître des chefs-d'œuvre de style purement national : le *Stabat Mater*, *Harnasie*, la *Symphonie concertante* et le *Deuxième Concerto pour violon.* Le langage musical du *Roi Roger* représente donc l'apogée de la seconde manière de Szymanowski : Debussy et Ravel d'une part, Scriabine de l'autre, sont les principales influences auxquelles il se réfère.

Les honneurs

Le prestige de Szymanowski grandit toujours, tant à l'étranger (le compositeur séjourne souvent à Paris) qu'en Pologne, où le Conservatoire de Varsovie lui propose le fauteuil de directeur. Au même moment lui parvient une offre identique, émanant du Conservatoire du Caire. Le compositeur doit alors choisir entre un climat excellent pour sa santé (il souffre de tuberculose) et des conditions financières attirantes en Égypte, d'un côté, une atmosphère artistiquement réactionnaire et presque hostile à Varsovie, de l'autre. Il décide, en vrai patriote, de se consacrer à son rôle de pédagogue auprès des jeunes compositeurs polonais. Mais bientôt un conflit concernant ses méthodes d'enseignement, tournées plus vers l'avenir et la création que vers l'interprétation des vieux maîtres, éclate et provoque sa démission. Il passe plusieurs mois à Davos et à Edlach, où, lors de ses cures en sanatorium, il écrit un important texte sur le rôle de la culture musicale dans la société, véritable credo du pédagogue conscient de son rôle et soucieux de l'avenir de la musique polonaise. Lorsqu'il revient en 1930 à Varsovie, le Conservatoire – qui a, entre-temps, changé ses structures – lui propose une fonction plus prestigieuse encore, celle de recteur. Szymanowski accepte avec une certaine satisfaction cet hommage, ainsi que le titre de docteur *honoris causa* de l'université Jagellon de Cracovie, qui lui sera décerné la même année. Un peu plus tard, il sera élu membre honoraire de l'académie de Sainte-Cécile à Rome, puis ce sera le tour de la Société de musique contemporaine de lui décerner son titre honoraire, le situant ainsi au même niveau que Strauss, de Falla, Ravel, Stravinski et Bartók.

Mais les difficultés rencontrées au Conservatoire de Varsovie pèsent d'un tel poids qu'il démissionne définitivement. Afin d'améliorer sa situation financière, qui est catastrophique, il conçoit une œuvre comportant une partie pianistique qu'il se réservait de jouer en soliste : la *Quatrième Symphonie*. Mais les tournées de concerts dont le programme inclut cette œuvre le fatiguent à tel point qu'il retourne dans son bien-aimé Zakopane. Là, avec l'aide de Paul Kochanski, il écrit le *Deuxième Concerto pour violon*, avec une célèbre cadence composé par Kochanski, son conseiller et inspirateur en matière de violon.

Pendant les deux dernières années qui lui restent à vivre, Szymanowski mène un train de vie épuisant, et voyage comme soliste en jouant la *Quatrième Symphonie* aux quatre coins de l'Europe, à Moscou, Bucarest, Belgrade, Zagreb, Sofia, Berlin, Copenhague, Londres, Glasgow, Liège, Paris...

Après 1936, il ne compose pratiquement plus. Il trouve encore la force d'assister à la première de son ballet *Harnasie* à l'Opéra de Paris, quitte Varsovie à l'automne 1936, s'arrête à Paris de nouveau et descend à Grasse. Mais la maladie attaque la gorge ; le compositeur ne peut plus ni manger ni parler. Lorsqu'il appelle à l'aide sa fidèle secrétaire polonaise, elle le fait transporter à Lausanne, mais il est déjà trop tard. Mal soignée, négligée par lui-même, la maladie l'emporte le 29 mars 1937, un dimanche de Pâques ; il est âgé de cinquante-quatre ans.

Dans les moments les plus noirs de sa vie, quand il n'arrivait pas à subvenir aux besoins de sa famille, Szymanowski disait qu'il préférait encaisser avant sa mort la somme destinée à son enterrement. Ses obsèques à Varsovie furent, en effet, solennelles et nationales. Sa mort prématurée surprit le pays tout entier, et c'est seulement à ce moment-là que l'on découvrit le véritable sens de son œuvre, qui constitue le point de départ de la jeune musique polonaise. La Seconde Guerre mondiale, cependant, va marquer un temps d'arrêt dans cette reconnaissance de son œuvre, dont une partie, restée manuscrite, sera malheureusement détruite en Pologne. Dans les années 1960, les Éditions polonaises de musique, à Cracovie, commencent l'édition critique de ses œuvres. Cet immense travail musicologique qui prévoit 17 volumes, mené en co-édition avec Universal à Vienne et Max Eschig à Paris, a débuté en 1971 sous la direction de Teresa Chylińska qui en prépare une autre, en 27 volumes.

MICHEL PAZDRO

Bibliographie

H. Barraud, M. Pazdro & H. Halbreich, « Regards sur Szymanowski », in *L'Avant-Scène Opéra*, n° 43, pp. 136-169, 1982 / T. Chylińska, *Szymanowski*, album iconographique (en anglais), P.W.M., Cracovie, 1973 / B. M. Maciejewski, *Karol Szymanowski, His Life and Music*, Poets and Painters, Londres, 1967 / C. Palmer, *Szymanowski*, Actes sud, Arles, 1987 / J. Samson, *The Music of Szymanowski*, Londres, 1980 / A. Wightman, *The Music of K. Szymanowski*, dissert. Univ. of York, 1972.

T

TAILLEFERRE GERMAINE (1892-1983)

Quelques mois après la disparition de Georges Auric, celle de Germaine Tailleferre a achevé l'aventure du groupe des Six dont elle était la dernière survivante, aventure éphémère s'il en fut. Ce groupe était né d'une critique d'Henri Collet dans le journal *Comœdia* en 1919, à l'occasion d'un concert réunissant des œuvres de six jeunes compositeurs, qui présentaient cependant trop peu de points communs pour voir leurs destinées s'unir à long terme comme celles des cinq Russes.

Germaine Tailleferre voit le jour à Saint-Maur, dans la région parisienne, le 19 avril 1892. Elle fait preuve d'une étonnante précocité musicale en entrant au Conservatoire en 1904. Dans les classes d'Henri Dallier et de Georges Caussade, elle remporte des premiers prix d'harmonie (1913), de contrepoint (1914) et d'accompagnement (1915) tout en travaillant par ailleurs la composition avec Charles Koechlin. C'est l'époque où elle se lie avec Georges Auric, Arthur Honegger et Darius Milhaud, qui suivent les mêmes classes au Conservatoire. En 1917, elle fait la connaissance d'Erik Satie, qui deviendra le père spirituel des Six. Ses premières œuvres, un *Quatuor à cordes* dédié à Arthur Rubinstein, et *Jeux de plein air*, suite pour deux pianos qu'elle crée avec Satie (1918), montrent sa volonté de réagir contre les héritages du XIXe siècle et contre l'impressionnisme. C'est un retour à la tradition française que confirme son *Concerto pour piano* (1919, créé par Alfred Cortot en 1921), la *Sonate pour violon et piano n° 1* (1920, créée par Jacques Thibaud et Alfred Cortot) ou la *Ballade pour piano et orchestre* (1922, créée par Ricardo Viñes en 1923). Mais le grand public ne la découvre qu'en 1923 avec son ballet *Marchand d'oiseaux*, créé aux Ballets suédois. Elle participe à l'œuvre collective des Six (dont Louis Durey s'était déjà retiré), *Les Mariés de la tour Eiffel* (1921), et travaille l'orchestration avec Maurice Ravel, dont elle est l'une des rares élèves (1925-1930). À la même époque, elle compose un *Concertino pour harpe* (1926, créé par Lily Laskine en 1929), les *Six Chansons françaises* (1930, créées par Janes Bathori) et une *Ouverture pour orchestre* (1932, créée par Pierre Monteux). La *Cantate du Narcisse*, d'après Paul Valéry (1937), marque un virage dans son esthétique : elle s'oriente vers une écriture plus dépouillée qui débouchera sur un langage souvent ironique et à contre-courant. Au moment de la guerre, elle séjourne aux États-Unis ; elle ne reviendra en France qu'en 1946. Suit une période principalement consacrée au théâtre : *Il était un petit navire* (1951) – caricature des opéras traditionnels qui provoqua un véritable chahut lors de sa création –, *La Petite Sirène*, opéra d'après Andersen (1958), *Mémoire d'une bergère*, opéra-bouffe (1959), *Le Maître*, sur un livret d'Eugène Ionesco (1959). Dans le domaine instrumental et vocal, elle compose un *Concertino pour soprano et orchestre* (1953, créé par Janine Micheau), une *Sonate pour harpe* (1954, créée par Nicanor Zabaleta), la *Sonate pour violon et piano n° 2* (1956), une *Sonate pour clarinette et piano* (1958), une *Partita pour deux pianos et percussion* (1964) et, ultime témoignage, le *Concerto de la fidélité* pour voix élevée et orchestre, créé en 1982 à l'Opéra de Paris.

Compositeur français par excellence, elle avait été baptisée par Jean Cocteau « Marie Laurencin pour l'oreille ». Elle avait un sens inné du raffinement sonore et construisait sa musique dans la ligne des Couperin, Fauré et Ravel. Adepte pendant un temps de la polytonalité, elle avait même abordé le sérialisme dans la *Sonate pour clarinette et piano*. Mais son esthétique reste avant tout classique, tournant le dos aux recherches récentes qu'elle ne comprenait pas, et désapprouvait. Elle possédait un sens profond de l'humour que sa plume, vive et colorée, transcrivait sous forme de pastiches musicaux, comme le cycle de mélodies *Pancarte pour une porte d'entrée* ou le *Concerto des vaines paroles* pour baryton et orchestre, composé sur un texte volontairement incompréhensible de Jean Tardieu.

Sans être considérée comme une figure majeure de la musique française, elle représentait au sein des Six l'esprit français tel que le conçoivent les musiciens étrangers : une musique fraîche et directe, raffinée et divertissante. Aux côtés du Poulenc de la première manière, elle était une sorte de contrepoint à l'esthétique de Milhaud et à celle d'Honegger.

Germaine Tailleferre a publié *Mémoires à l'emporte-pièce*, Paris, 1974.

ALAIN PÂRIS

TAKEMITSU TŌRU (1930-1996)

Figure dominante de l'école japonaise de composition, cet autodidacte a puisé ses racines dans la musique française du début du XXe siècle, réalisant une délicate synthèse entre sa propre culture et cette poésie des sons qu'il affectionnait particulièrement chez Debussy, Ravel ou Messiaen.

Né à Tōkyō le 8 octobre 1930, il passe son enfance en Mandchourie. De retour au Japon, il commence des études de composition avec Yasuji Kiyose et Fumio Hayasaka, mais c'est seul qu'il acquiert l'essentiel de sa formation. En 1951, il fonde à Tōkyō, avec quelques autres musiciens, poètes et peintres, le Jikken Kōbō (Atelier expérimental), qui cherche à réaliser une synthèse entre les modalités japonaises traditionnelles et les moyens d'expression modernes. La création de son *Requiem* pour orchestre à cordes, en 1958, le révèle au monde entier. Cette même année, il remporte le prix Italia avec *Tableau noir*, pour récitant et orchestre. Les distinctions se succèdent, et, en 1965, il est couronné par la Tribune internationale des compositeurs de l'U.N.E.S.C.O. pour *Textures*, pour piano et orchestre. C'est l'époque où il rencontre John Cage et s'enthousiasme pour sa musique. Il compose *Arc Part I* (1963) et *Arc Part II* (1964-1966), pour piano et orchestre. Peu après, il découvre la musique de son pays et s'initie à ses traditions complexes : « J'ai analysé les différences entre les cultures, et avec d'autant plus d'attention qu'elles étaient en moi et que je les vivais. » Le premier résultat tangible de cette mutation est *November Steps*, partition commandée par l'Orchestre philharmonique de New York pour son 125e anniversaire (1967), créée sous la direction de Seiji Ozawa. C'est une étape importante dans sa carrière ; outre la consécration que représente une telle commande, Takemitsu fait intervenir dans l'orchestre symphonique occidental deux instruments traditionnels japonais, le luth biwa et la flûte à bec shakuhachi, démarche qu'il reproduira avec la même nomenclature dans *Automne* (1973). En 1970, il conçoit le Space Theater pour l'Exposition universelle d'Ōsaka. Un an plus tard, la France lui rend hommage à son tour dans le cadre de la Semaine internationale de musique contemporaine de Paris.

Au Japon, il est devenu une personnalité essentielle du monde musical. Nommé directeur artistique du théâtre Seibu, à Tōkyō, il y organise, à partir de 1973, le festival Music Today. De nombreux festivals lui sont consacrés, et, en 1976, il reçoit le prix Otaka pour *Quatrain*, une œuvre qui reprend la nomenclature inusitée du *Quatuor pour la fin du temps* de Messiaen (clarinette, violon, violoncelle et piano, avec orchestre dans sa première version). En 1978, il organise à Paris une série de concerts de musique japonaise traditionnelle et contemporaine dans le cadre du festival d'Automne. Il est appelé à donner des cours et des conférences dans les principales universités américaines : Yale (1975 et 1983), université de Californie à San Diego (1981), Harvard, Boston, etc. En 1983, il est compositeur résident au festival de musique du Colorado, en 1984 au festival d'Aldeburgh, en 1986 à celui de Tanglewood. À la fin de sa vie, il commence à écrire un opéra, seul genre musical dans lequel il ne se soit pas encore exprimé. Ce projet restera inachevé. Il meurt à Tōkyō le 20 février 1996.

Le parcours de Takemitsu est profondément original. Avant-gardiste à ses débuts, il est marqué par l'influence de John Cage et des musiciens de Darmstadt (Stockhausen, Boulez) dans ses premières œuvres. Le langage ascétique de Webern lui permet de traduire l'atmosphère spécifique de la culture orientale sous forme de courts motifs flottants. Mais il ressent le besoin de transcender les clivages entre Orient et Occident, de s'élever au-dessus des différentes écoles. Contrairement à beaucoup de musiciens qui ont tenté ce genre de synthèse, les différentes influences qu'il revendique ne s'annihilent pas sous sa plume, elles s'enrichissent mutuellement : « fertile antinomie », dira-t-il. Aucune technique d'écriture contemporaine ne lui est étrangère, pas même l'électronique, et sa musique est inclassable. Elle est avant tout poétique, une poésie fragile, véritable magie des sons dont la fluidité des textures évoque la conception orientale du temps : « Ma musique n'a pas pour vocation de réjouir ni de consoler [...]. Ma musique est sous-tendue par la nature plus que par toute autre chose. Je voudrais, à travers la musique, investir la part anonyme du monde. » Cette nature est omniprésente dans son inspiration : *A Flock Descends into the Pentagonal Garden* pour orchestre (1977), *In an Autumn Garden* pour orchestre gagaku (1979), *Spirit Garden* pour orchestre (1994). Autres éléments dominants, le rêve et l'eau : *Dreamtime* (1981) et *Dream/Window*, pour orchestre (1985). En 1974, il commence à écrire une série de pièces sur la pluie, dont la plus connue est peut-être *Rain Coming*, pour orchestre de chambre (1982). En 1987, Yehudi Menuhin crée une pièce à la mémoire d'Andreï Tarkovski, *Nostalghia*. En 1990, il compose *Visions* pour le centenaire de l'Orchestre symphonique de Chicago. Il signe également plus de quatre-vingts musiques de films, travaillant notamment avec Kobayashi Masaki pour *Harakiri* (1962), Ōshima Nagisa pour *La Cérémonie* (1971) ou Kurosawa Akira pour *Ran* (1985). L'une de ses dernières œuvres est une sorte de concerto pour violon, guitare et orchestre, *Spectral Canticle* (1995), où l'on retrouve sa passion pour les fines sonorités de la guitare, qu'il avait pratiquée au début de sa carrière et dont il a enrichi le répertoire tout au long de sa vie.

On pourra consulter : A. Poirier, *Tōru Takemitsu*, M. de Maule, Paris, 1996.

ALAIN PÂRIS

TALLIS THOMAS (1505 env-1585)

Organiste et compositeur anglais, Thomas Tallis est probablement né dans le Leicestershire ; son premier poste musical connu est celui d'organiste au prieuré bénédictin de Douvres (1531) ; il est organiste à l'abbaye de la Sainte-Croix, à Waltham, en Essex (vers 1538-1540). Après un passage à Canterbury (1541-1542), il devient membre de la Chapelle royale d'Henry VIII en 1542. En 1552, il se marie ; il n'aura pas d'enfants. En 1575, Thomas Tallis et le compositeur William Byrd reçoivent de la reine Élisabeth, par lettres patentes, une licence qui leur donne le monopole de la musique imprimée en Angleterre ; ils sont alors tous deux organistes de la Chapelle royale, comme en témoigne la page de titre, *Cantiones, quae ab argumento sacrae vocantur*, du recueil de trente-quatre motets (dix-sept de Tallis, dix-sept de Byrd) dédiés à la reine qu'ils publient en 1575. Tallis meurt à Greenwich en 1585.

Bien que toute la première partie de son œuvre religieuse ait été composée sur des textes latins, Tallis a été surnommé « le père de la musique d'Église anglicane », car il fut l'un des premiers musiciens à composer (en langue anglaise) pour le rite anglican. Sa musique d'Église, qui constitue la part essentielle de son œuvre, comporte, en latin, trois messes, deux magnificats, un *Nunc dimittis* à six voix, deux *Lamentations* à cinq voix, et environ cinquante motets et cantates. Dans ses premières œuvres, tels les motets *Grande gloriosa*, *Ave rosa*, et le *Magnificat* à quatre voix, Tallis emploie des coupures de la voix et des ruptures rythmiques qui rapprochent son style de celui du « hoquet », cher à Philippe de Vitry et à Guillaume de Machaut. Les motets qu'il publie dans les *Cantiones sacræ* sont, comme ceux de Byrd, dans une écriture d'un contrepoint pur et très élaboré. *Spes in alium* (1573), écrit pour huit chœurs comportant chacun cinq voix, est un monument de cette écriture.

En anglais, l'œuvre religieuse de Tallis comprend vingt-neuf « services ». Son Service en *ré* mineur allie la clarté du chant homophone à la richesse de la polyphonie, chant qui rend le texte pleinement compréhensible. Parmi les anthems, dix-huit ont été composés en langue anglaise et d'autres sont des adaptations de motets latins.

Tallis a également écrit vingt-trois pièces pour le clavier.

NICOLE LACHARTRE

TANSMAN ALEXANDRE (1897-1986)

Dernier survivant de l'école de Paris, qui réunit au cours des années 1920 quelques compositeurs originaires d'Europe centrale fixés à Paris, Alexandre Tansman a connu une carrière particulièrement brillante avant et après la Seconde Guerre mondiale, son œuvre connaissant alors une intense diffusion servie par les plus grands interprètes du moment. Depuis les années 1960, son intransigeance à l'égard des nouveaux courants esthétiques l'avait tenu dans un oubli relatif bien qu'il soit resté pour bon nombre de musiciens un compositeur de référence, une sorte de trait d'union tardif entre deux époques.

Né à Łódź le 12 juin 1897, Alexandre Tansman commence ses études musicales au conservatoire (1902-1914). À Varsovie, il travaille le piano avec Waldemar Lütschg et la composition avec Piotr Rytel tout en poursuivant des études de philosophie et de droit à l'université. En 1919, à l'occasion du premier concours national de musique qui se déroule en Pologne après l'indépendance retrouvée, il remporte les deux premiers prix, avec deux œuvres présentées sous des pseudonymes différents. Après un court service militaire dans la nouvelle armée polonaise, il s'établit à Paris, où il donne en 1920 un premier concert consacré à ses œuvres pour piano. L'année suivante voit la naissance de l'école de Paris, mouvement qui réunit, en dehors de lui, le Hongrois Tibor Harsányi, le Roumain Marcel Mihalovici, le Tchèque Bohuslav Martinů et le Russe Alexandre Tcherepnine. Les œuvres de Tansman attirent d'emblée l'attention des plus grands chefs d'orchestre : Vladimir Golschmann crée en 1923 la *Danse de la sorcière*, qui sera couronnée par la Société internationale de musique contemporaine (S.I.M.C.) en 1926. En 1925, il joue en première audition son *Concerto pour piano no 1* sous la direction de Serge Koussevitzky. La renommée qu'il acquiert en quelques années passées à Paris s'étend rapidement outre-Atlantique avec une tournée au cours de laquelle il se produit comme pianiste, puis comme chef d'orchestre, présentant ses propres œuvres (1927-1928). En 1933, il séjourne en Extrême-Orient. Définitivement fixé à Paris il épouse la fille du compositeur Jean Cras et acquiert la nationalité française en 1937.

Pendant les années de guerre, Tansman se fixe aux États-Unis et compose de nombreuses musiques de film pour les studios de Hollywood. Mengelberg, Toscanini, Monteux, Segovia, Gieseking imposent sa musique. À la même époque, il rencontre Stravinski, dont il devient l'un des plus proches amis et auquel il consacrera une importante biographie (Paris, 1948). De retour en France en 1946, il est étroitement lié à la promotion de la musique contemporaine qu'assure la R.T.F., mais il n'occupera aucune fonction officielle. Son œuvre connaît un véritable engouement en Pologne à partir de la fin des années 1970. Il meurt à Paris le 15 novembre 1986.

La musique d'Alexandre Tansman s'impose par son sens mélodique prononcé, sa vivacité rythmique, la solidité de ses structures et le refus absolu de se soumettre au moindre système qui en limiterait la liberté d'expression. Parfois impressionniste, Tansman aime la bitonalité et les différentes « nouveautés » des années 1920, marquées par l'arrivée du jazz en Europe. Mais il puise aussi ses sources dans la musique populaire de son pays natal et dans la tradition juive dont il est issu. Pendant la guerre, son style s'oriente vers le néo-classicisme, sous l'influence de Stravinski. Mais il saura s'en détacher en élaborant un langage personnel, incisif, parfois dur, qui ne manque pourtant pas de chaleur ni de générosité.

Doté d'immenses facilités d'écriture, il laisse une œuvre abondante qui touche à tous les domaines : six ouvrages lyriques – *La Nuit kurde* (1925-1927), *La Toison d'or* (1938), *Le Serment* (1954), d'après *La Grande Bretèche* de Balzac, *Sabbataï Zévi, le faux Messie* (1957-1958), *Le Rossignol de Boboli* (1965) et *Georges Dandin ou le mari confondu* (1974), d'après Molière –, plusieurs ballets – *La Grande Ville* (1932), partition dans laquelle il se laisse tenter par le jazz, *Les Habits neufs du roi* (1958), d'après Andersen, *Résurrection* (1962), d'après Tolstoï –, de nombreuses partitions symphoniques – sept symphonies (1925-1944), la seconde créée par Koussevitzky en 1926, deux *Sinfonietta* (1925 et 1978), un *Concerto pour orchestre* (1954), une *Symphonie de chambre* (1960), *Quatre Mouvements pour orchestre* (1968), *Stèle* (1972), à la mémoire d'Igor Stravinski, *Les Dix Commandements* (1979) –, des concertos pour la plupart des instruments – piano (no 1, 1925 ; no 2 1927 ; *Concertino*, 1931), alto (1936), violoncelle (*Fantaisie*, 1936, créée par Piatigorsky ; *Concerto*, 1963), violon (1937), guitare (*Concertino*, 1945), clarinette (1956), flûte (1968) –, de la musique religieuse – *Isaïe le Prophète*, oratorio (1948-1949), *Quatre Psaumes de David* (1961) –, de la musique de chambre et instrumentale – huit quatuors à cordes (1917-1955) et des sonates pour la plupart des instruments. Son œuvre pour piano occupe une part importante de sa production ; il a notamment composé cinq sonates pour son instrument et de nombreuses pièces polonaises et pièces faciles à caractère pédagogique qui connaissent une diffusion considérable. Son *Hommage à Arthur Rubinstein* (1973) était le morceau imposé au premier concours international de piano de Tel-Aviv. Au cours des dernières années de sa vie, il s'était beaucoup intéressé à la guitare, composant notamment un *Hommage à Chopin* (1969), des *Variations sur un thème de Scriabine* (1972) et *un Hommage à Lech Wałęsa* (1982).

ALAIN PÂRIS

TARTINI GIUSEPPE (1692-1770)

Le personnage de Tartini est fait de curieux contrastes : un homme tranquille, rangé, pieux, bon pédagogue, bon mari, et pourtant un tempérament fougueux et nerveux ; une vie calme à Mantoue, durant laquelle il refuse les plus prestigieuses offres d'engagements et de tournées dans l'Europe entière, qui succède à une jeunesse mouvementée : il a connu la prison pour avoir épousé secrètement la protégée d'un cardinal, il a pris la fuite, déguisé en moine, il s'est retiré au monastère d'Assise où durant deux ans il soulève l'enthousiasme des foules en jouant caché derrière un rideau...

Mais son unique passion est son violon. Il en étudie et en développe systématiquement les possibilités, apporte à la technique et surtout à la facture des améliorations décisives : cordes plus grosses, archet plus long et plus léger, afin d'obtenir une sonorité plus douce. Théoricien, son *Trattato di musica secondo la vera scienza dell'armonia* (1754), contemporain des recherches de Rameau mais avec un esprit moins systématique et moins rationnel, met en évidence la découverte des fameux *tezzi tuoni*, les « sons résultants » (engendrés au grave d'une double corde, par un nombre de vibrations égal à la différence des nombres de vibrations des deux sons supérieurs), dont Helmoltz donnera plus tard l'explication.

Son école de violon, « l'école des Nations », formera quelques-uns des plus éminents violonistes de la génération suivante : Nardini, Carminati, Pagin, Ferrari, Bini, Lombardini, Capuzzi, Naumann... Par eux, par les innombrables visiteurs qu'il reçoit à Padoue, sa réputation et l'influence de son enseignement se répandent en Angleterre, en France, en Allemagne.

Ses compositions sont très nombreuses : cent quarante concertos ; une centaine de sonates (la plus célèbre étant *Les Trilles du diable*) ; des trios, en grande partie manuscrits. L'art de Tartini est naturellement marqué par le goût de la virtuosité, mais la musique n'est jamais sacrifiée. Ce qu'il peut y avoir parfois d'extérieur dans son style est racheté par la beauté des mélodies chantantes des adagios qui faisaient la réputation de Tartini de son vivant.

PHILIPPE BEAUSSANT

TAVERNER JOHN (1490 ?-1545)

On connaît mal la vie de Taverner, sans conteste le plus grand compositeur du règne de Henry VIII, et ses biographes se sont affrontés parfois à son sujet en des polémiques passionnées. S'il est avéré, par exemple, qu'il a été emprisonné en 1528 pour hérésie luthérienne malgré la protection du cardinal Wolsey, alors Premier ministre, il n'a jamais été prouvé qu'il soit devenu par la suite ce fanatique religieux qui, selon certains, aurait contribué, sous Thomas Cromwell, successeur de Wolsey dans la grâce du roi, à mettre à sac églises et monastères. Ce qui est sûr, en revanche, c'est qu'on le trouve en 1524-1525 membre, puis maître du chœur de la collégiale de Tattershall, dans son Lincolnshire natal, avant d'être nommé en 1526 dans le même emploi à Cardinal College – aujourd'hui Christ Church – récemment fondé par Wolsey à Oxford, puis, Wolsey étant tombé en disgrâce, de se replier sur l'église de Saint Botolph à Boston, qu'il quitte en 1537 pour mener par la suite une vie de notable local.

Auteur de huit messes, dont trois grandes à six voix, de onze antiphons votifs, de trois *Magnificat* à quatre, cinq et six voix, d'un nombre considérable de pièces liturgiques, répons, séquences, traits, proses, *Te Deum*, il a su, dans les limites d'une vie relativement courte et semée d'embûches, résumer dans son œuvre la musique de son temps et fonder les bases d'une influence durable. Et certes, bien des œuvres de Taverner demeurent exemplaires, innovant par rapport à la tradition dans leur texture et leur polyphonie. Mais c'est surtout par deux de ses messes qu'il s'impose à notre attention. L'une, intitulée *Western Wynde*, prend pour *cantus firmus*, qui dans chacun des quatre mouvements engendrera neuf variations, le thème d'une chanson populaire, conformément à une tradition établie sur le continent et contrairement à l'habitude anglaise de choisir un motif grégorien. Cette innovation sera maintes fois reprise par les successeurs de Taverner, et tout d'abord par Tye et par Sheppard qui emprunteront tous deux le même thème. L'autre composition qui a fait aussi école est la messe *Gloria Tibi Trinitas* dont le *cantus firmus* – ici grégorien – est traité de façon particulièrement heureuse dans la section du *Benedictus* commençant par les mots *In Nomine Domini*. Transcrit pour clavier dans une anthologie de Thomas Mulliner, ce fragment devait susciter jusqu'à Purcell inclus une descendance nombreuse de pièces pour orgue, virginal ou autres instruments de structure analogue et de même nom. De tels prolongements suffiraient à marquer l'impact de Taverner sur la musique de sa génération et des générations à venir, mais sa prééminence tient tout simplement au fait que les innovations qui traversent son œuvre de bout en bout font de lui un artiste qui a sa place dans l'histoire.

JACQUES MICHON

TCHAÏKOVSKI PIOTR ILITCH (1840-1893)

Les conclusions que l'on peut tirer aujourd'hui d'une analyse minutieuse et objective de la vie et de l'œuvre du musicien russe Piotr Ilitch Tchaïkovski (Čajkovskij) sont en contradiction avec les jugements très hâtifs qui sont généralement proférés. La mode, avec ses perpétuelles alternatives, ses retournements, ses mots d'ordre, ferme la porte à la prise en considération d'une personnalité attachante par sa complexité. À travers Tchaïkovski se trouvent posés les problèmes de la création artistique par rapport aux conditions historiques, intimes et esthétiques.

Certains opposent encore Tchaïkovski au mouvement esthétique, voire politique, du « Groupe des Cinq ». En réalité, le recul est suffisant pour reconnaître qu'il n'y a pas opposition, mais parallélisme (vers un même but) avec des méthodes et des attitudes différentes qui, à l'époque, pouvaient effectivement provoquer des frictions. Si un Moussorgski procédait, face au pouvoir établi, avec un génial empirisme inspiré par l'originalité populaire de l'art russe, Tchaïkovski mettait au service de cet art révélé les ressources des techniques d'écriture. Effectivement, si la conscience politique de Tchaïkovski était moins aiguë, non exempte d'opportunisme, il était cependant « russe jusqu'à la moelle des os » et qui oserait nier aujourd'hui le caractère national de sa musique ?

Si dans ses opéras, par exemple, le compositeur n'a pas exploité comme le fit Moussorgski (*Boris Godounov*, *Khovantchina*) des sujets tirés du fonds historique, il n'en a pas moins livré à notre curiosité une analyse réaliste de l'éternelle Russie. Son mérite est d'avoir, avec une profonde vérité, décrit la société russe de son temps en s'inspirant notamment des récits de Pouchkine (*Eugène Onéguine*, *La Dame de pique*). On n'y trouve pas, comme chez Moussorgski, des personnages « historiques » et hors série et un peuple russe duquel émergent quelques silhouettes fugitives, mais des individualités propres à la Russie romantique, cernées avec exactitude. L'histoire est aussi faite de ces types dans lesquels les Russes d'hier et d'aujourd'hui se reconnaissent, exprimant le mal du siècle, secoués de passions exacerbées, d'oppositions sociales (Onéguine et Lenski, Hermann et Tomski...). Bref, Tchaïkovski peint en miniaturiste une société traversée de contradictions mais où dominent tout à la fois le goût de la pureté et du lyrisme et le culte de l'ennui et de la névrose.

Un homme déchiré

Si Tchaïkovski a su si bien choisir ses personnages, retenir les traits dominants, schématiser, c'est qu'il portait en lui-même toutes les tentations, les illusions, les espérances, les échecs, la nostalgique pureté et les vices de son temps. Personnage complexe et ambigu s'il en fut ! Né à Votkinsk d'une famille de la bonne bourgeoisie, le futur compositeur hérita d'un tempérament d'une sensibilité extrême sur laquelle se développa un penchant, sans doute irréversible, pour l'homosexualité. Ainsi s'explique de toute évidence le déchirement intérieur qui caractérise sa vie et ne lui laissa aucun répit. Obsession de l'idéal féminin mais que ne viendrait souiller aucune compromission sexuelle, refus du mariage mais soif d'une vie de famille calme et peuplée d'enfants, homosexualité mais crainte quotidienne des scandales, goût du luxe mais précarité financière, autant de contradictions irréductibles qui feront de cet « enfant de verre » beau et tendre un être qu'assailliront souvent une cohorte de tentations diverses qui lui vaudront bien des opprobres. Il suffirait de puiser dans sa vie intime, de citer ses quelques passions féminines et masculines, son mariage manqué et non consommé, la liaison étrange, « épistolaire et platonique », qu'il eut pendant quatorze ans avec Nadejda von Meck... Son œuvre entière est marquée par cette crise perpétuelle, véritable tyrannie du destin qui fait surgir des visages de femmes idéalisés et inaccessibles : Tatiana, Lise, Nathalie, Juliette, Francesca, Astarté, Odette, y compris Jeanne, *La Pucelle d'Orléans* (1878-1879). Il en sera ainsi jusqu'à l'ultime *Symphonie pathétique* (1893) qui précéda de peu sa mort à Saint-Pétersbourg.

Le musicien

Est-il possible de parler d'une « modernité » de Tchaïkovski sans risquer de faire sourire ? On peut aujourd'hui, avec Stravinski, dire que des deux voies de développement de la musique russe, depuis Glinka et Dargomijski, l'une passant par les « Cinq », l'autre par Tchaïkovski, cette dernière est la plus rigoureuse, la plus profitable, la plus riche d'enseignements. Par goût, on peut plus ou moins apprécier le langage du compositeur mais on aurait tort, semble-t-il, de confondre certains excès naturels avec la superficialité ou ce qu'on pourrait appeler le conformisme romantique. Ce qu'il a appelé « Ouvertures-Fantaisies » (*Roméo et Juliette*, 1869-1870 ; *Francesca da Rimini*, 1876) se démarquent des *Poèmes symphoniques* de Liszt. Elles ne sont pas descriptives mais elles sont l'expression de sentiments profondément vécus. Il en est de même des trois dernières symphonies et de la *Symphonie en quatre tableaux, Manfred*, que l'on baptise trop souvent « à programme ». Si programme il y a, il est psychologique et, dans le cas de Tchaïkovski, on pourrait dire psychanalytique ou freudien. À ce sujet, il n'est pas inutile de souligner la liberté et l'originalité avec lesquelles il assimila les enseignements occidentaux postmendelssohniens afin de les mettre au service d'une musique nationale qui ne s'embarrasserait pas de formes « octroyées ». Il est le premier à reconnaître qu'il lui était impossible de se plier à la « forme » bien qu'il fît ses classes au conservatoire de Saint-Pétersbourg (avec Anton Rubinstein, 1829-1894), puis de Moscou (avec Nicolaï Rubinstein, 1835-1881) avant d'y enseigner lui-même. Sans doute ces formes étaient-elles incompatibles avec sa nature slave et c'est à tort qu'on pensa longtemps voir en Tchaïkovski un otage de la musique occidentale. On aurait tort aussi de voir là une révolte de l'instinct alors que l'attitude du musicien fut fortement délibérée et nationaliste sur le terrain de l'opéra et du ballet.

Dans ces deux domaines, il prit des positions d'une grande audace et d'une logique rigoureuse. Il mit sur le même pied, ou dans le même placard, les « poupées » d'autrefois (les danseuses de la décadence du ballet), les esclaves et les pharaons (*Aïda*), les grandes machines en carton-pâte et les géants de la *Tétralogie*. Il fallait du discernement pour voir ce qu'il y avait de nouveau alors dans *Sylvia* et *Carmen* et d'utile pour la nouvelle école russe. Grâce à Tchaïkovski on doit à Léo Delibes non seulement les trois grands ballets dont le Russe est l'auteur (*Le Lac des cygnes*, *La Belle au bois dormant*, *Casse-Noisette*), mais l'éclosion des Ballets russes ; à Bizet, *La Dame de pique*, qui venait après *Eugène Onéguine*.

Dans ces deux opéras, parmi les plus populaires du répertoire russe, le compositeur se révèle scénariste astucieux, décorateur précis, homme de théâtre accompli. Dans *La Dame de pique*, il simplifie pour ne s'attacher qu'au personnage central, Hermann, qu'il confronte à une société inaccessible (la Comtesse, Lise, Tomski). D'*Eugène Onéguine*, il ne retient que la trame dramatique, au demeurant insignifiante, mais il construit pour « ses » personnages un univers sur mesure dont la vérité historique, sociologique et psychologique est admirable de précision. Ses propos ont une résonance moderne : il parle de « chanteurs moyens... bien entraînés... consciencieux... bons acteurs... de mise en scène pas trop somptueuse... un chœur qui ne soit pas un troupeau bêlant mais qui prenne réellement part à l'action... un chef d'orchestre qui ne soit pas une machine... ». Celui qui peut être taxé de prolixité impose et s'impose un dépouillement rare au théâtre lyrique. Celui qui avoue ne pas se plier aux formes s'accommode le mieux du monde des exigences du chorégraphe Marius Petipa, qui rompaient radicalement avec les usages du temps.

Sans vouloir citer tous les opus de Tchaïkovski – parmi lesquels le *Premier Concerto pour piano en si bémol mineur* et le *Concerto pour violon en ré majeur* demeurent toujours les favoris du public – on peut déclarer que le rôle historique de Tchaïkovski est considérable et que son apport sur le plan du langage a marqué le développement des écoles symphonique, lyrique et chorégraphique en Russie et également dans le monde. Plus encore, type représentatif du Conservatoire, en tant qu'institution pédagogique de l'État, fruit de son enseignement basé sur l'héritage technique des musiciens de métier et non sur l'empirisme instinctif, formé, non par opposition aux écoles étrangères mais en constante confrontation avec leurs réussites spécifiques, Tchaïkovski, par sa seule présence et ses succès, aida à officialiser définitivement la place et le rôle du compositeur dans la société russe.

GUY ERISMANN

Bibliographie

P. I. ČAJKOVSKIJ, *Musykalnye fel'etony i zametki, 1868-1876* (articles et notes), Moscou, 1898 ; *Dnevniki, 1873-1891* (journal), Moscou, 1923, éd. J. Vígh, Budapest, Paris, 1961 ; *Dni i gody P.I.Č., letopis žizni i tvorčestva* (Les Jours et les Années), Moscou, 1940 ; *Voyage à l'étranger*, Castor Astral, Paris, 1993.

N. BERBEROVA, *Tchaïkovsky*, Egloff, Paris, 1948, rééd. Actes sud, Arles, 1990 / C.-S. BOWEN & B. VON MECK, *L'Ami bien-aimé* (*Beloved Friend*, 1937), trad. M. Remon, N.R.F., Paris, 1940 / G. ERISMANN, *Tchaïkovski*, Seghers, Paris, 1964 / M. HOFMANN, *Vie de P. I. Tchaïkovski*, Chêne, Paris, 1947 ; *Tchaïkovski*, Seuil, Paris, 1959, rééd. 1982 / A. LISCHKÉ, *Piotr Ilyitch Tchaïkovski*, Fayard, Paris, 1993 ; *Tchaïkovski au miroir de ses écrits*, *ibid.* , 1996 / L. SIDELNIKOV, *Tchaïkovski, 1840-1893*, 2 vol., Muzyka, Moscou, 1990 / V. VOLKOV, *Tchaïkovski*, Julliard, Paris, 1983 / H. WEINSTOCK, *La Vie pathétique de Tchaïkovski*, Janin, Paris, 1947.

TCHEREPNINE NIKOLAÏ NIKOLAÏEVITCH (1873-1945)

Pianiste, chef d'orchestre et compositeur russe. Au conservatoire de Saint-Pétersbourg où il fut l'élève de Rimski-Korsakov, Tcherepnine subit l'influence du groupe des Cinq et y enseigne la direction d'orchestre ; Prokofiev et Miaskovski furent ses élèves. Il termine un opéra inachevé de Moussorgski, *Le Mariage*, d'après Gogol. Engagé par Serge Diaghilev (1909) comme chef d'orchestre et compositeur aux Ballets russes, il compose plusieurs partitions de ballet (*Le Pavillon d'Armide*, 1909 ; *Cléopâtre*, 1909 ; *Narcisse*, 1911 ; *Papillon*, 1914). Installé en France en 1921, il devait mourir à Issy-les-Moulineaux. Il a composé encore deux opéras, cinq ballets et poèmes symphoniques. Son fils, Alexandre Tcherepnine (1899-1977), fut pianiste et compositeur.

JANE PATRIE

TELEMANN GEORG PHILIPP (1681-1767)

Georg Philipp Telemann a sans doute été le compositeur le plus fécond de toute l'histoire de la musique (environ six mille œuvres dont, à la fin de sa vie, il était bien incapable de dresser la liste) : né à Magdeburg neuf ans après la mort de Schütz, et quatre ans avant la naissance de Bach, il meurt à Hambourg trois ans avant la naissance de Beethoven, alors que l'Europe a déjà applaudi (et déjà quelque peu oublié) un enfant prodige nommé Wolfgang Amadeus Mozart, alors que le prince Esterhazy a déjà entendu une bonne trentaine de symphonies de son maître de chapelle Joseph Haydn. Fils d'un pasteur, Telemann s'oriente dans sa jeunesse non seulement vers la musique, mais aussi vers le droit, la géométrie, le latin, le grec. Dès l'âge de douze ans, il écrit et fait représenter avec succès un opéra, et se met à composer abondamment en prenant comme modèles des musiciens tant allemands (Rosenmüller) qu'italiens (Corelli, Caldara). Mais il est surtout autodidacte. Après avoir fait, à Halle en 1701, la connaissance de Haendel, il se rend à Leipzig pour y poursuivre ses études de droit. « Découvert » comme compositeur par le bourgmestre Romanus, il écrit tous les quinze jours une cantate pour l'église Saint-Thomas, dont le cantor est Johann Kuhnau. Il interrompt bientôt ses études de droit et, s'étant tourné définitivement vers la musique, prend la direction de l'Opéra de Leipzig et fonde le Collegium musicum, organisation de concerts publics. En 1705, il devient maître de chapelle du comte Erdmann von Promnitz, à Sorau. Il écrit pour son maître, passionné de musique française, des œuvres inspirées de Lully et de Campra, et l'accompagne dans ses domaines de Pologne, où il entre en contact avec la musique populaire et les danses slaves. En 1706, il est à Eisenach où il rencontre Bach ; il deviendra le parrain de son second fils, Karl Philipp Emanuel. En 1712, il s'installe à Francfort-sur-le-Main, et en 1721 à Hambourg, où il devient cantor au Gymnasium Johanneum et directeur de la musique dans les cinq églises principales de la ville. Il y restera jusqu'à sa mort, non sans avoir brigué contre Bach la succession de Kuhnau à Leipzig (1722), et effectué encore de nombreux voyages, dont un à Paris en 1737. Non content de fournir la métropole hanséatique en opéras, en musique sacrée et en musique de concert, il fonde, en 1728, puis dirige *Le Maître de musique fidèle* (*Der getreue Music-Meister*), la première revue musicale allemande, approvisionne régulièrement diverses cours princières en œuvres nouvelles et inédites, et trouve le temps de cultiver soigneusement son jardin (pour lequel Haendel lui envoie les oignons de tulipe et de jacinthe les plus rares), tout en se livrant à une étude approfondie des penseurs, des poètes et des écrivains des Lumières. Il compte, dans ses dernières années, parmi les pionniers de genres nouveaux comme le quatuor à cordes, et son ultime partition achevée, la cantate *Ino* (1765), offre de curieuses ressemblances avec Gluck.

Telemann, qui de son vivant éclipsa tous ses contemporains par sa célébrité, tomba après sa mort dans un oubli profond : « La postérité [fit] payer cher à

Telemann l'insolente victoire que, de son vivant, il remporta sur Bach. Cet homme, dont la musique était admirée dans tous les pays d'Europe, depuis la France jusqu'à la Russie, et que [...] le sévère Mattheson déclarait le seul musicien qui fût au-dessus de l'éloge, est aujourd'hui oublié, dédaigné. On ne cherche même pas à le connaître » (Romain Rolland en 1919). La situation depuis lors a changé ; Telemann a été redécouvert dans les années 1970. « Bach = *si* mineur, Telemann = *ut* majeur », déclarait déjà au XIXe siècle le musicologue Philipp Spitta. Le caractère extraverti et la verve sympathique de Telemann appelaient cette boutade. D'autant que Bach et lui-même assumèrent de façon fort différente leur position européenne. Bach, génie de la synthèse et de l'unification des tendances et des courants les plus divers, s'oppose nettement à Telemann, qui sut également s'adapter et tirer profit de tout, mais à la manière d'un caméléon, en changeant chaque fois d'habit pour ainsi dire. Il illustra ainsi tous les genres pratiqués à son époque et, grâce à sa curiosité et à son inlassable vivacité d'esprit, en laissa des spécimens qu'on peut sans hésiter ranger au nombre des meilleurs. On lui doit environ cent oratorios dont *Le Jugement dernier* (*Der Tag des Gerichts*, 1762) ; des cantates profanes comme *Les Heures du jour* (*Die Tageszeiten*, 1759) ; quarante-quatre passions ; quarante opéras dont *Pimpinone* (1725), intermezzo bouffe précédant de huit ans *La Servante maîtresse* (*La Serva padrona*, 1733) de Pergolèse ; douze séries de cantates pour tous les dimanches et toutes les fêtes de l'année ; six cents ouvertures à la française et d'innombrables concertos et pièces de musique de chambre faisant partie ou non de la fameuse *Musique de table* (*Tafelmusik*, 1733) ; des pièces pour clavecin ; des lieder. Nul plus que Telemann, sans doute, ne chercha à répondre aux exigences contradictoires de l'ancienne polyphonie et du style galant : d'où ses triomphes, et aussi ses limites.

MARC VIGNAL

TERPANDRE (~VIIIe-~VIIe s.)

Poète et musicien grec, originaire d'Antissa (Lesbos). C'est avec Terpandre que commence véritablement la musique grecque et la poésie lyrique ; il peut en être tenu pour le fondateur. Il fonda à Sparte, où il fut appelé, une célèbre école citharédique et il remporta le prix au premier concours des Carnées, en ~ 676. En raison de sa renommée, de nombreuses inventions lui furent attribuées, telle celle du *barbitos* (ou *barbiton*), instrument à cordes, vraisemblablement en forme de lyre, mais dont la facture est toujours controversée ; celle de l'*heptacorde*, ou cithare à sept cordes, en remplacement de la *phorminx* à quatre cordes ; celles du mode éolien et du mode béotien. Il écrivit surtout des nomes (c'est-à-dire d'importantes compositions poétiques et/ou musicales qui obéissaient à des lois – *nomoi* – précises de construction), des proèmes (c'est-à-dire des préludes à un chant ; de *prooimion*, prélude) et des scolies (c'est-à-dire des commentaires critiques de textes anciens). Il a laissé son nom au nome citharédique appelé terpandrien. C'est sans doute sous son influence que la récitation chantée des aèdes et des rhapsodes se transformera en une mélodie authentique. Bref, il représente la période la plus archaïque de la vie musicale grecque.

PIERRE-PAUL LACAS

THALBERG SIGISMUND (1812-1871)

Pianiste autrichien né à Genève. Élève de Hummel et de Kalbrenner, Thalberg donne en 1836 à Paris, lors d'une absence de Liszt, un premier concert qui fait sensation. Deux partis se forment, qui mettent les rivaux en présence (1837) : Liszt l'emporte. Jusqu'en 1848, Thalberg effectue encore des tournées triomphales à travers toute l'Europe ; il se rend au Brésil en 1855, en Amérique du Nord l'année suivante. Fixé à Naples en 1858, il reprend ses tournées en 1862, retourne au Brésil en 1863, pour finalement passer ses dernières années dans la retraite à Naples. Célèbre notamment par son jeu *legato*, que Liszt lui-même admira, il eut le tort de faire la part trop belle à la virtuosité pure et simple. Ses œuvres, dont plusieurs fantaisies sur des airs d'opéras à la mode, souffrent du même défaut et ne dépassent pas le niveau de la musique de salon.

MARC VIGNAL

THOMAS AMBROISE (1811-1896)

Élève de Lesueur, comme Berlioz, Ambroise Thomas gravit rapidement les échelons de la hiérarchie musicale : Grand Prix de Rome en 1832, élu membre de l'Institut (contre Berlioz) en 1851, professeur puis directeur du Conservatoire, il connaît tous les honneurs et toutes les gloires. Esprit médiocre, voire mesquin (dans son opposition à Berlioz par exemple), il est le grand maître de l'académisme du milieu du siècle ; habile artisan, il compose une vingtaine d'opéras et d'opéras-comiques (*Le Songe d'une nuit d'été*, 1850 ; *Le Carnaval de Venise*, 1857 ; *Mignon*, 1866 ; *Hamlet*, 1868), des messes, des cantates, un *Requiem*. Rien dans l'œuvre de Thomas ou dans son enseignement ne dépasse la médiocrité. L'opéra-comique *Mignon* est le seul ouvrage de ce compositeur, jadis adulé et décoré, qui ne soit tombé dans l'oubli.

PHILIPPE BEAUSSANT

THOMSON VIRGIL (1986-1989)

Figure de légende de la vie musicale américaine, Virgil Garnett Thomson avait acquis une notoriété de compositeur et de critique musical après avoir reçu l'essentiel de sa formation en France dans les années 1920. Il était d'ailleurs considéré comme le « Satie américain ».

Originaire de Kansas City, où il voit le jour le 25 novembre 1896, il fait ses études à l'université Harvard (à partir de 1919) avec Edward Burlingame Hill, A. T. Davison et S. Foster Damon, travaille le piano avec Heinrich Gebhard et l'orgue avec Wallace Goodrich à Boston. Il enseigne à Harvard (1920-1925). Puis il effectue un premier séjour à Paris (1921-1922), pendant lequel il étudie avec Nadia Boulanger. De retour à Harvard, il est organiste à King's College (1922-1923), puis il remporte un Juilliard Fellowship et travaille la composition à New York avec Rosario Scalero (1923-1924). Entre 1925 et la fin des années 1930, il vit principalement à Paris, où il fréquente Erik Satie et les membres du groupe des Six, Jean Cocteau et Pablo Picasso. Stravinski exerce une influence déterminante sur lui. Il travaille également avec Gertrude Stein, qui lui donnera les livrets de deux opéras, *Four Saints in Three Acts* (1928, créé en 1934) et *The Mother of Us All* (1947). En 1940, il se fixe à New York et accepte le poste de critique musical au *New York Herald Tribune*. Il assure cette chronique jusqu'en 1954, devenant, par la lucidité de ses analyses, l'un des critiques les plus respectés mais aussi les plus redoutés des États-Unis. En 1948, il reçoit le prix Pulitzer pour la musique du film de Richard Flaherty, *Louisiana Story*. Membre correspondant de l'Institut de France (Académie des beaux-arts), il siège à deux reprises (1960-1968 et 1975-1983) au bureau de l'A.S.C.A.P. (American Society of Composers, Authors and Publishers), la société américaine des auteurs et compositeurs. À la fin de sa vie, il se consacre uniquement à la composition et à la direction de ses œuvres. Il meurt à New York le 30 septembre 1989. Les principales universités l'avaient élevé au rang de docteur honoris causa (Syracuse, État de New York, 1949 ; New York, 1971 ; Columbia, 1978 ; Harvard, 1982 ; New England Conservatory, Boston, 1986).

Thomson a toujours refusé de suivre systématiquement les courants modernistes du moment. Il préférait s'attacher à la notion d'universalisme de la musique. La simplicité et la spontanéité de son écriture frisent parfois la naïveté. Sa musique touche à la plupart des genres et des styles, ce qui lui permet de faire usage des procédés les plus divers : il pratique avec autant de bonheur une écriture diatonique presque sans dissonance que le dodécaphonisme le plus complexe ; il cultive aussi aisément la cocasserie parisienne que l'austérité et puise régulièrement aux sources de la musique traditionnelle américaine, s'inscrivant dans la même démarche que des écrivains comme Ernest Hemingway ou Francis Scott Fitzgerald.

Ses deux premiers opéras ont assuré sa notoriété outre-Atlantique : le côté opéra-bouffe teinté de surréalisme et d'emprunts aux negro spirituals de *Four Saints in Three Acts* en a fait l'un des classiques du théâtre lyrique américain ; conçu pour être chanté par des Noirs, on l'a surnommé le « *Parsifal* nègre » ; quant à *The Mother of Us All*, qui évoque la vie de la suffragette Susan B. Anthony, il avait déjà connu plus d'un millier de representations lorsqu'il fut enregistré pour la première fois, une trentaine d'années après sa création à New York en 1947. En 1972, Thomson présentait un troisième opéra, plus lyrique, *Lord Byron* (1961-1968), mais celui-ci n'a pas connu le succès de ses deux aînés. Dans le domaine scénique, il est l'auteur de cinq ballets et de plusieurs musiques de scène pour des pièces de Shakespeare (*Hamlet*) et d'Euridipe (*Médée*). Pour l'orchestre, il a composé trois symphonies (n° 1, 1928 ; n° 2, 1941 – arrangement de sa *Sonate pour piano* n° 1 ; n° 3, 1972) ainsi que des concertos pour violoncelle (1950), pour flûte et harpe (1954) et pour harpe (*Autumn, concertino*, créé par Nicanor Zabaleta en 1964). Il a confié à la voix certaines de ses partitions les plus significatives : *Stabat Mater* (1931, révisé en 1981), *Mass* (1935), *5 Songs* pour voix et orchestre (1950), *Missa pro defunctis*, son œuvre majeure (1960), *The Feast of Love*, pour baryton et orchestre (1964), *Cantate sur des poèmes* d'Edward Lear (1973-1974) ainsi que des mélodies sur des poèmes français. Dans le domaine de la musique de chambre et instrumentale, on lui doit quatre sonates pour piano, la *Sonata da chiesa* (1926, révisée en 1973) pour cinq instruments, deux quatuors à cordes (1932), une sonate pour violon et piano (1930) et toute une série de *Portraits* pour diverses combinaisons instrumentales. Pour le cinéma il faut aussi mentionner *The River* pour le documentaire de Pare Lorentz (1937), *The Goddess* (1957) et *Journey to America*, écrit à l'occasion de l'Exposition universelle de New York (1964).

ALAIN PÂRIS

Bibliographie

K. O. HOOVER & J. CAGE, *Virgil Thomson : His Life and Music*, New York, 1959 (trad. franç. *Virgil Thomson, sa vie, sa musique*, Buchet-Chastel, Paris, 1962) / M. MECKNA, *Virgil Thomson : A Bio-Bibliography*, Greenwood Press, Westport (Conn.), 1986 / V. THOMSON, *The State of Music*, New York 1939, 2e éd. 1961, rév. 1974 ; *The Musical Scene*, New York, 1945, rév. 1968 ; *The Art of Judging Music*, New York, 1948, rév. 1969 ; *Music, Right and Left*, New York, 1951, rév. 1969 ; *Virgil Thomson, autobiographie*, New York, 1966, rév. 1977 ; *Music Reviewed : 1940-1954*, recueil de critiques, New York, 1967 ; *American Music since 1910*, New York, 1971 ; *A Virgil Thomson Reader*, New York, 1981.

TINCTORIS JOHANNES (1435 env.-1511)

Compositeur flamand, théoricien de la musique, auteur du premier dictionnaire de termes musicaux. On ignore où Johannes Tinctoris fit ses études ; mais il enseigna les arts, les mathématiques, la musique, la poésie et le droit. Pendant trois ans (1474-1476), il fut *succentor* (sous-chantre) à la cathédrale Saint-Lambert de Liège ; auparavant, il avait fait un séjour à Chartres (y dirigea-t-il la chorale ?) ainsi qu'à Bruges. Entre 1476 et 1481, il fut chantre et chapelain du roi de Naples, Ferrante (Ferdinand Ier d'Aragon). En 1492, on le retrouve à Rome. Il était chanoine prébendaire de Nivelles. On ignore le lieu de sa mort. C'est plus par son œuvre de théoricien que par ses compositions musicales qu'il est célèbre ; il a écrit cependant une messe tropée sur le thème de *L'Homme armé* (*Cunctarum Plasmator summus*), des motets, des chansons. Ses douze traités, rédigés entre 1474 et 1487, comprennent : 1. le *Terminorum musicae diffinitorium* (imprimé vers 1495, peut-être à Naples), qui contient 291 définitions de termes musicaux anciens et contemporains ; 2. l'*Expositio manus*, qui rend compte des règles de la solmisation d'après Guy d'Arezzo ; 3. le *Liber de natura et proprietate tonorum* (1476), dédié à Ockeghem et à Busnois, dont il estimait fort l'œuvre, ainsi que celles du Franco-Flamand Johannes Regis (1430 env.-env. 1485) et du Français Firmin Caron (XVe s.) ; l'ouvrage expose la théorie des modes ; 4. le *Tractatus de notis et pausis* ; 5. le *Tractatus de regulari valore notarum* ; 6. le *Liber imperfectionum notarum musicalium* ; 7. le *Tractatus alterationum* ; 8. le *Scriptum super punctis musicalibus* : cinq ouvrages qui concernent tous les théories mensuralistes du XVe siècle ; 9. le *Liber de arte contrapuncti* (1477), qui étudie le contrepoint ; 10. le *Proportionale musices*, qui comporte une courte histoire de la musique et un traité des proportions dans la notation musicale ; 11. le *Complexus effectuum musices*, qui parle des influences de la musique sur l'esprit de l'homme ; 12. le *De inventione et usu musicae* (1483-1487), qui concerne le chant, tant monodique (grégorien) que polyphonique, les chanteurs et les instruments.

PIERRE-PAUL LACAS

TIPPETT MICHAEL (1905-1998)

Avec Benjamin Britten, Michael Tippett s'est imposé comme la figure nationale de la musique anglaise du xxe siècle. Son grand oratorio *The Mask of Time*, créé le 5 avril 1984 à Boston avant d'être donné dans le cadre des *Proms* (*Promenade Concerts*) le 23 juillet à Londres en première audition européenne, a été salué par la critique comme une somme de son art et une synthèse de sa vision du monde.

Nourri aux sources de la tradition classique, Tippett n'appartient nullement par son langage musical à l'avant-garde des jeunes générations, mais sa pensée se caractérise par une originalité ouverte aux courants philosophiques et culturels les plus divers. Son œuvre est, dans son ensemble, avant tout l'expression naturelle d'une personnalité aussi forte que complexe. Acquis dans sa jeunesse aux thèses de l'idéologie trotskiste, il devait conserver, longtemps après les avoir répudiées, des positions souvent radicales en matière d'éthique et de société. Comme Britten, à qui il est à plusieurs égards comparable, il a toujours été un pacifiste convaincu, ce qui, en tant qu'objecteur de conscience, lui valut de purger pendant la Seconde Guerre mondiale une peine de prison ferme de trois mois. Cela ne devait pas l'empêcher de voir, dès 1944, triompher son oratorio *A Child of Our Time*, inspiré par l'assassinat en 1938 d'un diplomate de l'ambassade d'Allemagne à Paris par un jeune réfugié juif polonais, assassinat qui devait être suivi de terribles pogromes dans l'Allemagne hitlérienne : d'un incident diplomatique et de ses conséquences dramatiques, Tippett devait tirer son premier chef-d'œuvre, salué en Angleterre comme l'oratorio le plus marquant depuis *The Dream of Gerontius* d'Elgar. La même veine est à nouveau exploitée dans une partition de nature et d'inspiration fort différentes, *The Vision of Saint Augustine*, pour baryton, chœur et orchestre, créé en 1966, œuvre polyphoniquement et rythmiquement très complexe qui culmine dans un splendide *Alleluia* et s'achève sur une note d'euphorie mystique où l'humain se transcende dans l'éternel. Longtemps considéré comme la partition majeure de Tippett, *The Vision of Saint Augustine* a été supplanté par *The Mask of Time,* qui est « l'une des œuvres les plus riches, les plus belles, les plus fascinantes de notre temps » (A. Porter) : s'appuyant ici sur des textes empruntés à de nombreux poètes, parmi lesquels Milton, Shelley, Yeats, Rilke, l'auteur prétend traiter « de ces questions fondamentales qui concernent l'homme, sa relation au temps, sa place dans le monde tel que nous le connaissons, et dans le mystérieux univers en général ». Quant au langage musical qu'il se donne, on peut bien y trouver toutes les influences de la tradition savante, du plain-chant jusqu'à Stravinski en passant par Monteverdi et Beethoven, mais à ce point assimilées qu'elles n'apparaissent qu'en filigrane sur la trame fortement charpentée d'un discours foncièrement personnel.

A Child of Our Time, *The Vision of Saint Augustine* et *The Mask of Time* constituent les trois partitions chorales majeures de Tippett – auxquelles viennent s'ajouter un certain nombre d'autres, parmi lesquelles *The Shires Suite*, *Crown of the Year*, *Four Songs from the British Isles, Brizantium* et un *Magnificat and Nunc Dimittis*, toutes pièces de circonstance commandées au compositeur par diverses institutions. À ces œuvres strictement écrites pour chœur et éventuellement ensemble instrumental s'opposent, dans un tout autre esprit, des pages destinées à une voix soliste, au nombre desquelles *Songs for Dov*, pour ténor solo et petit orchestre, *The Heart's Assurance*, pour voix aiguë et piano, et *Songs for Ariel*, pour voix moyenne et piano.

Mais c'est du côté de l'opéra qu'il faut se tourner pour apprécier l'impact de l'œuvre de Tippett sur le grand public. Chacune des cinq partitions qu'il a destinées à la scène obéit à des motivations éloignées et proches à la fois de ses grands oratorios, tant l'homme aux prises avec lui-même et son environnement demeure encore ici au centre des conflits affectifs, psychologiques et sociaux qui l'affrontent au monde « tel que nous le connaissons ». La vision s'y introvertit en quelque sorte, empruntant les voies de la psychanalyse jungienne pour trouver dans l'interprétation des rêves la solution aux problèmes d'équilibre personnel et de relation avec l'autre. C'est ainsi que *The Midsummer Marriage*, achevé en 1952, met en scène deux couples trouvant à des niveaux divers dans le mariage une réponse satisfaisante à la relation amoureuse, mais aussi – et plus fondamentalement – une solution à l'équilibre des éléments conscients et inconscients de la personnalité. À une distance de près de vingt ans, *The Knot Garden* (créé en 1970) met l'accent sur les interactions qu'exercent entre eux les divers personnages, décourageant par leur complexité les issues positives et proposant, à l'intérieur du labyrinthe des relations humaines, des conclusions moins optimistes et plus proches du vécu que le premier opéra. La musique de l'un et de l'autre se ressent de l'infléchissement qui, à partir d'un même thème, se manifeste dans le traitement du sujet. Celle du *Midsummer Marriage*, support lyrique d'un symbolisme coloré, est largement évocatrice du monde du rêve tandis que celle du *Knot Garden*, plus axée sur la mise en relief des personnages et le commentaire serré de l'action, se fait plus résolument dramatique et proprement fonctionnelle. On peut en dire à peu près autant des trois autres opéras de Tippett, *King Priam*, créé en 1962, *The Ice Break*, monté en 1977 à Covent Garden, et *New Year*, créé à Houston en 1989. Dans ces œuvres se révèle une fois encore le musicien engagé que jamais n'a cessé d'être le compositeur, même si, en telle ou telle occasion, il a plus ou moins bien réussi à faire passer son message. De *King Priam*, aujourd'hui reconnu comme la plus convaincante et la plus réussie de ses partitions scéniques et l'un des jalons marquants de l'histoire de l'opéra britannique, on a pu dire qu'il était « l'œuvre la plus explicitement pacifiste » de Tippett (A. Clements), mettant en scène la tragédie de personnages qui, pour être issus de la mythologie grecque, se trouvent fondamentalement prisonniers des contraintes d'une société militaire. L'intensité rugueuse et percutante de la musique, surtout dans les deux premiers actes, illustre admirablement le propos du compositeur. Quant à *The Ice Break*, c'est l'œuvre de Tippett qui a suscité le plus de controverses, la critique étant allée à son endroit jusqu'à poser le problème de la cohérence dramatique et du projet artistique central. Se donnant pour thème la violence raciale telle qu'elle se manifeste sur le terrain dans l'affrontement qui oppose des factions de jeunes Blancs et de jeunes Noirs, l'opéra s'est vu reprocher d'avoir échoué à offrir, à une exception près, une individualisation suffisamment crédible du drame et une réponse dépourvue d'ambiguïté au niveau des solutions à proposer. Il demeure que son mérite est d'avoir présenté précisément en termes de masses et non dans un contexte purement intimiste les agressions dont sont victimes les sociétés de notre temps.

Sans doute est-ce par leur contenu psychologique ou idéologique autant que par leur traitement musical que les œuvres vocales – dramatiques ou non – de Tippett revêtent l'importance qui fait de leur auteur l'un des créateurs les plus remarquables du xxe siècle. Il ne faudrait pas pour autant sous-estimer son apport dans le domaine purement instrumental, où il s'impose auprès de Britten, avec qui il a souvent été mis en parallèle, comme la personnalité la plus forte de l'école qui, outre-Manche, se réclame de la tradition. Si l'on s'en tient, ici encore, aux partitions majeures, il est facile de constater que, depuis le *Concerto pour deux orchestres à cordes*, créé en 1940, il n'a cessé de jalonner sa production, dans le domaine de l'orchestre comme dans celui de la musique de chambre, d'un certain nombre de pages qui s'imposent dans le monde. Dépouillées – à deux exceptions près sans doute – de toute idée de « programme », les œuvres instrumentales de Tippett offrent l'image d'une évolution continue sacrifiant aux grandes formes – sonate, symphonie, concerto, quatuor – de la tradition occidentale, tandis que son langage, constamment remis en question et enrichi aux sources de la même tradition, n'appartient en définitive qu'à lui-même et aux exigences d'un choix fondé sur l'adéquation du style au propos de la création.

Les quatre quatuors à cordes (1935, rév. 1944 ; 1943 ; 1946 ; 1979) sont à cet égard exemplaires, autant que les cinq sonates pour piano (1938, 1979, 1984).

Si les deux premières symphonies (1945 et 1958) se situent dans le courant de l'écriture classique, les deux suivantes (1972 et 1977) apparaissent comme étant plus délibérément « à programme » et procédant plutôt de l'esthétique du poème symphonique : la troisième comporte deux mouvements dont le second sollicite une voix de soprano soliste et, quoique de structure proprement symphonique, développe une thématique d'où nature et mysticisme ne sont pas exclus – avec citation de la *Neuvième Symphonie* de Beethoven et référence au blues américain ; la quatrième, réduite à un seul mouvement, propose, au dire même de l'auteur, une grande fresque évoquant le cycle de la vie, de la naissance jusqu'à la mort. On a pu voir dans cette œuvre une préfiguration orchestrale du *Quatuor no 4*. Tippett lui-même a suggéré l'existence d'un lien étroit entre la conclusion de ce dernier et la musique du *Triple Concerto pour violon, alto et violoncelle* créé aux *Proms* de 1980. Il est ainsi facile, puisque l'auteur nous y invite, de constater dans toutes ces dernières œuvres une unité d'inspiration thématique et de style propre à constituer chez ce compositeur britannique ce que la postérité pourra apprécier sans doute comme sa « dernière manière », à l'instar de ce qu'elle a déjà pu faire pour d'autres – notamment pour Beethoven.

JACQUES MICHON

TOMASI HENRI (1901-1971)

Compositeur et chef d'orchestre français d'origine corse né à Marseille, Henri Tomasi est mort à Paris. Ses études musicales commencées dans sa ville natale se poursuivirent au Conservatoire national de musique de Paris, avec les maîtres G. Caussade (fugue), P. Vidal (composition), V. d'Indy et P. Gaubert (direction d'orchestre), pour s'achever en 1927 avec un grand prix de Rome et le premier prix de direction d'orchestre à l'unanimité. Il reçut d'autres distinctions : le prix Halphen (1926), le grand prix de la musique française (S.A.C.E.M., 1952), le grand prix musical de la Ville de Paris (1960). H. Tomasi fut l'un des membres du groupe Le Triton (1922). Il fut l'époux de la dessinatrice et peintre Odette Camp.

Sa carrière de chef d'orchestre, qu'il abandonna vers 1955 afin de se consacrer totalement à la composition, fut brillante. Il l'inaugura aux « Concerts du Journal » et dans l'une des premières stations de radiodiffusion créées en France, Radio-Colonial (1931), pour laquelle il écrivit plusieurs pièces radiophoniques. Il dirigea ensuite toutes les grandes formations françaises : concerts Pasdeloup, Poulet, Colonne, Lamoureux, orchestres lyrique et symphonique de la Radio, Orchestre national enfin. Dans l'après-Seconde Guerre mondiale, d'éclatants succès à Monte-Carlo, en Suisse, en Hollande, en Belgique, en Allemagne, entre autres, firent de lui un chef d'envergure européenne, particulièrement apprécié pour son interprétation ardente, inspirée, rigoureuse, d'une musique française qu'il défendait avec prédilection.

Son œuvre est d'une abondance et d'une diversité telles que le critique E. Vuillermoz l'a qualifié de « musicien protéiforme ». Il a en effet abordé tous les genres (concertos, poèmes symphoniques, mélodies, ballets, opéras), et les thèmes et les caractères les plus opposés se rencontrent dans ses ouvrages. En outre, dans les dix dernières années de sa vie, il a transformé notablement son écriture, la fragmentant, la dépouillant, l'acérant. S'il a maintenu des affinités avec l'art de Debussy, de Ravel, de Fauré, et même de Puccini, il eut des sources d'inspiration corse, provençale, exotique, grégorienne, et il a emprunté au jazz et au dodécaphonisme. C'est sa seule sensibilité – promue maître d'œuvre – qui assure l'unité et la personnalité d'une musique dont le souffle incontestable est indépendant de tout système. L'art de Tomasi tire sa force de son tempérament de Méditerranéen passionné revendiquant la primauté du « cœur ». Il privilégie l'expressivité de la mélodie et la richesse orchestrale. L'intensité des contrastes et des couleurs, l'énergie des rythmes et des mouvements sont recherchées. L'amour du chant et de la danse l'ont particulièrement porté vers le théâtre, mais il marque même ses œuvres symphoniques. Sa musique, qui se fait volontiers l'épouse harmonieuse du verbe, vise à la résonance juste, à une amplification poétique ou dramatique des sensations, des émotions, des significations. Ses œuvres majeures peuvent être classées selon trois thèmes, qui d'ailleurs se mêlent à l'intérieur de plusieurs d'entre elles.

En premier lieu, *Le Chant du monde* : il est d'une part exaltation dionysiaque, manifeste dans la sensualité, le dynamisme, l'éclat de partitions comme *Cyrnos* (poème symphonique, 1929), *Tam-Tam* (poème symphonique, 1931), les *Concertos de trompette* (1948), *de Saxophone* (1949), le ballet *Jabadao* (1959), l'opéra-ballet *L'Atlantide* (d'après Pierre Benoît, 1951) ; et d'autre part, chant plus apollinien, évocateur, avec une grande économie de moyens, de « paysages-états d'âme », de subtils « climats sonores ». Appartiennent à cette catégorie des mélodies, les *Chants laotiens* (1933), les *Chants de geishas* (1935), des *Chants corses a cappella* (1970), beaucoup d'ouvrage provençaux dont trois contes lyriques d'après Alphonse Daudet,

La Chèvre de M. Seguin, *La Mort du petit dauphin*, *M. le sous-préfet aux champs* (1963), le *Concerto de harpe* (*Highlands' Ballad*, 1966), et *Retour à Tipasa* (d'après *L'Été* d'Albert Camus, 1966) pour récitant, chœur d'hommes et orchestre, hymne à la lumière d'une rare, paradoxale retenue.

Deuxième thème, *L'Élévation mystique* : la célébration de la transcendance, ou du mystère, a inspiré au compositeur des œuvres d'une grandeur et d'un recueillement authentiquement religieux, notamment les *Fanfares liturgiques* (ou « symphonie » pour cuivres, 1947), l'opéra *Miguel Manara* (ou Don Juan mystique, d'après le poète Milosz, 1944), chef-d'œuvre de l'écriture lyrique de Tomasi, *Triomphe de Jeanne* (d'Arc, 1955, oratorio, texte de P. Soupault), *Messe de la Nativité* (1960), *Semaine sainte à Cuzco* (pour trompette et orgue, 1962).

Troisième thème, *Le Chant de douleur et d'héroïsme* : la souffrance humaine s'exprime dans l'un des premiers poèmes symphoniques (et chorégraphiques), *Vocero* (déploration et appel à la vengeance de tradition corse, 1932). *Noce de cendres* (ballet ou suite symphonique, 1952), tableau contre la guerre, conçu à partir de l'enregistrement d'un cœur à l'agonie, contient un hallucinant *dies irae* disloqué par un rythme de blues. Avec *Le Silence de la mer* (1959), d'après le récit de Vercors, Tomasi inaugure de nouvelles conceptions, aussi bien scéniques (drame lyrique en un acte pour un chanteur et deux acteurs) que musicales (litotes, tensions, ruptures). *L'Éloge de la folie* (d'après Érasme, 1965), « jeu satirique, lyrique et chorégraphique » pour trois chanteurs et corps de ballet, se développe sur un tout autre registre : convulsif et paroxystique. Une sorte de sauvagerie d'expression, plus sèche, plus déchirée, caractérise la *Symphonie pour le Tiers Monde* (1968), le *Chant pour le Vietnam* (1968), le *Concerto de violon* (1962), tandis que le *Concerto de guitare, à la mémoire d'un poète assassiné, F. G. Lorca* (1966), embrasé, pathétique, percutant, est la synthèse et le chef-d'œuvre du « second langage » du compositeur.

CLAUDE SOLIS

TOMKINS THOMAS (1572-1656)

Décédé à l'âge de quatre-vingt-quatre ans, Tomkins peut, par là, être considéré comme l'un des survivants de la période élisabéthaine et jacobéenne. Pourtant élève, comme Morley, de William Byrd, il appartient par sa naissance à cette génération de musiciens qui compte dans ses rangs Dowland, Wilbye, Weelkes, Gibbons et quelques autres, tous disparus au tournant du premier quart du XVIIe siècle.

On le trouve d'abord *instructor choristarum* à la cathédrale de Worcester, puis « gentleman » de la Chapelle royale, dont il devient organiste en 1621 tout en conservant ses fonctions à Worcester jusqu'au démantèlement de la cathédrale, en 1646, sous Cromwell.

Ce n'est qu'en 1622 qu'il publie ses vingt-huit *Songs of Three, Four, Five and Six Parts*, madrigaux et « ballets » pour la plupart, dont l'originalité harmonique et la rigueur contrapuntique n'ont d'égale que la beauté mélodique, mais aussi pièces fondées sur des textes bibliques au nombre de quatre, trois à six voix et une à cinq — cette dernière étant le célèbre et très remarquable *David's Lament to Absalom*.

Du fait de ses fonctions, c'est à l'orgue que Tomkins consacre la plus grande partie de sa musique instrumentale — offertoires, fantaisies, « voluntaries », préludes ou variations se partageant son inspiration — sans négliger toutefois les morceaux pour ensemble de violes, qui brillent par la qualité plutôt que par le nombre, fantaisies à trois et à six parties, et peut-être surtout certaine pavane à cinq parties, joyau entre les joyaux.

Mais ce qui, s'ajoutant au reste de son œuvre, confère à Tomkins sa véritable place parmi ses pairs, c'est sans doute sa musique sacrée, écrite dans la lignée de Byrd et de Gibbons. Qu'il s'agisse de ses « anthems » à trois ou quatre voix confiés tour à tour à des solistes ou au chœur, selon la forme déjà illustrée par ses deux grands prédécesseurs, ou qu'il s'agisse des cinq « services » où il pratique le même style, cette œuvre, publiée après sa mort en 1668 dans la collection *Musica Deo sacra*, constitue, par son volume comme par son intensité d'expression, une contribution tout à fait originale et permet de le situer alors dans le groupe de tête des musiciens de son temps.

JACQUES MICHON

TORELLI GIUSEPPE (1658-1709)

À peu près contemporain de Corelli, Torelli fait avec celui-ci un intéressant contraste, et la disproportion entre l'immense popularité du premier — de son temps comme du nôtre — et la célébrité plus modeste du second n'est pas sans quelque injustice.

Torelli, né près de Vérone, réside à Bologne à partir de 1680, et pour toute sa vie, si l'on excepte six années qu'il passe d'abord à Vienne (1695-1698), puis en Allemagne comme violon solo de l'orchestre du margrave de Brandebourg (1698-1701). Il est remarquable de voir un musicien de réputation internationale reprendre modestement un simple poste de violoniste à la basilique San Petronio ; mais le fait n'est pas unique dans l'histoire de la musique italienne de ce temps : Corelli et, au siècle suivant, Tartini auront une renommée encore plus grande pour une carrière toute de modestie.

La question de l'antériorité des concertos grossos de Torelli sur ceux de Corelli est fort controversée. La date de publication donne l'initiative à Torelli : ses *Concerti grossi con una pastorale per il S.S. Natale* ont été édités en 1709, juste après sa mort, et le premier recueil de Corelli n'a été publié qu'en 1714. Torelli serait donc l'« inventeur » de la forme. On sait pourtant par Muffat que les concertos de Corelli étaient déjà joués à Rome en 1682, et Muffat lui-même les imite dans ses propres œuvres. Mais il est évident que le recueil posthume de Torelli a été joué aussi du vivant de son auteur. Peu importe d'ailleurs une antériorité de quelques années : c'est au contraire la simultanéité de ces créations qui est intéressante. Le concerto grosso apparaît en plusieurs endroits à la fois, et il est probable que d'autres œuvres, comme celles de Stradella, durent être jouées, vers 1680-1700, en divers points de la péninsule.

PHILIPPE BEAUSSANT

TORTELIER PAUL (1914-1990)

Violoncelliste, chef d'orchestre et compositeur français, Paul Tortelier laisse l'image d'un musicien humaniste et engagé qui aura mis son art au service des causes les plus généreuses. Né à Paris le 21 mars 1914, il commence à étudier le violoncelle à l'âge de six ans et entre au Conservatoire en 1926, où il est l'élève de Louis Feuillard, Jean et Noël Gallon. Mais son véritable maître est le violoncelliste Gérard Hekking, dans la classe duquel il obtient un premier prix en 1930. Il poursuit sa formation théorique jusqu'en 1935 (premier prix d'harmonie) et est alors le condisciple d'Henri Dutilleux.

En 1931, il fait ses débuts de soliste aux Concerts Lamoureux Mais, pendant plusieurs années, il choisit d'apprendre le métier au sein de l'orchestre et occupe plusieurs places importantes : premier violoncelle solo à l'Orchestre national de l'Opéra de Monte-Carlo (1935-1937), où il joue *Don Quichotte* de Richard Strauss sous la direction du compositeur, puis troisième soliste de l'Orchestre symphonique de Boston (1937-1939), alors dirigé par Serge Koussevitzky. À la Libération, il est premier soliste à la Société des concerts du Conservatoire (1945-1946) avant de se consacrer exclusivement à sa carrière de soliste, qui prend vite de l'essor : en 1945, il joue avec Sergiu Celibidache à la Philharmonie de Berlin ; en 1947, il enregistre *Don Quichotte* sous la direction de sir Thomas Beecham. Il épouse en 1946 une violoncelliste française, Maud Martin, avec qui il se produit souvent. Pablo Casals l'invite au festival de Prades dès 1950.

Il est aussi le partenaire de musique de chambre de Yehudi Menuhin. Avec Arthur Rubinstein et Isaac Stern, il forme un trio fameux. En 1955, il fait ses débuts américains à Boston. Plus tard, il forme le Trio Tortelier, avec son fils Yan Pascal (violon) et sa fille aînée Maria de La Pau (piano). Tous trois créeront notamment le *Trio en ut mineur* d'Edvard Grieg (1977).

Mais l'action de Paul Tortelier ne se limite pas aux seules activités de concertiste. Il considère l'artiste comme détenteur d'un message de paix qu'il s'attache à porter au-delà de toutes les frontières qu'il lui semble nécessaire de faire tomber. Avec toute sa famille, il passe ainsi un an dans un kibboutz en Israël (1955-1956). Puis il consacre une part importante de ses activités à l'enseignement, au Conservatoire de Paris (1957-1969), à la Folkwang-Hochschule d'Essen (1972-1975) ou au Conservatoire de Nice (1978-1980). Il est l'un des premiers artistes occidentaux à jouer en Chine après la révolution culturelle et est nommé professeur honoraire au Conservatoire de Pékin en 1980. Il donne également de nombreuses master classes dans le monde entier et est membre d'honneur de la Royal Academy of Music de Londres (1979). Parmi ses élèves figurent Jacqueline Du Pré, Arto Noras et Philippe Muller. Il meurt subitement pendant un cours d'interprétation au château de Villarceaux (Val-d'Oise), le 18 décembre 1990.

Son répertoire couvre naturellement l'ensemble de la littérature pour violoncelle, avec une prédilection particulière pour les *Six Suites* pour violoncelle seul de Bach, où sa rigueur et sa justesse de style équilibraient parfaitement le côté passionné de son tempérament. Il a créé des concertos de Karl Amadeus Hartmann, Jean Hubeau, Émile Passani et André Lavagne. Sur le plan technique, il a inventé une pique spéciale pour son instrument, qui permet de le tenir dans une position beaucoup plus inclinée qu'à l'habitude et qu'utilise notamment Mstislav Rostropovitch. Comme compositeur, il laisse des mélodies sur des poèmes de Verlaine et de Rimbaud (1938), une suite pour violoncelle seul en *ré* mineur (1944-1955), une sonate pour violoncelle et piano (1944), des duos pour deux violoncelles (1954), un concerto pour piano (1955), deux concertos pour violoncelle, un concerto pour deux violoncelles, la *Symphonie israélienne* (1956), *Offrande*, hommage à Beethoven pour quatuor ou orchestre à cordes (1971). Il a également écrit quantité d'hymnes à la paix, à la joie et à la liberté, notamment *Le Grand Drapeau*, dédié à l'O.N.U. (1960). On lui doit quatre versions différentes de *La Marseillaise*, la dernière écrite à l'incitation de l'abbé Pierre.

On pourra consulter : D. Blum, *Paul Tortelier, a Self Portrait*, Heinemann, Londres, 1984 (trad. franç., *Autoportrait, conversation avec David Blum*, Buchet-Chastel Paris, 1986) et P. Tortelier, *How I Play, How I Teach*, Chester, Londres, 1973.

ALAIN PÂRIS

TOURNEMIRE CHARLES (1870-1939)

L'art de Tournemire est caractéristique d'un effort pour adapter, à l'orgue symphonique de Cavaillé-Coll illustré par Widor, les impératifs liturgiques de son temps dans un langage original où l'improvisation joue une part considérable, qu'elle soit effective ou qu'elle soit « écrite ». Élève de Franck et de Widor, il succéda, en 1898, à Gabriel Pierné à l'orgue de Sainte-Clotilde. Il enseigna au Conservatoire de Paris (1919) à la tête d'une classe d'ensemble. Ce compositeur très fécond écrivit en effet beaucoup de pages de musique de chambre, notamment un *Quatuor* pour piano et cordes, des *Trios*, une *Sonate* pour piano, un *Sextuor* pour instruments à vent, à côté d'une œuvre symphonique (huit symphonies ; la trilogie : *Faust*, *Don Quichotte*, *Saint François d'Assise*) et d'une œuvre théâtrale pour chœur et orchestre (*Nittetis*, *Les dieux sont morts*, *La Légende de Tristan*, *Il Poverello di Assisi*). À l'orgue, son ouvrage monumental, *L'Orgue mystique*, est un commentaire des cinquante et un dimanches de l'année liturgique et des grandes fêtes catholiques. Chaque office comprend quatre ou cinq pages ou mouvements : *Prélude*, *Offertoire*, *Élévation*, *Communion* et *Final*. Les thèmes en sont empruntés au répertoire grégorien du jour ; Tournemire les traite dans ce style d'improvisation libre où il excelle et que Norbert Dufourcq appelle la grande variation. Il écrit aussi, dans un style très voisin, des préludes, des fugues et des chorals. Il respecte la modalité des mélodies du plain-chant et son harmonie chatoyante, riche de couleurs bruissantes, a influencé le jeune Olivier Messiaen. Les changements de claviers sont fréquents, les demi-teintes se succèdent, les mélanges de jeux inhabituels apparaissent. C'est un art de la fantaisie qui essaie de mettre en valeur l'instrument symphonique plutôt lourd et assez sombre (appel très fréquent au suraigu des claviers). Parmi les autres œuvres pour orgue, retenons *Triple Choral*, *Trois Poèmes*, *Sei Fioretti*, *Fantaisies*, *Symphonie-Choral*, *Suite évocatrice*, *Deux Fresques*, *Sept Chorals-Poèmes pour les sept paroles du Christ* et *Symphonie sacrée*. Selon l'auteur lui-même, cette *Symphonie sacrée* voulait apparaître comme l'« exaltation de la beauté des lignes ogivales et une synthèse sonore de nos cathédrales ». Messiaen, lui aussi, assortira ses fresques musicales de commentaires poétiques de cette sorte.

PIERRE-PAUL LACAS

TURINA JOAQUÍN (1882-1949)

Musicien espagnol, pianiste, compositeur et professeur, fortement imprégné par le style andalou *flamenco*. Joaquín Turina naquit à Séville, où il étudia avec E. García Torres, avant d'être l'élève, à Madrid, de José Tragó et, à Paris (où il resta de 1905 à 1914), de Moritz Moszkowski (1854-1925) et de Vincent d'Indy à la Schola cantorum. Ce dernier influença nettement son élève, lui donnant le souci de la construction rigoureuse, le goût de l'analyse et d'un certain classicisme, ce qui tempéra sans nul doute ce qu'avait de « romantique » et d'informel le legs musical hérité de l'Andalousie *flamenca* ; certains (tel Adolfo Salazar) ont nié cette influence : « Autant prétendre unir l'eau et le feu », a écrit Salazar. Mais personne n'a voulu réduire l'apport de Turina à ce qu'il reçut de l'enseignement de la Schola ; son œuvre est, d'ailleurs, très vaste et plusieurs courants s'y dessinent.

En raison de cette multiplicité d'inspiration, l'œuvre de Turina a suscité autant d'admirateurs que de détracteurs. Tels vantent les œuvres pour piano (*Danzas fantásticas*, op. 22, 1920 ; *Sevilla*, 1909 ; *Sonate romantique*, 1911 ; *Mujeres españolas* ; *El Circo* ; *Siluetas* ; *Jardín de las niñas* ; *En la zapatería* ; *Por las calles de Sevilla* ; *El Castillo de Almodóvar*...) où l'écriture claire et empreinte de couleur locale convient bien au sujet traité. D'autres admirent certaines œuvres pour orchestre (*Sinfonía sevillana*, op. 23, 1920 ; *La Procesión del Rocío*, op. 9, 1912 – justement louée par Debussy – ; *Rapsodia sinfónica* pour piano et orchestre, op. 66, publiée en 1931 ; *El Evangelio de Navidad*). D'autres encore préfèrent sa musique de chambre, exempte de tout pittoresque (un quatuor à cordes, op. 4, 1911, et un quatuor avec piano, un quintette, deux trios, le premier de 1926 et surtout le second de 1933 ; *La Oración del torero*, op. 34, 1926, d'abord écrite pour quatre luths, puis transcrite pour orchestre à cordes). Il faudrait aussi citer les pages pour orgue, pour guitare (sous l'influence notamment du soliste Andrés Segovia), les mélodies, les musiques de scène (*La Navidad de sierra*, *La Adúltera penitente* de Moreto) et les opéras (*Margot*, *Jardín de Oriente*).

Même vivant à Madrid, où il fut professeur au Conservatoire de musique à partir de 1931, et où il mourut, Turina, quand il a voulu inscrire son œuvre dans un esprit national, s'est surtout inspiré de la tradition andalouse. À l'encontre de Granados, de Falla, d'Albéniz, de J. Nín ou de R. Halffter, Turina est épris de logique et d'ordre. De plus, en raison de sa vaste culture et animé du souci de fonder sa technique et son style, Turina put écrire une *Enciclopedia abreviada de la música* (2 vol., Madrid, 1917, 1947) ainsi qu'un *Traité de composition musicale* (2 vol., Madrid, 1947, 1950). Peut-être García Lorca a-t-il saisi un des traits essentiels de Turina lorsqu'il évoque, à propos de ses pages pour orchestre, cet « arc de triomphe sentimental et sensuel ».

PIERRE-PAUL LACAS

TYE CHRISTOPHER (1500 env.-env. 1573)

La vie de Christopher Tye est mal connue ; il fait ses études à Cambridge, est chantre à King's College en 1537 et, à partir de 1541, maître de chœur à la cathédrale d'Ely, fonction qu'il gardera jusqu'en 1561. Ordonné prêtre en 1560, il est nommé recteur de Doddington-cum-Marche en 1561. La date de sa mort se situe entre 1571 et 1573.

Il joue un rôle déterminant dans le développement de la musique au sein de l'église anglicane : il contribue à établir le modèle de l'anthem, dans un style simple et direct, presque populaire, modèle que les compositeurs de musique d'église adopteront sous le règne d'Édouard VI et dans les débuts de la période élisabéthaine. Une partie des anthems qui lui sont attribués sont des adaptations tirées du seul ouvrage qu'il ait publié, et qui a fait sa célébrité, les *Acts of the Apostles*, traduits en vers anglais et arrangés pour quatre voix chantées, recueil dédié au roi Édouard VI ; Tye y emploie fréquemment le procédé de l'imitation – deux des arrangements sont écrits en forme de canon – tout en conservant la clarté de style qui a contribué à sa popularité. Ses ouvrages d'église en latin sont beaucoup plus élaborés ; deux de ses messes ont été écrites à l'occasion de ses grades universitaires de bachelier, puis de docteur en musique. Il a composé de nombreux motets, pour trois à sept voix. Tye a aussi été l'un des premiers à écrire pour un ensemble de violes, et se trouve ainsi participer aux débuts de la tradition de musique instrumentale en Angleterre. L'ensemble de son œuvre d'église est d'un style apparenté à celui de Thomas Tallis, son contemporain.

NICOLE LACHARTRE

V

VAŇHAL JAN KŘTITEL (1739-1813)

Compositeur et violoniste tchèque né à Nechanice en Bohême, Vaňhal fait partie des artistes qui, ayant quitté cette région, choisirent Vienne comme port d'attache. Il y arrive en 1760 et prend des leçons de Dittersdorf, qui a le même âge que lui. Il séjourne de 1769 à 1771 en Italie, où il rencontre Gluck et compose deux opéras, puis de 1772 à 1780, pour des raisons de santé, sur les terres du comte Erdödy en Hongrie. À partir de 1780, il se fixe définitivement à Vienne comme musicien indépendant. Auteur de très nombreuses partitions vocales (dont deux messes) et surtout instrumentales, dont environ quatre-vingts quatuors, trente concertos, des sonates, des variations et des danses, il joua un rôle important dans l'évolution de la symphonie (il en laissa plus d'une centaine). Ses ouvrages en ce genre frappent souvent par une teinte mélancolique qui fait de lui un des meilleurs représentants du Sturm und Drang en musique : des diverses étapes de l'évolution de Joseph Haydn, celle-ci semble l'avoir attiré tout particulièrement. Sa *Symphonie en sol mineur* de 1770 environ, notamment, forme avec la *Trente-Neuvième Symphonie* de Haydn et la *Vingt-Cinquième Symphonie* de Mozart, à peu près contemporaines et dans la même tonalité, une remarquable et très intéressante trilogie.

MARC VIGNAL

VARÈSE EDGARD (1883-1965)

Varèse est, sans conteste, l'un des compositeurs les plus imposants du XXe siècle. Son impulsion créatrice, qu'il puisa aux sources mêmes de la musique – la Terre et le Cosmos –, il la communiqua à tous les musiciens du monde dont l'art est en plein devenir. Ses œuvres, jalons successifs de ses découvertes, heurtèrent brutalement le public. Il fallut des décennies pour que sa musique franchisse le seuil d'incompétence des auditeurs. Varèse attendit l'âge de soixante-dix ans pour être célébré et honoré selon ses mérites. Exemple unique en musique d'un créateur porteur d'un message qu'il transmit malgré les entraves apparemment les plus irréductibles.

Un compositeur libre

Edgar Varèse est né à Paris, de Blanche Cortot, fille de Bourgogne, et d'Henri Varèse, enfant du Piémont (Italie). Il devint le bon vivant bourguignon, qui aime bien boire et bien manger, et resta, malgré une solide éducation, le méridional exubérant. Alejo Carpentier le dépeint justement lorsqu'il affirme : « Varèse parlant était un spectacle verbal. » L'enfant Varèse fut traumatisé dès sa jeunesse par la mésentente de ses parents. Il passa son adolescence à Turin, et là, deux faits capitaux allaient orienter son destin : d'une part, il eut la révélation de l'innéité de sa vocation de compositeur et fit le serment de tout sacrifier à cette carrière ; d'autre part, il dut rompre douloureusement et définitivement avec son père, à la suite d'une scène irrémissible, où il prit la défense de sa mère. Il quitta sa famille et arriva à Paris, sans ressources, mais décidé à poursuivre ses études musicales. Son cousin, Alfred Cortot, pianiste de renom international, facilita son admission à la Schola Cantorum. Varèse entra ensuite au Conservatoire national dans la classe de C.-M. Widor, d'où son non-conformisme le fit exclure. Il se sentait alors assez sûr de son métier pour commencer une carrière de compositeur libre, libre d'écrire sa musique, celle qu'entendait son oreille intérieure, dissemblable de celle qu'il connaissait, qui lui paraissait prisonnière d'un système tempéré bien usé. Grâce à son don de communication surprenant, il avait réussi, dans ce Paris compartimenté, à se lier avec les artistes les plus éminents de son époque : non seulement les musiciens Roussel, Ravel, Massenet et Debussy, mais aussi les peintres, parmi lesquels Picasso et Miró.

En quête de sa vérité

Varèse alla chercher la vérité où il la soupçonnait de se cacher. Cosmopolite par tempérament, il se sentait chez lui partout. Ainsi, ayant lu le livre de F. Busoni, *Esquisse d'une nouvelle esthétique de la musique*, et y trouvant l'expression de ses idées sur la musique et son futur, il décida de s'installer à Berlin où vivait Busoni. Il quitta Paris tant aimé, ses amis et ses protecteurs, sans regrets. « Je déteste regarder par-dessus mon épaule », disait-il en annulant le passé. Pour le présent, il se fiait à la Providence. En fait, sa volonté créatrice se braquait vers l'avenir. Il devint l'élève et l'ami de Busoni, qui le marqua de façon indélébile. Busoni, prophète, avait prévu le sens de l'évolution de la musique, défini le rôle des machines à faire la musique et la participation inéluctable de l'industrie. Varèse eut aussi la certitude de son rôle actif, dans cette démarche. Une seule de ses œuvres écrites à Berlin figura à un concert (R. Strauss étant intervenu), *Bourgogne*. Les manifestations hostiles de l'auditoire tournèrent au scandale. Varèse a raconté l'incident survenu peu de temps après ce concert scandale : il se promenait avec Hofmannsthal, à Unter den Linden, rendez-vous quotidien du « Tout-Berlin », quand l'empereur Guillaume II passa à cheval ; ralentissant sa monture à la hauteur de Varèse, il lui dit : « C'est vous l'enfant terrible de la musique ? »

Il quitta Berlin comme il avait quitté Paris. Varèse rêvait de conduire un orchestre et c'est à Prague qu'on lui proposa de diriger un concert de musique française. Il accepta avec joie, inscrivant exclusivement au programme des premières auditions de contemporains. Le concert de Prague ayant été un vrai triomphe, il reçut des offres de tournées dans toute l'Europe. Il rentra à Paris pour en régler les détails avec son impresario, mais la guerre de 1914 éclata, anéantissant tous ses projets. Mobilisé, puis réformé, il ne trouva aucun travail et décida d'aller tenter sa chance aux États-Unis.

Maturité et invention

Le 1er avril 1917, dans un concert à la mémoire des morts « de toutes les nations », Varèse dirigea à New York la *Messe de requiem* de Berlioz et obtint un triomphe. On lui proposa la direction de l'orchestre de Cincinnati. Mais le mépris des convenances que Varèse affichait lui fut fatal. Quand il vint donner le concert « d'essai », il eut l'imprudence de descendre à l'hôtel avec sa compagne qui n'était pas encore sa femme. Malgré le succès du concert, son engagement comme chef d'orchestre permanent lui fut refusé par suite de cet outrage aux mœurs puritaines du pays.

Varèse renonça alors pour toujours au métier de chef d'orchestre et resta exclusivement compositeur. Il voulait tisser sa musique avec « les fibres vivantes de son être », et non en appliquant des principes qu'il trouvait périmés. C'est pourquoi il rejeta d'abord tout système qui, comme le système tempéré, donne des échelles sonores fixes et arbitraires alors qu'il existe tant d'autres possibilités. Comme Berlioz et Debussy, il se lança à leur suite à la recherche du « son pur », et réhabilita le « bruit » qui est, pour lui, un « son en formation ». Au terme de musique il substitua l'expression de « sons organisés » et, enfin, la recherche de sonorités nouvelles l'amena à l'emploi d'instruments non classiques, éventuellement exotiques. Il inventa de nouveaux instruments, en modifia d'autres, pour traduire au plus près sa conception sonore et affiner son langage.

Souvent, les œuvres qu'il concevait étaient injouables avec les instruments existants.

Varèse pensait que le son est susceptible de modifications grâce à sa plasticité : résultante de trois composantes – timbre, intensité, hauteur –, il se modifie si l'on modifie l'une d'entre elles. Agissant par des moyens appropriés, d'abord artisanaux puis techniques, Varèse a réussi à transformer un son donné ; musicien-alchimiste, il est le premier à avoir obtenu ce qu'il appelle « la transmutation de la matière sonore ».

Après un séjour de quatre ans en France (1929-1933), où il eut comme élève privilégié André Jolivet, il se réinstalla définitivement à New York. La France, encore une fois, l'avait déçu par son indifférence à ses recherches en musique. Pendant quelques années, il écrivit peu ou pas. Ce fut son temps de silence et de méditation, qu'il passa dans l'Ouest et le Sud américains, en particulier chez les Indiens. Dans ces horizons infinis, il avait l'impression de communier avec le Cosmos, « aura » de la Terre, et il s'imprégnait des « musiques pures des races non encore polluées ». Maître de la matière sonore et maître de ses moyens, il composa ses derniers chefs-d'œuvre : *Déserts* (1954), le *Poème électronique* (1958), *Nocturnal* (non terminé). Ce qui frappe et étonne dans chacune de ces œuvres, c'est, plus que la marque du génie sonore qui s'y manifeste – on pourrait dire que Varèse fait sa musique « avec des sons » et non « avec des notes » –, la continuité de la personnalité et la permanence de la pensée. À partir de *Hyperprisme* et d'*Octandre* (1923-1924), en passant par *Arcana* (1927) pour grand orchestre, *Ionisation* pour treize percussionnistes (1931), et *Densité 21,5* (écrite en 1936 pour inaugurer une flûte en platine dont la densité est indiquée dans le titre), il ne cesse d'explorer le domaine sonore et de proposer, à chaque fois, une recette, qui est une réussite totale, par son organisation. Dès 1921, avec *Amériques* pour grand orchestre, il parvient à *sa* perfection et s'y maintient. Si chaque œuvre nouvelle de Varèse a reçu l'accueil agressif d'un public dérouté, elle a laissé sa trace sur la pellicule des événements musicaux du monde !

HILDA JOLIVET

Bibliographie

J. W. BERNARD, *The Music of Edgar Varèse*, Yale Univ. Press, New Haven, 1987 / G. CHARBONNIER, *Entretiens avec Varèse*, Belfond, Paris, 1970 / H. JOLIVET, *Varèse*, Seghers, Paris, 1973 / F.-B. MÂCHE dir., « Varèse », in *La Revue musicale*, n° 383-385, 1985 / F. OUELLETTE, *Varèse*, Seghers, 1966, nouv. éd. Bourgois, Paris, 1989 / A. F. PARKS, *Edgar Varèse. A Guide to Research*, Garland, New York, 1993 / E. VARÈSE, *Écrits*, Bourgois, 1983 / L. VARÈSE, *Varèse*, t. I : *1883-1925*, Norton, New York, 1972 / O. VIVIER, *Varèse*, Seuil, Paris, 1973, rééd. 1987.

VAUGHAN WILLIAMS RALPH (1872-1958)

Fils d'un pasteur fortuné du Gloucestershire, descendant des Wedgwood par sa mère, Ralph Vaughan Williams passe son enfance et une grande partie de sa vie dans le Surrey où se trouve la propriété de sa famille maternelle, qui s'y replie dès 1875 à la mort de son père. C'est ensuite pour l'adolescent et le jeune homme la voie royale d'une éducation privilégiée, d'abord reçue à Charterhouse School (Londres), puis à Trinity College (Cambridge), parallèlement à une formation musicale de haut niveau dispensée par le Royal College of Music, notamment sous la direction de Charles Villiers Stanford et de Hubert Parry. Élève de Max Bruch à Berlin (1897), il devient en 1901 docteur en musique de Cambridge et va chercher en 1908 à Paris les conseils éclairés de Maurice Ravel, dont il tirera le meilleur bénéfice du point de vue de l'exigence de l'écriture et de la concision du style. Au-delà de quelques essais de jeunesse, ce n'est en fait que vers la trentaine avancée qu'il s'engagera sur la voie d'une activité créatrice qu'il n'abandonnera, d'ailleurs, qu'à l'article de la mort. Sa carrière sera consacrée tout entière à la musique comme organiste, musicologue, conférencier, éditeur, chef d'orchestre, pédagogue, et surtout, bien sûr, compositeur.

Son œuvre, aussi vaste que diverse, est animée de bout en bout par une imagination constamment en éveil, une extraordinaire faculté de renouvellement et un puissant souffle créateur. Un double courant d'inspiration la caractérise : d'une part, une référence passionnée au folksong assumé comme source d'expression de l'âme nationale, d'autre part, trait curieux chez cet agnostique, la prise en compte d'un patrimoine spirituel qui va jusqu'à revêtir parfois des accents mystiques ou visionnaires.

La première veine, appuyée sur une recherche ethnomusicologique qu'il poursuit pendant toute sa vie et nourrie d'un corpus de chansons de tradition orale recueilli sur les lèvres des habitants des campagnes les plus reculées d'Angleterre, est aussi bien représentée dans sa production par les transcriptions les plus simples que par les traitements les plus élaborés. Parmi les partitions de création où elle affleure, il faut citer au moins *On Wenlock Edge* (1909), les *Five Variants on Dives and Lazarus* (1939), et les *Folksongs of the Four Seasons* (1950) dans le domaine purement vocal et instrumental, tandis que sur la scène elle est aussi largement exploitée dans le « ballad-opera » *Hugh the Drover* (1914), l'opéra *Sir John in Love* (1929), le ballet *Job* (1930) et l'opéra *Thomas the Rhymer* qui, écrit en 1958, l'année même de la mort du compositeur, n'eut pas le temps d'être orchestré. Il faut ajouter à ces quelques titres toutes les partitions – innombrables – où, à l'instar de Bartók en Europe centrale, Vaughan Williams, ayant parfaitement assimilé les sources traditionnelles de la musique de son pays, en fait le fondement d'un langage modal qui, débarrassé de toute citation directe, devient l'expression achevée d'un véritable folklore imaginaire.

Quant à l'autre source majeure d'inspiration du musicien, celle qui donne à son œuvre une dimension spirituelle de niveau exceptionnel, elle féconde des pages aussi diverses que les *Five Mystical Songs* (1911) sur des poèmes de George Herbert, la *Messe en sol mineur* (1923), l'oratorio *Sancta Civitas* (1926), les *Three Choral Hymns* (1930), le *Magnificat* (1932), le dramatique et personnel *Dona nobis pacem* (1936) sur des poèmes de Whitman, la cantate de Noël *Hodie* (1954), à quoi il convient d'ajouter, parmi bien d'autres œuvres, la moralité tirée du *Pilgrim's Progress* de Bunyan, qui, sous le même titre, fut créée en 1951 au Covent Garden.

Inspiration folklorique et inspiration religieuse se rencontrent dans maintes pages, de moindre dimension sinon de moindre mérite, qu'on ne peut qu'évoquer au passage. Mais, parmi les partitions majeures caractéristiques de cette confluence, il convient de garder en mémoire le ballet *Job*, déjà cité, et, au nombre des œuvres purement orchestrales, certaine *Symphonie en ré mineur* – la cinquième d'une production de neuf dont chacune mériterait une mention particulière –, qui, écrite en 1943 en pleine tourmente de la Seconde Guerre mondiale, rayonne, en son langage modal, d'une spirituelle et visionnaire paix de l'âme.

JACQUES MICHON

VÁZQUEZ JUAN (1510 env.-env. 1560)

Compositeur espagnol, Juan Vázquez est chanteur à la cathédrale de Badajoz en 1530, puis à celle de Palencia en 1539. Après avoir été maître de chapelle à la cathédrale de Badajoz de 1545 à 1550, il entre en 1551 au service de don Antonio de Zúñiga. En 1556, il sert chez don Juan Bravo à Séville (il est alors prêtre) et, en 1560, chez don Gonzalo de Moscoso. Dans ses *villancicos* polyphoniques (*Villancicos y canciones a tres y a quatro*, Osuna, 1551 ; *Recopilación de sonetos y villancicos a quatro y a cinco*, Séville, 1560), son style est proche de l'élégance des madrigaux italiens. En raison de sa grâce et de sa limpidité, sa musique fut fort goûtée ; on en transcrivit beaucoup pour voix et *vihuela* (recueils de Alonso Mudarra, 1546, et de Enríquez de Valderrábano, 1547). En revanche, dans l'*Agenda defunctorum* à quatre voix (Séville, 1556), il s'en tient au plain-chant et à un contre point traditionnel quelque peu sévère.

PIERRE-PAUL LACAS

VECCHI ORAZIO (1550 env.-1605)

Musicien italien, prosateur et poète, né et mort à Modène, Orazio Vecchi est surtout célèbre pour son chef-d'œuvre, le grand madrigal dramatique *L'Amfiparnasso*. Il fut le protégé du mécène Baldassare Rangoni (1577). En 1582 et en 1584, il occupa les fonctions de maître de chapelle à la cathédrale de Salò et les deux années suivantes à celle de Modène. Après avoir été chanoine de la collégiale de Correggio (1586-1591), il devint archidiacre du chapitre (1591-1592). Cette dernière année, il revint à Modène pour diriger la chapelle de la cathédrale. En 1598, il fut nommé professeur de musique et maître de chapelle à la cour de Cesare d'Este.

La musique religieuse de Vecchi est de style traditionnel et d'esprit assez austère. L'originalité de ce compositeur se manifeste avant tout dans les œuvres profanes : la *Selva di vari ricreatione* (de trois à dix voix, 1590), le *Convito musicale* (de trois à huit voix, 1597), *La Veglia di Siena* (de quatre à six voix, 1604) proposent une suite de pages joyeuses, telles que *canzonette*, *villotte*, *giustiniane*, *tedesche*, *mascherate*, *dialoghi*, *capricci*, *serenate*, *balli*, *arie*, *fantasie*, dans un esprit humoristique digne de Giovanni Croce, Janequin ou Roland de Lassus. Comme il le dit lui-même : « J'alterne le *piacevole* (aimable) et le *grave* (sérieux) sans crainte pour la dignité de l'art et le sérieux de la profession. Mon but est la variété ; la vie est mon modèle, et dans celle-ci le *grave* et le *piacevole* alternent et s'interpénètrent incessamment. » Quant à *L'Amfiparnasso* (c'est-à-dire le double Parnasse), c'est, comme Vecchi l'indique en sous-titre, une *commedia harmonica*, une comédie harmonique, pour chœur à cinq voix. Il fut composé en 1594, créé la même année à Modène et publié à Venise en 1597. L'œuvre, qui comprend une suite d'épisodes plutôt disjoints, sans intrigue véritable, comporte un prologue, trois actes et treize scènes. Vecchi est l'auteur tant des paroles que de la musique. Le texte manque certainement d'intérêt, bien que le mélange des langues soit fort curieux comme entreprise : Pantalon fait la cour à Hortense en dialecte vénitien ; Lelio aime la prude Nina en italien ; le capitaine Cardonne parle l'espagnol, le docteur Graziano le bolonais, les Juifs une espèce de jargon propre au ghetto, les domestiques quelque dialecte imprécis... Une telle œuvre vaut surtout par la musique, une musique qui témoigne de la maîtrise avec laquelle Vecchi use du langage polyphonique, qui semble tout spontané tant par la veine comique (dans l'esprit du madrigal de caractère) que par la grâce sentimentale, parfois langoureuse (dans l'esprit du madrigal sentimental). On peut citer comme pages particulièrement bien venues le « O Pierulin dor'estu » et le duo amoureux « Che volete voi dir ». Il convient toutefois, à propos d'un tel chef d'œuvre qui, par son isolement même, ressemble à la position qu'occupe *Pelléas et Mélisande* de Debussy dans l'histoire de l'opéra français, de remarquer qu'il ne pouvait guère y avoir une suite à ce genre de composition – il n'y eut pratiquement qu'Adriano Banchieri (1568-1634) pour continuer dans la voie tracée par Vecchi. *L'Amfiparnasso* est en effet une suite de madrigaux polyphoniques (les solos y sont très rares). Bien que l'esprit théâtral qui l'anime soit proche du style de la commedia dell'arte, l'œuvre n'est pas destinée à être représentée sur scène ; enfin, il n'y a pas de récitatif. Aussi est-il erroné d'en vouloir faire le premier opéra ; il faut laisser cet honneur, semble-t-il, à la *Dafne* de Jacopo Peri. Quelles que soient les qualités de vie, de grâce, de naturel, de variété, de richesse de coloris, de puissance de suggestion – car Vecchi sait voir et faire voir –, confier le drame à des chœurs qui représentent des personnages ne pouvait être qu'un propos sans grand avenir.

PIERRE-PAUL LACAS

VERDELOT PHILIPPE (1470 ?- ? 1551)

Compositeur français né à Caderousse, près d'Orange, surtout célèbre comme madrigaliste dans un genre dont il fut l'un des créateurs. On sait peu de chose de sa vie ; il vécut à Florence (maître de chapelle à San Giovanni, 1523-1525), à Rome (sans doute de 1529 à 1533), puis certainement à Venise (1533-1542), dates approximatives extrêmes de composition de la plupart de ses madrigaux. Il semble avoir terminé ses jours à Florence, où ses derniers manuscrits peuvent être datés de 1545 à 1547. Ses œuvres religieuses manifestent son respect pour la modalité et dénotent une influence de Josquin (trois messes, quatre-cinq voix ; neuf hymmes, quatre-cinq voix ; deux Magnificat, quatre voix ; un Te Deum, quatre voix ; des Lamentations, cinq voix ; quatre-vingt-un motets, de quatre à sept voix). C'est cependant dans la composition de madrigaux italiens qu'il dévoile tout son talent. On en connaît cent treize de quatre à six voix et trente en tablature ; il écrivit aussi quatre chansons (cinq-six voix). Les premiers madrigaux sont encore proches de la *frottola* par leur homorythmie presque rigoureuse et de longues tierces parallèles.

Après 1535, surtout, Verdelot introduit une expression nouvelle : style imitatif, léger chromatisme (cf. l'ampleur de la plainte dans *Ultimi miei suspiri*, l'un de ses chefs-d'œuvre). C. Bartoli (1503-1572) écrivait : « Il y a là du facile, du grave, du gentil, du compatissant, du preste, du lent, du bénin, de l'irrité, du fugué selon le caractère des paroles. » Signes de sa renommée, Willaert transcrivit pour le luth vingt-deux de ses madrigaux, suivi en cela et plus tard par Gintzler ; Cabezón en choisit aussi quelques-uns (tablature de harpe, clavier et *vihuela*) ; son nom figure également dans la tablature pour clavier de Jean de Lublin.

PIERRE-PAUL LACAS

VERDI GIUSEPPE (1813-1901)

Malgré une prestigieuse carrière de son vivant et un succès croissant après sa mort, Verdi a longtemps été en butte à la méfiance de nombreux mélomanes et musiciens qui lui reprochaient sa facilité, et même sa vulgarité, et qui ne pardonnaient pas à l'auteur d'*Otello* d'avoir écrit *Rigoletto*. Il a maintenant acquis droit de cité dans le Panthéon des grands musiciens. Héritier de la tradition lyrique italienne que Rossini, Donizetti et Bellini avaient profondément renouvelée au début du XIXe siècle, Verdi a su l'adapter aux exigences du drame moderne et lui donner une orientation nouvelle : conservant ce qui avait fait la gloire de l'école lyrique italienne – qualité de la mélodie et exploitation des possibilités de la voix humaine –, il lui a apporté une puissance dramatique, une exigence d'unité et de cohésion qui lui manquaient souvent. Avec lui comme avec Richard Wagner, l'autre colosse du théâtre lyrique au XIXe siècle, l'opéra est, plus que jamais, un drame que la musique et la poésie, chacune selon ses ressources, contribuent à élaborer.

Viva Verdi

Fils d'un aubergiste de campagne, Giuseppe Verdi naquit aux Roncole, près de Busseto, dans la province de Parme alors département de l'Empire français. Il révéla des dons précoces pour la musique et fit ses premières études dans la petite ville de Busseto, auprès du maître de chapelle local ; à dix-neuf ans, il se présenta au conservatoire de Milan, la métropole voisine, qui le refusa parce que sa technique pianistique était défectueuse, ce qui l'obligea à parfaire son éducation musicale avec un maître privé, Vincenzo Lavigna. En fait, c'est en praticien, en artisan autodidacte que Verdi aborde la musique. Très vite il se tourne vers le théâtre lyrique et présente à la Scala, en 1839, *Oberto, conte di San Bonifacio*, qui obtient un succès honorable ; l'année suivante, son premier opéra bouffe, *Un giorno di regno*, tombe complètement. Devant cet échec auquel s'ajoutent des malheurs familiaux (la mort de sa première femme et de ses deux enfants), il songe à abandonner l'opéra. Mais, dès 1842, il revient à la scène avec *Nabucco*, qui connaît un triomphe. Cette œuvre est la première affirmation du génie dramatique de Verdi, mais elle dut aussi son succès à l'atmosphère patriotique de l'histoire centrée sur les mésaventures des Hébreux en captivité à Babylone ; il faut préciser que l'Italie bouillonnait alors de passions nationalistes et aspirait à se délivrer du joug étranger. Pendant les dix années qui suivent, Verdi déploie une activité intense, créant pour les grands théâtres de l'époque une douzaine d'opéras, parcourant l'Europe pour suivre les destinées de ses créations, surveillant minutieusement la mise en scène, la direction, le choix des chanteurs, en imprésario avisé qu'il fut toute sa vie. De ces opéras certains ont vu croître leur popularité, comme *Ernani* ou *Macbeth* ; d'autres, tels *Alzira*, *Attila* ou *I Due Foscari*, ont mis plus de temps à entrer au répertoire ; sans doute se ressentent-ils d'un certain manque de discernement dans le choix des livrets et de la rapidité avec laquelle Verdi les composa. On y trouve les défauts et les qualités du premier Verdi : intrigues souvent rocambolesques fondées sur d'inextricables conflits familiaux, caractérisation des personnages efficace mais sommaire, instrumentation souvent fruste, mais sens de l'effet dramatique, véhémence de la musique, beauté des chœurs et notamment des chœurs patriotiques, inspiration héroïque dont une des plus belles illustrations sera l'air « Di quella pira » dans *Il Trovatore*. Pendant ces dix ans, Verdi devient célèbre dans l'Europe entière et particulièrement dans son pays où ses sympathies pour l'Italie nouvelle lui valent une énorme popularité et font de son nom même un signe de ralliement des patriotes. Il devient riche et acquiert une grande propriété près de Busseto dont il fait son port d'attache, et il se lie durablement avec une célèbre chanteuse, Giuseppina Strepponi, qui deviendra sa deuxième femme. Entre 1851 et 1853, Verdi présente sa fameuse trilogie : *Rigoletto*, *La Traviata*, *Il Trovatore*, qui marque l'apogée d'une certaine tradition avec ce qu'elle comporte de faste vocal et de beauté mélodique, et en même temps amorce une évolution qui va conduire Verdi vers le drame moderne. À partir de cette époque où il n'est plus pressé par les besoins, il se montre plus exigeant pour le choix de ses textes comme pour la réalisation de ses œuvres jusqu'à atteindre un perfectionnisme tatillon, il élargit son esthétique et diversifie son écriture en les confrontant à d'autres traditions, comme l'opéra français, il s'ouvre largement aux ferments nouveaux de la culture européenne et pour chaque œuvre explore une voie nouvelle. Cela nous vaut notamment *Les Vêpres siciliennes* (1855), *Un ballo in maschera* (1859), *La Forza del destino* (1862), *Don Carlos* (1867), *Aïda* (1871) et le *Requiem* (1874). La vogue du wagnérisme en Italie menace un moment ses positions de maître de l'opéra italien ; il réagit avec humeur aux assauts des jeunes générations, défendant la tradition italienne essentiellement vocale face à la tradition germanique plus nettement instrumentale, mais, là encore, il fait sien l'esprit nouveau et le prouve dans ses deux derniers chefs-d'œuvre, *Otello* (1887) et *Falstaff* (1893) ; le moule traditionnel est définitivement rompu au profit d'une déclamation d'une souplesse et d'une liberté totales, qui se prête aux mille nuances de l'âme moderne. Verdi meurt à Milan entouré de la vénération de tout un peuple dont il avait servi avec éclat les destinées.

Que dire de l'homme ? Caractère très fort et ombrageux, personnalité secrète, esprit positif, paysan disait-il lui-même, rugueux et peu mondain, il a su tirer le plus grand parti des succès de tous ordres qui lui ont été donnés sans jamais perdre son indépendance et sa réserve farouches qu'il abritait dans son fief campagnard de Sant'Agata.

« Du bref et du sublime... »

Contrairement à Wagner, auquel on le compare souvent, Verdi n'est nullement un théoricien, et c'est dans sa correspondance que l'on peut glaner çа et là ses idées sur l'opéra : classique par l'importance qu'il accorde au « métier », romantique par la primauté absolue donnée au cœur et par l'intolérance vis-à-vis de toute entrave opposée au créateur, Verdi se fait une idée assez peu mystique et plutôt artisanale de son art. L'inspiration et le savoir-faire sont sa seule loi, la faveur ou la défaveur du public sa seule sanction. Dans ses écrits, on relève d'abord une fidélité à la tradition musicale italienne, selon lui essentiellement vocale, dépourvue cependant de tout dogmatisme : Verdi ne se plie aux formes habituelles (air, récitatif, cavatine...) qu'autant que celles-ci servent son intention dramatique ; en fait, son souci dominant, c'est que tout dans l'opéra serve une logique dramatique axée sur un thème fort, comme celui de la malédiction dans *Rigoletto* ; mais cette unité dramatique, il la conçoit moins, à la manière wagnérienne, comme un état de tension relativement statique montant lentement vers l'apothéose tragique, que comme une succession rapide ou même brutale de situations fortes qu'il appelle « positions » et qui se caractérisent par le heurt violent de caractères contrastés : « beaucoup de feu, énormément d'action et de la brièveté » écrivait-il à un correspondant ; un exemple de « position » cher à Verdi, c'est la situation qui sert de base dramatique au quatuor de *Rigoletto*. Cette dramaturgie du conflit imprime aux opéras de Verdi un rythme véloce ; certains débuts sont foudroyants : en quelques scènes le drame est posé, les personnages présentés et plongés au cœur de l'action ; les fins sont encore plus rapides : à peine Ernani a-t-il le temps de rendre le dernier soupir que le rideau tombe précipitamment. Ce que Verdi attend d'une telle fougue est l'*effetto*, le choc, une succession de chocs jusqu'à la catharsis finale. D'où son intolérance pour ce qui coupe le rythme dramatique et, par exemple, pour l'opéra français et sa tradition d'intermèdes spectaculaires. À vrai dire, à partir des années 1850-1855, sa conception s'assouplit, le cadre de l'intrigue auparavant limité aux protagonistes s'élargit, ce qui nous vaut des scènes grandioses et parfois un peu lourdes, comme le triomphe de Radamès dans *Aïda* ; mais dans les meilleurs moments, suivant l'exemple de Shakespeare qui fut un de ses modèles les plus constants, cette ouverture d'horizons crée une multiplicité de registres qui servent de contrepoint à l'intrigue principale ; une des plus belles réussites à cet égard est la scène de l'auberge dans *La Forza del destino* : le lyrisme sourd de Leonora et le ton vengeur de Don Carlo, les protagonistes, se mêlent à la voix goguenarde et étrange de la bohémienne Preziosilla, aux accents liturgiques des pèlerins et au chœur jovial de l'aubergiste et des consommateurs. On pressent *Falstaff* où le drame sombre dans la farce et où, comme le dit la fugue, tout le monde est refait.

On s'étonne fréquemment qu'une même main ait écrit *Nabucco*, *Rigoletto* et *Otello*, des ouvrages d'inspiration et de facture si différentes, et la critique a souvent résolument opté pour *Otello*, ne voyant dans les opéras précédents qu'une sorte de préparation du chef-d'œuvre final, par laquelle Verdi se libérait du genre de l'opéra traditionnel pour aborder au drame moderne. En fait, *Rigoletto* ou *Otello* possèdent chacun dans son genre une manière de perfection, mais relèvent d'une optique toute différente. Les premiers opéras jusqu'à la trilogie et même jusqu'à *Un ballo in maschera* (1859) sont des opéras de situation, regroupant des personnages typés, psychologiquement peu nuancés mais dotés d'une forte présence, que happe une machinerie dramatique dont la valeur essentielle réside dans un certain rythme de l'événement ; cette dramaturgie allègre et féroce, jugée au mètre de l'esthétique classique, peut paraître grossière ; elle est, en réalité, très proche d'un certain théâtre populaire splendidement indifférent à l'invraisemblance, pourvu que soit assurée la vérité des grands moments dramatiques. Or le moule traditionnel se prête admirablement à cette organisation : rien de mieux qu'une cavatine ou une ballade pour camper solidement un personnage et le figer dans son attitude essentielle (que l'on songe à la célèbre « la donna è mobile » du duc de Mantoue) ; par la suite, l'air perd ses contours trop nets et s'intègre dans une organisation dramatique plus vaste qui est la scène, fondée, elle, sur un souple amalgame de thèmes variés, sur un rapport plus subtil entre la voix et l'orchestre, en attendant la totale liberté d'enchaînement que l'on a dans *Otello*. Ce que cette évolution exprime, c'est la brisure du personnage, l'effritement de sa cohérence initiale, c'est l'ambiguïté, l'incertitude et l'évolution ; le thème de l'amour est un bon exemple : Ernani et Elvira s'échangent un amour clair et sans ombres en mélodies carrées et chaleureuses ; Riccardo et Amelia (*Un ballo in maschera*) n'ont plus la même sérénité, ils s'aiment avec autant de feu, mais leur ardeur s'assombrit, se nuance des regrets, des remords et des angoisses que connaissent aussi Radamès et Aïda. La dramaturgie de l'événement fait place à une dramaturgie de l'homme, et rien ne pouvait mieux exprimer ce revirement qu'*Otello* où l'on assiste à la lente désagrégation d'un homme détruit par ses propres angoisses.

La force du destin

Ce qui assure l'unité d'une œuvre si variée, c'est une certaine constance des thèmes dramatiques : le héros verdien est presque toujours un homme qui s'affirme dans une forte passion, légitime le plus souvent (amour, héroïsme) ; à la suite d'une cascade de circonstances, cette passion, lors même qu'elle va se réaliser, entraîne la destruction du héros, et cette destruction engendre la souffrance, une souffrance rauque qui est souvent chez Verdi à la limite de la révolte : conflit de l'homme et du destin, dit-on souvent ; peu de musiciens ont en effet représenté avec autant de puissance ce combat inégal entre l'héroïsme humain et les forces adverses, qu'elles se nomment ordre social, règles morales ou pouvoir politique ; tragique face à face dont nous avons la version religieuse dans l'admirable *Requiem* où la créature clame sa détresse devant un Dieu miséricordieux certes mais aussi vengeur. Cependant le destin n'est pas pure extériorité, il vient toujours venger une faute plus ou moins claire, et l'échec ressemble toujours à une expiation, à un châtiment : la faute est parfois évidente (c'est le coup de revolver accidentel qui tue le père de Leonora dans *La Forza del destino*), mais parfois elle touche au fondement même du personnage, elle sanctionne l'impossibilité d'échapper complètement à un ordre que la passion récuse. Cette dramaturgie, qui devient de plus en plus pessimiste avec l'âge, gouverne toute l'œuvre du maître ; le

Verdi du début est nettement héroïque : ses protagonistes sont sans peur et sans reproche comme Ernani ou Manrico, ses héroïnes promptes au sacrifice suprême comme Leonora ou Gilda, les tyrans odieux et brutaux, qu'ils se nomment Nabucco ou Silva ; c'est un monde net et sans bavure où les conflits sont terribles et les chutes sanglantes ; puis le paysage se trouble, sans doute les déceptions de 1848, le changement de climat dans toute l'Europe ont-ils contaminé Verdi : le tyran se fatigue, il doute de lui et de son pouvoir comme Philippe II ou Simon Boccanegra, proches parents du Wotan wagnérien ; l'héroïne aime autant, mais son amour se teinte de culpabilité et cherche moins dans la mort une totale « dédition » à l'être aimé que l'oubli et la fuite ; le héros, lui-même affecté, perd de son assurance (et les quelques accents héroïques que l'on trouve çà et là sont comme des vestiges d'une époque révolue), sa passion se creuse, s'assombrit et devient douloureuse, accusant l'irréconciliable fossé qui s'est créé entre le monde intérieur et le nouvel ordre des choses. Et, touche finale, sur ce morne tableau qui annonce le pathos vériste, s'étend comme un adieu au monde le rire énorme et sarcastique de Falstaff.

GILLES DE VAN

Bibliographie

L'édition critique des œuvres de Verdi est entreprise par Ricordi, Milan et The University of Chicago Press, Chicago / L'Istituto di Studi Verdiani (I.S.V.) de Parme édite une revue spécialisée, *Studi Verdiani*, et a publié des études approfondies sur certains opéras. L'American Institute for Verdi Studies de New York est également très actif.

• *Recueils de correspondance*

G. CESARI & A. LUZIO éd., *I Copialettere di Giuseppe Verdi*, Milan, 1913, rééd. Forni, Bologne, 1979 / A. LUZIO éd., *Carteggi verdiani*, vol. I et II, R. Accademia d'Italia, Rome, 1935 ; vol. III et IV, Accademia Nazionale dei Lincei, Rome, 1947 / *Carteggio Verdi-Boito*, I.S.V., 1978 / *Carteggio Verdi-Ricordi, 1880-1885*, 2 vol., *ibid.*, 1988 et 1994 / A. OBERDORFER éd., *Verdi. Autobiographie à travers la correspondance*, trad. de l'italien S. Zavriew, Lattès, Paris, 1984.

• *Études*

F. ABBIATI, *Giuseppe Verdi*, 4 vol., Ricordi, 1959 / J. BUDDEN, *The Operas of Verdi*, 3 vol., Cassell, Londres, 1973, 1978, 1981, rééd. Clarendon Press, Oxford, 1992 / J.-F. LABIE, *Le Cas Verdi*, Laffont, Paris, 1987 / M. MILA, *L'Arte di Verdi*, Einaudi, Turin, 1980 / M. J. PHILLIPS-MATZ, *Verdi. A Biography*, Oxford Univ. Press, Londres, 1993 (*Giuseppe Verdi*, trad. de l'italien G. Geffen, Fayard, Paris, 1996) / G. DE VAN, *Verdi, un théâtre en musique*, Fayard, Paris, 1992 / F. WALKER, *The Man Verdi*, Dent, Londres, 1962.

VÉRISME MUSICAL

Le terme de vérisme, qui s'était imposé pour désigner un mouvement littéraire italien réuni autour de Giovanni Verga, en vint, par extension, à s'appliquer à un style de théâtre musical, également d'origine italienne, qui s'est inspiré de son esprit et de son esthétique, à la fois en réaction contre l'influence de Wagner et conformément à l'évolution des conditions de vie attirant à l'opéra un public toujours plus large, sinon plus éclairé. Après les manifestes révolutionnaires de *Cavalleria rusticana* et de *Paillasse*, le vérisme engloba, à tort ou à raison, la totalité de l'œuvre de Puccini, qui en donna une sorte d'image sublimée, capable d'en concilier les exigences avec le respect d'un passé où Verdi lui-même et Wagner se trouvaient réunis. En quinze ans, cependant, le vérisme devait épuiser ses recettes. Chacun de ses compositeurs représente, du reste, une époque, une façon de sentir et de s'émouvoir, et aucun d'eux n'hésitera à s'évader de principes dont il ne connaissait que trop les limites et les écueils. Idolâtré par les uns, honni par les autres, l'opéra vériste demeure discuté. Au principal reproche qu'on lui fait d'être une esthétique mise à la portée de la foule et ne reculant devant aucun effet dans le dynamisme ou la brutalité, plusieurs générations d'interprètes – chefs d'orchestre (Gustav Mahler, Arturo Toscanini, Herbert von Karajan, Nello Santi, Seiji Ozawa, Riccardo Muti, Semyon Bychkov) ou chanteurs (Nellie Melba, Maria Callas, Leontyne Price, Renata Scotto, Montserrat Caballé, Mirella Freni, Katia Ricciarelli, Victor Maurel, Enrico Caruso, Beniamino Gigli, Jussi Björling, Alfredo Krauss, Placido Domingo, Luciano Pavarotti, José Carreras) – ont opposé une courageuse défense, d'autant plus autorisée qu'ils étaient les plus illustres de leur temps. Il est indéniable que le vérisme proprement dit a marqué un moment sans lendemain de l'histoire de la musique. Mais les chefs-d'œuvre qu'il a produits bénéficient encore d'une audience universelle.

Les pionniers

Si l'opéra gardait, dans le dernier quart du XIXe siècle, une évidente primauté sur la salle de concerts, les grandes fresques historiques ou légendaires de Verdi ne pouvaient alors toucher qu'une élite, surtout après *Otello* (1887), et la conséquence la plus immédiate fut un choix des thèmes et des sujets plus adapté aux goûts et aux tendances de l'époque. L'homme réel, moderne et appartenant aux classes les plus diverses, s'y voyait substitué aux héros à panache, aux rois et aux princes qui, jusqu'alors, ne l'avaient guère admis auprès d'eux que pour amuser les spectateurs et non pour les émouvoir ; le principal objectif était alors de montrer qu'il était capable d'éprouver les mêmes sentiments, de souffrir les mêmes peines et de pleurer les mêmes larmes. C'est la « tranche de vie » évoquée dans le prologue de *Paillasse*, qui met en scène des personnages de condition modeste et qui, facilitée par le climat politique, social, littéraire et religieux des années 1890, allait trouver dans le public une résonance immédiate.

Il n'était pas malaisé de trouver dans *La Traviata* – et surtout dans *Carmen* – des précédents qui substituent la vie à la convention et exaltent la sincérité brutale des personnages et des situations, en faisant appel à des sujets contemporains. Mais la première manifestation de cette conception nouvelle fut cependant la *Cavalleria rusticana* de Pietro Mascagni (1863-1945), inspirée précisément de la nouvelle de Verga (1880) dont on avait déjà tiré un drame (Turin, 1884). Son succès immédiat et spectaculaire (soixante rappels pour le compositeur lors de la création en 1890 et, en quelques mois, sa programmation dans quatre-vingt-seize théâtres) fut le signal d'une véritable révolution où l'opéra, jusqu'alors aristocratique, devenait « populaire » ; et cela par l'accord total entre une transfusion de sang pris dans la vie quotidienne, les moyens, directs et vibrants, pour l'exprimer, et la façon de ressentir cette expression, propres à la mutation que les dernières décennies du siècle ont connue en Italie, plus encore qu'ailleurs (en France, Alfred Bruneau ou Gustave Charpentier n'ont jamais connu la popularité mondiale des véristes). C'est que la musique de cette « opérette tragique » arrivait à son heure. Elle était l'expression même de ce moment de l'esprit méditerranéen où les passions primitives se trouvaient projetées en pleine lumière et comme attisées par un soleil impitoyable dans un climat de processions, de danses et de folklore, bien propre à dissiper les derniers vestiges de la magie wagnérienne. On appréciait ses contrastes, la progression qu'elle apporte à l'intensité dramatique et, par-dessus tout, le retour en force d'un style vocal prenant prétexte de la beauté du timbre, de la vitalité et de la chaleur naturelle de sa vibration. « Couronné avant d'être roi », comme il le disait lui-même, Mascagni écrira ensuite une dizaine d'opéras attestant l'effort de renouvellement qui était sa principale préoccupation. Ce sont, entre autres, le délicat et poétique *L'Amico Fritz*, le romantique *Guglielmo Ratcliff* et la prémonitoire *Iris*, nimbée de symbolisme, avant *Il Piccolo Marat* et *Nerone*. Mais aucun d'eux n'a retrouvé l'audience de *Cavalleria rusticana*.

Deux ans plus tard, en 1892, le public milanais faisait un triomphe au *Paillasse* (*I Pagliacci*) de Ruggero Leoncavallo (1858-1919) qui exploitait le thème du clown obligé d'amuser les spectateurs quand il a le cœur brisé. Sujet conforme à la tendance qui poussait à présenter, avec les comédiens et les bateleurs de foire, « des hommes comme vous et moi », et que la violence dramatique de la musique portait à son extrême point d'intensité grâce à un livret attestant d'extraordinaires facultés de vision nouvelle : par exemple, l'ambiguïté dramatique née d'une pièce à l'intérieur de la pièce, et qui utilise pour l'action figurée les personnages traditionnels de la commedia dell'arte, puis la superposition du jeu théâtral et de la réalité des sentiments, exacerbés en fonction des mêmes situations et parfois des mêmes mots. Un prologue célèbre, composé après l'opéra, peut être considéré comme le manifeste du mouvement vériste : « Plus que nos costumes, considérez nos âmes... » Comme Mascagni, Leoncavallo reste l'homme d'une seule œuvre qui est, paradoxalement, une sorte de parenthèse dans un catalogue où les grandes fresques historiques (*I Medici*) voisinent avec les thèmes romantiques (*Chatterton*, *La Bohème*), mythiques (*Edipo rè*) ou de fantaisie (les opérettes).

Puccini et les derniers véristes

Le premier grand triomphe de Puccini, *Manon Lescaut* (1893), a pu spontanément s'inscrire dans la lignée de ses devanciers par le réalisme de son sujet – ses personnages appartenant à l'humanité moyenne –, le pathétique poignant de ses situations et de son dénouement. Bien que sollicité par le climat légendaire qui était celui des *Villi* (1884) et qu'on retrouvera dans *Turandot* (1926), il restera fidèle à son idéal bourgeois et à l'évocation de « ces petites femmes qui ne savent qu'aimer et souffrir », qu'il s'agisse de la parisienne Mimi, de la japonaise Butterfly, de l'altière Floria Tosca, de suor Angelica ou de la petite esclave Liu qui donnera sa vie pour celui qu'elle aime. Mais c'est par des moyens bien étrangers à ceux de ses confrères qu'il en réalisera la transposition musicale : richesse harmonique, subtilité de l'orchestration, recherche d'une poésie et d'un climat capables de renouveler de fond en comble l'opéra post-verdien, soit par l'intelligente assimilation des procédés wagnériens (utilisation du leitmotiv), soit par le raffinement du décor sonore. Et c'est là, sans doute, ce qui justifie la carrière exceptionnelle de tous ces opéras.

Pour avoir écrit un opéra à succès sur *L'Arlésienne* d'Alphonse Daudet (1897), Francesco Cilea (1866-1950) a pu être salué comme « le Mistral de la musique », et Massenet admirait beaucoup son *Adriana Lecouvreur* (1902), l'une des meilleures productions du mouvement vériste. Il semble toutefois que sa nature sensible et discrète l'ait incité très tôt à s'en évader et à se consacrer plus activement au professorat.

Dernier des grands véristes et l'un des plus représentatifs, Umberto Giordano (1867-1948) a dû une juste renommée à *Andrea Chenier* (1896) et à *Fedora* (1898), dont la veine mélodique, l'instinct dramatique et, suivant les circonstances, la violence ou le charme participent d'une même efficacité. Mais, comme Mascagni et Leoncavallo, le désir de ne pas utiliser jusqu'à épuisement les recettes qui lui avaient valu ses premiers triomphes a nui à la suite de sa carrière, qui contient pourtant des ouvrages parfaitement valables (*Siberia* ou *Madame Sans-Gêne*).

Rattachés au vérisme, Franco Alfano (1876-1954) est moins connu pour sa *Résurrection* (1904), inspirée de Tolstoï, que pour avoir terminé la *Turandot* de Puccini, et Riccardo Zandonai (1883-1944) demeure, lui aussi, l'homme d'une seule œuvre, *Francesca da Rimini* (1914), malgré d'autres titres dignes d'intérêt (*Conchita*, *Giulietta e Romeo*, *I Cavalieri di Ekebù*).

ANDRÉ GAUTHIER

Bibliographie

V. Bernardoni, *La Maschera e la favola nell'opera italiana*, Fondazione Levi, Venise, 1986 / E. Clausse, *Verismo*, Espasa Calpe, Madrid, 1983 / M. Kelkel, *Naturalisme, vérisme et réalisme dans l'opéra, de 1890 à 1930*, Vrin, Paris, 1984 / R. Mariani, *Verismo in musica*, Olschki, Florence, 1976 / C. Parmetola, « La Giovane Scuola », in *Storia dell'opera*, Turin, 1977.

VICTORIA TOMÁS LUIS DE (1548-1611)

Compositeur espagnol de musique sacrée, Tomás Luis de Victoria – ou Vittoria – est le plus grand polyphoniste qu'ait produit la péninsule Ibérique, à côté de Cristóbal de Morales. Son œuvre rivalise de majesté, d'expressivité ou d'inventivité avec ce qu'ont écrit de meilleur Palestrina à Rome, Josquin Des Prés en Flandre, Roland de Lassus à la cour de Munich ou William Byrd en Angleterre. La qualité de son style, mélange original d'émotion dramatique et de profondeur religieuse dans l'esprit de cette époque, confère à l'art de Victoria une incomparable spiritualité qui jamais ne lui a été contestée. « Victoria a su unir harmonieusement la rigueur artistique et l'émotion, sans jamais perdre de vue le principe que la musique doit élever les âmes vers le Créateur » (José Subirá).

Un Espagnol en Italie

C'est à Ávila, où il est né, que Victoria est enfant de chœur à la cathédrale, y apprenant vraisemblablement le contrepoint en chantant la polyphonie de ce temps. Il part pour Rome parfaire ses études de théologie et de musique ; en 1565, il est admis au Collegium germanicum où il reste jusqu'en 1568 ou 1569. Il est l'élève de Palestrina et peut-être, selon l'opinion d'Higinio Anglés, de Jacobus de Kerle, maître de chapelle du cardinal Otto Truchsess von Waldburg, à qui il dédie son premier livre de motets (1572). Palestrina le fascine tellement qu'il copie jusqu'à son costume et sa coiffure. En 1569, Victoria est organiste et maître de chapelle de Santa Maria di Monserrato ; de 1573 à 1578, il succède à Palestrina au Séminaire romain, comme maître de chapelle, fonction qu'il exerce aussi à Saint-Apollinaire. En 1575, il est ordonné prêtre et, quatre ans plus tard, il entre au service de l'impératrice Marie, fille de Charles Quint et veuve de Maximilien II d'Autriche ; il la sert durant vingt-quatre ans. Il est aussi chapelain de San Girolamo della Caritá, avant son retour à Madrid en 1587. En 1592, il fait un second voyage à Rome, mais reprend ses fonctions en 1596 auprès de l'impératrice qui s'est retirée au couvent des Royales-Déchaussées de Madrid. Quand elle meurt, Victoria écrit une messe de requiem (1603), et il reste simple organiste du couvent jusqu'à la fin de sa vie.

Le lyrisme polyphonique

Même si l'œuvre de Victoria n'a pas l'ampleur de celle de beaucoup de ses contemporains, elle atteint des sommets rarement égalés, en raison de sa qualité. On peut citer ses vingt et une messes (de quatre à douze voix), quarante-quatre motets (de quatre à huit voix), trente-cinq hymnes, des psaumes, des litanies, des antiennes (*Magnificat*). On détachera de ce répertoire, où ne figure aucune œuvre profane, l'*Officium defunctorum* (à six voix) et l'*Officium hebdomadae sanctae* (de quatre à huit voix, 1585), offices qui constituent « l'œuvre la plus monumentale, la plus artistique, la plus émouvante et la plus sublime parmi celles qu'a produites la polyphonie sacrée *a cappela* pour chanter la vie douloureuse du Christ et l'espérance que suscite dans l'âme du croyant sa résurrection » (H. Anglés).

Cet ensemble comprend quasiment toutes les pièces liturgiques qui sont chantées du dimanche des Rameaux au samedi saint inclus. Les formes ne sont, certes, pas originales, puisque imposées par la tradition liturgique catholique (antiennes, leçons, répons, hymnes, impropères, passions), mais Victoria leur insuffle, dans l'esthétique du motet principalement, sa vision personnelle du traitement contrapuntique expressif, déjà fortement marqué par ce que l'on appellera plus tard le madrigalisme. Dans les passions notamment, le récitatif conserve une grande liberté d'accents, où son imagination fertile de musicien, associée à sa profonde croyance de prêtre, chante le mystère de la Rédemption avec un art que n'influence aucune distraction profane. Certes, Victoria utilise la technique de la parodie, mais il choisit toujours ses modèles dans le domaine sacré et il les traite avec une originalité, un sérieux, qui ne peut qu'inviter à la méditation.

Les trois messes mariales (*Salve Regina*, *Alma Redemptoris*, *Ave Regina*, 1600) sont écrites pour deux chœurs avec accompagnement d'orgue. Quant à la *Missa pro victoria* (1600), elle est écrite en style concertant, fait très exceptionnel pour l'époque. À l'instar des polyphonistes espagnols à l'apogée du contrepoint vocal (tels Cristóbal de Morales, Francisco Guerrero, Pedro Escobar, Francisco Peñalosa, Pedro Alberto Vila, Rodrigo Ceballos), Victoria manifeste un expressionnisme musical raffiné, qui le distingue nettement de l'austérité plus apparente d'un Lassus ou d'un Palestrina. Des Espagnols, il conserve l'amour de formes simples et naturelles, délaissant quelque peu la manière des musiciens franco-flamands amateurs de contrepoint aux très savants entrelacs. À l'image de Palestrina, il suit la voie de l'école romaine d'après le *princeps musicae*, non sans s'écarter de sa rigueur pour y inscrire une émotion hispanique plus chaude.

Victoria est un visionnaire, un mystique et un passioné (*O vos omnes*, *Jesu dulcis memoria*, *Tenebrae factae sunt*, *Veni Sponsa Christi*, *O quam metuendus*, *Senex puerum portabat*), mais aussi un poète qui sait charmer ou réjouir (*O quam gloriosum est regnum*, pour la fête de la Toussaint). Il est bien le contemporain des mystiques et des spirituels espagnols, qu'ils soient écrivains ou peintres. Il est aussi classique de confronter Palestrina et Victoria que de comparer Corneille et Racine. Si l'objet religieux, la technique du contrepoint et l'esthétique formelle sont semblables chez les deux compositeurs, les moyens expressifs, le climat affectif et la finalité dernière diffèrent considérablement. Victoria est un pathétique et il pénètre bien plus au fond de l'inconnaissable que le maître romain. « L'amour, la dévotion, la ferveur, la contrition et l'angoisse du pécheur, l'espérance, la compassion et l'extase, tout ce qui anime le cœur d'un croyant se manifeste dans la musique de Victoria comme dans la poésie de sainte Thérèse, sans nul souci d'attitude, sans nul orgueil humain, au sens théologique du mot, et sans nulle trace de « volonté de puissance », je veux dire sans une volonté délibérée et préméditée de provoquer telle ou telle réaction, tel ou tel état d'âme chez l'auditeur » (R. Bernard).

Bien qu'il n'ait écrit aucun madrigal ni aucune page profane, on peut imaginer ce qu'eût été le langage poétique de Victoria appliqué à la peinture des passions humaines. Le lyrisme déployé au service de l'émotion religieuse n'est-il pas analogue à celui qu'exige la mise en musique des amours mondaines ? Ce chantre de l'élégance polyphonique, amateur de coloris violents, ne dédaignant jamais le pittoresque du détail – ce qui le rapprocherait en quelque façon des peintres vénitiens –, demeure pourtant affectueux dans sa contemplation du mystère de la Semaine sainte. C'est pourquoi sans doute son art parvient-il, mieux encore que celui de Palestrina, à consoler l'âme en peine, à l'instar des grands mystiques espagnols – ses contemporains –, Jean de la Croix et Thérèse d'Ávila. Comme eux, réaliste et rêveur, mystique et sensuel, Victoria bouleverse les canons reçus ; il sait innover prodigieusement quand son art l'exige ; par exemple : la longue suite d'harmonies verticales de l'étonnant *Vere languores*, ou encore la *Missa pro Victoria* à neuf voix, divisée en deux chœurs à la manière vénitienne, avec orgue obligé ; composée en 1600, cette messe festive n'est-elle pas celle d'un des créateurs du style concertant qui fera les délices de la musique baroque ? En outre, elle est la seule œuvre dans laquelle Victoria emprunte à un modèle profane, soit *La Guerre* de Janequin.

Comme les plus grands compositeurs de musique religieuse et vocale (tels Bach, Delalande ou Haendel, un siècle plus tard), Victoria sait opérer une étroite fusion entre la vérité de l'accent religieux et la perfection du style qui est le sien. Cet équilibre si rarement atteint en fait l'un des très grands génies de l'art musical de tous les temps.

PIERRE PAUL LACAS

Bibliographie

H. ANGLÉS, « Tomás Luis de Victoria und Deutschland », in *Festschrift Wilhelm Neuss* (Spanische Forschungen der Görresgesellschaft), erste Reihe, XVI, 1960 / H. COLLET, *Victoria*, Paris, 1914, rééd. Éd. d'Aujourd'hui, Plan-de-la-Tour, 1975 ; *Le Mysticisme musical espagnol au XVIe siècle*, Paris, 1913, rééd. Éd. d'Aujourd'hui, 1979 / C. LE BORDAYS, *La Musique espagnole*, P.U.F., Paris, 2e éd. 1994 /

H. VON MAY, *Die Kompositionstechnik Tomás Luis de Victorias*, Berne, 1943, rééd. 1978 / F. PEDRELL, *Tomás Luis de Victoria*, Valence, 1918.

VIERNE LOUIS (1870-1937)

Organiste et compositeur français, Louis Vierne, né à Poitiers, est atteint d'une cécité presque totale dès l'âge de sept ans. Il commence ses études musicales à l'Institution nationale des jeunes aveugles de Paris puis entre au Conservatoire en 1890 où il travaille l'orgue avec César Franck et Charles-Marie Widor, obtenant un premier prix en 1894. Nommé suppléant de Widor à Saint-Sulpice (1892-1900) et au Conservatoire (1894-1911), il commence une brillante carrière d'instrumentiste qui le verra s'affirmer comme l'une des figures marquantes de l'orgue en France : en 1900, il est nommé titulaire des grandes orgues de Notre-Dame de Paris, poste qu'il conservera jusqu'à la fin de sa vie. De 1912 à 1937, il enseigne à la Schola Cantorum. Après la Première Guerre mondiale, sa renommée s'étend dans le monde entier : il effectue de nombreuses tournées, notamment aux États-Unis, en 1927. Parmi ses élèves, on compte la plupart des grandes figures de la tendance « symphonique » de l'orgue français : Joseph Bonnet, Albert Schweitzer, Marcel Dupré, Maurice Duruflé, Nadia Boulanger, André Fleury... Il mourra subitement à la tribune de son instrument, à Notre-Dame de Paris, en 1937.

Souvent appréhendé dans son ensemble, le courant de l'orgue romantique français comporte pourtant différentes tendances bien marquées. Franck, Tournemire, Widor ou Vierne utilisaient, chacun à leur manière, les ressources de l'orgue symphonique. Mais, alors que Widor s'attachait à l'aspect descriptif de la musique, Vierne laissait parler sa nature profondément lyrique. Son romantisme reste majestueux et repose, dans une large mesure, sur les contrastes de timbres et les effets pittoresques que permettait la nouvelle facture de Cavaillé-Coll. L'influence du chromatisme wagnérien est indéniable. Mais la musique de Vierne est avant tout une réaction et voit le jour sous le coup de la douleur humaine.

Son œuvre, essentiellement destinée à l'orgue, comporte six symphonies pour cet instrument (1898-1930), *Vingt-Quatre Pièces en style libre* (1913), *Vingt-Quatre Pièces de fantaisie* (réunies en quatre suites, 1926-1927, dans lesquelles se trouvent *Le Carillon de Westminster* et la *Toccata*) et le *Triptyque* (1931). Il a également laissé trois messes (1900, 1912 et 1934), des pièces pour le piano – *Suite bourguignonne* (1899), *Nocturne* (1916), *Douze Préludes* (1921) –, de la musique de chambre – *Sonate pour violon et piano* (1906), *Sonate pour violoncelle et piano* (1910), *Quatuor* (1914) et *Quintette* avec piano (1917) –, une *Symphonie* (1908) et des mélodies.

ALAIN PÂRIS

Vieuxtemps

VILLA-LOBOS HEITOR (1887-1959)

On ne peut constater sans amertume que Villa-Lobos, l'un des créateurs les plus féconds qui aient jamais vécu, compositeur à l'inspiration prodigieusement diverse, n'est généralement présent dans l'esprit du grand public qu'à travers quelques pièces instrumentales, principalement pour guitare, et, surtout, un air célèbre, les *Bachianas Brasileiras nº 5*, soit un pour cent environ de sa production.

La redécouverte de Villa-Lobos devrait confondre le plus grand nombre non seulement par sa musique orchestrale, domaine où il s'est le plus complètement affirmé, mais aussi grâce au legs fabuleux de celui qui reste l'un des derniers grands rassembleurs de sons de l'histoire, toujours entièrement lui-même dans chaque genre : solo, duo, mélodie, trio, quatuor à cordes, ensemble instrumental, chœur...

L'illustrateur de mythes indigènes au style épique est admirable, comme le sont l'idéaliste, le créateur de portraits vivants inspirés par les hommes de sa terre, le peintre de scènes typiques. Cette création essentiellement poétique est à l'échelle de tout un continent. On aime sa générosité, sa joie, sa fantaisie. Au fil du temps, un autre malentendu finira bien par être dissipé : celui qui ferait de Villa-Lobos un auteur trop européen pour les Brésiliens, mais aussi non vraiment adapté à l'Europe, livrée au cloisonnement des habitudes d'écoute, aux esprits cartésiens dérangés par la profusion d'une création au mouvement incessant. La haute stature qui se dégage aujourd'hui, avec le recul du temps, est justement celle d'un « barde » qui, tout en alimentant son chant éperdu aux sources populaires de son pays, s'est fait largement l'héritier – comment en serait-il autrement dans un pays neuf ? – des hautes traditions européennes, depuis le chant grégorien jusqu'aux créations des premières années du XXe siècle. Finalement, l'Européen et l'Américain se reconnaîtront dans l'art audacieux de l'un des pionniers de la musique de notre temps, puissant lien culturel et affectif entre l'Ancien et le Nouveau Monde.

Une conquête de l'espace sonore brésilien

Villa-Lobos fut le premier musicien brésilien qui ait tenté de réaliser un synchrétisme des musiques de toutes les races formant le Brésil, au moment où la musique savante de ce pays, encore située dans le sillage européen, attendait une fécondation, une prise de conscience des ressources diversifiées de ce territoire. Si quelques musiciens, tels Alberto Nepomuceno (1864-1920) ou Alexandre Levy (1864-1891), furent les premiers artisans d'un lyrisme de la terre, aucun des prédécesseurs brésiliens de Villa-Lobos n'eut sa stature, sa puissance créatrice, ne put s'affirmer comme lui parmi les grands noms de la musique mondiale.

Heitor Villa-Lobos naît à Rio de Janeiro le 5 mars 1887. Son père, Raul, historien, est d'ascendance espagnole, sa mère, Noemia, a des origines indiennes. Le jeune enfant, qu'on surnomme Tuhu (« flamme »), apprend le violoncelle et la clarinette avec son père, et la musique classique est pratiquée à la maison. Toutefois, il n'aurait jamais pu se préparer à retracer l'épopée musicale de son pays s'il n'avait été tenté, contre le gré de sa famille, de rencontrer des musiciens populaires de Rio, ceux qui pratiquaient le « chôro ». Ce mot, dont l'origine a été rattachée au verbe portugais « chôrar », signifiant pleurer, désigne une sorte d'improvisation collective, de caractère sentimental, sur des instruments divers. Villa-Lobos devient lui-même guitariste auprès de ces descendants des troubadours qui improvisent sur des airs en vogue.

Presque entièrement autodidacte, il déchiffre lui-même les auteurs classiques.

Bach l'attire dès le plus jeune âge, réflexe d'autodéfense contre les musiques affadies de la fin du XIXe siècle. Son instrument favori devient le violoncelle. « Mon premier traité d'harmonie fut la carte du Brésil. » Cette boutade traduit l'état d'esprit dans lequel il se trouve en 1905, lorsqu'il effectue une première exploration musicale du pays : Bahia, le Nordeste, le Sud. Au cours des années 1907-1910, après avoir suivi quelques cours à l'Institut national de musique de Rio, il entreprend de nouveaux voyages à travers le Brésil. Guidé par un instinct infaillible et par une oreille exceptionnelle, il enregistre de mémoire tous les sons jaillis de la nature, et jusqu'aux silences de celle-ci. « La forêt tropicale n'est pas comme la forêt française, qui est calme, reposante. Elle est étouffante, pleine de cris stridents, de bruits étranges, elle fait peur. » Ce que nous rappelle en ces termes le guitariste brésilien Turibio Santos définit parfaitement l'atmosphère d'où naîtront les grands poèmes symphoniques, par ailleurs marqués par le mythe.

Le musicien note les thèmes des chants indiens, s'imprègne des rythmes des Noirs de Bahia, des chants populaires urbains et ruraux. Il va jusqu'à la Barbade dans les Petites Antilles, où il élabore les *Danses caractéristiques africaines*, pour piano. De retour à Rio en 1912, il continue d'étudier les compositeurs classiques et romantiques. Wagner et Puccini comptent parmi les musiciens qui l'influencent, puis d'Indy, dont il travaille le *Cours de composition musicale*. La question des influences n'a toutefois pas de signification durable dans son œuvre, car il porte véritablement la musique en lui. La période 1912-1916, celle de l'opéra *Izaht*, marque le début d'une intense activité créatrice dominée par les deux trios avec piano, les deux premiers quatuors à cordes, le *Premier Concerto pour violoncelle*, les poèmes symphoniques *Myremis* et *Le Naufrage de Kleonicos*, et la *Première Symphonie*. Ses premiers concerts divisent la critique ; l'ampleur des discussions soulevées par sa musique est à la mesure du caractère dérangeant d'un génie en pleine maturation.

Affirmation du style et nationalisme

L'année 1917 est décisive. Une forme de beauté primitive naît sous les tropiques, avec *Amazonas* et *Uirapuru*, partitions de ballet fondées sur des légendes amazoniennes. Le style symphonique de Villa-Lobos s'y trouve défini : un genre de poème symphonique ramassé, de forme kaléidoscopique, éclatant de puissance, débordant de vie rythmique et de virtuosité instrumentale. Ses *Troisième*, *Quatrième* et *Cinquième Symphonies* sont marquées par la Première Guerre mondiale, qui l'affecte profondément, comme nombre de ses compatriotes si liés affectivement à la France.

En 1922 se tient la semaine d'art de São Paulo. En butte aux quolibets du public, les modernistes proclament leur droit à l'existence, contre le conservatisme et les influences venues d'Europe. Villa-Lobos, qui y est raillé, a des ennemis attitrés parmi les attardés opposés à tout « folklorisme », situation qui contraste avec l'opinion d'Arthur Rubinstein, ami de la première heure : « Il faudrait être sourd pour ne pas sentir la profondeur de cette musique [...]. J'étais complètement sous le charme. » C'est à Rio de Janeiro que le célèbre pianiste crée la première suite de *La Famille du bébé*, qui lui est dédiée.

Villa-Lobos s'installe à Paris de 1923 à 1930 pour faire jouer ses œuvres en

France. Leopold Stokowski, Stravinski, Varèse, Picasso, Léger, Aline van Barentzen l'entourent de leur amitié, ainsi que Paul Le Flem, Florent Schmitt et René Dumesnil, qui contribuent, par leurs critiques favorables, à lui assurer une place dans le monde musical.

D'étonnantes créations d'art « sauvage » résonnent dans les salles de concert françaises, reflétant la phase d'exaltation nationaliste de leur auteur : les deux suites de *La Famille du bébé* et le *Rudepoema*, pour piano, les *Trois Poèmes indiens*, le *Noneto*, quintessence de musique brésilienne dans une harmonie très libre, et la série des *Chôros*, extraordinairement variés de formes et de dispositifs instrumentaux. « Le vrai grand souffle a passé... », écrit Florent Schmitt après l'audition du *Chôros n° 8*, une des pages les plus audacieuses de son auteur, où le principe du kaléidoscope sonore est appliqué à l'âme de la danse, dans un déploiement d'énergie sans précédent.

L'éducateur et la période universelle

Rentré au Brésil en 1930, Villa-Lobos va jouer un rôle prépondérant dans le développement des structures musicales de son pays, stimulant l'enseignement musical, créant des ensembles de chant choral, dirigeant des concerts où la musique française tient une large place. En ces temps de néo-classicisme succédant aux « années folles », il élabore le *Guide pratique*, recueil d'intérêt didactique pour piano et chœurs, la série des *Bachianas brasileiras*, le *Cycle brésilien*, pièce maîtresse de sa production pianistique dont le dernier volet, la *Danse de l'Indien blanc*, lui fera dire « C'est mon portrait ! », et des partitions épiques comme *La Découverte du Brésil*, née de sa collaboration avec le cinéaste Humberto Mauro, ou la cantate *Mandu Carara*, légende pour enfants.

L'accueil chaleureux rencontré par Villa-Lobos aux États-Unis à partir de 1945, où il dirige des concerts, et est considéré comme le plus grand musicien du temps, marque le début de sa consécration mondiale et du genre d'activité qu'il va mener au cours des dernières années de sa vie, faite de commandes et de tournées incessantes. Il partage son temps entre le Brésil, les États-Unis et la France, pays qui le revoit chaque année depuis 1948, et où ses concerts s'accompagnent d'enregistrements phonographiques avec l'Orchestre national. « Son pouvoir créateur continue avec toute son intensité », écrit le *New York Times* en 1957. En réalité, la gloire ultime de Villa-Lobos fut le fruit d'un dur combat contre la maladie et une situation financière précaire. Mais son art s'épanouissait en architectures toujours plus claires et généreuses, son inspiration fluviale lui permettait, comme au temps de sa jeunesse, de fertiliser toutes les formes : le quatuor à cordes – il en écrivit dix-sept –, les chœurs a cappella, le poème symphonique, la symphonie – la douzième date de 1957 – et l'opéra, dont *Yerma*, d'après García Lorca. Ce n'était plus le « grand fauve » d'antan, aux déclarations intempestives, mais un homme plein de bonhomie, travaillant dans un climat de relative sérénité à peine troublée par les questions que l'âge le poussait à se poser sur la valeur de son œuvre devant l'éternité. Sa pensée restait élevée. Hanté par l'âme primitive, il se réfère encore aux temps géologiques et à l'atmosphère légendaire amérindienne. Si le foisonnant *Genesis* ou la merveilleuse épure qu'est *Érosion, ou l'Origine de l'Amazone*, nous renvoient à l'esprit de ses premiers poèmes symphoniques, les *Forêts de l'Amazone*, fresque pour soprano, chœurs et orchestre, avec toute la richesse de ses trouvailles poétiques et instrumentales, nous invite une dernière fois à contempler les beautés sublimées du monde qui l'a vu naître. Et le destin arrête son bras, le 17 novembre 1959, à Rio de Janeiro, au moment où son catalogue dépasse les mille titres.

Un créateur de formes nouvelles

« Mon œuvre est la conséquence d'une prédestination. Elle est de grande quantité, parce que le fruit d'une terre immense, ardente et généreuse. » Instinctivement, Villa-Lobos aura passé toute sa vie, au prix d'une certaine solitude et d'une lutte constante contre la misère et les préjugés, à doter son pays du répertoire qui lui manquait. En dehors de ses harmonisations, il ne cite jamais textuellement des thèmes folkloriques, qui ne lui ont servi qu'à jeter les bases de son esthétique et de son langage. Il insiste toujours sur la transfiguration du matériau initial et le caractère élevé qu'il entend donner à son discours.

Deux formes lui appartiennent en propre : les *Chôros* et les *Bachianas brasileiras*. Dans la série des quatorze *Chôros* (les deux derniers ont été perdus) suivis des deux *Chôros bis*, il devait interpréter l'esprit des improvisations populaires qu'il avait pratiquées dans sa jeunesse, pour en faire une « nouvelle forme de composition musicale, synthétisant les différentes modalités de la musique brésilienne, indienne et populaire ». Mais il alla plus loin, comme nous le rappelle Luiz Heitor : « Il se propose d'interpréter musicalement le Brésil, d'évoquer non seulement l'art des musiciens populaires, qu'il avait si bien assimilé, mais aussi toutes les autres modalités d'expression musicale de ce pays aux dimensions de continent : la musique des Indiens, des Noirs, celle des vachers, des pêcheurs, des pagayeurs et des mendiants ; et même le chant des oiseaux, les mille bruits de la nature, la lumière du soleil, les couleurs et les parfums de la terre. » Dans les neuf *Bachianas brasileiras*, série d'hommages à Bach, son musicien préféré, les thèmes sont dans le style brésilien, la forme seule étant empruntée à Bach, sans esprit de pastiche.

Virtuosité, oppositions de timbres, de tonalités, infinie diversité rythmique, chocs de blocs sonores, ces caractéristiques apparaissent d'emblée dans sa musique orchestrale, qui tourne à la « cataracte sonore ». C'est l'éblouissement de ses poèmes symphoniques ou des grands *Chôros*, dont le dixième, pour orchestre et chœurs, constitue sans doute le sommet absolu de son œuvre. Ses orchestrations font presque toujours appel à des groupes de percussions brésiliennes, d'origine indienne ou noire, ajoutées aux instruments traditionnels. Plus sentimental que romantique, il pratiquait un style de mélodie analogue à la *modinha*, type de mélodie sentimentale venue du Portugal. « Dolente, volontiers gémissante, précise Marcel Beaufils, elle a pris sur cette terre une couleur qu'elle n'aurait pu avoir ni au Portugal, ni en Italie. » Avec son approche neuve des timbres, sa grande imagination harmonique, la musique de chambre ne surprend pas moins par sa richesse sonore. À l'écoute des *Chôros bis*, l'auditeur prend pour un quatuor à cordes ce qui n'est qu'un duo pour violon et violoncelle. La question de la forme doit être étudiée en rapport avec l'individualité du compositeur, qui peut utiliser des cellules thématiques transformables en thèmes conducteurs au sein de pièces au matériau pléthorique relevant de la fantaisie ou de la rhapsodie. Mais Villa-Lobos savait tout aussi bien définir une forme personnelle de néo-classicisme, comme ce fut le cas dans certaines compositions de musique de chambre, le *Trio à cordes* et quelques-uns de ses quatuors à cordes.

Souvent, Villa-Lobos aura été plus moderne que bien des musiciens qui s'efforçaient de le devenir, mais intuitivement, presque sans le savoir ni avoir jamais eu à revêtir les masques éphémères des modes successives. Il tirait également une grande force de sa malice, de son humour, de son ironie. Le meilleur de lui-même reste aussi neuf qu'au premier jour, proche de notre sensibilité, parce que spontané, issu de l'élan vital de tout un peuple en pleine affirmation de soi.

PIERRE VIDAL

Bibliographie

D. P. APPLEBY, *Heitor Villa-Lobos*, Greenwood, Westport (Conn.), 1988 / M. BEAUFILS, *Villa-Lobos, musicien et poète du Brésil*, Institut des hautes études de l'Amérique latine, Paris, et Livraria Agir, Rio de Janeiro, 1967 ; rééd. E.S.T., Paris, 1988 / L. P. HORTA, *Villa-Lobos, edição do centenàrio*, musée Villa-Lobos, Rio de Janeiro, 1987 / M. C. MACHADO, *Heitor Villa-Lobos*, F. Alves, São Paulo, 1987 / V. MARIZ, *Villa-Lobos*, Seghers, Paris, 1967 ; *Villa-Lobos*, Editora Itatiaia, Belo Horizonte, 1989 / L. PEPPERCORN, *Villa-Lobos*, Atlantis, Zurich, 1972 ; *Villa-Lobos*, Omnibus Press, Londres, 1989 ; *Villa-Lobos, the Music*, Kahn & Averill, Londres, 1991 ; *The Villa-Lobos Letters*, Toccata Press, Londres, 1994 / A.-S. SCHIC, *Villa-Lobos. Souvenirs de l'Indien blanc*, Actes Sud, Arles, 1987 / E. TARASTI, *Heitor Villa-Lobos ja brasilian sielu*, Gaudeamus, Helsinki, 1987 ; *Heitor Villa-Lobos. His Life and Works*, McFarland, Jefferson (N.C.), 1994 / P. VIDAL, « Amazonas », ... « Poème de l'enfant et de sa mère », in M. Vignal dir., *Larousse de la musique*, Larousse, Paris, 1982 ; « Heitor Villa-Lobos et l'âme brésilienne », in *Diapason-Harmonie*, n° 322, pp. 62-66, 1986 / S. WRIGHT, *Villa-Lobos*, Oxford Univ. Press, Oxford, 1992.

VINCI LEONARDO (1696 env.-1730)

Homonyme du plus fameux des peintres (élève de surcroît du musicien Greco), Leonardo Vinci est l'une des plus remarquables figures de l'opéra napolitain après Scarlatti. C'est par l'opera buffa qu'il a commencé, et il y réussit toujours. Ses vingt-cinq opera seria, dont *Ifigenia in Tauride* est le plus célèbre, sont d'une forte et belle écriture, dans la tradition héritée de Scarlatti. C'est Vinci qui a le plus contribué à développer et à perfectionner le genre de l'*aria da capo*, en accentuant le contraste des deux thèmes.

PHILIPPE BEAUSSANT

VIOTTI GIOVANNI BATTISTA (1755-1824)

Élève de Pugnani ; après une tournée des capitales avec son maître (Genève, Berne, Dresde, Berlin, Varsovie, Saint-Pétersbourg, Paris), Viotti se fixe à Paris après l'accueil chaleureux qu'il y reçoit au Concert spirituel. Il entre au service de Marie-Antoinette, mais la Révolution le chasse (1792). Il émigre en Angleterre, puis à Hambourg, en Angleterre de nouveau, où il fonde avec Clementi l'orchestre philharmonique. Il rentre à Paris et, grâce à l'appui de Louis XVIII, devient directeur de l'Opéra, mais échoue dans sa tentative de vaincre l'anarchie et le désordre qui y régnaient en maîtres (1818-1822). Il retourne alors à Londres où il meurt. Cette vie d'administrateur, d'ailleurs malheureux, ne laisse pas soupçonner que le mérite essentiel de Viotti est sa virtuosité violonistique. Son jeu, son phrasé, l'impétuosité des traits étaient éclatants, et son influence fut grande sur l'école française de violon. Quant à son œuvre (vingt-neuf concertos pour violon, dix pour piano, deux symphonies concertantes pour deux violons, quantité de musique de chambre), elle pèche par le goût presque exclusif de la virtuosité technique ; thèmes et idées platement conventionnels, orchestre réduit à un accompagnement indigent, seul brille le soliste, la musique n'ayant d'autre dessein que de le faire valoir. Pourtant l'estime où le tenait Mozart devrait sauver Viotti d'un complet oubli. Au printemps de 1785, Mozart complète l'orchestration du *Seizième Concerto pour violon* (en *si* mineur) de Viotti par l'adjonction de trompettes et de trombones ; et l'*Andante en la majeur pour violon et orchestre* (K. 470), composé par Mozart le 1er avril 1785, était sans doute destiné à s'intercaler dans le même *Concerto*.

PHILIPPE BEAUSSANT

VIRGINALISTES ANGLAIS

Nom donné à une pléiade de compositeurs dont les œuvres voient le jour entre 1560 et 1620 environ et sont écrites pour virginal ; le terme désigne alors en Angleterre tous les instruments à clavier et à cordes pincées. Ce n'est que plus tard que sera établie la distinction entre harpsichord (clavecin) et virginal (qui deviendra synonyme d'épinette, instrument à un seul registre, sorte de petit clavecin portatif). L'origine du terme serait selon les uns le mot *virga* (sautereau), selon les autres le fait que l'instrument, le plus souvent en forme de boîte rectangulaire avec clavier sur le côté, était généralement joué par des jeunes filles. On ne saurait en tout cas y voir une allusion à la « reine vierge » (Élisabeth). En tant qu'instrument, le virginal n'est d'ailleurs pas d'origine anglaise, et, au XVIe siècle, c'est surtout aux Pays-Bas qu'on en fabrique. Mais la musique écrite pour le virginal appartient bien à l'Angleterre, qui donne ainsi naissance (par-delà l'influence reçue d'un Cabezón, par exemple, arrivé en 1554 avec la suite de Philippe II à la cour de la reine Mary, où il introduit le nouveau style espagnol, en particulier la variation) à la première grande école occidentale de compositeurs pour clavier. Le premier musicien à composer pour le virginal est sans doute Hugh Atson (mort en 1552), et le plus grand très certainement John Bull (1562 env.-1628), dont les œuvres dénotent une virtuosité d'autant plus extraordinaire qu'à l'époque, le passage du pouce étant encore chose inconnue, on ne joue le plus souvent qu'avec trois doigts de chaque main. Immédiatement après lui se situent William Byrd (1543-1623), dont environ cent cinquante pièces nous sont parvenues, Thomas Morley (1558-1602), Orlando Gibbons (1583 env.-1625) et Giles Farnaby (1563 env.-1640), qui parfois, contrairement à Bull, ne se débarrassent pas complètement du style de la musique vocale, et donc écrivent moins bien pour l'instrument. De fait, en ses débuts, la musique pour virginal consiste principalement en arrangements et transcriptions de pièces vocales. Mais, peu à peu, on exploite les possibilités et les effets particuliers de l'écriture pour clavier (traits virtuoses, gammes arpèges, notes répétées, larges écarts de la main droite annonçant curieusement Domenico Scarlatti). Les deux plus importants recueils de pièces pour virginal sont, au début du XVIIe siècle, le *Parthenia* (édité en 1611) et le *Fitzwilliam Virginal Book*, important manuscrit de quatre cent seize pièces (de John Bull, William Byrd, Thomas Morley, Peter Philipps, Thomas Tallis, John Dowland, Giles Farnaby et bien d'autres) confectionné avant 1630, et légué en 1816 par un riche collectionneur à l'université de Cambridge, qui le publiera en 1899. De ces trésors, quatre genres principaux (outre les transcriptions de pièces vocales) se dégagent : la variation sur des mélodies de plain-chant, des airs de danse ou des chansons populaires (comme *John Kiss Me Now* de Byrd ou *Walsingham* de Bull) ; la fantaisie, exercice de virtuosité contrapuntique ; la danse (pavane et gaillarde surtout) ; et les œuvres de musique descriptive, comme *La Bataille* (*Mr. Byrd's Battle*) ou *Les Cloches* (*The Bells*) de Byrd, ou encore *The Duke of Brunschwig* et *The Duchess of Brunschwig* de Bull. Le dernier grand virginaliste, Thomas Tomkins (1572-1656), utilisera en outre dans ses variations le procédé de la basse obstinée, plus tard repris par Purcell.

MARC VIGNAL

VIVALDI ANTONIO (1678 -1741)

Vivaldi a exercé une influence capitale sur l'évolution de la musique préclassique. Il a imposé, sinon inventé de toutes pièces, la forme du concerto de soliste, contribué puissamment à l'élaboration de la symphonie, donné au théâtre et à l'église des œuvres dont on commence seulement à mesurer l'importance. Son retour à la lumière est un des phénomènes les plus curieux et les plus troublants de l'histoire musicale des temps modernes. De son vivant, célèbre, admiré de l'Europe entière, il était tombé brusquement, à l'extrême fin de sa vie, dans un oubli si profond que sa mort passa inaperçue et que pendant un siècle son nom disparut, même dans sa patrie, des histoires et recueils biographiques. Il dut sa résurrection à celle de Bach, au milieu du XIXe siècle, lorsqu'en inventoriant les manuscrits du Cantor on retrouva les copies et transcriptions qu'il avait faites d'originaux vivaldiens restés jusqu'alors ensevelis sous la poussière des bibliothèques. Longtemps mésestimée, l'originalité créatrice de Vivaldi fut révélée au début du XXe siècle par les travaux d'Arnold Schering, de Marc Pincherle, de l'Accademia Chigiana et d'Olga Rudge, puis, dès la fin de la Seconde Guerre mondiale, par la colossale édition intégrale de la musique instrumentale par l'Istituto italiano Antonio Vivaldi dans la révision de Malipiero. Le tricentenaire de sa naissance donna une impulsion nouvelle aux recherches sur Vivaldi, dont la musique d'église et le répertoire lyrique (cantates et opéras) sont désormais systématiquement explorés, en vue de l'édition critique entreprise chez l'éditeur milanais Ricordi.

Professeur et compositeur

Antonio Lucio Vivaldi est né à Venise le 4 mars 1678, fils de Giovanni Battista Vivaldi, violoniste de la chapelle ducale de San Marco. Les premiers rudiments de son art lui furent probablement donnés par son père. Orienté vers une carrière ecclésiastique, il fut ordonné prêtre en 1703, mais renonça à célébrer la messe dès 1705 sans quitter l'Église pour autant, en raison d'une *stretezza di petto* (étroitesse de poitrine), que l'on peut raisonnablement assimiler à un asthme, selon les symptômes évoqués par Vivaldi soi-même dans une lettre de 1737. Dès lors, il partagea son activité essentiellement musicale entre la composition, la direction et l'enseignement d'une part, et une carrière lyrique d'opériste, de chef d'orchestre et d'imprésario d'autre part. C'est au séminaire musical de la Pietà que Vivaldi professa. C'était un des quatre fameux « hôpitaux » de Venise pour jeunes filles abandonnées, où l'on sélectionnait les plus douées pour la musique, sous la direction des meilleurs maîtres. Vivaldi assuma pendant des périodes plus ou moins longues les fonctions de maître de violon, de *viole all'inglese*, de compositeur et de chef pour l'orchestre de l'institution, sans oublier les interrègnes comme maître de chœur, pendant lesquels il occupa la place laissée vacante par le départ des titulaires successifs.

Il mena parallèlement une carrière de virtuose, applaudi dans l'Europe entière, goûta la vie de musicien de cour à Mantoue (1718-1720), mais se passionna surtout pour le théâtre d'opéra. Il aura pour la scène investi des sommes gigantesques, travaillé dans des conditions difficiles avec des menaces de censure, des soucis d'organisation et des procès, pour défendre une œuvre lyrique dont on commence tout juste à mesurer la portée.

Il mourut à Vienne le 17 juillet 1741, à soixante-trois ans, après un départ de Venise l'année précédente. Abandonné par ses protecteurs bohémiens, sa misère était totale.

Il laissait une œuvre énorme : près de six cent cinquante compositions instrumentales, plus de cinquante opéras, quatre oratorios, six sérénades, trente cantates de chambre et une soixantaine de pages sacrées.

Le maître du concerto

Vivaldi n'a pas créé de toutes pièces le concerto de soliste, qui devait supplanter le concerto grosso et ouvrir la voie à la sinfonia préclassique. Avant lui, on trouve chez Albinoni, Torelli et d'autres le dispositif qui consiste à encadrer un mouvement lent entre deux allégros (le mouvement lent parfois réduit à quelques mesures, voire à une simple cadence) ; mais aucun de ses devanciers n'avait pris conscience des ressources expressives de cette structure tripartite. Ce sont la découverte et l'exploitation géniale de ces ressources qui caractériseront le concerto vivaldien, lui donneront l'impulsion décisive, en feront le point de départ d'une évolution ininterrompue.

« Le solo de concerto, a dit Saint-Saëns en 1905, est un rôle qui doit être conçu et rendu comme un personnage dramatique. » C'est dans cet esprit que Vivaldi a écrit ses concertos, à partir du prestigieux recueil de *L'Estro armonico* op. 3, publié en 1711, où le génie vivaldien trace péremptoirement le devenir du concerto, depuis l'archaïque concerto grosso jusqu'au concerto pour véritable soliste, chargé de passion, véritable transposition instrumentale du monde de l'opéra. Suivront ces manifestes de la libération du soliste que constituent *La Stravaganza* op. 4 (1714), *Il Cimento dell' Armonia e dell' Invenzione* op. 8 (1725), qui inclut *Les Quatre Saisons*, *La Cetra* op. 9 (1727) et, enfin, les concertos de haute maturité, préclassiques dans leur développement et proches, par leurs difficultés techniques, des concertos de Tartini ou de Locatelli.

Les deux cent quarante concertos pour violon conservés sont d'une facture très inégale, mais, dans les concertos où il a pris le temps d'être lui-même, résonne un accent qu'on n'avait jamais entendu avant lui. Il exalte un sentiment personnel, un lyrisme dont la vogue va être aussi étendue que soudaine. Virtuose admiré, il écrit pour lui-même des soli qui concentreront sur sa personne l'attention passionnée des auditeurs.

Bientôt le concerto de soliste tel qu'il le traitera – avec son plan d'une simplicité lumineuse, son ardeur entraînante, une écriture homophone analogue à celle de l'opéra, l'agrément des prouesses de virtuosité – apparaîtra comme la forme moderne par excellence. Ses deux mouvements extrêmes, tous deux *allegro* ou *presto*, sont bâtis sur un même plan : un thème principal, qui peut être assez long et se scinder en plusieurs tronçons susceptibles d'être, par la suite, utilisés séparément, est dévolu au gros de l'orchestre, le *tutti*. Entre ses réapparitions, qui sont comme les assises du morceau, le soliste intervient, soit dans une présentation ornementée du thème principal, soit dans un thème secondaire qui lui appartient en propre, soit, plus souvent, dans des traits de vélocité faisant fonction de divertissements.

C'est dans le mouvement lent médian que Vivaldi innove avec le plus de hardiesse, tant dans la forme que dans la substance même. Il est vraiment le premier à faire passer le pathétique des airs les plus passionnés de l'opéra vénitien dans le largo, qui devient le point culminant du concerto. Désormais ce sera moins une construction abstraite qu'une grande effusion lyrique. Le soliste s'y abandonne à son inspiration avec un élan que l'orchestre n'est plus là pour freiner, car il s'efface – l'accompagnement restant confié à l'orgue ou au clavecin – ou ne reste en scène que pour les ritournelles qui encadrent le solo, à moins que, mettant en œuvre un procédé d'orchestration fréquent à l'opéra, il n'accorde au soliste que le soutien ténu d'un dessin de violons et d'altos, toutes basses supprimées. Le soliste n'est pas nécessairement un violoniste : des quelque cinq cent vingt concertos répertoriés, près de la moitié sont bien écrits pour violon, sans oublier la cinquantaine de pages mettant en vedette des combinaisons de deux à cinq archets solistes (violons, plus violoncelles ou *viole all'inglese*). Les autres révèlent le plus étonnant catalogue d'instruments solistes : vingt-neuf concertos pour violoncelle, trente-neuf pour basson, huit pour viole d'amour, vingt pour hautbois, quinze pour flûte traversière. Trompettes, cors naturels, mandolines lombardes, *flautino*, *liutino*, *salmoe* ont également sollicité l'attention de Vivaldi, qui les a traités avec une très exacte connaissance de leurs ressources, employés comme *prime donne* instrumentales face à l'orchestre, quand ils ne mêlent pas leurs timbres anachroniques en des concertos à trois, quatre ou cinq solistes différents et basse continue, d'un modernisme inouï. La Pietà, à laquelle ils étaient destinés, représentait pour Vivaldi un laboratoire de timbres, où il combinait les possibles en une alchimie sonore d'une richesse quasi ésotérique.

Véritables symphonies pour cordes, d'exécution facile pour les jeunes musiciennes de la Pietà, les concerti ripieni, tout en sacrifiant au nouveau type homophonique, font largement appel à une écriture polyphonique qui, loin du rôle stérilisant qu'elle avait joué en s'hypertrophiant à la fin de la Renaissance, devient principe d'enrichissement. Au moment où le discours musical est en danger de se réduire à une simple mélodie accompagnée, plus ou moins farcie de traits de virtuosité, le recours à un contrepoint allégé, modernisé, capable de transiger avec l'harmonie verticale, va conjurer la décadence de l'orchestre. L'écriture à quatre voix deviendra un stimulant pour les recherches de sonorité aussi bien que de forme, de là, l'un des principaux ressorts du développement symphonique.

La musique descriptive

La musique descriptive occupe une large place dans la production instrumentale de Vivaldi. Elle va de la suggestion d'un état d'âme (*Inquietudine*, *Il Riposo*, *Il Sospetto*) à de véritables « musiques à programme », chasses, tempêtes, nuit où circulent des fantômes. Sa plus brillante réussite réside dans les quatre concertos des *Saisons*, réunis dans l'opus 8 (de 1725) après avoir circulé, manuscrits, dans toute l'Europe. C'est aux *Saisons*, et plus particulièrement au concerto du *Printemps*, que Vivaldi a dû une flambée de gloire plus vive encore que celle que la publication de *L'Estro armonico* avait suscitée quatorze ans plus tôt. Ce qui aujourd'hui nous frappe le plus, en dehors de la saveur des idées et des timbres instrumentaux, c'est la façon qu'a Vivaldi de décrire avec toute la précision dont le XVIIIe siècle était féru, mais en même temps de faire entrer les scènes et péripéties décrites dans le cadre et selon le plan du concerto : un « sommeil », entre un orage et des danses champêtres, le recueillement au coin du feu, entre deux tempêtes d'hiver, ce n'est rien d'autre que le largo médian, précédé et suivi des deux mouvements vifs. À l'intérieur de chaque mouvement, il en va à peu près de même. Les tutti jouent le rôle traditionnel : gros œuvre de la construction, élément de symétrie et de stabilité ; en même temps, ils expriment la nuance dominante du morceau, insouciante gaieté du printemps, langueur accablante de l'été, etc. Les soli sont à la fois les divertissements modulants, les traits de virtuosité que nous connaissons, et les détails de la description, chants d'oiseaux, murmures des sources, aboiement du chien, marche titubante de l'ivrogne, glissade et chute sur le verglas du voyageur d'hiver.

La musique descriptive avait dans sa conception, ses matériaux, ses procédés d'orchestration, de nombreux points de contact avec la musique de théâtre. Chez Vivaldi, il n'existe pas de séparation nette entre le vocal et l'instrumental. Constamment, les genres s'interpénètrent, se chevauchent, se pillent avec une unité de style caractéristique.

Le musicien sacré

La grandeur de la musique sacrée de Vivaldi ne tient pas à sa portée historique, car elle a peu circulé de son vivant, mais à ses qualités artistiques et à son inspiration élevée. Sans rejoindre, comme chez Bach, la réflexion spéculative, l'expression reste, dans les œuvres les plus marquantes, toujours très personnelle, attachante, et d'une chaleureuse humanité.

Alors que Vivaldi composa concertos et opéras en continuité, la musique sacrée fut élaborée en trois étapes limitées dans le temps. La première correspond pour l'essentiel à des commandes de la Pietà, entre le départ du maestro Francesco Gasparini (avr. 1713) et l'appointement de son successeur, Carlo Pietro Grua (févr. 1719). Certaines constantes stylistiques apparaissent, imposées par la présence de voix uniquement féminines dans le chœur. Les parties de ténors et de basses, destinées par conséquent à des femmes à la tessiture grave, sont souvent doublées par les instruments, pour combler quelque possible défaillance. L'écriture suit une ligne claire pour la voix comme pour l'orchestre, enrichi parfois d'un *obligato* de hautbois. Le *Stabat Mater* RV621, l'oratorio *Juditha triumphans*, les *Gloria* RV588 et 589, le *Magnificat* RV610b restent parmi les plus belles réussites de cette période.

Pendant la décennie suivante, entre son retour de Mantoue à Venise et un voyage dans les territoires de l'Empire autrichien en 1729, Vivaldi honore diverses commandes étrangères à la Pietà. Il compose en particulier des psaumes et parties de messe *in due cori*, avec double chœur et double orchestre, révélateurs d'une maturation stylistique. La texture devient plus complexe, le contrepoint ostentatoire, les parties de basses plus exigeantes, alors que l'orchestre s'enrichit de parties de flûtes et de hautbois obligés. Les chefs-d'œuvre abondent : *Kyrie* RV587, *Dixit Dominus* RV594, *Beatus vir* RV597, *Confitebor tibi Domine* RV596.

Peu de temps avant de clore sa collaboration avec la Pietà, en 1739, Vivaldi fournit ses ultimes compositions sacrées, où il paie son tribut au culte du *solismo* et adapte son langage à la manière galante en vogue à Venise. Deux pages majeures sont reprises de compositions antérieures : les versions révisées du *Magnificat* RV611 et du *Beatus vir* RV795, qui portent les stigmates d'une significative évolution stylistique.

Dans tous les genres explorés dans la soixantaine d'œuvres sacrées qui nous est parvenue, Vivaldi témoigne de la même spontanéité, de la même sincérité, de la même ardeur, pont tendu entre l'imagination du musicien et la foi du Prete rosso.

Le musicien lyrique

Dans une lettre datant de 1739, deux ans avant sa mort, Vivaldi déclare avoir composé quatre-vingt-quatorze opéras. Nous n'en connaissons de façon sûre qu'une cinquantaine, et nous ne possédons la musique que de vingt et un d'entre eux (ni tous complets ni entièrement de sa plume). Composés parfois à la hâte, de nombreux morceaux voyageant tels quels d'un opéra à l'autre, ils respectent globalement la séparation rigoureuse entre récitatifs et airs, la maîtrise de la technique du chant et le contrôle parfait des moyens expressifs permettant de « coller » efficacement au drame. Une étude chronologique du style révèle comment son esprit d'indépendance poussa Vivaldi, dès le début de sa carrière, à combiner les fonctions de compositeur et d'imprésario.

Dès ses premières commandes lyriques (1713-1718), Vivaldi apparaît comme le plus moderne des compositeurs vénitiens, alternative aux Pollarolo (Carlo Francesco et Antonio), Lotti, Gasparini ou Albinoni, tenants de la tradition. Il conserve néanmoins des attaches avec l'ancien théâtre, héritier du Seicento. Les airs se trouvent souvent au milieu d'une scène, et non pas obligatoirement à la fin ; là, en fait, où ils contribuent le mieux à la situation dramatique. Ils adoptent souvent la forme binaire, ou d'un seul tenant, et ne sont pas forcément avec *da capo*. Les rôles sont équitablement répartis, avec encore quelques éléments comiques. Le nombre de scènes est important, et l'instrumentation fait appel aux instruments rares.

La décennie suivante (1718-1726) conduit Vivaldi loin de sa ville natale, à Mantoue, Milan ou Rome. C'est le triomphe du « style moderne » vénitien, fustigé par Benedetto Marcello dans son *Teatro alla moda* de 1720. Vivaldi en est un des vibrants représentants. La voix est prééminente, souvent accompagnée *colla parte* pour un impact acoustique plus grand, la distinction est nette entre passages déclamatoires et coloratures, et dans l'orchestre la ligne des basses est souvent simplifiée. Vivaldi reste pleinement maître de ses propres ressources, enrichies par un acquis instrumental merveilleux. De plus, en bon imprésario attentif aux goûts de son public potentiel – les classes moyennes des petits théâtres vénitiens où il donnait ses œuvres –, il glisse savamment intrigues amoureuses et spectacles orientaux, préférés aux valeurs aristocratiques d'*onore* ou de *fortezza*, dont il pressent la précarité.

De 1727 à 1739, Vivaldi tente, tant bien que mal, de résister à l'invasion des talents venus du Sud, depuis son bastion du Sant'Angelo, purement vénitien, alors que le San Giovanni Grisostomo, la plus grande scène de Venise, s'ouvre aux Napolitains. Vivaldi regarde désormais vers Leonardo Vinci ou Nicola Antonio Porpora, dénichant et s'emparant d'idiomes stylistiques que le public aime à côté des siens propres, en particulier dans le *cantabile* et l'*allegro* chantant. Tout en se pliant à la mode, il sauve cependant les moments centraux et dramatiques du drame, réalisant l'union harmonieuse du pathétisme baroque avec une expression plus sensible, dans le cadre d'un style mélodique riche, lié toujours aux *affetti* de l'âme. Les airs sont superbes, les *da capo* merveilleusement épanouis, avec un accompagnement instrumental à quatre parties dépouillé, mais efficace, témoignage d'un fabuleux métier.

On perçoit mieux, maintenant, l'influence que Vivaldi a exercée en profondeur sur les destinées de la musique, la révélation que lui a due Bach des formes et de l'esprit de la musique italienne de son temps, l'impulsion donnée au concerto et à la sinfonia, une abondance de tournures mélodiques et rythmiques nouvelles, dans lesquelles ont puisé, pendant près d'un demi-siècle, des compositeurs de tous pays. On lui rendra grâce d'avoir été de la façon la plus directe un créateur, un poète d'une puissance lyrique exceptionnelle.

MARC PINCHERLE et ROGER-CLAUDE TRAVERS

Bibliographie

R. DE CANDÉ, *Vivaldi*, Seuil, Paris, 1967, nouv. éd. rev. et augm. 1994 / E. CROSS, *The Late Operas of Antonio Vivaldi (1727-1738)*, 2 vol., U.M.I., Ann Arbor (Mich.), 1981 / C. FERTONATI, *Antonio Vivaldi. La simbologia musicale nei concerti a programma*, Edizioni Studio, Tesi, 1992 / K. HELLER, *Antonio Vivaldi*, Reclam, Leipzig, 1991 ; *Vivaldi, Cronologia della vita e dell'opera*, Olschki, Florence, 1991 / ISTITUTO ITALIANO ANTONIO VIVALDI, *Informazioni e studi vivaldiani*, Ricordi, Milan, bulletin annuel, dep. 1980 ; *Quaderni vivaldiani* nos 1 à 7, Olschki, 1980-1992 / M. PINCHERLE, *Vivaldi et la musique instrumentale*, 2 vol., Floury, Paris, 1948, rééd. Johnson Reprint, New York, 1968 ; *Vivaldi*, Plon, Paris, 1958, rééd. Éd. d'Aujourd'hui, Plan-de-la-Tour, 1982 / P. RYOM, *Verzeichnis der Werke Antonio Vivaldis, kleine Ausgabe*, VEB Deutscher Verlag für Musik, Leipzig, 1974 (le sigle d'identification des œuvres RV – Ryom Verzeichnis – se réfère à ce catalogue) ; *Répertoire des œuvres d'Antonio Vivaldi. Les compositions instrumentales*, Engstrøm & Sødring Musikforlag, Copenhague, 1986 ; *Les Manuscrits de Vivaldi*, Antonio Vivaldi Archives, Aug Olsens, Copenhague, 1977 / M. TALBOT, *Vivaldi*, Dent, Londres, 1978 ; *Vivaldi Fonti e letteratura critica*, Olschki, 1991 ; *Vivaldi's Sacred Vocal Music*, *ibid.*, 1995.

W

WAGENSEIL GEORG CHRISTOPH (1715-1777)

Compositeur autrichien né à Vienne, élève pour la théorie, le clavecin et l'orgue du fameux Johann Joseph Fux, Wagenseil devient compositeur de la cour impériale en 1739, organiste de la chapelle de la veuve de l'empereur Joseph Ier en 1741, et maître de musique de la famille impériale en 1745. Lorsque, en 1762, Mozart, âgé de six ans, est présenté à la cour, il joue un concerto de Wagenseil et tient absolument à ce que ce soit son auteur qui lui tourne les pages. Célèbre en son temps comme compositeur de messes, de sonates, de concertos, de symphonies, il relève à ce titre de l'école préclassique autrichienne dont, vers 1760, s'inspireront le jeune Mozart et surtout le jeune Haydn. Wagenseil effectue deux voyages en Italie (Venise et Milan), et probablement un autre à Paris, en 1759. Ses dernières années sont assombries par des difficultés à la cour impériale et par la maladie ; il est déjà à moitié oublié lorsqu'il s'éteint à Vienne, au moment où le style classique de Haydn et de Mozart prend tout son essor.

MARC VIGNAL

WAGNER RICHARD (1813-1883)

Le « cas Wagner », comme disait Nietzsche, est un cas limite et un cas unique. Des gens sans formation musicale supportent ses drames sans ennui tandis que d'autres, instruits par Bach et par Mozart, leur témoignent une intolérance absolue. Mais il arrive aussi que ce théâtre musical rebute les ignorants et qu'il enchante les plus raffinés et les plus savants. Cette apparente contradiction vient de ce que la musique wagnérienne a un caractère viscéral marqué et qu'elle agit à la manière de la vague marine : elle obsède, elle use, elle magnétise et ravit l'âme, même quand elle défie l'intelligence et le bon goût.

Aussitôt qu'on prononce le nom de Wagner, on songe aussitôt au musicien, alors qu'il se considérait d'abord comme un poète et un théoricien s'exprimant par le moyen du théâtre lyrique. Il n'est pas sûr que la célébrité dont il jouit actuellement, et qui se fonde uniquement sur le contenu musical de son œuvre, l'eût satisfait : il se voyait surtout comme un penseur et un créateur de mythes. Ce n'était pas un musicien-né comme Bach, Mozart ou Schubert, mais un artiste génial qui se servait de toutes les formes d'expression pour donner corps au monde idéal qui vivait en lui. C'est pourquoi on l'appelle l'enchanteur de Bayreuth ou bien, comme le faisait Nietzsche, le vieux mage du Nord.

C'est ce caractère singulier qui lui a concilié l'admiration des poètes en un siècle où la plupart des musiciens, sauf Liszt et Berlioz, restaient très réticents à son égard, où la critique, les musicologues et le grand public lui étaient franchement hostiles. Les poètes en effet ont senti ce qu'apportait de nouveau le génie de Wagner, à savoir le goût du sacré et de la cérémonie rituelle, le sens de la fête religieuse. Ces deux tendances s'affirmeront avec une force irrésistible dans son œuvre à partir de *Tristan* et culmineront avec les représentations de *Parsifal* à Bayreuth.

Une conception nouvelle de la musique

Richard Wagner n'a pas été d'emblée un révolutionnaire ni un novateur. Né à Leipzig, il a fait son apprentissage entre 1830 et 1840. Comme tous les débutants avides de succès, il commence par imiter les compositeurs à la mode. À cette époque, c'étaient Spontini et Meyerbeer, un Italien et un Allemand parisianisés qui confectionnaient, pour la vive satisfaction du public, des opéras où alternaient les grands airs et les flonflons, les duos et trios avec les ensembles. Pour réussir, un jeune ambitieux se trouvait devant un triple choix : l'opéra italien à *bel canto* (Rossini, *Guillaume Tell* ; Bellini, *Norma*), le français avec ballets (Auber, *La Muette de Portici*) et le romantique avec défilés, action mélodramatique et grandes machineries (Meyerbeer, *Les Huguenots* ; Halévy, *La Juive*).

Après avoir composé la *Symphonie en ut majeur*, jouée à Prague en 1832, Wagner essaie de rivaliser avec les maîtres du théâtre lyrique. Dans *Les Fées* (*Die Feen*, 1833, livret d'après Gozzi), il suit la tradition allemande de Weber et de Marschner. Dès l'opéra suivant, *La Défense d'aimer* (*Das Liebesverbot*, 1834-1836, d'après Shakespeare), il combine l'opéra italien et le français, Donizetti et Auber. Avec *Rienzi* (1838-1840, d'après Bulwer-Lytton), il hausse ses ambitions et imite Spontini. *Le Vaisseau fantôme* (*Der fliegende Holländer*), achevé à Paris en 1841, qui s'inspire d'un thème de folklore, porte l'influence de Meyerbeer.

Il est arbitraire de distinguer chez Wagner livret et partition et de juger séparément les mérites du poète dramatique et du compositeur puisqu'ils ne faisaient qu'un. Sa méthode de travail comportait cinq étapes : ébauche en prose du sujet, au cours de laquelle les personnages sont caractérisés par des thèmes musicaux et par des objets symboliques ; élaboration sous forme de poème ; fragments plus ou moins importants du futur drame musical ; réduction pour le piano ; orchestration complète. Comme Wagner travaillait toujours à plusieurs œuvres à la fois, on peut dire qu'il a créé par l'imagination tous ses chefs-d'œuvre entre 1848 et 1857, et passé le reste de sa vie à les réaliser et à les porter à la scène.

À partir du *Vaisseau fantôme*, pendant sa période dite romantique avec *Tannhäuser* (1841-1845) et *Lohengrin* (1841-1847), il abandonne progressivement l'histoire au profit de la légende, reprenant ainsi l'héritage allemand de Weber dans *Le Freischütz* et *Obéron*. Avec le *Ring*, il laisse la légende pour le mythe, et enfin avec *Parsifal* le mythe pour l'action sacrée. Il est ainsi passé de l'opéra-divertissement des années 1830 au drame de caractère social et religieux.

Après *Lohengrin*, Beethoven, qui n'a cessé d'être la principale référence musicale de Wagner, fait sa rentrée : le drame wagnérien devient une symphonie. Il a déclaré lui-même avoir voulu « ramasser dans le lit du drame musical le riche torrent de la musique allemande telle que Beethoven l'avait faite ».

Visionnaire, penseur et théoricien

Comme il arrive aux artistes de forte personnalité, Wagner n'a pas réussi à s'intégrer dans l'ordre social de son temps. En 1849, après la révolte de Dresde à laquelle il prit part, ce qui l'obligea à chercher refuge à Weimar puis à Zurich, après une suite d'échecs cruellement ressentis, tant à Paris qu'en Allemagne, il tire un trait sur le monde existant, et conçoit le rêve grandiose et forcené auquel ni Beethoven ni Berlioz n'auraient osé s'abandonner : puisque le public ne le comprenait pas, il fallait instruire et préparer son propre public, et, puisque les directeurs de théâtre refusaient de monter ses œuvres, il lui fallait posséder son propre théâtre où l'on jouerait uniquement ses drames lyriques. Grâce au roi Louis II de Bavière, ce poète monté sur le trône, Wagner a pu réaliser le dessein majeur de sa vie, le Festspielhaus de Bayreuth.

Il commence donc par éclairer l'opinion par des écrits théoriques, pour lesquels il avait un faible, ce qui nous vaut coup sur coup, en 1849, *Art et révolution* (*Die Kunst und die Revolution*) et *L'Œuvre d'art de l'avenir* (*Das Kunstwerk der Zukunft*) ; en 1850, *Opéra et drame* (*Oper und Drama*) et, en 1851, *Une communication à mes amis* (*Eine Mitteilung an meine Freunde*). Ces traités contiennent la théorie du drame musical wagnérien que l'on peut résumer de la sorte : rejet de la forme traditionnelle, emploi des thèmes conducteurs, fusion totale entre la poésie et la musique, le théâtre est le lieu privilégié de l'union de tous les arts.

À un sujet historique, international et mélodramatique, Wagner a préféré un sujet légendaire, national et lyrique. Il a rejeté la coupe traditionnelle des grands airs détachés reliés par le récitatif ; il a constitué la *mélodie continue*, le célèbre *arioso* wagnérien. Enfin, il a cherché l'unité et même l'unification du rythme dramatique afin que tout se tienne et s'enchaîne sans rupture ni repos. Innovation plus importante encore, il a donné le premier rôle à l'orchestre qui fait entendre une action parallèle à celle des personnages, de sorte qu'il y a un va-et-vient constant entre le texte chanté et la symphonie de l'orchestre et qu'ils ne disent pas toujours ni forcément la même chose. L'orchestre n'est plus simple accompagnement, soutien des voix, il exprime le drame à sa manière et intériorise la musique. Il devient la conscience de chaque auditeur et tient le rôle du chœur antique.

L'emploi des thèmes conducteurs (leitmotive) permet de suivre les protagonistes d'un bout à l'autre de l'action, de vivre avec eux. Les interférences des leitmotive des différents personnages provoquent un jeu psychologique des plus subtils. Selon l'image de Baudelaire, ils blasonnent les héros, ils leur servent d'armoiries et d'images symboliques. Le thème conducteur est à la fois précis et indéterminé, car il ne fait que suggérer un sens quand il n'est pas cité textuellement. Il résonne dans la mémoire à la manière d'un écho qui éveille des émotions et des souvenirs. Il a partie liée avec le plaisir poétique : c'est pourquoi Wagner réclame l'union indissoluble de la poésie et de la musique. Gluck avait donné la première place à la poésie en attribuant à la musique le rôle de servante. Wagner renverse les rapports : musique (c'est-à-dire symphonie) d'abord, mais la poésie n'a pas le second rang, elle est dans l'atmosphère et dans le mouvement dramatique.

Tous les arts (jusqu'aux décors, costumes, jeux de lumière, mise en scène, pantomime) doivent concourir à l'illusion théâtrale. La scène est un endroit magique où tous les arts vivent en harmonie et produisent le sortilège. Le spectacle éveille en nous des énergies psychiques qui sommeillaient et il permet la communion effective. Tel est l'idéal du chef-d'œuvre d'art total, *Gesamtkunstwerk*.

Wagner haïssait le théâtre réduit au divertissement et à la frivolité, il voulait restaurer le théâtre antique, tel qu'il existait dans l'ancienne Athènes, qui avait un caractère social et religieux, civique et sacré. Peut-être songea-t-il aussi aux mystères du Moyen Âge. Avec *Parsifal* (1857-1882) il créa un festival scénique sacré (*Bühnenweihfestspiel*) qu'on ne devait représenter que sur la scène de Bayreuth, en aucun cas ailleurs ni comme simple amusement. Pourtant, en 1913, les héritiers de Wagner outrepassèrent ce vœu, et offrirent *Parsifal* à la vénération de tous ceux qui ne pouvaient faire le pèlerinage de Bayreuth.

C'est donc à un art idéaliste et mystique qu'aboutit l'œuvre de Wagner. Après avoir assisté à la représentation, nous vivons dans une sphère supérieure, nous nous sentons portés à la prière, au recueillement, à une exaltation religieuse très vague, mais intense. Les images symboliques wagnériennes s'enfoncent en nous et se confondent avec nos désirs, nos rêves, nos terreurs et nos espérances. Nous ne séparons pas la musique de Wagner de notre vie intérieure, de nos aspirations les plus secrètes. C'est ce qui explique la prodigieuse action qu'il exerce dans le monde entier, action qui dépasse le domaine purement musical et se rattache aux manifestations du sacré.

Le mythe de l'amour

L'assimilation du sacré au profane trouve sa confirmation la plus éclatante dans la conception que le romantisme s'est faite de l'amour. Jusqu'alors un Palestrina, un Bach, un Mozart avaient exalté l'amour divin dans le style de la musique d'église. Pour Mozart déjà la frontière entre musique sacrée et musique profane est mouvante et souvent peu perceptible. Avec Berlioz la frontière disparaît et Wagner confirme cette nouvelle disposition d'esprit. Il n'apparaît plus sacrilège de s'adresser de la même voix à Dieu et à la femme aimée, car toute distinction entre les catégories de l'amour est arbitraire – surtout dans l'expression musicale. Là, en effet, l'être produit sous forme d'effusion lyrique ce qu'il a de plus intérieur et de plus ardent. « Je ne puis concevoir l'esprit de la musique résidant ailleurs que dans l'amour », a écrit Wagner. Dans ce sentiment si particulier se mêlent et se confondent la passion d'amour et la sensualité, l'illumination céleste et ce dépassement de soi que l'artiste trouve dans la création. L'amour de la musique est une forme mystérieuse de cette disposition générale, et ce que Wagner appelle ainsi est la possibilité qu'a la musique de tout transformer en esprit et d'associer la chair elle-même aux fêtes de l'âme.

Tristan et Isolde (projet en 1854, livret en 1857, composition de 1857 à 1859, création le 10 juin 1865 à Munich) est devenu l'évangile de l'amour occidental. C'est sur les harmonies liquides du prélude, sur les motifs conducteurs du philtre, de la communion amoureuse et de la mort d'Isolde que les fidèles wagnériens ont accordé leur piété et mesuré leurs espoirs. L'emploi du chromatisme qui arrive à détruire la notion de tonalité, dont Mahler et les dodécaphonistes de l'école viennoise tireront des leçons radicales, est la conséquence de la volonté exprimée par Wagner de dépasser la musique en conciliant les inconciliables, c'est-à-dire la tension et le mouvement, la profondeur et l'énergie, le combat et l'extase. Les accords de septième et de neuvième y sont traités comme les accords parfaits sur lesquels reposait l'harmonie classique ; les dissonances réagissent les unes sur les autres sans jamais trouver de résolution, de sorte qu'on a affaire à une modulation perpétuelle. Il n'y a plus de tonalité fixe, chaque groupe d'accords existe par lui-même, établissant sa propre tonalité. Le dynamisme musical, sans cesse créé, sans cesse expirant, sans cesse renaissant, arrive à une atmosphère d'incertitude, d'anxiété et de trouble qui constitue l'expression la plus aiguë et la plus intérieure du romantisme musical.

Dans *Tristan* l'amour sans fin, le désir éternellement vivace veut la souffrance et ne trouve satisfaction que dans l'anéantissement et dans la mort. Les hommes du Nord ont combiné dans le mythe de Tristan une légende celtique et la théorie courtoise de l'amour passion qui se nourrit d'absence, aspire à la ruine et qui sera la fatalité de l'Occident. Cette belle histoire médiévale devra attendre le XIXe siècle et le génie de Wagner pour avoir sa plus profonde et sa plus fascinante expression. Le drame de Wagner est une musique limite au-delà de laquelle on ne trouve que les brumes infernales du désespoir. Elle confond le vertige de la passion avec le sens du sacré. Elle parle de temps fabuleux, de civilisation abolie, d'adoration éperdue, de délices poignantes. Grâce à la musique de *Tristan,* le mystère prend corps et l'on peut vénérer l'invisible par le moyen du visible, de même que certains mots expriment l'ineffable et que certaines harmonies suggèrent le silence.

On regarde *Les Maîtres chanteurs de Nuremberg* (*Die Meistersinger von Nürnberg,* projet en 1845, livret en 1861-1862, composition en 1862-1867) comme l'antithèse et l'antidote de *Tristan.* Ce sont les mêmes thèmes qui y sont traités, mais de façon souriante et détendue. Aussi la conclusion en est-elle heureuse, avec un dernier acte où le défilé des corporations ajoute un caractère national et germanique des plus marqués. Tentative unique dans l'œuvre de Wagner, *Les Maîtres* s'apparentent au *Falstaff* de Verdi.

Pendant qu'il élaborait cette partition, deux événements capitaux marquèrent son existence : en mai 1864, alors que, écrasé par la solitude et les difficultés matérielles, il était au bord du désespoir, Louis II de Bavière lui fait savoir qu'il n'a d'autre désir que « l'aider, l'aimer et le servir ». Il tint parole, et, grâce à sa munificence, Wagner put réaliser le rêve de sa vie : son théâtre à Bayreuth. D'autre part, il a fait la connaissance de Cosima von Bülow, fille de Liszt, et ils se sont juré un éternel amour. Cosima n'obtient le divorce qu'en 1870, mais bien avant cette date les amants décident de vivre ensemble : c'est ce qu'on appelle « l'idylle de Triebschen ». « Oh ! Cosima ! s'écrie Wagner, tu es l'âme de tout ce qui, en moi, vit encore. » Sa première femme, Minna, qu'il avait épousée en 1836 et dont il vivait séparé depuis longtemps, était morte en 1866. On sait la place que tint dans les années 1853-1859 Mathilde Wesendonck dans la vie sentimentale du musicien ; elle est considérée comme l'inspiratrice du personnage d'Isolde.

La « Tétralogie »

Le héros wagnérien, dans la pensée du musicien-poète, doit annoncer ce qui sera la vérité de demain. Siegfried et Brünnhilde proclament la religion nouvelle, celle de l'amour, face à l'ancienne qui est incarnée par Wotan et symbolisée par la lance et les runes, c'est-à-dire par la force brutale et par la loi écrite. Le poème de *L'Anneau du Nibelung* (*Der Ring des Nibelungen*) parut en décembre 1852. La partition de *L'Or du Rhin* (*Das Rheingold*) fut achevée en 1854, celle de *La Walkyrie* (*Die Walküre*) en 1856, celle de *Siegfried* en 1869, et *Le Crépuscule des dieux* (*Götterdämmerung*) en 1874. Cela fait en tout dix-huit heures de musique. L'action de la *Tétralogie* passe pour obscure et enchevêtrée ; en fait, elle est d'une grande simplicité. Le prologue relate la faute originelle, le vol de l'or confié aux Filles du Rhin ; cet or symbolise la puissance magique de la nature. Le gnome Alberich s'en empare pour en forger un anneau et un heaume. Wotan, dieu des dieux de la mythologie germanique, le lui subtilise par la ruse et ainsi il désharmonise l'univers et viole les antiques lois. Dans les trois drames (ou journées) qui constituent *L'Anneau du Nibelung*, on assiste aux efforts de Wotan, non pour rétablir l'ancien ordre qui, comme toutes les choses détruites, ne peut être restauré, mais pour préparer l'avènement du nouvel ordre, celui de la race humaine qui doit anéantir les dieux. Cette révolution ne peut s'accomplir sans souffrances : Wotan va en même temps défendre les dieux et par des manœuvres habiles perpétrer leur ruine.

Wagner interprète d'abord *L'Anneau* comme une œuvre où triomphent l'amour et la révolution, principes chers au philosophe Feuerbach. *Siegfried* est la revanche optimiste de *Tannhäuser*. Là où le chevalier médiéval échoue par faiblesse et par esprit chrétien, Siegfried, ignorant de tout, réussit : il instaure l'amour libre, l'anarchie et la passion. C'est qu'en 1848-1849 Wagner conçoit le passé comme stagnation, la raison comme routine et les sciences comme obstacles à la générosité de l'instinct. *L'Anneau* est donc une machine de guerre dirigée contre la société. Siegfried, fier et libre, vient délivrer le monde de l'égoïsme des tyrans et de la toute-puissance des intérêts matériels. Quant à Brünnhilde, c'est l'amazone au grand cœur qui se sacrifie à un idéal. Elle aide l'homme à se libérer, elle incarne les forces d'union et de rédemption. Wotan, dès la fin de *La Walkyrie*, devient simple spectateur du drame, il observe, il attend, il n'intervient plus jusqu'au crépuscule final.

Mais, en 1854, Wagner découvre en même temps le bouddhisme et la philosophie de Schopenhauer : la conclusion de sa *Tétralogie* qui, dans sa pensée première, devait être optimiste et déboucher sur le règne lumineux de la liberté humaine, de l'instinct et de la révolution permanente, s'achève sur le crépuscule des dieux, mais aussi sur l'assombrissement des destinées humaines. Il y a bien encore le thème de la rédemption par l'amour qui résonne dans les dernières mesures de la partition, mais c'est dans une atmosphère si tragique qu'on se demande ce qui adviendra du règne de l'homme. C'est que Wagner a achoppé sur l'existence de la douleur et du mal. Il pense que les institutions politiques ne peuvent sauver le monde : c'est la création elle-même qui est mauvaise. Il prêche le renoncement, l'abjuration du vouloir-vivre, la paix du nirvāṇa comme dans *Tristan*.

Les dernières années de la vie de Wagner (1872-1883) furent une apothéose.

Il vit à Bayreuth entre son théâtre et sa superbe maison, Wahnfried. Colline sacrée, festival sacré, c'est alors qu'il est vraiment le mage du Nord. Il ne fonde pas une religion, mais il permet au monde de partager son rêve. *Parsifal*, où il abandonne les mythes germaniques pour le mystère celtique, apporte une réponse douteuse aux questions que se posent les fidèles. Parsifal, le pur, le naïf, ouvre la voie du salut et devient roi du Graal, mais la cérémonie pendant laquelle il élève le vase sacré et le fait rayonner sur les chevaliers n'est ni une messe chrétienne ni un office religieux hindou. Sa signification demeure inconnue, Wagner n'indique pas la solution : il élève l'ostensoir, mais il n'y a que le vide à l'intérieur. L'œuvre d'art est le produit d'une intuition : elle doit rester une énigme aussi bien pour nous que pour le créateur.

Quand Wagner mourut au palais Vendramin à Venise, son mythe était déjà créé. Le temps n'a fait que l'affirmer et l'approfondir.

MARCEL SCHNEIDER

Bibliographie

• Œuvres de Richard Wagner

Gesammelte Schriften und Dichtungen, vol. I à IX, R. Wagner éd., E. W. Fritzsch, Leipzig, 1871-1880 ; vol. X, *ibid.*, 1883 ; vol. XI et XII, Breitkopf und Härtel, Leipzig, 1911 ; vol. XIII à XVI publiés in *Sämtliche Schriften und Dichtungen*, œuvres complètes en 16 vol., C. F. W. Siegel éd. (R. Linnemann), Breitkopf und Härtel, 1911.

Œuvres dramatiques, trad. J.-G. Prod'homme, Paris, 1922-1927 ; *Mein Leben*, 2 vol., F. Bruckmann, Munich, 1911 (*Ma Vie*, 3 vol., Paris, 1911-1912, nouv. éd. Buchet-Chastel, Paris, 1983) ; *Œuvres en prose*, trad. J.-G. Prod'homme et al., 13 vol., Paris, 1907-1925, rééd. Éd. d'aujourd'hui, Plan-de-la-Tour, 1982 ; *Richard Wagner à Mathilde Wesendonck : journal et lettres, 1853-1871*, Parution, Paris, 1986 ; *Correspondance R. Wagner et F. Liszt*, trad. J. Lacant et L. Schmidt, Gallimard, Paris, 1976 ; *Lettres avec Louis II de Bavière (1864-1883)*, trad. B. Ollivier, Plon, Paris, 1976.

• Études

J. Bourgeois, *Richard Wagner*, Plon, 1959, réimpr. Éd. d'aujourd'hui, 1976 / M. Gregor-Dellin, *Richard Wagner*, trad. de l'all., Fayard, Paris, 1991 / P. Lacoue-Labarthe, *Musica ficta : figures de Wagner*, Bourgois, Paris, 1991 / A. Livio, *Wagner, l'œuvre lyrique*, Chemin vert, Paris, 1983 / E. Newmann, *The Life of Richard Wagner*, 4 vol., Alfred Knopf, New York, 1933, rééd. Cambridge Univ. Press, New York, 1976 / M. Pazdro dir., *Guide des opéras de Wagner*, Fayard, 1988 / M. Schneider, *Wagner*, coll. Solfèges, Seuil, Paris, 1995 / C. Wagner, *Journal (1869-1883)*, 4 t., trad. M. F. Demet, Gallimard, 1976-1979.

WALCHA HELMUT (1907-1991)

Le nom d'Helmut Walcha reste indissociable de l'œuvre de Jean-Sébastien Bach, dont il a enregistré à deux reprises l'intégrale de la musique d'orgue ainsi que les grands cycles pour clavecin.

Né à Leipzig le 27 octobre 1907, il perd la vue à l'âge de seize ans à la suite d'une vaccination antivariolique défectueuse. Il avait abordé la musique à douze ans avec le piano et le violon, mais il se tourne vers l'orgue, qu'il étudie au conservatoire de Leipzig (1922-1927) avec Günther Ramin, un des successeurs de Bach à Saint-Thomas, qui lui révèle la musique du cantor et l'élève dans sa plus pure tradition d'interprétation en le prenant comme assistant (1926-1929). En 1929, Walcha est nommé organiste de la Friedenskirche à Francfort-sur-le-Main, où il donne des soirées de musique d'orgue, pratique alors inconnue dans cette ville. Ces *Frankfurter Bachstunden* sont des auditions commentées qui remportent un succès considérable. En 1933, il commence à enseigner au conservatoire de Francfort ; en 1938, il est nommé professeur à la Musikhochschule de Francfort, où il fonde, à la fin de la Seconde Guerre mondiale, un institut pour la musique d'église. Parmi ses élèves figure Wolfgang Rübsam. En 1946, il quitte la Friedenskirche pour la Dreikönigskirche, dont il sera titulaire de l'orgue jusqu'en 1981. Il est l'un des premiers organistes à choisir des instruments aussi proches que possible de ceux qu'avaient connus Bach et ses contemporains. Il est aussi l'un des premiers organistes à faire découvrir la musique des prédécesseurs de Bach, comme Dietrich Buxtehude, Georg Böhm, Nicolaus Bruhns, Vincent Lübeck, Franz Tunder ou Samuel Scheidt. Il développe rapidement une importante carrière internationale (premier-concert à Londres en 1955 ; à Paris, il joue souvent à Saint-Séverin) que consacrent de nombreux disques : dès 1947, il commence à enregistrer pour Archiv Produktion sur les principales orgues baroques d'Allemagne du Nord, dont la Deutsche Grammophon souhaite conserver le son. Certains disques sont réalisés à Strasbourg et à Alkmaar, aux Pays-Bas. En 1956, avec sa propre édition de *L'Art de la fugue*, c'est lui qui grave le premier disque stéréophonique réalisé par le même éditeur. Outre la musique d'orgue de Bach, dont il achève sa seconde intégrale en 1971, il enregistre le *Clavier bien tempéré* et ses principales suites pour clavecin ainsi que les *Sonates pour violon et clavecin* avec Henryk Szeryng. Il cesse d'enseigner en 1972 et donne son dernier concert en 1981. Il meurt à Francfort le 11 août 1991.

Walcha possédait une connaissance encyclopédique de la musique de Bach, qu'il avait apprise en l'écoutant partie par partie, ce qui explique la clarté de ses interprétations. Elle constituait la base de son activité de musicien, organiste ou claveciniste, et il a largement contribué au renouveau de l'interprétation de ce répertoire. Mais, contrairement au mouvement qui s'est dessiné en France dans les années 1960 par réaction contre l'emprise de l'école néo-franckiste et l'omniprésence de la facture Cavaillé-Coll, Walcha a pu concilier évolution et tradition. Les instruments baroques allemands n'avaient pas subi de modifications aussi radicales que les instruments français, et la continuité d'interprétation avait donc pu se perpétuer, même si le style de Karl Straube ou de Günther Ramin semble d'une liberté et d'une ampleur incompatibles avec la vision moderne de la musique baroque. L'apport de Walcha se situe davantage dans le domaine de la clarté et de la force spirituelle. Le sens de la construction était resté omniprésent en Allemagne, mais à la manière de Max Reger, avec son inévitable pathos. Walcha a toujours expliqué que la cécité lui avait permis de découvrir l'univers intérieur de la musique. Il opte pour la limpidité, il opère un retour artisanal au texte, cherchant lentement ses registrations – qu'il se refusera toujours à publier – et envisageant la polyphonie comme la « liberté dans les liens » : chaque voix doit connaître sa propre impulsion sans perdre ses attaches par rapport au reste de l'édifice. Il compare l'interprétation à « des tentatives toujours nouvelles visant à réaliser des choses communes dans la paix et la solidarité, tout en préservant les libertés personnelles ». Cette démarche intemporelle, comparable à celle de Karl Münchinger dans le domaine instrumental, ouvre la voie – sans le savoir – à la lame de fond des baroqueux. Mais, avant eux, des organistes comme Michel Chapuis, Francis Chapelet, André Isoir ou Lionel Rogg se sont engouffrés dans la brèche ouverte au sein de l'esthétique néoclassique, qui faisait alors autorité en France. Walcha a même poussé sa logique d'interprète jusqu'à réaliser une nouvelle édition des œuvres pour orgue de Bach et des concertos de Haendel (1940-1943), plus dépouillée et laissant davantage de liberté à l'exécutant, un pas vers l'*Urtext*. Parmi ses autres travaux musicologiques figurent des ouvrages sur la facture d'orgue, sur les organistes et une étude consacrée à Reger (1952). Il a également composé pour son instrument, notamment trois volumes de *Choralvorspiele* (1945, 1963, 1966).

ALAIN PÂRIS

WALTHER JOHANN (1496-1570)

Compositeur allemand, appelé « le premier cantor luthérien », créateur de la passion-répons allemande. Il chanta comme basse dans le chœur de la chapelle du prince électeur de Saxe, puis devint compositeur à la cour, succédant à A. Rener (1485 env.-env. 1520). Il composa le premier recueil de chants polyphoniques de l'Église évangélique (*Wittenbergisch deutsch geistlich Gesangbüchlein*, 1524), préfacé par Luther. L'année suivante, en compagnie de Conrad Rupsch, maître de chapelle, il vint à Wittenberg et y séjourna trois semaines pour mettre au point, avec Luther, la musique de la *Deutsche Messe*. Walther se consacra ensuite presque exclusivement à l'organisation de la *Kantorei* de Torgau et à la composition. La 5e édition du *Geistlich Gesangbüchlein* (1551) contenait soixante-quatorze chorals allemands, quarante-sept cantiones latines ; le cantus firmus est confié au ténor dans la forme du motet polyphonique franco-flamand à cinq-six voix (Josquin, Isaac, Rener). Toutefois, il a écrit aussi homophoniquement (surtout à quatre voix). Vers 1566, il a composé des chorals sans cantus firmus. Son expérience à la tête de la *Kantorei* de Torgau, « institution à la fois ecclésiastique, scolaire et bourgeoise » (W. Blankenburg), servit de modèle aux cantors luthériens postérieurs.

PIERRE-PAUL LACAS

WALTHER JOHANN GOTTFRIED (1684-1748)

Compositeur, organiste et théoricien allemand né à Erfurt, Johann Gottfried Walther a comme maîtres des représentants de l'école d'orgue d'Allemagne centrale, dominée par Pachelbel. Organiste à Erfurt de 1702 à 1707, puis à Weimar, où il mourra, il entretient avec J.-S. Bach, lors de son séjour dans cette ville, des relations amicales. De sa production, qui comprenait beaucoup d'œuvres vocales, n'ont à peu près subsisté que ses pièces d'orgue, dont plusieurs sur des mélodies de choral. On lui doit aussi un dictionnaire de musique (*Musikalisches Lexikon*, 1732), le premier en langue allemande, précieux aussi bien par ses notices biographiques que par ses indications sur la terminologie musicale en usage à l'époque.

MARC VIGNAL

WALTON sir WILLIAM TURNER (1902-1983)

La Grande-Bretagne a engendré peu de compositeurs mais, entre Purcell et Britten, elle a connu quelques créateurs dignes d'intérêt que leur « britannisme » excessif a cantonnés dans les limites insulaires au même titre que Fauré, Duparc ou Caplet dans l'Hexagone.

William Walton est né à Oldham (Lancashire) le 29 mars 1902. Il est le fils d'un chef de chœur et professeur de chant qui l'envoie à l'école de chant de la Christ Church Cathedral d'Oxford ; il y est choriste de 1912 à 1918 et écrit déjà plusieurs pages de musique religieuse. Mais sa véritable formation musicale est celle d'un autodidacte. À partir de 1918, il reçoit les conseils de nombreux musiciens (Henry Ley, Hugh Allen, Feruccio Busoni, Eugene Goossens, Ernest Ansermet) sans suivre véritablement des cours. En 1919, il compose sa première œuvre d'importance, un quatuor pour piano et cordes. La même année, il se lie à la famille Sitwell – Osbert, Sacheverell et leur sœur Edith –, qui joue alors à Londres un rôle analogue à celui de Cocteau à Paris. Tous trois l'adoptent comme un frère ; il vit avec eux à Londres et en Italie. *Façade*, l'œuvre majeure de Walton, est conçue sur des poèmes d'Edith Sitwell : dans sa version originale (1921-1922), elle fait appel à un récitant et à six instrumentistes. La création publique, en 1926, est un scandale. La partition connaîtra cinq états différents, devenant notamment un ballet (1921, 1926, 1928, 1951, 1978). En 1979, Walton lui donnera même une suite, *Façade 2*.

De 1922 à 1927, le musicien fréquente l'avant-garde de la littérature londonienne et fait figure d'enfant terrible de la musique anglaise. Deux de ses œuvres sont jouées aux festivals de la Société internationale de musique contemporaine (S.I.M.C.) : un quatuor à cordes en 1923, à Salzbourg, et l'ouverture *Portsmouth Point* en 1925, à Zurich. À partir de 1928, il vit souvent à l'étranger, d'abord aux États-Unis puis à Ischia, en Italie, où il se fixe en 1948 après son mariage avec Susana Gil.

Walton connaît la consécration en 1929 avec son *Concerto pour alto* que crée Paul Hindemith aux Promenade Concerts de Londres. Puis il compose *Belshazzar's Feast* (*Le Festin de Balthazar*), un oratorio sur un livret d'Osbert Sitwell (1929-1939), la *Symphonie n° 1* (1934-1935), le *Concerto pour violon*, à la demande de Jascha Heifetz (1939, révisé en 1943), l'ouverture *Scapino* (1940, rév. 1950) pour le cinquantième anniversaire de l'Orchestre symphonique de Chicago. Il s'intéresse au cinéma et compose quelques-unes des partitions majeures destinées à l'écran : *Major Barbara* pour le film de Gabriel Pascal (1941), *The First of the Few* (*Spitfire*) de Leslie Howard (1942) et la trilogie shakespearienne de Laurence Olivier (*Henry V*, 1945 ; *Hamlet*, 1948 ; *Richard III*, 1956).

Après la guerre, il aborde l'opéra avec *Troilus and Cressida* (1948-1954), créé à Covent Garden et fréquemment représenté depuis, notamment en Allemagne. De la même époque date un *Quatuor à cordes* (1947). Il est anobli en 1951. Les plus grands interprètes le sollicitent : Yehudi Menuhin (*Sonate pour violon et piano*, 1949), Gregor Piatigorsky (*Concerto pour violoncelle*, 1956), George Szell (*Partita pour orchestre*, 1958). Il compose également sa *Symphonie n° 2* (1959-1960), les *Variations sur un thème d'Hindemith*, pour orchestre (1962-1963), un opéra en un acte d'après Tchekhov créé au festival d'Aldeburgh, *The Bear* (1967), *Capriccio burlesco* pour orchestre (1968), *Improvisation sur un impromptu de Benjamin Britten* (1969), *Sonata for Strings*, orchestration de son quatuor à l'intention de Neville Marriner (1972), *Cinq Bagatelles* pour guitare dédiées à Julian Bream (1971-1972), qu'il orchestre en 1976 sous le titre de *Varii Capricci*, *Magnificat and nunc dimittis* pour chœur et orgue (1975). Ses deux ultimes partitions, composées en 1982, ont été écrites à l'intention de Mstislav Rostropovitch, l'une pour violoncelle seul, *Passacaglia*, l'autre pour orchestre, *Prologo e fantasia* (créé à Washington). Il meurt à Londres le 8 mars 1983, peu après avoir terminé l'adaptation des *Varii Capricci* pour une chorégraphie de sir Frederick Ashton, qui avait déjà signé, en 1931, le ballet de *Façade*.

Le cheminement artistique de Walton se situe en marge des circuits traditionnels. Sa formation d'autodidacte l'a rendu beaucoup plus réceptif aux courants nouveaux des années vingt, notamment au jazz, dont il exploite les possibilités rythmiques dans une musique toujours impétueuse. Ses mélodies reposent sur de grands intervalles très personnels. Ses harmonies sont rudes et viennent appuyer une rythmique omniprésente. Mais à cet élément s'oppose le fond d'une nature mélancolique et méditative, l'héritage néoromantique, la marque d'Elgar que l'on trouve dans *Belshazzar's Feast* ou dans *Troilus and Cressida*. Toute sa production est centrée sur la recherche d'un équilibre idéal entre ces deux tendances.

Walton, épris de perfection, écrivait assez peu, mûrissant lentement des œuvres qu'il remaniait souvent : l'aventure de *Façade* en est le meilleur exemple.

L'enfant terrible de la musique anglaise ne deviendra qu'assez tard un véritable musicien britannique. Il délaisse volontiers les grandes masses chorales qui constituent pourtant l'ossature de la vie musicale de son pays et auxquelles tous les compositeurs anglais consacrent une part importante de leur production. Walton préfère l'orchestre mais il est aussi à l'aise dans la musique légère ou humoristique (*Portsmouth Point*, *Scapino*, *Capriccio burlesco*) que dans les grandes fresques (*Belshazzar's Feast*) ou dans les œuvres de circonstance. Dans ce domaine, il s'impose comme le successeur d'Elgar avec les deux *Coronation Marches* (*Crown Imperial* pour le couronnement de George VI, 1937, et *Orb and Sceptre* pour celui d'Élisabeth II, 1953) et le *Coronation Te Deum* (1953). Mais ses meilleures partitions se situent dans le domaine symphonique et font appel aux formes traditionnelles de la musique : les trois concertos, les deux symphonies et les *Variations sur un thème de Hindemith* sont des pages brillantes et colorées où il parvient à cette synthèse entre les deux éléments fondamentaux de sa nature, synthèse qui prend différents visages selon les époques et l'évolution esthétique. Son attachement aux formes classiques se situe en marge de toute affiliation à la moindre école. Walton reste un indépendant. Il est même trop indépendant pour devenir un compositeur totalement britannique. C'est le paradoxe de cet homme, que tous les grands interprètes ont salué comme un créateur important, mais dont la diffusion des œuvres souffre des préjugés attachés à la musique britannique.

ALAIN PÂRIS

WEBER CARL MARIA VON (1786-1826)

C'est à Weber qu'appartient le mérite d'avoir achevé de donner à l'opéra allemand une existence, une crédibilité et une esthétique propres et de lui avoir permis de tenir tête à l'invasion italienne. Nullement limitée à l'Allemagne, l'influence de Weber a été considérable sur de nombreux compositeurs du XIXe siècle, tels que Mendelssohn, Berlioz, Chopin, Glinka, Wagner. Elle s'est exercée principalement dans les domaines de l'orchestration, du traitement du clavier, de certaines tournures mélodiques et de l'esthétique dramaturgique. Selon une définition très fine de Debussy, Weber est « le premier musicien qui ait été inquiété par le rapport qu'il doit y avoir entre l'âme de la nature et l'âme d'un personnage ». Cette attitude correspond à la philosophie panthéiste allemande, telle qu'elle a été exprimée par Schelling (*Die Weltseele*, « L'Âme du monde »), par les poètes romantiques, ou par des peintres comme Caspar David Friedrich. L'approche de Weber, dépourvue de cérébralisme, s'est nourrie dans une large mesure aux traditions populaires, légendaires et merveilleuses. Sa musique, qui peut être tour à tour onirique, évocatrice, hédoniste sans prétentions, ou rustique, parle avant tout à l'imagination et à la sensibilité. On peut rapprocher en cela Weber de Schubert, mais sans le côté volontiers angoissé et douloureux de ce dernier. Romantique par le choix de ses sujets et par son langage musical, Weber observe cependant dans son art une objectivité qui révèle une nature ouverte sur le monde extérieur et un refus de l'introspection ; d'où à la fois l'équilibre et la clarté de sa musique, son efficacité narrative, mais aussi, lorsqu'il reste au-dessous des sommets qu'il est capable d'atteindre, les limites de son amabilité superficielle.

Une brève mais brillante carrière

Carl Maria von Weber naît à Eutin (Holstein) le 18 (ou 19) novembre 1786. Sa cousine, Constance Weber, était l'épouse de Mozart. Son père, Franz Anton, après avoir été *Stadtmusiker* (musicien de la ville), avait organisé à Hambourg sa propre entreprise théâtrale, la *Webersche Schauspielergesellschaft*. C'était le début d'une existence itinérante, et celle de Weber allait le rester dans une large mesure. À Hildburgshausen, à l'âge de dix ans, il rencontre Johann Peter Heuschkel, qui lui donne les bases de la technique pianistique. L'année suivante, arrivant à Salzbourg, il est présenté à Michael Haydn, frère de Joseph, avec qui il étudie l'écriture musicale. En 1798, après la mort de sa mère, son père le place à Munich sous la tutelle du professeur de chant Johann Evangelist Wallishauser (connu aussi sous son nom italianisé de Valesi) et de l'organiste Johann Nepomuk Kalcher. De cette période datent ses premiers essais d'opéras, *Die Macht der Liebe und des Weins* (« La Puissance de l'amour et du vin »), perdu, et *Das Waldmädchen* (« La Fille des bois »), écrit en 1800, qui ne s'est conservé que fragmentairement ; ils sont suivis en 1801 de *Peter Schmoll und seine Nachbarn* (« Peter Schmoll et ses voisins »), écrit lors du retour à Salzbourg, sous la supervision du Michael Haydn. Il achève à cette même époque une messe, dite *Jugendmesse* (« messe de jeunesse »), et un recueil de *Six Pièces pour piano*.

Cependant, considérant encore sa formation musicale insuffisante, Weber se rend à Vienne dans l'espoir de travailler cette fois avec Joseph Haydn. Au lieu de cela, il y deviendra l'élève de l'abbé Georg Joseph Vogler. Bien loin de valoir Haydn, ce musicien, grand voyageur et folkloriste, aura au moins le mérite d'inculquer à Weber le goût, propre aux romantiques, de l'exotisme. À Vienne, Weber se familiarise en outre avec le chant populaire et avec le jeu de la guitare.

Entre 1804 et 1810, il travaille successivement à Breslau, à Karlsruhe et à Stuttgart. Ayant obtenu le poste de chef d'orchestre au théâtre de Breslau, il s'efforce, avec enthousiasme et talent, mais aussi avec maladresse, d'y faire passer des réformes, tant au niveau de l'interprétation qu'à celui du répertoire. En plus des hostilités qu'il suscite, un grave accident, dont ses adversaires profitent, l'oblige à quitter la place : il s'empoisonne en ayant bu par mégarde de l'acide et s'abîme irrémédiablement la voix. Son second poste, à Karlsruhe, comme musicien du prince mécène Eugen Friedrich de Wurtemberg-Ols, sera en revanche l'une des périodes les plus heureuses de sa vie. Il se remet activement à la composition, écrivant notamment ses deux symphonies (1807). Ce sera probablement le contexte des événements militaires qui l'incitera à résilier ses fonctions. À Stuttgart, il se retrouve secrétaire du duc Ludwig de Saxe, frère du roi Friedrich. En dépit des difficultés de cette charge, ces années (1808-1810) sont relativement productives : il écrit notamment l'opéra *Sylvana* (le livret est une réadaptation de celui de *Das Waldmädchen*), la musique de scène pour la *Turandot* de Gozzi dans la traduction de Schiller, la cantate *Der erste Ton* ainsi qu'une *Grande Polonaise pour piano* et une série de lieder. Mais une inextricable affaire de dettes et une accusation d'escroquerie, probablement fabriquée, le font bannir, ainsi que son père, du duché de Wurtemberg.

Trois années itinérantes, mais largement profitables musicalement, lui feront ensuite parcourir toute l'Allemagne ; il s'arrête, entre autres villes, à Darmstadt, où il retravaille avec l'abbé Vogler, puis à Munich où, faisant exécuter son *Concertino pour clarinette* avec Heinrich Bärman, il reçoit du roi Maximilien de Bavière la commande de deux nouveaux concertos pour cet instrument. Ces années 1810-1813 voient naître également les deux concertos pour piano (1810 et 1812), le *Concerto pour basson* (1811), le singspiel *Abu Hassan*, représenté à Munich en 1811, et la *Première Sonate pour piano* (1812). En 1813, Weber arrive à Prague, où il reste jusqu'en 1816 au poste de directeur de l'Opéra. C'est là qu'il épousera en 1817 la cantatrice Caroline Brandt, qu'il avait rencontrée au cours d'un séjour à Francfort. Déployant une énergie considérable, il rénove complètement le répertoire du théâtre, faisant représenter notamment de nombreux ouvrages français (de Grétry, Méhul, Boieldieu, Cherubini, Spontini), mais aussi le *Fidelio* de Beethoven. Si le rythme de sa créativité baisse un peu au cours des années praguoises, une œuvre comme le *Quintette pour clarinette et cordes* (1815) reste son chef-d'œuvre dans le domaine de la musique de chambre. De la même période datent aussi le recueil de quatuors vocaux *Leyer und Schwerdt* (« La Vielle et l'Épée ») [1814] et la cantate *Kampf und Sieg* (« Combat et Victoire ») [1815]. À la fin de 1816, au cours d'un séjour à Berlin, il achève ses sonates n°s 2 et 3 pour piano.

Le dernier poste officiel de Weber sera Dresde, où il travaille de 1817 à 1820. Dans cette ville, qui était l'un des bastions de l'opéra italien, il s'efforce d'imposer l'art dramatique allemand, dont lui-même va bientôt devenir le symbole. C'est à Dresde qu'il fait la rencontre du poète Friedrich Kind, qui écrit pour lui le livret du *Freischütz*. Weber travaille à cet opéra entre 1817 et 1821, tout en composant parallèlement de la musique religieuse (deux messes, 1818 et 1819) et des œuvres instrumentales ; sa production pianistique s'enrichit au cours de l'année 1819 d'une *Polonaise brillante*, d'un *Rondo brillant*, et surtout de la célèbre *Invitation à la danse* (connue en France sous le nom d'*Invitation à la valse*), que Berlioz orchestrera en 1842 (elle deviendra aussi, dans cette version orchestrée, la musique du ballet *Le Spectre de la rose*, représenté en 1911 dans le cadre des Ballets russes de Diaghilev). Il écrit aussi la *Jubel-Ouverture* (1818), célèbre pour sa citation de l'hymne britannique *God save the King*, le *Trio pour flûte, violoncelle et piano* (1819), la musique de scène de *Preciosa* (1820), dont l'ouverture est restée assez populaire, et l'intéressant *Konzertstück pour piano et orchestre* (1821).

La création du *Freischütz*, à Berlin, le 18 juin 1821, est un triomphe et marque la consécration de l'opéra romantique allemand. Weber reçoit la commande d'un nouvel ouvrage destiné à être créé au théâtre de la Porte de Carinthie, à Vienne. Il mène à bien, en l'espace de deux ans, la vaste partition d'*Euryanthe*, opéra chevaleresque, qui est représenté le 25 octobre 1823. Entre-temps, il a écrit sa *Quatrième Sonate pour piano* (1822), sa dernière œuvre instrumentale. Cette même année 1822 est celle de la naissance de son fils Max Maria (mort en 1881), qui sera son premier biographe.

Au cours des trois dernières années de sa vie, Weber reprend un mode de vie itinérant, dirigeant ses œuvres ou celles des autres. Son ultime ouvrage, sur une commande émanant du Covent Garden de Londres, sera l'opéra féerique *Obéron*. Miné par la tuberculose, Weber trouve encore la force d'en diriger la création le 12 avril 1826, et il meurt à Londres moins de deux mois après, le 5 juin 1826, dans sa quarantième année, précédant d'un an Beethoven et de deux ans Schubert.

Le créateur de l'opéra romantique allemand

C'est en premier lieu grâce à ses opéras que Weber s'est rendu célèbre et a survécu. Déjà, les seules ouvertures du *Freischütz*, d'*Euryanthe* et d'*Obéron*, fréquemment exécutées en concert, auraient suffi à maintenir sa popularité. Elles achèvent en effet d'établir la forme et l'esthétique de l'ouverture romantique, rassemblant les thèmes principaux et, souvent, des épisodes entiers de l'ouvrage, organisés de manière à former une narration éloquente, servis par la richesse de la palette orchestrale. Quant aux opéras eux-mêmes, *Sylvana*, qui reste à peu près ignorée du grand public, contient déjà les idées qui seront celles du *Freischütz*, avec sa poésie panthéiste de la vie forestière et ses références au folklore ; *Abu Hassan*, avec son sujet exotique, reste dans la tradition du singspiel mozartien (*Zaïde*, *L'Enlèvement au sérail*) et est un nouvel hommage aux « turqueries » à la mode depuis le milieu du XVIIIe siècle. Mais c'est évidemment avec le *Freischütz*, œuvre témoin du romantisme allemand, que Weber s'est imposé sur la scène mondiale.

Le *Freischütz*, dont l'action se situe en Bohême au XVIIe siècle, est fondé sur une légende d'Europe centrale. Le livret est de Friedrich Kind. Pour pouvoir épouser Agathe, fille du garde forestier Cuno, le jeune chasseur Max doit, conformément à une tradition établie, remporter un concours de tir. Or il accumule les échecs, ayant été envoûté par son compagnon Caspar, ancien prétendant éconduit d'Agathe. Caspar a passé un pacte avec le démon, personnifié par Samiel, le « chasseur noir », dont le repaire se trouve au fond de la forêt, dans la gorge aux Loups. Caspar réussit à persuader Max de s'y rendre avec lui à l'heure de minuit et d'y faire fondre, avec l'aide de Samiel, sept balles magiques, qui atteindront leur but infailliblement. Mais ce pacte comporte une clause que Max ignore : après que les six premières balles auront frappé juste, la septième ira là où il plaira au démon de l'envoyer. Max se laisse convaincre. Le tableau de la gorge aux Loups est le cœur dramatique de l'ouvrage, rassemblant les trois protagonistes (Samiel est un rôle parlé, avec la voix souvent amplifiée par un haut-parleur) et un chœur d'esprits invisibles, et faisant se déchaîner, après la fonte de chaque balle, des forces surnaturelles de plus en plus menaçantes. Caspar a demandé à Samiel que la septième balle frappe Agathe. Mais, le jour du mariage, c'est Caspar lui-même qui sera frappé à mort par le dernier coup de feu de Max, car Agathe se trouvait sous la protection d'un saint ermite. Ayant appris que Max avait conclu un pacte diabolique, le roi Ottokar, venu assister à la cérémonie, veut le faire bannir, mais l'ermite intercède en sa faveur, ordonnant l'abolition du concours de tir, et le mariage de Max et d'Agathe sera seulement reporté d'un an.

On peut constater dans le *Freischütz* des influences de Mozart (au deuxième acte surtout, dans les scènes d'Agathe avec sa cousine Annette, où l'on retrouve la relation classique de la maîtresse et de la soubrette), et aussi celles de Beethoven, au niveau de l'harmonie et de certaines références ponctuelles (issues de *Fidelio*, notamment). Mais le charme et l'impact émotionnel du *Freischütz* tiennent surtout à la saveur d'une présence populaire richement représentée par le folklore et à l'alliance de la nuit et du fantastique avec une nature qui est à la fois cadre et élément personnifié. Nombre de ses mélodies, prenantes et aisément mémorisables, comme toujours chez Weber, sont rapidement devenues de véritables « tubes » dans toute l'Allemagne et même à l'étranger. Richard Wagner, dans un article publié en 1841 dans la *Revue et gazette musicale*, a écrit ces lignes restées célèbres : « Le philosophe de Berlin fredonnait gaiement "Nous te tressons la couronne virginale" [chœur féminin de l'avant-dernier tableau] ; le directeur de la police répétait avec enthousiasme "À travers les bois, à travers les prairies" [air de Max au 1er acte], tandis que le laquais de cour chantait d'une voix enrouée "Que peut-on comparer sur terre aux plaisirs de la chasse" [chœur des chasseurs au dernier tableau]. » L'orchestre, où passent plusieurs leitmotive (le plus typique et reconnaissable est celui de Samiel), joue un rôle actif de premier plan, dans le tableau de la gorge aux Loups en particulier, faisant du *Freischütz* le prototype de l'opéra symphonique.

En France, le *Freischütz* a malheureusement connu des fortunes diverses, en particulier en 1824, sous le titre de *Robin des bois*, dans une version trafiquée par Castil-Blaze, puis en 1841 avec des récitatifs ajoutés par Berlioz à la place des textes parlés (bien longs, il est vrai, comme c'est souvent le cas dans les singspiels).

Euryanthe, bien que souhaité par la commande comme « un opéra dans le style du *Freischütz* », est un type de sujet bien différent, inspiré de la chevalerie française du XIIIe siècle : *L'Histoire de Gérard de Nevers et de la belle et vertueuse Euryanthe, sa mie*, mise en livret par Helmina von Chezy. Weber y renonce à l'intercalation de dialogues parlés, faisant donc un opéra chanté d'un bout à l'autre. L'argument d'*Euryanthe* est fondé sur le thème classique d'un amour dont la fidélité est mise à l'épreuve ; mais le livret souffre d'une accumulation de détails qui l'alourdit fâcheusement. Ayant entendu Adolar, chevalier et troubadour, chanter la vertu de sa fiancée Euryanthe, son adversaire Lysiart se fait fort de lui prouver l'inconstance des femmes. Il trouve une complice en la personne d'Églantine, une fausse amie d'Euryanthe, qu'il promet d'épouser. Elle lui procure une bague qui devra lui permettre de confondre Euryanthe aux yeux d'Adolar. Bien que croyant triompher en un premier temps, il ne réussira cependant pas à détruire cet amour qui prévaudra en fin de compte. Évidemment redevable au *Freischütz* à bien des titres (par les chœurs et l'orchestre, entre autres), *Euryanthe* est la partition qui annonce le plus directement Wagner : de nombreuses pages de *Tannhäuser* et de *Lohengrin* y trouvent des pré-échos bien reconnaissables. En ce sens, c'est sans conteste l'ouvrage dans lequel Weber a vu le plus loin. Malgré cela, malgré sa générosité d'invention et ses accents héroïques, *Euryanthe* est loin d'avoir la popularité du *Freischütz*, à cause de certaines longueurs, et d'une action trop souvent embrouillée, qui n'arrive à solliciter la participation de l'auditeur que par intermittence.

Le Moyen Âge, la féerie et l'Orient déterminent l'esthétique d'*Obéron*, opéra avec lequel Weber atteint ses sommets en matière d'enchantement musical, opposant la luminosité merveilleuse du conte aux ombres fantastiques du *Freischütz* et à la grandiloquence d'*Euryanthe*. Le livret de James Robinson Planché est écrit d'après le vaste poème de Christoph Martin Wieland, avec des références au *Songe d'une nuit d'été* de Shakespeare. Obéron, roi des elfes, et son épouse Titania se sont querellés pour une raison futile : savoir qui, de l'homme ou de la femme, est le plus inconstant. Ils ont juré de rester séparés jusqu'à ce qu'ils rencontrent un couple qui aura gardé une fidélité mutuelle à travers toutes les épreuves et les tentations. Le chevalier Huon de Bordeaux, envoyé en mission périlleuse par Charlemagne auprès du calife de Bagdad Haroun al Rachid, et Rezia, la fille de ce dernier, donneront gain de cause à Obéron, qui a pris le chevalier sous sa protection en lui offrant un cor magique. À travers diverses péripéties – enlèvement de Rezia par des pirates, tentative de séduction de Huon par Roxane, fille de l'émir de Tunis Almansor –, les amoureux se retrouveront devant Charlemagne, qui confirmera leur union. Obéron et Titania pourront donc se réconcilier. Par sa forme autant que par son sujet, *Obéron* marque un retour au singspiel, avec de très nombreux dialogues parlés (on a parfois fait remarquer qu'il tient presque autant d'une musique de scène que d'un opéra), mais l'esthétique et le langage sont intégralement ceux d'un opéra romantique. Weber avait exprimé l'intention de réécrire des récitatifs musicaux pour des représentations ultérieures, mais la mort l'en empêcha. *Obéron* connut, lui aussi, un certain nombre de trafiquages plus ou moins honnêtes, dont un par

Mahler (1907, joué à Cologne en 1913). Ce fut aussi Mahler qui, par ailleurs, se chargea en 1887 d'achever un opéra entamé puis abandonné par Weber en 1820, *Die drei Pintos*.

Dans l'œuvre instrumentale de Weber, ce sont certaines compositions pour piano, mais surtout les divers concertos, qui constituent les meilleures réussites. Weber était un remarquable virtuose du piano, doté de mains dont l'étendue spectaculaire étonnait chez cet homme petit et chétif. Si une partie de son œuvre pour piano seul (danses, variations diverses) appartient au tout-venant de l'époque, ses sonates méritent certainement mieux que le semi-oubli dans lequel on continue à les tenir : sans prétendre à une grande profondeur, elles ont du charme et du brillant. La *Grande Polonaise* est un morceau de bravoure ; quant à l'*Invitation à la danse*, elle est restée le modèle de la valse de concert. Des œuvres pour piano et orchestre, les deux concertos ne sont pas sans mérites, tant par l'écriture de la partie soliste que par l'orchestration, mais c'est sans conteste le *Konzertstück*, composition de maturité, qui s'impose comme le chef-d'œuvre par excellence ; constitué de quatre parties successives, très diversifié entre le lyrisme, la puissance et le divertissement, il doit beaucoup à Beethoven (2e partie), tout en annonçant par moments Chopin (1re partie).

Dans ses concertos pour instruments à vent – clarinette, basson, cor, dont il a su tirer les effets les plus originaux dans ses partitions d'opéras –, Weber suit les traces de Mozart. La clarinette, en particulier, est la mieux servie, avec un concertino et deux concertos (le premier, en *fa* mineur, est le plus célèbre), sans compter le *Quintette pour clarinette et cordes*, qui reprend là encore un effectif mozartien, et le *Grand Duo concertant pour clarinette et piano*. Le *Concertino pour cor*, pour sa part, est réputé pour sa difficulté d'exécution. Les messes, les cantates, les musiques de scène, les chœurs, la soixantaine de lieder (dont certains accompagnés à la guitare) demeurent, sans être complètement ignorés, au second plan dans l'œuvre de Weber telle qu'elle est présentée au concert. Outre ses œuvres musicales, Weber a laissé quelques écrits, dont un roman autobiographique inachevé, *Tonkünstlers Leben* (« La Vie d'un musicien »).

ANDRÉ LISCHKÉ

Bibliographie

C. M. von Weber, *Sämtliche Schriften*, G. Kaiser éd., Schuster und Loeffler, Berlin, Leipzig, 1908 ; *Kunstansichten*, K. Laux éd., Reclam, Leipzig, 1969, rééd. Breitkopf und Härtel, Leipzig, 1975 ; *La Vie d'un musicien et autres récits*, trad. L. Gérardin, G. Condé éd., Lattès, Paris, 1986.

J. Benedict, *Weber*, Sampson, Low, Marston & Rivington, Londres, 1881, rééd. Low, Londres, 1926 / A. Cœuroy, *Weber*, Denoël, Paris, 1925, rééd. 1953 / P. van Dieren dir., *Der Freischutz*, Bureau de dramaturgie de l'Opéra national de Belgique, Bruxelles, 1983 / D. G. & A. H. Henderson, *Carl Maria von Weber. A Guide to Research*, Garland, New York, 1990 / K. Höcker, *Oberons Horn. Das Leben von Carl Maria von Weber*, E. Klopp, Berlin, 1986 / F. W. Jähns, *Carl Maria von Weber chronologisch-thematisches Verzeichnis*, Schlesinger, Berlin, 1871 ; *Carl Maria von Weber, eine Biographie*, Stuttgart, 1922, rééd. 1930 / E. Kroll, *Weber*, Athenaion, Potsdam, 1934 / K. Laux, *Carl Maria von Weber*, Reclam, 1966 / H. K. Metzger & R. Riehn dir., « Carl Maria von Weber », in *Musik-Konzepte*, n° 52, Text + Kritik, Munich, 1986 / H. J. Moser, *Carl Maria von Weber*, Breitkopf und Härtel, Leipzig, 1941, rééd. 1955 / A. Reissmann, *Carl Maria von Weber, sein Leben und seine Werke*, Oppenheim, Berlin, 1883 / W. H. Riehl, *Carl Maria von Weber als Klavierkomponist*, Stuttgart, 1860 / W. Sandner, *Die Klarinette bei Carl Maria von Weber*, Wiesbaden, 1971 / O. Schmidt, *Carl Maria von Weber und seine Opern in Dresden*, Dresde, 1922 / H. Schnoor, *Weber*, Süddeutscher Verlag, Munich, 1968 / G. Servières, *Weber, une biographie critique*, H. Laurens, Paris,

1906 ; *Freischütz*, Fischbacher, Paris, 1913 / P. Spitta, « Carl Maria von Weber », in *Zur Musik*, Berlin, 1892 / M. C. Tusa, *Euryanthe and Carl Maria von Weber's Dramaturgy of German Opera*, Clarendon Press, Oxford, 1991 / J. Veit, *Der junge Carl Maria von Weber*, Schott, Mayence, 1990 / J. Warrack, *Carl Maria von Weber*, Hamish Hamilton, Londres, 1968, 2e éd. Cambridge Univ. Press, Cambridge (G.-B.), 1976 ; trad. franç. par O. Demange, Fayard, Paris, 1987 / M. M. von Weber, *Carl Maria von Weber, ein Lebenbild*, 3 vol., Leipzig, 1864-1866, rééd. 2 vol. Berlin, 1912 / G. Zschacke, *Carl Maria von Weber : Romantiker im Aufbruch*, Schmidt-Römhild, Lübeck, 1985.
« Obéron », in *L'Avant-scène opéra*, no 74, Paris, 1985 ; « Le Freischütz », *ibid.*, no 105-106, 1988 ; « Euryanthe », *ibid.*, no 153, 1993.

WEBERN ANTON VON (1883-1945)

Webern s'est efforcé de résoudre les paradoxes d'une liaison organique entre les formes contrapuntiques les plus strictes et les formes sérielles fondamentales. Poursuivant l'enseignement de Schönberg, il met en tension les structures musicales les plus ancrées dans la tradition occidentale et les recherches les plus « déchargées » de références à un vocabulaire sonore ou à une stylistique particuliers. Sans doute pourra-t-on pressentir, dans cette conception wébernienne de l'œuvre, le désir profond de parcourir un mouvement aussi ininterrompu que possible, depuis l'essence jusqu'à l'existence d'une musique.

L'origine d'une remise en question

Anton von Webern est né à Vienne (Autriche) ; il étudie la musicologie avec Guido Adler au Conservatoire de Vienne et reçoit, en 1906, le titre de docteur en musicologie avec une thèse sur le *Choralis Constantinus* de Heinrich Isaac. Webern a commencé à suivre l'enseignement de Schönberg deux ans auparavant, en 1904, et demeurera disciple de celui-ci jusqu'en 1910. La vie de Webern est assez mal connue ; jusqu'en 1920, il gagne sa vie comme répétiteur, chef d'orchestre dans plusieurs théâtres d'Allemagne et d'Autriche ; à partir de cette date, il se fixe à Mödling, près de Vienne, où il vit plus ou moins misérablement de cours privés. Il tente d'organiser des concerts de musique nouvelle. En 1945, il meurt assassiné (par erreur) par un soldat américain à Mittersill, près de Salzbourg.

Sa première œuvre publiée est la *Passacaille*, opus 1 (1908), pour orchestre ; cette *Passacaille*, en *ré* mineur, se rattache encore à la tonalité et à l'univers stylistique mahlériens. Les résurgences de post-romantisme disparaissent rapidement de l'œuvre de Webern ; toutefois, demeurera dans sa conception musicale un attachement à des formes scolastiques traditionnelles telles que la passacaille, le canon, la symphonie ou la forme sonate, même à l'heure du doute le plus radical vis-à-vis de tout vocabulaire musical préétabli. Par exemple, la forme de la passacaille devient la base d'un type d'écriture contrapuntique que Schönberg avait revalorisé, et dont Webern propose des développements novateurs. L'œuvre possède déjà des propriétés qui seront déterminantes pour sa pensée musicale jusqu'à l'opus 11 : dynamique généralement faible, thématique brisée par des silences fréquents. L'opus 2 de Webern est un chœur *a cappella*, où prédominent les principes du contrepoint : *Entflieht auf leichten Kähnen*, sur des textes de Stefan George ; la forme du canon est à l'origine de l'architecture de l'œuvre ; Webern se libère peu à peu des répétitions, périodicités qui étaient encore présentes dans les opus 1 et 2 ; les fonctions tonales deviennent moins polarisantes et annoncent un détachement prochain, une émancipation par rapport à la rhétorique classique. Les seuls sentiments de répétition proviennent d'événements de structures similaires et de même durée qui se succèdent ; les principes de développement se dégagent des fonctions imposées par le système tonal. C'est à partir de l'opus 3 (*Cinq Mélodies*, sur des textes de Stefan George) et de l'opus 4 (*Cinq Mélodies*, également sur des textes de Stefan George) que s'opère une libération décisive : une remise en question de la tradition se fait jour, sorte de mise entre parenthèses progressive des points de repère et de la logique de l'œuvre occidentale.

Pour cette libération, comme pour les phases ultérieures déterminantes de sa création, Webern a recours à des formes vocales ; René Leibowitz constate que cet affranchissement s'effectue à peu près au même moment chez Alban Berg, en particulier dans l'opus 2 (*Mélodies*). Cette œuvre est suivie chez Berg d'un *Quatuor à cordes* ; de même, dans le cas de Webern, un *Quatuor à cordes*, l'opus 5, poursuit les recherches amorcées. Dans les opus 5, 6 et 7 (composés de 1908 à 1910) de Webern, s'exprime l'extrême concentration des moyens formels, réduits à l'essentiel. La forme apparaît en quelque sorte comme cristallisée. Les *Cinq Mouvements pour quatuor*, opus 5, sont caractéristiques de cette période par la très forte concision de certains mouvements (notamment les deuxième et quatrième) : les motifs thématiques sont exploités selon une technique de variation qui permet de les percevoir sous des jours sans cesse renouvelés tout au long de l'œuvre.

Naissance d'une pensée sérielle

L'épuration se radicalise dans les *Six Pièces* pour grand orchestre, opus 6, et les *Quatre Pièces* pour violon et piano, opus 7. Le choix de « petites formes » n'est pas sans évoquer certaines formes d'art oriental, notamment le *haikai* japonais. Webern semble prendre plus nettement ses distances vis-à-vis de Schönberg ; à partir de l'opus 5, le chromatisme de l'harmonie wébernienne paraît beaucoup plus serré que celui de Schönberg dont les œuvres s'apparentent encore largement à la stylistique d'un Brahms.

Systématisant ses prises de position, Webern écrit en 1912 un texte sur Schönberg où il insiste sur les apports négatifs de celui-ci par rapport à la tradition ; c'est cet aspect antithétique que Webern poussera plus avant, et qui sera repris par les générations successives de musiciens sériels. Webern réalise cette épuration à plusieurs niveaux de composition : la dimension de ses œuvres est nécessairement réduite car les formes doivent atteindre la plus grande concentration ; les sons semblent émerger du silence et retourner au silence, donnant l'impression d'être de « pures présences ».

Dès cette période, Webern se détache de toute réminiscence traditionnelle : les structures contrapuntiques restent « souterraines », les hiérarchies entre mélodies principales et mélodies d'accompagnement disparaissent ; les intervalles harmoniques gagnent une certaine part d'ambiguïté, leurs fonctions ne sont plus clairement prévisibles.

La notion d'intervalle est prise, dans l'œuvre de Webern, dans ses implications philosophiques, synthèse de deux notions antinomiques : l'unité et la dualité, le continu et le discontinu, le simultané et le successif, selon que l'intervalle est envisagé de manière mélodique ou harmonique.

Un des vers de Rilke, extrait des *Deux Mélodies* pour chant et huit instruments (1911-1912), opus 8, pourrait être pris comme phrase pivot de cette période wébernienne : *« Weil ich niemals dich anhielt, halt ich dich fest »* (« Parce que je ne te retins jamais, je te tiens fermement »).

De même, la dédicace des *Six Bagatelles*, opus 9 (1913), à Berg : « *Non multa sed multum* – combien j'aimerais que cela puisse s'appliquer à ce que je t'offre ici », illustre la volonté de ne retenir, dans l'œuvre, que l'essentiel ; jusqu'à l'opus 11, *Trois Petites Pièces pour violoncelle et piano* (1914), se déploie un temps éclaté où règne une alternance entre présence et absence. Le phénomène du timbre est exploité avec une conscience de plus en plus rigoureuse, développée la technique que Schönberg avait définie dans son *Traité d'harmonie* au niveau des timbres : la *Klangfarbenmelodie* (mélodie de timbres).

La particularisation de chaque événement sonore n'est plus seulement obtenue à la suite du travail sur les hauteurs, mais l'identité de chaque événement vient de ce que sont étroitement associées toutes les caractéristiques du son, rendant celui-ci en quelque sorte « irremplaçable » ; il n'est plus considéré abstraitement, et prend place dans l'organisation de l'œuvre selon les quatre paramètres de base dont la musique sérielle développera plus tard la systématisation : hauteur, intensité, durée, timbre. Parallèlement, chaque œuvre est pourvue d'une forme autonome au lieu de répondre à des cadres préétablis.

Les *Trois Pièces pour violoncelle et piano* sont une œuvre pivot dans la musique de Webern : il parvient à un chromatisme tellement généralisé que l'on ne perçoit plus de progression à l'intérieur de l'harmonie et qu'il règne sur l'œuvre une impression de statisme.

Faute de pouvoir suivre un mouvement continu, de se laisser emporter par le flux de liens déductifs, l'auditeur se trouve en état de perpétuelle surprise, l'articulation temporelle des événements étant sans cesse renouvelée ; cette imprévisibilité ainsi que l'absence de périodicité et de symétrie ne sont pourtant pas totales : il ne reste d'ordonnance conductrice, de liaison, de répétition que ce qu'il faut pour rendre possible l'émergence hors d'un indéterminé pur que serait le silence.

À partir des *Cinq Canons*, opus 16, pour chant, clarinette et clarinette basse sur des textes liturgiques latins (1924), Webern sort en quelque sorte de ce qu'Henri Pousseur a pu appeler une « crise de l'indétermination ». Le silence n'est plus conçu comme le vide absolu d'où naît tout son et auquel tout retourne ; le silence devient ce qui rend les diverses unités sonores perceptibles, ce qui articule le temps ; les temps de sons et de silences cohabitent dans l'œuvre, existant les uns par les autres ; le silence devient une puissance aussi positive que le son.

Les polyphonies vocale et instrumentale sont devenues plus complexes et denses, liées à une utilisation systématisée des registres extrêmes ; en effet, les écarts importants entre les notes troublent tout sentiment tonal qui pourrait surgir malgré la dispersion des figures sonores empêchant l'attention de se polariser sur des phénomènes favorisés par les habitudes acquises au cours de trois siècles de musique tonale.

À partir de l'opus 17 (*Trois Mélodies populaires sacrées*, pour soprano, clarinette, clarinette basse et violon, 1924), Webern utilise des séries dodécaphoniques ; pour lui, la série assume la fonction fondamentale de garantir l'homogénéité de l'œuvre, son unité cohérente. Webern avait lu *La Métamorphose des plantes* de Goethe et avait été particulièrement attiré par l'idée d'une plante originelle dont toutes les autres seraient déduites. Ainsi, les séries qu'il met en jeu sont génératrices de toute l'œuvre, elles constituent son véritable noyau.

C'est également à partir de cette étape de son évolution que les dimensions temporelles de l'œuvre ne sont plus comprises à l'intérieur d'une simple opposition entre horizontalité (linéarité) et verticalité : des figures musicales sont conçues de telle sorte que toutes les dimensions intermédiaires soient développées ; une des œuvres les plus caractéristiques de cette recherche est la *Seconde Cantate* (1943).

Dialectique des formes dans l'œuvre wébernienne

À partir de l'opus 20, Webern ressent la nécessité de donner plus d'ampleur à son système et, pour ce, il reprend certaines techniques anciennes délibérément mises à l'écart pendant une période où il avait fait table rase. Par exemple, dans le *Trio à cordes*, opus 20 (1927), il fait appel à la « grande forme », le premier mouvement s'apparentant à la forme du rondeau, le second à la forme de sonate. Dans la *Symphonie*, opus 21 (1928), le premier mouvement reflète le principe du canon, mais l'écriture révèle certains traits nouveaux, notamment la présence d'un double canon par mouvement contraire. Chaque caractéristique de l'œuvre (instrumentation, choix des timbres...) contribue à souligner ses propriétés structurelles, insiste sur les richesses potentielles de celles-ci. René Leibowitz précise que « l'aspect rythmique est si simple qu'il finit par s'exprimer en une symétrie presque totale, et pourtant cette symétrie est si raffinée qu'elle se confond avec l'asymétrie absolue » ; en fait, Webern joue sans cesse sur les concepts d'identité et de différence, sur des systèmes de compensation. À partir de l'opus 21, Webern parvient à une grande maîtrise de l'art de la variation et du canon, techniques que l'on trouve dans les manifestations les plus anciennes de l'art polyphonique. Dans le *Quatuor*, opus 22 (1930), l'instrumentation est parfaitement liée au discours sériel ; dans les *Trois Chants*, opus 23 (1934), pour soprano et piano, c'est le problème de la mélodie à l'intérieur d'une forme autre que la forme traditionnelle du lied qu'envisage Webern.

Les *Variations pour piano*, opus 27 (1936), sont sa première œuvre pour piano solo ; il semble bien chercher une parfaite unité du discours sériel, et tend à préserver l'homogénéité de l'œuvre. À partir de ces *Variations*, l'idéal d'un ordre sériel se manifeste de plus en plus clairement. Les *Variations pour orchestre*, opus 30 (1940), et les trois œuvres composées avec chœur, *Das Augenlicht*, opus 26 (1935), la *Première Cantate*, opus 29 (1939), et la *Seconde Cantate*, opus 31 (1943), toutes trois écrites sur des textes de Hildegard Jone, réalisent un même équilibre entre la résurgence de formes traditionnelles et une pensée sérielle qui annonce les tentatives de Boulez, de Stockhausen, de Pousseur à partir des années 1950.

Selon les propres termes de Hildegard Jone, à propos de la *Première Cantate*, Webern souhaitait que ne soit perçu aucun centre de gravité, que la structure harmonique reste en état d'attente. Si Boulez a intitulé un de ses textes consacré à Webern

« Le Seuil », c'est justement parce que ses œuvres ont constitué une base de réflexion et de travail considérable pour les musiques à venir ; les apports de Webern sont multiples : ses recherches n'ont pas seulement été une étape décisive pour la pensée sérielle ; son sens du temps musical, de la discontinuité et du silence ont profondément influencé des compositeurs que les conceptions esthétiques issues de la rhétorique musicale occidentale ne pouvaient plus satisfaire.

JEAN-YVES BOSSEUR

Bibliographie

• Œuvres d'Anton von Webern

Arnold Schönberg, Munich, 1914 ; *Der Weg zur Komposition mit 12 Tönen*, Vienne, 1932 ; *Der Weg zur Neuen Musik*, Vienne, 1932-1933 (*Chemin vers la nouvelle musique*, J.-C. Lattès, Paris, 1980) ; *Journal à une amie*, *ibid.*, 1975.

• Études

« Anton Webern », in nº spéc. *Musik-Konzepte*, 1983-1984 / K. BAILEY, *The Twelve-Note Music of Anton Webern*, Cambridge Univ. Press, New York, 1991 / V. CHOLOPOVA & J. CHOLOPOV, *Anton Webern*, Henschel, Berlin, 1989 / R. LEIBOWITZ, *Schönberg et son école*, Seuil, Paris, 1947 / H.-L. MATTER, *Anton Webern*, L'Âge d'homme, Lausanne, 1981 / H. MOLDENHAUER, *Anton von Webern*, Da Capo, New York, 1978 ; *Death of Anton Webern*, *ibid.*, 1994 / H. POUSSEUR, « Da Schönberg a Webern, una mutazione », in *Incontri musicali*, nº 1, Milan, 1956 ; « Webern und die Theorie », in *Darmstädter Beiträge*, nº 1, Mainz, 1958 / A. C. SCHEFFLER, *Webern and the Lyric Impulse*, Clarendon, Oxford, 1994 / « Webern », in *Die Reihe*, nº spéc. 2, Vienne, 1955.

WEELKES THOMAS (1576 env.-1623)

Organiste et compositeur anglais, élève d'Oxford, Thomas Weelkes est l'un des plus grands madrigalistes de l'école anglaise. Son premier livre de madrigaux à trois, quatre, cinq et six voix fut publié en 1597. Deux autres livres de madrigaux, l'un à cinq et l'autre à six parties, parurent en 1600. Il participe, avec un madrigal à six parties, *As Vesta Was from Latmos Hill Descending*, l'un des plus beaux de la collection, au célèbre recueil *The Triumphes of Oriana*, que Thomas Morley fait éditer en 1601, en hommage à la reine Élisabeth. À partir probablement de la fin de 1601, Weelkes vit à Chichester, où il est organiste de la cathédrale. Son œuvre s'oriente vers la musique d'église : il écrit dix services, dont il ne reste que des fragments, et de nombreux anthems (41 au moins, dont 25 compets ou restituables). Il meurt à Londres.

Weelkes adopte dans ses madrigaux le style chromatique venu d'Italie. Son langage musical riche et varié lui permet d'aller de la puissance expressive (*Cease, Sorrows, Now ; O Care, thou Wilt Despatch Me*) aux effets pittoresques ou dramatiques de la musique descriptive, et des constructions larges et massives (*Mars in a Fury, Like Two Proud Armies*) à la satire des *Airs of Fantastic Spirits*. Les fragments des services qui ont été conservés montrent que là aussi Weelkes fit preuve d'audace et d'originalité, introduisant, pour donner plus d'intérêt et de variété à cette musique, des versets avec accompagnement d'orgue indépendant et divers effets de chœurs semblables à ceux de l'école vénitienne. Dans le domaine de la musique instrumentale, il a laissé un ensemble de pièces pour violes, des pièces pour quatre et cinq parties et des pièces pour clavier.

NICOLE LACHARTRE

WEILL KURT (1900-1950)

Compositeur allemand naturalisé américain, né à Dessau et mort à New York, Kurt Weill étudie à Berlin avec Engelbert Humperdinck (1918), puis avec Ferruccio Busoni (1921-1923). Jusqu'en 1933, date de son émigration, il écrit, outre ses célèbres ouvrages scéniques en collaboration avec Brecht, plusieurs œuvres dans les genres traditionnels, parmi lesquelles un *Concerto pour violon* (1924), une *Symphonie n° 1* (1921), partition d'un seul tenant assumant le lourd héritage du post-romantisme mahlérien, straussien et même schönbergien, et une *Symphonie n° 2* (1933), plus dépouillée, et dont l'aspect corrosif témoigne à la fois de son évolution musicale et humaine et du fait qu'il l'achève en exil. À partir de *Mahagonny* (*Songspiel* sur un texte de Brecht, 1927), il se tourne de plus en plus vers le contemporain (*Zeitnähe*) et la critique sociale : l'opéra, devenu insupportable en tant qu'objet de consommation et de délectation bourgeoise, doit devenir événement conduisant le spectateur à l'activisme intellectuel et à l'engagement moral. Cela par le truchement de l'ironie et de la satire, et selon les mêmes normes que le théâtre épique de Brecht. De ces exigences d'opéra contemporain (*Zeitoper*), la première manifestation d'envergure est *L'Opéra de quat'sous* (*Die Dreigroschenoper*, 1928), d'après *L'Opéra des gueux* (*The Beggar's Opera*, 1728) de J. Gay et J. C. Pepusch. Sa collaboration avec Brecht se poursuit avec *Grandeur et décadence de la ville de Mahagonny* (*Aufstieg und Fall der Stadt Mahagonny*, 1930) violente satire du capitalisme, le *Berliner Requiem* (1929), *Le Vol de Lindbergh* (*Der Linberghflug*, 1929), *Der Jasager* (1930) et surtout le ballet avec chant *Les Sept Péchés capitaux du petit-bourgeois* (*Die sieben Todsünden der Kleinbürger*, 1933). À l'avènement de Hitler, il émigre à Paris puis aux États-Unis, où il se livre au genre du *musical play* avec *Johnny Johnson* (1936), *Knickerbocker Holiday* (1938), *Lost in the Stars* (1949). Détesté par Schönberg et Webern, qui ne lui pardonnèrent pas de s'être détourné d'une conception sacrale de l'art, il fut aussi honni par les nazis pour avoir « indissolublement lié son nom à la plus abjecte corruption de notre art ». Héritier de Mahler, du moins en partie, Kurt Weill revitalisa le néo-classicisme, fugue et choral y compris, par l'apport d'un sang rude et prolétaire.

MARC VIGNAL

WEINGARTNER FELIX (1863-1942)

Ce chef d'orchestre et compositeur d'origine autrichienne a joué un rôle déterminant dans l'évolution de la direction d'orchestre en opérant un retour au texte et à la rigueur après les excès des chefs post-romantiques. Né à Zara, en Dalmatie (aujourd'hui Zadar, en Croatie), le 2 juin 1863, de mère allemande et de père autrichien, Felix Weingartner (Edler von Münzberg) effectue ses études musicales à Graz avec Wilhelm Mayer-Remy, puis à Leipzig grâce à une bourse obtenue sur recommandation de Brahms. Il travaille le piano et la composition avec Salomon Jadassohn et Carl Reinecke et étudie également la philosophie à l'université (1881-1883). En 1884, Liszt monte son premier opéra à Weimar, *Sakuntala*. La même année, il trouve un poste de chef d'orchestre à l'Opéra de Königsberg. Il est ensuite engagé à Danzig (1885-1887) et à Hambourg, où il est l'assistant de Hans von Bülow (1887-1889). Puis on le trouve à Mannheim (1889-1891), à l'Opéra royal de Berlin, où il a le titre de Hofkapellmeister (1891-1898) et où il dirigera les concerts symphoniques jusqu'en 1907 tout en assurant la direction de l'Orchestre Kaim (l'ancêtre de l'Orchestre philharmonique) à Munich (1898-1903). Il se produit également comme pianiste, en trio avec le violoniste Rettich et le violoncelliste Warnke.

Sa renommée se développe très rapidement et il est invité dans le monde entier, où il s'impose comme un spécialiste de Beethoven et de Berlioz : du premier, il dirige l'intégrale des symphonies au festival de Mayence en 1902 ; un an plus tard, il est invité à Grenoble pour diriger les manifestations du centenaire de la naissance de Berlioz et participe avec Charles Malherbe à l'édition intégrale de ses œuvres entreprise depuis 1899 par Breitkopf und Härtel (il en fera de même en 1907 pour Haydn). Il dirige pour la première fois à Londres en 1898, à New York en 1904, à Paris en 1906 (*La Damnation de Faust* à l'Opéra) avant de prendre la succession de Mahler comme directeur musical à l'Opéra de Vienne (1908-1911). Il occupe la même fonction à l'Opéra de Hambourg (1912-1914) puis est nommé directeur général de la musique à Darmstadt (1914-1919) et directeur musical à la Volksoper de Vienne (1919-1924). Pendant cette période, il assure également la direction de l'Orchestre philharmonique de Vienne, dont il sera le dernier chef permanent (1908-1927). Il enseigne aussi à l'académie Franz-Liszt de Budapest.

En 1927, il est nommé directeur de l'Orchestre municipal de Bâle et, en 1933, du conservatoire de cette même ville. Il reçoit alors la nationalité helvétique. Il continue à mener une carrière de chef invité, notamment à l'Opéra de Vienne, où il revient régulièrement à partir de 1934, et reprend le poste de directeur musical en 1935-1936. Il fait ses débuts à Covent Garden en 1939 (*Parsifal*) et dirige son dernier concert en 1940. Il meurt à Winterthur le 7 mai 1942.

Les quelques années qu'il a passées à Hambourg comme assistant de Bülow ont été déterminantes pour Weingartner : il s'élève d'emblée contre les excès d'interprétation pour revenir à une lecture du texte plus sobre et plus rigoureuse. Cette approche ne le privait pas de chaleur et d'élégance et il donnait à ses exécutions une pulsation rythmique qui semble peut-être relativement souple de nos jours mais dont la rigueur était révolutionnaire en son temps. Sa démarche a été rapidement considérée comme un modèle d'équilibre et de classicisme. Il a consacré une part importante de sa carrière à la composition et à des écrits sur la musique : sept symphonies, douze opéras dont il est généralement l'auteur des livrets (*Genesius*, 1892 ; *Orestes*, 1902 ; *Kain und Abel*, 1914 ; *Dame Kobold*, 1916 ; *Meister Andrea*, 1920), des lieder, des concertos, de la musique de chambre et plusieurs livres (*Über das Dirigieren*, 1896 ; *Die Symphonie nach Beethoven*, 1897 ; ainsi que des études sur l'interprétation des symphonies de Beethoven, en 1906, de Schubert, et de Schumann, en 1918, et de

Mozart, en 1923). Il a également orchestré la *Sonate « Hammerklavier »* et la *Grande Fugue* de Beethoven, *L'Invitation à la valse* de Weber et de nombreux lieder de Beethoven, Loewe et Schubert, complété la *Symphonie inachevée* de Schubert, révisé *Obéron* et *Le Vaisseau fantôme* et créé la *Symphonie en « ut »* de Bizet (1935). Ses premiers enregistrements datent de 1910, mais on retiendra surtout l'intégrale des symphonies de Beethoven et de Brahms réalisée avec la Philharmonie de Vienne dans les années 1930.

DANIEL ZERKI

WIDOR CHARLES MARIE (1844-1937)

Lyonnais d'origine, mais d'ascendance hongroise, petit-fils d'un facteur d'orgues alsacien, Charles Marie Widor est l'un des représentants éminents de l'école romantique post-franckiste. Pour l'instrument de Cavaillé-Coll, il écrivit, ainsi qu'Alexandre Guilmant, des symphonies, les premières du genre. Tout jeune, il fut organiste de l'église Saint-François (Lyon) ; il partit à Bruxelles suivre les cours de François-Joseph Fétis et de Jacques Nicolas Lemmens, lequel se prétendait le dépositaire de la véritable tradition de Jean-Sébastien Bach (à travers Adolph Hesse et Johann Nikolaus Forkel) ; quelle que soit la linéarité de pareille succession, l'aboutissement esthétique, tant chez le maître belge que chez l'organiste français, manifeste, pour le moins, une profonde méconnaissance de ce que furent l'orgue baroque et le style d'interprétation des œuvres écrites pour lui. À vingt-quatre ans, Widor succède à Louis Lefébure-Wély aux cinq claviers de Saint-Sulpice (Paris), où il demeurera, pendant soixante-quatre ans, jusqu'à sa mort. Il fut professeur au Conservatoire de Paris (orgue, 1890-1896, après César Franck ; contrepoint et fugue, 1896-1904, après Théodore Dubois ; composition, à partir de 1905).

Son œuvre pour orchestre, pour la scène, sa musique de chambre et ses mélodies furent longtemps méconnues, même si son ballet *La Korrigane* (1880) eut quelque succès. Avec sa *Messe* pour double chœur et deux orgues, il met en honneur un style triomphant qui aura ses émules (Louis Vierne notamment). Il aime les grandes masses sonores à l'orgue, tout autant que les effets nostalgiques de boîte expressive. Ses dix symphonies, écrites de 1876 à 1900, valent surtout par leur architecture solide (cf. les grands allegros bithématiques, fort bien construits). C'est là qu'il inaugure les effets de staccato continu à l'orgue (quelque peu alourdi par les machines Barker !), ainsi dans le finale de la *Deuxième Symphonie* ou dans la toccata de la *Cinquième*, où il manifeste un sens profond du rythme. Mais il demeure le protagoniste du legato absolu, de l'art décoratif de Lemmens, de la facture Cavaillé-Coll, ce qui l'éloigne irrémédiablement de l'art de Bach, qu'il prétend continuer. Les deux dernières symphonies sont certainement les plus réussies : la *Neuvième*, dite *Gothique* (1895) et qui s'inspire du thème grégorien *Puer natus est* (Noël), la *Dixième*, dite *Romane* et qui prend pour motif conducteur l'*Haec Dies* du graduel de Pâques.

L'écriture widorienne ne maintient certes pas la pureté franckiste, elle verserait même parfois dans un certain académisme et favoriserait l'extériorité virtuose. Widor, en tout état de cause, a voulu préconiser un style d'orgue résolument neuf : « L'orgue moderne, dit-il, est essentiellement symphonique ; à l'instrument nouveau, il faut une langue nouvelle, un autre idéal que celui de la polyphonie scolastique. » On a loué sa simplicité, sa largeur d'esprit, sa distinction ; mais ses lacunes, dues partiellement à l'état rudimentaire des connaissances musicologiques de l'époque, n'expliquent pas, par exemple, le mépris qu'il affichait de l'orgue ancien français, qu'il connaissait fort mal (voir sa préface aux *Maîtres français de l'orgue*, recueil publié par F. Raugel). Un seul exemple : si l'on avait écouté ses conseils, qui ne furent pas suivis faute d'argent, l'un des chefs-d'œuvre de la facture du XVIIIe siècle français, l'orgue de Saint-Maximin-la-Sainte-Baume, aurait disparu. Parmi ses élèves, citons Henri Libert, Charles Tournemire, Louis Vierne et Marcel Dupré.

PIERRE-PAUL LACAS

WIENIAWSKI HENRYK (1835-1880)

Violoniste et compositeur polonais, Henryk Wieniawski commence une carrière d'enfant prodige après avoir reçu les bases de sa formation à Lublin, sa ville natale, où il est l'élève de Jan Hornziel et S. Serwaczynski. À huit ans, il est admis au Conservatoire de Paris dans la classe de Clavel, puis dans celle de Lambert Massart et devient le plus jeune lauréat de cet établissement avec un premier prix de violon remporté à onze ans (1846). Il commence une carrière de concertiste, jouant notamment avec son frère Josef, et revient à Paris en 1849 pour travailler la composition avec Hippolyte Collet. Il s'impose rapidement comme l'un des plus grands violonistes de son temps, aux côtés de Joszef Joachim et de Pablo Sarasate. Entre 1850 et 1855, il joue surtout en Russie et, en 1859, il est nommé premier violoniste à la cour de Saint-Pétersbourg. De 1862 à 1867, il tient l'alto au sein du quatuor Ernst et enseigne au Conservatoire nouvellement fondé de cette ville. En 1872, il part pour les États-Unis où, en compagnie d'Anton Rubinstein, il donne deux cent quinze concerts en deux cent trente-neuf jours ! Puis, seul, il prolonge son séjour jusqu'en 1874. Il succède alors à Henri Vieuxtemps au conservatoire de Bruxelles où il enseigne pendant deux ans. En 1878, il est pris d'une attaque au cours d'un concert à Berlin mais continuera à jouer jusqu'à sa mort à Moscou deux ans plus tard.

Grand virtuose à la technique étonnante, il est l'une des pierres de base à la fois de l'école russe et de l'école franco-belge. Il a composé exclusivement pour le violon : deux concertos et de nombreuses pièces de virtuosité qui figurent au répertoire de tous les violonistes (*Scherzo-tarentelle*, *Légende*, *Souvenir de Moscou*, *Polonaise*).

ALAIN PÂRIS

WILBYE JOHN (1574-1638)

Aux yeux d'E. H. Fellowes, John Wilbye est « le plus grand des madrigalistes anglais » et, même si l'on juge un peu trop élogieuse une telle appréciation, on peut affirmer sans risque d'erreur qu'il est l'un des plus grands d'entre eux. Sans doute est-ce bien là, d'ailleurs, que réside sa gloire, car le peu qu'il a pu écrire de musique instrumentale reste négligeable, tandis que, de sa production de musique sacrée, se détachent quelques rares pièces telles que *O God the Will of my Whole Strength* et sa contribution au recueil de Leighton, *The Tears or Lamentations of a Sorrowful Soule* (1614), toutes deux, il est vrai, empreintes d'expressive beauté. Dans le domaine du madrigal, d'ailleurs, il s'avère l'un des moins prolifiques de ses pairs, avec seulement deux recueils, l'un de 1598, l'autre de 1609, soit en tout soixante-quatre pièces, qui lui suffisent pour égaler et parfois même dépasser tout ce qui a pu être écrit dans le genre. Les morceaux d'inspiration légère – où l'on décèle l'influence de Morley – sont sans doute les plus connus, tels *Flora Gave me Fairest Flowers*, *Lady when I Behold*, *Sweet Honey-Sucking Bees*, *Fly not so Swift*, etc. Mais sa prédilection va aux évocations graves et mélancoliques, qu'on trouve par exemple dans *I Always Beg*, *Of Joys and Pleasing Pains*, *Ah ! Cannot Sighs*, *Draw on, Sweet Night*, et bien d'autres encore, où, faisant appel à toutes les ressources d'une technique souveraine et d'une imagination riche et sensible, Wilbye se montre sans rival pour épouser les plus subtiles intentions d'un texte et magnifier par la musique les moindres suggestions de la poésie.

Certes, on ne peut que regretter la minceur relative d'une production que l'on voudrait plus abondante, surtout lorsque l'on sait qu'ayant mis son talent dès au moins 1598 au service de sir Thomas Kytson et de sa famille, Wilbye n'eut point d'autre ambition après la mort de ses bienfaiteurs que de se livrer en solitaire à l'élevage des moutons dans la ferme qu'ils lui avaient léguée par donation, tout près de Colchester. C'est là que se trouve sa tombe, dans l'église de la Trinité, loin du bruit et de l'agitation du monde. Telle quelle, malgré tout, cette œuvre le place au premier rang des madrigalistes élisabéthains et fait de lui l'un des musiciens anglais les plus prestigieux de son temps.

JACQUES MICHON

WILLAERT ADRIAN (1490 env.-1562)

Musicien flamand, à l'origine de la prestigieuse école vénitienne. Willaert a réuni en une heureuse synthèse les apports esthétiques néerlandais, français et italiens. À Paris, il fut l'élève de Jean Mouton ; il aurait, selon certains, fréquenté Josquin. Son titre de *cantor regis Hungariae*, attribué par son contemporain J. de Meyere (*Res flandricae*, 1531), signifie, semble-t-il, qu'il fit partie de la chapelle de Ferdinand Ier qui fut gouverneur des Pays-Bas avant son élection comme roi de Hongrie (1526). De 1525 à 1527, Willaert est chantre à la chapelle d'Hippolyte II d'Este à Milan ; c'est à la fin de 1527 qu'il succède à Petrus de Fossis (Pietro da Fossa), Flamand comme lui, à Saint-Marc de Venise où il sera maître de chapelle pendant plus de trente ans, jusqu'à sa mort. Avec lui Venise commence à devenir l'un des centres les plus renommés de la musique européenne. Dans ses œuvres, la structure essentielle de la polyphonie néerlandaise est respectée, mais les couleurs de l'harmonie s'enrichissent. Reprenant une manière déjà pratiquée dans l'Italie du Nord, Willaert écrit souvent à deux chœurs (*cori spezzati*, chœurs rompus), utilisant en cela les deux tribunes de Saint-Marc, dotées de deux orgues. Les chœurs tantôt dialoguent, tantôt chantent en *tutti* (*Salmi spezzati*, 1550).

Ses motets (plus de trois cent cinquante, de quatre à sept voix) sont au centre esthétique de sa production religieuse. Plusieurs techniques y sont employées (cantus firmus et écriture en canon, imitation libre, déclamation juste et claire sans ornement mélismatique et aux phrases courtes) et dénotent l'influence française. Les neuf messes de Willaert sont du type messe-parodie. Dans ses compositions vocales profanes, on retrouve la prosodie typique de l'esthétique française (plus de soixante-cinq chansons françaises) ainsi que la mélodie et la carrure rythmique des chants populaires italiens (quatorze *Canzone villanesche alla napolitana*, 1545). Toutefois, le sommet de sa musique profane réside dans ses madrigaux (une soixantaine de madrigaux italiens) ; il fut l'un des créateurs du genre avec P. Verdelot, C. Festa, J. Arcadelt. C'est pour eux qu'il mérite d'être appelé « ce maître à la fois de la musique sensuelle et de la science » (N. Bridgman). Son dernier recueil, *Musica nova* (1559), réunit madrigaux (textes de Pétrarque) et motets. Enfin, il écrivit une douzaine de ricercari instrumentaux (trois et quatre voix), genre dont il est le créateur à l'orgue, et transcrivit pour le luth vingt-deux madrigaux de Verdelot, introduisant ainsi le madrigal dans l'art instrumental (*Intavolatura de li madrigali di Verdeletto da cantare e sonare nel lauto*).

PIERRE-PAUL LACAS

WOLF HUGO (1860-1903)

« La vie de Wolf, écrit Ernst Decsey, ressemble à un de ses lieder : courte introduction, toute en lutte, explosion, décharge du cœur en une cantilène brûlante, chute dans un épilogue muet : un drame sur une page d'imprimerie. » Quant à son œuvre, elle est à l'univers du lied ce que celle de Wagner est à l'univers de l'opéra : un rocher incontournable.

Les débuts

Hugo Wolf est né le 13 mars 1860 dans un arrière-poste styrien de l'empire austro-hongrois, à Windischgrätz. Il était le second fils du tanneur de la ville, Philipp Wolf, qui se délassait volontiers d'un métier qu'il n'avait pas choisi en grattant du violon. Jusqu'en 1869, Hugo Wolf fréquenta l'école du village, cependant que son père, dont il se sentait assez proche, lui enseignait quelques rudiments de musique. Ses années de lycée à Graz, puis à Marbourg, révèlent déjà un caractère instable. Il semble que le jeune Hugo ait délibérément saboté ses études à partir de 1875 afin d'être envoyé – contre le gré de son père cette fois – au conservatoire de Vienne. Ses premières compositions (*Sonate*, op. 1, *Variations*, op. 2, *Lieder*, op. 3) datent en effet de cette année. Cependant, aucun signe ne permet de caractériser encore son futur style.

À quinze ans, Wolf s'installe à Vienne, ville qu'il ne quittera plus, excepté pour de courts voyages professionnels en Allemagne à partir de 1890, et pour un voyage en Italie qu'il effectuera en 1898 pour raison de santé. Vienne, creuset culturel d'une richesse inouïe, a toujours su attirer les grands musiciens – Mozart, Beethoven, Schubert, Brahms, Bruckner, Mahler, Schönberg, pour ne citer que les plus connus – et surtout les retenir. Aucun d'entre eux n'y eut la vie facile, aucun n'y fut reconnu de son vivant à sa juste valeur – et tous s'en plaignirent –, mais pas un seul ne songea sérieusement à la quitter. Hugo Wolf, condisciple de Mahler au conservatoire, fréquente assidûment l'Opéra. Il voit tout le répertoire et en connaît tous les rôles par cœur. De fait, bien plus que l'apprentissage au conservatoire, l'événement marquant des années de formation du jeune musicien est la découverte de Wagner.

En 1875, la « question Wagner » est de celles auxquelles personne ne peut rester indifférent. Pour les jeunes musiciens, Wagner est synonyme de progrès et de liberté, pour ses adversaires – dont le porte-flambeau, Eduard Hanslick, fit la pluie et le beau temps dans la Vienne musicale pendant près d'un quart de siècle –, il est le grand iconoclaste, le pervertisseur de la jeunesse. En 1876, Felix Mottl, alors tout juste âgé de seize ans, crée à Vienne une *Wagner Verein*, qui deviendra par la suite la première institution viennoise à donner régulièrement, à partir de l'hiver 1888, des auditions de lieder de Wolf. En 1882, Hugo Wolf assiste à Bayreuth à la création de *Parsifal*, avec Ferdinand Jäger dans le rôle titre. Il y retournera plusieurs étés de suite, et Ferdinand Jäger deviendra « son » chanteur, dès son premier concert donné en public en 1888. Il fallait un courage et une force d'âme peu communs pour se vouloir compositeur – et compositeur d'opéra – lorsque, et c'était le cas de Wolf, l'on avait une conscience très claire de la place qu'allait désormais occuper Richard Wagner dans l'histoire de la musique.

Après le départ de Wolf du conservatoire en 1877, sa vie créatrice, l'une des plus brèves et des plus sporadiques que l'on connaisse, se décompose en deux périodes. Entre 1878 et 1887, le compositeur s'essaye à tous les genres, puis vient le temps, de 1888 à 1897, où s'affirme son génie, et cela presque exclusivement dans ses recueils de lieder.

La période instrumentale

Les compositions réalisées par Wolf de 1878 à 1887 témoignent de sa part d'une grande recherche dans l'expression. Il écrit successivement : *Sechs geistliche Lieder*, pour chœur mixte, *a capella*, sur des textes de Joseph von Eichendorff (1881) ; un *Quatuor à cordes* en *ré* mineur, avec en épigraphe cette maxime, qui résume à elle seule toute une vie : « *Entbehren sollst du, sollst entbehren* » (Prive-toi, tu dois te priver) [1878-1884] ; *Penthesilea*, poème symphonique d'après un drame de Kleist (1883-1885) ; *Intermezzo* (1886), pour quatuor à cordes ; *Sérénade italienne* (version pour quatuor, 1887 ; version pour petit orchestre à cordes, 1892).

Il est important de noter que les deux axes essentiels de l'expressivité du compositeur, qui ne s'épanouira véritablement que dans ses lieder, sont déjà en place : la voie intérieure, religieuse (*Sechs geistliche Lieder*), voire mystique, présente dans chacun de ses recueils jusqu'au dernier (les trois *Michelangelo Lieder*, en 1897), et son attirance vers le Sud, qui trouvera dans l'*Italienisches Liederbuch* son expression accomplie.

Retraçant le destin d'une héroïne quasi wagnérienne (à la fois Brünnhilde, Kundry et Isolde), la seule pièce d'orchestre de Wolf, *Penthesilea*, a été commencée peu avant que Wolf ne devînt le critique musical du *Wiener Salonblatt*. Cette activité, qu'il exerce avec passion de 1884 à 1887, si elle lui laisse trop peu de disponibilité pour composer, lui permet pourtant de préciser ses goûts. Il s'élève contre l'adulation dont Brahms – qui a malgré lui réuni sur son nom les forces de la « réaction » musicale – est l'objet ; il se fait l'apôtre de Liszt et de Berlioz et dénonce le conservatisme des programmes de la Philharmonie, le laisser-aller des chanteurs d'opéra : en un mot, il s'élève contre la *Schlamperei* ambiante (routine et désordre), qui va trouver au tournant du siècle son adversaire le plus féroce en Gustav Mahler. Les renseignements biographiques sur cette dernière période d'activité sont assez peu nombreux, mais il faut toutefois relever que, vraisemblablement vers 1884 – alors qu'il a déjà contracté la syphilis qui allait l'emporter une vingtaine d'années plus tard –, Hugo Wolf rencontre Melanie Köchert, l'épouse de l'un de ses bienfaiteurs. Le rôle de cette femme, aussi passionnée que compréhensive, aussi efficace que discrète, est souvent négligé par les commentateurs. Après une vie de dévouement, notamment de 1897 à 1903, où elle venait le visiter trois fois par semaine à l'asile, Melanie Köchert se suicidera en 1906.

Le tournant essentiel de la vie créative de Wolf se situe en 1887. Son père, qui s'était toujours violemment opposé à la carrière de son fils, meurt au printemps, et, à la fin de l'année, Wolf publie ses premiers lieder, avec un seul désir : continuer.

Les lieder (1888-1897)

De 1888 à 1891, Hugo Wolf se consacre presque exclusivement à la composition. Ses recueils de lieder seront écrits à grands traits, à raison d'une, voire de deux pièces par jour. En février 1889, cent vingt-quatre lieder (soit un peu plus de la moitié des deux cent quarante-deux qu'il publiera) sont déjà écrits : cinquante-trois *Mörike Lieder*, vingt *Eichendorff Lieder*, cinquante et un *Goethe Lieder*.

Avec le premier de ses recueils, les *Mörike Lieder* (composés du 16 févr. au 26 nov. 1888), Wolf s'approprie un poète dont la sensibilité entre très directement en résonance avec la sienne : plus que tout autre, Eduard Mörike sera « son » poète, qui croque, avec un égal bonheur, la réalité et le rêve, le naturel et le fantastique. C'est à ce recueil qu'appartient *Der Feuerreiter* (*Le Cavalier de feu*), sans doute le plus autobiographique des lieder de Wolf.

Dans l'ensemble formé par les vingt *Eichendorff Lieder* (treize lieder composés du 31 août au 9 sept. 1888, et sept autres lieder antérieurs), le héros, plein de santé et d'insouciance, est le plus souvent un errant, soldat ou marin de fortune, étudiant vagabond ou musicien des routes. Mais il peut se glisser au sein de cet univers une fée (*Waldmädchen*) ou un tableau impressionniste (*Nachtzauber*). Ce qui domine, dans ces deux premiers recueils, c'est la musique de l'immédiat.

Wolf est déjà en train de composer son recueil suivant lorsqu'il donne pour la première fois des œuvres en concert, à la Bösendorfer Saal de Vienne. Après avoir lu le texte de chaque poème (il procédera toujours ainsi), il accompagne Ferdinand Jäger au piano. La réaction sera celle à laquelle le compositeur se verra exposé toute sa vie : excellente dans le public, mauvaise chez les critiques, que déroute cet art nouveau.

Si l'on reconnaît indéniablement dans les lieder de Wolf un « style Mörike » ou un « style Eichendorff », les poèmes de Goethe qu'il a sélectionnés pour son recueil ne lui ont pas inspiré de style particulier. Il est à cela plusieurs raisons : la diversité même des textes (*Les Années d'apprentissage de Wilhelm Meister*, le *Divan occidental-oriental*, des ballades, des poèmes...) et, dans l'ensemble, l'exceptionnelle teneur intellectuelle de certains d'entre eux. Soulignons les sommets qu'atteignent, dans des genres très différents, le *Harfenspieler III* ou la magnifique scène dramatique qu'est le *Ganymed* (que Schubert avait déjà mis en musique), la ballade du *Rattenfänger* (*Le Charmeur de rats*) avec son admirable brillance pianistique, ou l'*Anakreons Grab*, avec sa radieuse ligne vocale.

Le *Spanisches Liederbuch* (formé de quarante-quatre lieder sur des textes d'origine populaire – dont dix religieux et trente-quatre profanes – traduits de l'espagnol par Paul Heyse et Emanuel Geibel, composés entre le 28 oct. 1889 et le 27 avr. 1890) représente un moment transitoire, caractérisé par une « moins-value » poétique, cependant que, sur le plan formel, un certain resserrement commence à s'opérer, qui annonce le recueil suivant. Si la partie religieuse (les dix *Geistliche Lieder*) a, dans l'ensemble, inspiré Wolf, on note cependant, dans les textes d'inspiration profane (les trente-quatre *Weltliche Lieder*), une tendance à l'exotisme musical – d'ailleurs non dénué de charme (*Auf dem grünen Balkon mein Mädchen*).

Le génie de Wolf est d'abord d'essence dramatique. Mais, alors que la plus grande joie de sa vie de compositeur sera de pouvoir s'affirmer, à partir de 1895, « compositeur d'opéra » (*Der Corregidor*), il donne sa véritable mesure avec son recueil de lieder. Si chaque cahier comporte ses caractéristiques propres (liées à l'univers du poète qu'il sert), un certain nombre de traits communs sont néanmoins toujours à l'œuvre.

De manière générale, le lied de Wolf est la traduction musicale la plus fine du climat dominant du poème. Sur ce fond, certaines phrases, certains mots sont mis en relief. L'impression générale est la diversité sonore dans l'unité d'inspiration.

Il est essentiel de relever que le lied de Wolf n'est jamais une simple mélodie accompagnée, mais un tout organique, où la voix est toujours indissociable de la partie de piano. Le piano est alors au lied ce que l'orchestre est à l'opéra wagnérien. Expression plastique de l'idée, de l'image suggérée par le texte, mais aussi de la structure musicale, il entretient avec le chant un rapport qui diffère à chaque fois ; il peut, par exemple, entrer en conflit avec lui : dans *Mein Liebster singt* (*Italienisches Liederbuch*), le piano figure la sérénade masculine, au-dehors, tandis que la voix est celle de l'héroïne, au-dedans. Le contrepoint théâtral qui se réalise dans l'espace musical ainsi créé est magistral.

Il se glisse fréquemment, dans les lieder de Wolf, des réminiscences de Wagner : *Tristan* dans *Bedeckt mich mit Blumen* (*Spanisches Liederbuch*), *Les Maîtres Chanteurs* dans le *Gesellenlied* (un des *Reinick Lieder*, composé en 1888), et bien sûr *Parsifal* dans *Zur Ruh', Zur Ruh'*, composé après le premier voyage à Bayreuth, ou encore dans *Die Geister am Mummelsee* (*Mörike Lieder*), dans lequel on croirait entendre le cortège funèbre de Titurel. De manière générale, le climat harmonique est wagnérien, et son exploitation la plus patente se trouve dans le magnifique *Kennst du das Land* (*Goethe Lieder*).

Procédant le plus souvent par degrés conjoints, les lignes mélodiques sont essentiellement retenues. Cette sobriété du chant – qui peut parfois donner l'impression que la partie de piano est plus travaillée – facilite grandement la compréhension du texte (ce qui était essentiel aux yeux de Wolf), et conduit avec beaucoup de sûreté le courant de l'émotion. Là encore, on en trouve les exemples les plus aboutis dans l'*Italienisches Liederbuch*.

Ce recueil comporte quarante-quatre petits lieder, toujours sur des textes anonymes, traduits de l'italien par Paul Heyse. Le premier cahier a été composé entre le 25 septembre 1890 et le 23 décembre 1891 ; le second entre le 25 mars et le 30 avril 1896. Entre les deux, Wolf effectue plusieurs voyages en Allemagne, où sa réputation croît plus rapidement qu'à Vienne, et surtout il compose en neuf mois (1895) son unique opéra achevé, *Der Corregidor*, sur un livret de Rosa Mayreder bâti d'après *Le Tricorne* de Pedro Antonio de Alarcón : il s'agit beaucoup plus, en fait, d'un recueil de lieder avec accompagnement d'orchestre que d'une pièce de théâtre lyrique.

Par la combinaison d'une exceptionnelle intensité expressive et de moyen musicaux d'une sobriété exemplaire, l'*Italienisches Liederbuch* occupe une place unique dans l'histoire du lied. Servie par une éloquence rare, miracle de discrétion et de charme, cette œuvre exprime, sans aucune trace de couleur locale, l'aspiration, la nostalgie (*Sehnsucht*) qu'éprouve l'âme germanique devant le paysage méditerranéen.

Comme c'était déjà le cas dans le *Spanisches Liederbuch*, les lieder ne portent pas de titre. Les deux sexes y sont mis en scène à tour de rôle. La femme s'y montre irritée, agacée (*Wer rief dich denn ?*), mais le plus souvent débordante de vie et de malice (*Du denkst mit einem Fädchen*, *Wie lange schon*...). À l'homme est réservée l'expression de la passion (*Und willst du deinen Liebsten*, *Dass doch gemalt*...). Quand une incertitude plane sur le sexe du chanteur (*Mir ward gesagt*, *Nun lass uns Frieden schliessen*), les lieder gagnent en universalité et n'en deviennent que plus émouvants. Quelques mots, un « climax » dramatique qui se fait souvent en creux (dans la nuance pianissimo), un piano très discret : parvenu à ce point où il s'est fait aphorisme, le lied romantique allemand pourra ensuite se taire.

STÉPHANE GOLDET

Bibliographie

H. Wolf, *Musikalische Kritiken*, Leipzig, 1911, rééd. Sändig, Vaduz, 1976 (trad. et annot. H. Pleasants, *The Music Criticism of Hugo Wolf*, Homes & Meier, New York, 1978) ; *Vom Sinn der Töne. Briefe und Kritiken*, Reclam, Leipzig, 1991. M. Carner, *Les Lieder de Wolf*, Actes sud, Arles, 1988 / A. Dorschel dir., *Hugo Wolf*, Rowohlt, Hambourg, 1985 / « Hugo Wolf », in *Musik-Konzepte*, n° 75, Text + Kritik, Munich, 1992 / D. Ossenkop, *Hugo Wolf : a Guide to Research*, Garland, New York, 1988 / C. Rostand, *Hugo Wolf*, Seghers, Paris, 1967, rééd. Slatkine, Paris, 1982 / E. Sams, *The Songs of Hugo Wolf*, Methuen, Londres, 1961, rééd. 1983 / F. Walker, *Hugo Wolf*, Dent, Londres, 1951, 2e éd. 1968.

WYSCHNEGRADSKY IVAN (1893-1979)

Dans l'histoire de la musique en France, le rayonnement d'Ivan Wyschnegradsky lui-même est aussi important que celui de son œuvre. Né en Russie, à Saint-Pétersbourg en 1893, d'un père banquier mais aussi compositeur, et d'une mère poétesse, il se consacre à la musique à dix-sept ans. Dès lors, il fréquente Scriabine dont il reçoit l'empreinte sur les plans musical et philosophique. En 1916, il vit une expérience spirituelle « d'une intensité exceptionnelle » qui sera à l'origine d'une œuvre pour grand orchestre chœurs et récitatif : *La Journée de l'existence*, mais dont il devra attendre la première audition jusqu'en 1978. Le texte, signé de lui, conte l'histoire de l'évolution de la conscience dans le monde, depuis les formes primitives jusqu'à la forme finale parfaite : la « conscience cosmique » caractérisée par l'intégration des contraires (« Joie, tu es aussi douleur ; Liberté, tu es aussi nécessité ; Mort, tu es aussi vie... »).

En 1918, une seconde expérience le met face à ce qui devait orienter sa vie : l'intuition du continuum sonore. Au-delà de la division de l'intervalle de référence, l'octave, en douze intervalles égaux dans lesquels évolue la musique occidentale, il entrevoit une multiplicité de milieux sonores tempérés ultra-chromatiques (selon sa propre expression) à base de ceux qui ne l'écartent pas trop de la tradition et, en premier lieu, celui qui prend pour base le quart de ton.

Presque toute son énergie est alors mise à la réalisation d'instruments permettant une première approche concrète de ce qu'il imagine. Pour cela, il vient en France, repart à Berlin où il rencontre le compositeur Aloïs Haba, qui venait de Tchécoslovaquie dans le but d'intégrer à la musique occidentale les intervalles comportant des quarts de ton d'un usage courant dans les chants paysans d'Europe centrale. De leur collaboration (idée de I. Wyschnegradsky, réalisation de A. Haba) naît un piano à trois claviers dont l'un est accordé un quart de ton au-dessus de l'autre. I. Wyschnegradsky dispose de ce piano en 1929, mais n'est à même de présenter ses œuvres au public qu'en 1936, après avoir adopté le parti de les transcrire pour deux pianos « normaux », accordés à un quart de ton de différence.

Enfin, un concert lui est entièrement consacré en 1937. Olivier Messiaen en rend compte en ces termes : « On se doit d'admirer le courage de cet homme qui, depuis quinze ans, seul avec un humble piano à trois claviers différemment accordés, écrit dans un style et avec une notation inusitée des ouvrages de longue haleine sans s'occuper des questions de public, de vaine gloire... Ce qui frappe dans cette musique, c'est, d'une part, le charme pénétrant des agrégations harmoniques et, d'autre part, la netteté absolue des intervalles. »

La difficulté d'une si longue quête mesure et l'ascétisme du compositeur et l'espérance qui l'anime. Julian Carrillo, compositeur mexicain, s'est, lui aussi, lancé à la conquête des micro-intervalles, mais par une démarche inverse de celle de I. Wyschnegradsky, c'est-à-dire en partant du plus petit intervalle sonore qu'il perçoit, le seizième de ton. Bien que les recherches de J. Carrillo datent de 1895, les pianos devant permettre l'audition de tiers, quarts, cinquièmes... seizièmes de ton, dont la réalisation est attendue depuis 1927, ne sont construits en Allemagne, puis exposés à Paris qu'en 1958. On demande alors à Ivan Wyschnegradsky d'écrire pour le piano à tiers de ton. Il compose deux pièces : la première, à partir de ce qu'il imaginait être le tiers de ton avant de l'avoir entendu, la seconde, après pratique attentive de l'instrument. Ce comportement éclaire sa façon de procéder et, dans le même temps, devient exemplaire pour les futurs compositeurs. Au départ, Wyschnegradsky détermine un intervalle de référence, qui peut être ou non l'octave, dont la division en *n* intervalles égaux crée un milieu sonore homogène « d'une densité de *n* sons » ; puis il recherche des cycles parcourant ce milieu sonore soit en épuisant la totalité des *n* sons (exemple : échelle en 5 quarts de ton), soit en n'en parcourant qu'un sous-ensemble (exemple : échelle en 3 quarts de ton).

Plusieurs cycles peuvent être combinés. En fait, Ivan Wyschnegradsky a exploré les milieux sonores pouvant être construits à partir de quarts, sixièmes et douzièmes de ton, ces derniers expliquant seuls la logique de la notation proposée. Avec une telle base, il ne peut étudier l'équipartition d'intervalles de référence différents de l'octave. Il est symptomatique, alors, de le voir en quête d'un milieu « quasi homogène » par la recherche d'un minimum de différence et par l'introduction de symétries. C'est à partir de telles règles qu'il a exploré, au travers d'une cinquantaine d'œuvres, le domaine, vite reconnu, du quart de ton, celui, moins aisément parcouru, du sixième de ton et, enfin, celui, totalement imaginaire, du douzième de ton.

C'est justement par cette situation, totalement imaginaire, qu'il devient exemplaire. La règle, pour le compositeur, est d'entendre intérieurement (sans le secours d'instrument) ce qu'il écrit, ce qu'il imagine. Cela requiert un long apprentissage. Avant l'apparition des synthétiseurs, l'exploration d'un nouveau milieu tempéré nécessitait une lutherie spéciale et une nouvelle formation de l'oreille ; dès lors qu'une lutherie électronique permet de balayer des milliers de milieux homogènes, l'audition intérieure devient, elle, une vue de l'esprit. De même que les physiciens se sont familiarisés avec des espaces à *n* dimensions dont ils ne peuvent avoir de représentation sensible, de même les futurs compositeurs seront conduits à des opérations abstraites, sur des espaces inconnus échappant à leur prévision sensorielle. Méditer la vie et la méthode d'Ivan Wyschnegradsky leur sera du plus grand secours.

JEAN-ÉTIENNE MARIE

Bibliographie

La Revue musicale, n⁰ spéc. 290-291 sur I. Wyschnegradsky, Paris, 1973.

X

XENAKIS IANNIS (1922-)

Il est toujours difficile de juger de l'évolution d'un art lorsque manque l'indispensable recul que le temps peut seul nous accorder. Ainsi est-il téméraire d'attribuer une valeur privilégiée à telle des tendances de la musique actuelle lorsqu'il en existe de si nombreuses et de si différentes. Cependant, lorsqu'une expression sonore trouve le chemin d'une certaine célébrité fondée sur l'émotion qu'elle provoque chez un très large public et que, de plus, elle s'appuie sur des bases théoriques particulièrement solides, il est légitime de conjecturer que l'on se trouve en présence d'une œuvre musicale importante. Ainsi en est-il de celle de Iannis Xenakis. Par œuvre importante, il convient d'entendre non seulement celle qui, en tant que telle, soulève un intérêt immédiat, mais aussi celle qui, à travers l'influence qu'elle exerce sur d'autres musiciens, est capable de susciter la création de nouvelles œuvres. Or, parmi les très nombreuses manifestations de la musique actuelle, on en rencontre fréquemment dont l'existence serait sans doute problématique si leurs auteurs n'avaient subi l'influence de Xenakis. Cette influence, malheureusement, n'est souvent que superficielle, trop d'idées, trop de théories s'affrontant dans cette musique pour que les imitateurs puissent facilement y puiser autre chose qu'un aspect seulement extérieur.

Un citoyen du monde

Compositeur d'origine grecque, naturalisé français en 1965, Iannis Xenakis est né en Roumanie, à Brăila, en 1922. Se vouant d'abord à une carrière d'ingénieur, il fréquente l'École polytechnique d'Athènes. En 1941, la Grèce étant envahie, il devient le secrétaire de l'organisation de résistance de l'école. Il participe à la lutte armée pour la libération de son pays, et c'est alors que, trouvant comme ennemis, successivement, les Italiens, les Allemands et les Anglais, il s'aperçoit que la défense de la liberté doit se poursuivre partout et contre de multiples formes d'agression. On peut interpréter la démarche mentale de Xenakis comme la quête d'une liberté à la fois individuelle et collective. Mais la liberté qui, pour lui, possède le plus grand prix est la liberté morale et intellectuelle, et il lui faut la conquérir en luttant davantage avec lui-même que contre quiconque. La connaissance est l'une des sources de cette liberté. D'où la vaste culture qu'il parvient à acquérir : musicale (il s'intéresse aux musiques grecques et byzantines), technique, scientifique, et dans le domaine des arts plastiques. Lorsqu'il vient s'installer en France, il rencontre Olivier Messiaen qui lui donne ce conseil qu'il déclarera plus tard avoir été déterminant pour lui en tant que musicien : « Restez naïf et libre. » Mais il rencontre aussi Le Corbusier, et ce dernier l'engage à travailler à ses côtés. Xenakis collabore alors à la construction du couvent de La Tourette et, surtout, à celle du pavillon Philips de l'Exposition universelle de Bruxelles en 1958. Pour ce pavillon, il a l'audace d'imaginer une forme alors totalement nouvelle en architecture : celle d'un paraboloïde hyperbolique. Il se consacre ensuite exclusivement à la musique, passe quelque temps au sein du Groupe de recherches musicales de l'O.R.T.F. dirigé par Pierre Schaeffer, rencontre Edgar Varèse, se lie d'amitié avec Hermann Scherchen et va passer plusieurs semaines en Suisse, à Gravesano, où Scherchen a installé un laboratoire de musique électro-acoustique. De 1967 à 1972, il se rend plusieurs mois par an à l'université d'Indiana, à Bloomington, pour y transmettre son enseignement.

En 1976, il obtient un doctorat d'État en lettres et sciences humaines à l'université de Paris-I, où il devient professeur titulaire puis, en 1990, professeur émérite. En 1980, il est élu membre de l'Académie européenne des sciences, des arts et des lettres et, en 1983, à l'Académie des beaux-arts (Institut de France). Désormais reconnu et admiré dans le monde entier, il devient membre correspondant de plusieurs académies (Berlin en 1983, Munich en 1987, Stockholm en 1989). Sa patrie d'origine, la Grèce, l'a honoré à la fois comme combattant pour la liberté et comme musicien, en le nommant, en 1980, membre du Conseil national de la résistance hellénique.

Un pythagoricien

En 1955, Xenakis s'était livré à une critique lucide de la musique sérielle. Selon lui, la démarche des disciples de l'école de Vienne ne pouvait pas aboutir à une véritable rénovation des matériaux sonores, n'apportait pas, en ce qui concerne la « forme », de solutions radicalement nouvelles, et, en un mot, était déjà la victime d'un inéluctable académisme. Il tente donc, et réussit, une synthèse entre le monde de la logique et celui de l'émotion artistique. Bien au-delà des sectateurs du « nombre d'or », qui ne voient que des relations arithmétiques primaires, il jette une passerelle entre l'image abstraite d'un modèle mathématique et l'application de ce modèle sur le monde sonore. En 1954, pendant qu'il travaillait à agencer les surfaces courbes du pavillon Philips, il eut l'idée que les lignes droites, dont le déplacement engendrait lesdites surfaces, pouvaient, si elles étaient projetées sur la surface plane du papier à musique, y figurer des glissandi de violons ou d'autres instruments. Ainsi naquit *Metastasis*. Pour obtenir les résultats sonores qu'il souhaite et qui sont toujours animés de la palpitation d'une multitude de hauteurs et de durées différentes formant des sortes de nuages acoustiques (Xenakis les compare à des galaxies sonores), il était normal qu'il eût recours au calcul des probabilités. Dans *Pithoprakta* (1956), pour quarante-six instruments à cordes et un trombone, chaque élément, chaque note, qu'elle soit jouée avec l'archet ou en pizzicato, est assimilée à une molécule extrêmement mobile, telle la molécule d'un gaz contenu à l'intérieur d'une enceinte à une température et sous une pression données. C'est l'application aux sons de la formule de Maxwell-Boltzmann. Mais, théoriquement, c'est à partir d'un nombre suffisamment grand d'événements désordonnés, imprévisibles, que le calcul des probabilités permet d'obtenir des sortes de certitude portant non sur les détails, mais sur l'ensemble. Introduire dans cette « certitude » statistique certaines perturbations qui l'animent est une méthode intéressante que Xenakis emploie notamment dans *Achoripsis* (1957) et dans la série des *ST/4*, *ST/10* et *ST/48* ; ces derniers, écrits respectivement pour quatre, dix et quarante-huit instruments, sont calculés à l'aide d'un ordinateur (7090 I.B.M.). Un peu après Claude et Betty Shannon, il propose pour ces musiques l'expression « musique stochastique » (en ignorant que d'autres l'avaient fait dans un esprit d'ailleurs sensiblement différent). Avec *Duel* (1959) et *Stratégie* (1962), pour deux orchestres, c'est à partir de procédés inspirés par la théorie des jeux de von Neumann et Morgenstern qu'il oppose deux chefs d'orchestre dont chacun imagine sa « tactique » musicale en fonction de celle de l'autre. Sans oublier que tous ces éléments sonores constituant les blocs, les nuages, les « galaxies » sont aussi, d'un autre point de vue, des « ensembles » de notes, il introduit dans sa méthode de composition les méthodes de l'algèbre des ensembles et donne ainsi sa première œuvre pour piano seul : *Herma* (1961). Mais Xenakis n'oublie pas qu'il fut architecte, et l'espace le fascine. L'espace sonore, d'abord, dans *Terretektorh* (1966), puis, à l'aide d'une construction de câbles métalliques qui n'est pas sans rappeler celle du pavillon Philips, les espaces plastiques et sonores dont il tente de faire l'alliance dans le *Polytope* de Montréal en 1967 et le *Polytope de Cluny* (ce dernier utilisant des rayons lasers et des lampes à éclats) à Paris en 1972.

Toujours à la recherche d'une adéquation entre l'organisation de l'espace et celle du temps, il réalise, en 1977, un *Diatope* pour le Centre Georges-Pompidou, à Paris, dont la perfection dépasse celle des précédents *Polytopes*. La coordination entre les effets visuels (rayons lasers et lampes à éclats) ne nécessitait pas moins, pour un spectacle de quarante-six minutes, qu'un programme d'ordinateur de 140 500 000 instructions binaires. À côté de ces grandes fresques, nécessitant le concours d'un grand orchestre ou/et des moyens électroniques plus ou moins complexes, Xenakis ne dédaigne pas de revenir à une certaine ascèse en écrivant pour des instruments solistes. Après *Herma*, pour piano (déjà cité), c'est le violoncelle qui est sollicité dans *Nomos alpha*, utilisant la théorie des groupes (1966), puis *Mikka « S »*, pour violon seul, et *Khoai*, pour clavecin, ainsi que *Psappha*, pour un percussionniste (1976), à nouveau pour piano et utilisant la théorie des cribles, *Mists* (1980), de nouveau pour clavecin, mais, cette fois, amplifié, *Naama* (1984) et, en 1986, *Keren*, pour trombone solo. Auparavant, en 1981, il avait su merveilleusement exploiter les possibilités du clavecin (mélodiques, harmoniques et percussives) en l'alliant à des instruments à percussion.

Mais il ne faut pas oublier que Xenakis est aussi un théoricien, et, dès 1963, dans son ouvrage *Musiques formelles*, il avait déjà parfaitement exposé sa pensée. En 1972 se trouve créé le C.E.M.A.Mu. (Centre d'études de mathématique et d'automatique musicales) qui fonctionne encore avec l'aide du C.N.E.T. (Centre national d'études des télécommunications). C'est en poursuivant les recherches dévolues au C.E.M.A.Mu. que Xenakis conçut, en 1975, une machine dont la conception reste révolutionnaire : l'U.P.I.C. (Unité polyagogique informatique du C.E.M.A.Mu.). Cette machine permet à chacun d'obtenir les éléments sonores de son choix à partir du dessin qu'il en fait sur une table spéciale qui permet l'entrée en ordinateur de toutes les données. L'idée est généreuse puisqu'elle tend à mettre à la portée de tous les moyens de réaliser concrètement des intentions musicales (ou sonores) sans avoir à passer par l'apprentissage du solfège ou de l'écriture. Ainsi, disait Xenakis, « tout le monde pourra devenir compositeur » ; ce à quoi Messiaen rétorquait malicieusement : « Mais est-ce que tout le monde sera musicien ? ». D'un point de vue purement esthétique, l'U.P.I.C. démontre d'une manière expérimentale la corrélation qui peut exister entre une représentation plastique (le dessin exécuté par l'utilisateur de la machine) et les événements sonores symbolisés par cette représentation.

L'œuvre de Xenakis n'est pas seulement une illustration de ce qu'on peut appeler l'efficacité des modèles mathématiques en esthétique. Un aspect important doit être souligné : celui de l'unité et de la cohérence de son œuvre. En effet, si les moyens (modèles mathématiques) qu'il utilise sont nombreux et variés, les œuvres, elles, sont bien marquées par la seule personnalité de leur auteur. On peut ainsi vérifier que l'originalité d'un compositeur est toujours présente quelles que soient les techniques employées parce qu'elle transcende toujours les dites techniques.

Un romantique et un visionnaire

Ce serait une erreur de croire que les hommes de science vivent sevrés de sentiments affectifs. Profondément humain, Iannis Xenakis entend n'être jamais séparé de la vie quotidienne, qu'elle soit prosaïque ou sublime. En 1968, il écrit *Nuits*, pour douze voix *a cappella*, et l'œuvre porte en dédicace : « À tous les prisonniers politiques, connus ou inconnus. » Malgré la rigueur toute pythagoricienne de l'écriture et de la composition, il s'agit d'un prodigieux épanchement romantique, aux limites de l'expressionnisme. Si, dans le cas de *Nuits*, la dédicace nous donne la clef, presque le support des intentions expressives de l'auteur, il n'en reste pas moins que ces intentions sont sensuellement ressenties par tout auditeur de quelque œuvre de Xenakis que ce soit, et c'est peut-être ce qui, en fin de compte, explique le succès très large dont bénéficie le compositeur. Par ailleurs, on oublie trop souvent que les plus grands musiciens romantiques avaient une très grande ambition de perfection de la « forme » et de l'« écriture » de leurs œuvres, et qu'ils avaient toujours présent à l'esprit une sorte de « modèle » qui était déduit de la syntaxe musicale de leurs prédécesseurs classiques. Xenakis possède cette ambition de la forme et de l'écriture parfaites ; il utilise, lui aussi, des « modèles », mais, en pythagoricien, ces modèles sont choisis parmi des types d'organisation qui, a priori, ne sont pas des types d'organisation sonores. Son tempérament romantique fait qu'il découvre spontanément (et efficacement) le chemin de la transposition d'une perfection formelle vers une perfection sensible. Il est, en cela, lui-même un « modèle » de ce que doit être un compositeur de musique (ou, du moins, de la condition nécessaire quoique non suffisante de ce qu'il doit être) : une imagination puissante contrôlée et organisée par la raison.

MICHEL PHILIPPOT

Bibliographie

• *Écrits de Iannis Xenakis*

I. XENAKIS, « Musiques formelles : nouveaux principes formels de composition musicale », in *La Revue musicale*, n°s 253-254, éd. Richard-Masse, Paris, 1963 ; *Formalized Music. Thought and Mathematics in Composition*, Indiana Univ. Press, Bloomington, 1971 ; *Musique, architecture*, Casterman, Tournai, 2e éd. rev. et augm. 1976 ; *Les Polytopes*, O. Revault d'Allonnes éd., Balland, Paris, 1975 ; « La composition musicale est à la fois dépendante et indépendante de l'évolution technologique des systèmes analogiques ou numériques », in *Conférences des journées d'études*, vol. MCMLXXXII, p. 137, Société pour la diffusion des sciences et des arts, Paris, 1982 ; *Arts/Sciences alliages* (avec O. Messiaen, M. Ragon, O. Revault d'Allonnes, M. Serres, B. Teyssèdre), Casterman, 1979, rééd. 1992 ; *Kéleütcha : écrits*, A. Galliani éd., L'Arche, Paris, 1994.

• *Études*

J. BOURGEOIS, *Entretien avec Iannis Xenakis*, Boosey & Hawkes, Paris, 1969 / J. CAULLIER, P. DUSAPIN, J. VRIEND, C. HELFFER, F. NICOLAS & I. XENAKIS, « Dossier Xenakis », in *Entre Temps*, n° 6, Lattès, Paris, 1988 / D. CHARLES, *La Pensée de Xenakis*, Boosey & Hawkes, 1968 / M. FLEURET, *Iannis Xenakis*, Discothèque de France, Paris, 1972 / M. FLEURET, O. MESSIAEN, R. DE CANDÉ et al., *Regards sur Iannis Xenakis*, Stock, Paris, 1981 / N. MATOSSIAN, *Iannis Xenakis*, Fayard, Paris, 1981 / A. RICHARD, J. BARRAUD & M. P. PHILIPPOT, « Iannis Xenakis et la musique stochastique », in *La Revue musicale*, n° 257, éd. Richard-Masse, 1963 / *Xenakis*, Pautrel-Duponchelle, Paris, 1990.

Y

YSAŸE EUGÈNE (1858-1931)

Violoniste, compositeur et chef d'orchestre belge, Eugène Isaÿe travaille avec Massard à Liège puis avec

Wieniawski (1873) avant de venir travailler à Paris avec Vieuxtemps (1876-1879). Il débute comme violon solo de l'orchestre de la brasserie Bilse à Berlin, l'ancêtre de l'Orchestre philharmonique (1879-1882). Après une tournée en Scandinavie et en Russie avec Anton Rubinstein, il se fixe à Paris en 1883 où il se lie avec les plus grands compositeurs de l'époque. Il enseigne au conservatoire de Bruxelles (1886-1898) et fonde le célèbre quatuor à cordes Ysaÿe. Après une première tournée aux États-Unis (1894), il fonde l'Orchestre des concerts Ysaÿe à Bruxelles (1895), qui devient l'un des centres musicaux les plus importants d'Europe. En 1918, il retourne aux États-Unis, où il est nommé directeur de l'Orchestre symphonique de Cincinnati et professeur au conservatoire de cette ville. Il revient à Bruxelles en 1922 et devient maître à la Chapelle royale ainsi que conseiller musical de la reine Élisabeth de Belgique. Amputé d'une jambe en 1924, il cesse pratiquement de jouer en public.

Eugène Ysaÿe a joué un rôle essentiel au sein de l'école franco-belge de violon en assurant la transition du romantisme vers le XXe siècle. Il a su faire évoluer la technique vers une virtuosité moins directe que celle de ses prédécesseurs en imposant une lecture des textes qui rompait avec les excès du romantisme. Il a formé d'innombrables élèves et de grands violonistes ; Jacques Thibaud, Fritz Kreisler ou Nathan Milstein ne peuvent renier son influence, sans pourtant avoir été véritablement ses élèves.

L'essentiel de la littérature violonistique française de la fin du XIXe siècle lui est dédiée : *Sonate pour violon et piano* de Franck, *Concert* et *Poème* de Chausson, *Sonate pour violon et piano* de Lekeu, *Quatuor* de Debussy, *Quintette n° 1* de Fauré, etc. Son œuvre comporte six sonates pour violon seul (1923), chacune étant dédiée à un des plus grands violonistes de l'époque, des poèmes pour violon et orchestre, genre dans lequel il a joué un rôle de pionnier, et un opéra wallon, *Pier li Houyeû* (*Pierre le mineur*, 1929, créé à Liège en 1931).

ALAIN PÂRIS

YUN ISANG (1917-1995)

Ayant accompli l'essentiel de sa carrière en Allemagne tout en conservant de profondes attaches avec son pays d'origine, le compositeur allemand d'origine coréenne Isang Yun a réalisé l'une des synthèses les plus intéressantes entre l'art d'Extrême-Orient et la culture européenne. Il naît à Tongyŏng, aujourd'hui en Corée du Sud, le 17 septembre 1917. Son père est l'écrivain Kihyon Yun. Il effectue ses études musicales (violoncelle et composition) en Corée (1935-1937) puis au Japon (1941-1943). Pendant la Seconde Guerre mondiale, il est emprisonné par les Japonais pour ses activités dans la résistance (1943) ; il s'évade et vit dans la clandestinité jusqu'en 1945. À partir de 1946, il est professeur de musique à Tongyŏng, puis à Pusan, avant de se voir attribuer une chaire de composition à l'université de Séoul en 1953. Il complète sa formation au Conservatoire de Paris avec Tony Aubin (1956-1958), à Darmstadt et à la Hochschule für Musik de Berlin avec Boris Blacher, Reinhard Schwarz-Schilling et Josef Rufer, un disciple de Schönberg (1958-1959). Une bourse de la fondation Ford lui permet de s'installer à Berlin (1964), où sa carrière se développe rapidement dans les milieux de la musique d'avant-garde. Le 17 juin 1967, il est enlevé avec sa femme par des agents secrets sud-coréens : les autorités de son pays le soupçonnent d'entretenir des relations avec la Corée du Nord ; à Séoul, il est condamné pour sédition à la prison à vie. Le gouvernement ouest-allemand élève une vigoureuse protestation et menace la Corée du Sud de sanctions économiques ; par ailleurs, les plus grands noms de la communauté musicale, notamment Stravinski et Menuhin, mènent une active campagne pour dénoncer cette action terroriste. En 1969, le gouvernement coréen cède à la pression et libère les époux Yun, qui rejoignent Berlin. Isang Yun est d'abord professeur à la Musikhochschule de Hanovre (1969-1970), avant d'être nommé maître de conférences (1970-1973) puis professeur (1973-1985) de composition à la Hochschule für Musik de Berlin. En 1971, il prend la nationalité allemande. Dès lors, l'essentiel de sa carrière va se dérouler en Allemagne, mais sa musique est jouée dans le monde entier. À partir de 1973, il milite activement au Japon et aux États-Unis en faveur de l'instauration d'un régime démocratique dans son pays natal et de la réunification de la Corée. Il meurt à Berlin le 3 novembre 1995.

Unique représentant de la musique coréenne de sa génération, Isang Yun laisse une œuvre très importante : plus d'une centaine de partitions ont été publiées. Les premières relèvent d'une écriture dodécaphonique fortement expressionniste mêlée d'éléments traditionnels des musiques de cour sino-coréennes. Mais Yun fait un usage assez souple de la série, n'hésitant pas à enfreindre la rigueur du système lorsque les besoins expressifs le réclament. Au fil des années, l'expressionnisme sériel s'adoucit pour se fondre dans un langage coloré d'un grand raffinement, davantage apparenté au postimpressionnisme français. Les concepts occidentaux de temps et de structure prennent une nouvelle signification, « mobilité dans l'immobilité », selon le compositeur lui-même. On ne trouve aucun élément descriptif dans sa musique, aucun antagonisme, mais des degrés de tension, une recherche de la densité sonore indissociable de la dialectique taoïste. Les éléments de base sont souvent des motifs qui s'inscrivent dans une tessiture étroite, ou une note particulière à laquelle il donne des éclairages différents, ce qu'il appelle « son principal porteur ».

De la première manière, sérielle-expressionniste, il faut retenir le *Quatuor à cordes n° 3* (1959) ; *Colloïdes sonores* pour cordes (1961) ; une pièce pour ensemble de chambre, *Loyang* (1962) ; trois opéras, *Träume* (1965-1969), *Geisterliebe* (1969-1970) et *Sim Tjong*, légende coréenne créée aux jeux Olympiques de Munich (1971-1972) ; des pièces pour orchestre, *Fluktuationen* (1964), *Réak* (1966) et *Dimensionen* (1971) ; *Tuyaux sonores* pour orgue (1967). Au cours des années 1970, il se tourne davantage vers les formes classiques de la musique occidentale et, à partir des années 1980, il se rapproche sensiblement de la tonalité. Ses concertos ont été créés par les plus grands solistes de son temps : le *Concerto pour violoncelle* (1976) par Siegfried Palm, le *Concerto pour flûte* (1977) par Karlheinz Zöller, le *Double Concerto pour hautbois et harpe* (1977) par Heinz et Ursula Holliger, le *Concerto pour hautbois* (1990) par Heinz Holliger ; il a composé également un *Concerto pour clarinette* (1981) et trois concertos pour violon (1981, 1986, 1992). Ses cinq symphonies sont conçues comme un vaste cycle ; la première est une commande pour le centenaire de l'Orchestre philharmonique de Berlin (1983), la cinquième une vaste fresque avec baryton solo, sur des poèmes de Nelly Sachs, une ode à la paix dans laquelle on peut voir un prolongement au *Chant de la Terre* de Mahler. Elle a été créée par le même orchestre en 1987, avec Dietrich Fischer-Dieskau. Dans le domaine de la musique de chambre, ses œuvres les plus marquantes sont l'*Octuor* (1978), les *Quintettes avec clarinette n° 1* (1984) et *avec flûte* (1986), les *Quatuors à cordes n° 4* (1988), *n° 5* (1990) et *n° 6* (1992), le *Quintette à vent* (1991). En dehors des formes occidentales, on lui doit de nombreuses pièces instrumentales directement issues de la tradition coréenne : *Garak* pour flûte et piano (1963), *Piri* pour hautbois ou clarinette (1971), *Gong-Hu* pour harpe et cordes (1984), *Mugung-Dong* pour vents, percussion et contrebasses (1986) et *Sori* pour flûte (1988).

ALAIN PÂRIS

Bibliographie

H. BERGMEIER dir., *Isang Yun, Festschrift zum 75.*, Berlin, 1992 / H.-W. HEISTER & W.-W. SPARRER dir., *Der Komponist Isang Yun*, Musik-Konzepte, Munich, 1987 / R. RINSER & I. YUN, *Der verwundete Drache. Dialog über Leben und Werk den Komponisten*, Francfort-sur-le-Main, 1977.

Z

ZAFRED MARIO (1922-1987)

Compositeur, directeur de théâtre et critique musical italien auquel ses multiples activités ont donné une place essentielle dans la vie artistique de son pays, Mario Zafred voit le jour à Trieste le 21 février 1922. Il se fixe rapidement dans la capitale italienne, où il fait ses études musicales au Conservatorio di Santa Cecilia, jusqu'en 1944. Il travaille également la composition avec Illdebrando Pizzetti puis obtient, en 1947, une bourse du gouvernement français qui lui permet de poursuivre ses études à Paris. De retour à Rome, il s'engage dans la vie musicale à la fois comme compositeur et comme critique, à *L'Unità* (1949-1956) puis à *La Giustizia* (1956-1963). En 1956, il obtient le prix Marzotto pour son *Concerto pour alto*, en 1959 le prix Sibelius et, en 1963, le prix de la Ville de Trévise. Il est nommé membre de l'Accademia di Santa Cecilia de Rome et prend, en 1966, la direction artistique de l'Opéra de Trieste. Il occupe ensuite les mêmes fonctions à la tête de l'Opéra de Rome (1968-1974) et du Teatro lirico sperimentale de Spolète, jouant alors un rôle important dans la vie lyrique italienne. Il meurt à Rome le 22 mai 1987.

Profondément marquées par le folklore et les musiques d'inspiration populaire, les premières œuvres de Zafred semblent se situer dans la mouvance de celles de Bartók. Puis son style se définit progressivement : il se laisse d'abord tenter par les nouveautés du langage contemporain des années 1950 avant de s'en démarquer, sans tomber néanmoins dans un traditionalisme excessif ; il restera toujours soucieux de ne jamais rompre la communication avec le public. Sa musique est avant tout expressive et elle parvient à se libérer de la contrainte directe des systèmes et des formes, même si celles-ci, dans leur acception classique, semblent constituer le vecteur privilégié de son œuvre : quatre sonates pour piano (1946-1963), trois trios avec piano, quatre quatuors à cordes (1941-1953), sept symphonies qui s'échelonnent de 1943 à 1970 – dont les plus marquantes sont la troisième, *Canto del Carso* (1949), l'une de ses œuvres d'inspiration folklorique les plus caractéristiques, créée à Turin par Carlo Maria Giulini, et la quatrième, *In onore della Resistenza* (1950) –, plusieurs partitions concertantes et plus d'une douzaine de concertos pour divers instruments – piano (1959), deux pianos (seuls et avec orchestre), violon (*Concerto lirico*, 1952), alto (1951 et 1956), violoncelle (1956), harpe (1955), flûte (1951), et un triple concerto pour piano, violon et violoncelle (1953), qui reprend ce dispositif original codifié par Beethoven.

Pour la voix, Zafred a composé plusieurs mélodies et chœurs, notamment l'*Elegia di Duino* pour chœur et orchestre sur des poemes de Rainer Maria Rilke (1954) ou l'*Épitaphe en forme de ballade* pour baryton et petit orchestre, sur des poèmes de Francois Villon (1966). Mais c'est à la scène qu'il donne toute sa mesure, tirant de son expérience de directeur de théâtre un sens dramatique efficace qui lui permet d'adapter à un langage contemporain deux chefs-d'œuvre de la littérature dramatique : *Amleto* (d'après Shakespeare, Opéra de Rome, 1961) et *Wallenstein* (d'après Schiller, Opéra de Rome, 1965).

ALAIN PÂRIS

ZARLINO GIOSEFFO (1517-1590)

Compositeur et théoricien italien qui tient une place importante dans l'histoire de la musique à cause de ses ouvrages théoriques, et notamment d'un traité en quatre volumes, *Le Istitutioni harmoniche* (1558), dont l'influence sur le développement du système diatonique fut des plus considérables. Élève d'Adriaan Willaert, Zarlino succéda à Cyprien de Rore comme maître de chapelle à Saint-Marc de Venise (1565). Il faut citer également les *Dimostrationi harmoniche* (1571) et les *Sopplimenti musicali* (1588). Il expose les principes du système diatonique pur et des proportions arithmétiques. La gamme de Zarlino est construite à partir d'accords parfaits majeurs (ainsi *fa-la-do* ou *do-mi-sol*). En voici la figuration nombrée : 1, 9/8, 5/4, 4/3, 3/2, 5/3, 15/8, 2, qui indiquent les rapports des fréquences de la gamme. De son vivant, Zarlino fut attaqué, notamment par son élève Vincenzo Galilei (*Dialogo... della musica antica e della moderna*, 1581, 1602, et *Discorso... intorno all' opere di messer Gioseffo Zarlino da Chioggia*, 1589) et par Giovanni Maria Artusi, lesquels défendent le système de Pythagore.

x ZELENKA Jan Dismas 1678-1745

Compositeur accompli, Zarlino a écrit des motets, des messes, des madrigaux.

PIERRE-PAUL LACAS

ZELTER CARL FRIEDRICH (1758-1832)

Né à Berlin, ville dont, de 1800 environ à sa mort, il sera une des personnalités artistiques dominantes, fils d'un maçon, Zelter se fait connaître assez jeune comme violoniste, chef d'orchestre et compositeur (son concerto pour alto en *mi* bémol date de 1779). En 1786 est jouée en l'église de la Garnison sa *Cantate sur la mort de Frédéric II*. Peu après paraissent chez l'éditeur Rellstab ses premières pièces pour piano et ses premiers lieder. Entré en 1791 dans la Société de chant (Singverein ; ultérieurement Académie de chant, Singakademie) de son ancien maître C.-F. Fasch (1736-1800), il en assume la direction à la mort de ce dernier. Sa carrière officielle se développe alors rapidement. De 1803 à 1812, il publie une série de sept mémoires consacrés aux problèmes de la « réorganisation de la vie musicale de l'État et de la Ville, de l'Église et de l'École », et fonde en fait l'enseignement musical tel qu'il se développera dans la Prusse du XIXe siècle. Il participe en 1807 à la fondation d'une institution destinée à promouvoir l'exécution publique des oratorios anciens et modernes, en premier lieu *La Création* et *Les Saisons* de Haydn, qui viennent de voir le jour. Nommé docteur *honoris causa* de l'université de Berlin en 1830, auteur la même année d'une grande partie du nouveau *Recueil de cantiques évangéliques*, il s'éteint dans la capitale prussienne. Il comptait parmi ses élèves et disciples Mendelssohn, Nicolaï, Carl Loewe et Meyerbeer.

La production de Zelter est musicale (environ deux cents lieder, où il apparaît comme un pâle mais estimable précurseur de Schubert, opéras, symphonies, nombreux chœurs pour voix d'hommes), mais aussi littéraire. Pendant de longues années, il échangea avec Goethe une correspondance suivie qui le fait apparaître, en matière de musique, comme le conseiller et le confident de l'auteur de *Faust*, et dont l'intérêt est considérable. Son influence sur les goûts musicaux de Goethe s'exerça souvent dans un sens rétrograde ; par son refus acharné d'admettre le génie de Beethoven (refus sur lequel il ne revint que bien trop tard), Zelter est l'un des grands responsables de l'attitude négative de Goethe devant la musique beethovienne. Il exerça aussi une activité de critique ; un de ses articles les plus célèbres est celui qu'il publia en 1802 dans l'*Allgemeine musikalische Zeitung* au sujet de *La Création* de Haydn et qui lui valut les chaleureux remerciements du musicien.

MARC VIGNAL

ZIMMERMANN BERND ALOIS (1918-1970)

Rhénan, Bernd Alois Zimmermann est resté fidèle à Cologne, ville près de laquelle il est né. Élève à l'université (allemand, philosophie, musique) puis lecteur à l'Institut de musicologie, il devient professeur de composition à la Musikhochschule. Attentif aux nouveautés musicales de son temps, il assimile, après une solide formation classique, les directions ouvertes par la musique sérielle ; il travaille alors à Darmstadt avec Fortner et René Leibowitz, mais il entend ne pas se trouver limité à cette technique dans ses propres compositions. Il garde son indépendance par rapport aux systèmes d'école, davantage soucieux d'expression personnelle que de dogmatisme. Il affirme parfois cette attitude dans des gestes apparemment paradoxaux : ainsi son *Concerto* (sériel) *pour hautbois et petit orchestre*, de 1952, porte une dédicace « en hommage à Stravinski ». Curieux de toute musique nouvelle, il écrit en 1954 *Nobody Knows the Trouble I See*, concerto pour trompette qui est un hommage rendu au jazz et au negro spiritual. Dans les dix dernières années de sa vie, Zimmermann s'oriente vers une musique qu'il définit comme « pluralistique », faite de superposition de styles historiques différents, tentative pour dominer le temps et ainsi le faire s'arrêter ; direction qui se concilie fort bien avec le principe essentiel et constant de sa création sur le primat de l'expressivité, appelée à transcender l'écriture. L'œuvre la plus importante et la plus typique de cette période est son opéra-polémique *Die Soldaten* (1958-1960, révisé en 1963-1964), conçu d'après le drame de J. M. B. Lenz, poète allemand du Sturm und Drang. Zimmermann est aussi l'auteur de plusieurs ballets (*Kontraste*, 1953-1954), d'une partition pleine d'humour (*musique pour les soupers du roi Ubu,* 1966), de nombreuses œuvres importantes : *Concerto de violon* (1949-1950) ; *Symphonie en un mouvement* (1947-1952, révisée en 1953) ; *Canto di speranza*, cantate pour violoncelle et musique de chambre inspirée par Ezra Pound (1952-1957) ; *Concerto pour violoncelle*, en forme de pas de trois (1965-1966) ; *Requiem für einen jungen Dichter*, pour récitant, soprano, baryton, trois chœurs, bande magnétique, orchestre, combo de jazz et orgue (1967-1969).

BRIGITTE MASSIN

ZUMSTEEG JOHANN RUDOLF (1760-1802)

Compositeur allemand né à Sachsenflur et mort à Stuttgart, Zumsteeg fait ses études à la Karlsschule de Stuttgart, où il se lie d'amitié avec Schiller, puis entre comme violoncelliste dans l'orchestre de la cour (1781) avant de devenir, en 1793, maître de chapelle. On lui doit quelques cantates spirituelles, plusieurs opéras et diverses musiques de scène, comme celles pour *Hamlet* et *Macbeth* de Shakespeare ou pour *Les Brigands* (*Die Räuber*) de Schiller ; mais c'est surtout comme compositeur de ballades qu'il se fait connaître. Celles-ci, sur des textes de Goethe (*Colma*, 1793) et de Bürger (*Lenore*, 1798) notamment, exercèrent en leur temps une grande influence et le font apparaître, en ce domaine, comme un des plus importants parmi les prédéces seurs de Schubert, qui les connut et les étudia avec soin, tout comme ses lieder.

MARC VIGNAL

ANNEXES

INDEX

Certaines **ENTRÉES** de cet index sont aussi des titres d'articles : dans ce cas, elles sont précédées d'une puce et suivies d'un folio (exemple : • **ARCUEIL** ÉCOLE D' *26*).
En l'absence de puce et de folio, le mot joue seulement le rôle d'entrée d'index (exemple : **ALÉATOIRE** MUSIQUE).
Pour plus d'informations sur le fonctionnement de l'index, voir page 9.

MUSIQUE OCCIDENTALE, *XXe siècle*

TABLE DES AUTEURS

JEAN-JOSEPH (1682-1738), MUFFAT GEORG (1653-1704), MUFFAT GOTTLIEB (1690-1770), NARVÁEZ LUÍS DE (1re moitié XVIe s.), OBRECHT JACOB (1450-1505), OCKEGHEM JOHANNES (1425 env.-1495), PEDRELL FELIPE (1841-1922), PHILIDOR LES DANICAN dits LES (XVIIe-XVIIIe s.), PIERRE DE LA CROIX (2e moitié XIIIe s.), POWER LEONEL (mort en 1445), PRESTI IDA (1924-1967), ROBERT PIERRE (1618 env.-1699), RORE CYPRIEN DE (1516-1565), SANDRIN PIERRE REGNAULT dit (1re moitié XVIe s.), SENFL LUDWIG (1488-1543), SERMISY CLAUDE ou CLAUDIN DE (1490 env.-1562), SIX GROUPE DES, SOLER père ANTONIO (1729-1783), TERPANDRE (~VIIIe-~VIIe s.), TINCTORIS JOHANNES (1435 env.-1511), TOURNEMIRE CHARLES (1870-1939), TURINA JOAQUÍN (1882-1949), VÁZQUEZ JUAN (1510 env.-env. 1560), VECCHI ORAZIO (1550 env.-1605), VERDELOT PHILIPPE (1470?-? 1551), VICTORIA TOMÁS LUIS DE (1548-1611), WALTHER JOHANN (1496-1570), WIDOR CHARLES MARIE (1844-1937), WILLAERT ADRIAN (1490 env.-1562), ZARLINO GIOSEFFO (1517-1590).

Nicole LACHARTRE
ALSINA CARLOS ROQUÉ (1941-), BOULANGER NADIA (1887-1979), BOYCE WILLIAM (1710 env.-1779), GILLES JEAN (1669-1705), HALFFTER CRISTÓBAL (1930-), HAYDN JOSEPH (1732-1809), HUBER KLAUS (1924-), LABROCA MARIO (1896-1973), LANDOWSKI MARCEL (1915-), MÂCHE FRANÇOIS-BERNARD (1935-), MALIPIERO GIAN FRANCESCO (1882-1973), MANNHEIM ÉCOLE DE, MARAIS MARIN (1656-1728), MESSIAEN OLIVIER (1908-1992), TALLIS THOMAS (1505 env-1585), TYE CHRISTOPHER (1500 env.-env. 1573), WEELKES THOMAS (1576 env.-1623).

Oruno D. LARA
BRĂILOIU CONSTANTIN (1893-1958).

Louis LECOMTE
JOBIM ANTONIO CARLOS (1927-1994).

Suzanne LEJEUNE-CLERCX
GRÉTRY ANDRÉ MODESTE (1741-1813).

Éric LIPMANN
GERSHWIN GEORGE (1898-1937).

André LISCHKÉ
WEBER CARL MARIA VON (1786-1826).

Michel LOUVET
SAINT-SAËNS CAMILLE (1835-1921).

Sylvie MAMY
GAZZANIGA GIUSEPPE (1743-1818), MERCADANTE SAVERIO (1795-1870), PORPORA NICOLA ANTONIO GIACINTO (1686-1768).

Luc-André MARCEL
BACH JEAN-SÉBASTIEN (1685-1750), DEBUSSY CLAUDE (1862-1918).

Jean-Étienne MARIE
WYSCHNEGRADSKY IVAN (1893-1979).

Brigitte MASSIN
ALAIN JEHAN (1911-1940), AMY GILBERT (1936-), BALLIF CLAUDE (1924-), BARBAUD PIERRE (1911-1990), BARRAQUÉ JEAN (1928-1973), BAYLE FRANÇOIS (1932-), BEETHOVEN LUDWIG VAN (1770-1827), BERIO LUCIANO (1925-), BLACHER BORIS (1903-1975), BOUCOURECHLIEV ANDRÉ (1925-1997), BROWN EARLE (1926-), BUSSOTTI SYLVANO (1931-), CONSTANT MARIUS (1925-), DALLAPICCOLA LUIGI (1904-1975), ÉLOY JEAN-CLAUDE (1938-), FOSS LUKAS (1922-), GLOBOKAR VINKO (1934-), GUÉZEC JEAN-PIERRE (1934-1971), HENRY PIERRE (1927-), HENZE HANS WERNER (1926-), JOLAS BETSY (1926-), KAGEL MAURICIO RAÚL (1931-), KLEBE GISELHER (1925-), MADERNA BRUNO (1920-1973), MALEC IVO (1925-), MASSON GÉRARD (1936-), MEFANO PAUL (1937-), MENOTTI GIAN CARLO (1911-), NIGG SERGE (1924-), PABLO LUIS DE (1930-), PAPINEAU-COUTURE JEAN (1916-), PENDERECKI KRZYSZTOF (1933-), POUSSEUR HENRI (1929-), PREY CLAUDE (1925-), SCHUBERT FRANZ (1797-1828), SEROCKI KAZIMIERZ (1922-1981), ZIMMERMANN BERND ALOIS (1918-1970).

Jean MASSIN
BEETHOVEN LUDWIG VAN (1770-1827).

Jacques MICHON
BLOW JOHN (1649-1708), BYRD WILLIAM (1543-1623), CAMPIAN THOMAS (1567-1620), MORLEY THOMAS (1557 ou 1558-1602), TAVERNER JOHN (1490?-1545), TIPPETT MICHAEL (1905-1998), TOMKINS THOMAS (1572-1656), VAUGHAN WILLIAMS RALPH (1872-1958), WILBYE JOHN (1574-1638).

Michel NOIRAY
GLUCK CHRISTOPH WILLIBALD VON (1714-1787).

Carl de NYS
PERGOLÈSE JEAN-BAPTISTE (1710-1736).

Alain PÂRIS
ABSIL JEAN (1893-1974), ALKAN CHARLES-VALENTIN MORHANGE dit (1813-1888), ARCUEIL ÉCOLE D', AURIC GEORGES (1899-1983), BADINGS HENK (1907-1987), BAIRD TADEUSZ (1928-1981), BARBER SAMUEL (1910-1981), BAUDRIER YVES (1906-1988), BECK CONRAD (1901-1989), BERNSTEIN LEONARD (1918-1990), BIZET GEORGES (1838-1875), BLOCH ERNEST (1880-1959), BONDEVILLE EMMANUEL (1898-1987), BRUCH MAX (1838-1920), BÜLOW HANS VON (1830-1894), CAPLET ANDRÉ (1878-1925), CASELLA ALFREDO (1883-1947), CHÁVEZ CARLOS (1899-1978), COPLAND AARON (1900-1990), CRESTON PAUL (1906-1985), DARASSE XAVIER (1934-1992), DENISOV EDISON (1929-1996), DOHNÁNYI ERNO ou ERNST VON (1877-1960), DORATI ANTAL (1906-1988), DUREY LOUIS (1888-1979), DURUFLÉ MAURICE (1902-1986), DUTILLEUX HENRI (1916-), EGK WERNER (1901-1983), EINEM GOTTFRIED VON (1918-1996), EMMANUEL MAURICE (1862-1938), ENESCO GEORGES (1881-1955), FELDMAN MORTON (1926-1987), FORTNER WOLFGANG (1907-1987), FRANCK CÉSAR (1822-1890), GINASTERA ALBERTO (1916-1983), GOLDSCHMIDT BERTHOLD (1903-1996),

(1860-1911), MARTINŮ BOHUSLAV (1890-1959), MATTHESON JOHANN (1681-1764), MÉHUL ÉTIENNE (1763-1817), MEYERBEER JAKOB LIEBMANN BEER dit GIACOMO (1791-1864), MONN GEORG MATHIAS (1717-1750), MONSIGNY PIERRE ALEXANDRE (1729-1817), MOSCHELES IGNAZ (1794-1870), MOZART LEOPOLD (1719-1787), NICOLAI CARL OTTO EHRENFRIED (1810-1849), NIEDERMEYER LOUIS (1802-1861), PACHELBEL JOHANN (1653-1706), PAGANINI NICCOLÒ (1782-1840), PAISIELLO GIOVANNI (1740-1816), PICCINNI NICOLA (1728-1800), PRAETORIUS MICHAEL (1571-1621), QUANTZ JOHANN JOACHIM (1697-1773), REGER MAX (1873-1916), REICHA ANTON (1770-1836), RICHTER FRANZ XAVER (1709-1789), ROUGET DE LISLE CLAUDE (1760-1836), SALIERI ANTONIO (1750-1825), SAMMARTINI GIOVANNI BATTISTA (1700-1775), SCHNEBEL DIETER (1930-), SCHOBERT JOHANN (1740 env.-1767), SPOHR LOUIS (1784-1859), SPONTINI GASPARE (1774-1851), STAMITZ KARL PHILIPP (1745-1801), STÖLZEL GOTTFRIED HEINRICH (1690-1749), SWEELINCK JAN PIETERSZOON (1562-1621), TELEMANN GEORG PHILIPP (1681-1767), THALBERG SIGISMUND (1812-1871), VAŇHAL JAN KŘTITEL (1739-1813), VIRGINALISTES ANGLAIS, WAGENSEIL GEORG CHRISTOPH (1715-1777), WALTHER JOHANN GOTTFRIED (1684-1748), WEILL KURT (1900-1950), ZELTER CARL FRIEDRICH (1758-1832), ZUMSTEEG JOHANN RUDOLF (1760-1802).

Jean VIGUÉ
CHOPIN FRÉDÉRIC (1810-1849).

Michel VINCENT
ALFVÉN HUGO (1872-1960), BLOMDAHL KARL BIRGER (1916-1968), CRUSELL BERNHARD HENRIK (1775-1838), GADE NIELS (1817-1890), KUHLAU FRIEDRICH (1786-1832), LINDBLAD ADOLF FREDERIK (1801-1878), NIELSEN CARL (1865-1931), SIBELIUS JEAN (1865-1957), SINDING CHRISTIAN (1856-1941), STENHAMMAR WILHELM (1871-1927).

Édith WEBER
LANDINO ou LANDINI FRANCESCO (1330 env.-1397), MONTEVERDI CLAUDIO (1567-1643), SCHEIDT SAMUEL (1587-1654), SCHEIN JOHANN HERMANN (1586-1630), SCHÜTZ HEINRICH (1585-1672).

Marcel WEISS
ROTA NINO (1911-1979).

Patrick WIKLACZ
ADAMS JOHN COOLIDGE (1947-), GLASS PHILIP (1937-), GÓRECKI HENRYK MIKOŁAJ (1933-), PÄRT ARVO (1935-), REICH STEVEN MICHAEL dit STEVE (1936-).

Daniel ZERKI
WEINGARTNER FELIX (1863-1942).

Paul ZUMTHOR
ADAM DE LA HALLE (1235 env.-env. 1285).

"Édition exclusivement réservée aux membres du
Club Le Grand Livre du Mois
15 rue des Sablons, 75116 Paris"

Le présent volume a été achevé d'imprimer
sur les presses de l'imprimerie Maury à Manchecourt
en février 1998.

Imprimé en France

Dépôt légal : mars 1998
N° d'éditeur : 17110
N° d'imprimeur : 61816M
I.S.B.N. 2-7028-1786-6